KB117265

중국사 강요 1

中國史綱要 1

중국사 강요 1

젠보짠 지음 | 심규호 옮김

‖ 선사시대부터 ‖
‖ 당나라까지 ‖

중앙books

●

역사는 함부로 쓸 수도 없고, 누구나 쓸 수 있는 것도 아니며, 제멋대로 날조될 수도 없다. 하지만 역사는 함부로 쓸 수도 있고, 누구나 쓸 수도 있으며, 제멋대로 날조될 수도 있다. 이는 서사의 오랜 전통이 권력, 특히 성공한 권력의 특권이기 때문이자, 역사가 모든 존재나 사실 또는 현상을 죄다 담을 수 없기 때문이며, 누군가의 선택과 집중에 호오와 시비의 판단이 가세하기 때문이고, 결코 하나의 역사가 존재할 수 없기 때문이다.

그렇기 때문에 어떤 역사도 진실 또는 정확한 사실만을 기술했다고 장담할 수 없다. 역사는 단지 어떤 사실을, 시대를, 인물을, 생각을, 그리고 사물과 현상을 단편적으로 기술할 뿐이다. 그럼에도 역사는 우리에게 중요하다. 그 흘러간 세월의 기록이 여전히 우리의 삶에 그대로 투영되거나 이어지고, 때로 힘이 되거나 때로 부끄럽게 만들며, 그리하여 우리를 격려하고 때로 반성하도록 만들기 때문이다. 잊힌 세월은 반성을 거부한다. 그러니 반성을 거부하는 자는 역사를 잊으려 하기 마련이다.

중국문학 전공자가 중국 역사서를, 그것도 중화인민공화국 성립 이후 마르크스주의 신사학을 대표하는 다섯 명의 학자[궈모뤄(郭沫若), 판원란(范文瀾), 뤼전위(呂振羽), 허우와이루(侯外廬), 젠보짠(翦伯贊)] 가운데 한 명인 젠보짠의 《중국사 강요(中國史綱要)》를 번역하겠다고 덤빈 것은 지나친 오만이자 무모함이었다. 근 1년 반 동안 역자는 자신의 오만을 반성하며 무모함의 대가를 달게 받았다. 그러면서도 내내 즐겁고 기뻤다. 젠보짠이란 학자를 만난 것이 무엇보다 기뻤고, 다시 한 번 중국 구석기 시대부터 근대까지 일관된 논조의 글을 읽을 수 있어 즐거웠다.

우선 젠보짠 교수부터 소개하는 것이 예의일 것이다.

젠보짠(翦伯贊, 1898~1968년), 호남 상덕(常德) 도원현(桃源縣) 사람으로 위구르족(維吾爾族)이다. 청조 시절 태어나 베이징 정법전문학교, 우창 상업전문학교를 졸업하고, 1924년 미국 캘리포니아대학교에서 유학했다. 일찍이 사회활동에 뜻을 두어 5·4운동에 참가했으며, 1926년 귀국 후 광동으로 내려가 국민혁명군에 가입했다. 역사학자인 뤼전위 등의 영향으로 마르크스주의에 심취했으며, 1937년 공산당원이 되었다. 중국 성립 이후 베이징대학 역사학과 교수 겸 부총장을 역임했으며, 중앙인민정부 정무원 문화교육위원회 위원, 중국사학회 상무이사 겸 비서장, 전국정협위원, 전국인민대표대회 대표 등을 맡았다. 이렇듯 그는 학술과 사회활동 모두 활발했던 인물이다.

하지만 문화대혁명 기간에 이른바 대표적인 '학술권위'로 홍위병의 비판 대상이 되었다. 1966년 6월 3일자 〈인민일보〉에 실린 '사학계 동패천과 서패천을 타도하자(打倒史学界的東霸天,西霸天)'라는 기사에서 지목하고 있는 이가 바로 판원란과 젠보짠이다. 자신이 청춘 시절부터 모든 것을 바쳐 애써왔던 마르크스주의 학문과 실천이 '자산계급 학술 권위'로 매도되었을 때 그는 무슨 생각을 했을까? 1968년 12월 18일, 중앙 특별 안건 심사조(中央專案組)가 그의 집에 들이닥쳐 "류사오치(劉少奇)와 관련된 문제"를 자백하라고 강요했다. 그리고 그날 밤 그는 부인 다이수완(戴淑婉)과 함께 수면제를 먹고 스스로 목숨을 끊었다.

"나는 정말로 어떤 문제도 자백할 수 없다. 그래서 막다른 길을 택했다."

그는 유서에서 이렇게 썼다. 그리고 이런 말도 남겼다. "모 주석 만세, 만만세(毛主席萬歲, 萬萬歲)." 하지만 마오쩌둥은 이후 10년밖에 더 살지 못했다.

1978년 9월 1일 중국 베이징대학 당위원회는 그를 복권시켜 누명을 벗겨주었다. 현재 그는 마르크스, 레닌주의 이론을 통해 중국의 사회와 역사 문제를 연구하는 데 탁월한 공헌을 한 역사학자이자 신중국 역사학의 토대를 구축한 중요 학자로 평가받고 있다.

이 책은 젠보짠이 주편한 《중국사 강요》의 2차 개정판을 완역했다. 본래 《중국사 강요》는 1961년 중국 대학의 문과교재 편찬위원회에서 젠보짠 교수에게 주편을 의뢰한 대학 문과 중국 통사 교재다. 1962년부터 시작하여 1966년까지 집필되었으며, 1979년 덩광밍(鄧廣銘)이 주도하여 전서 4권으로 출간되었다. 이후 1994년에 수정 재판이 상하 두 권으로 간행되었으며, 2006년 2차 개정본이 세상에 나왔다. 초판과 개정판 사이에 40년의 세월이 흘렀으니 당연히 내용 면에서 큰 차이가 있을 것이다. 1994년 수정판과 2006년 개정판 사이에도 적지 않은 첨삭이 존재한다. 기본적으로 《중국사 강요》는 계급투쟁의 관점에서 집필되었으나 개정판에서는 이 부분이 많이 약화되었으며, 대신 그 사이에 새롭게 연구된 성과가 포함되었다. 이는 처음 집필할 때에 비해 거의 상전벽해(桑田碧海)와 다를 바 없는 정치, 사회, 경제, 문화적 변화가 존재했기 때문일 것이다. 하지만 역사에서 출발하여 역사 사실로 문제를 설명하며, 과학적인 연구 자세를 토대로 삼는다는 젠보짠의 편찬 방침에는 변함이 없을 것이라고 믿는다.

기본적으로 이 책은 중국 대학생의 교재로 편찬되었다는 목적의식이 뚜렷하다. 그렇기 때문에 당연히 중국인, 아니 중국 당국의 의도와 시각에서 자유롭지 못하다. 우리의 입장에서 볼 때 황당한 경우가 없지 않음은 이 때문이다. 예를 들어 우리가 고구려 유민으로 알고 있는 대조영에 대해 이렇게 적고 있다. "거란이 당나라에 반기를 들자 속말부 수령 걸걸중상(乞乞仲象)이 말갈인과 고려인들을 데리고 동쪽으로 이주했다. 그의 아들 대조영(大柞榮)이 말갈과 고려인들을 이끌고 당나라 군사를 격퇴하고 말갈 옛 땅으로 되돌아갔다." 대조영이 고려인의 후예가 아니라 속말 말갈인의 후예이며, 그가 세운 나라 발해 역시 '발해 말갈'로 말갈인의 나라라는 것이다. 이는 중국 동북공정의 중요한 논제이기도 한데, 과연 우리는 이에 대해 어떻게 대처해야 할 것인지가 과제로 남아 있다.

대학원에 들어와서야 '문사철(文史哲)'이란 말에 익숙해졌다. 중국에서 문학과 사학, 그리고 철학은 지금처럼 별개의 학문이 아니라 함께 어울리고 뒤섞이며 서로 주고받는 통섭 학문이라는 뜻일 게다. 그렇기 때문에 문학 논문에도 항상 생평(生平)과 사상에 대해 언급한 연후에야 비로소 작품에 대한 이야기로 넘어갈 수 있었다. 사실 생각해보면 너무도 당연한 일 아닐까? 예를 들어 사마천의 《사기》는 '무운(無韻)의 이소(離騷)'라는 말이 있다시피 역사 산문의 정점에 서 있고, 중국 시의 시작인 《시경》을 제외하고 선진(先秦)의 역사를 논할 수는 없다. 굳이 무모한 도전을 했던 것은 바로 이러한 이유도 있다.

이 책은 앞서 말했다시피 계급투쟁의 시각이 선명하다. 그런 까닭인지 농민 기의에 많은 부분을 할애하고 있으며, 기층 인민의 어렵고 고통스러운 삶을 여지없이 드러내는 데 망설임이 없다. 이는 왕후장상(王侯將相)의 삶이 시대의 주축인 것처럼 호도하고 있는 봉건 시대 사서의 단점을 보완한다. 이를 위해 이 책은 지방지나 사사로운 개인 문집의 역사 관련 논의를 과감하게 수용했다. 이 점이 특기할 만하다. 그럼에도 불구하고 왕조 시대순으로 집필되었기 때문에 흥성과 멸망의 주인공이 된 역사적 인물들에 대한 기술이 많은 부분을 차지한다. 이는 어쩔 수 없는 일인 듯하다. 또 하나 장점은 이른바 중원의 역사뿐만 아니라 인근 소수민족의 삶에 대해서도 부지런히 기술했다는 점이다. 설사 이것이 또 하나의 중화주의라 할지라도 학습자의 입장에서 볼 때 큰 도움이 되는 것을 부정할 수 없다.

중국 전체 역사를 조망하면서 문득 세상 사물은 끝에 이르면 돌아온다는 뜻인 '물극즉반(物極則反)'이라는 말이 생각났다. 길든 짧든 간에 하나의 왕조는 알찬 포부와 뜨거운 의지로 시작하여 맹렬하게 위로 향한다. 그리고 정점에 이르러 환희에 찬 그 순간 곧바로 쇠하기 시작한다. 저 멀리 끝이 보일 때쯤 등장하는 것이 바로 농민 기의다. 참다, 참다, 더 이상 참지 못하게 되었을 때, 그들이 마지막 비수를 꽂는 것으로 바닥을 친다. 비록 농민이 그 과실을 따 먹는 것은 아니지만. 그런 다음 신기하게도 다시 솟구치기 시작한다. 그렇게 반복하는 것처럼 보이면서 점차 자리를 이동하는 것, 어쩌면 삶의 모습도 그런 것이 아닌가라는 생각이 들었다.

　방대한 분량의 이 책을 맡아 번역하면서 비창의 동학들과 함께 읽기도 하고, 도움을 받기도 했다. 즐겁고 행복했다. 비록 무모한 도전이었으나 기존에 적지 않은 중국사가 이미 저술되거나 번역 출판되었기 때문에 적지 않은 참고가 가능했다. 서로 차이가 나거나 의심스러운 부분은 전공자들의 논문에 의존했다. 도움을 받은 분들에게 감사의 말씀을 드린다. 오랫동안 기다려준 출판사 편집부 여러분이 함께 해주셔서 많은 의지가 되었음을 부정할 수 없다. 깊이 감사드리며, 좋은 인연 오래 지속할 수 있기를 바란다.

제주 월두 마을에서

심규호

차례

5장 삼국 양진 남북조 시대

6장 수·당시대

일러두기
- 이 책은 젠보짠이 주편한《중국사 강요》2차 개정판(2006년, 베이징대학출판사)을
  완역했다.
- 본문에서 중국의 지명과 인명은 한자 독음으로 표기했다.

1장

선사시대

1 • 구석기 시대

북경인

중화민족은 세계 다른 민족과 마찬가지로 문명사회가 출현하기에 앞서 장기간에 걸친 선사 시대를 거쳤다. 이른바 선사 시대란 확실한 문자 기록 이전의 인류 역사를 말한다.

지하에서 출토된 인류 화석이나 문화 유물 같은 자료를 통해 중국의 선사 시대는 구석기 초기로 거슬러 올라갈 수 있다. 당시 인류 화석으로 원모인(元謀人), 남전인(藍田人), 북경인(北京人) 등이 있는데, 특히 북경인의 문화 유적은 다른 것에 비해 풍부해 선사 시대 사회와 역사를 이해하는 데 중요한 근거가 되고 있다.

북경인 화석과 그 문화 유물은 1927년 북경 서남쪽에 있는 주구점(周口店)에서 발견되었다. 북경인이 거주했던 동굴에서 대략 40여 개 남녀노소의 인골 화석을 발굴했다. 또한 그 주변에서 석기와 동물 화석을 발견하기도 했다. 북경인은 지금으로부터 50만 년 전에 살았던 것으로 알려져 있다.

북경인은 인간과 유사한 신체적 특징을 지녔으나 일부 원숭이의 특징도 지니고 있기 때문에 원인(猿人)이라고 부른다. 북경인의 두개골은 납작하고 평편하며, 머리뼈는 비교적 두껍다. 뇌 용량은 평균 1075밀리리터니 현대인의 뇌 용량이 1400밀리리터인 것에 비한다면 비교적 작은 편에 속한다. 미골(眉骨)이 올라와 있고 입 부분이 돌출되어 있으며, 치아는 굵고 컸으며 하악은 보이지 않는다. 이는 북경인이 신체적으로 여전히 원시적인 특징을 지녔음을 보여주는 예다. 북경인의 신체 발달은 그다지 균형적이지 않았으나 사지는 현대인과 그리 다르지 않았고, 특히 상체의 두 팔은 현대인과 거의 유사했다. 이를 통해 그들이 이미 직립보행을 했으며 두 팔로 자유롭게 노동할 수 있었음을 알 수 있다. 이렇듯 팔이 노동 기관이 되면서 양손이 가장 빨리 발달했다.

북경인은 석기를 제작할 줄 알았다. 그들은 주로 돌을 원석 그대로 깨뜨려 사용했으며 2차 가공은 하지 않았다. 그래서 석기 모양에 일정한 유형은 없다. 그들은 거칠고 조악한 석편을 도구로 삼아 나무 몽둥이를 제작했으며, 동물의 가죽을 벗기거나 고기를 자르는 데 사용했다. 고고학적으로 이러한 원시 석기를 사용하던 시대를 구석기 시대라고 하며, 북경인은 이러한 구석기 시대의 초기 단계에 속한다.

북경인이 거주했던 동굴 속에는 검은색 또는 그 밖의 색깔을 가진 재가 발견되었는데, 그 안에는 불에 구워진 흙과 돌 그리고 동물의 뼈가 있었다. 이는 북경인이 불을 사용해 화식(火食)을 했으며, 난방과 야수의 침입 방지에 사용했음을 보여주는 증거다. 화식으로 식물의 양분을 좀 더 잘 흡수하게 되자 신체도 더욱 발달하게 되었다. 이렇듯 불을 사용하게 된 것은 인류가 자연과 투쟁해 얻은 거대한 승리였다고 말할

북경인 복원상과 화석

수 있다.

북경인이 생활했던 시대에는 주구점 부근에 하천이 흐르고 초원과 삼림이 형성되어 수많은 동물이 서식했다. 그 가운데 호랑이, 코끼리, 무소, 멧돼지, 사슴 등을 포함해 포유동물이 96종이나 있었다고 하는데, 이러한 들짐승은 당시 북경인의 중요한 먹을거리였으며, 주로 많이 잡은 것은 사슴이었다. 아울러 동굴에서 나무 씨앗이 발견된 것으로 보아 그들이 열매를 따서 배를 채웠음을 알 수 있다.

북경인의 도구나 생산기술은 아직 원시적인 상태였다. 그렇기 때문에 필요한 음식을 얻거나 맹수의 습격에 대항하기 위해 무리를 지을 수밖에 없었다. 이러한 원시적인 군락 형태가 바로 인류 최초의 사회조직이라고 할 수 있다.

정촌인

정촌인(丁村人)은 북경인보다 좀 더 늦게 출현한 고인류이자 문화로, 정촌인 이외에도 허가교인(許家窯人) 등이 있다. 지금으로부터 수십만

년 전의 인류로 고고학적으로 구석기 시대 중기에 속한다. 이 시기에 인류는 신체적으로 한 단계 성숙해 이전의 원인(猿人) 범주에서 벗어나게 되었다. 인류학자들은 이 시기의 인류를 초기 호모사피엔스 또는 고인(古人)이라고 부른다.

정촌인은 산서 양분 정촌에서 발견되어 지명을 따라 이름 붙였다. 그곳에서 발굴된 인류 화석은 치아가 3개뿐이고 나머지는 주로 대량의 석기와 동물 화석이다. 정촌인은 신체적 특징 면에서 북경인보다 덜 원시적이다. 그래서 원인이 현대 인류로 발전하는 과도기의 인류라고 할 수 있다. 석기 제작기술 또한 북경인보다 상당히 향상된 상태다. 동일한 시기의 인골 화석은 정촌 이외에 호북 장양에서 발견된 장양인, 광동 소관에서 발견된 마파인 등이 있다.

산정동인

구석기 말에 속하는 인골 화석은 여러 곳에서 발견되고 있다. 대표적인 것이 산정동인(山頂洞人)이며, 이외에도 유강인(柳江人), 자양인(資陽人), 기린산인(麒麟山人) 등이 있다. 하남, 광동, 운남 등지에서도 고대 인류가 살았던 동굴과 석기가 발견되었다. 인골 화석은 발견되지 않았으나 구석기 말기의 문화 유적지임에는 틀림없다. 고고학 자료에 따르면, 구석기 말기는 경제 발전에 따라 인구가 점차 증가하고 생산 규모 또한 확대되었다고 한다.

산정동인은 북경 주구점 산정에서 발견되었는데, 인골 화석 이외에도 적지 않은 도구와 장식물이 함께 출토되었다. 산정동인은 모두 구석기 시대 말기 문화를 대표하며, 지금으로부터 1만 8000여 년 전의 인류로 알려져 있다. 산정동인은 신체적으로 현대인과 기본적으로 동일

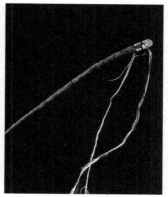

산정동인 유적지(왼쪽)와 마제 골침(오른쪽)

하며 특히 몽골인의 특징을 많이 지니고 있다. 그들은 이미 마제 골기(骨器)를 사용했는데, 이는 도구 제작기술이 그만큼 진보했음을 나타낸다. 유적지에서 발견된 마제 골침의 경우 침 끝에 작은 구멍이 나 있을 정도로 정교하다. 또한 구멍을 뚫은 동물의 뼈나 자갈, 새 뼈, 돌 구슬 등이 발굴되었는데, 이는 산정동인이 구멍을 뚫거나 갈아서 장식품으로 사용했음을 보여주는 증거물이라고 할 수 있다.

산정동인은 수렵 이외에도 물고기를 잡아 식용했다. 골침이 발견됨으로써 그들이 이미 가죽으로 옷을 지었으며, 장식물을 패용했다는 것을 알 수 있다. 이렇듯 당시 산정동인들의 생활은 이미 현저하게 개선된 상태였다. 또한 유물 중에는 적철광의 분말과 바다에 사는 새고막 조개로 만든 장식물도 있는데, 이는 현지에서 구할 수 있는 것이 아니다. 따라서 당시 산정동인들이 비교적 먼 곳에 있는 이들과 왕래했음을 알 수 있다.

2 · 신석기 시대

대략 지금부터 1만 년 전 사람들은 수렵과 채집에서 농업과 목축 생활로 접어들었으며, 마제 석기를 광범위하게 사용하고 도기를 발명해 사용하기 시작했다. 고고학에서 말하는 신석기 시대다. 신석기 시대의 문화 유적과 유물은 중국 각지 대략 1만여 곳에서 발견되었다. 이는 당시 활동 범위가 구석기 시대에 비해 훨씬 넓어졌음을 의미한다. 중국은 고고학적으로 대략 몇 개의 문화 구역으로 구분되는데, 연산 지역을 중심으로 한 북방, 산동을 중심으로 한 동방, 관중과 진남, 예서를 중심으로 한 중원, 태호를 중심으로 한 동남부, 동정호와 사천 분지를 중심으로 한 서남부, 파양호와 주강 삼각주를 중축으로 하는 남방이 그것이다.

신석기 초기 문화 유적을 대표하는 곳은 다음과 같다. 호남 도현 옥섬암 유적지, 강서 만년 선인동 유적지, 하북 서수 남장두 유적지. 이상 여러 유적은 대략 지금으로부터 1만 년 전후에 이루어진 것이다. 이후 하북 무안의 자산 문화, 하남 신정의 배리강 문화, 산동 북신 문화, 동북의 흥륭와 문화 등이 나타나는데 이는 대략 7000~8000년 전의 문화다. 신석기 중기와 말기 문화 유적은 전국에 두루 분포하고 있는데, 중기는 앙소 문화, 말기는 용산 문화가 대표적이다.

앙소 문화

앙소 문화(仰韶文化)는 황하 유역 신석기 시대 중기의 문화다. 대략 기원전 5000년에서 3000년에 이루어졌다. 앙소 문화는 주로 황하 중류, 지금의 섬서 관중, 산서 남부, 그리고 하남 대부분 지역에 두루 분포하고 있으며, 서쪽으로 감숙 조하 유역, 동쪽으로 하북 중부, 북쪽으로 내몽골 남단, 남쪽으로 한수 상류에 이른다. 유적지는 주로 하천 부근 황토 위에서 발굴된다. 앙소 문화의 전형적인 곳은 섬서 서안의 반파(半坡)와 강채(姜寨) 유적지다.

앙소 문화의 주민들은 이미 정착해 농경생활을 하고 있었으며, 다양한 농기구를 활용했다. 당시 농기구 중에는 채벌하거나 땅을 팔 때 사용하는 돌도끼와 돌호미[石鋤], 개토할 때 사용하는 마제 돌삽[石鏟], 그리고 곡물을 벨 때 사용하는 장방형의 돌칼과 도기 칼이 있다. 이외에도 곡물을 가공할 때 사용하는 맷돌과 절굿공이 등이 발견되기도 했다. 이러한 도구로 보건대, 당시 농업이 상당히 발전된 상태였음을 알 수 있다. 몇 군데 유적지의 경우 오곡 가운데 하나인 조의 껍질[粟皮]이 발견되었으며, 서안 반파 유적지에서는 조를 저장하는 움집이 발굴되기도 했다. 조는 구황작물로 비교적 가뭄에 강하기 때문에 황토 지역에 알맞은 작물이다. 이렇듯 앙소 시기에는 조 재배가 상당히 보편적이었다. 당시에 이미 가축 사육이 시작되어 돼지나 개를 기르기도 했다.

농사 이외에 수렵이나 어업도 여전히 중요한 식량원이었다. 당시 수렵 도구는 주로 활과 긴 창 등이었는데, 창끝은 동물의 뼈나 깨진 돌 조각을 갈아 만들었다. 수렵 대상은 주로 사슴이나 노루였다. 어구는 뼈로 만든 작살과 낚싯바늘이었고, 어망도 보편적으로 사용되었다.

식량 부족을 해결하기 위해 사람들은 민물조개나 우렁이 등 수생동물을 채취했고, 밤이나 개암나무 열매 등을 따 먹기도 했다.

《민족지(民族志)》 등에 따르면, 서농업[鋤農業, 곽말약이 《중국사고(中國史稿)》에서 처음 언급한 개념으로 호미로 김을 매기 시작했던 초기 원시농업을 지칭한다 – 역주] 단계에서 농업과 채취는 주로 여자들이 담당했고, 남자들은 수렵이나 어로를 맡았다. 앙소 문화도 예외일 수 없다. 그렇기 때문에 당시 여자들의 사회적 지위가 상당히 높아 모권을 중심으로 한 씨족사회가 형성되었다.

의복 방면에서 그들은 돌로 만든 방적 도구로 실을 만들어 베를 짰다. 도기 밑바닥에 때로 베의 흔적이 남아 있는 것으로 보아 평직으로 거친 베를 짰으며, 이러한 베는 야생 마로 만든 것임을 알 수 있다. 당시 사람들은 동물의 가죽 이외에도 거친 베로 짠 옷을 입었으며, 구슬이나 고리 등을 장식으로 패용했다. 유적지에서 비녀가 발견된 것으로 보아 당시 속발(束髮)의 습속이 있었음을 알 수 있다.

도기는 당시 사람들의 일상생활에서 빠질 수 없는 물건이었다. 도기는 용기나 식기 이외에도 취사나 물을 뜰 때 사용했다. 또한 장식품이나 어떤 도구들을 만들기도 했다. 도기는 주로 손으로 만들었는데, 진흙을 길게 만들어 형체를 만든 다음 용기 벽을 평평하게 두들기는 방식을 사용했다. 어떤 도기에서는 녹로의 흔적이 엿보여 당시에 이미 원시적 녹로가 존재했음을 짐작케 한다. 도기의 색은 주로 홍색이나 갈색인데 이런 색깔의 도기를 만들려면 섭씨 950도 이상의 고온이 필요하다. 도기의 종류도 다양해 크고 작은 항아리와 사발, 그릇, 접시, 주발, 병 등이 있다. 붉은 도기에 검은색이나 적갈색 또는 흰색의 채색을 했기 때문에 이를 채도(彩陶)라고 부른다. 채도에는 일반적으로 기하 문양이나 소용돌이 문양, 격자 문양 등이 보이며, 때로 사람 얼굴 형태의 도안이나 물고기, 사슴, 새, 개구리 등 동물의 형태가 그려져 있기도 하다. 흥미로운 점은 도기에 문자와 유사한 형태의 것이 새겨져 있다는 것인데, 혹자는 이를 중국 원시 문자의 추형으로 간주하고 있다.

앙소 문화의 촌락 구조는 서안 반파의 예에서 분명하게 드러난다. 유적지는 산하 동쪽 강변에 자리하고 있으며, 대략 200여 개의 작은 가옥으로 구성되어 있다. 면적은 3만 제곱미터다. 작은 가옥은 방형 이외에 원형도 있으며, 가옥의 면적은 대략 20제곱미터다. 실내 바닥은 진흙을 바르고 불에 구워 단단하고 평평하다. 실내 중앙에 불을 지피는 화로가 있어 난방이나 취사에 사용했다. 가옥 지붕은 나무로 만든 기둥으로 지탱하고 벽과 천장에도 진흙을 발랐다. 가옥 옆에 저장 움막이 있다. 이러한 가옥들은 일반 가정집이다. 이외에 마을 중앙에 장방형으로 대략 160제곱미터 정도의 면적을 가진 큰 가옥이 있는데, 이는 대가족 또는 씨족의 공용 주택이었을 것이다. 마을 주변에 도랑을 파놓았는데, 아마도 이는 외부의 침입을 막기 위함이었을 것이다. 마을 바깥쪽으로 동쪽에는 도기를 굽는 가마, 북쪽에는 씨족 묘지가 자리하고 있다. 묘갱(墓坑)은 비교적 정연하게 배열되어 있으며, 일반적으로 도기를 부장품으로 사용했다.

앙소 문화와 동일한 시기에 강한 평원의 파양호 부근에 대계(大溪) 문화, 장강 하류에 마가빈(馬家濱) 문화와 하모도(河姆渡) 문화, 그리고 황하 하류에 대문구(大汶口) 문화, 동북 요녕에 홍산(紅山) 문화가 존재했다.

황하 하류, 지금의 산동과 강소성 북부 일대는 대문구 문화가 분포했다. 그들은 주로 농경 위주의 삶을 영위하면서 조를 주요 작물로 삼았다. 마제 석기의 수준도 상당해 경도가 높은 돌을 얇고 예리하게 갈아 도구로 사용했으며, 옥을 가공해 장식품으로 썼다. 또한 녹로 사용이 날로 보편화하면서 도기 제작의 생산성도 크게 향상되었다. 백도와 흑도가 바로 이 시기의 도기들이다. 흑도로 만든 손잡이가 있는 큰 잔이나 달걀 껍질처럼 얇은 기물 등은 신석기 시대 도기들 가운데 걸작이라고 할 수 있다. 이러한 생산기술의 진보는 신석기 문화가 이미 상당한 수준에 이르렀음을 보여준다.

용 비늘 문양[龍鱗紋]의 채도로 유명한 홍산 문화는 주로 요하 유역에 분포한다. 요녕 동산취에서 거대한 규모의 제사 유적지가 발굴되었으며, 제단 주위에서 도기로 만든 여인상 잔해가 많이 발견되었다. 요녕 우하량에서도 여신묘와 여신상 유적이 발굴되었고, 비교적 큰 적석총이 발견되기도 했다. 이외에도 홍산 문화에는 정교한 옥기가 적지 않게 발견되었는데, 그중에는 옥룡도 있다.

용산 문화

용산 문화(龍山文化)는 황하 중류 지역에 분포하며 앙소 문화보다 비교적 늦은 시기에 출현했다. 연대는 대략 기원전 3000년에서 2000년 전후다. 지금의 하남, 섬서, 산동, 하북 일대에 두루 분포되어 있다.

용산 문화 역시 서농업 위주였으며, 농기구는 주로 마제 석기를 사용하고 타제 석기는 거의 보이지 않는다. 형태가 큰 마제 도끼도 발견되

었다. 수확에 필요한 도구로 반월형의 마제 석도 외에도 나무 손잡이가
달린 돌 또는 조개껍질 낫이 발견되기도 했다. 또한 양쪽이 톱날 형태
로 된 나무 가래[木耒]도 발견되었다. 이러한 기물은 앙소 문화에서 볼
수 없는 것들이기 때문에 용산 문화의 농업생산 규모가 앙소 문화에 비
해 훨씬 컸음을 알 수 있다.

농업 생산력이 향상됨에 따라 가축 사육도 이전에 비해 훨씬 발전했
다. 하남의 삼문협, 묘저구에서 발굴된 자료에 따르면, 용산 문화 유적
지에서 발견된 돼지 뼈의 수량이 앙소 문화 시기보다 훨씬 많았다고 한
다. 가축의 종류도 기존의 돼지나 개 이외에도 소나 양이 추가되었고,
어떤 지역에서는 닭이나 말을 사육하기도 했다.

용산 문화 유적지에서는 동물이나 물고기의 뼈 외에도 조개나 고둥
의 껍질 등이 적지 않게 발견되었으며, 창, 화살촉, 작살, 낚싯바늘 등
물고기를 잡는 도구도 많이 발견되었다.

용산 문화는 도기를 굽는 기술도 크게 향상되었으며, 특히 녹로를 이
용해 만든 도기가 점차 증가하고 있다. 이는 당시에 이미 선진적인 도
기 제작 도구인 녹로가 보편적으로 사용되었음을 의미한다. 용산 문화
의 도기는 앙소 문화와 달리 회도(灰陶), 흑도가 대부분이며, 채도도 있
으나 수량이 그리 많지 않다. 도기의 형태는 관(罐, 항아리), 옹(甕, 독, 항아
리), 분(盆, 동이, 그릇), 배(杯, 잔), 두(豆, 제기로 사용되는 그릇), 정(鼎, 다리가 세
개 달린 솥), 규(鬶, 다리가 세 개 달린 가마솥), 격(鬲, 솥), 가(斝, 술잔) 등인데, 그
가운데 규, 격, 가는 용산 문화에서만 볼 수 있는 특징적인 기물이다. 기
물의 겉면에는 일반적으로 남문(籃紋, 바구니 문양), 방격문(方格紋, 네모 문
양), 승문(繩紋, 새끼줄 문양)이 있다.

용산 문화의 가옥은 원형과 방형 두 가지가 있는데, 실내에는 일반적

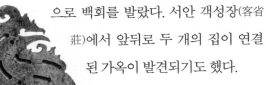
용산 문화 유적지에서 출토된 옥패

으로 백회를 발랐다. 서안 객성장(客省莊)에서 앞뒤로 두 개의 집이 연결된 가옥이 발견되기도 했다.

황하 유역의 신석기 시대 문화가 용산 문화로 발전할 수 있었던 것은 사회 생산력이 부단히 향상되어 사회경제의 변화를 야기했기 때문이다. 용산 문화 말기에 접어들면서 기존의 모권제가 부권제로 점차 바뀌었다. 이는 지하에서 발견된 다양한 유물로도 증명된다. 용산 문화는 하조와 상조의 문화와 직접적인 계승관계를 보여주고 있다. 이는 용산 문화가 쇠락하면서 하와 상의 문화가 그 토대 위에서 점차 발전해나갔다는 뜻이다. 이외에 다른 지역에서도 용산 문화나 또는 그것과 유사한 원시 문화 유적지가 발견되었다. 예를 들어 강한 평원의 굴가령(屈家嶺) 문화, 내몽골 장성 지역의 소하연(小河沿) 문화, 서북의 제가(齊家) 문화, 장강 하류의 양저(良渚) 문화가 그것이다.

문화 구역마다 각기 다른 특징을 지니는 것은 당연하다. 장강 하류의 절강과 양 호(兩湖, 파양호와 동정호) 지역은 주로 쌀농사를 위주로 하고 가축도 돼지나 개를 기르다가 이후 물소를 길렀다. 수공업 방면에서도 기존의 목기 외에 대나무를 이용해 광주리나 상자 등을 만들었으며, 정교한 옥기를 제작하기도 했다.

강서, 호남, 광동, 복건, 대만 등 화남 지역 역시 쌀농사를 위주로 했으며, 연해 일대는 패총이 많이 발견되는 것으로 보아 여전히 어렵이나 채취 경제를 영위했음을 알 수 있다.

북부 신강, 영하, 내몽골, 동북 등지에서는 세석기(細石器) 문화 유적이 많이 발견된다. 이 문화의 특징은 도기 제작기술이 떨어져 도기가 그다지 많지 않다는 것인데, 발굴된 도기에는 일반적으로 비문(篦紋, 빗살무늬)이 많이 보인다. 석기는 수석(燧石, 부싯돌)이나 마노(瑪瑙) 등 단단한 돌로 가늘고 정교하게 잘라 만든 괄삭기(刮削器)나 칼, 송곳, 화살촉 등이 보이며, 마제 석기는 비교적 적다. 뼈로 만든 도구로 낚싯바늘과 작살 등이 발견되었으며, 동물이나 물고기 뼈도 상당히 많이 발견되었다. 이로 보건대 당시 사람들은 어렵과 목축 위주로 생활했음을 알 수 있다.

이렇듯 각지에서 크게 번성한 신석기 문화는 각기 고립된 상태로 발전한 것이 아니라 어떤 형태로든지 서로 관련을 맺고 영향을 주고받았으며, 때로 충돌하거나 융합하면서 중화문명 형성에 일정한 공헌을 한 것으로 보인다.

3 · 문헌과 전설 속의 고대사

●

중국 고대 문헌을 보면 역사 전설에 관한 풍부한 이야기가 담겨 있다. 이러한 전설을 통해 중국 상고 사회의 여러 면을 간략하게 그려볼 수 있다.

《여씨춘추(呂氏春秋)》〈시군람(恃君覽)〉편에 보면 이런 말이 나온다. "태고 시절에는 임금이 없었으며, 사람들이 무리를 지어 모여 살았다. 어미는 알았지만 아비는 몰랐다. 친척이나 형제, 부부, 남녀의 구별도 없었다. 상하나 장유의 도리도 없고, 진퇴나 읍양과 같은 예의도 없었다(昔太古嘗無君矣, 其民聚生群處, 知母不知父, 無親戚, 兄弟, 夫妻, 男女之別, 無上下長幼之道, 無進退揖讓之禮)." 태고 시절 아직 국가가 형성되지 않았기 때문에 군주 또한 존재할 수 없었다. 그래서 사람들은 각기 평등한 관계를 맺었으니 '윤상(倫常)'이나 '예교(禮敎)' 또한 필요 없었다. 일부일처제가 아직 출현하지 않았기 때문에 세계(世系)는 모계를 통해 이어졌다. 위 인용문은 이러한 상고 사회의 특징을 요점적으로 언급한 것이

1장 선사 시대

다. 다음《예기(禮記)》의 〈예운(禮運)〉편을 살펴보자.

"예전 선왕들에게 궁실이 없었을 때, 겨울이면 동굴에서 살고 여름이면 나뭇가지를 모아 만든 보금자리에서 살았다. 아직 불로 음식을 익혀 먹을 줄 몰랐기 때문에 초목의 열매나 조수의 고기를 먹었으며, 그 피를 마시고 털까지 먹어버렸다. 아직 마나 명주가 없었기 때문에 그저 깃털이나 모피로 옷을 만들어 입었다(昔者先王未有宮室, 冬則居營窟, 夏則居橧巢. 未有火化, 食草木之實, 鳥獸之肉, 飮其血, 茹其毛, 未有麻絲, 衣其羽皮)."
이렇듯 상고 시절 인류는 지극히 간단하고 조악한 도구를 사용했을 뿐 야생동물과 다를 바 없는 생활을 했다.

《한비자(韓非子)》〈오두(五蠹)〉에는 이런 이야기가 적혀 있다. "상고 시절에는 사람은 적고 날짐승과 길짐승이 많았는데, 사람은 짐승과 벌레, 뱀을 이길 수 없었다. 성인이 나무를 엮어 둥지를 만들어 많은 해로움을 피할 수 있게 되자 사람들이 기뻐하며 그를 천하의 왕으로 추대해 유소씨라고 불렀다. 사람들은 나무나 풀, 열매와 조개를 먹었는데, 비린내와 누린내 등 나쁜 냄새가 나고 배와 위가 아파 많은 이들이 질병에 시달렸다. 성인이 나와 부싯돌로 불을 얻어 비린내와 누린내를 없애니 사람들이 기뻐하며 그를 천하의 왕으로 모시고 수인씨라 불렀다(上古之世, 人民少而禽獸衆, 人民不勝禽獸蟲蛇, 有聖人作, 構木爲巢, 以避群害, 而民悅之, 使王天下, 號之曰有巢氏. 民食果蓏蚌蛤, 腥臊惡臭, 而傷害腹胃, 民多疾病, 有聖人作, 鑽燧取火, 以化腥臊, 而民悅之, 使王天下, 號之曰燧人氏)." 무리의 우두머리 역할을 지나치게 돌출시키고 있기는 하지만 사회가 진보하고, 사람들이 노동을 통해 끊임없이 자연을 정복했다는 것은 실제 역사와 부합하는 내용이다.

고서(古書)의 기록에 따르면, 고대 황하 유역에는 적지 않은 부락이

태호 복희씨

분포되어 있었다. 섬서 일대에는 희(姬) 성을 가진 황제(黃帝) 부락과 강(姜) 성을 가진 염제(炎帝) 부락이 있었는데, 그들은 대대로 통혼했다. 또한 진(晉), 기(冀), 예(豫)가 교차하는 곳에 구려(九黎) 부락이 있었으며, 그들의 추장이 바로 치우(蚩尤)다. 염제와 황제 부족은 구려 부족과 격렬한 싸움을 벌였는데, 황제가 구려에게 승리해 치우를 죽였다.[1] 황하 하류에는 태호씨와 소호씨가 살았다. 태호씨의 활동 무대는 진(陳, 지금의 하남 회양), 소호씨는 엄(奄, 지금의 산동 곡부)이었다. 전설에 따르면, 태호씨는 뱀의 몸뚱어리에 사람의 얼굴을 하고 있으며, 용으로 관직의 이름을 붙였고, 소호씨는 새로 관직 이름을 붙였다고 한다.[2] 그렇다면 태호씨는 뱀 토템, 소호씨는 새 토템을 가졌다고 말할 수 있을 것이다.

이상 여러 부락은 상고 시대 물질문명이나 정신문명에 각기 다른 공헌을 했다. 고서에 따르면, 황제는 의복과 배, 수레 등을 발명했고,[3] 나중에 신농씨로 칭해졌던 염제는 "나무를 깎아 보습을 만들고 나무를 구부려 쟁기를 만들며, 천하를 교화했다"[4]라고 한다. 그리고 태호씨는 이후 복희씨라고 칭하기도 하는데, 그물을 발명하고 팔괘(八卦)를 만들었다.[5] 또한 전설에 따르면, 치우는 "쇠로 병기를 만들었다"[6]라고 했으니 아마도 금속 제련을 최초로 발명한 사람이라고 할 수 있다.

전설에 나오는 당(唐), 우(虞) 시절은 경제가 발전하면서 각 부족이 이미 부족연맹을 결성하고 요(堯)나 순(舜)과 같은 우두머리가 등장한

1장 선사 시대

것으로 보인다. 그들은 주로 군사 업무를 책임졌으며, 제사를 주재하기도 했다. 《사기》에 따르면, 요와 순은 천지, 산천과 온갖 신들에게 제사를 지냈다고 한다. 당시 최고 권력기관은 사악십이목(四岳十二牧)으로 일종의 부족 추장회의라고 할 수 있다. 당료 시절 사악(四嶽)이 곤(鯀)에게 치수(治水)를 맡기자 요가 이에 반대했다. 하지만 그 역시 사악십이목의 결정에 따르지 않을 수 없었다. 요와 순 시절의 '선양(禪讓)', 즉 요가 나이 들어 순에게 제위를 물려준 것도 사악십이목의 동의하에 이루어진 것이다. 당시 군사 수장이었던 요나 순은 모든 일에 대해 부족 추장회의의 결정에 따라야만 했다.

고대 사람들은 '대동(大同)'과 '소강(小康)'으로 상고 시대 사회발전에 따른 두 가지 단계를 개괄하곤 했다. 일단 《예기》〈예운〉편을 보면 이런 구절이 적혀 있다.

"대도(大道)가 행해지던 시대에는 천하가 천하 사람들에 의해 공유되었다. 현명하고 능력이 있는 사람을 선발해 천하를 맡겼고, 사람마다 말과 행동이 일치하고 서로 화목하고 평화로웠다. 모든 이들이 자신의 부모를 사랑할 뿐만 아니라 남의 부모도 사랑하며, 자신의 자식에게 자애로울뿐더러 남의 자식에게도 자애로웠으며, 노인들은 모두 천수를 누리고 성인들은 자신의 재주와 능력을 발휘할 수 있었으며, 아이들은 모두 좋은 교육을 받을 수 있었고, 홀아비, 과부, 고아, 자녀가 없는 노인네, 장애인 등도 모두 충분하게 공양을 받을 수 있었다. 남자들은 각기 자신의 직무를 다하고, 여자들은 각기 돌아갈 가정이 있었다. 물건은 아무 곳에나 두고 굳이 숨길 필요가 없었으며, 힘을 다해 일하면서도 자신만을 위해서 쓰지 않았다. 그렇기 때문에 음모를 꾸미거나 간계를 부리는 사람이 없었으며, 좀도둑도 없고 강도가 횡행하는 일이 없었다. 집집마다 문이 있었지만 닫아두지 않았다. 이러한 사회를 일러 대동세계라고 한다(大道之行也, 天下爲公, 選賢與能, 講信修睦. 故人不獨親其親, 不獨子其子, 使老有所終, 壯有所用, 幼有所長, 矜寡孤獨廢疾者皆有所養, 男有分, 女有歸. 貨惡其棄於地也, 不必藏於已, 力惡其不出於身也, 不必爲已. 是故謀閉而不興, 盜竊亂賊而不作, 故外戶而不閉. 是謂大同)."

여기서 대동 세상은 요와 순의 시대를 말한다. 이후 사회가 발전하면서 '소강' 사회로 진입하게 된다. "이제 대도가 이미 사라져 보이지 않고 천하가 일가가 되었다. 사람들은 각기 자신의 부모와 자식만 사랑했으며, 자신만을 위해 일했고, 집권자의 직위 세습이 제도화되었다. 사람들은 자신의 재산을 보호하기 위해 성곽과 해자를 만들었고, 예의를 만들어 사회를 관리했으며, 군신간의 명분을 확정하고, 부자간의 자애와 효성을 돈독하게 했으며, 형제간에 우애를 강조하고, 부부간에 화목을 중시했다. 이렇게 일련의 윤리 도덕규범에 근거한 제도를 설립하고 영지(領地)를 구분했으며, 용맹하거나 재능을 가진 자들을 중용했다. 이는 공적을 자신의 소유로 하기 위함이었다. 그래서 교활한 음모가 생겨나고, 전쟁이 이로 인해 일어났다(今大道旣隱, 天下爲家, 各親其親, 各子其子, 貨力爲已, 大人世及以爲禮, 域郭溝池以爲固, 禮義以爲紀, 以正君臣, 以篤父子, 以睦兄弟, 以和夫婦, 以設制度, 以立田里, 以賢勇知, 以功爲已. 故謀用是作, 而兵由此起)." 이러한 '소강' 사회가 우(禹), 탕(湯), 문(文), 무(武)를 대표로 하는 하, 상, 주 시대다.

2장

하
와
상

1 • 하

●

중국사에서 하 왕조는 대략 기원전 21세기에 시작되었다.

고문헌에서 여러 차례 언급하고 있다시피 상 왕조보다 훨씬 이른 것이 하 왕조다.《상서(尚書)》〈소고(召誥)〉편에, "나는 하나라를 살피지 않을 수 없으며, 또한 은나라를 살피지 않을 수 없다(我不可不鑒于有夏, 亦不可不鑒于有殷)",《시경(詩經)》〈대아(大雅)〉〈탕(蕩)〉편에, "은나라가 거울로 삼을 것은 멀리 있지 않으니 바로 하후의 시대에 있다(殷鑒不遠, 在夏后之世)"는 예에서 볼 수 있다시피 하대의 존재는 결코 의문시할 수 없다.

하인의 주요 활동 지역

하는 원래 부족연맹의 이름이었으며, 나중에 왕조의 칭호가 되었다.《사기》〈하본기(夏本紀)〉기록에 따르면, 그들 부족연맹은 하후씨, 유호씨(有扈氏) 등 12군데 사(姒) 성의 씨족부락으로 이루어져 있다. 고서의 기록에 의하면, 하는 숭산(崇山)에서 기원했으며[1], 하우(夏禹)의 부친인

곤(鯀) 역시 숭산이 봉지(封地)였고,[2] 하우는 양성(陽城)에 도읍지를 건설했다고 한다. 또한 이수(伊水)와 낙수(洛水) 양안이 바로 "하인(夏人)들의 거주 지역"[3]이었다고 한다. 이러한 기록으로 볼 때, 지금의 하남성 숭산부터 이수, 낙수 유역까지가 당시 하인들의 주요 활동 지역이었음을 알 수 있다.

현재 산서성 남부 역시 하인들의 활동 지역이었다. 고서에 따르면, 우는 양성 외에도 안읍과 평양[4]을 도읍지로 삼았다고 하며, 서주 초기만 해도 그 일대를 하허(夏墟)라고 불렀으며, 거주민들이 하인의 풍속이나 습관을 그대로 유지하고 있었다고 한다. 역시 고서의 기록에 따르면, 하후(夏后, 하의 군주) 상[相, 중강(仲康)의 아들]이 제구(帝丘)에 도읍지를 세웠다고 하는데,[5] 그렇다면 하인의 활동 범위는 동쪽으로 지금의 하북, 하남, 산동 지역까지 확대될 수 있다.

근래에 들어와 고고학자들은 하남, 산서 일부 지역에 대한 조사, 발굴을 통해 용산(龍山) 말기와 초기 상(商) 문화 사이에 끼어 있는 문화 유적을 발견했다. 비록 그 시대를 명확하게 판정할 만한 증거로 삼기에는 부족하지만 하 문화를 찾는 데 결코 놓칠 수 없는 중요 실마리임에는 틀림없다.

하 왕조 건립과 노예제 국가 형성

《죽서기년(竹書紀年)》의 기록에 따르면, 하 왕조는 우(禹)부터 걸(桀)까지 모두 17명의 군주가 전체 471년을 통치했다고 한다. 하우가 자신의 아들에게 정권을 물려준 것은 이른바 "천하위가(天下爲家)", 즉 천하를 한 집안의 소유물로 여기는 인식의 출발점이었다. 이로부터 "대인세급이위예(大人世及以爲禮)", 즉 부자와 형제가 나라와 가문을 전승하는 것이 하나의 제도로 정착되기 시작했다.

《사기》〈하본기〉에 따르면, 하우는 여전히 옛 전통에 따라 천하를 자신의 아들이 아닌 익(益)에게 넘겼는데, 당시 일부 제후들이 익을 제거하고 계(啓)를 옹립했다. 당시 적지 않은 귀족들이 왕위세습제를 옹호했음을 보여주는 대목이다. 사유제가 발전하면서 약탈전쟁이 날로 빈번해졌으며, 씨족제는 효용성을 잃고 말았다. 이에 군사 수장(首長)이 최초의 전제군주로 전환되기에 이르렀다. 고서에 "계가 익을 대신해 '후(后, 군주)'가 되었다"라는 말은 선양제가 계에 의해 파괴되었음을 뜻한다. 익은 선양제를 유지하기 위해 계를 반대했지만 결과적으로 계에게 피살되고 말았다.[6] 당시 수구파를 대표하는 귀족들, 예를 들어 유호씨 등은 계의 찬위에 불복해 무장 반란을 일으켰다. 계는 유호씨와 감(甘)에서 맞붙었는데, 결국 계에 의해 멸족되고 만다.[7] 유호씨의 실패는 어쩌면 역사 발전의 추세에 의해 이미 결정된 것인지도 모른다. 격렬한 전쟁을 거치면서 어진 인재에게 천하를 넘기는 전통은 아들에게 전승하는 것으로 바뀌었다. 그리고 오래된 씨족제 역시 국가로 대체되었다. 이러한 거대한 사회변혁이 바로 하계(夏啓) 시절에 시작되었던 것이다.

왕위세습제 확립은 중요한 역사적 변혁이다. 그래서 《예기》의 〈예운〉편은 하우를 소강(小康) 세상의 시작으로 간주해, 그 이전의 '대동지세(大同之世)'와 구분하고 있다. '대동지세'의 특징은 '천하위공(天下爲公)'이지만 소강지세는 '천하위가(天下爲家)'이기 때문이다.

전하는 말에 따르면, 하우는 관직을 만들었다고 한다. 《좌전》에서 "하는 정치가 어지러워 우가 형벌을 만들었다(夏有亂政, 而作禹刑)"라고 한 것은 하대에 이미 국가가 형성되어 최초의 형법이 제정되었음을 의미한다. 또한 《맹자》〈등문공(滕文公)〉에서 "하후씨는 50무마다 공물을 받았다(夏后氏五十而貢)"라고 한 것을 보면, 하나라가 농민 매호마다 토지 50무를 나누어주고 그들에게 일정한 물건이나 세금을 받았음을 알 수 있다. 《사기》〈하본기〉에서도 "우는 각지를 순시하면서 그 땅에 알맞은 생산물을 살펴 공물을 정했다(禹乃行相地宜所有以貢)"라고 했고, 《한서》〈식화지〉역시 "우는 홍수를 다스리고 전국을 구주로 정했으며, 토지와 전답을 규모에 따라 나누었으며, 각지마다 멀고 가까운 거주지의 정황에 따라 부세를 납부하고 토산품을 공납하도록 했다(禹平洪水, 定九州, 制土田, 各因所生遠近, 賦入貢棐)"라고 말했다. 이렇듯 공부(貢賦)가 존재했다는 것은 국가 출현의 중요한 증거다.

태강의 실정과 소강의 중흥

계부터 시작해 하나라가 국가로서 자리를 잡아가기 시작했다. 하지만 하의 정권은 여전히 불안정했다. 《묵자》에 따르면, 하계는 음주와 쾌락에 빠졌고, 그의 아들 태강(太康) 역시 음탕하기 그지없었다. 《초사》〈이소〉는 그에 대해 "제멋대로 쾌락에 도취했다(娛以自縱)"라고 말했다. 계의 작은 아들인 무관(武觀)이 난리를 일으켜 결국 태강이 나라를 빼앗기는 일이 벌어지고 말았다.[8]

태강이 죽고 아들 중강(仲康)이 자리를 이어받았으며, 그가 죽은 뒤에는 역시 그의 아들인 상(相)이 계위했다. 당시 동이족 유궁씨가 서쪽으로 세력을 확대하고 있었는데, 유궁씨의 수령인 예(羿)는 서(鉏)에서 궁석(窮石)으로 천도해 말 그대로 "하조(夏朝)의 백성이 하조의 정치를 대신했다(因夏民以代夏政)." 예는 특히 활쏘기 명수였는데, 지나치게 무력만 믿고 정사를 게을리하고 사냥만 즐길 뿐이었다. 그러다가 결국 측근인 한착(寒浞)에게 피살되고 말았다. 한착은 동이족 백명씨(伯明氏)의 일원으로 예의 정권을 빼앗고 동시에 그의 씨족과 아내까지 빼앗았다. 이후 아들 요(澆)에게 명하여 하와 동성인 짐관(斟灌)과 짐심(斟鄩) 두 씨족까지 제거하고 하후 상(相)까지 죽였다. 당시 상의 부인은 나라 밖으로 도망쳐 유복자 소강(少康)을 낳았는데, 소강이 나중에 유우씨 포정(庖正, 요리사)이 되었다. 당시 유우씨는 두 명의 여인을 처로 삼고 있었으며, 우륜(于綸)을 봉지로 삼았다. 소강은 "사방 10리의 작은 땅과 500명의 적은 인원(有田一成, 衆一旅)"으로 하나라 대중과 신하들을 되찾아 하나라를 부흥시키고자 만반의 준비를 하고 있었다. 하의 유신(遺臣)인 미진(靡趁)과 한착 부자가 인심을 얻지 못하자 짐관과 짐심의 남은 무리들이 소강을 옹립했다. 소강이 한착의 아들 요(澆)를 죽이고, 소강의 아들 저(杼)가 한착의 아들 희(豷)를 죽였다. 이로써 수십 년에 걸친 예와 한착의 하나라 통치도 막을 내리고, 소강이 새롭게 하의 정권을 장악하기에 이르렀다.[9]

소강이 죽고 아들 저가 군주 자리를 이어받았으며, 저는 "동해까지 정벌했다."《국어》〈노어(魯語)〉에 따르면, "저는 우공의 업적을 따를 수 있었기에 하우씨가 보답하기 위해 제사를 지냈다(杼能帥禹者也, 夏后氏報焉)"라고 했다. 이렇듯 하나라의 통치는 저에 이르러 비로소 공고해지기 시작했다. 그래서 하인들은 그를 존경했던 것이다. 저 이후로 하인들은 끊임없이 동쪽으로 세력을 확장했다. 하의 군주 저 시절에도 수많은 동이족이 하나라에 신하로 복속했으며, 하의 작명(爵命)을 하사받았다. 이로부터 하나라 말기까지 하 왕조는 황하 중, 하류의 통치 세력으로 확고하게 자리잡았다.

하대의 사회경제

고문헌의 기록에 따르면, 하대 경제는 농업이 중요한 위치를 차지하고 있었다. 《논어》〈헌문(憲問)〉에, "우와 직은 몸소 농사를 지어 천하를 얻었다(禹稷躬稼而有天下)"라고 했다. 〈태백(泰伯)〉에서는, "도랑을 만드는 데 힘을 다했다(盡力乎溝洫)"라고 했다. 이러한 기록은 하나라 사람들이 농업을 중시했으며, 당시에 이미 도랑을 파서 물길을 인도하고 배수했음을 설명한다. 그들은 또한 농업에 필요한 하정(夏正)을 만들었는데 이후 비교적 오랜 시간 활용되었다. 그래서 공자가 "하나라 책력으로 시행한다(行夏之時)"라고 말했던 것이다. 지금도 보전되고 있는 《하소정(夏小正)》은 춘추전국 시대에도 통용되었던 책력이다.

하대에 주조된 청동기에서 적지 않은 고대 전설을 살필 수 있다. 《좌전》선공(宣公) 3년에 다음과 같은 기록이 있다. "옛날 하 왕조가 바야흐로 덕행이 있을 때 먼 곳의 나라들이 각기 사물의 형상을 모사해 바치고, 구주(九州) 우두머리들이 금(金, 구리를 지칭한다)을 바쳤습니다. 이에 구정을 만들어 물건의 형상을 새겨 넣었는데, 여러 가지 사물의 형태를 정에 새겨 넣어 백성들이 신령과 잡귀를 구분할 수 있게 되었습니다(夏之方有德也, 遠方圖物, 貢金九牧, 鑄鼎象物, 百物而爲之備, 使民知神姦)." 《묵자》에도, "예전에 하후 계가 비렴을 파견해 산천에서 금(구리를 지칭한다)을 채취하고 곤오에서 정을 주조하도록 했다(夏后啓使蜚廉采金于山川, 而陶鑄於昆吾)"라는 기록이 있다. 이러한 전설을 통해 우리는 하대에 이미 석기 시대에서 청동기 시대로 진입했음을 알 수 있다.

하대 멸망

공갑(孔甲)부터 하 왕조는 내부 모순이 날로 격화되면서 멸망의 길로 들어선다.

《사기》〈하본기〉에는, "공갑은 제의 자리에 오른 후 귀신을 섬기는 일을 좋아하고 음란하여, 하후씨의 덕이 쇠퇴해지니 제후들이 반란을 일으켰다(帝孔甲立, 好方鬼神事, 淫亂, 夏后氏德衰, 諸侯畔之)", 또《국어》〈주어(周語)〉에는 "공갑이 하 왕조를 어지럽혀 이후 4세 만에 멸망했다(孔甲亂夏, 四世而隕)"라는 기록이 있다. 공갑 이후 4세는 이계(履癸), 즉 하걸이다. 하걸은 폭군으로 널리 알려진 인물이다.《상서》에 따르면, 걸은 현량한 이들을 기용하지 않고 백성들을 구휼하지 않았으며, "지나치게 혼매했다(乃大淫昏)"라고 했다.《사기》〈하본기〉에는 또한 "걸은 덕행에 힘쓰지 않고, 무력을 일으켜 백성들에게 피해를 입히니 백성들이 참을 수 없었다(桀不務德而武傷百姓, 百姓弗堪)"라는 기록이 있다. 상왕 탕 시절 하걸에 관한 글을 보면, 당시 민중들이 그를 얼마나 증오했는지 잘 알 수 있다. "해는 언제나 망할 것인가. 우리도 모두 너와 함께 망하리라(時日易喪, 予及汝皆亡)." 백성들이 모두 하 왕조와 함께 망하겠다고 저주하고 있으니 당시 백성들의 정권에 대한 증오가 어느 정도였는지 알 수 있다. 이러한 기록은 모두 당시 계급 모순이 첨예화했음을 보여주는 예라 할 수 있다.

하 왕조의 내부 모순이 격화되면서 은인(殷人)의 위협도 날로 심해졌다. 그들의 위협에 대항하기 위해 하나라 걸은 "잉(仍)에서 회동해(仍之會)" 동방의 여러 부족들이 은인을 견제하도록 했으나 그의 기도는 실패로 끝나고 말았다.《좌전》은 이에 대해 이렇게 말하고 있다. "하나라 걸이 잉에서 제후들과 회동했는데 민나라가 배반했다(夏桀爲仍之會, 有緡叛之)." "하나라 걸은 유민과 싸워 이겼지만 나라를 잃었다(桀克有緡以喪其國)." 이렇듯 걸은 군사적으로 승리를 얻었으나 왕조의 멸망을 돌이킬 수는 없었다.

  결국 상(商)의 수령 탕(湯)이 군사를 이끌고 걸을 정벌함으로써 하 왕조는 종말을 고했다.

2 · 상

상의 흥기, 상조 건립과 발전

상의 선조

상은 황하 중, 하류에서 살았던 오래된 부족이다. 전설에 따르면, 상의 시조는 계(契)이고, 그의 모친은 유융씨인 간적(簡狄)인데, 현조(玄鳥)의 알을 집어삼키고 임신해 계를 낳았다고 한다.[10] 《시경》〈상송〉〈현조〉에, "하늘이 현조에게 명하여 내려와 상을 낳았네(天命玄鳥, 降而生商)"라는 기록이 있다. 이는 당시 상족이 제비를 자신의 씨족 토템으로 가지고 있었으며, 계 이전까지 모계 씨족사회에서 완전히 벗어난 것이 아님을 반영한다. 계부터 상족은 부자 상속이 정착되면서 부계 씨족사회로 진입했다.

상인(商人)은 초기 여러 차례 도읍지를 옮겨 다녔다. 《상서서(尚書序)》에 따르면, "계부터 성탕에 이르기까지 여덟 번 천도했다(自契至于

成湯八遷)"고 한다. 천도한 곳은 고서에 지명이 보이는데, 상구(商丘), 박(亳), 지석(砥石), 번(蕃) 등이다.[11] 대략 지금의 하남, 산동 등지다. 하지만 상인의 활동 범위는 이보다 더욱 컸다. 《시경》〈상송〉〈장발(長發)〉에, "(설의 손자인) 상토가 날래고 씩씩해 나라 밖에서도 제후들이 복속했다(相土烈烈, 海外有截)"라고 했다. 이는 당시 상인들이 해외에서 전쟁을 수행했음을 말해준다. 고서에 따르면, 상왕 해(亥)가 소떼를 몰고 유이씨 지역으로 갔는데, 유이씨의 임금이 왕해를 죽이고 소떼를 빼앗았다고 한다. 나중에 왕해의 아들 상갑미가 유이씨와 싸워 임금 면신을 살해했다.[12] 그렇다면 왕해 시절 상인들의 세력이 이미 하북 북부까지 진출했다고 볼 수 있다.

《사기》에 따르면 계가 우를 따라 치수에 나섰으며, 나중에 명(冥) 또한 하의 수관(水官)이 되었다고 한다. 《국어》에 따르면, 명은 치수에 힘쓰다가 물에 빠져 죽었다. 하인(夏人)들이 황하 중, 하류를 통치할 당시 상인(商人)들은 하나라에 복속하고 있었다.

《세본(世本)》에서는, "상후(商侯)인 상토가 말을 탈 수 있도록 훈련시켰고(相土作乘馬)", "왕해가 소를 길들였다(亥作服牛)"라고 했다. 이렇듯 상토와 왕해 시절 상인들은 우마를 이용해 수레를 끌었다. 이는 상인들이 고대 문명에 공헌한 중요 부분 가운데 하나다.

탕이 하를 멸망시키고 상 왕조를 건립하다

하대 말기 군주 걸이 무도해 민심을 잃었다. 상왕 탕이 하의 내란을 틈타 하의 여러 속국을 제압하면서 자신의 역량을 확장했다. 《맹자》는 당시 상황을 이렇게 전하고 있다. "탕 임금이 정벌을 갈부터 시작해 열한 나라를 정벌하니 천하에 대적할 이가 없었다(湯始征, 自葛載, 十一征而

無故于天下)." 이후 탕은 위(韋, 지금의 하남성 활현), 고(顧, 지금의 산동성 범현) 등을 멸망시키는 한편 이윤(伊尹)의 보좌를 받아 마침내 하를 정벌하기 위한 군사행동에 돌입했다. 탕과 걸은 지금의 하남성 개봉 부근인 명조에서 접전했는데, 하걸이 패주하고 말았다. 탕은 이후 하의 마지막 속국인 곤오(昆吾, 지금의 하남성 박양)를 제압하는 동시에 걸을 멸했다.《시경》〈상송〉〈장발〉에서, "위와 고나라를 정벌한 다음 곤오와 하나라 걸왕을 치셨다(韋顧旣伐, 昆吾夏桀)"라고 했는데 이는 상인들이 하를 멸망시킨 탕을 찬송하는 서사시다. 고서에 따르면, 탕은 지금의 하남성 상구인 박(亳)을 도읍지로 삼았는데, 일설에는 지금의 하남성 언사 지역인 서박(西亳)이라고 한다.《사기》에 따르면, 탕이 건국하고 상조가 멸망할 때까지 554년 동안 전체 17대 31명의 왕이 재위했다.

반경 천도

탕이 반경(盤庚)으로 옮길 때까지 상인들은 "도읍지가 일정하지 않아(不常厥邑)" 전후 다섯 차례나 도읍지를 옮겼다. 다만 그 연대와 지점은 아직 확정적이지 않다.《죽서기년》에 따르면, 중정(仲丁)이 오(隞, 하남성 형양 부근)로 천도했고, 하전갑(河亶甲)이 상(相, 지금의 하남성 내황)으로, 조을(祖乙)이 비(庇), 남경(南庚)이 엄(奄, 지금의 산동성 곡부), 반경이 다시 엄에서 북몽(北蒙)으로 천도해 그곳을 은(殷, 하남성 안양)이라고 불렀다. 이상 다섯 번의 천도 범위는 하남과 산동 경내를 벗어나지 않는다. 반경이 은으로 천도한 것에 대해서는《상서》〈반경〉에 언급되고 있는데, 처음에는 귀족들의 반대에 부딪혔으나 반경의 협박으로 인해 마침내 복종하고 천도했다고 한다. 하지만 천도 원인에 대해서는 구체적으로 이야기하지 않았다. 한대(漢代) 학자들은 당시 귀족들의 생활이 지나치게 사치스러워 평민들의 삶까지 침해했기 때문에 반경이 빈부 간의 모순을 완화시키기 위해 천도했다고 추측했다.[13] 일부 사람들은 상대 농업생산력이 비교적 낮았기 때문에 천도를 자주한 것은 지력 소모와 관련이 있다고 주장하기도 한다. 그러나 이러한 추론에 정확한 근거는 아직 없다.

"반경이 은으로 천도하고 주에 이르러 멸망할 때까지 273년 동안더는 천도하지 않았다(自盤庚徙殷, 至紂之滅, 二百七十三年, 更不徙都)"라고《죽서기년》에 기록되어 있다. 은허에서 무정, 제신까지 역대 왕실의 적지 않은 점복 각사(刻辭)가 발굴되었는데, 그 내용을 통해《죽서기년》에서 말한 것처럼 "더는 천도하지 않았다"라는 것이 확인되었다. 반경이 은으로 천도한 후 사회경제적으로 큰 변화가 있었다. 아마도 그렇기 때문에 더는 천도하지 않은 것으로 보인다.

무정 시기의 상 왕국

반경이 은으로 천도한 후 상 왕국은 정치, 경제 면에서 모두 크게 발전했다. 특히 무정(武丁)이 통치하던 50여 년간은 상조가 가장 강성했던 시기라고 할 수 있다. 무정은 상조의 여러 왕들 중에 가장 명성이 높아《시경》에 나오는 다섯 편의 상송(商頌) 가운데, 〈현조〉와 〈은무〉가모두 그를 찬미하는 시가다.

《상서》〈무일(無逸)〉에, "고종을 살펴보면, 당시에 오랫동안 밖에서일하시어 이에 소인들과 함께하셨다(其在高宗, 時舊勞于外, 愛曁小人)"라는 기록이 있다. 이는 무정이 민간에 살았었기 때문에 민중들의 질고를많이 알고 있었다는 뜻이다.《사기》도 그를 칭송하고 있다. "무정이 다스리고 은덕을 베풀자 천하의 백성들이 모두 좋아하고 은나라의 국운이 다시 흥성했다(武丁修政行德, 天下咸驩, 殷道復興)."

무정은 대외적으로 끊임없이 군사를 동원했다. 상 서북쪽에 살고 있는 공방(舌方), 귀방(鬼方) 등이 계속 상을 괴롭혔기 때문이다. 복사(卜辭, 경작, 제사, 전쟁 등에 즈음하여 길흉을 점친 뒤 그 내용을 거북 껍질이나 소뼈에 새긴 글 - 역주)에 보면 무정 시기에 상과 공방, 귀방이 싸웠다는 기록이 많이 나온다. 상당한 기간 동안 무정은 공방과 귀방을 물리쳐 안정을 가져왔다. 《역경》에 나오는 "고종이 귀방을 정벌해 3년 만에 물리쳤다(高宗伐鬼方, 三年克之)"라는 대목은 이를 반영하는 것이다. 상은 또한 남방에서도 격렬한 전쟁을 수행했다. 무정 시기 복사에 '남토(南土)'라는 말이 나오는데 이를 두고 한 말이다. 《시경》〈상송〉〈은무〉에서도, "군사를 일으켜 형초를 토벌하시니, 왕의 군사가 적진의 험한 곳까지 깊이 들어가 수많은 초나라 병사들을 포로로 삼았다(奮伐荊楚, 采入其阻, 袞荊之旅)"라고 했다. 이는 무정 시기에 상인(商人)들이 강(江)과 한(漢) 유역에서 큰 승리를 얻었다는 증거다. 〈현조〉에서도 무정 시기의 상 왕국에 대해 "천 리 국토가 진실로 광활해 백성들이 편안하게 거주하고, 사방 강역이 지극히 먼 곳까지 이르렀다(邦畿千里, 維民所止, 肇域彼四海)"라고 읊고 있다. 상인들이 대외 전쟁에 계속 승리하면서 상 왕조의 영역 역시 날로 확대되었음을 말한다.

《맹자》는 이렇게 말하고 있다. "무정 시대에 제후들이 조공을 바치고, 천하를 다스리는 것이 마치 손바닥에서 물건을 움직이는 것과 같았다(武丁朝諸侯, 王天下, 猶運之掌上)." 비록 과장된 부분이 없지 않으나 무정 시기의 상이 강성했으며 사회질서가 안정적이었다는 것은 대체적으로 믿을 만하다.

상의 경제와 사회 구조

농업

농업은 상대의 중요 생산 부문이다. 경내에 수많은 농지가 개발되어 있었다. 상왕(商王)은 풍년을 기원하면서 "중상(中商, 가운데 있는 상나라)의 풍년(重商受年)"을 희망했고, 아울러 '동토'와 '서토', '남토'와 '북토' 모두 풍년이 들기를 희구했다.

대량의 고고학 자료에 따르면, 상대는 초기부터 말기까지 나무나 돌로 만든 농기구를 사용했다. 상대 초기에 이미 청동기물이 생산되었지만 대다수 농부들은 아직까지 청동농기를 사용할 수 없었다. 갑골문에서 경작의 뜻인 '적(耤)' 자는 '𦔻'인데, 사람이 손에 쟁기자루[耒柄]를 들고 발로 쟁기를 밟으며 땅을 경작하는 모습이다. 상대의 움집이나 묘실의 벽을 보면 쟁기로 땅을 파낸 흔적을 엿볼 수 있다. 나무로 만든 쌍치뢰(雙齒耒, 양쪽을 톱니 형태로 만든 쟁기)가 당시 중요한 경작 도구였음은 의심할 여지가 없는 것으로 보인다. 돌 자귀나 뼈로 만든 자귀도 상대 유적지에서 흔히 보이는데, 나무 손잡이가 달려 있고, 주로 땅을 파거나 제초할 때 사용했다. 고문헌에 나오는 사(耜, 보습)가 바로 그것이다. 곡물을 수확할 때 사용한 것은 돌로 만든 염(鐮, 낫)과 질(銍, 짧은 낫)이었으며, 낫은 조개껍데기를 갈아 만들기도 했다. 상대 유적지에서 수적으로 비교적 많이 출토된 것은 돌 자귀와 조개로 만든 자귀다.

갑골문에서 '田' 자는 ⊞ 또는 ⊞으로 쓴다. 또한 갑골문에는 강(疆), 견(畎) 등의 글자도 자주 보이는데, 전(田) 자 안에 있는 격자(格子)는 밭의 경계나 도랑을 표시하는 것으로 보인다. 복사에 보면, "밭을 함께 경작하다(曰啓田)", "왕대가 여러 사람들에게 명하여 밭을 함께 경작토록

했다(王大令衆人曰劦田)"라는 기록이 나온다. 이렇
듯 '협전(劦田)'은 여러 사람이 함께 경작하는 것
을 뜻한다. 도구나 기술이 아직 낙후된 상
태였기 때문에 농업에서 대규모 단순 협
업이 한동안 지속되었다는 것을 알 수
있다.

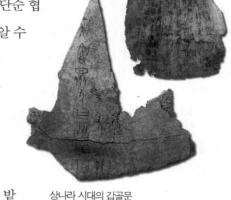

평민은 상대 농업노동의 중
요 담당자다. 복사에 나오는 '중
(衆)' 또는 '중인(衆人)'은 주로
평민이다. 복사를 보면 왕이 중
인에게 명하여 양방으로 들어가 밭

상나라 시대의 갑골문

을 경작하라고 했다는 말이 나오고, "왕이 중인을 이끌고 가서 경(식량
창고)에 기장을 저장하도록 했다(王往氏衆黍于囧)", "소신(경작을 관리하는
관리)이 중에게 명하여 기장을 경작하도록 했다(叀小臣令衆黍)" 등의 기
록이 나온다. 또한 상왕을 위해 농사를 짓는 평민들은 상인 이외에 외
족도 있었다. 예를 들어 복사에 나오는 내용 가운데 "왕이 여러 강유에
게 밭을 갈도록 했다(王令多羌墾田)"라는 기록이 나온다. 상왕은 노동을
감독하기 위해 '소적신(小耤臣)'이나 '소중인신(小衆人臣)' 등과 같은 관
리를 두기도 했다.

상나라의 중요 재원은 농업이었기 때문에 상왕은 농업에 지대한 관
심을 가졌다. 상왕은 항상 상제나 조상, 하신(河神)에게 기우제나 풍년
제를 올렸으며, '소적신'이나 '다윤(多尹)'에게 농업생산을 지휘하도록
독려했다. 때로 상왕 자신이 직접 밭에 나가 수확을 살피거나 적전(耤
田)의 수확활동에 참가하기도 했다.

복사에 나오는 곡물 명칭은 화(禾), 서(黍), 직(稷), 맥(麥), 이[秜, 도(稻)] 등 다양하다. 상인들은 풍년제를 통해 벼와 기장 농사의 풍년을 기원했다. 벼와 기장은 황하 유역에 적합한 곡물로 당시 광범위하게 재배되었다. 상대 귀족들은 음주의 풍습이 극성했는데, 복사에 보면 술 주(酒) 자 외에도 예(醴, 단술)와 창(鬯, 신에게 바치는 술, 울창주)이 언급되고 있다. 양주 원료는 주로 기장을 사용했기 때문에 관련된 기록이 비교적 많은 편이다.

상인들은 농업 이외에도 소나 말, 돼지, 양, 닭, 개 등 여러 가축을 길렀다. 상대 유적지에서 화살촉이나 고기그물 추 등 수렵이나 어렵 도구, 물고기나 동물 뼈 등이 발견되는 것으로 보아 당시 민간에서 수렵이나 어렵이 나름 경제적 의의를 지녔음을 알 수 있다. 복사를 보더라도 어렵이나 수렵에 관한 기록이 상당히 많이 나오는데, 동물들 중에서 특히 사슴이나 멧돼지가 가장 많이 나온다. 한 번에 수렵한 사슴이 348마리라는 기록도 나온다.

수공업과 상업

청동 제련과 주조업(鑄造業)은 상대에 상당한 진전을 보였다. 풍부한 고고학 자료가 증거하고 있다시피 상대 초기에 이미 상인들은 비교적 정교한 무기나 용기를 제작할 수 있었다. 상대 말기에 이르자 청동기 제련술이 상당한 수준에 이르렀다. 안양과 은허에서 출토된 청동기는 수량이나 품종 면에서 다양하고 풍부할뿐더러 제작기술도 세련되어 적지 않은 기물이 상당한 가치가 있는 예술품으로 평가받고 있다.

상대 청동기는 광범위한 지역에서 두루 발견되는데, 언사, 정주, 안양 등 상대 도읍 유적지 이외에도 산서, 산동, 하북 등지에서도 적지 않은 청동기가 발견되었다. 또한 적어도 상대 중기부터 청동기 생산이 장강 유역의 강서나 호북, 호남까지 확대되었음을 알 수 있다. 출토 유적으로 볼 때, 당시 제작방법은 진흙으로 만든 용기 거푸집을 만들고, 목탄을 연료로 사용했으며, 도자기로 만든 도가니에 구리를 녹여, 그 용액을 거푸집에 넣는 방식이었다. 화학검사를 통해 안양에서 출토된 청동기의 구리 함량이 70퍼센트, 주석 함량이 30퍼센트임이 확인되었다. 경도가 높은 무기나 도구 등은 주석 함량이 비교적 높은 것으로 보아 당시 상인들이 구리와 주석의 비율을 정확하게 파악하고 있었음을 알 수 있다. 안양에서 출토된 사모무방정(司母戊方鼎)은 무게가 875킬로그램인데, 이 정도로 큰 기물을 만들려면 풍부한 제련기술이 없이는 불가능하다.

현존하는 상대 청동기는 물건을 담는 용기로 정(鼎) 은(甗), 호(壺), 반(盤), 역(鬲), 작(爵), 고(觚), 가(斝, 술잔), 존(尊), 치(觶), 유(卣), 뇌(罍), 이(彝), 굉(觥) 등이 있고, 이외에 악기나 거마의 장식물 등이 있다. 용기는 주로 귀족들이 사용하던 것이며, 얕게 부조된 꽃문양 등이 나름 세련되어 보인다. 흔히 보이는 문양은 도철문(饕餮紋), 운뢰문(雲雷紋), 풍조문(風鳥紋), 상문(象紋), 호문(虎紋) 등이다. 상대 말기 청동기에는 명문(銘文)을 새겨 놓은 경우가 많다. 청동 무기로 과(戈), 모(矛), 월(鉞), 족(鏃, 화살촉) 등이 있는데, 현재 발견된 기물 가운데 청동으로 만든 월에 쇠를 상감한 것이 있다. 이는 운철(隕鐵)을 두드려 붙인 것으로 당시 사람들이 아직 제

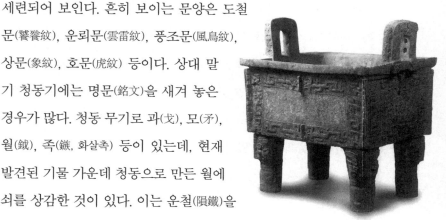

상나라 시대의 청동기

철술은 습득하지 못했지만 철이라는 금속을 이미 인지하고 이용하기 시작했음을 증명한다. 청동기로 제작된 도구로 칼과 도끼, 자귀, 끌, 집게, 바늘, 낫, 낚싯바늘 등이 있는데, 돌로 만든 도끼나 끌 등도 계속 사용된 것으로 보아 당시 청동기가 석기를 완전히 대체한 것은 아님을 알 수 있다.

비록 청동 기물이 적지 않게 발견되고 있기는 하지만 상대에서는 여전히 소수 귀족들의 전유물이었다. 대다수 사람들은 여전히 도기(陶器)를 주로 사용했다. 그래서 상대에는 도기 생산 규모가 상당히 컸다. 정주에서 대규모 가마 유적이 발견되기도 했다. 도기 가운데 특기할 부분은 고령토로 만든 도기들인데, 이는 후대 자기(瓷器) 생산의 토대가 되었다고 할 수 있다.

고고학 자료에 따르면, 상대 직물은 마포(麻布) 이외에도 견직물과 자수(刺繡) 등이 있다. 이는 상대에 이미 견직물 공예가 상당한 수준에 올랐음을 보여주는 것이다. 상대에는 수공업과 농업이 초보적인 분업 형태를 보이고 있는데, 상업 역시 초기 형태의 것이 확인되고 있다. 상대 유적지에서 흔히 볼 수 있는 바다조개는 당시 사람들이 장식용으로 사용한 것 외에도 교환의 매개물로 사용했을 가능성이 있다. 《상서》 〈주고(酒誥)〉에서 서주 초기 조가(朝歌) 일대의 상나라 유민들이 "소가 끄는 수레에 물건을 싣고 먼 곳까지 가서 장사를 했다(肇牽車牛遠服賈)"라는 기록이 나오는 것으로 보아 당시 각지의 물건 유통을 이런 소상인들에게 의지했음을 알 수 있다.

귀족과 평민

상나라의 명운을 장악하고 있는 귀족집단은 상왕과 그의 친인척, 그리고 고위 귀족들로 이루어져 있었다. 귀족은 대가족이 함께 모여 살았으며, 종법관계에 따라 대다수 종족 구성원을 통치했다. 그래서《상서》에서 그들을 '대가(大家)'라고 칭했던 것이다. 그들은 대규모 논밭을 점유하고 있었으며, 수공업 공방을 운영했다. 그들은 상왕 수하에서 문무요직을 맡았고, 관직은 대부분의 경우 세습되었다.

상대 사회에는 평민 계층이 존재했다.《상서》〈무일〉에서 말하고 있는 소인(小人)이 바로 그들인데, 자유 신분의 농민들을 일컫는 말이다. 《맹자》에 보면 이런 구절이 나온다. "은나라 사람들은 70이랑에 조법(助法, 정전법의 일종으로 전답 여덟 곳은 사전, 한 곳은 공전으로 삼아 함께 경작해 세금을 내는 방법 – 역주)을 사용했다(殷人七十而助)." 이는 상왕이 일부 토지를 70이랑씩 나누어 평민들에게 경작토록 했다는 것인데, 이른바 '조(助)'란 경작자가 일부 공전을 함께 경작해 상왕에게 바치는 일종의 소작료라고 말할 수 있다. 이외에도 평민들은 때에 따라 정벌 전쟁이나 변방 수비를 맡아야만 했다.

상대에는 일정한 숫자의 노예가 존재했는데, 그들 대부분은 전쟁포로로 끌려온 이들이었으며, 특히 강인(羌人)이 많았다. 복사에 나오는 첩(妾), 해(奚), 복(僕) 등은 당시 집안에서 일하는 남녀 노비들을 지칭하는 말이다. 복사를 보면 책첩(嘖妾), 침첩(沉妾), 벌첩(伐妾) 등이 나오는데, 이는 여자 노예를 죽여 제사에 사용하는 몇 가지 의식을 뜻한다. 상대 후기에 귀족들은 사후 순장(殉葬)을 하곤 했는데, 주로 전쟁포로나 노예를 적게는 한두 명, 많게는 수십 명씩 순장시켰다.

상의 정치제도

관료기구와 분봉(分封) 귀족

상의 국가 권력은 상왕이 장악하고 있었다. 상왕은 신민들 앞에서 '여일인(余一人)'으로 자칭했는데, 이는 독존무이(獨尊無二)의 특수한 신분임을 나타낸다. 왕위는 세습되었다. 일반적으로 부자상속과 형제상속이 결합한 형태였으며, 상대 말기에 비로소 아비가 죽으면 아들이 승계하는 부자상속이 완전히 갖추어졌다.

《예기》에 "은인(殷人)은 신을 존중해 백성들이 신을 섬겼으며, 귀(鬼)가 먼저고 예(禮)는 다음이었다"라고 했다. 은허에서 출토된 갑골 복사 자료에 따르면, 상왕은 국가 대사를 결정할 때 먼저 귀신에게 점을 쳐서 물어보았다.《상서》의 기록에서 알 수 있다시피 상왕 탕과 반경이 정령을 시행할 때도 귀신의 뜻을 빌렸다. 다시 말해 전제주의 정치의 실질은 미신의 외피로 감추어져 있다는 뜻이다.

상왕은 휘하에 수많은 '신(臣)'과 '신정(臣正)'을 두었다. 복사나 청동기 명문을 보면 관직의 명칭이 많이 나오는데, 소신(小臣), 소적신(小耤臣), 소중인신(小衆人臣), 복(卜), 사(史), 작책(作册), 어사(御史), 재(宰), 윤(尹) 등이 그것이다. 무관 직책으로 마(馬), 아(亞), 사(射), 위(衛) 등이 있다. 상대 소신의 지위는 자못 높아, 탕의 보좌역인 이윤도 소신이었다. 이후에도 마찬가지여서 복사에 나오는 소신은 왕을 대신해 제사를 받들거나 출병하는 예가 적지 않게 보인다.

《상서》〈주고(酒誥)〉에는, "외복(外服)의 후(侯), 전(甸), 남(男), 위(衛) 등 제후들과 내복의 각급 관원과 종실 귀족, 퇴직해 집에 있는 관원들 가운데 감히 술에 빠진 이가 없었다(越在外服, 侯甸男衛邦伯. 越在內服, 百

僚庶尹, 惟亞惟服宗工, 越百姓里居, 罔敢湎于酒)"라고 적혀 있다. 이렇듯 〈주고〉에 따르면, 상대에는 내복과 외복의 구분이 있었다. 내복은 상의 왕기(王畿), 즉 상왕이 직접 통치하는 지역이고, 외복은 여러 방백(邦伯)에게 나누어준 제후의 영토를 말하는데, 방백은 다시 후(侯)와 전(甸)을 파견해 변경 지역을 통치했다. 내복과 외복 중에는 많은 읍(邑)이 있으며, 귀족과 평민들이 그곳에서 살았다.

분봉받은 군(君)은 후(侯)와 백(伯) 두 가지가 있다. 복사에서 볼 수 있는 바와 같이 무정 시절 창후호(倉侯虎), 정백(井伯), 이백(易伯), 제신(帝辛) 시절 유후희(攸侯喜) 등이 그들이다. 또한 문헌에 보이는 유귀후(有鬼侯), 악후(鄂侯), 서백(西伯) 역시 분봉받은 봉군(封君)들이다. 후백의 봉지(封地)는 세습되었으며, 각기 무장한 무리를 거느리고 '신정(臣正)'을 두었다. 제후들은 상왕에게 곡물, 귀갑(龜甲), 우마 등을 공납할 의무가 있었으며, '왕사(王事)', 즉 왕을 따라 출정해야만 했다. 상대 통치집단은 대소 귀족 관료와 후백으로 이루어졌음을 알 수 있다.

군대와 형법

상의 통치자는 막강한 군대를 보유하고 있었다. 복사 기록에 따르면, 한 번 출병할 때마다 거의 3000명에서 5000명에 달하는 군사가 동원되었으며, 많을 때는 1만 3000명에 이르기도 했다. 상의 군대는 주로 보병이었지만 전차도 있었다. 전차는 두 마리 또는 네 마리의 말이 끌었으며, 청동 무기로 무장한 여러 명의 병사가 타고 있었다. 복사에 "왕이 삼사를 만들었는데, 우(右), 중(中), 좌(左)다"라는 기록이 있는 것으로 보아 3지(支)로 나뉘었던 것 같다. 병사 대부분은 평민들이었으며, 일반적으로 필요할 때마다 징집되었다. 복사에서는 그들을 '등인(登

人)' 또는 '치중(雉衆)'이라고 불렀다. 군대의 우두머리는 왕이나 대신들이 맡았다. 상대 군대의 책무는 노예나 평민을 제압하는 일 이외에 대외 정복이나 약탈이었다. 복사 기록에 따르면, 상대에 대외 전쟁이 빈번하게 일어났음을 알 수 있다. 포로로 잡은 적군은 노예로 삼거나 도살했다. 복사에 따르면, 상인들에게 살해된 적이 한 번에 2600여 명에 달한 적도 있었다. 이는 당시 전쟁이 상당히 잔혹했음을 보여준다.

《순자》는 "형명은 상에서 나왔다(刑名從商)"라고 했고, 《여씨춘추》는 상대에 "형벌이 300가지였다"라고 했다. 상대의 형법이 상당히 번다했음을 뜻하는 말이다. 상대에는 감옥이 이미 존재했다. 주왕(紂王)이 주문왕(周文王)을 유리(羑里)에 구금한 적이 있는데, 유리가 바로 상나라 감옥이 있는 곳이다. 갑골문에서 '집(執)' 자는 𡋑로 썼는데, 사람이 두 손으로 형구를 차고 있는 모습이다. 안양 은허에서 출토된 도용(陶俑) 중 두 손에 족쇄를 차고 있는 모습이 보인다. 문헌에 따르면, 상대에는 해(醢, 인체를 소금에 절여 죽이는 형벌), 포락(炮烙, 불에 태워 죽이는 형벌) 등 혹형도 있었다. 이렇듯 형법은 상대 통치자가 권력을 유지하는 중요 수단이었던 것이다.

상과 여러 주변국의 관계

상나라 사방에는 수많은 군소 국가가 자리하고 있었다. 어떤 나라는 상의 경내까지 들어와 있기도 했다. 상은 그들을 방(方) 또는 방방(邦方)이라고 불렀다. 무정 시기에는 어방(御方), 정방(井方), 위방(危方), 마방(馬方) 등 30여 군데 방국이 있었는데, 상조 서북쪽으로 토방(土方), 공방(呂方), 귀방(鬼方), 강방(羌方)이 자리하고 남쪽에는 인방(人方), 호방(虎方) 등이 자리했다.

공방, 귀방, 강방, 인방은 비교적 강대한 방국으로 상나라와 적대관계에 있었다. 복사 기록에 따르면, 공방이 수시로 상의 전읍(田邑)을 침략했다. 복사에도 쌍방이 전쟁을 치렀다는 기록이 적지 않게 보인다. 하지만 대다수 방국은 약소국들이어서 상왕에게 복종했으며, 이후 점차 상 왕조에 편입되었다.

제을(帝乙), 제신(帝辛) 시절, 상인은 동남쪽에 살고 있는 인방(人方)과 대규모 전쟁을 일으켰다. 복사와 청동기 명문에 "인방을 정벌했다(征人方)"거나 "왕이 인방을 정벌했다(王來征人方)"라는 기록이 나오는 것을 보면 이를 확인할 수 있다. 인방은 후세 동이(東夷)나 회이(淮夷)로 칭해졌는데, 회수 유역에 사는 강대한 방국이었다. 《여씨춘추》에 따르면, "상인들이 코끼리를 길들여 동이에게 잔인하게 굴었다(商人服象, 爲虐于東夷)"라는 내용이 있다. 상인은 동남 지역에서 코끼리를 잡아 동이에게 커다란 재앙을 주었다는 뜻이다. 은허에서 출토된 고래 뼈나 조개, 큰 거북, 코끼리 뼈 등은 아마도 동남 연해안에서 약탈한 것일 가능성이 크다.

복사를 보면 상인이 인방을 정벌하고 돌아온 날짜와 경로가 기록되어 있는데, 한 번 갔다가 오는 데 대략 200여 일이 걸렸다. 인방과 전쟁하면서 상조 역시 적지 않은 피해를 입었다. 안양 은허에서 '인방백(人方伯)'이라는 글자가 새겨진 두개골이 발견되었는데, 이는 상인이 인방의 군장을 살해해 가져온 일종의 전리품일 가능성이 크다. 결국 상은 인방을 정복해 전쟁을 끝냈다. 하지만 상의 국력도 이로 인해 크게 소진된 상태였다. 승리의 대가는 결코 적지 않았다. 이는 《좌전》에서 "주가 동이와 싸워 이겼으나 인력도 많이 손상되었다(紂克東夷而殞其身)"라고 말한 것과 같다.

상의 쇠망

상나라의 붕괴

무정 이후 통치계급이 점차 부패하기 시작했다.《상서》〈무일〉에, "이때 이후로 즉위한 왕들은 나오기만 하면 안일했다. 나오기만 하면 안일해 농사의 어려움을 알지 못하고 일반 서민들의 고생을 듣지 않았으며, 오로지 탐닉하고 즐기는 일만 좇았다(自時厥後立王, 生則逸. 生則逸, 不知稼穡之艱難, 不聞小人之勞, 惟耽樂之從)"라는 기록이 있다. 상나라 말기 제을, 제신 시절에 이르자 상황이 더욱 심각해졌다. 통치자들은 사치에 물들어 향락생활에서 빠져나오지 못했다. 주왕(紂王) 제신(帝辛)은 "세금을 무겁게 부과해 녹대를 돈으로 채우고, 거교(창고 이름)를 곡식으로 채웠다(厚賦稅以實鹿臺之錢而盈巨橋之粟)." 또한 한단(邯鄲) 이남, 조가(朝歌) 이북에 수많은 별궁, 이궁을 건설하고 '주지(酒池)'와 '육림(肉林)'을 만들었으며, "긴 밤 내내 술에 취했다." 서주 시대 청동기 명문은 이에 대해 이렇게 말하고 있다. "내가 듣기에 은조가 하늘이 부여한 천명을 잃게 된 것은 은조의 제후로부터 조정의 대소 관료들에 이르기까지 모두 술에 탐닉했기 때문이다."[4] 이렇듯 대소 관료들 가운데 술에 흠뻑 빠지지 않은 이가 없었고, 심지어 일부 평민들도 예외가 아니어서 "군신들이 술에 취해 하늘까지 비린내가 진동하는(庶群自酒, 腥聞在上)"《상서》〈주고〉, '서군'은 서민과 군신이 아니라 여러 신하라는 뜻이다. 따라서 서민들까지 예외가 아니었다는 증거가 될 수 없다 - 역주) 지경에 이르렀다.

통치계급 전체가 사치와 향락에 빠지고 평민들에 대한 잔혹한 탄압과 약탈, 그리고 이에 대한 평민들의 반항이 날로 격화하면서《상서》〈미자(微子)〉에서 말하고 있는 것처럼 "백성들이 일제히 일어나 우리와

서로 적이 되었다(小民方興, 相爲敵讎)." 이는 국내 모순이 상당히 심각할
정도로 첨예화했음을 보여주는 예다.

계급 모순이 날로 심각해지면서 통치계급 내부의 알력도 심해지기
시작했다. 주왕은 자신의 재력만 믿고 옛 신하들을 멀리했다.《상서》
〈미자〉에 따르면, 주왕은 "나이가 많은 사람이나 관직에 오랫동안 있
었던 이들을 거슬렀다(咈其耇長舊有位人)"고 했고, 〈목서(牧誓)〉에서 보
다시피, "사방에서 죄를 짓고 도망쳐 온 사람"을 '대부경사(大夫卿士)'
의 자리에 끼워 넣었다. 예를 들어 비중(費仲), 악래(惡來), 숭후호(崇侯
虎) 등이 모두 그런 인물들인데, 주왕은 그들을 신임했다. 대신 주왕에
게 충성을 다했던 비간(比干)은 직간(直諫)해 죽임을 당했고, 기자(箕子)
는 미친 척했으며, 미자(微子)는 나라 밖으로 도망쳤다. 이렇듯 주왕이
실력을 갖춘 대귀족의 지지를 잃게 되자 통치집단 내부가 붕괴되기 시
작했으며, 이것이 상 정권의 멸망을 가속화시켰다.

통치 역량이 쇠약해지면서 군소 국가들이 분분히 상의 통제에서 벗
어나기 시작했다.《좌전》에 따르면, "상나라 주가 여에서 제후들과 사
냥을 하자 동이가 배반했다(商紂爲黎之蒐, 東夷叛之)"라고 했다. 이에 오
랫동안 상에 굴복하고 있던 주(周)가 그 기회를 틈타 여러 소국들을 끌
어들여 자기 역량을 강화했다.《좌전》은 주문왕(周文王)이 "은나라를
배반한 나라들을 이끌고 은나라의 주를 섬겼다(帥殷之叛國以事紂)"라고
했다. 이로써 셋으로 갈라진 천하에 주나라 사람들이 그 둘을 차지하는
형국이 되었다. 상이 주에게 멸망한다는 것은 이미 정해진 상황이었다.

상조의 문화예술

천문과 역법

상인(商人, 상나라 사람)들은 천상의 변화를 주시해 일식과 월식 등의 기록을 복사에 남겼다. 복사에는 이 외에도 조성(鳥星), 상성(商星), 대성(大星), 화성(火星)에 대한 기록이 나오는데, 이는 당시 사람들이 이미 천문에 대한 지식을 지녔음을 나타낸다.

농업생산의 필요에 따라 상대에는 나름의 역법을 가지고 있었다. 상인들은 1년을 12개월로 나누고, 큰 달은 30일, 작은 달은 29일로 구분했으며, 윤년마다 1개월을 더했다. 무정 복사에 '십삼월(十三月)'이라는 명칭이 나오는 것을 보면 윤달을 세말(歲末)에 붙였음을 알 수 있다. 조갑(祖甲) 이후로 역법이 개선되어 윤달을 세말이 아니라 한 해 중간에 붙이는 것으로 대체되었다.

문자

현존하는 상대 문자 기록 자료는 주로 갑골, 동기(銅器), 그리고 그 밖의 기물에 보존되어 있다. 그 가운데 갑골에 기록된 것이 가장 많은데, 갑골문이 바로 그것이다. 갑골문은 무정부터 제신에 이르기까지 지속적으로 만들어졌다. 갑골문에 나오는 글자는 대략 4000자 이상인데, 상대 말기에 이미 문자가 상당히 많아졌음을 알 수 있다. 후인들이 말하는 이른바 '육서(六書)', 즉 상형, 지사, 회의, 가차, 형성, 전주 등 문자를 구성하는 원칙이 갑골문에 구비되어 있는 것으로 보아 상대 말기에 이미 엄밀한 규칙에 따른 문자체계가 이루어졌음을 알 수 있다. 물론 이는 장기간에 걸쳐 발전한 것이다. 갑골이나 기물에 새겨지거나 주조된 문자는 미관상 대단히 아름다워 서법 예술작품으로도 손색이 없다.

갑골 복사와 동기 명문(銘文)은 대략 40~50자 정도의 장문이 일반적인데, 당시 간독(簡牘)의 경우는 더욱 길었을 것이다. 주나라 사람들이 "은대 선인들은 책과 전이 있었다(惟殷先人, 有册有典)"라고 말한 것도 믿을 만하다.

종교 미신

상대에는 상제에 관한 종교 관념이 이미 존재했다. 상인들은 '제(帝)' 또는 '상제(上帝)'가 하늘의 최고 통치자라고 여겼으며, '제' 아래에 '신정(臣正)'이 있다고 믿었다. 또한 상제는 자연계의 주재자로 인간에게 화복을 내린다고 여겼다. 일월, 성신, 하천, 토지 등도 모두 숭배 대상이었다. 이외에 상인들은 조상을 숭배했으며, 통치자들은 상조의 선왕, 선조들이 '제'의 귀빈으로 하늘에 함께 있기 때문에 상제 좌우에서 상제와 유사한 권력을 가지고 있다고 생각했다. 바로 이런 이유로 상인들은 선조들에 대한 제사의 명목이 번다하고 의식이 장중했던 것이다.

상대에는 점복이 크게 성행해 각지의 상나라 유적지마다 복골(卜骨, 점치는 뼈)이 발견된다. 점복은 주로 소의 견갑골이나 거북의 복갑(腹甲, 배 껍데기)을 사용했는데, 그 위에 뜸을 놓아 갑골 뒷면에 생기는 균열[이를 '조(兆)'라고 한다]의 형상을 가지고 길흉을 판단했다. 안양 은허에서 출토된 왕실의 점복용 갑골을 살펴보면, 당시 복인은 질문한 내용과 길흉 상황, 그리고 이후 증험 여부를 '조' 옆에 새겨 넣었음을 알 수 있다. 그 내용을 통해 당시 상왕이 점을 쳤던 범위가 천시(天時)부터 농사 작황, 제사, 정벌, 전렵(田獵), 질병에 이르기까지 상당히 광범위했음을 알 수 있다. 안양에서 출토된 갑골각사는 대략 10만여 편으로 상대 역사를 연구하는 중요 사료다.

예술

상대에는 청동기 주조와 장식예술이 이미 상당한 수준에 올랐다. 청동기 표면에서 다양한 형태의 문양을 살필 수 있는데, 주로 보이는 것은 독특한 형태의 도철문(饕餮紋)이고, 이외에도 기문(夔紋), 호문(虎紋), 조문(鳥紋), 효문(鴞紋), 녹두문(鹿頭紋), 우두문(牛頭紋), 운뢰문(雲雷紋) 등도 보인다. 일부 동기는 동물의 형태로 이루어져 있는데 조형미가 상당하다. 청동으로 만든 기명(器皿)은 상대 조소예술의 최고봉이라고 할 수 있다. 상대 조소작품은 청동기 이외에도 옥, 석, 도(陶), 골(骨), 각(角), 아(牙) 등에 세밀하고 아름다운 문양을 조각한 것들이다. 비교적 많이 발굴된 옥석 패물이나 장식물은 주로 새나 물고기 형태로 이루어져 있으며, 칼로 조각해 아름다운 형상을 만들어내고 있다.

은허에서 발견된 상대 악기로 훈(塤), 경(磬, 경쇠), 혁고(革鼓), 동요(銅鐃, 청동 징) 등이 있다. 갑골문에서 '악(樂)' 자는 ✿형태인데, 나무에 현악기를 걸어놓은 모습이다. 그렇다면 상대에 이미 금슬(琴瑟)과 같은 악기가 있었음을 유추해볼 수 있다. 갑골문에서 '무(舞)' 자는 사람이 장식물을 걸치고 너울너울 춤을 추는 모습을 형상화한 것이다.

3장

서주·춘추·전국

1 • 서주

주족의 흥기와 서주 왕조의 건립

중국 역사에서 서주 시기는 기원전 11세기 말부터 기원전 8세기까지다.

주족의 초기 역사

주(周)는 위수(渭水) 중류 황토고원에서 흥기한 오래된 부족이다. 위수는 많은 지류가 있는데, 칠수(漆水)와 저수(沮水) 사이가 특히 토지가 비옥하고 물산이 풍부하다. 이러한 좋은 자연조건은 주족이 왕성할 수 있는 중요한 요인이다. 전하는 말에 따르면, 주의 시조인 후직은 이름이 기(棄)인데, 유태씨(有邰氏)의 딸인 모친 강원(姜嫄)이 들에 나갔다가 거인의 족적을 밟고 감응이 와서 기를 낳았다고 한다. 이후 기는 모친의 씨족에서 자라나면서 가업을 일으켰다. 《시경》에서 "태(기의 외가로 태생지다)의 가족을 부양할 수 있었다(即有邰家室)"라고 한 것은 바로 이런 뜻이다.

후직 탄생의 전설은 주인(周人, 주나라 사람)이 후직 이전까지 여전히 모계 씨족사회에 머물렀다는 것을 의미한다. 고대 문헌을 보면 후직 이후로 주인(周人)의 부계 조상들 이름이 나오는데, 이러한 이름은 주나라 사람들이 부계 씨족사회로 진입했음을 나타내는 표지다.

《시경》에 따르면, 후직은 농사에 능하여 직(稷, 기장), 서(黍, 기장), 맥(麥), 두(豆), 과(瓜), 마(麻) 등 다양한 농작물을 경작했다.[1] 그래서 제요(帝堯)가 그를 농사(農師)로 천거했다. 이러한 전설은 아득한 옛날 주인의 농경기술이 나름 상당한 수준이었음을 말해준다.

후직 이래로 십수 대가 이어져 공류(公劉)가 통치하면서 근거지를 빈(豳, 지금의 섬서성 순읍)으로 옮겼다. 《시경》에 따르면, 당시 주의 전체 부족민들은 빈으로 이주한 후 그곳에 초가집과 가축 우리를 지었으며, 인근 하천을 끼고 있는 들판을 개간해 논밭을 만들고 강역을 구분한 다음 토지를 분배해 계속 농경생활을 유지했다고 한다.[2]

주인은 빈으로 이주한 후 위수를 건넜으며, "돌을 예리하게 갈아(取厲取鍛)" 농업생산 도구를 개선해 농업생산을 향상시켰고, "철전위량(徹田爲粮, 밭을 일구어 양식을 마련하다)"을 시작했다. 이른바 '철전위량'이란 강제로 인민들에게 노역을 시키는 방식으로 지조(地租)를 내도록 하는 것이다.

공류의 9대 손인 공단보(公亶父) 때 융적(戎狄)이라 부르는 서북쪽 유목민족이 위수 유역으로 이동해 주인들을 압박했다. 이에 공단보는 주인들을 이끌고 빈을 떠나 기산(岐山) 아래 주원(周原, 지금의 섬서성 기산)으로 이주했다. 당시 주인들과 함께 여러 인근 부족 사람들도 함께 기산으로 이주했다. 이후 주인의 사회에 큰 변화가 있었다. 그들은 성곽을 만들고 가옥을 지었으며, 관사(官司)를 설치하는 한편 각 부족의 사

3장 서주·춘추·전국

람들을 '읍(邑)'이라고 부르는 지역적 조직에 따라 나누어 거주토록 했다. 이것이 바로 "읍으로 나누어 거주했다(以邑別居之)"라는 뜻이다. 이렇듯 주는 공단보 시절에 이르러 처음으로 조악하나마 국가 형태를 갖추기 시작했다. 그래서 이후 주인들은 공단보를 태왕(太王)으로 모시고 주조(周朝)의 창건자로 받들었던 것이다.

주와 상은 이미 오래전부터 관계를 맺고 있었다. 무정 시절 복사에 "주를 정벌했다(璞伐周)"라는 기록이 나오고,《역경》에도 무정이 귀방을 정벌할 때 주인(周人)이 참가했으며, 전공을 세워 상(商)에게 상을 하사받았다는 구절이 나오는 것으로 보아 무정 시절에 상조의 봉호(封號)를 받았음을 알 수 있다.

공단보가 죽고 아들 계력(季歷)이 뒤를 이었다. 당시 주인은 점차 강성해져 전후로 서락(西落)과 귀융(鬼戎)을 정벌했고, 시호의 융[始呼之戎]과 예도의 융[翳徒之戎]과 싸워 이겼다.³ 서북쪽에 군거하고 있던 유목민족의 위협을 몰아내고 위수 중류에 거주하는 주인들의 통치를 공고히 했다는 뜻이다. 주인이 강대해지자 상조가 불안감을 느끼지 않을 수 없었다. 그래서 상왕 문정(文丁)이 계력을 살해했다.

계력이 죽자 아들 창(昌)이 뒤를 이었다. 그가 바로 주 문왕(文王)이다. 상과 주의 관계는 계력 때문에 날로 가까워졌다. 그래서 상은 주인과 관계를 돈독하게 하기 위해 지군(摯君)의 여식 대임(大任)을 계력에게 시집보내고, 나중에는 신군(莘君)의 딸 대사(大姒)를 문왕에게 시집보냈다. 상과 주의 관계가 날로 밀접해지면서 주인은 상 문화를 받아들일 기회가 점차 많아졌다.

문왕은 농업생산에 자못 주의를 기울였다.《상서》〈무일〉을 보면 그 일부분을 엿볼 수 있다. "문왕이 평민의 의복을 입고 황무지를 개척하고 경지를 개간하는 일을 했다(文王卑服, 即康功田功)." "아침부터 정오, 정오부터 오후까지 바빠서 음식을 먹을 여유조차 없었다(自朝至于日中昃, 不遑暇食)." "문왕은 감히 수렵을 즐기지 않았다(不敢盤于游田)." 이 외의 고서를 보면, 문왕은 "죄인불노(罪人不孥)", "유망황열(有亡荒閱)" 등의 법령을 선포했다.[4] '죄인불노'란 죄인의 가족 자산을 몰수해 노예로 삼지 않는다는 뜻이고, '유망황열'은 도망한 사람은 반드시 찾아낸다는 뜻이다. 더욱 중요한 부분은 "농사짓는 이들은 9분의 1을 세금으로 냈다(耕者九一)"는 것인데, 이는 일종의 정전법으로 토지를 9등분해 가운데 공전을 함께 경작해 세금을 내는 방식, 즉 "9분의 1을 조법으로 삼는(九一而助)" 방식을 통해 노동으로 지세(地稅)를 대납하는 제도를 만들었다는 점이다.

문왕은 내정에 치중하는 한편 일련의 전쟁을 일으키기도 했다. 우선 서북방의 견융을 토벌하고 다시 밀(密), 한(邗) 등 소국을 정벌했다. 또한 문왕은 여(黎, 지금의 산서성 여성)를 토벌하는 전쟁을 일으켰다. 그가 동쪽으로 세력을 넓히자 상인들은 크게 놀라지 않을 수 없었다. 마지막으로 문왕은 숭(崇, 지금의 섬서성 장안현)을 멸망시켰다. 숭후(崇侯) 호(虎)는 상왕의 심복으로, 숭의 멸망은 상 왕조가 위수 유역의 근거지를 잃었다는 것을 의미했다. 주는 숭을 멸망시킨 후 풍(豐, 지금의 섬서성 장안현)으로 이주해 위수 유역 여러 부락에 대한 통치를 강화했다. 하지만 문왕 시절에는 아직 상 왕조의 통제에서 완전히 벗어난 것은 아니었다.

무왕의 주왕 정벌

문왕이 죽고 아들 발(發)이 뒤를 이었으니, 그가 바로 무왕(武王)이다. 무왕은 즉위 후 호(鎬, 지금의 섬서성 장안현)로 천도하고, 적극적으로 상 정벌을 준비했다. 당시 상의 통치 세력은 내외 모순이 교차하는 가운데 붕괴 일로에 있었기 때문에 주(周)의 공격을 방어할 만한 능력이 없었다.

무왕은 즉위하고 2년 후 "동쪽으로 가서 군대를 사열하고 맹진에 이르렀다(東觀兵, 至于孟津)." 당시 군사를 동원한 것은 단지 대규모 정찰, 탐사에 불과했다. 기원전 1046년[5] 비로소 진정한 의미의 상 정벌 전쟁이 발발했다. 전쟁에서 무왕은 융거(戎車, 전쟁 때 쓰이는 수레) 300대, 호분(虎賁, 병사) 3000명, 갑사(甲士, 갑옷을 입은 병사) 4만 5000명을 거느리고 용(庸), 촉(蜀), 강(羌), 모(髳), 미(微), 노(盧), 팽(彭), 복(濮) 등 여러 부족국가와 연합해 출동했다. 무왕의 군대는 순조롭게 황하를 건넜으며, 별다른 저항을 받지 않았다. 얼마 후 상의 도읍지 조가(朝歌) 교외인 목야(牧野, 지금의 하남성 급현 북쪽)에 무왕의 군대가 도착하자 상왕은 황급히 군사를 이끌고 응전에 나섰다. 《시경》에 따르면, "은상의 군대가 숲처럼 모였다(殷商之旅, 其會如林)"라고 한다. 상왕 주(紂)의 군대는 숫자적으로 많았지만 주로 노예와 가난한 자유민으로 구성된 데다 적개심이 있을 리 없었다. 결국 그들은 전선에서 등을 돌려 전쟁은 무왕의 승리로 끝나고 말았다. 상의 마지막 왕 제신(帝辛)은 스스로 불에 뛰어들어 죽고 말았다.

관숙과 채숙, 무경의 반란

목야 전투에서 주가 상왕의 주력군을 패퇴시킨 후 상은 이로 인해 멸망하고 말았다. 하지만 상의 세력이 완전히 사라진 것은 아니었다. 이어서 무경(武庚)을 우두머리로 삼은 무장 반란이 발생했다.

주는 상을 멸망시킨 후 주(紂)의 아들 무경에게 상도(商都)를 봉토로 주어 은(殷) 유민을 통치하도록 했다. 아울러 상의 왕기(王畿)를 패(邶),

위(衛), 용(鄘)으로 나누어 무왕의 동생인 관숙(管叔), 채숙(蔡叔), 곽숙(霍叔)에게 봉토로 주어 다스리도록 하는 한편 무경을 감시토록 했다. 이를 삼감(三監)이라고 한다.[6]

주 왕조는 건립 4년 만에 무왕이 사망하고 아들 성왕(成王) 송(誦)이 즉위했다. 그는 아직 어려 새로 건립된 왕조를 관리할 수 없었다. 그래서 무왕의 동생인 주공 단(周公旦)이 "천자의 자취를 밟고 천하의 결단을 들었다(履天子之籍, 聽天下之斷)." 관숙과 채숙이 이에 불만을 품고 주공 단이 성왕에게 이롭지 않다는 유언비어를 퍼뜨렸다. 왕위 계승 문제로 정권 내부에 모순이 발생하자 무경을 우두머리로 삼는 상인 잔재 세력이 기회를 틈타 관숙, 채숙과 연합하는 한편 서(徐), 엄(奄), 웅(熊), 영(盈) 등 동방의 여러 부족 세력을 합쳐 대규모 무장 반란을 일으켰다.[7] 주의 통치를 전복시키려는 의도였다.

《상서》〈대고(大誥)〉에 따르면, 무경이 반란을 일으켰을 때 그 세력이 자못 대단해 주인의 근거지인 '서토(西土)'에도 소요가 일어나고 불안감이 확산되었다. 주공은 무력으로 토벌할 것을 주장했으나 주의 일부 귀족들은 동의하지 않았다. 이에 주공은 〈대고〉를 지어 반란군 앞에서 동요하고 위축된 귀족들을 설득했다. 《일주서》〈작락〉에 따르면, 주공과 소공(召公)은 "안으로 부형을 안정시키고 밖으로 제후들을 무마해(內弭父兄, 外撫諸侯)", 마침내 통치계급 내부의 분열을 봉합하고 출정에 나섰다.

주공의 동정(東征)은 상대 잔여 귀족 세력의 완강한 저항에 직면했다. 하지만 3년간에 걸친 참혹한 전쟁 끝에 주공은 잔여 무장 세력을 모두 평정하는 한편 엄(奄)을 위시한 동이(東夷) 제 부락을 제압했으며, 무경, 관숙을 잡아 죽이고, 채숙과 곽숙을 유배시켰다. 이번 전쟁에서

주나라 사람들은 상인들의 강력한 저항에 직면했지만 또한 진정한 의미에서 그들을 굴복시켜 정복했다. 이를 통해 주인(周人)은 자신들의 세력을 황하 하류, 남쪽으로 회하 유역까지 확대시킬 수 있었다.

무경의 반란을 종식시킨 후 주의 통치자들은 동방 지역에 대한 군사 점령을 더욱 확고하게 다지는 것을 자신들의 가장 중요한 정치적 임무로 여겼다.

주의 통치자들은 우선 무경 반란에 참가한 상 유민들을 낙수 북쪽으로 강제 이주시켜 성주성(成周城, 지금의 낙양 동쪽 30리) 건설에 투입했다. 그 성은 주인이 전체 동방을 통제하기에 가장 중요한 정치, 군사 요충지였다.

주 통치자들은 복종하지 않는 상 유민들을 성주(成周) 부근으로 이주시킨 후 그들에게 이렇게 경고했다. "너희들은 원래 살고 있던 주택에서 살고 기존의 밭을 경작할 수 있다." "너희가 만약 이곳 낙읍에서 살고자 한다면 오랫동안 힘을 다해 너희들의 밭을 가꾸도록 하라." 다시 말해, 불복하는 유민들은 낙읍 부근에 정착해 성실하게 농사짓고 영원히 주나라에 복종하는 순민(順民)이 되어야 할 것이며, 그렇지 않고 반항할 경우 가차 없는 징벌을 내리겠다는 뜻이다.[8]

주 통치자들은 일부 상 유민들을 선발해 군대를 조직하고 성주를 방어토록 했다. 이것이 동기 명문에 흔히 보이는 '성주팔사(成周八師)'다. 주 통치자들은 그들을 이용해 상나라 잔여 세력을 진압하는 한편 동이와 회이(淮夷)를 공략하는 데 활용했다.

주초의 봉건

성주성을 건설함과 동시에 주 통치자는 제후들에게 토지와 관직 등을 하사함으로써 상나라 폐허 위에 새로운 봉건 제후체제를 건립했다.

주나라 초기 봉건 제후들은 대부분 같은 성의 자제들이었다.《순자(荀子)》〈유효(儒效)〉에 따르면, 주공(周公)이 "천하를 아울러 통제해 71개국을 세웠는데, 희성이 유독 53명이나 되었다(兼制天下, 立七十一國, 姬姓獨居五十三人)"라고 한다.《좌전》소공(昭公) 28년에도 "예전에 무왕이 상을 정벌하고 천하를 차지했는데, 그 형제의 나라가 15개고, 희성의 나라는 40개니 모두 친족을 천거한 것이다(昔武王克商, 光有天下, 其兄弟之國者十有五人, 姬姓之國者四十人, 皆擧親也)"라는 기록이 있다.

동성의 제후는 모두 문왕, 무왕, 주공의 후예들이다.《좌전》희공(僖公) 24년에 그 대강을 볼 수 있다. "예전에 주공은 2숙(二叔, 주공의 동생인 관숙과 채숙)이 제 명에 죽지 못한 것을 슬퍼했다. 이에 동성의 친척을 제후로 봉해 왕실의 울타리로 삼았다. 관, 채, 성, 곽, 노, 위, 모, 담, 고, 옹, 조, 등, 필, 원, 풍, 순 등은 모두 문왕의 아들을 봉한 나라다. 또한 우, 진, 응, 한 등은 무왕의 아들을 봉한 나라이고, 범, 장, 형, 모, 조, 제 등은 주공의 후손을 봉한 나라다(昔周公吊二叔之不咸, 故封建親戚以蕃屛周. 管, 蔡, 郕, 霍, 魯, 衛, 毛, 聃, 郜, 雍, 曹, 滕, 畢, 原, 酆, 郇, 文之昭也, 邗, 晉, 應, 韓, 武之穆也, 凡, 蔣, 邢, 茅, 胙, 祭, 周公之胤也)." 주나라 초기에 봉해진 동성 제후들은 당연히 여기서 그치지 않는다. 당시 정황은《순자》〈유효〉에서 주(周)의 자손이라면 바보나 천치가 아닌 이상 모두 존귀한 제후가 되었다고 말한 것과 유사할 것이다.

주나라 초기의 제후 중에는 동성 자제들 이외에 다른 성을 가진 이들도 있었다. 그들은 주로 주 통치자의 친척이거나 주나라에 복속한 일부 소국의 수령들이었으며, 신농, 황제, 요, 순, 우의 후예들도 있었다.

주초의 중요 봉국

당시 봉국(封國) 가운데 중요한 나라는 위(衛), 노(魯), 제(齊), 진(晉), 연(燕), 송(宋) 등이었다. 위는 무왕의 동생인 강숙(康叔)의 봉국으로 조가(朝歌, 지금의 하남 급현 북쪽)에 자리했고, 노는 주공의 장자인 백금(伯禽)의 봉국으로 엄(奄, 지금의 산동 곡부)에 자리했다. 주 통치자들은 은나라 유민 가운데 일곱 부족, 즉 도씨(陶氏), 시씨(施氏), 번씨(繁氏), 기씨(錡氏), 번씨(樊氏), 기씨(饑氏), 종규씨(終葵氏)를 강숙에게 하사했고, 유민 여섯 부족, 즉 조씨(條氏), 서씨(徐氏), 소씨(蕭氏), 삭씨(索氏), 장작씨(長勺氏), 미작씨(尾勺氏)를 백금에게 주었다. 주 통치자는 노와 위의 국군(國君, 봉국의 군주. 즉 노공과 강숙)에게 이렇게 말했다. "상나라 정치로 백성을 이끌고, 땅의 경계를 정할 때 주나라 척(尺)을 사용하라(啓以商政, 疆以周索)." 나라에서 정령을 시행하면서 은인(殷人)의 습속을 고려하고, 강역 내 토지의 소유제를 바꿀 때는 주의 법제에 따르라는 뜻이다.[9]

송(宋)은 미자계(微子啓)의 봉국으로 상구(商丘, 지금의 하남 상구)를 도읍지로 삼았다. 미자계는 주에 귀순한 상나라 귀족인데, 주 통치자는 그에게 송을 봉지로 주는 한편 일부 상나라 유민들을 그에게 주어 통치하도록 했다.

제(齊)는 태공(太公) 여망(呂望)의 봉국으로 영구(營邱, 지금의 산동 임치)를 도읍지로 삼았다. 주 통치자는 제의 국군에게 죄를 진 소국을 토벌할 권한을 주었다.

진(晉)은 성왕(成王)의 동생 숙우(叔虞)의 봉국으로 당(唐, 지금의 산서 익성)을 도읍지로 삼았다. 국호가 당(唐)이었으나 숙우의 아들 섭(燮)이 진(晉)으로 바꾸었다. 산서 남쪽은 하(夏)의 옛 도읍지 터였다. 그래서

《좌전》에서 "〈당고〉로 명하여 하의 옛 터에 봉했다(命以唐誥而封于夏虛)"라고 한 것이다. 주 통치자는 진국(晉國)에 거주하는 하의 유민 '회성구종(懷姓九宗)'을 숙우에게 하사하고, 아울러 숙우에게 융족(戎族)과 잡거하는 하의 유민들 "하나라 정치로 이끌고, 땅의 경계를 정할 때 융족의 척으로 하라(啓以夏政, 疆以戎索)"라고 했다. 정령을 시행할 때는 하인의 습속에 따르고, 토지를 정리할 때는 융인의 기존 규율에 적응토록 하라는 뜻이다.

연(燕)은 주나라 귀족 소공석(召公奭)의 봉국으로 계(薊, 지금의 북경)가 도읍지다. 근년에 북경에서 언후[匽侯, 언은 연(燕)이다]라고 적힌 주나라 초기 청동기가 발견되었으며, 요동 남쪽에서도 적지 않은 상대, 주대 청동기가 발견되었다. 이는 소공의 아들이 계에 봉해졌음을 증명하는 유물이라 할 수 있다. 주나라 초기 연은 지금의 하북성 북쪽, 요녕성 남쪽 일부 지역까지 통치했는데, 당시 연은 주의 북방을 방어하는 일종의 울타리 역할을 했다.

제와 위 등 비교적 큰 나라의 국군은 주왕(周王)이 가장 신임하는 이들이 맡았으며, 중요한 지역을 통치했다. 주는 분봉을 완료한 후 통치권이 더욱 공고해지기 시작했다.

책봉

제후에게 봉건하면서 성대한 의식을 거행했는데, 이를 석명(錫命)이라고 한다. 의식 중에 봉해지는 자는 책명(冊命)을 받는데 이를 책봉(冊封)이라고 한다. 《좌전》에서 강숙이 "〈강고〉로 명하여 은의 옛 터에 봉했다(命以康誥而封于殷虛)"라는 말이 나오는데, 여기서 〈강고〉는 강숙을 책봉하는 책명을 말한다.

책봉의 중요 내용은 백성과 강토를 하사받는 일이다. 다시 말해 일정한 지역의 토지와 그곳에 사는 인민들을 제후에게 하사해 그들이 제후국을 세울 수 있도록 하는 것이란 뜻이다. 《좌전》에 보면 이와 관련된 구절이 적지 않게 나온다. 강숙이 봉해질 때는 "담계(주공 단의 동생)가 땅을 내주고, 도숙[조숙(曹叔)]이 백성을 내주었다(聃季授土, 陶叔授民)." 노공(魯公)이 봉해질 때도 "큰 산천과 농지를 하사하고 작은 나라를 속국으로 삼도록 했다(錫之山川, 土田附庸)." 책봉될 때 하사받은 인민은 모두 현지 거주민들로 외지에서 온 사람들이 아니다. 《좌전》에 따르면, 노국(魯國)은 "상엄 나라가 다스리던 백성을 안무했다(因商奄之民)"라고 한다. 《시경》〈대아(大雅)〉〈숭고(崧高)〉에도 신백(申伯)이 봉해질 때도 "사나라의 여러 백성들에게 의지해 봉지에 새로운 성곽을 건설하도록 했다(因是謝人, 以作爾庸)"라고 한다. 제후가 봉국으로 떠날 때 데리고 가는 인물은 축(祝), 종(宗), 복(卜), 사(史) 등 제사나 종교 관련 인물들이나 관리, 노복, 그리고 군사 호종(扈從)뿐이었다.

　제후는 천자에 대해 강토를 수호하고 왕실을 호위하며 공물을 납부하는 책임 이외에도 조근(朝覲, 알현)과 술직(述職, 일종의 업무보고) 등의 봉건 의무를 다해야만 했다. 또한 필요한 경우 자신의 무사, 군대를 이끌고 천자의 지시에 따라 전쟁에 참가해야만 했다. 제후는 자신의 봉토 내의 토지와 인민을 가족이나 측근에게 하사해 경대부(卿大夫)로 삼을 수 있었다. 경대부는 제후에게 전쟁 참가나 공물 납부 등의 의무를 다해야만 했다. 경대부 역시 자신의 가신을 가질 수 있었는데, 가신 역시 경대부에게 각종 봉건 의무를 책임져야만 했다. 이렇듯 층층으로 분봉이 이루어져 주 천자를 최상위로 하는 등급제도가 확립되고 종속관계가 완성되었다. 《좌전》 소공 7년에 보면, "사람은 열 가지 등급이 있다……왕은 공을 신하로 삼고, 공은 대부를 신하로 삼으며, 대부는 사를 신하로 삼는다(人有十等……王臣公, 公臣大夫, 大夫臣士)"라고 했는데, 당시 등급제도와 종속관계를 구체적으로 표현한 것으로 보인다.

서주의 경제구조와 사회계층

토지소유제

주 천자는 봉건의 최고봉에 자리해 명목상 전체 국토와 인민의 최고 소유자였다.《시경》〈소아(小雅)〉〈북산(北山)〉에, "넓은 하늘 아래 왕의 영토가 아닌 곳이 없고, 온 세상에 끝까지 왕의 신하가 아닌 이가 없다(溥天之下, 莫非王土. 率土之濱, 莫非王臣)"라고 했다.

주 천자는 왕기(王畿) 내의 토지를 자신이 직접 관리하는 영지로 삼았으며, 왕기 이외의 토지는 제후에게 분봉했다. 제후는 자신의 봉국 내의 토지와 인민의 최고 소유자였다.《좌전》소공 7년에도 이와 유사한 발언이 나온다. "봉략(영토) 안에서 어느 곳인들 군주의 땅이 아닐 것이며, 식토지모(봉토의 땅에서 나는 생산물을 먹는 사람)로 누구인들 군주의 신하가 아니겠습니까(封略之內, 何非君土, 食土之毛, 誰非君臣)."

왕기 내의 토지 가운데 일부 왕실의 적전(藉田)이 있는데, 사도(司徒)가 이를 관리했다. 매년 춘경 때가 되면 주 천자가 대신들을 이끌고 친히 적전을 경작하는 전례를 거행했다. 물론 이른바 친경(親耕)은 일종의 의식이었을 뿐이며, "천무(千畝)의 땅을 끝까지 경작하는" 이는 '서민(庶人)'이라 칭하는 평민이었다.[10] 왕기 안에 있는 산림이나 하천은

3장 서주·춘추·전국

천자가 우인, 녹인, 천형 등 관리를 파견해 관리했다. 이 외의 토지는 천자가 여러 대신들에게 하사해 채읍으로 삼도록 했다. 〈중정(中鼎)〉의 명(銘)에 기록된 바에 따르면, 왕이 고토(槁土)를 중(中)에게 채읍으로 하사했고, 〈견존(趞尊)〉의 명에는 왕이 점(黏)을 견(趞)의 채읍으로 하사했다.

주 천자는 때로 '읍(邑)'의 명목이 아니라 약간의 전(田)을 대신들에게 하사하기도 했다(읍을 하사할 경우 거주민들도 함께 주는 것이지만 전의 경우는 말 그대로 땅만 주는 것이다 – 역주). 〈함구(敔毁)〉 명을 보면, 왕이 "함에게 50전(田)을 하사했고, 조(旲)에게 50전을 하사했다." 〈대극정(大克鼎)〉에서도 이를 확인할 수 있다. "왕께서 말씀하시기를, 극은……너에게 야(埜)에 있는 전을 하사하고, 너에게 비(渒)에 있는 전을 하사하며, 너에게 윤(畍)에 있는 정가[정족(井族)의 사람 또는 정전(井田)을 경작하는 농노]와 포전을 하사하며, 신첩(臣妾)을 가질 수 있도록 하고, 너에게 강(康)에 있는 전을 하사하고, 너에게 부원(匽原)에 있는 전을 하사하며, 너에게 한산(寒山)에 있는 전을 하사한다(王若曰, 克……錫女田于埜, 錫女田于渒, 錫女井家𤦲田于畍, 以厥臣妾, 錫女田于康, 錫女田于匽, 錫女田于匽原, 錫女田于寒山)." 때로 상으로 하사하는 토지를 리(里) 단위로 계산하기도 했다. 〈소유(召卣)〉 명에 따르면, "왕이 곡에게 필(畢, 지금의 섬서 함양 부근)의 땅 사방 50리를 상으로 하사했다(王自穀賞畢土, 方五十里)."

제후나 경대부들은 자신의 일부 분봉 토지를 자신의 친족이나 신하에게 재분배할 수 있었다. 〈묘궤(卯簋)〉 명에 보면 염백(燮伯)이 묘에게 명을 내리는 내용이 나온다. "구에게 1전(田)을 하사한다(錫于니一田)." "묘에게 1전을 하사하고, 대에게 1전을 하사하고, 식에게 1전을 하사한다(錫于꾳一田, 錫于隊一田, 錫于截一田)." 〈불기궤(不娶簋)〉 명에도 백씨

(白氏)가 불기(不娶)에게 "신하로 삼을 다섯 가구와 10전을 하사했다(臣 五家, 田十田)"라는 내용이 나온다. 귀족들은 서로 토지를 교환할 수 있었으나 토지 매매 상황은 아직 발견되지 않았다.

천자와 제후는 자신들이 분봉한 토지를 회수할 권한이 있었다. 〈대향(大毁)〉명에 보면 주 천자가 하사한 전지(田地)를 회수해 다른 이에게 주었음을 알 수 있다. 하지만 일반적으로 제후나 경대부는 자신의 봉국이나 봉토를 자손들에게 전수했다. 종법제도의 규정에 따르면, 당시 합법적인 토지 계승자는 적장자(嫡長子)다. 토지는 대대로 전해져 각급 봉건영주의 세습 소유가 되었다.

사회계층

서주 사회에서 통치계급에 속하는 귀족은 몇 가지 등급으로 나뉘었다. 우선 천자 아래로 제후, 대부, 사의 구분이 있었고, 각급 귀족은 토지 소유주였다. 《국어》〈진어(晉語)〉에, "왕공은 공부(貢賦)를 받고, 대부는 채읍의 조세를 받으며, 사는 녹전(祿田, 食田)을 받고 서민은 스스로 먹고 살았다(公食貢, 大夫食邑, 士食田, 庶人食力)"라는 내용이 있다. 이는 당시 등급관계를 구체적으로 설명한 내용이다. 사(士) 이하는 모두 통치를 받는 계층이며 주로 평민들이었다.

주족은 정복자로서 거점을 삼을 수 있는 성과 그 부근의 교(郊)를 건설했는데, 이를 '국(國)'이라고 한다. 주로 주 통치자와 귀족, 주족 평민들이 거주했다. 국인(國人)은 일정한 참정 권한이 있었으며, 그들만이 국가를 위해 병역을 책임졌다.

'국' 밖에 있는 광대한 토지는 '야(野)'라고 불렀다. 그곳에는 농업에 종사하는, 주로 정복된 지역의 거주민들이 살았으며, 그들을 야인(野

人) 또는 서인(庶人), 서민(庶民)이라고 불렀다. 그들은 서주 시대 농업생산의 중요 생산자이자 피통치 계층이었다. 피통치 계층은 이들 이외에도 '국'에 사는 농, 공, 상이 포함된다.

대우정 명문

귀족은 '군자(君子)'라고 불렀으며, 밭이나 들판에서 일하는 농민들은 야인, 또는 소인(小人)이라고 불렀다. 당연히 군자는 야인, 소인과 대립 관계를 유지했다.《맹자》〈등문공(滕文公)〉에서, "군자가 없으면 야인을 다스릴 수 없고, 야인이 없으면 군자를 받들 수 없다(無君子莫治野人, 無野人莫養君子)"라고 했는데, 이는 착취자와 피착취자의 관계를 정확하게 설파한 것이다.

〈대우정(大盂鼎)〉의 명문을 보면 강왕(康王)이 우(盂)에게 "부릴 수 있는 이들로 가족을 포함한 659명의 남자를 하사했다(人鬲自馭至于庶人六百又五十又九夫)"라고 했고, 〈의후적궤(宜侯夨簋)〉의 명문을 보면, 강왕이 열(夨)에게 토지와 "서인 660명(庶人六百又六夫)"을 하사했다고 적혀 있다. 이로 보건대, 서인의 지위는 상당히 낮았지만 노예처럼 전혀 소유할 수 없는 것은 아니었음을 알 수 있다.《시경》〈빈풍(豳風)〉〈7월(七月)〉의, "시월이면 메뚜기 내 침상까지 들어오네. 구멍 틀어막고 쥐구멍에 연기 피우며, 북쪽 창 막고 외짝 문에 흙 바르네. 아, 처자식들아! 해가 바뀌는구나. 이 집에 들어와 함께 지내자꾸나(十月蟋蟀, 入我床下, 穹窒熏鼠, 塞向墐户, 嗟我婦子, 日爲改歲, 入此室處)"를 통해 당시 농노들 역시 처자식을 거느리고 초라하지만 자신의 집이 있었음을 알 수 있다. 《시경》〈주송(周頌)〉〈신공(臣工)〉에서 "내 농민들에게 명하노니, 그대들의 가래와 호미를 잘 보관할지니, 내가 낫으로 수확하는 것을 보러 가리라(命我衆人, 庤乃錢鎛, 奄觀銍艾)"라고 한 것이나, 〈재삼(載芟)〉에서 "쟁깃날을 예리하게 갈아 남쪽 밭을 먼저 간다(有略其耜, 俶載南畝)"라고 한 것을 보면, 이미 그들이 자신의 생산 도구를 가지고 있었음을 알 수 있다.

이외에도 일부 노예는 가노(家奴) 신분으로 생활했다. 동기 명문에서 '인력(人鬲)'이나 '신첩(臣妾)' 등의 기록이 보이며, 말이나 실타래로 노예를 맞바꾸었다는 기록도 나온다.[11] 이런 노예들은 대부분 전쟁포로였으며, 전체 숫자나 농업생산에 활용하는 비율은 그다지 높지 않았다.

정전제와 지조(地租)

고문헌에 따르면, 주대에는 정전제(井田制)가 시행되었다. 정전제는 《맹자》〈등문공〉에 비교적 상세한 설명이 나온다. "사방 1리를 정(井) 자 모양으로 구분한다. 정 자 모양의 토지는 900무이니, 그 가운데를 공전으로 삼고, 여덟 가구가 각기 사전 100무씩 확보하고, 함께 공전을 경작해 공전의 일이 끝난 후에 감히 사전을 다스리니 이렇게 함으로써 야인을 구별한다(方里而井, 井九百畝, 其中爲公田, 八家皆私百畝, 同養公田, 公事畢, 然後敢治私事, 所以別野人也)."

여기서 볼 수 있다시피 정전제의 중요 내용은 토지를 정(井) 자 형태로 네모반듯하게 나누어 정전의 중앙은 공전, 나머지는 사전으로 삼는다는 것이다. 《시경》〈소아〉〈대전(大田)〉에서 "우리 공전에 비를 내려

마침내 우리 사전에 미친다(雨我公田, 遂及我私)"라고 한 것은 공전과 사전이 존재했음을 설명하는 부분이다. 공전의 수입은 공실(公室)에 귀속되거나 공공사업에 지출되었으며, 사전의 수입은 농민 자신들에게 귀속되었다. 앞서 말한 바처럼 맹자는 "공전의 일이 끝난 후에 감히 사전을 다스린다"라고 했는데, 이는 농민들이 전관(田官)의 감독하에 먼저 공전을 경작하고 나중에 자신의 사전을 가꾸었음을 말하는 대목이다. 당시에는 생산력이 그다지 높지 않았기 때문에 전지(田地)를 바꾸거나 조정해 일반적으로 3년에 한 번씩 "토지를 바꾸고 거주지를 옮겨야만 했다(換土易居)." 물론 토지를 바꾼다고 해서 영주의 영지 범위를 벗어나는 것은 아니어서 "죽거나 이사를 해도 고향을 벗어나지 못하는 것(死徙無出鄕)"이 엄격한 금령이었다. 그렇기 때문에 이른바 정전제는 내용 면에서 노역으로 지조를 대신하는 일종의 노역지조제(勞役地租制)라고 할 수 있다.

논밭이나 들판에서 노동을 하는 농인들은 규정에 따라 10월이 되면 귀족들에게 곡물을 납부해야만 했다. 서(黍), 직(稷), 화(禾), 맥(麥) 등 좋은 곡물은 마저(麻紵)와 더불어 모두 영주에게 바쳤으며, 이외에도 귀족들에게 헌납해야 할 것이 적지 않았다. 그들은 자신이 짠 직물로 "공자의 옷을 만들고(爲公子裳)", 자신이 잡은 여우나 이리의 털로 "공자의 털옷을 만들었다(爲公子裘)." 또한 짐승을 잡으면 "공에게 잡은 돼지나 노루를 헌납했다(獻豜于公)." 농노들은 1년 내내 수고해도 자기 입으로 들어가는 것은 들판의 채소뿐이어서 "6월이면 울과 머루를 먹고, 7월이면 해바라기나 콩을 삶아 먹었다(六月食鬱及薁, 七月烹葵及菽)." 겨울이 되면 농노들은 "제대로 입을 털옷이 없으니 어찌 한겨울을 보낼까"라며 탄식을 하지 않을 수 없었다.

공물(貢物) 이외에도 농노들은 무거운 요역을 책임져야만 했다.《시경》〈빈풍〉〈7월〉에 묘사되고 있는 것처럼 겨울이 되면 영주를 위해 집을 수리하거나 얼음을 깨고 풀을 베며, 새끼를 꼬는 등 각종 노역에 동원되었다.

농업과 수공업 그리고 상업

고문헌에 따르면, 주대에는 뇌(耒, 쟁기), 사(耜, 보습), 전(錢, 가래), 박(鎛, 괭이), 질(銍, 짧은 낫) 등의 농기구가 있었다. 현재 발굴된 서주 시대 농기구의 경우 금속은 많지 않고 대부분 석재나 짐승의 뼈, 조개껍질로 만든 것들이다.

양쪽에 날이 있는 쟁기 뇌나 부삽처럼 생긴 보습 사는 당시 주인들의 중요 농기구였다. 경작은 주로 인력에 의존했으며 일반적으로 두 사람이 합작했다. 이것이 이른바 우경(耦耕)이다.《시경》〈주송(周頌)〉〈희희(噫嘻)〉에서 "만인(萬人)이 서로 짝해 밭을 간다(十千維耦)"라든지,《시경》〈주송〉〈재삼(載芟)〉에서 "천인이 짝을 지어 김을 맨다(千耦其耘)"라고 한 것을 보면 당시 농업이 상당히 번영했음을 알 수 있다.

주나라 사람들은 첫해 개간한 밭을 묵정밭, 즉 치(菑)라고 했으며, 2년 동안 경작하는 밭은 새밭이라는 의미로 신(新)이라고 했고, 다시 3년째 경작하는 밭은 여(畬)라고 불렀다.《시경》〈소아〉〈채기(采芑)〉에, "들나물 따세 그려. 저 2년 경작한 밭에서 1년 경작한 밭까지(薄言采芑, 于彼新田, 于此菑畝)",《시경》〈주송〉〈신공(臣工)〉에서 "2년, 3년 경작한 밭을 어찌 경작할 것인가를 고민한다(如何新畬)"라고 읊었는데, 여기에 나오는 '치(菑)', '여(畬)', '신(新)' 등은 경작 연수가 서로 다른 밭을 말한다. 3년 동안 경작하면 지력이 쇠하기 때문에 주인(周人)들은 땅을 그대로 방치하는 방식으로 지력을 회복하고, 수년이 지난 후에 다시 개간해 경작했다.

《시경》〈소아〉〈보전(甫田)〉에 "김도 매고, 흙도 돋우니 기장이며 수수가 가득하네(或耘或耔, 黍稷薿薿)", 《시경》〈주송〉〈양사(良耜)〉에 "호미 잡고 땅 일구며 잡초 깨끗이 제거하고, 들풀 썩어 비료 삼으니 곡식 무성하게 자라네(其鎛斯趙, 以薅荼蓼, 荼蓼朽止, 黍稷茂止)"라고 읊은 것을 보면, 당시 주인들이 잡초를 제거하고 흙을 북돋아 묘종이 잘 자라게 하는 것을 중시했음을 알 수 있다.

《시경》〈소아〉〈백화(白華)〉에 "표수(滮水) 북쪽으로 흘러들어 논밭 가득 물을 대네(滮池北流, 浸彼稻田)"라고 했으니 주인들이 이미 인공관개를 응용했음을 알 수 있다. 물론 대부분의 경우 천연 빗물에 의존했다. 《시경》〈소아〉〈보전〉을 보면 이런 구절이 나온다. "금슬 연주하고 북을 치면서 신농씨 맞이하고 상천께옵서 단비 내려주시길 기원해 우리 농작물 풍년들어 부모 처자식 따뜻하게 살도록 하소서(琴瑟擊鼓, 以御田祖, 以祈甘雨, 以介我稷黍, 以谷我士女)." 이는 주대 농민들이 대자연의 은혜를 희구하는 모습을 묘사하고 있다.

《시경》에 서주 농작물의 다양한 품종이 기록되어 있는데, 주로 서(黍), 직(稷), 도(稻), 양(粱), 숙(菽), 맥(麥) 등이며, 가장 많은 품종은 서직(黍稷)이다. 동일한 작물일지라도 품종이 다른 경우도 있었다. 《시경》〈대아〉〈생민(生民)〉을 보면, "상천께서 좋은 종자 내리시어 거와 비가 모두 있고, 미와 기도도 있네(誕降嘉種, 維秬維秠, 維穈維芑)"라고 했는데, 여기 나오는 거(秬, 찰기장)와 비(秠, 검은 기장)는 기장 가운데 가장 좋은 품종이고, 미(穈), 기(芑)는 속(粟, 조) 중에서 가장 좋은 품종이다. 《시경》〈주송〉〈사문(思文)〉에 "나에게 내와 모를 주었다(貽我來牟)"라는 구절이 나오는데, 내(來)는 소맥, 모(牟)는 대맥이다.《시경》〈주송〉〈풍년(豐年)〉에 "풍년이 들어 기장도 많고 찰벼도 많다(豐年多黍多稌)"라고 했는데, 도(稌)는 벼의 일종인 찰벼를 말한다. 뽕나무를 말하는 상(桑)이나 마(麻)도《시경》에 자주 보인다. 마(麻)는 때로 화(禾)나 맥(麥)과 함께 거론되는 경우가 적지 않다.《시경》에는 '예마(藝麻, 마를 심다)', '구마(漚麻, 마를 물에 담그다)', '적마(績麻, 마를 잣다)' 등에 관한 말이 적지 않게 보인다. 이를 보건대, 뽕나무 잎은 양잠의 사료로 사용되었고, 잠사와 마 등은 주나라 사람들이 입는 옷의 중요 재료였음을 알 수 있다.

수렵은 당시 농민경제에서 일정한 위치를 차지했다. 농민들은 수렵을 통해 자신들의 생활에 필요한 부분을 보충했으며, 귀족들에게 사냥한 짐승을 헌납하기도 했다.《시경》〈위풍(魏風)〉〈벌단(伐檀)〉을 보면, 영주는 "수렵을 하지 않았지만(不狩不獵)", 오히려 다른 이들이 애써 잡은 결과물을 자신의 것으로 삼았다.

주대의 수공업은 봉건영주의 관부(官府) 수공업과 농민들이 가정에서 부업으로 행하는 민간 수공업으로 나뉘며, 대부분의 경우 자급자족 형태였으며, 교환에 사용되는 경우는 극히 적었다.

동기 명문을 보면, 관부 수공업을 담당한 장인들을 '백공(百工)'이라고 불렀다.《국어》〈진어〉에 "수공업 장인들과 상인들은 관부의 밥을 먹었다(工商食官)"라는 말이 나오는데, 이는 백공이 관부에 속해 있었음을 말한다. 그들은 왕실과 귀족 영주의 생활에 필요한 도구나 기물을 제작하는 전문 수공업 기술자였다.

서주의 관부 수공업은 청동기 제련이 위주였는데, 왕실이나 제후들은 모두 자신들만의 청동기를 제련할 수 있는 공방을 확보하고 있었다.

제후들을 각지에 봉함에 따라 청동기 제련기술이 전국 각지로 파급되었다. 고고학 자료에 따르면, 북쪽으로 요녕, 하북, 동쪽으로 산동, 강소, 안휘, 남쪽으로 하남 남부와 호북 등지에서 모두 서주의 청동기가 발견되었다. 주조 방식은 대체적으로 상인의 것을 계승했으나 수량이나 종류 면에서 상대보다 훨씬 많고, 명문(銘文)도 길다. 이는 당시 청동기 제조기술이 크게 진보했음을 보여주는 것이다.

도기의 경우 판와(板瓦)와 동와(筒瓦)가 출현했다. 당시 기와는 주로 천자나 귀족의 궁실에만 사용되었지만 기와의 출현은 건축사에서 상당히 중요한 의의를 지닌다. 서주 시대는 상대에 비해 유약을 바른 단단한 도기 제작기술이 크게 향상되었다. 서안, 낙양, 강소, 안휘 등지의 주대 묘지에서 발견된 푸른빛 도기로 볼 때 당시 도기는 이미 자기(瓷器)로 넘어가는 과도기에 속한 것이라고 말할 수 있다.

상고(商賈)도 백공과 마찬가지로 대부분 관부나 귀족들에게 예속되었다. 당시 교환 매개물은 주로 조개나 일정한 중량의 구리덩어리였는데, 동기 명문을 보면, "왕이 금 백 율을 하사했다[王錫(賜)金百寽]"거나 "다섯 율을 취했다(取遺五寽)"라는 등의 기록이 나오는데, 여기에 나오는 '율(寽)'이 바로 구리덩어리의 중량 단위다. 동기 명문에도 옥기 같은 물건을 조개와 교환했다는 내용이 기록되어 있으니, 당시 조개가 일종의 화폐처럼 교환매체로 사용되었음을 알 수 있다.

서주의 정치제도

관제

서주는 토지 분봉과 이로 인해 형성된 토지 소유의 등급 구조에 따라 정권이 지방에 분산되고, 등급에 따른 종속관계를 유지했다.

주왕은 최고 통치자로 제후의 공주(共主)였으며, 스스로 하늘의 원자(元子)라 여겼기 때문에 천자라고 불렀다. 실질적으로 주왕을 수반으로하는 서주 정부는 봉건 제후국에 대해 일정 정도 통제권을 가지고 있었으나 직접 통치하는 지역은 호경(鎬京)과 성주(成周)를 중심으로 왕기(王畿)에 국한되었다.

서주의 왕실과 후국(侯國)의 정치기구는 구체적으로 상고하기 힘들지만 《시》, 《서》, 그리고 동기의 명문에 기록된 바에 따르면, 당시 왕실에서 가장 중요한 관직은 경사(卿士)로 천자의 보좌역을 맡았다. 《상서》〈고명(顧命)〉에 따르면 경사를 방군(邦君)보다 앞에 두었고, 《시경》〈소아〉〈시월지교(十月之交)〉를 보면 경사를 여러 관리들 앞에 두었다. 동기 명문에서도 경사료(卿士寮)를 제후 앞에 두었다.

태사(太師)와 윤씨(尹氏)도 중요한 관직이다. 《시경》〈소아〉〈절남산(節南山)〉에 "혁혁한 태사 윤씨여, 백성들이 모두 너를 보도다(赫赫師尹, 民具爾瞻)"라는 시구가 나오는데, '사'는 태사, '윤'은 윤씨를 말한다. 같은 시를 보면, "윤씨 태사가 주나라의 근본이니, 나라의 공평함을 잡고 있어 사방을 유지하네(尹氏太師, 維周之氏, 秉國之均, 四方是維)"라고 좀 더 구체적으로 태사와 윤씨를 언급하고 있다. 이외에도 《시경》〈대아〉〈상무(常武)〉에 "태사 황보를 명하시어 우리 육군(六軍)을 정돈하고 우리 병기를 수리하네(太師皇父, 整我六師, 以修我戎)", "왕께서 윤씨에게 이르시고 정백휴부에게 명하시네(王謂尹氏, 命程伯休父)" 등에서 볼 수 있다시 피 태사와 윤씨는 당시 국가의 군정을 장악하고 있던 중신들이었다.

고서나 동기 명문에 보면 '삼유사(三有事)' 또는 '삼사(三事)'라는 말이 자주 나오는데, 이는 사도(司徒), 사마(司馬), 사공(司空)을 말한다. 고서의 기록에 따르면, 사도는 주로 토지, 부역을 관리하고, 사마는 군정(軍政), 사공은 축성(築城)이나 도로, 하천 등 토목공사를 주로 관리했다. 그들 '삼유사' 외에도 형옥(刑獄)을 관장하는 사구(司寇)가 있다.

고서에 나오는 서주의 관명으로 태보, 태사, 태종, 총재, 취마, 선부 등이 있으며, 병사를 관리하거나 전쟁을 수행하는 관직으로 사씨(師氏), 아(亞), 여(旅) 등이 있다. 이렇게 많은 관직명이 있는 것을 보면 당시 정치기구가 상당히 방대했음을 알 수 있다.

왕실의 관리는 모두 크고 작은 봉건영주로 충원되었다. 그들은 대대로 토지를 점유했기 때문에 관직을 독점할 수 있었다. 당시에는 '세관(世官)' 외에 '세직(世職)'도 있었는데, 동기 명문에 보면, 왕이 대신에게 조부나 부의 관직을 승계하라고 명하는 대목이 적지 않게 나온다.

주 천자는 기(畿) 이외의 땅을 제후들에게 분봉했는데, 제후 대다수는 천자와 동성인 희성(姬姓) 귀족들이다. 천자와 제후는 군신관계는 물론이고 혈연적 유대관계로 맺어진 종법관계를 유지하고 있는 셈이다. 이러한 종법관계는 서주 귀족들의 통치를 유지하는 데 필요한 중요한 역량이었다. 《시경》〈대아〉〈판(板)〉을 보면, "큰 제후국은 나라의 병풍이고, 대종은 나라의 정간(楨幹)이다(大邦維屏, 大宗維翰)", "종자는 나라의 성이다(宗子維城)"라고 했는데, 여기에 나오는 '대종(大宗)'이나 '종자(宗子)'는 동성인 제후의 장자를 말한다. 주 천자는 병풍처럼 둘러싸고 있는 그들에 의지해 자신의 통치를 보위했다.

주나라 제도에 따르면, 대국의 제후들은 때로 왕실의 관리를 겸임할수 있었다. 예를 들어 주나라 초기 위(衛) 강숙(康叔)은 주나라의 사구를 맡았고, 말기에 정(鄭) 환공(桓公)은 주나라 사도를 겸임했다. 제후들은 자신의 봉국 안에 왕실과 유사한 관리를 설치하고 군대를 보유할 수 있었으며, 각기 한 나라의 군주로 자처했다. 서주 시절에는 제후들이 아직 강성하지 않은 상태였기 때문에 천자의 호령에 무조건 복종하고, 천자에게 납공했다. 《좌전》소공(昭公) 13년에 따르면, "예전에 천자가 공부의 차서와 경중을 정할 때 신분의 고하에 따라 결정했다. 신분이 존귀하면 공부 또한 많은 것이 주나라의 제도다(昔天子班貢, 輕重以列, 列尊貢重, 周之制也)." 납공 이외에도 조근술직(朝覲述職)하고, 필요할 때마다 출병하기도 했다. 천자는 제후의 내정을 간섭한 권리가 있었으며, 일부 후국(侯國)의 관리는 천자가 임명했다. 천자는 제후를 징치(懲治)하거나 자리를 빼앗을 수도 있었다. 주나라 이왕은 제(齊) 애공(哀公)을 내쫓고 그의 동생인 정(靜)을 세웠다.[12] 또한 주 선왕은 군사를 노(魯)로 보내 백어(伯御)를 살해하고 그의 동생 효공(孝公)을 세웠다.[13]

서주 시대에 경기 이외의 봉군은 일반적으로 후(侯)라고 불렀다. 예를 들어 노와 위의 군주는 노후, 위후로 칭했다. 하지만 경기 지역의 봉군은 백(伯)이라고 했는데, 예백(芮伯), 정백(鄭伯) 등이 한 예다. 후나 백은 작위의 명칭이다. 서주 시대에는 공(公)이라는 칭호가 비교적 보편적이어서 왕조 대신들도 모두 공으로 칭했다. 예를 들어 주공(周公), 괵공(虢公) 등이 그러하다. 아마도 공 역시 당시에는 일종의 작위였던 것으로 보인다. 하지만 후와 백의 신민들 역시 자신들이 모시는 후와 백을 공이라고 불렀던 것으로 보아 공은 군주와 동의어로 사용되었음을 알 수 있다.

3장 서주·춘추·전국

병제

주 왕실의 군대로는 주육사(周六師)와 호분(虎賁)이 있다. 주육사는 주나라 사람으로 구성되었으며, 경사가 있는 서토(西土) 지역에 주둔했다. 그래서 동기 명문에 그들을 일러 서육사(西六師)라고 했던 것이다. 육사는 주나라의 주력군으로 일찍이 소왕과 목왕이 육사를 이끌고 원정을 나가기도 했다. 은팔사(殷八師)는 은나라 유민들로 편성되었으나 장수는 주나라 사람이 맡았다.

주는 남방 민족과 여러 차례 전쟁을 벌였는데, 때로 육사와 팔사가 함께 출병하기도 했다. 호분은 주왕의 금위군이다.

무왕이 주를 정벌할 때 호분이 선봉에 섰다.

형벌

《상서》〈강고〉에 보면, "문왕이 형벌을 만들었다(文王作罰)"라고 했는데, 《목궤(牧簋)》 명(銘)에도 "선왕이 만든 형벌을 사용하지 않고 서민들을 많이 학대했다(不用先王作刑, 亦多虐庶民)"라는 구절이 나온다. 주인들이 일찍부터 형벌에 의지해 자신들의 통치를 강화했음을 알 수 있는 대목이다.

《좌전》 문공(文公) 18년에 보면, 서주 시절에 형벌에 관한 책이 아홉 편 있었다고 하는데, 형서에 따르면 "재물을 훔치는 것은 도(盜), 나라의 기물(보물)을 도적질하는 것은 간(奸)이라고 한다(竊賄爲盜, 盜器爲奸)." 이런 규정을 위반할 경우 가혹한 징벌을 면할 수 없었다. 이를 통해 당시에 이미 법률을 통해 사유재산을 보호했으며, 봉건등급제의 표시라고 할 수 있는 명기(名器) 보호를 중요한 임무로 삼았음을 알 수 있다.

《상서》〈여형(呂刑)〉에 따르면, 주대에는 묵(墨), 비(劓), 비(剕), 궁(宮), 대벽(大辟) 크게 다섯 가지 형벌이 있었는데, 그 아래 3000여 가지 세목이 있었다고 하니 당시 형벌이 얼마나 가혹했는지 능히 짐작할 수 있을 것이다. 동기 명문을 보면, 관리들이 아랫사람들에게 편형(鞭刑)이나 묵형(墨刑)을 행했다는 기록이 나온다. 서주 시절에는 "예는 서인까지 내려가지 않고, 형벌은 대부까지 올라가지 않았다(禮不下庶人, 刑不上大夫)." 그렇기 때문에 설사 귀족이나 관리가 법을 어겼다고 할지라도 "돈으로 형벌을 대속한다(金作贖刑)"는 규정에 따라 일정한 금액을 내고 면죄받을 수 있었다. 이러한 사례는 동기 명문에서도 쉽게 찾아볼 수 있다.

주와 기타 민족의 관계

주와 동이, 회이의 관계

주는 상조를 멸망시킨 후 계속해서 황하 하류로 세력을 확장하면서 막강한 동이(東夷)와 회이(淮夷) 등 동방 부족의 저항에 직면했다. 동이와 회이는 지금의 산동과 회하 유역에서 일찍부터 자리잡고 있던 원주민들이다. 그들은 부족끼리 모여 살면서 농업 위주의 생활을 영위했다. 상 왕조 통치 시절 그들 가운데 일부 부족은 이미 상 문화의 영향을 받아 역사적으로 문명 시대의 언저리까지 이르렀다. 하지만 대다수 부족은 여전히 씨족제 단계에 머물러 있었다. 은과 상이 교체하던 변혁기의 동란은 동이와 회이에게도 큰 충격이었다. 서주 초기 그들은 박고(薄姑,

지금의 산둥성 임치)와 엄(奄, 지금의 산둥성 곡부)에서 무경(武庚)을 수반으로 하는 상대 잔여 세력의 반란에 참가해 주공(周公)의 동정에 완강하게 저항했다. 3년간 지속된 전쟁에서 주인이 승리해 마침내 그들을 굴복시켰다. 승리를 얻은 주 통치자는 지금의 산둥성 경내에 제(齊)와 노(魯) 등 봉국을 세우고, 제후를 보내 동이와 회이를 군사적으로 통제하고 정치적 지배를 강화하도록 했다. 하지만 동이와 회이의 반항은 쉽게 그치지 않았다. 《상서》〈비서(費誓)〉를 보면, 노나라 백금(伯禽)과 회이, 서융(徐戎)이 격렬한 전투를 벌였으며, 심각한 위협으로 인해 국도의 동쪽 문을 감히 열 수 없을 지경에 이르렀다.

동기 명문에도 주나라 초기부터 여왕, 선왕 시절까지 주 왕조와 동이, 회이 등 여러 부족 간에 끊임없이 전쟁이 일어났다는 기록이 남아 있다. 회이 가운데 가장 막강한 세력을 지닌 부족은 서방(徐方)이었다. 주 목왕 시절 서언왕(徐偃王)이 군대를 이끌고 주를 공격해 황하 유역까지 치고 들어왔다. 동기 명문에도 목왕 시절 회이와 전투를 벌였다는 기록이 남아 있다.

《후한서》〈동이전(東夷傳)〉을 보면, "여왕이 무도해 회이가 침입해 약탈을 일삼았다. 왕이 괵중에게 그들을 정벌토록 했으나 이기지 못했다(厲王無道, 淮夷入寇, 王命虢仲征之, 不克)"라는 기록이 나오고, 《괵중수(虢仲盨)》 명문에도 "왕께서 남정해 남쪽 회이를 정벌했다(王南征, 伐南淮夷)"라는 기록이 남아 있다.

전쟁 과정에서 주 통치자는 회이에 대한 잔혹한 약탈을 자행했다. 특히 회이 지역에서 생산되는 동(銅)은 주의 중요 약탈 대상 가운데 하나였다. 동기 명문에도 '부금(孚金)'에 관한 기록이 적지 않다. 또한 주나라 군사들은 사람과 가축을 약탈하기도 했다. 《사원궤(師袁簋)》 명문에 보면, 주 선왕 시절 전쟁에서 주나라 사람들이 "남녀와 소나 양을 빼앗고, 좋은 쇠를 약탈했다(跛孚士女, 羊牛, 孚吉金)"라는 기록이 나온다.

동기 명문을 보면, 정복당한 회이를 '백무인(帛畮人)' 또는 '백무신(帛畮臣)'이라고 불렀는데, 이는 공납하는 신하라는 뜻이다.《혜갑반(兮甲盤)》명문을 보면 이런 구절이 나온다. "회이는 원래 우리 주조에 공납하는 이들이니 비단과 식량을 미납해서는 안 된다. 그들은 왕래하거나 장사를 하면서 지방과 시장에서 소란을 피우면 안 된다. 만약에 감히 주왕의 법령을 위반하면 형벌과 토벌을 당하게 될 것이다(淮夷舊我帛畮人, 毋敢不出帛, 其積, 其進入, 其貯, 毋敢不即次即市, 敢不用命, 則即刑戮伐)." 인용문에서 볼 수 있다시피 주나라 통치자는 회이에게 포백을 비롯한 여러 가지 재물을 공납하고 아울러 노동력을 제공하도록 강요했으며, 만약 이행하지 않을 경우 가차 없이 토벌했음을 알 수 있다. 이렇듯 주인들은 회이를 자신들의 통치하에 두고 노역으로 활용하기 위해 상당한 역량을 동원해 남회이를 정벌하기 위해 애썼던 것이다.

주와 초, 오의 관계

서주 시절 초인(楚人)은 한수 유역과 장강 중류 양안에 분포하고 있었다. 초는 역사가 유구한 부족으로 일찍이 상대에 상인들과 접촉한 적이 있다. 지금의 하남성 남양과 신양 일대에서 서주 시기의 유적이 발굴되는 것으로 보아 주인들이 이른 시기에 하남 남부를 점령했음을 알 수 있다. 호북 기춘에서 서주 시대 말기의 건축물과 일부 유물이 발견되었는데, 이는 주인의 세력이 장강까지 깊이 확대되었음을 나타내는 증거다.

서주 시절 주와 초는 충돌이 그치지 않았다. 서주 초기의 동기 명문을 보면, 주인이 "초형을 정벌했다(伐楚荆)"거나 "형을 정벌했다(伐反荆)"라는 기록이 거듭 나온다. 고서를 보면, 소왕이 군사를 이끌고 초나라를 원정했다는 기록이 적지 않게 나오는데, 소왕은 전쟁에서 패해 "한수에서 육사를 잃고 말았으며(喪六師于漢)", 소왕 자신도 한수에서 결국 사망하고 만다.[14]

선왕은 외삼촌인 신백(申伯)에게 사(謝, 지금의 하남성 남양)를 봉국으로 주었는데, 그곳은 주에서 초로 통하는 문호와 같은 곳이었다. 선왕이 신백을 봉한 것은 아마도 남쪽에 대한 공격과 수비를 강화하려는 목적이 있었던 것 같다. 이와 동시에 주나라 군사들이 강한 지역에 출현하기도 했다. 이는 《시경》〈대아〉〈강한〉을 보면 알 수 있다. "강한의 물가에 왕께서 소호(召虎)에게 명하시어 사방을 개척해 우리 강토를 경작하게 하셨네(江漢之滸, 王命召虎. 式辟四方, 徹我疆土)." "경계를 만들고 경지를 다스려 남쪽 바다까지 이르렀네(于疆于理, 至于南海)." 이렇듯 빈번한 전쟁을 겪으면서 강한 지역 역시 주나라 선왕 시절에 주의 세력 범위 내로 편입되고 말았다.

《사기》〈오태백세가(吳太伯世家)〉를 보면, 주 태왕의 아들인 태백(太伯)과 중옹(仲雍)이 형만(荆蠻)이 세운 오나라로 도망쳤다는 전설이 나온다. 전설은 은나라 말기에 주나라 사람들이 이미 장강 하류까지 진출해 "머리를 깎고 문신을 하고 있던" 토착민을 통치했음을 의미한다.

지금의 강소 일대에서 서주 시대 청동기나 유적지가 적지 않게 발견되고 있다. 〈의후적궤〉에 따르면, 강왕 시절에 주 천자가 우후(虞侯) 열(夨)에게 의(宜)를 봉국으로 주었다고 한다. 그렇다면 서주 초기에 이미 지금의 강소성 경내에 주나라 사람들의 거점이 존재했으며, 중원에서 들어온 일부 사람들은 비교적 장기간에 걸쳐 그곳에 뿌리를 내리면서 비록 중원의 주나라 사람들과 관계를 맺지는 않았지만 장강 하류를 개발하는 데 적지 않은 공헌을 했음이 분명하다.

주와 서북, 동북 민족의 관계

주나라 북쪽과 서쪽에는 유목생활을 하는 부족들이 분포하고 있었다. 그들 가운데 가장 막강한 세력을 지닌 부족은 귀방(鬼方)과 엄윤(嚴允)이었다. 일찍이 상대에 그들은 주인(周人)의 후방에 자리해 끊임없이 위수 유역으로 진입하기 위해 애를 썼다. 서주 시절 그들은 주인의 저항에도 불구하고 동남쪽으로 세력을 확대했다. 《소우정(小盂鼎)》의 명문에 따르면, 강왕 25년 귀방과 주인 사이에 규모가 상당한 전쟁이 벌어졌다. 당시 전쟁에서 주인이 귀방을 크게 무찔렀고, 귀방 추장 3인을 포함한 1만 3000여 명을 포로로 잡았으며, 이외에 수레와 수많은 소나 양 등도 빼앗았다.

《국어》〈주어〉에 따르면, 목왕 시절 "견융의 군장이 황복의 직책에 따라 천자를 조견했다(犬戎氏以其職來王)"라는 기록이 있다. 목왕은 일부 견융을 태원(太原, 지금의 감숙성 평량, 진원 일대)으로 강제 이주시켰다. 여기서 말하는 견융이 아마도 엄윤일 것이다.

목왕 이후로 엄윤은 날로 강성해졌으며, 때로 남쪽에서 습격해 주나라에게 큰 위협이 되었다. 《후한서》〈서강전(西羌傳)〉에 따르면, "이왕이 괵공에게 육군(六軍)을 이끌고 태원의 오랑캐를 정벌하라고 명하니 유천에 이르러 말 1000필을 얻었다(夷王命虢公率六師伐太原之戎, 至于俞泉, 獲馬千匹)"라고 했다. 《괵계자백반(虢季子白盤)》의 명문에도 당시 전쟁에 대한 기록이 보이는데, 괵계자백이 "천하 사방을 경영했다. 엄윤을 정벌해 낙수의 북쪽에 이르렀다. 500여 명을 참수했고, 50명을 포

3장 서주·춘추·전국

로로 잡았다(經維四方, 薄伐嚴允, 于洛之陽, 折首五百, 執訊五十)"라고 했다.
쌍방은 낙수 북쪽 강가에서 격전을 치렀다. 그곳은 주의 통치 중심지
에서 그리 멀지 않은 곳이었다. 엄윤이 시시때때로 주를 침략하는 까
닭에 주나라 백성들의 병역도 가중되지 않을 수 없었다.《시경》〈소아〉
〈채미(采薇)〉에 보면 그 일단을 엿볼 수 있다. "집도 가족도 없는 것은
저 엄윤 때문일세. 편안히 쉬지 못함은 저 엄윤 탓이로세(靡室靡家, 嚴允
之故. 不遑啓居, 嚴允之故)." 이는 당시 병역을 담당했던 이들이 내뱉는 탄
식의 소리였다.

선왕 시절 엄윤이 주나라 도읍지 가까운 곳까지 쳐들어왔다.《시경》
〈소아〉〈유월(六月)〉의 "엄윤은 난폭하고 주제를 몰라 초와 호 땅까지
진격했네. 호와 삭방을 침략해 경수 북쪽까지 깊이 이르렀네. 우리 군
사의 깃발은 새매를 수놓았고, 흰 비단 깃발이 햇살에 번쩍이네. 큰 전
차 열 대로 길을 열어 전쟁터로 나가노라(嚴允匪茹, 整居焦穫. 侵鎬及方, 至
于涇陽. 織文鳥章, 白旆中央, 元戎十乘, 以先啓行)"는 당시 주나라 선왕이 엄
윤의 침략에 대응하기 위해 윤길보(尹吉甫)를 보낸 것을 노래한 내용이
다.《혜갑반(兮甲盤)》명문에도 "선왕이 엄윤을 토벌할 것을 명하여 태
원(太原)까지 내쫓았다. 혜갑 길보가 왕명을 받들어 적과 싸워 이기고
포로를 잡아 개선했다(伐嚴允于䈕鹵, 兮甲從王, 折首執訊)." 선왕은 엄윤을
비롯한 서북 지역 유목민의 침략을 막아낸 적이 없었다.《죽서기년》에
따르면, 선왕이 진중(秦仲)에게 명하여 서융을 토벌토록 했으나 오히려
진중이 싸움에서 패해 죽고 말았다. 유왕 시절, 신후(申侯)와 증후(繒侯)
가 견융과 연합해 여산(驪山) 아래에서 유왕을 공격해 살해했다. 융적
(戎狄)의 세력이 강성해지자 주 통치자는 더는 위수(渭水) 유역을 통치
할 수 없었다. 그런 까닭에 유왕이 사망한 후 그의 아들 평왕(平王)은 어

쩔 수 없이 낙읍(洛邑)으로 천도할 수밖에 없었던 것이다.

숙신(肅愼)은 지금의 동북 경내에 거주하고 있던 소수민족이다.《국어》〈노어(魯語)〉에 따르면, 무왕이 상을 정벌한 후 "숙신씨가 고시(楛矢)와 석경을 공납했다(肅愼氏貢楛矢,石磬)",《서서(書序)》에서도 "성왕이 동이를 정벌한 후 식신이 내조했다(成王旣伐東夷, 息愼來賀)"라고 썼다. 여기서 식신(息愼)이 바로 숙신이다. 일찍이 서주 초엽에 이미 주인과 숙신 간에 왕래가 있었다고 사서에 기록되어 있다.《좌전》소공 9년에 보면, 주나라 대부 첨환백(詹桓伯)의 말이 기록되어 있다. "우리 주왕조는 하 왕조 시절 조상인 후직의 공로로 위(산서성 예성현 동북쪽), 태[후직의 봉지인 태(邰)로 섬서성 무공현 서남쪽], 예(섬서성 대려현), 기(섬서성 기산현), 필(섬서성 함양시 북쪽)의 땅을 우리 서쪽 영토로 삼았으며, 또한 무왕 시절에 상 왕조에 승리해 포고(산동성 박흥현)와 상엄(산동성 곡부) 땅을 동쪽 영토로 삼았다. 파(호북성 양번시)와 복, 초(호북성 강릉현), 등(하남성 등현)을 남쪽 영토로 삼았고, 숙신(북경시 동북쪽 일대)과 연(북경시 일대), 박을 북쪽 영토로 삼았다(我自夏以后稷, 魏駘芮歧畢, 吾西土也. 及武王克商, 蒲姑商奄, 吾東土也. 巴濮楚鄧, 吾南土也. 肅愼燕毫, 吾北土也)." 주가 상을 멸망시킨 이후 주의 강역이나 세력 범위가 상조보다 더욱 방대해진 것은 분명한 사실이다. 현재 고고학 자료에 따르면,《좌전》에 나오는 대부 첨환백의 말이 실제 정황에 비교적 근접하는 것으로 보인다.

돌로 만든 악기 석경

고서나 동기 명문을 보면, 주인과 여러 민족 간의 관계가 주로 전쟁에 관한 기록으로 남아 있음을 알 수 있다. 그러나 드러나지는 않지

3장 서주·춘추·전국

만 그 배후에 있는 것은 역시 각 민족 간의 평화로운 왕래일 것이고, 그
것이 역사의 주류일 것이다.

서주의 쇠망

성(成), 강(康), 소(昭), 목(穆), 그리고 공왕(共王) 등이 통치하던 시기
가 서주의 전성기였다. 의왕(懿王) 시절부터 내외 모순이 격화하면서
주 왕조는 쇠퇴의 길을 걷게 된다.

우선 통치자의 내부 모순이 가열되기 시작했다. 이왕(夷王) 시절 "제
후들이 때로 조회를 하지 않거나 서로 싸워도(諸侯或不朝, 相伐)" 왕실이
제어할 수 없었으며, 제후들이 내조를 하더라도 이왕이 천자의 자리에
앉아 조배(朝拜)를 받지 못했고, 심지어 "당 아래로 내려가 제후를 만나
기도 했다"[15]라는 기록이 있다. 다음은 민족 모순의 격화다. 주인(周人)
을 바짝 따라다니는 서북 지역의 여러 유목민족들은 의왕 시절부터 날
로 강력해져 위수 중, 하류까지 밀고 내려와 주 왕조를 위협했다.

이왕이 죽고 여왕(厲王)이 자리에 올랐다. 동기 명문을 보면, 여왕 시
절에 남정(南征)했다는 기록이 상당히 많이 보이는데, 아마도 이는 주
나라와 초나라의 관계가 상당히 긴박하게 돌아가고 있었기 때문인 것
같다.

여왕은 서북 변경의 방어를 강화하는 한편 동남쪽에서 전쟁을 수행
해야만 했다. 양면에서 공수를 담당해야 하는 곤란한 지경에 봉착한 것
이다. 전쟁으로 인해 여왕은 포악하다는 말이 나올 정도로 백성들을 착

취하고 심지어 귀족들의 이익까지 넘봐야만 했다. 사서의 기록에 따르면, 여왕은 영이공(榮夷公)을 가까이해 그를 경사(卿士)로 삼았는데, 영이공은 사사로운 이익에 눈이 멀어 산림과 천택(川澤, 하천과 연못)의 이익을 독점하고 있었다. 산림과 천택은 당시 각급 귀족들이 공동으로 향유해야 하는 것이었다. 여왕이 산림과 천택의 이익을 왕실 소유로 귀속시키니, 이는 기존의 전장제도(典章制度)를 위배한 것이다. 《국어》〈주어〉에 나오는 "여왕이 전장제도를 혁파했다(厲始革典)"라는 말은 아마도 이를 두고 한 말일 것이다.

여왕이 이익을 독점하자 귀족과 평민의 불만과 원성이 높아졌다. 그들은 너나할 것 없이 원망을 늘어놓았다. 《일주서(逸周書)》에 "아래 백성들이 윗사람을 원망하니, 재력이 다하고 손발을 둘 곳이 없었다(下民胥怨, 財力單竭, 手足靡措)"라는 기록이 있다. 여왕은 여론을 막기 위해 위나라 무당을 불러 감시하게 하고, "무당이 보고하면 그들을 죽였다." 그리하여 "백성들이 더는 감히 말하지 못하고 길가에서 만나면 눈길만 주고받을 뿐이었다(國人莫敢言, 道路以目)." 이에 소공(邵公)이 여왕에게 간해 말하길, "백성의 입을 막는 것은 물을 막는 것보다 심한 것이니, 물이 막혔다가 터지면 피해를 입는 자가 틀림없이 많을 것입니다(防民之口, 甚于防川, 川壅而潰, 傷人必多)"라고 말했다. 하지만 여왕은 전혀 듣지 않았다. 이렇게 모순은 날이 갈수록 첨예해지고 있었다. 기원전 841년 마침내 나라 사람들이 폭동을 일으켰다. 《염수(鹽盨)》명문 기록에 따르면, 당시 폭동에 참가한 사람들은 나라 사람 이외에도 '정인(正人, 수공업자)', '사씨인(師氏人, 도성 주둔 군인)' 등이었다고 하니, 하급귀족이나 무인들도 참가했던 것이 분명하다. 폭동은 왕실의 무장 세력에 의해 진압되지는 않았다. 사서의 기록에 따르면, 나라 사람들이 왕궁을 포위하고 여왕을 습격했으며, 여왕은 체(彘, 지금의 산서성 곽현)로 도망쳤다. 조정은 제후들이 공동으로 관리하게 되었는데, 역사는 이를 '공화행정(共和行政)'이라고 부른다.

공화행정은 14년간 유지되었다. 여왕이 체에서 죽자 제후들이 여왕의 아들인 선왕 정(靜)에게 정권을 넘겼기 때문이다. 선왕은 47년간 재위하면서 "안으로 정사에 힘쓰고, 밖으로 이적을 물리쳤으며, 문무의 강토를 수복했다(內修政事, 外攘夷狄, 復文武之境土)." 역사는 이를 중흥(中興)이라고 부른다. 《시경》을 보면 선왕의 무공을 가송하는 시편이 적지 않게 나오는데, 그 내용을 살펴보면 선왕이 엄윤, 서융, 그리고 서(徐)와 초(楚) 등과 싸워 모두 승리했으며, 한(韓), 신(申) 등 몇 군데 봉국을 건설했음을 알 수 있다. 하지만 선왕 역시 일련의 실패를 맛보기도 했다. 우선 그는 진중(秦仲)에게 서융(西戎)을 공략하도록 했으나 전쟁에서 패배해 진중이 죽고 말았다. 태원의 융(戎)과 조융(條戎), 분융(奔戎) 등과 싸웠으나 또다시 패배했다. 가장 큰 실패는 기원전 789년 천무(千畝) 전투로 "왕의 군사가 강씨 융에게 패배한 것이었다." 이와 동시에 남방에서 벌어진 전투에서도 실리를 잃었다. 역사에서 "선왕이 남국의 군사를 잃고 태원에서 병역을 얻기 위해 백성들의 호구를 조사했다"라고 한 것은 바로 이를 두고 한 말이다. 선왕은 이렇듯 병력을 보충하려고 애썼지만 결과적으로 대신들의 반대에 직면했다.[16]

선왕은 결국 외부의 위협을 막아낼 수 없었으며, 오히려 빈번한 전쟁으로 인해 사회 내부의 모순만 격화시키고 말았다. 《시경》을 보면, 당시 병역 부담이 심각한 지경에 이르렀음을 보여주는 시편이 적지 않게 실려 있다. 당시 통치자는 평민을 야수로 만들어 광야로 내쫓았으며, 결과적으로 생활 터전을 빼앗는 꼴이 되고 말았다. 밭두렁은 들짐승이

뛰어노는 들판이 되고, 전원은 잡초 무성한 황무지가 되었다. 농촌에
남은 평민들은 잔혹한 착취로 인해 곡식 항아리가 텅 비고, "북도 바디
도 없이 베틀만 텅 비고 말았다(杼柚其空)." 결국 그들은 고향을 떠나 유
리걸식하는 비참한 삶을 살아야만 했다.

　고서의 기록에 따르면, 선왕 원년에 큰 가뭄이 들었고, 이듬해에도
비가 오지 않았으며, 6년이 되는 해에 비로소 비가 내렸다.《시경》〈대
아〉〈운한(雲漢)〉을 보면, 당시 심한 가뭄으로 인해 엄청난 기근이 일어
나 "주나라에 살아남은 백성도 이제 남은 자가 없는(周餘黎民, 靡有孑遺)"
지경에 이르렀다.

　하급 귀족들도 대귀족의 착취로 인해 점점 상황이 악화되는 신세가
되고 말았다.《시경》〈대아〉〈첨앙(瞻卬)〉에 "남이 소유한 밭을 오히려
네가 소유하며, 남이 소유한 백성을 네가 다시 빼앗는구나(人有土田, 女
反有之. 人有民人, 女覆奪之)"라는 기록이 있다. 이는 바로 이런 상황을 반
영하는 것이다. 몰락하는 귀족들은 끊임없는 '왕사(王事, 전쟁)'와 불공
평한 대우에 불만을 표시했다.《시경》〈소아〉〈북산(北山)〉은 이런 몰락
귀족들의 원망을 반영하는 시다. 시에서 그들은 이런 질문을 하고 있
다. "혹자는 편안히 거처하며 쉬거늘 혹자는 수고로움을 다해 나라를
섬기고, 혹자는 상에 편안히 누워 쉬는데 혹자는 멈추지 않고 돌아다닌
다. 혹자는 소리쳐 부르짖는 줄 모르는데 혹자는 괴롭고 슬프게 일만
하고, 혹자는 집에서 편히 누웠다 일어섰다 하거늘 혹자는 왕사에 수고
하느라 여유가 없도다. 혹자는 기쁘고 즐겁게 술을 마시고, 혹자는 슬
프고 허물을 두려워하네. 혹자는 들고나며 거리낌 없이 말하거늘 혹자
는 하지 않는 일이 없도다(或燕燕居息, 或盡瘁事國. 或息偃在床, 或不已于行.
或不知叫號, 或慘慘劬勞. 或栖遲偃仰, 或王事鞅掌. 或湛樂飮酒, 或慘慘畏咎. 或出

入風議, 或靡事不爲)."

확실히 선왕이 통치하던 반세기 동안 국내외 모순이 날로 심화되고 있었다.

선왕의 아들 유왕이 즉위한 다음 해 관중에서 대지진이 발생해 "기산이 무너지고 세 군데 하천(경수, 낙수, 위수)이 모두 말라버렸다." 당시 지진은 매우 심각한 것이었다. 《시경》〈소아〉〈시월지교(十月之交)〉를 보면, "온갖 하천이 끓어오르고, 산 무덤이 줄줄이 무너지니 높은 언덕이 계곡이 되고, 깊은 계곡은 구릉이 되었네(百川沸騰, 山冢崒崩, 高岸爲谷, 深谷爲陵)"라는 구절이 나오는데, 바로 당시 대지진으로 인한 참상을 묘사한 것이다.

심한 가뭄과 지진은 농업생산에 치명적인 피해를 안겨주었다. 자연히 백성들 역시 기근으로 인해 고통을 받았다. 《시경》〈대아〉〈소민(召旻)〉에 "백성들이 모두 유망해 국토가 황폐해지고 잡초가 무성하도다(民卒流亡, 我居圉卒荒)"라고 했다. 이렇듯 백성은 가뭄과 기근으로 인해 도처로 유리걸식하고, 심각한 자연재해가 그칠 줄 모르니 주의 멸망 또한 가속화될 수밖에 없었다.

천재지변과 동시에 서북 여러 유목부족이 침략해 고통이 가중되었다. 당시 시인은 나라가 "날마다 백 리씩 줄어들고 있다(日蹙國百里)"라고 깊이 탄식했다. 왕실 내부에서는 왕위 계승에 따른 투쟁이 벌어졌다. 유왕이 애첩 포사(褒姒)에 빠져 신후(申后)와 태자 의구(宜臼)를 폐하고, 대신 포사를 후(后)로 삼고 그녀 소생의 백복(伯服)을 태자로 삼았다. 이에 신후(申侯)가 불만을 품고 반란을 일으켰다. 기원전 770년, 신후는 증후(繒侯)와 더불어 견융을 끌어들여 서주를 공격했고, 여산 아래에서 유왕을 살해했다. 이로써 서주는 멸망하고 말았다.

2 · 춘추

춘추 시대의 정치 형세

주의 동천과 제후 세력 강화

기원전 770년 주 평왕이 호경(鎬京)을 버리고 낙읍(洛邑)으로 천도했다. 이때부터 기원전 470년까지를 역사는 춘추 시대라고 부른다.《좌전》기록에 따르면, 춘추 시절에는 140여 개의 국(國, 제후국)이 있었는데,[17] 그 가운데 중요한 제후국은 제(齊), 진(晉), 초(楚), 진(秦), 노(魯), 정(鄭), 송(宋), 위(衛), 진(陳), 채(蔡), 오(吳), 월(越) 등이었다.

서주 말기 관중은 전쟁과 자연재해로 인해 크게 훼손되었으며, 주 통치자의 세력도 크게 약화되었다. 그리하여 평왕은 진(晉)과 정(鄭) 등 제후들의 힘에 의지해 겨우 동천할 수 있었다. 동천 이후 처음에는 지금의 섬서성 동쪽부터 예중(豫中) 일대에 이르는 땅을 점유하고 있었는데, 이후 일부 토지를 진(秦)과 괵(虢) 등에게 빼앗겨 낙양 주위 몇백 리

땅만 차지하게 되었다. 과거 봉건 종속관계로 형성된 통일적인 유대감은 거의 사라지고, 중원의 제후국들은 더는 천자에게 술직(述職)하거나 납공(納貢)하지 않았다. 주 왕실은 빈약한 상태였기 때문에 천자의 존엄을 버리고 제후들에게 손을 내밀어 수레나 돈, 부의금을 구걸하는 신세가 되고 말았다. 이제 주 왕실은 소국이나 다를 바 없기 때문에 감히 제후들에게 호령할 수 없었으며, 오히려 정치적으로나 경제적으로 강력한 제후들에게 의지해야만 했다. 동천 이후 주 천자는 천하의 공주(共主)라는 지위를 잃었다. 서주 시절만 해도 "예악과 정벌은 천자에게 나온다(禮樂, 征伐自天子出)"라고 했지만 이제는 "예악과 정벌이 제후에게 나온다"로 대체되고 말았다. 강력한 세력을 갖춘 제후국은 천자를 끼고 다른 제후들을 호령할 수 있는 패주가 되기 위해 싸웠다. 이리하여 춘추 시대에 대국들이 패권을 다투기 위한 투쟁이 시작되었던 것이다.

제 환공의 패업

제(齊)는 당시 경제, 문화적인 면에서 비교적 선진적이어서 앙앙대국(泱泱大國)으로 칭해졌다. 기원전 685년 제 양공이 죽고 환공(桓公)이 뒤를 이었다. 그는 관중(管仲)을 자신의 보좌역으로 삼았다. 관중은 제나라의 내정을 정돈하고 경제 발전을 도모해 국력을 크게 신장시켰다. 환공은 국내 정세를 안정시킨 후 적극적으로 대외활동에 나섰다. 우선 송과 노나라를 자기편으로 끌어들인 다음 이어서 정나라도 자신의 세력 판도 안에 넣었다. 당시 융적의 세력이 강력해지면서 여러 군소 나라에 큰 위협이 되고 있었다. 기원전 661년 적(狄)이 형(邢, 지금의 하북성 형대)을 공략했고, 기원전 660년에는 적이 또다시 위(衛, 지금의 하남성 기현)를 공격해 위나라 백성이 5000명밖에 남지 않았다. 이에 제가 출병해 형과 위를 구했다. 형은 이의(夷儀, 지금의 산동 요성)로 천도하고, 위는 초구(楚丘, 지금의 하남 활현)로 옮겨갔다. "형은 귀환하듯이 천도했고, 위국은 멸망을 잊었다(邢遷如歸, 衛國忘亡)"는 바로 이를 두고 한 말이다. 이렇듯 제는 화하(華夏)의 여러 제후국과 연합해 융적의 침입을 막고 융적에게 유린되고 있던 일부 소국을 구함으로써 중원에서 크게 위신을 떨칠 수 있었다.

남방의 초국은 무왕에서 문왕 때까지 끊임없이 북쪽으로 세력을 확장해 등(鄧), 신(申), 식(息) 등 여러 제후국을 멸망시켰다. 성왕 때 초의 세력은 중원에 근접할 정도로 강대해졌다. 당시 제가 패권을 차지하고 있었기 때문에 이전까지 초에 복속하고 있던 강(江), 황(黃) 등 소국은 제로 돌아섰다. 초의 입장에서 보면 중도에 포기할 수 없는 일이었다. 그래서 연달아 정(鄭)을 공략해 제나라에 압력을 넣었다. 기원전 656년, 제 환공이 노, 송, 진(陳), 위(衛) 등 여러 제후국의 군사를 이끌고 초를 추종하는 채국(蔡國)을 공략해 무너뜨렸다. 제는 연이어 초를 공격했다. 당시 세력이 막강한 초나라는 제나라에게 약한 모습을 보여주고 싶지 않았다. 결국 쌍방은 소릉(召陵, 지금의 하남 언성)에서 맹약을 맺고 싸움을 끝냈다. 당시 제나라는 비록 초왕을 굴복시키지 못했지만 북진을 시도하는 초나라의 예봉을 좌절시키는 데 성공한 셈이다.

기원전 651년, 제 환공이 다시 규구(葵丘, 지금의 하남 난고)에서 제후 회맹(會盟)을 가졌다. 당시 모임에 노, 송, 정, 위 등 여러 후국(侯國)의 대표들이 참가했다. 주 천자도 사람을 보내 참가토록 했다. 당시 회맹의 규정은 동맹국끼리 서로 침범하지 않으며 공동으로 외적에 대응한다는 것이 골자였다. 규구 회맹을 통해 제 환공이 중원의 패주(霸主)가 되었다.

환공이 죽은 후 여러 아들이 자리를 다투면서 제나라는 패주의 지위를 잃었다. 제나라가 패주였던 기간은 비록 짧지만 융적과 초인의 중원 침입을 막는 데 나름의 공을 세웠다.

진(晉) 문공(文公)의 패업

춘추 초기 진은 약소국에 불과했다. 익(翼, 지금의 산서 익성)에 도읍지를 둔 진나라의 강역은 지금의 진남(晉南)과 분수(汾水)와 회수(澮水) 일대다. 《국어》에서 진나라는 "경곽산(일명 곽태산)을 성처럼 두르고 분수와 황하, 속수와 회수를 해자처럼 끼고 있다(景霍以爲城, 而汾河涑, 澮以爲渠)"라고 했는데, 진의 서쪽에는 여량산이 있고, 동쪽에는 태항산과 중조산이 자리하고 있다. 또한 《좌전》에서 말한 것처럼 "진은 깊은 산속에 거주하면서 융적과 이웃하고 있다(晉居深山, 戎狄之于隣)." 이러한 지리환경으로 인해 진은 중원과 왕래하기가 매우 힘들었다.

더군다나 진은 춘추 초기 수십 년 동안 내란이 그치지 않았다. 기원전 678년 무공 시절 비로소 장기간에 걸친 분열 상태를 종식시켜 하나로 통일했다. 이후 헌공이 등장해 진나라의 일군(一軍)을 이군(二軍)으로 확대해 병력을 증강시키고 연이어 경(耿, 지금의 산서 하진), 곽(霍, 지금의 산서 곽현), 위(魏, 지금의 산서 예성) 세 군데 약소국을 겸병했으며, 계속해서 괵(虢, 지금의 하남 섬현), 오(虞, 지금의 산서 평육) 두 나라를 공략했다. 진의 영토는 황하 북안에서 남안까지 확대되었다. 이외에도 황하 서쪽 일부 지역을 점령하면서 진은 서서히 강대국으로 성장했다.

헌공이 죽자 여러 아들이 자리를 놓고 다투면서 내란 조짐이 보이기 시작했다. 연이어 군주의 자리에 오른 이는 혜공과 양공인데, 두 사람 모두 무능해 진은 불안한 상태가 지속되었다.

기원전 636년, 19년 동안 나라 밖에서 떠돌던 공자 중이(重耳)가 진(秦)의 원조를 받아 귀국한 후 군주의 자리에 올랐다. 그가 유명한 진(晉) 문공이다. 《좌전》에 따르면, 그는 일찍이 "온갖 환난과 역경(險阻艱難)"을 겪었으며, 자리에 오른 후 능력을 갖춘 조쇠(趙衰), 호언(狐偃) 등을 발탁하고 농업과 수공업 발전에 힘썼다. 문공의 정비와 재건을 통해 정권은 한결 공고해졌고, "정치가 평온하고 백성이 불어났으며, 재물이 부족하지 않게 되었다(政平民阜, 財用不匱)."

기원전 635년, 주 왕실에서 왕자 대(帶)의 난이 일어났다. 주 양왕은 난리를 피해 정(鄭)으로 갔다. 문공이 출병해 왕자 대를 살해하고 양왕을 귀국시켰다. 양왕이 문공의 공로에 보답하기 위해 양번(陽樊), 온(溫), 원(原) 그리고 찬모(欑茅)의 농토(지금의 하남 제원, 무척 일대)를 진국에 하사했다. 문공은 군사를 일으켜 왕을 호위한 대가로 토지를 얻었는데, 좀 더 중요한 것은 중원 제후들 사이에서 명성과 인망을 동시에 얻었다는 점이다.

패자였던 제나라가 쇠미해지자 초나라가 다시 중원의 판도를 좌지우지하는 세력으로 떠올랐다. 노(魯)와 정(鄭) 등 여러 나라가 초에 굴복했고, 심지어 제나라처럼 강대국도 초의 위협을 받아야만 했다. 야심찬 진 문공이 중원의 패자가 되기 위해서는 무엇보다 먼저 초나라를 향해 창끝을 겨눠야만 했다.

기원전 633년, 초나라가 송을 포위하자 송나라 군주가 급히 진나라에게 상황을 알렸다. 진나라는 먼저 초의 우방인 조(曹)와 위(衛)를 공략해 그들의 토지를 송에게 돌려주었다. 초나라에서 사신을 보내 송에 대한 포위를 푸는 대신 교환조건으로 진나라 역시 조와 위에서 철병할 것을 요구했다. 진은 조와 위에서 철병하면서 그들에게 초나라 대신 자기 나라를 따르도록 했다. 진이 사신을 구금하자 초나라가 격노했다. 기원전 632년, 진이 진(秦), 제(齊), 송(宋)과 함께 700승(乘)의 전차를 동원해, 성복(城濮, 산동 복현)에서 초나라와 일전을 벌여 크게 이겼다. 진 문공은 제, 노, 송, 위 등 7개국 군주와 천토(踐土, 하남 형택)에서 회맹하는 한편 주왕(周王)의 책명을 얻었다. 주왕 역시 회맹에 참가했는데, 진 나라는 초를 꺾음으로써 중원의 패주로 올라섰다.

문공이 죽고 양공이 자리에 올랐다. 양공은 문공 휘하의 원로 신하들에 의지했기 때문에 진은 별 무리 없이 패업을 이어갈 수 있었다.

진(秦), 서융의 패주가 되다

진(晉)이 패주가 되었을 때 진(秦) 역시 동쪽으로 자신의 세력을 확장하는 데 몰두했다. 진(晉) 문공이 죽자마자 진(秦) 목공은 기회를 틈타 정(鄭)을 급습했다. 하지만 정나라가 이미 대비를 하고 있었기 때문에 철수할 수밖에 없었는데, 효지(殽地, 하남 승지, 낙녕 일대)를 지나면서 진(晉) 나라 복병의 기습으로 병사들이 전멸하고 세 명의 장수마저 포로가 되고 말았다. 기원전 625년, 진(秦)이 진(晉) 나라를 공격해 팽아(彭衙, 지금의 섬서 백수)에서 결전을 벌였지만 이번에도 진(秦)이 패했다. 1년이 지난 후 진(秦) 목공이 친히 병사를 이끌고 진나라를 공격하면서 황하를 건넌 후 자신들이 타고 온 배를 모두 불태워 결의를 다지니 진(晉) 나라 병사들이 감히 응전하지 못했다. 마침내 진(秦)이 승리를 거두었으나 진(秦)의 국력은 여전히 진(晉) 나라에 못 미쳤다. 게다가 진(秦)이 동진(東進)하는 길목을 진(晉) 나라 군사들이 꽉 틀어막고 있었기 때문에 진(秦)은 한 걸음도 더 나아갈 수 없었다. 이런 원인으로 인해 진은 어쩔 수 없이 인근의 융인(戎人)을 정복하는 데 힘을 다했다. 사서는 이에 대해 목공이 "열두 나라를 토벌해 강토를 넓히고 마침내 서융의 패주가 되었다(益國十二, 遂霸西戎)"라고 썼다.

초 장왕의 패업

진(晉) 문공과 양공이 패주로 있을 당시만 해도 초는 감히 진(晉)과 예봉을 다투지 못하고, 인근에 있는 소국들을 도발할 뿐이었다. 초 목공 시절 전후로 강(江, 지금의 하남 여녕), 육(六, 지금의 안휘 육안), 요(蓼, 지금의 하남 고시) 등 소국을 공략해 멸망시켰다. 진 양공 사후 진나라의 대권은 조순(趙盾)의 손으로 넘어가고 말았다. 조순이 자신의 세력을 확보하기 위해 귀족들과 겸병 전쟁을 전개하느라 진의 패권투쟁은 느슨해질 수밖에 없었다. 초 목왕 말년 범산(範山)이 목왕에게 말했다. "진의 군주가 아직 나이가 어려 제후에 뜻을 두고 있지 않으니 북방을 도모할 수 있을 것입니다." 이렇듯 진이 국내 문제로 겨를이 없는 틈새를 노려 초나라는 패권싸움에 뛰어들 수 있었다.

목왕이 죽고 장왕이 등장했다. 장왕 초년 귀족들이 반란을 일으키고, 이웃 백복(百濮) 등 소수민족이 소란을 일으켰지만 모두 장왕에 의해 평정되었다. 장왕은 웅대한 재략과 포부를 지닌 군주였다. 《좌전》은 그가 내정 면에서 일련의 개혁을 실시해 통치집단 내부의 마찰을 최소화했으며, 생산 방면에서도 발전을 이루어 "상인, 농민, 공장, 장사치들이 자신의 생업을 잃지 않았다(商農工賈, 不敗其業)"라고 했다. 장왕에 이르러 초의 세력이 발전하기 시작했던 것이다.

기원전 606년, 장왕은 육혼(陸渾)의 융(戎)을 토벌한 후 중원의 주나라 교외에서 군사의 위용을 뽐내는 한편 주왕이 보낸 사신 왕손에게 주

왕조 전가(傳家) 보물인 구정(九鼎)의 무게를 질문했다. 주 천자의 나라를 병탄할 수 있다는 의도를 내보인 것이다. 기원전 598년, 초나라가 다시 진(陳)의 도읍지를 공격하고, 이듬해 군사를 일으켜 정(鄭)을 포위했다. 정나라는 3개월간 지탱하다 결국 함락되어 초나라에게 항복하고 말았다. 진(晉)이 그 소식을 듣고 대병을 파견하니, 진과 초 양군은 필(邲, 지금의 하남 정주 북쪽)에서 대치했다. 당시 진나라는 정령이 행해지지 않고 장수들이 불화해 결국 초나라에게 대패해 쫓겨나고 말았다. 기원전 594년, 초가 다시 송을 공격해 9개월 동안이나 성을 포위했다. 송이 진에게 구원을 요청했으나 진은 초가 두려워 출병할 수 없었다. 결국 송과 정을 비롯한 여러 군소 제후국이 초에 굴복함으로써 장왕이 중원의 패주 자리에 올랐다.

안 전투와 언릉 전투

진(晉)의 패권이 점차 쇠퇴하는 가운데 진과 대치하고 있던 제나라가 점차 진을 업신여기는 태도를 보이기 시작했다. 제나라는 경공 시절 초와 연합하는 한편 노(魯), 위(衛) 양국과 끊임없이 싸웠다. 기원전 589년, 노와 위 양국은 제의 침략을 견디지 못하고 진(晉) 나라에게 원군을 요청했다. 진나라는 대군을 미계산(靡笄山, 지금의 산동 장청)으로 파견했다. 제와 진은 안(鞌, 지금의 산동 제남)에서 맞붙었는데, 제나라가 패배해 결국 자신들이 점령했던 노와 위나라 땅을 돌려주기로 진과 화약을 맺었다. 전쟁의 결과로 진은 더욱 강대한 국력을 시위할 수 있었으며, 반대로 진을 대신해 패주가 되고자 했던 제나라의 기대는 물거품이 되고 말았다.

진이 제나라를 제압하자 초나라의 불만이 커졌다. 그해 겨울 초는 제나라를 구원한다는 미명하에 대규모 군사를 일으켰다. 초는 촉(蜀, 지금의 산동 태안)에서 군소 제후국과 회맹했는데, 당시 제, 진(秦), 노(魯), 위(衛) 등 열 개 제후국이 참가해 성세를 드높였다. 당시 진은 감히 초와 싸우지 못하고, 초 역시 마음대로 진을 공격할 수 없었다. 이렇듯 양국의 대치국면이 지속되었다.

기원전 580년, 진(晉) 여공(厲公)이 자리에 올랐다. 그는 진나라 부흥의 야망을 숨기지 않았다. 그는 즉위 초기에 이미 적인(狄人)과 진인(秦人)을 공격했다. 진나라 사람들은 제(齊), 진(秦), 적(狄), 초(楚)를 '사강(四强)'이라고 불렀는데, 초를 제외한 나머지는 모두 제압한 상태였다.

기원전 579년, 진과 초 양국이 화원(華元)의 중개로 화의를 맺었다. 하지만 양국 모두 그다지 성의가 없어 잠시 모순관계를 완화시켰을 뿐이다. 기원전 576년, 초가 먼저 맹약을 깨고 정과 위로 출병했다. 이듬해 진은 정나라가 초에 복종하자 정을 토벌하기 위해 군사를 일으켰다. 이에 정이 초나라에 구원을 요청하자 초 공왕이 친히 대군을 이끌고 정을 구원하기 위해 출병했다. 진과 초, 양군은 언릉(鄢陵, 지금의 하남 언릉)에서 결전을 벌였는데, 초가 크게 패했다.

전쟁 승리로 진(晉) 여공은 더욱 오만해졌다. 그는 기원전 574년, "뭇 대부들을 모두 제거하기로 마음먹고(欲去群大夫)", 극지(郤至), 극기(郤錡), 극주(郤犨)를 살해해 군권을 강화하려고 했다. 하지만 진나라는 공실(公室)은 허약하고 경대부의 권세가 막강해 판세를 뒤집을 수 없었다. 결국 여공은 이듬해 난서(欒書), 중행언(中行偃)에게 피살되고 만다.

진(晉) 도공의 패자 복귀

여공이 피살된 후 진 경대부들 사이에 투쟁이 점차 해소되면서 도공

(悼公) 통치 기간에는 국력이 자못 신장되었다.

도공은 융인과 강화(講和)를 주장하는 위강(魏絳)의 책략을 받아들여 기존의 군사동원 대신 재물로 융인들의 토지를 편취하는 방식을 택했다. 이렇게 남는 병력을 중원의 패권전쟁에 활용할 수 있었다.

기원전 571년, 진은 호뢰(虎牢, 지금의 하남 사수)에 성을 쌓아 정나라를 위협했다. 언릉 전투 이후 정은 초나라에 복종하고 있었는데, 진의 압력을 견디지 못하고 다시 진나라로 경도되었다. 《좌전》에 따르면, 도공 시절 "진은 세 번이나 군사를 일으켰으나 초는 감히 대적하지 못했다(晉三駕而楚不敢與爭)." 당시 진이나 초 모두 강대국은 아니었으나 양자를 비교할 때 진이 우세를 점하고 있었기 때문에 초나라가 감히 대적하지 못했던 것이다. 그리하여 도공이 다시 패주의 자리를 차지했다. 하지만 진의 패업은 거의 막바지에 이르고 있었다.

융과 화해하다

기원전 546년, 송나라 향술(向戌)이 화원(華元)의 뒤를 이어 미병(弭兵, 휴전)을 제시하자 당시 강대국이었던 진(晉), 초(楚), 제(齊), 진(秦) 등이 모두 이에 동의했다. 그해 6, 7월 진, 초, 제, 진, 송, 위, 정, 노 등 10개국이 송나라 도읍지에 모여 미병에서 회맹(弭兵之會)을 가졌다. 대국인 제와 진(秦), 제와 송의 속국이었던 주(邾), 등(滕)은 맹약에 참여하지 않았다. 맹약의 규정에 따르면, 진(晉)과 초(楚)에 복종하는 나라는 반드시 상견(相見)해야만 했다. 다시 말해 양국에 복종하는 나라는 진과 초에 공물을 바치고 그들이 공동의 패주라는 것을 인정해야 한다는 것이다. 이렇듯 패업을 강력한 두 나라가 양분하는 것은 일찍이 없었던 일이다. 만약 양국의 역량이 필적하지 않았다면 이런 현상은 출현하지 않왔을 것이다.

미병지회 이후 수십 년 동안 국력이 강한 양대국이 균형을 이루었기 때문에 확실히 전쟁이 줄어들었다.

오의 강세와 초나라 영도 공략

장강 하류에 자리하고 있던 오나라는 춘추 전기까지 중원 여러 나라와 왕래가 없었다. 그래서 사서에는 오에 관한 기록이 빠져 있다.

기원전 583년, 진(晉)이 초나라에서 진으로 도망쳐온 신공(申公) 무신(巫臣)의 책략을 받아들여 오국을 통해 초를 제압하고자 했다. 진은 무신을 오나라로 파견해 중원의 전차 조종, 사어(射御) 방법, 진법 등을 전수하는 한편 "초나라에 반역하는 방법을 알려주었다(敎之叛楚)." 이후 과연 오나라가 초에게 도발하기 시작해 당시 초나라에 속해 있던 일부 만이(蠻夷) 지역이 오나라에 의해 겸병되었다.

기원전 515년, 오나라 공자 광(光)이 오왕 료(僚)를 살해하고 자립하니, 그가 바로 오왕 합려(闔閭)다. 《좌전》에 따르면, 합려는 백성들과 "동고동락해(辛苦同之)" 날로 강성해졌다. 기원전 512년, 오가 서(徐, 지금의 안휘 사현 북쪽)를 멸망시키자 초나라 경대부들은 장차 오나라가 초가 상대하기 힘든 적대국이 될 것임을 눈치챘다.

합려는 오로 도망쳐온 초나라 신하 오원(伍員, 오자서)을 중용했다. 오원은 "초나라는 정권을 운영하는 이들이 많지만 서로 단결이 되지 않기 때문에 우환이 닥쳤을 때 제대로 임무를 맡을 수 있는 이가 없다(楚執政衆而乖, 莫適任患)"라고 여기고, 오 왕에게 오나라 군사를 삼분해 한 번에 3분의 1의 병력(一師)을 동원해, 번갈아 초를 공략해 초의 국력을 약화시킨 후 마지막으로 삼군(三軍)이 총공세를 펼친다면 반드시 패퇴시킬 수 있다고 주장했다. 오 왕이 그의 계책을 받아들였다. 과연 초 소왕(昭王)이 즉위한 후 "해마다 오의 도발이 없었던 적이 없었으니(無歲不有吳師)", 이로 인해 초나라가 크게 피폐해졌다.

기원전 506년, 오나라 대군이 초를 공격했다. 오나라 군사들은 회하를 따라 북상해 소별산과 대별산 일대에 주둔했다. 오와 초는 백거(柏擧, 지금의 호북 마성)에서 접전해 초나라가 실리(失利)했다. 오나라가 초를 다섯 차례 공략해 모두 승리를 거두고 마침내 초의 수도인 영도(郢都, 지금의 호북 강릉)에 쳐들어가자 초 소왕은 수(隨, 지금의 호북 수현)로 도망쳤다. 초 신포서(申包胥)가 진(秦)으로 들어가 원병을 요청하자 진 양공(襄公)이 전차 500승(乘)을 보내 구원했다. 초나라는 진나라 원병의 도움을 받아 겨우 오나라 군사를 국경 밖으로 쫓아낼 수 있었다. 초나라는 이번 전쟁에 실패해 강대한 패국의 지위를 잃고 말았다.

오와 월의 전쟁

오와 인근에 있는 월나라는 오나라가 초를 공격하는 틈을 타 번번이 오를 습격했다. 기원전 496년, 오가 월나라를 공격해 취리(檇李, 절강 가흥)에서 맞붙었다. 당시 전투에서 오나라가 크게 패했으며, 오왕 합려 또한 부상을 입고 끝내 죽고 말았다. 기원전 494년, 오왕 부차(夫差)가 부친의 원수를 갚고자 군사를 일으켜 부초(夫椒, 지금의 강소 소주)에서 승전한 여세를 몰아 월나라 수도까지 쳐들어갔다. 월왕 구천(勾踐)이 5000명의 병사를 이끌고 회계산(會稽山, 지금의 절강 소흥)으로 물러나 오나라에게 사신을 보내 강화를 요청했다. 오자서는 부차에게 월나라를 완전히 멸망시켜 후환을 없애자고 했으나 승리에 도취한 부차는 기고만장해 오자서의 말을 듣지 않고 월나라와 화의를 맺었다. 월에 승리해 더는 배후를 고민할 필요가 없게 된 오나라는 오로지 중원으로 쳐들어가 제, 진과 자웅을 겨룰 생각뿐이었다. 기원전 486년 오나라는 한(邗, 지금의 강소성 양주 부근)에 성을 쌓는 한편 하천을 파서 장강과 회수를 연결시켜 송과 노로 통하는 수로를 뚫었다.

오나라가 강대해지자 중원의 노와 주(邾) 등이 오에 복종했다. 오나라는 제인(齊人)을 제압하기 위해 기원전 485년 수군을 파견해 해상에서 제나라를 공략토록 했다. 이듬해 오나라 병사들은 애릉(艾陵, 지금의 산동 내무)에서 제나라 군사들과 싸워 큰 승리를 얻었다. 제나라는 당시 전투로 인해 장군 국서(國書)가 피살되었고, 800승에 달하는 전차를 빼앗기고 말았다.

기원전 482년, 오왕 부차가 진(晉), 노(魯), 주(周) 등 제후국과 황지(黃池, 지금의 하남 봉구)에서 모였다. 회맹에서 오는 진과 패주를 다투었다. 하지만 진은 내란이 아직 진정되지 않은 상태였기 때문에 오와 경쟁할 수 없었다. 그리하여 오가 패주의 자리를 차지했다.

《좌전》은 "오나라는 전쟁으로 날로 피폐해져 죽은 자의 뼈가 들판의 풀처럼 나뒹굴고 있다(吳日敝于兵, 暴骨如莽)"라고 언급하면서 부차가 백성을 긍휼히 여기지 않고 "마치 원수처럼 대했다(視民如讎)"라고 말했다. 오나라는 비록 패주의 자리를 차지했으나 매해 군사를 동원하느라 국내가 텅 비고 말았다.

월왕 구천은 패전 이후 섶나무 위에서 잠을 자고 쓸개를 먹어가며(臥薪嘗膽) 회계의 치욕을 잊지 않았다. 월나라는 "10년 동안 백성을 양육하고 재화를 모았으며, 10년간 백성을 가르치고 훈련시켰다(十年生聚而十年教訓)." 이로써 월의 국력이 점차 회복되었다. 하지만 오나라는 이에 대해 전혀 경계하지 않았으며, 오왕 부차가 황지 회맹에 참가하면서 정예부대를 끌고나가 국내에는 태자와 노약자들만 지키고 있는 상황이었다. 이에 월왕 구천이 오왕이 출병한 틈을 타 군사를 일으켜 오를 공략했다. 월왕은 오의 군사를 크게 물리치고 태자를 살해했다. 부차가 소식을 듣고 황급히 돌아와 월나라에게 화의를 청했다. 오랜 전쟁으로 병사들이 지치고 국력이 쇠잔한 상태에서 더는 월과 싸울 수 없었기 때문이다. 기원전 473년, 결국 오나라는 월에게 멸망하고 말았다.

구천은 오를 멸망시킨 후 그 뒤를 이어 병사를 몰고 회하를 건너 서주(徐州)에서 제(齊), 진(晉)과 회맹하는 한편 계속해서 강회(江淮) 동쪽까지 진격했다. "제후들이 모두 경하하면서 그를 패왕으로 칭했다(諸侯畢賀, 號稱霸王)."

화하와 융적만이의 관계

춘추 시대 중원 각국은 경제, 문화적으로 비교적 선진적이었기 때문에 스스로 화하(華夏)라고 칭하고, 인근에 사는 소수민족을 융적만이(戎狄蠻夷)라고 불렀다. 융과 적은 주로 황하 유역과 그 북쪽에 살았다. 북융(北戎)과 산융(山戎)은 지금의 하북(河北) 또는 요녕 일대에 주로 거주했으며, 강융(姜戎)과 육혼(陸渾)의 융은 원래 지금의 감숙 경내에 살다가 나중에 지금의 하남 중부로 이주했다. 적은 백적(白狄)과 적적(赤狄)으로 구분된다. 백적은 지금의 섬서 경내에 살았는데, 백적의 별종인 선우(鮮虞), 비(肥), 고(鼓) 세 나라는 지금의 하북 서쪽에 살았다. 적적은 노씨(潞氏), 유우(留吁), 탁진(鐸辰), 동산고락씨(東山皋落氏), 장구여(廧咎如) 등으로 지금의 진(晉) 동남쪽에 살았다. 이(夷)는 지금의 강회(江淮) 유역과 연해 등지에서 살았는데, 제나라 동쪽에 있는 내이, 회수와 사수 유역에 살았던 회이가 바로 그들이다. 초나라 남쪽에는 군만

(群蠻)과 백복(百濮)이 살았다. 고문헌의 기록에 따르면, 융적의 생활은 언어나 예속 등이 하인(夏人)과 달랐다. 예를 들어 강융(姜戎)은 "음식이나 의복이 화하와 달랐으며, 화폐가 통하지 않았고 언어도 소통되지 않았다(飲食, 衣服不與華同, 贊幣不通, 言語不達)." "머리를 기르고 왼쪽 어깨를 드러내는 것(被髮左衽)"은 융적 사람들의 보편적인 습속이었던 것 같다. 일부 융적, 예를 들어 희성(姬姓)과 강성(姜姓)의 융인은 화하와 종족 면에서 큰 차이가 없었다. 그들은 본래 주인(周人)과 같은 종족이었는데, 주인들이 융인으로 간주한 까닭은 그들의 문화가 주인들보다 뒤떨어졌기 때문이다.

춘추 초기 융적 세력이 자못 강성해 화하의 크고 작은 나라들이 위협을 받았다. 심지어 진이나 제처럼 비교적 큰 나라들도 융적의 침입을 받곤 했다. 춘추 중기 이후 화하의 여러 나라들이 날로 강성해지면서 융적, 만이의 여러 종족을 정복하거나 병탄했다. 지금의 섬서 경내에 있던 서융은 진(秦), 적적과 백적은 진(晉)에게 멸망당하고 말았다. 제(齊)는 내이(萊夷)를 멸망시켰고, 회이(淮夷)의 크고 작은 나라들은 초와 노에 의해 멸망되었다. 초는 남방 만족이 세운 소국이나 부락을 병탄했다. 이렇듯 군사적으로 정복됨으로써 융적과 만이는 어쩔 수 없이 선진적인 화하 문화를 받아들일 수밖에 없었다. 춘추 말기에 들어와 중원이나 그 인근에 사는 대부분의 부족들이 화하족에 융합되었으며, 화이(華夷)의 차별이나 경계도 점차 희미해졌다.

춘추 시대의 경제발전

귀족과 서인

춘추 시절 각국은 종법관계에 따라 분봉을 실시했기 때문에 봉지를 받은 이들 대부분은 공족(公族) 출신의 경대부였다. 봉지의 크기는 봉건등급에 따라 정해졌다. 진(晉)의 경우 경(卿)은 '1려의 경지(一旅之田)'를 받았는데, 1려는 500경(頃)이다. 상대부는 '1졸의 경지(一卒之田)'[18]를 받았는데, 1졸은 100경이다. 위(衛) 나라 제도에 따르면, 경은 100읍의 봉지를 얻고[19] 경대부는 봉지 이외에 공적에 따라 상전(賞田)을 얻을 수 있었다. 《좌전》을 보면 이와 관련된 기록이 적지 않다. 예를 들어 정나라 군주는 자전(子展)과 자산(子産)이 진(陳)을 격파하는 데 전공을 세우자 그들에게 몇 개의 읍을 상으로 하사했으며, 송나라 군주는 향술(向戌)에게 60개 읍을 상으로 주었다. 당시 국군(國君)은 경대부의 수중에 있는 토지를 회수할 수 있었으며, 경대부의 경우 남의 전답을 약탈하는 경우도 적지 않았다. 예를 들어 노나라 민공의 보부(保傅, 사부)가 대부 복기(卜齮)의 전지를 빼앗고, 진(晉)에서는 선극(先克)이 근음(菫陰)에서 대부 괴득(蒯得)의 전답을 빼앗았다.[20] 당시 토지는 상품으로 취급하지 않았기 때문에 토지를 매매하는 등의 정황은 아직 출현하지 않았다.

경대부는 자신의 채읍(采邑) 안에서 생사여탈의 막강한 권력을 향유했다. 그들은 가신을 읍재(邑宰)로 임명해 채읍을 다스렸으며, 읍재를 파견해 죄를 진 가족구성원을 죽일 수도 있었다. 채읍에 무장조직을 만들고, 사마(司馬)나 마정(馬正)을 책임자로 임명해 관리했다. 진(晉) 나라 한씨(韓氏), 양설씨(羊舌氏)의 봉지는 거의 아홉 개 현에 달할 만큼 컸는데, 현마다 각기 100대의 병거(兵車)를 제공할 수 있을 정도였다.

채읍 안에서 수공업과 상업이 발전했다. 노나라 숙손씨(叔孫氏)의 후읍(郈邑)에는 수공업과 상업을 관리하는 공사(工師)와 고정(賈正)이 있었다.[21]

경대부는 국군(國君)에게 토지를 얻었기 때문에 국군을 위해 일정한 의무를 다해야만 했다. 영주는 국군에게 공물과 납세 이외에도 군대와 양초(粮草)를 제공했다. 채읍에서 억압받고 착취당하는 이들은 서인과 소인이었다. 그들은 '군자(君子)'를 위해 경작하고 요역과 조세를 제공했다.《국어》에 나오는 "군자는 마음을 수고롭게 하고 소인은 체력을 수고롭게 하니 이는 선왕이 정하신 제도다(君子勞心, 小人勞力, 先王之制也)"라는 말은 당시 지배자와 피지배계층의 관계를 반영한 것이다. 서인은 공전 경작 이외에도 무거운 요역 부담에서 벗어날 수 없었다. 각국의 국군은 황실과 누각 등을 건설하면서 대량의 서인을 징발해 노역을 시켰는데, 이로 인해 "수확에 지장을 주는" 일이 비일비재했다. 농민은 과도한 노역을 견디지 못해 도적이 되기도 했으며, 심지어 무장폭동을 일으키기도 했다.

전제와 세제의 변화

춘추 시기에 전무(田畝) 제도는 기본적으로 서주의 것을 그대로 따랐다.《좌전》에 따르면, 초나라는 '정연옥(井衍沃)', 즉 평원에 수많은 정전(井田)을 나누었으며, 경제적으로 발전한 제나 정 등 중원 국가들 역시 정전제를 그대로 유지했다.《국어》〈제어(齊語)〉에 "육지와 구릉, 정전 등의 분배가 균등해야 백성들이 원망하지 않습니다(陵阜陸墐, 井田疇均, 則民不憾)", 자산(子産)이 정나라를 다스리면서 "경작지를 도랑으로 구분하고, 정전법에 따라 여막에 다섯 가구를 두었다(田有封洫, 廬井有伍)"와 같은 예에서 볼 수 있다시피 경작지 관리는 시정(施政)에 불가결한 부분으로 당시 경제생활에서 전제가 상당히 중요했음을 알 수 있다.

농업생산기술이 발전함에 따라 춘추 시대 토지 이용률도 과거에 비해 현저하게 높아졌다. 서주 시절에는 연달아 몇 년간 경작지를 사용한 후 다른 토지로 교체해야만 했다. 하지만 춘추 중엽부터 원전제(轅田制)가 시행되면서 농민들은 토지를 바꾸기 위해 주거지를 옮길 필요가 없었으며, 자신이 소유하고 있는 경작지를 구분해 윤작하는 것이 가능했다.

춘추 초기에는 "노동력의 정도에 따라 전부(田賦)를 납부하고, 토지의 원근에 따라 조정을 가했다(藉田以力而砥其遠邇)." 이른바 '자전이력(藉田以力)'이란 농민이 사전(私田) 이외에 공동으로 공전을 경작해 노동력과 지조(地租)를 부담하는 것을 말한다. 하지만 농업생산율이 크게 향상되면서 공전을 경작하는 일이 제대로 이루어지지 않았다. 《시경》〈제풍(齊風)〉〈보전(甫田)〉에서 "큰 밭 넓기만 해 지을 수 없으니 강아지풀만 무성하네(無田甫田, 維莠驕驕)"라고 했다. 보전(甫田)은 바로 공전을 말한다. 공전에 잡초만 무성하다는 것은 당시 농민들이 일종의 소극적 태업을 하고 있었다는 뜻인데, 이로 인해 공전의 황폐화가 날로 심각해졌다.

농민들이 사전 경작에 열중하면서 공동으로 공전을 경작하는 방식은 서서히 폐기되고, 농민들의 실제 경지 면적에 따라 현물세를 받는 것으로 바뀌었다. 예를 들어 제 환공은 "토질을 보고 조세에 차등을 두었다(相地而衰征)." 다시 말해 사전에 대해 등급을 나누어 징세했다는 뜻이다. 기원전 594년, 노나라는 '초세무(初稅畝)', 즉 토지의 면적에 따라 과세하는 방식을 채택해 기존의 전통적인 '자전이력(藉田以力)'의 요역조(徭役租)를 대체했다. 이로 인해 영주 경제가 붕괴하고 지주 경제가 새롭게 흥기하기 시작했다.

상공업의 발전

농업 발전은 수공업과 상업의 발전에 일정한 촉진제 역할을 했다.

독립적인 부상(富商)이 출현한 것은 춘추 시대 상공업 발전이 과거에 비해 크게 발전했음을 나타내는 표지라고 할 수 있다. 춘추 말기 진나라 도성 강(絳)의 부상은 "금과 옥으로 치장한 수레를 타고 자수로 문양을 넣은 의복을 입으며 많은 예물로 제후들과 교제할 수 있었다."[22] 특히 춘추 말기로 접어들면서 민간의 부유한 상인들이 날로 증가했는데, 월나라 대부 범려는 관직을 그만두고 상업에 뛰어들어 "19년 동안 세 번씩이나 천금의 돈을 벌었다." 또한 공자의 제자인 자공(子貢)은 조(曹)와 노(魯) 나라 사이에서 장사를 했는데, "가는 곳마다 국군들이 몸소 뜰로 내려와 그에게 대등한 예를 갖추지 않는 경우가 없었다."[23] 경제가 발전하면서 농업과 수공업의 생산 규모가 확대되었으며, 시장에 유입되는 상품들도 크게 증가했다. 예전의 "공상식관(工商食官)", 즉 수공업이나 상인들은 관가의 밥을 먹는다는 말은 더 이상 통하지 않았다. 이렇듯 형세의 변화에 부응하기 위해 민간에서 독립적인 상인들이 크게 부상하기 시작한 것이다.

상인계층의 출현과 동시에 금속화폐가 본격적으로 주조되고 사용되었다. 춘추 말기 주나라 경왕은 화폐가 가벼운 것을 싫어해 대전(大錢)을 주조했다. 산서 후마(侯馬)의 춘추 말기 진나라 유적지에서 금속화폐를 주조하던 공방이 발견되었다. 이전에 화폐 대신 사용되던 바닷

3장 서주·춘추·전국

조개껍질이나 동괴(銅塊) 등은 춘추 말기로 접어들면서 금속화폐에 자리를 양보할 수밖에 없었다.

서주·춘추의 문화

공자와 유가학파

춘추 말기 종법제도가 붕괴되면서 대대로 국정을 담당하던 공족들의 부패와 무능이 날로 심각해졌다. 비교적 낮은 계층의 귀족인 사(士)가 정치, 문화 방면에서 날로 중요한 역할을 맡기 시작했으며, 예악 붕괴로 인해 시대적 수요에 따른 학설과 사상이 생겨났다. 공자와 그가 창립한 유가학파는 바로 이러한 역사적 조건하에 출현한 것이다.

공자의 이름은 구(丘), 자는 중니(仲尼), 노나라 사람이다. 기원전 551년에 태어나 기원전 479년에 세상을 떠났다. 공자는 중국 봉건사회에서 위대한 사상가이자 교육가였다.

천도관(天道觀)으로 볼 때 공자는 여전히 신을 믿고 천명을 경외했다는 점에서 서주 이래 천명귀신(天命鬼神)의 영향에서 완전히 벗어났다고 말할 수 없다. 하지만 그는 천명이나 귀신에 대해 회의하는 태도를 보여주고 있다. "귀신을 공경하되 멀리하라(敬鬼神而遠之)." "사람을 섬기는 일도 다하지 못하는데 어찌 귀신을 섬기려 하는가(未能事人, 焉能事鬼)." 이렇듯 그는 인간세상의 문제를 탐구하고 해결하는 것을 최우선으로 삼아, 인사(人事)를 중시하는 유가의 일관된 전통을 수립했다.

공자는 《주례(周禮)》를 지극히 중시했으며, 서주를 이상적인 시대로 보았다. 비록 구 제도에 대해 손익이 존재하며 모든 것을 그대로 따라 할 수는 없다고 여겼지만 대체적으로 서주를 위시한 고대사회를 중시하고 동경한 것은 분명하다.

공자의 사상 체계에서 인(仁)이 가장 핵심적인 사상이다. 인은 공자가 처음 제기한 개념으로 간단하게 말하면 '애인(愛人)', 즉 사람을 사랑하라는 뜻이다. 인은 귀족들이 반드시 갖춰야 할 일종의 품덕이다.

정치관에서 공자는 "씀씀이를 절약하고 사람을 사랑하며, 백성을 부릴 때는 농한기를 택해야 한다(節用而愛人, 使民以時)"라고 했으며, 국군의 폭정과 횡포에 반대하고, 잔혹한 살육이나 억압으로 백성을 통치하는 것에 반대했다. 그는 '위정이덕(爲政以德)'을 주장해 덕화(德化)의 방법을 통해 백성들이 통치자에게 복종할 수 있기를 원했다.

공자는 평생 수많은 학생들을 길러 교육사업 발전에 중대한 공헌을 했다. 그는 타인에게 배움을 청하는 데 솔직했으며, "배움에 싫증내지 않았고(學而不厭)", "남(학생)을 가르치는 데 게으르지 않았다(誨人不倦)." 그는 "아는 것을 안다고 하고, 모르는 것을 모른다고 하는 것이 진정으로 아는 것이다(知之爲知之, 不知爲不知, 是知也)"라고 했다. 또한 그는 "가르침에 부류를 따지지 않는다(有敎無類)"는 정신에 입각해 출신이나 빈부의 구별 없이 배우기를 원하는 이에게 문화지식을 습득할 수 있는 기회를 주었다. 전국 시대 학술문화와 교육의 발전은 바로 이러한 공자의 사상과 정신에 힘입은 바 크다.

《상서》, 《춘추》, 《시》

금문 《상서(尚書)》 28편 중에는 일부 전국 시대에 이루어진 내용이 들어가 있기는 하지만 대부분은 서주와 춘추 시대의 작품이다. 《상서》

는 주왕(周王)과 제후의 명령이
나 문고(文誥)와 같은 문서
들로 이루어져 있는데, 동
기 명문(銘文)을 제외하고 가
장 오래된 산문이다. 당연히 그
안에는 적지 않은 고대사의 재료
가 보존되어 있다.

서주와 춘추 시대 작품이 수록된 산문집 《상서》

춘추 시대 노나라에서 편찬된 《춘추(春秋)》는 중국에서 현존하는 가
장 오래된 편년사(編年史)이다. 지극히 간략한 문자를 통해 중요한 당
시 역사 사건을 개괄하고 있으며, 사건에 대한 포폄을 진행하고 있다.
《춘추》는 후세 역사 편찬에 모범을 보일 정도로 중요한 작용을 했다.

《시(詩)》는 우리가 흔히 말하는 《시경》을 말한다. 서주부터 춘추 시
대까지의 시가 총집으로 전체 305편이 실려 있다. 그 가운데 〈주송〉,
〈노송〉, 〈상송〉은 묘당에서 읊조리던 시가이고, 〈소아〉, 〈대아〉는 주
로 귀족이나 관리들이 지은 것이다. 열다섯 나라의 민요를 채집한 〈풍
(風)〉은 일부 귀족들의 작품도 실려 있지만 대부분은 민가다. 〈주송〉과
〈소아〉, 〈대아〉는 서주 시대 작품이고 나머지는 춘추 시대의 것이다.
《시경》은 내용이 광범위해 제사, 정벌은 물론이고 연애나 노동 등 사회
생활의 여러 방면의 것을 소재로 삼고 있다. 그런 면에서 현실주의 특
색을 지닌 문학작품이라고 할 수 있다.

3 · 전국

《사기》는 주 원왕 원년(기원전 476년)을 전국 칠웅(七雄) 역사의 시작으로 보고 있는데, 그때부터 기원전 221년, 진나라가 여섯 나라를 멸망시켰을 때까지가 중국 역사상 전국 시대에 해당한다. 당시 각국은 혼전을 거듭했기 때문에 전국(戰國)이라는 이름을 붙였다.

문헌 기록에 따르면, 춘추 시절 100여 개의 제후국이 서로 겸병과 합병되면서 전국 초년에 이르러 대략 10여 개국만 남게 되었다. 그 가운데 대국인 진(秦), 위(魏), 조(趙), 한(韓), 제(齊), 초(楚), 연(燕)을 일러 '전국칠웅(戰國七雄)'이라고 부르며, 이외에 월나라 또한 상당한 국력을 지닌 나라로 존속하고 있었다. 당시 소국은 주(周), 송(宋), 위(衛), 중산(中山), 노(魯), 등(滕), 추(鄒) 등이다. 또한 사방에 적지 않은 소수민족이 살고 있었는데, 북쪽과 서쪽에는 임호와 누번, 동호, 의거가 있었고, 남쪽으로 파, 촉 그리고 월인이 살았다.

일곱 제후국의 강역은 대략 다음과 같다.

우선 진(秦)은 지금의 섬서(陝西) 관중과 감숙 동남부를 차지하고 있었고, 위(魏)는 지금의 산서 남부, 하남 북부와 중부, 동부를 점유했다. 조(趙)는 지금의 산서 북부와 중부, 하북 중부와 서남부 그리고 내몽골 자치구 일부를 차지했고, 한(韓)은 지금의 하남 중부와 서부, 동남부, 제(齊)는 지금의 산동 북부와 하북 동남부, 초(楚)는 지금의 호북(湖北) 전체와 하남, 안휘(安徽), 호남, 강소, 절강 일부를 차지하고 있었다. 마지막으로 연(燕)은 하북 북부와 요녕, 길림 일부를 점유하고 있었다.

사회경제의 발전

철기의 광범위한 사용

춘추 말에서 전국 초기까지 철 공구가 농업생산에 광범위하게 사용되기 시작했다. 《관자(管子)》에 따르면, 농부들은 철로 만든 쟁기[耒], 보습[耜], 가래[銚]를 사용했고, 여공(女工)은 침(針)과 칼을 사용했으며, 수레를 만드는 공장은 철로 만든 도끼[斤], 톱[鋸], 송곳[錐], 끌[鑿] 등을 사용했다. 이런 것들이 없으면 제대로 일을 할 수 없을 정도였다. 《맹자》역시 '철경(鐵耕)'을 언급한 바 있으니, 당시 경작에 철기가 보편적으로 활용되었음을 알 수 있다. 이외에도 건국 이후 발굴된 고고학 자료를 통해서도 전국 시대에 철기가 대량으로 사용되었음을 확인할 수 있다. 현재 알려진 바에 따르면, 요녕, 하북, 산동, 하남, 섬서, 호남 등 여러 성에서 철기가 출토되고 있다. 이미 당시에 각지에서 철기가 보급, 사용되었다는 사실은 의심의 여지가 없다. 출토된 철기도 상당히 다양한데, 쟁기날[犁頭], 호미[鋤], 가래[臿], 쇠망치[鑿], 낫[鋤] 등과 같은 농구와 도끼, 자귀[錛], 끌, 칼, 저울[錘]과 같은 수공업 관련 공구도 있다. 이러한 철제 공구는 기존의 나무나 돌, 청동기로 만든 공구를 대체해 일 효율을 크게 높였으며, 사회생산력 발전에 상당한 추진작용을 했다.

농업생산력 발전

철기 사용으로 인해 황무지 개척 능력이 크게 향상되었으며, 경작 면적도 끊임없이 확대되었다. 당시 문헌에 황무지 개간에 관한 기사가 적지 않은 것이 예증이다. 경작기술도 따라서 변화했는데, 가장 중요한 것은 심경(深耕), 즉 땅을 깊이 개간하는 농법이 출현했다는 점이다. 이는 목기나 석기를 사용하던 시절에는 불가능한 것이었다.《맹자》와 《한비자》에서 "백성들이 깊이 밭을 갈고 쉽게 김을 매게 해야 한다(深耕易耨)", "땅을 가는 머슴이 깊이 갈고 김을 매는 머슴이 살살이 잘 매도록 하기 위함이다(耕者且深, 耨者熟耘)"라고 한 것을 보면 당시에 심경이 보편적으로 이루어졌음을 알 수 있다. 이외에도《장자》는 "땅을 깊이 갈고 김을 자주 매주었더니 벼 이삭이 많이 달렸다(深其耕而熟耰之, 其禾繁以滋)"라고 했으며,《여씨춘추》는 심경을 통해 "큰 풀이 자라지 않고 해충도 없어졌다(大草不生, 又無螟蜮)"며 벼나 보리 수확에 도움을 주었다고 말했다. 심경은 이렇듯 단위당 생산량을 높였을뿐더러 해충이나 가뭄의 피해를 줄일 수 있었기 때문에 상당히 중시되었다. 대략 철기 사용과 동시에 소를 이용한 밭갈이가 시작되었다.《국어》에서 "종묘에 바치는 희생은 전답에서 일하는 짐승이다(宗廟之犧爲畎畝之勤)"라고 한 것이 그 예증이다.

비료와 인공관개도 발전했다.《순자》는 농민과 지방관, 하늘과 재상, 그리고 임금이 해야 할 일에 대해 언급하면서 "퇴비를 많이 주어 밭을 비옥하게 하는 것은 농민 대중들의 일이다(多糞肥田, 是農夫衆庶之事)"라고 말했다. 여기서 '전비(田肥)'는 수확이 많고 알곡이 튼실하다는 뜻이다. 전국 시대에 '분(糞)'은 주로 물과 풀을 섞어 만들거나 풀을 태워 재를 만든 것을 의미했다.《예기》〈월령(月令)〉을 보면, 밭 사이 잡초를 태워 해충을 없애고 논밭을 비옥하게 만든다고 했다.《주례》에 따르면, 치씨(薙氏)가 "풀을 없애는 일(殺草)"을 전담했다고 한다. 이러한 기록에서 볼 수 있다시피 당시에 이미 풀을 비료로 활용하기 시작했음을 알 수 있다.《주례》에는 작물을 잘 자라게 하기 위해 동물의 뼈를 사용해 비료를 주는 방법에 대해 언급하고 있기도 하다. 당시 사람들은 인공 관개도 중시했다.《순자》에 이런 대목이 나온다. "제방과 다리를 수리하고 도랑과 수로를 통하게 해 흐르는 물이 잘 소통하고 물이 낮은 곳에 잘 고이도록 하며, 때에 알맞게 트고 막고 하면, 비록 흉년이나 장마, 가뭄이 들지라도 백성들이 김을 매고 거둘 수 있게 하는 것이 사공(司空)의 일이다(修堤梁, 通溝澮, 行水潦, 安水臧, 以時決塞, 歲雖凶敗水旱, 使民有所耘艾, 司空之事也)." 중원은 강우량이 많지 않기 때문에 인공적인 관개를 하지 않으면 벼를 경작할 수 없다.《전국책》에 보면 서주 시절에 방수(放水), 즉 관개를 하고, 동주 시절에 벼를 심었다는 이야기가 나온다.《주례》〈도인(稻人)〉을 보면 당시 어떻게 관개하고 물을 저장했는지에 관해 이야기하고 있다. 전국 시대에는 길고(桔槔)라는 급수 도구가 출현했는데, 지렛대 원리를 이용해 주로 적은 면적의 토지를 관개하는 데 사용했다.

전국 시대에는 농학과 관련한 저작물도 등장했다.《관자(管子)》〈지원(地員)〉편에는 토양과 관련한 지식이 기록되어 있으며, 토양에 맞는 작물을 심는 것에 대해 지적하고 있다.《여씨춘추》의 〈상농(上農)〉,〈임지(任地)〉,〈변토(辯土)〉,〈심시(審時)〉 4편은 전국 말기 중요한 농학 저작물이다. 특히 "심경숙욕(深耕熟耨, 백성들이 깊이 밭을 갈고 자주 김을 맨다는 뜻)"이라고 해 땅을 깊이 갈고 김매기를 자주하는 것을 중시했다. 농경지 정리 면에서 밭 사이에 도랑을 뚫고 이랑을 만들며, 습하거나 건조한 토양의 상태에 따라 도랑이나 이랑에 심을 작물을 결정했다. 또한 농사철에 주의해 파종이나 수확은 반드시 때에 맞도록 했는데(得時), 지나치게 이른 것을 '선시(先時)', 늦은 것을 '후시(後時)'라고 해 곡물의 생산량이나 품질에 영향을 준다는 것을 알고 있었다. 이러한 선진적인 경험 축적은 당시 농업기술이 상당히 발전했음을 보여주는 증거라 할 수 있다.

전국 시대에 농업생산량은 과거에 비해 현저하게 증가했다. 위(魏)나라 이회(李悝)의 계산에 따르면, 위나라의 경우 100무(畝)의 밭에서 매년 평균 150석의 곡물을 생산했으며, 대풍일 경우 300석에서 600석까지 늘어났다.《여씨춘추》에 따르면, "좋은 밭은 9명의 식구를 봉양할 수 있고, 하치의 밭은 5명을 봉양할 수 있으니, 봉양하는 사람의 숫자는 증가해야지 줄어들면 안 된다. 한 사람이 농사를 지으면 열 사람이 먹을 수 있다(上田夫食九人, 下田夫食五人, 可以益不可以損, 一人治之, 十人食之)." 물론 과장된 면이 없지 않지만 농업생산력이 크게 향상되면서 농부들이 일부 잉여 생산물을 제공할 수 있었다는 것은 의심할 여지가 없다.

수리관개사업의 흥성

전국 시대에 들어와 수리 공사나 기술이 크게 발전해 농경지 관개나 수운(水運)에 도움을 주었다.

위나라 혜왕 시절 하수의 물을 남쪽 포전택(圃田澤, 지금의 하남 중모현 서쪽)까지 끌어 썼으며, 다시 포전의 물을 대량(大梁)으로 흐르도록 했다. 위 양왕은 업령(鄴令) 사기(史起)에게 수로를 파서 장수(漳水)의 물을 끌어들여 업 일대의 토지를 관개하도록 했다. 이로써 소금밭이었던 곳이 양전(良田)으로 바뀌고 현지 경제상황도 크게 개선되었다.

진(秦) 소왕 시절 촉(蜀) 군수 이빙(李冰)이 지금의 사천 관현 부근에서 민강(岷江)의 퇴적물을 파내고 새롭게 수로를 만들어 기존의 강을 양 갈래로 만들었다. 이로써 민간의 홍수를 예방하고 넓은 평원의 논밭에 관개시설을 확충하는 한편 수운에 도움을 주었다. 이것이 바로 후세에 유명한 도강언(都江堰)이다.

전국 말기, 진(秦)은 한(韓)나라 사람으로 수리관개기술이 뛰어난 정국(鄭國)의 도움을 받아 관중에 거대한 수로를 파 경수와 낙수의 물길을 이었다. 이것이 바로 정국거(鄭國渠)이다. 수로의 길이는 300여 리이고, 수로 양쪽으로 "4만여 경(頃)의 황무지가 1무당 1종(鍾)을 수확할 수 있는" 좋은 논밭으로 바뀌었다. 이로써 관중은 옥토로 변하고 진나라 또한 부유한 나라가 되었다.

전제의 변화

전국 시대로 들어와 정전제는 더는 시행되지 않고 유명무실해졌다. 당시 토지는 기본적으로 국가 소유였으며, 국가에서 직접 농민들에게 밭을 나눠주었다. 이를 행전(行田)이라고 한다. 《주례》〈수인(遂人)〉에 따르면, "1년 사계절에 따라 지역 백성들을 잘 조사해 그들에게 전지를 주었다(以歲時稽其人民, 而授之田野)." 또한《여씨춘추》〈악성(樂成)〉에 따르면, "위 문후(文侯) 시절에 행전하면서 정남에게 100무의 농지를 주었는데 업만 유독 200무를 주었으니 이는 밭이 나빴기 때문이다(魏氏之行田也百畝, 鄴獨二百畝, 是田惡也)"라는 기록이 있다. 수전(授田), 즉 밭을 준다고 했지만 이는 사용권을 부여하는 것일 뿐 농민이 사유할 수 없었으며, 일정한 제한이 있었다. 수전 대상은 주로 평민이었으며, 어떤 제후국은 외부에서 온 사람들에게 주기도 했다. 외부에서 사람을 끌어모아 국력을 증강시키기 위함이었다.

수전은 기본적으로 가구당 100무를 표준으로 삼았다. "장정 한 명이 다섯 명을 먹여 살리며 밭 100무를 경작한다."[24] "100무의 밭을 경작하는데 농사철을 빼앗지 않는다면 여러 가구가 기아를 면할 수 있다."[25] 생산력이 향상되면서 100무의 경지로 한 가구는 물론이고 더 많은 이들이 먹고 살 수 있었다. 그래서《맹자》는 이렇게 말한 것이다. "농부 한 사람이 100무의 땅을 경작하는데, 100무의 땅에 거름을 주면 으뜸 농부는 9명을 먹여 살릴 수 있고, 그 다음 농부는 8명을 먹여 살릴 수 있다."[26] 농민이 나라의 전답을 받게 되면 전조(田租)와 역역(力役, 요역)을 부담해야만 했다. 전조는 일반적으로 10분의 1이었다. 전조 외에도 추고(芻藁)를 납부했다. 수호지(睡虎地) 진간(秦簡)《전율(田律)》의 규정에 따르면, "밭은 매 경(밭 넓이 단위)마다 가축에게 먹일 꼴과 짚을 납부하는데 받은 경작지의 수량에 따라 납부하며, 경작 여부와 관련 없이 매 경마다 꼴 세 섬, 짚 두 섬을 납부한다(入頃芻藁, 以其受田之數, 無墾(墾)不墾(墾), 頃入芻三石, 藁二石)"라고 했다.

이외에도 국군은 대량의 토지를 일부 귀족이나 공신들에게 상으로 하사했다. 위나라 오기(吳起)는 전공을 세운 전사에게 '상전상택(上田上宅, 좋은 밭, 좋은 땅)'을 상으로 주었고, 진나라 장수 왕전(王翦)은 진시황에게 "좋은 밭과 땅, 많은 원지(圓池)를" 요청한 바 있다.

주로 국가가 대다수 경지를 장악하고 있었기 때문에 일반 백성이 마음대로 사고 팔 수 없었다. 다만 개인 소유의 주택이나 밭은 매매가 가능했다. 전국 초기 조(趙)나라 수도인 중모(中牟) 사람은 이미 주택이나 밭을 팔고 살 수 있었다.

수전제를 통해 농민들은 좀 더 적극적으로 생업에 종사할 수 있었지만, 조세의 부담이 몹시 무거웠기 때문에 여전히 빈곤한 삶에서 벗어날 수 없었다. 위나라 이회가 당시 농민들의 수지상황을 계산한 것에 따르면, 다섯 식구를 거느린 소농의 경우 100무의 농지를 경작해 일반적으로 매년 곡식 150석을 수확했다. 그 가운데 10분의 1인 15석은 전세로 납부하고, 다섯 식구가 매년 90석을 소비했으며, 남은 45석은 내다 팔아 1350전을 벌었다. 하지만 집안 식구의 의복이나 제사에 1800전이나 필요하기 때문에 매년 450전이 적자였다. 여기에 질병이나 상례 비용, 그 나머지 잡다한 세금 등은 포함되지 않았다. 이외에도 전국 시대 농민들은 과중한 노역에 시달렸다. 《맹자》는 당시 농민들이 "풍년이 들어도 종신토록 힘들게 일하고, 흉년이 들면 죽음을 면할 수 없었다(樂歲終身苦, 凶年不免于死亡)"라고 하면서, 흉년이 들면 노약자들이 동사하거나 아사하고, 장정들도 사방으로 뿔뿔이 흩어졌다고 말했다. 파산한 농민들은 "처자식을 내다팔거나(嫁妻鬻子)" 유리걸식하고, 혹은 성안으로 들어가 장사를 하거나 수공업에 종사했으며, 고용노동자가 되기도 했다. 《한비자》는 고용노동자를 농사나 어업에 활용하는 문제를 제기한 바 있다. 일부 파산해 떠돌던 농민들은 심지어 "무리를 지어" 깊은 산속에서 묘지를 도굴하거나 약탈하는 일도 서슴지 않았다.

수공업의 발전

농업생산력이 향상되고 철기 사용이 보편화되면서 수공업 역시 크게 발전했다.

《주례》〈고공기(考工記)〉의 기록에 따르면, 관부에 속해 있던 수공업자들은 목기와 동기, 옥기, 도기, 염색 등 다양한 업종에 종사했다. 〈고공기〉에 나오는 "나무를 다루는 공장 일곱 명(攻木之工七)", "쇠를 다루는 공장 여섯 명(攻金之工六)", "가죽을 다루는 공장 다섯 명(攻皮之工五)" 등의 기록은 동일한 업종에도 각기 다른 전공이 있었음을 보여주고 있다. 수공업이 이처럼 세분되어 있다는 것은 당시 수공업기술이 상당히 발전했음을 증거한다.

야철(冶鐵)은 당시 새롭게 등장한 금속 야주업(冶鑄業)이다. 사회적으로 철기 수요가 크게 늘면서 야철업도 급속히 발전했다. 《관자》에서 "산 위에 붉은 흙이 있으면 그 아래 철이 있다(山上有赭者, 其下有鐵)"라고 한 것을 보면, 당시 사람들이 광맥을 찾는 방법을 알고 있었음을 알 수 있다. 《산해경》에서 "철이 나오는 산이 3690곳이다(出鐵之山三千六百九十)"라고 한 것을 보면 당시 사람들이 철광에 대해 각별히 주목했으며, 이로 인해 야철 생산 규모가 부단히 확대했음을 알 수 있다.

신중국 성립 이후 각지에서 출토된 전국 시대 철기를 살펴보면, 농구나 수공업 도구의 수량이 가장 많고, 병기나 일용 기물은 비교적 적다. 하북 흥릉(興隆)에서 도끼나 호미, 낫, 끌 등을 주조하는 데 사용했던 철로 만든 거푸집이 40개 발견되었다. 하남 신정(新鄭)에서는 진흙으로 만든 거푸집이 발견되었다. 거푸집의 발견은 전국 시대에 이미 열처리 주조기술이 활용되었다는 증거다. 실물에 대한 화학적 검사를 통해 처음에는 주로 철광석을 쇳물로 만들어 순철을 얻는 방식을 사용했으며, 나중에 열처리 주조기술을 활용했음이 밝혀졌다. 전국 말기에는 순철을 가열하고 짚과 재를 활용해 강철을 만드는 기술도 배웠다. 전국 시기 수백 년 동안 노동인민의 지혜와 재능을 통해 야철기술이 더욱 신속하게 발전했다. 이는 세계 야금사에서 특히 돋보이는 일이 아닐 수 없다.

전국 시대 수공업에서 청동기 제작은 여전히 중요한 지위를 차지했다. 청동기에는 관리나 지주들이 사용하는 예기, 악기, 동경 이외에도 다양한 병기와 화폐 등이 있다. 야철기술 또한 크게 발전하여 《주례》〈고공기〉에 보면, 종정(鐘鼎), 부근(斧斤), 과극(戈戟), 대인(大刃), 삭살시(削殺矢), 감수(鑒燧) 등 '육제(六齊)'라는 말이 나온다. 제(齊)는 구리와 주석의 비율을 말하는 것이다. 이로 보건대, 당시에 이미 구리와 주석의 합금 비율에 대해 풍부한 경험을 가지고 있었다는 것을 알 수 있다.

또한 전국 시대에는 금이나 은을 넣은 기물이 크게 성행했다. 다시 말해 붉은 구리나 금, 은을 동기에 상감해 문자나 문양을 집어넣는 것을 말한다. 이는 상당히 정밀한 공예기술이 필요한 일이다.

전국 시대에는 방직업도 자못 발달했다. 특히 동쪽에 자리하고 있는 제나라는 "문채포백(文采布帛)"으로 유명했다. 장사(長沙)에서 출토된 초간(楚簡)에 '나(羅)', '아호(阿縞)' 등 방직물 명칭이 나오는 것으로 보아 당시에 이미 품종이 다양했음을 알 수 있다. 초나라 분묘에서 마름 모양의 비단 잔편과 더불어 1평방미터에 세로 28줄, 가로 24줄로 직조한 세밀한 마포가 출토되었으며, 이외에도 기(夔)와 봉(鳳) 문양을 한 견직물이 출토되기도 했다.

소금은 전국 시대에 이미 대규모로 생산되었는데, 특히 연(燕)과 제(齊) 나라가 소금으로 유명했다. 《관자》에 "제에는 거전에 소금이 나고, 연에는 요동에서 소금을 굽는다(齊有渠展之鹽, 燕有遼東之煮)"라는 기록이 있다. 위나라 하동에도 큰 염전이 있으며(지금의 산서 해현) 생산된 소금 또한 상당히 유명하다.

칠기(漆器) 생산 역시 전국 시대에 크게 발전했다. 초나라 분묘에서 흔히 아름다운 칠기가 출토되고 있는데, 그릇[杯], 화장 상자[奩], 제기[豆], 작은 상자[匣] 등 물품도 다양하고 문양이나 색채 또한 선명하다.

전국 시대 수공업 생산은 주로 관부에서 이루어졌다. 《관자》에서 언급한 것처럼 당시 통치자들은 염업 수입을 중시했다. 《관자》에 따르면, 제나라에 철을 관리하는 '철관(鐵官)'이 설치되어 있었으며, 광산도 관부에서 독점해 일반 인민의 출입을 제한했다. 하북 흥륭(興隆)에서 출토된 철제 거푸집 위에 관부 명칭을 새긴 흔적이 남아 있다. 물론 제나라 연 이외에 다른 나라들도 철관을 설치했다. 소금과 철은 통치자에게 막대한 수입을 가져다주어 관부에서 결코 놓칠 수 있는 것이 아니었기 때문이다. 기물 명문에 따르면, 삼진(三晉)과 진(秦)은 동기 생산을 관리, 감독하는 관리를 '공사(工師)' 또는 '승(丞)'이라고 불렀다. 진나라에서 청동기를 주조하는 노동자는 주로 '귀신(鬼薪)'이나 '예신(隸臣)' 등 범죄자나 노예가 담당했다.

관영 수공업 이외에 민간 수공업도 크게 발전했다. 위나라 사람 의돈(猗頓)은 염전으로 치부했고, 역시 위나라 사람 공씨(孔氏)나 조나라 탁씨(卓氏)와 곽종(郭縱) 등은 철 제련으로 사업에 성공했다. 공씨는 "집안 재산이 수천 금에 이르렀고(家致富數千金)", 곽종은 심지어 "왕과 재부를 겨룰 정도였다(與王者埒富)." 이로 보건대 당시 민영 제련소 역시 상당한 생산 규모를 갖추고 있었음을 알 수 있다.

상업 교환의 발전

농업과 수공업의 분화가 가속화되자 자연히 교환이 발달했다.《맹자》에 따르면, 당시 농민들은 수공업에 종사하지 않았지만 포백이나 도기, 철기 등을 얻을 수 있었으며, 수공업자 역시 농사를 짓지 않았으나 양식을 얻는 데 문제가 없었다.《순자》에 따르면, 당시 북방의 말과 개, 남방의 조류 깃털이나 우핵(羽翮), 치혁(齒革), 단우(丹于), 동방의 직물이나 물고기, 소금, 서방의 피혁과 문정(文旄) 등이 모두 중원 시장에 나왔다고 한다. 시장에서 각지 산물이 교환되면서 상호 경제적인 관계가 밀접해지기 시작했던 것이다.

상업 교환이 흥성하면서 상인도 날로 증가했다. 교통이 편리하고 경제적으로 번영하던 삼진(三晉)과 주(周), 노(魯) 등지에 살고 있는 사람들 중에 상업을 생업으로 하는 이들의 비율이 상당히 높았다. 전국 시대 상인들은 싼값에 사들여 비싸게 팔고, 돈적거기(囤積居奇, 매점매석)하면서 폭리를 취했다. 유명한 상인 백규(白圭)는 "사람들이 버릴 때 나는 취하고, 사람들이 취할 때 나는 준다"라는 나름의 규칙을 정해 풍년이 들면 양식을 매입하고 실이나 칠기, 풀[萑]을 팔았으며, 흉년이 들면 양식을 내다 팔고 비단이나 솜 등을 매입해 큰돈을 벌었다. 당시에는 "상인이 병들면 재물이 나오지 않고, 농민이 병들면 잡초가 없어지지 않는다(末病則財不出, 農病則草不辟)"라는 말이 있을 정도였는데, 이렇듯 당시 역사 조건에서 상인들은 상품 유통에 일정한 작용을 했다.

상업 교환의 필요에 따라 각국은 대량의 금속화폐를 주조했다. 당시 각국의 화폐는 형식이 각기 달랐는데, 삼진과 주는 낫[鏟] 모양의 청동

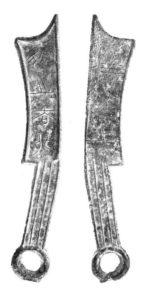

전국 시대 청동으로 만든 도폐

으로 만든 포폐(布幣)를 사용했고, 연과 제는 청동으로 만든 도폐(刀幣)를 위주로 했다. 도(刀)와 포(布)는 예전에 교환 수단으로 사용한 적이 있기 때문에 화폐 형식에 남아 있었던 것이다. 초나라에는 작은 방형의 황금으로 만든 '영애폐(郢爰幣)'가 통용되었고, 조개 모양의 동폐(銅幣), 즉 후인들이 '의비전(蟻鼻錢)'이라고 부르는 화폐가 사용되었다. 사용의 편리를 위해 각국 화폐는 대소나 경중의 차이가 있었다. 예를 들어 진양이나 안읍포는 각기 '두 근(二釿)', '한 근(一釿)', '반 근(半釿)' 세 가지로 구분되었다. 전국 말기 삼진과 주, 제에서 일부 원형이나 방형의 화폐에 구멍을 뚫은 동전이 주조되었으며, 진이 여섯 나라를 통일시킨 후 둥근 동전이 고정불변의 화폐 형식으로 자리잡았다. 전국 시대 전폐(錢幣)는 때로 성읍(城邑)에서 발행되었는데, 일반적으로 화폐에 지명을 넣어 주조했다. 흔히 볼 수 있는 예로 앞서 말한 안읍이나 진양 이외에도 음진(陰晉), 원(垣), 한단(邯鄲), 이석(離石), 인(藺), 장자(長子), 피씨(皮氏), 고도(高都), 안양(安陽,), 즉묵(即墨), 양평(襄平) 등 100여 지명이 보인다. 이는 당시 화폐를 주조하는 성읍이 상당히 많았음을 보여준다.

전국 시대의 도량형 실물 자료가 적지 않게 전해지고 있는데, 동척(銅尺)과 동권(銅權), 동량(銅量) 등이 그것이다. 그 가운데 제의 자화자부(子禾子釜), 진(陳)의 순부(純釜), 그리고 진(秦)의 상앙량(商鞅量) 등이 중요한 동량들이다. 전국 시대에 1승(一升)은 대략 200밀리리터이고,

1근(一斤)은 대략 250그램이며, 1척(一尺)은 대략 23센티미터다. 주목할 점은 각국의 도량형 표준이 점차 일치하고 있다는 것인데, 이는 상업 교환이 빈번해진 까닭이라고 말할 수 있다.

화폐 출현과 동시에 고리대금업도 크게 번성하기 시작했다. 당시에는 고리대금업을 '자대금전(子貸金錢)'이라고 불렀는데, 돈놀이를 하는 사람들은 주로 상인들이고, 맹상군(孟嘗君)과 같은 관료나 지주들도 있었다. 사서에 따르면, 맹상군은 매년 벌어들이는 이자 수익이 10만 전에 달할 정도였다고 한다.《맹자》에도 농민들이 종종 다른 이들에게 돈을 빌린다는 대목이 나오고,《관자》에도 농민들이 심한 경우 고리대금으로 생활을 유지했다는 내용이 나온다. 당시 이른바 '배대(倍貸)'라는 것이 있었는데, 이는 이율이 100퍼센트에 달하는 고리대금을 말한다. 이러한 고리로 착취를 당하는 주요 대상은 빈곤에 허덕이는 농민들이었다.

춘추 시대에 통치 중심이었던 성읍은 전국 시대로 넘어와 교환의 중심으로 바뀌었다. 당시 주의 낙양, 위의 대량, 한의 양적(陽翟, 지금의 하남 우현), 제의 임치(臨淄), 조(趙)의 한단(邯鄲), 송(宋)의 도(陶, 지금의 산동 정도), 위(衛)의 복양(濮陽, 지금의 하남 복양), 초의 영(郢, 지금의 호북 강릉), 연(燕)의 계(薊, 지금의 북경) 등은 정치 중심지이자 유명한 상업도시였다.《전국책》에 따르면, 전국 시대 이전까지만 해도 "사해 안에 만국이 나뉘어 자리했는데, 성이 비록 크다고 하나 300장(丈)을 넘지 않았으며, 사람이 비록 많다고 하나 3000가구가 넘지 않았다(四海之內, 分爲萬國. 城雖大, 無過三百丈者, 人雖衆, 無過三千家者)." 하지만 전국 시대에는 "1000장에 달하는 성과 만가의 읍이 서로 바라볼 수 있을 정도였다(千丈之城, 萬家之邑相望)." 성읍의 규모가 확대되고 인구가 증가한 것은 상공업의 발전과 일정한 관계가 있다.《전국책》에 따르면, 제의 도읍지 임치는 "심히 부유하고 실한 곳이며(甚富而實)", "임치의 거리는 수레가 서로 부딪치고 길 가는 이들의 어깨가 서로 닿을 정도였으며(臨淄之途, 車轂擊, 人肩摩)", "백성들 가운데 우(竽, 피리의 일종)를 불거나 슬(瑟, 25현의 현악기)을 타며, 축(築, 거문고 비슷한 13현의 악기)을 치거나 금(琴, 7현의 현악기)을 타고, 투계를 하거나 개 달리기 경주를 하며, 육박(六博, 일종의 장기)이나 답국(蹋鞠, 공차기 놀이)을 즐기지 않는 이가 없다(其民無不吹竽鼓瑟, 擊築彈琴, 鬪鷄走犬, 六博蹋鞠)"라고 할 정도로 번성했다.

전국 시대 적지 않은 성읍 유적지가 이미 발굴 탐사를 끝냈다. 제나라 도읍지 임치의 유적지는 동서 길이가 대략 3킬로미터이며, 남북은 4킬로미터다. 하북 이현(易縣)은 연나라 하도(下都)의 옛 유적지인데, 너비와 길이가 각기 4킬로미터 정도다. 옛 문헌에서 "7리의 곽과 5리의 성이다(七里之郭, 五里之城)"라고 말한 것과 거의 부합한다. 성 북쪽에서 궁궐 유적지가 발견되었는데, 그 주변으로 철기와 도기, 골기(骨器)와 병기, 화폐를 만드는 공방 유적지가 자리하고, 주로 성 서남쪽에 사람들이 거주했음을 확인할 수 있었다. 이외에도 성 담장 주위에는 방어용의 성호(城壕, 해자)를 파놓았다. 연 하도 유적지 발굴 탐사를 통해 전국 시대 성시의 규모와 구조에 대한 일반 상황을 파악할 수 있다.

각국의 변법과 군주집권제의 형성

전국 초기 각국이 부국강병을 위해 변법(變法)을 시행했다. 여러 나라 가운데 위(魏)가 문후(文侯) 시절에 가장 먼저 변법을 실시했다. 문후는 하사(下士)를 예로 대접하고, 유문(儒門) 제자인 자하(子夏)를 비롯해 전자방(田子方), 은간목(段幹木) 등을 우대했으며, 이회(李悝), 오기(吳起), 서문표(西門豹) 등을 고위직에 임명했다. 지위가 낮은 소귀족 출신의 사(士)가 정치에 참여했다는 것은 기존의 세족정치에서 관료정치로 옮겨갔다는 표지이기도 하다. 이회는 위 문후와 무후 시절에 정치개혁에 참가한 인물 가운데 한 명이다.

이회는 각국의 성문법을 두루 참조해《법경(法經)》을 만들었다.《법경》은 도(盜), 적(賊), 수(囚), 포(捕), 잡(雜), 구(具) 여섯 편으로 나뉘어 있다.[27] '도편' 규정에 따르면, 도둑질을 한 사람은 변방에 수졸(守卒)로 보내고, 중범죄자는 사형에 처했다. 심지어 길가에서 물건을 줍는 것도 금지시켰는데, 그것이 '도심(盜心)'의 표현이기 때문이었다. 이를 어긴 자는 월형(刖刑)에 처했다. 당시 사유재산 보호가 상당했음을 알 수 있는 대목이다. '적'은 사람을 다치게 하거나 죽인 경우인데, "사람을 죽인 자는 주살했으며(殺人者誅)", 그의 식구들은 모두 관노비가 되었다. '도'와 '적'은 당시 지주계급의 생명과 재산을 보호하는 것에 관한 구체적인 조문이기 때문에 이회도 이를 가장 중시해《법경》의 맨 앞에 두었다.《법경》은 한 사람이 성을 넘으면(越城) 주살하고, "10인 이상의 경우는 고향과 가족 전부를 몰살한다(十人以上夷其鄉及族)"라고 규정했다. 또한 "무리가 서로 하루 이상 같이 거주하면 문초하고(群相居一日以上則問)", 3일 이상이면 사형에 처했다. 이러한 규정은 인민의 반항행위를 사전에 진압하기 위한 조치다. 부(符)나 새(璽)를 훔치는 경우도 중형에 처했으며, 인민들이 법령에 대해 의논하는 것도 금지해, 위반하는 자는 사형에 처했다. 이러한 조문은 모두 왕권과 전제주의를 강화하기 위한 것이었다.

이회는 《지력을 다하는 가르침(盡地力之教)》을 만들기도 했는데, 농민이 "농사일에 근면하면 1무에 3두까지 수확이 증가하고, 근면하지 않으면 손해 또한 그만큼이다(治田勤謹, 則畝益三斗, 不勤則損亦如之)"라고 했다. 농민의 노동력을 배가해 국고 수입을 증대시키겠다는 뜻이다. 이회는 또한 '평적법(平糴法)', 즉 풍년이 들면 식량을 좀 더 징세해 저축한 다음 흉년이 들었을 때 방출해 수급을 조절하는 법을 만들었다. 이로써 농민들이 기아에 허덕이거나 파산해 유랑하는 것을 막기 위함이다. 이회는 이러한 조치를 "위나라에 시행해 나라가 부강해졌다(行之魏國, 國以富强)."

초나라 도왕(悼王) 시절에 위나라 관리 오기(吳起)가 도망쳐왔다. 평소 오기가 현명하다는 말을 들었던 도왕은 그를 재상으로 임용해 변법을 시행토록 했다. 당시 초나라는 "대신들이 지나치게 중용되고(大臣太重)", "봉지를 받은 이들이 많았다(封君大衆)." 그래서 오기는 먼저 막강한 봉건영주 세력을 꺾는 것부터 시작했다. 그는 "봉지를 가진 귀족의 자손은 3대 이후에 작록을 회수하고", "무능한 자를 파면하고 무용한 관직을 폐지해 급박하지 않은 관직을 줄이며", "왕족과 이미 소원한 자의 녹봉을 폐지할 것"을 명했다. 또한 귀족들에게 변방 황무지로 이주할 것을 명하기도 했다.[28] 이렇게 해서 국가 수입을 증대시켜 병사 양성에 사용했다. 개혁 시행이 채 1년도 되기 전에 도왕이 죽자 구(舊) 귀족들이 들고 일어나 도왕의 빈소에서 오기를 살해했다. 초 숙왕이 즉위한 후 도왕의 시신을 훼손했다는 이유로 구 귀족들을 참살하니 "일족이 몰살한 자가 70여 집에 이르렀다(夷宗死者七十餘家)." 이로써 봉건영주 세력이 크게 약화되었다.

제나라는 위왕이 즉위한 후 경대부들에게 국정을 위탁했는데, 여러 제후들이 서로 공격해 잘 다스려지지 않았다. 위왕이 보니, 즉묵(即墨, 지금의 산동성 평도현 동남쪽)의 대부(大夫)가 즉묵을 다스리면서 "밭을 개간해 백성들에게 주었는데(田野辟. 民人給)" 아[阿, 동아현(東阿縣), 지금의 산동성 양곡현(陽谷縣) 아성진(阿城鎭)]의 대부는 아를 다스리면서 "밭을 개간하지 않아 백성들이 빈곤했다(田野不辟, 民貧苦)." 그래서 위왕은 아 대부를 팽형에 처하고, 즉묵 대부에게 만호의 식읍을 봉했다. 그리하여 제나라가 잘 다스려졌다. 위왕은 추기(鄒忌)를 재상으로 삼았는데, 추기 역시 "법률을 다듬고 간사한 관리들을 감독하는 데"[29] 주의했다. 제나라는 삼진과 마찬가지로 군주집권제와 법치를 시행해 위왕 말년 "제나라가 제후국 가운데 가장 막강해졌다."

한나라 소후(昭侯) 시절 "신불해가 법가의 학술로 소후에게 관직을 구했는데" 소후가 그를 중용해 재상으로 삼았다. 신불해의 '술(術)'은 군주가 "신하의 능력에 따라 관직을 수여하고, 명의에 따라 실적을 평가해 살생의 권력을 장악해 여러 신하의 능력을 시험하는 것이다(因任而授官. 循名而責實. 操殺生之柄. 課群臣之能)." 다시 말해 군주가 신하를 통제할 수 있는 방법을 확보해야 한다는 뜻이다. 사서는 신불해가 "술을 닦고 도를 행해 국내가 다스려졌다(修術行道. 國內以治)"라고 칭했다.

진(秦) 상앙 변법

진은 전국 초기 사회경제적으로 커다란 변혁기를 맞이했다. 기원전 408년 '초조화(初租禾)', 즉 역역(力役)과 지조(地租)를 현물 지조(地租)로 바꾸었고, 기원전 378년에는 "처음으로 시장을 설치했다(初行爲市)." 이는 상업 교환이 활발하게 이루어졌음을 의미한다. 진은 이렇게 나름 발전하고 있었지만 여전히 관동 지역의 여러 나라에 비해 낙후되었다. 주요 원인은 봉건영주 세력이 지나치게 강대했기 때문이다. 효공(孝公) 시절 진나라는 "군주와 신하가 법을 무시하고, 사리사욕에 탐닉해 나라가 문란해졌고, 군사는 약해지고 주군은 존중받지 못했다(君臣廢法而服私. 是以國亂, 兵弱而主卑)." 게다가 초와 위나라의 위협에 급급한 상황이었다. 진은 외교적 지위도 낮아 중원 각국의 회맹에 참여할 수도 없었으며, 제후국들은 진나라를 "이적과 같은 오랑캐처럼 대했다(夷狄遇之)." 진 효공은 이러한 내외의 압력 속에서 변법자강이 무엇보다 필요한 상황이었다.

위(衛) 나라 사람 공손앙(公孫鞅)은 원래 위나라 재상인 공숙좌(公叔痤) 문하에서 중서자(中庶子, 대부 집안의 집사)로 일했다. 공숙좌가 죽자 그는 진 효공이 어진 이를 구하라는 포고령을 내렸다는 소식을 듣고 위를 떠나 진으로 향했다. "효공에게 법령을 바꾸고 형벌을 다듬어 안으로 농사에 힘쓰도록 하고, 밖으로 전사한 자들의 상벌을 분명하게 하도록 권했다(說孝公變法修刑. 內務耕稼. 外勸戰死之賞罰)." 이에 효공이 기뻐하며 그에게 변법을 시행토록 했다. 나중에 진왕이 공손앙을 상에 봉했기 때문에 상앙(商鞅)이라 부르게 되었다.

기원전 356년 상앙이 법령 개정에 착수했다. "열 가구를 십(什), 다섯 가구를 오(伍)로 편성하여 단속하거나 연대책임을 물었다. 고발하지 않는 이는 허리를 자르는 요참형에 처했다(令民爲什伍而相收司連坐. 不告奸者腰斬)." "범죄자를 은닉한 자는 적에게 항복한 이와 같은 처벌을 받았다(匿奸者與降敵同罰)." 또한 백성들 가운데 두 명 이상의 아들이 있는데도 분가하지 않은 경우는 "부세를 두 배로 했다(倍其賦)." 대가족을 소가족으로 분리해 농민들이 더욱 많은 조세와 역역을 부담하지 않을 수 없었다. "곡식이나 비단을 많이 생산하는 자(致粟帛多者)"는 요역이나 조세를 면제받았지만 농사에 게을러 본업을 포기하고 상공업에 종사하는 자는 일가족이 모두 처벌받아 노비로 삼았다. 또한 백성들이 군공(軍功)을 세울 수 있도록 적극 격려해 군공이 있는 이는 벼슬을 주었고, 사사로이 다투는 자는 벌을 받았다. 종실 중에도 군공이 없으면 귀족 신분을 유지할 수 없었다. 새롭게 군공을 얻은 귀족은 작위의 고저에 따라 토지와 가옥, 노비의 숫자, 의복의 종류와 형식이 결정되었다. 상앙의 새로운 법령은 구 귀족의 이익과 상충했다. 새로운 법령이 실행되고 1년이 지나자 "진나라 백성 가운데 도읍지로 상경해 법령의 불편을 호소하는 이가 1000명에 달했다(秦民之國都言初令之不便者以千數)." 당시 태자가 법을 위반하자 군주의 후사에게 형벌을 줄 수 없어 대신 그의 사부인 공자 건(虔)을 처형했다. 이에 감히 아무도 새로운 법령에 대해 공개적으로 반대할 수 없었다. 신법이 시행되고 수년이 지나자 진나라 백성들은 "나라를 위한 전쟁에 용감했고, 사사로운 싸움에 겁을 먹었으며, 마침내 향읍이 잘 다스려졌다(勇于公戰. 怯于私鬪. 鄉邑大治)."

　기원전 350년, 진이 옹(雍, 지금의 섬서 봉상)에서 함양(咸陽)으로 천도했다. 상앙이 두 번째로 변법령을 내려 "부자와 형제가 한 집안에서 사는 것(同室內息)"을 금지했으며, 부자와 남녀가 유별하도록 조치했다. "두통(곡식을 되는 그릇)과 권형, 장척을 통일시켰다(斗桶, 權衡, 丈尺)." 다시 말해 도량형을 통일시킨 것이다. 또한 전국의 작은 도(都)나 향, 읍을 모아 41개의 현으로 구분했으며, 현에 영(令, 현령)과 승(丞, 현승)을 두었다. 이로써 구 귀족의 봉토는 철저하게 붕괴되었다. 아울러 정전제를 폐지하는 한편 경지의 가로, 세로 둑길을 터버리고 수전제(授田制)를 실시했다.

진나라는 변법을 통해 국력이 부강해지면서 대외적으로 제일 먼저 위나라를 침공해 기원전 354년 위나라 소량(少梁, 지금의 섬서 한성)을 점령했다. 기원전 352년 상앙이 직접 병사를 지휘해 안읍(安邑, 지금의 산서 하현)을 포위하고, 기원전 340년 위나라 군사를 격파하고 공자(公子)·인(印)을 포로로 잡았다.

기원전 338년, 진 효공이 죽고 태자(혜왕)가 즉위했다. 혜왕은 상앙이 모반했다는 이유로 그를 거열형에 처하고 일족을 몰살했다. 상왕이 죽었지만 변법은 계속 유지되었으며, 진나라는 부국강병의 길로 매진했다.

관제와 병제

각국은 변법 이후 국군이 통제하는 관료기구를 만들어 군주집권제를 확립했다. 전국 시대에는 "능력을 헤아려 관직을 주었다." 다시 말해 국군이 모든 관리를 임면했다는 뜻이다. 이는 춘추 시대 세족들이 관직을 독점한 것과 전혀 다른 부분이다. 전국 시대부터 귀족이 아닌 평민도 관리가 될 수 있었다. 예를 들어 신불해(申不害)나 인상여(藺相如) 등은 모두 미천한 출신의 관리들이다. 하지만 여전히 종실이나 왕실과 동성 또는 귀족들이 요직을 독차지하고 있었다. 예를 들어 제나라 전씨(田氏), 초나라 굴(屈), 소(昭), 경(景), 삼가(三家)가 그러하다.

관료기구에서 지위가 가장 높은 이는 상(相)이다. 당시에는 '상방(相邦)' 또는 '승상(丞相)', '재상(宰相)'이라고 칭했는데, 유독 초나라만은 영윤(令尹)이라고 불렀다. 상은 국군의 조수다. 《순자》는 상을 백관의 장(百官之長)이라고 했는데, 조정의 '온갖 일(百事)'을 처리했기 때문이다. 이는 춘추 시대 집정(執政)과 유사하다. 다른 점은 상은 일반적으로 군사를 이끌고 작전을 할 수 없었다. 상 아래 중요 관리로 사도(司徒), 사공(司空), 사구(司寇), 위(尉), 어사(御史) 등이 있다.

관리는 이전에 채읍을 받은 것과 달리 현물로 녹봉을 받았다. 고관의 녹봉은 300석 이상이었으며, "녹봉이 천 종(鍾)이거나(食祿千鍾)" 3000종, 심지어 1만 종을 받는 이도 있었다. 하급관리는 100석이나 50석을 녹봉으로 수령했다. 가장 낮은 녹봉은 이른바 '두식(斗食)'이다. 각국 종실 가운데 봉토를 받은 이들은 적지 않은데, 예를 들어 제나라 정곽군(靖郭君)이나 맹상군(孟嘗君), 위나라 신릉군(信陵君)과 조나라 평원군(平原君) 등이 대표적인 인물이다. 대신들 가운데 큰 공을 세워 봉토를 받는 경우도 있었다. 예를 들어 조나라는 염파(廉頗)를 신평군으로 봉했고, 연나라는 악의(樂毅)를 창국군(昌國君)으로 봉했다. 진(秦)의 위염(魏冉)과 범저(範雎) 역시 봉후가 되었다. 하지만 전국 시대 봉군은 자신의 봉토에서 통치권이 없었으며, 장기 세습도 불가능했고, 단지 약간의 호구에서 조세를 받을 뿐이었다.

전국 시대 대소 관리들은 모두 새(璽)를 통해 권력을 행사했다. 새는 국군이 발급한 것이기 때문에 "새를 빼앗거나(奪璽)", "몰수할 수 있었다(收璽)." 국군은 새를 지닐뿐더러 관리의 임면권을 장악했다. 국군은 '상계(上計)'를 통해 관리를 평가했는데, '상계'란 관리가 1년 동안 거두어들일 부세를 계산해 두 조각의 목권(木券)에 나누어 적은 다음 한 조각을 국군에게 준 다음 연말에 징세가 끝난 후 목권의 숫자를 확인해 관리의 성적을 확정하는 것을 말한다. 《한비자》를 보면 현령이 '상계' 하면서 국군에게 새를 몰수당하고 면직되는 예가 자못 많이 나온다. 《순자》에 따르면, "연말에 관리들이 이룬 공적을 정리해 국군에게 아뢰는데, 공적이 합당하면 인정해주고, 합당하지 않으면 면직시켰다(歲終奉其成功以效于君, 當則可, 不當則廢)." 상(相)처럼 고관의 경우도 예외가 아니었다.

각국은 지방에도 중앙에서 관할하는 현을 설치했으며, 현 아래 향(鄉), 리(里)와 같은 조직을 두었다. 《전국책》은 '백현(百縣)'이란 말로 위나라에 설치된 현이 많다고 했는데, 진나라는 상앙의 변법을 통해 전국에 41개의 현을 설치했다. 각국은 변방 지역에 군사력을 강화하고 현을 통제하기 위해 군(郡)을 설치했다. 위나라는 상군을 두었고, 초는 한중군(漢中郡), 검중군(黔中郡), 무군(巫郡)을 두었으며, 조(趙)는 운중(云中), 안문(雁門)에 군을 설치했다. 군의 크기는 각기 달라 한의 상당군은 17현으로 구성되었지만 조의 대군(代郡)과 연의 상곡군(上谷郡)은 각기 36개의 현이 있었다. 군에는 수(守)를 설치했다. 수는 지방 행정단위이자 군대와 방어를 관할하는 관소였다. 현에는 영(令)을 설치했으며, 영 아래 어사, 승(丞), 위(尉)를 두었고, 이외에도 시(市)를 관리하는 관리도 있었다. 향과 리에는 '이정(里正)'이나 '오로(伍老)' 등 직접적으로 농민을 관리하는 하급관리를 두었으며, 수와 영은 국군이 직접 임면했다.

전국 시대에 각국은 징병제를 실시했다. 전쟁이 발발하면 적령에 속하는 남자들은 대부분 징발되어 전쟁에 투입되었다. 이외에도 상당수의 무장을 갖춘 상비군사가 있었으며, 일정한 훈련을 받았다. 이들을 '연졸(練卒)' 또는 '연사(練士)'라고 불렀다. 병권은 국군의 수중에 있었으며, 전쟁이 나면 국군이 장수를 임명했다. 국군은 호부(虎符)를 통해 군대를 동원했다. 호부는 청동으로 주조한 것인데, 좌우 2부로 나뉘며, 자모구(子母口, 일반적으로 뚜껑에 볼록 튀어나온 부분을 만들어 병이나 기물 입구를 막을 수 있도록 한 장치를 말한다 – 역주)가 있어 결합할 수 있다. 우부는 왕이 지니고, 좌부는 장령에게 주는데, 만약 장령이 왕부가 없으면 군사를 동원할 수 없었다. 진나라《신처호부(新郪虎符)》의 명문 기록에 따르면, 지방에서 병사 50명 이상을 동원할 경우 반드시 왕부가 필요했다.[30] 당시 국군의 군대 통제가 상당히 엄격했음을 보여주는 대목이다.

7국의 겸병 전쟁과 진의 통일

전쟁 규모의 확대

전국 시대 겸병(兼幷) 전쟁은 춘추 시절보다 훨씬 격렬하고 빈번했으며, 규모 또한 더욱 컸다. 대국들은 막강한 무장능력을 구비하고 있었는데, 삼진이나 제, 연 등은 갑옷을 갖추어 입은 병사만 수십만을 헤아렸으며, 진이나 초와 같은 대국 역시 백만 대군을 동원할 수 있었다. 전국 말기 진과 조(趙) 사이에 벌어진 장평(長平) 전투의 경우, 조나라는 40만 대군이 출병했다. 진이 초를 멸망시키기 위해 동원한 병력은 60만 명이 넘었다. 춘추 시대의 전쟁은 불과 며칠 만에 끝나는 경우가 대다수였지만 전국 시대로 들어오면 짧은 것이 수개월이고 긴 경우는 "황폐해지는 나날이 수년 동안 지속되었다(曠日持久數歲)." 전쟁을 치르는 쌍방은 상대의 병력이 모두 소진될 때까지 싸웠기 때문에 한 차례 전쟁에서 수만 또는 수십만의 사상자가 발생했다.《맹자》가 말한 바대로 "성을 다퉈 전쟁을 하면 죽은 자가 성안 가득하고, 땅을 다퉈 전쟁을 하면 죽은 자가 들판 가득했다(爭城以戰. 殺人盈城. 爭野以戰. 殺人盈野)." 당시 전쟁의 잔혹성을 반영한 대목이다. 전쟁으로 인해 소모되는 물자 또한 놀랄 만한 것이었다. 《전국책》에서는 한 번 전쟁으로 인해 손실되는 병갑이나 거마만 계산해도 "10년 농사로도 다 갚을 수 없을 정도였다(十年之田而不能償也)." 당연히 전쟁 비용은 모두 일반 백성들이 부담해야만 했다.

각국은 병기를 양산하고 정예부대를 양성하기 위해 온 힘을 기울였다. 초나 한(韓) 나라는 특히 무기제작으로 유명했다. 전국 시대 병기는 주로 청동으로 만들었으며, 동극(銅戟, 창)과 동검(銅劍) 위주였다. 철기로 만든 병기도 사용되기 시작했다. 예를 들어 《사기》를 보면 "초나라의 철검은 예리하다(楚之鐵劍利)"라고 했고, 《순자》에서는 "완에서 생산되는 쇠로 만든 창은 벌이나 전갈이 쏘듯 사람을 해친다(宛鉅鐵釶, 慘如蜂蠆)"라고 했다. 전국 말기에 이미 강철로 만든 검과 창이 사용되었는데, 이는 고고학 자료를 통해 확인할 수 있다. 갑옷은 피혁으로 만든 것 외에도 철갑(鐵甲)이 등장했다. 아울러 철제 투구도 출현했다. 새롭게 발명된 무기 가운데 가장 중요한 것은 노(弩), 즉 쇠뇌였다. 쇠뇌는 활에 붙은 나무 자루에 걸쇠와 방아쇠 등 간단한 기계를 장치한 활로 강력한 발사력을 지녔다. 한국(韓國)에서 만든 경노(勁弩)는 화살이 600보 밖까지 날아갈 정도로 사정거리가 길었다. 이외에도 성을 공격하는 기계인 운제(雲梯)와 충거(冲車), 수전(水戰)에 사용하는 구거(鉤拒) 등이 당시 전쟁에서 흔히 사용되었다.

전쟁 규모가 확대되면서 작전방법이나 병종(兵種)도 변화했다. 지형조건 제한을 비교적 덜 받는 보병이 점차 중시되면서 전차전은 뒤로 물러났다. 북방 민족의 기병 방식이 중원으로 전래되었다. 조(趙) 무령왕(武靈王)은 '호복기사(胡服騎射, 호복을 입고 말을 타고 화살을 쏜다는 뜻)'를 시행해 기원전 302년 장군이나 대부, 수리(戍吏) 등에게 모두 호복을 입도록 했다. 기병전에 유리하기 때문이었다.《전국책》에 따르면, 당시 7개국은 각기 기병이 타는 전마가 수천 또는 1만 필이나 되었으며, 또한 기병이 점차 확대되었다.

방어를 강화하기 위해 각국은 대량의 인력을 동원해 장성 건설에 치중했다. 제(齊, 장성은 서쪽으로 평음 방문, 지금의 산동 평음)에서 시작해 남쪽으로 해안가인 낭야에 이르렀으며, 위는 하서 지역을 보호하기 위해 지금의 섬서 낙수 동쪽에 장성을 쌓았다. 조는 장수와 부수 유역에 축성했고, 무령왕은 음산 아래에 장성을 쌓았다. 연나라는 동호(東胡)를 대파한 후 서쪽으로 조양(造陽, 지금의 하북 회래)부터 시작해 동쪽 양평(襄平, 지금의 요녕 요양)에 이르는 장성을 수축했다. 연과 조나라의 북방 장성은 모두 북방 민족의 침입을 막기 위해 쌓은 것이다.

위나라의 강성과 제나라와의 전쟁

위나라는 정치개혁 이후 춘추 말기부터 전국 초엽에 이르러 강대국으로 성장했다. 문후와 무후를 거치면서 위는 중산국(中山國)을 멸망시켰으며, 동쪽으로 여러 차례 제와 싸워 크게 승리했다. 또한 서쪽으로 진(秦) 하서(河西)를 침략했으며, 이회(李悝)와 오기를 파견해 서하(西河), 상지(上地)를 지키도록 했으며 재차 진나라의 침공을 막아냈다. 무후의 아들 혜왕(惠王)은 기원전 361년 안읍(安邑, 지금의 산서 하현)에서 대량(大梁, 지금의 하남 개봉)으로 천도했으며, 이후로 송, 위(衛), 한(韓), 조(趙) 등 여러 제후국에 대한 공격을 감행했다. 기원전 354년 위가 조(趙)를 공격해 한단(邯鄲)을 포위하고 이듬해 함락했다. 하지만 제와 계릉(桂陵, 지금의 산동 조현)에서 맞붙어 패배했다. 기원전 344년 혜왕은 봉택(逢澤, 지금의 하남 개봉 동북쪽)에서 회맹을 개최해 "열두 제후가 맹진에서 천자를 알현했다(十二諸侯. 朝天子于孟津)." 이로써 위 혜왕은 천하의 패자로 칭해지기 시작했다.

기원전 343년, 위나라가 한을 공격하자 한나라는 제에 구원을 요청했다. 제나라는 전기(田忌)와 손빈(孫臏)을 파견해 위나라 군사를 격파하고 한을 구했다. 위나라 군사는 마릉(馬陵, 지금의 산동 복현)에서 제나라 복병에게 기습을 당해 10만여 명의 사상자를 냈으며, 군사를 이끌었던 태자 신(申)과 장수 방연(龐涓) 등이 전사했다. 위는 서쪽에서 진나라에 여러 차례 패배해 소량(少梁, 지금의 섬서 한성)과 안읍(安邑, 지금의 산서 하현)을 빼앗겼고, 하서(河西)의 장벽도 진나라에 의해 무너졌다. 마릉 전투에서 패배한 이듬해 진나라 상앙(商鞅)이 또다시 군사를 이끌고 위나라를 침공해 위의 장수 공자인(公子卬)을 포로로 삼았다. 위나라는 이렇듯 전쟁에서 연패하면서 더는 천하의 패자가 될 수 없었다. 기원전 334년, 위 혜왕과 제 위왕(威王)이 서주(徐州, 지금의 산동 등현)에서 만나 서로 왕으로 존중해 위와 제가 대등한 위치임을 인정하는 한편 서로 패업을 분담하기로 결정했다. 이로써 위와 제의 모순이 완화되었다.

진의 대외 침략과 영토 확장

진나라는 상앙의 변법을 통해 국력이 날로 강성해졌다. 이에 가장 먼저 공격 대상으로 떠오른 나라가 바로 위나라다. 기원전 333년, 진나라에게 패배한 위는 이듬해 음진(陰晉, 지금의 섬서 화양)을 진에게 할양했다. 하지만 진은 그 이듬해 또다시 위를 공격해 장수 용가(龍賈)를 사로잡았다. 결국 위나라는 하서의 땅을 내줄 수밖에 없었다. 그 이듬해 진은 황하를 건너 분음(汾陰, 지금의 산서 영하), 피씨(皮氏, 지금의 산서 하진)를 차지하고 다시 초(焦, 지금의 하남 섬현)를 공격했다. 이듬해 위나라는 어쩔 수 없이 상군(上郡) 15개 현을 진에게 떼어주고 강화를 요청할 수밖에 없었다. 이로써 위나라는 하서 전체를 잃고 말았다.

기원전 324년, 진 혜문왕도 왕으로 칭하기 시작했다. 강력한 군사력을 바탕으로 한 진나라의 동진(東進)은 삼진에게 심각한 위협이었다. 기원전 318년, 위나라 공손연(公孫衍)이 조, 한, 연, 초 등과 연합해 이른바 '합종(合縱)'으로 진을 공격했다. 그러나 결국 진에게 대패해 장수들이 포로로 잡히는 굴욕을 당했다. 기원전 316년, 진은 조나라 중양(中陽, 지금의 산서 영향), 서도(西都, 지금의 산서 평요)를 공격했고, 기원전 315년 또다시 조나라 인(藺, 지금의 산서 이석 서쪽)을 공격했으며, 기원전 314년 다시 한을 공격해 안문(岸門)에서 크게 승리했다. 기원전 308년, 진 무왕은 감무(甘茂)를 보내 한나라의 유명한 성 의양(宜陽, 지금의 하남 의양)을 공략했다. 진은 이로써 중원에 깊숙이 진입하게 되었다.

기원전 312년, 진과 초나라 단양(丹陽, 지금의 하남 절천 일대)에서 전투를 벌였는데, 초나라가 크게 패했다. 초는 그 전투에서 70여 명의 장수가 전사했다. 회왕(懷王)이 비밀리에 병사를 보내 진나라 남전(藍田, 지금의 섬서 남전)을 기습했으나 또다시 패하고 말았다. 진은 초나라 한중(漢中) 일부를 얻었고, 그곳에 한중군(漢中郡)을 설치했다. 초나라 서북 문호가 진나라 수중에 들어가고 만 것이다. 이후에도 진 혜왕은 의거(義渠)의 융족을 공략해 진의 영토를 확장했다.

기원전 316년, 촉에 내란이 일어나자 진 혜왕이 사마착(司馬錯)을 보내 일거에 촉나라를 멸망시켰다. 이리하여 "진은 날로 강성해져 재부가 풍부해지고 제후들을 가볍게 볼 정도가 되었다(秦益强. 富厚輕諸侯)."

제 선왕의 연나라 공략과 연의 승리

위와 제가 서로 칭왕(稱王)하기로 약조한 이후 위나라가 날로 쇠약해지자 관동 여섯 제후국 가운데 가장 강력한 나라는 제나라였다. 연왕(燕王) 쾌(噲)가 만년에 나라를 대신인 자지(子之)에게 넘기자 태자 평(平)이 무리를 모아 자지를 공격하면서 내란이 일어났다. 기원전 315년, 제 선왕이 전장(田章)에게 군사를 이끌고 연을 공략토록 했다. 근 50일간에 걸친 공격으로 연나라 사람들을 유린하자 연나라 사람들 또한 끝까지 저항해 제나라 병사를 물리쳤다. 그러나 연나라 역시 이로 인해 크게 쇠퇴할 수밖에 없었다. 조나라 무령왕이 연나라 공자 직(職)을 호송해 귀국시켜 국군의 자리에 오르게 하니 그가 바로 연나라 소왕이다.

제나라는 민왕 시절에 이르러 일련의 대외전쟁을 벌였다. 기원전 301년 제는 한, 위나라 군사와 함께 초를 공격해 수사(垂沙, 지금의 하남 필양 일대)에서 승리를 거두었으며, 초나라 장수 당멸(唐蔑)을 살해했다. 기원전 296년 제는 또다시 삼진, 송 등과 연합해 이른바 '합종'으로 진을 공격했다. 열세에 몰린 진은 부득불 침략한 땅 일부를 내놓고 강화를 청했다. 제와 연이 환지곡(桓之曲)에서 싸웠는데, 연이 10만 병사를 잃을 정도로 대패했다. 제나라가 여러 차례 대승을 거두자 다른 제후국들은 크게 동요했다. 기원전 288년 제와 진이 서로 칭제(稱帝)해 제나라 민왕은 동제(東帝), 진나라 소왕은 서제(西帝)로 불렀다. 제와 진이 동서 지역에서 가장 강국임을 표명한 셈이다. 기원전 286년, 제나라가 "5000승의 막강한 송나라(五千乘之勁宋)"를 멸망시키자 "사수(泗水)가의 제후인 추와 노나라 국군들이 모두 제나라 신하로 칭하고 천하의 제후국들이 모두 제나라를 두려워했다(泗上諸侯鄒魯之君皆稱臣. 諸侯恐懼)." 하지만 제나라는 매년 군사를 일으켜 전쟁을 하느라 "축적한 재력이 흩어지고(稽積散)", "백성들이 지쳐 초췌하고 병사들 또한 크게 지쳤다(民憔悴, 士罷弊)." 송나라를 멸망시킨 후 제나라는 강노(强弩)도 다 날아가면 더는 힘이 없어 얇은 비단조차 뚫지 못하는 것처럼 쇠락했다.

연 소왕이 즉위한 후 낮은 직위의 선비들을 예로 대하는 등 후대하자 악의(樂毅)를 비롯한 인재들이 연나라에 몰려들어 28년 만에 "연나라가 부강해졌다." 기원전 284년 연이 삼진, 진, 초와 연합해 제를 토벌하기 위해 대군을 동원했다. 연나라 장수 악의는 무력한 제나라의 방어선을 뚫고 제의 수도 임치까지 쳐들어갔다. 민왕은 도망쳤으나 붙잡혀 피살되고 말았다. 연은 거(莒), 즉묵(卽墨)을 제외한 70여 군데 성을 모두 점령해 연의 군현으로 삼았다. 기원전 279년 연 소왕이 죽고 아들 혜왕이 즉위했다. 혜왕은 악의 대신 기겁(騎劫)을 장수로 삼았는데, 제나라 장수 전단(田單)이 연을 공략해 기겁을 죽이고 크게 승리를 거두면서 이전에 잃은 땅을 수복하는 한편 제 양왕을 임치로 영접했다. 제나라는 비록 승리를 얻었으나 여전히 국력이 쇠진해 중흥할 수 없었다.

초의 쇠약

전국 시대에 초나라는 지역이 광활하고 인구가 많은 나라로 관동 제후국 가운데 비교적 강력한 대국이었다. 공손연이 '합종'책으로 진을 공격할 때 초 회왕은 합종 맹약의 장으로 추대되었다. 회왕 시절 초나라는 월(越)을 멸망시키면서 장강 하류 연해 지역까지 강토를 넓혔다. 진과 제 두 나라가 날로 강성해지자 초나라와 싸움이 잦아졌다. 초나라는 패배를 거듭하면서 급기야 회왕이 진나라의 꼬임에 빠져 진에서 죽고 말았다.

초 경양왕(頃襄王) 시절 통치계급은 "음란과 사치에 빠져 국정을 돌보지 않았다(淫逸奢靡, 不顧國政)." 또한 성지(城池)도 만들지 않고 방어에 게을렀다. 기원전 280년, 진이 초의 한북지(漢北地)와 상용(上庸, 지금의 호북 죽산)을 공격하고, 사마착(司馬錯)이 촉(蜀)에서 초의 검중군(黔中郡, 지금의 호남 서쪽)으로 쳐들어왔다. 이듬해 진나라 장수 백기(白起)가 병사를 이끌고 좀 더 깊이 진입해 하군(下郡, 지금의 호북 의성), 등(鄧, 지금의 호북 양번 부근), 서릉(西陵, 지금의 호북 의창 서쪽)을 공략했고, 그 이듬해 영도(郢都)를 점령했다. 진나라 군사는 계속 남진해 동정호 일대까지 내려왔다. 초나라 군사는 제대로 응전도 못한 채 궤멸하고, 경양왕은 진(陳, 지금의 호남 회양)으로 도망쳤다. 진나라는 점령한 초나라 영토에 검중군과 남군을 설치했다. 이로부터 "초나라는 점차 쇠약해져 진에게 경시되었다(楚遂削弱, 爲秦所輕)."

조의 발전과 장평 전투

조(趙) 무령왕(武靈王)은 '호복기사(胡服騎射, 호복을 입고 말을 타고 활 쏘는 것)'를 실시하는 등 군사 장비와 작전 방식을 개혁함으로써 군대의 전투력을 증강시켰다. 무령왕 시절에 "탈취한 땅이 북쪽으로 연, 대에 이르렀고, 서쪽으로 운중, 구원까지 이르렀다(攘地北至燕代, 西至云中, 九原)." 무령왕 만년 왕위를 아들 혜문왕에게 넘기고, 자신은 '주부(主父)'로 자칭했다. "그는 호복을 입고 상대부들을 이끌고 서북의 호를 공략했다(身胡服, 將士大夫西北略胡地)." 당시 관동 제후국 가운데 제나라를 제외하고 조나라 국력이 가장 막강했다. 특히 연나라가 제를 격파한 후 진과 맞설 수 있는 나라는 유일하게 조나라밖에 없었다. 기원전 270년 진과 조가 활여(閼與, 지금의 산서 화순)에서 맞붙어 조나라 장수 조사(趙奢)가 진나라 병사를 크게 무찔렀다.

기원전 266년 진 소왕이 범저(范雎)를 재상으로 기용하면서 그의 '원교근공(遠交近攻)' 책략을 수용했다. 이렇게 해서 다른 제후국의 '합종'을 격파해 진이 취한 영토를 더욱 강고하게 한다는 것이었다. 기원전 263년 진이 한(韓)의 남양(南陽, 지금의 하남 심양 일대)을 점령하면서 한과 상당군(上黨郡)이 멀어지고 말았다. 그러자 당시 군수였던 풍정(馮亭)이 상당군을 조나라에 바치고 항복해버렸다. 이에 진과 조 사이에 상당군을 둘러싸고 쟁탈전이 벌어졌는데, 이것이 바로 유명한 장평(長平) 전투다. 기원전 260년 조나라 군사가 장평(지금의 산서 고평)에 고립되어 식량이 다 떨어지는 바람에 전군이 진에게 항복했다. 진나라 장수 백기(白起)는 구덩이를 파고 조나라 병졸 40여만 명을 모두 장평에 파묻어 몰살시켰다. 이듬해 진나라 군사가 승세를 타고 한단(邯鄲)까지 쳐들어가 사방을 포위했다. 진은 2년 동안 포위 공격을 그치지 않았으나 끝내 공략하지 못했다. 나중에 위나라 신릉군(信陵君)과 다른 제후국에서 군사를 파병해 조를 구원하니 진나라도 어쩔 수 없이 포위를 풀고 돌아갔다. 장평 전투와 한단 포위 공격으로 인해 조나라는 심각한 손실을 입고 말았다.

여섯 나라를 멸망시킨 진

진나라가 대외 겸병 전쟁에서 계속 승리하면서 진 소왕 말년에 이르자 삼진의 상군, 하동, 상당, 하내, 남양 등이 모두 진나라 땅이 되었다. 진은 남쪽으로 파(巴)와 촉(蜀), 한중군, 검중군, 무군(巫郡)을 차지했다. 여섯 제후국 가운데 광대한 영토와 막강한 군사력을 지닌 진을 필적할 수 있는 나라는 더 없었다. 특히 중원에서 경제적으로나 문화적으로 선진적인 지역은 거의 모두 진의 소유가 되었다. 진의 실력이 강력해지는 것과 반비례해 관동 여섯 나라의 국력은 점차 시들어갔다. 급기야 한과 위처럼 아예 진에 입조해 "나라를 위탁하고 명령을 받들기도 했다(委國聽令)." 진은 여섯 제후국과 싸움에서 이미 결정적인 승리를 얻었던 것이다.

진 장양왕(莊襄王) 시절 동주와 서주 모두 진에 멸망하니 "진의 경계가 대량까지 이르렀다(秦界至大梁)."

기원전 246년 진왕 정(政)이 즉위하고, 여불위(呂不韋)가 재상이 되었다. 여불위는 천하의 빈객을 초치해 여섯 제후국을 공략할 준비를 마쳤다. 기원전 237년 진왕 정이 친정하면서 이사를 보좌로 삼고 대규모 출병을 시작했다. 이와 동시에 금전으로 여섯 나라의 권신들을 매수해 내부 분열을 조장했으며, 군사적으로 맹렬한 공세를 멈추지 않았다.

기원전 230년, 진이 한(韓)을 멸망시키고 그곳에 영천군(穎川郡)을 두었다. 기원전 223년, 반간계(反間計)로 조(趙) 나라 장수 이목(李牧)을 살해하고, 이듬해 한단(邯鄲)을 공격해 조나라 왕 천(遷)을 생포하니 조나라 공자 가(嘉)는 대(代)로 도망쳐 왕으로 자립했다. 기원전 226년 진이 연을 공격하자 연나라 왕 희(喜)는 요동으로 도망쳤다. 이듬해 진이 황하의 물을 위의 대량성(大梁城)으로 끌어들여 성을 함락했다. 위나라는 왕이 투항하면서 멸망했다. 기원전 223년 진의 장수 왕전(王剪)이 60만 대군을 이끌고 초를 공격해 초 왕을 사로잡았다. 이듬해 진나라가 초나라 땅을 완전히 점령해 멸망시켰다. 기원전 222년 진은 연나라 요동을 공격해 연왕 희를 사로잡았고, 연달아 대(代)를 공격해 대왕 가를 사로잡았다. 이로써 연과 조나라 모두 멸망했다. 이듬해 제를 멸망시킴으로써 진나라가 천하를 통일했다.

전국 시대는 사회생산력이 향상되면서, 농업, 수리, 교통, 상업 등이 모두 발전해 지역 간의 경제 불균형이 점차 감소하고 상호 연계성이 강화되었다. 이렇듯 경제가 크게 발전하면서 전국 통일의 분위기가 무르익을 수 있었던 것이다. 정치적으로 각국은 귀족 봉토제를 폐지하고 군현제와 군주 집권을 실행했는데, 이 역시 통일국가 출현에 일정한 토대가 되었다. 전국 시대에 분열에서 통일로 나아가게 된 것은 장기간에 걸친 역사 발전의 필연적 결과이기도 하다. 당연히 전국 통일은 중국 역사에 의심할 바 없이 중요한 의의를 지닌다.

최종적으로 진이 천하를 통일시킨 데에는 나름의 원인이 있다. 진은 변법을 다른 여섯 나라에 비해 훨씬 성공적으로 완수했고 봉건영주 세력을 비교적 철저하게 제거했으며, 이후 경제적으로나 정치적으로 관동의 여러 나라들보다 선진적이었다. 진 소왕 시절에 진나라를 시찰했던 순경(荀卿)은 진나라가 법치를 성공적으로 실행하고 있으며, 정치도 부패하지 않았다고 말한 바 있다. 그는 진이 효공(孝公) 시절부터 소왕에 이르기까지 군사적으로 승리를 구가한 것도 결코 우연이 아니라고 생각했던 것이다.

소수민족

연(燕), 조(趙), 진(秦)의 북쪽에는 동호(東胡)와 임호(林胡), 예(濊), 백(泊), 누번(樓煩) 그리고 흉노가 자리하고 있었다. 대략 지금의 동북, 하북 북부가 동호와 예, 백 등 소수민족이 살고 있는 곳이었다. 지금의 내몽골 자치구 서남부와 진북(晉北)에는 임호와 누번이 분포하고 있었으며, 흉노는 그들 북쪽에 자리했다.

북방민족은 연과 조 양국에 의해 계속 정복되었다. 조 무령왕(武靈王)은 임호와 누번을 대파한 후 점령지에 군현을 설치했다. 전국 말기 조나라 장군 이목이 또다시 "첨람을 멸망시키고 동호를 격파했으며, 임호를 항복시켰다(滅襜襤, 破東胡, 降林胡)." 연나라 소왕 시절 장수 진개(秦開)가 동호를 습격해 "동호가 천여 리나 물러났다(東胡却千餘里)." 연왕은 장성을 건설해 상곡(上谷), 어양(漁陽), 우북평(右北平), 요서(遼西), 요동군(遼東郡) 등을 설치했다. 전국 시대 흉노는 아직 강성하지 않은 상태였기 때문에 중원의 제후국과 접촉하는 일이 많지 않았다.

요녕, 내몽골 하북 북부 일대에 전국 시대 분묘가 적지 않게 발견되었는데, 청동으로 만든 검이나 창, 비수, 말 장식 등 유물이 출토되었다. 어떤 분묘에서는 철기나 연나라 청동화폐가 발견되기도 했다. 이런 유물은 물론 동호나 예, 백 등이 사용하던 것이다. 이러한 유물로 볼 때, 중원문화가 그들에게 적지 않은 영향을 미쳤음을 알 수 있다.

전국 시대에 촉인(蜀人)은 주로 지금의 사천 북부와 서부 일대에 거주했으며, 파인(巴人)은 사천 동쪽 가릉강(嘉陵江)과 장강 연안에 분포했다.

진 혜왕은 물산이 풍부한 촉 땅을 탐내 사마착(司馬錯)을 보내 촉을 멸망시키는 한편 파(巴)도 공략해 촉왕을 촉후(蜀侯)로 강등시키고 진 장(陳莊)을 촉상(蜀相)으로 보내 감시 감독했다. 기원전 301년 촉에서 반란이 일어나자 진은 또다시 사마착을 보내 평정했으며, 이후 촉과 파에 군현을 설치했다.

대략 중원 상주 시대에 촉인은 청동 시대로 진입했으며, 전국 시대에 이미 상당히 발달한 청동문화를 지니고 있었다. 성도 양자산에서 청동정(鼎), 뇌(罍), 반(盤), 화(盉), 과(戈), 모(矛), 쇠뇌 등 유물이 출토되었으며, 소화와 파현에서 대형 목재로 만든 배 모양의 관이 출토된 분묘에서도 청동 검과 월(鉞) 등의 기물이 발견되었다. 이러한 유물은 당시 파인들이 남긴 것인데, 이를 통해 그들의 문화가 진과 초의 영향을 받았음을 알 수 있다.

월인(越人)은 분포 지역이 비교적 광범위해 북쪽으로 절강과 강서, 복건 지역까지 이르렀다. 전국 시대 문헌을 보면 월인들을 '백월(百越)', '양월(揚越)', '구월(甌越)', '민(閩)' 등 다양한 명칭으로 불렀는데, 그만큼 다양한 곳에 분포되어 있었기 때문이다.

고고학 자료에 따르면, 전국 시대 월인은 문화적으로 격차가 심했다. 어떤 지역의 월인은 아직까지 석기 시대를 벗어나지 못했다. 하지만 광동이나 광서 경내의 월인 등은 이미 뛰어난 청동 종이나 정 등 다양한 청동 기물을 제작할 능력을 갖추고 있었으며, 예술적 수준 역시 중원 각국과 근사했다. 기물의 형태나 문양 등은 초와 비슷했다. 물론 지역적 특색이 있기는 하나 이러한 유사성은 당시 월인들이 초나라와 밀접한 관계를 맺고 있었음을 예증하는 것이기도 하다.

전국의 문화

학술 번영과 백가쟁명

사회가 크게 변혁하면서 기존의 관부 중심 학문 전통이 타파되어 소수 귀족들이 문화지식을 더는 독점할 수 없게 되었으며, 문화교육이 민간에 파급되기 시작했다. 그리하여 "공자와 묵자의 제자들이 천하에 가득해졌다(孔墨之弟子徒屬, 充滿天下)." 다시 말해 사회적으로 문학, 유세를 직업으로 삼는 수많은 사(士)가 출현했다는 뜻이다.

각국의 국군들은 부국강병을 위해 다투어 하급 귀족인 사를 예를 갖추어 모셨다. 심지어 일부 관료나 귀족들은 자체적으로 사를 양성하기도 했다. 제나라는 임치 직문에 학관을 설치해 추연(鄒衍), 신도(愼到) 등 76명의 초청 학자들을 우대하고 관직을 맡지 않고도 국사를 논할 수 있도록 했다. 양사(養士)의 기풍이 성행하면서 문학지사가 점차 확대되었으며, 그들의 저서와 논설이 널리 전파되면서 문화학술이 공전의 발전을 거듭했다.

《한서》〈예문지〉에 "당시 군주가 좋아하거나 싫어하는 방향을 달리하면서 구가의 학술이 벌떼처럼 함께 일어났다. 각기 일면을 끌어와 자신들이 잘하는 것을 숭상했다(時君世主, 好惡殊方, 是以九家之術, 蜂出并作, 各引一端, 崇其所善)"라고 한 것처럼 정치적 수요에 부응하기 위해 학술 사상 유파가 날로 늘어났다. 전국 시대에 공자나 묵자 등 현학 이외에도 도가, 법가, 음양가, 명가 등 다양한 학파가 등장했으며, 심지어 동일한 학파 내부에서도 다양한 분파가 이루어지기도 했다. 예를 들어 "유가는 여덟 파로 나뉘었고, 묵가는 세 파로 분리되었다(儒分爲八. 墨離爲三)." 각 학파는 "학술로 천하를 바꾸겠다(以其學易天下)"는 생각을 했다. 그들은 "각기 장점이 있었고 필요한 때가 있었다(皆有所長, 時有所用)." 그래서 각국의 봉건 군주들은 각 학파를 "예로 대우했다(兼而禮之)." 각기 다른 군주를 모셨기 때문에 학파 간에 상호 비판과 논전이 자유롭게 벌어졌으며, 이로써 '백가쟁명(百家爭鳴)'의 국면이 출현했다. 이러한 쟁명을 통해 학술 사상의 번영과 활약이 촉진되었다.

제자의 학설과 사상

묵자는 묵가의 창시자로 이름은 적(翟)이며, 춘추 말기에 노나라에서 태어났다. 당시 상황에 부응해 상현(尚賢), 상동(尚同), 절용(節用), 절장(節葬), 비악(非樂), 비명(非命), 천지(天志), 명귀(明鬼), 겸애(兼愛), 비공(非攻) 등 10가지 주장을 펼쳤다. 상현은 "관리라고 항상 귀한 것은 아니며, 백성이라고 영원히 천한 것은 아니다(官無常貴, 民無終賤)"라고 해 출신이 낮은 사람도 재능만 있다면 발탁해 활용할 수 있어야 한다는 것인데, 이를 통해 귀족의 세습제를 반대했다. 묵가는 또한 절용을 제창해 당시 군주나 귀족들의 무분별한 사치에 반대해 "필요 없는 낭비를 없앨 것(去無用之費)"을 주장했다. 동일선상에서 비악(非樂)과 절장(節葬)을 통해 귀족들이 지나치게 오랫동안 장례를 치르거나 종교 등 음악에 탐닉하는 것에 반대했다. 묵가는 천하가 "서로 사랑하면 다스려지고, 서로 미워하면 어지러워진다(兼相愛則治, 交相惡則亂)"라고 주장했다. 이러한 겸애의 관점에서 출발해 묵가는 비공으로 당시 약육강식의 잔혹한 전쟁을 반대했던 것이다.

묵가는 하늘을 존중하고 귀신을 모실 것을 주장했는데, 하늘에 의지가 있어 인간에게 화복을 내려주기 때문에 군자가 겸애, 비공, 절용, 상현을 위배하면 하늘과 귀신의 견책과 처벌을 받을 것이고, 제대로 실천하면 복락을 얻을 것이라고 생각했다.

노자의 사적은 분명치 않으나 대략 전국 시대에 《노자(老子)》가 나온 것으로 알려져 있다. 이 책은 노자사상을 연구하는 데 가장 중요한 저작물이다.

노자철학에는 자발적인 변증법적 요소가 존재한다. 그는 사물 안에 대소와 유무, 장단과 강약, 생사 등 대립적인 면이 존재하며 그것이 서로 연계되고 서로 전화한다고 여겼다. 약한 것이 강하게 되고, 작은 것이 크게 되며, 반대로 강한 것이 약해지고 큰 것이 작아질 수 있다는 뜻이다. "재앙이여! 복락이 그 안에 기대어 있구나. 복락이여! 재앙이 그 안에 숨어 있구나(禍兮, 福之所倚, 福兮, 禍之所伏)." 이외에도 "되돌아감은 도의 움직임이다(反者道之動)"라고 해 모순의 운동이 사물 발전의 추동력이라 여겼다.

정치적으로 노자는 무위를 주장했다. 노자는 국가가 불안정한 것은 정치가가 조성한 것이라고 여겼다. "백성이 기아에 허덕이는 까닭은 통치자가 세금을 지나치게 많이 거둬들이기 때문이다. 그래서 굶주리는 것이다. 백성을 다스리기 어려운 것은 통치자가 작위적이기 때문이다. 그래서 다스리기 어려운 것이다. 백성들이 죽음을 가볍게 여기는 까닭은 통치자가 지나치게 사치를 추구하기 때문이다. 그런 까닭에 죽음을 가볍게 여기는 것이다(民之飢, 以其上食稅之多, 是以飢. 民之不治, 以其上之有爲, 是以不治. 民之輕死, 以其上求生之厚, 是以輕死)." 이러한 상황에 대응해 마땅히 "남는 것을 덜고 부족한 것을 보충해(損有餘而補不足)" 농민들의 생활을 개선해야만 나라를 다스리기가 수월해진다는 뜻이다.

장자(莊子)는 노자와 함께 도가의 중요 대표 인물로 이름은 주(周)이며, 송(宋) 나라 사람으로 일찍이 칠원리(漆園吏, 옻나무 농장 관리인)를 한 적이 있다. "천하에 추호(秋毫, 가을 짐승의 가는 털)의 끝보다 더 큰 것이 없고, 태산이 오히려 작다고 볼 수 있다. 또한 어려서 죽은 아이보다 장수한 이가 없고, 팽조(彭祖, 몇백 년을 살았다는 전설상의 인물)가 오히려 요절했다고 말할 수도 있다(天下莫大于秋毫之末, 而太山爲小, 莫壽于殤子, 而彭祖爲夭)." 이렇듯 장자는 각기 다른 시각이나 표준으로 사물을 바라본다면 대소나 요절과 장수 등 일반 사람들의 생각이 바뀔 수 있다고 여겼다. 그는 또한 유가와 묵가가 서로 자신이 옳고 상대방이 틀리다고 주장하고 있지만, 끝내 아무런 결론도 낼 수 없다고 말했다. 장자가 보기에, 사물을 인식하는 객관적 시비판단이 존재하지 않기 때문이다. 이런 면에서 장자는 인식론에서 상대주의 경향을 지녔다고 말할 수 있다.

상대주의는 인생이나 처세 방면에서도 그대로 적용된다. 장자는 요절과 장수, 생사, 화복 등의 현상에 지나치게 얽매이지 말 것을 요구했다. 상대주의에 근거할 경우 사회 정치의 시비나 선악을 판단하는 표준이 존재하지 않기 때문이다. 그런 면에서 그는 천하 사람들이 성인이라 일컫는 요순이나 포악한 군주의 대명사인 걸주(桀紂)에 대한 시비판단 역시 아무런 의미가 없다고 여겼다. 장자의 생활 태도 역시 여기서 크게 벗어나지 않는다. "천리(天理)를 따르고(依乎天理)", "소위 몸이 생긴 그대로(자연) 따라 가며(因其固然)", "때에 편안하고 순응함에 처해(安時而處順)", "어찌할 수 없음을 알고 운명처럼 편안하게 받아들이는 것이 덕의 지극함이다(知其不可奈何而安之若命, 德之至也)." 투쟁은 불필요하며 모든 것을 운명에 순응하고 현실에 안주하면 된다는 뜻이다.

맹자의 이름은 가(軻)이며, 추(鄒) 나라 사람이다, 공자의 손자인 자사의 문하에서 배웠다. 전국 중기 유가학파의 대사(大師)다.

맹자는 성선설을 주장했는데, 인간의 본성은 선한 것이며, 인의예지(仁義禮智)와 같은 품성 역시 선천적인 것이라고 생각했다. 그래서 이러한 본성을 제대로 기르게 되면 본래의 품덕이 확대되어 객관적 세계를 개조한다는 목적에 이를 수 있을 것이라고 여겼다. 맹자의 유심론은 이후 유가사상 발전에 큰 영향을 미쳤다.

성선설의 토대하에 맹자는 인정(仁政)에 관한 학설을 제시했다. 인정의 구체적인 내용은 통치자가 농민을 비롯한 백성들의 생활 개선에 힘을 써야 한다는 뜻이다. 그는 무엇보다 농민들이 경작할 토지를 잃지 않도록 해야 한다고 주장했다. "일정한 생업이 있어야 일정한 마음이 있다(有恒産者有恒心)." 이렇게 해야만 농민들이 반항하지 않고 통치 역시 공고해질 수 있기 때문이다.

맹자는 통치자가 민심을 얻을 수 있는가 여부에 대해 특히 중시했다. 요와 순이 천하를 얻은 것은 민심이 그들에게 향했기 때문이고, 걸과 주가 천하를 잃은 것은 민심을 잃었기 때문이라고 하면서 맹자는 만약 국군이 "백성들에게 포악하게 굴면(暴其民者)", "시해되고 나라가 망한다(身弑國亡)"라고 했다. 그는 심지어 상대 마지막 임금인 주(紂)와 같은 폭군은 신하가 살해할 수 있으니, 이는 임금을 살해하는 시해(弑害)가 아니라고 말하기도 했다.

순자(荀子)의 이름은 황(況), 자는 경(卿)이며 전국 말기 조(趙) 나라 사람이다. 뛰어난 학식으로 각 학파를 비판하는 한편 각 학파의 장점을 받아들였다. 일찍이 제나라 직하(稷下)에서 강학한 적이 있으며, 직하의 좨주(祭酒)로 활약했다. 전국 말기 유가 가운데 가장 영향력이 있는 인물이다.

순자는 도가의 자연관을 수용해 천(天)을 자연계로 간주했다. "하늘은 사물을 낳을 수 있으나 사물을 변별할 수 없다(天能生物, 不能辨物)." 하늘은 의지가 없다는 뜻이다. 그가 생각하기에, 하늘은 변화와 운동의 규율을 지니고 있으되 인간의 치란과 관계가 없다. "하늘은 항상됨이 있어 요 임금을 위해 존재하는 것도 아니고 걸 임금으로 인해 없어지는 것도 아니다(天行有常, 不爲堯存, 不爲桀亡)." 농사가 흉년이 들거나 풍년이 드는 것 또는 사회 동란 역시 하늘에 따른 것이 아니라 "밭 갈고 김매기에 게을러 곡식을 제대로 거두지 못하거나(楛耕傷稼)" 봉건 군주의

"정치가 위태로워 민심을 잃었기 때문이다(政險失民)." 도가는 비록 하늘의 물질적 속성을 인정했으나 인간은 자연 앞에서 무위, 무능해야 한다고 주장했다. 이에 반해 순자는 도가보다 한 걸음 더 나아가 "천명을 제어하고 그것을 활용해야 한다(制天命而用之)"라는 관점을 제시했다.

순자는 예를 중시하는 유가의 전통을 계승했다. 하지만 그가 말한 예에는 이미 법치의 성분이 포함되어 있기 때문에 공자가 말한 예와 다르다. 순자는 맹자와 달리 성악설을 주장했는데, 이 역시 예의를 통한 교화와 형벌로 통치를 강화하려는 이론의 근거가 되었다. 그는 법치 실행과 군주 집권을 대단히 중시했다. 그래서 군주는 반드시 "능력을 헤아려 관직을 주어야 하며(量能而授官)", "공적이 있으면 반드시 상을 주고, 죄가 있으면 반드시 벌해야 한다(有功必賞, 有罪必罰)"라고 주장했다. 왕도와 패도(覇道)를 겸용하고, 덕치와 법치를 결합시킨 것은 순자 일파 유가학설의 가장 큰 특징이다.

순자는 민중의 역량을 막강한 것으로 보았다. 그는 군주와 인민을 '배'와 '물'로 비유해 "물은 배를 띄울 수 있지만 배를 전복시킬 수도 있다(水則載舟, 水則覆舟)"라는 말로 당시 봉건 군주들에게 경각심을 주었다. 순자 역시 유가의 중민(重民) 사상을 계승했다. 그는 국가의 안정을 추구하고자 한다면, "정치를 평탄하게 하고 백성을 사랑하며(平政愛民)", "논밭의 세금을 경감하고(輕田野之稅)", "부역을 줄여 농사철을 빼앗지 않으며(罕興力役, 無奪農時)", "쓰임새를 절약해 백성을 풍요롭게 하고 남는 것을 잘 축적해야 한다(節用裕民, 而善藏其餘)"라고 말했다.

한비(韓非)는 전국 말기 한나라 사람이다. 그는 이사(李斯)와 함께 순황 밑에서 배웠다. 전국 말기 법가학설의 집대성자다.

한비는 인류의 역사를 변화 발전하는 것으로 보았다. 그는 상고 시대 유소씨나 수인씨부터 하우에 이르기까지 인간의 물질생활은 점차 개선되었다고 하면서, 만약 누군가 하우 시절처럼 나무를 비벼 불을 얻고, 나무에 둥지를 만들어 거주한다면 곤(鯀)이나 우(禹)에게 웃음거리가 될 뿐이라고 했다. 마찬가지 이치로 지금 만약 어떤 이가 요, 순, 탕, 무 등을 찬양한다면 이는 오늘날의 군주들에게 웃음거리가 될 뿐이다. 그래서 그는 지금의 실제 상황에 근거해 정책을 정해야 한다면서, "당대의 일을 논해 그에 따라 준비한다(論世之事, 因爲之備)"라고 말했던 것이다. 그는 "상고 시대에는 도덕을 경쟁했지만(上古競于道德)", "지금은 기력을 다툰다(當今爭于氣力)"라고 하면서, 그런 이유로 인의는 고대에나 어울릴 뿐이고, 지금은 법치와 폭력에 기댈 수밖에 없다고 주장했다.

한비는 전국 시대 여러 법가학파의 경험을 계승, 총결해 법(法), 술(術), 세(勢) 세 가지를 아울러야 한다고 강조했다. 군주는 법률을 제정한 후 반드시 일정한 권세를 지녀야 한다. 그렇지 않으면 법령이 아래까지 관철되지 않는다. 또한 국군은 신하를 통제할 수 있는 권술을 지니고 있어야 한다. 그렇지 않으면 군주의 지위가 공고해질 수 없다. 그는 또한 상앙과 신불해를 예로 들어 법만 사용하거나 술만 중시하는 것만으로는 부족하다고 말했다. 이렇듯 법과 술 그리고 세가 같이 어우러져야 한다는 그의 관점은 후세 전제주의 정치를 실행하는 데 반드시 지켜야 할 준칙이 되었다.

한비는 이익을 추구하고 상해를 피하는 것이 인간의 본성이라고 여겼기 때문에 치국을 위한 형벌과 포상을 무엇보다 중시했다. "잘못하면 죄를 받고, 공적을 세우면 상을 주어 은혜를 하사받는다고 생각하지 않게 된다. 이것이 제왕의 정치다(以過受罪, 以功致賞, 而不念慈惠之賜, 此帝

王之政也)." "위세는 폭력을 막을 수 있지만 덕망으로는 혼란을 방지할 수 없다(威勢之可以禁暴, 而德厚之不足以止亂也)." 다시 말해 덕치나 인의 같은 수단은 취할 바가 아니라는 뜻이다. 그는 형법 사용을 주장했을뿐더러 특히 "현명한 군주는 법을 준엄하게 하고 형벌을 엄격하게 한다(明主峭其法而嚴其刑)"라고 강조했다. 준엄한 법률과 엄격한 형벌을 사용하지 않으면 백성들을 제압할 수 없다는 뜻이다. 한비는 전제주의를 주장하는 한편 이를 사상 영역까지 확대시켰다. "현명한 군주의 나라에는 죽간에 새겨 둔 문헌이 없어 법을 교재로 삼고, 선왕의 말을 인용하지 않으며 관리를 스승으로 삼는다(明主之國, 無書簡之文, 以法爲敎 無先王之語, 以吏爲師)." 법가 이외에 다른 학파의 활동과 존재 자체를 불허한 셈이다. 그의 이러한 주장은 진나라가 여섯 나라를 통합해 천하를 통일한 후 실제로 행해졌다.

《손자》13편은 전국 시대 뛰어난 군사이론 저작이다.

손자는 적군과 아군 쌍방을 이해하는 것을 대단히 중시했다. "나를 알고 적을 알면 백 번 싸워도 위태롭지 않다. 적을 모르고 나만 알면 한 번 이기고 한 번은 진다. 적도 모르고 나도 모르면 싸울 때마다 틀림없이 위태롭다(知彼知己, 百戰不殆. 不知彼而知己, 一勝一負. 不知彼不知己, 每戰必殆)." 손자는 변증법 방식을 군사철학에 응용하고 있다. 그는 대립하는 조건은 서로 바뀔 수 있다고 여겼다. 그래서 때로 적은 인원으로 많은 무리와 싸워 이길 수 있고, 약자가 강자를 제압할 수 있으며, 불리한 위치에 있다고 할지라도 패배를 승리로 되돌릴 수 있는 것이다. 그는 군사학의 기본 원리나 일반 법칙만 알아서는 충분치 않다면서 "형세란 이로움에 근거해 주도권을 제압하는 것이다(勢者因利而制權也)"라고 말했다. 반드시 구체적인 상황에 따라 융통성을 발휘해 장악해야 한다는 뜻이다.

전국 시대에 유행했던 제자백가의 학술 사상은 이후 중국의 정치와 문화 전반에 걸쳐 깊은 영향을 미쳤다.

산문과 시가

전국 시대부터 점차 교육이 널리 보급되고 학술 사조가 흥성했다. 이는 문학 발전에도 나름의 효과를 발휘했다. 중요한 특징으로는 알기 쉽고 내용이 풍부한 산문이 출현했다는 점인데, 이는 과거에 소수 사람들만 이해할 수 있는 심오한 고명체(誥命體)에서 벗어났음을 의미했다. 물론 문학의 이러한 변화는 문화지식의 광범위한 전파에도 도움을 주었다.

전국 시대 초기에 저술된《좌전》의 경우 기사(記事), 기언(記言)에 뛰어날뿐더러 언어가 간결하면서도 생동감이 넘쳐 마치 인물 형상이 살아 있는 듯하다. 그렇기 때문에 사학의 명저일뿐더러 문학 걸작으로 간주되고 있다. 이외에도《전국책》역시 서사에 강할뿐더러 다양한 서술 방법을 통해 예술적 감동을 배가시키고 있다.

제자(諸子)의 작품은 비록 철리적인 내용이 대부분이지만 나름 문학 가치가 상당한 작품도 적지 않다. 예를 들어《맹자》,《장자》,《순자》,《한비자》등은 이런 면에서 대표적이라고 할 수 있다. 중요한 특징은 문장이 유려하고 언어가 풍부하며 논리성이 강하다는 것인데, 이 외에도 비유나 우화를 통해 논리를 설명하고 있다는 점에서 문학적 특징이 확연하다. 그 가운데《장자》는 특히 상상력이 풍부하고 낭만적 분위기가 물씬 풍기는 뛰어난 문학 작품이다.

전국 시대에 출현한 각종 체제의 산문 명저들은 문학사에서도 상당히 중요한 위상을 차지하고 있으며, 후세 사람들이 산문을 학습하는 데 본보기가 되었다.

시가 방면의 중요 작품은 굴원(屈原)과 송옥(宋玉)이 지은 《초사(楚辭)》다. 굴원의 〈이소(離騷)〉는 장편의 서정시로, 풍부한 상상력과 아름다운 언어로 이루어진 고대 시가의 뛰어난 작품이라고 할 수 있다.

4장

진
·
한
시
대

1 · 진:통일된 전제국가의 형성

진시황의 전제통치 수립과 통일 강화 정책

전제주의 중앙집권제도의 수립

기원전 221년 진왕(秦王) 정(政, 기원전 246년~기원전 210년 재위)이 전국 이후 봉건 제후들의 장기간에 걸친 분할 점유의 형세를 끝내고 중국을 통일한 뒤, 함양(咸陽)을 도읍지로 삼아 광활한 영토의 전제국가를 건립했다. 당시 진의 영토는 동쪽으로 바다에 이르고, 서쪽으로 농서(隴西), 남쪽으로 영남(嶺南), 북쪽으로 하투(河套), 음산(陰山), 요동(遼東)에 이르렀다. 전례 없는 대제국을 통치하기 위해 진왕 정은 전제주의 중앙집권 정치제도를 창건하고, 절대 왕권을 수립해 통일을 확고히 했다. 진왕 정의 이런 활동은 중국 봉건사회의 역사를 새로운 단계로 이끌었다.

통일 전쟁이 끝난 후, 진왕 정은 즉시 중앙 권력을 집중시키는 활동에 착수했다. 그는 전설 중의 삼황, 오제의 존호를 겸용해, 자신을 봉건 통일국가의 1대 황제로 선포해 시황제로 칭했으며, 후세 자손은 대대로 이를 계승해 차례대로 2세 황제, 3세 황제로 칭하도록 했다. 그는 황제 자신을 '짐(朕)'이라고 칭하도록 규정했으며, 왕을 높이고 신하를 억제하는 조의(朝儀)와 문서제도를 제정했다. 이런 조치는 모두 봉건 통일국가 최고 통치자의 무한한 권력을 보여주고, 진의 통치가 장기간 유지될 것임을 나타내는 것이다.

주대 이후의 봉국건번(封國建藩) 제도는 전제 황권 및 통일국가와 서로 부합되지 않았기 때문에 반드시 변화가 필요했다. 시황 26년(기원전 211년) 승상 왕관(王綰)은 황자를 연(燕), 제(齊), 초왕(楚王)으로 봉하도록 요청해, 군신들의 동의를 받았다. 하지만 정위(廷尉) 이사(李斯)는 중의를 강력하게 물리치고 분봉제를 폐지하고 군현제도를 전면적으로 추진할 것을 주장했다. 진시황은 이사의 건의를 받아들여, 전국을 36군(郡)으로 나누었으며, 이후 40여 군까지 증설했다. 중앙과 황제의 명에 복종하는 군은 중앙정부 관할의 지방 행정단위였다. 이로써 중앙집권제도가 확립되었다.

진시황은 전국 시대의 관제를 더욱 조정하고 확충했으며, 봉건 통일국가에 필요한 일련의 새로운 행정기구를 구축했다. 중앙에는 승상, 태위, 어사대부를 설치했다. 승상은 좌상과 우상 2명이며 정사를 담당했다. 태위는 군사를 담당하되 상설하지 않았다. 어사대부는 승상의 보좌역으로 도서와 문서를 담당했으며, 백관을 감찰했다. 승상, 태위, 어사대부 아래 구체적인 정무를 분할 담당하는 제경(諸卿)이 있었다. 궁전 액문호(掖門戶)를 관장하는 낭중령, 궁문을 호위하는 둔병(屯兵)을 담당하는 위위(衛尉), 경기(京畿) 지역 경비를 담당하는 중위(中尉), 형벽(刑辟)을 담당하는 정위(廷尉), 곡물과 물품을 담당하는 치속내사(治粟內

史), 전국의 세금과 관부 수공업 제조를 관장해 황실에 물품 공급을 담당하는 소부(少府), 궁실을 관장하는 장작소부(將作少府), 국내 민족 사무와 외사를 담당하는 전객(典客), 종묘 예의를 담당하는 봉상(奉常), 황실 호적을 담당하는 종정(宗正), 수레와 말을 관장하는 태복(太僕) 등이 있었다. 승상, 태위, 어사대부와 제경들이 정무를 논하면 황제가 비준해 결정했다.

지방 행정기구는 군, 현 2급으로 구분했다. 군에는 수(守), 위(尉), 감(監, 감어사)을 두었다.[1] 군감은 중앙의 어사대부에 직속했다. 군수를 보좌한 것은 군위였으며 군감이 아니었다. 현은 크기에 따라 영(令)이나 장(長)을 두거나 승(丞), 위(尉) 그리고 다른 하부 관리를 설치했다. 군현의 주요 관리는 중앙에서 임명하고 배정했다. 현 아래에 향이 있으며, 향에는 삼로(三老)를 두어 교화를 담당케 했다. 색부(嗇夫)는 세금과 소송을 담당했으며, 유요(游徼)는 치안을 담당했다. 향 아래는 이(里)가 있는데, 이는 가장 기본적인 행정 단위였다. 이 안에는 이전(里典)이 있는데, 나중에는 이정(里正) 또는 이괴(里魁)로 불렸다. 향인 가운데 힘이 있는 이가 담당했다. 이외에도 치안 관리, 도적 금지를 위한 전문기구로 정(亭)이 있으며, 장(長)이 우두머리였다. 정과 정의 거리는 대략 10리였다.

전국 후기에 진나라는 '고간(告奸, 범죄자 고발)'을 목적으로 한 '호적상오(户籍相伍)'[2]제도를 수립했다. 진시황 16년(기원전 231년) "모든 남자는 연령을 등기하도록 명령했다." 31년(기원전 216년) "검수(黔首, 백성)들이 실제 토지를 지니도록 했다."[3] 이렇게 농민 호적에 연령과 토지 점유 상황을 추가했다. 이는 봉건 국가의 통치에 편리할뿐더러 부과된 병역 징발에도 도움이 되었다. 호적제도는 이때부터 지주 계급과 국가가 농민을 토지에 묶어두고 통치와 착취를 하는 근거가 되었다. 그리고 봉건 국가의 "모든 일이 나오는"[4] 중요한 제도가 되었다. 호북 운몽(雲夢)에서 발견된 진간(秦簡), 예를 들어 〈진률십팔종(秦律十八種)〉, 〈진률잡초(秦律雜抄)〉, 〈법률답문(法律答問)〉, 〈봉진식(封診式)〉 등 법률 문건을 통해 진효공부터 진왕 정 시기까지 계속 수정된 진나라 법률의 일부를 엿볼 수 있다.[5] 당시 진나라 법률에는 이미 형법, 소송법, 민법, 군법, 행정법, 경제법 등 다양한 방면의 내용이 구비되어 있으며, 농전 수리(水利), 산림보호, 우마사육, 식량 보관과 방출, 화폐 유통, 시장 교역, 요역 징발, 토목공사, 죄수 감독, 관리 임면, 군작상사(軍爵賞賜), 물자 계정, 군대 훈련, 전쟁 기율, 후방 공급, 전후(戰後) 전공에 따른 상벌 등등에 대해 구체적으로 규정하고 있다. 진나라 법률은 형벌이 비교적 무거워 '중형경죄(重刑輕罪)'의 원칙을 적용하고 있다. 관료들에 대한 관리도 엄중하다는 점은 특히 주목할 만한 부분이다. 진시황은 여섯 나라를 통일한 후 진률(秦律)을 토대로 하고 육국의 법률을 참조해 전국에 통행되는 법률을 제정한 후[6] 강력히 시행하기 시작했다. 이렇듯 법치를 중시하는 것이 진나라 정치의 특색이다.

대국을 통치하는 데는 또한 강력한 군대가 필요했다. 진의 군대는 전국에 주둔했으며, 남북 변경지대는 병력 주둔의 중점 지역이었다. 진나라 제도에 따르면, 군대를 동원하려면 동(銅)으로 만든 호부(虎符)가 있어야만 했다. 이는 병력 권한을 황제의 수중에 두도록 보장하는 중요한 제도였다. 진시황릉 옆에서 발견된 병마용갱에서 수천 개의 전차와 기마가 발굴되었다. 병마용을 통해 당시 진나라 군대의 규모와 군용의 위세를 확인할 수 있다.

진시황은 이런 전제주의 중앙집권의 통치기구와 제도를 수립했을

진시황릉 옆에서 발견된 병마용갱

뿐만 아니라 또한 전국 시대 음양가의 종시오덕설(終始五德說)을 채택해 진왕조의 법통을 수호했다. 종시오덕설에 따르면, 기존의 왕조는 토, 목, 금, 화, 수 오덕의 순서대로 통치하며 반복 순환한다. 진은 수의 덕을 얻었는데, 수는 검은색을 대표한다. 그래서 진의 예복과 깃발은 모두 검은색을 사용했다. 수의 덕과 관련된 숫자는 6이기 때문에 부전(符傳)의 길이, 법관(法冠)의 높이는 모두 6촌이었으며, 수레바퀴의 폭[車軌] 너비는 6척이었다. 수덕은 형살(刑殺)이기 때문에 통치가 엄격하고 각박해 "어짊이나 은덕, 온화함(仁恩和義)"이 없었다. 수덕과 상응해 역법은 해월(亥月), 즉 10월을 세수(歲首, 정월)로 삼았다.

진시황은 또한 황제 지위와 관련된 복잡한 의례와 봉선(封禪) 대전을 확정했으며, 신하와 백성이 참월하는 것을 허용하지 않았다. 진시황은 함양 부근에 관동(關東) 여러 나라의 궁궐 양식을 본떠 많은 궁전을 건설했으며, 특히 화려하고 웅장한 아방궁을 만들었다. 그가 보기에, 이런 궁전 건축은 천하 통일의 표시일 뿐만 아니라, 또한 "단문을 사방으로 통하게 하고 자궁(천자가 거주하는 궁궐)을 건설해"[7] 인간세상의 상제가 거처하는 곳을 나타냈다. 그는 여산에 자신의 무덤을 미리 준비하기 시작했다. "수은으로 백 가지 하천, 강, 바다를 만들고, 기계로 수은을 주입해 흘러가게 했으며, 위에는 천문의 도형을 장식하고, 아래에는 지리의 모형을 설치했다(以水銀爲百川, 江河, 大海. 機相灌輸. 上具天文. 下具地理)." 이러한 조치는 황제 개인의 사치욕을 만족시키는 것 외에도 그가 황제의 호칭을 사용한 것과 마찬가지로 인간세상에서 자신의 권력이 무한해 하늘에 있는 상제의 권력에 상응한다는 것을 나타냄으로써 신하와 백성들에게 황권의 신비로운 관념을 불어넣기 위함이었다. 신비한 황권 관념은 전제주의 중앙집권제의 사상적 토대였다.

황권의 강화와 신비화, 군현제의 전면적인 시행, 그리고 전제 황권을 나타내는 관료 기구의 수립은 국가의 통일을 확고하게 하는 데 크게 도움이 되었다. 전제주의 중앙집권제도는 당시 조건하에서 국가 통일을 위한 불가결한 것이었으며, 사회경제 발전에 유리했다.

봉건 할거 방지 조치와 분서갱유

진시황은 할거 세력의 부활을 방지하기 위해 일련의 조치를 취했다. 진시황은 몰수한 여섯 나라의 무기와 민간의 무기를 모두 녹여 함양에 1개당 천 석에 달하는 12개의 동인(銅人)과 종거(鍾鐻)를 주조했다. 이 사건은 청동으로 제작한 무기가 철 제작 무기로 전환되는 데 촉진작용을 일으켰다.[8]

진시황은 육국의 부호와 강종(强宗) 12만 호를 함양으로 이주시켰으며, 일부는 파촉, 남양 등으로 이주시켰다. 토호들을 고향에서 내쫓음으로써 그들을 감시 감독하기가 더욱 수월해졌다. 그는 또한 "성곽을 허물고 교통과 수리를 원활하게 하며, 군사시설 요새를 제거하라(墮壤城郭, 決通川防, 夷去險阻)"고 명령해, 봉건 귀족이 분할 점유한 수단을 가능한 한 없애고자 했다. 광활한 국토를 통제하기 위해 진시황은 또한 수도 함양에서 전국 각지로 통하는 치도(馳道)를 건설했다. 치도는 "동쪽으로 연과 제에 이르고, 남쪽으로는 오와 초에 이르렀다(東窮燕齊, 南極吳楚)." 그는 직접 여러 차례 치도를 따라 군현을 순시했다. 여러 지방에 "기공(紀功)"이라는 돌을 새겨 위세를 드러냈다. 북방 방어를 강화하기 위해, 진시황 35년(기원전 212년)에 함양에서 직접 구원(九原)에 이르는 직도(直道)를 건설하기 시작해 산을 깎고 계곡을 메워 개통시켰다. 서남 지역에는 지금의 사천 의빈(宜賓)에서 운남 소통(昭通)까지 오척도(五尺道)를 건설했으며 관리를 두어 통치했다.

진시황은 분열되고 할거하고 있는 사상과 정치 경향에 대해서도 가혹한 타격을 가했다. 당시 일부 유부 유생이나 유사(遊士)들은 봉건 귀족의 분할 점거 형세가 다시 전개되기를 바랐다. 그들은 "조정에 입궐하면 마음속으로 비난하고 조정을 나와서는 길거리에서 서로 의논했다." 《시(詩)》와 《서(書)》, 제자백가의 저작을 인용하면서 옛날 일을 가지고 지금을 비난했다. 시황 34년(기원전 213년) 승상 이사는 《시》와 《서》, 제자백가의 저작을 모두 소각하고 사학을 없앨 것을 청했다. 《사기》〈진시황본기〉에 이사의 다음과 같은 발언이 기록되어 있다. "사관에게 명하여 진(秦)의 전적이 아닌 것은 모두 태워버리고, 박사관에서 주관하는 전적을 제외하고 천하에 감히 소장하고 있는 《시》, 《서》, 제자백가의 저작은 모두 지방관에게 보내 태워버리게 하며, 감히 《시》, 《서》를 함께 논하는 자들은 저잣거리에서 사형에 처해 백성들에게 본보기를 보이며, 옛것으로 지금을 비난하는 자는 모두 멸족시키고 관리가 이를 알고도 고발하지 않으면 동일한 죄로 처벌하소서. 명령이 하달된 지 30일 후에도 여전히 서적을 불태우지 않은 자는 얼굴에 글자를 새기는 경형(黥刑)에 처하고, 성단형(城旦刑, 4년간 낮에는 변경을 수비하고 밤에는 장성을 수축하는 노역 - 역주)에 처하소서. 다만 단속해 불태우지 않을 책들은 의약, 점술, 재배에 관련한 책입니다. 만약 법령을 배우고자 하는 이가 있다면 관리를 스승으로 삼게 하십시오."

이렇게 해서 결국 분서 사건이 발생하게 된 것이다. 이듬해 진시황을 위해 신선약을 구하는 방사 중에 진시황을 비난하고 멀리 도망친 이들이 발생했다. 그래서 진시황은 어사를 파견해 함양의 유생과 방사들을 감시하고, 그 가운데 법령으로 금지한 것을 어긴 자 460여 명을 사형죄로 판결해 함양에 생매장시켰다. 이른바 분서갱유(焚書坑儒)는 야만적이고 잔혹한 사건이었다. 특히 고문헌의 보존과 학술 전수에 심각한 손실을 초래했다. 그러나 당시 통일과 분열 속에서 치열한 투쟁을 하던 시기에 진시황은 이런 수단으로 봉건 귀족 정치 부활을 꿈꾸는 이들의 생각을 단절시켰다. 이는 당시 통치를 유지 보호하는 데 유력한 조치였던 셈이다.

제도 정비

진시황은 원래 진국의 제도를 표준으로 해 전국 정치, 경제, 문화 방면의 일부 제도를 획일적으로 정비했다. 이를 통해 장기간 분열 점거로 초래된 지역 간 차이를 없애고 봉건 통일에 유리하도록 시도했다. 전국시대 각국 문자의 기본 구조는 대체적으로 동일했지만 글자체의 복잡성과 간략성, 그리고 부수 위치에 차이가 있었다. 이사는 명령을 받아

문자를 통일시켰다. 그는 진국의 문자를 기초로 소전(小篆)을 제정하고, 범본을 작성해 전국에 보급시켰다. 당시에 또 다른 서체가 유행했는데 이를 예서(隸書)라고 했다. 예서는 소전보다 더욱 간편했다. 진시황은 전국 시기의 형태와 무게가 서로 다른 각국의 화폐를 폐지하고 황금을 상위 화폐로 하고 일(鎰) 20냥(兩)을 단위로 삼았다. 그리고 원형에 네모난 구멍이 있는 동전을 하위 화폐로 삼았다. 동전 위에 반 냥(半兩)이라고 새겼는데, 무게가 반 냥이기 때문이다.

진시황은 또한 상앙이 제정한 도량형 표준기로 전국의 도량형을 통일했다.[9] 그는 또한 6척을 보(步)로, 240보를 무(畝)로 규정했다. 문자, 화폐, 도량형의 통일은 경제, 문화의 발전에 편리를 제공했으며, 통일국가의 발전을 촉진시켰다.

진 이후의 봉건사회에서 봉건 경제의 분산성으로 인해, 통일국가는 어떤 측면에서 봉건 분할 점거의 상태가 남아 있었다. 그래서 일정한 조건이 되면 분할은 재현될 수 있었다. 그럴지라도, 진시황은 봉건 제도가 허용하는 한도 내에서 통일 국면을 이루어 나갔으며 이를 더욱 공고히 하고자 노력했다. 이를 통해 봉건 분할 점유 전쟁을 크게 줄이고, 외래의 침략과 주변 각 민족 통치자들의 괴롭힘에 저항하는 힘을 강화시킬 수 있었으며 무엇보다 경제, 문화의 발전에 유익했다. 그래서 진시황의 통일사업은 지주계급의 좁은 범위의 이익을 초월하고, 중국 역사에 있어서 하나의 위대한 공헌이라고 볼 수 있다.

흉노와 월인에 대한 전쟁

흉노인은 몽골고원에 분포해 있었다. 전국 말기 이후 남쪽으로 자주 침범해 왔다. 전국 통일 이후, 진시황은 몽염(蒙恬)을 파견해 진군 30만

만리장성

을 이끌고 흉노를 공격하도록 했다. 몽염은 시황 33년(기원전 214년)에 하투(河套) 이남 지역을 몰수해, 44현을 설치했으며, 황하 강변에 성곽을 쌓아 요새로 삼았다. 진조 군민은 전국 시기 연, 조, 진 삼국의 장성을 복구하고 연결했다. 서쪽은 임조(臨洮, 감숙 민현), 동은 요동에서 시작되는 고대 세계 위대한 공사 중 하나인 만리장성을 축조했다. 이를 통해 북방의 농업 지역을 보호했으며, 유목하는 흉노인의 침략을 막았다. 그리고 계속해 백성 몇만 가구를 하투로 이전시켰다. 이는 변방 지역의 개척과 변방의 강화에 긍정적인 역할을 했다.

중국 국경 내의 월인(越人)은 화동, 화남 지역에 분포했다. 민월(閩越), 남월(南越), 서구(西甌) 등 세 부분으로 나뉘었다. 민월은 지금의 절강, 복건 일대에 있고, 남월은 지금의 광동에 있으며, 서구는 지금 광동 서남부, 광서 남부에서 운남 동남부에 이르렀다. 월인은 "머리를 짧게 자르고 몸에 문신을 했으며, 다리나 팔에 문신을 아로 새기고 왼쪽으로 옷깃을 여몄다(斷髮文身, 錯臂左衽)."[10] 그들은 산과 바다 연안에 거주하면서 어업과 농업에 종사했다.[11]

4장 진·한 시대

"진왕 정 24년(기원전 223년) 왕전(王剪)이 군사를 이끌고 초를 멸했으며, 계속해 남진해 월인의 일부 토지를 빼앗고, 그곳에 회계군(會稽郡)을 두었다. 26년, 진시황은 "위도휴(尉屠睢)에게 명령해 50만 대군을 이끌고 출정하도록 했다. 그는 군사를 오군(五軍)으로 나누어 각기 심성(鐔城, 호남 정현)의 준령에 요새를 만들고, 구의(九嶷, 호남 강화 남쪽) 요새를 지켰으며, 번우(番禺, 광동 광주)의 도읍지에 주둔하고, 남야(南野, 강서 남강)의 경계를 지키고, 여간(餘干, 강서 여간)의 강가에 군사를 집결했다. 그들은 3년 동안 갑옷과 활을 벗지 않았다.[12] 진군은 민월의 저항을 진압하고 그곳에 민중군(閩中郡, 복건 복주)을 설치했다. 남월을 공격한 진군은 번우를 점령했다. 다만 서쪽에 있는 진군만 서구인의 완강한 저항에 부딪혔다. 진군은 군량 조달의 어려움을 해결하기 위해, 감록(監祿)이 군사를 이끌고 상수(湘水), 이수(漓水) 사이에 영거(靈渠, 광서 흥안현)를 뚫어 장강과 주강을 소통시켰다. 진군과 서구인의 전투 중에서 서구의 왕 역우송(譯吁宋)과 진군 통수 위도휴가 연이어 전사했다. 33년에 진시황은 다시 군내 "도망한 적이 있는 자들과 처가에 사는 남자들, 그리고 상인"을 적발해 군사로 충원하고 마침내 서구를 정복했다. 그리고 남월과 서구 옛 땅과 인근 지역에 남해군, 계림군, 상군을 설치했으며, 계속해 백성을 징발해 변경을 방어토록 했다. 이렇게 몇십만의 북방 농민들이 그곳으로 이주해 월인과 함께 거주했으며 주강(珠江) 유역을 개척했다.

진조 전복의 도화선 – 농민전쟁

진대(秦代)의 급정

진시황의 업적은 백성을 잔혹하게 착취하고 억압하는 상황에서 짧은 10여 년 동안 완성한 것이다. 이런 면에서 진나라 통치는 가혹한 착취와 억압의 급정(急政, 가혹한 정치)이라는 특징을 지닌다.

진의 통일 이후 몇십 년 동안, 진시황은 막강한 군대를 유지하고 많은 관료기구를 설립했으며, 대규모의 전쟁을 진행해 방대한 국방건설과 토목건축을 완성했다. 인력을 동원하고 비용을 준비하기 위해, 진시황은 조세와 노역 징발을 크게 늘려 "노역이 이전보다 30배 증가했으며, 관부(官府)에 내는 전세(田租)와 인두세(人頭稅) 그리고 소금과 철 전매로 인한 이익이 이전의 20배에 달했다."[13] 통계에 의하면, 당시 군 복무를 한 인원은 200만 명을 크게 넘어서서 장년 남자 3분의 1 이상을 차지했다.[14] 군인들은 농업생산에서 벗어나 농민들에 의지해 생활했는데, 이로 인해 "남자가 힘을 다해 경작해도 양식이 부족하고, 여자가 아무리 옷을 만들어도 옷이 부족한데, 천하의 재원을 다 소진해 정권을 받들었다"[15]라고 할 정도로 심각한 재정 결핍 상황에 직면했다. 이는 곧 진(秦)의 통치기반을 크게 약화시키는 것이었다. 진조는 전제 통치를 강화하기 위해 엄격한 법률을 시행해 농민들을 억압했고, 이로 인해 수십만의 농민들이 관부의 죄수 처지가 되고 말았다.

진시황은 "검수(黔首, 백성)들이 실제 토지를 가지도록 했다." 이는 통일 이전 진(秦)의 토지사유제를 동방 여섯 나라로 확대 실시해 전국 범위 내에서 정식으로 봉건지주의 토지소유권을 인정했음을 의미한다. 토지사유제는 "하늘 아래 왕의 토지가 아닌 것이 없다(溥天之下 莫非王

土)"라는 기존의 제도에 비해 진보적이다. 그러나 지주계급은 이에 따라 대량의 토지를 합법적으로 점유할 수 있었을 뿐 아니라, 각종 수단을 동원해 농민의 토지를 착취하는 데 혈안이 되었다. 이에 농민들은 착취를 피할 방법이 없었다. 결국 수많은 농민들이 토지를 헐값에 매각해 토지가 없거나 토지가 적은 소작농이 되고 말았다. "50할의 세수를 취한다(見稅什五)"라는 가혹한 조건이었지만 어쩔 수 없이 호민(豪民)의 밭을 빌려 경작할 수밖에 없었기 때문에 농민의 생활은 매우 비참했다. 그들은 "소나 말처럼 입고 돼지나 개처럼 먹는" 수밖에 없었다. 지주의 착취와 난폭한 관리의 잔혹한 형벌을 피해 어쩔 수 없이 산으로 도망치거나 폭동을 일으키는 이들이 날로 늘어났다.

이런 상황은 봉건제도에 내재하는 모순과 급정(急政), 포학으로 인해 진시황이 통일사업을 완성함과 동시에 진(秦) 왕조 전복의 조건이 조성되었음을 설명해준다. 그래서 서한(西漢) 시대 가산(賈山)은 진대에 "도적들이 산에 널려 있는(群盜滿山)" 상황에 대해 언급하면서 "진시황은 살아 있을 당시 이미 천하가 쇠퇴했으나 그 자신은 모르고 있었다"[16]라고 말했던 것이다.

기원전 210년, 2세 황제가 즉위했다. 그는 농민에 대한 착취와 억압을 한층 더 강화해 "백성에게 과중한 세금을 물리는 사람이 능력 있는 관리이고, 사람을 많이 죽이는 관리가 충신이다"[17]라고 할 정도였다. 그는 농민들에게 곡량과 건초를 더 많이 징수했으며, 농민들이 직접 식량을 준비해 함양(咸陽)으로 운송하고 관리와 군대 심지어 필요한 개와 말까지 공급하도록 했다. 그는 아방궁을 계속 건설했으며, 백성들을 징발해 변방의 수비로 충원했다. 요역과 징발 대상이 더욱 확대되었으며 농민의 어려움은 극에 달했다. 사회생산력의 파괴가 매우 심각한 정도까지 이르러 대규모 농민반란이 발발할 일촉즉발의 위기에 처했다.

진승과 오광이 이끄는 농민 기의

2세 원년(기원전 209년) 7월, 어양(漁陽, 북경시 밀운)으로 향하는 여좌(閻左)의 수졸(戍卒) 900명이 비를 피해 대택향(大澤鄉, 안휘 숙주)에 잠시 머무르고 있었다. 그들은 폭우로 인해 정해진 날짜에 어양 주둔지에 도착할 수 없는 상황이었다. 당시 진(秦)의 법률에 따르면, 정해진 날짜에 도착하지 못하면 참형에 처해지기 때문에 900명 군졸은 도착 즉시 사형의 위협에 직면할 것이 분명했다. 오로지 살기 위해 그들은 진승(陳勝)과 오광(吳廣)의 지도하에 대택향에서 중국 역사상 최초로 대규모 농민 기의를 일으켰다.

진승(陳勝)은 양성(陽城, 하남성 경내)의 소작농 출신이며 오광(吳廣)은 양하(陽夏, 하남성 태강)에서 태어난 농민 출신이었다. 모두 수졸의 둔장(屯長)이었다.[18] 그들은 반란을 성공시키기 위해 비단에 '진승왕(陳勝王)'이라는 세 글자를 써서 물고기 배 속에 넣어 저잣거리에서 팔게 했다. 그리고 수졸(戍卒)이 그 물고기를 사서 기이한 소문이 퍼지도록 했다. 또한 수졸 가운데 진승의 명성을 높이기 위해 오광이 주둔지 근처 사당에 몰래 들어가 여우 목소리로 "초(楚)는 흥성하고, 진승이 왕이 된다"라고 말했다. 이어서 진승과 오광은 수졸과 함께 자신들을 압송하던 장위(將尉)를 살해하고, 이미 죽은 진 태자 부소(扶蘇)와 초나라 대장 항연(項燕)의 명의를 이용해 농민을 소집해 진(秦)에 반대하는 기치를 높이 들었다. 인근의 농민들이 무장하고 폭동 대열에 참여했다. 농민군은 병사를 나누어 동진(東進)했다. 주력군은 서쪽을 향해 진격해 예동(豫東), 환북(皖北)의 질(銍), 찬(鄭), 고(苦), 자(柘), 초(譙) 등 여러 현(縣)

을 공략했다. 그들은 진(陳, 하남 회양)에 이르렀을 때 이미 수만 명의 대군이 되었다.

농민군이 기의하자 수많은 군현(郡縣)의 농민들도 수령(守令)을 살해하고 진승의 군사와 호응했다. 특히 옛 초(楚) 땅의 경우, "수천 명이 모여들어 셀 수 없을 정도였다."[19] 일부 이전 여섯 나라의 귀족들이나 유사(游士), 유생(儒生)들도 기회를 틈타 농민의 힘을 빌려 옛 귀족의 영광을 재현하고자 애썼다. 유사 장이(張耳)와 진여(陳餘)는 진승에게 사람을 보내어 "육국을 계승하도록" 권면했으나 진승은 이를 단호히 거절했다. 진승은 자립해 '장초왕(張楚王)'이 되었으며, 세 갈래로 나누어 진을 공격했다. 오광은 '가왕(假王)'이 되어 서쪽 형양(滎陽)을 공격했다. 무신(武臣)은 북쪽으로 조(趙)를 공격했으며, 위(魏)의 주불(周市)은 위(魏) 땅을 공략했다. 오광의 군대가 형양에서 저지당하자 진승은 주문(周文)을 파견해 서쪽으로 진(秦)을 공격했다.

주문의 군대는 군사력이 막강해져 10만 명에 이르렀고, 관중의 희(戲, 섬서 임동)로 진입해 함양(咸陽)을 위협했다. 진 2세는 황급히 여산(驪山) 능묘(陵墓)를 건설하던 형도(刑徒)들을 병사로 충원하는 한편 소부(少府) 장한(章邯)에게 그들을 이끌고 응전토록 했다. 장한의 군사들이 주문군을 격파했다.

무신(武臣)은 옛 조(趙) 나라 도성 한단(邯鄲)을 점령한 후 장이와 진여의 종용하에 조왕(趙王)으로 자립했다. 진승은 전반적인 국면을 고려하기 위해 마지못해 승인하고, 그에게 병사들을 이끌고 서쪽으로 진격해 주문을 지원하도록 했다. 하지만 무신은 진승의 명령을 어기고 주문을 돕지 않았으며, 오히려 한광(韓廣)을 파견해 연(燕)을 약탈했다. 한광은 연 귀족의 종용을 받아 연왕(燕王)으로 자립했다. 주불은 옛 위(魏)

땅 남부와 옛 제(齊) 나라 경내로 진입했다. 제의 탐욕스러운 귀족 전담 (田儋)은 스스로 제왕이 되어 주불에게 반격을 가했다. 주불은 위 땅에 서 위나라 옛 귀족인 위구(魏咎)를 왕으로 세우고 자신은 재상이 되었 다. 그리고 사람을 진승에게 보내 위구를 영접하도록 했다.

구 귀족의 세력이 점차 막강해졌으나 경험이 부족하고 우유부단한 진승은 기의군의 분열 상황을 지켜볼 뿐이었다. 진승 주위에도 중구난 방으로 단결되지 않는 상황이 속출했다.

진의 장수 장한(章邯)이 주문을 패배시키고, 주문은 자살로 삶을 마 감했다. 장한이 동쪽 형양을 위협하자 오광의 부하 전장(田臧)이 오광 을 살해하고 장한과 싸웠으나 끝내 이기지 못하고 죽었다. 장한은 진 (陳)에 진입했고 진승은 전투에서 패배해 하성부(下城父, 안휘 몽성)로 퇴 각했다가 반역자 장가(莊賈)에 의해 살해되었으며, 진현(陳縣)도 잃고 말았다. 진승의 부하 여신(呂臣)은 '창두군(蒼頭軍)'을 이끌고 용감히 전 쟁에 임해 진현을 수복하고 장가를 척결했다. 진승은 진(秦)에 대항했 던 첫 번째 인물로 거사 반 년 만에 실패하고 말았다. 하지만 진에 저항 하는 거센 파도는 그에 의해 일어났고, 끊임없이 진의 통치에 충격을 주었다.

초한(楚漢) 전쟁

진승이 반란을 일으킨 후 옛 초(楚) 나라 명장 항연(項燕)의 아들인 항 량(項梁)과 항량의 조카인 항우(項羽)가 오(吳, 강소성 소주)에서 진(秦) 회 계(會稽) 군수를 살해하고 거병했다. 얼마 되지 않아 항량은 8000명의 제자를 거느리고 장강을 건너 북으로 올라갔다. 군사는 6만~7만 명에 이르렀으며, 연승을 구가했다. 민월(閩越) 귀족 무저(無諸)와 요(搖)가족인(族人)을 거느리고, 진 번양령(番陽令) 오예(吳芮)를 따라 진에 반대해 거병했다. 원래 패현(沛縣)의 정장(亭長)인 유방(劉邦)과 일부 형도(刑徒)들은 산이나 습지로 도망쳤다가 패령(沛令)을 습격한 후에 항량 군대로 편입되었다. 항량은 초 회왕(懷王)의 손자를 초왕(楚王)으로 세우고 계속해 진의 군사들과 격전을 벌였다. 이후 항량은 정도(定陶)에서 패배해 죽었다. 진의 장한(章邯)은 북상해 장강을 건넌 후 조(趙)를 공격했다. 이때 몽염(蒙恬)을 대신해 삭방의 요새를 지키고 있던 왕리(王離)가 대군을 이끌고 상군(上郡, 섬서 유림 동남쪽)에서 동쪽으로 이동해 장이(張耳)와 조왕(趙王)이 주둔하고 있던 거록성(巨鹿城, 하북 평향)을 포위했다. 초왕(楚王)은 송의(宋義)와 항우(項羽)를 파견해 조(趙)를 구하고, 유방(劉邦)을 서쪽으로 파견해 관중(關中)으로 진입토록 했다.

송의는 북쪽으로 안양(安陽)에 이르러 그곳에 머물며 더는 진군하지 않았다. 이에 항우가 송의를 죽이고 병사를 이끌어 강을 건너 죽기를 각오하고 싸웠다. 당시 모든 병사들은 단지 3일치 식량만 가지고 있었는데 이는 결사항쟁의 자세를 의미했다. 항우의 군대는 조(趙)에서 격렬한 전쟁을 치르면서 겁을 내고 있던 연(燕), 제(齊) 땅의 제후 앞에서 거록(巨鹿)의 포위망을 풀었다. 이로 인해 그는 명성을 크게 떨치고 제후상장군(諸侯上將軍)으로 추대되었다.

빈틈을 노려 서쪽으로 진입한 유방은 우회해 무관(武關)으로 들어가서 함양(咸陽) 부근의 패수(灞水)에 이르렀다. 진 2세는 이미 조고(趙高)에 의해 죽임을 당하고, 뒤를 이은 자영(子嬰)이 황제 대신 진왕(秦王)으로 자신을 낮추고 유방에게 투항했다. 이때가 기원전 207년 10월이다.[20] 유방은 진의 가혹한 법률을 폐지하는 한편, "살인자는 죽이고, 사람에게 상해를 입히거나 도적질한 자는 죄를 물을 뿐이다(殺人者死 傷人

항우(왼쪽)와 유방(오른쪽)

及盜抵罪)"라는 '법삼장(法三章)'을 약속해 진나라 백성들의 환영을 받았다.

항우는 유방이 이미 함양에 들어갔다는 소식을 듣자 즉시 군대를 이끌고 관중에 들어가 홍문(鴻門)에 주둔했다. 그는 막강한 군사력을 의지해 일시적으로 유방을 복종시켰고, 함양에 진입해 마구잡이로 사람을 죽이고 노략질했다. 그는 제왕(諸王)이 병립하는 상황에서 스스로 서초(西楚) 패왕(霸王) 자리에 오르고, 팽성(彭城)을 도읍지로 삼았다. 그는 여러 왕의 토지를 조정하고, 이전 여러 왕들을 근거지 변방으로 이주시켰으며, 자신이 신임하는 이들을 왕으로 삼아 여러 왕국의 비옥한 땅을 나누어주었다. 이렇게 18개 왕국이 병립하는 가운데 서초(西楚) 패왕(霸王)이 그들을 제압하는 형국이 펼쳐졌다. 항우의 이런 조치는 할거 국면을 해결할 수 없었을 뿐 아니라, 오히려 할거 분열을 가속화했다. 얼마 되지 않아 제국(齊國)에서 먼저 반란이 일어났으며, 이후 제후(諸侯)의 혼전이 재차 폭발했다.

항우에 의해 파촉(巴蜀) 한중(漢中) 변방 지역으로 물러난 한왕(漢王) 유방은 한 원년(기원전 206년) 8월 틈을 엿보다가 관중(關中)에 진입해, 항우가 자신의 세력 확장을 위해 심어놓은 관중의 세 왕[옹왕(雍王) 장한(章邯), 새왕(塞王) 사마흔(司馬欣), 적왕(翟王) 동예(董翳)]을 멸망시켰다. 이어서 군대를 이끌고 동쪽을 나와 팽성(彭城)을 공격했으나 항우에 의해 격퇴당한 후 형양(滎陽)과 성고(成皐) 사이에서 항우와 대치했다. 유방은 관중 후방을 공고히 하는 한편 항우의 적대 세력과 연계해 한두 차례 실패 후에 점차적으로 우세로 전환할 수 있었다. 한 5년(기원전 202) 12월 유방은 한신(韓信), 팽월(彭越) 등과 함께 항우를 공격해 항우의 군사를 해하(垓下, 안휘 영벽)에서 격퇴했다. 항우는 병사를 이끌고 오강(烏江, 안휘 화현)으로 퇴각했다가 스스로 목을 찔러 숨졌다. 같은 해 6월, 유방이 황제 자리에 올랐다.

초한(楚漢) 전쟁은 진말(秦末) 농민반란의 연장선상에 있다. 당시 사회 조건하에서 농민전쟁은 비록 낡은 봉건왕조를 전복시키는 데 성공했지만 농민전쟁의 우두머리였던 유방과 항우는 점차 봉건 통치권을 놓고 싸우는 각축자가 되고 말았다. 양자의 싸움 속에서 항우는 강렬한 옛 귀족의식에 사로잡혀 사람을 제대로 활용하지 못했으며, 끝내 통일 왕조를 중건하는 데 실패했다. 하지만 유방은 사람의 능력을 잘 파악해 적재적소에 활용하고, 사물의 발전추세에 따라 유리한 방향으로 이끌어 결국 항우에게 승리해 서한(西漢) 황제의 자리에 올랐다.

2 · 서한: 통일된 전제국가의 확립

●
서한 초기 '휴양생식' 정책과 왕국 세력 약화 조치

한 고조의 사회질서 안정 조치

진말 농민전쟁은 진조의 통치를 전복시켰으나 연이어 초한의 국가 통치권을 둘러싼 장기간에 걸친 쟁탈전이 벌어졌다. 전쟁의 와중에 생산 기반이 파괴되고 사회경제가 쇠퇴했으며, 농민들은 경작을 제대로 할 수 없어 고향을 떠나 대거 유랑생활을 하고 있었다. 일부 농민들은 생계를 잇지 못해 처자식을 팔거나 스스로 노예로 전락하고 말았다. 전란을 겪으면서 도시 인구가 크게 감소하고 상업 기반이 무너졌다. 이를 틈타 투기 상인들이 매점매석에 열을 올리자 물가가 천정부지로 뛰어 쌀 한 가마니에 만 전을 호가하고 말 한 필이 백금에 이를 정도였다. 새로 건립한 서한 정권은 국고가 텅 비고 재정 곤란에 허덕였다. 사서는 당시 상황에 대해 이렇게 말하고 있다. "천자도 네 마리 말이 끄는 마차를 타지 못하고, 장상(將相)은 소가 끄는 수레를 탔으며, 백성들은 쌓아 놓을 것이 없었다."[21]

통치계급이 수탈하고자 해도 더는 얻을 것이 없는 파국 상황에서 유방을 위시로 한 서한 통치자들은 농업생산을 회복시키고 사회질서를 안정 국면으로 이끄는 것을 자신들의 가장 중요한 임무로 생각할 수밖에 없었으며, 이에 따라 연달아 일련의 중요 조치를 발표했다.

(1) "병사들을 모두 귀가 조치시키고", "공로에 따라 전택을 주었다."[22] 함곡관을 넘어 진을 멸망시킨 관동인들 가운데 관중에서 살기를 원하는 이들은 12년간 요역을 면제하고 관동으로 돌아가는 이들은 6년간 요역을 면제했다. 군리나 병사로 작위가 없거나[23] 작위가 있더라도 대부(5급 작위) 이하인 자는 일률적으로 대부로 승진시키고, 대부 이상은 1급을 올려 일률적으로 본인과 전체 가족의 요역과 부세를 면제했다. 칠대부[七大夫, 공대부(公大夫), 칠급작(七級爵)] 이상은 "우선적으로 전택을 주고" 아울러 약간의 호조세(戶租稅)를 상으로 주었다. 이를 식읍(食邑)이라 한다. 종군한 후에 귀농하는 경우, 지주로 승격된 일부 고위급 작위 소지자를 제외하고 대다수는 일반 농민이 되었다. 농민들은 일부 토지를 소유할 수 있게 되어 생산에 적극적이었다. 이는 한나라 초기 농촌 사회의 질서를 유지하고 농업생산을 회복하는 데 중요한 요인이 되었다.

(2) 전란 중에 산택(山澤)으로 도망친 지주가 원적지로 귀환하면 옛 작위와 전택을 되돌려주었다. 각지의 하급관리들이 전쟁 와중에 강탈한 토지도 사실상 소유권을 인정했다. 그들 대부분은 지주가 되었다. 농민이나 빈민 또는 군공에 따라 높은 작위나 많은 토지를 얻은 사람들

도 한대 초기 지주가 되었다.

(3) 기아로 인해 노비로 전락한 이들은 일률적으로 서인(庶人)으로 방면했다.

(4) 상인을 억제해 그들이 비단옷을 입거나 병기를 소유하는 것을 금지시켰으며, 수레나 말을 타는 것도 허가하지 않았고 관리도 될 수 없도록 했다. 아울러 세금을 배가해 상인들이 농민의 토지를 겸병하는 것을 제한했다.

(5) 전조(田租)를 경감해 기존의 10분의 1로 부과하던 세금을 15분의 1로 바꾸었다.

(6) 승상 소하(蕭何)에게 구장률(九章律)을 제정토록 해 임시로 시행하던 약법삼장을 대체했다. 호북 강릉 장가산(張家山)에서 발견된 한묘 죽간에 《이년율령(二年律令)》과 《주언서(奏讞書)》[24]가 있다. 전자는 여후(呂后) 2년 이전에 반포한 한대 초기 율령의 일부분으로 〈적률(賊律)〉, 〈도율(盜律)〉, 〈구율(具律)〉, 〈고율(告律)〉, 〈포율(捕律)〉, 〈망률(亡律)〉 등 27종의 율(律)과 1종의 영(令)으로 이루어져 있다. 후자는 범죄 사건에 대한 심의와 실례를 모아놓은 일종의 판결문으로 그중에는 한 고조 시절 군현에서 정위(廷尉)에게 보고한 16건의 의문 사건도 포함되어 있다. 이러한 자료로 알 수 있다시피 한나라 초기의 법률은 대체적으로 진률의 내용을 계승하고 있되 형벌 적용 면에서 진법(秦法)을 크게 완화했으며, 동방 왕국 지역의 간섭도 비교적 적었다.

이상과 같은 일련의 조치는 농민전쟁 이후 서한 왕조가 사회변화에 부응해 취할 수 있는 유일한 정책이었다. 한 고조는 이러한 정책을 시행해 국가 통치질서를 새롭게 안정시킬 수 있었으며, 다른 한편으로 생산에서 벗어난 농민들을 토지로 되돌려보내 생산 여건을 향상시킴으로써 농업생산이 서서히 회복되는 데 큰 도움을 주었다.

한 고조는 육가(陸賈)에게 진나라가 천하를 잃게 된 원인에 대해 논술하도록 했다. 육가는 자신의 《신어(新語)》 〈무위(無爲)〉편에서 진대(秦代)에 대해 이렇게 말했다. "일이 번다할수록 천하는 혼란스러워지고, 법이 많을수록 간악한 무리들이 극성이며, 병마가 많아질수록 적군도 많아지기 마련입니다. 진조가 나라를 제대로 다스릴 마음이 없었던 것이 아니었음에도 끝내 나라를 잃게 된 것은 폭도 무리를 대처하는 데 지극히 가혹한 형벌을 사용했기 때문입니다(事逾煩天下逾亂. 法逾滋而奸逾熾. 兵馬益設而敵人逾多. 秦非不欲爲治. 然失之者乃擧措暴衆而用刑太極故也)." 육가가 제시한 역사적 교훈은 한나라 초기 통치자들도 인지하고 있었다. 당시 조건하에서 요역과 부세를 경감하고 형벌을 줄여야만 농민의 저항을 완화시켜 자신들의 통치 기반을 더욱 확고하게 다질 수 있었다. 그래서 한나라 초기 통치자들은 이른바 '황로무위(黃老無爲)' 정치사상을 견지했던 것이다. 한 고조와 문제, 경제 시기에 "백성과 함께 휴식하는(與民休息)" 일련의 조치는 바로 이러한 무위사상을 체현한 것이다.

문경지치

혜제(惠帝)와 여후(呂后) 시기(기원전 194년~기원전 180년) 무위사상은 정치적으로 현저한 효과를 보았다. 승상 조참(曹參)은 소하가 한 고조를 보좌하던 기존의 방식을 그대로 따라 "어떤 일이든 변경한 것이 없었다."[25] 또한 15년 동안 대규모 부역을 시행한 적이 거의 없었다. 혜제 시절 수차례 농민들을 동원해 장안성(長安城)을 수축했지만 매번 동원 기간이 한 달을 넘지 않았으며, 주로 겨울 농한기에 시행했다.[26] 혜제 4년(기원전 191년) 다시 "관리나 백성들에게 피해를 주는 법령을 삭제했고, 협서율(狹書律)을 없앴다."[27] 여후 원년(기원전 187년) "삼족죄와 요언령을 없앴다."[28] 변경의 수졸(戍卒)을 1년에 한 번씩 바꾸는 제도도 새롭게 확정했다.

문제와 경제가 통치하던 시기(기원전 179년~기원전 141년)에도 계속해서 '여민휴식(與民休息)' 정책을 시행해 사회경제가 점차 발전했다. 역사는 이를 '문경지치(文景之治)'라고 부른다.

문제는 농업을 중시해 백관, 수령들에게 농잠을 적극 권장할 것을 누차 권계했다. 문제 13년(기원전 167년) 전조(田租)를 전면 면제한다는 조칙을 내렸고, 경제 원년(기원전 156년)에는 전조의 반을 징수하는 이른바 30분의 1세(稅)로 환원해,[29] 한조의 고정된 제도로 정착시켰다. 문제 시절 정남의 요역을 3년에 한 번으로 바꿨다.[30] 또한 산부(算賦, 인두세)도 매년 120전을 받는 것을 경감해 40전을 받았다. 장기적으로 전조와 요역을 면제시키는 것은 지주들에게 유리한 조치였지만 광범위하게 존재하는 자영농민 계층의 발전에도 큰 도움이 되었다. 서한 초기 "대후가 1만 가구를 넘지 못하고, 소후는 500~600호에 불과했는데(大侯不過萬家, 小者五六百戶)", 문경 시절에 이르러 "유민들이 모두 귀향하고 호구가 점차 늘어나면서 열후 가운데 대국은 3만~4만 호에 이르고, 소국은 이전보다 2배가 되었으니 부유함이 이와 같았다."[31] 호구가 크게 늘었다는 것은 자영농민 계층이 발전하고 있다는 구체적인 증거인 셈이다.

농업이 발전하면서 식량 가격도 크게 떨어졌다. 사서의 기록에 따르면, 문제 초기 1석(石)당 "양곡가가 10여 전이었다."[32] 상업도 활발해지기 시작했다. 문제 12년, 관소(關所)를 지날 때 전(傳, 일종의 통행증)을 제

4장 진·한시대

시해야 하는 제도를 취소해[33] 행려(行旅) 왕래나 상품 유통에 도움을 주었다. 문제는 산택(山澤)에서 생산활동을 하지 못하도록 했던 금지령을 완화시켜 염철업 발전을 촉진했으며, 이는 농민의 부업 생산에도 도움이 되었다.

식량 가격이 하락하고 상업이 활발하게 이루어지면서 새로운 문제가 생겨났다. 대상(大商)들이 세력을 확장되면서 매점매석이 유행하고 피해를 입은 농민들이 파산하거나 유랑하는 경우가 생겨났기 때문이다. 문제와 경제는 상인은 관리가 될 수 없다는 금지령을 통해 상인의 발전을 제한하고자 노력했다. 양곡의 시세를 높이고, 농민들이 곡물 가격 하락으로 인해 피해를 입지 않도록 하기 위해 조조(晁錯)는 문제에게 '입속배작(入粟拜爵, 곡물을 받고 작위를 수여함)'을 건의했다. 부유한 상인들이 곡식을 매입해 변경까지 수송하도록 해 수송한 곡식에 따라 작위를 수여하는 것이었다. 곡물 600석을 수송한 자는 상조(上造), 4000석을 수송한 자는 오대부(五大夫)의 작위를 주었으며, 1만 2000석을 수송한 자는 대서장(大庶長)의 작위를 주었다. 조조는 또한 '입속배작'을 시행한 후 변경에 5년간 지탱할 수 있는 곡식이 쌓이면 다시 군현으로 곡식을 수송해 군현에 쌓아놓도록 했다. 이렇게 변경과 군현의 창고가 가득해짐으로써 천하의 전조(田租)를 면제시킬 수 있었던 것이다. 이러한 방식을 통해 농민의 처지를 잠시나마 개선시킬 수 있었다.

문제는 절약과 검소를 제창해 자신이 통치하던 기간에 궁실이나 원유(苑囿), 수레와 의복 등을 늘리지 않았다. 사서 기록에 따르면, 문제는 황금 100근을 아끼기 위해[34] 노대(露臺) 건립을 취소했다고 한다. "백금은 중산층 10가구의 자산에 상당한다. 내가 선제께서 만드신 궁궐을 받들면서 언제나 두렵고 부끄럽게 여기고 있는데 어찌 노대를 다시 만들겠는가?'[35] 황제가 스스로 절검을 숭상하자 지주나 상인들 사이에서 일어나기 시작한 사치 풍조가 다소 주춤거리는 양상을 보였다.

문경(文景) 시절에는 법률 방면에서도 일부 개혁이 이루어졌다. 문제는 한률(漢律) 가운데 진률을 따라 시행하던 목노상좌율령[牧孥相坐律令, 연좌수얼법(連坐收孽法)]을 폐지하고 농민의 노예화 범위를 축소시켰다. 문제와 경제는 계속해서 경(黥), 의(劓) 등 가혹한 형벌을 폐지했으며, 태형을 줄여나갔다. 당시 관리들은 사건을 심리 판결하는 데 비교적 관대해 중요 내용만 문책할 뿐 가혹하게 세세한 내용까지 파고들지 않았다. 그래서 "형벌이 크게 줄어들어 1년에 옥사를 처결하는 것이 400건이었는데, 형벌을 쓰지 않고 놔두는 유풍이 있었다."[36]

문경 시절의 '여민휴식' 정책은 근본적으로 농민들이 안정적으로 부세나 요역을 담당할 수 있도록 여건을 마련해 한조 통치를 더욱 공고하게 하기 위함이었다. 물론 농민들에게 유리한 조치임에 틀림없으나 지주나 상인들에게 더욱 유리했음을 부정할 수 없다. 예를 들어 문제와 경제는 전부(田賦)를 감면해주었는데, 이에 따라 가장 큰 혜택을 받는 이들은 바로 지주였다. '입속배작(入粟拜爵)'의 경우도 일반 농민들보다 상인들의 정치적 지위를 향상시키는 데 도움을 주었다. 그래서 이러한 일련의 조치는 결국 겸병 세력 확장을 조장해 계급 모순을 더욱 심화시켰다.

왕국 세력을 약화시키다

한초 70년은 사회경제적인 면에서는 쇠퇴에서 회복과 발전으로 향하고, 중앙집권 세력이 점차 지방 할거 세력을 약화시켜나간 역사였다고 말할 수 있다.

서한 초기 육국(六國)의 옛 귀족들, 예를 들어 제(齊)의 전씨(田氏), 초의 소(昭), 굴(屈), 경(景), 회씨(懷氏), 연(燕), 조(趙), 한(韓), 위(魏)의 후손들은 여전히 지방에서 막강한 세력을 차지하고 있었다. 한 고조는 그들 구 귀족과 기타 '호걸명가(豪杰名家)' 10여만 가구를 장안 부근으로 이주시켰다. 당시 이주는 전에 없이 대규모로 진행되었기 때문에 일시에 관동(關東)의 "읍리에 이익을 도모하는 집안이 없고, 들판과 소택에 겸병하는 백성이 없었다."[37] 육국의 구 귀족과 관동 호걸들의 분열 행위는 기본적으로 통제되었다.

서한 사회에는 또 다른 할거 세력이 존재했는데, 바로 제후왕(諸侯王)들이다. 서한 초년 공신으로 왕에 임명된 이가 7명이었다. 초왕(楚王) 한신(韓信), 양왕(梁王) 팽월(彭越), 회남왕(淮南王) 영포(英布), 한왕(韓王) 신(信), 조왕(趙王) 장오(張敖), 연왕(燕王) 장도(臧荼), 장사왕(長沙王) 오예(吳芮). 사서는 이들을 '이성제왕(異姓諸王)'이라고 칭했다. 이성제왕들은 관동의 방대한 지역에 할거하면서 자체 병력을 소유하고 관할 지역을 통치하고 있었다. 그렇기 때문에 통일제국의 잠재적인 우환이자 중앙집권 체제의 심각한 장애가 아닐 수 없었다. 한 고조는 과감한 수단을 강구해 이성 제왕들을 제거하기 시작했다. 그는 먼저 연왕 장도를 제거한 다음 노관(盧綰)을 연왕으로 앉혔다. 이후 계속해서 초, 한, 조, 양, 회남 그리고 연, 여섯 왕을 멸망시켰다. 다만 장사왕은 봉국이 한에서 멀리 떨어진 곳에 자리해 한과 월남의 완충 역할을 하고 있기 때문에 그대로 놔두었으나 문제 시절에 후사가 없어 봉국도 사라지고 말았다.

한 고조는 이성 제왕을 제거했지만 자신이 직접 전국을 통제할 만한 상황이 아니었으며, 또한 "진나라가 고립되어 결국 멸망한 것에 교훈을 얻어(懲戒秦孤立之敗)", 이성 제왕의 옛 봉국을 분할해 자신의 자제들에게 분봉한 뒤 한실(漢室)을 병풍처럼 호위토록 했다. 이들을 일러 '동성 제왕(同姓諸王)'이라고 한다. 동성 왕국이 관할하는 지역은 전체 39개의 군이었으나, 중앙에서 직할하는 지역은 15개 군에 불과했으며, 그중에는 열후의 봉국과 공주의 '탕목읍(湯沐邑)'도 끼여 있었다. 이는 예전과 마찬가지로 줄기는 약하고 가지는 강한 형국이었다. 왕국은 "대국의 경우 여러 개의 주군을 차지해 연이은 성(城)이 수십 개에 달했다.[38] 예를 들어 제국(齊國)은 6개의 군과 73개의 현을 관할했고, 대(代)와 오(吳)는 각기 3개의 군과 53개의 현을 관할했다. 초국(楚國)의 관할지는 3개의 군과 36개의 현이었다. 제후의 왕국을 통제하기 위해 한 정부는 중앙에서 태부(太傅)를 파견해 왕을 보좌토록 하고, 승상을 보내 왕국의 여러 가지 일을 통제하도록 하는 한편 중앙의 호부가 없이는 병사를 동원하지 못하도록 하고 재차 천명했다. 하지만 왕국은 자체적으로 어사대부(御史大夫) 이하의 관리를 둘 수 있고, 조세와 부역 징발은 물론이고, 화폐 발행과 기년(紀年)까지 자체적으로 시행할 수 있었기 때문에 실제로는 거의 반독립 상태였다.

여후가 통치하던 시기에 여씨(呂氏)를 대거 왕과 후로 봉했는데, 여후가 죽은 후 유씨 제왕들과 서한 대신들이 힘을 합쳐 여씨 세력을 모두 몰아내고 대왕(代王) 유항(劉恒)을 황제로 옹립했다. 그가 바로 문제다. 이후 동성(同姓) 왕의 세력이 더욱 강력해지기 시작했다. 가의(賈誼)는 〈치안책(治安策)〉에서 당시 중앙과 왕국의 형세에 대해 이렇게 말했다. "천하의 형세가 마치 심각한 부종(浮腫, 종기)이 생긴 것처럼 종아리가 허리처럼 두터워지고, 발가락이 허벅지만큼 커진 것과 같습니다." "이 병은 단지 종기가 난 것이 아니라 발바닥이 뒤틀려 제대로 걷지 못할 정도로 고통스럽습니다." "폐하의 직계 자손들은 천하를 안정시키는 데 중역을 맡아야 함에도 분봉을 받지 못한 이들이 있는데, 방계 자손들이 오히려 대권을 장악해 황제를 위협하고 있습니다." 가의는 계속해서 다음과 같이 건의했다. "천하를 안정시키고자 한다면 제후국을 더욱 많이 건립해 그들의 세력을 감소시켜야 합니다. 역량을 약화시키면 도의(道義)로 그들을 계도할 수 있을 것이며, 국토가 작으면 반역하려는 사악한 마음이 생기지 않을 것입니다."[39] 가의의 건의는 당시 문제에게 받아들여지지 않았다. 하지만 가의가 죽고 4년이 흐른 문제 16년(기원전 164년), 문제는 제국(齊國)의 땅을 여섯 봉국으로 나누고, 회남국(淮南國)의 땅은 세 봉국으로 나누었다. 실제로 가의의 '중건제후(衆建諸侯)', 즉 제후국을 많이 세우라는 건의를 실현한 셈이다.

가의의 뒤를 이어 조조 역시 누차 문제에게 제왕의 봉토를 박탈할 것을 건의했다. 경제 시절 오국(吳國)이 발호(跋扈)하자 조조는 또다시 '삭번책(削藩策)'을 올렸다. 그는 그 글에서 이렇게 말했다. "번(藩)을 삭감해도 역시 반란을 일으킬 것이고, 삭감하지 않아도 반란을 일으킬 것입니다. 삭감을 하면 반란이 일어나겠지만 화는 적을 것이고, 삭감하지 않는다면 반란이 늦어지겠지만 그 화는 클 것입니다."[40] 경제 3년(기원전 154년), 조조의 대책이 받아들여져 초왕의 동해군(東海郡), 조왕(趙王)의 상산군(常山郡), 교서왕(胶西王)의 여섯 현이 삭감되었으며, 오국(吳國)도 삭감될 차례가 되었다. 그러자 오왕 비(濞)는 초(楚), 조(趙), 교서(胶西), 교동(胶東), 임천(淄川), 제남(濟南) 여섯 나라와 연계해 반란을 일으키니 이를 사서는 '7국의 난(七國之亂)'이라고 부른다.

7국의 난은 지방 할거 세력과 중앙집권 세력 사이의 모순이 폭발한 것이다. 양국(梁國)의 견수(堅守)와 한나라 장수 주아부(周亞夫)가 이끄는 군사들이 진격해 3개월 안에 반란을 평정했다. 7국의 난이 평정된 후 경제는 왕국의 관제와 직권(職權)을 회수해 제후왕의 권력을 약화시켰다. 아울러 제후왕이 더는 백성들을 다스릴 수 없다고 규정했다. 이후로 제후왕의 세력이 강력해져 통제 불가능한 국면이 크게 완화되었다. 이로써 중앙집권이 더욱 공고해졌으며, 국가 통일도 현저하게 강화되었다.

흉노와 화친하고 남월을 위무하다

한 고조가 이성 제왕을 제압할 당시 흉노 인근 여러 봉국의 왕 가운데 흉노에 투항하거나 흉노와 결탁해 내침하는 이들이 있었다. 한(漢) 7년(기원전 200년) 고조는 흉노에 투항한 한왕(韓王) 신(信)을 공격하다가 백등(白登, 산서 양고 경내)에서 흉노에게 포위된 적이 있었다. 이를 '백등지위(白登之圍)'라고 한다. 이후 흉노는 변경을 침입해 인마를 노략질했다. 누경(婁敬)이 한 고조에게 흉노와 '화친'할 것을 건의하면서, 고조의 적장공주(嫡長公主, 직계 장녀)를 흉노 모돈선우(冒頓單于)에게 시집보내면서 "많은 예물을 보냈으며(厚奉遺之)" 매년 솜과 비단, 술과 식량 등 예물을 보내 흉노의 침략을 완화시킬 것을 권유했다. 누경이 말했다. "모돈이 살아 있으면 사위가 되는 것이고, 죽으면 외손자가 선우가 됩니다. 외손자가 어찌 감히 대부(조부)에게 예에 거스르는 일을 하겠습니까? 이는 들어본 적이 없습니다."[41] 한 고조는 누경의 건의를 받아들여 '왕실의 자식(家人子)'을 공주로 삼아 흉노와 화친을 맺고, 한과 흉노 사이에 관시(關市, 관소에 설치된 시장)를 열었다.

문경 시절에도 계속해서 흉노와 화친하면서 많은 양의 예물을 보냈다. 하지만 흉노는 여전히 변경을 침범해 사람과 가축을 약탈하고 마을을 불태우는 등 소란을 피웠다. 문제 14년(기원전 166년) 흉노가 남하해 기병들이 장안 인근까지 진격했다. 흉노의 남침을 방어하기 위해 문제는 조조의 건의에 따라 변방으로 이주할 백성을 모집해 토지를 개간하고 성을 쌓았다. 곡식을 구매해 변방으로 수송하면 작위를 하사한다는 조조의 건의는 이처럼 흉노의 위협에 대비하기 위한 방책에서 나온 것이다.

남월이 사는 땅은 원래 진조 시절에 군현이 설치되어 월인과 한인이 함께 거주했다. 진말 농민 기의가 일어나자 진의 용천령(龍川令) 조타(趙佗)가 남해군 군위(郡尉)의 업무를 맡아 영남을 점거한 후 길을 끊고 병사를 모집해 남월왕(南越王)으로 자립했다. 조타는 한인과 월인 지주 귀족의 세력을 등에 업고 진과 한초의 정치제도를 채용해 통치에 활용했다. 그는 남월을 통치하면서 "상당히 질서정연하게 다스려 중원 사람들이 이로 인해 줄어들지 않았고, 월인들이 서로 공격하는 습속도 점차 그쳤다."[42] 그래서 일정 기간 변경을 안정시키고 백성을 위로하는 데 긍정적인 작용을 했다.

한 고조 11년(기원전 196년) 육가(陸賈)를 남월로 사신으로 보내 조타를 남월왕으로 책봉하고 부절(符節)을 나누어 갖고 사신 왕래를 허락했으며, 그에게 "백월을 조화롭게 다스려 분산하지 않도록 했다(和集百越)." 조타는 한조의 봉호를 받고 번보(藩輔)를 자원했다. 여후 통치 시기에 변방의 금령을 엄격하게 적용해 "만이나 외월에게 쇠로 만든 농기를 주지 못하게 했으며, 말이나 소, 양은 주되 수컷만 주고 암컷은 주지 못하도록 했다(毋予蠻夷外粤金鐵田器, 馬牛羊即予, 予牡, 毋予牝)." 이런 금령은 남월 지역 농업경제 발전에 크게 불리했으며, 민족관계에도 좋지 않은 영향을 끼쳤다. 조타는 여후의 이런 정책에 반대해 남월 무제로 자칭했다. 그는 이렇듯 "황옥에 좌독으로 장식한 수레를 타고 황제로 자칭하면서(乘黃乘黃屋左纛稱制)"[43] 한조 황제와 맞섰다. 그는 장사국(長沙國)으로 진공하고 민월(閩越)과 서구(西甌)를 통제해 남월을 "동서 1만여 리에 달하는(東西萬餘里)" 대국으로 성장시켰다. 여후가 남월을 정벌하기 위해 주조(周竈)를 파견했는데, 군대가 준령을 넘기도 전에 끝나고 말았다. 한초 한나라 군사들이 사용했던 두 폭의 비단 위에 그린 장사국 남부 지도가 장사 마왕퇴 한묘에서 출토된 바 있다.

문제는 '휴양생식(休養生息)'을 위해 가능한 한 남월에 대한 용병을 자제했다. 그는 조타의 요구에 따라 변방의 수군(戍軍)을 줄이거나 없앴으며, 조타가 진정(眞定, 하북 정정)에 있는 조상의 분묘를 손질한다고 하자 고향에 사는 조타의 형제들에게 관직과 예물을 보냈다. 이런 상황에서 육가가 재차 사신으로 남월에 파견되었다. 이에 조타는 답례로 황제 호칭을 취소하고 번속(藩屬) 관계를 회복했다.

민월 귀족 무저(無諸)와 요(搖)는 부중(部衆)을 이끌고 반진(反秦) 기의에 참가한 적이 있으며, 이후 한이 초를 멸망시키는 데 도움을 주었다. 한나라 초기 무저는 민월왕으로 봉해졌으며, 동야(東冶, 복건 민후)를 도읍지로 삼았다. 또한 요 역시 동해왕[東海王, 또는 동구왕(東甌王)이라고 칭한다]으로 봉해져 동구(東甌, 절강 온주)를 도읍지로 삼았다. 경제 시절 동구왕과 민월왕이 모두 7국의 난에 참여했으나, 경제는 더는 그들을 추문하지 않았다.

서한 사회경제의 발전

철제 농기와 우경의 보편적 사용과 농업의 발전

한나라 초기부터 문제, 경제 시절까지 60여 년간 사회경제가 점차 쇠퇴에서 회복 발전해 무제 시절에 이르러 번영 국면을 맞이했다. 사서 기록에 따르면, "경사와 지방의 곡식 창고가 모두 가득 차고, 정부의 창고에는 재화가 넘쳐났다. 경사에 보관되어 있는 돈은 억만금이나 되었는데 돈을 묶은 줄이 낡아 셀 수조차 없었다. 태창의 양식은 묵은 곡식이 날로 늘어났으며, 노천에 쌓아두었다가 결국 썩어서 먹지 못할 지경에 이르렀다."[44]

서한 초기 철제 농기구가 이미 중원 외의 광범위한 지역까지 보급되었으며, 무제 시절 철제 농기구 제작을 국가가 독점하면서 철기 전파 역시 더욱 가속화되었다. 지금의 요녕, 감숙, 호남, 사천 등지는 물론이고 좀 더 먼 곳에서도 서한 시대의 대패[鏟]와 가마솥[鑊], 호미[鋤], 낫[鐮], 가래[鏵] 등이 출토되고 있다. 출토된 철제 농기구 가운데 보습의 수량이 가장 많고 종류도 다양한데, 이는 각지에서 보습을 사용한 농경 기술이 발전했음을 말해준다. 발견된 가래 가운데 가장 큰 것은 42센티미터에 달한다. 이는 아마도 무제 시절 이래로 "조정에서 주조한 철기는 대부분 커다란 기물로 그저 정해진 수량만 채운 것으로 백성들이 사용할 수 있는 것이 아니었다"[45]라고 했던 바로 그 '커다란 기물(大器, 일설에는 병기나 소금을 만드는 데 사용하는 큰 솥을 말한다)'일 것이다.

말과 소를 활용한 경작[주로 우경(牛耕)]도 이미 보편적으로 이루어지고 있었다. 두 마리의 소를 세 사람이 끄는 우리(耦犁) 외에도 두 마리 소를 한 사람이 끄는 이경법(犁耕法)도 사용되었다. 산서(山西) 평륙(平

陸)에서 발굴된 왕망 시절의 묘장 화상전(畫像磚)에 한 사람이 두 마리 소를 끄는 이경도(犁耕圖)가 발견되었다. 이러한 이경법은 두 마리 소를 세 사람이 끄는 기존의 우리보다 발전한 방식이다. 무제 이후로 백성들이 대거 변방으로 이주해 토지를 개간하면서 우경기술도 서북쪽으로 전래되었다. 이경기술의 전파와 더불어 파종에 쓰이는 누(耬, 씨 뿌리는 기구)도 사용되기 시작했다. 서한 말기에는 이미 요양(遼陽) 일대까지 전파되어 요양의 한말 촌락 유적지나 북경 청하(淸河) 한대 유적지에서 철제 누족(耬足)이 발견된 것은 바로 이러한 사실을 증거한다.

무제 시절 대규모 전쟁을 수행하면서 경작을 위한 소나 말이 크게 부족해 가격이 급등하자 소나 말 대신 사람이 직접 쟁기를 끄는 일이 생겨났다. 또한 경제가 비교적 낙후한 회남 일대에서는 여전히 쟁기를 직접 끌어 경작하곤 했다. 강남 대부분의 지역 역시 여전히 "나무를 베어 경지를 만들고, 들판을 불태워 파종하는 등 간단한 화경수누(火耕水耨, 이전 해에 경작하지 않은 밭의 잡초를 불태운 후 물을 대고 볍씨를 뿌려 경작하는 원시적인 경작방법 - 역주) 상태였다."[46] 그렇기 때문에 북방 농업의 생산 수준에 비해 크게 차이가 났다.

서한 초기 농민들은 "경지를 깊이 파서 조밀하게 파종하고, 싹은 듬성듬성 남겨놓았다."[47] 무제 말년 조과(趙過)가 대전법(代田法)을 시행했다. 대전법은 먼저 땅에 각기 1척 높이나 너비의 구덩이를 파는데, 이를 도랑[견(甽)]이라고 한다. 도랑 옆에 높이와 너비 1척의 이랑[농(壠)]을 만든다. 1무의 땅(너비 1보, 길이 240보)에 각기 3개의 도랑과 이랑이 생긴다. 파종할 때 종자를 도랑에 심고 싹이 나오면 김을 맨다. 이랑에 쌓아놓은 흙과 김을 맨 후 남은 풀을 섞어 퇴비로 사용한다. 한여름에 이랑의 흙을 다 사용하면 도랑과 이랑을 평평하게 북돋아준다. 작물의 뿌리가 이미 깊고 단단하기 때문에 바람이나 가뭄에도 걱정이 없다. 이랑과 도랑의 위치는 매년 바꿔주고 땅을 번갈아가며 경작해 지력을 회복시킨다. 장안 부근에서 대전법을 시험삼아 시행한 결과 1무당 생산량이 다른 밭에 비해 1곡(斛), 심지어 2곡 이상이나 많았기 때문에 대전법이 급속도로 확산되었다. 변방의 비교적 먼 곳에서도 대전법을 사용했는데, 출토된 한간(漢簡)에 거연(居延, 내몽골 액제납기 경내)의 대전에 대한 기록이 남아 있기도 하다. 조과는 대전법 외에도 농구를 개량하기도 했다. 사서의 기록에 따르면 "그의 경작법과 파종법, 농기 등이 모두 편리하고 공교했다."[48]

   서한 시기에 수리사업도 크게 발전했다. 무제 시절 관중에 여러 군데 관개 수로를 뚫어 수리 관개망을 조성했다. 조거(漕渠)는 장안에서 위수(渭水)를 끌어들여 동쪽으로 황하와 통하게 해 조운(漕運)에 도움을 주었으며, 1만여 경(頃)의 농지에 물을 댈 수 있었다. 경수(涇水)와 낙수(洛水) 사이에 백거(白渠)를 만들어 기존의 정국거(鄭國渠)와 병용해 4500여 경의 경지를 관개했다. 당시 민가로 이를 찬미하는 노래가 전해지고 있다. "밭이 어디에 있는가? 지양과 곡구일세. 정국거가 앞에 있고 백거는 뒤에 있지. 철 삽 들어 개간하는 이들 구름처럼 몰려들고, 관개 수로의 물 빗물처럼 촉촉이 적셔주네. 물은 부엌 아래까지 흘러오고 튀어오른 물고기 솥으로 직행하지. 경수의 물 한 섬에 진흙이 몇 되인지라. 논밭 관개하고 퇴비도 되네. 벼랑 기장 잘 자라 경사의 의식 풍족하고 억만 명 먹고 사니 모두 수로 덕분일세."[49] 이외에도 용수거(龍首渠), 육보거(六輔渠), 영지거(靈軹渠), 성국거(成國渠) 등도 농지 관개에 큰 도움을 주었다. 용수거는 낙수 옆에 있는데 수로의 언덕이 자주 붕괴되어 몇 군데 깊은 우물을 파고, 우물과 우물 사이에 물이 통하게 했는데,

이를 정거(井渠)라고 한다. 이러한 수로 건설 방식은 토사 지대에 특히 유용했다. 경기(京畿) 외의 관동 지역에서도 수리사업을 펼쳐 관개 수로를 만들었다. 예를 들어 한초에 갱힐후(羹頡侯) 유신(劉信)이 서(舒, 안휘 서성)에 7개의 수문이 달린 3개의 보(七門三堰)를 건설해 농지 관개에 활용했다. 문제 시절 문옹(文翁)은 촉군(蜀郡)에서 전강(湔江)을 뚫어 번현(繁縣)의 토지에 물을 댔다. 이후 "삭방(朔方), 서하(西河), 하서(河西), 주천(酒泉) 등지에서도 하천의 물을 끌어들여 경지에 물을 댔다.……여남(汝南), 구강(九江)은 회하의 물을 끌어들였고, 동해(東海)에서는 거정(巨定)의 물을 끌어들였으며, 태산 아래로 문수(汶水)를 끌어들여 수로를 파서 관개에 활용했다. 이로써 각기 1만여 경의 경지에 물을 댈 수 있었다. 이외에 산을 가로질러 작은 수로를 만드는 경우는 다 말할 수 없을 정도로 많았다."[50] 서한 시절 중원에서 수도(水稻)가 가능했던 것은 바로 이러한 관개시설이 있었기 때문이다. 우물을 파서 관개하는 것은 북방 도처에서 발견할 수 있는데, 심지어 거연과 같은 변경에서도 우물을 파서 수로를 만들고 둔전을 개간했다.

서한 시기에 가장 중요한 수리사업은 황하를 다스리는 것이었다. 문제 시절 산조(酸棗, 하남 연진)에서 제방이 터졌다. 무제 원광(元光) 3년(기원전 132년), 황하의 물이 호자(瓠子, 하남 복양 부근)에서 거야택(巨野澤)을 거쳐 남쪽으로 흘러 회수와 사수(泗水)로 흘러들어가면서 전체 16개 군이 물에 잠겼다. 승상 전분(田蚡)의 봉지는 유(鄃, 산동 고당)로 황하 이북이었는데, 자신의 봉지가 수해에 피해를 입지 않도록 하기 위해 옛 수로를 수리하는 일을 극력 저지해 황하 범람이 날로 심각해졌다. 봉원 2년(기원전 109년) 무제가 병졸 수만 명을 동원해 터진 제방을 막았다. 무제가 현장을 순시하면서 시종 관원에게 "장군 이하는 모두 섶을 지고 터

진 곳을 막으라"라고 명했다. 당시 제방 정비로 인해 황하가 다시 옛 수로를 따라 흐르게 되었으며, 이후 80년 동안 수재가 나지 않았다.

철제 농기구와 우경이 보편적으로 농사에 활용되고, 수리사업이 적극적으로 전개되고 농업기술이 진보하면서 서한 시절 농업생산은 거의 새로운 수준까지 향상되었다. 서한 말기의 통계에 따르면, 당시 전국의 가구[戶]는 1220여만이었으며, 인구는 5956만 명이었다. 그리고 전국의 농지는 827만 경이었다. 이를 통해 서한 농업 발전의 규모를 대략 짐작해볼 수 있을 것이다.

수공업의 발전

서한 수공업 가운데 야철업(冶鐵業)이 중요한 위치를 차지하고 있다. 서한 야철기술은 철기의 종류, 수량, 품질 면에서 전국 시대보다 확실히 발전한 것이 분명하다. 서한 후기 "관리와 병졸, 형도(刑徒) 등이 산을 파서 동철을 채굴했는데, 1년에 10만 명 이상이 동원되었다"[51]라고 할 정도로 대규모 채굴이 이루어졌다. 서한 시대 철기가 출토된 지역은 대략 60여 곳이며, 산동, 하남, 강소 등지에선 야철 유적지가 발견되었다. 그 가운데 하남의 공현(鞏縣)과 정주(鄭州)의 야철 유적지가 규모 면에서 가장 크다. 그곳은 채굴 갱과 야철 공장이 자리해 광석 채굴에서 완성품 제작까지 모든 설비를 완비하고 있다. 공현 유적지의 경우 광석 가공 공장이 발견되었으며, 철광석을 제련하기 위한 야련로(冶煉爐), 용로(熔爐), 단로(鍛爐) 등이 모두 20개 발견되기도 했다. 야철 원료는 목재 외에도 석탄 가루나 석탄 덩어리를 사용했다. 이는 현재 알려진 최초의 석탄 사용 사례다. '쉬화법(淬火法, 불로 담금질하는 방법)'도 활용되기 시작해 철기의 강도와 예리한 정도가 크게 향상되었다. 한초의 철제 병기는 각지에서 출토되었는데, 무제 이후로 철제 병기 사용이 확산되어 기존의 청동 병기를 대체했다. 서한 중기 이후 철로 만든 일용품이 날로 증가하기 시작했다.

서한 시절에는 구리 채굴과 관련 수공업도 크게 발전했다. 구리는 주로 단양군(丹陽郡)과 서남의 촉(蜀), 월휴(越巂), 익주(益州) 등지에서 생산되었는데, 한초에 민간에서 화폐를 주조하는 것을 허가했기 때문에 여러 군국마다 화폐를 주조하는 공방이 적지 않았다. 하지만 무제 시절 화폐 주조를 국가가 독점하면서 상림원(上林苑)을 관장하는 수형도위(水衡都尉) 소속의 삼관[三官, 종관(鍾官), 변동(辨銅), 균수(均輸)]에서 동전 주조와 성분 심사, 운송을 맡았다. 서한 화폐는 여러 곳에서 발견되었는데, 동전을 주조하는 구리 원료와 거푸집, 공방 유적지도 발견되었다. 동기(銅器) 제작은 주로 소부(少府)와 촉(蜀), 광한(廣漢) 군(郡)의 공관들이 맡았으며, 개인 공방에서도 제작했다. 다양한 종류의 기물이 생산되었으며, 그 가운데 가장 유명한 것이 동경(銅鏡)이다.

방직업도 서한의 중요 수공업 가운데 하나다. 당시 임치(臨淄, 산동 임치)와 양읍(襄邑, 하남 휴현)에 대규모 관영 공방이 설치되어 황실에서 사용하는 기물을 생산 공급했다. 원제 시절 임치 삼복관(三服官)의 경우 "장인이 수천 명에 이르렀고, 1년에 수만 전을 사용했다."[52] 장안의 동서(東西) 직실(織室)의 규모도 상당히 컸는데, 매년 각기 5000만 전 이상을 사용했다. 당시에 이미 자카드 직기가 사용되었는데 거록(鉅鹿, 하북 평향 남서쪽) 사람 진보광(陳寶光)의 처가 발명했다는 자카드 직기는 "120개의 발판을 사용해"[53] 다양한 문양을 직조했다고 한다. 서한의 아름답고 고운 견직물은 예물이나 매매를 통해 대거 변방 각지로 팔려 나갔으며, 중앙아시아 각국은 물론이고 멀리 대진(大秦, 로마 제국)까지 소개되었다.

서한의 칠기(漆器)는 주로 촉과 광한, 여러 공관(工官)에서 생산됐는데, 칠기에 금을 입히거나 은으로 테두리 한 것을 일러 구기(釦器)라고 한다. 칠기와 구기는 모두 귀한 수공품이다. 《염철론(鹽鐵論)》에 보면 당시 부자들이 '은구황이(銀口黃耳)', '금착촉배(金錯蜀杯)'[54]를 사용했다고 나오는데, 이것이 바로 구기다. 중국 여러 지역의 분묘에서 칠기와 구기가 출토되었으며, 지금의 조선(朝鮮, 북한) 경내에 있는 낙랑(樂浪) 오관연(五官掾) 왕우(王盱)의 묘와 그 밖의 분묘, 몽골 경내 낙안오랍(諾顔烏拉) 흉노 귀족의 분묘 등에서도 대량의 한대 칠기와 구기가 발굴되었다. 칠기제작은 분업으로 이루어졌는데, 칠기 장인의 명칭만 해도 소공(素工), 휴공(髤工, 옻칠 장인), 상공(上工), 동이황도공(銅耳黃塗工), 화공(畫工), 조공(雕工), 청공(清工), 조공(造工), 각종 감독까지 합쳐 10여 종이나 된다. 이로 보건대 《염철론》에서 "배권(杯棬, 나무 그릇) 하나에 백 명의 공력이 필요하고, 병풍 하나에 만 명의 공로가 든다"[55]라는 말이 나름 근거가 있음을 알 수 있다.

이외에도 자염[煮鹽, 해염(海鹽) · 지염(池鹽) · 정염(井鹽)], 도자기 제작, 조선, 수레 제작, 양조업 등도 서한 시기에 크게 발전해 생산 규모나 기술 면에서 전대를 능가했다.

상술한 각종 수공업 가운데 관영 공방에서 일하는 이들은 주로 이(吏), 졸(卒), 형도(刑徒), 관노비(官奴婢), 그리고 소수의 고용 장인들이었으며, 사영 공방의 경우는 주로 동복(僮僕)과 고용 장인들이 생산에 종사했다. 그들은 대부분 유랑 농민 출신으로 극심한 착취와 억압, 열악한 노동환경 속에서 힘들게 노동했다. 바로 그들을 통해 당시 물질문화가 더욱 풍부하고 다양해졌다.

상업의 발전

농업과 수공업의 발전에 따라 상업도 번성하기 시작했다. 《사기》에 따르면, 서한 시기에 이미 약간의 경제 구역이 자리해 비교적 큰 도회지가 형성된 상태였다. 그중에서 관중 지역은 비옥한 땅이 천 리에 걸쳐 있어 가장 풍요로운 곳이었다. 그곳의 땅은 "천하의 3분의 1을 차지하고 인구는 10분의 3에 불과했지만 그들의 부를 헤아려보면 천하의 10분의 6을 차지했다."[56] 수도 장안은 8만여 호(戶)에 인구가 24만 6000명으로 관중의 교환 중심지였으며, 전국에서 가장 번화하고 부유한 도시였다. 장안성은 사방 주위가 65리(실측에 따르면, 둘레가 2만 5700미터로 당시 62리 남짓이다)이고, 9개의 시(市), 16개의 다리, 12개의 문이 있었으며, 성문마다 너비 6미터의 문이 설치되어 있고, 그곳에서 성 안으로 같은 너비의 길이 뚫려 있었다. 장안성은 도시의 구도가 웅장하고 정제되어 있었으며, 크고 작은 각종 건축물이 조밀하게 붙어 있었다. 장안에는 현지나 인근에서 생산된 관부 수공업 제품을 비롯한 다양한 물건 외에도 전국 각지에서 운송된 화물들이 가득했다.

당시에는 낙양, 한단, 임치, 완(宛), 성도(成都, 이를 합쳐 오도라고 불렀다), 번우(番禺) 등이 전국에서 가장 중요한 도회지였으며, 계(薊), 양적(陽翟), 강릉(江陵), 수춘(壽春), 합비(合肥), 오(吳) 등도 주요 도시에 속했다. 전국 도회지는 기타 다른 지역과 큰 도로로 연결되어 있었다. 이러한 큰길에는 곳곳마다 역참이 자리하고, 우마가 끄는 수레가 오가면서 온갖 화물을 싣고 날랐다. 당시에는 수레와 배가 중요 교통수단이었다. 지금의 광주나 장사(長沙) 등지의 한묘(漢墓)에서 나무 수레나 목선, 도선(陶船) 등의 모형이 발굴되었는데, 특히 배에는 닻이나 키가 설치되고 견고하게 만들어져 많은 물건을 싣고 먼 곳까지 운항했음을 알 수 있다.

대도시에서 판매되는 상품은 가축이나 모피, 곡물, 채소, 수산물, 장류나 초, 비단과 솜, 염료, 목재, 목기, 동기와 철기 등 품목이 다양했다. 노예도 상품으로 취급되어 시장에서 팔고 샀으며, 고리대금업도 중요한 업종으로 자리했다. 고리대금업자는 작자전가(作子錢家)라고 불렸는데, 열후나 봉국의 군주들도 때로 그들에게 돈을 빌렸다.

서한 중기 이후 대외무역이 발달하기 시작했다. 상인들은 하서주랑(河西走廊)에서 타림 분지(塔里木盆地) 남북 끝자락을 경유해 중앙아시아, 서아시아와 그보다 더 먼 곳까지 왕래했다. 그 길을 따라 각종 모직물과 기타 사치품이 오갔으며, 대종은 역시 비단, 견직물이었다. 서구 사람들이 그 길을 '비단길(絲綢之路)'이라고 한 것은 바로 이 때문이다. 해상무역의 중요 항구는 번우[番禺, 광주(廣州)]였다. 근년에 광주, 귀항(貴港), 장사 등지에서 유리, 호박, 마노(瑪瑙) 등이 발견되었는데, 그 가운데 일부는 해외에서 들어온 것이다.

서한 사회 각 계급의 상황

서한 사회에서 기본 계급은 지주계급과 농민계급이다. 지주계급은 황제, 귀족, 관료와 일반 지주를 포함하며, 통치계급에 속한다. 농민계급은 자작농, 소작인 그리고 고용농을 포함한다. 수공업자의 경제적 지위는 농민과 엇비슷하며, 통치계급의 통치를 받았다. 상인의 경제적 지위는 비교적 복잡하다. 대상인은 일반적으로 모두 대지주이며 통치계급의 일부를 차지한다. 소상인은 비록 일반 노동 대중들은 아니지만 경제적 지위는 수공업자나 자작농과 유사하며, 통치계급의 지배를 받았다. 이외에도 인원 비중이 큰 이들로 노비가 있다. 그들은 신분과 경제적 지위가 제일 낮았다.

서한의 사회경제가 발전하면서 각 계급 모두 일정 정도에서 변화의 바람이 불기 시작했다. 지주계급과 대상인은 신속하게 세력을 확충해 민전(民田)을 장악하고, 농민을 착취, 사역했으며, 재물과 노비를 약탈하면서 그 가운데 일부가 호강대족(豪强大族)으로 발전했다. 농민계급 가운데 자영농은 한나라 초기 짧고 비교적 안정된 발전 시기 이후에 지주 신분으로 상승한 소수를 제외하고 거의 대부분이 파산이나 유랑민으로 전락했으며, 그 가운데 일부는 '유식(游食)'하는 소상인이 되거나 또는 전농(佃農)이나 용공(傭工) 또는 노비가 되었다.

지주계급

지주계급은 가장 많은 토지를 소유해 최상위 계층을 차지했는데, 황제를 위시로 제후왕, 열후 그리고 대관료(大官僚, 대다수 대관료는 열후이거나 봉호를 지닌 이들이었다)를 포함한 귀족 지주들이다. 그들은 반진(反秦) 전쟁에 참가한 적이 있으며, 한초에 관직이나 작위를 얻은 군공 지주들로 지주계급 가운데 제일 중요한 지배계층이다. 황제는 직할군, 제후왕은 왕국(王國), 열후와 그 밖에 군공 지주는 봉역(封域)이나 식읍 안에서 국가 기구의 명의로 농민들에게 조세와 부세를 징수했으며, 무상으로 노역을 제공받았다. 중앙정부의 조세와 부세 수입은 대사농(大司農)이 관장했으며, 이를 통해 관리와 군대를 운용했다. 황제, 제후왕, 각 제후들은 관할구역 혹은 봉역, 또는 산천과 원지(園池), 시사(市肆, 시장)의 조세 수입을 '사봉양(私奉養, 개인의 생활비)'으로 삼았다. 황제의 사봉양은 소부(少府) 관리가 관장했다. 늦어도 한 무제 시절까지 소부에서 빈민들에게 공전을 빌려주고 지조(地租)를 받았다.[57] 무제는 수형도위(水衡都尉)를 설립해 금속화폐를 통일해 그 이익을 소부에 넣었다. 원제 시절 국가와 황제의 매년 수입은 백성들이 도내(都內, 대사농의 속관)에 납부한 것만 계산해도 40억 전에 이르고, 수형전(水衡錢)은 25억 전, 소부전(少府錢)은 18억 전에 달했다.[58] 소부전과 수형전은 모두 황제 개인을 봉양하기 위해 제공되었는데 그 품목이 상당히 많았다.

지주계급의 토지 강탈이 날로 심해졌으며, 특히 관료 지주들의 폐해가 심했다. 소하는 관중에서 "백성들의 토지와 주택을 강제로 싼값에 사들였고"[59], 전분(田蚡)은 두영(竇嬰)에게 장안성의 남전(南田)을 강제로 빼앗았다.[60] 곽거병(霍去病)은 생부 중유(中孺)를 위해 "민가와 노비를 구입했다."[61] 회남왕의 안후(安后) 도(荼)와 황태자 천(遷), 딸 능(陵) 그리고 형산왕(衡山王) 사(賜) 등은 모두 백성들의 토지와 민가를 침탈했다.[62] 심지어 한(漢) 성제(成帝)조차 "민간에 사전을 두었다."[63] 서한 중기 이후로 300~400경의 토지를 소유하고 있는 대지주가 적지 않았으며, 개별 대지주의 토지가 무려 1000경 이상인 이들도 있었다. 예를 들어 무제 시절 혹리(酷吏) 영성(寧成)은 피전(陂田, 산밭) 1000여 경을 매입했고, 애제(哀帝)의 총신 동현(董賢)은 애제가 하사한 원전(苑田)이 2000여 경에 이르렀다.

농민계급

서한 정권은 명적(名籍) 제도를 이용해 민호(民戶)를 통제했다. 예를 들어 사람의 이름, 나이, 관적(군, 현, 리), 작급(爵級), 피부색, 신장, 가족,

재산(전택, 노비, 우마, 수레, 재산 가치가 있는 것을 모두 포함함) 등을 모두 명적에 일일이 기록했다.[64] 명적에 편입된 평민 중에 인원수가 가장 많은 것은 자영농이다. 자영농은 당시 농업생산의 주력이었다.

서한 정권의 자영농에 대한 착취는 진대에 비해 줄어든 것이 분명하다. 하지만 서한의 생산력 수준을 생각할 때 농민의 조세 부담이 여전히 무거웠다. 《한서》〈식화지〉에 따르면, 다섯 식구의 농호(農戶)가 다른 부수입 없이 100무를 경작할 경우 매년 150석을 수확할 수 있었다.[65] 그중에서 식비와 전조를 빼면 대략 50석 정도가 남는다. 한나라 제도에 따르면, 일반 농민들은 15세에서 56세까지 매년 120전을 납부했는데, 이를 산부(算賦, 인두세)라고 한다. 7세부터 14세까지 아동은 매년 20전(무제 시절에 23전으로 올랐다)을 납부했는데 이를 구부(口賦)라고 한다. 일반 농호는 요역을 부담하는 남정을 대략 2명으로 계산했는데, 농사철을 놓치지 않기 위해 한 사람당 월 300전으로 사람을 고용해 요역을 대신하도록 했다. 이를 갱부(更賦)라고 한다. 농가는 곡식을 팔아 구부와 산부 그리고 고용인 비용을 지불했기 때문에 대부분의 경우 곡식이 거의 남지 않거나 아예 적자일 경우도 적지 않았다. 다음 해 농사에 필요한 종자와 농사용 가축, 농기구 등에 지불해야 할 비용과 농민 자신의 생활비는 여기에 포함되지 않았다. 이러한 지출 비용은 부업(주로 양잠) 수입의 유무와 다과에 따라 정해질 수밖에 없었다. 만약 흉년이 들 경우 농민 생활은 더욱 곤란해졌다. 그래서 《염철론》에서 현량(賢良)과 문학(文學)은 농가의 수입이 지출보다 많은 상황에 대해 언급하면서 전조로 비록 30분의 1을 징수한다고 하나 만약 여기에 "인구세와 요역을 더하면 대략 한 명이 경작하는 수확량의 절반을 납부하니 농민들이 모든 식량을 다 바쳐도 부족해 돈을 빌려 보충해야 한다. 그렇기 때문에 백성들이 힘들게 경작하지만 배고픔과 추위의 고통에서 벗어날 수 없는 것이다"[66]라고 했던 것이다.

서한 시대의 식량과 토지 가격은 때와 장소에 따라 달랐으며 편차가 심했다. 하지만 일반적으로 상당히 싼 편이었다. 식량 가격은 앞서 언급한 바와 같이 문제와 경제 시절 1석에 100전을 넘지 않았으며, 낮은 경우는 10여 전 정도면 살 수 있었다. 토지 가격은《구장산술》에 따를 경우, 비옥한 토지는 1무당 300전, 척박한 토지는 70여 전이다. 거연처럼 변방은 대략 1무당 100전 정도였다. 하지만 관중의 좋은 밭은 1무당 1000여 전이었다.[67] 농민에게 필요한 농우(農牛)는 한 마리에 1000여 전에서 수천 전으로 상당히 비쌌으며, 말의 경우는 농사뿐만 아니라 전쟁 때도 필요했기 때문에 더욱 비싸 한 마리당 최저 4000전, 비싼 것은 20만 전에 달했다.[68] 이외에 청동이나 철제 기물이나 소금 등의 가격도 결코 싸지 않았다. 이처럼 불균형한 물가는 지주나 상인의 착취나 겸병에는 유리했으나 농민들에게는 극히 불리했다. 농민들은 싼 가격에 곡물, 심지어 토지까지 팔아 농사에 필요한 가축, 농기구와 기타 생필품을 비싼 가격에 구매해야만 했다. 이렇듯 사고파는 데 손실이 너무 컸다. 게다가 세금을 납부해야 하는 계절이 되면 지주나 상인들이 농민의 조급한 심리를 이용해 식량 구매가를 낮추고 또 낮추었다. 농민들의 생활이 점차 피폐해지기 시작한 것은 바로 이런 이유 때문이었다.

"토지를 겸병하는 피해가 없었다"라고 알려진 문경 시기에도 조조는 봉건 통치질서를 위협하는 이러한 현상을 날카롭게 지적했다. 농가에서 1년 내내 힘들게 일해도 납세와 부역 외에 "손님을 배웅하고 맞이하며, 조문이나 병문안에 필요한" 비용도 지출해야 하고, "수해나 가뭄의 피해를 입을 수도 있고, 가혹한 폭정에 시달리거나 시도 때도 없이 세금을 내야 하며, 아침에 내린 명령이 저녁에 바뀌는 경우도 있다. 곡식이 있는 이들은 반값에 팔아 세금을 내고, 그마저 없는 자들은 갑절의 이자를 내서 돈을 빌려 세금을 내야 한다. 그리하여 논밭이나 집을 팔고 처자식을 팔아 부채를 갚는 자들도 있다.”[69] 이런 상황은 무제 이후로 더욱 심각해졌다.

파산한 농민 대다수는 어쩔 수 없이 지주에 종속된 전객으로 전락할 수밖에 없었다. 《염철론》에 따르면, “대개 부세를 내지 않기 위해 도망치는 이들은 모두 호강(豪强)의 노예가 되었다 세금을 징수하는 관리들은 호강이 두려워 감히 감독하거나 채근하지 못하고 빈농들만 가혹하게 대했다. 빈농들은 결국 견디지 못하고 멀리 도망치고, 중산층에 속한 농민들만 계속 부세를 부담했으며, 나중에 도망친 이들은 이전에 도망친 이들을 대신해 모든 것을 책임졌다. 호적에 올라 있는 농민들은 탐관오리에게 계속 억압을 받았기 때문에 도망친 이들을 서로 본받으니 도주하는 이는 날로 많아지고 고향에 남는 이들은 날로 줄어들었다.”[70] 지방관들은 농민에겐 가혹하게 굴었지만 ‘대가(大家)’들은 두려워했기 때문에 점점 더 많은 농민이 파산해 정처 없이 떠돌아다니고, 그럴수록 호강 대가들은 더 많은 토지와 전객을 불법적으로 차지할 수 있었다. 이런 상황은 관동 지역이 가장 심했는데, 호강 영성(寧成)은 빈민 수천 호를 소유하고 있었다.[71] 변방 거연 지역의 경우 둔전 병사들에게 지조를 징수했다는 기록이 나오는데, 경지 65무에 전조를 26석 징수했다고 하니 1무당 4두의 전조를 받은 셈이다.[72] 내지의 조세는 당연히 더 높았다. 한대에는 전객의 요역과 부세를 면제한다는 법령이 보이지 않으니, 전객도 요역과 부세의 고통에 시달렸음을 알 수 있다.

일부 파산 농민들은 생계를 위해 고용 노동자로 전락하기도 했다. 진나라 말기 진승(陳勝)은 소작농 출신이었는데, 거병하자 이전에 고용농으로 일하던 이들이 그를 알현하기 위해 군대로 들어왔다. 한나라 시절 고용 노동자의 종류는 문헌에서 볼 수 있는 소작농과 복역(僕役) 외에도 광부, 하천 정비, 능묘 건설, 주가용보(酒家傭保, 술집이나 객잔에서 일하는 노동자. 주보라고도 한다), 운하, 건축, 술집 고용인 등 다양했다.[73] 무제 시절 염철을 국가에서 독점하기 전까지 호강 대가들이 제철과 자염을 도맡았는데, "대부분 유민들을 모집해 일을 시켰으며"[74] 국가에서 독점한 이후에도 소금과 철 생산에 관아의 노비들이 대거 동원되고, 일부 요역을 통해 노동력을 제공받기도 했다. 길은 멀고 일은 힘들었기 때문에 농민들은 '천갱(踐更)'할 수 없었으며, 어쩔 수 없이 돈을 내서 다른 이를 고용해 대체했다(取庸代).[75] 고용 노동자는 다달이 임금을 받았는데, 《한서》〈오왕비전〉에 따르면 한 달에 300전이었다고 한다.[76] 관료 지주들은 심지어 권력을 행사해 고용 노동자들에게 임금을 주지 않는 경우도 있었다.[77]

한대 사회에서 고용 노동은 당시 사회생산에서 그리 중요한 위치에 있지 않았다. 고용 노동자들은 여러 가지로 인신의 속박에서 벗어날 수 없었다. 때로 용(庸, 고용 노동자)은 노(奴, 노예)와 호칭이 혼동될 때도 있었는데, 이는 그들의 신분이 그만큼 낮았음을 나타낸다.[78] 한 소제 시원(始原) 4년(기원전 83년) 조서를 보면, "매년 흉작으로 인해 백성들이 굶주리고, 유용(流庸, 객지에서 고용된 노동자)들이 아직 돌아오지 않고 있다"라는 말이 기록되어 있다. 이로 보건대, 억압과 착취가 조금 완화되거나 경기가 좋아지면 고용 노동자들도 고향으로 돌아갈 수 있었음을 알 수 있다.

상인

　서한 시대에는 상인들의 세력이 날로 커졌다. 서한은 진대 중본억말(重本抑末) 정책을 그대로 계승해 상인들에게 제한을 가했다. 하지만 장사는 착취자들이 치부하는 가장 쉽고 편리한 길이었다. 당시 속담에 "가난에서 벗어나 부자가 되려면 농업은 공업만 못하고, 공업은 상업만 못하다. 수를 놓는 것보다 시장에 나가 장사를 해야 한다"[79]라는 말이 있을 정도였다. 그래서 상인들은 온갖 수단을 강구해 제한에서 벗어나고자 애썼기 때문에 상업을 억제하는 법령은 그저 종이 문서에 불과했다. 조조는 이런 상황을 보고 문제에게 이렇게 말했다. "지금의 법률은 상인을 천대하고 있지만 상인은 이미 부귀해졌습니다."[80] 서한 전기 수많은 염철업자와 운수업, 고리대금업자들이 대상의 반열에 올랐다. 촉 땅에 사는 탁씨(卓氏)는 임공(臨邛)에서 "철광이 있는 산으로 들어가 쇠를 녹여 그릇을 만들었으며, 여러 가지 방법을 강구해 전과 촉 땅의 백성들을 압도했으며, 결국 노비 1000명을 부리는 부자가 되었다(即鐵山鼓鑄, 運籌策, 傾滇蜀之民, 富至僮千人)." 정정(程鄭)은 산동에서 이주한 포로였는데, 그 역시 임공에서 살며 철을 녹여 부자가 되었는데, "머리카락을 몽둥이처럼 틀어 올린 오랑캐들과 교역을 하기도 했다(賈椎髻之民)." 남양(南陽) 사람 공씨(孔氏)도 제철업을 했는데, "쇠를 녹여서 그릇을 만들고, 방죽과 연못도 만들었다(大鼓鑄, 規陂池)." 수레와 말을 몰고 제후를 찾아다녔으며, 이를 이용해 장사로 이익을 남겼다. 조(曹) 땅의 병씨(邴氏)는 대장장이로 시작해 억만금을 가진 부자가 되었는데, "행상을 하며 모든 군국에 돈을 빌려줄 정도로 부유했다(貰貸行賈遍郡國)." 그래서 "포의는 구병, 인군은 오왕(布衣有朐邴, 人君有吳王)"이라는 말이 떠돌 정도였다. 산동 사람 조한(刁閒)은 노예에게 "생선과 소금을 팔아 이익을 얻었다." 낙양 사람 사사(師史)는 주로 물자 수송을 통해 돈을 벌었는데, "수백 대의 수레를 끌고 군국으로 가서 장사를 했는데, 가지 않은 곳이 없었다(轉轂以百數, 賈郡國無所不至)." 의곡(宜曲)에 사는 임씨 (任氏)는 초한 전쟁 시기에 식량을 매점해 갑부가 되었다. 대부업자 무 염씨(無鹽氏)는 7국의 난 때 토벌군에 가담하려는 제후들에게 돈을 빌 려주어 원금의 10배에 달하는 이자를 받았다. 그 덕분에 그의 재산은 관중 전체의 부와 비길 정도가 되었다. 수많은 귀족과 관료 대상인들 은 화폐를 주조해 큰 이익을 얻었다. 특히 등통(鄧通)과 오왕(吳王) 비 (濞)가 유명해, 그들이 주조한 화폐는 천하에 유통되었다. 한 무제는 소 금과 철을 독점하고 평준법과 균수법을 시행하는 한편, 개인이나 군국 의 화폐 주조를 금지시켰다. 이에 대상인들은 주로 제조업이나 가공업 등 규모가 큰 수공업을 경영하거나 매점매석, 고리대금으로 부를 축적 했다.

서한 사회에서 "말업(末業)인 상업으로 재물을 모은(以末致財)" 대상 인들은 가산이 수천만 전, 심지어 억만 전이 될 정도로 부자가 될지라 도 "근본이 되는 농업에 힘써 재산을 지켰다(用本守之)." 이는 다시 말해 토지를 약탈해 대지주가 되어야만 가업을 보존할 수 있다는 뜻이었다. 그래서 대상인들은 산과 연못을 소유하고 논밭과 주택을 구입했으며, "빈민을 강제로 부려 재물을 모았다(蹛財役貧)." 다른 한편으로 대지주 나 고위 관료들 역시 상업을 겸해 폭리를 추구했다. 원제 시절 공우(貢 禹)는 황제에게 "제조(諸曹) 시중(侍中) 이상의 근신에게 사적으로 가정 에서 매매에 종사할 수 없도록 명해줄 것을 요청했다.[81] 이렇듯 당시 고 위 관료들은 상업으로 이득을 취하는 것이 보편적이었다.

대상인이 토지를 불법으로 겸병함으로써 농민의 파산과 유랑을 가속화시켰다. 대상인들은 이를 통해 큰 부를 축적하고, 왕후와 결탁해 제후왕의 할거를 조장했다. 그렇기 때문에 국가와 대상인 간의 모순이 여전히 존재했으며, 이것이 결국 한 무제가 대상인들에게 타격을 주는 계기가 되었다.

대다수 소상인의 경우, 어떤 이는 가게를 열어 물건을 팔고, 어떤 이는 다른 곳에서 물건을 사서 판매하며, 또 어떤 이는 수공업자를 겸해 자신이 제작해서 물건을 팔기도 했다. 그런가 하면 어떤 이는 수레로 물건을 수송해 운반비를 받기도 했다. 그들은 대부분 농민이나 도시 빈민 출신이었기 때문에 일반 농민들과 마찬가지로 억압과 착취에서 자유로울 수 없었다는 점에서 대상인과 완전히 달랐다. 소상인은 억상 법령의 제한을 벗어날 수 없었다. 또한 국가의 요역 징발에서 그들은 우선순위였다. 진대와 한대 칠과적(七科謫)[82] 가운데 4과(科)는 주로 상인 또는 그들의 자손과 관련된 것이었다.

노비

노비는 관노비와 사노비로 구분되며, 숫자도 상당히 많았다.

관노비는 죄를 범한 죄수 본인과 중죄인의 가족을 노비로 삼는 경우도 있고, 원래는 사노비였으나 국가가 부자에게 받거나 범죄와 관련된 재산으로 몰수해 관노비로 삼는 경우도 있다. 다른 하나는 포로를 관노비로 삼는 경우다. 당시 서쪽과 북쪽 변방에서 말을 사육하는 관노비들만 해도 3만 명에 이르렀다. 원제 시절 장안의 여러 관서에 배치되어 하는 일 없이 한가하게 노는 이들이 10만여 명이었다는 기록도 남아 있다. 관노비는 주로 궁궐이나 관부에서 복역했으며, 원유(園囿)에서 말이나 개 등 가축을 키우고, 관부 수공업과 조운(漕運), 축성(築城)

에 동원되었다.

사노비는 주로 파산한 농민 출신들이 대부분이다. 어떤 이들은 핍박을 견디지 못하고 스스로 노비가 되었으며, 인신매매로 노비가 된 이들도 있다. 어떤 경우는 '췌자(贅子)'가 되었다가 몸값을 갚지 못해 노예가 되기도 했다.[83] 관노비는 통치자가 개인에게 하사해 사노비로 전환되는 경우도 있었다. 변경의 소수민족 백성들은 통치자에 의해 노예로 전락하기도 했다. 예를 들어 서이(西夷)와 남이(南夷) 지역의 '북동(僰僮)'이 그런 경우다. 대관료, 대지주, 대상인은 많은 노비를 소유하고 있었다. 진평(陳平)이 육가(陸賈)에게 선물한 노비는 100명에 달했다. 노비를 시장에 내다 팔 경우 일반적으로 소나 말과 같은 우리에 가둬두고 팔았다. 또한 노비를 높은 가격에 팔기 위해 비단옷이나 실로 짠 신발로 장식하는 경우도 있었다. 노비 가격은 1만 또는 2만 전 등 차이가 있었으며, 노비를 매매하는 대상인은 매번 100여 명의 노비를 팔아 20만 전의 이익을 얻었다. 한대에는 임의로 노비를 죽일 수 없었으며, 노비를 죽일 경우 반드시 관아에 신고를 해야 한다는 법령이 존재했다. 하지만 법령을 어기고 노예를 살해해 처벌을 당하는 사례도 종종 있었다.[84] 일반적으로 주인은 노비를 "죽일 권리가 있었기 때문에"[85] 노비는 생명 보장을 받을 수 없는 상황이었다.

사노비는 집안에서 잡일을 하는 것 외에도 농업, 수공업, 상업활동에 종사했다. 계포(季布)는 주가(朱家)의 노예로 논밭에서 일했고, 장안세가(張安世)의 가동(家僮) 700여 명은 "모두 손재주가 있어 수공업에 종사했고",[86] 조한(刁閑)의 노예들은 물건을 운송하는 데 동원되었다. 왕포(王褒)가 쓴 《동약(僮約)》[87]을 보면, 당시 노예가 담당했던 노역의 항목이 기재되어 있는데, 잡다한 집안일 외에도 논밭과 과수원, 농장, 수공업, 조선, 집수리, 장사 등 다양했다.

한 무제의 통일 공고화와 전제주의, 중앙집권제도 강화

한 무제는 50여 년(기원전 140년~기원전 87년)을 통치하면서 서한 왕조
의 전성기를 구가했다. 또한 그가 재임하던 시기는 중화민족이 가장 크
게 발전했던 시기이기도 하다. 경제가 번영해 창고에 재물이 넘쳐났으
며, 이를 바탕으로 정치, 경제, 군사 방면에서 다양한 조치가 취해지고,
일련의 제도 개혁이 이루어졌으며, 이를 통해 통일국가에 필요한 조치
가 시행되었다.

왕국 세력을 더욱 약화시키다

한 무제 시절 제후왕들은 이전처럼 강력해 통제가 힘들지는 않았지
만 여전히 "수십 개의 성곽이 연이어 있고 천 리 사방의 토지를 확보하
고 있었다."[88] 이는 서한 중앙 정권에 위협이 아닐 수 없었다. 원삭(元朔)
2년(기원전 127년) 한 무제는 주부언(主父偃)의 건의를 받아들여, 제후왕
이 '사은(私恩)'을 통해 왕국 토지의 일부를 자제들에게 분봉해 열후로
삼는 것을 허락하고, 황제가 직접 열후의 봉국 명칭을 제정하고, 한군
(漢郡)에 예속토록 했다. 그 지위는 현에 상응했다. 그렇기 때문에 왕국
은 후국으로 나누어지고, 왕국이 축소되는 대신 조정에서 직할하는 토
지가 확대되는 효과가 있었다. 추은(推恩)의 조령이 하달된 후 왕국은
자제들에게 봉지를 나누어줄 수 있기를 요청해 "제후의 적자 이외 방

계의 자제들도 모두 제후가 되었다.[89] 서한 왕조는 제후왕이 봉지를 자제들에게 재분봉한 후 "스스로 승강(乘降)을 변동하지 못하도록 해 제후국이 스스로 분열, 와해되도록 했다."[90] 무제 이후 왕국의 관할지는 몇 개의 현으로 대폭 축소되었으며, 위상 또한 군(郡) 정도였다. 이렇게 해서 강력한 세력을 통해 통제가 힘들었던 제후왕의 문제가 어느 정도 해결되었다.

제후왕의 문제가 해결되었지만 전국에 여전히 열후가 100여 명 정도 남아 있었다. 한나라 제도에 따르면, 매년 8월 음주대전(飮酎大典)을 거행하면서 제후왕과 열후가 '주금(酎金)'을 헌납해 제사를 돕도록 되어 있었다. 원정(元鼎) 5년(기원전 112년) 무제는 열후가 헌납한 주금의 함량이 부족하다는 이유로 106명 열후의 작위를 박탈했다. 그리고 나머지 열후들도 다양한 이유를 들어 계속 작위를 박탈당한 이가 적지 않았다.

한초 귀족들은 양사(養士), 즉 선비를 양성하는 풍조가 성행했는데, 강력한 권세를 가진 제후왕들은 대규모로 빈객과 유사(游士)를 초청하여 좌우 시종으로 삼았다. 그중에는 문학지사(文學之士)도 있었고, 유생이나 방사, 종횡논변(縱橫論辯)을 일삼는 이들도 있었다. 제후왕들이 반한(反漢)을 획책할 당시 빈객, 유사들이 그들의 중요한 조수로 활약했다. 그래서 무제는 강력하게 이러한 풍조를 억제했다. 회남왕 유안(劉安)과 형산왕(衡山王) 유사(劉賜)가 모반 혐의로 고발되자 무제는 원수(元狩) 원년(기원전 122년) 그들의 빈객과 당우(黨羽)를 모조리 체포하도록 명을 내렸다. 이에 연루되어 죽은 자가 수만에 이르렀다. 연이어 무제는 '좌관율(左官律)'과 '부익법(附益法)'을 반포했다. 전자는 왕국의 관리를 '좌관(左官)'으로 삼아 차별대우하는 것을 말하고, 후자는 사인과 제왕(諸王)의 교류를 제한하는 것이다. 이후로 "제후들은 의식이나 조세를 얻을 뿐 정사에 간여할 수 없었으며,"[91] 특히 황실과 비교적 소원한 제후들은 일반 부자들이나 다를 바 없었다.

찰거제도 시행과 태학 건립

한초에 이천석 이상의 대관료들은 자제를 경사로 보내 낭(郎)으로 삼았는데, 이를 '임자(任子, 자식에게 관직을 승계하는 제도)'라고 한다. 자산 10만 전(경제 시절에는 4만 전으로 변경했다) 이상을 소유한 이들 가운데 상인이 아닌 이들도 낭으로 선발될 수 있었는데, 이를 '자선(訾選)'[92]이라고 불렀다. 낭은 황제의 시종으로 "황실의 문호를 지키고 나아가서는 거기(車騎)에 충당되었으며"[93], 다른 관직을 받기도 했다. 서한 초년 지주 계급의 자제들이 낭이 되었는데, 이는 그들이 출사(出仕)하는 중요한 발판이었다. 이러한 선관(選官) 제도하에 "장리는 대부분 낭중, 중랑, 이천석 관리의 자제에서 낭리를 선발했으며, 집안의 재부를 승진했기에(選郎吏又以富訾)"[94] 반드시 유능한 관리를 얻을 수 있는 것은 아니었다. 그래서 날로 증가하는 전제 왕조의 수요에 부응하기 어려웠다. 혜제 이래로 한조는 각 군현에서 효성스러운 자나 농사에 힘쓰는 자를(孝弟力田)" 선발하여 그들의 요역을 면제하고 그들이 향인(鄉人)들을 "이끌도록[導率]"했다. 문제는 "현량하고 직언과 극간을 할 수 있는 인물을 천거하라"[95]는 조서를 반포했다. 이러한 조서를 통해 주로 현임 관리들 중에서 인물을 선발했다. 효제역전(孝弟力田)이든 거현량(擧賢良)이든 모두 정식 제도로 자리매김하지는 못했다.

무제 초년 동중서가 거현량대책(擧賢良對策)에서 여러 열후, 군수, 이천석 이상의 관리들이 각기 휘하 관리나 백성들 가운데 재능 있는 이를 선발하여, 매년 두 사람을 숙위로 추천한다(使諸列侯郡守二千石, 各擇其吏民賢者, 歲貢各二人, 以給宿衛)[96]라는 의견을 제시했다. 그의 주장은 세공(歲貢)과 정원(定員)을 포괄한 것이며, 대상은 관리와 민(民)이었다. 제도 면에서 이는 문제 시절의 조거(詔擧)에 비해 더욱 완비된 형태였다. 원광(元光) 원년(기원전 134년) 무제는 처음으로 군국에 효(孝)와 염(廉) 각 한 사람씩 추천할 것을 명했다.[97] 이후로 군국에서 매년 효렴을 천거하는 찰거제도가 확립되기 시작했다.

찰거제도가 처음 시행되고 몇 년간 집행할 능력을 갖추지 못해 한 명도 추천하지 못하는 군국도 있었다. 그래서 무제는 이천석이 "효자를 천거하지 않고, 조서를 받들지 못하면 불경죄로 논죄하고, 청렴한 이를 관찰하지 않으면 임무를 감당할 수 없음이니 마땅히 면직한다"[98]라고 규정해 찰거제도 시행을 독촉했다.

무제 이후 효렴과(孝廉科)가 사대부가 입사하는 중요 경로가 되었다. 천거된 효렴은 주로 낭서(郞署)에서 직책을 받았는데, 낭(郞)부터 시작해 상서(尚書), 시중(侍中), 시어사(侍御史)가 되거나 외근직으로 현(縣)의 영(令), 장(長), 승(丞), 위(尉) 등을 거쳐 자사(刺史)나 태수(太守)가 될 수 있었다.

무제는 또한 공경과 군국에 무재(茂才), 현량방정(賢良方正), 문학(文學) 등을 천거하도록 명하여 그 가운데 일부 인재를 발탁했다. 하지만 이러한 찰거는 특과(特科)의 성격을 지닌 것으로 정규적으로 시행된 것은 아니다. 무제 시절에는 상서배관(上書拜官)의 방법도 있었다. 예를 들어 전천추(田千秋)는 상서를 올려 황제의 뜻에 부합하자 수개월 후에 낭에서 승상으로 벼락진급을 했다.

무제는 장안성 밖에 태상 박사(太常博士)의 제자를 위해 학교를 건립해 태학(太學)이라고 명명했다. 학생들은 태학에서 박사에게 수업을 받았다. 박사 제자들은 50명으로 "태학에서 18세 이상의 외모 단정한 자를 선발해"[99] 충당했으며, 입학 후에는 본인의 요역을 면제했다. 이외에 박사에게 "제자와 같이 수업을 받는" 약간의 학생들이 있었는데, 그들은 군현에서 선발해 충당했다. 이들 박사 제자들은 시험을 거쳐 등급에 따라 관리로 채용되었다. 무제는 천하의 군국에도 학교를 건립하도록 해 초보적인 지방 교육체계를 마련했다. 태학과 군국의 학교는 주로 인민을 통치하는 관료를 배양하고, 문화를 전파하는 데 긍정적으로 작용했다.

찰거제도 시행과 태학 건립 이후 대관료나 부호들이 관직을 독점하던 기존의 국면이 전환되면서 일반 지주 자제들이 입사할 수 있는 경로가 더욱 넓어졌다. 또한 새로운 제도가 시행되면서 황제는 책문(策問)과 시험을 통해 비교적 넓은 범위에서 자신의 뜻에 부합하는 관리를 선발할 수 있었다. 인재 선발은 전제 황권의 통치를 강화하는 데 중요한 작용을 했다.

승상의 권력을 약화시키다

서한 초기 관제는 기본적으로 예전 진대의 것을 그대로 받아들여 크게 변화한 것이 없었다. 한 고조는 공신들을 승상으로 임명했기 때문에 승상의 위상이 상당해 황제에게 직언도 마다하지 않았으며 심지어 감히 할 수 없는 발언까지 예사로 여겼다. 혜제 시절 조참(曹參)이 승상으로 있으면서 하는 일이 없자 혜제가 조참의 아들 조줄(曹窋)에서 넌지시 진언토록 했다. 그러자 조참이 혜제에서 "폐하께선 팔짱을 끼고 가만히 계시고, 저희들은 직분을 지키기만 하면 됩니다"[100]라고 말하면서

4장 진·한시대

자신의 태도를 바꾸지 않았다. 문제의 행신(幸臣) 등통(鄧通)은 승상 신도가(申徒嘉)가 입조했을 때 예의에 태만한 모습을 보였다. 이에 신도가가 등통을 엄하게 질책한 후 문제에게 이렇게 말했다. "폐하께서 군신을 총애하시어 그들을 부귀하게 만드시니 조정의 예의가 엄숙할 수 없습니다."[101] 이러한 실례를 통해 황제와 승상의 권력 배분에 일정한 모순이 존재했음을 알 수 있다.

경제 시절에는 이미 고조의 공신들이 모두 세상을 떠나고, 도청(陶青), 유사(劉舍) 등 공신의 자제들이 열후에서 승상으로 승진되었다. 이후로 승상의 권력이 약화되기 시작했으나 이러한 권력상의 모순이 구체적으로 드러나기 시작한 것은 무제 시절이다. 당시 승상 전분(田蚡)이 교만해 "사람을 추천하는데 때로 자신의 집에 머물고 있는 자를 세워 곧바로 이천석의 고위 관직으로 만들기도 했으니 권력이 황제로부터 그의 손으로 옮겨간 듯했다." 그리하여 황제가 말하기를 "그대가 임명하고자 하는 이들은 다 임명했는가? 나도 관리들을 임명하고 싶은데!"[102]라고 했다. 그렇기 때문에 승상의 권력을 약화시키는 것은 곧 황권을 강화하기 위한 절박한 문제가 아닐 수 없었다. 원삭 5년, 무제는 공손홍(公孫弘)을 승상으로 임명하고 평진후(平津侯)에 봉했다. 공손홍은 '포의(布衣)'에서 시작한 인물로 조정에 지지자들이 없었기 때문에 그저 머리를 조아리고 "예, 예" 하면서 감히 황제의 뜻을 어기지 않았다. 이후로 공신, 열후의 자제가 승상의 자리를 독점하는 국면이 끝나고, 승상은 황제에게 완전히 장악되어 "자리만 지킬 따름이었다(充位)."

무제는 현량과 문학 또는 상서언사(上書言事, 대책·상서·면담을 통해 좋은 의견을 제출하는 것을 말한다)한 이들 중에서 적지 않은 이들을 선발했는데, 엄조(嚴助), 주매신(朱買臣), 오구수왕(吾丘壽王), 주부언(主父偃), 엄안(嚴安) 등이 그들이다. 그들은 원래 직책 외에도 시중(侍中), 급사중(給事中), 상시(常侍) 등의 관직을 겸직하고 금문을 출입해 좌우에서 시종하고 고문(顧問)에 응대하며 정치에 참여토록 했다. 무제는 엄조 등에게 "대신들과 변론하도록 명하여 천자의 빈객[중조(中朝)]과 공경대부[외조(外朝)]가 경학의 의리(義理)를 가지고 문답했는데, 대신들이 여러 차례 말문이 막혔다."[103] 황제의 서찰을 관장하는 상서[尚書, 소부(少府)의 속관(屬官)]는 장주(章奏) 출납을 도맡아 조정의 실권을 장악했다. 무제는 환관을 중서(中書)로 임명해 상서의 직무를 관장토록 했다. 그들은 황제의 좌우에 포진해 점차 정책 결정 기구로 성장했다. 이를 '중조(中朝)' 또는 '내조(內朝)'라고 칭하는데, 승상을 수반으로 하는 정무기관인 '외조(外朝)'와 대응했다. 황제는 중조를 통해 통치를 강화했으며, 중조는 황제의 중임에 의지해 외조를 능가했다. 이렇게 해서 전제제도가 한층 강화되었다.

무제가 와병(臥病) 시기에 외척 곽광(霍光)을 대사마대장군(大司馬大將軍)으로 삼았는데, 무제 사망 이후 곽광은 상서의 일을 겸직했다. 이후로 대장군과 전후좌우(前后左右) 장군들은 모두 실권을 장악하고 있는 '중조'의 관리가 되었다. 대장군이 상서의 업무를 관할해 조정 내외의 권력을 압도하게 되자 승상은 비록 황제 아래로 가장 높은 관직과 명예를 지니고 있었지만 실제 직권은 미약했다.

중앙 군사력 강화

진과 한대 초기에는 병역제도와 요역제도가 결합되어 있었다. 제도의 규정에 따르면, 남자는 23세에서 56세 사이에 2년 동안 병역을 담당해야 한다. 1년은 자신의 군현에서 재관(材官, 보병), 누선(樓船, 수군),

또는 기사(騎士)로 근무해야 하는데, 이를 정졸(正卒)이라고 칭한다. 나머지 1년은 경사(京師)에서 위사(衛士)를 하거나 변방 군(郡)에서 수졸(戍卒)을 맡아야 한다. 이외에도 남자들은 매년 1개월간의 요역을 담당했는데, 이를 갱졸(更卒)이라고 칭한다. 현(縣)이나 외지에서 복역할 경우는 천갱(踐更)이라고 불렀다. 복역을 원치 않는 자는 300전(일설에는 2000전)을 납부해 다른 이가 대신 복역할 수 있는데, 이를 과갱(過更)이라고 한다. 한대 병역과 요역제도는 자료가 난잡해 아직 정설이 없는 상황이다.

지방의 경우 군사는 군위(郡尉)나 왕국(王國)의 중위(中尉)가 관장했다. 그들은 현지 정졸을 통솔해 군사훈련을 주관했다. 매년 가을 군 태수는 정졸의 검열을 실시했는데, 이를 도시(都試)라고 한다. 황제가 군국의 병력을 동원할 때는 동으로 만든 호절[銅虎符]을 증험으로 삼았으며, 부절이 없을 경우 병력을 동원할 수 없었다. 경성에는 남군과 북군이 주둔했다. 북군은 경사를 수비하며 사졸은 주로 삼보(三輔)인 경조(京兆), 풍익(馮翊), 부풍(扶風)에서 선발하고 중위가 통솔했다. 남군은 황궁 보위 군사로 위사(衛士)들은 삼보 이외 각 군국에서 선발하고 위위(衛尉)가 통솔했다. 남북군은 군사력이 그다지 크지 않았으며, 남군의 위사 병력의 경우 서한 초기 2만 명에 불과했으며, 무제가 즉위한후 1만 명으로 더 감축했다. 남북군 이외에 황제를 시종하는 낭(郎)이 있으며, 낭중령이 통솔했다.

한초 군사제도에 따르면, 군사력은 전국 각지에 분산되었으며, 도성 안팎에는 중무장 병력이 존재하지 않았다. 이러한 군사제도로는 중앙집권을 강화하려는 무제의 요구에 부응할 수 없었다. 무제는 이러한 제도를 변혁시키기 위해 우선 기존의 '번상(番上, 윤번제로 돌아가며 숙위함)'

군대가 아니라 중앙에서 언제라도 동원할 수 있는 '장종(長從, 일종의 직업군인으로 장기간 병역을 맡은 자를 말한다 – 역주)'을 만들 필요가 있었다. 그래야만 '강간약지(强幹弱枝, 줄기를 강화하고 가지를 약화함)'해 국가의 진압능력을 강화할 수 있었다.

원정(元鼎) 6년(기원전 111년), 무제는 둔기(屯騎), 보병(步兵), 월기(越騎), 장수(長水), 사성(射聲), 호분(虎賁), 호기(胡騎) 칠교위(七校尉)를 창건해 경사에 주둔시켰다. 칠교위의 병사는 원래 중첩교위(中疊校尉)가 통솔했기 때문에 합쳐서 팔교위(八校尉)라고 부른다. 팔교위 각 교(校)의 병력은 대략 수백 명에서 1000여 명이었다. 건원(建元) 3년(기원전 138년) 무제는 기문군(期門軍)을 설치하고, 태초 원년(기원전 104년) 우림군(羽林軍)을 창설했다. 기문은 대략 1000여 명이었으며 우림은 700명으로 삼보와 농서(隴西), 천수(天水) 등 여섯 군의 '양가자(良家子)'로 충당해 낭중령(郎中令)이 관장하고 숙위(宿衛)를 맡겼다.《한서》〈지리지〉에 따르면, "육군(六郡)의 양가자 중에서 우림, 기문을 선발해, 재력(材力)이 있는 이들은 관리로 삼았는데 유명한 장군들이 많이 나왔다(六郡良家子選給羽林, 期門, 以材力爲官, 名將多出焉)." 이렇듯 기문과 우림은 전국 군사조직에서 상당히 중요한 위치를 차지했다. 무제는 나중에 종군하다 전사한 이의 자손을 우림군으로 양성해 군사훈련을 시키고, 그들을 '우림고아(羽林孤兒)'라고 칭하고 숙위 역량을 강화하는 데 활용했다.

팔교위와 기문, 우림이 연이어 창설된 후 경사에서 장종을 모집하기 시작했다. 선제(宣帝) 신작(神爵) 원년(기원전 61년) 호기(胡騎), 월기(越騎), 기문과 우림고아를 동원해 강인(羌人)을 공격한 것을 보면 모집한 장종으로 변경의 전쟁을 수행했음을 알 수 있다.

자사 설치

혜제 3년(기원전 192년), 상국(相國) 조참(曹參)이 어사를 파견해 삼보(三輔)를 감독할 것을 주청하면서 진대 어사감군(御史監郡) 제도가 일부 부활했다. 문제 13년(기원전 167년) 승상이 각지에 사(史)와 자(刺)를 파견해 지방관을 감찰하고, 아울러 감군어사(監郡御史)를 감독했는데 상시적으로 행한 것은 아니었다. 문제는 주로 특사를 파견해 순행토록 했다.

원봉 5년(기원전 106년) 무제는 전국을 13개의 감찰 구역으로 나누었는데, 이를 13주부(州部)라고 부른다. 매 주부에 자사(刺史) 한 명을 배치해 매년 8월 주부 내의 군국을 교대로 순시하면서 "치적을 살펴 파출(罷黜)과 승진 여부를 관장하고, 옥사를 판단해 억울한 옥사가 없도록 다스렸으며, 여섯 가지 조항에 따라 정황을 질문했다."[104] 여섯 가지 조항은 자사의 감찰 범위를 상세하게 규정한 것인데, 그 가운데 1조는 호강이 경작지와 저택의 제한을 위반하고 권력으로 약자를 능멸하고 해치는 일을 감찰하는 것이고, 5조는 군국의 수상을 감독하는 것이다. 정화(征和) 4년(기원전 89년) 무제는 사례교위(司隸校尉)를 설치했다. 사례교위는 경사 여러 관부의 사병 1200여 명을 통솔하면서 "미신을 퍼뜨려 인심을 어지럽히는 무고(巫蠱, 무당)를 체포하거나 간사하고 교활한 악인을 감시하는 책임을 맡았다(捕巫蠱, 督大奸猾)." 이후 병권이 취소되었으며, 삼보(경조, 풍익, 부풍), 삼하(三河), 홍농(弘農) 등지를 시찰하는 책임을 맡았으며, 직권은 자사와 비슷했다. 자사와 사례교위를 창설함으로써 중앙의 지방에 대한 통제를 강화하여 줄기를 강하게 하고 가지를 약화시키는 데 현저한 효과를 보았다.

자사는 600석 관리[성제 시절에는 자사를 주목(州牧)으로 개칭하고 녹봉 이천석이 맡았다]가 맡았는데, 녹봉이나 직위가 그리 높지 않았지만 경사 밖으로 감독하기 위해 출행할 경우 중앙을 대표해 이천석과 왕국의 상(相)을 감찰할 수 있었다. 자사는 "치적을 살피고 옥사를 판단하는 것(斷治冤獄)"을 제외하고 지방의 기타 행정사무를 직접 처리할 수는 없었다. 그래서 자사 설립은 "작은 것으로 큰 것을 제어하고 안팎으로 서로 잇는 데"[105] 적합해 진조의 어사감군제도보다 훨씬 주도면밀했다고 말할 수 있다.

혹리를 임명하고 형법을 엄중하게 하다

봉건제도가 발전하면서 지주계급에서 일부 호강(豪強)이 등장했다. 그들은 종족의 세력이 강화되면서 향곡(鄕曲)을 무단으로 통치하며 백성을 능멸하고 나라의 법도를 어지럽혔다. 제남(濟南) 간씨(瞯氏), 영천(潁川) 관씨(灌氏)는 모두 서한 전기 호강대족들이다.

당시 유협(游俠)으로 이름을 날린 이들이 있었다. 유협은 의기(義氣)와 호협(豪俠)을 표방하고 빈궁하고 어려움에 빠진 백성들을 구제했다. "전국에서 권력을 행사해 공후의 세력을 꺾었다."[106] 주가(朱家), 극맹(劇孟), 곽해(郭解) 등은 한나라 초기 저명한 유협들이다. 일부 유협은 "죄를 짓고 사납게 다른 이를 공격하고", "사람들을 째려보며 살해하면서" 지역 우두머리 노릇을 했다. 사마천은 이러한 유협들에 대해 "도적과 같은 무리로 민간에 섞여 살았을 뿐이다"[107]라고 말했다. 유협이나 호강은 때로 관부와 서로 의존해 백성들을 통치했으나 상호 모순관계에 놓여 있었음이 분명하다.

유협과 호강을 제압하기 위해 혹리(酷吏)가 등장했다. 경제 시절 질도(郅都)는 제남의 태수로 임명되어 "제남 간씨(瞯氏)의 우두머리 일가를 주살했다. 그러자 나머지 간씨들은 모두 두려워하며 다리를 벌벌 떨었다."[108] 영성(寧成)은 중위(中尉)로 임명된 후 질도를 본받아 법을 집행했다. 이에 "황족과 호걸들이 모두 두려워하며 불안해했다." 질도와 영성은 모두 서한 초기 혹리들로 그들의 활동은 한 무제의 유협과 호강 타격의 전주곡이었다. 한 무제는 "호강이나 대성(大姓)을 이주시켜 종족끼리 함께 살지 못하도록 했다."[109] 아울러 혹리들을 대거 임용해 호강 세력을 제거했다. 장탕(張湯)은 어사대부로 있으며 "부상(富商), 대고(大賈)를 없애고 고민령(告緡令)을 통해 호강과 대지주들을 뿌리 뽑았으며, 법조문을 교묘하게 적용해 그들을 죄에 저촉하게 만듦으로써 법률의 허점을 보완했다."[110] 두주(杜周)는 정위(廷尉)였는데, "황제의 의중을 잘 살펴 옥사를 처리했으며(專以人主意旨爲獄)", "조령에 의해 체포한 자가 6만~7만 명에 이르렀고, 다른 관리가 죄명을 꾸며 처리한 죄인들이 10여만 명에 달했다(詔獄逮至六七萬人, 吏所增加十有餘萬)." 주양유(周陽由)는 군수로 있으면서, "자신이 좋아하는 이는 법에 저촉되어도 살려주고, 자신이 미워하는 자들은 법령을 왜곡해서라도 죽여버렸다. 그래서 그가 살고 있는 군에서 많은 호족들이 죽임을 당했다(所愛者撓法活之, 所憎者曲法滅之, 所居郡必夷其豪)." 장탕이나 두주, 주양유와 같은 중앙 또는 지방 관리들은 거의 모두 비슷했다. 그들의 활동은 호강 세력의 창궐을 막고 전제 황권을 강화하는 데 큰 도움이 되었다.

하지만 혹리는 호강이나 유협과 절대적으로 대립하는 세력만이 아니었다. 혹리 영성은 파직되어 귀향한 후 논밭을 사들여 "빈민들에게 세를 내주어 수천 가(家)를 노역시켰다." 혹리 의종(義縱)은 어린 시절 장차공(張次公)과 더불어 강도짓을 하며 도적떼를 결성했다. 이들은 모두 그 자신이 호강 또는 유협이라고 할 수 있다. 그래서 자신이 거주하는 군을 다스리면서 때로 '호감(豪敢, 재능이 출중하고 성격이 과감한 이를 말한다. 일종의 심복 관리의 뜻이다 - 역주)'을 자신의 어금니와 발톱처럼 사용해 백성들에게 온갖 악행을 저지르기도 했다. 혹리 왕온서(王溫舒)는 하내(河內)의 호강을 체포했는데, 연좌된 자가 1000여 가에 이르렀으며, 처형당한 이들의 피가 10여 리를 흘렀다고 한다.

혹리들은 호강을 제거함과 동시에 장탕, 조우(趙禹)의 경우처럼 일부 법령을 조목별로 정해 "옥리가 죄인을 각박하게 다스리거나 고의로 죄에 빠뜨린 것은 완화시키고, 죄인을 풀어준 죄는 가혹하게 다스렸다(緩深故之罪. 急縱出之誅)"[이른바 '견지고종법(見知故縱法)', '감림부주법(監臨部主法)'을 말한다 - 역주]. 그들이 법령을 조목별로 정한 이후로 법령이 359장(章), 대벽죄(大辟罪)가 409조(條) 1882사(事)로 증가했으며, 사형 판결이 사형 판례에 비해 1만 3472사(事)나 늘었다. 형법의 조목별 결정은 호강 세력을 제거하기 위함이었지만 오히려 백성들을 진압하는 데 더욱 효과적으로 활용되었다. 형법이 잡다하게 많아지면서 군국의 옥사가 제대로 운용되지 않아 죄는 같은데 판결은 다른 경우가 흔히 발생했다. 또한 관리들이 제멋대로 법조문을 교묘하게 운용하거나 옥사를 날조하는 일이 생겨 "(옥리가) 살리고 싶으면 살 수 있는 이유를 만들고, 모함에 빠뜨리고 싶으면 견강부회하여 죽일 만한 이유를 만들었다."[111] 이로 인해 원통하게 죽는 이들이 셀 수 없을 정도로 많았다. 그래서 《한서》〈형법지〉는 "빈민들이 법을 어기면 함부로 처벌해 간악한 일이 셀 수 없었다(窮民犯法, 酷吏擊斷, 奸軌不勝)"라고 했으며, 《한서》〈혹리전〉에서 말한 것처럼 군국의 수상(守相)들은 살상하기를 좋아했던 왕온서의 가혹행위를 본받았다. 그래서 "관리나 백성들 가운데 죄를 범하는 이들이 날로 많아지고 도적들이 더욱 번성했다(吏民益輕犯法, 盜賊滋起)." 이렇듯 혹리와 형법을 통해 전제 황권을 강화하면서 결국 계급 모순이 격화될 수밖에 없었다.

화폐 통일

한 무제는 연이어 변경 너머 여러 민족과 전쟁을 일으켰다. 연이은 전쟁으로 인해 막대한 재부가 소모되었으며, 문제와 경제 시절에 쌓아 놓은 재물을 모두 소진하고 말았다. 그래서 그는 백성들을 모아 노비를 헌납하면 요역을 면제시켜주고, 양(羊)을 헌납하면 낭관(郎官)을 제수했다. 또한 무공작(武功爵)을 만들고 이를 판매해 정부의 재정 확충에 열을 올렸다. 원수(元狩) 연간에 한 무제는 상인들은 관리가 될 수 없다는 금령을 해제해 염상 출신 동곽함양(東郭咸陽)과 야철업자인 공근(孔僅)을 대농승(大農丞)으로 임명해 염철에 관련된 일을 맡겼고, 낙양의 상인 자제인 상홍양(桑弘羊)에게 계산(計算, 경리)을 맡겼다. 그들은 막강한 전제정권을 등에 업고 화폐를 통일시키는 한편 염철을 독점하는 제도와 균수법, 평준법 등을 제정해 재정수입을 확대하고 상인의 활동을 제한했으며, 농업생산과 상품시장을 안정시켰다.

한초 이래로 고조가 주조한 협전(莢錢)과 문제 때 주조한 사수전(四銖錢)은 품질이 조악했다. 문제가 개인이 화폐를 주조할 수 있도록 허가하자 제왕(諸王)과 대관료, 호상 등이 화폐를 주조해 많은 이익을 얻었다. 그렇기 때문에 화폐의 크기가 일정치 않고 무게 또한 서로 달라 사회생산과 교환에 심각한 영향을 주었으며, 국가 통일에도 불리했다. 이에 무제는 삼수전(三銖錢)을 발행해 개인이 사사롭게 화폐를 주조하는 것을 금지시키고, "각종 백금이나 동전을 몰래 주조하는 자는 모두 사형으로 죄를 물었다."[112] 원수 5년(기원전 118년) 오수전(五銖錢)으로 삼수전을 대체했으나 사주(私鑄) 풍조가 줄어들지 않아 "관리나 백성들

가운데 몰래 주조하는 자가 수십만 명에 이르렀으며,……천하 대도시에서 거의 대부분 백금이나 사전을 주조했다." 무제가 새로 적측전(赤仄錢)을 주조하도록 했으나 화폐제도를 안정시키기에는 역부족이었다.

원정 4년(기원전 113년), 무제는 군국에서 사전을 주조할 권리를 박탈하고 수형도위(水衡都尉) 소속의 종관(鍾官), 변동(辨銅), 균수(均輸) 삼관(三官)[113]이 새로운 오수전 주조를 책임지도록 했으며, 이를 삼관전(三官錢)으로 불렀다. 무제는 각 군국에서 이전에 주조한 동전을 모두 녹여 삼관으로 보낼 것을 명했다. 당시 금령은 상당히 엄격했으며, 새롭게 주조한 화폐의 품질이 좋았기 때문에 몰래 주조하는 비용이 그 가치를 초과해 사전으로 이익을 도모할 수 없었다.

오수전(위)과 청동거푸집(아래)

그래서 비로소 화폐제도가 비교적 장기간 안정될 수 있었다. 화폐 통일은 강대한 국가 역량이 없으면 불가능하다. 화폐를 통일시킨 후 전제주의 중앙집권제도가 경제적으로 보증될 수 있었다.

염철 독점 관리와 균수법, 평준법 실행

소금을 독점 관리하는 방식은 소금 생산지에 염관(鹽官)을 파견하고 자염(煮鹽)에 필요한 '뇌분(牢盆, 가마솥)'을 설치한 후 사람들을 모집해

4장 진·한시대

소금을 만든 다음 생산된 모든 소금을 관가에서 수매해 판매하는 것이다. 철을 독점 관리하는 방법은 철 생산지에 철관(鐵官)을 배치해 야금과 주조를 감독하고 생산된 철기를 독점 판매하는 것이다. 서한 시대에 염관은 28개 군국에 35명이 배치되었고, 철관은 40개 군국에 48명이 파견되었다. 염철관은 중앙의 대농(大農)이 총괄했다. 제후 왕국에도 자체적으로 염철관이 있었으나 나중에 대농 소속 염철관으로 대체되었다. 염철 관리는 주로 과거에 염철을 생산 판매했던 상인들로 충당했다.

균수법(均輸法)은 대농이 각지에 균수관(均輸官)을 파견해 각지에서 경사로 수송해야 하는 물품을 생산지에서 다른 지방으로 운송해 판매하고, 다시 판매한 곳에서 다른 물품을 구매해 지역을 바꾸어 판매한 다음 마지막에 관중(關中)에서 필요한 물품을 장안으로 운반하는 것을 말한다. 균수법이 시행되면서 군국에서 공물을 운송하느라 "왕래가 번잡해지고 물품이 많아 고역을 치르며 운반비도 보상받지 못하는" 불합리한 현상이 사라졌으며, 대농의 여러 관리들이 "천하의 화물을 독점함으로써(盡籠天下之貨物)", 국고를 가득 채울 수 있었다.

평준법은 대농이 경사에 평준관(平准官)을 배치해 균수해온 화물을 접수한 후 장안의 시장 가격 변동에 따라 비쌀 때 팔고 쌀 때 사들여 물품 수급을 조절하고 시장을 통제하는 것을 말한다.

염철을 독점하고 균수, 평준을 실행해 대농(大農)이 염철 생산과 화물 매매를 통제하도록 한 것은 부상대고(富商大賈)가 폭리를 취하지 못하게 하고, 물가 폭등을 막기 위함이었다. 또한 일부 상인의 이윤을 국가 수입으로 잡아 한 무제의 순수(巡狩)나 무절제한 하사품과 군사비용에 전용하기 위함이었다. 그래서 "백성들이 부세를 더하지 않아도 천하의 쓰임새가 풍요롭게 되었던 것이다(民不益賦而天下用饒)."

서한 이래로 호강대고들이 소금, 철 생산과 주전(鑄錢)에 주력하면서 폭리를 취했으며, 일부는 정치적 할거 세력으로 변해 깊은 산속이나 호수, 바닷가로 숨어들어 수많은 무리들을 모아 소금을 생산하거나 화폐를 만들어 경제력과 더불어 군사력을 비축했다. 경제 시절 오왕(吳王) 비(濞)가 반란을 일으켰을 때 재정과 군사력을 확보할 수 있었던 것도 바로 이 때문이었다. 그래서 상홍양(桑弘羊)은 염철 독점과 평준, 균수의 필요성을 논증하면서 "산택의 재부는 균수품을 저장한 것이니 경중을 다스리고 제후를 부려야 합니다"라고 했으며, "지금 염철을 하나로 총괄해야 한다고 말하는 것은 단순히 이익을 얻기 위함이 아니라 근본을 세우고 말엽을 억제하며, 붕당을 흩뜨리고 사치를 금하며 겸병의 길을 막기 위함입니다"라고 했던 것이다.[114] 이렇듯 염철을 국가가 독점하고 균수, 평준법을 실시한 것은 제후왕과 호강, 그리고 대상인들의 정치적 행위를 근절하기 위함이기도 했다.

서한 왕조가 염철을 독점하고 상업에 간여하면서 백성들은 직접적으로 적지 않은 고통에 시달렸다. 예를 들어 관에서 독점하고 있는 소금은 가격이 비싸고 맛이 썼으며, 철제 농기구는 품질이 떨어지고 현실에 맞지 않았다. 이후 일부 현량(賢良)이나 문학(文學)이 염철 독점과 평준, 균수제도에 반대한 것은 바로 이것이 주된 이유였다. 이러한 제도 역시 장기적으로 실행되지 못했다.

산민과 고민

화폐 통일, 염철 독점 관리, 평준과 균수법 시행 이외에도 한 무제는 대상인의 재부를 직접 박탈할 수 있는 조치를 취했다. 이것이 바로 산민(算緡)과 고민(告緡)이다[민(緡)이란 돈을 꿰는 실을 말하는데, 실로 돈을 꿰어

4장 진·한시대

1000전을 1관으로 삼았고, 1관에 20전을 세금으로 납부했다 - 역주].

원수 4년(기원전 119년), 무제는 '초산민전(初算緡錢)'으로 상인과 수공업자는 시적(市籍) 유무와 상관없이 "고리대금업자, 싸게 사서 비싸게 파는 사람, 성 안에 살면서 많은 물건을 쌓아놓은 사람, 장사를 통해 이익을 얻는 사람(貰貸賣買居邑貯積諸物)"은 반드시 정부에 신고할 것을 규정했다. 이에 따르면, 2000전일 경우 1산(算), 즉 120전의 세금을 납부하고, "각종 조세를 납부하는데 기물을 주조하는 수력(手力, 수공업자)이 만든 물건도 포함되니(諸作有租及鑄)" 민전 4000전에 1산을 납부하며, 초거(軺車, 수레) 한 승(乘)에 1산을 납부하되 상인의 초거는 두 배를 납부한다. 선박이 5장(丈) 이상일 경우에도 1산을 납부한다. 상인이 재산을 소유하고도 보고하지 않거나 충실하게 보고하지 않을 경우 수자리로 쫓겨나 1년 동안 병역을 행하고 자산을 몰수했다. 시적(市籍)을 가진 상인과 그의 가족은 토지를 점유할 수 없으며, 위반할 경우 토지와 노복을 몰수했다. 원정(元鼎) 3년(기원전 114년), 무제는 '고민(告緡)'을 반포해 고발을 독려하고 조령을 위반한 상인의 재산을 몰수했을 경우 그 절반을 고발한 자에게 주도록 규정했다. 무제는 양가(楊可)에게 고민을 주관토록 했으며, 두주(杜周)에게 관련 사안을 처리토록 했다. 당시 고민을 통해 정부가 "백성의 재산을 얻은 것은 억을 단위로 할 정도가 되었고, 노비의 수는 천만을 헤아렸으며, 밭은 큰 현일 경우 수백 경, 작은 현일 경우는 100여 경을 얻었으며, 집도 마찬가지였다. 그래서 중산층 이상의 상인들은 대부분 파산하고 말았다(得民財物以億計, 奴婢以千萬數, 田, 大縣數百頃, 小縣百餘頃, 宅亦如之. 于是商賈中家以上大率破)." 산민과 고민 이후로 상림원의 재물이 넘쳐나고, 국고가 충실해졌다. 하지만 상인들은 또 한 차례 심각한 타격을 받고 말았다. 그래서 산민과 고민 조치는 전제주의 중앙집권제도를 강화하는 데 크게 이바지했다.

한 무제는 대상인들에 대한 제한과 재산 박탈 조치를 취하는 한편 일부 상인들을 염철관으로 충당해 정부에 복무하도록 했다. 이를 통해 서한 통치자와 대상인의 모순이 어느 정도 완화되었다.

변경의 각 민족과 서한 왕조의 관계

서한 이래로 중국 각 민족은 이전보다 훨씬 밀접하게 정치, 경제, 문화적으로 교류했으며, 또한 일련의 전쟁을 치르기도 했다. 한 왕조(주로 한 무제 시절)의 전쟁은 대부분 방어적 성격이 강해 농업생산을 보장하기 위한 경우가 대부분이었지만 일부 소수민족을 침범해 무참히 살상과 파괴를 감행하기도 했다. 하지만 전체적인 결과로 볼 때 각 민족 간의 관계가 강화되고 많은 민족이 정식으로 중국의 판도 안으로 들어오게 되었다. 이로써 한족의 경제와 문화 역시 다양한 방식으로 주변 여러 민족에게 영향을 미쳤다. 서한 경제의 번영과 국가 통일은 바로 이처럼 여러 민족이 함께 이루어낸 결과물이다.

월인

한초(漢初) 이래로 남방의 월인(越人)들은 경제적으로 현저하게 향상되었다. 무제 초년 회남왕 유안은 다음과 같이 상소했다. "월인들을 변화시키려면 먼저 여간(餘干, 강서 여간현) 경계에 전답을 제공해 식량을 축적할 수 있도록 해야 합니다."[115] 이는 동구(東甌)와 민월(閩越) 지역에 농업이 발전했음을 보여준다. 남월의 경제 발전은 동구나 민월보다 확연했다. 남월은 "주로 상아나 대모, 진주, 은과 동, 과일과 베가 모여드는 곳이었다."[116] 그래서 일찍부터 북방의 상인들이 앞다투어 몰려들었다. 여후가 통치하던 시절을 제외하고 중원과 남월은 관시(關市, 변경 시장) 무역이 계속 유지되었으며, 철제 농기구와 가축이 관시를 통해 끊임없이 남월로 유입되어 남월의 농업생산을 촉진시켰다. 남월은 서남 지역과도 경제관계를 유지하고 있었다.

무제 건원(建元) 3년(기원전 138년) 민월이 거병해 동구를 포위하자 동구에서 한나라에 원병을 요청했다. 무제는 엄조를 파견했다. 엄조가 회계에 이르렀는데, 회계 태수가 병사 동원을 거절했다. 엄조(嚴助)가 사마(司馬)를 참수하고 천자의 뜻을 백성에게 알린 후 병사를 이끌고 동구를 구하기 위해 출병했다. 현지에 미처 도착하기도 전에 민월 군대는 철수하고 말았다. 동구 사람들은 민월의 위협을 모면하기 위해 한나라 조정에 거국내도(擧國內徙, 전 국민이 내륙으로 이사하는 것)를 청해 많은 백성이 장강과 회수 사이로 이주했다. 그들은 이로부터 서한의 편호(編戶)로 일반 백성과 동일하게 되었다.

건원 6년(기원전 135년), 민월이 또다시 남월 변경을 공략하자 남월에서 한 조정에 원군을 요청했다. 무제는 회계와 예장(豫章) 양로(兩路)로 군사를 나누어 민월을 공격했다. 군대가 채 도착하기도 전에 민월 왕의 동생인 여선(餘善)이 영(郢)을 죽이고 투항했다. 이에 한 왕조는 철병했다. 한은 민월 왕 무저(無諸)의 손자인 요군(繇君) 축(丑)을 월 요왕(繇王)으로 봉하고 나중에 다시 여선을 동월 왕에 봉했으며, 월인 귀족들을 후(侯)로 봉했다.

원정 6년(기원전 111년) 동월이 예장군을 공략했다. 원봉 원년(기원전

110년) 겨울 한나라 군사들이 동월로 진격하자 월 요왕과 동월 귀족이 여선을 살해했다. 이에 한나라는 요왕과 그 밖의 귀족들을 열후로 봉하고, 월인들을 장강과 회수 사이로 이주시켰다. 이후 이주한 동구인과 월인들은 점차 한인에 동화되었다. 하지만 원적지에 살고 있는 월인들은 산속에 분산 거주해 한인들과 왕래가 뜸했다.

한조와 남월의 관계는 상당히 복잡하다. 건원 3년 엄조가 출병해 남월 변방에 대한 민월의 위협을 제거했으며, 6년 다시 명을 받은 엄조가 남월로 출병하자 남월왕 조호(趙胡)가 태자 조영제(趙嬰齊)를 장안으로 보내 숙위(宿衛, 숙직하며 지킴)하도록 했다. 나중에 영제의 아들 조흥(趙興)이 월왕의 자리를 이었는데, 생모인 태후 규씨(樛氏, 한인으로 조영제가 숙위할 당시에 만났다 – 역주)의 의견에 따라, 무제에게 상소해 "내속하는 제후왕처럼 3년에 한 차례씩 조공을 올리고 변경의 관문을 철폐해달라고 주청했다."[117] 남월 승상 여가(呂嘉)가 월인 귀족 세력을 대표해 거병한 후 궁궐로 들어가 남월왕 조흥과 태후 규씨 그리고 한 왕조의 사신을 모두 죽였다. 그리고 영제의 장자로 남월 출신 부인이 낳은 아들 술양후(術陽侯) 건덕(建德)을 왕으로 세웠다. 원정(元鼎) 5년(기원전 112년) 무제는 노박덕(路博德)을 복파장군으로 삼아 계양(桂陽)을 출발해 황수(湟水)로 내려가고, 주작도위 양복(楊僕)을 누선장군으로 삼아 예장(豫章, 강서성 남창시 일대)에서 출발해 횡포로 남하하라고 했다. 아울러 귀순한 월후(越侯) 두 사람을 과선(戈船)과 하뢰(下瀨) 장군으로 임명했다. 군사들은 반우(番禺)를 빼앗고, 여가와 조건덕을 포로로 잡았으며, 월인 귀족들을 열후로 봉했다. 남월 계림(桂林)의 부감(副監)인 거옹(居翁)이 서구(西甌)의 40만 백성을 한 왕조에 내속하도록 권유해 함께 귀순한 공로로 상성후(湘城侯)에 봉해졌다. 한은 남월과 서구 인근에 담이(儋耳), 주애(珠崖), 남해(南海), 창오(蒼梧), 울림(鬱林), 합포(合浦), 교지(交趾), 구진(九眞), 일해(日南) 9개의 군을 설치했다.

광주시(廣州市)에서 남월왕의 분묘가 발견되었는데, 묘주는 조호(趙胡)일 가능성이 크다. 출토 유물이 상당히 많고, 청동기는 한나라 방식과 초와 남월 방식이 혼재했다. 묘제(墓制)나 유물을 통해 알 수 있는 관제(官制)는 기본적으로 서한 제후왕의 제도와 같았다. 하지만 묘지 안에 순장자가 10여 명에 이르러 당시 남월 사회의 낙후한 면모를 반영하고 있다.

흉노

한초 이래로 흉노(匈奴) 족의 우두머리 모돈선우(冒頓單于)가 '공현지사(控弦之士, 활쏘기에 능한 군사)' 30여만 명을 이끌고 동쪽으로 동호(東胡), 북쪽으로 정령(丁零), 서쪽으로 대월지(大月氏)를 공격해 "여러 유목민족이 합쳐 일가를 이루었다."[118] 흉노 통치 지역은 동쪽으로 조선 변방에서 시작해 몽골고원을 넘어 서쪽으로 저(氐), 강(羌)과 접했으며, 남쪽으로 하투(河套)와 지금의 진북(晉北), 섬북(陝北) 일대까지 이르렀다. 모돈은 이처럼 광대한 지역을 중(中), 좌(左), 우(右) 삼부(三部)로 나누어 중부는 모돈이 직접 관할하고 한의 대군(代郡, 하북 울현), 운중군(云中郡, 내몽골 탁극탁)과 대치했으며, 좌부는 동방, 우부는 서방에 두고 좌우 도기왕(屠耆王, 도기는 흉노말로 현명하다는 뜻이다)이 통솔했다. 좌우 도기왕 아래 좌우 곡려왕(谷蠡王), 좌우 대장(大將, 좌우 대도위), 좌우 대당호(大當户), 좌우 골도후(骨都侯) 등을 두어 각기 일정한 기마 군사와 토지를 소유했다. 선우의 씨족인 연제씨와 호연씨, 난씨, 수복씨 등이 흉노에서 가장 존귀한 씨족이었다.

흉노는 유목으로 생계를 유지해 물과 풀을 따라 옮겨다녔으나 일정한 지역에 성곽을 세워 약간의 농사를 짓기도 했다. 흉노 각부는 경제 수준이 서로 달랐으며, 일부 부락에서는 철기를 사용하고 있었다. 흉노 묘장에서 철제 마구나 무기, 도구 등이 출토되어 이를 증명하고 있다. 흉노의 법률 규정에 따르면, "도둑질한 사람은 그의 가족과 재산을 몰수했다." 흉노는 전쟁을 해서 "포로를 잡아 노비로 삼았다." 선우나 귀족이 사망할 경우 "총애하던 신하나 애첩을 순장했는데 많을 때는 수백 명에 달했다."[119]

원광(元光) 2년(기원전 133년), 무제는 마읍(馬邑)에 사는 섭옹일(聶翁壹)에게 변경을 넘어가서 마읍성을 팔아넘기는 척하며 선우를 유인하게 했다. 한나라는 일거에 흉노의 주력 부대를 섬멸시키고자 군사 30여만 명을 마을 인근에 매복시킨 상태였다. 선우가 10만 기병을 이끌고 무주새(武州塞)로 들어왔다가 한의 계략을 알아채고 중도에 퇴각했다. 이후로 흉노는 화친을 끊고 닥치는 대로 한나라 변방 요새를 공격하고 약탈을 일삼았다. 장기간에 걸친 전쟁에서 한나라가 흉노를 공격해 비교적 큰 전과를 올린 것은 다음 세 차례 전투였다.

원삭 2년(기원전 127년) 흉노가 침입하자 한 조정은 위청(衛靑)을 보내 운중군에서 출격토록 했다. 그는 북쪽으로 고궐(高闕)을 막고 서쪽으로 농서(隴西)로 진격해 누번왕(樓煩王)과 백양왕(白羊王)을 쳐부수고 하투(河套) 일대를 탈환했다. 이로써 장안에 대한 직접적인 위협에서 벗어날 수 있었다. 한은 그곳에 삭방군[朔方郡, 치소는 내몽골 항금기(杭錦旗) 북쪽]을 설치하고, 진나라 시절 수축한 변방 요새를 개축했다. 같은 해 여름, 한나라는 백성 10만여 명을 모집해 삭방으로 이주시켰다.

한이 삭방을 얻은 후 흉노는 매년 상곡(上谷), 대군(代郡), 안문(雁門),

정양(定襄), 운중(云中), 상군(上郡) 등을 침략했다. 한나라 군사는 또다시 위청의 지휘하에 수차례 출격했다. 원수 2년(기원전 121년) 무제는 곽거병(霍去病)에게 원정토록 했다. 곽거병은 농서에서 출격해 언지산(焉支山, 감숙 산단현)에서 흉노 경내로 1000여 리나 진격해 전승을 거두며 흉노 휴도왕(休屠王)의 쇠로 만든 불상인 제천금인(祭天金人)을 빼앗았다. 그해 여름 곽거병이 북지로 출격해 거연(居延)을 지나 남쪽으로 기련산(祁連山)을 공격해 흉노를 섬멸했다. 이를 통해 흉노 우부에 심각한 타격을 입혔다. 흉노 혼야왕(渾邪王)이 휴도왕을 죽이고 그의 군사와 백성을 합쳐 4만여 명을 데리고 한에 투항했다. 한은 그들을 서북 변방 요새 밖으로 분산해 거주토록 했다. 이후 다시 관동의 빈민 72만여 호를 이주시켜 농서, 북지, 서하, 상군 지역을 튼실하게 만들었다.[120] 서한 왕조는 다시 혼야왕과 휴도왕이 통치하던 곳에 주천(酒泉), 무위(武威), 장액(張掖), 돈황(敦煌) 4개의 군(郡)을 설치했다. 한은 하서(河西)의 4군 땅을 얻어 흉노와 강인의 관계를 단절시켰을뿐더러 내지와 서역이 직접 통할 수 있는 교통로를 확보했다. 이는 서한과 흉노 세력의 흥망에 중요한 작용을 했다. 하서는 수초가 풍부한 곳이기 때문에 흉노가 그곳을 잃게 되면 경제적으로 큰 손실을 입을 수밖에 없었다. 그래서 흉노인들이 이렇게 말한 것이다. "기련산을 잃으면 가축들이 번식을 하지 못하고, 언지산을 잃으면 부인네들이 자색(姿色, 아름다움)을 잃게 된다."[121]

곽거병 무덤 앞 곽거병이 타던 말이 흉노를 누르고 있는 석상

원수 4년(기원전 119년) 위청과 곽거병이 10만 기병을 이끌고 출동했다. 출병 당시 식량과 보급을 위한 말을 제외하고 "개인 소지품을 싣고 따라가는 말이 14만 마리나 되었으며", 보병과 병참을 맡은 이들이 수십만에 이르렀다. 그들은 정양과 대군에서 각기 출발해 막북(漠北, 사막 북쪽)을 건너 흉노를 추격했다. 위청은 막북에서 선우의 군대를 격파했다. 선우는 패잔병을 이끌고 서북쪽으로 도주했다. 한나라 병사들은 전안산(寘顏山)에 있는 조신성(趙信城)까지 쳐들어갔다가 되돌아왔다. 한편 곽거병은 국경을 넘어 2000여 리 되는 곳에서 흉노 좌부 좌도기왕(左屠耆王)과 접전해 승리를 얻었으며, 낭거서산(狼居胥山)에서 봉제(封祭)를 올리고, 고연산(姑衍山)에서 선제(禪祭)를 올린 후 한해(瀚海)까지 이르렀다가 돌아왔다. 당시 전투 이후로 흉노의 주력은 서북 먼 곳으로 이주하고 "사막 남쪽에 선우의 정(庭, 조정)이 없었다." 한나라 군사는 삭방 서쪽으로 장액과 거연 사이의 방대한 토지를 점령해 하서주랑(河西走廊)의 안전을 보장할 수 있게 되었다. 당시 한나라는 "상군, 삭방, 서하, 하서에 농지를 개간하고 관리를 두었으며, 사졸 60만 명을 주둔시켜"[122] 점차 지역을 개발했다.

몇 차례 대규모 전쟁을 겪으면서 흉노 세력이 크게 약화되었다. 흉노는 서역 여러 소국을 일정 정도 통제하는 것을 제외하고 더는 동쪽으로 확장하지 못했다. 100여 년 동안 북방에서 흉노의 위협에 노출된 지역들도 기본적으로 안정을 되찾았다. 한나라 군대 역시 여러 차례 전쟁을 수행하면서 막대한 손실을 입었다. 원봉, 태초 이후 무제 말년까지 한과 흉노 사이에 몇 번의 전쟁이 일어났지만 규모나 영향력 면에서 이전과 크게 달랐다.

서한 왕조가 흉노와 전쟁에서 승리를 얻은 후 북방 변방 지역에 새로운 국면이 전개되었다. 변방에 속한 군과 내지 사이에 우정(郵亭)과 역참이 서로 마주볼 정도로 늘어났고, 상호 교통도 이전에 비해 더욱 빈번해졌다. 대규모 이주민과 수졸(戍卒)들이 황무지를 개척해 경지로 만들었으며, 보리나 차조, 메기장[穄] 등 다양한 작물을 심었다. 중원의 생산도구나 경작기술, 수리관개 기술이 둔전(屯田)하는 병사나 백성들을 통해 전파되었다. 영거(令居, 감숙 영등 경내)에서 돈황에 이르기까지 하서주랑을 둘러막는 장성(長城)을 수축하고 돈황 서쪽에서 염택(鹽澤, 로프노르 호)까지 정(亭)과 봉수대를 건설했다.

북방의 기존 장성에 대한 대규모 수리가 이루어져 지금의 포두(包頭)와 호화호특(呼和浩特) 부근 장성까지 연장했으며, 수많은 내성과 외성의 성곽과 보루를 만들었다. 변방의 봉수체계가 완비되어 "돈황에서 요동까지 1500여 리 요새마다 봉수대가 설치되었으며",[123] 이를 지키는 관리와 사졸의 숫자도 크게 증가했다. 둔전 지역과 성곽 그리고 봉수대는 서한 시대 북방 변경의 정치, 군사 거점이 되었으며, 선진적인 경제, 문화의 전파 장소가 되었다. 이는 흉노와 인근 여러 유목민족 사회의 발전에도 일정한 영향을 주었다.

장액과 거연에 주둔하는 한나라 군사들은 장벽과 요새를 수리하고 둔전을 경작했다. 이는 한 무제 태초 3년(기원전 102년)에서 동한 시절까지 계속되었다. 수군(戍軍) 관련 간독(簡牘) 문서로 지금까지 발견된 것만 3만여 매(枚)가 넘는데, 이를 거연한간(居延漢簡)이라고 한다. 지금의 감숙, 신강 여러 지역과 내지 각 성(省)에서도 대량의 한간(漢簡)이 출토되고 있는데, 이는 한나라 역사를 연구하는 데 진귀한 자료다.

흉노인들이 서쪽으로 멀리 이주한 후 부락 귀족들이 세력 다툼으로 분열해 다섯 명의 선우가 동시에 존재하는 상황이 벌어졌다. 선제(宣

'선우화친'이라고 적힌 와당

帝) 감로(甘露) 원년(기원전 53년) 호한야(呼韓邪) 선우가 한에 투항해 무리를 이끌고 음산(陰山) 부근으로 넘어왔다. 경녕(竟寧) 원년(기원전 33년), 한 원제가 궁녀 왕장[王嬙, 소군(昭君)]을 호한야 선우에게 시집보내면서 100여 년에 걸친 한과 흉노의 전쟁이 끝나고 화친 국면으로 전환했다. 근년에 포두를 비롯한 여러 지역 한대 말기 묘장에서 '선우화친(單于和親)' 등의 문자가 적힌 와당(瓦當)이 발견되었는데, 당시 한과 흉노가 서로 화친 상태에 있었음을 보여주는 실증이라고 할 수 있다.

서역 여러 나라

서한 이래로 옥문관(玉門關)과 양관(陽關) 서쪽, 즉 지금의 신강(新疆) 지역을 서역(西域)이라고 불렀다.[124] 서역은 천산을 경계로 남북으로 나뉘는데, 남부는 타림(塔里木) 분지, 북부는 준갈(准噶爾) 분지가 있다. 서한 초기 서역에는 36개의 나라가 있었으며, 대부분 천산 남쪽 타림 분지와 남북 가장자리 녹주(綠洲, 오아시스)에 자리했다. 누란[樓蘭, 선선(鄯善)] 서쪽, 타림 분지 남쪽 가장자리에 차말(且末), 우전(于闐), 사차(莎車) 등 여러 나라가 자리하고, 분지 북쪽 가장자리에는 언기(焉耆), 위리(尉犁), 구자(龜茲), 시황(始皇), 소륵(疏勒) 등 여러 나라가 자리했다. 이 나라들은 성곽을 중심으로 농업과 목축업 위주로 생활했는데, 자체적으로 병기를 생산할 수 있는 나라도 있었다. 일부 소수 나라는 수초를 따라 옮겨가며 생활하면서 이웃 나라에서 양식을 공급받았다. 서역의 여러 나라들은 언어가 다르고 통치체제도 달랐다. 자연조건의 한계와 기타 원인으로 인해 그들 여러 나라의 인구는 수천 명에서 많으면 2만~3만 명 정도였으며, 그 가운데 인구가 가장 많은 나라는 구자(龜玆)로 8만 명 정도였다. 가장 인구가 적은 나라는 수백 명에 불과했다.

분지 서쪽으로 총령(葱嶺) 이남에 포리(蒲犁), 난두(難兜) 등 작은 나라들이 있었다. 그들은 성 안에서 생활하거나 유목생활을 했는데, 경제 수준이 각기 달랐다.

천산 이북 준갈 분지에는 방대한 유목 지역이 펼쳐져 있다. 분지 동쪽 천산의 갈라진 틈새 지역은 차사[車師, 고사(姑師)]가 통제하고 있었다. 서주 이리하(伊犁河) 유역은 원래 새종인(塞種人)이 거주하던 곳인데, 한 문제 시절 돈황과 기련 일대의 월지(月氏) 사람들이 흉노의 핍박에 못 이겨 서쪽으로 이주해 그곳에 자리하면서 새종인들을 몰아냈다. 이후 하서 지역의 오손인(烏孫人)들이 다시 서쪽으로 이주하면서 월지인을 몰아내고 그곳 토지를 점령했다.

오손인은 12만 호에 63만여 명으로 "토지를 경작하거나 나무를 심지 않고 가축을 따라 수초 지역을 찾아다녔으며, 흉노와 습속이 비슷했다."[125]

서한 초기 흉노 세력이 확장되면서 서역의 여러 나라를 정복하고 북도의 언기, 위수(危須), 위리 사이에 '동복도위(僮僕都尉)'를 설치해 서역의 재부를 착취했다. 흉노의 서역 통치는 상당히 가혹했다. 서역 동북쪽에 살고 있던 포류(蒲類)는 원래 대국이었는데, 그 나라 왕이 흉노 선우에게 죄를 범하자 선우가 그들 민족 6000여 명을 이주시켰다. "내륙 흉노 우부의 척박한 땅인 아악지에 살게 했기 때문에 아악국이라고 불렀다."[126] 가난하고 힘없는 포류인들은 산골짜기로 도망쳐 겨우 명맥을 유지했다. 흉노는 이렇듯 서역 여러 나라에 대해 생사여탈을 좌우할 정도로 흉포했다.

옥문관에서 서역으로 나가는 길은 두 갈래가 있었다. 하나는 타림 분지 동쪽 선선(鄯善)을 경유해 곤륜산(昆侖山) 북쪽 산기슭을 따라 서쪽으로 사차(莎車)에 이르는 길인데, 이를 남도라고 한다. 남도를 따라 총령을 넘으면 중앙아시아 대월지(大月氏)와 안식(安息)에 이르렀다. 다른 하나는 차사(車師)의 이전 왕정(王庭)을 경유해 천산 남쪽 산기슭을 따라 서쪽으로 소륵(疏勒)에 이르는 길인데, 이를 북도라고 한다. 북도로 총령을 넘으면 대원, 당거(康居), 엄채(奄蔡)에 이를 수 있다.

서역 인근의 중앙아시아 여러 나라 가운데 대원은 6만 호에 인구가 30만이다. 주로 성곽을 만들고 그 안에 거주했는데, 크고 작은 속읍이 70여 개이고, 농업과 목축업이 발달해 쌀과 보리, 포도를 경작하고 좋은 말을 길렀다. 대원(大宛) 서남쪽은 하서에서 이주한 대월지인이 살았는데, 대월지인들은 규수(媯水, 지금의 아모하) 이북에서 유목생활을 영위했다. 원래 규수 남쪽에는 대월지에서 신복(臣服)한 대하인(大夏人)들이 살았는데, "그들의 풍습은 정착생활을 하고 성곽과 집이 있으며, 대원과 풍속이 같았다(俗土著. 有城屋. 與大宛同俗)." 대월지 이남의 안식은 "크고 작은 읍이 몇백 개이고, 땅이 사방 수천 리에 달하는(其屬大小數百城, 地方數千里)" 강대국으로 "상인들이 장사를 하기 위해 수레와 배를 이용해 이웃 나라를 왕래했다(商賈車船行傍國)." 대원 서쪽, 안식 이북, 지금의 함해(鹹海) 동쪽 초원에 유목생활을 하는 강거인들이 살았다.

한 무제는 서쪽으로 이주한 대월지가 흉노에 보복할 뜻이 있다는 소식을 듣고 대월지에 사신으로 갈 사람을 모집해 대월지와 연계해 흉노를 공격하려고 했다. 마침 한중(漢中) 사람 장건(張騫)이 낭관(郎官)의 신분으로 응모해 건원(建元) 3년(기원전 138년), 무리 100여 명을 이끌고 서역으로 출발했다. 장건은 흉노가 사는 지역을 지나다가 포로가 되어 10여 년 동안 억류되었으나 사신의 부절(符節)을 잃지 않았다. 흉노의 감시가 소홀해진 틈을 타 탈출한 그는 무리를 이끌고 서쪽으로 향한 지 수십 일 만에 대원에 이르렀다. 당시 대월지는 이미 이리하 유역에서 중앙아시아 쪽으로 이주한 상태였기에 장건은 강거를 경유해 대월지에 이르렀다. 대월지는 중앙아시아에서 "땅이 비옥하고 침략자가 거의 없어 안락한 날을 보내고 있었으며, 한나라는 멀리 떨어져 있기 때문에 굳이 흉노에게 복수할 마음이 전혀 없었다."[127] 장건은 끝내 월지의 대답을 듣지 못하고 1년여를 보낸 후 귀환할 수밖에 없었다. 그는 귀국하는 길에 강족의 땅을 지나다가 또다시 흉노에게 붙잡혀 포로가 되어 1년 남짓 억류되었다. 원삭 3년(기원전 126년) 장건이 마침내 장안으로 돌아왔으며, 원삭 6년 박망후(博望侯)에 봉해졌다. 장건은 서역으로 출사해 전후 10여 년 동안 온갖 고초를 겪었다. 하지만 그의 서역행을 통해 한조의 상황을 각국에 전파하고 역으로 이전까지 들을 수 없었던 서역의 소식과 자료를 대량 얻을 수 있었다.[128] 그래서 사마천은 그의 서역행을 '착공(鑿空)'이라고 칭했던 것이다.

장건이 귀환하자 무제는 곧바로 서역의 길을 확대하는 작업을 시작했다. 원수 원년(기원전 122년) 무제는 파촉(巴蜀)에서 네 군데 길로 사신을 보내 연독국(捐毒國, 지금의 인도)에서 대하로 이르는 교통로를 확보하고자 했으나 성공하지 못했다. 이듬해 한나라 군사가 흉노를 격파해 하서 지역을 얻었으며, 이후로 염택(鹽澤, 로프노르 호) 동쪽으로 흉노가 없어 서역으로 가는 통로를 열었다.

원수 4년(기원전 119년), 장건이 재차 서역으로 출사했다. 목적은 오손(烏孫)을 하서 옛 땅으로 불러들이고 서역 여러 나라와 교류하기 위

장건의 서역 출사도 벽화

함이었다. 장건은 군사 300명을 거느리고 출발했는데, 군사마다 두 마리 말을 주고, 소와 양 수만 마리와 수백만 전의 값어치가 있는 금폐와 비단을 가져갈 수 있도록 했다. 장건은 오손에 도착했지만 목적을 이룰 수 없었다. 원정 2년(기원전 115년) 장건은 오손의 사신 수십 명과 함께 장안에 도착했다. 이후 장건이 대원, 강거, 대항 등에 파견한 지절부사(持節副使)들도 자신이 사신으로 갔던 나라 사람들과 함께 장안으로 속속 귀환했다. 이후로 한나라와 서역의 교통이 빈번하게 이루어졌으며, 한 왕조가 서역으로 파견한 사신들이 매년 많게는 10여 차례, 적게는 대여섯 차례나 되었으며, 인원도 많은 경우 수백 명에 이르렀고, 아무리 적어도 100여 명에 달했다. 사신들은 "대부분 빈한한 집안 출신으로 천자가 서역으로 보내는 예물을 가로채어 멋대로 사용하고, 싼값으로 현지의 물건을 사다가 사사로이 이익을 챙겼다(皆貧人子. 私縣官賫

物. 欲賤市以私其利外國)." 그렇기 때문에 당시 사자(使者) 대열은 사실 상대(商隊)나 마찬가지였다.

당시 서역 제국은 여전히 흉노의 통제를 받고 있었는데, 서역의 동쪽에 있는 누란과 고사의 경우 흉노의 통제가 더욱 심했다. 한나라 사신이 왕래하면서 도중에 음식과 물을 공급받아야 했기 때문에 그들 나라의 입장에서 볼 때 심히 성가신 일이 아닐 수 없었다. 그런 상황에서 흉노의 책동하에 누란과 고사 사람들이 음식물 제공을 중단하고 도로를 끊었으며, 심지어 한나라 사신들을 약탈하기도 했다. 이에 서역 통로를 확보하기 위해 원봉 3년(기원전 108년) 한의 장군 왕회(王恢)가 경기병을 이끌고 누란을 격파했으며, 조파노(趙破奴)가 수만 명의 군사를 이끌고 고사를 깨부쉈다. 원봉 6년(기원전 105년) 서한은 종실의 딸인 세군(細君)을 오손 왕에게 보내 화친하여 흉노를 지원하는 여러 나라를 떼놓았다(分匈奴西方之援國)." 세군이 죽자 서한은 또다시 종실의 딸인 해우(解憂)를 보내 화친을 도모했다. 세군과 해우는 전후로 오손에서 살며 한과 오손의 관계를 돈독히 하고, 오손을 흉노의 견제 세력으로 활용했다.

흉노의 대원 통제를 풀어 대원의 한혈마(汗血馬)를 얻기 위해 무제는 태초 원년(기원전 104년) 이사(貳師) 장군 이광리(李廣利)에게 수만 명의 군사를 이끌고 대원을 격파하도록 했으나 별다른 전과 없이 되돌아오고 말았다. 태초 3년 이광리가 재차 서정(西征)에 나서 대원의 도읍지에 있는 외성(外城)을 공략한 다음 대원과 화친을 위한 맹약을 하고 양마(良馬) 수십 마리와 중마(中馬) 이하 암수 3000여 마리를 가지고 돌아왔다. 이후 한 조정은 윤대(輪臺)와 거리(渠犁) 등지에 수백 명의 군사를 주둔시키고 둔전을 시행했으며, 사자교위(使者校尉)가 다스리도록 했다. 이는 서한 왕조 시절 최초로 설치한 행정 조직이다.

이후 한나라는 차사 일대에서 흉노와 여러 차례 전쟁을 했다. 선제 시절 흉노가 분열해 일축왕(日逐王)이 신작(神爵) 2년(기원전 60년) 한으로 귀순했다. 흉노는 서역의 "동복도위가 이로 인해 없어지자 점차 세력을 잃고 서역에 근접할 수 없었다." 한은 서역에 도호부(都護府)를 설치하고 도호에게 오루성(烏壘城)을 맡겼으며, 아울러 남도와 북도에 있는 여러 나라를 보호하고 "오손과 강거 등 외국의 동정을 감시 감독해 변고가 있는지를 탐문토록 했다."129 이후로 서역의 여러 나라와 한나라 사이에 군신관계가 확정되었다. 원제(元帝) 초년(기원전 48년) 한은 차사 지역에 무기교위(戊己校尉, 무교위와 기교위)를 설치하고 둔전과 방어를 관리토록 했다.

원제 건소 3년(기원전 36년) 서역 부교위(副校尉) 진탕(陳湯)이 서역 각국의 병사를 동원해 강거를 정벌하고 서역 각국을 끼고 한에 귀순한 호한야 선우와 적대하고 있는 질지(郅支) 선우를 격퇴했다. 이후로 서역에서 흉노 세력이 점차 쇠약해지고 한과 서역의 교통로도 크게 안정되었다.

서역 교통로가 확보된 이후로 천산 남북 지역이 제일 먼저 중원 내륙과 직접 교류하기 시작했다. 이는 중국 역사에서 대단히 중요한 의의가 있다. 중원은 서역은 물론이고 좀 더 먼 나라들과 경제, 문화적으로 더욱 밀접한 관계를 유지할 수 있었다. 서역의 포도와 석류, 목숙(苜蓿), 호두(胡豆), 호마(胡麻), 호고(胡瓜, 오이), 호산(胡蒜), 호도(胡桃) 등이 계속해서 동쪽으로 전래되어 경작되었고, 서역의 양마와 탁타(橐駝, 낙타)를 비롯한 기이한 동물과 귀한 모직물 등도 연이어 중원으로 전해졌다. 불교와 불교예술 역시 중앙아시아를 통해 서역으로 전해지고, 다시 동토(東土, 중국)로 전파되어 중국 문화에 거대한 영향력을 발휘했다. 반대로 중원의 견직물과 금속 기물, 야금법과 우물이나 수로를 파는 기술 등이 서역으로 전해졌다. 이처럼 빈번한 경제, 문화 교류를 통해 서역 사회가 더욱 발전할 수 있었으며, 중원 한인들의 물질생활이나 정신생활이 더욱 풍부해졌다.

강

강(羌) 족은 중국의 오래된 민족 가운데 하나로 상주(商周) 시절에 처음 중국 역사에 등장했다. 강인은 서해[청해(青海)] 부근에 살았는데, 남쪽으로 촉한 서쪽, 서북으로 서역의 여러 나라와 접하고 있었다. 강인은 화장 풍습이 있었다.[130] 《후한서》〈서강전(西羌傳)〉에 따르면, 전국 초기에 강인 무익원검(無弋爰劍)이 진나라 사람에게 잡혀 노예가 되었다가 나중에 탈출해 귀향한 후 호(豪)로 추대되었다. 이후 원검과 그의 자손들이 강인의 세습 추장이 되었다. 강인은 원래 사냥으로 생계를 이었는데, 원검 시절에 이르러 경작과 목축을 겸하면서 서서히 인구가 늘어나 여러 부족으로 나뉘었다. "군주와 신하를 세우지 않았으며, 우두머리라고 부르는 이가 없었다. 세력이 강할 때는 여러 종족으로 나뉘었고, 세력이 약하면 다른 부족에 종속되어 살았다."[131]

서한 초기 강인이 흉노에 신복(臣服)했다. 한 무제가 흉노를 쫓아낸 후 지금의 감숙 영등현(永登縣) 경내에 영거새(令居塞)를 만들고 하서에 네 군데 군을 설치해 강인과 흉노의 교류를 끊었다. 그러자 강인과 흉노가 합세해 10여만 명의 군사를 이끌고 영거새를 공격하고 포한(枹罕, 감숙 임하)을 포위했다. 한나라는 이식(李息) 장군이 이끄는 10만 군사를 보내 강인을 정복하고, 호강교위(護羌校尉)를 설치해 다스리도록 했다.

선제 시절 한과 강인이 황수(湟水) 유역의 목초지를 빼앗기 위한 싸움을 벌였다. 한나라 장수 의거안국(義渠安國)이 강의 호(豪)를 참하고 강인을 진압하자 강인들은 금성군(金城郡)을 포위 공격했다. 선제가 조충국(趙充國)을 파견해 6만 군사가 황중(湟中)에 둔전을 설치하고 기회를 엿보아 공격해 승리를 거두고 금성속국(金城屬國)을 설치해 재산이 많고 지위가 높은 강인들을 받아들였다. 이후로 강인들이 점차 내지로 이주해 금성, 농서(隴西) 일대에서 한인들과 함께 살았다. 왕망 시절 강인 거주 지역에 서해군(西海郡)을 설치하고 한인들을 이주시켰다.

서남 여러 종족

서남 지역에 언어도 다르고 풍습도 다른 여러 민족이 분포하고 있었다. 한조는 그들을 서남이(西南夷)로 통칭했다. 대체적으로 보면, 귀주(貴州) 서부에 야랑(夜郎)과 저란(且蘭)이 살았으며, 운남 전지(滇池) 지역은 전(滇), 이해(洱海) 지역은 휴(嶲)와 곤명(昆明), 사천(四川) 서남부는 공도(邛都), 성도(成都) 서남쪽은 도(徒), 작도(筰都), 성도 북쪽은 염방(冉駹) 등이 살고 있었다. 감숙 남부의 백마씨도 당시에는 서남이에 속했다. 야랑과 전, 공도 등은 머리카락을 몽둥이처럼 틀어 올리고, 농사를 지었으며, 읍(邑) 정도의 마을에 살면서 군장(君長)이 지배했다. 휴와 곤명 등은 머리카락을 땋고 유목생활을 했으며, 별도의 군장은 없다. 저와 염방은 화장 풍습이 있다.

전국 시대 초나라 위왕(威王)이 장수 장교(莊蹻)를 시켜 군사를 이끌고 원수(沅水) 서쪽으로 거슬러 올라가 토지를 빼앗도록 했다. 장교는 야랑을 경유해 전(滇)에 이르렀는데, 때마침 진나라가 초나라 파(巴)와 검중(黔中)을 빼앗는 바람에 퇴로가 막히자 전에 머물며 왕이 되었고,

군사들도 현지 습속에 따라 전의 의복으로 갈아입었다. 이후 진조(秦朝)의 세력이 서남이 지역까지 이르게 되었다. 지금의 의빈(宜賓)에서 소통(昭通)에 이르는 지역에 '오척도(五尺道)'를 개통했으며, 인근 각지에 관리를 두었다.

서한 초기 파촉 등지의 백성들이 서남 지역과 교통하면서 물물교환을 했다. 한인 상인들은 파촉의 철기를 비롯한 여러 가지 물건을 서남이로 가지고 와서 작(筰)의 말[馬]이나 모우(髦牛), 북(僰)의 동(僮, 노예)과 맞바꿨다. 어떤 이들은 야랑에서 장가강(牂柯江)을 따라 남월까지 가서 장사를 하기도 했다. 건안 말년 파양령(番陽令) 당몽(唐蒙)이 남월(南越) 사람을 통해 초 땅에서만 생산되는 구장(蒟醬, 구의 열매로 담은 장. 구는 맛이 달며 먹을 수 있다 – 역주)을 먹어본 적이 있는데, 장안에 도착해 촉 상인에게 이에 대해 물어보다 촉 땅에서 서남이 지역을 통해 남월에 이를 수 있다는 것을 알게 되었다. 이에 그는 무제에게 야랑의 병사를 동원해 장가강을 따라 남월을 급습하는 계책을 아뢰었다. 이에 무제는 당몽을 낭중장(郎中將)으로 삼고 군사 1000명과 군량과 비단을 가지고 야랑으로 가 계책을 실행에 옮기도록 했다. 이후 한은 파촉 남부에 건위군(健爲郡, 치소는 지금의 사천 의빈)을 설치하고, 파촉의 군사를 동원해 북도(僰道, 사천 의빈 서남쪽)에서 장가강에 이르는 도로를 수리했다. 무제는 또한 사마상여(司馬相如)가 서이(西夷) 지역의 공(邛), 작(筰) 등에 군을 설치할 만하다고 건의하자 이에 따라 도위와 10여 개의 현을 설치해 촉에 예속시켰다. 그러나 얼마 후 흉노의 일에 전념할 것을 주장하던 공손홍(公孫弘)의 건의를 받아들여 서이를 관할하는 관리를 철수시키고 남이와 야랑 두 현과 한 명의 도위만 두게 했다.

장건이 중앙아시아 대하(大夏)에 사신으로 갔을 적에 촉의 베와 공

(邛)의 죽장(竹杖)을 연독국(인도)에서 가져왔다는 말을 듣고 파촉과 연독이 서로 통할 수 있다는 것을 알았다. 무제가 그의 말을 듣고 원수(元狩) 원년(기원전 122년) 사자를 보내 파촉에서 연독국으로 통하는 길을 찾아 서역과 교통할 수 있도록 했다. 이를 통해 한과 전의 교통로가 만들어졌고, 야랑을 포함한 부근 민족들에 대한 한의 통제가 더욱 강화될 수 있었다. 하지만 나중에 휴와 곤명 등이 길을 막아 연독국으로 통하는 길을 찾겠다는 원래 목적도 끝내 실현할 수 없었다.

원정 5년(기원전 112년), 남월이 반란을 일으키자 한에서 야랑 인근의 병사를 동원해 남월을 공격했다. 저란(且蘭)의 군주도 반란을 일으켜 한의 사자와 건위군의 태수를 살해했다. 이듬해 한나라에서 파촉의 죄인들 가운데 남월을 공격해본 적이 있는 이들과 팔교위(八校尉)를 동원해 저란을 공략하고 그곳에 장가군(牂柯郡, 치소는 지금의 귀주 황평 서쪽)을 설치했다. 또한 한은 공도를 월휴군(越巂郡, 치소는 지금의 사천 서창 동남쪽), 작도(筰都)를 침리군(沈黎郡, 치소는 지금의 사천 아안 남쪽), 염방을 문산군(汶山郡, 치소는 사천 무문현 북쪽), 백마(白馬)를 무도군(武都郡, 치소는 감숙 성현)으로 삼았다. 원봉 2년(기원전 109년), 무제가 다시 군사를 동원해 전(滇) 인근에 주둔시켰다. 전왕이 투항하자 전에 익주군(益州郡, 치소는 운남 진녕)을 설치하고 전왕이 계속해서 다스리도록 했다.

운남 진녕 석채산에서 수십 군데에 달하는 전인 귀족 분묘가 발견되었는데, 전 왕의 금인(金印) 외에도 전국 말기부터 한 초기에 이르는 옛 전국의 유물이 대량으로 출토되었다. 전국 말기부터 한 초기까지 전국의 청동기는 민족 특색이 농후하지만 서한 말기부터 동한 초기의 기물은 귀주와 광서에서 출토된 서한 기물과 유사해 종류나 형태 면에서 한 문화의 영향을 부분적으로 받은 것으로 나타났다. 이후 서한 말기부터 동한 초기의 전국 유물은 한나라의 것이 중요 부분을 차지하고 있다. 이는 중원에서 들어온 한나라 기물을 현지에서 모방해 제작한 것일 가능성이 크다.

전국의 청동기 가운데 특히 농기구가 많이 출토된 것은 당시 전국에서 농업이 경제활동 가운데 중요한 위치를 차지하고 있었음을 나타낸다. 아울러 전국 기물 문양에 양이나 말, 돼지, 소, 개 등이 많이 보이고, 사슴이나 호랑이, 멧돼지 등이 많이 나오는 것으로 보아 당시 사람들의 목축과 수렵기술이 상당히 발달했음을 알 수 있다. 청동기 주조는 전인들의 중요 수공업 가운데 하나였으며, 기물도 대단히 정교하다. 철제 기물은 품목이 그다지 많지 않은데 실제로 일부 철기는 구리와 철을 섞은 것이다. 《후한서》〈서남이전(西南夷傳)〉에 따르면, 전인의 땅에는 "염전과 논밭, 물고기가 많고, 금은과 목축이 풍부하다." 이는 전국의 유물에서 볼 수 있는 전인 사회의 경제상황과 대체적으로 일치한다.

전국 청동기를 보면 노예나 포로의 생활을 반영하는 내용을 주조한 것이 많다. 예를 들어 노예가 주인의 감시를 받으며 베를 짠다거나 노예를 희생으로 삼는 모습도 있고, 포로를 잡는 그림도 있는데, 대부분의 노예는 나체로 매달려 있다. 당시 노예는 머리카락을 묶거나 산발해, 상투를 튼 전인 노예주의 모습과 달랐다. 그들은 주로 외부 종족과 전투에서 포로로 잡혀온 이들이다. 전인의 분묘에는 다양한 순장물이 들어 있는데, 이는 《후한서》〈서남이전〉에서 전인 노예주에 대해 언급한 "성질이 호방하고 사치스러우며, 관리들은 모두 부유하고 누대로 세습했다(性豪忲, 居官者皆富及累世)"라는 내용을 증명하고 있다.

오환과 선비

오환(烏桓)은 동호(東胡)의 지파다. 한초 이래로 서라목윤하(西喇木倫河) 북쪽 오환산 일대에서 살았다. 오환인은 "습속이 말을 타고 활을 쏘는 데 능했으며, 짐승을 잡는 일에 종사하고 수초를 따라 방목해 일정한 거주지가 없었다."[132] 그들은 농사도 지었는데, 주로 가뭄이나 냉해에 강한 검은 기장(穄)과 동장[東墻, 東薔, 1년생 초목으로 씨앗을 먹는다 - 역주]을 심었다. 부녀들은 자수에 능해 모직물을 짰다. 오환 부족은 여러 곳에 분산되어 있으며, 부락마다 각기 소수(小帥)를 두었으나 아직 세습 추장은 나오지 않았다. 다만 "용감하고 다툼이나 시비를 잘 가리는 이들을 대인으로 추천했다(有勇健能理決鬪訟者, 推爲大人)." 오환 사회에는 혈족 간에 보복하는 풍습이 오랫동안 지속되었다. 오환 부족은 "대인 이하 여러 사람들이 각기 목축으로 생계를 이었으며, 서로 요역을 하지 않았다(大人以下各自畜牧營産, 不相徭役)." 다시 말해 아직 명확한 계급 분화가 이루어지지 않은 상태였다는 뜻이다.

서한 초기 오환은 흉노 모돈선우(冒頓單于)의 공격을 받아 세력이 약화되어 흉노에게 신복하고, 매년 소와 말, 양가죽 등을 바쳤다. 시기가 지나도 공납하지 않을 경우 흉노 통치자의 징벌을 감수해야만 했다. 무제 시절 곽거병이 군사를 이끌고 흉노 좌지(左地)를 공략한 후 일부 오환 사람들을 상곡, 어양(漁陽), 우북평(右北平), 요서(遼西), 요동(遼東) 다섯 군데 군(郡, 지금의 하북 북부, 요녕 남부)으로 이주시키고 호오환교위(護烏桓校尉)를 설치해 그들을 감독하면서 한나라 군사를 대신해 흉노의 동정을 정찰하도록 했다. 소제 이후로 오환이 점차 강해지면서 한나라 유주(幽州) 변방에서 소란을 일으키고 흉노를 공격하기도 했다.

선비(鮮卑) 역시 동호의 일파로 언어나 습속이 오환과 대체적으로 비숫하나 오환보다 낙후되었다. 선비는 모돈선우에게 공격을 받은 후 멀리 요동 새외(塞外)로 이주했으며, 남쪽으로 오환과 이웃해 서한과 직접적인 관련을 맺지는 않았다.[133]

사회 모순의 발전과 왕망의 제도 개혁

한 무제 말년 농민 폭동

서한 초기 이래로 사회경제가 크게 발전했으나 그 과정은 동시에 심각한 토지 겸병의 과정이자 농민들이 잠시 안정된 시기를 거쳐 또다시 유랑의 길로 전락하게 되는 과정이기도 했다. 이른바 '문경지치'의 태평 시기에 이미 심각한 사회 모순이 잠복하고 있었다는 뜻이다. 일찍이 가의(賈誼)는 이에 대해 문제에게 이렇게 경고한 바 있다. "천하 백성들이 춥고 배고픈데 그들에게 법을 위반하지 말고 윗사람을 범하지 말라고 하는 것은 불가능합니다. 국가가 이미 빈궁한 상태이니 도적들이 시기를 기다리고 있습니다."[134] 가의가 말한 '도적(盜賊)'이란 장차 출현하게 될 농민 폭동을 의미한다.

한 무제 통치 시절 사회경제가 최고 수준으로 발전해 "수해나 가뭄이 아니면 백성들이 풍족한 삶을 영위할 수 있었다(非遇水旱, 則民家給人足)." 그러나 다른 한편으로 호강의 무리들이 토지를 겸병해 "향곡에서 무단행위를 저질렀다(武斷于鄉曲)." 이런 현상은 이전보다 훨씬 심각한 수준이었다. 관료 지주들은 "수많은 노비를 소유하고 소나 양이 넘쳐났으며, 광활한 전답과 저택을 넓히고 가업을 확충해 재물을 축적하고 있었다."¹³⁵ 또한 그들은 너나할 것 없이 농민들을 착취했다. 무제는 "밖으로 사방의 이민족을 복속시키고, 안으로 공적과 이익을 일으켜(外事四夷, 內興功利)" 찬란한 업적을 완성했지만 이를 위해 문제와 경제 시절에 쌓아놓은 풍부한 국가 재화를 남김없이 소진하고 농민들의 고통을 가중시켰다. 빈곤에 빠진 농민들은 파산해 호강지주의 전객이나 소작농으로 전락해 잔혹한 착취와 억압에 신음했다. 심지어 자신의 처자식을 내다 파는 농민들도 적지 않았다. 이런 상황에 직면해 동중서는 다음과 같이 건의했다. "민간의 토지 점유를 제한해 가난한 이들이 토지를 얻어 경작토록 해야 합니다. 호부들이 농민의 토지를 겸병하는 통로를 막아야 천하가 제대로 다스려집니다. 노비를 없애고 함부로 노비를 살해하는 위세를 제거하며 부세를 적게 거두고 요역을 줄여야만 백성들의 힘이 소모되는 것을 줄일 수 있습니다."¹³⁶ 그가 이렇게 건의한 것은 장기적으로 지주계급 통치를 더욱 공고하게 하기 위함이었다. 다시 말해 "재화가 부족하지 않아야 사회적으로 위아래가 서로 평안하다(財不匱而上下相安)"¹³⁷라는 뜻이다. 하지만 대지주와 정부의 실제 이익에 저촉하는 부분이 있었기 때문에 결국 시행될 수 없었다. 이후로 농민들의 빈곤과 고통이 끝없이 이어졌다.

무제 전기 동군(東郡, 치소는 하남 복양) 일대에서 농민 폭동이 일어난 후로¹³⁸ 유민들이 점차 많아지기 시작했다. 원봉 4년(기원전 107년) 관동의 유민들이 200만 명을 헤아리고 호적이 없는 이들이 40만에 달했다. 천한(天漢) 2년(기원전 99년) 이후로 남양, 초, 제, 연, 조 등지에서 농민 기의가 끊임없이 발생했다. "남양에는 매면과 백정, 초에는 단중과 두소, 제에는 서발, 조와 연 사이에는 견로와 범주 등이 기의를 일으켰는데, 무리가 많은 경우는 수천 명에 달했다."¹³⁹ 관중도 예외가 아니었다.《염철론》에 따르면, "관내의 폭도들이 무리를 모아 요충지를 막았으며"[140] 폭동을 일으킨 농민들은 명분을 내세워 성읍을 공격하고 무기고를 습격해 무기를 탈취했으며, 죄수를 석방시키고 군수나 도위 등을 살해했다. 수백 명씩 떼를 지어 지주가 쌓아놓은 식량과 재물을 약탈하는 이들이 부지기수였다. 한 무제는 관리를 파견해 진압하면서 수많은 이들을 도살했으나 농민군은 흩어지고 다시 모이기를 반복하면서 거세게 항거했다. 한 무제는 다시 '침명법(沉命法)'을 만들어 태수 이하 관리들이 만약 제때에 폭동을 발견해 진압하지 않으면 사형에 처할 것이라고 명했다.

농민들의 폭동이 거세지면서 한 무제는 단순한 진압만으로 사태를 해결할 수 없음을 알고 통치방법을 바꾸는 문제를 고려하기 시작했다. 그는 위청(衛靑)에게 이렇게 말한 적이 있다. "한나라는 모든 일이 초창기이고 게다가 사방 오랑캐들이 중국을 침략해 능멸하니, 짐이 제도를 바꾸지 않으면 후세에 따를 법이 없을 것이고, 군사를 출동시켜 정벌하지 않으면 천하가 불안할 것이다. 짐이 이를 행하려면 어쩔 수 없이 백성들을 수고롭게 할 것이니, 만약에 후세에 또다시 짐이 한 것처럼 한다면 이는 망한 진나라의 자취를 인습하는 것과 같을 것이다."[141] 정화(征和) 4년 무제는 자신을 위해 선약(仙藥)을 구한다는 미명하에 백성들의 재화를 낭비하던 방사들을 단호하게 물리치고 윤대(輪臺, 지금의 신강 윤대)의 둔전을 취소한다는 조서[윤대둔전조(輪臺屯田詔), 일명 윤대조]를 내리면서 자책의 내용을 담았다. 그는 조서에서 "깊이 지난 후회를 언급하면서" 이렇게 말했다. "지금 힘써야 할 일은 가혹한 폭정을 금하고 제멋대로 세금을 부과하지 못하도록 하며, 근본인 농사에 힘쓰도록 하는 것이다. 수마복령(修馬復令, 말을 기르는 이의 부역을 면제하는 것을 말한다), 결점을 보충해 무비(武備)에 부족함이 없도록 하기 위함일 따름이다."[142] 그는 동시에 조과(趙過)에게 명하여 대전법(代田法)을 시행하고 농기구를 개선해 농업생산을 장려하는 모습을 보이도록 했다. 이렇게 해서 잠시 농민 폭동이 완화되었다.

소제와 선제 시기 사회경제 회복과 발전

무제 사후 곽광(霍光)이 소제(昭帝)를 보좌해 무제가 만년에 시행하기 시작한 '여민휴식(與民休息)' 정책을 계속 이어받았다. 사서에 따르면, 이를 통해 "유민들이 점차 귀향해 전답을 개간하고 자못 식량과 재화가 쌓이기 시작했다."[143] 이로써 서한 통치가 상대적으로 안정기에 들어섰다.

소제 시원(始元) 6년(기원전 81년) 어사대부 상홍양(桑弘羊) 등이 군국에서 추천한 현량, 문학 60여 명과 시정(施政) 문제를 변론했다. 현량과 문학들은 소금과 철, 술의 국가 전매와 균수관을 폐지해 절검을 솔선수범할 것을 강력하게 주장하고, 아울러 내외 정책에 관한 다양한 의견을 제시했다. 이것이 바로 유명한 염철 회의다. 환관(桓寬)의《염철론》은 바로 이 회의가 끝난 후에 변론 내용을 중심으로 편집한 것이다. 현량과 문학들의 회의는 '휴양생식' 정책을 계속 시행하는 촉진작용을 했다. 하지만 염철 등에 관한 그들의 구체적인 요구는 서한 정부에 의해 받아들여지지 않았다. 시원 6년 7월, 군국의 각고(榷酤, 주류 전매)와 관내(關內) 철관을 폐지하라는 조서가 내려졌지만 그 나머지 염철 등에 관한 정책은 무제 시절과 마찬가지로 계속 유지되었다.

선제(宣帝)는 자사(刺史)나 수상(守相)을 선택하는 데 신중하고 형벌과 감옥은 공평하게 처리하고자 애썼다. 그는 소제의 유훈을 계승해 도

성과 여러 군국의 원유(苑囿)와 공전을 빈민들에게 주어 경작하도록 했으며, 전부(田賦)를 감면하고 소금 가격을 내렸다. 이러한 정치, 경제적 조치로 인해 사회 모순이 점차 완화되었으며, 농업생산은 상승국면으로 접어들었다. 매년 풍년이 들면서 곡가가 한 섬에 5전으로 내렸고, 변방에 있는 금성(金城)이나 황중(湟中) 지역도 한 섬에 8전을 넘지 않았다. 이는 서한 이래 가장 낮은 곡물 가격이었다. 과거에는 매년 관동으로 조운(漕運)되어 경사에서 소요되는 식량이 600만 곡(斛)에 이르렀는데, 선제 오봉(五鳳) 연간(기원전 57년~기원전 54년) 대사농(大司農)이 삼보(三輔)와 홍농(弘農), 하동(河東), 상당(上黨), 태원(太原) 등지에서 경사에 필요한 식량을 공급했기 때문에 관동의 조운에 필요한 조졸(漕卒)들이 반수 이상 줄어들 정도였다. 이는 또한 삼보와 하동 등지의 농업이 발전했음을 보여주는 대목이기도 하다. 정부는 식량을 운반하는 여러 지역에 상평창(常平倉)을 설치해 곡가가 쌀 때는 식량을 구매하고, 비쌀 때는 내다 팔아 식량 수급을 조절했다. 특히 주목할 부분은 서하군[西河郡, 치소는 내몽골 악이다사(鄂伊多斯) 시 동승(東勝) 부근]에서 서쪽으로 전체 11군과 두 군데 농도위(農都尉)에 둔전을 실시해 축적한 곡식을 대사농에게 제공하도록 했다는 점이다.

관부 수공업도 계속 발전했다. 제삼복관(齊三服官, 관명, 옛 제나라 땅에서 삼복을 만들었기 때문에 이런 이름을 붙였다 - 역주)과 촉, 광한, 여러 군의 공관(工官)과 동쪽과 서쪽에 있는 직실(織室)에서 대규모로 직물과 의복을 만들었으며, 동전과 철기 주조업도 상당히 번성했다. 그래서 반고는 선제를 찬양하면서 "뛰어난 기술을 가진 공장(工匠)들이 만든 기물은 원제나 성제 연간에 만든 기물보다 훨씬 뛰어났다"[144]라고 말했던 것이다.

후세 사가들은 한 선제를 '중흥의 군주(中興之主)'라고 칭했다. 유향(劉向)은 심지어 이렇게 찬사를 늘어놓기도 했다. 선제 시절은 "정교가 밝고 법령이 바르게 시행되며, 변경이 평안하고 사방 이민족들도 깨끗이 정리되어 선우들이 귀순해 천하가 풍요롭고 백성들은 행복했으니, 그 다스림이 태종과 문제 시절을 넘어선다."[145] 하지만 이는 당시 사회 상황의 일부분을 과대 포장한 것일 뿐이다. 다른 일면에서 볼 때, 당시에 서한 통치집단의 폐해가 이미 깊이 축적된 상태였으며, 호강 세력이 강화되면서 유랑하는 농민들이 점점 많아졌다. 그래서 나라 안팎으로 사회 모순이 격화되기 시작해 문제 시절보다 더욱 심각한 지경에 이르렀다. 교동과 발해 등지에서 발발한 농민 폭동은 이미 "관서를 공격하고 죄수를 모집하며, 시장을 약탈하며 열후를 위협하는"[146] 지경에 이르렀다. 선제조차 당시 "백성들 대부분이 빈한해 도적들이 그치지 않고 있다"[147]라고 자인할 정도였다.

서한 말기 사회 모순의 첨예화

원제 시절 서한 사회는 위험한 증세가 도처에서 목도되었다. 향민들은 "향관부리(鄕官部吏, 하급관리)의 사리사욕조차 제대로 채울 수 없는(鄕部私求, 不可勝供)" 상황에서 "비록 국가에서 제공받은 밭일지라도 싼값에 상인에게 팔아버리고 빈궁에 허덕이다 끝내 도적이 되고 말았다."[148] 원제는 관동 호강들을 회유하고 서한 왕조에 대한 '동요하는 마음'을 해소시키기 위해 심지어 한초 이래로 관동의 호강을 관중 능침 지역으로 이주시키는 정책마저 폐기했다.[149] 유생 경방(京房)이 원제에게 "폐하께서는 지금 제대로 다스려지고 있다고 보십니까?"라고 묻자 원제가 어쩔 수 없다는 듯이 이렇게 대답했다. "또한 지극히 혼란스러우니 무슨 방법이 있겠는가?"[150]

성제 시절 서한 왕조는 이미 붕괴의 길로 접어들었다. 성제는 "요역을 크게 일으키고 부세(賦稅)를 무겁게 거두었다."[151] 백성들에게 공전을 빌려주었다는 말은 사적에서 찾아볼 수 없다. 당시 서한 정권은 외척 왕씨가 좌지우지하고 있었는데, 황제의 장인인 왕봉(王鳳)과 왕상(王商), 왕음(王音), 왕근(王根) 4형제와 왕봉의 동생 왕만(王曼)의 아들 왕망(王莽)이 이어서 대사마대장군(大司馬大將軍) 자리를 독식하고, 왕씨 가운데 열후에 봉해진 이가 전부 9명이나 될 정도였다. 조정의 중신이나 자사, 군수들도 모두 왕씨의 문하에서 나왔다. 외척의 탐욕과 착취는 사람을 놀라게 만들 정도였다. 홍양후(紅陽侯) 왕립(王立)은 남군(南郡)에서 개간한 땅 수백 경을 소유했으며, 빈민들이 오래전에 개간해 비옥해진 전답도 제멋대로 빼앗았다. 왕립은 자신이 소유한 토지를 국가에 비싼 가격으로 팔아 당시 시가로 1억 전의 보상비를 받아냈다. 원제 시절에는 외척의 세력이 그리 크지 않아 "자산이 천만 전 이상인 자들이 드물었는데,"[152] 나중에 1억 전의 거부가 되어 비옥한 전답과 야산을 차지하고 제왕처럼 커다란 저택에서 살았다. 이는 모두 성제와 애제 시절 짧은 기간의 가렴주구로 얻은 결과였다. 다른 관료들도 권세에 의지해 좋은 논밭을 차지했다. 승상 장우(張禹)는 "밭을 많이 구매해 400경에 이르렀는데, 경수와 위수의 물을 끌어들여 관개하면서 비옥한 땅으로 변해 가격이 치솟았으며, 다른 재물도 그러했다."[153] 애제의 총신인 동현(董賢)은 밭 2000여 경을 하사받았는데, 그가 죽은 후 후손들이 경지를 내다팔아 43억 전이라는 거금을 손에 쥐었다.

상인 세력도 크게 대두하기 시작했다. 성도의 나부(羅裒), 임치의 성위(姓偉), 낙양의 장대숙(將長叔), 설자중(薛子仲), 장안과 인근 여러 현의 왕군방(王君房), 번소옹(樊少翁), 왕손대경(王孫大卿), 번가(樊嘉), 지망(摯網), 여씨(如氏), 저씨(苴氏) 등은 모두 억만금을 가진 대상인들이다. 나부는 파촉의 염정(鹽井) 이익을 독식하는 것 이외에도 장안과 파촉을 왕래하면서 외척 왕근, 행신(幸臣) 순우장(淳于長)에게 뇌물을 주었으며, "권력에 기대고 군국에 고리대를 빌려주어 사람들이 감히 그를 어길 수 없었다."[154]

성제가 즉위하고 얼마 후 지금의 산동, 하남, 사천 등지에서 계속 농민과 철관도(鐵官徒, 야금업에 종사하는 관노비)가 폭동을 일으켰다. 건시(建始) 4년(기원전 29년), 동군(東郡) 임평(荏平, 산동 임평)의 후무벽(侯毋辟)이 폭동을 주도했고, 양삭(陽朔) 3년(기원전 22년)에는 영천군(潁川郡, 치소는 하남 우주) 철관도 신도성(申屠聖) 등이 폭동을 일으켰다. 또한 홍가(鴻嘉) 3년(기원전 18년)에는 광한(廣漢, 치소는 사천 재동)의 정궁(鄭躬) 등이 폭동을 일으켰다.[155] 영시(永始) 3년(기원전 14년)에는 울지(尉氏, 하남 울지)의 번병(樊幷),[156] 산양(山陽, 치소는 산동 금향)의 철관도 소령(蘇令) 등이 폭동을 일으켰다. 소령이 이끄는 농민군은 19개의 군국을 거치면서[157] 장리(長吏)를 살해하고 무기고를 탈취하는 등 가장 큰 세력을 차지했다.

애제 시절 서한 왕조의 위기가 더욱 심각한 지경에 이르렀다. 사단(師丹)이 전답을 제한하고 노비를 축소시킬 것을 건의하자, 공광(孔光)과 하무(何武) 등이 나서서 제왕과 열후, 이민(吏民)은 30경으로 논밭을 제한하고, 노예 소유도 제왕의 경우 아무리 많아도 200명을 초과하지 않으며, 열후와 공주는 100명, 이하 이민은 30명을 넘지 않도록 했다. 그리고 상인은 논밭을 소유할 수 없으며, 관리가 될 수도 없다고 규정했다. 하지만 이런 방법은 당시 실권을 차지하고 있던 외척 관료들의 반대에 부딪혀 끝내 시행되지 않았다.

관부와 지주 양쪽에서 압박을 받는 상황에서 농민들은 "일곱 가지를 잃고 하나도 얻을 것이 없으며", "일곱 가지 죽을 일이 있어도 한 가지 살 일이 없었다."[158] 끊임없이 저항하는 것 이외에 다른 방도는 찾을 수 없었다. 애제는 농민 폭동에 직면해 음양재이(陰陽災異)를 주장하는 논자들의 의견을 받아들여 '재수명(再受命, 새롭게 천명을 받는다는 뜻)'의 방법으로 서한 통치의 위기를 벗어나고자 했다. 그래서 그는 스스로 '진성유태평황제(陳聖劉太平皇帝)'로 개칭하고, '태초원장(太初元將)'으로 개원(改元)했다. 이처럼 자신과 남을 속이면서 호칭이나 연호를 바꾼 것은 서한 통치자들의 절망감을 폭로한 것 이외에 아무런 의의가 없었다.

왕망의 개제(改制)

농민전쟁의 위협이 코앞으로 다가오자 서한 왕조는 크게 요동치기 시작했다. '재수명'이 일시를 풍미하던 시기에 왕망은 여러 숙부의 뒤를 이어 대사마대장군 자리에 올라 1년여 동안 황제를 보좌했다. 애제가 즉위한 후 왕망은 실권을 잃었다. 정(丁), 부(傅) 등 외척과 기타 권신 귀족들의 토지와 노비를 제한해야 한다는 주장에 격렬하게 반대할 당시 태황태후 왕씨는 "왕씨의 토지는 묘지가 아니니 모두 빈민들에게 줄 수 있도록 하라"[159]라고 말했다. 이는 사실 당시 직면하고 있던 사회적 위기에 대처하기 위해 왕망이 인심을 구슬리는 방식과 다를 바 없었다. 평제(平帝) 시절 다시 대사마 자리에 오른 왕망은 누차 토지와 재산을 기부하는 등 민심 얻기에 나섰다. 그는 정치적으로 자신을 반대하는 이들을 극력 배제해 평제의 외가인 위씨(衛氏)와 관련된 여관(呂寬)의 옥사를 다루면서 "군국의 호걸들 가운데 평소 자신을 비난하던 이들을 연관시켜"[160] 죽은 자만 100여 명에 이르렀다. 다른 한편으로 그는 자신의 당우(黨羽)를 만들고 유생들을 회유해 정권 탈취를 위한 자신의 행동을 적극 지지하도록 만들었다. 이런 상황에서 왕망의 공덕을 찬양하는 이들이 각지에서 상서를 올리고, 상서(祥瑞)나 부명(符命)을 바치는 이들이 길가에 줄을 설 정도였다. 이렇듯 그들은 한조(漢祚)가 이미 다해 왕망이 천자가 되어야 한다는 것을 증명하고자 애썼다.

평제가 죽고 어린 아들이 등극하자 왕망이 계속해서 황제를 보좌했다. 그는 제사를 주재하면서 가황제(假皇帝)라고 칭했으며, 신하들은 그를 섭황제(攝皇帝)로 불렀다. 한실(漢室, 한조 왕실) 종친 유숭(劉崇)과 동군태수(東郡太守) 적의(翟義)가 연달아 거병해 왕망 타도의 기치를 올렸으나 모두 진압되고 말았다. 거섭(居攝) 3년(초시 원년, 8년) 왕망이 자립해 황제 자리에 올라 국호를 신(新)으로 바꾸었다.

이로써 서한 왕조는 사라졌지만 서한 사회에 잠복하고 있던 계급 모순은 여전히 첨예하게 살아 있었다. 왕망은 이러한 모순을 해결하기 위해 계속해서 법령을 반포하고, 《주례(周禮)》에 근거해 이른바 '탁고개제(托古改制)'를 실시했다.

시건국(始建國) 원년(9년) 왕망은 조서를 내려 진·한(秦漢) 사회가 안고 있던 겸병의 폐해를 밝혔다. "강자는 수천의 토지를 가지고 있으나 약자는 송곳을 꽂을 땅조차 없다. 또한 노비를 팔고 사는 시장을 설치해 소나 말과 같은 우리에 가두어놓고, 신민들을 제압해 그들의 목숨을 제멋대로 좌지우지하고 있다(强者規田以千數, 弱者曾無立錐之居. 又置奴婢之市, 與牛馬同欄, 制于民臣, 顓斷其命)." 그는 이런 상황에 대처하기 위해 다음과 같이 선포했다. "천하의 토지를 왕전으로, 노비를 사속으로 개칭하며, 매매를 불허한다. 남자의 숫자가 8명이 안 되는데 토지가 1정(井)을 초과할 경우 나머지 토지를 구족이나 향리, 향당에 주도록 하라.

이전에는 토지가 없었지만 지금 토지를 받는 자는 기존 제도와 같이 하라. 감히 정전(井田)의 성제(聖制, 성인이 만든 제도)가 아닌 것으로 법을 무시하고 백성을 미혹시키는 자는 사방 오랑캐의 땅에 내던져 귀신을 막도록 하라(更名天下田曰王田, 奴婢曰私屬, 皆不得賣買. 其男口不盈八而田過一井(九百畝)者, 分餘田予九族, 隣里, 鄕黨. 故無田今當受日者如制度. 敢有非井田聖制, 無法惑衆者, 投諸四夷, 以御魑魅)."

왕망이 이런 조령을 반포한 목적은 진정으로 개인의 토지소유권을 바꾸거나 노비의 사회적 지위를 개선하기 위한 것이 아니라 단지 토지와 노비의 매매를 동결시켜[161] 토지 겸병과 농민의 노예화 과정을 완화시키기 위함이었다. 하지만 지주관료들은 계속해서 토지와 노비를 매매했으며, 이로 인해 처벌받은 이들이 수도 없이 많아 왕망의 조령에 대해 강력하게 저항했다. 결국 시건국 4년 왕망은 어쩔 수 없이 조령을 취소하고 "조서를 내려 왕전과 사속은 모두 매매할 수 있으며, 법으로 구속하지 말라"[162]라고 했다. 이리하여 당시 가장 중요한 사회 모순을 해결하기 위한 왕망의 조치는 완전히 실패로 끝나고 말았다.

시건국 2년(10년) 왕망은 오균(五均)과 육관(六筦)을 실행하도록 조서를 내렸다. 이는 상인들의 농민에 대한 과도한 착취를 제한하고, 고리대금업자들이 창궐하는 것을 막아 국가가 더 많은 경제적 이익을 창출하기 위함이었다. 오균은 장안과 낙양, 한단(邯鄲), 임치(臨淄), 완(宛), 성도(成都) 등 여러 대도시에 오균사시사(五均司市師)를 설치해 시장을 관리하도록 한 것을 말한다. 계절마다 가운데 달에 사시관(司市官)이 현지 물가를 평가했는데, 이를 시평(市平)이라고 불렀다. 만약 물가가 시평보다 높으면 사시관이 시평에 따라 물건을 내다 팔고, 낮으면 매매하도록 했다. 오곡이나 포백(布帛), 사면(絲綿) 등 생활필수품 판매가 부진

할 경우 사시관이 현지 물가에 따라 수매했다. 백성들이 제사나 장례 등으로 돈이 필요할 경우에는 전부(錢府)에서 돈을 빌리도록 하되 이자는 받지 않았고, 생업을 경영하는데 자본이 부족할 경우는 저리로 돈을 빌릴 수 있도록 했다.

육관은 국가에서 소금과 철, 술, 주전(鑄錢), 오균의 대여사업 등 다섯 가지 사업을 독점 경영해 사사로운 개인 경영을 불허하며, 동시에 명산과 대택(大澤)을 관리해 "명산, 대택에서 생산되는 물건에 대해 세금을 징수하는 것(諸采取名山大澤衆物者稅之)"을 말한다. 육관 가운데 오균의 대여(五均賒貸) 사업은 평준법을 새롭게 발전시킨 것이고, 나머지 다섯 가지 역시 한 무제 시절에 시행한 바 있는 조치다. 오균과 육관을 시행한 이들은 주로 대상인들이었는데, 이 역시 무제가 상인들을 염철관으로 임명한 것과 대동소이하다. 다만 무제는 국가의 역량을 통해 기본적으로 상인들이 국가를 위해 이바지할 수 있도록 통제할 수 있었던 것에 반해 왕망은 그들을 효과적으로 통제할 수 없었다는 점이 다를 뿐이다. 상인들은 "역참 수레에 앉아 이익을 얻으며 전국 도처를 다녔고, 군현 관리들과 결탁해 거짓 장부를 만드니 관부의 창고는 부실해지고 백성은 병이 든 것처럼 더욱 힘들어졌다."[163] 이렇듯 왕망이 시행한 오균과 육관은 무제 시절에 시행된 조치와 내용적인 면에서 같았지만 그 결과는 달랐다.

거섭 2년(7년) 왕망은 착도(錯刀), 계도(契刀), 대전(大錢) 세 가지 화폐를 주조했다. 규정에 따르면 착도는 하나에 5000전, 계도는 하나에 500전, 대전은 50전의 가치가 있었다. 이와 더불어 기존의 오수전과 사품(四品)을 동시에 유통시켰다. 시건국 원년 왕망은 착도와 계도 그리고 오수전을 폐지하고 별도로 소전(小錢)을 만들어 대전과 함께 사용하도록 했다. 아울러 동전을 만드는 재료인 구리와 석탄을 숨기거나 소지하지 못하도록 해 동전을 도주(盜鑄)하지 못하도록 조령을 반포했다. 이듬해 왕망은 금과 은, 구(龜), 패(貝), 전(錢), 포(布) 등을 옥화(寶貨)라고 명명하고, 5가지 사물[전과 포는 모두 구리를 사용해 한 가지 물(物)로 삼았다], 6가지 이름(六名), 28가지 등급(二十八品)으로 구분했다. 백성들은 왕망이 새로 주조한 전폐(錢幣)를 전혀 믿지 않았으며, 여전히 오수전을 사용했다. 왕망이 또다시 금령을 내리자 "농업과 상업 등 정상적인 생업을 잃어 식량과 화물이 모두 폐기되니 백성들이 시장 길바닥에 주저앉아 눈물을 흘렸다. 또한 제후나 경대부, 서민들까지 모두 토지와 살던 집, 노비와 주조한 전폐를 매매했으며(農商失業, 食貨俱廢, 民人至涕泣于市道. 及坐賣買田宅, 奴婢, 鑄錢, 自諸侯, 卿大夫至于庶民)", "법에 저촉되어 죄를 짓는 자가 부지기수였다(抵罪者不可勝數)." 왕망은 부득이 구(龜)와 패 등의 화폐를 잠시 폐기하고 대전과 소전만 유통시켰으며, 아울러 사사롭게 동전을 주조하는 도주에 대한 금령을 강화해 "한 집에서 사전을 주조하면 이웃하고 있는 다섯 집을 연좌해 모두 노비로 삼았다(一家鑄錢, 五家坐之, 沒入爲奴婢)." 지황(地皇) 원년(20년), 왕망은 또다시 이전 전폐를 폐기하고 화포(貨布)와 화천(貨泉) 이품(二品)으로 바꾸었다.[164]

이렇듯 자주 화폐가 바뀌자 백성들의 파산이 뒤를 이었다. 그는 다섯 집을 연좌시키는 도주법(盜鑄法)을 남발했는데, 실제로 이는 잔혹한 수노상좌율(收孥相坐律)을 부활시킨 것이나 다를 바 없었다. 법을 어겼을 경우 "남자는 호송 수레에 가두고 아녀자는 목을 쇠사슬로 묶고 그 뒤를 따라 종관(鍾官, 전폐를 주조하는 곳)까지 걸어가도록 했는데, 그 수가 10만에 이르렀다. 도착하면 부부를 갈라놓았는데, 힘든 일로 고통을 받다가 죽는 이들이 10명 중 6~7명이나 되었다(男子檻車, 兒女子步, 以鐵鎖琅當其頸, 傳詣鍾官, 以十萬數. 到者易其夫婦, 愁苦死者十六七)."

이러한 법령은 한말 이래 심각한 노예 문제를 더욱 엄중하게 만들었으며, 고역에 허덕이던 백성들의 불만과 원한도 더욱 커져만 갔다.

그는 정치제도 면에서도 큰일을 벌였다. 중앙과 지방의 관명, 관제, 군현의 이름과 행정구역에 대한 대대적인 개혁에 나섰으며, 누차 이름을 바꾸었다. 그는 다섯 등급의 작위를 회복해 봉상(封賞)을 남발했다. 관리들은 녹봉이 없었기 때문에 각종 방법을 동원해 백성들을 괴롭혔다.

왕망의 제도 개혁으로 인한 혼란은 날이 갈수록 심화해 거의 수습할 수 없는 지경에 이르렀다. 그는 자신의 위신을 회복하고 통치를 강화하기 위해 한편으로 부명(符命)을 동원해 백성들을 우롱했으며, 다른 한편으로 허장성세를 부려 흉노와 동북, 서남 변경의 여러 민족에 대한 전쟁을 일으키기도 했다. 고통스러운 부역과 징발, 전쟁의 혼란, 잔혹한 형벌 등으로 인해 농민들은 생존의 길을 완전히 잃고 말았다. 관리들의 보고에 따르면, 당시 백성들은 "번다하고 가혹한 법률과 금령을 걱정하느라 손을 둘 곳이 없으며, 힘들게 일을 해도 세금 내기에 부족해 문을 닫고 집에 가만히 있을지라도 사전을 주조하거나 구리를 보관하는 이웃에 연좌되곤 했다. 간악한 관리들은 더욱 백성을 괴롭히니 궁지에 빠진 백성들은 모두 도적이 되고 말았다." 여기에 천재지변이 연이어 일어나니 식량 가격이 천정부지로 올라 한 섬에 5000전에서 1만 전을 호가하고, 심지어 황금 1근으로 콩 5승(升)을 겨우 바꿀 정도였다. 이런 상황에서 자연스럽게 농민 폭동이 발발하고 서한의 종실이나 옛 권신들이 왕망에 대한 투쟁을 본격화하면서 점차 농민들과 연계하기 시작했다. 갱시(更始) 원년(23년), 왕망의 통치는 농민들에 의해 철저하게 붕괴하고 왕망 본인 역시 서한의 부패한 통치 세력의 속죄양이 되고 말았다.

왕망 정권을 전복시킨 농민전쟁

녹림군(綠林軍)

왕망 정권에 반대하는 농민 폭동은 북방의 변방 지역에서 제일 먼저 일어났다. 흉노를 공격하기 위한 왕망의 군사 징발은 중원 내륙보다 변방 군에서 더욱 문제가 많았다. 변경에 주둔하고 있던 수십만의 군사들은 변방 백성들에게 군량을 조달하면서 제멋대로 소란을 피워 백성들의 생산과 생활에 피해를 주었다. 그들의 수탈을 견딜 수 없었던 농민들은 내륙으로 유랑길을 떠나거나 노비로 전락했으며, 어떤 이들은 위험을 감수하고 무리를 모아 반항했다. 시건국 3년(11년) 변방의 유민들이 유리걸식하며 도처에서 폭동을 일으켰는데, 그 가운데 병주(幷州)와 평주(平州) 일대가 가장 심했다. 천봉 2년(15년) 오원(五原)과 대군(代郡)의 백성들이 폭동을 일으키니 "수천 명이 무리를 이루어 인근의 군까지 쳐들어갔다."[165]

이어서 황하와 장강 유역에서도 계속 농민 폭동이 일어났다. 천봉 4년(17년) 임회(臨淮) 사람 과전의(瓜田儀)가 회계 장주(長洲, 강소 오현)에서 기의해 바다와 호수 주변에 출몰했고, 같은 해 여모(呂母)가 해곡(海曲, 산동 일조)에서 기의하며 해곡의 현재(縣宰)를 살해하고 바다로 들어가 대치했다. 이처럼 크고 작은 폭동이 사방에서 일어나 장차 대규모 농민전쟁이 일어날 것을 예시하고 있었다.

천봉 연간 형주 일대 백성들은 매년 기근에 허덕이며 들판에서 풀뿌리를 캐먹는 상황에 이르렀다. 신시(新市, 호북 경산 경내) 사람 왕광(王匡)과 왕봉(王鳳)이 다른 이들의 근심을 덜어주고 다툼을 중재하면서 수령으로 추대되니 그들을 따르는 이들이 날로 불어나 어느새 상당한 숫자의 무장 세력으로 성장해 때로 주변 마을을 공격했다. 그들은 녹림산(綠林山, 지금의 호북 당양 경내)에 숨어 살았기 때문에 녹림군이라고 불렸다. 몇 달 후 녹림군은 7000~8000명으로 불어났다. 당시 그들은 주변 성곽을 공격하거나 토지를 빼앗을 생각은 하지 않았으며, 기근이 지나고 세월이 좋아지면 자신의 고향으로 돌아갈 생각이었다.

지황 2년(21년), 왕망의 형주목(荊州牧)이 군사를 동원해 녹림군을 공격했다. 녹림군은 그들을 맞이해 승리를 거두고 무리도 수만 명으로 늘었으며, 전투 의지도 크게 고양되었다. 지황 3년 녹림산에 전염병이 유행하자 녹림군은 산을 나와 두 갈래로 군사를 나누었다. 한 갈래는 왕상(王常)과 성단(成丹) 등이 이끌어 서쪽 남군(南郡)으로 진격했으며, 자신들을 하강병(下江兵)이라고 불렀다. 다른 한 갈래는 왕광과 왕봉, 마무(馬武) 등이 통솔해 남양으로 북상했는데, 스스로 신시병(新市兵)이라고 칭했다. 신시병이 수현(隨縣)을 공격할 당시 평림(平林) 사람 진목(陳牧)과 요담(廖湛)이 무리를 이끌고 호응했다. 이에 녹림군에 새로 평림병(平林兵)이 가담하게 되었다. 서한 종실 유현(劉玄)은 당시 평림병에 투신한 상태였다.

남양의 대지주 유연(劉縯)과 유수(劉秀) 형제 역시 서한 종실로 "고조의 왕업을 수복한다"[166]라는 목적을 가지고 인근 호강지주들과 연계해 종실과 빈객을 중심으로 7000~8000명에 달하는 군대를 조직했다.

이를 용릉군(舂陵軍)으로 불렀다. 용릉군은 왕망군과 접전하기에 불리하자 북쪽으로 하강병과 '합종'하기로 약속했다. 당시 녹림군은 왕망군에게 연전연승하면서 10만 대군으로 부상했다. 녹림군 영수는 영향력을 확대하기 위해 유현을 황제로 옹립하고 한의 국호를 회복해 23년을 갱시(更始) 원년으로 삼았다. 유현은 서한 종실 가운데 몰락한 집안 사람으로 기의에 참가한 지 오래되었으나 실제 병권을 잡고 있는 것은 아니었다. 그럼에도 그를 황제로 옹립한 것은 당시 농민들이 유한(劉漢, 유씨의 한조) 정통사상의 영향을 받고 있었음을 보여준다. 하지만 야심 가득한 유연 대신 유현을 옹립한 것은 녹림군의 우두머리가 유연과 유수 형제와 소원한 결과였다.

녹림군이 연호를 세운 후 왕망은 주군의 군병 42만을 동원해 왕읍(王邑), 왕심(王尋)을 앞세워 녹림군을 막도록 했다. 그해 3월 왕망의 선봉대 10만 병사가 곤양(昆陽, 하남 엽현)에서 녹림군을 포위했다. 당시 왕봉과 왕상이 이끄는 8000~9000명의 녹림군이 곤양을 지키고 있었다. 유수는 원병을 모집하기 위해 13명의 경기병을 데리고 성을 나와 포위망을 뚫었다. 당시 곤양성 밖에는 왕망의 군사들이 수십 겹으로 포위해 수백 개의 진영이 자리하고 있었다. 포위 병사들은 "지하 갱도를 만들거나 병거(兵車)로 성곽을 부수었으며, 활과 궁노를 마구 쏘아 화살이 마치 비오듯 쏟아져 성안 사람들은 물을 길러 갈 때도 문짝을 이고 갈 정도였다."[167] 이처럼 다급하고 위태로운 시각에 유수는 언(郾)과 정릉(定陵)에서 수천 명의 원군을 모집해 곤양으로 돌아왔다. 이후 왕읍과 왕심의 부대는 자만에 빠져 싸움에 지고 왕심도 피살되고 말았다. 이에 성을 지키고 있던 군사들이 승세를 몰아 출격했다. "안팎으로 합세해 천지를 진동시키니 왕망의 군사들이 크게 무너져 도망치는 이들이 서로 다투느라 밟혀 죽은 자가 100여 리에 이르렀다."[168] 녹림군은 당시 전투에서 군량과 무기, 갑옷 등 셀 수 없이 많은 재물을 획득했다. 이것이 바로 중국 전쟁사에서 소수의 인원으로 대규모 부대를 격파한 것으로 유명한 곤양 전투다. 곤양 전투 이후 "해내 호걸들이 힘을 모아 호응하고, 현지 관리들을 살해하고 장군으로 자칭하면서 한의 연호를 사용했으며, 갱시제의 조서를 기다리니 채 열흘이 되기도 전에 천하 곳곳에서 이런 상황이 펼쳐졌다."[169] 확실히 곤양 전투는 녹림군이 관중으로 진격해 왕망을 멸망시키는 데 결정적인 작용을 했다.

유수가 곤양 전투에서 탁월한 전공을 쌓자 그들 형제의 세력이 점차 농민군을 능가하기 시작했다. 이에 신시군과 평림군의 여러 장수들이 갱시제를 부추겨 유연을 살해했다. 이어서 녹림군은 두 갈래로 나누어 왕망을 공격했는데, 왕광이 인솔하는 부대는 낙양을 공략했다. 갱시제는 낙양에서 유수를 황하 이북으로 파견해 그곳을 발전시키도록 했다. 유수는 북상한 후 점차 농민군의 통제에서 벗어날 수 있었다. 또 다른 부대는 신도건(申屠建)과 이송(李松)이 통솔해 서쪽으로 무관(武關)으로 진입했다. 석현(析縣) 사람 등엽(鄧曄)이 거병해 먼저 무관을 공격하고 녹림군을 맞이해 함께 장안으로 들어가 관중을 진동시켰다. 당시 장안에서 폭동이 일어나 왕망이 피살되니 녹림군은 손쉽게 장안을 손에 넣을 수 있었다. 24년 갱시제가 장안으로 천도했다.

장안으로 진격한 녹림군은 기율이 엄격해 궁궐 창고에 손대지 않았으며, 이전의 것을 전혀 바꾸지 않았다. 녹림군은 관중의 일부 호강 세력을 무력화시키고 신속하게 삼보(三輔)를 평정했다. 하지만 갱시제가 부패한 궁정생활에 도취되면서 지주 출신의 유생들이 그 기회를 틈타 제멋대로 움직이자 기의군 내부에서 서로 불화하고 반목하는 현상이 점차 늘어나기 시작했다.

적미군

녹림군에 비해 약간 늦게 낭야(琅邪) 사람 번숭(樊崇) 등이 거현(莒縣)에서 기의했다. 번숭은 용맹하고 작전 능력이 탁월해 인근 각지의 농민군 우두머리인 봉안(逢安), 서선(徐宣), 사록(謝祿), 양음(楊音) 등이 무리를 이끌고 그에게 귀부했다. 그들은 태산, 북해 일대에서 투쟁을 전개하면서 전황(田況)이 이끄는 왕망의 군대를 격파했다. 기의군에 참가한 이들은 주로 기아에 허덕이던 농민들로 녹림군과 마찬가지로 기의 초기에는 성을 공격하거나 반란을 일으킬 마음이 없었으며, 하루라도 빨리 세상이 평온해져 귀향하기만을 고대하고 있었다. 그들은 한조의 향관(鄕官)과 지방 하급관리의 호칭을 그대로 따라 각급 수령을 삼로(三老), 종사(從事), 졸리(卒史) 등으로 구분해 칭했고, 서로를 거인(巨人)이라고 불렀다. 그들은 별도의 문서나 정기(旌旗), 부곡(部曲), 호령(號令) 등이 없었으며, 구두로 "사람을 죽인 자는 사형으로 다스리고, 사람을 다치게 한 자는 그만큼 배상한다"[170]라는 약속을 했을 따름이다.

22년 왕망이 파견한 태사 왕광과 갱시장군(更始將軍) 염단(廉丹)이 십수만의 군사를 이끌고 기의군을 공격했다. 기의군은 전투에서 적군과 구별하기 위해 붉은색으로 눈썹을 칠했는데, 이로 인해 적미군(赤眉軍)이라는 이름을 얻었다. 왕광과 염단의 군대는 백성들을 잔혹하게 살상하고 난폭한 짓을 저질러 당시 백성들 사이에서 이런 노래가 유행했다. "차라리 적미군을 만나지 태사(太師, 왕광)의 군사는 만나지 않을 것이네. 태사의 군사는 그나마 낫지, 갱시(염단)의 군사들은 우리를 도살할 것이네."[171] 적미군은 성창(成昌, 산동 동평)에서 왕망의 군대를 격파하고 염단을 죽이면서 세력이 급성장했다. 유현이 낙양으로 들어갔을 당시 적미군도 중원에서 활약하면서 번숭 등 20여 명이 유현의 열후 봉호를 받았다. 하지만 이후 유현이 적미를 배척하자 번숭 등은 유현과 관계를 끊고 지금의 하남 일대에서 전투를 일삼았다.

적미군은 비록 연전연승을 거두었지만 기의에 참가한 농민들은 하루라도 빨리 귀향할 생각뿐이었기 때문에 군심이 해이해질 수밖에 없었다. 적미군의 우두머리는 농민군이 귀향하면 틀림없이 흩어질 것이라 여기고 장안을 공격했다. 25년 화음(華陰)으로 진격한 적미군은 이미 30만의 대군이 되었다. 적미군의 우두머리는 지주와 무사(巫師)의 꼬드김에 빠져 몰락한 서한 종실 가운데 15세의 우리(牛吏, 목동)인 유분자(劉盆子)를 황제로 옹립했다. 이어서 적미군은 장안을 공략해 유현의 통치를 뒤집어엎었다.

유수 동한 왕조 건립

적미군이 관중으로 들어왔을 때 유수(劉秀) 역시 군사를 이끌고 관중으로 진격하고 있었다. 바로 그 직전인 23년 겨울 유수가 황하를 건너 북상할 때 황하 이북 동마(銅馬), 대융(大肜), 고호(高湖), 중련(重連), 철경(鐵脛), 대창(大枪), 우래(尤來), 상강(上江), 청독(青犢), 오교(五校), 단향(檀鄕), 오번(五幡), 오루(五樓), 부평(富平), 획삭(獲索) 등지의 여러 부(部)에서 농민들이 기의한 상태였다. 그들은 각기 부곡을 통솔해 "산천이나 토지로 이름을 삼거나 군대의 기율이나 강성함으로 호칭을 삼았는데"[172] 그 규모가 수백만 명에 달했다. 농민군 외에도 각지의 호강지주 무장 세력과 왕망의 잔여 세력도 여전히 적지 않았다. 호강 지주들은 한단에서 성제의 아들을 사칭하는 복자(卜者) 왕랑(王郞)을 황제로 옹립하면서 세력을 확장했다. 유수는 신도(信都) 태수 임광(任光), 창성(昌成) 사람 유식(劉植), 송자(宋子) 사람 경순(耿純) 등 지주 무장 세력의 지지를 얻고, 다시 상곡(上谷) 태수 경황(耿況), 어양(漁陽) 태수 팽총(彭寵)의 원조를 받아 왕랑을 격파했다. 갱시제가 유수를 숙왕(蕭王)으로 임명하고 아울러 그에게 장안으로 돌아올 것을 명했다. 이미 우익(羽翼)을 얻어 막강한 세력을 지닌 유수는 황제의 명을 거절하고 하북에서 농민군을 진압하면서 관중의 변화를 지켜보고 있었다. 그가 동마(銅馬), 고호(高湖), 중련(重連) 등 여러 부의 농민군을 차례로 병탄하자 관중 일대에서 그를 '동마제(銅馬帝)'라고 부르기 시작했다.

25년 6월 적미군이 장안을 위협하자 유수는 호(鄗, 하북 백향)에서 황제 자리에 올랐다. 사서에서는 그를 광무제(光武帝)라고 부른다. 그는 한의 국호를 연용해 칭제한 해를 건무(建武) 원년으로 삼았다. 얼마 후 유수가 낙양에 정도하니 역사는 이를 동한(東漢)이라고 부른다.

같은 해 9월 적미군이 장안으로 진격하자 장안 부근의 호강 지주들이 식량을 은닉하고 적미군에게 대항했다. 적미군은 군량이 부족한 상황에서 호강 지주의 봉쇄를 타파할 수 없게 되자 서쪽 농판(隴坂)으로 퇴각해 활로를 찾고자 했다. 적미군은 그곳에 할거하고 있던 무장 세력 외효(隗囂)의 저항과 풍설(風雪)로 인해 장안으로 되돌아왔다가 무리를 이끌고 동쪽으로 갔다. 당시 유수의 군대는 이미 낙양 서쪽 요충지를 확보하고 동쪽으로 돌아가는 적미군의 퇴로를 막았다. 적미군은 용맹하게 싸웠지만 군량이 부족하고 세력이 약화되어 결국 건무 3년(27년) 봄 패배하고 말았다.

기세등등하던 농민전쟁은 이로써 막을 내렸다. 그들은 왕망 정권을 무너뜨렸으며, 찬란한 전공을 세웠다. 유수는 한조 통치를 회복한 후 하북 농민군의 잔여 세력을 계속해서 진압했으며, 다른 한편으로 각지의 할거 세력을 제거하는 데 전력을 다했다. 그리하여 건무 5년(29년) 북방의 중요 지역을 통일했다. 건무 9년(33년), 그는 농서에 할거하고 있던 외효를 평정하고, 건무 12년 촉에 할거하고 있던 공손술(公孫述)을 평정함으로써 전국 통일을 달성했다.

3 • 동한: 호강 세력의 확장과 통일국가의 와해

●
사회경제 발전과 호강 세력의 확장

생산 발전과 남방 경제 수준의 현저한 향상

광무제는 전국 통일 전쟁을 수행하면서 농민전쟁을 통한 유리한 형세를 이용했기 때문에 건무 2년부터 14년(26~38년)까지 여섯 차례에 걸쳐 노비 해방의 조령을 반포했다. 조령의 규정은 다음과 같다. 왕망 시기 이래로 이민(吏民)이 노비가 되었으나 서한의 법률에 부합하지 않거나 청주, 서주, 양주, 익주 등 할거 지역의 이민들로 노예가 된 이들, 기근으로 인해 처자식을 팔아 노예가 된 이들 가운데 주인을 떠나고자 하는 이들은 일률적으로 노비의 신분을 면해 서인(庶人)이 되게 한다. 노비 주인이 만약 고집하며 놓아주지 않는다면 서한의 '매인법(賣人法)'과 '약인법(略人法)'에 따라 그 죄를 다스린다.

건무 11년(35년), 광무제는 또다시 조령을 반포했는데, 노비를 살해

한 자는 감형할 수 없고, 노비를 불로 지진 자는 법률에 따라 다스릴 것이며, 화상을 입은 노비는 서민으로 방면하며, 노비가 사람을 다치게 했을 때 기시(棄市)하는 법률 조항은 폐지한다는 내용이었다. 서한 후기, 왕망이 통치하던 시기 이래로 '매인법'과 '약인법'이 이미 성문화되고 수노상좌율(收孥相坐律)이 회복되면서 노예 문제의 심각성이 더욱 증가한 상태였다. 광무제의 이상과 같은 조령이 반포되면서 노비 문제가 어느 정도 완화되었으며, 청주, 서주, 양주, 익주 등의 할거 세력을 동요시켰다. 또한 이는 농민들의 처지를 개선하고 사회경제를 발전시키는 데 유리한 작용을 했다.

광무제는 심각한 토지 겸병 문제를 해결하기 위한 방책을 제시하지 않을 수 없는 상황이었다. 당시 지주계급은 여전히 방대한 토지와 의부(依附) 농민을 소유하고 있었다. 광무제를 위시한 새로운 통치집단 역시 마음대로 토지를 확보하기 시작했는데 낙양과 남양 지역이 특히 심했다. 하지만 농민전쟁 이후 부패한 정치를 쇄신하면서 이전까지 농민들이 처한 '칠사(七死)', '칠망(七亡)'의 상황이 어느 정도 변하기 시작했다. 동한 통치집단은 특히 생산력 향상에 주력했는데, 이러한 원인으로 인해 농업과 수공업이 동한 전기에는 이전보다 훨씬 발전하기에 이른다.

동한 시절 농업생산은 서한에 비해 크게 향상되었다. 북방에서 출토된 동한 시대 철제 농기구는 수량이나 품질 면에서 서한 시대보다 훨씬 개선되었다. 쟁기의 날도 더욱 넓어지고 끝의 각도는 축소되어 이전 것보다 훨씬 견고하고 내구성이 강화되어 땅을 깊이 가는 데 편했다. 대형 가래[鏵]가 비교적 보편적으로 사용되었으며, 그 밖의 농기구도 이전보다 넓어지고 커졌다. 동한 시대 유물 가운데 곡병서(曲柄鋤, 자루가 굽은 호미)와 대렴(大鐮, 큰 낫)은 사이갈이[中耕]와 수확에 편리했다. 회전이 불편한 우리(耦犁, 두 마리 소가 끄는 쟁기)는 일부 지방에서 한 마리 소가 끄는 쟁기로 대체되었으며, 비교적 낙후한 회하 유역과 변경 지역에도 우경(牛耕)과 쇠로 만든 보습과 쟁기가 사용되었다. 남방의 일부 지역은 여전히 잠업이 발달했다.

황하의 치수는 동한 전기 북방 농업 회복과 발전에 큰 역할을 했다. 평제 시절 황하의 물이 넘쳐 둑이 터지자 엄청난 강물이 변거(汴渠)로 유입되어 수십 개의 현이 물에 잠겼다. 동한 초기 국가에서 치수를 제대로 하지 못하자 하북의 관료 지주들이 자신들의 논밭이 수해를 당하지 않도록 이웃 지역으로 물이 흐르게 만들고, 아울러 변거를 수리하지 못하도록 막았다. 그래서 황하 이남 연주(兗州), 예주(豫州) 등지의 백성들이 거의 60여 년 동안 수재로 고통을 받았다. 명제 시절 치수에 능한 왕경(王景)과 왕오(王吳)가 언류법(堰流法, 제방 한편에 넘치는 물이 흐를 수 있는 보를 설치해 물의 흐름을 분산시켜 홍수에 대비하는 방법 – 역주)으로 준의거(浚儀渠)를 수리했다. 영평 12년(69년) 왕경과 왕오가 병졸 수십만 명을 동원해 황하와 변거를 정비했다. 왕경과 왕오는 형양(滎陽) 동쪽에서 천승(千乘, 산동 이진) 해구(海口)까지 이르는 구역의 지세를 자세히 조사해, 언덕 아래를 뚫고 계곡의 물줄기를 잘라 막힌 곳이 원활하게 흐르도록 만들었다. 아울러 변하(汴河) 제방에 매 10리마다 수문을 하나씩 설치해 물의 흐름을 통제했다. 그들은 이러한 방법으로 변하의 물길을 분산시켜 홍수를 막고 광활한 토지를 확보해 농경에 활용했다. 수리공사가 끝나자 명제는 "물가나 도랑 아래 논밭을 빈민들에게 빌려주어 호우[豪右, 호문대족(豪門大族)]가 그 이익을 독차지할 수 없도록 했다."[173]

관동과 장강 이남에 큰 보를 만들어 관개에 활용하는 수리사업도 계속 이어졌다. 여남(汝南) 태수 등신(鄧晨)은 홍극피(鴻郤陂)를 복원했는데, 이후 포욱(鮑昱)이 계속 정비하면서 석갑(石閘, 돌로 만든 수문)에 물을 가두어 저수량이 풍족했다. 남양 태수 두시(杜詩) 역시 물이 괸 땅을 복원해 광활한 토지를 개간했다. 어양 태수 장감(張堪)은 호노(狐奴, 북경 순의현 경내)에 물을 끌어들여 도전(稻田) 8000여 경을 개간했다. 장제(章帝) 시절 왕경은 여강(廬江) 태수가 되어 작피(芍陂, 안휘 수현 경내) 지역을 복원해 매년 풍작을 이루었다. 이 지역에서 동한 시대 수리사업의 유물과 흔적이 발굴되었는데, 아마도 이는 왕경이 건설한 댐의 유물일 가능성이 크다. 당시 댐 건설에는 풀을 섞은 진흙을 사용했는데, 이는 중국 수리기술사에서 중요한 성취라고 할 수 있다. 이보다 조금 늦게 강남 회계군의 경호(鏡湖)를 정비하면서 주위에 300여 리에 걸친 제방을 쌓고 9000여 경의 토지에 물을 댔다. 파촉 지역의 동한 시대 분묘에서 연못이나 수전(水田)의 모형 도자기가 적지 않게 출토되었는데, 연못과 수전 사이에 물도랑이 연결되어 있는 모습을 확인할 수 있다. 이는 파촉 지역의 수리관개가 상당히 발전했음을 보여주는 증거라 할 수 있다. 이외에도 각지에서 연못이나 호수의 관개수로를 복원하거나 정비한 예가 적지 않았다.

늦어도 양한 시절에 중국에서 수대(水碓, 물방아)가 출현했다. 물방아는 곡물을 가공하는 데 디딜방아보다 10배, 절구보다는 100배 정도 효율이 뛰어났다.[174] 동한 말기 물을 끌어들이는 도구인 번차(翻車)와 갈오(渴烏)가 등장했다. 번차는 "기계를 사용해 물을 끌어들였고", 갈오는 "둥근 통을 만들어 공기를 사용해 물을 끌어들였다."[175]

생산도구와 생산기술이 향상되면서 농지당 생산량도 크게 높아졌다. 《동관한기(東觀漢記)》의 기록에 따르면, 장제(章帝) 시절 장우(張禹)가 서현(徐縣)에서 포양(蒲陽)의 옛 보를 정비해 4000여 경의 토지를 개간하고 100만여 곡의 곡식을 수확했다. 당시 1무당 생산량은 2곡과 3곡 사이였다.[176] 이는 《한서》〈식화지〉에 기록된 서한 시대 1무당 생산량에 비해 2배 이상이다. 사서의 기록에 따르면, 동한 시대 호구와 농지 수는 서한 시대 가장 많았을 때보다 약간 적다.[177] 하지만 이는 동한 지주들이 은닉하고 있는 토지나 인구가 서한 시대를 크게 넘어서고 있기 때문에 동한의 농업 수준을 판단하는 근거가 될 수 없다.

동한 시기에 수공업도 농업과 마찬가지로 서한보다 발전했다. 동한 시대 철기가 출토된 지역만 해도 건국 이래로 계속 발견되어 거의 100여 곳에 이른다. 이는 서한 시대보다 훨씬 많은 숫자다. 서한 시대 야철이 발전하지 않은 남방 지역에서도 점차 야철과 철기 제조업이 출현하기 시작했다. 계양군(桂陽郡)의 뇌양(耒陽)은 철의 주산지인데, 동한 초기 다른 지역의 사람들이 그곳에 모여들어 야철업에 종사했다. 위삽(衛颯)이 계양 태수가 되었을 때, "철관을 임명해 개인의 주전(鑄錢)을 없애 매년 소득이 500여만 전으로 증가했다."[178] 지금의 남경, 항주, 소흥, 남창 등지에서도 동한 시대 철기가 출토되고 있다. 당시 중요 병기는 모두 철제였기 때문에 청동제 병기는 거의 출토되지 않고 있다. 철제 농기구와 마찬가지로 철제 병기도 외형적으로 서한 시대의 것보다 크다. 철제 생활용품은 남북 각지에서 고루 발견되고 있다. 이러한 정황으로 볼 때 철 생산량이 과거보다 크게 증가했음을 알 수 있다.

동한 초년 두시(杜詩)가 철 생산지인 남양에서 태수를 맡았다. 그는 수력을 통해 송풍하는 방법을 널리 확대해 야철기술사에 중대한 개혁을 이루어냈다. 이는 힘을 쓰는 것에 비해 효과가 월등한 방식이었다.

화제 시절 염철 금지를 해제하자 이후로 대지주와 대상인들이 공개적으로 야철사업에 뛰어들었다. 환제(桓帝) 시절 오원(五原) 태수로 있던 최식(崔寔)의 말에 따르면, "변방의 백성들은 감히 건장한 이들과 싸울 때 스스로 사병을 만들고 관아의 병기를 사용하지 않았다."[179] 이렇듯 당시에는 병기조차 개인이 사사롭게 만들 수 있었다.

구리 제련과 동기 제작은 주로 장강 이남 여러 지역에서 발달했다. 광한(廣漢), 촉군(蜀郡), 회계(會稽), 건위속국(犍爲屬國)인 주제현(朱提縣) 당랑산(堂狼山)[180] 등지는 당시 동기 제작이 흥성했던 지역이다. 광한과 촉군의 관부에서 운영하던 공방도 일정한 규모를 갖추고 있었지만 개인 공방에서 제작하는 동기가 수량 면에서 훨씬 많았다. 주제현의 당랑에서 제작한 동세(銅洗, 청동 대야), 회계의 동경(銅鏡) 등이 역대로 많이 출토되고 있으며, 이외에도 촉군과 광한의 칠기, 북방 각지의 다양한 품종의 견직물 등도 서한 시대의 기술을 바탕으로 해 더욱 발전했다. 동한 말기 성도(成都)에서 비단 직물이 발달하기 시작했다. 칠기 생산도 발전해 현재까지 다양한 형태의 칠기가 많이 출토되고 있다. 이외에도 출토된 동한 시대 화상전(畵像磚)을 보면 파촉 사람들도 이미 당시 화정(火井)을 이용해 소금을 만들기 시작했음을 알 수 있다.

동한 시대 북방의 교통이 발달한 대도시나 큰 읍의 경우 상업이 크게 발달했으며, 특히 부유한 호강들이 현지 상업을 독점하고 있었다. 그들은 "배와 수레로 물건을 운반해 사방을 돌아다니고 상품을 매점매석해 도성을 가득 채웠다."[181] 그들은 또한 고리대금업을 통해 "고리의 이자를 챙겨 봉군의 수입과 견줄 정도였다."[182] 당시 "천하 여러 군현마다 수만의 시장이 들어서서"[183] 상품의 유통을 석권했다. 동한 정부는 주폐(鑄幣) 능력이 부족하고, 오수전은 시장 유통의 수요를 만족시킬 수 없었기 때문에 비단이나 곡물을 화폐로 겸용했다. 이는 자연경제 성분이 늘어났음을 반영하는 것이다. 관료나 귀척들은 자신들의 권세를 이용해 서역을 비롯한 국외 무역에 종사했다. 두헌(竇憲)은 80만 전을 사람 편에 보내 서역 시장에서 다양한 양탄자 10여 장을 구입했으며, 다시 오색 비단 700필과 생견(生絹) 300필을 싣고 가서 월지(月氏)의 말과 소합향(蘇合香), 탑등(氍毹, 모직물)을 구입하도록 했다.[184]

이상과 같은 동한 시절 경제상황에서 특히 주목할 부분은 남방의 경제 수준이 현저하게 향상되었다는 점이다. 이는 농경과 잠업, 수리관개, 동과 철 제련, 기물 제작 등에서 확인할 수 있다. 이와 동시에 남방의 인구도 크게 증가했는데, 예를 들어 양주(揚州)의 인구는 서한 시절 321만 명에서 동한 시절 434만 명으로 증가했고, 형주(荊州)는 374만에서 627만, 익주는 455만에서 724만 명으로 늘어났다.[185] 남방의 인구 증가는 생산 수준의 향상과 북인의 남방 이주 원인 외에도 남방의 여러 민족 사람들이 대거 동한의 편호(編戶)가 되었기 때문이다. 사서의 기록에 따르면, 지금의 운남 지역 인구는 5배가량 증가했는데, 주로 동한 시절에 "변경 밖 만이의 내부(內附)"가 직접적인 원인이었다. 단양(丹陽), 예장(豫章), 장사(長沙), 영릉(零陵) 등 여러 군의 인구증가율도 크게 높아졌는데, 이 역시 월인이나 만인이 동한의 편호가 된 것과 관련이 있다. 환제 시절 항서(抗徐)가 "처음으로 선성(宣城, 지금의 안휘성 경내)을 지키면서 깊은 숲속이나 늪지대에 살면서 머리카락으로 뭉치처럼 쪽을 지고 새소리 같은 말을 하는 사람들을 현 아래에 옮겨 살도록 했다"[186]라고 한 것도 한 예라 할 수 있다. 남방 사회의 생산력 향상과 인구 증가는 남방 여러 민족사회의 발전을 반영하는 것이기도 하다.

남방 경제가 발전하자 동한 후기에 여러 차례 형주와 양주 등지에서 식량을 조달해 중원의 이재민들을 구휼할 수 있었다. 명제 영평 연간에 조정은 2000명을 징발해 지금의 보계(寶鷄)와 한중(漢中) 사이에 있는 포사도(褒斜道)를 새롭게 정비하고 연도에 역정(驛亭)과 교각(橋閣)을 만들어[187] 익주와 중원의 교통에 편리하도록 했다. 《화양국지(華陽國志)》의 기록에 따르면, 동한 시절 "국고에 서남 지역의 화물이 가득 찼고, 조정에는 화민(익주 지역, 지금의 사천) 출신 선비가 많았다."[188] 이렇듯 익주(益州)의 경제가 동한 시대에 상당히 중요했다.

호강 지주 무장 세력에 대한 광무제의 위로와 투쟁

사회경제의 발전은 서한 시절 호강 세력의 확장이라는 결과를 가져왔다. 유수는 남양의 호강 출신으로 자신의 무장 세력을 통해 세력을 확대하면서 마침내 황제의 보좌까지 손에 넣게 되었다. 남양과 하북 등지에서 유수에게 영향을 준 이들 또한 종족과 빈객, 자제를 지닌 호강 지주들이다. 하북의 유식(劉植)과 경순(耿純)은 사병(私兵)으로 유수를 따라다니다가 동한의 개국 공신이 되었다. 그들은 죽을 때가 되어서도 사병을 포기할 마음이 없어 자신의 자식과 조카를 지목해 영중(營衆, 영내 사병)을 통솔하도록 했다. 농민군이 진격한 곳마다 호강 지주들이 무리를 모아 자체적으로 방어하면서 때로 어부지리를 얻기도 했다. 예를 들어 유수의 외삼촌인 남양의 번굉(樊宏)은 참호를 만들고 유수의 군대를 기다렸고, 경조(京兆)의 제오륜(第五倫)은 종족과 이웃 마을 사람들과 함께 험한 지형에 의지해 적미군에 대항했으며, 남양의 족성(族姓)인 풍방(馮魴)은 "빈객을 모으고 호걸을 소집해 참호를 파고 군대가 돌아오기를 기다렸다."[189] 이들 호강 지주들은 선후로 유수에게 귀부한 후 유수의 유력한 버팀목이 되었다.

당시 자위 무장대를 소유하고 있던 호강 지주들은 병장(兵長), 거수(渠帥)라고 자칭하면서 세력을 확장하고, 정령(政令)을 무시했다. 그들

4장 진·한 시대

은 무장력을 포기하고 유수에게 귀부할 생각이 전혀 없었으나 그렇다고 자립해 자체 방어할 능력을 갖추고 동한 정권과 공개적으로 맞설 수도 없었다. 유수는 무력으로 일부 세력을 제거하는 한편 다양한 수단을 통해 그들을 설득하고 위무했다. 그는 호강 지주들에게 관작을 하사했으며, 마침내 싸우지 않고 그들 스스로 항복하도록 만들었다. 건무 2년(26년) 풍이(馮異)가 등우(鄧禹)를 대신해 관중을 취하자 유수가 풍이에게 이렇게 권고했다. "정벌한다고 반드시 토지를 약탈하고 성을 도륙하는 것은 아니며 백성을 안정시켜 모이게 하는 데 요체가 있을 따름이다."[190] 또한 그는 계속해서 이렇게 말했다. "각 영보(營堡)에서 투항한 이들을 거수(渠帥)에게 보내 경사(京師)를 알현하도록 하고, 소민(小民)들이 농잠을 행할 수 있도록 하며, 영벽(營壁)을 허물어 더는 모이지 않도록 하라."[191] 풍이가 이에 따라 행하니 "관중에서 권위를 행할 수 있었다."

하지만 동한 건국 이후 10여 년 동안 병장, 거수 등의 활동이 여전히 그치지 않고 지속되었다. 그들은 군현에 산재해 제멋대로 위세를 부려 그들의 권세가 관부를 능가했다. 그래서 "소민이 현관의 부역을 맡게 되면 한 몸이 죽는 것에 불과하나 병가(兵家)로 들어가면 집안이 모두 몰살한다"[192]라는 말이 나올 지경이었다. 광무제가 그들을 공격하자 일부 병장과 거수들은 "각기 주저하고 의심하며 무리끼리 연락해 저항하니 세월이 흘러도 흩어지지 않았다."[193] 그래서 비록 전국 통일 전쟁이 이미 완료된 상태였으나 지방 호강 세력이 여전히 발호하고 있어 동한의 통치 세력이 견고해질 수 없었다.

이러한 상황에 맞서 광무제는 건무 15년(39년) 새로운 조치를 취했다. 그는 주군(州郡)에 조서를 내려 경작 농지와 호구에 대해 조사할 것을 지시하고 이를 도전(度田)이라고 칭했다. 도전은 확실한 호적과 농지를 파악해 세수 수입을 증대하려는 목적 외에도 호구, 나이 조사를 통해 호강 무장대를 통제하고 해산하려는 의도가 있었다. 하지만 주군의 관리들은 호강 세력을 두려워해 감히 그들의 경작지에 대한 조사를 하지 못했으며, 오히려 도전의 명목으로 농민들만 유린했다. 광무제는 도전이 부실하다는 이유로 여남 태수로 있던 대사도(大司徒) 구양흡(歐陽歙), 하남윤(河南尹) 장급(張汲)과 그 밖의 군수 10여 명을 사형에 처했다. 이어서 "군국 대성과 병장, 군도(群盜)들이 곳곳에서 일어나 관소를 공격해 장리(長吏)를 살해했다. 군현이 토벌하면 도착하는 즉시 해산해 다른 곳에서 다시 결집했다."[194] 분명 이는 대성(大姓) 병장들이 도전에 대해 저항한 것이라고 할 수 있다. 광무제는 군사를 동원해 그들을 위협하고, 체포한 대성 병장들을 다른 군으로 이주시키고 '부전수름(賦田授廩)'해 그들이 자신들의 지역과 연계하는 것을 차단했다. 이러한 몇 차례 조치로 인해 호강 무장 세력이 잠복 상태로 전환했으며, 할거 형세도 상대적으로 완화되었다. 도전과 호구의 비례에 따른 제도는 형식적으로 동한에서 정해진 제도가 되었다.[195]

도전은 일부 성과가 있었지만 호강 세력이 근본적으로 사라진 것은 아니었으며, 토지 겸병 역시 지속적으로 자행되어 농민 대중들의 생활 또한 여전히 고통스러웠다. 이런 상황에서 광무제는 노심초사했으며, 심지어 봉선(封禪)조차 제대로 거행할 수 없었다. "즉위한 지 30년이라는 세월이 흘렀는데 백성들의 원망이 가득하니 내가 누구를 속이겠는가? 내가 어찌 하늘을 속일 수 있겠는가?"[196]

명제와 장제, 그리고 화제(和帝) 시절 사회경제가 발전했다고 하나 농민이 생업을 버리고 유랑하며 "헐벗고 풀뿌리로 연명하는"[197]일이 여전했다. 그들 세 명의 황제는 어쩔 수 없이 누차 조령을 내려 원유와 군국의 공전을 빈민들에게 빌려주어 경작하게 했으며, 때로 종자나 식량을 나누어주고 조세와 부역을 면제해 농민들의 불만을 줄이고자 애썼다.

대지주의 전장(田莊, 장원)

호강 지주 세력의 물적 토대는 그들이 소유하고 있는 거대한 장원이다. 광무제의 외가인 남양 번씨(樊氏, 외조부 번중 일가)는 "관리하는 토지가 300경에 이르렀으며, 넓은 여사(廬舍)를 만들고 높은 누각이 연이어 자리했으며, 물결처럼 높고 낮은 산비탈까지 관개해 대나무와 나무가 숲을 이루었으며, 온갖 가축을 방목하고 물고기를 기르고 배나무에 과실이 주렁주렁 달렸으며, 박달나무, 대추, 뽕나무, 삼베나무가 가득해 자체적으로 시장을 이루었으며, 병기와 쇠뇌를 구비하니 재화가 백만금에 이르렀다."[198] 장원은 삼베와 비단 직조 등 수공업 외에도 자체적으로 목재를 생산해 각종 기물을 만들었다. "수공업이 흥해 다양한 물건 제작이 끝이 없고 말로 다할 수 없을 정도로 정교했다(其興工造作, 爲無窮之功, 巧不可言)." 사천에서 출토된 화상전에는 지주의 저택 밖 거대한 논밭과 연못, 산림과 염정(鹽井)이 그대로 묘사되고 있으며, 산동 칠현(滕縣)에서 출토된 화상석(畫像石)에는 지주의 장원에서 철을 제련하는 모습이 새겨져 있다. 이러한 자료는 당시 지주들의 방대한 장원 경제 규모를 설명하고 있을 뿐 아니라 장원 경제가 이미 상당한 정도로 자급자족하고 있음을 말해주고 있다.

동한 후기 최식이 저술한 《사민월령(四民月令)》[199]은 지주가 장원을 경영하면서 한 해의 농사 절기를 기록한 일종의 가력(家曆)이다. 책에 기록된 묘종이나 묘목 식재의 절기로 볼 때 주로 중원 지역, 특히 낙양 일대의 장원 상황을 기록한 것으로 보인다. 《사민월령》의 자료를 보면, 지주 장원에서 다양한 품종의 곡물과 채소, 죽목(竹木), 약재(藥材), 기타 경제 작물을 재배했으며, 다양한 가축을 사육하고 양잠과 소사(繅絲, 누에고치에서 실을 뽑음), 비단과 마포(麻布) 직조, 염색(染色), 의복과 신발 제작, 제약(制藥), 양주(釀酒), 양초(釀醋), 장 담그기 등 다양한 수공업을 경영했음을 알 수 있다. 장원은 농민들을 더 많이 착취하기 위해 계절에 따라 중요 농작물이나 기타 생산품을 구매했다가 농민들이 종자나 양식, 견포(絹布)가 필요한 계절에 팔기도 했다. 예를 들어 지주들은 4, 5월 날씨가 따뜻한 계절에 농민들의 방한용 솜을 매입했다가 10월 이후 날씨가 추워지면 내다 팔아 이익을 얻었다. 이는 앞서 번씨의 장원에서 "자체적으로 시장을 형성했다(閉門成市)"라는 기록이 가능했음을 보여주는 대목이다.

장원에서 착취당하는 이들은 주로 지주의 종족과 친척, 빈객들이었으며, 그중에서도 종족의 비율이 가장 높았다. 매년 납월(臘月, 섣달)이 되면 지주가 사람들을 선발해 밭농사 일을 안배하고, 농기구를 정비해 춘경(春耕)을 준비하도록 했다. 얼음이 녹고 따뜻한 봄이 오면 본격적으로 농사철이 시작되어 눈 오는 겨울이 되어야 끝났다. 농한기가 되어도 농민들은 주인을 위해 장원의 저택이나 담장을 고치거나 연못이나 물도랑을 정비하느라 정신이 없었다. 장원의 주인은 의부 농민들에게 현물 지조(地租)를 징수했다. 《사민월령》에는 구체적인 액수가 기록되어 있지 않지만 동한 초기 마원(馬援)이 원천(苑川)에서 빈객을 노역시켰을 때의 예를 보면, 지주와 "전호가 절반씩 나누었다."[200] 만약 여기에 노역 부분을 더한다면 의부 농민들에 대한 지주의 착취 비율은 더욱 커질 것이다.

최식은 또 다른 저서《정론(政論)》에서 당시 농민들이 의부(依附) 신분으로 전락하는 과정과 그들의 고통스러운 생활에 대해 서술하고 있다. 이에 따르면, "빈한한 농호(農戶)들은 쩔뚝거리며 제대로 걷지도 못하고 발을 둘 곳조차 없다. 아비와 아들이 머리를 조아리고, 노예처럼 부자들을 받들고 처자식과 함께 그들을 위해 일했다.……대대로 포로처럼 일해도 먹고 입는 것조차 넉넉하지 못하고 살아서 평생 일해도 죽을 때가 되어 시신을 뉘일 곳을 걱정해야만 했다. 흉년이 들면 물도랑이나 계곡에서 떠돌다가 처자식을 내다 팔기도 했다."[201] 지주는 의부 농민들이 도망치지 못하도록 일정 기간 서로 각기 다른 친소(親疎) 관계에 따라 "가난한 이들을 구휼하거나(振贍貧乏)", "구족(九族)의 안부를 묻고(問安九族)", "예로 화해하기도 했다(講和好禮)." 이렇듯 잔혹한 착취관계를 종족 간의 '은기(恩紀, 은정)'로 위장해 더욱 그들에 대한 속박을 강화했다. 동한 시절에 편찬된《백호통》은 이데올로기 측면에서 종족통치의 질서를 규정하고 있다.

거대한 장원을 소유한 대족 지주들은 장원을 중심으로 모여 살면서 가족 공동묘지를 만들고 사치스러운 장례를 거행했다. 족성(族姓)의 원류에 대한 사대부의 관심이 증폭되면서 왕부(王符)의《잠부론(潛夫論)》, 응소(應劭)의《풍속통(風俗通)》등 성씨(姓氏)와 관련된 전문 저서가 등장했다.

《사민월령》에서 묘사하고 있는 거대한 장원들은 동한 시대에 대량으로 존재했다. 장중통의 추측에 따르면, 동한 말기 "백가(百家)를 부려 먹는 호강 지주들이 주마다 1000명을 헤아렸다."[202] 그는 계속해서 이렇게 말했다. "호강 지주의 저택이 수백 동씩 이어지고, 비옥한 전답이 들판을 가득 채우고 있으며, 수백, 수천의 노비들과 도부(徒附)가 만 명을 헤아렸다. 배와 수레로 물건을 운반해 사방을 돌아다니고 상품을 매점매석해 도성을 가득 채웠다."[203] 이러한 기록을 통해 우리는 당시 호강 지주들이 대장원의 주인이자 또한 부유한 상인으로 향곡을 제멋대로 통치했을뿐더러 대도시의 경제생활을 통제했다는 것을 알 수 있다.

《사민월령》의 기록에 따르면, 대지주의 장원에는 호강 지주를 호위하기 위한 개인 무장대가 존재했다. 매년 2, 3월 춘궁기나 8, 9월 곧 추위가 닥칠 때면 지주가 일부 농민들을 규합해 장원 안에서 "경비대를 설치해 수비하고(警設守備)", "여러 가지 병기를 수선하고 활쏘기 연습을 시켰다(繕五兵, 習戰射)." 이는 혹시라도 있을지 모를 농민 폭동에 대비하기 위한 것이었다. 출토된 일부 동한 시대 누각이나 주택 모형에서 무사들이 무기를 들고 지키는 모습을 볼 수 있는데, 그들은 분명 지주의 사병이다. 또한 일부 동한 시대 유물로 출토된 농부용(農夫俑)이나 방패를 든 무사용이 모두 비슷한 옷을 입고 머리 부분이 둥근 큰 칼을 차고 있는 것으로 보아 당시 의부 농민과 사병의 신분이 일치했음을 알 수 있다.

《사민월령》에서 볼 때, 지주의 사병은 상설된 것은 아니고 정기적으로 농민들을 소집해 구성한 것으로 보인다. 이는 광무제가 도전(度田)을 시행하기 이전 무장대를 소유한 지주들의 "세월 모르던" 시절과 당연히 다르다. 사병들은 현지 봉건질서를 유지하는 근간이자 국가의 진압 직능을 실현하는 일종의 보충 세력[204]이었기 때문에 도전 이전 지주의 무장대가 공개적으로 할거하면서 반항하던 상황과도 달랐다. 하지만 이러한 사병은 언제라도 여건만 조성되면 공개적으로 할거 세력의 군사력으로 전환해 통일국가의 방해물이 될 수 있었다. 동한 말기 호강 지주의 무장 할거 국면이 재차 점화한 데는 바로 이러한 원인이 도사리고 있었던 것이다.

호강 지주 세력이 발전하자 동한 시대 농민들이 창출해낸 물질적 재화가 부세(賦稅)를 통해 국고로 유입된 것이 아니라 지조(地租)를 통해 호강 지주의 주머니로 들어갔다. 그래서 동한 왕조의 입장에서 볼 때, 사회경제의 발전은 서한의 경우처럼 국력의 강대함이나 국가 통일의 견고함을 나타내는 것이 아니라 국가의 빈약함과 정치 불안정을 나타내는 것이었다.

전제체제 완비와 통치집단 내부의 모순

봉건체제 완비

서한 후기 사회 모순과 통치집단 내부의 모순이 서로 교직(交織)되면서 동한 통치자들은 두려움과 놀라움에 어찌할 바를 몰랐다. 왕망이 한조를 대신하고, 적미와 녹림의 기의를 겪으면서 동한 통치자들은 이를 역사의 교훈으로 받아들였다. 그들은 이러한 역사가 다시는 재연되지 않도록 애썼다. 동시에 동한 통치자들은 호강 지주의 막강한 세력에 직면해 그들을 통제해 동한 통치의 세력 범위 안으로 집어넣을 수 있도록 최선을 다했다. 이러한 역사적 교훈과 현실적인 필요에 따라, 광무제와 명제, 장제 등은 모두 전제주의 중앙집권제도를 한층 더 완비시켜 통치를 강화하고자 노력했다.

동한 초기 공신들의 숫자가 상당히 많아 열후만 해도 100여 명이나 되었다. 명제는 그들 가운데 공적이 비교적 큰 인물 28명의 화상을 운대에 모아놓았다. 열후의 봉지는 큰 경우 여섯 군데 현을 포함했는데, 이는 한 고조가 공신후에게 하사한 봉지를 넘어서는 것이었다. 하지만 정치적으로 광무제는 공신을 승상으로 임명해 정치를 맡긴 것과 달리 공신들에게 실질적인 권력이나 관직은 주지 않았으며, 그들의 병권을 빼앗았다. 공신들은 변방의 장수로 임명되는 경우를 제외하고 주로 경성에서 열후로 봉조청(奉朝請, 춘계와 추계에 정기적으로 한 번씩 조회에 참가하는 것을 말한다 - 역주)할 뿐이었다. 다만 등우(鄧禹), 이통(李通), 가복(賈復) 등 소수의 열후들만 공경대부와 조정 대사에 참가했다. 광무제는 왕망의 찬탈에 교훈을 얻어 외척들이 정사에 참여하지 못하도록 하고 그들에게 존귀한 지위를 부여하지도 않았다. 마원(馬援)은 공훈이 대단했지만 외척 신분이었기 때문에 심지어 운대에 화상을 모신 28명에도 포함되지 못했다. 명제는 외척인 음가(陰家)와 등가(鄧家)가 서로 규찰(糾察)하도록 했으며, 양송(梁松)과 두목(竇穆)은 비록 공주와 결혼했지만 군현을 청탁하고 정사에 간여했다는 이유로 죽임을 당했다. 장제의 황후 오빠인 두헌(竇憲)은 명제의 여식 심수(沁水) 공주의 장원을 싼값에 매입했다. 이에 장제가 심히 질책하며 "나라에서 너를 버리는 것은 어린 새끼 새나 썩은 쥐를 버리는 것이나 다를 바 없도다"[205]라고 말했다. 종실의 여러 왕에 대해서도 광무제는 기존의 '아부번왕지법(阿附蕃王之法)'을 새삼 들먹여 그들이 우익(羽翼)을 만들지 못하도록 했다. 건무 28년(52년), 광무제는 군현에 명하여 제왕(諸王)의 빈객을 모두 체포했는데, 이에 관련되어 죽은 사람이 1000여 명이 넘었다. 명제의 형제인 초왕(楚王) 영(英)은 방사(方士)와 어울려 부서(符瑞)와 도참(圖讖)을 만들었다는 죄목으로 고발당하자 끝내 스스로 목숨을 끊었다. 영평 14년(71년) 명제는 초왕의 옥사를 철저하게 다스려 연루되어 죽임을 당한 외척, 제후, 호강, 관리들이 1000여 명을 헤아렸고, 이에 연루되어 투옥된 이들은 수천 명에 달했다.

중앙정부 안에는 삼공(三公)이라고 부르는 태위(太尉), 사도(司徒), 사공(司空)[206]이 존재했는데, 그들은 명목상의 수뇌일 뿐 실권은 중조(中朝)의 상서대(尙書臺)가 가지고 있었다. 광무제는 그 밖의 중조 관직을 통폐합했기 때문에 상서대에 더욱 권력이 집중되었다. 상서대는 천석(千石)의 상서령(尙書令)과 600석의 상서복사(尙書僕射)가 관리했고 영(令)과 복(僕) 이하 좌우승(左右丞)을 두어 '문서기회(文書期會)' 등을 관장하도록 했고, 육조상서(六曹尙書)[207]가 정사를 분장했으며, 매 조(曹)마다 승(丞)과 낭(郎) 약간 명을 두었다. 황제는 신임하는 측근 대신을 '녹상서사(錄尙書事)'로 선발했기 때문에 자신이 직접 상서대를 지휘하는 것이나 다를 바 없었다. 상서대가 전권을 행사했다는 것은 곧 전제 황권의 강화를 의미했다. 궁내 관원의 경우 서한 시대에는 주로 사인(士人)으로 충당했는데, 당시에는 환관을 임명해 황제가 직접 정사를 장악하는 데 편리하도록 했다. 황권이 강화되고, 상권(相權, 승상의 권력)이 약화되자 동한 후기에 왕조가 쇠퇴기로 넘어가면서 외척과 환관이 득세해 전권을 휘두르게 되었다. 이는 동한 통치자들이 전혀 예상치 못한 결과였다.

지방의 경우, 광무제는 전체 현을 통폐합해 400여 개의 현으로 축소했는데, 이는 서한 시대 현, 읍, 도(道), 후국(侯國) 전체 숫자의 4분의 1에 불과했으며,[208] 관리의 직책도 10분의 9를 감축하고 변방의 정후(亭侯)와 이졸(吏卒)도 계속해서 줄여나갔다. 이러한 조치는 주로 국가 재정 지출을 줄이기 위함이었다. 지방 정권에서 가장 중요한 개혁은 내군(內郡)의 지방병(地方兵)을 폐지하고 군도위(郡都尉)를 없애 태수에게 직권을 부여한 것과 군(郡)에서 매년 병사를 징발해 조련하던 도시(都試)를 취소해 지방의 병사나 관리를 일괄 평민으로 되돌려보낸 일이다. 지방병을 폐지한 후 국가는 일반 농민들 가운데 병사를 모집하거나 형도(刑徒)를 징발해 군대를 조직했으며, 지휘권은 완전히 중앙과 황제의 수중에 집중시켰다. 이렇게 해서 황제의 반란 진압과 전국 통제의 역량을 강화시키는 한편 주군(州郡) 호강이 현지에서 군대를 장악할 수 있는 기회를 줄여나갈 수 있었다. 하지만 그렇다고 해서 지방병을 완전히 폐지한 것은 아니며, 유사시 여전히 내군(內郡)의 지방병을 징발해 태수나 자사가 작전을 지휘하도록 했다.

내군의 도위 역시 다시 설치했는데, 다만 내군의 지방병은 도시(都試)가 폐지되었기 때문에 일상적인 훈련을 할 수 없었다. 그런 까닭에 서한의 정졸(正卒)이나 수졸(戍本)에 비해 전투력이 떨어졌다. 동시에 자사가 병력을 통솔했기 때문에 자사가 군정(軍政)의 대권을 겸임해 동한 말기 자사 할거의 폐단을 자초하고 말았다. 이는 동한 통치자들이 전제집권을 강화하려던 본래 의도와 완전히 배치하는 것이었다.

광무제는 유학이 봉건 통치자들에게 중요한 정신적 무기라는 것을 잘 알고 있었다. 그래서 경전 강의와 윤리 제창을 강조했으며 유생 가운데 통치 인재를 선발했다. "아직까지 궁실도 제대로 완비되지 않고 전쟁도 끝나지 않은(官室未飾, 干戈未休)" 건무(建武) 5년(29년), 광무제는 태학(太學) 건립에 착수해 박사를 설치하고, 그들에게 각기 '가법(家法)'을 통해 여러 경전을 전수하도록 했다. 명제는 두루 명유(名儒)를 초빙하고 스스로 명유가 강의하는 자리에 앉아 경전을 읽으며 어려운 문제를 질문했다. 군국의 학교도 계속 건립되기 시작했다.[209] 학교에서 배양된 통치 인재들 외에도 정부는 효렴(孝廉) 찰거(察擧), 요속(僚屬) 징벽(徵辟), 현량(賢良), 방정(方正), 직언극간(直言極諫), 무제(茂才), 명경(明經) 등의 과목을 통해 인재를 천거하도록 해 주로 지주 사대부의 자제들을 관리로 채용했다.

효렴은 군내(郡內)에서 인구 20만 명당 1명을 천거해 매년 선발했는데, 이는 유생들이 입사하는 중요 통로가 되었다. 징벽은 삼공과 군수(郡守)가 맡았는데, 징벽된 사대부들은 때로 '뛰어난 재능과 명성(才高名重)'으로 등급을 건너뛰어 특별 승진하기도 했다. 광무제는 산림에 은거하면서 왕망 시절에 출사하지 않은 이들을 두루 찾아 융숭한 예로 초빙함으로써 그들의 명절(名節, 절의와 명예)을 표창했으며, 이로써 "천하의 인심을 얻고자 했다." 그가 당시 산림에 은거해 출사하지 않은 엄광[嚴光, 엄자릉(嚴子陵)]을 각별한 예의를 갖추어 초빙한 것은 그 일례다. 동한 왕조는 경학을 제창하고 명절을 표창했으며, 사환(仕宦)의 길을 크게 열었다. 이로써 수많은 통치에 필요한 인재들을 모집하고 배양했으며, 명절을 중시하는 사회적 분위기를 이끌었다. 그렇기 때문에 호강 세력이 또다시 부상했을 때도 통치를 유지할 수 있었던 것이다.

외척, 환관의 암흑 통치

동한 왕조의 전제체제가 강화되면서 일정 기간 통치질서가 안정 국면을 유지할 수 있었다. 하지만 화제(和帝) 이후 왕조가 쇠퇴기로 접어들면서 통치자들이 생각한 것과 전혀 상반된 결과가 야기되었다. 외척과 환관이 전권을 휘두르면서 상호 투쟁에 나선 것이다.

화제가 10세에 즉위하자 두태후(竇太后)가 섭정에 나섰다. 그녀는 두헌(竇憲)을 시중으로 삼아 안으로 기밀(機密)을 독점하고 직접 고명(誥命)을 하달했다. 두헌의 여러 형제들이 요직에 앉아 두씨 무리들이 조정의 관원과 수령을 독차지했다. 두헌은 "어질고 말을 잘 듣는(仁厚委隨)" 원로 신하 등표(鄧彪)를 태부녹상서사(太傅錄尚書事)로 임명해 자신과 호응토록 했다. 두씨의 노비나 빈객들로 이루어진 제기(緹騎, 호위병)들은 경사에서 제멋대로 날뛰면서 사람을 죽이고 재물을 약탈했다. 화제는 깊은 궁궐에 파묻혀 내외 신료들과 직접 대면할 수 없었으며, 그저 주변의 환관들에 의지할 뿐이었다. 영원(永元) 4년(92년), 그는 환관 정중(鄭衆)이 장악하고 있던 일부 금군(禁軍)을 이용해 두씨 세력을 제거했다. 이로 인해 정중은 정사에 참여하게 되었으며, 소향후(鄛鄉侯)에 봉해졌다. 이는 환관의 권력 장악과 봉후(封侯, 열후에 봉해짐)의 시작이었다.

안제(安帝) 시절 실질적인 권력은 등태후(鄧太后)와 그의 오빠 등즐(鄧騭)에게 있었다. 당시 등태후는 외척과 환관을 병용하는 것 외에도 명사 양진(楊震) 등을 관리로 임명해 사대부의 지지를 얻고자 했다. 등태후가 죽자 안제는 환관 이윤(李閏), 강경(江京) 등과 모의해 등씨 세력을 제거했다. 이후 이윤과 강경이 대권을 장악하고 황후 염씨의 오빠 염현(閻顯) 등이 경(卿)과 윤(尹), 교(校, 장교) 등을 차지했다. 이로써 환관과 외척이 함께 국사를 전횡하는 국면이 펼쳐졌다.

연광(延光) 4년(125년) 환관 손정(孫程) 등 19명이 11세의 제음왕(濟陰王)을 황제로 옹립하고[순제(順帝)], 염현을 살해했다. 순제 시절 손정 등 19명은 모두 후로 봉해지면서 환관의 권세가 날로 커져갔다. 그들은 조정 관리로 임명되었을 뿐만 아니라 자신의 관직을 양자에게 세습할 수 있었다. 이후 순제 역시 외척 세력을 키워 황후의 부친 양상(梁商)과 그의 아들 양기(梁冀)를 대장군으로 임명했다.

순제가 죽자 양 태후와 양기가 계속해서 충제(沖帝), 질제(質帝), 환제

(桓帝)를 옹립하면서 권력을 장악했다. 양 태후 역시 환관을 관리로 임명하고 태학을 확충해 관료 사대부를 끌어들였지만 근본적으로 당시 조정의 대권은 양기의 수중에 장악된 상태였다. 양기는 대장군에 임명된 후 "열흘에 한 번씩 평상서사로 입조해(十日一入平尙書事)" 20여 년 동안 전권을 휘둘렀다. 그의 종친과 인척들은 조정과 군현의 중요 요직을 차지했으며, 관리의 승진과 조정은 모두 그에게 먼저 사례해 그의 요구를 만족시킨 후에야 가능했다. 그는 "빈객을 변방 넘어 다른 나라로 보내 기이한 물건을 두루 구했다."[210] 그는 또한 낙양 인근의 토지를 강탈하기 위해 병졸들을 보내기도 했으며, 이렇게 강점한 토지에 개인 원유(苑囿)를 만들었는데, 사방 둘레가 1000리가 넘었다. 그는 또한 가혹한 금령을 제멋대로 만들어 자신의 원유에 있는 나무나 풀조차 건드리지 못하도록 했다. 그리하여 원유의 토끼를 죽였다는 이유로 사형에 처한 이가 10여 명이나 될 정도였다. 그는 수천 명의 양인을 노비로 삼아 '자매인(自賣人)'이라고 부르기도 했다. 양기가 전횡하던 시절 군현에서 조달하는 물자가 과거에 비해 10배나 증가했으며, 일반 백성들 가운데 재물을 빼앗기거나 가혹한 형벌로 고통을 받아 채찍과 몽둥이 아래에서 죽어가는 이들이 부지기수였다. 연가(延嘉) 2년(159년) 양 황후가 죽자 환제는 환관 단초(單超) 등과 모의해 양씨 일족을 제거했다. 이에 연루되어 공(公), 경(卿), 자(刺), 수(守) 등 중요 관직에 있는 이들 수십 명이 죽임을 당했다. 양기의 집안에서 몰수한 재산이 30여억 전이나 되었다. 이처럼 거금을 확보하게 되자 인심을 얻기 위해 그해 천하 조세의 절반을 감액했다.

양기 사후 환관들이 정권을 독점해 전횡을 일삼았다. 그들은 "수중에 왕작(王爵)을 쥐고 입에는 천헌(天憲)을 물었다"[211]라고 할 정도로 권세가 정점에 이르렀다. 환관의 형제 친척들이 모두 주군의 수령이 되었으며, 도처에서 사람을 죽이고 재물을 약탈해 도적과 다를 바 없었다. 환관 후람(侯覽)은 다른 이들의 주택 381채와 토지 118경을 빼앗았다.

화제 이래로 외척과 환관이 번갈아가며 정권을 잡고 전횡을 저지른 것은 동한 통치집단 내부의 모순이 전제제도 아래에서 첨예하게 드러난 것이라고 말할 수 있다. 전제제도가 완비되면서 권력이 황제의 손에 전적으로 집중되자 황제는 모든 권력의 화신이 되었으며, 권력을 노리는 이들은 너나할 것 없이 황제를 자신의 편으로 만들기 위해 총력을 기울였다. 외척은 황제와 근접한 상황에서 연이어 어린 황제가 등극했기 때문에 이를 이용해 조정을 장악하기가 쉬웠고, 환관은 당시 특수한 상황에 기인해 외척을 대신해 실권을 잡을 수 있었다. 외척이든 환관이든 일단 정권을 장악하면 어린 황제를 극력 옹립해 자신들이 계속 조종할 수 있도록 만들었다. 그들은 또한 권력을 장악하고 있을 때 자신과 다른 이들을 강력하게 배제하고 눈앞의 이익에 급급해 국가의 장래를 도모할 수 없었다. 사대부들이 보기에 환관은 그들이 상종조차 하기 싫은 비천한 벼락출세자에 불과했다. 그래서 외척과 환관이 투쟁할 당시 사대부들은 주로 외척을 더 많이 지지했다. 이러한 당쟁이 격렬해질수록 동한 통치는 날로 부패했으며, 대규모 농민 기의의 여건이 점차 성숙되고 있었다.

관료 사대부 집단 형성과 세가대족 출현

환관과 외척의 반복되는 싸움 속에서 또 하나의 정치 세력이 점차 자신의 영역을 확대하고 있었다. 그들은 바로 관료 사대부들로 이루어진 정치 집단이다.

동한 시기 사인들은 찰거나 징벽을 통해 출사했다. 군국에서 찰거할 경우 "나이가 적은 이들 가운데 보은할 수 있는 자"[212]를 주로 천거했다. 이는 명제 시절에도 마찬가지였으며, 징벽의 경우도 똑같다. 천거되거나 징벽된 이들은 거주(擧主)나 부주(府主)의 문생(門生)이나 고리(故吏)가 되었으며, 문생과 고리들은 이록(利祿)을 위해 군신 또는 부자의 예로 거주나 부주를 모셨으며, 심지어 "사내대장부의 모습을 하고도 비첩의 자태를 따르거나 재물을 바치고 뇌물을 건네면서 견고하게 뭉쳤다."[213] 거주나 부주가 죽을 경우 문생이나 고리는 삼년상을 치렀다. 순제 시절 북해국의 상(相) 경모(景某)가 죽자 고리로 삼년상을 치른 이가 87명이었다.[214] 그러니 경모보다 직위가 높은 관료의 경우 문생이나 고리로 복상(服喪)하는 자가 얼마나 많은지 알 수 없을 정도였다. 고위급 관료들은 자신의 문생이나 고리와 집단을 결성해 자신의 정치 역량을 늘렸다.

　동한 후기 사대부들 가운데 대대로 하나의 경전을 전공한 가문이 생겨났다. 그들 제자는 보통 수백에서 수천 명에 달했는데, 경학을 통해 입사하면서 누대로 공경(公卿)에 임명되는 가족이 형성되었다. 예를 들어 대대로 구양(歐陽)의 《상서(尚書)》를 전수해온 홍농(弘農) 양씨(楊氏)는 양진(楊震) 이후로 4대에 걸쳐 삼공이 되었고, 맹씨(孟氏)의 《역》을 전수한 여남(汝南) 원씨(袁氏)는 원안(袁安) 이후로 4대에 걸쳐 삼공의 자리에 오른 이가 많게는 5명이나 되었다. 이들은 모두 최대의 지주였으며, 대대로 고위직을 차지했기 때문에 문생과 고리가 천하에 두루 퍼져 있어 사대부의 영수로 자임할 수 있었다. 이른바 세가대족(世家大族)이란 경제, 정치, 이데올로기 면에서 이러한 특징을 지닌 가문을 말한다. 동한 시기에 사인 선발은 오로지 "족성과 문벌을 따졌다."[215] 그래서 세가대족의 자제들은 찰거나 징벽에서 관례에 따라 우선 선발되었다.

세가대족은 대지주 가운데 오랜 세월에 걸쳐 발전해온 특수 계층이다. 그들은 정치, 경제, 이데올로기 면에서 특별한 지위를 지니고 있기 때문에 실권을 쥔 외척들이 그들과 연계하고자 애썼으며, 심지어 환관들도 그들과 어울리지 않을 수 없었다. 세가대족은 특히 자신들이 사는 주나 군에서 독점적인 지위를 얻고 있었다. 그렇기 때문에 태수가 임지인 군에 도착하면 현지 세가대족의 사람을 연속(掾屬, 속관)으로 삼아 그들에게 정사를 맡겨야만 했다. 종자(宗資, 남양 사람)는 여남 태수에 임명되었을 때 현지의 범방(範滂)에게 정사를 맡겼고, 성진(成瑨, 홍농 사람)이 남양 태수가 되었을 때도 역시 현지 사람 잠질(岑晊)에게 정사를 위임했다. 그래서 당시 가요에 이런 내용이 전해지고 있다. "여남 '태수'는 범맹박[範孟博, 방(滂)]이 도맡아 남양 사람 종자는 서명만 하고, 남양 '태수'는 잠공효[岑公孝, 질(晊)]가 도맡고 홍농 사람 성진은 주저앉아 휘파람만 부는구나."[216] 현지 주군의 정치를 조종하던 세가대족은 실질적으로 현지 주군을 멋대로 통치한 것이나 다를 바 없다. 최식은 《정론》에서 당시 유행하던 노래를 기록하고 있다. "주군의 문서는 벽력처럼 강력한데 황제의 조서가 내려오면 벽에 걸어둘 뿐일세."[217] 이는 지방 세력의 막강한 역량이 이미 황제가 내린 조서의 역량을 벗어났음을 말해주는 예다.

청의와 당고

동한 후기 관료사대부들 사이에서 인물 품평의 풍조가 유행하기 시작했는데, 이를 일러 '청의(淸議)'라고 한다. 청의를 잘하는 이는 천하

명사로 주목받았으며, 그들의 인물 포폄은 향촌이나 주군의 여론을 좌우할 정도로 대단했다. 당연히 사대부의 사환(仕宦)이나 진퇴에 영향을 미쳤다. 태학생 가운데 한 명인 곽태(郭泰)가 바로 이러한 '청담여염(淸談閭閻)'[218]의 명사였는데, 사승(謝承)의 말에 따르면, "곽태의 명성은 인품(인물품평)으로 이루어진 것인데, 그가 먼저 말한 내용은 나중에 사실로 증명되어 많은 이들이 그의 말을 믿게 되었다."[219] 여남(汝南)의 명사 허소(許劭)와 종형인 허정(許靖)은 "함께 향당의 인물들에 대해 평하기를 좋아했는데, 매월 한 번씩 그 품제를 바꾸었다. 그래서 여남에 월단평이란 속담이 있게 되었다."[220] 대관료나 세가대족들은 선거(選擧)를 조종하고 인물의 진퇴를 좌지우지하기 위해 이러한 청의를 크게 제창했다. 당시 극단적으로 부패한 정치상황에서 이러한 청의는 사대부들 사이에서 나쁜 것을 비평하고 좋은 것을 칭송하는 작용을 하기도 했다. 하지만 이러한 기풍이 유행하면서 사대부들은 작위를 양보하거나 재물을 마다하고, 초빙을 피하거나 오랫동안 복상하는 등 자신이 마치 상당히 효성스럽고 의로우며 고아한 인물인 양 위장해 청의의 찬양을 두루 얻고자 애썼다. 명성을 갈구하나 여의치 않은 이들은 "거짓으로 위장해 영예를 얻고 기이한 일을 저질러 세속을 놀라게 했으며, 임금의 녹봉은 먹지 못하고 시정잡배들의 이익을 다투었고, 하급관리도 받지 못하는 주제에 경상(卿相)의 자리를 넘보았다."[221]

안제의 뒤를 이어 순제 역시 계속해서 태학을 확충해 유생을 구슬렸다. 순제 시절 태학생은 많을 경우 3만여 명을 헤아렸다. 태학생은 일반적으로 지주계급 출신들이기 때문에 관료 사대부들과 밀접하게 연계되었다. 그렇기 때문에 태학이 청의의 중심이 되었다. 태학생은 안제이래로 구름처럼 일어나기 시작한 농민 폭동에 충격을 받아 동한 왕조가 붕괴의 위험에 처했음을 깊이 느끼고 있었다. 그들은 환관과 외척의 암흑 통치가 농민들의 기의를 야기했으며, 동한 왕조 쇠퇴의 중요 원인이라고 여겼다. 그래서 청의를 통해 환관과 외척, 특히 실권을 쥐고 있는 환관을 반대해 동한 정치를 구원하고자 애썼다.

환관과 외척의 통치하에서 "군목(郡牧)이나 군수(郡守)들은 황제의 뜻을 이어받아 벽소(辟召), 선거(選擧)하면서 어진 이는 버리고 어리석은 이들을 천거했다."[222] 결국 권세가들에게 아부하지 않는 이들은 철저하게 배척되고 말았다. 순제 초년 하남윤(河南尹) 전욱(田歆)이 6명의 효렴을 천거하게 되었는데, 권력을 쥐고 있던 귀인(貴人), 훈척(勳戚)들이 돌아가며 청탁해 인원수를 채우는 바람에 명사로 천거된 이는 단 한 명뿐이었다. 환제 이후 찰거제도가 더욱 부패해 당시 사람들끼리 이렇게 수군댔다. "수재로 천거된 이가 책도 못 읽고, 효렴으로 찰거된 이가 부모와 따로 산다. 빈한한 청백리가 진흙처럼 혼탁하고, 우수하고 뛰어난 장수란 자가 닭처럼 겁이 많다."[223] 사대부들 가운데 일부는 "개인의 영달을 위해 성쇠를 따라(向盛避衰)", "부귀한 이들의 집으로 달려가 교유하고"[224], "명성과 권세에 매달려 호강들에게 아부를 떨며"[225] 환관과 외척의 성세를 조장했다. 이런 상황에서 태학의 청의(淸議)는 부패한 조정과 죄악의 온상인 세도가들을 비판, 공격하는 데 집중되었다. 거리낌 없이 권세가를 비판하는 이는 크게 찬사를 얻었다. 환제 영흥 원년(153년), 기주(冀州) 자사 주목(朱穆)이 탐관오리인 수령을 탄핵하고 주군에서 제멋대로 횡행하는 환관의 무리들을 비판하자 환제가 그를 좌교(左校, 좌공도를 관장하는 직책)로 좌천시켰다. 이에 태학생 유도(劉陶) 등 수천 명이 궁궐로 가서 상소를 올려 "얼굴에 자묵(刺墨)하고 다리를 묶어 주목 대신 좌교에서 노역하기를 원한다"[226]라고 했다. 그래서 환제도 어쩔 수 없이 주목을 사면했다. 연가(延嘉) 5년(162년) 황보규(皇甫規)가 환관에게 죄를 지어 좌교로 쫓겨났다. 이에 태학생 장봉(張鳳) 등 300여 명이 관리들과 함께 궁궐로 가서 상소를 올려 황보규를 사면하도록 했다. 관료와 태학생의 이러한 활동은 당시 실권을 쥐고 있던 환관들에게 커다란 압력이 아닐 수 없었다. 군의 국학에 다니는 여러 학생들도 태학의 청의에 호응했다.

태학생들은 특히 이응(李膺), 진번(陳蕃), 왕창(王暢) 등을 존경했다. 당시 태학생들 사이에서 이런 유행어가 생겨날 정도였다. "천하의 모범 원례 이응, 권세에 굴하지 않는 중거 진번, 천하의 수재 숙무 왕창."[227] 그중에서도 이응의 명망이 가장 높아 사인들이 그와 교유하면 몸값이 10배나 뛴다고 해 '등용문(登龍門)'으로 여길 정도였다. 이응은 사례교위 시절 법을 어긴 환관을 징벌했는데, "여러 황문, 상시 등이 모두 허리를 굽혀 절하고 숨을 죽이면서 휴가를 얻어도 감히 다시는 궁성(宮省)을 나서지 못했다."[228] 연가 9년(166년) 이응이 술사 장성(張成)을 사형에 처했다. 장성은 생전에 환관들과 밀접한 관계를 맺고 있었다. 이에 그의 제자인 뇌수(牢修)가 이응을 무고했다. "태학의 유사(游士)를 양성하고 여러 군의 생도들과 왕래하면서 서로 힘써주며 붕당을 만들어 조정을 비난하고 풍속을 어지럽히고 있다."[229] 환제는 환관들의 종용을 받아 이응을 구금하고 군국에 명하여 관련된 '당인(黨人)'들을 대거 체포하도록 했다. 이로 인해 연계된 이가 전체 200여 명에 달했다. 이듬해 이응과 그의 당인들은 사면을 받아 귀향했으나 종신토록 금고(禁錮)에 처해지니 이것이 바로 '당고(黨錮)' 사건이다.

당고 사건이 발생한 후 소문을 들은 사대부들이 움직이기 시작했다. 그들은 환관을 두려워하지 않는 이들을 정직한 사대부로 간주하고, 그들에게 삼군(三君), 팔준(八俊), 팔고(八顧), 팔급(八及), 팔주(八厨) 등의 미칭을 붙이자 청의의 물결이 더욱 거세졌다. 도료장군(度遼將軍) 황보 규는 명사로 당고를 당하지 않았지만 스스로 당인들과 관련이 있다고 진술해 연좌를 청하기도 했다.

영제(靈帝) 건녕(建寧) 원년(168년) 명사 진번이 태부에 임명되어 대장군 두무(竇武, 두태후의 부친)와 공동으로 집정했다. 그들은 당고를 당한 이응과 그 밖의 명사들을 기용해 환관들을 주살하기 위해 비밀리에 모의했다. 환관이 조서를 날조해 두무 등을 체포하자 쌍방이 무력 대치했다. 하지만 결국 진번과 두무 등이 모두 죽고 그들의 종친과 빈객, 친인척 등도 모두 살해되었으며, 관련된 문생과 관리들도 파직되거나 당고를 당했다. 건녕 2년 일찍이 환관 세력에 타격을 가한 적이 있는 장검(張儉)이 "붕당을 만들어 사직을 위태롭게 한다(共爲部黨, 圖危社稷)"는 무고를 당해 추포되었으며, 당인들 가운데 연좌되어 옥사한 이가 100여 명, 사형이나 도형(徒刑), 폐금(廢禁) 등의 형벌을 받은 이가 600~700명에 달했다. 희평(熹平) 5년(176년) 주군(州郡)에서 명을 받아 당인의 문생과 전직 관리, 부자 형제 등을 당고에 처했다. 그들은 황건적의 폭동이 일어난 후에야 사면을 받았다.

관료 사대부와 태학생들의 반 환관투쟁은 당시 나름의 정의를 구가한 것으로 당시 사회의 지지와 동정을 받았다. 그래서 장검을 체포하려고 할 때 많은 이들이 위험을 무릅쓰고 그를 받아주어 멀리 변경 밖으로 도망칠 수 있도록 했다. 하지만 관료 사대부와 태학생의 반 환관 투쟁은 단지 계급 모순을 완화시켜 동한 왕조의 정상적인 통치질서를 보호, 유지하기 위함이었기 때문에 통치집단 내부의 투쟁일 따름이었다. 그렇기 때문에 이로 인해 농민 폭동이 주춤하거나 사라지지 않았다. 또한 농민 폭동이 동한 통치를 위협할 지경에 이르자 사면을 얻은 당인들도 환관과 연합해 적극적으로 폭동에 가담한 농민들을 진압하는 데 역량을 집중했던 것이다. 관료 사대부와 세가대족은 이렇듯 서로 이해가 상통하고 뿌리가 깊어 쉽게 흔들리지 않았으며, 총체적으로 볼 때 환관들보다 강력했던 것이다. 그래서 농민 폭동이 진압된 후 그들은 다시 재기해 전열을 가다듬고 환관 집단에 대한 최후의 일격을 가하고, 마침내 동한 환관 세력을 철저하게 소멸시킬 수 있었다.

변경의 각 민족과 동한 왕조의 관계

남흉노와 북흉노

동한 초기 광무제 유수가 국내 통일 전쟁을 수행하던 당시 흉노 세력도 나름 발전하고 있었다. 건무 2년(26년) 어양(漁陽) 태수 패총(彭寵)이 유수에게 반기를 들고 흉노와 결탁해 원조를 받았다. 삼수(三水, 지금의 영하 동심)에 할거하고 있던 노방(盧芳)도 흉노의 지지를 받으며 오원, 삭방, 운중, 정양, 안문(雁門) 등 여러 군을 점거하고, 흉노와 함께 북쪽 변경을 수시로 침탈했다. 광무제 역시 사신을 보내 흉노와 화친을 희망했으나 아무런 결실도 맺지 못하고, 북방 변경에 대한 흉노의 압박을 줄이지 못했다. 이후 동한은 오한(吳漢)을 파견해 흉노를 공격했지만 몇 해가 지나도록 아무런 전공도 이루지 못하고 물러나고 말았다. 통일 전쟁이 끝난 후 노방이 건무 14년 흉노에게 투항했다. 동한은 변경의 충돌을 면하기 위해 정양군을 폐지하고 주민들을 하서(西河)로 이주시키고, 안문, 대군, 상곡 등의 군민과 관리 6만여 명을 거용(居庸)과 상산(常山) 동쪽으로 이주시켰다. 이렇게 해서 흉노 좌부(左部)가 새내(塞内)로 들어와 거주하기 시작했다. 건무 20년(44년) 흉노가 재차 상당, 부풍(扶風), 천수(天水) 등 여러 군을 침략하니 동한 왕조에게 심각한 위협이 아닐 수 없었다.

그러던 차에 흉노는 매년 가뭄과 해충으로 인해 수천 리 토양이 붉게 타들어가 사람과 가축 모두 굶어죽을 지경에 이르렀다. 이에 동쪽에 있던 오환이 기회를 틈타 흉노를 공격해 멀리 북쪽으로 내쫓았다. 이어서 흉노 귀족들 사이에 권력투쟁이 발생했다. 건무 24년(48년) 흉노 일축왕(日逐王) 비(比)가 남족 8부(八部)의 추대를 받아 남선우(南單于)가 되었다. 그는 조부인 호한야 선우(呼韓邪單于)의 호칭을 그대로 사용했는데, 동한에 귀부(歸附)를 요청해 허락을 받았다. 이후로 흉노는 남과 북 2부(部)로 분열되었다.

건무 26년(50년) 남선우가 운중(云中)으로 들어와 거주한 지 얼마 후 다시 서하군(西河郡)의 미직[美稷, 지금의 내몽골 악이다사(鄂爾多斯) 시 동승(東勝) 부근]으로 이주해 북쪽 여러 군에 나누어 살면서 동한의 변방 수비를 도왔다. 동한 왕조는 일정하게 재물과 양식, 포백과 가축 등을 그들에게 제공했는데, 그 비용이 매년 1억 90여만 전에 달할 정도였다. 남흉노가 동한과 평화롭게 지내면서 변경이 평안을 되찾자 내지로 이주했던 변경 8군의 주민들도 다시 고향으로 돌아오기 시작했다. 화제(和帝) 초년 남흉노는 전체 3만 4000호, 23만여 명을 이끌고 있었는데, 그중에는 5만 명에 달하는 군대도 포함되었다. 남흉노는 점차 현지에 정착해 농경으로 생활을 유지하면서 서서히 동쪽과 남쪽으로 생활 터전을 넓혀갔다.

북흉노는 한나라 국경에서 비교적 멀리 떨어진 곳에 자리하고 있었다. 그들은 서역을 자신의 통제권하에 두고 때로 하서와 북방의 여러 군현을 침략해 남흉노와 한인들을 잡아갔다. 동한 왕조는 그들의 침략을 막기 위해 북흉노와 '합시[合市, 민족 또는 국가 간의 통상무역, 일명 호시(互市)]'를 제안했다. 일부 남흉노 귀족들이 이로 인해 동한에 대해 의심하기 시작했다. 그들은 북흉노 귀족들과 비밀리에 연락해 동한 왕조에 대항할 준비를 했다. 동한 왕조는 남흉노와 북흉노의 교통을 단절시키기 위해 도료영(度遼營)을 설치하고 오원군(五原郡) 만백현(曼柏縣, 내몽골 악이다사 시 동북부)에 군사를 주둔시켰다. 장제 시절 북흉노 귀족들이 우마 1만여 필을 몰고 무위(武威)로 와서 한인들과 '합시'하자 군현의 융숭한 대접과 더불어 동한 왕조의 선물을 받았다.

북흉노는 북쪽의 정령(丁零), 동쪽의 선비, 동남쪽의 남흉노의 협공을 받고 있는 데다 서역 여러 나라의 반격으로 인해 세력이 약화되면서 무리들이 흩어졌다. 동한 왕조는 이 기회에 하서 4군의 안전을 보장하고 아울러 서역과의 교통로를 회복하기 위해 북흉노에 대한 공격에 나섰다. 명제 영평 16년(73년) 한나라 군사들은 4로(路)로 나누어 제동(祭肜)과 오당(吳棠)은 고벌(高闕), 두고(竇固)와 경충(耿忠)은 주천(酒泉), 경병(耿秉)과 진팽(秦彭)은 장액(張掖) 거연(居延), 내묘(來苗)와 문목(文穆)은 평성(平城)에서 출격했다. 두고와 경충의 군대는 북흉노를 추격해 천산과 포류해(蒲類海, 지금의 신강 파리곤 호) 쪽으로 몰아내고 이오로(伊吾盧, 신강 합밀)를 탈취해 그곳에 의화도위(宜禾都尉)를 설치하고 관리와 병사를 잔류시켜 둔전(屯田)하도록 했다. 화제 영원(永元) 원년(89년) 두헌(竇憲)과 경병이 군사를 이끌고 북흉노를 공격하자 북흉노 20여만 명이 투항했다. 동한 군사들은 변경을 넘어 3000리나 떨어진 연연산

(燕然山)에 이르러 반고(班固)에게 각석(刻石)하도록 한 후 귀환했다.

영원 2년(90년) 한군은 다시 이오로를 되찾았으며, 이듬해 거연 요새에서 출사해 북흉노의 선우를 금미산(金微山)에 포위했다. 흉노는 전투에서 연패한 후 몽골고원을 떠나 멀리 서쪽으로 이주했다. 이후 흉노 동쪽에 살고 있던 선비족이 점차 서진하면서 흉노의 옛 땅을 차지했다.

서역 여러 나라와 반초(班超)의 서역 활동

왕망 시기에 서역은 55개의 소국으로 분할되어 있었다. 그 가운데 북도(北道) 여러 나라들이 또다시 흉노의 지배를 받았다. 사차(莎車)는 타림 분지 서쪽 끝에 있는데 흉노가 서역으로 진입했을 당시 사차 왕 강(康)이 흉노의 공격을 받고 있던 서역 도호의 관리와 병사, 그들의 가족을 보호하는 한편 인근 여러 나라의 군대를 이끌고 흉노의 침범을 막았다. 건무 5년(29년) 사차 왕 강이 "하서에 격문을 보내 중국의 동정을 물었다."[230] 하서 대장군 두융(竇融)이 동한 황제의 뜻을 받들어 강을 '한사차건공회덕왕서역대도위(漢莎車建功懷德王西域大都尉)'로 세웠다. 건무 14년(38년) 사차 왕 현(賢)이 선선 왕(鄯善王) 안(安)과 함께 사신을 동한에 보내 도호(都護)를 파견해줄 것을 요청했다. 당시 광무제는 그럴 만한 역량이 없었기 때문에 어쩔 수 없이 거절하고 말았다. 이후 흉노가 매년 가뭄과 해충으로 인해 세력이 쇠약해지자 사차국이 점차 세력을 키워 교만방자해지면서 이웃 소국을 침략했다. 이런 상황에서 차사(車師)의 전왕(前王)과 선선, 언지 등 18개국에서 건무 21년(45년) 왕자를 인질로 보내면서 또다시 동한 조정에 도호를 파견해줄 것을 요청했다. 광무제는 여전히 응답하지 않았다. 사차 왕 현은 도호가 파견되지 않을 것을 알고 선선을 공략하고 구자 왕(龜玆王)을 살해했으며, 아울러 남도(南道)의 여러 소국을 겸병해 많은 공물과 부세를 징수했다. 선선 왕(鄯善王)이 동한 조정에 도호를 설치하지 않을 경우 흉노에 신복할 수밖에 없다고 경고하자 광무제는 이렇게 회답을 보냈다. "여러 나라의 국력이 마음을 따를 수 없다면 동서남북 어디서든 편안하게 살도록 하라."[231] 결국 이렇게 해서 차사와 선선, 구자 등 여러 소국들이 차례로 흉노에 투항하고 말았다. 이후 우전(于闐)이 사차를 멸망시키고 세력을 키워 남도를 군림했으나 얼마 후 흉노에게 제압되고 말았다.

명제 시절부터 동한 조정은 흉노 공략 전쟁을 시작했다. 영평 16년(73년) 두고와 경충이 주천 요새에서 출격해 이오로(伊吾盧)를 점령하고 의화도위를 설치하고 둔전을 실시했다. 이오로는 서역 동분의 문호로 "오곡과 뽕나무와 삼나무, 포도 등을 재배하기에 적합하고 북쪽에 자리하고 있는 유중은 모두 비옥한 땅이다(宜五谷桑麻蒲萄, 其北又有柳中, 皆膏腴之地)." 그래서 동한과 흉노 모두 서역을 쟁취하는 데 관건이 되는 곳이었다. 영평 17년 동한이 서역의 도호를 부활시켜 진목(陳睦)을 파견하는 한편 경공(耿恭)을 무교위(戊校尉), 관총(關寵)을 기교위(己校尉)로 삼아 차사 후왕부(后王部)와 전왕부(前王部)에 각기 주둔하도록 했다.

두고가 이오로를 점령한 후 동한 조정은 가사마(假司馬) 반초(班超)에게 관리 36명을 인솔하도록 해 서역 남도의 사신으로 파견했다. 이는 서역 여러 나라와 흉노의 관계를 단절시켜 동한과 함께 흉노에 대항하도록 하기 위함이었다. 당시 서역 여러 나라의 일부 귀족들은 흉노의 야만적인 통치에서 벗어나고 각국 간의 갈등과 싸움을 중지하기를 원했다. 그래서 반초를 적극 후원했다. 그러나 일부 귀족들은 흉노의 협박을 받아 반초와 적대하기도 했다. 반초는 이처럼 복잡한 정세 속에서 남도 여러 나라로 진입했다.

반초는 먼저 선선에 도착해 밤중에 몰라 군사를 이끌고 흉노 사자의 막사를 불태우고 사자를 살해했다. 선선을 제압한 후 이어서 서쪽으로 우전국에 도착한 반초는 우전 왕을 설득해 흉노 사자를 죽이고 한조에 귀순하도록 했다.

영평 17년(74년) 반초는 서역의 서쪽 끝에 있는 소륵(疏勒)에 이르렀다. 당시 소륵은 흉노에 복속되어 있었는데, 반초가 좁은 길로 사람들을 보내 소륵에 잠입시킨 후 흉노가 세운 소륵 왕을 내쫓고 동한 조정에 친화적인 소륵 귀족을 왕으로 세웠다.

반초가 서역 남도에서 성과를 올리고 있을 때 흉노가 통제하고 있던 언지와 구차 등 여러 나라가 영평 18년(75년) 거병해 동한 도호를 공격해 도호 진목을 살해했다. 흉노는 기교위의 병사들을 포위하고 교위 관총을 죽였다. 차사도 병사를 동원해 흉노를 도와 무교위 경공을 공격했다. 장제 건초(建初) 원년(76년) 경병이 동한의 원군을 이끌고 차사를 공격하고 흉노를 격퇴해 경공과 나머지 군사 20여 명을 구출했다. 동한은 차사를 계속 수비할 여력이 없었기 때문에 도호와 무교위, 기교위를 폐지하고 반초를 소환했다. 건초 2년 동한이 이오로의 둔전병을 철수시키자 서역의 문호는 또다시 흉노의 수중으로 떨어졌다.

남도 여러 나라는 반초가 철병한 후 흉노가 권토중래해 보복할 것이 두려워 반초에게 남아 있어주기를 간곡히 요청했다. 특히 소륵과 우전이 가장 간절하게 그의 귀국을 만류했다. 이런 상황에서 반초는 서역에 그대로 남기로 결심했다. 그는 소륵의 일부 친흉노 세력을 제압하고 고묵(姑墨)을 공략하는 한편 2차에 걸친 동한의 지원 병력 2000여 명과 우전국 등의 병사들을 동원해 남도에 있는 흉노의 속국 사차를 투항하도록 했으며, 사차에게 원병을 보낸 구자를 격퇴시켰다. 이로써 서역 남도가 순통해졌다.

화제 영원 원년부터 3년(89~91년)까지 동한의 두헌이 군사를 이끌고 흉노를 연파해 흉노의 주력을 서쪽 먼 곳으로 내쫓자 서역의 형세가 동한에 유리한 쪽으로 바뀌었다. 영원 2년 대월지의 귀상(貴霜) 왕조가 7만 군사를 동원해 총령(葱嶺)을 넘어 침략했다. 서역을 자신들이 통치하기 위함이었다. 반초는 서역 각국의 병사를 동원해 침략을 물리쳤다. 영원 3년(91년) 북도에 있는 구자 등 여러 나라가 반초에게 투항했다. 한 조정은 반초를 서역 도호로 삼아 구자에 주둔하도록 했으며, 무교위와 기교위를 다시 설치했다. 영원 6년(94년) 언지 등이 한조에 귀순하면서 북도의 교통로가 완전히 개통되었으며, 서역 50여 개국이 모두 한조에 귀순했다. 반초는 공로를 인정받아 정원후(定遠侯)에 봉해졌다.

영원 9년 반초가 감영(甘英)을 사신으로 대진(大秦)에 파견했다. 감영은 조지국(條支國, 지금의 페르시아 만 북쪽)에 도착해 바다를 건널 생각이었으나 안식인(安息人)의 저지를 받아 귀환했다. 이는 중국 사절이 멀리 페르시아 만에 도착한 최초의 기록이다.

반초는 서역에서 30여 년 동안 분투하면서 당시 서역인들이 흉노 귀족의 억압과 속박에서 벗어날 수 있도록 도와주었다. 이는 서역이 중국 내지와 일체가 될 수 있는 전기를 마련한 것이라고 할 수 있다. 또한 이는 객관적으로 서역 여러 민족과 한족 모두에게 이로운 것이었다. 영원 14년(102년) 8월 반초는 낙양으로 귀환해 9월에 병사했다.

반초가 귀환한 후 뒤를 이어 도호가 된 임상(任尙)은 서역 여러 나라와 사이가 좋지 않아 여러 나라의 공격을 받았다. 이어서 농서 강인(羌人)과 동한 사이에 전쟁이 벌어졌고, 농도(隴道)가 단절되었다. 안제 영초(永初) 원년(107년), 동한이 반초의 아들 반용(班勇)을 서역으로 파견해 도호와 둔전병을 이끌고 돌아오도록 했다. 서역 교통로가 두절된 후 천산과 알타이산에 잔류하고 있던 북흉노가 기회를 틈타 이오로(伊吾盧)를 점령하고 하서 지역을 약탈했으며, 이오로에 주둔하고 있던 돈황 장사(長史) 색반(索班)을 살해했다. 동한 조정은 격렬한 논쟁 끝에 연광(延光) 2년(123년) 반용을 서역 장사로 파견하고 유중에 주둔하기로 결정했다.

반용은 서역으로 진주한 후 연이어 흉노 잔존 세력을 격파해 서역 교통로를 재차 확보하고 하서 변방의 안전을 보장할 수 있었다. 반용은 어려서부터 부친을 따라 서역에서 생활했기 때문에 누구보다 서역의 지리나 풍토, 정치상황에 밝았다. 그가 편찬한 《서역기(西域記)》는 이후 범엽(範曄)이 찬수한 《후한서(後漢書)》 〈서역전〉의 중요 근거가 되었다.

환제 이후 동한은 더는 서역을 통제할 능력이 없었으며, 서역 내부의 상황도 더욱 복잡해 혼란을 거듭했다. 하지만 서역 장사와 무교위, 기교위는 양주(涼州) 자사의 속관으로 영제 말년까지 계속 설치되어 있었다. 건안 시절에 양주에서 대란이 일어나면서 동한과 서역의 교통로가 또다시 단절되었다.

근래 수십 년 동안 동한 시기 서역 경제생활에 관한 고고학 자료가 적지 않게 출토되었다. 로프노르[羅布泊] 부근의 옛 선선국(鄯善國)이나 니아하(尼雅河) 유역의 옛 정절국(精絶國), 비단길 인근의 여러 유적지에서 계속 동한 시대 견직물과 자수, 동경, 전폐가 발견되었다. 니아하 유역에서는 제철 유적과 철기 도구, 보리와 청과(青稞, 보리의 일종) 낟알 등이 발견되었다. 이러한 유물은 동한 시기에 중원과 서역의 경제관계가 상당히 밀접했음을 보여주는 것이자 서역의 물질생활이 상당히 발전했음을 나타내는 것이기도 하다. 서역은 중앙아시아와 남아시아 상인들이 모여드는 경제 중심지였다. 그 일대에서 출토된 간독 중에는 대월지의 명적(名籍, 호적)은 물론이고 고솔리문(古率利文), 겁로문(怯盧文), 파라미문(婆羅謎文) 등으로 적힌 문서들도 있다. 타림 분지에서 한문과 법로문이 새겨진 전폐가 대량으로 발견되었는데, 동한 말기의 것으로 판명되었다. 서역 상인들과 중앙아시아, 남아시아 상인들은 서역 교통로를 통해 내지로 모피와 모직물, 향료, 진주 등 여러 가지 사치품을 운반해, 내지에서 생산되는 견직물, 동철 기물과 교환했다.

오환, 선비, 동북 여러 민족

동한 초기 오환(烏桓)은 흉노와 관련이 있었는데, "아침에 천막에서 출발하면 저녁에 성곽에 도달했다"[232]라고 말할 정도로 자주 북방 변경을 소란스럽게 만들었다. 광무제가 전폐와 비단으로 오환을 달랬으며, 건무 25년(49년) 오환의 거사(渠帥) 81명을 후왕군장(侯王君長)으로 봉하고 그들에게 부중을 이끌고 새내(塞內)로 들어와 거주하면서 동한을 위해 흉노와 선비(鮮卑)의 동정을 정탐하도록 했다. 동한은 상곡 영성(寧城, 하북 선화 부근)에 호오환교위(護烏桓校尉)를 파견해 선비까지 다스리고, 오환과 선비 그리고 한인이 호시를 통해 교역하도록 했다. 중평 4년(187년) 이전 중산 태수 장순(張純)이 반란을 일으켜 오환으로 들어간 후 오환 원수를 위해 지금의 하북과 산동 일대를 약탈했다. 얼마 후 오환 왕 답돈(蹋頓)이 강성해지자 하북 지구의 관리나 백성들이 호강(豪强)들 간의 혼전을 피해 오환에 투항한 이들이 10만 호에 달했다.

동한 초기 선비인들이 항시 오환, 흉노와 함께 변방을 어지럽혔다. 광무제 말년 많은 선비 대인(大人)들이 연이어 동한에 귀부하자 동한은 그들을 왕후로 봉했으며, "청주와 서주에서 그들에게 주는 돈이 매년 2억 7000만 전에 달했다."[233] 동한이 북흉노를 격퇴한 후 선비는 점차 서쪽으로 발전해나갔으며, 잔류하고 있던 북흉노 10만여 부락도 선비족이라 자처하고 그들과 함께 살면서 서서히 융합되었다. 이후로 선비족이 점차 강성해졌다. 2세기 중엽 선비 부락의 대인 단석괴(檀石槐)가 여러 선비 부족을 통일하고 탄한산(彈汗山) 철구수(歠仇水, 지금의 산서 양고 북쪽)에 정(庭, 조정)을 세웠다. 단석괴는 "남쪽으로 인근 변방을 약탈하고 북쪽으로 정령과 대항했으며, 동쪽으로 부여를 물리치고, 서쪽으로 오손을 공격해 흉노의 옛 땅을 거의 점거했다(南抄緣邊, 北拒丁零, 東却夫餘, 西擊烏孫, 盡據匈奴故地)." 그는 영지를 동, 중, 서 3부(部)로 나누고 우북평(右北平, 기동 일대) 동쪽을 동부, 서쪽으로 상곡(上谷, 하북 회래)을 중부, 다시 서쪽으로 돈황과 오손을 서부로 나누고 각기 대인을 두어 다스리도록 했으며, 모든 권력을 자신이 총괄했다. 선비는 "예리한 병기에 빠른 말로 무장해 흉노보다 뛰어났다(兵利馬疾, 過于匈奴)." 그들은 매년 유주와 병주, 양주 등 여러 군을 습격해 백성과 재물을 약탈했다. 광화(光和) 연간(178~183년 재위) 단석괴가 죽자 선비 내부에 분열이 생기면서 세력이 약화되었다.

송화강(松花江) 유역에 농업을 중요 생계수단으로 삼는 부여인(扶餘人)이 살았다. 부여는 궁실과 성책(城柵)을 갖추고 형벌과 감옥이 있었으며, 노예를 부리고 사람을 순장하는 풍습이 남아 있었다. 부여 동북쪽, 지금의 우수리 강 유역에 읍루인(挹婁人)이 살았는데, 부여 귀족들의 통제를 받았다. 읍루인은 주로 산림에 혈거 생활을 했으며, 농업을 위주로 하되 가축을 기르기도 했다. 아직까지 계급분화는 이루어지지 않은 상태였다.

부여 동남쪽 압록강 유역 산간에 가무를 즐기는 고구려인(高句麗人)이 살았다. 그들은 남쪽으로 발전하던 부여인의 한 지파다. 전하는 말에 따르면, 주몽(朱蒙)이 홀본(忽本)에서 고구려국을 세웠다고 하는데, 후대에 국내성(國內城)으로 천도한 후 다시 환도성(丸都城, 길림 집안)으로 도읍지를 옮겼다. 한 무제 시절 고구려는 현(縣)으로 현토군(玄菟郡)에 속해 있었다. 고구려인들은 주로 농업 위주로 생활했으며, 이미 현저한 계급분화가 이루어진 상태였다.

강(羌), 동한 왕조와 강인의 전쟁

왕망 말년, 강인들이 대거 변경 안으로 이주해 금성군(金城郡)을 포함한 여러 지역에 산거하면서 한인들과 더불어 살았다. 그들은 "관아의 심부름꾼이나 하면서 교활하게 보는 것마다 빼앗고, 빈궁해 의지할 곳이 없었기 때문에"[234] 항상 반항을 일삼았다. 동한 왕조는 누차에 걸쳐 병사를 보내 강인의 반항을 진압하고 일부 강인들을 농서, 한양(漢陽), 삼보(三輔) 지역으로 이주시켰다.

안제 영초 원년(107년) 동한은 서역의 도호와 전졸(田卒)을 철수시키면서 아울러 금성과 농서의 강인들을 징발해 전방에서 엄호하도록 했다. 강인들은 변방 수자리로 가면 돌아올 수 없다고 여기고 주천(酒泉)에 이르기가 무섭게 뿔뿔이 흩어지기 시작했다. 동한 군현에서 병사를 동원해 그들을 가로막고 인근 강인 부락을 공격하자 강인들이 놀라 변방 밖으로 도망치거나 무리를 지어 저항했다. 오랫동안 군현에 거주하던 그들은 무기가 없어 대나무 등으로 창을 만들고 목판으로 방패를 삼아 동한 군대를 여러 차례 패퇴시켰다. 북지(北地), 무도(武都), 상군(上

郡), 서하(西河) 등지의 강인들도 함께 봉기해 동쪽으로 조(趙)와 위(魏) 땅을 공격하고 남쪽으로 익주로 들어와 관중으로 진격하면서 농도(隴道)를 막았다. 각지의 한나라 군사나 대지주들은 방벽과 요새를 정비하면서 그들의 침입에 대비했지만 강인을 막을 수 없었다. 영초 5년(111년) 일부 강인들이 하동, 하내로 진격해 낙양을 위협했다. 인근의 여러 군은 서둘러 치소(治所)를 다른 곳으로 옮기고 논밭의 곡식을 미리 베어내고 가옥을 부수고 주민들을 다른 곳으로 이주시켰다. 강제 이주를 당한 이들은 뿔뿔이 흩어져 유랑하다가 길가에서 죽는 이들이 허다했으며, 일부는 강인들과 합세해 동한 관리들에게 저항했다. 예를 들어 한양 사람 두기(杜琦)와 두계공(杜季貢), 왕신(王信) 등은 강인과 연합해 동한 통치에 저항하다가 강인의 우두머리가 되었다. 강인의 반항은 12년간 지속되다가 겨우 진압되었다. 당시 전쟁으로 인해 동한은 240여억 전의 전비를 소모했으며, 이로 인해 뿌리까지 흔들리는 지경에 이르고 말았다. 이에 따라 잠복해 있던 농민 폭동이 계속해서 터지기 시작했다.

순제 영화 원년(136년) 이후 양주(涼州), 병주(幷州), 관중의 강인들이 연이어 동한 정치에 반대하는 투쟁을 일으켰다. 당시 전쟁은 10여 년간 지속되었으며, 동한이 지출한 군비는 80여억 전에 달했다.

환제 연희 2년(159년) 이후 각지 강인들이 계속해서 동한에 반대하는 투쟁을 일삼았다. 동한 왕조는 농서와 하서의 대성(大姓)인 황보규(皇甫規)와 장환(張奐), 단경(段熲) 등을 내세워 작전을 펼쳤는데, 황보규와 장환은 강인을 '초무(招撫, 무마해 귀순시킴)'하고 강인들이 원한을 품고 있는 탐관오리들을 징벌함으로써 전후 20여만 명의 강인이 귀순했다. 하지만 단경은 심히 잔혹해 그에 의해 피살된 강인이 수만 명에 달했다.

동한의 압제에 대항하면서 강인 귀족들은 오히려 동한 군대와 마찬가지로 살인과 약탈을 자행했다. 그들은 자신들의 사리사욕을 챙기기 위해 한인뿐만 아니라 강인들도 살해, 약탈했으며, 결국 심각한 결과를 만들어내고 말았다. 환제 초년 민간에 이런 동요가 유행했다. "밀은 푸르고 보리는 다 타들어가는데 누가 거둘 것인가? 며느리와 시어머니뿐일세. 남편은 멀리 서쪽으로 오랑캐 잡으러 갔는데, 하급관리들조차 징발되어 말 타고 수레에 군량을 싣는구나. 그대들을 위해 한 마디 말이라도 하고 싶으나 목이 메어 차마 나오지 않네."[235] 여기에서 볼 수 있다시피 장기간에 걸친 전쟁으로 인해 내지의 남정네들이 모두 징발되어 경제적으로 큰 손실을 입었다. 이후로 농민 폭동이 더욱 빈번하고 격렬하게 일어났으며, 동한 왕조는 점차 붕괴의 나락으로 빠져들고 있었다.

남방 여러 만족(蠻族)

동정호(洞庭湖)와 상강(湘江) 서쪽 산림에 개를 토템으로 삼고 있는 오래된 민족 반호만(盤瓠蠻)이 살았다. 그들은 무릉만(武陵蠻) 또는 오계만(五溪蠻)으로 칭하기도 하는데, 주로 농경생활로 생계를 유지했다. 하지만 그들은 "관(關)이나 교량을 통과할 때 부신(符信)이 필요하거나 조세의 부담을 지지는 않았다."[236] 서한은 만인(蠻人)들에게 '종포(賨布)'를 징수했는데, 성인의 경우는 매년 1필, 미성년자는 2장(丈)이었다. 동한 초기 무릉만이 강성해지면서 인근 여러 군현을 공격했다. 동한은 현지에 관리를 증설해 만인 통치를 강화했다. 이에 동한의 억압에 반대하는 만인들의 투쟁이 연이어 일어났다.

지금의 악서(鄂西)와 천동(川東) 지역에 호랑이를 토템으로 하는 늠군만(廩君蠻)이 살았다. 그들은 파만(巴蠻) 또는 파군남군만(巴郡南郡蠻)

으로 불리기도 했다. 전국 말기 진(秦) 혜왕(惠王)이 파중(巴中)을 병합한 후 늠군만의 파씨를 만이(蠻夷)의 군장으로 삼았으며, 파씨는 매년 약간의 부세를 납부하고 진의 여인을 처로 삼았다. 늠군의 민호는 매년 '가포(嫁布)' 8장 2척과 닭의 깃털 30후(鍭)를 납부해야만 했다. 동한 시절 늠군의 각 부에서 때로 군사를 일으켜 반항하자 동한 군사들이 강제로 늠군의 부민들을 강하군(江夏郡, 치소는 호북 신주)으로 이주시켰다. 그래서 늠군만도 점차 동쪽으로 발전하기 시작했다.

사천 가릉강(嘉陵江) 유역의 낭중(閬中) 일대에 가무를 즐기는 판순만(板楯蠻)이 살았다. 전하는 바에 따르면, 판순만이 백호(白虎)를 사살하는 일에 응모하였는데, 진(秦) 소양왕(昭襄王)이 그들에게 다음과 같이 약속했다. "논밭의 조세를 받지 않고 열 명의 처도 문제삼지 않고 사람을 다치게 한 사람은 논죄하고 살인자는 금전으로 사형을 대속케 한다(頃田不租, 十妻不算, 傷人者論, 殺人者得以錢贖死)." 그래서 그들은 이후로 호랑이 사냥에 종사했다. 초한 시절 판순만이 관중을 공격하는 한 고조를 도왔다. 그래서 나(羅), 박(樸), 독(督), 악(鄂), 도(度), 석(夕), 공(龔) 7성(姓)의 거수(渠帥)들이 조세를 면제받았다. 그들 외에 일반 만호(蠻戶)는 매년 한 사람이 '종전(賨錢)' 40전을 납부했다. 서한 초기 판순만의 파유무(巴渝舞)가 한조 묘당(廟堂)의 가무로 채택되었다.

동한 초기 판순만이 징발되어 전투에 참가하여 여러 차례 전공을 올렸다. 하지만 동한 시절 한인들은 판순 사람들을 "몽둥이로 때려가며 일을 시키고 노예보다 못하게 대우했다." 그래서 판순 사람들은 "높은 세금과 부역으로 고통받고 혹형에 시달리며" 읍락(邑落)에 모여 살면서 때로 봉기를 일으켰다. 중평 5년(188년) 그들은 파군에서 황건의 기의에 호응해 투쟁을 벌였다.

사천 서쪽과 동쪽, 악(鄂, 호북) 서북쪽, 상(湘, 호남) 서쪽 등지에서 나무로 만든 배로 관을 대신한 선관장(船棺葬) 유물이 곳곳에서 발견되고 있다. 전국 시기 선관장은 현지 문화의 특징이 두드러지는 반면 진·한 교체기에 들어서면서 중원문화의 영향이 엿보이기 시작한다. 출토된 지역이나 문양으로 볼 때 선관장은 늠군만과 판순만 조상의 묘장일 가능성이 크다. 늠군만과 판순만이 똑같이 파인(巴人)의 후예들이고 문화 유형이 같기 때문이다. 진·한 시절 선관장에서 중원문화의 영향이 현저하고 이후 선관장이 사라졌음을 볼 때, 늠군만과 판순만이 서한 시절부터 한인들과 융합하기 시작했음을 추론해볼 수 있다.

서남 여러 민족

동한 시기에 서남 지역에는 야랑(夜郎), 전(滇), 휴(巂), 곤명(昆明), 도(徒), 공도(邛都), 작도(筰都), 염(冉) 민족 외에도 애뢰(哀牢)와 그 밖의 여러 부락과 민족이 살고 있었다.

애뢰인은 지금의 운남 난창강(瀾滄江) 동쪽 애뢰산(哀牢山)에 살았다. 용을 토템으로 하는 그들은 오곡을 심고 양잠을 부업으로 삼아 생계를 유지했는데, 특히 뛰어난 견직물과 마직물을 생산했다. 애뢰 지역에는 구리, 철, 금은 등 다양한 광물이 풍부하게 매장되어 있으며, 각종 주옥과 진기한 동물들이 많았다. 광무제 시절 일부 애뢰인이 동한에 귀부했으며, 명제 영평 12년(69년)까지 애뢰인으로 귀순한 이가 전체 5만여 호에 55만 명 정도였다. 동한은 난창강 서쪽에 영창군(永昌郡, 치소는 지금의 운남 보산)을 설치했다. 이후로 동한은 애뢰 지역을 통해 전(滇) 서쪽과 미얀마 경내의 탄족(撣族)과 직접 왕래하면서 경제, 문화 교류를 이어갔다.

동한 시절 서남 변경 밖에 있는 부락이나 민족들 가운데 조공을 바치거나 귀부를 요청하는 경우가 적지 않았다. 명제 영평 연간(58~75년) 문산(汶山) 서쪽의 백랑(白狼), 반목(槃木), 당추(唐菆) 등 100여 부락이 무리를 이끌고 귀부했다. 백랑 왕은 스스로 시 3편을 써서 중대한 역사적 사건을 기념했다. 그것이 바로 〈백랑가(白狼歌)〉다. 시는 한자로 의역되어 《후한서》〈서남이전〉과 주(注)에 남아 있으며, 서남민족사와 언어를 연구하는 중요한 자료다.

동한 후기 사회 모순과 농민전쟁

동한 후기 사회 모순

화제와 안제 이후로 동한 통치집단이 점차 부패하면서 호강 세력이 날로 확장되고, 번갈아가며 정권을 좌지우지한 환관과 외척 세력이 서로 경쟁하느라 농민들을 더욱 악랄하게 착취하니 농민들의 처지가 날로 악화될 뿐이었다. 이후로 동한 말기까지 홍수와 가뭄, 해충 피해가 심했고, 때로 지진이 일어나 심각한 피해를 입었으며, 가축 전염병이 유행하기도 했다. 무거운 부역과 전염병으로 인해 기아에 시달리면서 농촌경제가 파탄에 이르고 수많은 농민들이 먹을 것을 찾아 사방으로 유랑하기 시작했다. 동한 조정은 누차 조령을 반포하고 작위를 하사하는 방법 등을 동원해 유민들에게 군현에 호적을 올리도록 했으나, 이는 그저 그림의 떡으로 허기를 달래는 것처럼 아무런 소용이 없었으며, 오히려 유민들의 숫자가 날로 늘어나 환제 영흥 원년(153년)에는 수십만 호에 이르렀다. 지방 관리들이 공로를 내세워 실제 상황을 숨기는 바람에 농민들이 부담해야 할 부세는 더욱 늘어만 갔고, 이로 인해 더 많은 농민들이 토지를 떠나 멀리 타향으로 유랑을 떠날 수밖에 없었다.

영제 시절 환관들이 조정을 지배하면서 정치 부패가 정점에 이르렀다. 영제는 서저(西邸)에서 공개적으로 매관매직해 2000석(二千石) 관직을 2000만 전, 400석은 400만 전에 팔았다. 현의 영장(令長)은 토지의 비옥 정도에 따라 정가를 매겼는데, 부자는 먼저 돈을 입금하도록 하고, 빈자는 관직을 얻은 후에 배로 납부하도록 했다. 공경 등 고위 관직은 1000만 전이나 500만 전 등으로 차별해 판매했다. 포악하고 간사한 이들이 정권을 휘두르는 상황에 천재까지 겹치면서 유민들이 사방으로 떠돌아다니고 정상적인 봉건질서가 거의 붕괴하고 말았다.

더는 갈 곳이 없게 된 유랑 농민들은 도처에서 폭동을 일으켰다. 일찍이 안제 영초 3년(109년) 장백로(張伯路)가 이끄는 유민 수천 명이 연해 아홉 군데 군에서 폭동을 일으켰고, 순제 양가(陽嘉) 원년(132년) 장화(章和)가 이끄는 유민들이 양주(揚州) 6군에서 무리를 지어 폭동을 일으킨 후 49개 현을 종횡무진 휩쓸었다. 한안(漢安) 원년(142년) 광릉 사람 장영(張嬰)이 유민들을 이끌고 서주와 양주 일대에서 폭동을 일으켜 전후 10여 년 동안 지속적으로 활동했다. 환제와 영제 시절에는 유연(幽燕)에서 영남(嶺南), 양주(涼州)에서 동해에 이르기까지 도처에서 유민 폭동이 발생했다. 폭동 규모도 점차 커져 수백 명에서 수천 명, 다시 수만 명에서 수십만 명으로 확대되었으며, 어떤 경우는 폭동에 참가한 일반 유민들 외에도 강인이나 만인 등 동한 왕조에 반대하는 이민족들까지 합세했다. 안제에서 영제 시절까지 80여 년 동안 사서에 기록된 농민폭동은 크고 작은 것을 모두 합해 거의 100여 차례나 되며, 이외에 각지에서 이른바 "춘궁기에 먹을 것을 훔치는 도적무리"나 "재앙을 만나 춥고 배고픈 도둑"[237]들은 그야말로 수를 셀 수 없을 정도였다. 당시 농민들 사이에 다음과 같은 노래가 퍼졌다. "백성들은 부추처럼 잘라도 다시 나고, 닭의 머리처럼 잘라도 다시 운다. 관리라고 두려워할 필요 없으며, 백성이라고 가벼이 여기면 안 된다."[238] 이는 동한 농민들의 끊임없는 투쟁과 기개를 생동적으로 표현하고 있다.

동한 시절 기의 농민의 우두머리는 장군이나 황제라고 칭했는데, 이외에도 '황제(黃帝)', '흑제(黑帝)', '진인(眞人)'이라고 부르기도 했다. 전자는 그들이 투쟁하면서 굳이 집권 세력의 인물을 통해 명령을 내릴 필요가 없었음을 나타내며, 후자는 그들이 종교를 통해 농민을 조직하는 것이 동한 왕조와 대항하는 데 이롭다는 것을 잘 알고 있었음을 보여준다. 이는 중국 농민투쟁이 한 걸음 더 앞으로 나아갔음을 뜻한다.

분산되었던 농민 폭동은 비록 동한 군대와 호강 무장 세력의 진압으로 인해 차례차례 실패로 끝나고 말았지만 폭동이 날로 심해지고 규모 또한 점차 커지자 마침내 전국적 규모의 황건 기의가 일어나게 된다.

황건군

영제 시절 도교의 한 지파인 태평도(太平道)가 유민들 사이에 광범위하게 전파되기 시작했다. 거록(鉅鹿) 사람 장각(張角)은 태평도의 수령으로 대현량사(大賢良師)라 칭했는데, 부적과 주문으로 병을 치료했으며, 제자들을 사방으로 파견해 전도하도록 하면서 농민들의 신임을 얻어 "천하 사람들이 포대기에 아이를 업고 그에게 귀의했다."[239] 장각은 낙양의 일부 환관들과 연계해 황궁 내부에서 호응할 수 있도록 준비했다. 전하는 말에 따르면, 장각은 스스로 "경사를 바라보며 조정을 넘보

왔다."[240]라고 한다.

장각의 활동은 동한 통치집단에게 큰 골칫거리였다. 동한 왕조는 누차 '사면령'을 내려 유민 무리들을 와해시키고자 했으나 장각의 무리들은 날로 커져만 갔다. 일련의 조치가 실패로 돌아가자 동한 왕조는 주군에 조령을 내려 무력으로 관련자를 대거 '체포'할 것을 명했다. 사도(司徒) 양사(楊賜)는 단순한 진압이 오히려 사태를 악화시킬 것이라 우려해 "자사 이천석에게 엄명을 내려 유민을 간별해 각기 현지 군으로 호송 귀환시켜 무리를 고립시킨 다음 우두머리인 거수를 주살할 것"[241]을 주장했다. 얼마 후 시어사(侍御史) 유도(劉陶) 등은 조정에서 조령을 내려 "장각 무리를 초치해 나라의 땅을 상으로 주면 감히 회피하지 않을 것이니 그때 죄를 함께 다스릴 것"[242]을 건의하기도 했다. 하지만 동한의 이러한 여러 대책들은 소기의 목적을 달성하지 못했다.

장각의 무리들은 수십만에 달할 정도로 규모가 커졌으며, 청(青), 서(徐), 유(幽), 기(冀), 형(荊), 양(揚), 연(兗), 예(豫) 8주(州)에 두루 퍼져 있었다. 장각은 신도를 36방(方)으로 나누고,[243] 대방(大方)은 1만여 명, 소방은 7000여 명을 두었으며, 각 방마다 수령을 세워 통일적으로 지휘하도록 했다. 아울러 "창천은 이미 죽었으니 황천이 마땅히 설 것이다. 갑자년이 되면 천하가 대길할 것이다."[244]라고 전파해 동한이 곧 붕괴하고 새로운 왕조가 들어설 것이라고 선전했다. 태평도는 '황천태평(黄天泰平)'이라는 구호를 널리 전파하면서 전국 관부의 문마다 흰 흙으로 '갑자(甲子)'라는 글자를 써서 선전 효과를 노렸다. 이처럼 조직을 완비하고 숙성기간을 거치면서 대규모 기의의 형세가 전국적으로 성숙되었다.

중평(中平) 원년(184년, 갑자년) 초반 대방(大方) 마원의(馬元義)가 형주와 양주 등지의 신도 수만 명을 동원해 업성(鄴城)에 집결시킨 후 낙양의 신도들과 3월 초닷새에 동시 거사하기로 약속했다. 하지만 이처럼 중요한 계획이 사전에 누설되고 말았다. 결국 마원의는 피살되고 낙양 "궁성직위(宮省直衛)" 수천 명의 백성이 살해되었다. 영제는 기주에 장각을 체포할 것을 명했다. 장각은 계획이 누설되었다는 것을 알고 즉각 36방에 통지해 기의를 앞당기도록 했다. 중평 원년 2월 황건을 기치로 삼은 농민 기의군이 7주 28개 군에서 동시에 봉기했다. 중국 역사상 가장 조직적이고 면밀하게 준비된 첫 번째 농민 기의는 이렇게 폭발했다.

막강한 세력의 황건군은 다음 몇 부로 나뉘어 있었다. 파재(波才)가 이끄는 영주(潁川) 황건, 장만성(張曼成), 조홍(趙弘), 한충(韓忠), 손하(孫夏) 등이 이어서 영도한 남양(南陽) 황건, 팽탈(彭脱) 등이 이끄는 여남(汝南), 진국(陳國) 황건, 복이(卜已)가 이끄는 동군(東郡) 황건, 장각, 장보(張寶), 장량(張梁) 형제가 이끄는 거록 황건, 대풍(戴風) 등이 이끄는 양주 황건, 지금의 북경 지역의 광양(廣陽) 황건. 황건 주력부대는 이렇듯 방대한 무리로 성세를 구가했다. 동한 통치자들은 그들을 개미떼에 불과하다는 뜻으로 '의적(蟻賊)'이라고 폄하했다. 남양 황건은 태수 저공(褚貢)을 살해하고, 여남 황건은 태수 조겸을 패퇴시켰다. 광양 황건은 유주 자사 곽훈(郭勳)과 태수 유위(劉衛)를 살해했으며, 거록 부근의 농민들도 안평 왕(安平王) 유속(劉續)과 감릉 왕(甘陵王) 유충(劉忠)을 포로로 잡아 황건군에 호응했다. 황건군은 "소재 관부를 불태우고 마을을 약탈했으며, 주군의 거점을 공격해 장리들이 모두 도망쳤다. 열흘이 채 되기도 전에 천하가 호응하고 경사가 진동했다(所在燔燒官府, 劫略聚邑, 州郡失據, 長吏多逃亡. 旬日之間, 天下嚮應, 京師震動)." 같은 해 7월 한중

(漢中)에서 오두미도(五斗米道)의 수령인 파군(巴郡) 사람 장수(張修)가 이끄는 농민들이 폭동을 일으켰다. 통치자들은 그들을 '미적(米賊)'이라고 불렀다. 이외에도 황중의(湟中義)가 호[胡, 소월지(小月氏)]와 강인을 이끌고 농서와 금성(金城) 여러 군에서 거병해 동한 통치에 반대의 기치를 높이 들었다.

황건군은 기의하기가 무섭게 동한 도성을 위협할 정도로 막강한 위력을 발휘했다. 동한 왕조는 무엇보다 낙양의 방어 역량을 강화하는 데 총력을 기울였다. 외척 하진(何進)이 대장군으로 임명되어 병사를 이끌고 낙양의 도정(都亭)에 주둔하면서 여러 관서를 지켰다. 낙양 부근에는 팔관도위(八關都尉)가 증설되었다. 통치집단 내부의 역량을 모으고, 일부 사대부들이 황건군과 합세하는 것을 방지하기 위해 동한 왕조는 당인(黨人)들을 사면하고 금고(禁錮)를 해제했다. 동한 통치자들은 조칙을 내려 주군의 수비를 정비하고 무기와 장비를 확보하는 한편 "삼변[三邊, 일반적으로 유주(幽州), 병주(幷州), 양주(涼州) 등을 일컫는 말로 변방을 뜻한다 - 역주)의 습속이 다른 병사들을 원정군으로 동원해"[245] 각지의 황건군에 대해 공격을 시작했다.

황보숭(皇甫嵩)과 주준(朱俊)은 4만 군사를 이끌고 영천의 파재가 이끄는 황건군을 향해 진격했다. 파재가 주준의 군사를 물리치고 장사(長社)에서 황보숭 군대를 포위하자 군사들이 공포에 떨었다. 하지만 파재는 군사 경험이 없었기 때문에 숲에 군영을 꾸렸다가 화공에 의해 큰 손해를 입었다. 또한 황보숭과 주준의 군사가 조조의 원군에 힘입어 양적(陽翟)까지 치고 들어오자 결국 패배하고 말았다. 한나라 군사들은 계속 동쪽으로 진군해 여남과 진국의 황건군을 격퇴했다. 황보숭은 다시 북상해 동군의 황건 수령 복이를 포로로 잡았다.

남양 황건 수령 장만성이 전사한 후 조홍이 이어서 10여만 명을 이끌고 완성(宛城)을 방어했다. 주준 군대가 남양을 공격해 완성을 포위했으나 3개월이 다 되도록 함락시키지 못했다. 전투가 격렬해 조홍과 한충이 연이어 전사했으며, 11월에 완성이 함락되었다.

거록 황건의 영수 장각은 천공장군(天公將軍)으로 칭하고, 동생 장보와 장량은 각기 지공(地公) 장군, 인공(人公) 장군으로 불렀다. 그들은 호소력이 있어 많은 이들이 그들을 따랐기 때문에 황건의 주력군이 될 수 있었다. 동한은 탁군(涿郡)의 대성(大姓)인 노식(盧植)과 강호(羌胡) 군대를 이끌고 있는 동탁에게 장각을 공격하도록 했다. 장각은 광종(廣宗, 하북 위현)을 굳게 지키고 선불리 나서지 않았다. 8월 동한은 동탁 대신 황보숭에게 거록의 장각을 공격하도록 했다. 당시 장각이 죽고 그의 동생 장량이 부중들을 이끌고 있었는데, "장량의 정예 군사를 황보숭이 이길 수 없었다(梁衆精勇, 嵩不能尅)." 그해 10월 한나라 군사가 장량의 군영을 습격해 장량이 전사하고, 다시 곡양(曲陽, 하북 진현)에서 장보를 공격해 장보 역시 전사하고 말았다. 동한 통치자들은 기의 농민들에 대한 잔혹한 보복을 전개했다. 그들은 장각을 부관참시하고 농민들을 대량 살육했으며, 곡양에 시신을 쌓아놓고 흙을 덮어 경관(京觀)을 세웠다.

황건 기의 이후 황하 이북의 농민들은 분분히 산속으로 달아나 스스로 명칭을 만들어 자립해 동한 통치에 반대했다. 그들은 박릉(博陵) 장우각[張牛角, 청우각(靑牛角)], 상산(常山) 저비연(褚飛燕) 장연(張燕)과 황룡(黃龍), 좌교(左校), 곽대현(郭大賢), 우저근(于氐根), 장백기(張白騎), 유석(劉石), 좌자장팔(左髭丈八), 평한(平漢), 대홍(大洪), 사례(司隷), 연성(緣城), 뇌공(雷公), 부운(浮云), 백작(白雀), 양풍(楊鳳), 우독(于毒), 오록(五

鹿), 이대목(李大目), 백요(白繞), 휴고(眭固), 고추(苦蜷) 등으로 규모가 큰 경우는 2만~3만, 작은 경우는 6000~7000명에 이르렀다. 그 가운데 장연은 태항산 동서 여러 군의 농민군과 연계해 무리가 100만에 이르 렀는데, 스스로 흑산군(黑山軍)이라 칭했으며, 여러 세력들 가운데 가장 막강했다. 중평 5년(188년) 각지의 농민들이 계속해서 황건의 이름으로 서하(西河), 여남(汝南), 청서(青徐), 익주(益州) 등지에서 거병했으며, 강남 일대에서도 여러 차례 황건 기의가 일어났다.

황건 기의가 폭발하던 시기는 지방 할거 경향이 급속도로 발전하던 때였다. 당시 호강 지주들은 이미 강력한 무장 세력을 확보하고 있었기 때문에 관군과 합세해 농민군을 방어하고 진압하는 데 나름의 역량을 갖춘 셈이었다. 이로 인해 농민군은 더는 대규모로 역량을 집중하기 어려웠다. 그래서 황건군은 비록 일부 거점을 굳게 지키고 있었지만 끝내 상대 주력군을 격파할 수 없었다. 기의의 고조기가 끝난 후 황건의 잔여 세력과 흑산군은 더는 공격할 힘을 확보하지 못하고 수비에 주력하며 기회를 엿보았다. 하지만 사방팔방에서 몰려드는 적군의 협공을 받아 결국 무너지고 말았다.

당시 농민전쟁은 동한 왕조를 와해시키는 데 결정적인 역할을 했다. 극단적으로 부패한 환관과 외척 집단은 동한 왕조의 기반을 잃고 수차례 부침을 거듭하다가 얼마 후 역사의 장에서 사라지고 말았다.

4 • 진·한시대의 문화

●
학술사상과 종교

황로(黃老) 제창과 독존유술(獨尊儒術)

진시황이 여섯 나라를 통일하고 연이어 문자를 통일하면서 문화학
술 발전에 유리한 여건이 마련되었다. 하지만 불과 10년도 채 되기 전
에 진시황이 분서(焚書)를 명하고 사학을 근절하면서 문화학술에 심각
한 훼손을 가져왔다. 이후 항우가 함양으로 들어온 후 진나라 궁궐을
불태우면서 박사관(博士官)에 소장되었던 전적들까지 모두 불에 타 잿
더미가 되고 말았다.

진조(秦朝)는 박사관을 설치해 70여 명의 박사를 두었는데, 유가를
포함한 제자백가가 각기 박사를 세웠다. 박사는 고금에 통달해 정치와
의례에 관한 자문 역할을 했으며, 제자들을 가르치기도 했다. 하지만
분서갱유 이후 박사는 물론이고 그들의 제자들 역시 큰 타격을 입었다.

일부 박사들은 이후 진승(陳勝)에게 붙어 반진(反秦) 활동을 했다.

서한 초기 한 고조는 진대의 협서지율(挾書之律, 책을 끼고 다니는 것을 금하는 법령)을 계속 유지하면서,[246] 유학과 유생을 멸시했다. 이런 상황에서 유가학술은 근원부터 완전히 단절될 지경에 이르렀으며, "오직 숙손통(叔孫通)만이 예의를 알고, 천하에 점치는 책인《역》만 있을 뿐 다른 책은 없었다."[247] 한나라 초기에도 박사제도가 없는 것은 아니었다. 고조는 숙손통을 박사로 삼았고, 문제는 신공(申公), 한영(韓嬰), 공손신(公孫臣) 등을 박사로 세웠다. 하지만 박사의 숫자가 그리 많지 않았으며, 단지 황제의 하문에 대비하는 정도였기 때문에 전혀 중요하게 여겨지지 않았으며, 문화 전수 방면에서도 그리 큰 역할을 하지 못했다.

학술사상 발전이 저조한 가운데 도가 계열의 황로(黃老) 무위(無爲) 사상이 한초 통치자들의 적극적인 제창에 힘입어 크게 유행했다. 도가는 "역대로 성패, 존망, 화복, 고금의 도를 기술한 다음 그 근본을 잡아 청허함으로 자신을 지키고, 낮춤과 약함으로 자신을 보전했다."[248] 이는 농민전쟁 이후 정치 정세에 적절하게 부응하고 생산 회복과 사회질서 안정이라는 당시 통치 세력의 수요에 적합한 것이었다. 도가는 비록 자체 원류가 존재하여[249] "도를 언술하고 사람들에게 전수했지만 세상에 명확한 사설(師說)이 남아 있지는 않다."[250] 학술 내용도 상당한 정도로 때에 따라 줄이거나 덧붙일 수 있기 때문에 당시 통치자의 구체적인 요구에 적절하게 부응할 수 있었다. 혜제 초년 교서(胶西) 개공(蓋公)이 황로의 말을 좋아했는데, 제(齊) 승상(丞相) 조참의 초빙을 받아들여 제나라로 입사해 당시 황로의 우두머리가 되었다. 개공이 조참에게 "치도를 말하면서 청정을 귀하게 여기면 백성들이 절로 정해진다"[251]라고 했다. 이는 한초 통치자들이 절박하게 필요했던 "백성들을 편안하게 모여 살도록 하는" 방법을 직접적으로 진술한 것이나 다를 바 없다. 그래서 한초 통치자들은 황로의 말을 '임금의 통치술(君人南面之術)'[252]로 이용했다. 그러자 각기 다른 유파의 사상가들 역시 황로에 대해 즐겨 이야기했다.

서한 초기 황로 정치사상을 대표하는 저작으로 육가(陸賈)의 《신어(新語)》가 있다. 육가는 한초 정치, 경제 형세를 살펴 "적은 것으로 많은 것을 복종시키고, 약한 것으로 강한 것을 제압한다"라는 통치방법을 제시했다. 그는 "도는 무위보다 큰 것이 없고, 행동은 삼가고 공경하는 것보다 큰 것이 없다"라고 주장했다. 또한 그는 우순(虞舜)이 천하를 통치한 것에 대해 언급하면서 이렇게 말했다. "적은 치국의 뜻이 없는 것과 같고, 막은 백성을 걱정하는 마음이 없는 것과 같으니 그렇게 해야만 천하가 다스려진다."[253] 그렇기 때문에 천하를 다스리려면 반드시 '무위'해야 한다는 뜻이다. 하지만 육가는 유가와 그 밖의 여러 사상을 겸유하고 있었다.[254] 그가 무위를 강조한 것은 서한의 전제 통치를 약세에서 강세로 전환시키고 통치자가 "통일된 정책으로 백성을 단도리하고, 통일된 표준으로 만민을 공평하게 대하며", "다스림을 하나로 해 통일을 밝히기"[255] 위함이었다. 다시 말해 하지 않는 것 자체가 하기 위함이라는 뜻이다. 이는 노자와 장자의 "총명함을 끊고 지혜를 버리며(絕聖棄智)", "논란을 야기하는 두형을 없애버린다(剖斗折衡)"라는 주장처럼 소국과민의 이상을 추구하는 것과 크게 다른 점이다. 도가사상을 체계적으로 설명하고 있는 저작 《회남홍렬(淮南鴻烈)》은 《회남자(淮南子)》라고 부르기도 하는데, 무제 시절 회남 왕 유안(劉安)이 빈객들을 모아 저술한 것이다. 《회남자》가 세상에 나왔을 때 황로사상은 이미 정치적으로 지배적인 위치에서 벗어나 영향력이 떨어진 상태였다.

한초 특정한 사회 조건하에서 통치자의 '무위이치(無爲而治)'로 인해 농민생활이 비교적 안정을 되찾고 사회 생산 역시 상당히 회복되어 통치질서가 점차 견고해질 수 있었다. 하지만 문경 시절로 넘어오면서 '무위이치'의 방식에 새로운 문제가 생겨났다. 왕국의 세력이 조정을 능가하고, 상인 호강들이 날로 농민의 토지를 겸병해 세력을 확산했으며, 흉노가 끊임없이 약탈과 침략을 일삼았다는 점이다. 그렇기 때문에 '무위이치'는 더는 경제나 정치의 수요에 부응할 수 없었다. 그래서 가의(賈誼)는 무위를 유위(有爲)로 바꾸어야 한다고 강력히 주장했다. 그는 《치안책(治安策)》에서 이렇게 말했다. "무릇 백성들의 습속이 이미 크게 불경하고 존비나 장유의 구별조차 없어 감히 윗사람을 범하는 지경에 이르렀으나 계책을 진언해야 할 자들은 오히려 '하지 말라'고 말하고 있으니 이것이야말로 장탄식할 일입니다."[256]

문경 시절에 정치사상 면에서 무위에서 유위로, 도가에서 유가로 전환하는 추세가 출현했다. 문제 시절 "천하에 때로 여러 서적들이 세상에 나오는데 대부분 제자가 전한 학설들이다. 학관을 널리 세우고 박사를 두었다."[257] 그래서 진(秦) 박사 복생(伏生)이 벽장(壁藏)에서 《상서(尚書)》20여 편을 꺼내 세상에 공개하자 문제가 조조(晁錯)를 보내 그에게 배우도록 했다. 박사의 숫자가 점차 불어나 진나라 시절의 70여 명을 회복했는데, 백가(百家)가 끼어 있기는 했으되 유가가 독보적으로 많았다. 유가의 《서》, 《시》, 《춘추》, 《논어》, 《효경》, 《맹자》, 《이아》 등에 모두 박사가 있었고, 특히 《시》 박사는 제(齊), 노(魯), 한(韓) 등 삼가(三家)가 있었으며, 내용도 각기 달랐다. 또한 《춘추》 박사 역시 호모생(胡母生), 동중서(董仲舒) 두 명을 두었다. 이러한 정황 변화가 이후 한 무제의 독존유술에 유리한 조건이 된 셈이다.

무제 원년(기원전 140년), 동중서가 거현량(擧賢良) 대책(對策)에서 이렇게 제시했다. "시, 서, 예, 악, 역, 춘추 육예의 학문과 공자의 학술을 배우지 않은 자들은 선거(選擧)의 길을 끊고 다른 이들과 함께 나갈 수 없도록 해야 합니다."[258] 같은 해 무제는 승상 위관(衛綰)의 의견을 받아들여 "신불해, 상량, 한비자, 소진, 장의의 언론을 배운"[259] 현량을 파출(罷黜)했다. 위관은 직접 황로의 언설을 지목하지는 않았지만 황로의 학설을 좋아했던 두태후(竇太后, 무제의 조모)는 여전히 반대 의사를 굽히지 않았다. 그런 까닭에 유학을 고취하던 어사대부 조관(趙綰)과 낭중령(郎中令) 왕장(王臧)이 투옥되어 자살하고 말았다. 이로 인해 유가의 세력이 잠시 주춤했으나 건원 5년(기원전 136년) 무제가 오경박사(五經博士)를 설치하면서 유가의 경학이 관부에 재차 비치되기 시작했다.

건원 6년(기원전 135년), 두태후가 죽자 무제는 유술(儒術)을 좋아하는 전분(田蚡)을 승상으로 기용했다. 전분은 유가 오경을 중시하지 않는 태상박사를 모두 파출시키고 황로와 형명(刑名)을 포함한 백가의 학설을 관학 밖으로 배척했으며, 유생 수백 명을 초치해 우대했다. 이것이 바로 유명한 "파출백가 독존유술(罷黜百家 獨尊儒術, 백가의 학설을 물리치고 유가의 학설을 독존한다)"이다. 독존유술 이후 관리들은 주로 유생(儒生)에서 배출되었으며, 유가가 점차 발전해 이후 2000여 년 동안 정통 사상의 자리를 차지했다. 이런 정황은 학술 문화 발전에 상당히 불리한 것이었으나 당시 조건하에서 전제제도의 강화와 국가 통일에 유리하게 작용했다.

독존의 지위를 차지한 유가는 선지 유가의 '인의' 학설 외에도 음양가의 군권 신화(神化)의 학설을 받아들여 적극적으로 봉선(封禪)과 개제(改制)를 주장했다. 원봉 원년(기원전 110년) 무제는 봉선 대전을 거행했으며, 태초 원년(기원전 104년)에 개제에 대한 조령을 반포했다. 이에 따르면 한나라는 토덕(土德)이기 때문에 "색은 황색을 위주로 하고, 숫자는 5를 표준으로 삼아야 하니, 이에 따라 관명을 정하고 음률을 만들어야 한다."[260] 아울러 정월을 세수(歲首)로 하는 태초력(太初曆)을 만들어 이전 100여 년 동안 채용했던 10월을 세수로 한 진력(秦曆)을 대체했다. 새로운 유가들은 또한 군주를 존중하고 신하를 억제하는 법가의 사상을 받아들여 형법을 이용한 통치 강화를 강조했다. 그래서 한 무제는 일면 "밖으로 인의를 시행하고"[261] 다른 일면 형법을 제정하고 혹리(酷吏)를 중용했으며, 한 선제는 한가(漢家)의 제도는 "패도와 왕도가 섞여 있다(覇王道雜之)"라고 단언하고 아울러 "문법리를 많이 채용해 형명으로 아랫사람들을 단속했던 것이다."[262]

동중서의 사상

유가 독존은 동중서가 제일 먼저 거론한 것은 아니지만 한대 신유학 사상의 토대는 바로 그가 마련한 것이었다. 동중서(董仲舒)는 광주(廣州, 하북 조강) 사람이며, 《공양춘추(公羊春秋)》를 배워 경제 시절에 박사가 되었으며, 무제 시절 《천인삼책(天人三策)》을 올려 자신의 철학과 정치 사상을 체계적으로 천명했다. 저서로 《춘추번로(春秋繁露)》가 있다.

동중서는 군주는 하늘에서 명을 받아 통치하기 때문에 "백성을 굽히고 군주를 넓히며, 군주를 굽히고 하늘을 높여야 한다"[263]라고 생각했다. 만약 인군(人君)이 도를 잃으면 하늘이 재이(災異, 재앙과 기이한 일)를 내려 견책하고 위협을 가한다. 만약 인군이 재이 앞에서도 회개할 줄 모르면 '상패(傷敗, 손상과 패망)'이 출현한다. 그렇기 때문에 인군은 반드시 "면려하며 도를 행해야 한다."[264] 이것이 바로 그의 '천인감응(天人感

應)' 설이다. 그는 《춘추》에 장기간에 걸친 천상(天象) 자료가 기록되어 있고, 천인(天人)이 상응하는 것에 관한 많은 해석이 집중되어 있기 때문에 후세에 재이를 언급할 때면 반드시 《춘추》를 근거로 삼아야 한다고 주장했다.

동중서는 "도의 큰 원천은 하늘에서 나오는 것이니, 하늘도 불변이고 도 또한 불변이다(道之大原出于天, 天不變道亦不變)"라고 주장했다. 이는 그의 형이상학적 우주관이다. 동시에 그는 조대(朝代)의 변경은 오류를 끄집어내고 폐해를 보완하는 문제라고 생각했다. 그는 이렇게 말했다. "치세를 계승한 나라는 그 도가 동일했고, 난세를 계승한 나라는 그 도가 변한 것이다(繼治世者其道同, 繼亂世者其道變)." 그는 진조는 난세로 "썩은 나무나 똥 바른 담장(朽術糞墙)"과 같이 더는 수리할 수 없기 때문에 뒤를 이은 한조는 반드시 줄을 풀어 다시 매야만 '선치(善治)'할 수 있다고 주장하면서 이를 '갱화(更化)'라고 불렀다. 갱화는 정삭 개정을 비롯해 복색을 바꾸고 예악을 제정하는 것을 의미할 뿐 아니라 진나라의 폐해를 제거하는 것을 뜻했다. 동중서가 백성들의 명전을 한정하고(限民名田), 노비를 제멋대로 살해하는 것을 금지하라고 주장한 것은 바로 이러한 이론적 근거에 따른 것이다. 하지만 그가 볼 때 "왕은 제도를 개혁했다는 명성은 얻을 수 있으되 도의 실질을 바꾸는 일은 있을 수 없다."[265] 그래서 개제(改制)가 "하늘은 불변이며 도 또한 불변이라"는 이론에 영향을 줄 수 없었다.

동중서는 《공양춘추》에 근거해 대일통(大一統)을 주장했다. 그는 이렇게 말했다. "《춘추》에 나오는 '대일통'이란 천지의 변함없는 법도이며, 고금의 통용되는 도리다(大一統者, 天地之常經, 古今之通誼也)." 그가 말한 '대일통'이란 제후를 억누르고 천자에게 하나로 통일시켜 사해가

'내신(來臣, 신하로 귀순함)'하는 것을 의미한다. 하지만 만약 "스승이 도가 다르고 사람들마다 달리 논하며, 백가가 서로 다른 방법을 제시하고, 뜻이 같지 않다면(師異道, 人異論, 百家殊方, 旨意不同)", 인군이 일통을 유지할 수 없게 된다. 그렇기 때문에 동중서는 백가를 물리치고 유술을 독존해야 한다고 주장한 것이다.

그렇다면 인군은 어떻게 통치를 해야 하는가? 이 문제에 대해 그는 천도를 본받을 것을 제시했다. "천도에서 가장 중요한 것은 음양에 있다. 양은 덕이 되고, 음은 형벌이 된다(天道之大者在陰陽, 陽爲德, 陰爲刑)." 그래서 인군의 통치는 반드시 음양을 겸해 덕과 형을 병용해야 한다. 천도는 양을 위주로 하고 음이 양을 보좌하기 때문에 인군의 통치 역시 덕을 위주로 하고 형으로 덕을 보완하도록 해야 한다. 그가 말한 '덕(德)'은 주로 인의예악과 인륜강상을 뜻한다. 그는 군신, 부부, 부자를 "왕도의 삼강(王道之三綱)"으로 삼았고, 아울러 삼강은 "하늘에서 구할 수 있는 것(可求于天)"[266]으로 천지, 음양, 동하(冬夏)와 같은 것이기 때문에 바꿀 수 없다. 이외에도 그는 학교를 세워 교화를 넓힐 것을 주장했는데, 이는 통치를 견고하게 만드는 가장 믿을 만한 제방이었기 때문이다.

동중서의 학설은 기본적으로 음양가의 사상을 차용해 유가 경전을 새롭게 해석한 것이라고 말할 수 있다. 이러한 새로운 유가학설은 문제와 경제 이래로 정치, 경제 발전의 수요에 부응해 국가의 통일을 더 공고하게 하는 데 적극적인 작용을 했다. 그의 갱화(更化)와 임덕(任德, 덕에 맡긴다) 주장은 폭정을 방지하고 농민에 대한 수탈과 억압을 완화시키는 데 도움을 주었다. 하지만 동중서 사상의 핵심은 통치질서를 유지하고 전제 황권을 신격화하며, 정권과 족권(族權), 신권(神權), 부권(夫

權)을 밀접하게 결합시키는 데 있다. 이런 까닭에 동중서의 학설은 이후 오랜 세월 동안 역대 왕조의 통치자들에게 지지와 옹호를 받았다.

경학과 참위(讖緯)

무제 이래로 유학 전수가 크게 성행했다. 박사관에 경학박사가 완비되고 경학의 사승관계가 달라 하나의 경전에 여러 지파가 공존하고, 각 지파마다 이합집산을 거듭하면서 흥폐가 갈리기도 했다. 선제 말년, 《역》에는 시(施), 맹(孟), 양구(梁丘)가 있고, 《서(書)》는 구양(歐陽), 하후승(夏侯勝), 하후건[夏侯建, 대소하후(大小夏侯)]이 있으며, 《시》는 제, 노, 한(韓)이 있고, 《예》는 후씨(后氏), 《춘추》는 공양(公羊), 곡량(谷梁) 등 전체 12명의 박사가 있었다.[267] 박사는 곧 경사(經師), 즉 경전의 스승으로 그 임무는 유가의 경전을 암기하고 해석하는 것이었다. 그들의 경전 해석은 번다하고 잡다해 경전 한 권에 해석이 100여만 자에 이를 정도였다. 박사는 제자를 두었는데, 무제 시절 박사 제자는 50명이었으나 이후 계속 증가해 성제 시절에는 3000명, 동한 순제 시절에는 3만 명에 달했다. 경학이 흥성하고 박사, 제자가 늘어난 것은 주로 경학이 이론적인 면에서 왕조의 통치를 변호했기 때문인데, 바로 이런 이유로 통치자들은 유생들에게 "녹리(祿利, 작위와 녹봉의 이익)"[268]를 넓게 열어주었던 것이다.

유학이 발전하면서 도서를 수집하고 정리하는 풍조가 크게 일어났다. 한 무제는 "승상 공손홍에게 널리 서적 헌납의 길을 열도록 명했으며"[269] 또한 사서관(寫書官)을 두어 서적을 필사하도록 했다. 당시 도서의 수량이 자못 많아 "궁 밖에서는 태상, 태사, 박사들이 소장하고, 궁내에서는 연각, 광내, 비실에 비치했다."[270] 이후 성제는 진농(陳農)에게 천하의 유서(遺書)를 널리 수집하도록 했으며, 다시 유향(劉向)에게 여러 서적을 교정하도록 했다. 유향은 경전, 제자, 시부(詩賦), 임굉(任宏)은 병서, 윤함(尹咸)은 수술[數術, 점복서(占卜書)], 이주국(李柱國)은 방기[方技, 의약서(醫藥書)]를 교열했다. 교열이 끝난 책은 유향이 조목을 나누고 제요(提要)를 썼다. 유향의 아들 유흠(劉歆)이 부업을 계승해 완성한 다음《칠략(七略)》²⁷¹으로 정리했다.《칠략》은 중국 최초의 목록서다. 서목은 거의 모두《한서》〈예문지〉에 수록되어 있다.

유흠은 교서(校書) 과정 중에 일부 경서에 각기 다른 저본이 있음을 발견했다. 이로 인해 경학 내부에 금문경(今文經)과 고문경이 구분되고, 양 파가 쟁론을 벌이게 된다. 원래 서한 박사들이 사용하던 경서는 연로한 유학자가 암송하고 있던 내용을 당시 문자인 예서로 적은 것이다. 하지만 민간에는 여전히 진나라 이전의 고문자로 쓰인 것이 유전되고 있었다. 나중에 유흠은 자신이 고문《춘추좌씨전(春秋左氏傳)》을 발견했다고 하면서 이를 이용해《춘추경》을 해석했다. 또한《예》39편(《일례(逸禮)》),《상서》16편(《고문상서(古文尚書)》)을 발견했다고 주장하면서, 이는 공자의 12대손인 공안국(孔安國)이 비밀리에 숨겨놓은 것을 노(魯) 공왕(共王)이 공자의 옛 저택을 허물면서 얻은 것이라고 했다. 유흠은 이 책을 위해 학관을 세울 것을 요청하는 한편 이에 반대하는 박사들과 격렬한 논쟁을 벌였다. 그는 반대 학자들을 비판하면서 이렇게 말했다. "보잘것없는 것을 고집하며 바꾸지 않는다", "온전치 못한 것을 지키며 파벌을 고집한다", "구전된 것을 믿고 기록된 것을 등지니, 이는 말사(末師)나 하는 짓이며 옛것을 배우는 것이 아니다", "마음속으로 자신의 사사로운 의견이 깨질 것을 두려워해 선량함을 따르고 올바름에 복종하는 대공무사(大公無私)한 마음이 없다."²⁷² 이러한 논전 이후로 경학은 금문과 고문, 두 가지 유파가 생겨났으며, 각기 서로 다른 판본을 바탕으로 각각의 경전 해석을 고집하고 있다. 왕망이 정권을 잡았을 당시 '탁고개제(托古改制)'를 위해《고문상서》,《모시(毛詩)》,《일례(逸禮)》등 고문경 박사를 설치했다. 왕망은 견풍(甄豊)에게 고문 경전 몇 가지를 모사해 돌에 새겨 넣도록 했다. 이것이 바로 중국 최초의 '석경(石經)'이다. 동한 초기 고문경 박사를 취소하고, 전체 14명의 금문경 박사를 다시 세웠다.[273] 동한 시기 민간에 학관을 세워 경전을 전수하는 풍조가 성행했다. 어떤 학자는 대대로 경전을 전수해 경서의 '가법(家法)'을 형성했으며, 생도들이 수천, 심지어 1만여 명에 이르렀다. 민간에 전파된 경학은 주로 고문경이었다.

서한 말기 또다시 참위학이 등장했다. 참(讖)은 신령의 예언에 기탁하는 것으로 일반적으로 도(圖, 그림)가 붙어 있기 때문에 도참(圖讖)이라고 한다. 전하는 말에 따르면, 진시황 시절 노생(盧生)이 바다로 들어가 도서를 구했는데, 그 안에 "진을 멸망시키는 자는 호다(亡秦者胡也)"라고 적혀 있었다고 한다. 이것이 도참의 최초 기록이다. 위(緯)는 경(經)과 상대되는 개념이라는 뜻에서 붙은 이름이다. 이는 신의(神意)에 따라 경전을 해석하는 책을 말한다. 동한 초기 참위가 전체 81편이었다. 당시 유생들은《칠위(七緯)》[274]를 내학,《오경》을 외학(外學)으로 삼았는데, 이는 이익과 복록을 위해 참위까지 공부했기 때문이다. 참위의 내용 중에는 경전에 대한 해석 외에도 역사에 대한 언급도 있고, 천문이나 역수(曆數), 지리에 대해 논술한 것도 있다. 그 가운데 가장 많은 것은 신비하고 괴이한 일로 주로 음양오행 체계와 관련된 사상에 속한다. 이러한 내용은 일부 자연과학 지식이나 고사(古史), 전설을 포함하고 있지만 대부분은 황당해 도리에 맞지 않는 미신이나 망언으로 억지로 둘러맞추어 임의로 해석하기 편리하다. 왕망과 유수(劉秀) 또한 칭제하면서 참위를 이용한 적이 있다. 특히 유수는 참위를 중요한 통치수단으로 활용했는데, 심지어 조령을 반포하거나 정책시행, 인사 처리를 할 때도 참위를 인용해 참위가 실제로 경서의 지위를 넘어섰다. 중원 원년(56년), 광무제가 "천하에 도참을 선포해"[275] 도참이 법정 경전의 반열에 오르게 되었다. 장제(章帝)는 여러 유학자들을 백호관(白虎觀)에 소집해 경의(經義)를 토론하게 했는데, 반고가 이를 바탕으로《백호통덕론(白虎通德論)》《백호통의(白虎通義)》,《백호통(白虎通)》으로 부르기도 한다)을 편집했다. 이 책은 음양오행과 참위학을 체계적으로 수용해 금문경학파의 중요 논점을 담고 있다.《백호통》은 동중서 이래 유가의 신비주의 철학이 진일보한 결과라고 할 수 있다.

참위의 유행, 금문경의 참위화는 경학의 내용을 더욱 황당하고 공소(空疎)하게 만들었다. 이에 환담(桓譚), 윤민(尹敏), 정흥(鄭興), 장형(張衡) 등 안목을 갖춘 사인들이 참위에 대해 반대 의견을 제시했다. "교묘한 지식과 작은 재주를 지닌 이들이 도서를 만들어 거짓으로 참기(讖記)라 칭하며 탐욕스럽고 사악한 무리들이 기만하고 미혹시키며 군주를 오도(誤導)한다."[276] 환담은 참위가 경전에 부합하지 않기 때문에 자신은 참위서를 읽지 않는다고 역설했다. 그는 신비주의 사상이 모든 것을 통치하는 시절에 "정신은 형체에 거하는 것으로 마치 불이 초를 타오르게 하는 것과 같다"[277]라는 견해를 제시했다. 이는 철학사상 상당히 소중한 의의를 지닌다.

참위에 반대하는 사조의 영향을 받아 수많은 유생들이 고문경을 전공하거나 겸했다. 고문경의 치학 중심은 훈고(訓詁)로 경전을 해석하면서 대의(大義)를 찾아내는 것이었다. 이는 금문경이 중요 장구(章句)를 부연 설명하는 것과 다르다. 동한 고문경의 대가인 가규(賈逵), 복건(服虔), 마융(馬融) 등은 경학 발전에 일정한 공헌을 했다. 고문경 학자인 허신(許愼)은 금문파가 예서로 고문자를 적은 고서에 근거해 견강부회하고 경서를 곡해하는 것에 반대해《설문해자(說文解字)》를 편찬했다. 그는 자신의 책에 소전(小篆)과 그 밖의 고문자 9353개를 수록하고 글자마다 형체와 음의를 주석했다.

정현(鄭玄)은 금고문경에 두루 정통해 기존의 설을 망라해《모시(毛詩)》,《삼례(三禮)》등의 경전을 주해했다. 허신과 정현의 저작은 금문경과 참위 발전을 억제하는 작용을 했을 뿐만 아니라 고대사와 고문자, 고문헌 연구에 상당한 공헌을 했다. 가평(熹平) 4년 채옹이 다양한 문자체로 이루어진 경서를 교열하면서 예서로 오경(육경이라고 말하기도 한다)의 경문을 써서 돌에 새긴 후 태학에 석비를 세웠다. 이는 중국 최초의 관부에서 확정한 경본(經本)으로 후세에 '가평석경(熹平石經)'이라고 칭했다. 이는 금문경학가들이 날조한 별자(別字)를 교정해 문자의 통일을 유지하는 데 긍정적인 작용을 했다.

왕충의 사상

고문경 학자들은 훈고의 방식으로 금문경학과 참위를 반대해 나름의 성과를 얻었지만 경문의 본의를 탐색하는 데 치중해 한계가 있었기 때문에 환담을 제외하고 이론적인 면에서 크게 발전한 이가 없었다. 그들은 유가사상 체계를 벗어날 수 없어 복고 경향을 띨 수밖에 없었다. 금문경학과 참위에 반대하는 투쟁 속에서 오직 왕충만이 경학의 울타리를 벗어나 유물론 사상으로 금문경과 참위를 공격했다.

왕충(王充)은 회계(會稽) 상우(上虞) 사람으로 건무(建武) 3년(27년)

태어나 제영(帝永) 원년에 죽었다. 왕충은 "세족고문[細族孤門, 한문(寒門)]"[278] 출신으로 어려서 태학에서 공부하며 낙양의 책방에서 백가의 전적을 두루 섭렵했다. 나중에 그는 잠시 주군의 관리를 역임하다가 그만두고 향리로 돌아갔다. 그는 "가난해 자신의 몸을 맡길 누추한 집조차 없었으며", "지위가 낮아 적은 녹봉조차 받지 못했다."[279] 하지만 향리에서 교육과 저술에 힘써《논형(論衡)》85편(현존하는 것은 84편) 20여만 자를 저술했다.

왕충은 스스로 자신의 사상이 "유가의 학설에 위배되고 황로의 뜻에 부합한다"[280]라고 말한 바 있다. 그는 도가의 자연(自然)에 관한 학설로 입론했으나 자연에 대해 유물론적으로 해석했다. 논증방법으로 그는 "사물이나 사실을 끌어들여 언행을 점검했음"[281]을 강조했다. 그는 유자의 "천지가 의도적으로 사람을 낳았다"라는 설에 반대해 "하늘과 땅의 기운이 합쳐져서 우연히 생성된 것이다"[282]라고 주장했으며, 유가의 천인감응설을 허망한 것으로 간주했다. 왜냐하면 "천도란 저절로 그러한 것(자연)으로 인위적인 것이 없다. 만약 성인의 질책이나 현인의 권고는 유위이니 저절로 그러한 자연스러움이 아니다."[283] 그가 볼 때 하늘이 무위하는 까닭은 하늘에 입과 눈이 없어 좋아하거나 욕구할 수 없는 것으로 증명할 수 있다. 그는 "육경의 문장이나 성인의 말씀은 툭하면 천을 이야기하는데, 이는 무도한 군주를 교화시키고 우매한 백성을 두렵게 만들기 위한 말이다"[284]라고 하면서, 통치자들이 신도(神道)를 빙자해 교화하려 한다고 폭로했다.

왕충은 정신은 형체에 의존한다고 생각했다. "형체는 기가 있어야 만들어지며, 기는 형체가 있어야 알 수 있다. 천하에 홀로 타오르는 불은 없으니 세간에 어찌 형체가 없는데 홀로 아는 정신이 있겠는가?"[285]

이러한 이치에 근거해 그는 사람이 죽으면 귀신이 된다는 설에 반대했다. "사람이 살 수 있는 까닭은 정기가 있기 때문이다. 죽으면 정기가 사멸된다. 정기가 될 수 있는 것은 혈맥이다. 사람이 죽으면 혈맥이 마르고 마르면 정기가 소멸되며, 소멸되면 형체가 썩고, 썩으면 흙이 될 뿐이니 어찌 귀신이 될 수 있겠는가?"[286] 그는 무귀론(無鬼論)에서 출발해 후장(厚葬)을 반대하는 대신 박장(薄葬)을 제창했다.

왕충은 전통 사상과 기존 학설에 대해서도 예리한 비판을 거두지 않았다. 그는 심지어 공자나 맹자, 유가 경전에 대해서도 회의하거나 비판했다. 그는《논형》〈문공(問孔)〉에서 세속 유자들이 공자의 단편적인 몇 마디에 대해 무궁무진한 부연 설명을 하는 것에 반대하고, 공자에 대해 거듭 질문을 제출했다. "무릇 성현이 붓을 들어 지은 글이 생각과 뜻이 상세하고 분명해도 모두 사실과 부합한다고 말할 수는 없다. 하물며 창졸 간에 토해낸 말을 어떻게 모두 옳다고 말할 수 있겠는가?" 그는 또한 이렇게 말하기도 했다. "진실로 이해하기 어려운 문제가 있을 때 공자를 추궁하고 반박한다고 해서 어찌 올바른 도리가 손상되겠는가? 진실로 성현의 학업을 전수할 수 있는 지혜가 있다면 공자의 이론을 논박하는 것이 어찌 이치에 어긋나겠는가?"[287] 그는《논형》의 다른 편에서 맹자와 묵자, 한비자, 추연 등에 대해 분석하고 있는데, 중요 문제는 주로 한조의 정치, 문화와 직접적인 관련이 있다.

왕충은 당시 생산 수준이나 지식 수준의 한계로 인해 자신의 논리 근거로 인용한 자연현상에 대해 오해하는 경우도 있었다. 그는 중국 고대 여러 사상가들과 마찬가지로 복잡한 사회 역사 현상과 객관적 규율에 대해 더 철저하게 천명할 수 없었으며, 인간의 주관작용에 대해 정확하게 설명할 수 없었다. 그래서 그는 어쩔 수 없이 천명을 통해 사회나 사물 변화의 궁극적 원인을 해석하거나 골상(骨相)을 통해 개인의 귀천과 요수(夭壽, 요절과 장수)를 해석하는 등 숙명론에 빠지고 말았다. 이는 왕충사상의 중대한 결함이 아닐 수 없다.

《논형》은 한대에 통치 지위를 얻은 사상에 대해 가차 없이 비판, 공격했기 때문에 탁월한 저작임에도 불구하고 오랜 시간 세상에 공개되지 못하다가 동한 말기에 비로소 전해지기 시작했다.

불교와 도교

불교는 인도에서 생겨나 중앙아시아를 거쳐 중국 신강 지역으로 전래되었으며, 서한 말기에 중원 내지로 들어왔다.[288] 불교가 중국에 전래된 후 최초의 신도는 주로 제왕과 귀족이었다. 예를 들어 초왕(楚王) 영(英)은 "황로를 좋아해 부도의 재계와 제사를 배웠으며"[289], 환제(桓帝)는 "궁중에 황로와 부도의 사당을 세웠다."[290] 당시 사람들은 부처를 일종의 사사(祠祀)로 신선 방술과 비슷한 것으로 여겼다.[291] 또한 불교의 교의를 청허무위(淸虛無爲)로 이해해 "욕망을 줄이고 사치를 없애는 것으로"[292] 황로학설과 유사하다고 생각했다. 그래서 부도와 노자를 함께 제사지내기도 했다. "노자가 이적의 땅으로 들어가 부도가 되었다"[293]라는 전설은 바로 이런 분위기 속에서 생겨났다.

환제와 영제 시절 안식(安息)의 승려 안세고(安世高), 대월지(大月氏) 승려 지참(支讖) 등이 연달아 중국으로 들어와 낙양에서 불경을 번역하고, 한인 엄부조(嚴浮調, 기록된 최초의 출가 한인)가 안세고에게 불학을 전수받고 역경사업에 참여했다. 이후로 불교 경전 번역이 정식으로 시작되었다. 하지만 한대에 번역된 불경은 여전히 여러 가지 사사(祠祀)에 관한 내용이 잡다하게 섞여 있으며, 불교와 도가가 서로 연계되었다.

그래서 동한 말기의 《모자이혹론(牟子理惑論)》은 신선 방술을 반대하면서도 노장의 무위사상으로 불교의 교의를 설명하고 있다.

초평 4년(193년) 단양 사람 착융(笮融)이 서주목(徐州牧) 도겸(陶謙)을 도와 광릉군 등의 조운(漕運)을 감독했다. 그는 도적을 단절시키기 위해 부도사(浮屠祠)를 크게 일으키고 청동으로 부처상을 제작하는 한편 요역 면제를 빌미로 신도들을 불러모았다. "그래서 멀고 가까운 곳에서 5000여 명이 몰려들어 매일 불상을 목욕시키고 술과 음식을 진설하고 길가에 자리를 깐 것이 수십 리였다. 백성들이 와서 보고 음식을 먹는 이가 1만 명을 헤아렸으며, 전체 비용이 1억 전이 넘었다."[294] 이는 중국에서 불상을 제조하고 신도들을 대규모로 불러들인 최초의 일이다.

동한 시절 민간에 유행하던 무술이 황로학설의 일부분과 결합하면서 서서히 도교가 형성되었다. 순제 시절 낭야 사람 궁숭(宮崇)이 "자신의 스승 우길(于吉)이 곡양(曲陽) 천수(泉水)에서 얻은 신서 170권을 바쳤는데", 이를 《태평청령서(太平淸領書)》라고 불렀다. "음양오행의 언설을 위주로 했으나 무격의 잡다한 이야기가 많았다."[295] 현존하는 《태평경(太平經)》 잔본은 《태평청령서》에서 나온 것으로 도교의 중요 경전이다. 《태평경》은 도참을 추존하고 주로 음양 학설로 치국의 도를 해석했으며, 일부 불교의 교리를 차용해 수식했다. 《태평경》에 일부 지방에서 재물을 풀어 빈자들을 구제하고 자식기력(自食其力)을 적극 선양하는 내용이 들어 있어 농민들이 쉽게 이해하고 받아들일 수 있었다. 동한 후기 통치자들은 폭동을 일으킨 농민들을 '요적(妖賊)'이라고 폄하했는데, 당시 농민들은 도교를 조직 수단으로 삼았다.

영제 시절 거록(鉅鹿) 사람 장각(張角)이 《태평청령서》를 받들고 기주

(冀州)에서 포교하면서 태평도라 부르고 '대현량사(大賢良師)'로 자칭했다. 그는 "제자들을 기르고 신도들에게 무릎을 꿇고 절하면서 자신의 죄를 고백하도록 했으며, 부수와 주술로 병을 치료했다." 아울러 제자들을 "사방으로 파견해 선도(善道)로 천하를 교화했으며",[296] 무리를 조직해 황건 기의를 일으켰다.

태평도가 형성되던 시기에 도교의 또 다른 일파, 즉 오두미도(五斗米道)가 출현했다. 순제 시절 장릉(張陵)은 촉 땅의 곡명산(鵠鳴山)에서 도를 배웠는데, 도서(道書)로 신도들을 모으고, 신도들에게 쌀 다섯 되를 받았으며, 병에 걸리면 자신의 죄를 고백하도록 했다. 그래서 그들을 오두미도라고 부른다. 장릉이 죽은 후 그의 아들 장형(張衡)과 손자 장로(張魯)가 대를 이어 전도했다. 장로는 익주목 유언(劉焉)의 독의사마(督義司馬)가 되어 한중(漢中)을 다스렸다.[297] 장로는 사군(師君)으로 자처하면서 일반적으로 장리(長吏)를 두어 다스리는 대신 좨주(祭酒)를 설치해 백성을 다스렸다. 여러 좨주들은 거주지에 의사(義舍)를 짓고 의미육(義米肉)을 진설해 길가는 이들이 배부르게 먹도록 했다. 백성들이 법을 어기면 세 번 용서하고 그래도 고쳐지지 않으면 형벌로 다스렸다. 장로가 한중을 다스린 지 30년 동안 백성들의 생활이 비교적 안정되었다. 건안 20년(215년), 조조가 장로를 죽였으나 오두미도는 계속 전해졌다. 후세 장릉을 교주로 한 천사도(天師道)란 바로 오두미도에서 발전해 나온 것이다.

사학·문학·예술

사학

관부에서 본조의 역사를 찬수(撰修)하는 전통은 진·한 시기에도 계속 이어졌다. 한 무제 시절 정치발전에 따라 "고금의 변화에 통달해야 한다"[298]라는 필요성이 제기되었다. 이는 당대 사회의 상황을 설명하기 위해 고금의 역사를 정리해야 한다는 뜻이다. 태사령 사마담(司馬談)이 옛 이야기를 차례대로 정리하고 기존의 전적을 참조하면서 번잡하고 힘든 작업을 시작했으나 끝내 완성하지 못했다.

사마천(司馬遷)은 사마담의 아들로 좌풍익(左馮翊) 하양(夏陽, 섬서 한성) 사람이다. 무제 건원 6년(기원전 135년) 또는 경제 중원(中元) 5년(기원전 145년)에 태어났으며, 사망 연도는 알려지지 않았다. 사마천은 어려서 공안국(孔安國)에게 《고문상서(古文尚書)》를 배우고, 20세 이후 장강 중, 하류와 중원 각지를 주유하고, 파, 촉, 공(邛), 작(筰), 곤명(昆明) 등에 출사했으며, 한 무제를 수행하면서 여러 곳을 다니며 사회 견문을 넓혔다. 원봉 3년(기원전 108년) 사마천은 태사령이 되었다. 그는 부업을 계승해 "국가에 소장된 도서와 공문, 문서를 모으고", "천하에 흩어져 있는 옛 이야기를 망라해"[299] 태초 원년(기원전 104년) 정식으로 《사기》를 찬수하기 시작했다. 천한(天漢) 2년(기원전 99년) 이릉이 흉노에 투항했다. 사마천이 조정에서 이릉을 위해 변호하다 무제의 분노를 사서 부형(腐刑), 궁형에 처해졌다. 그는 고대의 "남다르게 탁월하고 범상치 않은 이들"[300]이 곤궁 속에서 발분저서(發憤著書)한 선례를 본받아 불후의 저작 《사기》를 완성했다.

《사기》는 원래 서명이 《태사공서(太史公書)》이며, 12본기(本紀), 10표

(表), 8서(書), 30세가(世家), 70열전(列傳) 등 전체 130권으로 이루어져 있으며, 위로는 전설 속의 황제부터 시작해 아래로 무제 시절까지 서술한 중국 통사이자 중국 역사상 최초로 내용이 완정하고 체계가 주도면밀한 역사서다. 《사기》는 인물 전기를 위주로 편년체와 기사체 등의 사서 체재의 장점을 흡수해 역사서에서 기전체(紀傳體)라는 새로운 체재를 완성했다. 이러한 체재는 이후 2000년 역사에서 왕조 역사 편찬의 규범이 되었다.

불후의 명저로서 《사기》의 귀중한 점은 무엇보다 사회 현실을 직시해 당시 인식 수준에서 최대한 사실적으로 사회 역사의 면모를 그려냈다는 데에 있다. 《사기》는 사회경제, 이데올로기, 천문역법, 수리사업 등 다양한 분야의 제도와 대사(大事)를 사서에 집어넣어 역사의 면모를 광범위하게 반영했으며, 다른 한편으로 의사, 학자, 상인, 유협, 농민 우두머리 등 다양한 인물의 전기를 제왕이나 장상(將相)과 같은 열전에서 다룸으로써 각기 다른 계급과 계층의 역사적 동태를 제대로 반영했다. 《사기》는 인물에 대해 기록하면서 사가 자신의 포폄 태도를 견지함으로써 탁월한 사상적 가치를 지니게 되었다. 《사기》는 항우(項羽)를 진시황이나 한고조와 함께 본기에 넣었으며, 농민 기의의 우두머리인 진섭[陳涉, 승(勝)]을 제후들과 같이 세가에 넣었다. 또한 역사에 나오는 폭군을 가차 없이 비판했을뿐더러 "경제 본기(本紀)를 지으면서 그 단점을 남김없이 밝혔다."[301] 또한 무제의 공덕을 찬양함과 동시에 무제가 "내적으로 욕심이 많았으나 외적으로는 인의를 실시했다"[302]라고 거리낌 없이 발언했다. 그는 유협의 일부 의협 행동을 찬양했으며, 혹리들의 백성에 대한 잔혹한 행위를 폭로하기도 했다. 이처럼 전통에 위배되는 포폄 태도로 인해 《사기》는 봉건 사학자들에게 "옳고 그름의 판단이

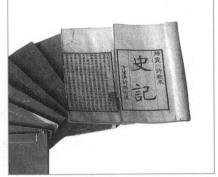

사마천(왼쪽)과 청나라 판본《사기》(오른쪽)

성인의 뜻과 다르다"[303]라고 해 '방서(謗書, 비난하는 책)'[304]로 모함을 받아 일부 통치자들에게 받아들여지지 않기도 했다.

《사기》는 방대한 역사 자료를 선택적으로 수용했는데, 그중에는 그자신이 직접 방문해 얻은 노인들의 옛 이야기도 포함되어 있다. 실사구시의 입장을 견지하면서 모르는 것을 안다고 하거나 경솔하게 단정하지 않았다. 그래서 유향(劉向), 양웅(揚雄), 반고(班固) 등은《사기》를 이렇게 칭찬했다. "허투루 찬미하지 않았으며, 악행을 숨기지 않았으니실록이라 할 만하다."[305]

사마천은《사기》를 저술하면서 공자가《춘추》를 찬술한 것에 비유해 서술방법 면에서 "나는 내용 없는 설교를 늘어놓는 것이 행해진 일의 시비와 호오를 절실하고 분명하게 보이는 것만 못하다(我欲載之空言, 不如見之於行事之深切著明)"라는 공자의 원칙을 따르고자 애썼다.《사기》는 서사를 위주로 하면서 시비 포폄을 서사 사이에 집어넣었다. 그래서 고염무(顧炎武)는 이렇게 말한 것이다. "고인들이 사서를 저술하는데 논단을 기다리지 않아도 서사(序事)에서 지적 사항을 바로 알 수있는 경우는 오직 태사공만이 가능하다."[306]

《사기》는 인물전기 위주의 체재를 채용하고 있는데, 이러한 체재로 인해 사마천은 자신의 문학적 재능을 충분히 발휘할 수 있었으며,《사기》또한 중국문학사에서 뛰어난 저작이 될 수 있었다.

사마천의 역사관은 유심론적이다. 그는 진의 통일은 "하늘이 도와준 것"[307]이며, 유방은 "천명을 받아 황제가 되었다"[308]라고 생각했다. 또한 서사 면에서 "소홀한 곳이 많고 서로 저촉되기도 한다."[309] 이러한 결함은 서사방식을 처음 도입하면서 피하기 어려운 부분이기도 하며, 또한 시대와 계급적 한계로 인한 것이기도 하다.

동한 반고(班固)가 찬술한《한서(漢書)》는《사기》의 뒤를 이은 또 하나의 사학 명저다. 반고의 부친인 반표(班彪)는《후전(後傳)》수십 편을 저술해《사기》이후 서한 말기까지 역사를 잇고자 했다. 반고는 부업을 계승해 20여 년 동안 각고의 노력 끝에《한서》의 대부분을 완성했다.

반고는 외척 두헌(竇憲)의 옥사에 연루되어 화제 시절 투옥되어 옥사했다. 전하는 말에 따르면, 화제가 반고의 누이인 반소(班昭)에게 8〈표(表)〉를 보완토록 했으며, 마속(馬續)에게〈천문지(天文志)〉를 보충하도록 명하여《한서》저술을 완성했다고 한다.

《한서》는 중국에서 최초로 완전한 형태의 단대사(斷代史)다. 기본적으로《사기》의 체재를 따랐으나《사기》보다 훨씬 엄밀하다.《한서》의〈백관공경표(百官公卿表)〉,〈형법지(刑法志)〉,〈지리지(地理志)〉,〈예문지(藝文志)〉 등은《사기》의〈표〉나〈서(書)〉에 없는 내용이다.《한서》는 서사가 주도면밀하고 상세할뿐더러 "비방이나 찬사가 분에 넘치지 않고, 축소나 과장을 하지 않으며, 정제되어 어지럽지 않으며, 상세하면서도 체계가 있어"[310] 사학뿐만 아니라 문학적 가치도 상당하다. 하지만 반고는 유가의 윤상(倫常)이 이미 정형화된 동한 시대에 살았기 때문에 역사관에서 존군(尊君)을 중시하는 유가사상의 속박에서 벗어날 수 없었다. 그렇기 때문에《한서》가 "국체를 논하면서 조정을 높이고 충신을 꺾었으며, 정통 예교를 서술하면서 비위에 맞는 것을 귀하게 여기고 곧은 절개를 천시해"[311] 비판성이 결여되었다는 점은《사기》보다 뒤떨어지는 부분이다.

동한 시대에 찬술된 사서는 이외에도 순열(荀悅)의《한기(漢紀)》(건안 시절에 만들어졌다), 조엽(趙曄)의《오월춘추(吳越春秋)》, 작가 미상의《월절서(越絶書)》등이 있다. 순열의 사서는《한서》를 개편해 편년사로 만든 저작물이고, 뒤에 나오는 두 가지는 한 지역의 일에 대해 전문적으로 서술한 사서로 후대 지방사지(地方史志)의 시작을 열었다. 동한 사관들이 편찬한《동관한기(東觀漢記)》는 당대사(當代史)로서 후대 여러 사람의 후한서(後漢書)의 중요한 근거가 되었다.

문학

한대 문학작품의 형식은 부(賦), 산문(散文), 악부시(樂府詩)다.

부는 산문과 운문을 병용해 "문채를 펼쳐서 사물을 체현하고 뜻을 묘사하는"[312] 문체로 소체(騷體)에서 직접 변화 발전했다. 서한 초기의 부는 가의(賈誼)의〈조굴원부(吊屈原賦)〉,〈복조부(鵩鳥賦)〉등과 같이 주로 사물을 빌어 자신의 마음을 펼치는 내용으로 문사가 소박하고 소체시(騷體詩)에 가깝다. 부의 출현은 전국 시대 제자 산문과 밀접한 연관이 있다. 장학성(章學誠)은 이렇게 말했다. "고대에 부가(賦家)의 부류는 원래《시》와《소(騷)》에 근원을 두고 전국 시대 제자 산문과 관련이 있다. 가설이나 질문과 대답은 장자나 열자의 우언이 남긴 것이고, 풍부한 성세(聲勢)는 소진이나 장의의 종횡의 체례를 본받은 것이며, 배비

(排比, 대구)와 풍자는 한비자의《저설(儲說)》과 같은 부류에 속하고, 자료를 검증하고 여러 가지 일을 모으는 것은《여람(呂覽)》편찬의 뜻을 따른 것이다."[313]

한초 부 작가인 매승(枚乘)은 〈칠발(七發)〉로 명성을 떨쳤다. 한 무제 시절은 부가 성숙하던 시기로 뛰어난 부가(賦家)들이 줄지어 나왔다. 그 가운데 가장 저명한 이는 사마상여(司馬相如)와 동방삭(東方朔) 등이다. 사마상여의 〈자허부(子虛賦)〉, 〈상림부(上林賦)〉 등은 당시 부의 대표작으로 기세가 넘쳐나고 경물 묘사가 몽롱하며 화려한 수식에 기이한 벽자(僻字)가 많다. 이는 서한 시대 웅장하고 화려하며 물질적으로 다양하고 풍부한 모습을 반영한 것이다. 서한 후기 저명 부가는 양웅(揚雄)이고, 동한 시기는 반고와 장형(張衡)이 유명했다. 그들 외에도 양한의 중요 사상가나 문학가들이 거의 모두 부의 중요 작가들이다. 하지만 한 무제 이래로 부는 문자의 조탁과 지나친 수식이 승한 대신 사상 내용이 부족한 경우가 허다했다. 일부 부가들은 부를 풍자의 수단으로 삼았다. 하지만 그 결과는 "권고하는 데 그치는 경우"가 대부분이었다. 무제는 신선을 좋아했는데, "사마상여가 〈대인부(大人賦)〉를 올려 풍자하고자 했다. 그런데 선경(仙境)에 대한 화려한 묘사로 인해 황제가 오히려 더욱 경모하게 되었다."[314] 이런 까닭에 일부 부가들은 자신들의 문학생활에 불만을 품기도 해 매승과 같은 이는 "스스로 배우나 다를 바 없다고 후회했으며",[315] 양웅 역시 "어린아이가 충서(蟲書)를 조탁하고 각부(刻符)를 전사(篆寫)하는 것과 같아 ……대장부가 할 일이 아니다"[316]라고 말했다.

동한 후기 대부(大賦)가 점차 시들어가면서 작가 자신의 감정을 서술하고 경물을 묘사하는 소부(小賦)가 그 뒤를 이어 흥성하기 시작했다.

소부는 과장이 심하고 판에 박힌 듯한 대부의 격식에서 벗어나 비교적 청신한 의경을 보여주었으나 여전히 생명력이 부족했다.

양한의 산문은 상당한 성과를 보였다. 서한 초기 가의와 조조(晁錯)의 정론문, 예를 들어 〈진정사소(陳政事疏)〉, 〈과진론(過秦論)〉, 〈논귀속소(論貴粟疏)〉 등은 언사가 격렬하고 직설적이며, 생동감과 정감이 넘치고 문채가 풍부해 후대 산문 발전에 심원한 영향을 미쳤다.

한대 산문의 최고 성과는 역시 사마천의《사기》다. 사마천은《사기》의 인물 전기에서 사회 각 분야의 인물을 피와 살이 있는 실제 인물처럼 생동감 넘치게 형상화하면서 솔직한 자신의 감정을 그대로 실었다. 《사기》의 서사는 이야기성이 풍부하고 마치 그림을 그리듯이 생동적인 인물 대화를 통해 인물의 성격을 잘 드러내고 있다. 사마천의 이러한 문학 수법은 서사로 역사를 표현하는 사학방법의 효과를 극대화했다.《사기》의 문학적 성취는 사학상의 성취와 마찬가지로 대단히 중요하다. 그래서 노신(魯迅)이《사기》를 "사가의 절창이며 운이 없는《이소(離騷)》와 같다"라고 말한 것이다.[317]

한대의 악부 민가는 중국 문학 보고 가운데 가치가 지극히 높은 문학유산이다. 악부는 원래 조정의 음악 기구다. 한 무제가 처음 만들어 이연년(李延年)을 협률도위(協律都尉)로 삼아 묘당의 음악을 제작하도록 했다. 악부는 민간에서 다양한 노랫말을 채집해 음악을 붙여 "대(代)와 조(趙)의 민요, 진과 초의 풍(風)이"[318] 모두 악부에 채집되었다. 악부에서 채집한 민가는 음악에 맞추어 노래를 부를 수 있도록 했다. 이를 이후 악부시(樂府詩) 또는 악부라고 불렀다.

악부시는 대부분 "애락의 느낌을 사물(사건)에 따라 표현한"[319] 민간의 우수한 작품으로 주로 당시 사회생활을 반영하고 있다. 예를 들어

4장 진·한시대

〈전성남(戰城南)〉,〈십오종군정(十五從軍征)〉은 당시 백성들의 병역의 고통을 반영하고 있으며,〈평릉동(平陵東)〉,〈사비옹(思悲翁)〉 등은 관부의 백성들에 대한 횡포와 약탈을 반영하고 있다. 또한〈동문행(東門行)〉과 같은 작품은 빈민들이 기아에 허덕이다 막다른 처지에 이른 복잡한 심경을 묘사하고 있으며,〈상산채미무(上山采蘼蕪)〉나〈유소사(有所思)〉등은 부녀자들의 비참한 운명과 버림받은 후의 분노를 표현하고 있다. 이러한 시가는 이야기성이 뛰어날뿐더러 낭만주의 색채가 강렬하며 내면의 감정을 세심하고 심각하게 드러내고 있다는 점에서 사상성과 예술성 모두 상당히 뛰어난 작품이라고 말할 수 있다.

동한 시기에 악부 민가의 영향을 받아 악부를 모방한 오언시가 출현했다. 이들 작품은 악부시보다 편폭이 길고 서사의 곡절이 비교적 심하다.《문선(文選)》에 수록된《고시십구수(古詩十九首)》는 대부분 동한 오언시(음악을 넣은 악부 가사도 있다)다.《고시십구수》의 사상 내용은 상당히 복잡해서〈염염고생죽(冉冉孤生竹)〉처럼 이별의 정을 노래한 것도 있고,〈초초견우성(迢迢牽牛星)〉처럼 애정에 관한 시가도 있으며,〈청청릉상백(青青陵上柏)〉처럼 환도(宦途)가 여의치 않아 회한을 토로하는 내용도 있다. 이러한 시가에서 반영하는 것은 비교적 협소해 당시 사회 모순을 예리하게 집어내고 있지는 않다. 일부 작품은 인생의 짧음을 애탄하거나 부귀영화를 얻어 젊었을 때 향락을 즐기자는 내용을 담고 있기도 한데, 이는 당시 일부 사대부들이 동한의 부패한 통치체제하에서 권세에 빌붙어 명리를 탐하거나 불안해하는 비속한 감정을 반영하는 것으로《고시십구수》에서 가장 뒤떨어지는 작품이다. 예술 가치 면에서 볼 때《고대십구수》는 악부의 기교를 흡수해 평이한 시어로 사람을 감동시키고 의경(意境)이 심오해 악부시와 능히 견줄 만하다.

장편 서사시 〈공작동남비(孔雀東南飛)〉는 한대 시가 가운데 가장 걸출한 작품이다. 건안(建安) 시기 여강부(廬江府)의 하급관리 초중경(焦仲卿)의 처 유란지(劉蘭芝)가 시어머니에게 핍박을 받아 친정으로 쫓겨난 후 친정 집안에서 권세가에게 재가하라는 핍박을 받다 결국 유란지와 초중경이 이루지 못한 사랑을 위해 함께 목숨을 끊는 이야기를 묘사하고 있다. 시가 속에서 죽을지언정 굽히지 않은 유란지와 초중경, 종법 가족 세력을 대표하는 초중경의 모친과 유란지의 오빠 등의 이미지가 선명하게 드러나고 있으며, 특히 유란지의 근면하고 순결하며 강인한 모습은 중국 고전문학에서 뛰어난 부녀의 형상 가운데 하나다.

회화와 조각

서한 이래로 장식성이 강한 벽화가 대단히 유행했다. 궁전이나 저택 도처에 벽화가 그려졌다. 궁전 벽화의 제재는 대략 〈노영광전부(魯靈光殿賦)〉에서 묘사한 것과 크게 차이가 없다. "천지를 묘사하고 다양한 생물을 그렸으며, 잡다한 물건과 기이한 사물 그리고 산신과 바다의 신령을 그려 넣었다." 사람들이 이러한 인물이나 귀신 등을 그림의 소재로 삼는 목적은 "악으로써 세상에 경계하고, 선으로써 후세에 모범을 보이기 위함이자"[320] 윤리와 도덕을 선양하기 위함이다. 한대 황문령[黃門令, 소부(少府)의 속관(屬官)] 관서에 수많은 화공들이 소속되어 있었는데, 한 원제 시절 화공 모연수(毛延壽)는 "사람의 모습을 잘 그려 미추나 노소를 사실 그대로 그려냈으며", 화공 진창(陳敞), 유백(劉白), 공관(龔寬) 등은 "소나 말, 나는 새 등을 공교롭게 그렸고" 화공 양망(陽望), 번육(樊育) 등은 "색채를 입히는 것을 잘했다."[321] 동한 화공은 종류도 많았는데, 등후(鄧后)의 조령(詔令)을 보면 화공 39종에 대해 언급한 내용이 나온다.

장사(長沙) 마왕퇴(馬王堆) 한묘(漢墓)에서 출토된 백화(帛畵)는 길이가 205센티미터이며, 전체 그림은 상, 중, 하 세 부분으로 나뉘어 천상과 인간 그리고 지하세계의 모습을 그리고 있다. 묘사가 세밀하고 색채가 찬란하여 진귀한 작품이 아닐 수 없다. 한대 분묘 벽화로 지금까지 보존된 작품이 적지 않다. 그 가운데 평륙(平陸), 망도(望都), 요양(遼陽) 등지의 동한 채색 벽화는 예술적 가치가 상당히 높다. 이러한 벽화는 선이 강

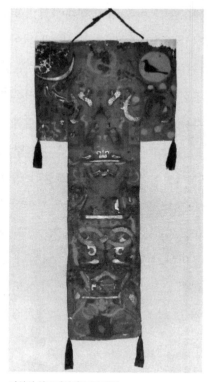

마왕퇴 한묘에서 출토된 백화

하고 힘이 있으며, 농담이 적절해 입체감이 뛰어나다. 벽화의 내용은 주로 인물이나 거마, 연회나 제사 등을 소재로 삼고 있는데, 이는 동한 관료 지주들의 생활을 반영한 것이다. 동한 시대 관료 지주들은 일반적으로 석재를 이용해 분묘나 사당을 만들었다. 석재에 그림을 그려 음각 또는 양각으로 조각을 했는데, 이를 화상석(畵像石)이라고 부른다. 현존하는 화상석 가운데 가상무(嘉祥武)의 사당과 비성(肥城) 효당산(孝堂山)의 석사(石祠) 그리고 기남(沂南)의 석각 화상(畵像)이 가장 유명하다. 화상석의 제재는 대단히 풍부해 어로, 경작, 방직, 연회, 전투, 기악(伎樂), 무도와 같이 다양한 장면과 여러 가지 역사 이야기 등을 다룬다. 이외

에도 건국 이후 사천 경내에서 출토된 화상전(畵像磚)은 주로 생산이나 일상생활 모습을 담고 있는데, 선이 명확하고 형태가 핍진해 화상석과 더불어 귀중한 예술 유산이자 중요한 사료로서 가치가 있다.

한대의 입체 조각예술도 볼 만하다. 섬서 홍평(興平) 곽거병(霍去病) 분묘 앞에 있는 석수군(石獸群)은 천연 석재를 일부 가공해 만든 것으로 질박하면서도 힘이 넘친다. 산서 안읍(安邑)의 서한 시대 석호(石虎)는 기법이 간결하면서도 생동감이 넘쳐 홍평의 석수와 견줄 만하다. 동한 시대로 들어오면서 조각기술이 한층 성숙해 아안(雅安) 고이(高頤) 분묘와 남양(南陽) 종자(宗資) 분묘 앞에 자리한 석수들도 모두 형태가 우미하고 웅혼한 기백을 자랑한다. 동한 시대에는 도용(陶俑)도 상당히 많이 출토되었는데, 그중에서 성도(成都)의 설창용(說唱俑)과 낙양의 잡기용(雜技俑)의 조형이 특히 생동감이 있어 한대 예술의 진품으로 손꼽힌다.

악무와 각저

서한 초기 초가(楚歌), 초무(楚舞), 파유무(巴渝舞) 등이 장안의 궁전으로 전래되었다. 무제 이후로 비파, 공후(箜篌) 등 서역과 기타 지역의 악기가 계속 중토(中土)로 들어왔다. 악부에서 채풍(采風)과 동시에 적지 않은 새로운 악곡을 창작했다. 음악의 종류에 따라 나누면, 가치가 그다지 크지 않은 교묘가사(郊廟歌詞) 이외에 고취곡사(鼓吹曲詞), 상화가사(相和歌詞), 잡곡가사(雜曲歌詞) 등 크게 세 부류로 나눌 수 있다. 이후로 중국 고전 악무는 과거에 비해 더욱 풍부하고 다채로워졌다. 한조 사람들은 악무를 즐기고 민간에서 주회(酒會)가 일상적으로 이루어졌다. "돈이 많은 이들은 경사스러운 날에 종고(鍾鼓)와 비파 등 다섯 종류의 악기를 연주하고, 여러 명의 노래 부르는 아동을 배치했다. 중산층의 사람들은 피리와 거문고를 연주하고 춤을 추고 노래를 불렀다."322 이렇듯 제사나 경사스러운 날이면 노래와 춤이 곁들여졌다.

늦어도 한대 시절에 굴뢰자[窟礧子, 괴뢰자(魁礧子), 즉 지금의 괴뢰희(傀儡戲)다]가 출현했다. 굴뢰자는 "인형을 만들어 연희하는 것인데 춤과 노래를 불렀다. 원래 상가(喪家)의 음악이나 한나라 말기에 가회(嘉會, 즐거운 모임)에서 사용되기 시작했다."323

각저(角抵, 씨름의 일종) 연희는 전국 시대와 진나라 시대에도 이미 존재했다. 진(秦) 이세(二世)는 감천궁(甘泉宮)에서 "곡저[觳抵, 각저(角抵), 씨름의 일종]와 배우의 공연을 관람했다."324 한 무제 시절 안식에서 "여헌(黎軒, 로마제국)의 현인(眩人, 마술사)을 한나라에 헌납했다."325 동한 안제 시절 탄국(撣國, 미얀마 경내에 있다)의 국왕 옹(雍)이 대진국(大秦國)의 "음악과 환인(幻人, 마술사)을 헌납했는데, (마술사는) 변신술에 능하고 입으로 불을 토해내기도 했으며, 자신의 관절을 꺾는 마술을 부리고 소와 말의 머리를 바꾸기도 했으며, 도환(跳丸, 일종의 저글링)에 능했는데, 구슬의 숫자가 1000개에 이르렀다.326 중국에도 이미 각저나 도환 등의 유희가 있었는데, 한조에 들어와 새로운 내용이 첨가되었다.

장형(張衡)의 〈서경부(西京賦)〉나 이우(李尤)의 〈평락관부(平樂觀賦)〉에 묘사된 내용에 따르면, 동한 낙양 평락관(平樂觀, 궁관 명칭)에서 각저를 연희했는데, 각기(角技), 현변(眩變), 가면희 이외에도 신선이나 귀신에 대한 이야기를 하는 이들도 있었으며, 연희자들 가운데 배우도 섞여 있었다고 한다. 현존하는 동한 시대 화상석에서 당시의 악무나 각저 장면이 생생하게 그려져 있다.

자연과학

천문 역산

천상(天象)에 대한 연구는 농업사회에서 농사철을 추정하는 것과 직접적인 관련이 있기 때문에 비교적 발달했다. 천체의 구조에 관해서 세가지 서로 다른 학설이 존재했다. 즉 선야설(宣夜說), 개천설(蓋天說), 혼천설(渾天說)이 그것인데, 선천설은 이미 실전되었으며, 당시 연구한 이들도 "호기심에 기이한 것을 좇았을 뿐", "이치를 다해 천상에 대해 이야기한 것"[327]은 아니었다. 개천설은 《주비산경(周髀算經)》이 대표한다. 이에 따르면 "하늘은 삿갓을 덮어놓은 형상이고, 땅은 배를 뒤집어놓은 것과 같다."[328] 이 학설은 "나름의 술수를 갖추고 있기는 하지만", "천상을 살펴볼 때 어긋난 부분이 많아"[329] 사관들이 채용하지 않았다. 혼천설은 천지의 형상이 노른자를 감싸고 있는 달걀과 같아 "하늘은 밖에서 이루어지고 땅은 안에서 정해진다. 천체는 양이기 때문에 둥글고 움직이며, 지체(地體)는 음이기 때문에 평평하며 고요하다."[330] 물론 이러한 학설은 과학적으로 큰 결함이 있다. 하지만 다른 두 가지 학설에 비해 훨씬 실제에 가까웠기 때문에 사관들이 이를 채용했다. 한대 사관들이 천상을 살피기 위해 제작한 동의(銅儀, 구리로 만든 천체의)는 혼천설에 근거해 설계한 것이다.

혼천설의 대표적 인물은 동한 태사령인 장형(張衡)이다. 장형은 유명한 문학가이자 참위를 반대한 사상가이며, 또한 걸출한 과학자이기도 하다. 그는 천체의 구조에 관한 저작 《영헌(靈憲)》을 저술했는데, 책에서 일부 천문현상을 정확하게 설명하고 있다. 예를 들면 다음과 같다. "달빛은 해가 비추어서 생겨나는 것이니 해가 가려지면 달빛이 희미해

진다. 해가 비추면 달이 둥글게 빛나고 해가 비추지 않으면 달이 이지러져 빛을 다한다.'[331] 장형은 서한 시대 천문가인 낙하굉(落下閎), 경수창(耿壽臺) 등이 만든 혼천의(渾天儀)를 토대로 새로운 혼천의를 설계했다. 떨어지는 물로 움직이며 가운데에 별이 출몰하도록 만들었는데, 영대(靈臺)의 관상대에서 보는 것과 완전히 부합했다. 장형은 동한 시대 지진이 빈번하게 발생하자 후풍지동의(候風地動儀)를 제작해 지진의 방위를 측정했다. 장형의 이러한 창작품은 당시 사람들에게 신기하게 여겨졌다. 그래서 최원(崔瑗)은 장형의 비명(碑銘)에서 그를 이렇게 찬양했다. "수술(수학이나 천문학)로 천지를 궁구하고, 기물을 창조함이 조화옹과 견줄 만했다.'[332]

한인들은 천문 관측에 풍부한 지식이 축적된 상태였다. 《사기》〈천관서(天官書)〉나 《한서》〈천문지(天文志)〉를 보면 28수(二十八宿)의 명칭과 자리가 명확하게 기록되어 있다. 한인들은 별의 운행을 통해 1년 24절기를 추산했는데, 그 명칭과 순서는 후세에 통용되는 것과 완전히 부합한다. 무제 정화(征和) 4년(기원전 89년) 일식에 관한 관측기록과 성제 화평 3년(기원전 26년) 태양의 흑점에 관한 관측기록은 중국 천문학사에서 진귀한 자료들이다.

천문학이 발전하면서 역법 수정도 가능하게 되었다. 진과 한초에는 전욱력(顓頊曆, 진나라 역법)을 계속 사용했다. 역법의 연대가 오래되었기 때문에 일월의 차수를 교정할 방법이 없었다. 심지어 "삭회(朔晦, 초하루와 그믐날)에 달이 보이고, 현망(弦望, 음력 7, 8일과 20, 23일쯤 반달이 뜰 때와 음력 15일 보름달이 뜰 때)에 달이 이지러지는 옳지 않은'[333] 현상이 자주 발생했다. 한 무제가 사마천과 사성(射姓), 등평(鄧平), 당도(唐都), 낙하굉(落下閎) 등에게 명하여 역법을 만들도록 했다. 태초 원년(기원전

104년) 반포했기 때문에 이를 태초력(太初曆)이라고 부른다. 서한 말기 유흠(劉歆)이 태초력을 체계적으로 해석하고 조정해 삼통력(三統曆)을 만들었다. 이는 중국에서 최초로 기록된 완전한 역법이다. 동한 원년과 2년(85년) 사분력(四分曆)으로 바꾸어 사용했다.

늦어도 한 무제 시절에 중국 최초의 산학(算學, 수학) 저작인《주비산경》이 세상에 나왔다.《주비산경》은 개천설을 주장했으며, 장대를 사용하여 그림자를 측정해 해의 높이를 구하는 방법을 제시했다. 이로써 피타고라스 정리를 이미 인지하고 있었음을 알 수 있다. 이외에도 서한 시대 장창(張蒼), 경수창(耿壽昌) 등도 고대의 산서(算書)를 정리했다.《한서》〈예문지〉에 보면 허상(許商)과 두충(杜忠) 두 사람의《산술(算術)》이 기록되어 있는데, 실전되어 남아 있지 않다.

한대 가장 중요한 산학 저작은《구장산술(九章算術)》이다.《구장산술》은 여러 사람의 손에서 나왔는데, 장기간 동안 여러 사람의 수정과 보완을 거쳐 이루어낸 명저다. 동한 화제 연간에 마지막으로 정리 출간되었는데, 방전(方田), 속미(粟米), 쇠분(衰分), 소광(少廣), 상공(商功), 균수(均輸), 영부족(盈不足), 방정(方程), 구고(勾股) 전체 9장에 걸쳐 246개의 산술 명제와 해법을 수록하고 있다.《구장산술》의 명제 중에는 전답이나 토지 측량, 속미(粟米) 교환, 비례 분배, 창고 체적, 토방(土方) 계산, 부세(賦稅) 할당 등 실제 생활에서 필요한 문제들이 모두 포함되어 있다.《구장산술》은 분수 계산과 비례 계산방법은 물론이고 제곱근, 세제곱근, 2차 방정식, 연립 1차 방정식 등의 해법을 제시하고 있으며, 음수(陰數) 개념과 양수와 음수의 가감법 등에 대해서도 자세하게 설명하고 있다.《구장산술》의 출현은 중국 고대수학이 비로소 완전한 체계를 갖추고 새로운 단계로 진입했음을 의미한다.《구장산술》은 세계 수학사에서도 중요한 자리를 차지하고 있다.

농학

양한 시대로 들어오면서 농업생산 지식과 경험의 축적을 통해 농학이 이미 하나의 전문적인 학문으로 성장했다. 《한서》 〈예문지〉에 보면 농학 관련 저작 9종이 수록되어 있는데, 《사승지서(氾勝之書)》 이외에 적어도 두 가지는 서한 시대 작품인 것이 확실하다.

사승지는 성제 시절 의랑(議郎)으로 있으면서 삼보(三輔) 지역에서 농경을 지도했는데, 이로 인해 관중에 풍작이 들었다고 한다. 그가 쓴 《사승지서》는 농업생산을 통해 얻은 풍부한 경험을 개괄한 것으로 중국 역사상 최초의 완전한 농업 분야 전문서다. 사승지는 관중 지역의 자연 조건을 근거로 집약농업의 생산방식을 세밀하게 연구했다. 그는 이모작과 간작(間作), 두 가지 작물을 혼합해서 파종해 토지 이용률을 증가시키고 단위 면적당 생산량을 높일 것을 제창했다. 그는 농업생산에서 인적 자원의 작용을 중시해 "농민의 나태와 근면에 따라 공력이 열 배나 차이가 난다(農士惰勤, 其功力相什倍)"라고 주장했다. 그의 최대 공헌은 유명한 구종법(區種法, 적당한 구획으로 나누어 작물을 재배하는 방법 – 역주)을 개괄했다는 것이다.

구종법에 따르면, 구덩이를 파서 파종하면서 작물에 따라 이랑의 너비나 포기 간격, 흙 파기의 깊이를 달리하고, 작물 생장과정에서 사이갈이, 관개, 시비(施肥)에 역점을 두어야 한다. 이러한 방법은 대규모 농지 경작에 원예 수준을 향상시키기 때문에 매 무(畝)마다 많게는 20~30곡 내지는 100곡까지 생산량을 높일 수 있다. 구종법은 과학적으로도 상당한 가치가 있다. 다만 기술이나 인력 조건이 상당히 까다롭기 때문에 보편적으로 추진할 수 없었으며,[334] 단지 흉년이 든 해에 소품종으로 다수확을 하기 위해 때로 채용했을 따름이다.

사승지는 식물재배에 관한 일반적인 과정에 대해서도 개괄적으로 정리했다. "무릇 경작의 근본은 농사철에 맞추고 토양을 성기게 하며, 퇴비와 관개에 힘쓰고, 때에 맞춰 김을 매고 수확함에 있다(凡耕之本, 在于趣時和土, 務糞澤, 早鋤早獲)." 그는 다양한 작물의 생장방식을 파악해 화(禾, 벼), 서(黍, 기장), 맥(麥, 보리), 도(稻, 벼), 상(桑), 마(麻)와 채소의 각기 다른 파종과 재배법을 확정지었다. 사승지가 제기한 수종법(溲種法), 즉 비료와 농약으로 종자를 처리해 종자 발육과 저항력을 증가시키는 방법은 농업과학에서 상당한 가치를 지닌다.

동한 후기에 나온 최식(崔寔)의 《사민월령(四民月令)》은 주로 지주가 장원을 경영하면서 정월부터 12월까지 농업활동에 대해 기록한 책이다. 하지만 농업기술과 관련된 경험 내용도 상당히 풍부해 후인들에게 도움을 준다. 그래서 《수서》〈경적지(經籍志)〉는 이 책을 농가(農家)의 저작으로 간주하고, 당나라 말기 사람 한악(韓鄂)은 이 책을 일러 "최식이 곡물에 대해 시험해본 방법이다"[335]라고 말했던 것이다.

의학

중국 의학의 완전한 체계 역시 진·한 시대에 세워졌다. 서한 시대에 마지막으로 편찬된 《황제내경(黃帝內經)》은 〈소문(素問)〉과 〈영추(靈樞)〉[또는 〈침경(針經)〉이라고 부른다] 두 부분으로 나뉘어 있는데, 중국에서 가장 오래된 의서다. 〈소문〉은 황제(黃帝)와 기백(岐伯)의 대화를 통해 다양한 생리, 병리 현상과 치료 원칙에 대해 논술하고 있으며, 〈영추〉는 자침(刺針) 방법에 대해 기술하고 있다. 한대에 《난경(難經)》이라는 책도 있는데, 논쟁을 통해《내경(內經)》의 본의를 설명하고 있다. 동한 시대에 나온《신농본초경(神農本草經)》은 중국 최초의 약물학과 식물분류학에 관한 저작이다.

서한 의학자로 순우의[淳于意, 창공(倉公)]가 가장 유명하다. 순우의는 양경(陽慶)의 의방(醫方)을 전수해 병을 다스리는 데 많은 효험이 있었다.《사기》에 창공의 진료 내용 20여 가지 예를 기록하고 있는데, 이

마왕퇴 한묘에서 발견된 의학서《오십이병방》

는 가장 오래된 질병에 관한 문건이다. 동한 시대 부옹(涪翁)과 곽옥(郭玉) 등도 침구(針灸)로 유명했다. 한대 태의령(太醫令)은 민간의 의방을 수집해 보충했다. 현존하는 거연(居延), 무위(武威) 한간(漢簡)에는 여러 종류의 의술 관련 죽간이 남아 있고, 마왕퇴 한묘에서도《오십이병방(五十二病方)》이 발견되었으며, 만성(滿城) 한묘에서는 의구(醫具)가 출토되기도 했다.

건안 시기 장기(張機)와 화타(華佗)는 당시 병리(病理)나 의술 분야에서 가장 조예가 깊은 이들이었다. 장기의 자는 중경(仲景)이며 남양 사람으로 한나라 말기 장사(長沙) 태수를 역임했다. 건안 시기에 남양에서 전염병이 유행해 그의 친인척 가운데 3분의 2가 병사했는데, 그중에서 상한(傷寒)으로 죽은 이가 열에 일곱이나 되었다. 이에 장기는 "고

훈(古訓)을 열심히 찾고 여러 처방을 널리 수집해"[336]《상한잡병론(傷寒雜病論)》을 편찬했다. 진(晉) 나라 왕숙화(王叔和)가 그 책의 편차를 정리해《상한론(傷寒論)》과《금궤요략(金匱要略)》두 권으로 나누었다.《상한론》은 상한의 여러 증상의 병리를 분석하고 치료법과 약방(藥方)을 제시하고 있으며,《금궤요략》은 잡다한 질병의 증세와 의료 처방을 집대성한 것이다. 장기는 후세에 의성(醫聖)으로 칭해졌으며, 그의 저작은 "언술이 자세하고 심오하며, 방법이 간략하면서도 상세해",[337] 후세 의사들의 중요 경전이 되었다.

화타는 패국(沛國) 초현(譙縣) 사람으로 "약 처방에 정통해 불과 몇 가지 약재로 치료했는데, 마음으로 약재를 대중해 굳이 저울을 사용하지 않았으며, 침이나 뜸을 사용할 때도 몇 번에 불과했다."[338] 침이나 약으로 치료할 수 없는 질병에 대해 화타는 외과 수술을 감행하기도 했다. 그는 먼저 병자에게 '마비산(麻沸散)'을 탄 술을 먹도록 해 감각을 잃게 한 후 "배나 등을 칼로 갈라내어 나쁜 부위를 뽑아내거나 잘라냈다. 예를 들어 위장과 같은 경우는 자르거나 씻어내어 병든 부위를 제거했다. 이후에 봉합해 신기한 고약을 붙여놓으면 4, 5일 만에 상처가 아물고 1개월 사이에 평상시처럼 회복되었다."[339] 화타는 또한 '오금지희(五禽之戲)'를 제창했는데, 호랑이, 사슴, 곰, 원숭이, 새 다섯 가지 짐승의 움직이는 모습을 따라 신체를 단련하자는 것이었다. 그는 인체가 일상적으로 활동해야만 음식물을 제대로 소화할 수 있고 혈맥이 순통해 질병에 걸리지 않는다고 생각했다.

종이 발명

중국 고대의 서사(書寫) 재료는 두 가지다. 하나는 죽간과 목간이고,

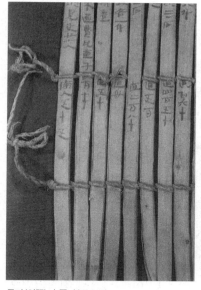

목간(왼쪽)과 죽간(오른쪽)

다른 하나는 겸백(縑帛, 비단)이다. 진·한 시절에는 죽간이나 목간과 더불어 겸백을 겸용했다. 죽간을 이어 책으로 만든 서적을 편(編)이라고 불렀고, 겸백을 두루마리처럼 만 것을 권(卷)이라고 불렀다. 하지만 간편(簡編)은 지나치게 무겁고 겸백은 가격이 비쌌기 때문에 서사 재료로 널리 사용하기에 적합하지 않았다. 종이는 바로 이런 상황에서 여러 사람의 손을 거쳐 창조된 것이다.

서한 말기 혁제(赫蹏)라고 부르는 얇은 종이가 출현했는데, 쓰다 남은 실로 만든 것이었다. 이 역시 가격이 비싸 대량으로 생산해 널리 사용할 수 없었다.

남은 실로 만든 종이와 동시대 또는 그보다 일찍 식물섬유로 종이를 만드는 방법이 사람들에게 알려졌다. 1957년 서안 패교(灞橋)의 서한 초기 분묘에서 마(麻)와 같은 섬유로 제작된 파지가 발견되었다. 이는 세계에서 가장 이른 인조 종이로 알려져 있다. 서한 중기와 말기 그리고 동한 초기의 식물섬유로 만든 종이가 지금도 남아 있으며, 20세기에 들어와 감숙, 신장 등지에서 계속 발견되고 있다. 식물섬유로 종이를 만드는 방법이 광범위하게 퍼지기 시작한 것은 동한 화제 시절이다. 당시 환관이었던 채륜(蔡倫)이 기존의 종이 제작 경험을 참조해 수피(樹皮), 마 부스러기[麻頭], 해진 베, 찢어진 어망 등으로 종이를 만들었다. 재료가 비싼 것이 아니어서 가격이 저렴했다. 이후 전국적으로 널리 알려지면서 사람들은 그 종이를 '채후지(蔡侯紙)'라고 불렀다. 제지 기술은 200여 년 동안 계속 발전하면서 점차 좋아져 동진 말기에 완전히 기존의 간백(簡帛)을 대체해 가장 보편적인 서사 재료가 되었다. 중국의 제지기술은 이후 조선과 일본, 중앙아시아 각국으로 전파되었으며, 아랍을 거쳐 유럽으로 전래되어 세계 문화 발전을 촉진하는 작용을 했다.

화학의 기원

양한 시기에 구리나 쇠를 포함한 금속 제련, 자기나 피혁 제조, 염색과 양조 등 다양한 형태의 수공업이 발전했다. 사람들은 그러한 기물을 생산하는 과정에서 일련의 물질 변화 현상을 관찰하면서 화학반응에 대한 지식을 축적했다. 한 무제 시절 방사들은 전국이나 진나라 방사들과 마찬가지로 바다에 들어가 불로장생의 선약(仙藥)을 얻기 위해 힘쓰는 한편 단사로 단약(丹藥)과 금은을 제련하고자 애썼다. 방사들의 연단술은 물론 황당한 짓이지만 이러한 일련의 연단 실험을 통해 수은이나 납, 유황 등 광물질의 속성과 그것들이 일정한 조건하에서 변화하는 내용에 대해 숙지할 수 있었다. 동한 시대 회계(會稽) 사람 위백양(魏

伯陽)은 자신이 직접 연단하던 경험에 근거해《주역참동계(周易参同契)》
를 썼는데, 기본적인 화학 변화에 대한 일부 지식을 기록했다. 이 책은
세계에서 가장 오래된 연단에 관한 서적으로 화학사에서 나름 상당한
지위가 있다.

삼국 양진 남북조 시대

1 · 삼국 정립과 서진의 짧은 통일

할거 세력의 혼전과 삼국 정립 국면 형성

동탁의 난과 할거 세력의 혼전

황건적이 진압되자 각지 농민들의 통치자 반대 투쟁도 한순간에 조용해졌다. 중평(中平) 5년(188년), 병(幷), 청(靑), 서(徐), 익(益) 등 여러 주의 황건적이 또다시 의병을 일으켰지만 이미 역량이 분산된 상태라 더는 고조될 수 없었다.

농민 기의를 진압하는 과정에서 호강 지주들이 소유하고 있던 개별 무장 세력이 공개되었고 더욱 강화되었다. 주군(州郡)의 관리들도 세력을 확장하면서 동한 왕조와 일정한 거리를 두기 시작했다. 장기적으로 지주 경제의 발전으로 인한 분열 양상이 더욱 분명해지기 시작했고, 동한 왕조는 더는 전국 통치를 유지할 만한 실질적인 능력을 갖출 수 없었다.

농민군을 방비하고 주군에 대한 통제를 강화하기 위해 동한 조정은 중요 지역의 자사(刺史)를 주목(州牧)으로 바꾸고, 명망을 갖추고 신뢰할 만한 종실과 신하, 상서(尚書)에게 맡겨 주(州)의 군정(軍政) 대권을 주었다. 주목을 개설했으나 중앙의 통제는 강화되지 않고 오히려 각지에 분산해 있던 할거 세력이 한곳에 집중하는 역효과를 낳았다.

계급투쟁이 점차 소강상태로 들어가자 이번에는 동한 통치집단 내부의 외척과 환관의 투쟁이 격화되기 시작했다. 중평 6년(189년) 영제(靈帝)가 사망하고 유변[劉辯, 소제(少帝)]이 뒤를 잇자 대장군 하진(何進)이 대권을 장악했다. 하진은 세족 지주의 대표 격인 원소(袁紹)와 연계해 일련의 명사들을 기용하는 한편 서원 팔교위군(西園八校尉軍)을 통솔하고 있던 환관 건석(蹇碩)을 살해했다.[1] 또한 그는 병주목(幷州牧)으로 있던 동탁(董卓)에게 비밀리에 조서를 보내 환관 세력을 몰아내기 위해 입경할 것을 지시했다. 바로 그때 환관들이 하진을 살해하자 원소가 병사를 이끌고 정변을 일으켜 환관들을 일망타진했다. 이어서 동탁이 군사를 이끌고 낙양으로 진입했다. 동탁은 본래 농서(隴西)의 호강(豪强)으로 강중(羌中)의 호수(豪帥, 수령)와 밀접한 관계를 유지하면서 강인(羌人)과 황건의 기의를 진압한 적이 있다. 영제가 죽기 전 동탁은 병주목으로 출사해 하동(河東)에 주둔하면서 "시세의 변화를 살폈다."[2] 그는 낙양으로 들어온 후 하진 형제와 집금오(執金吾, 중위를 개명한 관직) 정원(丁原)의 군대를 병합해 동한 조정을 완전히 장악했다. 그는 소제를 폐위시키고 진류왕(陳留王) 유협(劉協)을 황제로 삼았으며[한 헌제(獻帝)], 원소와 조조 등을 핍박했다. 동탁의 전횡과 도읍지 낙양의 혼란으로 인해 각지에 할거하고 있던 세력들이 더욱 활개를 치기 시작했다. 각지 주목 등이 개별적으로 기치를 높이 들고 군사를 모아 동탁 토벌의 명분을 내세웠으며, 북방까지 혼란이 급속도로 파급되었다.

초평 원년(190년) 관동(關東) 각지의 동탁 토벌군은 원소를 맹주로 삼아 낙양 부근에 주둔했다. 동탁은 관동 군사의 예봉을 피하는 한편 병주 황건군이 퇴로를 차단할 위험성을 미연에 방지하기 위해 한 헌제를 데리고 장안으로 천도하면서 낙양 일대 백성들도 함께 이주하도록 강제했다. 그는 천도에 앞서 대대적인 약탈과 방화를 자행해 낙양의 궁실, 가옥을 모두 불태우고 텅 비게 만들었다. 원소가 이끄는 관동 연합군은 원래 오합지졸로 서로 속고 속이며, 분열과 합병을 거듭하다가 결국 사분오열되고 말았다.

얼마 후 장안에서 정변이 발생해 동탁이 피살되었다. 동탁이 죽은 후관중은 그의 부장인 이각(李催)과 곽사(郭汜)가 서로 죽고 죽이는 전쟁터로 변하고 말았으며, 장안 부근의 백성들은 난리에 죽거나 사방으로 도망치고 관중은 교통이 끊기고 말았다.

5~6년에 걸친 복잡한 분열과 합병 과정을 거친 후 전국은 점차 몇몇세력이 분할해 점거하는 양상을 보였다. 원소는 기(冀), 청(青), 병(幷)세 주(州)를 점거했고, 조조는 연(兗), 예(豫) 두 주를 차지했으며, 공손찬(公孫瓚)은 유주(幽州), 유비(劉備)와 여포는 도겸(陶謙) 이후로 서주(徐州)를 차례대로 점유했다. 그리고 원술(袁術)은 양주(揚州)의 회남(淮南)지역, 유표(劉表)는 형주(荊州), 유언(劉焉)은 익주(益州), 손책(孫策)은 강동(江東), 한수(韓遂)와 마등(馬騰)은 양주(凉州), 공손도(公孫度)는 요동(遼東)을 차지했다. 북방의 할거 형세는 특히 심각해, 할거 세력끼리 서로 죽고 죽이며 혼전 양상을 보였다. 이로 인해 사회 생산력이 크게 타격을 입어 "백골이 만 리에 뒹구는" 참상이 벌어졌다.[3]

이렇듯 할거 세력끼리 혼전을 거듭할 당시에도 북방과 장강 유역의 황건군은 여전히 활약하고 있었다. 청주(靑州)의 황건군은 거의 백만에 이를 정도로 방대한 병사를 확보하고 청주와 연주 등지로 세력을 확대했으며, 때로 "부형이 죽으면 그 자식과 동생이 일어서는(父兄殲殪, 子弟群起)"[4] 양상을 보였다. 하지만 얼마 후 그들은 강력한 할거 세력에게 차례대로 진압되고 말았다.

조조의 중원 통일

조조(曹操, 155~220년)는 패국(沛國) 초[譙, 지금의 안휘(安徽) 박현(亳縣)] 사람이다. 부친은 조숭(曹嵩)으로 환관 조등(曹騰)의 양자였다. 동탁이 입경한 후 그는 진류(陳留)로 도피해 병사 5000명을 이끌고 각지의 "명망 있는 호협과 부유하고 강력한 세족(名豪大俠, 富室强族)"[5]들과 함께 동탁 토벌의 기치를 높이 든 관동 연합군에 참가했다. 초평 3년(192년) 그는 제북(濟北)에서 황건군 30여만 명의 투항을 받았으며, 남녀 100만여 명 가운데 정예를 선발해 자신의 주력 부대를 삼아 청주군(靑州軍)

조조

이라 불렀다. 당시 호강 지주 출신인 이통(李通), 임준(任峻), 허저(許褚), 여건(呂虔), 이전(李典) 등도 선후로 종족과 부곡(部曲), 빈객(賓客) 등을 이끌고 조조의 뒤를 따랐다. 당시 할거 세력의 우두머리들 중에서 조조는 동한 시대의 암흑통치와 농민 기의의 위력에 대해 누구보다 심각한 인식을 하고 있었다. 다시 말해 당시 지주계급 가운데 가장 뛰어난 통찰력과 예지력

5장 삼국 양진 남북조 시대

을 가진 인물이었다는 뜻이다. 건안(建安) 원년(196년), 그는 한 헌제를 허현(許縣)으로 영접해 이른바 "천자를 끼고 제후를 호령하는(挾天子以令諸侯)" 지위에 올라 정치적 영향력을 확대했다.

그는 허현을 비롯한 여러 지방에 둔전(屯田)을 설치해 군량을 비축함으로써 군사력을 강화할 수 있었다. 그래서 황하 이남의 여러 할거 세력을 무력으로 진압하고 황하를 사이에 두고 원소와 맞설 수 있었다. 당시 원소는 유주(幽州)를 병합해 북방에서 가장 강력한 세력으로 부상했다.

건안 5년 원소와 조조의 군사가 관도(官渡, 지금의 하남 중모 경내)에서 싸움이 붙었다. 원소는 병력이 많고 군량도 풍부했지만 암흑통치로 인해 군심이 이미 떠난 상태였다. 이에 반해 조조는 병력이나 군량이 부족하고 후방이 불안정했지만 각개 격파와 기습을 통한 전략, 전술로 신속히 원소의 군대를 궤멸시켜 중원 통일의 토대를 마련했다. 관도 전투 이후 조조는 원소의 아들인 원담(袁譚)과 원상(袁尙)의 내부 분열을 이용해 계속해서 청(青), 기(冀), 유(幽), 병(幷) 네 군데 주(州)를 점령하고 중원을 통일했다. 건안 12년 조조는 노용새(盧龍塞, 지금의 하북 희봉구)에서 출전해 원소의 잔여 세력과 결탁한 오환(烏桓)의 답돈선우(蹋頓單于)를 물리쳤다. 이는 중원 통일을 공고히 하고, 백성들이 안거하면서 생산에 전념할 수 있도록 하는 데 결정적 작용을 했다.

적벽대전과 삼국 정립

건안 13년(208년), 조조는 군사를 이끌고 남하해 유표(劉表)의 아들 유종(劉琮)이 점유하고 있는 형주(荊州, 지금의 호북 양양)를 탈취한 다음 곧바로 강동(江東)으로 진격해 전국을 통일할 생각이었다. 중원에서 실패를 경험한 유비는 때마침 형주에 의탁하고 있었는데, 조조 군사의 추격으로 인해 번성(樊城)에서 남쪽인 강릉(江陵)으로 도망쳤다가 당양(當陽, 지금의 호북성 당양시)에서 다시 조조의 군사에게 크게 패했다. 당시 손권은 이미 손책의 뒤를 이어 강동을 통치하고 있었는데, 그는 유비의 모사인 제갈량(諸葛亮)과 시상(柴桑, 지금의 강서 구강)에서 동맹을 맺고 함께 조조의 대군과 적벽(赤壁, 지금의 호북 하어 경내)에서 결전을 치르기로 결정했다. 당시 적벽대전에서 조조는 거의 30만 명에 달하는 대군을 동원했으나(일설에는 80만 명), 손권과 유비 연합군은 겨우 5만여 명으로 절대적 열세에 놓여 있었다. 하지만 조조 군사들은 먼 길을 오느라 피곤하고 때마침 군중에 전염병이 돌아 전투력이 크게 떨어진 상태였다. 형주 사람들은 조조 군사의 공격에 두려움을 느껴 전혀 호응하지 않았다. 손오(孫吳)의 전 병력을 통솔하는 총사령관 주유(周瑜)는 동남풍을 빌어 조조의 수군을 화공으로 공격하고, 유비 군사와 협력해 수륙으로 협공을 가했다. 결국 조조의 군사는 큰 피해를 내고 북방으로 후퇴할 수밖에 없었다. 이것이 당시 남북 대치 국면을 결정한 적벽대전(赤壁之戰)이다.

적벽대전 이후 조조는 짧은 준비 기간을 거쳐 건안 16년(211년) 병력을 이끌고 관중으로 진입해 한수(韓遂), 마초(馬超) 등을 내쫓았다. 건안 20년, 조조는 무도(武都, 지금의 감숙 성현 경내)에서 한중(漢中)으로 출정해 장기간 한중을 점유하고 있던 장로(張魯)를 몰아내고 북방 통일을 완수하는 한편 한중의 백성 8만여 명을 낙(洛)과 업(鄴) 등으로 이주시켰다. 건안 22년 조조의 아들 조창(曹彰)이 병사를 이끌고 대군(代郡)의 오환을 공략해 북쪽 변경에 평화를 가져왔다.

유비는 형주의 장강 이남 네 군데 군(郡)을 점령한 후 건안 16년 익주로 진입했으며, 점차 원래 익주를 차지하고 있던 유장(劉璋, 유언의 아들)의 세력을 대체했다. 건안 24년 유비는 조조가 차지하고 있던 한중을 빼앗는 한편 관우(關羽)에게 명하여 형주(荊州)에서 조조에게 맹공을 가해 일시에 허도(許都)를 혼란에 빠뜨리도록 했다. 손권은 기습해 관우를 죽이고 형주 전체를 점령함으로써 조조에 대한 관우의 위협도 사라졌다. 이렇게 해서 삼국 정립의 국면이 형성되었다.

220년 조조의 아들 조비(曹丕)가 칭제하고 낙양에 도읍을 세우고 국호를 위(魏)로 정했다. 이듬해 유비는 성도(成都)에서 칭제하고 국호를 한(漢)으로 정했는데, 세칭 촉(蜀)으로 부른다. 손권은 조비의 봉호(封號)를 받아들여 오왕(吳王)으로 칭했다. 222년, 촉군이 출병해 오나라 육손(陸遜)의 군대와 이릉(夷陵, 호북 의창 경내)에서 접전했다가 화공에 의해 궤멸되고 촉으로 철수했다. 이후 장강 상류와 하류에 거점을 두고 있던 양대 세력은 평형상태를 유지했다. 촉의 국정을 보좌하던 제갈량은 손권과 결맹해 조씨 위나라에 대항했다. 229년 손권이 건업(建業)에서 칭제하고 오국(吳國)을 세웠다.

삼국 정립(三國鼎立)의 국면이 출현하게 된 근본적인 원인은 각지의 봉건 경제가 발전하면서 야기한 분열 경향이 가속화되었기 때문이다. 장강 상, 하류의 일부 지역의 봉건 경제는 어렵게 자급자족하면서 서로 균형을 맞출 정도였는데, 이것이 남방의 손권과 유비의 거점 확보에 물질적 토대가 되었다. 같은 시기에 북방은 사회경제적으로 혼전 양상이 계속되면서 심각하게 타격을 입은 상태였기 때문에 남방을 공략해 천하를 통일할 여력이 없었다. 하지만 통일의 역사는 중국 봉건사회에서 이미 400여 년 동안 지속된 적이 있으며, 통일의 요소들도 여전히 어느 정도 작용을 했다. 통일은 이렇듯 중국 역사 발전의 추세였다. 그래서 무수하게 많은 할거 세력들이 각축하는 혼란 국면 속에서 마침내 위, 촉, 오, 삼대 할거 세력이 출현했으며, 그들 통치자들은 각자의 지역에서 군소 할거 세력을 모두 평정해 당시 내적 통일의 토대를 마련했다. 아울러 기존의 균형 국면을 타파해 전체 중국의 통일을 실현시켰다.

위나라의 정치와 경제

둔전제(屯田制)와 사가제(士家制)

조조는 중원을 통일한 후 위국(魏國)의 토대를 튼실하게 하기 위해 다양한 경제와 정치 조치를 시행했다. 이는 북방의 사회 안정과 경제 부흥을 촉진하는 작용을 했다.

장기간에 걸친 호강 세력의 겸병 전쟁은 북방의 농업생산에 큰 지장을 초래했다. 수많은 농민들이 사망하거나 살던 지역을 벗어나 유랑했으며, 지주들은 전란 중에 자신들의 생명을 보호할 수 없게 되자 어쩔 수 없이 방대한 토지를 버리고 남방이나 그 밖의 지역으로 도피했다. 이렇게 북방의 농촌은 "논밭에 주인이 없고, 백성들은 살 곳이 없는(田無常主, 民無常居)"[6] 지경에 이르러 황무지를 개간할 사람이 없었다. 당연히 농업생산 또한 심각한 타격을 입어 백성들은 기아에 허덕이고, 약탈로 겨우 명맥을 유지하던 지방 군대조차 양식을 구할 길이 없었다.

당시 할거 세력의 우두머리들이 이처럼 고통스럽고 힘든 상황을 본체만체할 때 조조는 조지(棗祇)와 한호(韓浩)의 건의를 받아들여 둔전을 통해 양곡 마련에 착수했다. 건안 원년 조조는 여남(汝南)과 영천(潁川)의 황건적 무리를 공격해 대량의 농기구와 더불어 인력을 확보해 허창 부근에 둔전을 개발했다. 둔전 확보에 성공한 조조는 군국(郡國)에 전관(田官)을 설치하고 유랑민들을 모아 둔전을 개간하도록 하는 한편 국연(國淵)을 기용해 둔전에 관한 일을 전담하도록 했다. 국연은 "토지(둔전)를 살펴 백성들이 거주하도록 하고, 백성들의 숫자에 따라 관리를 배치해 공과의 법을 밝혔다."[7] 이후 둔전제도를 광범위하게 실시했다.

둔전은 일반적으로 비옥해 개간이 쉽거나 중요한 지역에 만들었고, 군현의 관리가 아니라 전농중랑장(典農中郎將), 전농교위(典農校尉), 둔전도위(屯田都尉) 등 농관(農官)이 직접 관리했다. 그들은 중앙의 대사농(大司農)[8]에 소속되었다.

둔전의 토지는 모두 국가 소유였으며, 둔전민[또는 둔전객(屯田客)이라 칭함]은 국가의 전객(佃客, 소작인)으로 군대 형식으로 편제되었으며, 국가의 토지를 분배받아 4/6제(관아의 소를 사용할 경우)나 5/5제(관아의 소를 사용하지 않을 경우)로 구분해 국가에 지세를 납부했다. 둔전 지역에서 지세를 받음으로써 국가는 생산력이 향상될수록 더욱 많은 지세를 거둘 수 있었으나 둔전객은 자신이 증산한 곡물을 모두 차지할 수 없었다. 그래서 "관가에 편하고 전객에겐 불편한"[9] 방법이 되고 말았다. 이러한 착취와 속박으로 인해 둔전객의 생활은 고단할 수밖에 없었고, 기근에 대비하기 위해 생산량이 비교적 많은 피(稗)를 심어 양식으로 삼기도 했다.[10]

비록 그렇기는 했으나 둔전민은 일반적으로 다른 요역(徭役)을 부담할 필요가 없고, 일정한 보장을 받을 수 있었기 때문에 유리걸식하는 것보다 훨씬 나은 생활을 할 수 있었다. 생산력 면에서 둔전은 농사철을 보장하고 경작에 필요한 소를 제공했으며, 수리관개 시설 마련에 역량을 집중할 수 있었기 때문에 더욱 많은 생산량을 확보할 수 있었다. 게다가 기술적으로 더 나은 경작기술을 도입하고 억지로 경작면적을 확대하지 않았기 때문에 비교적 안정적으로 운영될 수 있었다.[11] 이는 둔전민의 요구에 부합하는 것일뿐더러 식량 생산량 제고에도 도움이 되었다. 둔전제는 이러한 조건을 갖추고 있었기 때문에 단기적으로 북방의 농업생산을 안정시키고, 통일 전쟁의 수요를 보장하는 역할을 했다.

위나라의 둔전 가운데 대부분은 군둔(軍屯)이었다. 군둔은 군사들이 경작하는 것을 말하는데, 대사농의 속관인 탁지중랑장(度支中郞將)이 파견되어 관리했다. 군둔을 실행하면서 황무지를 개간해 농민들이 군량을 확보하는 수고를 덜 수 있었다.

일부 고정적인 병력원(兵力源)을 확보해 전쟁의 수요에 부응하기 위해 위나라는 사가제도를 만들었다. 사가(士家)는 특별한 호적을 갖고 대대로 군대에서 병사로 근무하거나 군마 사육, 선박 끌기, 고취(鼓吹, 일종의 군악대) 등 특정한 노역을 하는 사람을 말한다. 사가 가운데 부녀자나 어린아이, 그리고 아직 차례가 되지 않은 남정(男丁) 역시 정부가 빌려준 토지를 경작하는 데 투입되었다. 사가는 신분이 평민보다 낮았다. 그들이 평민들과 어울릴 수 없도록 사가의 처(妻)가 남편이 죽어 개가(改嫁)하거나 여자가 출가할 경우 오직 사가에만 시집갈 수 있도록 법률로 규정했다. 또한 사(士)가 도망칠 경우 처자들은 모두 관노가 되거나 사형에 처해졌다. 기주(冀州)의 경우 사가는 10만 호 이상을 헤아렸다.

둔전제와 사가제는 모두 사회발전의 일정한 단계에서 출현한 제도다. 동한 이래로 호강 지주들은 조전(租佃) 제도를 통해 전객(佃客), 즉

소작농을 착취했고, 전객을 자신의 부곡 사병으로 조직해 부려먹었다. 조조가 만든 둔전제와 사가제는 국가가 특정한 조건 아래 호강의 가렴주구 방식을 이용해 국가의 전객을 착취하고, 개인 부곡(部曲) 방식을 이용해 국가 군대를 조직하는 제도라고 말할 수 있다. 이러한 제도는 호강 지주가 농민들을 통치하는 방식을 국가 통치에 반영한 것이며, 또 호강 지주에 대한 일종의 제약으로 그들이 토지를 끊임없이 사유화하고 유민들을 사적인 무장 세력으로 만들어 국가의 통일을 방해할 수 없도록 한 것이다.

당시 조건에서 건안 연간의 둔전객과 사가는 국가가 양곡을 착취하고 병력을 징집하는 중요 대상이었다. 하지만 일반 자영 농민들 역시 여전히 국가에 지세를 납부하거나 요역을 맡아야 하는 중요 담당자였다. 조조는 중원을 통일한 후 자영농의 농업과 가내수공업의 밀접한 관련의 특성을 이용해 매 무(畝)마다 곡식 4승(升)을 납부하도록 하고 이를 전조(田租)라고 불렀다. 그리고 매 호구마다 견(絹) 2필(匹), 면(綿) 2근(斤)을 납부하도록 하고 이를 호조(戶調)라고 했다. 이상 전조와 호조 이외에 관리들은 제멋대로 세금을 징수할 수 없었다. 또한 조조는 주군(州郡)에 명하여 호강 지주들을 감시 감독해 "호강 겸병의 법을 중시(重豪强兼幷之法)"하는 한편 만총(滿寵), 왕수(王修), 사마지(司馬芝), 양패(楊沛) 등을 중용해 국가의 법도를 어지럽히거나 파괴하는 호강 지주들을 엄중히 다루었다.

조조제(租調制)와 호강 겸병의 법 중시는 비록 경제적인 면에서 농민들의 처지를 적지 않게 개선시켰지만 전쟁이 빈번하게 일어나면서 요역 부담이 좀처럼 줄어들지 않았다. 시인 좌연년(左延年)이 황초(黃初) 시절 쓴 〈종군행(從軍行)〉을 보면 당시 상황이 잘 표현되고 있다. "고통스럽구나, 변방에 사는 이들이여. 한 해에 세 명의 아들이 종군해 셋째는 돈황, 둘째는 농서로 파견되고, 다섯째는 멀리 전쟁터로 나갔는데, 다섯째 며느리는 임신을 했네."[12] 이처럼 참혹한 병역의 고통은 조조 시절에 훨씬 많았을 것이다. 게다가 내지 농민들이 요역으로 인해 받아야만 했던 고통 역시 변방 농민들과 거의 차이가 없었을 것이다.

유재시거와 구품중정제

농민전쟁과 이후 연이은 호강 지주 세력이 할거하면서 혼전을 거듭하는 과정에서 북방의 일부 호강 지주들은 타격을 입거나 다른 세력들에게 겸병되어 어쩔 수 없이 조조에게 투항해 그의 휘하로 들어갔다. 조조는 그들을 적절하게 통제해 그들 가운데 일부를 장교나 목수(牧守)로 발탁했다. 그렇기 때문에 그들은 조조 집단의 중요한 버팀목이 되었다.

당시 일부 사대부들은 빈곤해 자립할 수 없는 상황이었다.[13] 그래서 어떤 이들은 환란을 피해 고향을 등지거나 아예 이름을 바꾸기도 했으며,[14] 다른 가문과 합치기도 했다.[15] 결국 족권(族權)과 문벌의 근거를 상실하고 향리에서 인재로 천거될 기회도 얻지 못해 사회적인 지위가 크게 낮아지고 말았다. 관녕(管寧)은 당시 '망변씨족(妄變氏族, 제멋대로 씨족을 바꿈 - 역주)'이 보편적으로 이루어지는 것을 보고 《씨성론(氏姓論)》을 지어 세계(世系)의 근원을 찾고자 했는데,[16] 이는 일부 사인들의 사회적 지위를 안정시키고자 하는 의도의 표현이라 할 수 있다. 그래서 조조가 그야말로 이군돌기(異軍突起)하자 수많은 사인(士人)들이 먼 길을 마다하지 않고 달려와 조조에게 기탁하고 그의 군막으로 들어가 자기 가문의 세력을 보전하거나 만회하기 위해 애썼던 것이다. 조조 역시 기꺼이 사인들을 중용해 자신의 통치를 더욱 공고하게 만들었다. 관도 전투 이전 예주(豫州)의 군현(郡縣)이 분분히 원소에게 투항하자 조조는 진군(陳群), 하기(何夔) 등 명사를 예주의 현령으로 임명했다. 그들 명사들은 조조 집단에 충성을 다하는 이들로 자신의 사회적 명성을 바탕으로 조조를 위해 지역 인심을 무마하는 한편 분위기를 안정시켰다. 조조는 업성(鄴城)을 얻은 후 즉시 원소가 통치하던 지역의 명사들을 자신의 연속(掾屬)으로 삼았으며, 형주를 공략한 후에도 현지 또는 북방에서 도망 온 사인들을 대거 자신의 사람으로 만들었다. 이러한 사인들 역시 조조의 통치를 뒷받침하는 강력한 보조 세력이 되었다.

하지만 일부 사인들은 할거 세력과 긴밀한 관계를 유지하면서 조조를 따르지 않거나 표면적으로 추종하는 것처럼 꾸미고 속마음은 전혀 다른 경우도 있었으며, 성격이 고집스럽고 불손하며 조조를 비난하거나 풍자하고, 파벌을 만들어 '처사횡의(處士橫議, 재야 선비들의 시국 논의)'를 선동하기도 했다. 조조는 그들에 대해 경계심을 갖고 있었다.[17]

조조는 중원을 통일한 후 자신을 추종하지 않는 사인들에 대한 반격을 시작했다. 그는 "풍속을 정돈한다", "말만 번드레하고 몰려다니며 파당을 짓는 무리들을 타파한다"[18]라고 공언한 후, 안하무인이던 공융(孔融)을 비롯해 가문과 문재로 오만하기 이를 데 없던 양수(楊修) 등을 제거했으며, 화려한 언사로 대중들을 현혹해 업도(鄴都)에 명성이 자자했던 위풍(魏諷)과 그의 당우(黨羽) 수십 명을 살해했다. 조조 통치 후반기에 들어서면서 "옛날 생각만 하고 삼가지 않아(恃舊不虔)"[19] 죽임을 당한 사인이 적지 않았다. 조조와 일부 사인들의 투쟁은 대족 명사 세력을 굴종시켜 전제통치를 더욱 확고하게 수립하려는 조조의 의도를 분명하게 드러내고 있다. 이는 그가 경제적으로 둔전제와 중호강겸병지법을 실시했던 근본 의도와 일치한다.

이와 동시에 조조는 건안 8년(203년) 영을 내려 "천하가 다스려지는 태평 시절에는 덕행을 숭상하지만 전시에는 공적과 능력 있는 이들에게 상을 주어야 한다(治平尚德行, 有事賞功能)"라는 관리 선발 원칙을 제시하고, "군리는 능력이 있어도 덕행이 부족하면 군국의 관리로 선발할 수 없다(軍吏雖有功能, 德行不足堪任郡國之選)"라는 논의를 배척했다.

15년 그는 '유재시거(唯才是擧)'의 교령을 반포했고, 19년과 22년에 재주만 있으면 천거한다는 '유재시거' 방침을 재차 밝혔다. 이러한 교령은 비록 명교(名敎)에 부합하지는 않지만 '치국, 용병술을 지닌' 인물이나 "뛰어난 재주와 탁월한 기질"을 지닌 문리(文吏)를 선발해 자신을 따르는 세족 자제들과 함께 일할 수 있도록 하겠다는 뜻이다.[20] 최염(崔琰), 모개(毛玠) 등이 이러한 선거(選擧)를 전담해 조조의 주장을 적극적으로 실천에 옮겼다. '유재시거'는 자연스럽게 조씨 통치집단의 이익으로 귀착되었으며, 다른 한편으로 대족 지주들의 정권 농단을 저지해 전제 통일 정권을 중건하는 데 긍정적으로 작용했다.

건안 말년 유이(劉廙)는 〈논치도표(論治道表)〉를 올려 군현의 수령이 임지에서 3년 이상 생활할 경우 호구나 농지의 증감, 도적 발생 유무, 백성들의 도망 숫자 등을 표준으로 삼아 승진과 퇴출을 결정할 것을 건의했다. 그는 관리의 고과(考課)는 "마땅히 구체적인 사무를 근거로 해야지 명성에 의지해서는 안 된다"[21]라고 주장했다. 조조는 그의 건의 내용을 크게 칭찬했다. 관리를 명성이 아닌 실제 사무로 평가하는 것이야말로 '유재시거'의 정신을 구체적으로 관철하는 것이기 때문이었다.

건안 25년(220년) 봄, 조조가 세상을 뜨고 조비가 위왕(魏王)의 자리를 이었다. 그는 기본적으로 부친인 조조의 선거방식을 따랐으며, 아울러 구품중정제(九品中正制)를 만들었다. 구품중정제는 중앙에서 "현명하고 견식이 있는"[22] 관리를 선발해 현지 군(郡)의 '중정(中正)'을 겸임하도록 해 그들과 동적(同籍)으로 각지에 흩어져 있는 사인들을 관찰해, 그들을 구품으로 평가해 이부(吏部)에서 관직을 제수하는 근거로 삼는 것을 말한다[나중에 제왕(齊王) 방(芳) 시절 다시 주중정(州中正)을 증설해 관련 주에 적을 두고 있는 중앙관리가 겸임하도록 했다]. 구품중정제를 처음 시행할 당시 사인의 품평 권한은 정부의 중정 수중에 있었다. 중정은 여론을 수렴하고 인재의 우열에 따라 품계를 정해 명사들이 인륜에 따라 옳고 그름을 평가하는 '장비인륜(臧否人倫)'으로 선거(選擧)를 조정하는 국면을 어느 정도 변화시킬 수 있었다. 그렇기 때문에 비교적 재능이 있는 인물을 선발해 관료 기구에 충당할 수 있었다.[23]

경제 회복

조위(曹魏) 시기 북방은 수리사업에서 현저한 성과를 냈다. 조조는 오환(烏桓)을 정벌하기 위해 건안 9년부터 12년(204~207년)까지, 청수(清水) 남쪽에 백구(白溝)를 뚫었으며, 청수 북쪽으로 차례대로 평로거[平虜渠, 호타수(滹沱水)를 고수(泒水)로 끌어들임], 천주거[泉州渠, 구하(泃河) 입구에서 노하(潞河)까지], 그리고 신하[新河, 포구수(鮑邱水)를 유수(濡水) 사이로 끌어들임]를 개착했다. 그 가운데 백구 이북의 수로는 수대(隋代)에 만든 영제거(永濟渠)의 토대가 되었다. 이 외에도 조조, 조표(曹彪), 사마의(司馬懿) 등이 선후로 중원 지역에서 여러 개의 수로를 개착했다. 예를 들어 백구에서 장수(漳水) 사이에 있는 이조거(利漕渠), 장수에서 호타수(滹沱水) 사이에 있는 백마거(白馬渠), 호타수에서 고수 사이에 있는 노구거(魯口渠) 등이 그것이다. 조위 시절에는 하회(河淮) 지역에서 휴양거(睢陽渠)를 보수했고, 새롭게 가공(賈公), 토로(討虜), 광조(廣漕) 등 여러 개의 수로를 만들었다. 이처럼 많은 수리 시설은 북방 각지의 조운(漕運)과 교통을 편리하게 만들었으며, 북방 통일을 공고히 하는 데 긍정적인 작용을 했다.

관개 수로와 저수지의 수리와 건설은 조위 시기에 상당히 보편적으로 이루어졌다. 양읍(襄邑)의 태수피[太壽陂, 피(陂)는 저수지를 말한다], 수춘(壽春)의 작피(芍陂), 소현(蕭縣)의 정피(鄭陂), 계성(薊城)의 여릉언[戾陵堰, 언(堰)은 방죽, 보를 말한다]과 차상거(車箱渠) 등은 모두 유명한 관개 시설물이다. 유복(劉馥)은 회남에서 광활한 둔전을 개간하면서 작피, 여피(茹陂), 칠문(七門), 오당(吳塘) 등 여러 보의 물을 끌어들여 "관리와 백성들이 축적한 것이 있었다."[24] 정혼(鄭渾)은 정피를 수축한 후 부근 지역에서 "매년 대풍을 거두고 농경지가 매년 증가해 조세 수입이 기존의 배를 넘었으며, 백성들이 이로움을 얻었다."[25]

위 문제와 명제(明帝) 시절 중원 지역의 농업은 이미 상당히 회복된 상태였다. 낙양의 전농부민(典農部民)은 "황무지를 개간해", "개간한 농지가 특히 많았다."[26] 낙양 이외에 "사방 군수들도 농지를 더욱 많이 개간했다."[27] 유민들이 고향으로 돌아오고 둔전이 설치되면서 황폐했던 관중의 모습도 점차 달라지기 시작했다. 전란으로 인해 요동으로 피신했던 청주(青州) 농민들도 앞다퉈 바다를 건너 청주로 돌아왔다. 제왕(齊王) 방(芳)이 재위하던 시절 회하 유역의 농업이 크게 발전했다. 등애(鄧艾)의 제안으로 허창 부근의 많은 둔전이 영수(潁水) 연안과 회하 남북으로 이전했기 때문이다. 둔전을 맡은 병사나 백성들은 그곳에서 수로를 뚫고 저수지를 만들고 농사를 짓는 한편 변방 수비의 역할을 도맡았다. "수춘에서 경사까지 농관과 병전이 이어졌으며, 개나 닭이 우는 소리가 논과 밭 사이에서 계속 들려왔다."28 둔전의 수확량은 기본 소비량 이외에도 매년 500만 곡(斛)을 저장할 수 있을 정도로 확대되었으며, 이는 위나라가 오를 공략하는 전쟁 경비로 활용되기에 충분했다.

철광석을 제련하는 제철업도 점차 회복세로 들어섰다. 수력을 이용한 송풍으로 제련하는 수배(水排)도 광범위하게 활용되었다.29 양한 시대 중원 지역은 방직업이 크게 발전했으나 계속되는 전란으로 인해 심각한 타격을 받은 상태였다. 그러나 조위 시절로 들어오면서 다시 소생하기 시작했다. 〈위도부(魏都賦)〉는 이에 대해 이렇게 묘사하고 있다. "양읍의 금수, 조가의 나기, 방자의 사금, 청하의 세견."30 농업과 수공업이 회복되면서 상품 교환도 활기를 띠기 시작했으며, 관(關)이나 진(津)의 중과세도 경감되었다. 위 문제는 오수전(五銖錢)을 폐기했으나 명제 시절에 다시 사용하기 시작했다. 북방 각지의 도로들도 새롭게 수리되었다. 한나라 이래로 관동(關東)과 관중을 잇는 삼문협(三門峽)의 잔도(棧道) 개척과 수리가 계속 이어졌는데, 조위 시절에도 5000명에 달하는 인원이 "매년 상시적으로 수리하고 막힌 곳을 평평하게 만들었다."31 낙양은 당시 북방의 상업 중심지였다. 상점과 가게가 들어서고 멀리 서역에서 온 상인들까지 무역을 위해 낙양을 오갔다. 업성도 온갖 상점이 늘어서고 인구가 늘어나면서 상당히 번화한 도시가 되었다.

세가대족 세력의 흥기와 위 정권을 대신한 사마씨의 등장

위나라 경제가 회복되자 사방에 흩어져 있던 지주들이 속속 귀향해 부곡[部曲, 노비와 양민 사이의 사회계층으로 주로 사병(私兵)이나 가병(家兵)을 지칭한다]과 전객(佃客, 소작농)을 모집하면서 가업을 중흥시켰다. 이전에 공적을 통해 임용되거나 호강에게 타격을 주었던 관리들은 위 문제 시절 이미 퇴직해 한거하고, 그 자리를 경학과 문장이 뛰어난 이들이 차지했다.[32] 그들, 이른바 유아지사(儒雅之士)들은 정치에서 세가대족의 대표들이었다.

명제 시절 위나라의 정치는 이미 상당히 부패한 상태였다. 명제는 궁인이 많기로 유명했는데, 궁정에서 소비되는 비용이 군비와 맞먹을 정도였다. 그는 낙양과 허창의 궁전을 크게 중수하면서 서둘러 요역을 강제하는 바람에 농민들이 고향을 버리고 이탈하는 현상이 심각한 수준에 이르렀다. 그럼에도 그는 형양(滎陽) 부근에 대규모 수렵장을 만들기 위해 농지를 없앴다. 사방 1000여 리에 달하는 수렵장의 동물들은 모두 사냥 대상이 되었다. 당시 조정의 관리들은 이전 조조 시절 비교적 청렴하고 소박한 분위기와 달리 경쟁하듯이 사치를 일삼았다. 법률을 정비해 새롭게 18편(篇)을 만들고, 양한 시절부터 존속해온 방대한 양의 세부 조항[방장과령(旁章科令)]은 모두 폐지시켰다. 하지만 새로운 법률은 "법망이 조밀하고(科網本密)"[33] 통치자 역시 지나치게 "법률 적용에 엄격해(用法深重)"[34], 백성들이 수족을 둘 곳이 없었다. 조조는 자신의 "이목(耳目)을 넓히기" 위해 관리들의 뒷조사를 전담하는 교사관(校事官)을 신설했는데, 문제와 명제 시절에 더욱 남발되어 교사 유자(劉慈)가 수년간 "관리나 백성을 정탐해 간적(奸賊)으로 고발한 자가 1만 명을 넘었다."[35] 그중에는 억울하게 누명을 쓴 자가 대단히 많았다. 이런 상황에서 사회 모순이 심해졌고, 통치계급 내부의 권력투쟁 역시 심화되었다.

경초(景初) 3년(239년), 명제가 죽고 여덟 살 조방[曹芳, 제왕(齊王)]이 뒤를 잇자 종실인 조상(曹爽)과 태위(太尉) 사마의(司馬懿)가 보정(輔政)에 나섰다. 조상은 소년 명사 하안(何晏)과 등양(鄧颺), 이승(李勝), 필궤

(畢軌), 정밀(丁謐) 등을 중용하고, 하루 종일 화려하고 사치스러운 연회를 즐기며 청담(淸淡)을 나누고 현리(玄理)를 논했으며, 정치적으로 조정의 의전과 기존의 전장제도를 바꾸기에 바빴다.[36] 사마의는 하내(河內) 온현(溫縣)의 대족으로 당시 위국 통치집단 가운데 가장 모략이 뛰어나고 명성을 날리던 인물이었다. 정시(正始) 10년(249년), 그는 경성에서 정변을 일으켜 조상과 그의 도당들을 일망타진하고 위나라의 권병(權柄)을 장악했다. 가평(嘉平) 3년(251년) 태위 왕릉[王凌, 원래 거기장군(車騎將軍)으로 양주(揚州)에 주둔했다]이 회남(淮南)에서 반란을 일으키고, 가평 6년 이풍(李豊), 장집(張緝) 등이 경성에서 사마씨를 몰아내려는 모의를 했으며, 정원(正元) 2년(255년) 진동장군(鎭東將軍) 관구검(毌丘儉) 등이 회남에서 반란을 일으키고, 감로(甘露) 2년(257년), 정동장군(征東將軍) 제갈탄(諸葛誕)이 또다시 회남에서 반란을 일으켰다. 이처럼 연속적으로 발생한 군사 반란과 정변은 사마의와 그의 아들 사마사(司馬師), 사마소(司馬昭) 등에 의해 차례대로 진압되었다.

사마씨가 통치하면서 세가대족 세력이 날로 부상했다. 조조가 만든 각종 제도는 여전히 시행되고 있었지만 실질 내용은 날로 변화했다. 둔전제는 이미 훼손되었다.[37] 기존 제도에 따르면 요역 부담이 없는 둔전민도 자영 농민들과 마찬가지로 요역으로 고통을 받았다. 일부 둔전민은 아예 경작을 포기하고 유리걸식하며 살았다. 둔전 토지는 관리들이 강탈했다. 하안 등이 정치에 참여할 당시 낙양과 야왕의 둔전을 분할한 것만 해도 수백 경에 달했다. 사마사는 둔전민을 모집해 사병으로 삼아 "옛 법규를 훼손시켰다."[38] 위나라 말기 사마씨가 둔전민과 유사한 국가 전객(佃客), 즉 이른바 '조우객호(租牛客户)'를 공경 귀족 가문에게 상으로 하사했는데, 걸핏하면 100호가 넘었다. 둔전관과 호강지주들은

사마염

은밀하게 도망친 농민들을 받아들였다. 그래서 위말 전국 호적은 겨우 66만여 호에 불과했다.

구품중정제는 세가대족 세력의 영향 아래 현저하게 변화하고 말았다. 기구를 장악하고 있던 중정관 자리가 세가대족들의 손에 넘어갔다. 예를 들어 진대(晉代) 북지(北地) 이양(泥陽)의 대족인 부창(傅暢)은 "작고한 조부 이래로 향리의 여론을 장악해" 위나라부터 진나라까지 쇠한 적이 없었다.[39] 중정품제(中正品第)로 입사한 관리들은 오랜 세월이 지나면서 세대로 전승되는 귀주(貴冑, 귀족의 자손)가 되었고, 그들의 자손 역시 비교적 높은 품제와 관직을 얻을 수 있었다. 이런 상황에서 사인의 품제는 자연히 문제(門第)에 따르게 되었으며, 기존의 '유재시거' 표준과 크게 벗어나게 되었다. 진조(晉朝)에 이르자 중정의 평가를 통한 인사 중에 "상품에는 한문이 없고, 하품에는 세족이 없다"[40]라는 말이 나올 정도가 되고 말았다. 결국 구품중정제는 완전히 문벌 세력을 확고하게 만드는 수단이 되고 만 것이다. 남북조 시기의 저명한 사족(士族)의 경우, 그들의 가세를 거슬러 올라가보면 대부분의 경우 위진 시대에 형성되었음을 알 수 있다.

사마소는 세가대족의 옹호 속에 진공(晉公)에서 진왕(晉王)으로 승격되어 날로 세력이 확장되었다. 경원(景元) 4년(263년), 위(魏)가 촉(蜀)을 멸망시켰다. 그리고 2년 후 사마소의 아들 사마염(司馬炎)이 마침내 조비(曹丕)가 한(漢)을 대신하면서 '선양(禪讓)'의 흉내를 낸 것과 마찬가지 연출을 통해 진조의 개국황제가 되었다.

촉나라의 정치와 경제

촉국 지주계급 각 집단의 모순과 남중(南中) 전쟁

중평(中平) 5년(188년), 마상(馬相), 조지(趙祗)가 면죽(綿竹)에서 기의를 일으켜 황건(黃巾)이라 자칭했는데, 그 숫자가 1만여 명을 헤아렸다. 그들은 자사(刺史)를 죽이고 천자라 칭하면서 파(巴), 촉(蜀), 건(犍) 세 군데 군(郡)을 공략했다. 파군(巴郡)의 판순만(板楯蠻)도 동한 통치에 반항하며 반란을 일으켜 면죽 황건에 호응했다. 하지만 그들의 반란은 오래지 않아 관군과 호강 무장 세력에 의해 진압되고 만다.[41] 그해에 한나라 종실 유언(劉焉)이 익주목(益州牧)이 된 후 익주에서 할거하고자 했다. 유언은 촉군의 남양(南陽)과 삼보(三輔) 유민 수만 가구를 자신의 세력 기반으로 삼고, 동주사(東州士)로 불렀다. 그는 장로(張魯)에게 한중에 주둔하도록 명하여 장안으로 통하는 '사곡각도(斜谷閣道)'를 봉쇄하도록 했으며, 익주의 일부 호강을 살육해 위세를 떨쳤다. 이후로 익주 지역 역시 중원과 마찬가지로 지방 사회 각 집단 간의 모순이 점차 격화되기 시작했다.

익주는 호강 세력이 막강했는데, 건위태수(犍爲太守) 임기(任岐)와 사병을 거느리고 있는 교위 가룡(賈龍)이 연합해 유언에게 저항한 적도 있었다. 이후 파서인(巴西人) 조위(趙韙) 역시 권문세가들과 연합해 유언의 뒤를 이어 익주목의 자리에 오른 그의 아들 유장(劉璋)에게 반란을 일으켰다. 당시 수많은 군현의 정권은 주로 호강들이 차지하고 있었기 때문에 성도령(成都令) 동화(董和)가 엄격하게 법을 집행하자 현지 호강들이 그를 다른 곳으로 전출시킬 것을 요구하기도 했다.

건안 16년(211년), 유장이 유비에게 촉으로 와서 한중을 차지하고 있는 장로를 격퇴시켜 달라고 요청했다. 이는 사실 유비를 이용해 조조의 진공을 막겠다는 심사였다. 19년 유비가 유장을 몰아내고 익주목을 맡았다. 유비는 주로 자신을 따라 촉으로 들어온 부하들이나 형주(荊州) 사인(士人)에 의지해 통치했으며, 아울러 유장의 옛 부하와 익주의 지주들을 끌어들여 내적인 긴장 완화를 도모하기 위해 애썼다. 유비의 다방면에 걸친 노력 덕분에 파촉 각지의 반란도 점차 잦아들었다. 하지만 서남 각 민족의 호강들이 계속해서 촉에 저항하는 군사 행동을 일으켰다.

지금의 사천 서쪽과 운남, 귀주 등지에 살고 있는 소수민족들은 당시 '서남이(西南夷)'로 통칭했는데, 주로 농경을 위주로 하되 목축을 겸하고 있었다. 서남이는 대부분 한인들과 섞여 살고 있었기 때문에 파촉 지역경제와 밀접한 관련을 맺고 있으며, 일부는 외진 곳에 군거하면서 비교적 낙후한 상태로 폐쇄적인 생활을 하고 있었다. 유비는 촉에 들어온 후 제갈량이 제안한 "서쪽으로 여러 융족과 화해하고, 남쪽으로 이족과 월족을 위무한다"[42]라는 책략을 받아들여 서남이와 평화를 유지하는 한편, 내강도독(庲降都督)을 설치해 남중(南中)을 다스리고, 아울러 서남이 지역의 이족과 한족 호강을 현지 수령승리(守令丞吏)로 삼았다. 하지만 일부 호강은 여전히 반촉(反蜀) 행위를 그치지 않았다. 장무

(章武) 3년(223년) 유비가 사망하자 촉국이 혼란스러워 남중의 반촉 활동도 날로 확대되었다. 익주군(益州郡, 군 소재지는 지금의 운남 진녕)의 호강 옹개(雍闓)가 태수 장예(張裔)를 사로잡고 영남 일대 사변(士燮)을 확보한 것으로 오(吳)에 붙었다. 옹개가 영창(永昌, 군 소재지는 지금의 운남 보산)을 공격했지만 함락시키지 못했다. 이에 군인(郡人) 맹획(孟獲)을 각지로 파견해 선동활동을 하도록 했다. 장가(牂柯) 태수[太守, 군승(郡丞)이라고 하기도 한다] 주포(朱褒)와 월휴(越嶲)의 이왕(夷王) 고정원(高定元)도 거병해 옹개와 호응했다. 제갈량은 1년간에 걸친 준비를 마치고 건흥 3년 출병해 월휴의 반란을 평정하고 호수[沪水, 금사강(金沙江)]를 건너 영창으로 진격했다. 이와 동시에 촉 장수 마충(馬忠)과 이회(李恢)가 장가와 익주 등을 평정했으며, 이회는 제갈량과 함께 익주에 군사를 모았다. 제갈량은 이인(夷人)의 우두머리를 성도로 이주시켜 관리로 삼고, 남중(南中)의 청강(青羌)을 군대로 편성했으며, 대성(大姓)이 이인들을 모아 부곡(部曲)으로 삼는 것을 허락했다. 남중에는 금과 은을 비롯해 칠과 주사, 우마 등이 생산되었는데, 이를 멀리 촉중까지 운반해 군비 확충에 힘썼다. 건흥 11년(233년) 마충을 내강도독으로 삼고, 군사 중심지를 장가 평이(平夷, 지금의 귀주 인회 경내)에서 남쪽으로 건녕(建寧) 미현(味縣, 지금의 운남 곡정 경내)으로 옮겨 남중에 대한 통치를 강화했다.

남중전쟁(南中之戰)은 촉나라 통치자와 익주 호강 간 투쟁의 연장선상에 있는 것이자 민족 정복 전쟁의 성격을 띠고 있었다. 전쟁으로 인해 서남 여러 민족의 인민들이 고통을 당했지만 다른 한편으로 서남 지역의 호강 세력을 약화시켰으며, 지역의 폐쇄상태를 타파하는데 공헌하기도 했다. 이는 각 민족 인민들의 교류와 서남 경제 문화의 발전에 긍정적인 작용을 했음이 틀림없다.

촉나라의 경제

제갈량(諸葛亮, 181~234년)은 낭야(琅耶) 사람으로 한말 숙부 현(玄)을 따라 형주(荊州)로 들어와 유표에게 의탁하고 있었다. 유비가 형주에 있을 당시 제갈량이 의기투합하여 그를 군주로 모시게 되었다. 제갈량은 통치계급 내부 각 집단의 모순 투쟁의 상황에 대해 잘 알고 있을뿐더러 오랜 유랑생활 속에서 민생 안정의 중요성을 누구보다 절실하게 실감했다. 그래서 그는 촉나라의 정치를 맡게 되자 이론이 사실에 부합하도록 애쓰고 엄격한 법 집행을 하는 한편 경제 발전에 주의를 기울여 봉건 통치질서를 안정시키고 계급 모순을 완화하는 데 주력했다. 그는 사금중랑장(司金中郎將, 무기나 농기 제작을 관장하는 관직)을 설치해 농기와 무기 제작을 관장하도록 했으며, 1200명을 동원해 도강언(都江堰)의 수리사업을 유지, 보호하도록 했다.[43] 좌사(左思)의 〈촉도부(蜀都賦)〉를 보면, 성도(成都)는 "집집마다 염정이 있는데(家有鹽泉之井)", "염정의 소금이 깊은 우물 속에서 환하게 빛을 밝히고, 불을 넣으면 화염이 하늘까지 날아올랐다(火井沈荥于幽泉, 高焰飛煽于天垂)"라고 했으니, 화정저염(火井煮鹽)이 자못 발달했음을 엿볼 수 있다.[44] 비단 방직은 촉나라 경제의 중요한 부분이자 군비 조달의 원천이었다.[45] 〈촉도부〉에 따르면, 성도는 "도처에 비단을 짜는 작방(作坊)이 있었는데 작방마다 각기 달랐으나 베틀 짜는 소리가 조화롭게 어울렸다(巧巧之家, 百室離房, 機杼相和)"라고 했으니 방직에 종사하는 가구가 상당했음을 알 수 있다. 촉의 비단은 멀리 위나 오나라까지 팔려 나갔으며, 당시 견직물 가운데 상품(上品)에 속했다. 고고학 자료에 따르면, 무한 부근과 남방 여러 곳에서 촉국의 동전과 칠기, 동기가 출토되었는데, 이는 촉과 오가 장기간에 걸쳐 동맹을 맺었으며, 양국 간에 빈번한 물품 교환이 있었음을 증거하는 것이다.

하지만 촉나라는 위나 오에 비해 경제적으로나 군사적으로 여전히 약세였다. 촉나라의 중요 통치 지역은 파(巴), 촉(蜀), 그리고 한중(漢中)에 불과했다. 유비가 칭제했을 당시 촉이 통치하는 전체 가구는 20만이었으며 전체 인구는 90만 명이었다. 촉나라 말기에는 28만 가구에 전체 인구가 94만 명, 그리고 병사는 10만 2000명, 관리는 4만 명에 불과했다. 이렇듯 촉나라는 비교적 약세인 나라였다.

촉과 위의 전쟁과 촉나라 멸망

건흥 5년(227년) 제갈량은 "익주 피폐(益州疲弊)"의 상황에서 군사를 이끌고 한중으로 들어가 위나라와 관롱(關隴)을 빼앗기 위한 격전에 돌입했다. 그가 다급하게 북진을 서두른 것은 촉이 유한(劉漢)의 정통성을 자부하고 있었기 때문에 북진을 통해 "한실 부흥과 옛 도읍지 탈환"[46]을 도모하고, 위나라와 양립할 수 없음을 공표하기 위함이었으며, 다른 한편으로 가장 약세인 촉나라의 경우 방어보다는 선제공격이 국가 생존에 도움이 된다고 여겼기 때문이다.[47]

건흥 6년 봄, 촉나라 군사는 북쪽으로 기산(祁山, 지금의 감숙 서화 경내)을 공격했으나 선봉부대를 이끌던 마속(馬謖)이 가정(街亭)에서 패하고 말았다. 결국 제갈량은 1000여 가구의 주민을 이끌고 한중으로 돌아올 수밖에 없었다. 이후 3년 동안 수차례에 걸쳐 출병했으나 군량조달이 어려웠기 때문에 견디지 못하고 후퇴를 반복했다. 건흥 12년 군사를 이끌고 서안에서 서쪽으로 100여 리 떨어진 오장원(五丈原, 지금의 섬서 서쪽 미현 경내)에 이르렀다가 군중에서 병사하니 촉나라 군대 역시 철병하고 말았다.

위나라와 전쟁하는 과정에서 제갈량은 탁월한 군사적 재능을 발휘했다. 그의 군대는 잘 훈련되고 군율이 엄격했으며, 진법이나 전략전술에 뛰어난 지휘 능력에 따라 제대로 움직였기 때문에 여러 차례 승리를 구가할 수 있었다. 하지만 위나라가 볼 때 관룽은 지형이 험준해 공격은 어렵지만 방어하기에 쉬운 곳이었기 때문에 평상시에는 대장이 약간의 군사만 데리고 주둔하다가 적이 공격할 경우 편히 쉬면서 피로한 적군을 맞이하니 굳이 싸우지 않고도 승리를 얻을 수 있었다. 230년(촉 건흥 8년, 위 대화 4년) 조진(曹眞)이 군사를 이끌고 촉을 수차례 공략했으나 번번이 중도에 돌아오고 말았다. 234년 제갈량이 마지막으로 위를 공격해 오장원에 이르자, 위나라 명제는 사마의(司馬懿)에게 철저하게 방어할 것을 엄명하는 한편 신비(辛毗)에게 부절을 주어 사마의가 전공을 탐해 제멋대로 진격하지 못하게 하라고 당부했다. 이러한 상황에서 촉나라 군대는 전력을 다해 나아갔지만 후방 지원이 여의치 않아 날로 약해질 수밖에 없었다. 하지만 위나라의 역량은 날로 강해져 촉을 크게 앞질렀다. 촉나라 군대의 북진이 성공할 수 없었던 것은 양국의 국력 차이에서 이미 결정된 부분이었다. 이런 점에서 제갈량의 개인적 역량이나 그의 죽음이 대세를 거스를 수는 없었다.

제갈량이 죽은 후 장완(蔣琬), 비위(費禕), 동윤(董允) 등이 집정했으나 더는 발전하지 못하고 제자리를 맴돌 따름이었다. 경요(景耀) 원년(258년) 이후 촉나라는 환관들이 권력을 차지하면서 점차 국정이 문란해지고 쇠약해지기 시작했다. 대장군 강유(姜維)가 매해 북진해 농서(隴西)에서 위나라 군대와 싸웠지만 아무런 성과가 없었다. 염흥(炎興) 원년(263년) 위나라 군사가 삼로(三路)로 나뉘어 촉을 공격했다. 강유가 농상(隴上)에서 검각(劍閣)으로 물러나 방어선을 치고 종회(鍾會)의 대군을 막았다. 하지만 등애(鄧艾)가 무장을 가볍게 한 군사들을 이끌고 음평(陰平, 지금의 감숙 문현 경내) 험도를 통과한 후 남쪽으로 강유(江油), 면죽(綿竹)으로 진격해 그해 겨울 촉을 멸망시켰다.

오나라의 정치와 경제

손오의 흥기와 산월(山越)과의 투쟁

동한 후기로 접어들면서 농민 폭동이 강동까지 영향을 미쳤다. 황건적의 난이 일어나자 형주(荊州)와 양주(揚州)를 비롯한 각지의 농민들이 기의(起義)의 기치를 높이 들고 군현을 공격하는 등 투쟁이 날로 격화했다.[48]

부춘(富春) 사람 손견(孫堅)은 일찍이 자신의 고향에서 농민 기의를 진압한 적이 있는데, 이후 회계(會稽) 주준(朱儁)을 따라 중원으로 들어와 황건적과 싸웠다. 황건적의 반란이 실패로 돌아가자 그는 다시 장사(長沙), 영릉(零陵), 계양(桂陽), 예장(豫章) 등 여러 전쟁터를 전전했다. 동탁이 난리를 일으키자 손견은 동탁 토벌 연합군에 참가해 원술(袁術) 밑에 예속되었다. 손견이 죽은 후[초평(初平) 2년, 191년] 그의 아들 손책(孫策)이 손견의 옛 부곡 사람들을 이끌고 동쪽으로 이주해 강남의 유요(劉繇)와 왕랑(王朗)의 세력을 꺾고 회남(淮南) 유훈(劉勳)을 공격해 그가 얻은 원술 휘하의 백공(百工)과 부곡 3만여 명을 차지했다. 이로써 손책은 장강 하류 예장(豫章) 동쪽 지역을 점령했다.

건안 5년, 손책이 죽자 그의 동생 손권이 강남을 다스렸다. 적벽 전투 이후 손권의 세력이 점차 형주로 확대되었다. 건안 15년(210년) 손권이 보즐(步騭)을 영남으로 파견해 당시 영남 일대에서 20여 년간 자리를 잡고 있던 사섭(士燮) 형제를 끌고 들이니 동남의 반쪽이 대략 손권의 통치 세력 안으로 들어왔다. 건안 16년 손권이 경성(京城, 지금의 진강)에서 건업으로 도읍지를 옮겼다.[49] 건안 24년 손권이 관우를 격파하고 형주 전체를 차지했다.

손권 세력이 강남으로 확장하자 산월인의 완강한 저항에 직면했다. 산월인은 진·한 시절 남방 월인의 후예로 장강 이남 지금의 강소, 절강, 안휘, 복건, 강서 등 여러 성내에 분포했다. 월인들은 평원 지역, 교통이 발달한 곳에 살면서 이미 대부분 한인과 융합된 상태였다. 산에 살고 있는 월인을 산월이라고 불렀는데, 그들은 험한 산세를 이용해 조세도 납부하지 않았고, "깊은 곳에 숨어 사는 이들은 성읍에 들어온 적도 없으며, 장리(長吏, 현급 관리)를 만나면 모두 무기를 들고 들판으로 도망쳤으며, 숲속에서 늙어 죽을 때까지 살았다."[50] 산월인은 주로 곡물을 경작해 살았는데,[51] 구리나 철이 생산되는 곳에 사는 이들은 무기를 만들기도 했다."[52] 그러나 《오지(吳志)》를 보면 산월(山越), 산민(山民), 산적(山賊)이라는 말이 혼용되고 있다. 한인 중에도 산속 험한 곳에서 월인과 함께 사는 이들이 있었으며, 실제로 민족 차별은 없거나 많지 않았다. 손견 부자를 따라 전쟁에 참여한 강동인(江東人)이나 험한 곳에 할거하면서 심지어 오와 위의 전쟁에 참여한 산민들도 적지 않은데,[53] 예를 들어 오군(吳郡)의 엄백호(嚴白虎)나 단양(丹陽)의 조랑(祖郎), 비잔(費棧) 등이 그런 이들이다. 산월인이나 산민의 우두머리는 한인 대족의 경우가 대부분이었다. 손오가 남방으로 세력을 확대하자 산월인들이 이를 두려워해 반항을 그치지 않았다. 산월의 반항은 오나라 통치자에게 큰 골칫거리였으며, 오나라의 병력 보충에도 큰 짐이 되었다. 산월의 견제와 촉나라와의 불화로 인해 손권은 부득불 조조, 조비에게 조공하면서 칭제 시기를 미루었다.

가화(嘉禾) 3년(234년), 오나라 장수 제갈각(諸葛恪)이 군사를 이끌고 단양(丹陽) 산월(山越)을 공격했다. 3년에 걸친 부서(部署)와 포위 공격으로 10만에 달하는 산월인이 투항하고 그 가운데 정장(丁壯) 4만여 명이 군대에 편입되었으며, 나머지는 군현에 편입되어 편호(編戶)가 되었다. 기록에 따르면, 산월 가운데 병사가 된 이는 전후 10만 명에 달했으며, 편호의 숫자는 기록된 것보다 더 많았다. 산월이 산에서 내려오게 된 것은 오나라 통치자의 군사적 압력에 따른 것으로 이는 월인들에게 고통스러운 과정이 아닐 수 없었다. 하지만 산월이 산에서 내려오면서 산월인의 경제 문화 발전 또한 가속화되었으며, 경지 개발도 크게 확대되면서 동남 지역이 손오의 통치 영역으로 통일되었다는 점에서 긍정적인 의미가 있다.

삼오(三吳)의 경제 발전

동한 후기 이래로 산월인이 대거 산에서 내려오고 수많은 북방 농민들이 남쪽으로 이주하자 강남 경제 발전에 필요한 노동력이 크게 강화되었다. 삼국 시대 장강 연안에 둔전 지역이 다수 출현하고 모래톱 등 곡식을 재배할 수 없는 땅이 황무지로 버려지면서 인구 밀도도 점차 조밀해졌다. 어떤 곳에서는 호수를 파서 밭을 만들기도 했다.[54] 강남에서 경제 수준이 가장 높은 지역은 태호(太湖) 연안과 전당강(錢塘江) 동쪽 이른바 삼오(三吳)였다. 영흥(永興, 지금의 절강 소산 경내)의 논에서는 1무당 쌀 3곡이 생산될 만큼 비옥했다.[55] 삼오는 방직업도 크게 발달해 일반 백성들도 비단옷을 좋아할 정도였으며,[56] 문인들도 양잠을 시부의 소재로 삼곤 했다.[57] 삼오에서는 "팔잠의 비단(八蠶之綿)"[58]이 생산되었는데, 제기(諸曁), 영안(永安) 일대의 비단이 특히 좋아 황실용으로 공급되었다.[59] 하지만 강남의 방직기술은 그리 높은 편이 아니었기 때문에 비단 직조는 주로 촉나라에 의지했다. 영안 6년(263년) 오나라는 외지에서 '수공(手工, 수공업자)' 1000여 명을 징발해 건업에서 일하도록 했다. 강남 수공업자들이 숫자적으로 부족했기 때문임을 알 수 있다. 남방 민간의 중요 부업은 삼을 삼는 것이었는데, 삼베 생산량이 견직물보다 훨씬 많았다. 구리나 철 채굴과 제련 방식도 이전보다 향상되었으며, 광산 지역에 치령이나 승(丞)을 설치해 채굴과 제련을 관리했다.[60] 회계군(會稽郡)의 발달한 동경(銅鏡) 제조업도 동한 이래로 전혀 쇠퇴하지 않았으며, 청자업(靑瓷業) 역시 이곳에서 한대(漢代) 유도(釉陶)의 토대하에 좀 더 성숙한 형태로 발전했다. 삼오가 이처럼 풍요로웠기 때문에 삼오와 건업을 잇는 운하 파강독(破岡瀆) 역시 이곳에 건설되었다. 파강독은 구용(句容)에서 운양(云陽) 서성(西城, 지금의 단양현 경내)까지 이어지는데 적오(赤烏) 8년에 완성되어 "오회(吳會, 지금의 소흥)까지 배가 통했으며", 연도마다 "정기적으로 시장이 열리고 저택이며 누각이 세워졌다."[61] 그리하여 군사적으로는 물론이고 경제적으로도 가치가 컸다.

수전과 수운의 필요에 부응하기 위해 조선업 또한 크게 발전했다. 건안군(建安郡)의 후관(侯官, 지금의 복건 민후)은 당시 조선업 중심지로 전선도위(典船都尉)가 설치되어 죄수를 동원한 선박 건조를 감시 감독했다.[62] 장강을 오가는 배들 가운데 큰 선박은 전체 5층으로 3000명을 수용할 수 있었다고 하니 당시 조선기술이 상당했음을 알 수 있다.[63]

5장 삼국 양진 남북조 시대

선박은 통상 북쪽으로 요동, 남쪽으로 남해까지 운항했는데, 황룡(黃龍) 2년 1만여 명이 승선한 선대가 이주(夷洲, 지금의 대만성)에 도착한 것이 대륙과 대만의 해상교통 첫 번째 기록이다. 해상교통이 발달하면서 오나라의 사신이 여러 차례 바다로 출항했는데, 주응(朱應), 강태(康泰)가 멀리 임읍(林邑, 베트남 중부), 부남(扶南, 캄보디아) 등 여러 나라를 오갔으며, 대진(大秦, 로마제국) 상인인 임읍 사신이 건업에 도착하기도 했다. 이러한 활동은 중국과 외국의 경제 문화 교류에 중요한 작용을 했다.

강남 대족(大族)의 흥기

강남에서 경제가 발전하면서 강남 대족 지주도 정치적, 경제적 세력을 확장하느라 진력을 다했다. 오나라 훈신의 경우 봉읍(俸邑, 녹봉으로 받은 토지)이 많은 경우 몇 개의 현(縣)에 이를 정도였다. 그들은 사병을 대대로 양성해 오나라 대족의 세습 영병(領兵) 제도가 형성되었다. 일반 무장들도 전공을 세우면 병력을 확대하고 둔전호(屯田戶)를 상으로 하사받았다. 손권은 여몽(呂蒙)이 환성(皖城)에서 사로잡은 인마를 여몽에게 그대로 주었으며, 아울러 그에게 심양(尋陽)의 둔전민 600호와 관속(官屬) 30명을 주었다. 여몽이 죽자 손권은 또다시 그의 능묘를 지키도록 300가를 하사했으며, 여씨 집안의 토지 50경(頃)의 조세를 면제하도록 조치했다. 관료 지주들이 이처럼 인구를 분할하고 있었던 것은 토지가 광활했음에도 전체 호구가 52만에 인구가 230여만 명에 불과했기 때문이다.[64]

동한 후기 오군(吳郡)의 고(顧), 육(陸) 등 호족들은 이미 "대대로 고위직을 차지했다."[65] 손오 초년 손씨 자제들과 오군의 주(朱), 장(張), 고(顧), 육(陸) 네 가지 성(姓) 사람들이 군을 맡는 일이 대단히 많았다. 그들이 오나라 정권의 중요 실세였던 셈이다.[66] 조정 관료들 가운데 육씨 가문이 전후로 "두 명의 재상과 다섯 명의 후, 그리고 장군 10여 명을 배출했다."[67] 네 가지 성씨가 오나라 정치를 조정하면서 각 성마다 독특한 기풍을 형성해 "장씨는 문에 뛰어나고 주씨는 무술에 뛰어나며, 육씨는 충성스럽고, 고씨는 후덕하다"[68]라는 영예를 얻었다. 이는 강남 대족의 통치가 점차 강화되고 있음을 나타내는 것이다.

강남 대족은 정치적 특권을 가지고 토지를 약탈해 자신들의 경제 세력을 더욱 확대할 수 있었다. 고와 육씨 집안은 여러 곳에 둔저(屯邸)를 세우고 관병(官兵)을 시켜 물자를 거두어들이고 도망자들을 체포했다.[69] 오나라 말기에 이르면 강남 대족들이 "군대를 조직할 만한 동복과 문을 닫으면 그대로 시장이 될 정도의 물자를 갖추었으며, 소나 양이 들판에 가득하고, 전치가 천 리에 달할 정도가 되었다." 또한 "배 1000척에 실어 내다 팔 수 있을 정도로 상품이 많았고, 썩어 버리는 식량이 1만 유(庾)나 되었으며, 상림원(上林園)에 버금가는 집안 정원을 만들고, 저택은 황제처럼 태극음양의 팔괘 구조를 본떠 건축했다."[70] 좌사의 〈오도부(吳都賦)〉에 따르면, "부유한 촌민들이 장사로 투기해 때를 맞춰 이익을 얻어 재부가 만금에 이르렀다. 향리에서 경쟁하던 토지를 겸병하고, 한가롭게 거하는 것을 자랑하며, 주옥 달린 좋은 옷을 입고 맛난 음식을 먹었다(富中之甿, 貨殖之選, 乘時射利, 財豊巨萬. 竞其區宇, 則并疆兼巷, 矜其宴居, 則珠服玉饌)"라고 한다. 오나라 좌랑 가운데 조익(曹翌)의 묘에서 연지권(鉛地券)이 발견되었는데, 이에 따르면, "사방 10리, 100만 전의 밭을 사서 장지를 만들었다"[71]라고 한다. 이 역시 당시 강남 지주의 토지 점유 상황을 보여주는 예라 할 수 있다.

대족 지주의 경제가 발전하면서 동시에 백성들은 빈궁에 시달릴 수밖에 없었다. 강남 농민들은 "군역과 노역에 시달리고 수해와 가뭄이 잦아 곡식 생산이 줄어드는데 관리들이 불량해 농사철을 빼앗으니 결국 기아와 빈곤에 시달릴 수밖에 없었던 것이다." 이 외에도 대족 지주의 착취와 억압이 심했다. 보즐(步騭)은 어렸을 적에 오이를 심어 생계를 유지했는데, 호강(豪强)이었던 초교(焦矯)의 착취를 피하기 위해 어쩔 수 없이 초교에게 오이를 바칠 수밖에 없었으며, 초교의 능멸을 참아야만 했다. 빈곤한 농민들은 대족 지주의 착취와 억압 속에서 더욱 심각한 수준에 이르렀다. 이런 상황에서 강남 농민들은 폭동을 일으켰다. 손권은 여러 차례 군대를 동원해 각지 농민 폭동을 진압했으며, 적오 3년(240년)에는 군현에 명을 내려 "성곽을 만들고 초루를 세우며, 구덩이를 파서 도랑을 만들라고 했다."[72] 이 역시 농민 폭동을 방어하기 위함이었다.

남북의 군사 형세와 오나라 멸망

적벽대전 이후 조조는 선후 수차례 소호(巢湖) 지역의 손권 군대를 향해 진격했다. 손권의 공략을 방지하기 위해 조조는 강 주변 군현의 백성들을 내지로 이주하도록 했는데, 결과적으로 여강(廬江), 구강(九江), 기춘(蘄春), 광릉(廣陵)의 백성 10여만 호가 놀라 강을 건너 오나라로 갔다. 문제 조비가 제위에 있을 당시 위와 오는 전쟁과 휴전을 번갈아 했다. 제갈량이 죽은 후 위와 촉이 잠시 정전하게 되자, 위나라는 "세 지역은 이미 평정했으니 회남에서 전쟁이 있을 것"[73]이라 여기고 오나라에 대한 공세를 더욱 강화했다. 오나라는 "섬과 물을 영벽으로 삼고, 장강과 회하를 해자로 삼아"[74] 수군을 활용해 철저하게 방어하는 한편 강변에 상비군을 주둔시키고 봉수를 설치했다.[75] 하지만 오나라 군대의 약점은 기병을 활용한 기습 역량이 부족하다는 것이었다. 그래서 위나라 군사와 강회에서 각축을 벌일 뿐 더는 강토를 개척할 수 없었다. 장강과 회수 사이에 있는 위나라 군사들은 기병과 보병으로 오나라 군사를 압박해 여러 차례 승기를 잡아 강 너머 건업을 도모할 기회가 적지 않았다. 하지만 그들은 수군이 없어 파도 넘실대는 장강을 건널 방법이 없어 그저 "무장한 기병 천군만마도 아무런 소용이 없구나(武騎千群, 無所用也)"[76]라고 탄식할 따름이었다. 이것이 위와 오 양국이 거의 수십 년에 걸쳐 오랫동안 서로 대치국면을 유지하게 된 중요 원인이다.

사마씨가 촉을 멸망시킨 후 남북 군사 형세에도 큰 변화가 생겼다. 진(晉)은 촉 땅에서 대규모로 군함을 만들고 수군을 훈련시켜 적극적으로 오나라를 공략할 준비를 갖추었다.[77] 당시 오나라는 종실 내부의 권력다툼이 장기간 이어지면서 역량이 크게 약화되었다. 오나라 황제 손호(孫皓)는 천혜 험지인 장강이 조정의 병풍이 되어줄 것이라 여기고, 궁전 건설과 황음에 빠져 사치스러운 생활을 하면서 가혹한 형벌로 백성을 탄압했다. 감로(甘露) 원년(265년), 손호는 장강 상류의 진나라 군사의 위협으로 인해 무창(武昌)으로 천도해 수비를 강화하고자 했다. 하지만 오나라 대지주 관료들은 자신들의 터전을 떠나 무창에 장기 거주하기를 원치 않았다. 강남의 백성들도 강을 거슬러 올라가 물자를 공급하는 것이 힘들어 불만이 많았다. 당시 민요에 "건업의 물을 마실지언정 무창의 물고기는 먹지 않고, 건업에서 죽을지언정 무창에서 살고 싶지 않다"[78]라는 말은 오나라 상하 인민들 모두 당시 천도에 반대했음을 반영하는 것이다. 바로 이러한 때에 강남의 한인과 월인이 반란을 일으켜 텅 빈 건업성을 심각하게 위협했다. 이로 인해 손호는 어쩔 수 없이 건업을 그대로 도읍지로 삼게 되니 상류의 수비는 더욱 느슨해질 수밖에 없었다.

천기(天紀) 3년(279년), 진나라 군사들이 다섯 부대로 나뉘어 대거 오를 공격했다. 왕준(王濬)이 촉의 수병을 이끌고 강물을 따라 내려오니 오나라 군사들은 그대로 투항하고 말았다. 천기 4년 3월 왕준의 수군이 건업에 도착해 손호의 투항을 접수했다. 한 헌제 초평 원년 동탁의 난리가 일어나면서 분열, 할거하던 국면이 90년 지속되다가 마침내 통일 국면으로 전환되었던 것이다.

서진 통일에서 8왕의 난까지

점전제(占田制)

서진(西晉) 통일 이후 전국에 잠시 평화로운 안정 국면이 이어졌다. 진 통치자는 촉과 오 지역의 인력을 활용하기 위해 촉을 평정한 후 촉인이 북방으로 이주할 경우 그들에게 2년치 양식을 제공하는 한편 20년간 요역을 면제했으며, 오나라 사람의 경우에도 오나라 장군이나 관리가 북방으로 이주하면 10년간 요역을 면제하고 백공이나 백성은 20년간 요역을 면제했다. 진(晉) 무제(武帝, 265~290년)는 수차례 군현에 명을 내려 농상(農桑)을 장려하는 한편 사사롭게 전객(佃客)을 모집하지 못하도록 했다. 중산왕(中山王) 사마목(司馬睦)이 자신의 왕국 여덟 군데 현에서 "도망친 자를 받아들여 사사롭게 소유하고 성명을 바꾸어 허위로 호적에 올린 자가 700여 호였다."[79] 이렇게 도망친 자들을 모아 자신의 전객으로 삼자 무제의 견책을 받아 현후(縣侯)로 강등되고 말았다. 진 무제의 이러한 조치는 객관적으로 생산발전을 촉진했다. 태강(太康) 원년 오를 멸망시킨 후 서진의 전국 호구는 245.9만 호이고, 인구는 1616만여 명이었다. 이는 위나라 말기 삼국 시대의 전체 호구보다 거의 100만 호, 인구는 두 배가량 증가한 숫자다. 물론 이러한 숫자가 확실한 것은 아니나 호구가 대량으로 증가한 것만은 분명하다. 이는 당시 사회의 생산발전과 봉건국가의 역량이 크게 증강했음을 반영한다.

위나라는 초기에 적극적으로 둔전제를 실시했다. 하지만 호강대족의 토지 겸병과 군사조직을 모방한 자체 형식이 더는 생산력 발전의 수요에 부응할 수 없었기 때문에 점차 무너지고 말았다. 진 무제는 즉위 전후로 두 차례에 걸쳐 둔전관을 폐지하도록 했다.[80] 이후 군현 이외에 독립적으로 농관이 전담하는 둔전 구역은 모두 취소되었다. 둔전민은 일부 군현에서 관리하는 국가의 전객으로 신분이 바뀌었고,[81] 일부는 개인의 전객이 되었으며, 나머지 일부는 자영 농민이 되었다. 이렇듯 비록 둔전제를 일부 폐지했으나 완전히 폐지한 것은 아니었다.

태강(太康) 원년(280년), 서진은 호조식(戶調式)을 시행했다. 호조식은 점전제(占田制), 호조제(戶調制), 그리고 품관점전음객제(品官占田蔭客制) 세 부분으로 이루어져 있다. 점전제는 남자는 70무의 밭을 점유하고, 여자는 30무를 점유하는데 이외에 정남(丁男)은 토지세로 50무, 정녀(丁女)는 20무 차정남(次丁男)은 25무를 징수하는 것으로 규정하고 있다. 이른바 점전(占田)이란 농민이 보유하는 토지 수량을 가정한 지표이며, 과전(課田)은 농민이 마땅히 부담해야 할 전조(田租)의 토지 수량을 의미한다. 이는 당시 농민들이 점유하고 있던 토지의 일반 상황을 반영하는 것일 뿐 매 호구마다 농민들이 점유하고 있는 토지의 수량과는 무관하다. 호조제의 규정에 따르면, 정남의 호구는 매년 견직물 3필, 면(綿) 3근을 납부하고, 정녀나 차정남은 정남의 절반을 납부해야 한다. 《진고사(晉故事)》에 따르면, "무릇 장정에게 토지세를 부가하는데, 50무를 경작할 경우 조세로 식량 4곡, 견직물 3필, 솜 3근을 납부한다."[82] 여기서 알 수 있다시피 서진의 전조와 호조는 실제로 대략 한 호구를 한 명의 정남으로 계산해 호구마다 징수했음을 알 수 있다. 관리는 조조(租調) 징수를 위해 먼저 조조를 납부할 호구를 빈부에 따라 9등급으로 구분해 차등적으로 관리했다. 〈진고사〉에 나오는 액수는 아마도 평균 지표일 것이다. 이러한 조조 징수 방식을 일러 '구품혼통(九品混通)'이라고 부르는데 남북조 통치자들은 대부분 이러한 방법을 시행했다.

서진에서 시행된 점전제와 호조제는 전조와 호조를 조정해 농민에 대한 통제를 강화해 그들이 호적에서 빠지거나 도망치는 것을 방지하는 한편[83] 호적에 빠진 이들을 호적에 다시 편입시키는 데 목적이 있었다. 이는 봉건국가 통치자의 착취를 강화하는 역할을 했다. 태강(太康) 3년 서진의 호구는 377만 호로 크게 늘었는데,[84] 이는 2년 전 점전제를 시행하던 초기에 비해 130여만 호가 증가한 숫자다. 이는 점전제가 효과적이었음을 증거한다. 하지만 서진 시기에는 호강 세력이 막강하고 착취가 심각해 서진 정권은 농민의 호적을 엄격하게 통제할 수 없었으며, 정확한 경작지 면적을 파악할 수도 없었다. 그렇기 때문에 점전제를 계속 실행할 수 없었다. 진 혜제에 이르러 "천하 도처의 성안에 유리걸식하는 이들이 많아지고 실제로 과세를 징수할 전담이 없었다."[85]

서진의 품관점전음객제에 따르면, 관료 지주는 품관의 고저에 따라 토지를 10경에서 50경까지 점유할 수 있으며, 전객도 1호에서 15호,[86] 의식객(衣食客)은 1명에서 3명까지 점유할 수 있었다. 이 외에도 그들은 관품의 고저에 따라 친척을 비음(庇蔭)해 자신에게 의탁한 농민으로 삼을 수 있었다. "많은 이는 구족까지 거느렸고, 적은 이는 삼대까지 거느렸는데(多者九族, 少者三世)", 수량의 제한이 없었다. 이러한 규정은 관료 지주의 봉건적 특권(특히 가난한 친족을 보호하는 특권)을 보장하는 한편 그들이 지나치게 강대해지는 것을 제한해 봉건 통치질서를 강화하는 데 목적이 있었다. 하지만 이러한 제한은 아무런 효과가 없었다. 대지주 관료들이 이미 노객(奴客)을 많이 거느리고 있고, 채소밭이나 물방아가 각지에 보급되어 있었기 때문이다.

통치집단의 부패

사마씨를 수반으로 하는 서진 통치자들은 서진이 건립되기 십수 년 전부터 나름의 자리를 유지하면서 새롭게 방대한 귀족집단을 형성했다. 진 무제는 이러한 귀족집단에 의지해 위 왕실을 대체했기 때문에 귀족집단의 재부와 권세에 대한 요구를 최대한 만족시켜야만 했다. 전국을 통일한 후 경제가 발전하자 귀족집단의 탐욕이 날로 커지고 낭비도 더욱 심해졌다. 그래서 서진 통치집단은 처음부터 특이할 정도로 탐욕스럽고 사치와 낭비가 심했으며, 부패하고 잔혹하기 이를 데 없었다. 이는 한나라나 위나라 초기와 크게 다른 점이다. 회남(淮南) 상(相) 유송(劉頌)이 진 문제에게 상서하기를, "말세에 이르렀다"[87]라고 했고, 사례교위(司隸校尉) 유의(劉毅)는 아예 진 문제 면전에서 동한 시대 환제(桓帝)나 영제(靈帝)만도 못한 망국 군주라고 비난하기도 했다.

서진의 대신들은 거의 위나라 시절 이래로 사마씨 정권에 공헌한 원훈(元勳)이나 그 자제들이었기 때문에 대대로 왕후(王侯)로 있으면서 사치와 향락에 익숙한 이들로 국가의 일을 그다지 중요하게 여기지 않았다. 태부(太傅) 하증(何曾), 사도(司徒) 하소(何劭) 부자는 매일 먹는 음식만으로 1만~2만 냥을 허비했으며, 석숭(石崇)은 관직에 있으면서 남의 재물을 빼앗아 치부했다. 이는 모두 놀랄 만한 일이었으나 당시 통치자들은 전혀 그렇게 여기지 않았다. 관료 귀족들은 극단적인 사치로 허세를 부리며 자신의 재부를 자랑했고, 심지어 고의로 귀중한 물건을 파손해 자신의 재부를 드러내기도 했다. 대표적인 것이 왕개(王愷)와 석숭의 재부 다툼이다. "왕개[王愷, 왕군부(王君夫)]가 엿기름과 말린 밥으로 솥을 닦자, 석숭[石崇, 석계륜(石季倫)]이 밀랍 초로 불을 때서 밥을 지었다. 왕개가 자줏빛 보장(步障, 귀족이 외출할 때 먼지나 추위를 막기 위해 길 양쪽에 세워 두는 일종의 병풍 – 역주)을 40리 길이로 만들자 석숭이 50리나 되는 비단 보장을 만들어 맞섰다. 석숭이 산초(山椒)로 벽을 칠하자 왕개는 적석지[赤石脂, 제남(濟南) 등지에서 나는 풍화석(風化石)의 일종으로 벽을 칠하는 도료로 사용되었다 – 역주]로 칠했다."[88] 왕개가 진 무제가 하사한 높이 석 자짜리 산호수를 꺼내 석숭에게 자랑했다. 석숭은 보자마자 부숴버리고 자신의 산호수를 가져오도록 했다. 하인이 가져온 것을 보니 높이 서너 자짜리가 예닐곱 개나 되었다.

사치와 탐욕은 당시 관료 명사들에게 당연한 것이자 자연스러운 것으로 간주되었으며, 일부 인사들만 앞날이 어둡다고 여기고 불안한 마음을 표출했을 따름이다. 부함(傅咸)은 진 무제에게 이렇게 경계했다. "사치로 인해 낭비하는 것이 천재보다 우심합니다." "지금 땅은 넓고 인구는 적은데도 물자 부족을 걱정하게 된 것은 사치 때문입니다."[89] 왕침(王沉)은 〈석시론(釋時論)〉[90]을 지어 사대부들의 매관매직을 질책했고,

성공수(成公綏), 노포(魯褒) 등은 〈전신론(錢神論)〉[91]을 지어 당시 집권자들이 재물을 생명처럼 귀하게 여기고 공공연하게 뇌물을 주고받는 것을 풍자했다. 이런 작품들은 당시 통치자들에게 듣기 힘든 깨어 있는 소리였다.

관료 명사들은 예외 없이 청담(淸談)에 도취되어 있었고, 현학 이론으로 자신들의 저속한 욕정과 탐욕을 변호하느라 애썼다. 심지어 일부 사대부들은 하루 종일 술에 취해 나체로 광란의 환락을 즐기기도 했다.

팔왕의 난(八王之亂)

서진 통치집단이 부패하면서 격렬한 당쟁을 유발해, 조정은 장기간 동안 권력투쟁에서 벗어나지 못했다. 진 무제는 인민을 통치하고 이성(異姓) 공신과 오와 촉의 지주를 감독하기 위해 종실 사람들을 대거 왕으로 봉하고 왕국의 군대 양성을 허락하는 대신 주군의 무장을 취소했다. 그는 계속해서 여러 왕들이 중앙 병사를 통솔해 요충지를 방어하도록 했으며, 특히 형주와 양주, 그리고 관중 등 이성이 주둔하고 있는 곳을 대체하도록 조치했다. 무제의 뒤를 이은 진 혜제(惠帝)는 백치(白痴)였기 때문에 황후인 가씨(賈氏)가 자신의 친족을 대거 등용해 정권을 농락했다. 원강(元康) 원년(291년) 실권자인 혜제의 외조부 양준(楊駿)을 살해하고 여남왕(汝南王) 양(亮)과 위관(衛瓘)을 불러들여 보좌하도록 했다가 얼마 후 초왕(楚王) 위(瑋)에게 양과 위관을 살해하도록 하는 한편 다시 살인죄를 빌미로 위를 죽였다. 그녀는 장화(張華), 배외(裴頠)를 기용하는 등 자신의 주변 인물을 적극 활용해 실권을 장악했다. 이후 여러 왕들이 통치권을 탈취하기 위해 투쟁하면서 잔혹한 내전이 발발했으니, 이를 사서는 '팔왕의 난'이라고 부른다. 원강 6년 조왕(趙王)

윤(倫)을 입경시켰는데, 그는 금군과 조정을 장악한 후 영녕(永寧) 원년 (301년) 혜제를 폐위시키고 스스로 황제의 자리에 올랐다. 같은 해 제왕 경[冏, 진(鎭)은 허창(許昌)], 성도왕(成都王) 영[穎, 업(鄴)], 하간왕(河間王) 옹 [顒, 관중(關中)] 등이 거병해 조왕 윤을 타도했다. 이후로 진(鎭)의 군사들 이 내전에 참가하면서 전쟁의 규모가 커졌을뿐더러 지역도 낙양과 장 안에서 황하 남북에 이르는 광대한 지역으로 확대되었다. 또한 파괴력 도 심해졌다. 조왕 윤이 피살되고 혜제가 복위하자 제왕 경, 하간왕 옹, 장사왕 예(乂), 성도왕 영, 동해왕 월(越) 등이 반복해서 충돌했으며, 유 주자사(幽州刺史) 왕준(王浚)은 오환(烏桓)과 선비(鮮卑)의 군사까지 전 쟁에 끌어들였다. 오환과 선비의 병사들은 전후로 업과 장안으로 쳐들 어와 부녀자와 재물을 약탈하고 무고한 인민을 학살했다. 다른 군사들 역시 가는 곳마다 약탈과 살상을 하지 않는 경우가 없었으니 이로 인해 북방 인민들은 심각한 고통에 시달려야만 했고, 생산력 또한 크게 저하 될 수밖에 없었다. 16년 동안 지속된 내전으로 인해 참전한 제왕(諸王) 들도 서로 죽이고 죽었으며, 가후는 피살되고 혜제도 독살되면서 서진 통치집단의 역량도 완전히 소진되고 말았다. 이런 상황에서 잠복하고 있던 계급 모순과 민족 모순이 급기야 폭발하고 말았다.

서, 북방 민족의 내륙 이주

동한 이래로 서북쪽의 여러 민족이 계속 내지로 이주해 요서(遼西), 유주(幽州)와 병주(幷州), 관롱(關隴) 등지에서 한족과 복잡하게 얽혀 살왔다. 이들 민족은 사회경제적으로 발전하면서 한족의 영향을 받아 정도의 차이는 있었으나 정착 농경생활이나 반농반목생활을 하게 되었다. 한위(漢魏) 통치자들은 변방 방어와 경제적 필요에 따라 그들 민족을 받아들였다. 이렇게 해서 북방의 민족관계는 날로 복잡해졌다.

흉노

오르도스(鄂爾多斯) 초원에 살고 있던 남흉노(南匈奴)는 동한 말기 지금의 산서 북부와 중부로 이동해 한인들과 함께 살면서 농경생활을 하기 시작했다. 흉노의 예전 부락 조직이 여전히 유효한 상황에서 흉노 사람들은 한조의 편호(編戶), 즉 호적에 편입된 인민이기 때문에 한조의 수탈과 억압에서 자유로울 수 없었다. 중편(中平) 5년(188년), 흉노 강거(羌渠) 선우(單于)가 좌부(左部)의 병사를 동원해 동한(東漢)의 유주 선비족 공격을 도왔다. 그러자 흉노 사람들은 계속되는 징발을 두려워했다. 이에 우부(右部) 흉노족이 들고일어나 강거 선우를 살해했다.[92] 그의 아들 어부라(於扶羅)가 친척과 근신들에 의해 선우로 추대되었으나 남정(南庭, 남흉노 조정) 대중들은 그를 받아들이지 않았다. 결국 그는 일부 흉노족을 이끌고 평야(平陽)와 그 이남 등지로 떠나야만 했다. 어부라가 이끄는 흉노군은 중원에서 수년 동안 전쟁에 참여했다.

북방의 혼전이 거듭되는 상황에서 병주(幷州)의 흉노 호우(豪右, 호강 세족)도 대중을 모아 세력을 형성하고 발호(跋扈)했다. 노역을 피하려는 한인들이 흉노 부락으로 도망쳐 살았다. 조조가 중원을 통일한 후 병주 자사 양습(梁習)이 흉노족 호강세족들을 불러 관리로 삼고 흉노인을 징발해 의종(義從), 병리(兵吏)로 삼아 대군과 함께 출정하도록 했다. 이에 출정하는 군사와 관리의 가족들도 업도로 대거 이주하니, 그들을 사가(土家)라고 부른다. 일부 흉노족이 명을 듣지 않자 양습이 군대를 동원해 진압하고 투항하도록 했다. 이후로 흉노 호강세족들은 모두 한족에게 통제되어 "부곡에 편입되어 일하고 관직에 임명되니 편호와 다를 바 없었다."[93]

건안 20년 조조가 운중(云中), 정양(定襄), 오원(五原), 삭방(朔方) 4군[지금의 하투(河套) 지역 동쪽에서 진(晉) 서북 일대]을 폐지하고, 군에 현을 두어 주민들을 통합시키는 한편 새로 만든 군에 합치고, 치소를 지금의 산서 흔현(忻縣)에 두었다.[94] 건안 21년 흉노 호주천(呼厨泉) 선우가 인질이 되어 업도에 머물렀다. 조조는 흉노 3만여 명을 5부로 나누고 오부수(五部帥)를 설치했으며, 한인을 파견해 오부사마(五部司馬)로 삼아 감독하도록 했다. 흉노 좌부는 병주 자씨(茲氏, 지금의 분양 경내), 우부는 기(祁, 지금의 기현 경내), 남부는 포자(蒲子, 지금의 습현 경내), 북부는 신흥(新興, 지금의 흔현 경내), 중부는 태릉(太陵, 지금의 문수 경내)에 거주했다. 좌부수 유표(劉豹, 어부라의 아들)는 5부를 하나로 합병했는데, 위나라 말기에서 진나라 초기에 다시 여러 부로 나누었다. 사마씨는 흉노의 부수(部帥)를 도위(都尉)로 개칭하고, 그들의 부락 특권을 취소하는 한편 흉노에 대한 통제를 강화했다. 기존의 수만에 달하는 흉노 이외에 서진 시기에도 새외(塞外) 흉노와 '잡호(雜胡)'들이 계속해서 변방 안으로 들어와 거의 20여만 명에 달했다.

흉노는 귀족들의 한화(漢化)가 비교적 빠른 편이었다. 그들 가운데 가장 존귀한 이들은 도각[屠各, 휴도각(休屠各), 휴도(休屠)]이 성(姓)인 부족 출신인데, 양한(兩漢) 황실 이후 대대로 오부수와 오부도위를 맡았다고 자부했다. 좌부도위 유연(劉淵)은 어부라의 손자이자 유표의 아들로 한족에게 경전과 사서를 배웠으며, 서진 시절에 흉노 시자(侍子) 신분으로 낙양에 머물면서 여러 관료들과 왕래했다. 혜제 영희(永熙) 원년(290년), 진은 유연을 건위장군(建威將軍) 겸 흉노 오부대도독(五部大都督)으로 임명했다.

갈

갈(羯) 족은 서진 시절에 중원으로 들어와 주로 상당군(上黨郡) 무향현(武鄕縣)에서 한인들과 잡거했다. 그들은 원래 흉노에 예속되어 있었기 때문에 '흉노별부(匈奴別部)'라고 불렀다. 갈족은 높은 코에 눈이 깊이 들어가고 수염이 많으며 '호천(胡天)'[95]을 숭배하고 화장의 습속이 있었다. 그들은 부락 조직을 유지하고 있었지만 비교적 느슨한 편이었다. 대부분 갈인들은 농경에 익숙했으며, 경제생활도 한인들과 거의 차이가 없었다.

선비 모용부

선비(鮮卑) 모용부(慕容部)는 원래 선비산에 살았는데 이후 요락수[饒樂水, 시라무룬하(西拉木倫河), 몽골어로 황색의 강]로 옮겨 살았다. 삼국 시대 모용의 추장 모호발(莫護跋)이 사마의를 따라 공손연(公孫淵)을 격퇴해 위나라 봉호를 받은 후 부락을 이끌고 요서(遼西)로 이주했다. 진 태강(太康) 10년(289년), 모용외(慕容廆)가 부락을 이끌고 도하(徒河, 지금의 요녕 의현)로 이주했으며, 다시 얼마 후 대극성(大棘城, 지금의 요녕 금주)으로 이주해 농잠과 목축으로 생계를 유지했다. 영가(永嘉) 이후 북방 농민들이 대거 모용부로 유입되었으며, 사대부들도 난리를 피해 그곳으로 이주했다. 모용외는 사인(士人)을 중용해 정치제도를 건립하고 경학과 문학을 전수받았으며 동시에 군(郡)을 설치해 유민들을 다스렸다.

5장 삼국 양진 남북조 시대

선비 탁발부

선비(鮮卑) 탁발부(拓跋部)의 선조들은 대흥안령(大興安嶺) 북부 동록(東麓) 지역[96]에 살면서 99개의 씨족으로 구성된 36개의 유목 수렵 부족(후에 8개 부락으로 발전했다)으로 결성된 부락 연맹이다. 추장 추연(推寅) 시절 탁발부는 남쪽 대택(大澤, 또는 지금의 호륜호)으로 천도했다. 추연의 8대손인 힐분(詰汾) 시절에 다시 남쪽으로 이동해 "높은 산과 계곡을 지나 온갖 어려움을 겪으면서"[97] 비로소 흉노의 옛 땅에 이르렀다. 위 황초(黃初) 원년(220년), 힐분의 아들 역미(力微)가 뒤를 이은 후 녹회부(鹿回部)를 병탄하고 20여만 명의 전사를 보유할 정도로 세력이 강대해졌다. 역미 39년(258년), 탁발부는 성락(盛樂, 지금의 내몽골 자치구 탁극탁현)으로 이주했다. 조위가 그곳에 있던 운중과 정양 등 군을 폐지했기 때문에 탁발부는 순조롭게 발전할 수 있었다. 역미의 아들 사막한(沙漠汗)이 두 차례 낙양을 방문해 전체 8년 동안 체류했다. 당시 탁발부는 계급사회로 전환하기 바로 직전이었는데, 보수적인 부락 우두머리들은 사막한이 돌아와 옛 관습이나 습속을 변혁시킬 것을 두려워했다. 그래서 중도에 그를 살해했다.

이후 탁발부는 한인들과 상업 왕래가 점차 증가했으며, 수많은 한족 상인들이 탁발부로 들어갔다. 심지어 낙양의 대상인들도 탁발부 추장 주위로 몰려들었다.[98] 탁발부가 흉노, 오환, 선비 모용부, 잡호 등 부락을 흡수하자 탁발부에 의탁하는 한인들도 적지 않았다.[99] 북방 여러 민족이 군사를 일으켜 진나라에 저항할 당시 탁발의로(拓拔猗盧)가 탁발부를 통일했다. 그는 진(晉) 병주자사(幷州刺史) 사마등(司馬騰)과 그의 뒤를 이은 자사 유곤(劉琨)이 흉노와 철불(鐵弗), 선비 백부(白部, 慕容部)에게 공격을 받자 병사를 일으켜 그들을 도왔다. 그래서 서진은 의로에게 진(晉) 북쪽 다섯 현을 봉지로 주고 대공(代公)으로 삼았으며, 이후 다시 대왕(代王)으로 봉했다. 의로는 "형벌과 법률을 준엄하게 시행해"[100] 통치권력을 강화함으로써 탁발부가 계급사회로 진입하는 데 큰 공헌을 했다.

저·강

저(氐) 족과 강(羌) 족은 청해와 감숙에 주로 거주했으며, 일부 적지 않은 이들이 관중과 익주로 이주해 살았다. 일부 강인(羌人)은 아예 고향을 멀리 떠나 중원 곳곳에 흩어져 살았다. 위진 통치자들은 관중을 강화해 중원의 울타리로 삼기 위해 저족과 강족, 기타 소수민족을 강제로 관중으로 이주시켰다. 조조는 장기(張旣)에게 명하여 무도(武都)의 저인(氐人)을 부풍(扶風), 천수계(天水界)로 이주하도록 했는데, 1차로 이주한 이들이 6만 명에 달했다. 농서와 하서에 살고 있는 이들도 저인과 강인을 끌어들여 도움을 받았기 때문에 그들은 어쩔 수 없이 고향을 떠나야만 했다. 서진 시대에 저와 강을 비롯한 소수민족은 관중 인구의 절반을 차지할 정도로 많았다. 구지(仇池, 지금의 감숙 성현 서쪽) 양저(楊氏)는 저인 중에서 가장 강대한 지파였는데, 진 원강(元康) 6년(296년), 구지국(仇池國)을 건립했으며, 북위(北魏) 정시(正始) 3년(506년)까지 정권을 유지했다.

파

동한 시기에 지금의 악서(鄂西), 천동(川東)에서 살던 늠군만(廩君蠻)과 판순만(板楯蠻)이 서진 시기에 이르러 점차 융합되면서[101] 파인(巴人) 또는 종인(賨人)이라고 불렸다. 한말 일부 파인들이 북상해 한중(漢中)

의 장로(張魯)에게 의탁했다. 이후 탕거(宕渠)의 파인이 다시 북상해 한 중으로 들어왔다. 조조는 그들을 약양(略陽)으로 이주시켜 저인(氐人) 들과 섞여 살게 했다. 그래서 그들을 파저(巴氐)라고 칭하기도 한다. 파인과 한인이 밀접한 관계를 유지하면서 양자의 경제생활 수준도 거의 비슷해졌다.

이상에서 서술한 흉노, 갈, 선비, 저, 강 소수민족을 일러 '오호(五胡)' 라고 하는데, 여기에 종인을 더해 '육이(六夷)'라고 칭한다.

각 민족의 봉건화 추세

위진 이래로 북방의 여러 민족이 이동하면서 각 민족사회에 변화의 바람이 일기 시작했다. 각 부락은 자신의 본래 거주지에서 점차 멀어져 한인 지역으로 이주했고, 부락민들도 점차 부락의 속박에서 벗어나 농경생활을 영위하는 봉건 농민 신분으로 변해갔다. 유목민족에서 농경을 중심으로 정착생활을 하게 된 것은 생활면에서 크게 발전했음을 나타낸다. 하지만 이러한 변화는 장기간에 걸쳐 복잡한 과정을 거쳤으며, 계급 억압과 민족 억압, 그리고 이에 따른 반대 투쟁의 연속이기도 했다.

내륙으로 이주한 여러 민족 인민들은 자기 민족의 귀족들에게 억압과 착취를 당했을 뿐만 아니라 새로 이주한 곳에서 위진 통치자들과 한족 지주의 노예로 전락했다. 병주 흉노인들은 대부분 한족 지주의 노비나 전객(佃客)[102]이 되었으며, 갈인과 선비족 역시 노비로 전락한 이들이 적지 않았다.[103] 갈인(羯人) 석륵(石勒)이 겪었던 삶은 특히 비참했다. 석륵의 선조는 부락의 소수(小帥)였으나 석륵 자신은 행상을 하거나 육체노동으로 생계를 이었으며, 나중에는 병주 자사 사마등에게 붙잡혀 임평(茌平) 사람 사환(師懽)에게 노예로 팔려갔다. 내륙으로 이주한 소수민족 사람들은 이렇듯 비천한 노역에 시달렸는데, 이는 귀족들도 예외가 아니었다. 강인 귀족 요복(姚馥)은 오랫동안 진 무제의 마구간에서 일했다.[104] 각 민족 가운데 내륙으로 강제 이주 당해 전쟁에 참여하게 된 이들도 적지 않았다. 흉노, 선비, 오환, 강인들로 조직된 군대는 중원 전쟁터에서 흔히 볼 수 있었다.

하지만 내륙으로 들어온 지 오래된 부락은 일정 정도 자신들의 부락에 속박을 당하거나 여러 형태의 곡절을 겪긴 했지만 서진 시대에 이르러 농업화의 길을 밟으면서 농경에 점차 익숙해졌다. 흉노인, 갈인, 조인, 선비 모용부인이 그러했으며, 오환, 저, 강인 등도 마찬가지였다.[105] 저인들은 대다수 봉건국가의 편호가 되거나[106] 왕후의 봉호(封戶)가 되었다.[107] 진말 16국 시대로 들어와 계급투쟁과 민족투쟁이 격화되면서 부락은 강제로 또는 자원해서 이주하는 일이 빈번해졌으며, 이러한 변화의 규모 또한 더욱 커져갔다.

내륙으로 이주한 호족(胡族)은 점차 봉건화 과정을 겪으면서 한인의 봉건문화를 받아들였으며, 자신의 문화나 습속으로 한인들에게 영향을 주었다. 서진 시기에 낙양의 귀족 관료들은 "호족의 침상과 맥족[동호인(東胡人)]의 소반을 즐겨 사용했고, 강인이나 동호인이 양고기를 데치거나 구워 먹는 방법을 받아들였으며, ……모전(毛氈)으로 모자나 허리띠, 무릎 아래가 넓은 바지를 만들어 입었다."[108] 북방 한인들 역시 호인의 습속을 흡수해 낙장(酪漿, 요구르트의 일종)을 음료로 마시기 시작했다. 호인 근처에 사는 한인들은 심지어 경제생활 면에서도 호인들의 영향을 받아 목축을 하거나 농경과 목축을 겸하기도 했다.

여러 민족이 내륙으로 들어오자 한족 통치자들은 나름 우려를 금할 수 없었다. 특히 일부 민족과 가까운 곳에 위치한 낙양의 통치자들과 인민들은 서진 통치에 불만을 품었으며, 심지어 "원한이 골수에 사무칠 정도였다(怨恨之氣, 毒于骨髓)." 그렇기 때문에 적지 않은 이들이 소수민족 사람들을 강제로 내쫓아야 한다고 주장했다. 위 가평 원년 등애(鄧艾)는 흉노 부락을 분할하고 한인과 섞여 살고 있는 저인과 강인을 한인 거주지 밖으로 내보낼 것을 건의하기도 했다. 서진 시절 곽흠(郭欽)은 흉노 거주지에 한인을 이주시켜 군사 통제를 강화하고, 낙양 근처에 살고 있는 잡호를 흉노 거주지 밖으로 이주시켜 "사이의 출입을 엄격하게 막아야 한다"[109]라고 주장했다. 또한 강통(江統)은 내륙으로 이주한 흉노, 저, 강인 등을 일괄 고향으로 되돌려보내 "오랑캐와 진인이 섞여 살지 않도록 해야 한다"[110]라고 주장했다. 하지만 각 민족의 내륙 이주와 잡거는 장기간에 걸친 역사 발전의 결과이기 때문에 강제로 바꿀 수 있는 것이 아니었다. 그래서 "오랑캐를 이주시켜야 한다"라는 의론은 근본적으로 실현 가능한 것이 아니었다.

한족 유민과 내륙 이주 민족 인민의 기의

십수 년간 지속된 팔왕의 난으로 인해 당시 사회 생산이 심각하게 파괴되었으며, 여러 민족의 고통도 더욱 심화되었다. 생산성이 심각하게 타격을 입고 천재가 겹치면서 기아에 허덕이는 수백만의 농민들이 타향으로 이주하거나 유리걸식하는 신세가 되고 말았다. 이미 봉건화가 된 소수민족들도 유랑민 대열에 끼었으며, 일부 민족은 폭동을 일으켜 서진 통치에 저항했다. 서진 주군(州郡)의 무장력이 해제되고 변진(藩鎭)의 군대가 대거 내전에 참여하면서 서진 통치자들은 여러 민족 인민들의 유랑을 제어할 수 없었으며, 폭동 진압도 여의치 않았다. 그리하여 유랑민들이 점차 증가했으며, 지역도 날로 확대되었다. 그들은 급기야 "쟁기를 내던지고 병졸이 되었으며, 입던 옷을 찢어 깃발을 만들었다(脫耒爲兵, 裂裳爲旗)."[111] 그들은 흉노, 저, 강인 등 여러 민족의 반(反) 서진 투쟁에 호응해 서진 정권에 저항하는 기의 투쟁에 돌입했다.

원강 4년(294년), 흉노인 학산(郝散)이 상당군에서 거병했고, 2년 후 학도원(郝度元)이 풍익(馮翊), 북지(北地) 등에 있던 마란강(馬蘭羌)과 노수호(盧水胡)와 연합해 병사를 일으켰다. 이에 관중에 있던 저인과 강인들도 이에 호응했다. 그들은 저족의 장수 제만년(齊萬年)을 황제로 추대하니 따르는 무리가 7만여 명에 달했다. 그들은 서진 장수 주처(周處)의 군사를 패퇴시키는 등 전과를 올렸으나 원강 9년 진압되고 말았다.

원강 연간에 약양(略陽), 천수(天水) 등 여섯 군의 한족과 종족[賨族, 파저(巴氐)] 유민 수만 명이 먹을 것을 찾아 한천(漢川)을 거쳐 익주로 들어왔다. 그들은 익주에서 지주의 고용인이 되기도 했으나 익주 관리들은 그들을 핍박해 군 경계선 밖으로 내쫓았다. 걸식조차 여의치 않게 된 그들은 종족의 귀족 이특(李特)을 우두머리로 삼아 진조에 대항했다. 이특은 촉인(蜀人)과 약법삼장(約法三章)으로 법률을 간소화하고 빈민을 구휼하는 한편 엄격하게 법을 집행해 익주 인민의 지지를 얻었다. 이특의 아들 이웅(李雄)이 성도(成都)를 공격해 영흥(永興) 원년(304년) 성도왕이 되었으며, 이후 칭제하고 국호를 성(成)으로 정했다.[112]

태안(太安) 2년(303년), 서진이 형주 인민을 징발해 익주 이웅의 기의 군을 공격하자 인민들이 뿔뿔이 흩어졌다. 의양(義陽)의 만족(蠻族) 장창(張昌)이 강하(江夏)에서 노역을 피해 도망친 사람들과 강하에서 유리걸식하던 유민들을 불러모아 봉기를 일으켰다. 장창은 수십만 농민들의 옹호 속에서 신속하게 형주, 강주, 양주, 서주, 예주 다섯 주까지 세력을 확대했다.

영흥 원년(304년), 병주의 흉노 수령 유연(劉淵)이 좌국성(左國城, 지금의 산서 이석)에서 들고 일어나 병주 대부분을 차지했다. 갈인 석륵(石勒)은 관동에서 사람을 모아 거병했다가 나중에 유연에게 투항했다.

청주와 서주, 연주(兗州), 예주 등에서 왕미(王彌)가 이끌던 군대가 낙양 부근에서 진나라 군사에게 패배해 유연에게 투항했다. 영가 3년(309년), 영천군(潁川郡) 등에 있던 병주 유민 수만 명이 지주의 학대에 저항해 성을 불태우고 관리를 죽이고 왕미의 군대에 호응했다. 남양의 옹주(雍州) 유민들은 왕여(王如)를 따라 거병하고 석륵과 연합했다.

형주와 상주(湘州)에 살던 파, 촉 유민들도 지주의 억압을 견디지 못하고 가흥 4년(310년) 폭동을 일으켰으나 진나라 군사들에게 진압되어 살해되거나 익사하고 말았다. 유민들은 예릉(醴陵)의 현령으로 있던 성도 사람 두도(杜弢)를 우두머리로 삼아 상남(湘南)의 여러 군(郡)을 공격했으나, 건흥(建興) 3년(315년) 모두 진압되었다.

서진 말기의 봉기에 참가한 인민들은 한족은 물론이고 종, 만, 저, 강, 흉노, 갈 등 여러 소수민족이 모두 포함되었다. 서진의 통치하에 여러 민족의 인민들이 관부와 지주에게 학대를 받았으며, 특히 수많은 유랑민들은 진나라 군사들에게 고향으로 돌아가라는 협박과 위협에 시달려야만 했다. 민족은 달라도 그들이 처한 운명은 서로 비슷했고, 투쟁의 대상 또한 일치했다. 그래서 그들은 잠시 민족의 차이를 접어두고 공동으로 투쟁에 참여했던 것이다. 일부 권력을 지니지 못한 지주 토호 세력이나 실의한 관리들은 농민들과 같이 유랑하면서 때로 유민들의 우두머리가 되기도 했다. 예를 들어 이특은 종족(賨族)의 호족이고, 장창은 현리(縣吏) 출신이며, 왕미의 선조는 모두 군 태수(太守)를 역임했다. 왕여는 주무리(州武吏)였으며, 두도는 현령이었다.

서진 말기 각 종족의 인민 봉기는 비록 민족 저항의 요소가 포함되어 있었지만 전체적으로 볼 때, 중요한 부분은 역시 계급투쟁이지 민족투쟁이 아니었다. 하지만 일부 소수민족의 우두머리, 예를 들어 흉노족 유연과 같은 이는 민족 모순을 이용해 자신의 세력을 키우려는 의도를 가지고 있었다. 서진 왕조가 무너진 후 그들은 공개적으로 인민 봉기를 민족 보복전쟁으로 몰고 갔다. 이후 북방 인민들의 계급투쟁은 민족 억압에 대항하는 투쟁 형식으로 변질되었다.

2 • 16국 북조의 민족투쟁과 민족 융합

16국 시기 각 민족 귀족들의 봉건 할거

한(漢) · 전조(前趙) · 후조(後趙)

흉노 귀족 유연은 서진 통치에 반발하는 흉노인들의 정서를 이용해 영흥 원년(304년) 이석(離石)에서 진나라에 반대하는 봉기를 일으켰다. 유연은 대선우(大單于)라고 자칭하면서 또한 한왕(漢王)이라고 불렀다. 이는 북방 소수민족의 수령이자 유한(劉漢) 봉건왕조의 정통 계승자로 자임한 것이다. 그는 지주 무장 세력을 공략해 남쪽으로 세력을 확대하면서 여러 차례 진나라 군사를 무찔렀다. 동쪽에서 거병해 실패를 맛본 왕미나 석륵 등은 유연에 투항했다. 영가 2년(308년) 유연은 평양(平陽, 지금의 산서 임분)에서 칭제하고 군사를 일으켜 낙양을 공격했다. 영가 5년 흉노군이 낙양을 함락하고 회제를 포로로 잡자 진나라 군사들은 잡초 무성한 장안에서 민제(愍帝)를 옹립했다. 건흥(建興) 4년(316년), 흉노

유요(劉曜)가 다시 장안을 공략하니 민제는 어쩔 수 없이 투항하고 말았다. 이로써 서진은 역사에서 사라졌다.

병주(幷州)는 원래 민족관계가 상당히 복잡한 곳이다. 흉노군이 정복한 여러 호족(胡族) 인민들을 끊임없이 병주로 이주시키면서 병주 지역의 민족관계가 더욱 복잡해졌다. 유연의 뒤를 이어 칭제한 유총(劉聰)은 호족과 한인을 구분해서 통치하는 방법을 택했다. 그는 좌(左), 우사례(右司隸)를 설치해 40여만 호의 한인을 통치하는 한편 선우좌보(單于左輔)와 우보(右補)를 두어 25만 낙(落)에 달하는 흉노를 포함한 호인들을 다스렸다. 그는 자신이 직접 한인과 호족을 통치한다고 했으나 실제로는 흉노 귀족에 기대는 한편 다른 호인 귀족들을 통제하고 이용해 한인들을 억압했다. 흉노 귀족들이 재물과 권세를 쟁탈하면서 서로 알력이 생기자 한인이나 호인들이 대량으로 이탈하기 시작했다. 이로 인해 한나라의 통치가 상당히 불안정했다. 318년, 관중에 주둔하고 있던 유요가 한나라를 멸망시키고 장안에서 전조(前趙)를 세웠다.

유연과 유총이 통치하던 시기에 병주는 서진 병주자사(幷州刺史) 유곤(劉琨)이 지배하고 있었다. 유연이 거병한 후에 유곤은 영가 원년 온갖 어려움을 극복하고 진양(晉陽)에 도착해 잡초를 제거하고 유민들을 끌어들여 힘들게 통치체제를 유지하고 있었다. 그는 선비 탁발부를 끌어들여 흉노와 철불(鐵弗), 그리고 선비 모용부(慕容部)를 막았다. 이후 그는 갈인(羯人) 석륵에게 패배해 북쪽 계성(薊城)으로 도망쳐 선비 단부(段部)에 의탁했다. 동진 원제 태흥(太興) 원년(318년), 유곤은 단부의 수령 단필비(段匹磾)에게 피살되었다.

당시 양주(凉州)에도 한인 지주가 건립한 전량(前凉) 정권이 존재하고 있었다. 서진이 멸망한 후 원래 서진 양주 자사로 있던 장궤(張軌)의 아들 장식(張寔)과 그의 자손이 대대로 양주를 통치했다. 중원은 여전히 혼란했으나, 양주는 비교적 안정적인 상태를 유지해 중원의 한인들이 난리를 피해 끊임없이 들어왔다. 한족 사인들은 그곳에서 유학을 전수해 중원에서 실전된 경적과 학설을 보존했다. 전량은 서역을 통제해 지금의 투루판(吐魯番) 지역에 고창군(高昌郡)을 설치했다. 이로써 서역과 지속적으로 관계를 유지해 중국과 중아시아의 경제, 문화 교류를 촉진했다.

전조(前趙)는 관롱(關隴)과 병주에 거주하는 저(氐), 강(羌), 파(巴), 갈(羯) 등 여러 민족과 장기간에 걸친 정복전쟁을 치렀으며, 정복된 각 부락을 장안으로 이주시켰다. 전조는 여전히 호인과 한인을 구분해 통치하는 방식을 택했지만 유요는 칭제한 후 자신을 북방의 정통 통치자로 자임하고, 자신의 아들인 유윤(劉胤)을 대선우로 삼아 호인들을 통치하도록 했다. 이는 한나라 정권에 비해 비교적 한화(漢化) 경향을 띤 것이라고 할 수 있다. 유요는 장안에 학교를 개설해 유학을 전수하는 한편 조부(租賦) 제도를 확립했다.

유요가 칭제한 후 갈인 석륵이 양국(襄國, 지금의 하북 형대)에서 조왕(趙王)이라 칭하고 익주와 병주를 공격해 여러 성채를 손에 넣었다. 군사력을 확충한 그는 일부 성채의 주인을 장군, 도위로 삼았다. 하지만 이는 그들의 무장역량을 약화시키기 위함이었다. 그는 일부 한족 사대부를 '군자영(君子營)'으로 편성해 자신을 위해 책략을 도모하도록 했는데, 그 가운데 장빈경(張賓竟)은 그의 유능한 모사 역할을 했다. 석륵은 또한 정복한 호인과 병주의 갈인을 양국 부근으로 이주시켰는데, 호인의 경우는 가까운 곳에서 통제하기 위함이고, 갈인의 경우는 갈인 출신인 석륵이 종족 상층부의 지지를 얻기 위함이었다. 329년, 석륵은 전조를 멸망시키고 황제로 칭했으며, 도읍지를 업성으로 옮겼다. 사서는 이를 후조(後趙)라 칭한다.

석륵은 통치기반을 확립하기 위해 갈인의 지위 향상에 진력을 다했다. 그는 갈인을 '국인(國人)'으로 부르고 '호(胡)'로 칭하지 못하도록 했으며, 심지어 "모든 호와 관련된 사물도 모두 이름을 바꾸었다."[113] 그는 갈인과 기타 호인을 중심으로 강력한 금위군을 편성해 호위부대로 삼았으며, 양자인 석호를 선우원보(單于元輔)로 임명해 그들을 통솔하도록 했다. 또한 그는 한족 사인들을 활용하기 위해 구품관인법을 부활시키고 학교를 설립했으며, 대대적으로 불교를 제창했다. 경제적인 면에서 그는 호구조사를 실시하고 농업과 잠업을 적극 권면하는 한편 매 호구마다 매년 견(絹) 2필, 곡량 2곡(斛)을 납부하는 조조(租調) 제도를 확립했다. 이러한 일련의 조치를 통해 후조 정권은 이전의 한국이나 전조 정권에 비해 훨씬 안정되었으며, 민족 억압도 일부 완화되었다.

석륵의 뒤를 이어 황제가 된 석호는 탐욕스러워 사치가 극에 달하고 흉포한 통치자였다. 그는 중원에 대규모 수렵장을 만들어 농업생산에 피해를 주었으며, 업과 낙양, 장안에 대규모 궁전과 원유(苑囿)를 건설하기 위해 수천, 수만의 농민들을 동원해 수많은 이들이 힘든 노역으로 인해 목숨을 잃었다. 또한 동진 침공을 준비하기 위해 백만 농민을 강제 동원해 군병으로 충원했으며, 그들에게 식량과 우마를 직접 조달하도록 했다. 이처럼 전에 없던 잔혹한 통치로 인해 한족 인민들의 공분을 불러 일으켰다. 당시 피해가 가장 심했던 산동 인민들은 도교를 연결고리로 삼아 대규모 봉기를 계획했으나 불행하게도 사전에 발각되고 말았다. 이 사건에 연루되어 사망한 이는 수천 명에 달했다. 유광은 불교를 빙자해 '불태자(佛太子)'로 자칭하며 많은 무리를 모아 종남산

에서 정권 타도에 나섰으나 역시 실패해 피살되고 말았다.[114]

후조의 동궁 호위병사 10여만 명이 양주(凉州)로 폄적되었는데, 그 가운데 1만 여 명이 관중에 이르러 병변을 일으켰다. 양독(梁犢)이 병력을 이끌고 동쪽으로 돌아가면서 관중의 여러 성을 함락시켰다. 양독은 자칭 진정동대장군(晉征東大將軍)이라고 불렀는데, 이는 당시 갈족 통치 세력에 반대하는 한인들의 요구에 부합하는 것이었기 때문에 기의의 기세를 더욱 드높일 수 있었다. 양독의 군대는 무기가 부족해 긴 자루에 도끼를 묶어 사용할 정도였으나 "귀신처럼 잘 싸워" 순식간에 장안, 낙양을 점령하고 형양(榮陽), 진류(陳留)를 공략했다. 후조 군대는 연전연패를 거듭하다가 마지막에 가서야 저족과 강족 병사를 동원해 그들을 진압할 수 있었다.

350년, 후조 대장군인 한인 염민(冉閔)이 석후가 죽고 그의 자손들이 혼전을 벌이는 기회를 틈타 정권을 탈취하고 나라를 세워 위(魏)로 칭했다. 염민은 석호의 잔혹한 통치에 반대하는 한인들의 정당한 요구를 빙자해 갈인들을 무차별 학살했다. 이로써 호족과 한인들 사이에 서로 반목하는 분위기가 확산되었으며, 그의 통치기반 역시 흔들릴 수밖에 없었다. 결국 염민의 위나라는 요하 유역에서 남하한 선비 모용부에 의해 멸망하고 만다.

전연(前燕)과 전진(前秦)

337년, 선비 모용황(慕容皝)이 연왕(燕王)이라 자칭했다. 342년 모용부는 용성(龍城, 지금의 요녕 조양)으로 도읍지를 옮기고 점차 부근 여러 부락을 병탄하는 한편 수많은 한족 유민들을 받아들여 세력을 확충했다. 모용황은 빈민들을 끌어들여 용성 원유(苑囿)를 개간하게 했는데,

토지세가 상당히 높아 관아의 소를 사용할 경우 8할을 세금으로 내고, 그렇지 않을 경우는 7할이 세금이었다. 이후 봉유(封裕)의 건의를 받아들여 4 대 6 또는 절반만 세금으로 징수했는데, 이는 위진 시대 둔전민의 경우와 같은 것이었다.

352년, 모용준(慕容儁)이 부락민을 이끌고 남하해 염민을 멸망시키고 업성에 전연(前燕)을 건립했다. 전연은 중원 인민의 반항을 진압하는 한편 병주 인근의 여러 군에 소속된 300여 보루를 공략했으며, 호족과 한인 수십만 호를 장악하고 있는 호강 장평(張平)의 세력을 물리쳤다. 사서 기록에 따르면, 모용수(慕容垂)는 업(鄴)에 전원을 소유하고 있었으며, 모용평(慕容評)은 산의 샘물을 막아 먹는 물과 땔나무를 팔았다고 한다. 모용부의 왕공 기족들은 일반적으로 자신들이 소유하고 있는 음호(蔭戶)를 은닉했는데, 음호의 숫자가 전체 국가의 호구보다 많았다고 한다. 그래서 관부에서 한 차례 점검해 20여만 호를 찾아내기도 했다. 이러한 사실로 볼 때, 모용부 귀족들은 빠르게 봉건 대지주가 되었음을 알 수 있다.

후조(後趙) 시절에 중원으로 들어온 저족은 후조가 붕괴할 즈음 부건(苻健)이 무리를 이끌고 서쪽으로 관중에 들어왔으며, 351년, 장안에서 전진(前秦)을 세웠다. 전진의 통치자 부견(苻堅)은 후조의 일부 혹정을 폐지하고 위진 이래 사족의 특권을 회복시키는 한편 한인 왕맹(王猛)을 중용해 농잠을 권장하고 유학을 제창했다. 부견이 통치하던 시절 관중의 수리사업이 회복되어 농업이 크게 발전했으며, 장안에서 각지로 통하는 도로와 역정(驛亭)

전진 시대 '대진용흥화모고성'이라고 적힌 와당

도 새롭게 정비되었다. "사방의 이족이 복종해 관중으로 몰려들고 사방에서 온 이들은 모두 기이한 모색을 지녔다."[115] 이렇듯 당시에는 이미 여러 종족 간의 교류는 물론이고 중국과 서방과도 교류가 있었음을 알 수 있다. 전진은 370년 전연을 멸망시키고 376년에는 전량(前涼)과 대(代), 그리고 얼마 후 파촉을 점령하고 서역까지 진출했다. 이렇게 해서 북방은 다시 통일 국면으로 들어섰다.

383년(동진 태원 8년) 부견이 일거에 동진을 공략하기 위해 90만 대군을 동원했다. 하지만 전진의 군사들은 비수(淝水) 전투에서 동진의 군사에게 패배했으며, 이로 인해 전진 정권 역시 붕괴하고 말았다. 전진의 통제를 받고 있던 일부 호족의 수령들이 기회를 틈타 중원의 패권을 노리면서 북방은 다시 혼란해지기 시작했다. 각 족의 통치자들이 야기한 전쟁으로 북방의 민족 모순도 다시 악화되었다.

비수 전투 이후 북방의 형세와 북위(北魏)의 북방 통일

비수 전투가 끝난 후 북방은 심각한 분열상태가 수십 년간 지속되었다. 당시 관동과 관중, 그리고 서북 지역은 각기 민족 융합의 정도나 사회경제 상황이 달랐기 때문에 혼란의 상황 역시 완전히 일치하지 않았다.

관동에서 선비 모용부의 귀족들이 앞뒤로 후연(後燕), 서연(西燕), 남연(南燕) 등을 세웠다. 얼마 후 선비화(鮮卑化)된 고려인 고운(高云)이 용성(龍城)에서 후주의 군주 자리를 이었는데, 그의 정권은 선비화한 한인 풍발(馮跋)의 손에 넘어가 북연(北燕)으로 국호를 개칭했다. 관동은 한족이 밀집한 지역으로 경제, 문화적으로 비교적 발달했기 때문에 전후로 그곳으로 들어온 오환인, 흉노인, 갈인, 선비인, 정령인 등은 비교적 빠르게 봉건제에 익숙해졌고, 한인과 마찬가지로 농경생활을 하며 살았다. 그렇기 때문에 그곳의 민족 갈등은 그다지 심하지 않았다. 남조 초기 주랑(周朗)은 그곳 거주민을 '산동잡한(山東雜漢)'[116]이라고 불렀고, 사령운(謝靈運)은 "하북은 모두 예전의 호구로 잡인이 거의 없었다"[117]라고 여겼다. 비수 전쟁 이후 그곳은 주로 선비 모용부의 활동 영역이었으며, 정치적 변화가 적지 않았으나 그렇다고 동란이 지속된 것은 아니었다.

관중에서 강인(羌人) 요장(姚萇)이 후진을 세웠다. 요장이 죽은 후 요흥(姚興)이 뒤를 이었는데, 그는 유학과 불교를 부흥시키고 자신이 직접 경전을 강론하기도 했다. 그는 또한 강족 각부의 호추(豪酋)나 호구를 은닉하고 있는 무장 세력을 억제하는 한편 기황과 난리로 인해 노비가 된 이들을 방면하면서 유민을 관중으로 끌어들였다. 하지만 "관서에서 여러 종족이 잡거하고 종류가 달랐기 때문에"[118] 저, 강, 철불(鐵弗) 등 여러 종족 간의 충돌이 빈번해졌으며, 이로 인해 후진 정권 역시 확고한 기반을 잡기 어려웠다. 417년, 동진 유유(劉裕)가 군사를 일으켜 후진을 멸망시켰다. 2년 후 철불부(鐵弗部) 혁련발발(赫連勃勃)이 동진 군사를 내쫓고 관중을 점령해 하국(夏國)을 세웠으며, 통만(統萬, 지금의 섬서 횡산 경내)을 도읍지로 정했다. 철불부는 원래 지금의 섬북(陝北)에서 유목생활을 하면서 남흉노의 후예로 자처했는데, 일설에 따르면, 호[胡, 흉노(匈奴)]를 아비로 선비를 어미로 삼았다고 한다. 혁련발발의 잔혹한 통치로 인해 관중의 주민들은 심하게 고통을 받았다.

서북 지구의 하서주랑(河西走廊) 일대에는 전후로 다섯 개의 왕국이 명멸했다. 농서 선비 걸복부(乞伏部) 걸복국인(乞伏國仁)이 서진(西秦)을 건립하고 원천(苑川, 지금의 감숙 유중)을 도읍지로 삼았고, 저인(氏人) 여

광건이 후량(後涼)을 세우고 고장(姑臧, 지금의 감숙 무위)을 도읍지로 삼았으며, 탁발부와 같은 뿌리를 지닌 하서 선비 독발부(禿髮部) 독발오고(禿髮烏孤)가 남량(南涼)을 세우고 염천보(廉川堡, 지금의 청해 악도)에 도읍지를 건설했다. 노수호(盧水胡)에 함께 살던 흉노 저거부(沮渠部) 저거몽손(沮渠蒙遜)은 북량(北涼)을 건설하고 장액(張掖)을 도읍지로 삼았으며, 한인 이고(李暠)는 서량을 세우고 돈황을 도읍지로 삼았다. 그곳은 경제 수준이 비교적 낮고 민족관계가 복잡했기 때문에 어떤 한 민족이 주도적인 역할을 하거나 한 나라가 전체 국가를 통일시킬 정도의 능력을 갖추지 못했다. 그래서 그 작은 나라들은 서로 끊임없이 병탄 전쟁을 일으켜 오랜 기간 혼란이 지속되었으며, 생산 기반 또한 크게 파괴되고 말았다.

앞의 세 군데 지역 외에도 평성(平城, 지금의 산서 대동) 일대에 선비 탁발부가 세운 대국(代國)이 있다. 338년, 십익건(什翼犍)이 탁발부를 통치했는데, 그는 여러 관직을 설치했으며, "반역, 살인, 강도를 처리하는 법을 제정해"[119] 씨족제의 잔재를 없애고 국가체제를 만드는 데 주력했다. 한인의 영향하에 탁발부는 봉건사회로 비약하기 시작했다. 대국은 376년 부견에게 멸망되었다. 비수 전투가 끝나고 386년 탁발규(拓跋珪)가 국가를 중건해 개국하면서 국호를 위(魏)로 바꾸었다.

탁발규(386~409년)는 탁발부의 걸출한 인물로 탁발부 부흥에 크게 기여했다. 그는 성락에서 즉위한 후 백성들이 농사에 전념할 수 있도록 했다(他在盛樂息衆課農). 그리하여 농업생산을 오원(五原)과 고양(稒陽) 새외(塞外)까지 확대하고, 일부 북방 유목민족을 정복해 수많은 포로와 가축을 얻었으며, 이로 인해 탁발부는 더욱 강대해지기 시작했다. 395년, 위나라 군사들은 삼합파(参合陂)에서 후연(後燕)과 싸워 후연 군사 4만

~5만 명을 섬멸했다. 이듬해 위나라는 대거 군사를 일으켜 연을 공략해 병주를 빼앗고 동쪽으로 정형(井陘)으로 진출해 하북 여러 주군(州郡)을 점령했으며, 계속해서 신도(信都), 중산(中山), 업(鄴) 등 중요 진(鎭)을 차지했다. 이로써 기본적으로 관동 지역을 완전히 평정했다. 천흥(天興) 원년(398년), 탁발규는 칭제[시호는 도무제(道武帝)]하고 평성을 도읍지로 삼았다. 태상(泰常) 7년(422년), 명원제[明元帝, 탁발사(拓跋嗣)]가 황하 이남 유송(劉宋)의 청주(靑州)와 연주(兗州)를 확보했다. 이후 태무제가 계속 전쟁을 일으켜 신가(神麚) 4년(431년) 철불부(鐵弗部)의 하(夏) 나라를 멸망시켰으며, 태연(太延) 2년(436년) 북연(北燕), 태연 5년 북량(北凉)을 멸망시키고 북방 통일을 완수했다.

북위 전기(386~451년) 각 민족의 투쟁

북위 전기 민족 억압과 여러 민족 인민의 반압제 투쟁

열여섯 나라가 100여 년 동안 각 민족 간에 투쟁과 융합을 반복한 것은 북위의 북방 통일에 전제가 되었다. 통일 전쟁 과정에서 도무제(道武帝)는 통치 강화를 위해 자신을 따라 중원에 들어온 제부(諸部)의 부락을 조직해 부락 구성원들에게 토지를 분배하고 정주토록 해 국가 편호에 편입시키는 한편 제멋대로 이주할 수 없도록 했다. 하지만 고차(高車) 같은 부락은 난폭하고 사나웠기[粗獷] 때문에 강제 당하지 않고 여전히 기존의 부락조직을 유지했다.[120] 도무제는 산동 여섯 주의 한족 관리들과 도하(徒河, 선비 모용부), 고려, '잡이(雜夷)' 38만 명을 강제로 평성 부근으로 이주시키고, 밭가는 소를 배급하고 인구에 따라 전답을 제공했다. 이 외에도 다양한 직종의 기술자와 기예를 지닌 10여만 명을 강제로 이주시켰다. 명원제와 태무제 시절에도 대규모 인구 이동이 있었다. 이러한 조치는 북방의 여러 민족 구성원들이 소농으로 변화하는 역사적 추세를 반영하는 것이며, 객관적으로 볼 때 여러 민족의 혼거와 민족 융합을 촉진시켜 통일 실현에 유리하게 작용했다.

각 민족의 할거 형세는 전진이 붕괴한 이후에 더욱 심해졌다. 그래서 북위 전기의 도무제, 명원제, 태무제 등은 계속해서 통일 전쟁을 수행했다. 이는 또한 잔혹한 민족 정복전쟁이기도 했다. 민족 정복전쟁 과정에서 탁발 통치자들은 대규모 약탈과 인명살상을 마다하지 않았으며, 다른 민족을 심하게 억압해 자연스럽게 여러 민족의 반압제 투쟁이 전개되었다.

그 가운데 가장 먼저 일어난 것이 모용부의 반항이다. 북위는 삼합파에서 후연과 싸우면서 포로를 산 채로 매장한 적이 있었기 때문에 중원의 모용부는 도처에 식량을 은닉하고 성을 지키면서 위군의 동진을 막아내려고 안간힘을 다 썼다. 평성으로 강제 이주된 모용부 사람들 가운데 "100여 가구가 외부로 도망쳐(百餘家謀外奔)" 북위 통치세력에서 벗어나려고 했다. 이로 인해 북위 정권에 의해 주살된 이가 수백 명에 이르렀다.[121] 모용부 사람들의 반항이 격렬해지자 북위는 태상(泰常) 3년(418년) 더 쉽게 통제할 수 있도록 또다시 기(冀), 정(定), 유(幽) 등 세 주(州)에 흩어져 살고 있던 도하(徒河)를 평성 부근으로 이주시켰다.[122]

천흥(天興) 원년(398년), 유주(幽州)의 오환(烏桓)[123]이 북위의 민족 억압에 반대해 완강하고 지속적인 투쟁을 벌이다가 태상 원년 진압되었다. 병주 경내에 살고 있는 잡호들도 자주 위나라 군사들의 공격을 받게 되자 지속적으로 반항했다. 북위 축부(逐部)는 그들을 정복한 후 잔혹한 도살을 행하는 한편 그들 부락민을 강제로 흩어지게 하고 일부를 대거 평성으로 이주토록 했다.

연변(沿邊)의 여러 민족 부락민들은 북위 군사들의 통제를 받아 정상적인 생활을 영위하기 힘들었으며 끊임없이 약탈전쟁에 동원되었기 때문에 지속적으로 반항했다. 고차족(高車族)의 반위(反魏) 투쟁은 규모 면에서 가장 컸을 뿐만 아니라 가장 빈번했다. 그러나 투쟁은 실패로 끝나고 고차인들은 강제로 영호(營戶)로 편성되어 지금의 하북과 산동 지역으로 이주 당했다.

북위 북쪽에서 유목생활을 하던 유연인(柔然人)은 북위의 강적이었다. 태무제는 유연을 상대하기 위해 중요 군사력을 집중했으며, 전후로 여러 차례 유연 정벌 전쟁을 일으켰다. 북위에게 정복당한 유연과 복속된 고차인들은 변방 지역으로 강제 이주되어 북위 정권을 위해 목축업에 종사하거나 전쟁에 동원되기도 했다. 그들은 끊임없이 변새 너머로 도망치거나 북위 정권에 저항했다.

민족 억압에 대한 한족 인민들의 투쟁도 다른 민족처럼 격렬했다. "백간(白澗), 행당(行唐, 지금의 하북 당현 일대) 수천 가구가 위험을 무릅쓰고 세금을 납부하지 않았다."[124] "고평[高平, 지금의 산동 금향(金鄉)이 군치(郡治)다]의 백성들이 숲속에 떼 지어 모여 살며 관군에게 저항하자 아청 등이 수천 가구를 주살하고 1만여 명을 포로로 잡았다."[125] 북위는 중원에 8군데 군부(軍府)를 설치하고 매 군마다 5000명을 배치해 한인의 저항을 진압했다. 신서(神瑞) 2년(415년) 북위는 업성으로 천도하고자 했으나 최호(崔浩)가 극력 반대했다. 그는 탁발부의 인구가 너무 적기 때문에 만약 분가해 남쪽으로 이주할 경우 각 주마다 인력 배치에 어려움이 있을 것이며, 거주민들이 이를 알게 될 경우 더욱 심하게 저항할 것이고, 변경의 여러 민족이 평성을 공격하게 될 것이라고 주장했다.

그는 통치 중심을 평성에 두어야만 중원에 일이 발생했을 때 즉시 출동할 수 있으니, 이것이 "제하에 위세를 떨칠 수 있는 장기적인 방책"[126]이라고 여겼다. 최호의 발언에서 북위 통치자들이 여러 민족 인민들의 저항에 두려움을 느꼈으며, 이를 막기 위해 애썼다는 것을 알 수 있다.

태평진군(太平眞君) 6년(445년) 더욱 규모가 큰 항쟁이 일어났다. 그해에 개오(蓋吳)가 행성(杏城, 지금의 섬서 황릉) 노수호(盧水胡, 서북 지역의 소수민족 – 역주)를 이끌고 거병하자 "여러 오랑캐들이 이에 다투어 호응하니 그 숫자가 10여만 명에 이르렀다."[127] 일부 한인들도 무리를 결집해 개오와 연합했다. 개오는 유송과 연계하는 한편 군사를 여러 갈래로 나누어 진격했다. 별부수(別部帥) 백광평(白廣平)은 서쪽으로 신평(新平), 안정(安定)으로 진입해 저, 강, 흉노 등 위국에 저항하는 세력과 연합했다.

개오는 이윤보(李閏堡, 지금의 섬서 대려 경내)로 진군해 세력을 확대한 후 장안으로 쳐들어갔다. 설영종(薛永宗)이 통솔하는 하동의 촉인(蜀人)들도 거병해 호응했다. 하지만 태무제가 친히 중무장한 군사를 이끌고 진압에 나서자 위국에 저항하는 세력도 끝내 무너지고 말았다.

북방의 민족 모순과 여러 민족 인민의 항쟁은 당시 남북관계에 커다란 영향을 미쳤다. 태평진군 11년(450년) 송나라 군사가 중원으로 북진하자 하수와 낙수의 관롱(關隴) 사람들이 자발적으로 나서서 군량을 운반하고 군대에 자원했으며, 심지어 "사산의 강인이나 호인들도 모두 분전(奮戰)하기를 청할 정도였다."[128] 그해 겨울 위군이 과보(瓜步)를 점령하자 회남(淮南) 사람들은 보루를 더욱 강화하고 물자를 다른 곳으로 옮겨 놓고 도망쳤다. 우이(肝眙)를 지키고 있던 송(宋) 태수 심박(沈璞)은 당시 정황에 대해 이렇게 말했다. "적[위군(魏軍)]의 잔혹성은 고금의 유례가 없을 정도이니 그들의 도살과 약탈은 모든 이들이 직접 목도한 바다. 요행으로 화를 면한 이들도 끝내 북국(北國, 위나라)으로 끌려가 노비가 되고 말았다."[129] 이렇듯 민족 억압이 잔혹하고 심했기 때문에 회남을 방어하던 군사들은 사방이 포위가 된 상황에서도 끝내 물러나지 않고 마침내 북위의 공격을 물리쳤던 것이다.

위군 내부에서도 민족 모순이 심각한 상황이었다. 위군은 작전을 수행할 때 철기병인 선비족이 주력부대였는데, 그들은 한인들을 보병으로 삼아 적진에 몰아넣곤 했다. 그래서 한인들은 싸워보기도 전에 밟혀 죽는 이가 부지기수였다. 심지어 북위 태무제는 위군이 우이를 공격할 때 송나라 장수 감질(減質)에게 서신을 보내, 성을 포위하고 있는 병사들은 모두 저, 강, 흉노, 정령 사람들이니 송군이 그들을 모두 죽인다면 오히려 북방의 저항세력을 줄여주는 것일 뿐 북위에게 불리할 것이 없다고 말할 정도였다. 이렇듯 위군 내부에도 민족 억압이 심각한 상태였기 때문에 통치세력을 제외한 여러 민족 출신의 병사들이 저항하거나 도망치는 일이 허다했다.

한족 지주에 대한 북위 통치자의 회유

북위 통치자는 북방을 통일하는 과정에서 여러 민족의 저항을 강력하게 진압했으나 다른 한편으로 여러 민족의 상층 귀족들에 대해서는 회유 정책을 썼다. 그들을 통해 각 민족을 통치하기 위함이었다.

북위의 여러 황제들은 한 고조의 화친정책을 모방해 공주를 "빈복

지국(賓服之國)"130으로 시집을 보내 여러 호족(胡族) 통치 세력과 연계했다. 또한 여러 호족 통치자들에게 봉작과 관직을 하사했으며, 그들이 자신들의 군대를 통솔해 북위를 위해 싸울 수 있도록 했으며, 심지어 위국을 대신해서 자기 민족의 항쟁을 진압하도록 했다.

북위의 여러 황제들은 다양한 수단을 활용해 한족 지주를 회유했다. 일찍이 황시(皇始) 원년(396년) 도무제가 병주를 빼앗을 당시 적극적으로 한족 사인들을 받아들여 통치기구를 공고하게 만들었으며, 최굉(崔宏)에게 관료제를 세우고, 예의와 율령을 제정하도록 했다. 신가 4년(431년), 태무제는 중원의 사족(士族) 출신의 범양(範陽) 노현(盧玄), 박릉(博陵) 최작(崔綽), 월군(趙郡) 이령(李靈), 하간(河間) 형영(邢穎), 발해(渤海) 고윤(高允), 광평(廣平) 유아(游雅), 태원(太原) 장위(張偉) 등을 초빙했으며, 주군(州郡)에서 보낸 수백 명의 사인들에게 관작을 주기도 했다. 북위는 하(夏)를 멸망시키면서 조일(趙逸), 호방회(胡方回) 등 유생을 얻었으며, 북량을 멸망시킨 후에는 하서(河西) 유생 함인(闞駰), 색창(索敞), 음중달(陰仲達), 그리고 선조 시절에 중원에서 양(涼)으로 들어온 상상(常爽), 강식(江式) 등을 평성으로 불러들여, 그들에게 생도를 가르치고, 서적을 정리하며, 율령을 제정하고 국사를 편찬하도록 했으며, 시문을 전파하고 문자를 정리하도록 했다. 태무제는 선비 관원의 자제를 태학에 보내 학습토록 했다. 일부 선비 훈신(勳臣)의 정치적 역할이 축소되었으며, 그 가운데 어떤 이들은 작위만 있을 뿐 한족 사인들이 직무를 대신했다.

북위는 중원에 진입한 초기에는 단지 군사적으로 점령하고 있을 뿐이었다. 그래서 지역 통치는 할거하고 있던 한인 대족 호강의 힘을 빌리지 않을 수 없었으며, 심지어 군사 작전에도 한족 사인이나 무장한 한인 지주의 도움을 받았다. 태상(泰常) 8년(423년) 북위 숙손건(叔孫建)이 군사를 이끌고 청주를 공격했을 당시 청주 사람들은 보루를 쌓고 물자를 다른 곳으로 옮긴 후 완강하게 저항했다. 명원제[明元帝, 북위(北魏) 탁발사(拓跋嗣, 392~423년)]가 하수와 제수 인근에서 병력을 보유하고 있던 조옹(刁雍)을 청주로 보내 한인들에게 군량을 조달하도록 회유했다.[131] 개오가 거병했을 때도 하동 문희(聞喜)의 명문대가인 배준(裴駿)이 '향호(鄕豪)'를 이끌고 의병을 격퇴했다.[132] 하동 분음(汾陰)의 촉인 명문대가 출신인 설발(薛拔)은 "종친을 규합하여(糾合宗鄕)" 적을 차단하라는 북위 통치자의 요청을 받아들였다.[133] 한족과 기타 다른 민족 인민들의 항쟁은 대족호강(大族豪强)의 진압으로 인해 번번이 좌절되고 말았으며, 명문대가의 호강들은 자체 군사력을 보유해 자신들의 정치, 경제력을 보존, 확충했으며, 이러한 토대하에서 탁발 귀족들과 연합해 세력을 이어갔다.

탁발 귀족들은 한족 지주를 회유하는 데 성공했지만 그렇다고 그들 사이의 모순이 완전히 제거된 것은 아니었다. 양자 간의 모순은 때로 첨예할 정도로 악화되기도 했다. 도무제는 이전 연(燕) 경내에 살고 있던 수재(守宰, 지방장관) 호걸(豪杰), 이민(吏民), 관리와 서민 2000여 가구를 평성으로 강제 이주토록 했는데, 이는 한족 지주에 대한 통제를 강화해 그들의 저항을 진압하기 위함이었다. 명원제는 각지 호강 지주를 입경시켰는데, 주군(州郡)에서는 소집된 이들을 강제로 내쫓아 큰 소동이 일어나기도 했다. 태무제 시절 관동의 지주들은 더는 출사하길 원치 않았으며, 평성으로 가서 관리가 되는 것을 두려운 일로 생각했다.[134] 태무제가 가장 신임했던 한인 사족 최호는 북위가 남조와 적대시하는 것에 반대하고, 친족 문벌을 제창했다가 결국 참혹하게 살해되었고, 수많은 종친과 인척들까지 이에 연루되어 피해를 입었다.

북방 사회 각 계급의 상황

지주와 음호, 종주독호제(宗主督護制)

16국, 북위 시기에 북방에는 대토지 소유제가 지속적으로 확대되었다. 일반 지주들도 모두 방대한 크기의 전장(田莊, 장원)을 소유하고 있었으며, 자신의 장원에 거주하는 농민들을 시켜 농사를 짓도록 했다. 농민들은 농사는 물론이고 가축을 기르며, 양잠이나 그 밖의 잡일을 도맡아 했으며, 식염 이외에 기본적인 생활 재료를 모두 자급자족해야만 했다.[135] 이러한 장원은 북방 지주들의 봉건 할거를 유지하는 물질적 토대가 되었으며, 16국 시대의 교환경제 발전을 심각하게 저해시켰다.

16국 시대에 일부 명문대족 지주들은 종족끼리 몰려 살면서 성을 쌓고 보루를 만들어 호인들의 침입에 대비했다.[136] 오벽(塢壁, 5호16국과 남북조 시대에 북방 한인들이 외족의 침입을 방어하기 위해 친족을 규합해 만든 자급자족 형태의 성채 - 역주)에 거주하는 이들은 많게는 4000~5000가구, 적게는 500이나 1000가구 정도였다.[137] 그들 대다수는 주로 대지주의 전객(佃客), 부곡(部曲) 등이었는데, 지주의 지배하에 살면서 평상시에는 농사를 지었고, 유사시에는 창을 들고 전쟁에 참가했다. 16국 후기에도 대족 지주들은 여전히 "한 가구에 방이 백 개가 넘는 곳에서 친인척끼리 모여 살았으며, 정적(丁籍)에 올린 이들이 천여 명을 넘는 이들도 있었다."[138] 이렇듯 당시 대족 지주들은 농민을 '포음호(苞蔭戶)'로 삼아 자신들의 수중에 장악하고 있었다. 관중 대족 지주의 포음호도 상당히 많았는데, 그들을 '보호(堡戶)'[139]라고 칭했다. 북방 여러 소수민족 귀족들도 농업생산이나 농경생활 방식에 익숙해지면서 점차 토지를 강점하고 음호를 확충해 한족 지주들과 다를 바 없었다.

대족 지주의 토지소유권은 대단히 견고했다. 토지소유권은 정치 군사 권력이나 종족의 권력과 긴밀하게 결합되어 토지가 없거나 적은 농민들을 잔혹하게 속박했으며, 자신들을 위해 이바지하도록 그들을 핍박하고 착취했다. 북위 통치자들은 한족 지주와 결탁하거나 이용해 농민의 저항을 진압했고, 아울러 지주의 이러한 권력에 합법성을 부여했다. 심지어 어떤 곳에서는 지주의 통치를 국가 지방정권으로 간주하기도 했는데, 이것이 나중에 '종주독후(宗主督護)' 제도로 정착되었다.

오벽(塢壁) 통치와 이후 종주독호 제도하에서 농민들은 토지 점유 상황, 지주와 친소관계, 기타 여건이 서로 달랐기 때문에 지주와의 종속관계가 각기 큰 차이가 있었다. 하지만 일반적으로 지주는 자기 마음대로 농민들을 병력으로 활용할 수 있었으며, 평상시에는 농사나 기타 노역으로 부려먹을 수 있었다. 이런 상황에서 농민들은 지주의 통제를 벗어나기 힘들었다. 《위서》〈식화지〉에 "위나라 초기에는 삼장[三長, 5가(家)를 1린(隣)으로 해 인장(隣長)을 두고, 5린을 1리(里)라 해 이장(里長)을, 5리를 1당(黨)이라 해 당장(黨長)을 두었는데, 인장, 이장, 당장을 삼장이라고 한다. 삼장의 임무는 호적조사, 세금징수 등이다 – 역주]을 두지 않았기 때문에 백성들이 대부분 음부였다. 음부에 속한 이들은 관의 노역은 없었으나 호강들이 조세를 징수하는 것이 관부의 두 배가 되었다(魏初不立三長, 故民多蔭附. 蔭附者皆無官役, 豪强徵斂, 倍于公賦)." 인용문은 공부(公賦, 통상 조조를 말한다)와 호강의 징수 수량을 비교하고 있는데, 당시 지주들이 농민들을 수탈하는 주된 형식이 여전히 실물 지조(地租)였음을 알 수 있다.[140] 당연히 종속관계가 밀접해지면서 지주들이 농민들을 노역 착취하는 일도 증가했다.

북방의 대족 지주 가운데 세세대대로 특수한 사회, 정치적 위상을 확보한 이들을 사족(士族) 또는 군성(郡姓)이라고 칭했다. 북방 사족으로 관동에는 최(崔), 노(盧), 이(李), 정(鄭), 왕(王) 등이 가장 컸고, 관중(關中)과 병주에는 위(韋), 배(裴), 유(柳), 설(薛), 양(楊), 두(杜) 등이 제일 컸다.[141] 그들은 지방의 토호세력으로 이리저리 복잡하게 관계를 맺어 북방 정치에 막대한 영향을 미쳤다.

국가의 각종 의부호

탁발부 귀족이 세운 봉건국가는 전쟁포로와 정복된 여러 민족의 일부 인민(주로 한인)들을 의부호(依附戶)로 삼아 자신들의 통제 하에 두었으며, 그들을 각종 노역에 동원하는 등 탁발 귀족을 위한 착취 대상으로 삼았다. 예호(隷戶) 또는 잡호(雜戶)가 가장 흔했는데, 그들은 수십 호나 수백 호씩 탁발부 귀족 관리, 장군들에게 하사되기도 했다. 많은 이들이 군사로 충당되어 대대로 병역을 담당했는데, 그들을 일러 군호(軍戶), 영호(營戶), 부호(府戶)라고 했다. 평성(平城)과 각지의 수공업자들은 기작호(伎作戶)로 편입되어 공역(工役, 토목공사)을 관장하는 정부 관서의 관리를 받으면서 관부에 필요한 수공업 제품을 생산했다. 이 외에도 태상시(太常寺)의 악호(樂戶), 도호(屠戶)가 있으며, 병주(并州)의 염호(鹽戶), 한중(漢中)의 금호(金戶) 등이 있었다. 북위 초년 도호(逃戶)들을 능라(綾羅), 세충(細䌷), 나곡(羅穀) 등의 호(戶)로 편입시켜 국가에 사직품을 납품하도록 했다. 주군(州郡)에는 둔전호(屯田戶)를 두었고 국가 목장에는 목호(牧戶)를 두었다. 이러한 모든 호구(戶口)는 잡호나 다를 바 없었다. 죄인이나 그의 가족들은 때로 잡호로 충당되기도 했다.

각종 의부호는 각기 다른 일을 맡았지만 신분은 거의 같아 자영농민보다 낮고 노예보다 약간 높은 정도였다. 그들의 신분은 세습되었으며, 다른 곳으로 거주지를 옮기거나 업종을 바꿀 수 없었으며, 일반적으로 서민과 통혼할 수도 없었고, 책을 읽거나 관리가 될 수도 없었다. 그들은 모두 가정을 갖고 자립하고 독립할 수 있었지만 가정 경제를 꾸려가기 힘들었다. 그들은 교대로 노역을 담당하거나 정해진 공납을 바친 후에야 자신의 가정을 돌볼 수 있었다.

북위 정권의 통제를 받는 의부호가 특히 많았던 것은 당시 사회, 역사적 조건에 기인한다. 북위의 민호는 대부분 종주독호나 잔류하고 있는 부락의 속박을 받고 있었기 때문에 봉건국가가 직접 장악하기에 숫자적으로 한계가 있었다. 게다가 탁발부의 생산 수준이 낮고 당시 사회의 수공업과 상업이 상당히 쇠락한 상태였다. 이러한 상황에서 만약 북위 통치자들이 일부 노동자를 국가 소속의 의부호로 삼아 통제하지 않는다면 자신들, 특히 수공업 분야에서 그들 자신의 수요를 만족시킬 수 없었을 것이다. 탁발부에 노예제의 잔재가 여전히 존재하고, 탁발 귀족들의 민족 억압정책이 계속 유지되었기 때문에 북위의 국가에 소속된 의부호들은 신분상의 제약이나 속박이 상당히 심했고, 그만큼 생활도 고통스러웠다. 5세기 후반부 효문제(孝文帝)가 들어서서 북방의 농업과 수공업 생산을 향상시키고 민족관계를 비교적 완화시키자 앞서 말한 상황들도 크게 개선되기 시작했다.

이 외에 불교 사원도 합법적으로 토지를 점유하고 의부 농민을 소유할 수 있었는데, 그들을 일러 승지호(僧祇戶) 또는 불도호(佛圖戶)라고 불렀다. 그들은 당연히 사원 지주를 위해 일했다.

자경 농민

북위 초년 도무제는 수많은 사람들을 대북(代北, 북위를 지칭함 – 역주)으로 이주시켰다. 북위 통치자는 이주민들에게 토지와 경작용 소를 분배했다. 그들은 비교적 특수한 신분의 자영농민 계층이라고 할 수 있는데, 하지만 심한 착취에 시달렸다는 점에서 일반 편호와 다를 바 없었다.

도무제는 대군(代郡) 서쪽, 선무(善無) 동쪽, 음관(陰館) 북쪽, 삼합(参合) 남쪽[142]을 기내(畿內)의 경지로 삼았다. 그곳에 관서를 설치하고 농잠을 권장해 자경농민들의 경제 지위를 안정시켜 통치의 안정을 구하고자 노력했다. 하지만 얼마 후 기내의 농지를 분배받은 농민들의 빈부격차가 심화되면서 흔들리기 시작했다. 태연(太延) 5년(439년) 북위는 기내의 백성들에게 인력과 우력(牛力)으로 환공(換工)토록 했다. 소를 가진 농가에서 소가 없는 농가의 밭 22무를 경작해주고, 대신 소가 없는 농가는 7무의 경지를 김을 매주어 보상토록 하는 내용이었다. 또한 노약자만 있는 빈농의 경우 7무의 경지를 우경(牛耕)해주고 대신 2무의 경지를 김 매주어 보상하도록 했다. 이러한 환공 방식은 서로 상부상조하도록 하는 것이었으나 실제로는 소를 가진 농가가 소가 없는 농가를 변칙적으로 착취하는 꼴이 되고 말았다. 결국 도움을 받을 수 없는 빈농들은 한발이나 수해 등 자연재해를 당할 경우 무리 지어 사방으로 도주할 수밖에 없었다. 효문제 연흥(延興) 3년(473년), 소를 가지고 있는 지주들에게 빈농에게 소를 빌려주어 상호 부조토록 하고, 만약 그러지 않을 경우 평생 입사(入仕)할 수 없도록 엄한 조령을 반포했다. 태화 원년(477년), 효문제는 기내의 토지를 다시 분배하기 위해 호구마다 성인 한 명이 40무의 농지를 경작하고, 아직 성인이 되지 못한 중남(中

男)은 20무를 경작하도록 했다. 하지만 이 역시 효과 없이 끝나고 말
았다.

중원 지역의 경우 자영농민은 더욱 불안정한 삶을 살았다. 국가는 그
들에게 조세를 징수할 때 '구품혼통(九品混通)'의 방법을 채용했는데,
이는 농민 한 가구의 조세를 수많은 의부 농민을 소유하고 있는 지주
한 가구와 마찬가지로 조조(租調)를 담당하는 단위로 간주하는 방식으
로 자경농민에게 심히 불리한 것이었다.[143] 조조의 정액이 상당히 높아
비단 2필, 솜 2근, 실 1근, 조 20석에 달했으며, 이 외에도 조(調) 외의
비용을 별도로 징수했다. 관리들이 조조를 징수할 때면 "부자는 놔두
고 빈농은 독촉했으며, 호강은 피하고 약자들만 괴롭혔다(縱富督貧, 避
強侵弱)."[144] 호구의 구분도 근본적으로 공식적인 것이 아니었다. 심지
어 대지주에게 부가된 조조를 자영농에게 전가하는 경우도 허다했다.
관리들은 장척(長尺)과 대두(大斗)로 무게를 재면서 속임수를 썼고, 상
인과 결탁해 비단 가격을 올려 비단을 사서 조세를 납부하는 농민들을
착취했다. 조조 외에도 관아의 노역 또한 가혹했다. 심한 착취로 인해
토지를 잃은 농민들은 결국 객작(客作, 고용농)이 될 수밖에 없었다. 그들
은 한 해 내내 일해서 얻은 조 150곡(斛)으로 식비를 포함해 생활에 필
요한 모든 것을 해결해야만 했다.[145] 그런 상황에서 요역(徭役)을 나가
거나 자연재해를 만날 경우 그 즉시 생계가 막막해지고 말았다. 그래서
농민들은 요역을 피하기 위해 자원해서 포음호(苞陰戶)가 되거나 아예
노예로 전락했다.

노예

북위 사회는 노예의 숫자가 상당히 많았으며, 노예 노동 또한 보편

5장 삼국 양진 남북조 시대

적으로 이루어졌다. 대다수 노예는 전쟁 포로들이었다. 매번 전쟁이 끝난 후의 사서를 보면 "생구를 하사하다(賜生口)", "군실을 하사하다(賜軍實)" 등의 기록을 볼 수 있는데, '생구'는 포로를 말하는 것이고, '군실'은 전쟁을 통해 획득한 물건을 말한다. 이 외에도 죄를 지어 노예가 된 이들도 적지 않았다. 위나라 율령은 처자식을 다른 이들에게 파는 것을 금지하고,[146] "납치나 인신매매로 노비를 삼는 일"[147]을 엄격하게 금했으나 실제로 양민이 노예로 전락하는 일이 많았다. 노비의 생활은 심히 비참했다. 그들은 평생 낡은 옷에 해진 짚신을 신고, 뽕나무 열매나 대추 등으로 배를 채웠으며, 잔혹하게 살상되기도 했다. 노예는 주로 농업생산에 이용되었기 때문에 이후 효문제가 반포한 균전령(均田令)에는 노비도 양인과 마찬가지로 농지를 받을 수 있다는 규정이 들어가 있기도 하다.

북위 중기(452~499년)의 계급투쟁과 효문제의 개혁

북위 중엽 계급투쟁의 형세

장기간에 걸친 민족 정복전쟁이 끝나고 태무제가 북방을 통일했다. 이어서 그는 대거 군사를 일으켜 유연을 공격해 북방 변경을 안정시켰으며, 계속해서 남정을 시행해 유송의 반격을 막았다. 이로써 남북 양쪽의 역량이 평형을 이루었다. 이러한 일련의 전쟁은 북위 정권을 견고하게 만드는 데 도움을 주었지만 다른 한편으로 국력을 쇠진시켰다. 그래서 태무제가 죽고 문성제가 즉위하자 백성들의 원망이 비등하고 "조

정 안팎으로 고통스러워하는(朝野楚楚)" 분위기가 팽배했다.[148]

문성제 이후 북방의 민족 모순이 완화되고 민족 간의 전쟁도 줄어들었지만 계급 모순은 점차 격화되기 시작했다. 당시 과도한 착취로 인해 자경농민들의 경제적 지위가 불안정해지자 농민들이 도주하거나 숨어버리는 일이 발생하고 급기야 이곳저곳에서 농민 폭동이 일어나기 시작했다. 흥안(興安) 2년(453년), 문성제가 하간(河間) 막현(鄚縣, 지금의 하북 임구)에서 일어난 농민 봉기를 진압하고, 아울러 "15세 이하 남자를 포로로 잡아 휘하 신하들에게 차등적으로 하사했다."[149] 이러한 처리 상황으로 볼 때 당시 농민 봉기가 상당히 격렬했으며, 규모 또한 상당히 컸음을 알 수 있다.

효문제(孝文帝, 471~499년 재위)가 즉위한 후 농민 폭동이 거의 매년 발생했으며, 어떤 해에는 한 해에도 몇 번씩 일어났다. 연흥(延興) 3년(473년), 북위 통치자는 조령을 반포해 현령(縣令)이 일개 현의 '겁도(劫盜)'를 진압할 수 있으면 두 개의 현을 다스리도록 할 것이고, 두 개 현을 진압하면 세 개의 현을 다스릴 수 있도록 할 것이며, 3년 만에 군 태수로 승진시킬 것이고, 군 태수로 '겁도'를 진압하는 자 역시 현령의 경우와 마찬가지로 겸직이나 승진을 시킬 것이라고 규정했다. 이로 인해 진압행위가 더욱 잔혹해졌고, 이는 다시 농민들을 더욱 격분시켰다. 그래서 조령이 반포된 이후에 오히려 폭동이 더욱 많아졌다. 평성의 노예들도 폭동에 참가했으며, 일부 농민들은 부역을 피해 사원의 승려가 되거나 아예 투쟁의 대열에 서기도 했다.

계급투쟁이 격화되자 북위 통치자도 예전처럼 통치할 수 없어 어쩔 수 없이 방침을 바꾸어 통치를 유지하기 위한 방법 마련에 나섰다. 당시 북위는 남조와 역량면에서 균형을 이루고 막북의 유연 세력은 이미 쇠약해진 상태였기 때문에 외부의 위협에서 잠시 벗어날 수 있었다. 이로써 북위 통치자는 개혁의 필수적인 조건을 확보한 셈이었다. 풍태후(馮太后)와 효문제가 진행한 각종 개혁은 바로 이러한 상황에서 나온 것이다.[150]

관리 개혁

효문제는 제일 먼저 이치(吏治, 관리 행정 개혁)에 착수했다. 북위 초년에 제정된 규정에 따르면, 지방 수재(守宰)는 일률적으로 3명이 맡았는데, 그 가운데 한 명은 철발 종실 사람이고, 나머지 두 명은 이성(異姓)의 선비 귀족과 한족 지주였다. 이러한 관료 귀족들은 전국에 산재해 막강한 권력을 손에 넣고 전혀 거리낌 없이 농민들을 착취했다. 각급 관리들은 고정된 녹봉이 없었기 때문에 백성들의 고혈을 빨아먹고 자기 주머니를 채우는 데 혈안이 되어 있었다. 지방 수재는 잘하건 못하건 간에 임기가 일률적으로 6년이었으며, 만기가 되면 교체되었다. 임기 동안 국가는 그들이 일정한 양의 조조를 제대로 징수하고 있는가 여부만을 점검할 뿐 얼마를 어떻게 징수하고 있는지는 묻지 않았다. 각지에서 반란이나 봉기를 진압하는 군사 장령들 역시 마찬가지로 백성들의 골수를 빼먹으며 자신들의 잇속을 채우느라 정신이 없었다. 사서의 기록에 따르면, 공손궤(公孫軌)가 상당(上黨)의 정령(丁零)을 진압했는데, "처음 올 때는 단기필마에 채찍만 들고 왔는데, 돌아갈 때는 수레 백 대에 물건이 가득 실렸다."[151] 그래서 정령인(丁零人)들은 산에 올라 그에게 욕설을 퍼부었다.

북위 왕조 역시 때로 "백성들의 고통을 묻고(徵問民瘼)", "관리의 치적을 탐문하곤 했다(訪求吏治)." 하지만 "배를 삼킬 만한 물고기가 그물을 빠져나갈 정도로 법망이 느슨해 어쩌다 한 번 걸릴 뿐이었다."[152] 그래서 실제적으로 아무런 소용이 없었다. 북위의 관리 행정이 이 지경에 이르렀기 때문에 통치집단 내부적으로 부당한 이권 장악을 위한 분규가 그치지 않았으며, 다른 한편으로 계급 모순이 빠르게 확산되어 각지의 농민 폭동의 직접적인 동기가 되었다.

효문제가 친정하기에 앞서 풍태후가 일련의 개혁 조치를 시행했다. 그녀는 수재의 임기를 기존과 달리 '치적'의 좋고 나쁨에 따라 정하는 한편 녹봉제도를 시행해 녹봉 외에 뇌물을 한 필(匹) 이상 받았을 경우 사형에 처하도록 했다. 조조를 징수할 때도 장척과 대두를 사용하지 말도록 했다. 효문제는 친정체제로 돌입한 후 계속해서 기강을 확립하고 상벌을 엄격하게 적용해 부패한 관리 행정을 개선해나갔다. 비록 관리 행정 개선에 일정 부분 한계가 있었지만 북위 통치자는 이를 통해 관료 기구를 더 엄정하게 정비하고 봉건통치를 견고하게 만들어 다른 방면의 개혁 실시에 좋은 여건을 마련했다.

삼장제와 균전제

연흥 3년(473년), 북위는 호강지주가 은닉한 호구를 찾아내기 위해 각지로 사자를 파견했다. 기(冀), 정(定), 상(相) 등 여러 주(州)로 파견된 한균(韓均)은 은닉한 호구 10여만 호를 찾아냈다. 봉건국가 통치를 강화하고 아울러 호강지주가 소유한 노동인력을 빼앗기 위해 이충(李冲)은 태화(太和) 9년(485년) 삼장제(三長制)를 시행할 것을 주장했다. 삼장제는 향관(鄕官)의 체계를 중건하는 것으로 다섯 가구마다 인장(隣長)을 두고, 다섯 인(隣)마다 이씨(里氏)를 두며, 다섯 이(里)마다 당장(黨長)을 두는 것인데, 각 마을의 '호문다정[豪門多丁, 정남(丁男)이 많은 호족]'[153]

을 선택해 맡도록 하는 것이다. 이를 시행해 기존의 종주독호 통치를 대체했다.

삼장제가 제기되자 북위 내부에 격렬한 논쟁이 일어났다. 일반적으로 선비 귀족의 중요 노동력은 노예와 국가에서 하사한 예호(隸戶)였기 때문에 삼장제를 실시해도 그들의 이익에 크게 손해가 되는 것은 아니었다. 그래서 그들은 삼장제를 도입해 국가를 부강하게 만드는 데 찬성했다. 하지만 주로 대량의 포음호(苞蔭戶)를 착취해 생활하는 한족 대지주들은 삼장제가 도입되면 크게 불리해지기 때문에 극력 반대 입장을 고수했다. 결국 풍태후는 이충의 건의를 받아들여 태화 10년부터 삼장제를 전면적으로 실시했다.

태화 9년 삼장제 도입과 거의 같은 시기에 북위는 균전령(均田令)을 반포했다.[154] 균전령의 규정은 다음과 같다.

(1) 15세 이상의 남자[정남(丁男)]는 노전(露田, 개간하지 않은 밭) 40무, 상전(桑田) 20무를 받고, 부녀[정녀(丁女)]는 노전 20무를 받는다. 노전은 휴경(休耕)에 대비해 2배 또는 3배의 토지를 주었으며[2배의 토지를 배전(倍田)이라고 한다] 만 70세가 되면 국가에 반납한다. 상전은 대대로 세습할 수 있으며 반납하지 않아도 된다. 다만 일정한 수량의 뽕나무, 느릅나무[楡], 대추나무[棗]를 심어야 한다. 기존에 뽕나무를 심어놓은 사전(私田)은 매매할 수 없으나 대신 상전이나 배전의 일부를 받은 것으로 상쇄할 수 있다. 뽕나무를 심기에 적당하지 않은 곳에서는 남자는 마전(麻田) 10무, 부녀는 5무를 받을 수 있으되 모두 환수의 규정에 따른다.

(2) 노전은 매매할 수 없다. 기존의 상전(桑田)이 20무를 초과할 경우 초과 부분은 팔 수 있다.[155] 20무가 되지 않을 경우는 살 수 있으되 20무

를 초과하면 안 된다.

(3) 지주는 소유하고 있는 노비와 경우(耕牛)의 수량에 따라 별도의 토지를 획득할 수 있다. 노비는 일반 농민과 마찬가지로 토지를 받을 수 있으며, 경우를 소유하고 있을 경우 한 마리당 30무를 받는다.

(4) 토지가 부족한 곳에 사는 주민은 황무지로 이주할 수 있으며, 자신의 힘이 닿는 만큼 국가의 토지를 차용할 수 있으나 부역이 무거운 곳에서 가벼운 곳으로 옮겨갈 수는 없다. 죄를 지어 유배된 사람이나 호구가 끊겨 생업을 유지할 수 없는 사람은 토지를 국가에 반환해 균전법에 따라 새로운 사람에게 분배하는 데 사용한다.

(5) 지방 수재(守宰, 관리)는 관직의 고저에 따라 공전(公田)을 분배받는다. 자사(刺史)는 15경(頃)이며, 아래로 현령(縣令), 군승(郡丞)은 6경을 받는다. 분배받은 공전은 매매할 수 없다.

북위 왕조는 이충의 또 다른 건의를 받아들여 균전제와 상응하는 새로운 조조제(租調制)를 제정했다. 새로운 조조제의 규정에 따르면, 균전 농민 부부는 매년 백(帛) 1필(匹), 속(粟) 2석(石)을 납부하고, 15세 이상의 미혼 남자(정남) 4명, 경직(耕織)에 종사하는 노비 8명, 경우(耕牛) 20두(頭)의 조조(租調)는 모두 균전 농민 부부의 수량에 상당한다. 균전제와 새로운 조세제도에 따라 일부일처의 소가정이 토지 분배와 세금 납부의 기본 단위가 되었으며, 더 이상 호구의 차별을 두지 않았다. 이로써 기존의 구품혼통의 징세법은 완전히 폐지되었다.

균전제는 중국 역사상 봉건 토지 소유제의 보충 형식이라고 할 수 있다. 중국 북방은 황무지가 많고 자경농민이 부족했기 때문에 이런 제도가 출현하게 된 것이다. 조령의 내용으로 볼 때, 균전제가 모든 경작지를 처리한 것처럼 보이지만 실제로는 황무지나 주인 없는 땅 또는 소유권이 확정되지 않은 토지만을 배분 대상으로 삼은 것이었다. 균전 제도하의 농민들은 기본적으로 자경농이며, 북위 왕조는 그들이 원래 소유하고 있던 경작지조차 균전령의 규정에 따른 토지 항목으로 호적에 기록했으며, 상전의 매매를 제한하고, 거주지 이전을 허락하지 않았다. 이를 통해 그들에 대한 통제를 강화하고 봉건국가의 조세 수입과 요역 징발을 확보할 수 있었다. 균전 농호는 균전령의 규정에 따라 국가에서 어느 정도의 토지를 보충 받을 수 있는가, 지역이나 시기에 따라 특히 자신이 살고 있는 지역의 관부에서 관리하고 있는 황무지가 얼마나 되는가에 따라 불만의 정도가 다를 수밖에 없었다. 일반적으로 국가가 균전령에 따라 토지를 배분한다고 해도 농민들이 필요로 하는 면적을 만족시켜줄 수는 없었다. 실제로 현존하는 서위(西魏) 대통(大統) 연간의 계장[計帳, 돈황(敦煌) 잔본(殘本)]을 보면 "토지를 받지 못했다(未受地)"는 기록이 적지 않은 것을 보면 이를 확인할 수 있을 것이다. 하지만 국가의 입장에서 보면 균전제를 통해 황무지를 농민들에게 개간하도록 함으로써 부세와 요역을 확충할 수 있었다.

봉건 지주의 경우도 마찬가지였다. 그들은 원래 소유하고 있는 상전 (桑田), 노비와 경우(耕牛)의 숫자에 따라 농지를 배분한다는 명의에 따라 더 많은 토지를 확보할 수 있고, 이에 대한 세금이 그다지 많지 않았기 때문에 기본적으로 균전제로 인해 자신들의 이익을 침해당할 일이 없었다. 오히려 지주들은 각종 수단을 이용해 자신의 지배하에 있는 포음호를 통제할 수 있었다. 균전제가 실행되었지만 지주의 토지소유제가 여전히 지배적인 형태로 남아 있었다.

비록 그렇기는 했으나 삼장제와 균전제 시행이 지주 경제와 농민 경제에 큰 영향을 미친 것은 분명하다. 지주의 일부 포음호는 삼장제와 균전제 시행으로 인해 균전 농민이 되었다. 균전 농민이 증가하면서 농민의 조조도 감소하고 고정되기 시작했다. 그 결과 농민의 처지나 환경이 약간이나마 개선되었으며, 농민들에 대한 대지주의 정치, 경제, 종법적 통제력은 약화되었다. 이런 점에서 생산력 발전에 긍정적인 작용을 했다고 말할 수 있다.

균전령으로 노전을 농민들에게 분배한 것은 사실 강제로 황무지를 개간토록 한 것이나 다름 없다. 이는 농민에 대한 일종의 착취 수단이었던 것이다. 하지만 객관적으로도 농지를 확대하고 생산을 발전시키는 데 도움이 된 것 또한 사실이다.

잔존하는 서위 대통 연간의 돈황 계장에 일부 흉노, 고차 등의 균전 농호의 인민들의 명적(名籍)이 남아 있다. 이에 따르면, 그들의 가정 조직과 토지 상황, 국가에 납부해야 할 부담액이 현지 한인들과 거의 차이가 없음을 알 수 있다. 이는 균전제가 여러 호족(胡族) 인민의 농경을 통한 정착생활에 도움을 주었으며, 그들의 봉건화를 촉진했음을 나타내는 것이다.

낙양 천도와 선비의 관습 개혁

대북(代北) 지역의 농업생산이 날로 증가하는 국도 평성의 수요를 충족시키지 못하고, 효문제가 대북 선비 귀족들의 보수적인 관습의 영향에서 벗어나고자 애쓰면서 북위 정권은 진일보 봉건화의 길을 걷게 된다. 게다가 북위 정권이 중원 인민을 통치하겠다는 욕구가 강해지면서 효문제는 태화(太和) 18년(494년) 도성을 낙양으로 옮겼다. 이어서 그는 선비족의 옛 습속을 개혁하는 일련의 조치를 실행에 옮겼다. 우선

5장 삼국 양진 남북조 시대

한복(漢服)으로 선비족의 복장을 대체했고, 조정에서 선비족의 언어를 사용하지 못하도록 규정했으며, 낙양으로 이주한 선비인들은 낙양을 본적으로 삼도록 하고 죽은 후에도 평성으로 돌아갈 수 없도록 했다. 또한 선비 귀족과 한인 사족의 혼인을 장려하고, 선비족의 옛 성(姓)을 음이나 뜻이 비슷한 한족의 성으로 바꾸도록 했다. 선비인과 한인 귀족의 성씨 서열을 규정해 선비 귀족의 문벌화를 유도했다. 성씨를 바꾸고 문벌화를 규정하면서, 태화 20년 탁발씨(拓跋氏)를 원씨(元氏)로 바꾸어 최고의 가문으로 삼았다. 이 외에도 선비족의 저명한 가문의 성씨도 모두 다음과 같이 개명했다. 목(穆, 구목릉씨), 육(陸, 보육고씨), 하(賀, 하뢰씨), 유(劉, 독고씨), 루(樓, 하루씨), 우(于, 물뉴우씨), 혜(嵇, 흘해씨), 위(尉, 위지씨). 이상 여덟 개의 성을 합칭해 팔성(八姓)이라고 하는데, 그들 가문의 지체는 북방 한인 사족인 최(崔), 노(盧), 이(李), 정(鄭)에 상당했으며, 저급 관직이 아닌 청직(清職)만 맡았다.

효문제의 낙양 천도와 개혁은 북위 정치, 경제 발전과 선비족의 진일보한 봉건화의 필연적인 결과물이다. 복장과 언어 개혁으로 말하자면, 선비의 옛 복장은 '화하의관(華夏衣冠)' 전통과 부합하지 않았으며, 중원의 농업사회 생활에 적합하지 않았다. 선비의 언어는 낙양 천도 이후 경제생활과 정치생활의 내용을 반영할 수 없었으며, 전체 사회의 교제 도구로도 적합하지 않았다. 그렇기 때문에 적절한 개혁이 필요했던 것이다. 효문제의 개혁은 주로 선비 귀족을 주안점으로 두었으며, 북위정권을 견고하게 하는 데 초점을 맞추었다. 하지만 객관적으로 탁발부 전체 종족과 한족의 융합을 촉진했다는 점에서 특히 의미가 있다.

개혁 이후 낙양으로 천도한 선비 노동자들은 계속해서 중원 농민으로 변신했다. 그들은 허름한 농가를 짓고 약간의 경작지를 경영하면서

"이수(伊水), 전수(瀍水) 인근에서 힘을 다해 자신이 맡은 일에 충실했다."[156] 이리하여 기존의 유목생활과 부락관계에서 벗어나 봉건화 과정을 완성했다. 선비 귀족들은 좋은 경작지를 강점해 중원의 봉건지주가 되었고, 일부는 상업이나 수공업을 겸하면서 재물을 모았다. 경제생활이 변하면서 기존의 오랜 습속도 완전히 바뀌었다. 이후에도 여전히 정치적 풍파가 거세게 불어 닥쳤지만 그들은 더는 옛 땅인 대북으로 되돌아가지 않았다.

효문제의 개혁은 한족과 기타 소수민족을 정복한 선비 탁발부가 한족의 비교적 선진적인 문화에 '정복'될 수밖에 없었음을 말해준다. 이러한 '정복' 과정에서 선비족 문화의 우수한 부분이 중원 한족문화에 흡수되었는데, 특히 선비족의 목축생산 경험과 기술을 북방 한인들이 습득해 널리 보급함으로써 북방 경제생활에 일정한 영향을 미쳤다. 효문제 시절의 민가《이파소매가(李波小妹歌)》를 보면, 작은 누이 이파가 "치마를 추어올려 말을 좇는 모습이 쑥을 말아올린 것 같고, 왼쪽 오른쪽으로 화살을 쏘니 양쪽 소매를 접어야만 했다"[157]라고 당시 모습을 그대로 묘사하고 있다. 이는 복식이나 풍습 등 여러 면에서 한인 생활에 선비문화가 적지 않은 영향을 미쳤음을 보여주는 대목이다. 나중에 안지추(顔之推)는 남북의 언어를 비교하면서 "남방은 오월의 언어에 물들고, 북방에는 이로의 언어가 섞여 있다"[158]라고 했다. 이 역시 북방 한어에 선비어의 일부 성분이 흡수되었음을 설명하는 것이다. 효문제의 천도와 개혁, 그리고 이후 육진(六鎭)의 기의는 각기 다른 의미로 탁발부 봉건화의 완성과 민족 융합을 촉진했다. 그렇기 때문에 "수대 이후로 당시 사람들에게 명성을 얻은 이들로 대북[代北, 북위(北魏)]의 자손이 열에 예닐곱이 되었다"[159]라는 말처럼 크게 융성할 수 있었던 것이다.

선비 문화나 습속은 수·당(隋唐) 시대에도 여전히 적지 않게 남아 있었다. 이백의 시를 보면 "그대의 모자를 벗기고 그대 위해 웃음을 짓네(脫君帽, 爲君笑)"라는 구절이 나오는데, 이는 선비인들이 모자를 벗고 즐겁게 춤추는 습속을 반영한 것이다.[160] 당대에 혼례를 거행하면서 파오(유목민족의 가옥)를 세우는 것(喜立毡帳)도 모두 북조 궁려(穹廬, 파오)의 유풍에서 기원한 것이다.[161] 당나라 개원 시절에 궁인들은 말을 탈 때 언제나 호모(胡帽)를 착용했다.[162]

효문제의 개혁은 일부 수구파 선비 귀족의 격렬한 반대에 봉착했다. 일부 귀족들은 효문제의 독서(讀書) 제창에 불만을 표시했다. 그들은 효문제가 한족 사인을 총애하고 '국척(國戚)'을 멀리한다고 의심했다. 그들은 대북에 있는 수많은 경작지와 목장을 포기할 수 없었으며, 천도를 하면 자신들의 정치적 입지가 줄어들 것을 염려했다. 그래서 적극적으로 천도에 반대했던 것이다. 낙양 천도 이후에도 그들은 가솔을 이끌고 험난한 여정에 동참할 생각이 없었다. 더군다나 낙양의 더위는 참을 수 없는 것이었다. 그래서 그들은 한사코 낙양으로 가는 것을 거절했다. 효문제는 일부 선비 귀족들이 대북에 남아 있는 것을 허락했다. 그들은 겨울에 왔다가 여름이면 돌아갔기 때문에 당시 사람들은 그들을 '안신(雁臣)', 즉 기러기 신하라고 불렀다. 하지만 수구 귀족의 반항은 여기서 그치지 않았다.

태자 원순(元恂)은 가벼운 무장을 하고 대북으로 도피하려다가 폐위되어 서인으로 강등되었으며, 나중에 모반을 했다는 이유로 사형에 처해졌다. 목태(穆泰), 육예(陸叡) 등은 종실 왕공들과 연계해 평성에서 반란을 일으켰다. 여기에는 선비 귀족 팔성 가운데 우씨를 제외하고 모든 이들이 참여했다. 효문제는 비록 남북이 혼란스럽다는 것을 느끼고 있었지만 근거지로서 낙양의 불안정을 염려했다. 하지만 단호하게 반란을 평정한 후 천도와 개혁의 성과를 더욱 확고하게 만들었다.

북위 후기(500~534년)의 사회경제

농업 회복과 발전

북위 중기 이래로 북방의 쇠퇴했던 경제가 서서히 회복되기 시작했다. 이후 효문제의 개혁에 힘입어 6세기 초기에 이르자 북방의 사회, 경제가 눈에 띄게 발전했다.

북위가 천도한 이래로 낙양은 북방의 정치, 경제 중심지로 새롭게 등장했으며, 낙양 부근, 황하 중류의 황무지가 새롭게 개간되면서 식량생산 역시 과거에 비해 크게 증가했다. 6세기 초 북위의 전체 인구는 서진 태강 연간 남북 총인구를 합한 것보다 2배나 많았다. 이는 삼장제나 균전제의 성과와 농업의 회복 발전 규모를 어느 정도 반영하는 것이다. 노동인민들이 창조한 농업생산 도구, 특히 정지 작업이나 쇄토(碎土) 도구들이 이전에 비해 훨씬 많아지고 복잡해졌다. 이러한 도구는 모두 정성스럽고 꼼꼼한 경작에 필요한 것들이었다. 서진 시대 각지에서 활용되었던 수전(水碾, 물을 이용한 절구), 수애(水磑, 물을 이용한 맷돌), 수대(水碓, 디딜방아) 등은 혼전이 거듭되었던 16국 시대에 완전히 파괴되어 거의 흔적조차 남아 있지 않았다. 하지만 북위 시절에 이르러 낙양과 기타 지역에서 서서히 복구되기 시작했다. 낙양성 남쪽 거주민들은 수력을 활용해 곡식을 빻거나 갈고 찧고 까불렸다. 또한 낙양성 서쪽에 있는 천금언(千金堰)에는 수력을 이용한 절구나 맷돌이 수십 개나 있어 "수력의 이로움이 하루에 천금과 같았다."[163] 꼼꼼하고 정성스러운 농업생산 경험과 기술도 향상되었으며, 농부들은 특히 경작의 공력에 주의를 기울여 "차라리 적게 수확하는 것이 좋지 많이 수확한다고 좋은 것이 아니다"라고 생각했다. 그래서 "경(頃)이 무(畝)보다 좋은 것만은 아니다"[164]라는 속담이 생길 정도였다. 기후 조건을 파악하고 토양의 구분이나 가뭄에 대비해 토지의 습기를 보호하는 경험을 축적하는 데도 나름의 성과가 있었다. 농민들은 각종 작물의 재배기술이나 퇴비를 만들고 주는 방식이나 종자를 고르고 육성하는 세밀한 방법 등에 대해서도 주의를 기울였다.

번영일로에 있는 도시생활의 수요에 부합하기 위해 교외에 채소나 과일을 비롯한 경제작물을 재배하는 것도 크게 발달했다. 성 밖 농민들은 여러 다양한 품종의 과일과 채소를 재배해 수레를 소유하고 있는 농호는 자신이 직접 시장에 내다 팔았고, 수레가 없는 이들은 전매해 이전보다 수입이 크게 늘었다. 농민들은 상호 부조 형태의 노동 분배를 실시했다. 예를 들어 홀아비나 과부 혼자만 사는 집에서는 홍화(紅花)나 난화(蘭花), 치자(梔子) 등을 1경(頃) 정도 재배했는데, 꽃을 수확할 때가 되면 하루에 100명 정도가 필요했다. 그럴 경우 "매일 새벽 어린아이나 소녀 100여 명이 동원되어 나누어 꽃을 땄으며, 반드시 수확량을 균등하게 반씩 나누도록 했다."[165] 경제작물 재배로 인해 자경 농민들의 경제가 북위 전기나 중기에 비해 훨씬 활성화되었다. 이 외에도 목축의 품종이나 사육, 번식, 수의(獸醫) 경험도 과거에 비해 더욱 풍부해졌는데, 이는 선비족의 목축 경험과 변경 밖의 가축이 내지로 많이 넘어온 결과였다.

수공업과 상업의 회복과 발전

효문제가 기작호(使作戶)에 대한 통제를 완화하자 민간 수공업 생산이 날로 활기를 띠기 시작했다. 견포(絹布) 생산도 크게 증가해 북위 초기 1필에 4000전이던 것이 200~300전으로 하락했고 창고에 보관하고 있는 견백도 많아져 위진 이래 최고 수준에 이르렀다. 도성에 공급되는 수공업의 종류도 많아졌고, 수공업자도 급증했다. 낙양성 내외로 수많은 수공업자들이 몰려들어 업종에 따라 지역을 나누었다. 예를 들어 퇴고(退酤)나 치상(治觴)은 양조업이 집중적으로 몰려 있는 이(里)였다. 관부 수공업도 발전을 거듭해 관부 수공업을 관리하는 기구인 태부(太府)는 조직이 방대하고 분야도 상당히 많았다. 농촌에서도 다양한 수공업이 출현했는데, 예를 들어 압유(壓油)나 제지 등은 모두 현지에서 재료를 구하고 가공했다.

지금의 하북, 하남 등지에서 발견되는 북위 후기 묘장에서 다양한 형태의 청자가 출토되었는데, 기물의 형태나 유약 등은 남방 청자와 크게 달라 북방에서 새롭게 발전한 요업(窯業) 방식에 따른 것임을 알 수 있다. 북방 청자는 남방에 비해 조악하지만 당송 시대 북방 요업의 번성에 직접적인 영향을 준 것은 분명하다.

동위(東魏) 기모회문(綦毋懷文)이 남긴 글에는 북방에서 장기간에 걸쳐 이루어진 야련(冶煉) 기술에 관한 내용이 적혀 있다. 이에 따르면 당시 야련은 관강법(灌鋼法, 선철과 탄소 성분이 거의 없는 연철을 함께 섞어서 정련해 강철을 생산하는 방식 – 역주)으로 제련한 숙철(宿鐵)로 칼을 만들었다. 수나라 양국군(襄國郡)의 야금업자들이 만든 철기는 이러한 방식을 사용한 것이다.[166] 어떤 지방에서는 이미 석탄을 화력으로 사용했는데,[167] 이는 한나라의 경우와 마찬가지로 일부 지역만 해당되는 것이긴 하지

5장 삼국 양진 남북조 시대

만 석탄 사용이 이후 제련업 발전을 촉진한 것은 분명하다.

농업과 수공업이 발전함에 따라 교환관계도 더욱 성숙해졌다. 낙양성 안팎으로 큰 시장이 출현했으며, 성 남쪽에 있는 '사이관(四夷館)' 부근에는 외지인들이 1만 호 이상 거주하면서 외지에서 들어오거나 외지인이 경영하는 다양한 상품을 판매했다. 강남 사람들은 영교시(永橋市)에서 수산물을 판매했는데, "낙양의 잉어와 이수의 방어는 소나 양보다 비싸다(洛鯉伊魴, 貴于牛羊)"라는 말이 있을 정도였다. 현지 수공업 제품은 주로 성 서쪽 주변 여덟 군데 이(里)의 시장에서 판매되었다. 시장을 관리하기 위해 파시고(罷市鼓)를 설치했다. 장기간에 걸친 실물 교역은 점차 화폐 교역으로 대체되었다.

낙양에는 부유한 상인과 대고(大賈)가 적지 않았는데, 가장 유명한 이는 유보(劉寶)다. 그는 주군(州郡)마다 집을 짓고 말을 길렀으며, 시세에 정통해 각지에서 판매하는 소금이나 곡식, 화물의 가격이 모두 똑같았다. 관료 귀족들도 보편적으로 상업행위를 마다하지 않았으며, 종실의 여러 왕들이나 형만(邢巒), 이숭(李崇) 등 한족 관료와 고위급 환관인 유등(劉騰) 등도 원근(遠近) 영업은 물론이고 점포를 사들여 재물을 끌어모았다. 관리들의 인사이동도 상업활동의 좋은 기회였다. 정운(鄭云)은 뇌물로 안주(安州) 자사의 직책을 얻은 후 곧바로 안주의 실정에 밝은 봉회(封回)에게 그곳 시세를 물어볼 정도였다.[168]

낙양은 당시 북방 교환의 중심지였으며, 성 안팎으로 200여 리[里, 방(坊)]에 10만 9000여 호가 거주하고 있었다. 이 외에 업(鄴)과 장안 역시 중요 상업 도시 기능을 회복하기 시작했다. 북방과 남방의 무역도 증가해 '남화(南貨, 남방 상품)'가 북방에서 인기상품으로 판매되었다. 지금의 청해(靑海), 신강(新疆)과 몽골 민족 역시 축산품이나 모피, 기타 상품을 낙양으로 가지고 와서 판매했다. 국외로 조선, 일본, 중앙아시아와 좀 더 먼 여러 나라에서 북위와 상업거래를 했으며, 낙양에 들어와 장기 거주하는 외국인들도 적지 않았다. 《낙양가람기(洛陽伽藍記)》에 따르면, 총령(葱嶺) 서쪽으로 대진(大秦)에 이르기까지 "외국 장사치들이 매일 새하로 몰려들었다(商胡販客, 日奔塞下)." 물론 과장된 언사이기는 하지만 당시 대외무역이 크게 발달했음을 엿볼 수 있는 대목이기도 하다. 지금의 쿠차[庫車, 투루판(吐魯番)], 서녕(西寧), 태원(太原), 섬현(陝縣), 정주(定州) 등지에서 북위 시절의 비잔틴의 금화나 페르시아 은화가 발견되는 것을 보면 북위 시절에 이미 서방 세계와의 무역이 크게 발달했음을 알 수 있다.

사원경제[169]

북위 후기 불교 사원이 북방 각지에 산재했으며, 낙양 천도 이후 20여 년 동안 북위 전역의 사원이 1만 3700여 곳으로 불어났고, 낙양 일대만해도 거의 500여 곳이나 되었다. 북위 말 전국적으로 사원이 3만여 곳으로 급증했으며, 낙양 역시 1300여 곳으로 크게 늘었다. 개인이 사원을 짓는 일도 성행해 풍희(馮熙)는 개인적으로 각 주진(州鎭)마다 사원을 건립해 전체 72곳에 이르렀다. 제(齊)와 주(周)의 사원도 크게 늘었는데, 북제는 거의 4만에 이르렀고, 북주는 "1만여 곳에 이를 정도로 가득했다."[170] 사원의 경제활동도 활발해 북조 봉건경제의 중요한 부분이 되었다. 사원은 "서민을 침탈해 경지와 저택을 확장했다."[171] 이는 북조에서 보편적인 일이었다. 북위 초년 담마밀다(曇摩蜜多)가 돈황에 정사(精舍)를 세우고, "능금나무 1000주를 심고 농원 100무를 개간했다."[172] 북제 말 사원 산업이 특히 확대되면서 "비옥한 토지는 모두 승려들 소유가 되고 관청의 창고를 털어 불가의 복전에 충당했다"[173]라는 말이 나돌 정도였다. 북주 시절 장안 중흥사(中興寺)는 장원 안팎으로 논 100경(頃)을 소유했으며, "배와 대추를 비롯한 여러 과일나무가 구름처럼 가득했다(梨棗雜果, 望若云合)."[174] 북위 말 낙양의 큰 사찰들은 화려하고 장엄한 불전을 마련하고 깊은 산속에 장원을 소유하고 있었으며, 높이가 10여 장(丈)에서 수십 장에 이르는 부도(浮圖, 탑)와 높이 수십 척, 무게 수만 근에 달하는 불상을 주조했다. 어떤 사원은 심지어 무장 병력을 소유해 자신들의 재산을 보호하기도 했다.

북조에는 승려가 가장 많을 때 200만~300만 명에 달했다. 승려가 승적을 얻으면 승관(僧官)에서 관리하고 국가 호적에서 완전히 빠져 국가의 통제에서 벗어나게 된다. 일반적으로 승려는 종교를 직업으로 하는 일종의 기생 계층이지만 당시 승려 사이에도 착취자와 비착취자의 계급 차별이 있었다. 승관과 상층 승려들은 사찰의 지주를 맡았는데, 사찰의 재산을 가지고 관부와 결탁해 일반 승려나 세속 대중들을 착취했다. 일반 승려들은 대부분 농업에 종사했으며, 사원 지주를 위해 "사찰 경작지에서 노역을 했다(驅役田舍)."[175] 그들은 대부분 "부역을 피해 도망친 무리들이나 노복, 노예의 부류로"[176] 사원에서 착취를 당하는 계층이었다. 석도안(釋道安)은 주무제(周武帝)에게 당시 사문(沙門)들 중에 "혹자는 논밭을 개간하거나 나무를 심으니 농부와 같은 부류이고, 혹자는 물건을 팔아 재물을 얻으니 상인들과 이익을 다툰다"[177]라고 말한 적이 있다. 이는 사원 지주들이 뭇 승려들을 동원해 경지를 개간하고 상업 행위를 해 봉건 착취를 일삼으니 세속 지주와 다를 바 없다는 뜻이다.

사원 지주는 봉호(封戶)를 가질 수 있었으며, 합법적으로 의부(依附) 농민을 소유할 수도 있었다. 16국 말기 남연(南燕)의 군주 모용덕(慕

容德)은 태산군(泰山郡)의 봉고(奉高, 산임(山茌) 두 현(縣)을 석승랑(釋僧朗)의 봉지로 주어 조세를 받고 "민호를 받아들일 수 있도록 했다."[178] 북위 헌문제(獻文帝)는 사문통(沙門統, 승려를 총관하는 관리) 담요(曇曜)의 요청을 받아들여 승조(僧曹)에서 승지호(僧祇戶)와 불도호(佛圖戶)를 소유하는 것을 윤허했다. 승지호는 일부 "평제호와 서민들로 매해 곡식 60곡을 승조로 보낼 수 있는 자"[179]로 삼았다. 그들은 대부분 승조에 정액의 지조[地租, 승지속(僧祇粟)]를 납부하는 의부농민(依附農民)이었으며, 이런 지조는 북위 둔전호가 국가에 납부하는 수량과 같았다. 승지호가 납부한 곡량은 승조에서 일괄 관리하고 사찰이 직접 관리할 수 없도록 했다. 하지만 실제로는 사원마다 승지호를 다투어 소유했다. 승명(承明) 원년(476년) 사원은 양주(涼州) 군호(軍戶) 조구자(趙苟子) 등 200가구를 승지호로 강제로 끌어들여 50여 명이 핍박 속에 자살하는 비극이 일어나기도 했다. 불도호는 "일반 서민들 가운데 중죄를 범한 자나 관아 노비"로 충당했는데, 주로 "사원을 청소하는 일에 투입되었으며, 매년 경지를 개간해 곡식을 납부해야만 했다."[180] 그들은 모두 사원에 종속된 이들로 경제적 지위가 승지호보다 훨씬 낮았다.

사원 경제 가운데 고리대금업이 중요 부분을 차지했다. 승조나 사찰지주는 원래 기민(饑民)들을 구제하기 위한 승지속(僧祇粟)이나 기타 재물을 사원 고리대금업의 자본금으로 삼아 인민을 착취했다. 사원 고리대금은 "갚아야 할 이자가 원금을 넘어서기 일쑤였으며, 계약서를 변조해 빈농을 수탈하는 등 그 끝을 알 수 없을 정도였다."[181] 승조(僧曹)는 또한 관리를 등에 업고 고리로 돈을 빌려주기도 했다. 예를 들어 동위(東魏) 제주(濟州)의 사문통(沙門統)이었던 승려 도연(道研)은 "거부의 자산가로 군(郡)에서 고리대로 많은 수입을 올렸는데, 항상 군현에서 그가 징수하는 것을 도와주었다."[182]

사원의 막대한 재정 낭비로 인한 서민들의 고통이 심각한 수준에 이르고, 사원이 서민이 도피하거나 유랑 걸식하는 근원이 되자 북조 통치자들도 그 심각성을 깨닫고 배불(排佛) 논의가 거세지기 시작하면서 주무제의 훼불(毁佛)로 이어졌다. 이는 모두 경제적인 목적에 따른 것이었다.

육진 · 관롱 · 하북 등지의 각 민족 인민의 기의

북위 통치의 부패와 계급 모순의 첨예화

효문제의 개혁은 계급관계를 조정하지 못했으며, 할 수도 없었다. 효문제는 개혁을 진행하면서 여전히 신하들에게 '도적 방지(止盜)'의 방법을 묻곤 했다. 농민 폭동이 북위 통치자들에게 큰 위협으로 다가왔음을 보여주는 대목이다. 효문제 사후 뒤를 이은 북위 통치자들은 재부를 얻기가 훨씬 용이해졌으며, 그만큼 탐욕도 날이 갈수록 커져만 갔다. 끝을 알 수 없는 탐욕으로 인해 사회 생산이 파괴되고 계급 모순이 격화되었다.

북위 통치자들은 낙양 부근이나 기타 지역에 비옥한 땅을 강점하고 상공업을 독점했으며, 고리대금으로 농민들을 더욱 착취했다. 함양왕(咸陽王) 원희(元禧)는 대규모 논밭과 목장을 소유하고 노비들을 이용해 염철(鹽鐵)을 생산했다. 고양왕(高陽王) 원옹(元雍)은 산과 바다를 소유할 정도로 부유했으며, 북해왕(北海王) 원상(元詳) 역시 원근 영업으로 부를 축적했다. 아표장군(餓彪將軍)으로 칭해지던 원휘(元暉)는 이부상서(吏部尚書)를 역임하면서 권세를 이용해 가격을 정해 매관매직을 했다. 그래서 사람들은 이부(吏部)를 '시조(市曹)'라고 칭할 정도였다. 하간왕(河間王) 원침(元琛)은 고양왕(高陽王) 원옹(元雍)과 부를 다투었는데 사치스럽고 호화스럽기가 서진의 석숭(石崇)이나 왕개(王愷)를 넘어설 정도였다. 군사를 장악하고 있는 무장들 역시 농민들을 수탈하고 잔혹하게 병사들을 착취했다. 특히 병사들은 힘든 노동과 기아 속에 수없이 죽음의 구렁텅이로 빠져들었다. 계속되는 병역과 요역, 가중되는 조조(租調), 거기에 한발과 기근이 농촌을 엄습하자 균전의 질서가 신속히 파괴되었다. 빈궁하고 고통에 허덕이던 농민들은 깊은 산이나 늪지로 도망쳐 수렵과 어로로 생계를 유지했고, 어떤 이들은 호강(豪强)에 의지해 다시 음호(蔭户)가 되기도 했다. 사원은 대량으로 유민들을 은닉했으며, 농호를 벗어던지고 사문이 되는 일이 도처에서 일어났다. 양민을 노비로 사고파는 일이 흔히 일어났으나 아무런 법적 제재를 받지 않았다. 더는 갈 곳이 없는 농민들은 폭동을 일으키고 사문들도 연달아 봉기를 일으켰으며, 변경의 저, 강, 만(蠻), 요(僚) 등 여러 소수민족 역시 반위(反魏)의 나팔을 높이 불어대기 시작했다. 이곳저곳에서 봉기가 일어나면서 통치계급 내부에도 모순이 발생하기 시작했다. 황하 이남의 한족 관리들은 앞다투어 남조로 투항하고, 선비 귀족들 사이에도 내전이 발발했다. 북위 통치자는 정치적으로 막다른 골목에 다다랐다.

육진·관롱·하북 등지 여러 민족 인민의 봉기

북방 육진(六鎭) 지역에 살고 있는 여러 민족의 인민들이 가장 먼저 대규모로 반위투쟁의 기치를 높이 들었다. 육진은 지금의 오르도스[河

套] 서북쪽에서 하북 장북현(張北縣)에 이르는 옥야(沃野, 지금의 내몽골 오원 부근), 회삭(懷朔, 내몽골 고양 서북쪽), 무천(武川, 내몽골 무천), 무명(撫冥, 내몽골 무천 동북쪽), 유현(柔玄, 내몽골 흥화), 회황(懷荒, 하북성 장가구 북쪽) 등 여섯 개의 군진(軍鎭)을 말한다.[183] 원래 북위가 유연(柔然)의 침략을 방지하기 위해 평성을 에워싸고 있던 군사 요충지다. 육진에는 일반적인 주군을 설치하지 않고 군진에서 직접 통치했다. 주민들은 상당한 숫자의 한족과 선비족 이외에도 유배된 죄수와 강제로 이주된 여러 민족 인민들로 구성되어 있었다. 그들은 민족 탄압과 계급 억압으로 이중의 고통을 감내하며 점차 선비족에 의해 강제로 동화되었다. 선비족은 각 민족의 농민과 병사들을 농사와 병역에 동원했으며, 항시 새외로 나가 약탈을 하도록 강요했다. 그곳은 경제가 낙후된 곳일뿐더러 매년 가뭄이 들어 경지가 줄어들었다. 선비족 군진의 장령들이 그나마 남은 비옥한 농토를 강점하고 있었기 때문에 병사들이나 농민들은 생계를 위해 척박한 땅을 개간할 수밖에 없었다. 이런 상황에서 중원의 계급 모순이 격화되자 육진의 병사와 농민들 역시 봉기의 기회만 엿보고 있었다.

육진의 군진 장령들은 주로 선비족 위주의 귀족들이며, 일반 관리들 역시 선비족이나 중원의 유력가 자제들이었다. 그들은 변방에 근무하면서 공적을 쌓아 승진이 빨랐다. 하지만 유연이 쇠약해지고 낙양으로 천도하면서 더는 그들을 중시하지 않았으며 그들의 출로 역시 좁아지기 시작했다. 그들은 자신들이 불리한 상황에 봉착한 것이 천도와 개혁 때문이라 여겼으며, 이로 인해 북위 통치자에 대한 불만이 거세졌다. 주로 선비인과 고차인으로 구성된 낙양의 금위군 우림(羽林)과 호분(虎賁) 역시 신구(神龜) 2년(519년) 폭동을 일으켜 선비 무장의 특권을 주장하는 장이(張彝) 부자를 살해했다. 이는 육진의 일반 관리들의 반(反) 북위 기세를 조장했다. 그래서 육진의 병사나 백성들 사이에 기의의 분위기가 무르익을 무렵 일반 관리들도 자신들 나름의 목적을 위해 기의에 참가했다.

정광(正光) 4년(523년), 지금의 장북현(張北縣) 이북 회황진(懷荒鎭)의 백성들이 유연인(柔然人)이 변방에서 약탈을 하는 기회를 틈타 진장(鎭將) 우경(于景)을 살해하고 반위(反魏)의 기치를 높이 들었다. 이어서 지금의 오원(五原) 서북쪽에 있는 옥야진(沃野鎭)에서 살고 있던 흉노족 파육한발릉(破六韓拔陵)이 진장을 살해하고 기의하자 부근 여러 진에 살고 있던 호인과 한인들이 광범위하게 호응했다. 정광 5년 고평진[高平鎭, 영하 고원(固原)에 치소가 있다]의 병사와 백성이 기의해 칙륵족 추장 호침(胡琛)을 고평왕(高平王)으로 추대했다. 진주(秦州, 지금의 감숙 천수에 치소가 있다)의 주민들이 기의해 강인(羌人) 막절대제(莫折大提)를 진왕으로 추대했다. 대제가 사망한 후 그의 아들 막절염생(莫折念生)이 계속해서 무리를 이끌었다. 기의군은 관롱 일대에서 광범위하게 활동을 전개하면서 위군을 연달아 무찔렀다.

효창(孝昌) 원년(525년), 파육한발릉이 황하를 건너 남쪽으로 진격했는데, 그를 따르는 무리가 20만 명이 넘었다. 하지만 조직이 엉성해 북위에 의해 분열되어 전투력을 상실했다. 북위는 그들이 되돌아와 재차 결집할 것이 두려워 지금의 하북 중부에 있는 기(冀), 정(定), 영(瀛) 삼주에서 살도록 강요했다. 그들은 일대 인민들을 규합해 다시 반위의 횃불을 높이 들었다. 같은 해 상곡[上谷, 하북 회래(懷來)]에서 유랑하던 유현진(柔玄鎭)의 군병 두락주(杜洛周)가 기의해 칭왕하고 일대 한족과 기타 종족의 무장 세력을 끌어모아 유주를 점령했다. 정주에서 유랑하던 오원(五原)의 강호(降户) 칙륵인 선우수례(鮮于修禮) 역시 유민을 이끌고 기의의 대열에 섰다. 그의 군대는 삼주를 점령하고 주변 농민들에게 호응을 얻었지만 북위에 의해 분열되었으며, 선우수례는 배반한 장군 원홍업(元洪業)에게 피살되었다. 선우수례의 부장이었던 갈영(葛榮)이 원홍업을 죽이고 효창(孝昌) 2년(526년) 나라를 세워 천자로 자칭하면서 국명을 제(齊)로 정했다. 그는 계속해서 무리를 이끌고 북위군과 싸웠다.

두락주의 기의군은 남쪽으로 내려갔다가 무태(武泰) 원년(528년) 갈영의 군대에게 병합되었다. 갈영은 수십만에 이르는 무리들과 하북 여러 주의 땅을 차지해 막강한 세력을 형성했다. 그는 군사를 이끌고 남진해 선봉이 급군(汲郡)을 넘어 낙양으로 전진했다. 관롱의 여러 기의군들 역시 선비인 만사추노(萬俟丑奴, 만사씨는 원래 흉노에 복속된 유목민이다)의 지휘하에 역량이 막강해졌다. 북위 군사들은 협공에 시달리며 혼비백산해 연패를 거듭했다.

기의군의 공격에 속수무책이었던 낙양의 조정에는 호태후(胡太后)와 효명제의 권력투쟁이 벌어지고 있었다. 수용[秀容, 산서 흔현(忻縣)] 일대의 계호(契胡) 부락 추장 이주영(爾朱榮)이 528년 자신이 세운 효장제(孝莊帝)를 데리고 입경했다. 계호부는 갈인(羯人) 출신의 유목부락인데, 일부 기의군을 제압하고 적지 않은 육진의 유민들을 끌어들이고 아울러 기의군에 의해 분열된 일부 육진의 관리들을 받아들여 막강한 세력을 형성했다. 이주영은 낙양 부근인 하음(河陰)에서 호태후를 익사시키고 북위의 왕공 백관 2000여 명을 살해했다. 역사는 이를 '하음지변(河陰之變)'이라고 부른다. 이어서 낙양에 진입한 이주영은 조정을 완전 장악했다. 갈영이 업성을 포위 공격하자 이주영이 진양(晉陽)에서 출병해 갈영을 공격했다.

갈영은 하북 지주의 무장 세력의 공격을 받아 전진 속도가 더딘데다 새로 전쟁에 참가한 이주영의 군대를 맞이해 적시에 대처하지 못하고 군사적으로 불리한 위치에 처하고 말았다. 업성 부근에서 이주영의 군대는 갈영의 군사를 크게 무찔러 각지로 분산시켰으며, 갈영을 포로로 잡아 살해했다. 당시 청주(青州)에 있던 하북 유민들은 형고(邢杲)의 영도에 따라 반위투쟁에 나섰다. 갈영의 잔여 부대인 한루(韓樓)와 학장(郝長) 역시 유주로 돌아와 싸움을 계속했다. 하지만 얼마되지 않아 그들 모두 이주영에게 격퇴되었다. 관중의 만사추노의 세력 역시 이주영이 파견한 이주천광(爾朱天光), 하발악(賀拔岳) 등이 이끄는 군진(軍鎭)에 제압되어 거의 와해 지경에 이르렀다.

부패한 북위 정권은 이렇듯 여러 종족의 기의로 인해 붕괴상태에 이르러 얼마 후 동위(東魏)와 서위(西魏)로 갈라졌다. 중국 북방은 이렇게 해서 동서 대치 국면이 출현했다.

육진과 관롱 지방의 기의는 주로 여러 민족 인민의 반압제 투쟁이라고 할 수 있다. 이에 비해 하북의 기의는 농민 기의의 성격이 다분하다. 육진과 관롱, 그리고 하북의 기의 집단 내에는 별도의 의도를 지닌 변방 관리들이나 부락 귀족들도 적지 않았다. 그들은 한편으로 서로 충돌을 일삼았으며, 다른 한편으로 한인들을 적대시해 학살 행위를 자행하기도 했다. 그리하여 기의의 본래 의도가 크게 훼손되었다. 그렇기는 하지만 기의 대중들로 인해 북위 통치가 와해되고 토족 호강의 세력에 충격을 주었다는 것은 분명 큰 공적이 아닐 수 없다. 다양한 형태의 기의로 인해 변방의 여러 민족 수십만 명이 내지로 이주했고, 일부 부락 추장들은 자신의 부락민들에 대한 통제권을 상실했다. 이로써 객관적으로 16국 이래로 선비인들의 봉건화와 한인과의 융합이 더욱 심화되

5장 삼국 양진 남북조 시대

었다. 이는 이후 수·당 통일이라는 새로운 국면을 맞이할 수 있는 하나의 발판이 되었다.

북제·북주의 짧은 대치와 수의 남북통일

동위(東魏)와 북제(北齊)

영안(永安) 3년(530년) 이주영이 효장제에 의해 죽자 그의 부장이었던 고환(高歡)이 육진의 선비인들을 이끌고 병주에서 관동으로 들어왔다. 고한은 발해 수현(蓨縣)의 대성인 고씨(高氏) 출신으로 선비화된 한인으로 자처했다. 그의 조부는 죄를 지어 회삭진(懷朔鎭)으로 이주했으며, 자신은 그곳에서 성장하면서 회삭의 대주(隊主)가 되었다. 육진에서 기의가 일어나자 처음에는 두락주의 군중에 가담했다가 이주영의 군대로 들어갔다. 고환은 동쪽으로 들어와서 얼마 후에 창을 거꾸로 들고 관동 각지의 이주씨[爾朱氏, 당시 이주영의 아들 이주조(爾朱兆)가 세력을 이끌고 있었다] 세력을 공격했다. 보태(普泰) 2년(532년) 고환이 낙양으로 들어와 효무제를 세웠다. 영희(永熙) 3년(534년), 효무제가 고환의 핍박으로 인해 장안으로 쫓겨나고, 대신 고환에 의해 효정제(孝靜帝)가 자리에 올랐다. 효정제는 조정을 장악하고 업성(鄴城)으로 천도하니, 역사는 이를 동위(東魏)라고 부른다.

당시 관동의 일부 호강대족들은 각기 부곡(部曲)을 차지하고 주군(州郡)에 자립해 패주를 자칭했다. 고환은 그들 호강대족의 이익을 존중해 침범하지 않았다. 고환은 종족(宗族) 수천 가구를 이끌고 있는 조군(趙

郡)의 이원충(李元忠)과 막강한 부곡을 차지하고 있는 발해의 고건(高乾) 형제 등에 대해서는 더욱 관대하게 대하며 그들과 타협했다. 고환은 선비인과 한인의 모순을 해소하기 위해 군령을 내려 "한인을 업신여기지 말 것이며, 군령을 어기지 말라!"[184]라고 했다. 그는 선비족에게 이렇게 말했다. "한족은 너희들의 노예다. 남자들은 너희를 위해 농사를 짓고, 부녀자들은 너희를 위해 옷감을 짜서 너희들에게 곡식과 비단을 제공함으로써 너희들이 배불리 먹고 따뜻하게 입을 수 있는데, 너희들은 어찌해 그들을 능멸하는가?" 또한 그는 한인들에게 이렇게 말했다. "선비는 너희들의 손님이다. 너희들이 만든 한 되의 곡식과 한 필의 비단을 얻어 너희를 위해 적을 물리치고 너희들이 안정할 수 있도록 해주는데 왜 그들을 질시하는가?"[185] 고환은 이런 방식으로 관동을 활성화하고 한족 호강의 무장 반항을 해소시켰지만 근본적으로 한인 사족 호강과 선비 귀족 간의 모순을 해결하지는 못했다.

550년, 고환의 아들 고양(高洋)이 동위 황제를 살해하고 북제를 건립했다.

육진 선비 귀족의 이익을 대표하는 북제 통치자들은 관동의 한인 사족 호강과 장기간에 걸쳐 권력투쟁을 계속했다. 북위 효문제 이후 북방의 최, 노, 이, 정 등 사족 세력은 점차 하강하는 추세였다. 갈영이 기의해 사족 호강들에게 타격을 주었고, 이주영의 '하음지변(河陰之變)'으로 인해 적지 않은 한인과 한화된 선비 관료들이 살해되었으며, 그중에는 황족인 원씨(元氏)도 일부 포함되어 있었다. 그래서 사족 세력이 점차 쇠락되었던 것이다. 무정(武定) 2년(544년), 동위는 하북 각지에서 호적에 등재되지 않은 호구 60여만 명을 받아들였다. 그중에는 사족 호강의 포음호도 적지 않게 포함되어 있었기 때문에 경제적으로 사족들에게 타격을 입혔다. 이로써 사족의 사회적 지위도 점차 떨어졌으며, 그들의 자제들 역시 가문의 권세만 믿고 관직을 얻는 일이 점점 어려워졌기 때문에 어쩔 수 없이 관직을 얻기 위해 다른 길을 찾아야만 했다. 일부 입사하지도 못하고 문벌 출신도 아닌 이들은 떼를 지어 남의 재물을 약탈하는 등 강도나 다를 바 없었다. 안지추의 말에 따르면, 북제의 사대부들은 "딸을 팔아 재화를 얻고 부녀자를 사서 견직물을 팔았으며, 조상을 견주고 돈 몇 푼을 따졌다."[186] 이는 사족 가문이 점차 쇠미해지고 있음을 보여주는 대목이다. 이러한 여러 가지 원인으로 인해 동위, 북제 시기의 한인 사족들은 선비 공훈 귀족들에게 공격을 받아도 거의 반격할 힘이 없었다.

북제 장상(將相)이나 대신들 가운데 열에 일곱, 여덟은 선비 귀족이나 선비화된 한인이었으며,[187] 한인 사족들은 철저하게 배제되었다. 천보(天保) 7년(556년), 북제는 호강대족들이 독립적으로 확보하고 있던 주군(州郡)을 합병하거나 관리를 감축하여 주(州) 3군데, 현 153군데, 진(鎭) 3군데, 수(戌) 26군데를 취소함으로써 방대한 부곡을 소유하고 있는 봉(封), 고(高), 양(羊), 필(畢) 등 가문의 세력을 크게 약화시켰다. 한족 인민들에 대한 통치를 더 수월하게 하기 위해 북제는 여러 차례 한인 사족을 재상으로 기용했다. 기용된 사족은 한시적인 권세를 이용해 의관자제(衣冠子弟, 세족의 후손)를 발탁해 자신들의 세력을 키웠다. 그래서 결국 의심을 받아 쫓겨나거나 피살되기도 했다. 북제 폐제[廢帝, 고은(高殷), 545~561년 재위] 시절 선비 공훈귀족들이 사족 양음(楊愔)을 살해했고, 후주(後主) 때는 사족 조정을 내쫓았다. 이렇듯 수많은 사족들이 살육되었다. 북제 말 황제의 측근 간신배들이 매관매직으로 치부하면서 주군의 관직이 대부분 부유한 상인들에게 매수되었고, 수백 년 동안 주군의 속관(屬官)을 독점하던 사족 호강의 특권도 모두 빼앗기고 말았다. 하지만 북방 사족은 뿌리가 깊고 선조 때부터 온갖 비호를 받아왔기 때문에 죽을 지경이 되어서도 여전히 꿈틀거리며, 예전의 지위를 이용해 일정한 영향력을 발휘할 수 있었다.

경제적으로 선비 귀족들은 토지를 빌리거나 국가에서 하사받는 방식으로 비옥한 토지를 강점해 자신의 세력을 확장했다. 조조(租調) 수입을 증대시키고 선비족 군인들의 토지 확보를 위해 북제는 하청(河淸) 3년(564년) 새롭게 균전제(均田制)를 시행했다.[188] 균전제의 규정은 다음과 같다.

업성(鄴城) 30리 이내의 토지는 모두 공전(公田)으로 삼아 육진에서 온 선비 귀족들과 관료나 우림, 호분에게 차등적으로 분배하고, 위군(魏郡), 광평(廣平), 임려(林慮) 등 황기(皇畿)에 속하는 아홉 개 군의 토지는 한족 관료와 병사들에게 차등적으로 분배한다. 경성에서 100리 이내의 토지 분배 방식은 북위와 거의 동일하나 다만 노전을 일률적으로 배수로 계산하되 배전(倍田)이라는 명목이 없는 것이 다를 뿐이다. 노비도 토지를 받았는데, 주인의 관품에 따라 300명에서 60명 사이로 제한을 두었다. 이외에 토지를 받지 못한 자들은 조조를 내지 않으며, 뽕나무를 심기 적당하지 않은 토지는 상전법(桑田法)에 따라 마전(麻田)을 나누어주고 세습하며 죽은 후에도 반납하지 않아도 된다. 균전 농호는 조조를 납부하는 것 이외에도 정남의 경우 병역의 의무를 지켜야 한다.[189]

하청(河淸) 연간에 실시된 이러한 균전법으로 인해 선비 귀족들 역시 한인 관료들과 마찬가지로 중원의 대지주가 되었으며, 선비족 병사들도 한족 농민들처럼 봉건국가의 균전 농민이 되었다. 이는 육진에서 이주한 선비인들의 봉건화에 매우 중요한 작용을 했다.

선비 귀족들의 토지 겸병과 조조, 병역과 요역의 과중함으로 인해 북제의 균전 농민들은 경작할 토지가 부족했을뿐더러 경제적 지위 또한 심히 불안정했다. 결국 그들은 어쩔 수 없이 자신의 토지, 심지어 매매할 수 없도록 규정된 노전까지 내다팔고 타향으로 도주하거나 사원에 몸을 맡겨 통치자들의 견딜 수 없는 억압을 피하는 수밖에 없었다. 동위 초년부터 북제 말까지 관동 농민들의 폭동이 계속 일어났다. 때로 1만여 명에 달하는 농민 무리들이 주나 군을 공격하기도 했다. 지형이 험준한 두자강(豆子䴚, 산동 혜민 경내)은 고제(高齊) 이래로 기의 농민들이 모여들었던 중심지 가운데 하나다.[190]

서위(西魏)와 북주(北周)

530년, 이주천광(爾朱天光), 하발악(賀拔岳) 등이 군사를 이끌고 관중으로 진입해 관롱의 기의군을 진압했다. 하발악의 부장 우문태(宇文泰)가 마지막으로 관중으로 들어온 무리들을 장악해 관롱 지역을 장악했다. 우문태는 원래 남흉노의 이른바 '선비별부(鮮卑別部)'인 우문부(宇文部) 사람으로 무천진(武川鎭)에 살았다. 육진 기의 이후 그는 선우수례(鮮于修禮), 갈영(葛榮)의 군대에서 복무했으며, 갈영이 실패하자 이주영에게 투항했다. 북위 효무제는 고환의 핍박을 받아 장안으로 이주했는데, 우문태에 의해 독살당하고 말았다. 우문태는 535년 문제(文帝)를 허수아비로 세우고 정권을 장악했다. 역사는 이를 서위(西魏)라 칭한다.

우문태는 비교적 한화가 많이 된 선비인이다. 그는 각종 수단을 활용해 선비 귀족과 한족 지주들을 융합시켜 관롱 농민들에 대한 착취를 기반으로 세력을 유지할 수 있도록 돕는 한편 육진 기의의 교훈을 얻어 적극적으로 계급 모순을 완화시키고자 노력했다. 이렇게 해서 서위는 날로 부강해져 동위를 뛰어넘는 막강한 역량을 확보할 수 있었다.

우문태는 계장[計帳, 조부(租賦)를 예측하는 회계장부]과 호적제도를 제정해 통치질서를 안정시켰다. 그는 "먼저 마음을 닦고 교화를 돈독하게 하며 지리적 이점을 활용하고 어질고 뛰어난 관리를 발탁하며 옥사를 긍휼히 여기고 부역을 균등하게 한다(先修心, 敦敎化, 盡地利, 擢賢良, 恤獄訟, 均賦役)"는 여섯 가지 조항의 조서를 반포해 주현 관리들의 시정 준칙으로 삼도록 했다. 그는 주나라 관제를 모방해 서위의 관제 조의(朝儀)를 개혁했으며, 육관(六官)으로 남북조 시대의 상서, 중서, 문하 삼성을 병렬하는 중앙 정권 조직을 대체했다. 그는 또한 주나라 관제의 육군(六軍) 제도를 모방해 12군으로 나뉘어 있던 선비 금려(禁旅) 5만여 명을 육군으로 개편했다. 육군은 육주국(六柱國)이 통솔하고 각 군이 두 명의 대장군을 감독하며, 대장군이 각기 두 군데 부(府)를 감독하도록 하여, 전체 24부(部)로 구성되었다. 우문태와 아무런 실권도 없는 서위의 종실 원흔(元欣)도 모두 주국(柱國)이니 육군의 육주국과 합치면 전체 팔주국(八柱國)이 되는 셈이다. 이는 초기 선비 부락의 병제인 팔부대인(八部大人)과 부합한다. 형식적으로 팔부대인과 유사하게 만들기 위해 부병의 주장(主將)과 병사들은 모두 선비족의 성(姓)으로 바꾸었다. 부병 병사들은 주장의 통솔 하에 윤번제로 숙위했으며, 평상시에는 무예를 연마했다. 그들은 호적에 편입되지 않았기 때문에 다른 부역은 면제되었다. 우문태는 계속해서 관롱 호강들이 사적으로 소유하고 있던 무장 향병(鄕兵)을 병부에 귀속시켜 한족 호강을 향수(鄕帥)로 삼았다. 이렇게 해서 선비 귀족과 한족 호강이 한 걸음 더 결합할 수 있었다.

우문태는 균전제를 반포하면서 부역을 비교적 감소시키도록 규정했다.

폐제(廢帝) 2년(553년), 서위는 촉 땅을 차지하고 그 이듬해 다시 강릉을 얻고 소찰(蕭詧)의 후량(後梁)을 제압했으며, 아울러 강릉 관민을 관중으로 강제 이송시켜 노비로 삼았다. 557년 우문태의 아들 우문각(宇文覺)이 황제를 폐위시키고 자립해 북주(北周)를 세웠다. 건덕(建德) 6년(577년), 주무제(周武帝) 우문옹(宇文邕)이 북제를 멸망시키고 중국 북부를 통일했다.

주무제는 다방면에 걸쳐 개혁을 실시했다. 그는 일부 관노비와 사노비를 해방시켰으며, 일부 사노비를 사가(私家)의 부곡, 객녀(客女), 즉 봉건 의부농민(依附農民)으로 전환시켰다. 그는 잡호(雜戶)를 방면하고 강제로 잡호를 배분하는 방식을 없앴다. 또한 불교와 도교를 금지시키고 유학을 존중했다. 그는 향관들이 호구나 토지를 은닉하는 것을 엄금해 정장(正長)이 5호(戶)나 10정(丁) 이상의 호구나 3경(頃) 이상의 토지를 은닉할 경우 모두 사형에 처하도록 했다. 그는 대규모로 일반 한인을 모집해 부병에 충당했으며, 부병 병사와 주장 간의 신분상의 종속관계를 철폐해 부병의 부락 형식이 크게 줄어들었으며, 민족차별도 크게 감소했다.

수의 남북 통일

선정(宣政) 원년(578년), 북주의 군정 대권이 점차 외척 양견(楊堅)의 수중으로 넘어갔다. 양씨 가족은 육진 가운데 하나인 무천진(武川鎮) 출신으로 선비족의 영향을 많이 받았다. 양견의 부친인 양충(楊忠)은 부병의 12대장군 가운데 한 명으로 북주를 세우는데 전공을 세웠다. 대상(大象) 2년(580년) 양견은 대승상총지중외병마사(大丞相總知中外兵馬

事)로 자처하면서 부서(部署)의 역량을 키워 북주를 멸망시킬 준비를 했다. 위지형(尉遲迥), 사마소난(司馬消難), 왕겸(王謙) 등이 연이어 병변을 일으켜 양견을 반대했지만 곧 양견에 의해 제압되었다. 양견은 선비족의 성씨를 사용하고 있던 부병들을 모두 한족의 성씨로 바꾸도록 하고, 위진(魏晉)의 제도로 북주의 관제를 개혁했다. 581년[수(隋) 개황(開皇) 원년], 양견은 북주의 정제(靜帝)를 양위토록 핍박해 수 왕조를 세웠다.

연이어 수 문제 양견은 조정의 반대 세력을 제거하고 자신의 두 아들 양광(楊廣)과 양수(楊秀)에게 맡겼으며, 양소(楊素)에게 장강 상류에서 대규모로 전함을 건조시키도록 해 강남 공략을 준비했다. 경제적으로 그는 여러 조치를 시행해 국가 역량을 강화했다. 수 문제의 통치하에 수나라는 국력이 날로 강력해졌으며, 강남에 있는 진조(陳朝)를 능가했다. 장기간에 걸친 민족투쟁과 민족 융합을 거치면서 북방의 민족 관계에 근본적인 변화가 발생했기 때문에 남북 대립으로 인한 민족 모순의 성격은 이미 사라지고 수나라가 발동한 남북전쟁은 이미 통일을 쟁취하기 위한 전쟁으로 바뀌었다.

남북관계는 북주나 북제 시절과 이미 분명한 차이를 보이고 있었다. 남북 사절이 빈번하게 왕래했으며, 특히 사절단의 사신은 때로 특별히 선발된 남북의 유명한 명사들이 맡았다. 남북 경제가 회복, 발전하면서 교역금지를 해제하라는 요구도 날로 거세졌다. 실제로 회하 중류 변경에서는 민간 교역이 상시적으로 이루어졌고, 남북의 변방을 지키는 수장(守將)들도 금령을 어기고 무역을 통해 개인 이익을 챙겼다. 남북 쌍방의 관료들은 사신을 통한 무역으로 이익을 얻었으며, 그런 까닭에 사신을 수행하는 시종들의 숫자가 날로 늘었다. 북방의 백성들은 민족 억

5장 삼국 양진 남북조 시대

압으로 고통을 받았기 때문에 대규모로 남쪽으로 이주하는 일이 그치지 않았다. 또한 남북 인민들이 정상적으로 상호 왕래하는 현상도 점차 증가했다. 남북 쌍방의 관료들은 정치적인 권세를 잃을 경우 상대방 쪽으로 투항해 계속해서 높은 관직과 두터운 복록을 향유할 수 있었으며, 민족차별을 받지 않았다. 이러한 현상은 남북통일의 시기가 이미 성숙되었음을 보여주는 것이다.

개황 8년 겨울 진왕(晉王) 양광(楊廣)이 50만의 대군을 이끌고 다섯 갈래로 나뉘어 남하하기 시작했다. 장강에 이른 양광의 군대는 강남의 진조를 향해 총공격을 가했다. 아울러 새롭게 편성된 수군도 상류에서 내려오기 시작해 곧 바로 건강(建康)으로 들이닥쳤다. 부패한 진조는 장강과 험준한 지형, 그리고 풍부한 물자만 믿고 제대로 방비하지 않았다. 개황 9년(589년) 수나라 군사들이 강을 건너 일시에 건강으로 진격해 일시에 진조를 멸망시키고 계속해서 남방 각지의 반항세력을 제압해 남방 전체 주현을 평정했다. 이렇게 해서 200여 년에 걸친 남북 분열 국면이 종식되고 중국 역사상 또 하나의 새로운 단계가 서서히 열리기 시작했다.

북조 변경의 여러 민족

유연

유연(柔然)[191]은 동호(東胡)의 후예[192]로 통치자의 성은 울구려(鬱久閭)다. 서진 이래로 유연은 알근하(頞根河)와 약락수[弱洛水, 몽골 인민공화국 경내에 있다. 알근하는 악이혼하(鄂爾渾河), 약락수는 도랍하(圖拉河)] 일대에 거주하면서 겨울이면 남쪽 음산(陰山)으로 내려와 선비 탁발부와 이웃하면서 가축이나 담비의 가죽 등을 교환하며 살았다. 유연인은 "별도의 성곽이 없었으며, 수초를 따라 목축하고 전장(氈帳, 양탄자와 장막)에 거주하며 위치에 따라 옮겨 살았다."[193] 또한 "기록할 문자가 없어 장수가 양의 배설물로 병사의 숫자를 기록했으며, 나중에는 나무에 새기는 법을 알아 그것으로 기록했다."[194] 서진, 16국 시대까지 유연 사회는 아직 명확한 계급분화가 이루어지지 않았다.

북위 도무제 시절 탁발부가 남진하면서 유연 세력이 점차 확장되어 "서쪽으로 서역, 동쪽으로 조선 땅까지 이르렀으며, 북쪽으로 사막을 건너 한해(瀚海)에 이르렀고, 남쪽으로 대적(大磧)까지 다다랐다. 그들이 상시 모여 사는 곳은 돈황과 장액(張掖) 북쪽이었다. 작은 나라들은 모두 도적들의 노략질에 고통을 받아 유연에 의지하고 복종했다." 당시 유연은 계급사회로 진입해 1대 가한(可汗)인 사륜(社崙)이 통치하는 노예주 국가였다. 유연은 "처음으로 군법을 세워 1000명을 군(軍)으로 편성해 군마다 장군 1명을 두었으며, 100명을 당(幢)으로 편성해 당마다 수(帥) 한 명을 두었다(始立軍法, 千人爲軍, 軍置將一人, 百人爲幢, 幢置帥一人)." 이로 인해 군대의 전투력이 과거에 비해 크게 향상되었다.

유연은 후진(後秦), 북연(北燕)과 화친관계를 유지했지만 "바람이 불고 새가 날아가는 듯 돌연 신속하게" 북위의 음산(陰山) 인근 변방을 수시로 침범했다. 북위 태무제는 유연과 유송(劉宋)의 협공으로 인한 배후의 위협을 제거하기 위해 역량을 집중해 유연을 공략했다. 신가(神䴥) 2년(429년), 대군을 동서 양군으로 나누어 원정을 떠난 태무제는 율수[栗水, 몽골 인민공화국 극노륜하(克魯倫河)]에서 유연의 가한 대단(大檀)과 맞붙어 크게 이겼다. 대단은 서쪽으로 도주하고, 유연과 그들에게 종속되어 있던 고차(高車) 30여만 명은 북위에 투항했다. 이후로 유연의 역량이 크게 쇠해졌으며, 북위가 원정을 통해 유연을 공략하는 일이 자주 있었으나 유연이 변경을 침략하는 일은 비교적 적었다.

5세기 하반기 유연은 북위와 친화적으로 왕래했다. 불교가 유연에 전래되고 서역의 상인들이 왕래하며 교역했다. 유연의 사자가 토욕혼(吐谷渾)을 거쳐 익주(益州), 심지어 강남까지 들어가 남조와 교통했으며, 남조에 의술과 수공업자를 찾아줄 것을 요구하기도 했다. 송나라 왕홍궤(王洪軌)도 멀리 유연까지 사신으로 간 적이 있다.

북위 정광(正光) 원년(520년), 유연에 내란이 일어나 종속되어 있던 제부(諸部)의 반항이 거세졌다. 이에 가한 아나괴(阿那瓖)가 일부 유연인을 이끌고 북위로 귀순하자, 북위는 그들을 회삭진(懷朔鎭, 내몽골 자치구 고양현 서북쪽) 이북에 정착시켰다. 육진 기의가 폭발하자 아나괴가 북위의 진압을 도와 기의군의 영수인 파육한발릉을 죽였다.

북위가 분열된 후 아나괴는 서위와 화친관계를 유지하다 다시 동위와 북제에 귀순했다. 당시 유연은 북방에서 굴기한 돌궐에게 누차 패배했으며, 고차와 같은 일부 종속 부락의 저항에 시달렸다. 서위 공제(恭帝) 2년(555년), 유연은 돌궐에게 멸망당했다.

고차(高車)

《위서》〈고차전(高車傳)〉에 따르면, "고차는 대개 옛 적적의 잔여 종족으로 처음에는 적력이라고 불렸으며, 북방에서는 칙륵, 제하에서는 고차, 정령이라고 불렀다(高車蓋古赤狄之餘種也, 初號爲狄曆, 北方以爲敕勒, 諸夏以爲高車, 丁零)." 하지만 북조의 전적을 보면 대막(大漠) 남북에 거주하는 이들은 고차나 칙륵, 중원에 거주하는 이들은 정령(丁零)으로 부르고 있다. 당시 중원에서 가장 늦게 생긴 후조(後趙) 시절에도 이미 정령이 있었는데, 그들은 주로 정주(定州, 치소는 하북 정현), 상주(相州, 치소는 하남 안양)에 살았으며, 밀운(密云)에도 일부가 살았다. 비교적 유명한 성씨로 적씨, 선우씨 등이 있다. 정령 사람인 적빈(翟斌)은 부견(苻堅)에 의해 신안(新安, 하남 신안 경내)으로 강제 이주당했는데, 비수(淝水) 전투 이후 부족을 이끌고 부견에게 대항했다. 이후로 적씨 소속의 정령인들은 장기간에 걸쳐 중원에서 선비족과 각축했다. 북위가 북방을 통일한 후 정령인들은 여전히 저항했으나 북위에게 진압되고 말았다. 그래서 북위 군대 내부에는 정복된 정령인이 적지 않았다.[195]

대막 남북의 고차인의 제부(諸部)에는 각기 군장(君長)이 있었으며 언어는 흉노와 대동소이했다. 고차인은 가죽옷을 입고 육식을 했으며, 수초를 따라 거주지를 옮기고 용맹하고 싸움을 잘했지만 군대 조직이 구성되어 있는 것은 아니었으며, 계급분화 역시 명확하지 않았다. 고차와 유연은 거주지가 엇섞여 싸움을 하는 경우가 많았다. 고차 부복라부(副伏羅部)는 유연에게 정복되어 오랜 기간 종속되었는데, 끊임없이 도망치거나 저항했다. 북위 도무제는 고차 제부의 부락을 분산시키면서 "고차인은 거칠고 사나운 무리들이니 사역을 맡기지 말라"[196]라고 했다. 그래서 그들은 자신들의 부락 조직을 유지할 수 있었다.

신가 2년(429년) 북위 군사들이 유연을 대파하고 다시 고차 동부 지역을 공략해 수십만 부락민을 포로로 잡았다. 북위는 그들을 난하(灤河) 상류에서 음산에 이르는 곳으로 이주시켜 유목생활을 하면서 매년 공물을 바치도록 했다. 북위는 "말이나 소, 양은 흔했지만 양탄자나 가죽은 재물로 귀하게 여겼다(馬及牛羊遂至于賤, 氊皮委積)." 또한 수많은 고차인들을 변경의 여러 군진에 배치했으며, 그 가운데 저항하는 이들은 하북, 산동의 여러 주(州)로 배치해 영호(營戶)로 삼았다. 육진, 관롱, 하북에서 기의가 일어났을 때 고차인들이 주력 가운데 일부가 되었다. 그래서 동위와 북제의 통치자 중에 고차부에 속하는 이들이 적지 않았다.

고구려(高句麗)

고구려인은 압록강 서쪽에 살았다. 그들의 정치 중심지는 산상왕 (山上王) 13년(건안 14년, 209년) 국내성(國內城)에서 환도(丸都, 길림성 집안)[197]로 바뀌었다. 조위(曹魏)와 전연(前燕) 시절 환도는 관구검(毌丘儉, 246년)과 모용황(慕容皝, 342년)의 침입을 받았다. 북위 초년 고구려 광개토왕과 장수왕 초기에 이르러 고구려의 세력이 강대해져 요동에서 크게 발전했다. 장수왕 15년(427년), 고구려는 정치 중심지를 평양으로 옮겼다. 요동에 거주하던 고구려인들은 선비와 한족 인민들과 함께 지역의 경제와 문화 발전을 창도했다. 407년, 선비화된 고구려인 고운(高云)이 후연천왕(後燕天王)의 자리를 이었으며, 436년 북연이 멸망하자 선비화된 한인 국왕 풍홍(馮弘)이 고구려로 도망쳤다. 고구려는 동진, 남조와 밀접한 교류를 유지했다. 고구려 사람들은 산과 골짜기를 따라 거주했으며, 주로 농업에 종사했고 베나 비단, 가죽옷을 입었으며 가무를 즐겼다. 고구려 농민들은 베나 곡식으로 부세를 납부했다. 부채를 갚지 못하면 채권자가 채무자의 자녀를 노비로 삼았다. 고구려 사회는 이미 지배자와 피지배자간의 착취관계가 형성된 상태였다. 기존의 문헌이나 고구려 호태왕(好太王, 광개토왕) 비문, 염모(冉牟)의 묘지(墓志) 등에 노객(奴客)이란 호칭이 보인다.

고막해·거란

고막해(庫莫奚)의 "선조는 동부호 우문의 별종이다."[198] 유수[濡水, 난하(灤河)] 상류에 거주하면서 주로 목축업에 종사했다. 수초를 따라 이곳저곳 떠돌아 다녔다. 5세기 하반기에 고막해인들이 좋은 말과 호피처럼 무늬가 있는 가죽을 가지고 내지로 들어와 북위와 교역했다.

거란(契丹)은 동호의 일파로 고막해 동쪽, 요수(遼水) 서쪽에 살았다. 거란인은 목축과 사냥을 생업으로 삼았는데, 5세기 중엽부터 화룡(和龍)과 밀운(密云) 사이에서 좋은 말과 무늬가 있는 가죽 등을 가지고 북위와 교역했으며, 때로 내지로 들어와 곡식을 사가기도 했다.

토욕혼

토욕혼(吐谷渾)[199]은 선비 모용부의 일파로 4세기 초엽 음산에 살았으며, 농서(隴西)를 넘어 청해 지역까지 분포해 저(氐)와 강(羌) 사람들과 섞여 살았다. 그들의 지역은 "동으로 첩천에 이르고 서쪽으로 우전과 이웃하고 있으며, 북쪽으로 고창과 접하고 동북으로 진령으로 통해 사방 1000여 리에 달했다."[200] 그들 역시 주로 목축업에 종사했는데, "수초를 따라다니며 장막 안에서 생활했고, 고기와 유제품을 식량으로 삼았다."[201] 또한 농사를 짓기도 해 보리와 순무, 콩, 조 등의 작물을 심었다. 토욕혼 사회는 빈부의 격차가 현저했으며, 혼인을 할 경우 신부 집에 많은 예물을 보내야만 했다. 그래서 "가난한 이들은 예물을 마련할 수 없어 부녀자를 도적질하기도 했다." 토욕혼은 중원 왕조의 관직명을 채용해 장사(長史), 사마(司馬), 장군(將軍) 등의 직책을 설치했으며, 나중에는 왕공(王公), 복사(僕射), 상서(尚書), 낭중(郎中) 등의 관직도 마련했다. 토욕혼의 형벌 규정에 따르면, "사람을 죽이거나 말을 훔친

자는 사형에 처하고, 기타 범죄는 재물로 대속했다(殺人及盜馬者罪至死, 他犯則徵物以贖)." 토욕혼은 아직 고정된 부세제도가 마련되지 않았기 때문에 "징발할 수량이 부족하면 부자나 상인들에게 거두고 충족되면 그쳤다(調用不給, 輒斂富室商人, 取足而止)."

아시(阿豺)가 토욕혼을 통치하면서 저, 강의 토지를 겸병해 전국이 수천 리에 이르렀으며, 강국(强國)이라 불렀다. 이후로 토욕혼은 남쪽으로 촉지(蜀地)와 교통하고 북쪽으로 양주(涼州)와 교류했으며, 유송, 북위와도 좋은 관계를 유지했다. 5세기 중엽 습인(拾寅)이 통치하면서 토욕혼은 "서결을 이용하고 성지를 쌓고, 궁전을 건축했으며(用書契, 起城池, 築官殿)" 아울러 불교를 숭배하기 시작했다. 서역과 익주의 상인들이 토욕혼을 왕래했다.

북조 말 과려(夸呂)가 토욕혼의 가한이 되어 복사성(伏俟城, 청해호 서쪽)에 도읍지를 세웠다. 하지만 당시에도 토욕혼 사람들은 여전히 "성곽이 있었지만 그곳에 거주하지 않고 파오에 살았으며, 수초를 따라 목축에 종사했다(有城郭而不居, 恒處穹廬, 隨水草畜牧)." 토욕혼은 북제, 북주와 사신왕래를 했으며, 북주와는 여러 차례 전쟁을 치렀다.

서역 여러 나라

위진 이래로 서역 천산 이북 유목지구는 선비, 유연, 고차, 엽달(嚈噠)²⁰², 돌궐 등이 차지해 지배했다. 천산 이남의 10여 개 소국들 역시 북방의 강대국의 침입을 당하곤 했다.

천산 이남의 여러 나라들은 경제 수준은 한대보다 향상되었다. 고창(高昌)은 매년 2모작이 가능했으며, 잠업에 적합했고 칠나무가 많았다. 부세는 토지에 따라 은전으로 납부했으며, 마포(麻布)로 대신하기도 했다. 우전(于闐)은 오곡이 풍성하고 뽕나무나 삼나무를 심기에 적합했다. 언기(焉耆)와 구자(龜玆)는 벼와 콩, 보리와 조를 생산했으며, 양잠으로 비단을 만들었다. 포도와 축산은 거의 모든 나라에 풍부한 재원이었다. 구자인들은 석탄으로 제련해 서역 여러 나라의 철기 수요를 충당했다.[203] 지금의 신강 배성(拜城)에 있는 위진 시대 석관사(石冠寺)의 벽화에 두 마리 소가 쟁기를 끌고 농부가 넓적한 괭이로 경작하는 그림이 그려져 있다. 이는 서역의 농업과 제련업이 상당히 발전했음을 반영하는 것이다. 서역과 중앙아시아의 상인들은 천산 이남 지역을 통해 중국 내지로 들어오거나 북방 여러 민족 지역으로 들어가 무역을 했다. 고창에도 한인들이 적지 않았는데, 그들 중 일부는 한대에 수졸(戍卒)이나 둔전졸(屯田卒)로 들어온 이들의 후예였다. 고창의 통치자들은 학관을 세워 《모시(毛詩)》,《논어》,《효경》 등을 전수했으며, 문자는 주로 한문을 사용하고 '호서(胡書)'를 겸용했으며, 언어는 '호어(胡語)'를 사용했다. 그들의 "형법이나 풍속, 혼인, 장례의식 등은 화하와 대동소이했다."[204] 서역 각국은 불교가 크게 흥성했으며, 특히 우전과 구자는 서역 불교의 중심지였다. 유명한 구자 음악[龜玆樂]은 4세기 말엽 후량으로 전래되었으며, 북위가 후량을 멸망시킨 후 평성으로 들어와 이후 점차 북방 각지로 유행하기 시작했다.

　천산 이남의 여러 나라들은 내지와 통상적으로 정치적 관계를 유지했다. 대략 326년부터 334년까지 전량(前涼)의 장준(張駿)이 장군 양선(楊宣)을 서역으로 파견해 남도(南道) 여러 나라를 제압하고 지금의 투루판(吐魯番) 지역에 고창군을 설치했다. 전진의 부견은 여광(呂光)을 보내 서역으로 진군했다. 비수 전투가 끝난 후 여광은 고장(姑臧)으로 물러나 후량(後涼)을 건립하고 계속해서 서역을 통제했다. 태연(太

延) 5년(439년) 북위가 북량(北凉)을 멸망시킨 후 북량의 저거무휘(沮渠無諱), 저거안주(沮渠安周) 형제가 서역의 여러 나라를 점령한 적이 있다. 북위는 동완(董琬) 등을 사신으로 서역에 보내 새롭게 중원과 서역의 교통로를 소통시켰다. 고창 일대는 북위 중엽부터 북조 말기에 이르기까지 계속해서 한인 함씨(闞氏), 장씨(張氏), 마씨(馬氏), 국씨(麴氏) 등이 서로 돌아가며 지배했다. 유연이 강대해지자 서역에서 북위와 유연의 전쟁이 장기간 지속되었다.

돌궐

돌궐(突厥) 통치자의 성은 아사나(阿史那)다. 처음에는 아보수(阿輔水), 검수[劍水, 러시아 엽니새하(葉尼塞河) 상류의 지류] 등지에서 사냥과 유목생활을 하다가 고창의 북산[北山, 박격다산(博格多山)]으로 이주해 살았다. 철 제련으로 유명하다. 5세기 중엽 그들은 유연에게 정복되어 유연의 단노(鍛奴, 쇠를 불리는 노예)가 되어 금산(金山, 알타이산) 남쪽 기슭에 몰려 살았다.

6세기 중엽 돌궐인들은 점차 유연의 속박에서 벗어나 제련 수공업을 발전시켰으며, 서위 변방 지역과 서역 여러 나라들과 교역하면서 점차 역량을 키워나가기 시작했다. 서위 폐제 원년(552년), 토문(土門)이 돌궐 한국(汗國)을 건립하고 이리가한(伊利可汗)이라 칭했다. 이듬해 목간(木杆) 가한이 자리에 올랐다. 그는 유연의 전체 영토를 점령하고 서쪽으로 엽달을 격파했으며 동쪽으로 거란을 제압하고 북쪽으로 계골(契骨, 키르키스)을 병합했다. 그리하여 영지가 "동쪽으로 요해에서 서쪽으로 서해[이해(里海)]까지 1만 리에 이르렀으며, 남쪽으로 사막에서 북쪽으로 북해까지 5000~6000리에 달했다(東自遼海以西至西海萬里, 南自

沙漠以北至北海(바이칼호)五六千里)."²⁰⁵ 돌궐의 한정(汗庭, 조정)은 지금의 악이혼하(鄂爾渾河) 상류 도근산(都斤山)에 있었다.

돌궐 한국은 노예주 국가로 가한 아래 엽호(葉護), 특륵(特勒) 등 28개 등급의 대소 관료가 있었다. 법률 규정에 따르면, 반역자나 살인자는 사형에 처하고, 상해를 입히면 부녀자나 말로 배상하고, 물건을 훔치면 훔친 물건의 10배를 배상했다. 피정복자가 반항하거나 동족 가운데 범법자들은 모두 노예로 삼았다. 광활한 국토를 통치하기 위해 돌궐은 각지에 여러 명의 가한을 세웠는데, 이로 인해 돌궐 통치자 내부에 권력 투쟁이 벌어지기도 했다.

북제와 북주가 대치하던 시절 쌍방 모두 돌궐의 도움을 얻고자 했다. 하지만 돌궐은 양국과 동시에 교통하면서 자국의 이점을 취했다. 북주 보정(保定) 3년(563년), 돌궐과 북주 연합군이 북제를 공격했으나 실패로 끝나자 돌궐은 병사를 이끌고 내지로 들어와 대규모 약탈을 자행했다. 진양(晉陽) 이북 700여 리에 사람이고 가축이고 살아 있는 자가 없었다고 하니 그 참혹성은 말로 다할 수 없었다. 이후로 돌궐은 끊임없이 북방 변경을 소란스럽게 했다.

3 · 동진·남조의 사회경제 발전

동진의 통치와 남북전쟁

동진 건립

서진 이래로 강남은 사회 모순이 복잡하게 얽혀 있는 곳이었다. 계급 모순과 지주 계급 내부의 각종 모순, 남북의 민족 모순 등이 다양하고 어지럽게 얽혀 지극히 복잡한 정치 국면이 펼쳐지고 있었다.

서진이 오나라를 멸망시킨 후 강남의 호족 사대부들은 서진 통치자들에게 '망국의 유민(亡國之餘)'[206]으로 간주되었으며, 조정에도 의지할 곳이 없었기 때문에 과거 오랜 세월 내내 강동에서 향유해온 정치적 특권을 확보할 수 없었다. 서진의 대군이 장강 남북으로 방어망을 구축하자 그들의 우려가 더욱 커졌다. 그래서 그들은 여러 차례 거병해 진에 저항했다. 서진 말 북방의 여러 민족과 한족 유민들이 기의 대열에 앞장서자 강남 호족들은 관망 자세를 취하며 자신을 보호할 수 있는 길을 찾았다.

연이어 투쟁의 조류가 강남을 석권하면서 의양만(義陽蠻) 장창(張昌)의 별수(別帥)인 석빙(石冰)이 태안(太安) 2년(303년) 강주(江州)와 양주(揚州)를 점령하고 강남 호족들과 결부된 이익에 직접적인 위협을 가했다. 강남 호족들은 각기 사병을 동원해 오군(吳郡)의 고비(顧秘)를 도독양주구군제군사(都督揚州九郡諸軍事)로 삼아 석빙의 기의군을 포위 공격했다. 광릉군(廣陵郡)의 탁지(度支) 진민(陳敏)도 군병을 이끌고 진압에 참가해 제일 먼저 건강으로 진격해 기의군을 무찔렀다.

영흥(永興) 2년(305년), 진민이 역양[曆陽, 안휘 화현(和縣)]에서 거병해 진에 반기를 들고 양주와 강주 등지를 점령했다. 그는 예를 갖춰 강남 호족 명사들을 초빙해 관리로 삼았다. 하지만 강남 호족들은 진민이 강북인이고 미천한 하급관리 출신이기 때문에 자신들의 이익을 대변할 수 없다고 여겼다. 그래서 영가 원년(307년) 힘을 합쳐 진민의 세력을 무너뜨렸다.

그해에 서진 낭야왕(琅邪王) 사마예(司馬睿)가 안동장군도독양주강남제군사(安東將軍都督揚州江南諸軍事)라는 관직을 얻어 북방 명사인 왕도(王導) 등과 함께 건강에 주둔했다. 그때를 전후해서 서진의 관료들이 대거 남쪽으로 이주해 사마예와 합류했다. 북방 백성들의 남쪽 이주도 점점 규모가 커졌다. 강남 호족들은 유민의 기의에 타격을 받는 한편 북방 호족(胡族)의 활동이 자신들에게 위협이 된다는 것을 깨닫고 사마예에 대한 기존의 관망 태도를 버리고 적극적으로 지지하기 시작했다. 왕도가 그들 사이에서 전력으로 중재해 그들 강남 호족들에게 각종 관직을 수여하고 이익을 보장했다. 그리하여 남북 지주 집단이 상호 합작하면서 비교적 안정 국면으로 접어들었다. 영가 6년(312년),

갈인(羯人) 석륵이 병사를 이끌고 회영(淮潁)까지 진군해 남침을 준비하면서 민족 모순이 갑자기 첨예화했다. 당시 석륵을 패퇴시킨 것은 강남의 호족 기첨(紀瞻)이다.

316년, 진 민제(愍帝)가 유요(劉曜)에게 항복하면서 서진이 멸망했다. 317년, 사마예가 남북 지주의 추대를 받아 진왕(晉王) 자리에 올랐으며, 이듬해인 태흥(太興) 원년 칭제했다. 그가 바로 동진의 원제(元帝, 317~322년 재위)다.

동진 초년 사마예는 계속해서 불만을 품고 있는 남방 호족 무장 세력을 통제하거나 무너뜨려 강남에서 자신의 통치를 안정시켰다. 북방의 여러 민족 통치자들이 혼전을 거듭하면서 남침의 가능성이 그만큼 줄어들었다. 당시 남쪽으로 이주한 지주들 사이에 새로운 모순이 생겨나 동진 통치 권력을 차지하려는 쟁탈전이 벌어졌다. 영창(永昌) 원년(322년), 형주(荊州)의 중무장 병력을 장악하고 있던 왕돈(王敦)이 진 원제가 자신을 통제하는 것에 반발해 동생 왕도(王導)의 용인과 남방 대족 심충(沈充)의 지원을 받아 건강을 공략했다. 그는 진 원제를 죽음으로 내몰았다. 성제(成帝) 함화(咸和) 2년(327년), 역양(曆陽) 내사(內史) 소준(蘇峻)이 징발을 거절하고 예주(豫州) 자사 조약(祖約)과 합세해 모반을 일으켰다. 하지만 그들의 거사는 다수 남천(南遷) 지주들의 지지를 확보하지 못해 실패로 끝나고 말았으며, 동진 정권은 위급한 불을 끄고 겨우 정권을 유지해나갔다.

북방 인민의 남천

서진 말 정치 부패와 내전, 그리고 16국 시대에 북방의 혼란으로 인해 북방 인민들이 대거 이탈하기 시작했다. 그들은 요서나 농우[隴右, 농산(隴山) 서쪽]로 이주하기도 했으나 대부분은 장강을 건너 남쪽으로 이주했다. 남천(南遷)한 이들은 일반적으로 적관(籍貫, 본적이나 출생지)에 따라 몇 가구씩 무리를 지어 이주하면서 유민의 무리를 이루었다. 남천 관료들 역시 종족과 부곡이 함께 무리를 지어 움직였으며, 이주하는 도중에 유랑민들을 흡수해 자신의 부곡 집단을 확충했다.

장강 유역에 다다른 남천 인민들은 적어도 70만여 명에 이르렀다. 그 가운데 20여만 명은 장강까지 이르지 못하고 지금의 산동과 강소 북부 지역에 무리를 지어 살았다. 남천 인민들 가운데 일부는 장강을 건넌 후 계속 남진해 지금의 절강, 환남(皖南), 심지어는 민광(閩廣, 복건, 광동)까지 내려갔으며, 또 다른 일부는 장강 중류 여러 주군(州郡)에 보금자리를 틀었다. 《진서》〈지리지〉나 《송서》〈주군지(州郡志)〉 등 관련 기록에 따르면, 유송 시대 호적이 있는 남천 인구는 대략 서진 북방 인구의 8분의 1이었으며, 유송 시절 남방 인구의 6분의 1에 달했다고 한다. 양주(揚州)에 모인 남천 인구가 가장 많았는데, 전체 남천 인구의 절반 이상을 차지했다.

남방으로 이주한 북인들은 교인(僑人)이라고 칭했는데, 그들은 이미 지주의 노객(奴客)으로 몰락한 일부를 제외하고 남은 이들로 황무지를 경작하거나 먹을 것을 찾아 이주한 이들이었다. 당시 그들은 국가 호적에 편입되지 않았기 때문에 '부랑인(浮浪人)'이라고 불렸다. 그들을 통제하기 위해 동진은 교인들이 집중적으로 모여 있는 곳에 계속해서 교인들이 예전에 살던 지역의 이름과 같은 교주(僑州), 교군(僑郡), 교현(僑縣) 등을 설립하고 그들에게 호적을 부여했다. 교주나 교군, 교현에는 실제 토지가 없었기 때문에 이합집산을 거듭하는 등 상황이 상당히 복잡했다. 교주나 교군에 거주하는 이들도 전부 교인(僑人)은 아니었다.

남서주(南徐州) 교인이 가장 많았는데, 교주 내의 교인은 전체 42만 명 가운데 22만 명이었다. 기존의 군현 내에서 일부 교인들이 들어가 살았다. 대지주에 의해 노예나 노객으로 수용된 교인들은 호적에 등재되지 않았기 때문에 전체 숫자를 헤아리기 어렵다.

호적에 등재된 교인들은 요역이나 조세를 면제받는 등 우대를 받았다. 이는 북방 유민들을 끌어들여 농업생산에 투입해 경제를 안정시키고 개인 지주의 소유가 되는 것을 방지하는 데 일정한 작용을 했다.

교인을 위해 세운 군현이 날로 많아졌다. 교인들이 남방에서 오랫동안 거주하게 되자 남방 토착 농민들의 경제적 차별도 점차 감소했다. 국가는 교인들의 조세와 요역 등을 착취하고 병역을 담당토록 하기 위해 성제 함화 연간(326~334년)에 재차 '토단(土斷)'의 방법으로 교인에 대한 통제를 강화하기 시작했다. 토단법에 따라 흩어져 살고 있는 교인들을 소재 관적(貫籍)에 무단 편입시키거나 실제 토지가 없거나 민호가 극히 적은 교군이나 교현은 축소 또는 폐지시켰으며, 호구나 토지 등기부를 정리해 교인은 백적(白籍), 그리고 기존의 백성들은 황적(黃籍)을 부여해 구분했다. 흥녕(興寧) 2년(364년) 환혼이 주관하는 경술 토단(庚戌土斷)이 비교적 성과를 올렸다. 환혼은 토단을 집행하면서 엄격하게 호강대족이 교인을 은닉하지 못하도록 금지시켰다. 팽성왕(彭城王) 사마현(司馬玄)은 다섯 가구를 은닉한 게 발각되어 정위(廷尉)에게 회부되어 논죄되었다.

조적과 환혼의 '북벌'

강남 정치집단이 각종 모순에 얽매여 있을 때 낙양에서 남하해 경구[京口, 강소 진강(鎭江)]에 살고 있던 조적(祖逖)이 감개해 "중원을 회복하는 것이 나의 임무(以中原爲己任)"²⁰⁷라고 하면서 북방으로 진군할 것을 요구했다. 조적은 사마예에게 상서를 올려 민족 억압에 허덕이는 북방 백성들의 절박한 소원에 대해 언급하면서 북진하면 북방 한족 지주들도 합심해 '오랑캐(胡)'에게 대항할 것이라고 말했다. 건흥(建興) 원년 (313년), 조적은 100여 가문의 부곡을 이끌고 강을 건너 북상했다. 그는 장강을 건너면서 노를 치며 여러 사람들에게 다음과 같이 맹세했다. "조적이 중원을 깨끗이 평정하지 못하고 다시 강을 건넌다면 저 강물처럼 한 번 흘러 돌아오지 않으리라."²⁰⁸ 그의 호방한 맹세의 말은 당시 민족 압제에 반대하는 한인들의 장렬한 뜻을 표현한 것이다.

조적은 회음(淮陰)에 주둔하면서 유민들을 모아 대오를 확충하는 한편 병기를 만들고 둔전하면서 군량을 모았다. 그는 자신부터 절검하고 힘써 일하며 사사로운 이익을 얻지 않았으며, 장병들과 동고동락했다. 그는 태구(太丘), 초성(譙城), 옹구[雍丘, 하남 영성(永城), 하읍(夏邑), 기현(杞縣)] 일대로 진군해 일부 오벽(塢壁)에 있는 지주 무장 세력을 확보했으며, 그들을 이용해 석륵에 대처했다. 몇 년이 되기도 전에 조적의 군대는 황하 이남 대부분의 토지를 회복해 석륵이 감히 황하를 건널 수 없도록 만들었다. 바로 그 시기에 진 원제는 조적의 전공이 날이 갈수록 높아져 통제하기 힘들게 되면 자신에게 불리하다 여기고 대연(戴淵)으로 하여금 도독북방육주제군사(都督北方六州諸軍事)로 조적의 군대를 지휘하고, 조적 군대의 후방을 통제하도록 했다. 당시 동진 통치자 내부에 권력 암투가 격렬해 왕돈의 난이 이미 무르익고 있었다. 이런 상황에서 열정으로 가득 찬 조적은 울분을 참지 못하고 끝내 병이 들어 대흥 4년(321년) 군중에서 병사하고 말았다. 예주의 백성들은 그의 '북벌' 공로를 기념해 도처에 사당을 세워 그를 기념했다.

조적이 죽은 후 남북간에 잠시 균형 국면이 조성되었다. 동진 통치자들은 내전에 바빴기 때문에 '북벌'에 대한 외침도 잠시 침묵으로 돌아섰다. 성제 함강(咸康) 5년(339년), 정권을 장악하고 있던 유량(庾亮)이 형주에서 군사를 이끌고 '북벌'을 요청했으나 치감(郗鑒), 채모(蔡謨) 등이 극력 저지했다. 치감은 유량이 이끄는 군민들이 북인 위주이기 때문에 강을 건넌 후에 통제를 벗어날 것이라고 생각했고, 채모는 석호의 역량을 과대평가해 장강과 면수(沔水, 한수)를 고수하면서 적들이 멸망하기를 기다려야 한다고 주장했다. 조정은 오히려 이러한 소극적인 논조에 동조했다. 강제(康帝) 건원(建元) 원년(343년), 유익(庾翼)이 '북벌'을 요청하고 항명해 양양(襄陽)까지 진군했으나 역시 저지당하고 말았다. 이후 형주 진장(鎭將) 환온(桓溫)의 세력이 점차 강대해지면서 영화(永和) 3년(347년) 군사를 이끌고 촉(蜀)으로 들어가 종인(賨人) 이씨의 한국(漢國, 원래 성국)을 멸망시키면서 기세를 드높였다. 그가 누차 중원 '북벌'을 요구하자 조정 대신들도 대놓고 반대할 수 없었다. 그리하여 영화 5, 6년 외척 저부(褚裒)와 명사 은호(殷浩)를 파견해 북벌을 시도해 환온을 억제하고자 애썼다. 저부가 팽성(彭城)까지 진군하자 그를 찾아오는 북인들이 하루에도 천 명을 헤아렸다. 노군(魯郡)의 백성 500여 가구가 기의해 진에 동조했고, 하북의 백성 20여만 명도 황하를 건너 귀부했다. 이처럼 유리한 형세 속에서 저부는 계속 진군할 생각은 하지 않고 오히려 물러나기만 해 하북에서 귀북하려던 백성들은 도중에 사면에서 적의 공격을 받는 곤경에 처하고 말았다. 은호의 북진 역시 실패로 끝나고 말았다.

환온은 저부와 은호의 북진이 실패로 끝나고 동진 조정에서도 더는 반대할 명분이 없게 되자 영화 10년(354년) 군대를 일으켜 전진(前秦)

을 공략하기 위해 관중으로 진군했다. 관중의 백성들은 술과 고기로 그들을 환영했다. 하지만 환온은 북방 전쟁터에서 자신의 전력을 소모할 생각이 없었다. 그래서 그는 파수(灞水)에서 전진을 멈추고 관망하느라 승기를 놓치고 말았다. 전진(前秦)의 군사들이 들판의 곡식을 모조리 불태우고 깊은 도랑을 파서 견고하게 지키자 진군(晉軍)은 군량이 부족해 후퇴할 수밖에 없었다. 영화 12년 환온이 2차 북진하여 낙양을 수복하고 많은 백성들을 이끌고 돌아왔다. 태화 4년 3차 북진해 양주에서 전연의 수도인 업 이남의 방두(枋頭, 하남 준현 경내)까지 진격했다. 전연이 전진의 원군에 힘입어 진군의 군량 보급로를 끊자 환온은 무기를 버리고 배를 불태운 다음 후퇴했다.

환온의 '북벌'은 전후 10여 년 동안 지속되었다. 이후 조정 대신들의 견제가 심해지고 그 자신도 '북벌'을 개인 권력을 확충하는 수단으로 삼았기 때문에 '북벌'은 더는 아무런 성과 없이 끝나고 말았다. '북벌'을 하면서 이전에 심었던 버드나무가 벌써 아름드리나무가 된 것을 보고 환온이 감개해 말했다. "나무조차 이와 같은데 사람인들 어찌 감당할 수 있으랴."[209]

그는 조정 대신들이 "영원히 남쪽에 뿌리를 내리고 신주(神州)를 용막(龍漠, 서북의 황량한 사막)에 내버리려고 하는(永結根于南垂, 廢神州于龍漠)" 구차하고 안일한 태도에 불만을 품고 "모두 북쪽으로 천도해" 도읍지 낙양을 탈환할 것을 내용으로 하는 표(表) 10여 차례 올렸다. 하지만 끝내 윤허받지 못했다. 동진 조신들이 환온의 주장에 반대한 것은 권력 투쟁의 원인 이외에도 남방에서 풍족함을 만끽해 북쪽으로 돌아갈 마음이 없었기 때문이다. 손작(孫綽)은 "전답과 저택을 다시 팔 수도 없고 수레와 배를 얻을 방법이 없다(田宅不可復售, 舟車無從而得)"는 이유로 환도 주장을 극력 반대했다. 그는 낙양으로 환도하는 것은 "안락한 나라를 버리고 혼란스러운 고향으로 돌아가는 것"[210]과 다를 바 없다고 여겼다. 이는 당시 사대부들의 노골적인 고백이었다. 이런 상황에서 이후에도 '북벌'이 시도되고 매번 '북벌'할 때마다 북방 백성들의 적극적인 후원이 있었음에도 끝내 남북통일의 희망은 실현되지 않았다.

비수 전투(淝水之戰)

영강(寧康) 원년(373년) 환온이 죽자 그의 동생 환충(桓沖)이 군권을 장악했다. 당시 전진은 이미 북방을 통일하고 익주를 점령해 동진을 위협했다. 동진의 통치자 내부의 모순은 위협적인 적군의 등장으로 인해 잠시 완화되었다. 환충은 양주를 사안(謝安)에게 양보하고 자신은 상류에서 전진의 방어망을 구축했다. 사안의 조카 사현(謝玄)은 경구(京口)에서 북부병(北府兵)으로 부르는 군대를 조직했는데, 이는 동진의 유일한 정예부대였다.

전진이 동진의 팽성과 양양, 두 군데 중요한 진(鎭)을 탈환한 후 동진 태원 8년(383년) 총력을 기울여 남하하기 시작했다. 군사들의 깃발이 앞뒤로 1000리가 될 정도로 대규모 군사동원이었다. 그해 10월 전진의 선봉부대를 이끄는 부융(苻融)의 군사 25만 명이 회영(淮潁) 지역에 이르러 수양(壽陽)을 함락했다. 동진의 사석(謝石)과 사현(謝玄)이 이끄는 북부병 8만 명이 응전에 나서 낙간(洛澗, 안휘성 회원 경내)에서 전진 군대와 맞붙었다. 부견은 포로로 잡았던 동진의 장수 주서(朱序)를 동진 진영으로 보내 투항을 권유했다. 하지만 주서는 전진의 군정을 사석에게 밀고하는 한편 전진 군사들이 모두 결집하기 전 일거에 부융을 공격한다면 승산이 있다고 말했다. 사석과 사현은 중요한 정보를 얻어 즉

각 군사를 배치해 적군의 침입에 대처했다.

11월 사현이 북부병의 장군 유뢰지(劉牢之)에게 정병 5000명을 주어 낙간을 급습토록 했다. 유뢰지는 전진의 군사 1만여 명을 섬멸하고 막대한 양의 군량과 무기를 획득해 첫 번째 승리를 얻었다. 부견은 수양성에서 동진 군대의 포진이 엄정한 것을 직접 목도하고 성 밖 팔공산(八公山)의 초목을 모두 동진의 병사로 오인해 두려운 기색이 역력했다.

사현은 승기를 잡아 비수(淝水) 근처에 진을 친 부융과 비수 서쪽 강변에서 결전하기로 약속했다. 부견의 군사들이 일단 후퇴해 동진 군사들이 비수를 건널 때 공격하기로 했으나 전진 군대는 후퇴하기가 무섭게 달아나기 시작해 졸지에 군사들이 서로 밟고 밟히는 혼란이 일어나고 말았다. 동진군은 그 기회를 틈타 맹공을 감행해 큰 승리를 얻었다. 전진의 군사들은 바람소리나 학이 우는 소리만 들어도 동진의 추격병인 줄 알고 달아나기 바빴다.

전진의 남침은 명분이 의롭지 못했기 때문에 전진 내부에 잠복한 민족 모순이 더욱 심해졌다. 비수의 전투를 감행하기 이전 부융은 일부 저족과 한족 관리들과 마찬가지로 북방 백성들이 여전히 동진을 그리워하고 있으며, 전진의 선비인과 강인들이 전쟁의 기회를 틈타 기의할 수도 있다는 것을 알고 있었기 때문에 남침에 반대했다. 당시 부견의 남침을 적극 종용한 이들은 전쟁으로 부견의 몰락을 기대하고 있던 선비 귀족 모용수(慕容垂)와 강인 귀족 요장(姚萇) 등이었다. 비수 전투 당시 전진 군대는 여러 민족 사람들이 임시로 징집되어 이루어졌기 때문에 이미 마음이 떠나 의기소침한 상태로 적극적으로 싸움에 임할 생각이 없었다. 특히 전진 군대에 소속되어 있는 한인들은 동진 군사들과 대치하면서 동족상잔을 원치 않았다. 이와 반대로 동진 군대는 강적이

5장 삼국 양진 남북조 시대

내침하기 이전부터 "군신이 화목해 상하 모두 같은 마음이었다."[211] 게다가 북부병은 대다수 남쪽으로 쫓겨 내려온 북방인이거나 그들의 자손이기 때문에 민족 억압의 고통을 누구보다 잘 알고 있었기 때문에 자신의 안위를 떠나 누구보다 용맹하게 전투에 임했다. 그렇기 때문에 비수 전투에서 부융의 부대가 작전상 후퇴했을 때 여러 민족으로 구성된 전진의 군대는 사방으로 도망쳤지만 동진 군대는 일당백으로 끝까지 추격하며 용감하게 싸웠던 것이다. 포로가 되어 장안으로 압송되었던 동진의 장수 정목(丁穆)도 전진이 남하하자 그 기회를 틈타 관중의 한인들과 합세해 봉기를 일으켜 동진에 호응했다. 이에 부견은 후방의 안전을 걱정해야 하는 처지가 되었다. 이처럼 국내외로 협공을 받는 형세로 인해 전진은 남침에 실패하고 결국 통치 세력 자체가 와해되는 결과를 맞이하게 된다.

비수 전투는 중국 역사상 소수로 다수의 병력을 압도한 유명한 전쟁이다. 비수 전투에서 동진이 승리함에 따라 남방인들은 저족 통치자의 박해를 모면할 수 있었으며, 남방의 경제, 문화 또한 파괴를 면할 수 있었다. 바로 이런 점에서 중국 역사상 큰 의의가 있다.

손은과 노순의 농민전쟁

호강대족 통치하의 남방 농민의 고통

동진 정권의 비호하에 "적에게 땅을 빼앗기고 관직을 잃어" 북방에서 쫓겨 내려온 수많은 사대부들은 남방에서 토지를 약탈하고 유민들을 부곡, 전객, 노비 등으로 삼았다. 남방 지주들 역시 계속해서 경제력을 확충하느라 혈안이 되어 있었다. 동진 초기 집정한 왕도는 남북 지주의 모순을 해소시켜 정치적 안정을 얻기 위해 지주들의 약탈 행위에 대해 간섭하지 않았다. 남방 지주 고화(顧和)는 이에 만족하지 못하고 왕도에게 "법망이 느슨해 큰 배(중죄인)조차 빠져나갈지언정", "바람 소리를 엿들을 정도로 엄격한 정사를 펼치는 것"은 안 된다고 요구했다."[212] 사안은 왕도를 모방해 정사에서 "번잡하고 세세한 것을 제거했으며(去其煩細)", 호강 세력들이 은닉하고 있는 유민 수색을 불허하면서 "만약 그런 무리를 소유하는 것을 허용하지 않는다면 어찌 경도(京都)라 하겠는가?"[213]라고 오히려 반문할 정도였다. 대대로 문벌세족이 통치하면서 고위관리나 호강들의 탐욕과 부패가 이런 지경에 이르러 일반 백성들의 고통이 더욱 심해졌다. 호장(豪將, 횡포한 장수)이 석두창(石頭倉)의 군량미 100만 곡(斛)을 몰래 빼돌렸으나 동진 조정은 감히 추궁하지 못하고 창고를 관리하는 하급관리들을 살해해 입막음하는 것을 대충 끝냈다. 치음(郗愔)은 "포부가 크고 겸손한 인물로" 유명했으나 실제로는 가렴주구로 거의 수천만 전을 긁어모았다.[214] 지방 관리들의 부패와 횡령은 경관(京官)보다 우심해 탐욕에 만족하지 못한 경관은 항상 현령을 닦달하곤 했다. 이런 통치상황에서 백성들의 고통과 피해가 어떠했는지 능히 짐작이 간다.

동진의 요역은 대단히 번다하고 무거웠다. 경기 지역의 요역은 명목만 해도 상당해, 유화(庾龢)가 단양윤(丹陽尹)으로 있을 당시 폐지한 요역이 60여 항목에 달할 정도였다. 범녕(範寧)의 상소문을 보면 그 일단을 알 수 있다. "(옛날에는 사역을 시킬 때 3일에 한 번은 쉬게 했지만)지금의 힘든 요역은 3일이 되어도 쉬는 경우가 거의 없어 고의로 자해하거

5장 삼국 양진 남북조 시대

나 머리를 깎아 요역을 면제받기를 요구하고, 아이를 낳아도 더는 기를 수 없으며, 홀아비나 과부가 감히 새로 시집 장가를 갈 수 없을 지경에 이르렀다."[215] 부세 역시 동진 중엽 이후로 크게 증가했다. 대원 원년 (376년) 동진은 도전수조(度田收租) 제도를 폐지하고 토지의 유무에 상관없이 매 가구당 일률적으로 세미(稅米) 3곡을 징수했으며, 태원 8년 다시 매년 5곡으로 올렸다. 경작지에 따라 조세를 징수하는 도전수조 대신 가구에 따라 세미를 징수한 것은 지주에게 유리할 뿐 농민들에게는 대단히 불리한 조세법이었다.

과다한 부역에 억눌려 견딜 수 없을 지경에 이른 농민들은 무리를 지어 광주(廣州)를 비롯한 남방 오지로 도망쳤고, 어떤 이들은 산이나 호수 깊은 곳으로 모여들어 관부의 수색을 피했다. 통치자는 도주한 농민들에 대해 더욱 잔혹한 조치를 취했다. 사서의 기록에 따르면, 해릉(海陵, 강소 태현 동쪽)에서 도망친 백성 1만여 가구가 청포(青浦) 인근 늪지로 도망쳐 모여 살았다. 모거(毛璩)가 1000여 명의 군사를 이끌고 그들을 포위했으나 아무런 효과가 없었다. 때마침 가뭄이 들어 물이 메마르자 그 틈에 사방에 불을 놓았다. 사람들이 불길을 피해 내려오자 그들을 모두 잡아 군대에 편입시켰다.

남방 농민들은 동진 정권과 지주들의 억압과 착취로 인해 도처에서 폭동을 일으켰다. 남북 민족 모순이 아직 안정된 상태가 아니었기 때문에 산발적인 폭동이 대규모 농민전쟁으로 확대되지는 않았다.

비수 전투가 끝난 후 북방 호족의 위협이 잠시 해소되었지만 오히려 동진 지주계급 내부의 모순은 더욱 극렬해졌다. 융안(隆安) 2년(398년) 경구에 주둔하고 있던 왕공(王恭)과 형주의 은중감(殷仲堪), 환현(桓玄) 등이 연달아 거병해 정권을 차지하고 있던 사마도자(司馬道子)에 대항했다. 복잡한 투쟁을 거쳐 장강 중류 지역은 환현이 할거하고 하류 경구와 강북 지역은 북부병의 장령인 유뢰지가 지배했다. 동진 조정이 관할하는 지역은 겨우 강남 일부에 국한되었다. 결국 막중한 부세와 병역, 요역은 모두 강남 팔군(八郡) 농민들이 부담해야만 했다. 그리하여 강남 농민들은 기의 이외에 다른 출구가 없었다.

손은(孫恩)과 노순(盧循)이 영도하는 농민전쟁

왕공이 거병한 후에 신안(新安) 태수이자 오두미도의 교주인 손태(孫泰)가 왕공을 토벌한다는 명분을 들고 군사를 일으켰으나 사마도자에게 살해되고 말았다. 손태의 조카 손은은 섬으로 도피해 계속해서 오두미도로 유민들을 불러모았다. 융안 3년(399년) 사마도자를 대신해 집정하게 된 사마원현(司馬元顯)이 강남 여러 군(郡)에서 "노비 신분에서 해방되어 전객이 된(免奴爲客)" 사람들을 징집해 '악속(樂屬)'이라 칭하고 경사로 이주시켜 군대에 편입시켰다. 징발하면서 관리들은 '악속'이 아닌 일반 농민들까지 강제로 끌고 갔다.[216] 무고한 농민들은 고향에서 쫓겨나 징발되거나 사방으로 유랑하다 길가에서 죽는 이가 부지기수였다. 이런 상황에서 농민들은 견딜 수 없는 억압에 저항해 폭동을 일으킬 수밖에 없었다.

당시 손은은 무리를 이끌고 섬에서 나와 회계군을 공격하는 한편 투쟁의 대열에 선 농민들을 끌어들여 조직적인 기의 투쟁을 벌이기 시작했다. 강남 팔군의 농민들이 광범위하게 손은에게 호응하니, 불과 10일 만에 기의군은 수십만 명을 헤아리게 되었다. 강남 지주들은 동진 정권에게 전객을 빼앗기지 않으려고 통치계급 내부의 모순과 계급 모순이 격화되는 기회를 틈타 동진 정권 타도를 외치는 손은의 대열에 합류해 자신들의 이익을 도모했다.

손은은 정동장군(征東將軍)으로 자처하면서 동남 각 군(郡)을 섭렵하며 동진의 군수, 현령들을 살해하고 기의군의 지방정권을 세웠다. 회계내사 왕응지(王凝之)는 유명한 도교도였는데, 그는 도교의 의식을 이용해 주문을 외우면서 '귀병(鬼兵)'이 그를 도와 성을 지켜줄 것이라고 했다. 기의군은 아직 종교적으로 완전히 동화되지 않은 상태였기 때문에 회계를 공격할 당시 그를 살해했다. 건강 부근의 여러 현에서도 소규모 농민 폭동이 일어나 손은의 군대에 호응했다. 동진은 사담(謝琰)을 파견해 유뢰지 등과 함께 반격에 나섰다. 이에 손은은 무리를 이끌고 섬(절강성 주산군도)으로 퇴각했다.

융안(隆安) 4, 5년간에 손은이 계속해서 회계를 비롯한 여러 군(郡)을 공격해 동진의 관리 사담, 원산송(袁山松) 등을 살해했다. 융안 5년 10여만 명에 이르는 기의군이 1000여 척의 전선에 나누어 타고 단도(丹徒, 강소 진강)에 이르러 건강을 위협했다. 북부병의 장령 유유(劉裕)가 기의군을 역공하자 기의군은 또다시 섬으로 물러났다. 원흥(元興) 원년(402년), 강주와 형주에 할거하고 있던 환현(桓玄)이 손은이 기의한 기회를 틈타 건강을 공략해 이듬해 황제 자리에 올라 국호를 초(楚)로 개칭했다. 당시 손은이 재차 육지에 상륙해 임해(臨海)로 진격했으나 승리를 얻지 못하고 바다에 투신해 죽었다. 손은의 뒤를 이어 기의군을 통솔하게 된 노순(盧循)은 유유의 추격을 받자 바다를 통해 남쪽으로 도피해 원흥 3년 광주를 점령했다.

유유가 기의군을 멀리 내쫓아 여유가 생기자 원흥 3년 환현을 내쫓고 동진 안제(安帝)의 제위를 복위시키고 동진의 실권을 장악했다. 의희(義熙) 5년(409년), 유유가 출병해 남연을 멸망시키고 회북과 하남의 광활한 토지를 확보함으로써 동진 통치자로서 성가를 드높였다.

의희 6년(410년), 노순, 서도패(徐道覆)가 시흥(始興, 광동 곡강) 등지에서 한족과 계족(溪族) 주민들을 병사로 징집해 두 갈래 길로 북상했다. 그들은 장사(長沙), 예장(豫章) 등을 점령한 후 장강을 따라 곧바로 건강을 노렸다. 유유는 남연을 멸망시킨 후 신속하게 건강으로 회군해 농민군과 대치했다. 노순은 의심이 많고 우유부단해 제대로 싸우지도 않고 심양(尋陽)으로 물러나 방어에 치중했다. 유유는 장강 중류에서 계속 적을 압박하는 한편 바닷길로 군사를 보내 광주를 점령함으로써 농민군의 퇴로를 끊었다. 노순은 패전을 거듭하다 철군해 광주를 공격했으나 끝내 점령하지 못하고 교주(交州, 베트남 경내)로 물러났다. 그는 그곳에서 이족(俚族), 요족(僚) 등의 지지를 얻었으나 끝내 재기하지 못하고 스스로 목숨을 끊었다. 이리하여 전후 12년 동안 동남 지역을 중심으로 100만 농민들이 참가한 농민전쟁도 결국 실패로 끝나고 말았다.

손은과 노순의 기의는 동진 문벌사족이자 최고 통치자로 군림하던 사족 통치집단 내부의 근 1세기에 걸친 계급 모순이 총체적으로 폭발한 것이었다. 특히 회계군에서 제일 먼저 기의가 발생한 것은 그곳이 남방 토착 문벌사족인 우씨(虞氏), 공씨(孔氏), 하씨(賀氏) 등이 몰려사는 곳이자 북방에서 내려온 문벌사족인 왕씨, 사씨 등이 주로 사는 곳이었기 때문이다. 그들은 경쟁하듯이 장원을 개발하고 농민들의 토지를 겸병했으며, 전객과 노예를 착취했다. 농민 기의군은 사족 지주의 장원을 공격했으며, 대항하는 수많은 사족들을 살육했다. 일반 사족 지주들은 더는 착취할 것이 없어 아사하는 와중에도 "비단옷에 금옥을 패용한 채로 대문을 닫고 굶어죽고 말았다."217 문벌사족들은 수차례 타격을 입어 정치적 통치 지위를 잃고 자신들보다 지위가 낮은 사족 지주계급을 대표하는 유유에게 권력을 넘길 수밖에 없었다. 정권을 넘겨받은 하급 지주계급은 통치 초기 이전 역사의 교훈을 얻어 농민들에 대한 억압과 착취를 완화시켰다. 이로 인해 농민들의 생활이 일부 개선되었으며, 사회 생산 역시 상승기류를 탔다. 남조 초기의 이른바 '원가의 치적(元嘉之治)'은 바로 이런 상황에서 출현한 것이다.

손은과 노순은 출신 가문이 시원치 않은 비교적 낮은 사족 계층이었기 때문에[218] 그들이 이끈 농민전쟁 역시 심각한 약점이 있었다. 손은은 "일부 인사를 핍박해 관리로 삼았다."[219] 동남 팔군에서 그에게 호응하는 대지주를 모아 중요 관리로 배치한 것이다. 예를 들어 오군(吳郡)의 육괴(陸瓌), 오흥(吳興)의 구왕(丘尫), 의흥(義興)의 허윤지(許允之) 등이 각기 해당 군의 태수를 맡았으며, 천금을 쌓아놓고 있다는 오흥의 부호 심목부(沈穆夫)는 여요령(餘姚令)에 임명되었다.[220] 하지만 그들은 동진과 결사적으로 싸울 명분이 없었으며, 굳이 손은을 위해 싸울 의향 또한 없었다. 그렇기 때문에 손은은 고립무원에 직면해 결국 섬으로 퇴각해 그곳에서 삶을 마감하고 말았으며, 농민 기의 역시 실패로 돌아가고 말았던 것이다.

남조의 정치

송의 정치와 남북전쟁

유유는 환현을 물리치고(404년), 남연을 멸망시켰으며(410년), 농민기의를 진압했다(411년). 이후 의희 9년(413년) 성도(成都)에 할거하고 있던 초종(譙縱)을 공략한 다음 재차 북진해 의회 13년(417년) 장안에 도읍지를 세운 후진(後秦)을 멸망시켰다. 이로써 그는 대단한 권세를 지닌 인물로 부상했다. 420년 유유는 동진을 무너뜨리고 송조를 세워 황제 자리에 올랐다(송 무제, 420~422년 재위). 건국 초기 청주와 연주(兗州)를 차례대로 탈환한 송조는 서쪽으로 관중까지 이르렀으며, 황하 이남의 토지까지 합쳐 동진 남조 시기에 가장 거대한 강역을 구축했다.

농민전쟁의 후폭풍과 사족의 전횡으로 인한 동진의 멸망을 직접 목도한 송 무제는 이를 교훈으로 삼았다. 유유는 칭제 전후로 권세를 믿고 백성의 재물을 약탈하고 괴롭히던 경구(京口)의 조규(刁逵)를 죽이고, 그가 소유하고 있던 방대한 토지와 재물을 빈민들에게 나누어주었으며, 이후에도 호구를 은닉하고 있던 여요의 대족 우량(虞亮)을 죽여 겸병을 제한했다. 그는 '토단'을 시행해 교인들의 호적을 정리했으며, 일부 둔전을 폐지해 백성들을 진작시켰으며, 호강이 산택(山澤)을 봉쇄하는 것을 금지시켰다. 송 무제와 문제(424~453년 재위) 부자가 통치하던 시절에 대해 사서는 이렇게 기록했다. "병거(兵車)가 사용되지 않고, 백성들이 나라 밖에서 수고하지 않았으며 요역이 줄어들고 사무가 간단해졌으며, 백성의 숫자가 불어나고 식량이 남아 농지에 그대로 둘 정도였으며, 사람들은 밤에도 대문을 닫지 않았다."[221] 물론 과장된 면이 없지 않겠으나 송초 정치가 "기강이 무너진" 동진에 비해 좋아진 것만은 확실하다.

송 문제 원가(元嘉) 연간에는 생산력이 증가하고 국력이 강성해졌다. 원가 7년(430년) 유송(劉宋, 조씨 남송에 대해 남조송 또는 유씨의 송나라라는 뜻에서 유송이라고 부른다 – 역주)이 도언지(到彦之)에게 군사를 이끌고 북진하도록 했으나 북위에게 패배해 졸지에 "무기고가 텅 비는(府藏武庫爲

之空虛)" 사태에 이르고 말았다. 원가(元嘉) 27년(450년), 송군은 다시 동서 두 갈래로 북진했다. 동로(東路)의 주장 왕현모의 군병은 북진의 주력부대였다. 왕현모가 활대(滑台)를 포위 공격하자 "하락(河洛)의 백성들이 경쟁하듯 곡식을 내놓고 병기를 들고 참전하는 이들이 하루에도 1000여 명에 이르렀다."[222] 하지만 그는 북위에 반대하는 이들을 적절하게 활용하기는커녕 거둔 곡식을 제멋대로 측근들에게만 배분해 불만을 야기했다. 왕현모는 성격이 괴팍하고 사람 죽이기를 예사로 여겼으며, 수비에 치중하지 않았다. 또한 백성들의 재물을 약탈해 크게 인심을 잃고 북위 원군에게 대패하고 말았다. 서로(西路)는 방법기(龐法起)와 유원경(柳元景)이 군사를 이끌었다. 그들은 동관(潼關)으로 진입한 후 북위의 강압으로 참전한 한인 포로를 석방하는 한편 북방 백성들의 반압제 투쟁을 지원해 여러 민족의 환대를 받았다. 하지만 동로군이 이미 궤멸된 상태에서 고립무원의 지경에 이르러 어쩔 수 없이 양양(襄陽)으로 후퇴했다.

그해 겨울 북위 태무제가 대군을 일끌고 팽성(彭城), 우이(盱眙)를 거쳐 과보[瓜步, 강소 육합(六合)]에 이르러 당장이라도 강을 건너 건강(建康)으로 진격하겠다고 공언했다. 이런 위급한 상황에서 건강 인근의 장정들이 모두 참전해 강변 600~700리의 방비를 강화했다. 북위는 후방이 불안정한 상황에서 더는 진격하지 못하고 군량이 떨어지자 어쩔 수 없이 퇴각해 대신 우이를 공격했다. 우이를 방어하고 있던 장군 심박(沈璞)과 장질(臧質)은 군민을 총동원해 결사항쟁에 나섰다. 북위 군사들은 구차(鉤車)와 충차(沖車) 등으로 우이성을 공격했으나 끝내 함락하지 못하고 어쩔 수 없이 인근 백성들을 포로로 삼아 철병했다. 강회(江淮) 지역은 북위군이 진군하면서 천리강산이 모조리 황폐화되어 남쪽에서 날아온 제비가 깃들 곳조차 찾지 못해 숲속에 서식할 정도였다. 강남 지역은 대규모 전란 준비로 인해 마을마다 텅 비고 호적마저 훼손되어 이른바 '원가의 치적'도 이것으로 끝나고 말았다.

과보(瓜步) 전투 이후 남북의 균형이 깨지면서 북위가 우세를 점하게 되었다. 북위는 유송에 대해 공세 위치에 섰으며, 유송은 강회 지역의 방어 능력이 크게 떨어져 패전을 거듭하고 땅을 빼앗겼다. 태시(泰始) 3년(467년) 유송의 변방을 지키는 장수들의 배반으로 인해 회수 북쪽 4군데 주(州)와 회수 서쪽 땅을 모두 잃고 말았다. 남북 간의 전쟁은 여전히 지속되었지만 북방 여러 민족이 서서히 융합하면서 민족투쟁의 의의는 이미 옅어진 상태였다.

송 문제 이후 종실의 여러 왕들과 장수들이 모순과 갈등 속에서 매년 내전을 일삼았다. 효무제는 내전을 종식시키기 위해 양주와 형주, 강주를 분할해 진장(鎭將)의 세력을 약화시켰으며, 한문(寒門) 출신의 측근을 파견해 진장을 감독하는 '전첨(典籤)'으로 삼았다. 하지만 이러한 조치는 아무런 효과가 없었다.

과중한 착취와 억압, 권력 쟁취를 위한 내전으로 인해 생산력이 급격히 떨어지고 백성들은 고향을 떠나 유리걸식하며 말할 수 없는 고통에 시달렸다. 일찍이 원가 9년(432년), 조광(趙廣)이 익주에서 기의를 일으켜 10여만 명의 기의군이 서남 지역을 휩쓸었고, 태시 5년(469년)에는 임해 사람 전류(田流)가 기의를 일으켜 동해왕(東海王)으로 자처하며 현령을 죽이고 동쪽 여러 군을 진동시켰다. 이 외에도 크고 작은 폭동이 수도 없이 많이 일어났다. 송 명제는 이전 법제를 다시 끄집어내어 도적은 경형(黥刑)에 처하고 다리 힘줄을 제거해 멀리 유배를 보냈으며, 병역에 응하지 않는 자들은 일률적으로 참형에 처했다. 하지만 엄격한 법률만으로 농민투쟁을 완전히 진압할 수는 없었다. 결국 송대 통치는 얼마 지나지 않아 종말을 고했다.

제의 통치와 수양(壽陽), 남양(南陽)의 북위 귀속

송말 내전을 통해 금위군의 병력을 장악한 소도성(蕭道成)은 479년 자립해 황제 자리에 오르고[제 고제(高帝), 479~482년 재위], 국호를 제(齊)로 정했다. 제 고제는 우완지(虞玩之)의 건의에 따라 교적관(校籍官)을 설치하고 송 원가 27년 판적(版籍)을 기준으로 호적을 정리해 과보 전쟁 이전의 호적을 회복하려고 했다. 하지만 판적 훼손은 정치, 경제적 변화의 결과였기 때문에 단순히 호적을 정리한다고 해결될 문제가 아니었다. 제나라 초기 호적을 정리하면서 온갖 폐단이 난무했다. 빈민들은 호적을 날조했다고 무고(誣告)를 당하거나 '각적(却籍)'으로 날조되어 변방으로 쫓겨나거나 축성(築城) 인부로 동원되었다. 이와 반대로 부유층(주로 한족 지주)은 각종 수단을 통해 호적을 바꾸었으나 법망에 걸리지 않았다. 호적 정리의 폐단은 계급 모순을 격화시켰다. 영명(永明) 3년(485년), 부양(富陽) 사람 당우지(唐寓之)가 호적 정리에 반대해 거병한 후 전당(錢塘)에서 황제를 자칭하자 강남의 '각적'호(戶)가 앞다투어 몰려드니 그 숫자가 3만을 헤아렸다. 그들은 군현을 공격해 수령을 살해하면서 기세를 드높였다. 그러나 제 무제가 금위병을 동원해 진압함으로써 결국 그들의 기의 또한 실패로 돌아가고 말았다.

빈번한 농민 기의와 종실간의 내전으로 인해 소제(蕭齊) 정권은 말할 수 없이 피폐해져 더는 정권을 유지할 수 없었으며, 한수 이북의 남양과 회하 이남의 수양 지역을 북위에게 빼앗기고 말았다. 중흥(中興) 원년(501년), 옹주(雍州) 자사 소연(蕭衍)이 거병해 건강으로 진격했다. 그리고 그 이듬해 제나라를 멸망시키고 자립해 칭제(양무제)하니 양조(梁朝)의 시작이다.

양 무제의 통치와 후경의 반란

양 무제(502~549년 재위)는 송과 제나라 종실과 중신들의 내란으로 인한 피해를 직접 목도했기 때문에 통치자 내부의 이익을 적극 보호해 내전을 미연에 방지하고자 노력했다. 그는 북쪽에서 내려온 사족의 백가보(百家譜)를 개정해 그들의 사회, 정치적 지위를 보장하는 한편 동남 사족들은 백가보 이외에 별도의 부(部)를 만들어 처리했다. 그는 조령을 내려 주, 군, 현에 주망(州望), 군종(郡宗), 향호(鄕豪)를 각각 한 명씩 두어 인물 추천을 전담하도록 했으나 실제로는 사족 지주와 한족 지주의 입사를 위한 길을 닦았을 뿐이다. 그는 주, 군, 현을 대량으로 증설하고 문무 관직을 증가시킴으로써 지주들이 관직을 얻을 수 있는 기회를 열어 놓았다. 조정의 관리가 범법 행위를 해도 "형벌을 완화해 방면하라(屈法申之)"라고 신하들에게 암묵적으로 지시했다.

실제로 그는 탐관오리가 조반(造反)의 뜻을 가진 것이 아니라면 가능한 관대하게 처리했다. 또한 그는 유학을 제창하고 예악을 정비했으며, 태학을 부활시키고 주군에 학당을 건립해 태평성대를 가장했다. 그는 또한 불교를 적극적으로 장려해 수많은 사찰을 건립했으며, 승려 지주를 이용해 백성들을 마비시켰다. 그 자신 또한 동태사(同泰寺)에서 3차례나 사신(捨身) 의식을 행했는데, 그때마다 백관들이 사원에 1억 전에 달하는 엄청난 금전을 바쳐 그를 위해 속신(贖身)해야만 했다. 그는 이러한 방법으로 지주계급의 다양한 계층과 집단이 각기 자신들의 이익을 챙길 수 있도록 했으며, 이로써 그들 간의 모순을 완화시키고 내전을 방비하고자 애썼다. 하지만 백성들을 심히 포악하게 다루어 폭정과 착취를 견딜 수 없는 백성들이 집단으로 도망을 쳤다. 이에 그는 법률을 제정해 "한 명이 도망치면 가족을 모두 인질로 삼도록 했다."[223] 양 무제의 통치하에 백성들의 삶은 더욱 악화되었으며, 끊임없이 폭동이 발생했다. 하지원(何之元)은 양 무제 시절에 대해 이렇게 말한 바 있다. "백성들이 유리걸식하고 마을은 모두 황폐해졌다. 이로 인해 약탈자들이 벌떼처럼 일어나고 도적들이 무리를 지어 횡행했다.……법조문에 저촉되는 이들이 즐비하고, 법망에 걸리는 이들이 집집마다 있어 재앙이 갑자기 찾아드니 감옥도 따라서 사람들로 가득찼다."[224] 이는 하원지가 목도한 양대 연간 일반 백성들의 실제 정황이다.

천감(天監) 4년(505년), 양나라 군대(梁軍)가 북위를 공격했다. 양군의 주장인 소굉(蕭宏)은 군대를 버리고 도망치듯 회군했다. 북위 군대가 승세를 타고 천감 5년과 6년 두 차례에 걸쳐 종리(鍾離)를 공격했다. 이에 창의지(昌義之)와 위예(韋叡)가 전력을 다해 방어함으로써 역전해 승리를 얻었다. 북위에서 육진 기의가 일어난 후 북위의 양주자사 이헌(李憲)이 보통(普通) 7년(526년) 양나라에 투항했으며, 양군은 수양성(壽陽城) 등을 탈환했다. 중대통(中大通) 원년(529년), 양나라는 진경지(陳慶之)를 파견해 양에 투항한 북위 북해왕(北海王) 원호(元顥)를 낙양으로 호송해 제위를 다투도록 했다. 하지만 진경지는 얼마 후 패배해 퇴각하고 말았다.

태청(太淸) 원년(547년), 동위(東魏) 대장 후경(侯景)이 하남 지역의 13개 주를 가지고 양에 투항했다. 그러나 양의 내부 모순이 중첩되어 있음을 알고 군사를 일으켜 양나라 수양(壽陽)으로 진격했다. 이듬해 후경은 장강을 수비하는 양의 종실 소정덕(蕭正德)과 손잡고 강을 건너 건강으로 진공했다. 양나라 각지에서 모인 원군의 주장은 대부분은 양무제의 자손들이었는데, 그들은 황위를 넘보며 서로 견제하느라 접전할 마음이 없었다. 태청 3년 3월 후경은 대성(臺城)을 격파했다. 화려했던 건강성은 일시에 폐허로 변하고 양무제는 포로가 되어 얼마 되지 않아 굶어죽고 말았다. 후경은 계속해서 군사를 이끌고 삼오(三吳)를 횡행하며 북쪽으로 광릉을 굴복시키고 장강을 따라 서쪽으로 강릉으로 진격했다. 하지만 강릉을 지키고 있던 소역(蕭繹)에게 격퇴 당해 건강으로 철군해 황제를 자처했다. 후경이 거쳐 지나간 성마다 도처에 시신이 나뒹굴었고, 폐허로 변하고 말았다. 그의 야만행위로 인해 남방인들은 이를 악물고 통한을 금할 수 없었다. 이에 도처에서 백성들이 봉기했다. 대보(大寶) 2년(551년) 소역이 왕승변(王僧辯)과 진패선(陳霸先)에게 군사를 이끌고 동쪽으로 남하하도록 했다. 후경은 그들에게 패배해 바다를 따라 북쪽으로 도주하다가 부하에게 살해되었다. 얼마 후 소역이 강릉에서 자립해 제위에 오르니 바로 양 원제(梁元帝)다.

서위(西魏)와 북제는 후경의 난리를 틈타 남하해 서위는 익주, 북제는 회남을 빼앗았다. 양나라 옹주(雍州) 자사(刺史) 소찰(蕭詧)이 소역의 등극에 불만을 품고 서위에 투항한 후 승성(承聖) 3년(554년) 서위가 파견한 우근(于謹), 양충(楊忠) 등과 함께 강릉을 공격해 양 원제를 죽이고 황제 자리에 올랐다. 역사는 이를 후량(後梁)이라 칭한다. 하지만 그는 서위의 통제를 받는 괴뢰 황제에 불과했다. 서위 군대는 강릉에 장기 주둔하면서 소찰을 감독했고, 강릉의 재물을 약탈했으며, 강릉의 관민 수만 명을 노예로 삼았다.

진대 남방 내륙 호강의 할거와 진의 멸망

557년, 진패선(陳霸先)이 왕승변(王僧辯)을 살해하고 자립해 제위[진무제(陳武帝), 557~559년 재위]에 올라 진조를 건립했다.

진패선은 제위에 올랐지만 각지 무장의 옹호를 받지 못했다. 남방 내지의 한족(寒族) 호강들도 후경의 난리를 틈타 주군을 통치하며 진조의 법도를 받들지 않았다. 그렇기 때문에 정국이 불안정해 내전을 억제할 여력이 없었으며, 북조의 진격에 대항할 역량이 부족했다. 진조는 한번 강북 토지를 수복한 적이 있긴 하지만 얼마 가지 않아 다시 빼앗기고 말았다. 진의 경제 역시 심히 피폐했다. 진 선제(宣帝)는 누차 조서를 내려 회남 유민들을 정착시키고 호적을 빼돌리지 말 것을 명했으나 전혀 실효를 보지 못했다. 그는 퇴역한 무장들을 고숙(姑孰)으로 보내 농사를 짓도록 하고 "교역의 유무와 상관없이 시고(市估, 시장세)를 징수하지 않았으며, 황무지를 개간하면 조세를 면제했다(有無交貨, 不責市估, 萊荒墾辟, 亦停租稅)." 또한 이후에도 경지를 점유하거나 개간하는 모든 이들이 점유하고 있는 공전이나 사전에 대해 "측량도 하지 않을 것이며 징세 또한 면제한다"는 조령을 내렸다.[225] 이러한 방법으로 한인 지주의 경제 발전을 촉진시키기 위해 애썼지만 강남의 농업생산은 여전히 후경의 난리 이전 수준까지 회복하지 못했다. 수나라가 북주를 대신해 개황 9년(589년) 건강으로 진격해 후주를 포로로 잡고 진조를 멸망시켜 남북을 통일했다.

사족과 한인 세력의 흥망성쇠

남북 민족 모순이 첨예하게 드러났던 동진 시대에 문벌 사족 출신으로 왕도와 사안, 조적과 환온과 같은 인물이 출현했다. 그들의 활동은 한인들의 민족 이익을 반영하는 것이기 때문에 나름 백성들의 지지를 받을 수 있었다. 하지만 민족 모순이 일단 완화 국면으로 접어들고 일시적인 안정 국면이 펼쳐지자 사족들의 분투 의지도 사라지고 말았다. 사족들은 안일과 쾌락에 젖어 주색에 심취했다. "관리로 있는 자들은 관리로서 맡을 일이 없었고, 일을 처리해야 하는 자들은 일을 맡을 마음이 없었다."[226] 이리하여 결국 현실 통치 능력도 상실하고 말았다.

현언(玄言)에 능하기로 유명한 사마욱[司馬昱, 간문제(簡文帝)]은 벼조차 분간하지 못해 "이것이 무슨 풀이냐?"[227]라고 물을 정도였다. 봉두난발에 허리띠조차 풀어헤친 사족 자제 왕미지(王徽之)는 환충(桓沖)의 기병참관이 되었다. 하루는 환충이 이렇게 물었다. "자네는 어디에서 근무하는가?" 이에 왕미지가 대답했다. "마조(馬曹)인 듯합니다." "말을 몇 마리나 관리하는가?" 환충이 다시 묻자 그가 대답했다. "말도 모르는데 어찌 그 숫자를 알겠습니까?" 이에 환충이 "말이 얼마나 죽었느냐?"라고 물었다. 그러자 왕미지가 이렇게 대답했다. "삶도 모르거늘 어찌 죽음을 알겠습니까?"[228] 사족 명사들의 정신이 이처럼 썩어빠지고 육체적으로 쇠약하니 그들로 이루어진 통치집단은 또 어떠했겠는가? 농민 기의로 인해 심각한 타격을 받자 통치권력을 유유를 대표로 하는 낮은 계급의 사족 지주들에게 공손히 바친 것도 어쩌면 당연한 일이 아닐 수 없다.

남조 시기 문벌사족은 이미 통치권을 상실한 상태였으나 선조의 공덕에 빌붙어 자신들의 사회적 지위를 확보하고 사족들의 정치, 경제력을 보존하고자 애썼다. 그들은 여전히 고위급 관직에 후한 복록을 받으며 거들먹거렸으며, 통혼과 관직을 통해 세력을 유지하며 다른 이들과 엄격한 구분을 고집했다. 그들은 "사족과 서족의 사이는 실로 하늘이 구분지은 것이다"²²⁹라고 떠벌렸다. 그들은 자신들이 점차 몰락하고 쇠미해지고 있다는 것을 체감하면서도 여전히 혼인이나 환로를 통해 자신들을 구제하고자 애썼다. 남조 문벌사족이 자신들의 문벌로 타인을 능멸하는 사례는 실로 셀 수 없을 정도로 많다. 하지만 사실 이는 문벌사족의 지위가 점차 쇠약해지고 있음을 증거하는 것이었다.

문벌사족들은 자신들의 혼인관계를 동일한 문벌사족 범위 이내로 엄격하게 제한했으며, 사족이 아닌 자들이 자신들의 울타리 안으로 들어오지 못하도록 극력 배제했다. 문벌사족으로 이러한 제한을 지키지 않을 경우 사족사회에서 혼인관계를 맺을 수 없을뿐더러 배척과 비난을 감수해야만 했다. 제나라 시절 왕원(王源)이 여식을 부양(富陽)의 만장지(滿璋之) 아들에게 시집보냈는데, 어사중승(御史中丞) 심약(沈約)이 그를 탄핵하는 상소를 올렸다. "만장지의 성족(姓氏家族)은 사족과 서족의 변별이 없다." "왕원과 만장지가 혼인관계를 맺은 것은 실로 뭇 사람들을 놀라게 했다."²³⁰ 심약은 이렇게 주장하면서 왕원을 면직시키고 금고형에 처할 것을 요청했다. 사족과 서족의 차별 이외에도 문벌사족 사이에도 지체의 높낮이에 따른 차별이 존재했다. 왕(王), 사(謝), 원(袁), 소(蕭)는 모두 최고의 사족이었으며, 그중에서도 왕과 사씨가 사족의 으뜸이었다. 문벌사족의 가족 중에서도 나름의 문파가 있어 역사적 또는 그 밖의 다른 원인으로 인해 높낮이가 달랐다. 강남 사족은 주(朱), 장(張), 고(顧), 육(陸)을 최고로 쳤다. 하지만 일반적으로 그들의 사회적 지위는 북방의 사족보다 낮았다. 그래서 후경(侯景)이 왕씨, 사씨와 혼인관계를 맺으려고 하자 양 무제가 이렇게 답했던 것이다. "왕씨와 사씨는 가문이 높아 짝이 될 수 없으나 주씨와 장씨 이하에서 찾아보는 것은 가할 것이다."²³¹ 문벌사족은 비록 혼인을 통해 자신의 특수한 사회적 지위를 표현하고자 애썼지만 그들의 혼인관계는 실제로 상당히 문란했다. 심약이 왕원을 탄핵했을 당시 송대 이래 "세족들이 날이 갈수록 질서를 잃고 인척끼리 혼인하는 이들이 많아 헤아릴 수 없을 정도였다."²³² 문벌사족이 대권을 장악하고 있는 지체가 비교적 낮은 사족들과 혼인관계를 맺기 위해 애쓴 것 역시 혼인을 자신을 보호하기 위한 중요한 수단으로 여겼기 때문이다.

문벌사족은 자신들의 관직을 지키기 위해 특히 '청류미직(清流美職)'을 독점하고 관직의 청탁(清濁)을 엄격하게 구분했다. 이른바 '청류미직'이란 주로 복록이 많은 한직(閒職)으로 굳이 신경을 쓰지 않아도 되는 직책을 말한다. 재보(宰輔) 가운데 문직(文職)은 품계는 높지만 고된 일을 하지 않아도 되니 자연스럽게 독점 대상이 되었다. 나머지 관직도 청탁이 대체적으로 정해졌지만 직위에 있는 이의 신분 고하에 따라 변화가 있었다. 남조 관리들은 탁직(濁職)에서 청직(清職)으로 옮겨가는 것을 품계 승진보다 중시했으며, 반대로 청직에서 탁직으로 전근을 갈 경우 좌천이나 면직보다 심각한 것으로 여겼다. 문벌사족들의 출사의 수요에 부응해 비서랑(秘書郎), 저작좌랑(著作佐郎) 등의 직책은 비록 품계는 낮았지만 문벌사족들이 완전히 독점해 입사의 디딤돌로 삼았으며, 부서에 들어가서 채 100일이 되기도 전에 다른 곳으로 영전했다. 하지만 남조 문벌사족은 무직(武職)을 맡을 수 없었다. 그래서 그들은 동진의 문벌사족들처럼 무력의 보호를 받을 수 없었으며, 어쩔 수 없이 권력을 장악하고 있는 지체 낮은 사족들의 명령을 따를 수밖에 없었다.

제량(齊梁) 이래로 문벌사족은 사족보(士族譜)의 편찬에 심혈을 기울였다. 가세의 원류와 혼인이나 벼슬 기록을 통해 자신들이 향유하는 특권의 당위성을 증거하기 위함이었다. 이로 인해 보첩(譜牒)을 날조하거나 호적을 수정하고, 사족을 사칭하는 일이 흔히 발생했다. 문벌사족은 실제 존재하는 것이 아닌 이른바 '예법문풍(禮法門風)'을 날조했으며, 예학을 지극히 번다하고 복잡한 지경까지 발전시켰다. 하지만 이러한 것들이 이미 쇠미해진 그들의 운명을 되살리지는 못했다. 제나라 명제는 그들을 보면서 이렇게 말했다. "학사(특히 심약이나 왕륭 등 사족 명사를 말한다)들은 나라를 다스릴 수는 없고 오로지 책만 읽고 있을 따름이다."[233] 실제로 문벌사족의 자제들은 "한대 귀족들이 입던 훈의(熏衣, 향내 나는 옷 – 역주)를 입고 얼굴의 수염을 깎고 붉은 분칠을 했으며"[234] 뜻이 있어 학문에 전념하는 이들은 거의 없었다. 후경의 난리 시절 그들은 "뼈가 연약하고 피부가 부드러워 걷기조차 제대로 하지 못했으며, 신체가 허약하고 기가 약해 추위와 더위를 견디지 못하고 창졸간에 죽는 이가 자주 있었다."[235] 이후로 남방의 사회, 정치세력으로서 문벌사족은 더욱 쇠락했다.

송, 제, 양조의 정치는 사회적 지위가 비교적 낮은 사족이 황족으로서 통치권력을 장악하고 있었기 때문에 날로 쇠약해지는 문벌사족들은 높은 직위를 차지하고 있었으나 별로 할 일이 없었다. 지체의 고저에 따른 두 부류의 사족 이외에도 유송 후기부터 기존 사족과 관련이 없는 한인(寒人)들의 권세가 날로 커지면서 황권의 권력도구가 되었다. 남조의 이른바 '사서(士庶)'의 '서(庶)'가 바로 이런 한인들이었다. 그들 중에는 장수도 있었고 전문직을 맡거나 또한 황제의 손발이 되어 종실 제왕(諸王)이나 진장(鎭將)을 감찰하는 전첨을 맡은 이들도 있었다. 그들은 실제로 주군과 군부 양쪽을 장악하고 있는 셈이었다. 중앙정권에서도 한인들은 중서성 통사사인(通事舍人)으로 국가 기밀(機密)을 맡거나 왕명 출납에 간여하면서 권세가 날로 높아졌다. 예를 들어 송대 대법흥(戴法興)이 실권을 행사하자 민간에서 그를 '진천자(眞天子)'라고 비꼬아 말하곤 했으며, 제대(齊代)에 유계종(劉系宗)의 권세가 천하를 좌지우지했는데, 제 무제조차 나라를 다스리는 데 유계종만 있으면 된다고 할 정도였다. 또한 양대(梁代) 주이(朱異)는 30여 년간 중요 요직을 거치면서 "방진[번진(藩鎭)]을 변경하는 일이나 조정의 의식, 국가 전례, 조고(詔誥, 천자의 명령), 칙서 등을 겸해 관장할 정도로"[236] 권세가 대단했다. 여기서 주목할 부분은 그들 절대 다수가 강남 사람들이라는 점이다.

사족 세력이 더욱 쇠미해진 양대와 진대에 일부 "군이나 읍에 긴 동굴을 파고 촌이나 둔에는 오벽(塢壁, 방어용 성채)을 만들었다."[237] 이렇듯 사족 세력은 주군에 할거하고 있었는데, 이는 남북 내륙의 한인(寒人) 지주 세력이 더욱 더 발전했음을 설명하는 것이다. 사서의 기록에 따르면 웅담랑(熊曇朗)은 예장(豫章), 주적(周迪)은 임천(臨川), 유이(留異)는 동양(東陽), 진보응(陳寶應)은 진안(晉安) 등에 할거했으며, 나머지 한인 지주들 역시 작은 성채를 세워 방어태세를 갖추었으며, 지금의 민(閩), 공(贛), 월(粵), 상(湘), 천(川) 등 여러 성(省)에 두루 근거지를 마련했다. 진대에 남방의 주군 자사들은 대부분 현지 지주들이 맡았는데, 그들은 진조의 통제에서 벗어나 각기 자신들의 통치범위를 확대하고자 애썼으며, 때로 내분에 휩싸이기도 했다.

한인 지주의 통치는 중앙이든 주군이든지 간에 여전히 탐욕스러운 약탈과 착취로 이루어져 일반 사족들과 다를 바가 없었다. 그렇기 때문에 남조 시절 내지 곳곳에서 일어난 농민 폭동은 주로 그들을 공격 대상으로 삼았다. 하지만 다른 한편으로 그들의 흥기는 남방 봉건경제의 발전이 삼오(三吳) 인근에 국한되지 않고 남방 각지로 파급되었음을 의미한다. 이는 남방 개발 역사에 결코 소홀히 다룰 수 없는 부분이다.

남방의 사회경제와 계급 상황

농업의 발전과 농민의 고통

동진 남조 시기 남방의 농업생산이 크게 향상되었다. 북방 농민들이 끊임없이 도강해 남쪽으로 내려오면서 남방의 부족한 노동력을 보충했으며, 비교적 선진적인 생산도구와 기술을 가지고 왔다. 서진 말 남쪽으로 내려온 곽문(郭文)은 오흥(吳興) 대척산(大滌山)에 은거하면서 구종법(區種法, 일정한 거리에 따라 도랑을 파고 구멍에 씨를 뿌려 경작하는 방법)에 따라 숙맥(菽麥, 콩과 보리)를 심어 생계를 유지했는데, 이러한 구종법이 남방에 전해진 농업기술 가운데 하나다. 남방과 북방의 농민들이 서로 교류하고 북방의 생산도구와 기술이 남방의 수전(水田) 경험과 결합한 것이 남방 농업이 크게 발전한 중요 원인이다.

남방은 강과 하천이 서로 교차해 수리관개가 비교적 편리한 곳이다. 또한 동진 남조 시기에 수리사업이 크게 발전했다. 수춘(壽春)의 작피(芍陂), 회계의 경호(鏡湖) 등도 모두 복구되어 사용되었으며, 곡아(曲阿), 오정(烏程), 구장(句章), 안락(樂安), 기타 지역에도 모두 저수지를 건설해 농지 관개에 활용했다. 절강의 해당(海塘)도 축조되어 연해 지역 농지의 조수 피해를 방지할 수 있었다. 남방에는 호수가 많기 때문에 호수의 물을 사용해 좋은 경작지를 개간할 수 있었다.

삼오(三吳)는 남방 식량의 주산지였다. 사서에 "한 해 농사가 풍작이면 여러 군의 백성들이 배고픔을 잊을 수 있었다"[238]라고 기록한 곳이 바로 삼오 지역이다. 수나라가 남조를 멸망시킨 후 남북을 종관해 여항(餘杭)까지 이어지는 대운하를 연결시켰는데, 이는 강남의 식량과 재물을 수탈하기 위함이었다. 삼오 이외에도 양주, 형주, 익주 등지의 토지 개간도 눈에 띄게 증가했으며, 농잠도 크게 발전했다.

남조 시대에 남방 각지의 경제가 크게 발전했으나 지역 균형을 이룬 것은 아니었다. 여전히 대부분 지역은 화경수누(火耕水耨) 단계였다. 양 원제는 〈현람부(玄覽賦)〉에서 "가구마다 화전수누할 농지를 주었다"[239] 라고 했으며, 진패선은 '화경수누지부(火耕水耨之夫, 화전민)'[240]라고 배 척을 받았다. 구양위(歐陽頠)는 상(湘)과 광(廣) 지역에서 "식량 생산에 힘쓰고 성실하게 경작지를 분배해 화경수누로 경작하는 들판이 끝없 이 펼쳐졌다"[241]라고 했다. 이러한 기록은 각기 형주, 양주, 광주 등지의 농업생산이 여전히 조악한 수준이었음을 반영하는 것이다. 남방의 수 도(水稻) 경작의 특징, 남방 인구와 제철 농구의 부족 등이 화전방식의 조악한 경작이 비교적 오랫동안 유지된 근본 원인이다.

손은(孫恩) 기의 이후에도 남방은 농업이 발전하면서 농민들의 생활 환경이 적지 않게 개선되었다. 하지만 얼마 후 지주와 조정의 억압과 착취가 또다시 지속되었다. 송대(宋代) 이래로 농민들은 "정남의 경우 베와 비단을 각기 2장(丈), 실 3량(兩), 솜 8량, 녹견(祿絹) 8척(尺), 녹면 (祿綿) 3량 2분(分), 조미(租米) 5석(石), 녹미(祿米) 2석을 납부하고 정 녀(丁女)는 그 절반을 납부해야만 했다."[242] 송 효무제 시절 다시 조세 를 4필, 즉 16장(丈)으로 올렸다. 조조(租調) 이외에도 더욱 가혹한 각종 잡세도 납부해야만 했다. 남조는 잡다한 물건으로 조세를 대체할 수 있 도록 허가했는데, 이는 토지에 따라 세금을 내는 데 편의를 봐주는 방 식이었을 것이다. 하지만 현실은 달랐다. 관리들은 전폐(錢幣), 포백(布 帛), 곡량, 기타 실물의 가격을 비교해 제멋대로 세금을 거두어들였기 때문에 농민들은 더욱 고통스럽기만 했다. 조세를 징수할 때 자산에 따 라 등급을 나누었는데, 이 역시 관리들이 재화를 갈취할 좋은 기회였다. 뽕나무가 1자 자라거나 경작지 1무가 늘어나면 모두 자산이 증가한 것으로 계산했으며, 심지어 옥상에 기와를 더 올려도 세금을 매겼다. 이런 상황에서 황무지를 개간하거나 나무를 심을 수 없었으며, 가옥을 수리하거나 증설할 수도 없었다. 그러니 생산의 의욕이 생길 리만무였다. 관리들은 너나할 것 없이 부당한 짓을 마다하지 않고, 부자들은 자신들에게 부가된 세액을 빈민들에게 전가했다. 결국 농민들은 생업을 버리고 유랑하는 일이 허다했다.

남조는 부역의 명목이 상당히 많았으며, 병역 징발은 고정된 제도가 있는 것이 아니라 통치자의 수요에 따라 정해졌다. 군사적으로 긴급할 경우 통치자는 농민이 식구 전체를 대동하고 종군토록 했으며, 병사가 도망칠 경우 일가를 연좌해 다스렸다. 어떤 관리들은 전사한 병사를 탈영자로 기록해 이를 빌미로 "가정(家丁, 노복)을 인질로 잡았고, 일가족이 모두 반란을 일으키면 동적(同籍, 호적이 같은 사람)을 모두 연좌시켰고, 동적이 다시 반란을 일으키면 비오(比伍, 향리의 5가구)를 연좌시켰고, 다시 비오가 반란을 일으키면 마을 전체 주민을 연좌시켰다."[243] 장기간 병역에 충원되었던 영호(營戶)나 군호(軍戶)의 경우 아비나 형이 죽으면 자식이나 동생이 그 자리를 메꿔야 했기 때문에 대대로 병역에서 벗어날 수 없었다. 송대 예주(豫州)의 군호는 심지어 "80세가 돼서도 여전히 복례(伏隸)와 같았으며 때로 일곱 살 나이에 이미 병역을 시작하는 경우도 있었다."[244]

가혹한 조조와 병역, 요역으로 인해 농민들은 더는 생산에 전념할 수 없었다. 결국 사족의 노(奴)나 객(客)으로 전락하거나 사원에 몸을 맡겨 백도(白徒)나 양녀(養女)로 승속(僧俗) 지주의 노예 신분이 되고 말았다. 어떤 이들은 아예 바닷길을 통해 멀리 민(閩, 복건)이나 광(廣, 광동)으로 도망치거나 소수민족 거주지로 들어가 편안한 삶을 도모했다. 하지만 그들이 택한 출로 역시 비참하기는 마찬가지였다. 다만 잠시 생명줄을 연장시키는 것일 뿐이었다. 이런 까닭에 남조의 수많은 농민 폭동이 끝내 대규모 농민전쟁으로 확대될 수 없었던 것이다.

대지주의 장원과 노객(奴客)

동진 시기에 지주의 토지 약탈과 강점이 날로 확대되었다. 왕도(王導)가 하사받은 논밭은 80여 경(頃)이나 되었고, 경구(京口)로 이주한 대지주 조씨(刁氏)는 100년 동안 1만 경에 달하는 토지를 소유하고 있었다. 사서의 기록에 따르면, "권문세가들이 토지를 겸병하고, 약육강식의 상태가 지속되면서 백성들이 고향을 떠나 유랑길에 오르니 생업을 보전할 수 없었다."[245] 남조에 이르러 이런 상황은 더욱 확대되어 그칠 줄 몰랐다. 남조 관료 지주들은 국가의 이[吏, 나라에 의존하는 의부호(依附戶)의 일종]에게 자신들의 사전을 경작토록 했다. 송 효무제는 조령을 통해 이를 윤허했다.[246] 심지어 이(吏)가 경작하는 공전의 지조(地租)조차 관료들 차지였다. 양대(梁代) 부호들은 수많은 공전을 차지해 "비싼 가격으로 조세를 징수해(貴價儌稅)" 빈궁한 농민들을 착취했다. 양 무제는 부호들이 점유하고 있는 공전을 이용해 "빈민들에게 종자를 주어 경작하게 하고"[247] 토지세를 착취하도록 윤허했다.

대지주의 토지 강점은 주로 건강(建康) 부근과 태호(太湖) 이북 지역부터 시작했으며 점차 남쪽으로 확대되었다. 회계군의 산수와 옥답은 남북 대지주들이 탐내는 곳이었다. 그래서 대지주들은 그곳에서 "산택을 폐쇄시키고(封錮山澤)" 별장이나 둔봉(屯封, 둔전 토지)을 마련했다. 인근 여러 군에도 대지주의 논밭이나 장원이 적지 않았다. 대지주들은 자신들이 차지한 지역 내의 토지와 호수, 하천을 독점했을 뿐만 아니라 그 안에 살고 있는 농호(農戶)들도 모두 차지했다. 그들은 중과세를 통해 독점하고 봉쇄시킨 지역에 들어와 땔감을 채취하거나 어로행위를 하는 이들을 착취했으며, 부근 농민들의 생계마저 약탈해 자신들의 노객으로 전락시키고 말았다. 일찍이 함강(咸康) 2년(336년) 동진 통치자는 "산택을 점유하면 강도에 관한 형벌로 논할 것이며, 1장(丈) 이상을 뇌물로 받으면 모두 기시(棄市)할 것이다(占山護澤, 强盜律論, 贓1丈以上皆棄市)"라는 금령을 내린 바 있다. 하지만 금령을 내리는 이 따로 있고, 여전히 산택을 점유하는 이 또한 따로 있는 실정이었으니 아무런 효과가 없었다. 유송(劉宋) 대명(大明) 연간(457~464년), 효무제(孝武帝)가 금령을 제한하는 명을 내려 다음과 같이 규정했다.

지주가 원래 점유하고 있던 산택에 화경(火耕)을 하거나 나무를 심고, 어장을 설치한 곳은 일률적으로 지주 소유로 귀속시킨다. 차후 산택을 독점하려면 관품에 따라 액수를 제한해 1, 2품관은 3경, 9품관과 일반 지주는 1경으로 정한다. 기존에 독점한 것이 제한 범위를 넘으면 더 이상 점유할 수 없다. 이러한 규정 이외에 산수나 토지를 무단 점거할 경우 강도에 관한 형벌로 죄를 다스릴 것이다.

이상과 같은 규정이 반포된 후 산택 점유가 합법화되었으며, 수량의 제한은 명목상일 뿐 실질적으로 아무런 제재도 가할 수 없었다. 이런 상황에서 관부와 개인이 경쟁하듯이 토지를 강점하고 둔전을 만들거나 저택을 지었으며, 이러한 풍조가 강남 전역에 만연했다. 제나라 경릉왕(竟陵王) 소자량(蕭子良)은 "선성(宣城), 임성(臨城), 정릉(定陵) 세 개 현에 둔전을 만들고 산택 수백 리를 독점하고 백성들의 출입을 금지시켰다"[248]라고 하니 당시 산택을 독점했던 규모가 어느 정도인지 능히 짐작할 수 있다.

대지주의 산택이나 장원은 그 규모가 방대했다. 산음(山陰) 대족인 공령부(孔靈符)는 고향에 있는 장원 말고도 영흥(永興, 절강 소산)에 별도의 별장을 소유했는데, 둘레가 33리였으며, 그 안에 경지가 265경에 두 개의 큰 산이 있었으며, 과수원이 아홉 군데였다. 사현(謝玄)은 시녕(始寧, 절강 상우)에 전답을 소유한 장원을 만들었는데, 그의 손자인 사령운(謝靈運) 시절에 이르러 "전원이 산언덕까지 이어져 밭두둑이 가득 차 넘치고, 산봉우리가 강물을 베개 삼아 솟아 있어 밭 사이로 남북을 관통하는 작은 길이 잇닿아 있다"고 할 정도로 넓어졌다. 사령운은 자신의 〈산거부(山居賦)〉에서 장원의 풍족함을 이렇게 읊었다. "봄가을로 초대하고 아침저녁으로 풍족하게 제공할 것이니, 농지를 경작해 식량을 주고 양잠으로 비단옷을 제공하네. 뛰어난 요리사를 초빙해 맛난 음식 만들고 약재를 채집해 병든 이를 구원하네."[249] 이는 장원에 살면서 생활에 필요한 모든 것을 자급자족해 시장에 갈 필요가 없을 정도였음을 보여주는 대목이다. 대지주의 둔저(屯邸)는 때로 대나무 등을 채벌해 기물을 만들고 치소(冶所)를 설립해 구리나 철을 채굴해 제련하기도 했으며, 심지어 고리대로 농민들을 착취하기도 했다. 송대 회계 일대는 "왕공이나 공경대부의 저택이 서로 마주 볼 정도로 많았으며, 민심을 어지럽혀 백성들의 큰 우환거리가 되었으며, 고리대로 늘어난 이자를 인정사정없이 독촉하곤 했다."[250]

대지주는 주로 전객(佃客)과 부곡(部曲)을 동원해 농사를 지었다. 전객(佃客)에 관해 동진 대흥(大興) 4년(321년) 점객령(占客令)이 반포된 적이 있는데, 그 규정에 따르면, 2품(二品) 관원은 전객 40호를 소유할 수 있고, 관품이 한 단계씩 내려갈 때마다 5호씩 삭감했다. 전객은 일정한 비율에 따라 주인에게 실물 지조를 납부하며 나라의 부역은 담당하지 않았다. 전객은 개별 호적을 가질 수 없었으며, 그들의 이름이나 숫자는 규정에 따라 주인의 호적에 기록되었다. 이후 북방 유민들이 계속 남하하고, 남방 농민들 역시 핍박을 견디지 못해 유랑생활을 하게 되자 이러한 법령을 통해 지주들은 합법적으로 유랑민들을 자신 소유의 전객으로 삼을 수 있었다.

부곡은 대지주의 사설 무장집단이다. 전쟁이 일어나면 부곡은 주인을 위해 싸우고, 평상시에는 농사를 지었다. 그들은 전객과 엄격하게 구분되지 않았으며, 후대로 올수록 부곡을 동원해 경작하는 일이 점차 보편화되었다. 양대 퇴직 관료인 장효수(張孝秀)가 부곡 수백 명을 동원해 자신의 수십 경(頃) 토지를 경작하게 한 것이 한 예다. 봉건국가는 지주 소유 부곡의 숫자에 제한을 두지 않았다. 그렇기 때문에 부곡을 늘리는 일이 대지주가 노동력을 확충하는 가장 편리하고 쉬운 방법이었다.

전객과 부곡 이외에도 지주에게 의존해 농사나 그 밖의 일을 하는 이들이 적지 않았는데, 예를 들어 전계(典計), 의식객(衣食客) 등이 그들이다. 사원이나 상층부 승려들도 수많은 승속(僧俗) 농민들을 소유하고 있었다. 그들은 소유 농민들을 동원해 농사를 짓거나 노역을 시켰으니, 지주가 전객을 착취하는 것이나 다를 바 없었다.

남방 지주는 농업생산을 위해 상당한 수의 노예를 사용했다. 동진 남조 시절 노예는 지주의 재산 중에서 토지와 견줄 정도로 중요했다. 전쟁포로나 남북 유민들, 그리고 남방 내지의 소수민족들이 노예의 주된 공급원이었다. 법률로 지주의 노예 소유권을 보장했으며, 심지어 진나라 법령에 따르면, 노비가 도주할 경우 두 눈에 묵형을 가하고, 다시 도망치면 양쪽 뺨에 묵형을 더하며 또다시 도망칠 경우에는 눈 아래쪽에 잔혹한 조문을 가로로 자자(刺字)했다.[251] 동진 남조 시절에는 노예와 노예에서 벗어난 객자(客者)를 병사로 징발한 적도 있는데, 이는 특별한 경우다. 그래서 유유(劉裕)는 제위에 있으면서 특히 과거에 징발했던 노예들을 본래 주인에게 돌려주었으며, 일부 이미 사망하거나 전공을 세워 노예 신분에서 벗어났을 경우 주인에게 보상해주었다. 관료 지주들은 때로 "세속의 일을 잊어버렸다"는 것을 보여주기 위해 "부곡을 해산시키고"[252] 대신 노예를 증원해 자신의 전원을 경영했다. 제나라 소경(蕭景)은 죽기 전에 아들에게 부곡을 해산시킬 것을 당부하면서 이렇게 말했다. "관직을 시작하면서 세 군데 밭만 있으면 족하니, 열심히 일하면 의식을 제공받기에 충분하다. 힘이 모자라면 적당하게 힘센 노비를 사서 일을 시키고, 생계를 도모하려고 애쓰지 마라."[253] 여기에서 볼 수 있다시피 대개 관료지주들은 정치일선에서 물러난 후 장원을 마련하고 주로 노예를 동원해 경영했음을 알 수 있다.

동진 남조의 남방 노예가 증가하고 아울러 생산력도 상승한 이유는 장기간에 걸친 전란으로 인한 것이자 봉건 경제가 남방의 낙후한 사회 조건 하에서 발전한 결과다. 이는 정상적인 사회현상이라고 볼 수 없다. 노예는 자신의 노동 대가를 전혀 받을 수 없었다. 그래서 노동 의욕도 기존의 의부 농민들보다 훨씬 뒤떨어졌다. 그래서 일반적으로 지주가 농사에 동원한 주된 인력은 부곡이나 전객이지 노예가 아니었다.

사원 경제

동진 남조 이래로 강남의 불교가 크게 발전하면서 왕공 귀족들이 경쟁하듯이 사원을 건립하고 부도(浮圖)를 세웠다. 건강 일대만 해도 불사가 거의 500여 곳에 이르렀으며, 승니(僧尼)의 숫자도 날로 불어나 동진 말 "일개 현에 승려가 수천 명에 이르러 무리지어 둔락(屯落)을 이루었다."[254] 양 무제 시절 건강의 승니가 거의 10여만 명에 이르렀으며, 다른 군현의 경우는 셀 수 없을 정도여서 "천하 호구 가운데 거의 절반에 이르렀다."[255] 당시 사원들은 막강한 자산과 상당한 노동력을 확보하고 있었기 때문에 남방 봉건 경제의 중요 부분을 구성하고 있었다.

동진의 승려 석도항(釋道恒)은 당시 승려들에 대해 이렇게 말했다. 승려들 중에서 "어떤 이는 전답이나 과수원을 개간하니 농부와 같았고, 또 어떤 이는 이곳저곳 돌아다니면서 물건을 교역하며 뭇사람들과 이익을 다투었다. ……어떤 이는 물건과 식량이 창고에 가득해 봉양하고도 남음이 있었고, 어떤 이는 손바닥을 마주치며 공담을 나누면서 일하지 않고도 배불리 먹는 백성이었다."[256] 여기서 볼 수 있다시피 승려들 중에도 착취차와 피착취자의 구분이 있었다. 사원의 착취자들은 "풍부한 자산과 비옥한 땅"[257]을 지닌 승관과 사찰 지주였으며, 착취를 당하는 이들은 사원의 일반 승니들과 사원 노비인 '백도(白徒)'와 '양녀(養女)' 등이었다. 일반 승니와 백도, 양녀 등은 주로 요역이나 병역을 피해 도망친 유랑민이나 입에 풀칠이라도 하기 위해 고향을 떠나 유랑길에 나선 빈민들이었다. 그들은 "명적에 기록되지 않아"[258] 나라의 통제를 받지 않았으나 사원에 인신이 속박된 상태로 "점방에서 거주하면서 언제나 전원에서 일을 하면서",[259] 평생토록 사원 지주를 위해 농사를 짓고 장사를 하거나 잡일을 도맡았다. 사원 지주는 그럼에도 계속해서 "백성들을 침탈하고 재물을 약취하는 것을 은택이라 여겼다."[260]

동진 남조의 수많은 사찰은 모두 황금으로 담을 장식하는 등 휘황찬란하기가 이를 데 없었으며, 이러한 막대한 소비는 모두 직간접적으로 농민들을 착취해 얻은 재물로 이루어졌다. 송 명제는 상궁사(湘宮寺)를 건설하면서 사치와 낭비를 일삼았는데, 이에 우원(虞愿)이 말하길, 이는 모두 백성들이 처자식을 내다팔아 만든 돈으로 만든 것이라고 했다.[261] 유명한 사찰은 대부분 "승려생활로 부유해졌는데", 강릉 장사사(長沙寺)의 승려들은 황금 수천 량으로 금룡을 주조해 땅에 묻어 역대로 전승했다.[262] 어떤 사찰은 심지어 고리대를 운용해 창고를 만들어 황금이나 가죽 담요, 의복, 황소, 저마(苧麻) 등을 담보물로 잡아 쌓아놓고 이자놀이를 해 백성들을 착취했다. 관료 사대부들은 때로 사원에서 돈을 빌려 썼다. 예를 들어 제나라 사인 견빈(甄彬)은 강릉 장사사에 속저(束苧)를 저당 잡히고 돈을 빌려 썼으며, 제나라 사도(司徒) 저연(褚淵)은 고제(高帝)가 하사한 흰 담비 가죽으로 만든 좌욕(坐褥) 등을 건강에 있는 초제사(招提寺)에 맡기고 돈을 빌렸다.[263] 사원이 돈놀이를 하면서 담보물을 잡는 것은 후대 전당포의 추형인 셈이다.

어떤 사원 지주는 정치세력을 등에 업고 특별한 봉급을 받았으며, 심지어 먹고 입는 것도 조세로 처리하기도 했다. 동진의 유명한 승려 석도안(釋道安)이 받은 봉급은 왕공, 재상과 견줄 정도였다.[264] 제나라 초기 익주 자사였던 부염(傅琰)은 석현창(釋玄暢)을 존중해 "백호의 부세를 면제시켜 그의 봉급으로 충당하라는 칙령"[265]을 받들었고, 진나라 선제(宣帝)는 석지의(釋智顗)를 존경해 "시풍현의 조세를 나누어 여러 비용에 충당하고, 양호민(兩戶民)의 부세를 면제시켜 석지의의 봉급으로 제공하라"[266]라고 칙령을 내렸다. 이렇듯 정치 세력을 등에 업고 토지를 강점하는 일은 상당히 보편적이었다. 양 무제는 대애경사(大愛敬寺)를 조성하면서 사원에 보시한 토지가 80여 경에 이르렀다.[267] 동진 지둔(支遁)은 매섬(買剡, 절강 승현) 앙산(峁山) 옆에 있는 옥주(沃洲) 소령

(小嶺)에 거처를 정했고,[268] 담제도인(曇濟道人)은 시녕(始寧) 산수에서 가장 아름다운 오오(五奧) 가운데 한 곳을 차지했다.[269] 이는 사족 지주들이 점유하고 있는 산택과 다를 바 없었다. 양 대동(大同) 7년(541년) 공적으로나 사적으로 경계를 정해 산택을 독점하는 것을 금지하는 조령이 반포되었는데, 승니들도 당연히 그 안에 포함되었다. 이는 당시 승니들도 대규모로 토지를 겸병하고 있는 막강한 세력이었음을 반증하는 것이다.

수공업 발전

동진 남조 시절 남방에는 방직업이 이미 보편적으로 행해졌다. 양잠 기술도 상당히 발전했는데, 예를 들어 영가군(永嘉郡)에는 팔배잠(八輩蠶)이 있어, 매년 3월부터 10월까지 실을 만들 수 있었다.[270] 견직물과 마포는 부세 징수의 중요한 실물이었다. 진송 시절 견직물의 가격이 급등해 1필에 2000~3000전(錢)에 이르자 빈한한 농민들은 견직물을 구입해 세금을 내기 위해 어쩔 수 없이 처자식을 내다팔아야만 했다. 제나라 이후 견직물 가격이 크게 떨어지자 장강 인근 주(州)에 관아의 돈을 풀어 견직물과 마포, 식량 등을 수매할 것을 명했다. 이는 가격의 문제와 관련이 있기는 하지만 근본적으로 견직물과 마포의 생산량이 크게 증가했음을 반영한다. 유유가 후진을 멸망시킨 후 장안의 백공(百工)을 대거 남방으로 이주시켰으며, 금서[錦署, 직면서(織綿署)]를 설치했다. 이로부터 강남의 견직업이 성도(成都) 이외에도 여러 곳에서 크게 발전했다. 유송 시절 강남의 직공과 봉공(縫工, 재봉공) 들이 일본 사신을 따라 동도(東渡)해 일본 방직기술과 재봉기술을 향상시키는 데 크게 이바지했다.

남방의 철 생산지에는 채굴과 야금을 관리하는 관서를 두었는데, 규모가 그리 크지 않았다. 일부 진(鎭)에서는 자체적으로 제련해 기물을 만들기도 했으나, 이러한 제철업은 설치되었다가 폐지되기를 반복했으며 지속적이지 않았다. 수력을 이용해 화로에 송풍하는 제련기술도 이미 응용되었다.[271] 당시 유명했던 장인들은 여러 차례 단련해 '횡법강(橫法鋼)'을 만들 수 있었으며, 제나라 강박공(鋼樸工)인 사평(謝平)과 착루공(鑿鏤工) 황문경(黃文慶)은 "중국의 뛰어난 고수(中國絕手)"로 유명했다.[272] 양대 도홍경(陶弘景)은 '관강법(灌鋼法)'을 발명했는데, 고로에 생철과 숙철을 함께 집어넣어 녹은 생철을 숙철에 주입해 단련함으로써 질 좋은 강철을 만드는 방식이었다. 이는 주로 낫이나 무기를 만드는 데 사용했다.[273] 이렇듯 남방의 채광이나 제련술이 크게 발전하기는 했으나 당시 농업생산의 수요를 만족시킬 만한 것은 아니었다. 그래서 화경수누의 방식이 여전히 보편적으로 이루어졌다. 광주에는 은광(銀鑛)이 있어 채굴이 성행했다.

조선업은 옛 오(吳)나라 시절부터 발전했는데, 이를 토대로 발전을 거듭했다. 당시 조선업이 발전한 곳은 남강(南康, 강서 공현), 건안(建安, 복건 건구), 진안(晉安, 복건 민후) 등지였다.[274] 동해나 남해는 물론이고 내륙의 하천에도 선박들이 오갔으며, 큰 선박은 중량이 2만 곡(斛)에 달했다.[275]

삼오의 요업(窯業, 주로 청자)도 계속 발전했다. 출토된 월요(越窯)의 청자를 보면 품질면이나 수량면에서 손오(孫吳) 시절의 수준을 크게 앞질렀다. 문화발전의 수요에 따라 남방에는 제지업도 발전했다. 제지 원료는 주로 삼오에서 많이 나오는 등(藤)이었는데, 섬계(剡溪)와 유권(由拳)의 등나무로 만든 종이는 최고 품질의 종이로 알려졌다. 종이의 품질도

이전보다 크게 나아졌으며, 조정의 간독문서(簡牘文書)도 점차 종이로 대체되었다.[276]

　남방의 중요 수공업은 주로 관부에서 경영하고, 관부의 수요에 따라 이루어졌다. 관부 수공업 장인들은 관호(官戶)로 편입되었으며, 잔혹한 착취와 억압에 시달려 사망률이 상당히 높았다. 그래서 동진 통치자들은 5년 이하의 형량을 받은 형도(刑徒)들을 관호에 편입시켜 관부와 사찰에 분배했다. 송대에는 죄인을 야사(冶士, 제철업 노동자)로 보충하는 것에 관한 법령이 많은데, 이는 당시 죄수들이 관부에서 운영하는 공방의 중요 노동력이었음을 보여준다. 남조 후기로 넘어오면서 일부 고용 장인들이 출현했다. 이는 민간 수공업이 점차 발전하는 추세였음을 보여주는 것이다.

상업의 발전

　장강 연안과 삼오 지역에는 상업이 상당히 활발하게 이루어졌다. 크고 작은 하천은 대도시와 중요 농업 지역을 연결시켰으며, 도시와 도시를 연결하는 중요 수송망이었다. 건강은 남방에서 가장 번화한 상업도시로 자리잡았고, 진하(秦河)와 회하(淮河) 양안에는 크고 작은 시장들이 많이 들어섰다. 강릉(江陵)은 북쪽으로 양양(襄陽), 남쪽으로 상(湘), 광(廣)과 통하는 상품 운송의 거점이자 장강의 관문이었다. 성도는 서남 여러 민족과 상품을 교환하는 중요 시장이었으며, 다른 나라 부호 상인들이 오가는 무역기지이기도 했다. 서역 상인들도 양주(涼州)를 거쳐 성도까지 오갔는데, 그들을 일러 고호(賈胡)라고 불렀다.

　남조 후기 면수[沔水, 한수(漢水)]와 회수 인근의 남북 무역이 날로 증가했다. 군리(軍吏)와 상인들은 양양(襄陽)과 수춘(壽春)에서 각자 자신들에게 필요한 물건을 사고팔았다.

번우(番禺)는 남해의 지역 시장이자 해외 무역의 중심이었는데, 양 대(梁代)에 외국 선박들이 1년에도 수차례씩 오가면서 사치품을 가져오고 견직물 등을 사가지고 갔다. 광주(廣州) 자사(刺史)는 성문을 한 번 통과할 때마다 3000만 전씩을 받았다고 하니 비록 과장된 언사이기는 하나 당시 상업세가 터무니없이 많고 관리들의 수탈이 심각했음을 알 수 있다.[277]

남조 시장에는 주로 식량을 비롯해 종이, 석(席), 면(綿), 견(絹), 칠(漆), 밀(蜜, 꿀), 저(紵, 모시), 납(蠟, 초) 등을 사고팔았다. 매매할 때마다 세금을 징수했다. 노비, 소나 말, 전답이나 주택을 매매할 수 있는 문권(文券)이 있는 이는 수고(輸估), 없는 이는 산고(散估)라고 불렀는데, 모두 100분의 4를 세금으로 내야 했다. 이 외에도 시세(市稅, 시장세)와 각종 "도중잡세(道中雜稅)"가 있었다. 관시(關市) 세금은 당시 국가의 중요한 수입원 가운데 하나였다. 국가는 때로 상업세를 관리들에게 도급을 주기도 했는데, 도급업자는 정해진 액수 이외의 금액을 덧붙여 무단으로 착취하곤 했다. 이는 상업 발전에 큰 장애가 되었다.

교환 매체로서 화폐가 유통되기는 했으나 아직까지 지역적으로 확대되지 않았으며, 유통량도 극히 적었다. 동진 남조 이래로 고전(古錢)과 신전을 병용했는데, 위폐가 시장마다 넘쳐났다. 송대 전폐제[前廢帝, 유자업(劉子業)] 시절 화폐가 조악해 아안전(鵝眼錢) 1000장이 3촌(寸)도 되지 않았으며, 연환전(綖環錢)은 물에 넣어도 가라앉지 않을 정도로 가벼웠다. 양 무제가 기존의 동전을 일괄적으로 철전(鐵錢)으로 바꾸었는데, 물가가 폭등하는 바람에 물건을 사고팔 때마다 수레에 철전을 가득 싣고 가서 다 셀 수 없을 정도가 되고 말았다. 남방 내륙에서는 금이나 은을 병용하는 것 이외에 물물교환 방식이 여전히 지속되었다.

대규모 상업은 관료나 귀족들이 독차지했다. 그들은 곳곳에 상점을 개설해 매점매석을 일삼았다. 관료가 관직에서 물러날 경우 '환자(還資)'라는 명목으로 화물을 약탈해 지역을 바꿔가며 판매했다. 관료 지주와 사원은 고리대로 백성들을 착취했으며, 송 황실의 유휴우(劉休佑)는 형주(荊州)에서 실제 100전이 되지 않지만 100전처럼 사용하는 단맥(短陌) 100전을 빌려주고 가을 추수가 끝난 후에 1000전의 가치가 있는 백미 1곡으로 갚도록 했다.

남방의 여러 민족

만(蠻)

한족 이외에 남방에서 가장 큰 민족은 만족(蠻族)이다. 만족은 주로 농사를 생업으로 삼았다.[278] 동진 16국 이래로 만인(蠻人)들은 장강 중류와 상류에서 동, 북쪽으로 발전했다. 남북조 시대에 이르러 그들의 활동 범위는 지금의 상(湘, 호남성), 악(鄂, 호북성), 예(豫, 하남성), 환(皖, 안휘성), 공(贛, 강서성), 천(川, 사천성) 등지에 이르렀다. 만족의 각 부(部)는 거주 지역에 따라 예주만(豫州蠻), 형옹주만(荊雍州蠻) 등으로 구분되었다. 각 부 만인들은 만왕이 통치했으며, 많은 곳은 1만 호, 적은 곳은 수백 호 정도였다. 그들은 지역마다 언어가 달랐으며, 서로 소통하지 않았다. 만인의 대성(大姓)은 염씨(冉氏), 향씨(向氏), 전씨(田氏) 등이다.

남조 시절 중요 교통로 부근에 사는 만인들은 이미 봉건화가 된 상태였다. 남조는 만인들의 조세 징수와 부역을 강제하기 위해 그들이 사는 곳에 40여 개의 군과 100여 개의 현을 설치했다. 송대에는 "만인 가운데 복종하는 이들은 한 가구에 약간의 곡량을 징수하는 대신 나머지 잡조(雜調)는 징수하지 않는다"[279]라고 규정했다. 이는 한족 농민들이 부담하는 양에 비해 훨씬 가벼운 것이었다. 그래서 한족 농민들 중에 인근 만인 지역으로 도주하거나 한족 상인들이 만인 지역에서 장사를 하는 경우가 적지 않았다.

만인과 한인은 정상적인 왕래를 하고 있었으나 전쟁도 심심치 않게 벌어졌다. 일부 비교적 강력한 세력을 지닌 만족 부락은 만왕의 지휘하에 한인들이 거주하는 성읍을 공격하는 경우도 있었으며, 자신들의 이익에 따라 남조와 북조 사이를 오가며 높은 관직에 후한 녹봉을 받기도 했다. 남조 군대 역시 만인 지역으로 진격해 "산이나 계곡을 소탕해 목을 묶고 포로로 잡았다."[280] 만족과 한족 통치자 사이의 반목과 전쟁으로 인해 양쪽 백성들은 피해가 막심했다. 하지만 만족 사회의 봉건제 정착과 만족과 한족의 융합 추세를 막을 수는 없었다.

요(僚)

성한 시기는 대략 동진 함강, 영화 연간에 해당한다. 당시 무수한 요인(僚人)들이 장가군(牂柯郡) 경내에서 벌떼처럼 북상해 파(巴), 촉(蜀), 한중(漢中)의 여러 군현의 산과 계곡으로 들어가 거주하기 시작했다. 전체 10여만 호(戶), 수십만 명에 달했다. 영가 이래로 파, 촉 한인들이 대거 외지로 도망치자 북상하던 요인들이 대신 그 자리로 들어왔다. 요인 사회는 노예제 초기 단계였으며, 각 부의 추호(酋豪)는 서로 통합하지 않았기 때문에 아직 통일적인 정권 조직이 형성되지 않았다. 노예

매매가 성행했으며, 심지어 형제나 처자식, 친척과 이웃까지 서로 약탈해 인신매매하곤 했다. 요인은 농경 위주의 삶을 살면서 어로와 수렵을 겸했다. 한인과 혼거하는 요인들은 편호와 동일하게 부역을 부담했다. 그들은 요포(僚布)를 생산하고 구리로 기물을 만들었다. 두발을 뭉치처럼 뒤로 묶고 치아에 구멍을 뚫었으며, 코로 마시고, 사람이 죽으면 관을 세워 땅에 묻었다. 동진 남북조 시절 남북 정권 모두 요인을 약탈해 강렬한 저항을 받았다. 남북조 후기 파촉의 인구가 점차 많아지면서 군현이 많이 설치되면서 요인 사회도 비교적 현저하게 발전하기 시작했으며, 일부 지역의 요인과 한인의 차이도 크게 감소했다.《수서(隋書)》권29, 〈지리지(地理志)〉에 따르면, 양주(梁州)는 "남산 옆으로 요호(僚戶)가 함께 살았는데 부유한 이들은 하인(夏人, 한인)들과 어울려 혼인을 맺기도 했으며, 의복이나 거처, 언어 등이 한인들과 거의 차이가 없었다(傍南山雜有僚戶, 富室者頗參夏人爲婚, 衣服, 居處, 言語, 殆與華不別)." 하지만 대부분의 지역에서는 요인과 한인의 융합 과정이 오랜 세월에 걸쳐 천천히 이루어졌다.

이(俚)·월(越)·찬(爨)

지금의 상(湘), 광(廣) 등지의 산간에는 이족(俚族) 촌락이 적지 않았다. 일부 이인(俚人)들은 한인들과 함께 살았기 때문에 편호(編戶)와 다를 바 없었다. 노역을 피해 한인들이 이인의 촌락으로 도망치는 경우가 흔히 발생했다. 중숙현(中宿縣, 광동 청원)에 사는 이인들에겐 은(銀)으로 세금을 물렸는데, "한 가구당 성인 남자가 바쳐야 하는 은세(銀稅)가 남조의 반량(半兩)에 상당했다."[281] 은광(銀鑛)에서 더는 은을 채굴할 수 없고, 이인들은 주로 동굴 속에 살면서 언어도 크게 달랐기 때문에 상업에 익숙할 수 없었다. 결국 은을 구매해 세금을 내게 되자 악덕 상인들의 착취에 속수무책이었다. 그래서 남조 상, 광 등지에서 농민 폭동이 일어날 때면 언제나 이인들이 참가하곤 했다.

남방의 산월인(山越人)은 손오(孫吳)가 통치하던 시기에 번성했으나 이후 한인들과 융합하면서 민족 특성이 점차 사라졌다. 그래서 동진 남조의 문헌을 보면 오직 《진서(陳書)》 〈세조기(世祖紀)〉에 회계의 산월에 대한 언급이 나올 뿐이다.

지금의 운남 경내에 분포하고 있는 각 민족들은 양진(兩晉) 이래로 찬씨(爨氏)의 통치를 받았기 때문에 모두 합쳐서 찬인(爨人)으로 칭했다. 찬인 지역은 "토지가 넓고 준마가 많았으며, 무소뿔과 상아, 명주가 많이 생산되는 곳이었다."[282] 또한 목축업을 위주로 하면서 수렵과 채집 경제를 유지했다. 동진 남조 정권은 찬인 수령에게 주군이나 장군의 호칭을 하사했으나 실제로 찬인을 다른 주군의 거주민들처럼 통제하지 않았으며, 심지어 황제의 연호를 바꿀 때도 찬인 지역까지 전달할 방법이 없었다. 찬인은 익주에 사는 한인과 비교적 밀접한 관계를 유지했는데, 송 원가 9년(432년) 익주에서 조광(趙廣)이 기의해 영주(寧州, 치소는 운남 곡정) 백성들이 이에 호응하자 진녕(晉寧) 태수(太守) 찬용안(爨龍顔)이 무리를 이끌고 격전을 벌여 영주 백성들의 반란을 진압했다.[283]

남방 각 민족의 융합

만(蠻), 요(僚), 이(俚), 월(越), 찬(爨) 등 여러 민족은 중국 남방에서 유구한 역사를 지닌 민족이다. 진·한(秦漢), 삼국 시대에 들어와 그들이 거주하는 곳에 연이어 군현을 설치했으나 월족(越族) 이외에 다른 민족들은 외부 세계와 접촉하는 일이 비교적 적었으며, 대부분 독립적으로 발전했다. 그래서 사마예(司馬睿)가 남방을 통치하면서 그들 민족에 대해 "회유했을 뿐 주민들을 제압할 수 없었다."[284]

《수서》〈식화지〉에 따르면, 동진 시절 "산속이나 동굴에 사는 여러 만족이나 이족이 점차 왕의 교화를 받으면서 각기 경중에 따라 바친 재물을 거두어 나라의 비용에 보탰다. 또한 영외(嶺外) 추수(酋帥)들은 노예, 비취, 명주, 상아 등이 향곡보다 풍족해 조정에서 그곳에 부서를 설치하고 이익을 얻었다."[285] 이후 남방 각 민족 사회에 정도의 차이가 있으되 각기 변화의 바람이 불기 시작했다. 다시 말해 깊은 산속이나 동굴에서 살던 각 민족 사람들이 평지로 거주지를 옮기면서 인근 민족(한족 포함)과 관련을 맺기 시작하면서 농업생산이 향상되고 각 민족 내부의 계급분화가 가속화되었으며, 비교적 현저한 봉건화와 한족과의 융합 양태가 출현한 것이다.

양나라 말 남방 내륙의 여러 주군에 할거하고 있던 이들을 '동주(洞主)', '추호(酋豪)'라고 불렀는데, 그들이 일부 소수민족의 수령을 맡았다. 진 무제 진패선은 양나라 말기 서강독호(西江督護) 겸 고요태수(高要太守)의 직책을 맡아 영남(嶺南)에 오래 거주하면서 현지 소수민족 수령들과 밀접한 관계를 유지했다. 그가 재상이 되었을 때 '영남 추호(嶺南酋豪)'에게 서신을 보내 그들과 그들의 자제를 건강으로 초청해 '유환(游宦)'토록 했으며,[286] 칭제한 후에도 남방 내륙의 주진(州鎮)의 고위급 관리를 주로 그들에게 맡겼다. 그들 중에는 자신의 친족을 인질 삼아 건강으로 보낸 이들도 있다.[287] 고량(高涼, 치소는 광동 은평) 세씨(洗氏)는 "대대로 남월 수령을 맡았는데 산동에 할거하면서 10여만 가구의 부락을 이끌었다."[288] 그들 역시 영남 지역에서 진조의 중요한 지주였다.

남방 각 민족의 이러한 상황은 각 민족 사회가 발전하고 각 민족의 경제가 남방 경제에서 점유하는 위치가 높아짐에 따라 남방 정치에서 그들 통치자들의 역할 또한 크게 증대했으며, 아울러 여러 민족들 가운데 일부는 한인과 융합하는 경향이 점차 현저해졌음을 의미한다. 수나라 시절 만, 요, 이, 월 등 여러 민족은 "모두 군현에 편입되었으며, 평민과 같아졌다."[289] 이렇듯 그들의 많은 부분이 왕조 통치의 궤도 안으로 편입되고 한인과의 융합이 가속화되었다.

4 · 삼국 양진 남북조의 문화

현학과 종교

　동한 후기 이후로 호강의 토지 겸병을 통한 세력 확산으로 봉건 할거 경향이 심해지면서 동한 왕조는 점차 전국에 대한 통제력을 잃어가고 있었다. 동시에 외척과 환관이 정치를 좌지우지하면서 당쟁이 격화하고 선거제도가 심히 부패해 농민 폭동이 도처에서 일어나자 통치집단은 심각한 위기상황에 봉착했다. 이념적인 면에서 지배적인 위치를 차지하고 있던 유가의 금문 경학과 참위(讖緯)는 내용이 공허하고 황당한 신학적 설교로 동한 통치의 무력한 장식품으로 전락했기 때문에 당시 현실 사회나 정치문제에 대해 전혀 도움을 줄 수 없었다. 이러한 상황에서 일부 사대부들이 유가와 명가, 도가와 법가 사상을 잡다하게 받아들여 저서를 논찬하고, 법치를 중시하며, 명과 실을 따지고, 현재를 천거해 관리가 행정능력을 갖추어야 한다고 주장했다. 이로써 위기를 해소하는 한편 동한 정치를 새롭게 안정시키고자 함이었다.

그들의 사상은 부분적으로 유가의 한계를 돌파해 위진 철학사상의 발전에 객관적으로 적지 않은 영향을 미쳤다.

황건적 기의 이후 동한 왕조는 와해되고 유가사상 역시 이로 인해 큰 타격을 받았다. 이에 명가와 법가, 도가 사상이 더욱 널리 전파되었다. 조조(曹操)는 이러한 역사적 조건하에서 봉건통치를 중건하기 위해 "명가와 법가의 방법을 겸용하는 한편"[290], "유재시거(惟才是擧)"라는 인재 선발 원칙을 채택했다. 이는 유가 명교(名教)의 절대적인 지위를 부정하는 데 일조했다. 위 문제(魏文帝) 시절 유소(劉劭)가 저술한《인물지(人物志)》는 명가와 법가로 입언하고 아울러 도가사상을 섞은 것으로 인물 품평의 일반 원칙을 철학적 수준까지 끌어올려 탐구했다. 이는 위진 현학 사조 출현에 직접적인 영향을 미쳤다. 건안 시대 중장통(仲長統)의 〈술지시(述志詩)〉를 보면 이런 구절이 나온다. "오경을 분산시키고 풍아를 없애"[291] 위나라 초기 순찬은 도가를 좋아했는데, 공자의 제자인 자공(子貢)이 "부자께서 성과 천도에 대해 말씀하신 것은 들을 수 없었다(夫子之言性與天道不可得聞)"라는 말에 근거해 세간에 전해지는 육경은 단지 '성인의 쭉정이'에 불과하다고 말했다.[292] 이러한 사상은 위진 현학의 선성이라 할 수 있다.

유가 경학이 금문과 고문으로 나뉘어 투쟁하다가 한말에 잠시 주춤했고 경학 내용 역시 나름으로 쇄신되었다. 하지만 유가의 근본 철학을 대표하는 역학은 여전히 상수(像數) 복서(卜筮)에 집착해 지리멸렬하고 의리(義理)가 애매한 상태로 변혁이 필요한 상태였다. 이로 인해 역학에 대한 새로운 탐구가 등장했으며, 이 역시 현학 형성의 중요한 요인 가운데 하나가 되었다.

조위(曹魏) 정시(正始) 연간(240~248년)에 하안(何晏), 왕필(王弼) 등이 《노자》와 《장자》의 학설을 연구해 도가사상으로 《주역》을 해석했는데,[293] 이것이 위진 현학의 시작이다. 왕필, 하안 등은 양한의 정통 사상가들이 주도한 신학적 외피를 벗어던지고, 유심론의 범위 안에서 천도와 자연에 관한 학설을 새롭게 해석해 이른바 '귀무(貴無)'의 사상체계를 확립했다. 그들은 "천지 만물은 모두 무위를 근본으로 한다"[294]라고 주장했으며, "도란 무에 대한 호칭으로, 말미암는 것이 없으며, 굳이 이름을 붙여 도라 할 뿐 고요하게 어떤 형체도 없기에 형상화할 수 없다"[295]라고 생각했다. 이는 만물의 본체가 바로 '무'이며, '무'는 물질적 속성을 지니지 않는 신비한 것이라는 뜻이다. 또한 성인이 자연을 법도로 삼기 때문에 마땅히 '무'를 본체로 삼으며 무위한다는 뜻이기도 하다. 왕필은 철학적으로 자연과 명교의 관계를 탐구해 명교는 자연에서 나왔으며, 존비의 명분 역시 자연의 필연적 결과로 자연을 반영하는 것이라고 단언했다. 왕필, 하안이 '무' 또는 '무위'를 선양한 것은 선진 도가처럼 참되고 질박한 근원으로 돌아가서 명교를 포기하고 유가를 배척하라는 뜻이 아니라 유가사상과 도가사상이 적당하게 조화될 수 있는 길을 찾기 위함이었다.

왕필은 《노자》와 《장자》로 《역》을 해석하면서 간략하면서도 요점적으로 양자 간의 뜻이 회통한다는 자신의 견해를 강조했다. 이는 상수로 《역》을 해석한 한유(漢儒)보다 일보 전진한 것이다.[296] 왕필과 하안, 그리고 그 밖의 현학가들은 동한 청의(淸議)의 기풍을 계승해 일부 철학 문제를 질의, 해석하고 반복적으로 변론했는데, 그들 스스로 이를 '청담(淸談)'이라 칭했다. 이는 현학 발전의 독특한 방식이다. 현학가들의 저작 역시 이러한 문답체를 채용한 문체가 적지 않다.

왕필과 하안은 위진 현학 초기 단계의 대표적인 인물들이다. 그들은 유가에 바탕을 두고 높은 관직을 차지했으나 다른 한편으로 심신을 노장에 기탁해 세속에서 초탈한 모습을 보여주고자 애썼다. 이러한 현학가들은 사족 관료 통치와 자신들의 황음한 생활의 '합리성'을 변호할 수 있었으며, '고일(高逸)'하다는 칭찬과 명예를 두루 얻을 수 있었다. 이는 통치자들에게 대단히 유리했기 때문에 현학 또한 단기간 내에 널리 전파되어 당시 기풍을 주도했다.

정시 이후 사마씨와 조씨 간의 정치투쟁이 본격화되면서 하안 등 정시 명사 대다수가 피살되고 왕필은 전염병으로 요절하고 말았다. 사마씨는 정통 유가의 수호자를 자처하면서 계속해서 자신들에 반하는 인사들을 배척하고 살해했다. 사마씨의 정치적 억압 속에서 완적, 혜강을 대표로 하는 명교 반대를 주창하는 현학가들이 등장했다. 이들의 등장은 현학이 2기로 접어들었음을 의미한다.

완적은 "본시 세상을 구제할 뜻을 지녔고",[297] 혜강은 본래 명교를 숭배하는 인물이었다. 하지만 사마씨가 명교를 표방하면서 반대파를 숙청하고 조위 정권을 대신할 뜻을 은연중에 가지게 되자 완적과 혜강의 의혹과 반감을 사기에 충분했다. 그래서 그들은 노자와 장자를 스승으로 삼고 술에 취해 제멋대로 행하면서 세상을 희롱하고 공손한 자세를 취하지 않았다. 또한 "때로 득의할 때면 홀연 자신의 형해(形骸)조차 잊었으며"[298] 홀로 자연을 숭상하는 길로 접어들어 명교에 반대했다. 혜강은 "간략한 가르침을 숭상하고 무위의 다스림을 행하면 군주는 위에서 고요함을 즐기고 신하는 아래에서 순종한다"[299]라고 말했으며, 심지어 "탕왕과 무왕을 비난하고 주공과 공자를 하찮게 보았으며",[300] "육경이 반드시 태양은 아니다"[301]라고 질책했다. 완적은 "군주가 없으면

5장 삼국 양진 남북조 시대

만물이 제자리를 찾고 신하가 없으면 만물이 이치에 맞게 이루어진다"라고 주장했으며, 예법을 중시하는 사대부들을 바지 속의 이와 같은 무리라고 풍자했다.[302] 그들의 사상은 퇴폐적인 경향을 띠고 있었지만 이미 미라처럼 경직된 유가의 교조주의를 타파하고 사마씨의 허위성을 폭로하는 데 일정 정도 긍정적인 작용을 했다. 완적과 혜강은 현실 정치에 대해 상당히 근신하는 입장을 취했다. 특히 완적은 "현원에 대해 언급할 뿐 시사(時事)에 대해 평론하거나 인물을 품평한 적이 없었다."[303] 그래서 요행 도륙을 면했다. 혜강도 평상시 "기뻐하거나 성내는 안색"[304]을 드러내지 않고 "청정무위하며 고요하고 태평하며 사욕을 줄일 것"[305]을 제창했다. 하지만 끝내 명교를 비방하다 관구검(毌丘儉)의 군사반란을 도우려고 했다는 죄명으로 사마씨의 손에 살해되고 말았다.

서진 시절 통치집단은 갈등과 알력이 심해 계급 모순이 첨예하게 도드라졌다. 팔왕의 난(八王之亂)과 여러 민족 백성들의 기의가 연달아 일어나면서 또다시 장기간에 걸친 민족투쟁이 재연되었다. 이러한 복잡한 사회 모순 속에서 당시 명사였던 완첨(阮瞻), 왕징(王澄), 사곤(謝鯤) 등이 완적과 혜강의 사상 가운데 퇴폐적인 부분을 계승해 아무 데도 얽매임이 없이 제멋대로 행동하던 완적과 혜강의 뒤를 좇았다.[306] 그들은 하루 종일 취해 깨어나지 못하거나 벌거벗고 있는 것을 즐거움으로 여겼다. 그들의 언행은 당시 사족 명사들의 공허하고 절망스러운 심정을 그대로 반영하는 것이자 사족 명사들의 썩어빠진 사상 경향을 대변하는 것이기도 하다.

서진 시기에 현학의 대표자는 상수(向秀)와 곽상(郭象)이다. 상수는 《장자주(莊子注)》를 저술해, "기이한 흥취를 밝히고 현풍을 일으켰으며", 이후 곽상이 다시 "찬술해 그 뜻을 넓히니 유가와 묵가의 자취가 비루하게 보이고 도가의 언사가 마침내 성행하게 되었다."[307] 이것이 현학 발전의 3단계다. 상수와 곽상은《장자》를 주석하면서 "귀결되는 것을 잡고 기탁된 부분은 버려야 한다"[308]라는 나름의 방법을 활용해 왕필, 하안의 '귀무' 철학 관점을 발전시켰다. 그들은 "사물을 낳는 것은 무물(無物), 즉 사물이 없는 것이니 물은 스스로 생겨나는 것이다"[309]라고 생각했으며, 사물의 생성은 "밖으로 도에서 밑천을 삼지 않으며, 안으로 자기에서 말미암는 것이 아니라 고집스럽게 스스로 얻어 홀로 변화하는 것이다"[310]라고 여겼다. 이는 여전히 왕필과 하안의 "유는 무에서 나온다(有出於無)"는 관점을 계승한 것인데, 다만 객관적인 규율을 부정하고 만물의 변화 속에서 물질 조건의 작용을 부정하는 데 치중했다는 점에서 차이가 있다. 그들은 명교가 곧 자연이라고 하면서 "유가와 도가를 합일시켜"[311] 서로 어긋나지 않는다는 것을 밝히고자 했다. 그들은 노자의 "성인을 끊고 지혜를 버린다(絶聖棄智)"라는 말의 근본적인 취지는 명교를 비방하거나 훼손시키는 것이 아니며, 장자의 '내성외왕(內聖外王)'의 도 역시 자연과 명교를 겸하는 것이라고 주장했다. 명사 완첨은 노장과 주공은 "대체적으로 다르지 않다"[312]라고 여겼다. 이 역시 명교가 곧 자연이라는 사상에서 나온 것이다.

상수와 곽상은 명교가 곧 자연이라는 관점을 정치에 운용해 모든 현존하는 사물은 합리적인 것이라고 주장했다. "천지만물 모든 것이 하루라도 없어서는 안 된다."[313] 그들은 성인은 "지극함이 이지러질 수 없음에 이르렀으며", "비록 묘당에 있다고 할지라도 그 마음은 산림에 있는 것이나 다를 바 없다"[314]라고 주장했으며, "비록 종일 육신을 휘두른다고 할지라도 신기는 변함이 없으며, 온갖 기미를 올려보고 굽어 살핀다고 할지라도 마음은 담담하고 태연자약하다"[315]라고 했다. 그들이 보기에 이러한 성인은 바로 황제와 공훈 귀족이나 권신이었으며, 수단과 방법을 가리지 않고 권세에 빌붙어 명리를 탐하면서 현학적인 언사나 읊조리는 현학가 자신들이었다.

위진 현학은 새로운 역사 조건하에서 태어난 유가 유심론 철학의 변종이다. 그렇기 때문에 현학에서 노장 철학은 일반적으로 유가 철학과 표리 일치해 서로 배척하지 않았다. 현학은 이미 미라처럼 말라붙은 유가 철학에 새로운 해석의 공간을 마련해 철학사상의 발전을 자극했다는 점에서 나름 긍정적인 의의가 있다. 하지만 현학은 사족 지주의 이데올로기로 사족의 부패와 타락을 반영한다. 현학의 창시자라고 할 수 있는 하안은 사족 명사 중에서 가장 썩어빠진 생활방식을 창도한 인물이라고 할 수 있다.[316] 현학이 유행하던 시절 "학자들은 장자와 노자를 근본으로 삼고 육경을 배척했으며, 담론하는 이들은 공허한 내용을 논변의 주제로 삼고 명예와 예법을 천시했다. 입신 처세하는 이들은 혼탁함을 방기하는 것을 통달이라 여기고 절조(節操)와 신의를 지니고자 했으며, 입사하는 자는 구차하게 관직을 얻는 것을 귀하게 여기고 올바름에 거하는 것을 비천하다 여겼으며, 관리들은 옳고 그름을 따지지 않는 것을 고아하다 여기고 근면하고 엄격한 것을 비웃었다."[317] 이것이 바로 현학가들이 입신, 처세하던 모습이다.

위진 현학이 유행하던 시기에도 현학의 유심론을 반대하는 일부 사상가들이 존재했다. 오(吳) 사람 양천(楊泉)은 《물리론(物理論)》을 저술해 원기가 우주를 구성한다는 관점을 제시했는데, 현학에 대해 이렇게 말했다. "현학은 허무맹랑한 이야기로 화려한 수사를 숭상하니 봄날 개구리나 가을 귀뚜라미가 귀가 따갑도록 울어대는 것에 불과하다."[318] 서진 명사 배위(裴頠)는 〈숭유론(崇有論)〉에서 만물의 본체는 '유(有)'이며, '무'는 '유'의 한 가지 표현일 뿐이라고 주장했다.[319] 양진(兩晉) 시대 사람 포경언(鮑敬言)은 완적과 혜강의 '무군무신(無君無臣)' 사상을 계승해 '무군론(無君論)'을 창도했다. 그는 옛날에는 군주도 신하도 없었으며, 착취도 없고 엄한 형벌도 없었다고 하면서 이후 군신제도가 생겨나면서부터 억압과 착취가 출현했으며, 백성들의 반항과 투쟁이 생겨나게 되었다고 말했다. 그는 군신제도하에서 "군주는 조정에서 걱정하고 두려워하며, 백성은 고통과 질곡 속에서 시달리고 혼란에 빠졌는데, 예법제도로 이를 막고 형벌로 다스리겠다고 하는 것은 마치 하늘을 삼킬 듯한 물이 쏟아져 깊이를 알 수 없는 급류로 빠르게 흐르는데 그제야 비로소 한줌의 흙으로 막겠다고 하거나 손가락으로 지탱하겠다는 것과 같다"[320]라고 말했다. 이렇듯 포경언은 농민들이 봉건통치 반대 투쟁을 일으키는 근본 원인을 정확하게 인식하고 있었다. 이는 봉건 통치자를 억지로 변호하려는 현학가들과 크게 다른 점이다. 하지만 포경언은 단지 '낭고지세(曩古之世, 아주 오랜 옛날 세상)'에 환상을 기탁한 것일 따름이니, 이것으로 계급투쟁을 진행하는 농민 대중들에게 도움을 줄 수는 없었다.

서진 왕실이 남천한 후 건강은 현학의 중심이 되었다. 동진 현학은 불교의 교의, 특히 반야학설(般若學說)이 깊이 스며들어 본래 면모와 크게 달라졌다. 서진 시절에도 일부 명사들이 승려와 왕래하면서 상호 영향을 받아 청담의 기풍을 지닌 승려들이 적지 않았다.

영가(永嘉) 이래로 북방의 승려들이 연이어 남쪽으로 내려왔다. 그들 가운데 일부는 계속해서 명사들과 교류하면서 노장은 물론이고 반야학에 대해서도 이야기를 나누곤 했다. 그들은 도가의 무위로 불가의 열반(涅槃)을 해석하면서 현학을 통해 서로 어울렸다. 동진 사람 손작(孫

綽)은 〈도현론(道賢論)〉[321]에서 양진 7명의 승려를 죽림칠현(竹林七賢)에 비유했는데, 이는 현학과 불학이 서로 결합함을 증명하는 것이었다. 승려 축도잠(竺道潛)은 사족 출신으로 섬현(剡縣) 경산(卿山)에서 강학하면서 불가의 도리와 노장사상을 함께 강의했다. 지둔[支遁, 도림(道林)]은 청담을 잘했는데, 현학가들이 그를 왕필과 상수에 견주곤 했다. 그는 회계(會稽)에서 왕희지(王羲之), 사안(謝安), 손작(孫綽), 허순(許詢) 등 사족과 교유하면서, 불교의 '색공(色空)'설이 상수와 곽상의 '유무'설과 일맥상통한다고 말했다. 그는 《장자》 〈소요유〉에 대한 주해서로 《소요론(逍遙論)》을 집필했는데, 상수와 곽상보다 "확연하게 새로운 이치를 표방했다"[322]라고 전해진다. 동진의 현학가들 역시 불가의 도리에 대해 이야기하는 것을 즐겼는데, 그중에서 은호(殷浩), 허순(許詢), 손작, 치초(郗超) 등이 유명했다. 남조 이후로 현학과 불교는 사족의 사상무기가 되어 더욱 긴밀하게 결합되었다.

불교의 발전

동한 말기 농민전쟁이 실패로 돌아가고, 이에 따른 장기간에 걸친 할거(割據) 전쟁과 이후 민족 정복전쟁이 지속되었다. 이는 오히려 불교 전파에 유리한 사회적 여건을 조성했다. 또한 현학과 불교가 서로 교류하면서 불교 선양에 도움을 주었다. 그래서 한대에 일종의 도술로서 부용(附庸)의 위치에 있던 불교가 삼국, 양진을 거쳐 남북조 시기로 진입하면서 크게 발전하기 시작했다.

삼국 시대에 서역의 승려들이 계속 동쪽으로 들어와 낙양에서 불법을 전하고 경전을 번역했다. 예를 들어 영천(穎川) 사람 주사행(朱士行)은 멀리 우전(于闐)까지 가서 반야경전을 구해왔으며, 우바새(優婆塞, 재가 불교 거사) 지겸(支謙)과 사문(沙門) 강승회(康僧會) 등은 강남에서 역경 활동을 벌였다.

서진 시기로 접어들면서 불교 학설 중에서 현학과 상통하는 반야학 설이 빠르게 발전했다. 일부 승려는 육경과 제자백가의 학설에 능통해 노장사상을 깊이 연구하고 명사들과 어울리며 현담(玄談)에 끼어들기 도 했다. 또한 일부 승려들은 사대부들의 취향에 영합해 새로운 의미를 창출하기도 했는데, 예를 들어 지민도(支愍度)는 남도(南渡)하면서 "강 동으로 낡은 교리를 가지고 가면 밥도 제대로 얻어먹을 수 없을 것"이 라 여기고, 마음에는 의미가 없다는 뜻인 '심무의(心無義)'를 가지고 강 동으로 가서 강학했다.[323] 일부 승려들은 '격의(格義)'를 제창하기도 했 는데, 이는 "경전에 나오는 사수(事數, 불가어로 듣고 볼 수 있는 명상의 뜻)를 외서(外書, 현학이나 유학의 전적)와 견주어 생생한 해석의 예로 삼아"[324] 현 학과 불교의 소통에 새로운 길을 개척했다.

16국 시대에 호족 통치자들은 불교를 제창해 부처라는 '오랑캐 신 [戎神]'[325]을 한인들을 통치하는 정신적 도구로 삼았으며, 아울러 흥패 를 반복하는 민족전쟁에서 불교에 자신들의 환상을 기탁했다. 호족 통 치자들이 적극 불교를 제창하면서 각지에 대규모 사원이 건립되고 한 족이나 호족으로서 출가하는 이들이 늘어났다. 그들은 불교의 '인과응 보' 교의를 통해 막연한 내생(來生)에서 현재 삶의 죽음과 유랑의 고통 이 사라질 것을 희구했다.

북방과 남방에서 불교가 발전하면서 이른바 '고승'이 적지 않게 등 장했다. 불도징(佛圖澄)은 서역 사람으로 신기한 주술과 방기(方伎)에 능했으며, 응보설(應報說)로 석륵(石勒)과 석호(石虎)를 설득해 형벌을 줄이도록 했으며, 후조(後趙) 통치자가 정권을 강화하는 데 도움을 주었다. 불도징의 제자인 석도안(釋道安)은 내외(內外)의 학문(불학과 유학, 현학)에 통달했으며, 불학 중에서도 반야학에 집중해 선(禪)과 법(法) 모두 대성했다. 도안은 처음 북방에 있다가 동진 흥녕(興寧) 3년(365년) 남쪽 양양(襄陽)으로 내려가서 자신을 따르는 무리들과 함께 수백 종의 경전을 정리해《중경목록(衆經目錄)》을 편찬하고 사원의 계규(戒規)를 제정했다. 이후 각지 사원에서 그가 정한 규칙을 취했다. 그는 자신의 제자인 축법태(竺法汰)를 건강으로 보내고 석혜원(釋慧遠)은 여산(廬山), 석법화(釋法和)는 촉(蜀)으로 보내 장강 상류와 하류에서 불법을 전파하도록 했다. 영강(寧康) 3년(375년), 도안은 북상해 장안에서 부견(苻堅)의 도움을 받아 대규모 역경사업을 전개했다.

도안의 제자인 석혜원은 어렸을 때부터 "육경에 두루 통하고 특히 노장사상을 좋아했는데" 출가한 후에도 "세속의 전적을 버리지 않았다."[326] 그가 여산에서《상복경(喪服經)》을 강론하자 명사 뇌차종(雷次宗), 종병(宗炳) 등이 불경을 들고 뜻을 받들었다. 혜원은 대승(大乘)과 소승(小乘)을 겸했을뿐더러 특히 반야학과 선법(禪法)에 능통해 도안과 마찬가지로 영향력이 상당했다. 진말 송초에 이르러 축도생(竺道生)이 강남에서 열반불성(涅槃佛性)을 강론하면서 '돈오(頓悟)'를 제창해 "일천제인(一闡提人, 모든 선의 뿌리를 끊은 사람)도 성불할 수 있다"[327]라고 주장했다. 모든 이들에게 이른바 '천국'의 문을 개방한 셈이다.

후진(後秦) 시절 구차(龜茲)의 승려 구마라십(鳩摩羅什)이 장안으로 들어와 불경을 강론하고 역경사업을 펼쳤다. 이에 멀고 가까운 곳에서 그의 강론을 듣기 위해 온 자들이 5000여 명이나 될 정도로 영향력이 컸으며, 주군에 "불교를 섬기는 이들이 열 집에 아홉이 될 정도였다."[328] 그는 역경하면서 특히 의역(意譯)을 주장했는데, 그 자신 스스로 "손에는 이방의 경전을 잡고 진어[秦語, 한어(漢語)]로 번역해 입으로 말하며, 노래는 방언으로 하지만 취지가 근본과 어긋나지 않았다."329 그는 이렇듯 역경사업에 큰 공헌을 했다.

남북 불교의 발전은 승려들이 직접 서역에서 불경을 가져오는 이른바 구법행(求法行)으로 이어졌다. 사문 법현(法顯) 등 다섯 명은 천축에서 계율을 구해오겠다는 뜻을 세우고 후진 홍시(弘始) 원년(399년) 장안에서 출발해 유사(流沙)를 건너고 총령(葱嶺)을 넘어 온갖 환란과 고통을 인내하며 마침내 북천축(北天竺)과 중천축 등지에 이르렀다. 법현은 중천축에서 《마가승저율(摩訶僧祗律)》, 《방등열반경(方等涅槃經)》등 여러 경전을 얻고 범어(梵語)를 배우기도 했다. 그는 사자국(師子國, 지금의 스리랑카)에서 여러 전적을 구한 후 바다를 통해 귀국했다. 동진 의조(義熙) 8년(412년), 그는 청주(青州)에 이르렀으며, 이듬해 건강에 도착했다. 법현은 자신이 구해온 경전 100여만 자를 번역했으며, 30여 개국을 돌아다니며 자신이 직접 목도한 견문을 정리해 《불국기(佛國記)》(일명 《법현전(法顯傳)》)를 저술했다. 《불국기》는 고대 중외 교통을 연구하는 데 상당히 중요한 저작물이자 법현이 지나온 아프가니스탄, 파키스탄, 인도, 네팔, 스리랑카 등 여러 나라의 고대사를 연구하는 데 중요 문헌이기도 하다. 법현 이후로 남북의 승려들이 계속 서역으로 구법 여행을 떠났으며, 그 수는 수십 명에 달한다. 그 가운데 적지 않은 이들이 천축에 이르러 불경을 구해왔다.

동진 이래로 남방의 여러 제왕이나 명사들 역시 공자와 노자, 그리고 석가의 학설이 길은 다르지만 같은 도리로 귀결된다고 여겼기 때문에 적극적으로 불교를 제창했다. 송 문제는 유학, 현학, 사학, 문학, 네 가지 학문을 담당하는 학관을 세웠는데, 그 가운데 유학의 뇌차종(雷次

宗), 현학의 하상지(何尚之) 등은 모두 불교신도다. 남조 사족 가운데 독실한 불교신도가 적지 않았는데, 사족 사령운(謝靈運)은 평생 불교를 신봉하고 승려들과 어울렸다. 제나라 경릉왕 소자량(蕭子良)은 문인, 학사들을 자신의 서쪽 저택에 초청해 현학과 불학, 그리고 경술(經術)과 문장을 담론했다. 양 무제 소연(蕭衍)은 도가를 버리고 불교로 귀의해 자신을 호법인(護法人)으로 자처했으며, 친히 단(壇)에 올라 불리(佛理)와 《노자》, 《장자》, 《주역》을 설강했다. 그의 창도하에 조정의 신하나 귀족들 또한 불교에 귀의하니 이에 남방 불교의 흥성이 정점에 이르렀다. 양나라 사문 석승우(釋僧祐)는 불교 문헌을 두루 수집했고, 석혜교(釋慧皎)는 승려의 사적을 정리했다. 《홍명집(弘明集)》과 《고승전(高僧傳)》은 이렇게 해서 나온 저작물이다. 이는 당나라 석도선(釋道宣)이 편찬한 《광홍명집(廣弘明集)》과 《속고승전(續高僧傳)》과 더불어 당시 불교사와 그 밖의 역사 문제를 연구하는 데 중요한 자료다.

북위 전기에 승려들이 사방으로 흩어지자 불교는 양주(凉州)와 요서(遼西)에서 약간 성행한 것 이외에 보편적으로 쇠퇴 양상을 띠었다. 도교를 신봉하던 태무제는 태평진군(太平眞君) 7년(446년), 중화를 통일해 "복희씨와 신농씨의 치세를 되살린다"[330]라는 목적 아래 장안에서 사문들을 도살하고 불경을 불태우고 불상을 훼손해 중국 역사상 첫 번째 대규모 훼불(毁佛) 사건이 일어났다. 금령은 문성제 때에 이르러 해제되었다.

효문제가 낙양으로 천도한 후 북방 불교는 새로운 발전 단계로 접어들어 역경사업이 흥성하고 일부 유생들도 불리를 연구하는 등 제왕과 왕공, 신료들이 경쟁하듯이 사찰을 세우고 불상을 만들어 복락을 기원했다. 사원은 통치자의 지지를 받아 잡기(雜技)와 여악(女樂)을 동원하는 한편 신성하면서도 괴이한 미신을 전파하고 성대한 불회(佛會)를 거행해 종교적 영향력을 확대했다. 낙양은 농후한 종교적 분위기에 휩싸였다. 사원 내부의 생활은 날이 갈수록 부패하고 더러워졌다. 승니들은 살인죄를 제외하고 모든 범죄에 대해 승관(僧官)이 '내율(內律)'에 따라 관리했기 때문에 봉건국가의 법률로 그들을 단속할 수 없었다. 북제와 북주 이래로 불교는 계속해서 흥성했다.

북주 천화(天和) 2년(567년), 환속 승려인 위원숭(衛元嵩)이 사원을 줄이고 승려를 감축할 것을 청하면서 "성황(성황당)을 사탑으로 삼으면 될 것이니 주주(북주의 군주)가 곧 여래이시다"[331]라고 주장했다. 주 무제는 누차 여러 신료들과 승려, 도교도를 초치해 유가와 석가, 도가의 선후 문제를 논변하도록 했다. 그는 유가를 존중해 황권을 높이고 사찰의 재산을 박탈하기 위해 건덕(建德) 3년(574년) 불교와 도교를 금지하는 금령을 내리고 경전과 불상을 훼손시키고 사문과 도사의 환속을 강제했으며, "삼보의 재물을 신하들에게 나누어주고, 사찰과 도관을 왕공들에게 하사했다."[332] 건덕 6년 북주가 북제를 멸망시킨 후 다시 금령을 관동 지역까지 확대했다. 하지만 얼마 후 북주 무제가 사망하면서 불교가 다시 부흥하기 시작했다.

삼국 양진, 남북조 통치자들이 보편적으로 불교를 보호한 것은 불교에 일반 대중들을 현혹시킬 수 있는 일종의 마취적 기능이 있었기 때문이다. 그들은 이를 통치를 강화하기 위한 중요한 도구로 삼았던 것이다. 하상지(何尙之)는 송 문제의 질문에 답하면서 백성들이 불교를 신봉해 계율을 지키고 선함을 행함으로써 백성들을 교화하고 풍속을 돈독하게 할 수 있다고 말한 바 있다. 그는 계속해서 이렇게 말했다. "무릇 한 가지 선을 행할 수 있으면 한 가지 악이 제거되고, 한 가지 악이 제거되면 한 가지 형벌이 그치게 됩니다. 집마다 한 가지 형벌이 그치게 되면 나라에 온갖 형벌이 그치게 됩니다. …… 폐하께옵서 이른바 앉아 계시기만 해도 태평치국이 이루어지게 된다는 것입니다.'³³³ 북위 문성제(文成帝)도 부불조(復佛詔)에서 이렇게 말했다. 석가여래는 "왕정의 금률(禁律, 형법)에 도움을 주고 어질고 지혜로운 착한 본성을 증가시키며, 여러 가지 사악함을 배척하고 바른 깨달음을 열어준다. 그래서 전대에 이미 숭상하지 않음이 없었으며, 내 국가에서 존중해 섬기는 바가 된 것이다.'³³⁴ 하지만 봉건 전제 황권과 유가의 인륜강상은 불교와 모순되는 부분이 존재하기 때문에 양자 간에 일련의 투쟁이 발생할 수밖에 없었다. 동진 시대에 유빙(庾冰)과 환현(桓玄)이 사문은 마땅히 중화의 예교에 따라 군왕에게 예로 경배해야 한다고 주장했으며, 실제로 송 효무제 시절에 이러한 제도가 실행되었다. 당시 조정의 실권자였던 환현은 또한 사문을 사태(沙汰, 선별)해야 한다는 조서를 내린 적이 있으며, 송대 단양윤(丹陽尹) 소모지(蕭摹之)는 사문 수백 명을 선별했다. 또한 적지 않은 이들이 이른바 이하지별(夷夏之別, 화하와 오랑캐의 구별)이라는 명분으로 불교에 반대했다. 예를 들어 서진 왕부(王浮)는 떠도는 이야기를 긁어모은 《노자화호경(老子化胡經)》을 편찬해 불교를 훼손했으며, 동진 채모(蔡謨)는 "불교는 이적의 습속이지 경전의 제례가 아니다"³³⁵라고 공개적으로 비판했고, 송나라 말기 고환(顧歡)은 《이하론(夷夏論)》을 저술해 불교와 노자는 비록 공자와 마찬가지로 성인이지만 "불교는 사악한 것을 없애는 방술로" 오랑캐 습속에 적합한 것이고, "도교는 선을 흥성하게 하는 술수이니" 화하에 적합하다. 화하와 오랑캐는 본성이 다르기 때문에 마땅히 노자(도교)를 숭앙하고 불교를 물리쳐야 할 것이니, 화하를 버리고 오랑캐를 본받으면 안 될 것이라고 말했다.³³⁶ 양대 곽조심(郭祖深), 순제(荀濟) 등은 불교가 정치에 해가 된다고 비판하면서 제한을 가할 것을 요청했다. 북조 시절에도 배불(排佛)에 관한 의론이 적지 않았으며, 심지어 두 차례에 걸친 대규모 멸불(滅佛) 사건이 발생하기도 했다.

전제 황권과 전통적인 역량을 갖춘 유가가 불교와 모순투쟁을 벌였지만 그렇다고 불교의 발전을 완전히 가로막은 것은 아니었다. 하지만 불교는 끝내 국교(國敎)의 지위에 오르지 못했다. 이는 중국 역사상 심오한 의의가 있다.

삼국 양진, 남북조 시대의 불교 발전은 인도, 네팔, 파키스탄, 중앙아시아의 회화, 조소, 음악예술, 의학과 음운학, 논리학에 관한 지식을 중국에 가져왔으며, 방대한 철학 저작물과 경전 번역 등 사상 자료와 수많은 예술 유산이 남게 되어 중국의 정신문화를 더욱 풍부하게 만들었다. 하지만 이러한 문화 예술 유산, 사상 자료는 때로 종교 신학적 내용으로 가득 차 있거나 직접적으로 미신을 선양하는 내용이 적지 않아 마땅히 비판적으로 수용할 필요가 있다.

범진과 그의 탁월한 철학서《신멸론》

현학, 불학이 합류했던 남조 사상계에 장기간에 걸쳐 형신(形神), 인과(因果)에 관한 논쟁이 펼쳐졌다. 일부 진보적인 인물은 중국 역대 사상가들이 귀신이나 미신에 반대했던 전통을 계승해 유신론(有神論)을 비판하고 무신론 사상을 옹호했다. 송대 범엽(範曄)은 죽으면 정신도 사라진다고 생각하고《무귀론(無鬼論)》을 저술하고자 했으나 끝내 이루지 못했다. 하승천(何承天)의《달성론(達性論)》과 그 밖의 저작물은 불교의 이론적 토대인 신불멸론과 인과응보 학설을 공격했다. 이후 걸출

5장 삼국 양진 남북조 시대

한 사상가 범진(範縝)이 비교적 체계적인 유물론 사상으로 불교의 유심론 사상과 첨예한 논쟁을 벌여 찬란한 성과를 이루어냈다.

범진은 제량(齊梁) 연간의 인물로 제나라 경릉왕 소자량(蕭子良)의 서저문사(西邸文士) 가운데 한 명이다. 그는 "부처가 정치를 훼손하고, 사문이 풍속에 점차 해를 끼치는 것"337을 목도하고, 이러한 폐해를 타파하기로 뜻을 세웠다. 그는 인과응보설을 믿지 않았는데, 소자량이 그에게 이렇게 물었다. "그대는 인과응보를 믿지 않는다고 했는데 그렇다면 어찌 빈부와 귀천이 있겠는가?" 그가 대답했다. "인생이란 나무에 꽃이 피는 것과 같습니다. 바람이 불면 꽃이 떨어지기 마련인데, 어떤 것은 주렴 휘장에 스쳐 수레에 까는 인석(茵席, 방석) 위에 떨어지기도 하고, 어떤 것은 울타리 담장에 걸려 뒷간에 떨어지기도 합니다. 방석 위에 떨어진 것은 전하와 같은 경우이고, 뒷간에 떨어지는 것은 신하와 같은 경우입니다. 귀하고 천함이 비록 다른 길입니다만 어느 곳에 인과응보가 있겠습니까?"

소자량이 여러 승려들을 모아 그를 비난하고 문사들도 문장을 지어 반대했지만 아무도 그를 설복시킬 수 없었다. 왕염(王琰)이 범진을 이렇게 비꼬았다. "오호라! 범자(範子, 범진)께선 조상님의 신령이 계신 곳도 모르신다는 말씀이군." 그러자 범진이 대답했다. "오호라! 그렇다면 왕자(王子, 왕염)께선 조상의 신령이 계신 곳을 아시지만 목숨을 끊어 따라갈 수는 없다는 말씀이시로군."

소자량은 왕융(王融)을 보내 주공(周孔)의 가르침으로 그를 협박하고, 중서랑(中書郎)이라는 관직을 줄 테니 주장을 포기하라고 회유했다. 하지만 범진은 크게 웃으며 이렇게 말했다. "만약 내가 자신의 이론을 팔아 관직을 얻고자 했다면 벌써 상서영복이 되었지 어찌 중서랑에 머물렀겠는가?"

양 천감(天監) 6년(507년), 범진은 한 시대를 진동시킬 만한 걸출한 저작 《신멸론(神滅論)》을 발표했다. 《신멸론》에서 그는 이렇게 말하고 있다. "정신이 곧 형체고, 형체가 곧 정신이다. 그런 까닭에 형체가 있어야 정신이 존재하게 되고, 형체가 사라지면 정신도 사멸하고 만다." 그는 또한 이렇게 말했다. "형체는 정신의 바탕이고, 정신은 형체의 작용이다. ……정신이 물질에 대한 것은 예리한 칼날이 보검에 대한 것과 같고, 형체가 작용에 대한 것은 보검이 예리한 칼날에 대한 것과 같다. 예리한 칼날은 보검이 아니고, 보검은 예리한 칼날이 아니다. 하지만 예리한 칼날을 버리며 보검이 있을 수 없고, 보검을 버리면 예리한 칼날이 있을 수 없다. 보검이 없는데 예리한 칼날이 있다는 말은 들어본 적이 없으니 어찌 형체가 시들어 사라졌는데 정신이 여전히 존재할 수 있단 말인가?"[338]

범진은 유물론적으로 물질과 정신을 통일시켜 정신은 물질의 산물이기 때문에 정신의 존재는 물질의 존재 여부에 달려 있으며, 물질의 실체가 없으면 정신의 작용도 없다는 것을 논증했다. 이는 예리하면서도 엄밀한 논증으로 불교의 '신불멸' 사상에 심각한 타격을 입혔을뿐더러 논증 방법 면에서 땔감과 불로 물질과 정신을 비유한 한대 진보적인 사상가 환담(桓譚)과 왕충(王充)의 결함을 극복해 중국 유물론 철학을 한 걸음 더 나아가게 했다.

《신멸론》에 대해 양 무제는 60여 명의 신하들에게 반박하는 저술을 발표하도록 했으나 범진은 "변론으로 뭇사람들을 물리쳐 하루에 1000여 명을 설복시킬 정도였다."[339] 이렇듯 그는 끝내 자신의 주장을 철회하지 않고 끝까지 견지했다.

5장 삼국 양진 남북조 시대

범진은 무귀론(無鬼論)의 사상 유산을 계승해 당시 만연해 있던 종교
적 미신을 타파하고, 현학과 불학에서 장기간에 걸쳐 논쟁을 거듭한 형
신(形神)과 인과 문제에 대해 비교적 정확한 답안을 제시해 유물론 철
학을 더욱 풍요롭게 만들었다. 하지만 당시 자연과학 수준이 낮았기 때
문에 범진은 단지 우연론(偶然論)을 통해 인과론을 반대하고, 신체 기관
의 차이를 들어 평범한 사람과 성인이 차별되는 근원으로 삼는 등 이론
적인 면에서 오류가 적지 않았다. 범진은 당시 유가가 주장하던 명교의
근본을 흔들 정도의 역량은 없었다. 그래서 그는 《신멸론》에서 유가와
도가의 사회정치 관점을 그대로 수용해 "소인(노동에 종사하는 일반 백성)
은 논밭에 안주하고, 군자(통치자)는 질박한 삶으로 자신을 보존해야 한
다.……아랫사람은 남는 물건으로 윗사람을 봉양하고, 윗사람은 무위
(無爲, 간섭하지 않음)로 아랫사람을 대해야 한다"라고 주장했다. 이는 범
진의 계급과 시대적 한계로 인한 것으로 중대한 사상적 결함이라고 말
할 수 있다.

도교의 발전

황건 기의는 실패로 끝났지만 도교는 여전히 남북 각지에서 유전되
고 있었다. 도사 우길(于吉)은 강동(江東)을 왕래하면서 손책(孫策)을 위
해 "군사들에게 복락을 주고 장병들을 치료해주어"[340] 오나라 사람들
의 존중을 받았으며, 도사 이관(李寬)은 촉에서 오나라로 들어가 부수
(符水, 부적을 그리거나 태워 물에 넣은 후 마시는 물 – 역주)로 질병을 치유하니
"병역이나 요역을 피하려는 관리나 백성들로 이관의 제자가 되려는 이
들이 항시 1000여 명에 가까웠다." 이관의 "제자들은 배운 것을 전수
해 강표(江表, 장강 이남)에 가득했는데 움직일 때면 1000여 명이 함께했

다."³⁴¹ 도교의 부록(符籙, 도교의 법술, 부적이 대표적이다)과 주술은 특히 북방 민간 백성들 사이에서 상당한 영향을 미쳤다. 건안 22년(217년) 북방에서 역질이 유행하자 "어리석은 백성들은 부적을 매달고 흡족하게 여겼다."³⁴² 조조는 방술에 능한 도사 감시(甘始), 좌자(左慈), 극검(郤儉) 등을 위나라에 모이도록 했다. 조조의 아들 조식(曹植)의 말에 따르면, 이는 그들이 "악당을 끼고 백성들을 속이거나 요사한 짓을 행해 우민을 현혹시키는 것"³⁴³을 미연에 방지하기 위함이었다.

도교는 통치계급 내부에서 나름 영향력을 발휘하면서, 민간에 유행한 도교와 내용면에서 크게 달라졌다. 양진(兩晉) 시절 갈홍(葛洪)은 도교와 유학을 선양해《포박자(抱樸子)》를 저술했는데, 내편은 도교에 대해 논술했지만 외편은 유가의 내용을 위주로 서술했다. 그는 "도교는 유가의 근본이고, 유가는 도교의 지엽이다"³⁴⁴라고 주장했다. 도교 분야에서 그는 심신을 이양(頤養)할 것과 단약(丹藥)을 활용하면 복락을 얻고 재앙에서 벗어날 수 있으며, 수명을 연장시킬 수 있다고 여겼다. 그는 제사나 부록 등을 통해 치병하는 방법에 대해 반대 의사를 분명하게 밝혔으며, 약석[藥石, 약제와 범석(砭石, 침)]으로 질병을 치유할 것을 강조했다. 이는 의학적인 면에서 상당히 진보적인 의의를 지닌다. 갈홍은 이러한 주장을 통해 동한 이래 부수(符水)로 질병을 고치던 민간 도교의 우두머리들에 대한 정치적 공격을 마다하지 않았다. "예전에 장각, 유근, 왕흠, 이신 등의 무리들은 천 년을 살았다고 하면서 하찮은 방술에 기탁했다.……그들은 여서(黎庶, 일반 대중)를 현혹시키고 우중을 규합했으며, 나아가서는 수명 연장을 임무로 여기지 않고 물러나서는 재앙을 없애고 질병을 다스리는 것을 업으로 삼지 않았으며, 간악한 무리들을 긁어모았으니 반역자들이나 다를 바 없다."³⁴⁵ 또한 그는 이러한

5장 삼국 양진 남북조 시대

남북조 시대의 도교 사상가 도홍경

이들에 대해 다음과 같이 말했다. "왕은 형벌과 제도를 더욱 엄준하게 적용해 죄를 지은 자는 경중을 막론하고 대벽(사형)으로 다스려야 한다."[346] 갈홍의 목적은 도교를 봉건 황제의 예법 권위에 완전히 의탁하는 한편 농민들이 도교를 이용해 기의를 조직할 수 있는 교의나 의식을 제거해 통치자의 장생술과 백성들을 노역할 수 있는 도구로 삼고자 함이었다.

동진 남조 시기에 도교는 남방에 광범위하게 전파되었으며, 특히 삼오와 해변 지역에서 성행했다. 동진 남족의 사족 대성(大姓)들 가운데 대대로 도교를 신봉하는 이들이 많았다. 도사 허매(許邁)는 왕희지와 "함께 수련하고 단약을 먹었으며, 약석을 채취하기 위해 천 리를 마다하지 않고 돌아다녔다."[347] 손태(孫泰)는 대대로 도교도였던 오군(吳郡) 전당(錢塘)의 두자공(杜子恭)을 사사했는데, 백성들은 그를 "귀신처럼 존경하고 재산과 자녀를 바치고 복락을 얻고자 했다."[348] 동진 남조의 도교는 단정파(丹鼎派)와 부록파(符籙派)가 대세였다. 전자는 갈홍과 도홍경(陶弘景)이 대표고, 후자는 양희(楊羲)와 허밀(許謐)이 대표다.

송제(宋齊) 연간에 도교 경전이 등장하기 시작했다. 고환(顧歡)은 여러 전적을 모아《진적(眞迹)》을 편찬했는데, 도홍경이 이를 새롭게 보완하는 한편 불교의《사십이장경(四十二章經)》을 참조해 현존하는《진고(眞誥)》20권을 편찬했다.

도홍경은 음양오행, 풍각(風角, 고대 점복 방법), 성산(星算), 지리(地理), 의술(醫術), 본초(本草)에 관한 내용을 종합하는 한편 구용(句容) 모산(茅山)에 은거하면서 약석을 채취하고 단약을 제조해 누차 양 무제에게 바쳤다. 도홍경의《진령위업도(眞靈位業圖)》는 봉건왕조의 관료 등급제도를 신선 세계에 도입한 것으로 도교와 지주계급 통치를 결합시킨 것이라고 말할 수 있다.

16국 시대에 북방 한인들은 노군(老君, 노자)이 정치를 맡아야 한다고 여겼으며, 이에 부응해 이홍(李弘, 동진 시대 기의군의 우두머리)이 한말 황제 이세(李勢)의 자식이라 사칭하면서 무리를 이끌고 거병해 호족 통치에 반대했다. 북위 도무제는 도교를 신봉해 선인박사(仙人博士)를 설치하고 선방(仙坊)을 설립해 온갖 약물을 제조했다. 태무제 시절 도사 구겸지(寇謙之)는 자신이 태상노군(太上老君)의《운중음송신과지계(云中音誦新科之誡)》를 받고 태평진군(太平眞君)이 "도교를 청정하게 만들어 삼장의 거짓 도법을 제거하고 곡식과 돈으로 세금을 징수하는 것"을 보좌해 "예도(禮度)를 으뜸으로 삼되 복식과 폐련(閉煉)을 덧붙였다"라고 주장했다.[349] 태무제는 구겸지를 존중했고, 사도(司徒) 최호(崔浩) 역시 그를 존경했다. 최호는 "예전의 치란에 관한 행적"[350]을 저술해 그를 도왔다. 구겸지는 도교에 예법에 관한 내용을 첨가하는 한편 농민들이 계급투쟁에 활용할 수 있는 도교의 교의를 대폭 삭제해 앞서 갈홍이 도교를 개혁하고자 했던 목적을 달성했다. 구겸지는 태무제에게 단에 올라 부록(符籙)을 받을 것을 권유해 성사시켰다. 이후 북위 여러 제왕들은 설사 불교를 신봉하는 이라고 할지라도 몸소 부록을 받는 것이 북위의 전통이 되었다.

북제 시기에 도교가 계속 발전하고 각지에 사관(寺觀)이 편재하자 "황복을 입은 무리들이 정호의 숫자를 능가하기에 이르러"[351], 쌓인 재물이 썩어 문드러지고 백성들에게 피해를 입히는 것이 불교나 다를 바 없었다. 천보(天保) 6년(555년), 제(齊) 문선제(文宣帝)가 도교를 금하는 명을 내려 도사들에게 삭발해 사문이 되도록 했다. 북주 무제 건덕(建德) 3년(574년) 불교와 도교를 모두 금지시켜, 도사들도 사문들과 마찬가지로 강제 환속시켰다. 대상(大象) 원년(579년), 북주에서 불상과 천존상(天尊像)을 다시 건립하면서 불교와 도교를 모두 회복시켰다.

도교는 중국 봉건사회에서 생겨나고, 일부 교의가 유가사상과 결합했기 때문에 불교에 비해 전파가 용이했다. 도교는 일면 불교의 일부 교리와 율법을 수용하고 사찰의 조직을 본떠 도관(道觀)을 설치했으며, 다른 일면 유가의 일부 사상을 채용해 불교를 비판함으로써 종교적으로 정통적인 지위를 수립하고자 애썼다. 하지만 도교는 교리가 잡다하고 철학사상이 비교적 빈약해 백성들을 마취시키는 데 불교보다 낫다고 할 수 없었다. 그래서 세력 또한 불교만큼 거대할 수 없었다.

사학·문학·예술

사학과 지리학

삼국 양진, 남북조 시대는 사학이 비교적 발달했으며, 개인의 사서 편찬도 흥성했다. 이를 시대에 따라 구분하면, 후한사(後漢史), 삼국사(三國史), 진사(晉史), 16국사(十六國史), 남북조사(南北朝史)로 나눌 수 있으며, 매 부류마다 몇 가지 종류가 있다.

현존하는《후한서》는 송나라 범엽(範曄)이 저술한 것이다. 범엽 이전에 기전체 후한사 9가(家), 편년체 2가가 있었는데, 그 가운데 동한 시대에 저술된《동관한기(東觀漢記)》를 제외한 나머지는 모두 삼국 양진 시절의 저작이다. 그중에서 사마표(司馬彪)의《속한서(續漢書)》, 화교(華嶠)의《한후서(漢後書)》, 그리고 원굉(袁宏)의《후한기(後漢紀)》가 비교적 유명하다. 범엽의《후한서》가 세상에 나온 이후로《후한기》,《속한서》의 팔지(八志)와《동관한기》의 일부를 제외한 나머지 전적은 모두 사라지고 말았다.

현존하는《삼국지(三國志)》는 서진 진수(陳壽)가 편찬한 것이다. 진수 전후로 위사(魏史), 촉사(蜀史), 오사(吳史)에 관한 저술이 적지 않았으나, 이 역시 모두 망실되고 말았다.

양진 남북조 시기에 진사(晉史)를 찬술한 이는 모두 20여 가인데, 그 가운데 장영서(臧榮緒)의《진서》가 비교적 상세해 당나라 초기에《진서》를 중수하면서 남본(藍本)으로 삼았다. 기존의 20여 가가 쓴《진서》는 당대 초기 18가가 남아 있었다고 하나 이후에 모두 산실되었다.

16국에 관한 사서 역시 계속 편찬되어 20여 종이 나왔다. 북위 최홍(崔鴻)이 여러 사서를 종합해 번쇄한 부분을 삭제하고 빠진 부분을 보충해《16국춘추(十六國春秋)》를 편찬했다. 당대에 중수한《진서》는《16국춘추》내용을 바탕으로《대기(載記, 정통 왕조가 아닌 할거 정권에 관한 사적을 기록한 사서를 말한다 - 역주)》를 찬술했다. 이후 여러 사람들이 저술한 16국사와《16국춘추》모두 산실되고 말았다.

남조와 북조에 관한 사서는 수나라 이전에 거의 20여 종이 남아 있었다. 그 가운데 심약(沈約)의《송서(宋書)》, 소자현(蕭子顯)의《남제서

(南齊書)》, 그리고 위수(魏收)의《위서(魏書)》가 상존한다.

삼국 양진, 남북조 시기에 편찬된 사학 저작물은 사상적인 면에서 뛰어나다고 말할 수 없다. 하지만 범엽의《후한서》, 진수의《삼국지》, 심약의《송서》등은 사료적 가치가 비교적 높다. 범엽의《후한서》는 여러 사가들의 후한사 가운데 번다한 내용을 삭제하고 정화만 간추린 것으로 중국 사학의 명저로 손꼽히고 있다. 범엽은 스스로 자신의 저술에 대해 "체계가 방대하고 사고가 정밀하다"[352]라고 말했으며, 유지기(劉知幾) 역시 범엽의 책에 대해 "간략하면서도 주도면밀하고, 소략한 듯하면서도 빠진 것이 없다"[353]라고 칭찬한 바 있다. 이렇듯《후한서》는 문사가 볼 만하고 의론에 거침이 없어 문학적으로도 가치가 있다.《후한서》는 지(志) 부분이 완성되지 않았는데, 양대 유소(劉昭)가 사마표의《속한서》팔지(八志)의 내용을 보완하고 주를 달았다. 이로써《후한서》는 비로소 완전한 사서가 되었다. 진수의《삼국지》역시 중국 사학의 명저 가운데 하나로《사기》,《한서》,《후한서》와 더불어 사사(四史)로 합칭된다.《삼국지》는 열전을 위주로 하고 있어 표(表)와 지(志)가 없고, 서사(叙事)가 간단하고 문자가 질박한 편이다. 송 문제 시절 배송지(裴松之)가 보궐(補闕), 비이(備異), 징망(懲妄), 논변(論辨)을 종지로 삼아 여러 전적 150여 종의 내용을 종합해《삼국지》의 주를 달았다. 배송지는《주(注)》를 통해《삼국지》에 대량의 사료를 보충함으로써 삼국지에 관한 여러 저작의 많은 내용을 보전했다는 점에서《삼국지》의 공헌에 버금간다고 말할 수 있다.

심약의《송서》는 상세하고 풍부하면서도 법도가 있으며, 특히 팔지(八志)는 한대 이래 전장제도의 변화를 개괄적으로 서술해 지(志)가 없는《삼국지》의 결함을 충분히 메꿔주고 있다.

위진 이래로 여러 봉건국가가 할거하는 경향이 가속화되고, 각기 다른 지역에 따라 구품중정제가 실시되면서 일찍이 유지기가 '군서(群書)'라고 칭한 여러 인물에 관한 전기집(傳記集)이 등장했다. 예를 들어 《여남선현전(汝南先賢傳)》,《양양기구전(襄陽耆舊傳)》등이 그것이다. 또한 각지의 풍물이나 역사지리에 관한 서적도 적지 않게 나왔는데,《낙양기(洛陽記)》,《오군기(吳郡記)》,《한수기(漢水記)》,《여산기(廬山記)》와 현존하는《화양국지(華陽國志)》,《낙양가람기(洛陽伽藍記)》등이 그것이다. 상거(常璩)의《화양국지》는 한진(漢晉) 시기의 파, 촉, 한중, 남중(南中)의 역사와 풍토, 인물을 기록한 것이며, 양현지(楊衒之)의《낙양가람기》는 북위 말 낙양의 불사와 관련 역사적 사실을 기록한 것으로 모두 사료적 가치가 적지 않다.

역도원(酈道元)의《수경주(水經注)》는 당시 저작물 가운데 탁월한 저서로 한대에 이루어진《수경(水經)》을 저본으로 삼아 전국과 인근 국가의 물길(水道)을 상세하게 기록하고, 하천 1000여 곳에 대해 사서와 지리서, 관련 전적 400여 종을 참조해 기록한 내용이다.《수경주》는 물길을 거쳐 지나가는 곳마다 주변 산과 도시, 유적지와 지리적 변화를 서술하고, 아울러 풍속과 물산, 인물 등에 관한 역사적 사실을 기록했다. 그렇기 때문에 사학과 지리학 방면에서 상당한 가치가 있다.

지기(地記, 일종의 지리서)나 방지(方志, 지방지)의 발달과 상응해 적지 않은 지도가 출현했다. 서진 지리학자인 배수(裴秀)는《우공지역도(禹貢地域圖)》18편, 즉《지형방장도(地形方丈圖)》를 그렸고, 송대 사장(謝莊)은 "나무로 만든 정사각형의 지도를 제작했는데, 천하의 산천과 토지를 각기 구분하는 나름의 도리가 있어 나누면 주와 군이 각기 다르지만 합치면 그 안에서 하나로 합치되었다."[354] 배수는 지도 제작의 요체를 분율(分率), 준망(准望), 도리(道里), 고하(高下), 방사(方邪), 우직(迂直) 여섯 가지로 나누었는데, 분율은 정비례, 준망은 정방위를 뜻하며, 도리는 교통 거리를 정하는 것이고, 고하, 방사, 우직은 지세를 바르게 하는 것을 말한다. 배수가 제시한 여섯 가지 요체는 당시 조건에서 가장 과학적인 토대를 갖춘 것으로 세계 지도학사와 지리학사에서 상당한 위상을 차지하고 있다.

문학

삼국 양진, 남북조는 중국문학사에서 전대의 성과를 계승해 새롭게 발전시킨 중요한 시기다. 당시 시와 문은 물론이고 소설, 문학비평 등이 모두 중대한 발전을 거듭했다.

조조(曹操), 조비(曹丕), 조식(曹植)을 대표로 하는 건안(建安) 시인들은 한대 악부(樂府) 민가의 현실주의 정신을 계승해 동란 시기의 사회상을 생동감 있게 묘사해 문학사에서 이른바 '건안풍골(建安風骨)'이란 전통을 처음으로 만들었다는 평가를 받고 있다. 조조의 악부시는 풍격이 비장하고 강개하며, 언어가 질박하고 자연스러운데, 그 가운데 〈호리행(蒿里行)〉, 〈해로(薤露)〉 등은 한말 전화로 인해 파괴되고 스산한 사회풍경과 더불어 백성들의 고통과 괴로움을 잘 묘사하고 있다. "늙은 천리마는 마판에 엎드려 있어도 뜻만은 천 리를 달려 나가나니. 원대한 포부를 지닌 열사는 늙어서도 웅장한 기개 그치지 않으리라(老驥伏櫪, 志在千里. 烈士暮年, 壯心不已)." 조조가 남긴 명구는 이렇듯 자신의 포부를 그대로 드러내고 있다.

조비와 조식 역시 특색 있는 시인들이다. 조비는 7언 악부를 통해 새로운 시체를 선보였고, 조식은 5언시로 대성했다. 황초(黃初) 이후 조식은 조비의 질시와 억압으로 인해 점차 절망과 비분의 분위기 속에서 당시 통치집단 내부의 모순을 심각하게 폭로하고 있다.

조조 부자 주위로 뛰어난 재능을 갖춘 일군의 시인들이 모여들었다. 그중에서 비교적 유명한 이들이 이른바 '건안칠자(建安七子)'인데, 공융(孔融), 왕찬(王粲), 유정(劉楨), 진림(陳琳), 완우(阮瑀), 서간(徐幹), 응창(應瑒)이다. 왕찬의 〈칠애시(七哀詩)〉와 진림의 〈음마장성굴행(飮馬長城窟行)〉은 당시 백성들의 고통을 묘사한 것으로 건안칠자의 대표작이라 할 수 있다. 여성 시인 채염[蔡琰, 문희(文姬)] 역시 건안 시기의 중요 시인이다. 채염은 흉노에게 끌려갔다가 나중에 조조가 귀환시켰는데, 그녀의 〈비분시(悲憤詩)〉는 당시 천하에 할거하고 있던 이들의 잔혹상을 폭로하고 유랑민들의 고통을 서술해 지금도 애송되는 명작이다.

위진 교체기에 완적과 혜강을 대표로 하는 일군의 시인 겸 문인들이 등장하면서 또 한 번 시문 창작이 크게 고조되었다. 완적과 혜강은 사마씨에 반대하는 현학가들이었다. 그래서 그들의 시문에는 노장사상의 색채와 더불어 세속을 멸시하고 비천하게 보는 정서가 물씬 풍겨난다.

서진 시기로 들어오면서 문학작품은 내용이 빈약한 대신 지나치게 화려한 수식이나 대구를 강조하는 좋지 못한 경향을 드러내면서 형식주의의 길로 빠져들었다. 태강(太康) 연간의 저명한 작가로 삼장[三張, 장재(張載), 장협(張協), 장항(張亢)], 이륙[二陸, 육기(陸機), 육운(陸云)], 양반[兩潘, 반악(潘岳), 반니(潘尼)], 일좌[一左, 좌사(左思)] 등이 거론된다. 육기는 당시 문풍을 주도한 대표 문인이었지만 비교적 성취도가 높은 문인은 좌사였다. 좌사는 한미한 집안 출신으로 정치적으로 문벌대족의 억압에서 자유롭지 못했다. 그래서 그는 〈영사시(咏史詩)〉에서 옛 사람을 통해 자신의 심정을 펼쳐내는 방식을 빌려 현실에 대한 자신의 불만을 토로했다.

서진 말기부터 동진 시기까지 현학사상이 문학 영역에 깊이 침투해 "이치가 문사보다 지나쳐 담담할 뿐 맛이 없다"[355]라는 현언시(玄言詩)가 성행했다. 진말 송초에 도연명(陶淵明)이 그야말로 이군돌기(異軍突起)로 등장해 당시 시단에 청신한 공기를 가져왔다.

도연명은 심양(尋陽) 시상(柴桑, 강서 구강 경내) 사람으로 일찍이 주군의 관리와 팽택령(彭澤令)을 역임했으며, 중년 시절[의희(義熙) 원년, 405년] 사직하고 귀향한 후로 죽을 때까지 더는 출사하지 않았다.

도연명은 자신의 시부(詩賦)와 기타 작품에서 세속과 어울리지 못하는 자신의 정회를 유감없이 드러내고 있다. 그는 주로 전원에 관한 시가 창작을 통해 그림 같은 농촌 풍경을 묘사하고 전원생활을 찬미했다. 그는 때로 직접 농사에 참여했기 때문에 그의 전원시는 더욱 진실하고 감동적이다. 그는 자신의 명작 〈도화원시(桃花源詩)〉와 시서(詩序) 〈도화원기(桃花源記)〉에서 사람들마다 즐겁게 일하고 자족하면서 과중한 세금의 고통에서 벗어난 이상 사회를 묘사했다. 그는 이를 자신이 정신적으로 기탁할 수 있는 곳으로 삼았으며, 또한 이를 통해 현실세계의 억압과 착취와 대립했다.

도연명의 시는 중국 문학사에서 진귀한 보물과 같다. 도연명 시가의 사상 내용이나 예술 풍격은 후대 시가 발전에 적지 않은 영향력을 미쳤다. 하지만 그의 시가 속에서 여실히 볼 수 있는 낙천지명(樂天知命) 사상과 자아도취적 인생 태도는 후대에 부정적인 영향을 끼쳤음을 부정할 수 없다.

도연명 이후로 비교적 성취를 얻은 시인은 송대의 포조(鮑照)다. 포조의 악부시는 문사가 화려하면서도 필력이 강건하며 제재 또한 상당히 넓다. 포조는 다른 이들이 그리 중시하지 않았던 7언체로 시를 지어 7언시 발전에 중요한 발판을 마련했다.

송제(宋齊) 이래로 경물이나 풍광 묘사를 위주로 한 산수시가 출현했다. 이러한 시가는 내용적인 면에서 기존의 현언(玄言)을 완전히 배제했으며, 형식적으로도 비교적 창신한 면모를 갖추었다. 산수시는 사령운(謝靈運)을 비조로 삼는데, 성숙된 것은 사조(謝朓)에 이르러서다.

제나라 영명(永明) 연간 사조, 심약(沈約) 등이 시가에서 대우와 수식을 중시하는 분위기 속에서 시가의 성률 특징을 귀납해 평(平), 상(上), 거(去), 입(入) 사성(四聲)을 시가에 운용하는 한편 시가의 성률 방면에서 마땅히 피해야 할 '여덟 가지 병폐(八病)'를 제시했다. 그들이 처음으로 창도한 이러한 시체를 '영명체(永明體)'라고 부르는데, 이는 중국 시가가 격률화(格律化)로 향하는 출발점이자 고체시에서 근체시로 넘어가는 교량 역할을 했다.

양진(梁陳) 시기에는 일부 가치가 있는 서정시나 서경시를 제외하고 궁체시(宮體詩)가 당시 시단을 풍미했다. 궁체시는 궁정의 부패한 생활을 반영해 내용이 화려하기만 하고 비루해 시가의 찌꺼기일 뿐이었다.

양진 남북조 시기, 남방과 북방 모두 수많은 악부 민가가 창작되어 지금까지 전승되고 있다. 남방의 악부 민가는 주로 오성(吳聲)과 서곡(西曲) 두 가지로 나눌 수 있다. 오성은 건강 일대에서 생겨난 것이고, 서곡은 형(荊), 영(郢), 번(樊), 등(鄧) 지역에서 유행한 것인데, 두 가지 모두 상인이나 선호(船户), 그리고 기타 빈민계층에서 나왔으며 연가(戀歌)가 주된 내용이다. 오성과 서곡은 주로 5언 4구로 이루어져 작고 정교하면서도 참신하고 상상력이 풍부하다.[356] 하지만 제재 면에서 상당히 좁아 뛰어난 작품도 있지만 찌꺼기나 다를 바 없는 작품도 있다.

현존하는 북조의 북방 악부 민가는 분량 면에서 남방보다 적지만 북방 문학에서 점유하는 위치가 상당히 중요하다. 북방 악부 민가의 작가는 한인 이외에 선비나 기타 소수민족 출신도 있다. 일부 악부 민가는 제재가 비교적 광범위해 일반 백성들의 질고를 반영하는 것도 있고, 각 민족 통치자들의 혼전(混戰)을 비판하는 내용도 있으며, 각 민족의 용맹한 모습을 표현한 것도 있다. 그런가 하면 북방의 풍광을 노래하거나 진실하고 소박한 애정을 표현한 작품도 있다. 이러한 작품들은 대부분 소박하면서도 명랑하고 또한 강건한 풍격을 지니고 있다. 인구에 회자하는 〈칙륵가(敕勒歌)〉, 〈목란사(木蘭辭)〉는 북조 시가 가운데 가장 가치가 있는 작품으로 평가되고 있다. 〈목란사〉는 비록 당대 시인의 가공을 거쳤다고는 하지만 기본적으로 북조 시절에 창작된 것임에 틀림없다. 장편 서사시로 아비를 대신해 종군하면서 용감하게 싸워 승리를 이끌어내고도 아무런 상훈도 바라지 않는 부녀의 형상을 잘 묘사하고 있다. 이 작품은 민간에 널리 퍼져 많은 이들이 애송했으며, 예술 표현 면에서도 후대 작가들에게 긍정적인 영향을 미쳤다.

삼국 양진 남북조의 문학 가운데 일부 우수한 문장은 지금까지 암송될 정도로 천고의 작품으로 남아 있다. 남조 문인들은 문장을 '문(文)'과 '필(筆)'로 구분했는데, "운이 없는 것은 필, 운이 있는 것은 문이다."[357] 문장은 주로 변체(駢體) 형식을 취해 대구를 강구하고 성률의 조화를 따졌으며, 질(내용)보다 문(수식)이 앞섰다. 당시 산문 저작물로 볼 만한 것은 《삼국지》, 《후한서》, 《수경주》, 《낙양가람기》 등의 일부 문장으로 문자가 유려하고 형식이 활발한 산문이다.

시문 발전과 동시에 기이한 소문이나 전설, 문인에 관해 세상에 알려지지 않은 사적을 기록한 소설이 점차 성행하기 시작했다. 이른바 지괴소설(志怪小說)의 탄생은 종교의 유행, 특히 신불멸론 사상의 만연과 관련이 있다. 그 대표적인 작품이 간보(干寶)의 《수신기(搜神記)》다. 유의경(劉義慶)의 《세설신어(世說新語)》는 일부 문인에 관한 이야기로 세상에 잘 알려지지 않은 것을 모아 만든 이른바 일사소설(軼事小說)인데, 당시 사족들이 즐겼던 현담(玄談)의 산물이라고 할 수 있다. 이상 두 가지 소설은 모두 단편 이야기로 구성되어 있으며, 상당히 정련된 문자로 이루어진 내용도 적지 않다. 소설은 주로 귀신의 보응(報應)이나 봉건 윤리와 관련된 내용으로 가득 차 있는데, 사족 지주의 부패한 정신 면모를 과장적으로 묘사한 경우도 흔하다. 하지만 그중에는 일부 우수한 민간 전설이나 사람들에게 깊은 감동을 주는 알려지지 않은 이야기도 적지 않다. 이런 점에서 중국 소설사에서 나름의 위상을 지니고 있다.

삼국 양진 남북조 문학 발전 과정에서 문학비평에 관한 저술이 출현했는데, 가장 이른 작품이 조비(曹丕)의 《전론(典論)》〈논문(論文)〉이다. 〈논문〉은 건안칠자에 대한 평론을 위주로 하고 있는데, 여러 가지 문장의 체재와 특징에 대해 논술하고, 작가의 기질이 작품의 풍격을 결정한다는 점을 강조하고 있다. 서진 시대에 육기(陸機)는 〈문부(文賦)〉를 지어 "글이 잘 지어지거나 못 지어지는 이유를 논했다."[358] 이는 중국 문학비평사에서 상당히 중요한 문헌이다.

제량 연간에 살았던 유협(劉勰)의 《문심조룡(文心雕龍)》은 방대한 체계와 면밀한 사고로 이루어낸 문학비평과 문학이론 저작이다. 《문심조룡》은 "문풍의 변천은 사회정황에서 영향을 받고 문체의 성쇠는 시대의 변화에 달려 있다"[359]라는 견해를 제출해 문풍의 변천과 각종 문체의 탄생과 발전의 역사적 원인에 대해 분석했다. 유협은 문장의 수식은 내용에 붙어 있고(文附質也), 내용은 문장 수식을 기다린다(質待文也)는 말로 문질이 조화를 이루어야 함을 강조했다. 이는 당시 형식 위주의 문풍에 대한 비판이기도 하다. 유협은 역대 문학가에 대해 광범위하게 논평을 가했으며, 문학창작의 방법과 문학비평의 관점에 대해 찬술했다.

유협의 뒤를 이어 양대 종영(鍾嶸)이 《시품(詩品)》을 저술했다. 종영의 시에 관한 논의는 유협과 서로 비슷해 "풍력으로 근간을 삼고 단채로 수식할 것"[360]을 주장했다. 그는 시체의 원류를 논술하면서 역대 시인의 예술 풍격과 성취를 평론해 후대 시평에 적지 않은 영향을 주었다.

문학작품 창작이 누적되면서 이전에 비할 수 없을 정도로 풍부해지고, 문학비평이 발전하면서 문학작품 선집인 《문선(文選)》이 등장하게 된다. 《문선》의 편찬자는 양나라 소명태자(昭明太子) 소통(蕭統)이다. 그는 당시 문학 관점과 일정한 취사선택에 근거해 다량의 시부와 문장을 선록했다. 소통 이후로 진대 서릉(徐陵)이 한(漢)부터 남조에 이르는 시선집 《옥대신영(玉臺新咏)》을 편찬했다.

회화·조소·서법

삼국 양진 남북조는 회화, 조소, 서법예술이 크게 광채를 내던 시대였다. 당시에 남방 화가들이 배출되기도 했는데, 오나라 손권 시절의 조불흥(曹不興), 동진의 왕이(王廙)와 위협(衛協) 등은 인물화, 특히 불상을 잘 그리기로 유명한 이들이었다. 동진 사람 고개지(顧愷之) 역시 인물화로 유명했으며, 전신(傳神, 그림 대상의 정신을 옮김)을 강조했다. 그는 전신의 관건은 그리고자 하는 이의 눈에 있다고 해 이른바 "점정편어[點精(睛)便語]"[361]라는 말을 남겼다. 전하는 말에 따르면, 그의 그림은 "생각을 운용함이 섬세하고 은미해 그 마음을 헤아릴 수 없으니 비록 그림에 깃든 것이나 그의 신명과 기운은 높은 하늘만큼이나 표연해 그림 속에서 구할 수 있는 것이 아니다."³⁶² 고개지의 그림으로 현존하는 모사본《여사잠(女史箴)》은 고대 회화의 진귀한 걸작품이다.

송대 육탐미(陸探微)는 고개지 이후에 가장 성과가 뛰어난 화가다. 그의 예술 풍격은 고개지와 유사하다. 전하는 말에 따르면, 그의 그림은 "신령과 상통할 정도로 교묘함을 얻어 화가의 정신과 대상과 회통했으며, 필적이 예리해 마치 송곳과 같고, 빼어난 골격과 맑은 모습이 마치 살아 움직이는 듯했다."³⁶³ 양대 화가 장승요(張僧繇)는 수많은 사원 벽화를 창작했는데, 대단히 생동감이 넘쳤다. 전하는 바에 따르면, 그가 안락사(安樂寺)에서 백룡 4마리를 벽에 그렸는데, 그 가운데 2마리의 눈을 그리기가 무섭게 하늘로 날아가버렸다고 한다. 이것이 바로 '화룡·점정(畫龍點睛)'이라는 전고의 유래다. 당대 장회근(張懷瓘)이 역대 화가를 종합적으로 논술하면서, 고개지, 육탐미, 장승요 세 사람의 인물화 특색에 대해 이렇게 말했다. "장승요는 그 고기를 얻었고, 육탐미는 뼈를 얻었으며, 고개지는 정신을 얻었다."³⁶⁴

남경에서 출토된 진송(晉宋) 연간의 분묘에서 벽돌에 새긴 죽림칠현 그림이 발견되었는데, 인물의 비례가 균형이 잡히고 표정이나 태도가 각기 달랐다. 하남 등현(鄧縣) 남조 분묘에서 출토된 화상전(畫像磚) 출행도(出行圖) 역시 뛰어난 작품으로 악무(樂舞)와 고취(鼓吹, 악기 연주) 장면이 생생하게 표현되고 있다. 운남 소통(昭通)의 동진 태원(太元) 연간 대성(大姓)인 곽씨(霍氏)의 분묘에서도 부곡(部曲)과 기타 장면을 그린 벽화가 발견되었는데, 부곡의 옷차림새로 보아 한인과 이인(夷人)들이었다. 이러한 벽화는 모두 당시 중요한 예술품이자 역사 자료다.

북방의 경우, 북위의 장소유(蔣少游)와 북제의 조중달(曹仲達)이 인물화로 유명했다.

진송 시기 산수시가 성행하면서 적지 않은 산수화가가 출현했다. 예를 들어 고개지는 산수화로도 유명했으며, 대규(戴逵), 종병(宗炳), 왕미(王微), 사약(謝約) 등도 산수화가로 이름을 떨쳤다. 북방의 산수화는 "때로 물이 적어 배가 뜰 것 같지 않거나 어떤 경우는 사람이 산보다 컸는데, 대부분 (산수에) 나무나 돌을 붙여 바탕이 되는 산수가 그대로 드러나지 않게 서로 비치고 어우러졌는데, 그 벌려 있는 모습이 마치 팔을 뻗쳐 다섯 손가락을 모두 펼친 것 같았다." 당대 장언원(張彦遠)은 이러한 북방 산수화에 대해 다음과 같이 평했다. "옛 사람의 의도를 살펴보면, 자신이 잘하는 것을 발휘하는 데 뜻을 두고 세속의 변천에 얽매이지 않았다."[365]

회화이론에 관한 저작도 출현했다. 남제(南齊) 사혁(謝赫)은 자신의 《고화품록(古畫品錄)》에서 그림을 그리는 여섯 가지 방법에 대해 언급했는데, 첫째, 기운생동(氣韻生動, 그림의 대상이 개성적인 풍격으로 살아 숨쉬는 것처럼 그림), 둘째, 골법용필(骨法用筆, 대상의 골조를 붓선으로 그림), 셋째, 응물상형(應物象形, 대상에 대응해 형상을 그림), 넷째, 수류부채(隨類賦采, 대상의 종류에 따라 색채 부가), 다섯째, 경영위치(經營位置, 화면의 구성을 생각해 제재를 적절하게 배치함), 마지막 여섯째가 전이모사(傳移模寫, 옛 그림이나 자연을 모사함)다. 사혁의 육법(六法)은 후대 화가들에게 귀한 가르침으로 추앙받았다.

남북조 시절에는 조각예술도 크게 발전했다. 유명한 화가들은 또한 조각으로도 이름을 떨쳤다. 대규는 불상 제작과 조각에 뛰어났으며, 일찍이 높이 6장(丈)에 달하는 무량수불(無量壽佛) 목상(木像)을 만들었는데, 몰래 대중들의 의론을 들어가며 수정을 반복해 3년 만에 완성했다. 대규의 아들 대옹(戴顒)은 부친의 서화와 조각예술을 전수받아 자못 조예가 깊었다. 북위의 장소유는 조각과 건축예술에 뛰어났으며, 일찍이 평성(平城)과 낙양의 궁전 건축에 참여했다.

북조 시절 북방 각지의 이름 알려지지 않은 장인들이 창작한 석굴사(石窟寺, 석굴)는 조각과 회화의 종합예술로 당시 최고의 예술 성과라고 할 수 있다.

석굴예술은 불교 전래에 따라 북방 각지에서 서쪽에서 동쪽으로 계속 발전해나갔다.

중국 경내에서 석굴을 처음 파기 시작한 곳은 신강(新疆) 지역이다. 신강 위구르 자치구[維吾爾自治區]에는 지금도 다양한 석굴이 잔존해 있으며, 천산(天山) 이남 배성(拜城), 고차(庫車), 투루판(吐魯番) 등지에 집중되어 있다. 배성 키질[剋孜爾] 지역의 경우 200여 군데 석굴이 몰려 있으며, 그 가운데 형태나 벽화 등이 비교적 완전한 상태로 보존된 곳은 70여 곳이다. 하지만 석굴 내부의 조상(塑像)은 거의 훼손된 상태다. 이러한 석굴을 처음 파기 시작한 것은 동한 후기나 진대이지만 대다수는 북조와 북조 이후에 조성되었다.

석굴 벽화는 주로 불경에 관한 이야기를 소재로 하고 있으며, 불상과 각종 장식이 그려져 있다. 신강 위구르 자치구 동쪽의 감숙성 경내는 서역에서 중원으로 통하는 주랑(走廊) 지역으로 석굴이 가장 많이 분포되어 있다. 돈황(敦煌) 동남쪽에 있는 막고굴(莫高窟)은 명사산(鳴沙山)을 깎아 세운 듯한 낭떠러지에 조성한 것으로 전체 길이가 1킬로미터에 달한다. 현존하는 조각상이나 벽화가 있는 석굴은 486개이고, 그 가운데 전진(前秦)에서 북조 시기에 조성된 것은 20여 개다. 돈황 서남쪽에 있는 천불동(千佛洞) 16군데 석굴 가운데 대다수는 북위 시절에 만들어졌고, 돈황 동쪽 안서(安西)에 있는 유림굴[榆林窟, 만불협(萬佛峽)], 영정(永靖) 병령사(炳靈寺) 석굴, 천수(天水) 맥적산(麥積山) 석굴, 경양(慶陽) 석굴사(石窟寺) 등은 모두 16국 또는 북조 시기에 착공된 것들이다. 그 가운데 맥적산의 100여 석굴은 대부분 북위 말기와 북주 시대에 창작되었다.

돈황 석굴의 벽화

석굴예술은 하서주랑(河西走廊)에서 동쪽으로 북위 도성까지 전파되었다. 대동(大同) 서쪽 무주산(武州山)에 있는 운강(雲岡) 석굴은 전체 100여 개의 굴감(窟龕)으로 이루어져 웅장한 규모를 자랑한다. 그 가운데 가장 먼저 조성된 5굴은 북위 문성제(文成帝)가 사문 담요(曇曜)에게 명하여 개착한 것이다. 이후 헌문제(獻文帝), 효문제(孝文帝) 등이 잇달아 그곳에서 석굴을 조성했다. 운강 석굴은 조각상의 수량이 상당히 많은데, 가장 큰 불상은 높이가 10여 미터에 달하며 기세가 웅장하고 예술적 가치 또한 대단하다.

낙양의 석굴은 태화(太和) 초년부터 시작되었다. 효문제가 낙양으로 천도한 이후부터 석굴예술이 그곳에서 꽃을 피우기 시작했다. 선무제(宣武帝) 경명(景明, 500~503년) 초년 낙양 남쪽 이궐(伊闕) 용문산(龍門山)에 석굴을 조영한 이후로 이하(伊河) 양안으로 2킬로미터 떨어진 석굴 공사가 날로 확대되어 산허리를 수십 장이나 잘랐으며 20여 년 동안 80만 명 이상의 인부가 동원되었다. 당시에는 개인이 불상을 조성하는 일도 성행했다. 북위에서 당대까지 지속된 석굴 조성 공사로 용문산 낭떠러지 절벽에 수많은 석감(石龕)이 만들어졌고, 크고 작은 석불이 숲처럼 세워졌다. 낙양의 용문 석굴은 운강 석굴과 더불어 중국 고대 조각의 양대 보고다.

위나라 말기부터 북주, 북제 시기까지 황하 남북 각지에 석굴을 파고 불상을 세우는 풍조가 만연했다. 앞서 언급한 유명한 석굴 이외에도 태원(太原) 천룡산(天龍山) 석굴(동위 시절 착공), 공현(巩縣) 석굴(북위 말 착공), 한단(邯鄲) 남북에 걸쳐 있는 향당산(響堂山) 석굴(동위 시절 착공) 등이 그것이다. 요녕 의현(義縣)에도 태화 23년(499년) 조성된 만불동 석굴이 남아 있다. 사천 광원(廣元)에 있는 불상은 북위 말에 만들어진 것인데, 예술 풍격 면에서 맥적산 석굴예술의 지파로 알려져 있다. 강남 지역에는 지리적 조건이나 기타 원인으로 인해 석굴이 많지 않다. 사서의 기록에 따르면, 양나라 사문 승우(僧祐)가 섭산(攝山, 강소 강녕)에 큰 불상을 조성하고, 섬현(剡縣, 절강 신창)에 석불을 세웠다고 하는데, 그중에서 섬현의 석불은 높이가 10장(丈)으로 규모가 웅장했다.[366] 섬현 석불은 이후 여러 차례 보수를 거쳐 현재까지 남아 있다.

삼국 양진 남북조 예술 중에서 상당히 중요한 위치를 차지하고 있는 것은 한족 문화 특유의 서법예술이다. 서법(書法, 서예)은 회화와 밀접한 관계가 있는 예술 분야다. 무엇보다 회화와 서법의 경우 "골기의 표현과 형사(形似) 완성은 모두 화가가 구상하는 뜻에 근본을 두고 붓 사용으로 귀착된다. 그런 까닭에 그림을 잘 그리는 이는 대개 글쓰기도 잘한다."[367] 동한 말 서법예술이 이미 정착되었는데, 명학(名學)으로 유명한 채옹(蔡邕)은 당시 서법의 고수였다. 한말부터 삼국 초기까지 양곡

(梁鵠)이 팔분서(八分書, 소전과 예서의 중간 서체)로 유명했다. 양곡의 제자인 모홍(毛弘)은 양곡의 필법을 전수해 진대(晉代) 팔분서법의 종주가되었다. 장지(張芝)는 장초(章草, 옛 예서의 초서체)에 능했는데, "연못에서 붓글씨를 연습해 연못의 물이 모두 검게 물들었다"[368]라고 한다. 당시 사람들은 그를 일러 초성(草聖)이라고 했다. 그의 서법은 위진 서법에 큰 영향을 미쳤다. 서진 위관(衛瓘), 색정(索靖) 등은 모두 장지의 초서를 전수해 일대[一臺, 상서대(尙書臺)]의 이묘(二妙)라는 별명이 붙었다. 위나라 초기 종요(鍾繇)는 진서[眞書, 해서(楷書)]에 능했으며, 호소(胡昭)와 더불어 한말 유덕승(劉德升)의 행서를 이어받았다. 서진 시대에는 "서예 박사(書博士)를 두고 제자를 가르쳤는데, 종요와 호소의 글씨를 법도로 삼았다."[369] 행서와 진서는 옛 예서에 비해 간략하기 때문에 위진 시대에는 행서와 진서가 유행했다. 이는 한자 서법에서 일종의 진보라고 말할 수 있다.

동진 남북조 시기에 사족 문인들 가운데 서법에 능한 이들이 대단히 많았다. 동진 사람 왕희지와 왕헌지(王獻之) 부자는 중국 서법예술사에서 중요한 인물이다. 왕희지는 서성(書聖)으로 칭해지는데, 종요의 글을 배웠으며, 아울러 위진 여러 서법가의 정화를 흡수해 자신만의 독특한 서예 풍격을 창조했다. 그의 글씨는 "표일하기가 뜬 구름 같고, 굳세기가 놀란 용과 같아"[370] 완전히 예서의 상투적인 틀에서 벗어났다. 왕헌지는 소성(小聖)으로 칭해졌는데, 그의 글자는 골력이 부친보다 조금 떨어졌지만 우미(優美)한 의취(意趣)가 풍부했다. 당대 장회관(張懷瓘)은 《서단(書斷)》에서 왕씨 부자의 예서, 행서, 장초, 비백(飛白), 초서 다섯 가지 글씨체가 모두 입신(入神)의 경지에 올랐다고 말한 바 있다. 후대 사람들이 그들의 붓글씨를 얼마나 추존했는가를 보여주는 대목이다.

북방 사족인 최씨, 노씨(盧氏) 가운데 서법에 능한 이들이 적지 않았다. 노심(盧諶)은 종요에게 배웠고, 최열(崔悅)은 위관에게 배웠다. 노심과 최열은 색정의 초서를 배우기도 했는데, 자손 대대로 전수해 북방 서법 세가(世家)로 이름을 날렸다. 그래서 사서는 "위나라 초기 최열과 노심의 서법을 중시했다"[371]라고 말한 것이다. 최열의 손자인 최굉(崔宏)은 초서, 예서, 행서 등에 능했는데, 그중에서 특히 행서가 정교했다. 북방 서법은 한대 예서에 가까우며, 남방 서법과 풍격 면에서 차이가 있다.

악무와 희극

동탁(董卓)의 난리를 거치면서 조정의 아악이 산실되었다. 조조는 형주를 격파해 한나라 아악랑(雅樂郎) 두기(杜夔)를 얻었는데, 두기가 가사(歌師), 무사(舞師) 등과 더불어 옛 아악을 재정비해 묘당(廟堂) 악무를 복원했다. 서진 영가(永嘉) 이후 조정의 악관(樂官)과 악기를 유요(劉曜)와 석륵(石勒)이 차지했는데, 석륵이 멸망한 후 일부 악인(樂人)이 남천했다. 비수 전투 이후 동진이 부견의 악공들을 차지했으며, 유유가 후진을 멸망시킨 후 다시 관중에서 전량(前涼) 장씨(張氏)가 전수받은 한위(漢魏) 시대 청상악[淸商樂, 상화가사(相和歌詞)의 일부분]을 얻음으로써 강남의 아악이 자못 완비되기에 이르렀다. 동진 말부터 송, 제나라 시절까지 강남의 오성(吳聲), 형초(荊楚)의 서곡(西曲) 등이 악부로 들어와 작곡되면서 보편적으로 유행하기 시작했다.

16국 북조 시기에 서역과 기타 외국의 음악을 모두 포함한 '호악(胡樂)'이 계속 동쪽으로 전파되면서 중국 고전 악무에 큰 변혁을 가져왔

5장 삼국 양진 남북조 시대

다. 전량(前涼) 시절 천축악(天竺樂)이 양주(涼州)로 전래되었고, 전진(前秦) 말에 여광(呂光)이 구차를 멸망시키고 그곳의 음악을 가져왔다. 구차악(龜玆樂)은 이후 중원으로 전래된 후 북위 악부에 편입되었다. 여광과 저거몽손(沮渠蒙遜) 등이 양주에서 옛 음악에 구차악을 집어넣어 서량악[西涼樂, 일명 진한악(秦漢樂)]을 만들었는데, 태무제(太武帝)가 서량을 멸망시킨 후 이를 얻었다. 북위가 북연(北燕)을 멸망시키고 고려악(高麗樂)을 얻었으며, 서역과 교통하면서 소륵악(疏勒樂), 안국악(安國樂)을 받아들였다. 서위, 북주 시절 고창악(高昌樂)과 강국악(康國樂)도 내륙으로 전래되었다. 북주 무제 시절 구차 사람 소지파(蘇祇婆)가 7조(調)의 악률을 소개했다. 북제 시절 호악이 크게 흥성해 "피리를 불고 비파와 오현금을 연주하며 춤과 노래를 부르는 배우를 문양[文襄, 고환의 아들 고징(高澄), 세종 문양 황제] 이래로 모두 좋아했다. 하청[河淸, 562~565년 북제 무성제(武成帝) 고담(高湛)의 연호] 이후 음악을 연습하고 전수하는 풍조가 더욱 성행했다. 특히 후주는 호융악을 좋아해 끝없이 탐닉했다."[372] 조묘달(曹妙達), 안미약(安未弱), 안마구(安馬駒) 등 호인(胡人)들은 모두 음악에 조예가 있어 왕에 봉해지거나 고위 관료가 되었다. 북조의 태상 아악(太常雅樂)에는 '호성(胡聲)'이 많이 섞였으며, 호악의 악장이나 악기, 악무도 민간에 자못 유행했다.

진한의 각저희(角抵戲)는 위진 이후에도 계속 발전했다. 북제 시절에는 "어룡난만, 배우, 주유, 산차, 거상, 발정, 종과, 살마, 박마 등 기괴한 것들이 많아 100가지가 넘었기 때문에 이를 백희라고 불렀다."[373] 북주가 북제를 멸망시킨 후 백희를 장안으로 가지고 왔다.

삼국 양진 남북조 시기에 비로소 희극이 형성되었다. 촉(蜀) 박사(博士) 허자(許慈)와 호잠(胡潛)은 문장의 뜻으로 논쟁을 하다가 싸움박질까지 가는 경우가 허다했다. 그래서 유비가 배우를 불러 허자와 호잠으로 분장시킨 후 "그들이 시비를 다투는 모습을 흉내 내게 하면서 술을 마시고 음악을 연주하면서 이를 즐겼다. 처음에는 말로 서로 힐난하더니 나중에는 칼과 몽둥이로 서로 싸웠다."[374] 혹자는 이를 중국 희극의 시작이라고 말하고 있다. 후조(後趙) 석륵이 배우에게 참군 아무개의 이야기를 연기하도록 해 우스개로 삼았는데,[375] 이것이 당대 참군희(參軍戲)의 유래다. 북제 가무극 《난릉왕(蘭陵王)》[당대에는 '대면(代面)' 또는 '대면(大面)'으로 칭했다]은 난릉왕이 가면을 쓰고 전쟁을 한 이야기를 연출한 것이고, 《답요랑(踏搖娘)》은 술에 취한 남편이 아내를 때리자 아내가 원한에 사무쳐 슬피 호소하는 내용이다.[376] 이러한 가무는 이야기 구성이 비교적 완전하며 주로 궁전에서 연출되었기 때문에 민간에는 그다지 영향을 미치지 않았다.

자연과학

생산이 회복, 발전하고 과학 실천과 경험이 누적되면서 삼국 양진 남북조의 자연과학 역시 진·한 시대보다 진일보했는데, 특히 산학(算學), 의학, 농학은 전대에 비해 두드러지게 발전했다.

산학과 역법

위진 시절에 유휘(劉徽)가 《구장산술》을 주해하고 《해도산경(海島算經)》을 저술했다. 중국 고대 산학 발전의 표지는 원주율 계산이라고 할 수 있는데, 유휘의 공헌은 원주율 계산에 과학적 방법을 제공했다는 점에 있다. 그는 《구장산술》에서 원주율을 3으로 계산해서 얻은 것은 정확한 원 면적이 아니라 원에 근사한 정육면체의 면적일 뿐이라고 지적했다. 그는 원에 내접하는 정육면을 정일백구십이면체로 분할해 원주율을 3.1416으로 계산해냈다. 그는 원에 내접하는 다면체의 면수가 많으면 많을수록 원주(圓周)에 가깝다고 생각했는데, 이는 현대 수학의 극한값 개념과 동일하다.

유휘 이후로 무명씨의 《오조산경(五曹算經)》과 《하후양산경(夏侯陽算經)》, 《장구건산경(張丘建算經)》, 그리고 견란(甄鸞)의 《오경산술(五經算術)》 등이 출현해 산학에 관한 나름의 창의적 의견을 제시했다. 하지만 역시 산학 방면에서 가장 큰 성취를 이룬 이는 송과 제나라 연간의 과학자 조충지(祖冲之)다.

조충지(429~500년)는 《철술(綴術)》이라는 명저를 저술했으나 남아 있지 않다. 조충지 역시 원주율을 계산했는데, 3.1415927과 3.1415926 사이의 숫자라고 밝혀 이전보다 정확도를 높였다. 1427년 중앙아시아 수학자 알 카시(Al-Kashi)에 이르러서야 비로소 조충지의 6자리 원주율의 정확한 수치를 대신해 16자리 정확한 수치가 제시되었는데, 이는 조충지 이후 1000년이 흐른 뒤의 일이다. 조충지는 두 개의 분수 값으로 원주율을 나타냈는데, 하나는 밀률(密率)로 355/113이고, 다른 하나는 약률(約率)로 22/7이다. 1573년 독일의 오토(Valentin Otto)가 조충지의 밀률 값과 동일한 수치를 계산해냈는데, 이 역시 조충지보다 1000년 뒤의 일이다. 조충지의 아들인 조환지(祖暅之) 역시 산학가로 유휘가 해결하지 못한, 공의 체적을 계산하는 공식을 발견했다.

천문, 역법 방면에서 동진 시대 사람 우희(虞喜)는 춘분과 추분점이 매 50년마다 황도에서 서쪽으로 1도씩 움직인다는 것을 발견하고, 이를 세차(歲差)라고 불렀다. 조충지는 세차를 역법에 응용해 대명력(大明曆)을 제정했으며, 대명력에서 비교적 정확한 매년 일수(日數)를 확정했다.

기계학 방면에서 조위 시대 마균(馬鈞)은 비단 직조기를 개량해 효능을 향상시켰다. 조충지는 천리선(千里船)을 발명해 기계로 움직여 하루에 100리를 갈 수 있었다.

의학

서진 태의령(太醫令) 왕숙화(王叔和)는 당시 저명한 의학자다. 그는 장중경(張仲景)의 《금궤요략(金匱要略)》, 《상한론(傷寒論)》 등을 편집하는 한편 진·한 이래 의술가들의 진맥 경험을 종합해 《맥경(脉經)》을 저술했다. 《맥경》은 맥상(脉象)을 24가지로 구분하고, 서로 다른 맥상에 근거해 질병의 종류를 판단했다. 동진 갈홍(葛洪)이 《주후졸취방(肘後卒就方)》을 썼는데, 양대 사람 도홍경(陶弘景)이 이를 보완해 《주후백일방(肘後百一方)》을 저술했다. 그의 의서는 얻기 힘든 약은 사용하지 않았으며, 간단하고 편리하며 실용적이었다. 도홍경의 《본초집주(本草集注)》는 본초 약물 700여 종을 수록한 것으로 한대 《신농본초(神農本草)》보다 두 배나 종류가 많다.

농학

북위 말 가사협(賈思勰)이 저술한 《제민요술(齊民要術)》은 현존하는 중국의 첫 번째 완전한 형태의 농업 관련 저서다. 《제민요술》은 내용이 광범위해 곡물, 채소, 과일 파종, 재배법과 식수(植樹) 방법, 축산, 양계와 양어법, 양조법(釀造法) 등에 대해 다양하게 수록하고 있다. 가사협 자신도 서문에서 이렇게 말한 바 있다. "농경에서 식초나 젓갈 담그는 법까지 생업에 도움이 되는 것으로 기록하지 않은 것이 없다."《제민요술》은 또한 농작물에 관한 갖가지 이야기나 중원 밖 다른 나라의 식물 품종에 대해서도 기록하고 있다.《제민요술》은《범승지서(氾勝之書)》 이래로 북방 농업생산 경험을 집대성했을 뿐만 아니라 당시 농촌 생활과 사회경제 상황을 반영하고 있기 때문에 상당한 가치가 있다. 가사협은 박학다식한 인물로 다양한 옛 전적을 인용, 참조했는데, 서명 등을 확인할 수 있는 고서만 해도 100여 종이나 된다. 대표적인 것이《범승지서》,《사민월령(四民月令)》 등인데, 원본은 이미 실전되었기 때문에 그가 인용함으로써 일부라도 전해지게 된 것이다. 가사협은《제민요술》을 편찬하면서 관련 서적에 국한되지 않고 "여러 경전을 두루 수집하고, 심지어 가요(歌謠)까지 채집했으며, 노인들에게 자문을 얻고 직접 실천해 검증했다."[377] 다양하고 방대한 관련 서적을 통해 지식을 얻고 농민들의 생산 경험과 자신의 실천을 밀접하게 결합시켜 저술을 완성했다는 뜻이다. 이렇게 함으로써《제민요술》은 더욱 큰 과학적 가치를 부여받게 된 것이다.

수·당 시대

1 · 수 왕조: 통일국가의 재건

●
남북통일 전후의 새로운 국면

조세부역의 경감과 호적 정비

수 왕조가 건립된 후 북쪽에는 강대한 돌궐, 남쪽에는 진(陳)과 후량 (後梁)이 있었다. 북제(北齊)와 북주(北周) 말 조세가 과중하고 요역도 빈 번했으며, 형벌 또한 가혹했다. 그래서 수의 통치구역 내에 있는 산동 지역 농민들은 노인이나 아이라고 속이고, 호적을 누락시키거나, 요역 을 피해 도주하고, 부유한 토호에 빌붙어 회피하는 일이 보편적이었 다. 제도적으로 부인이 없는 이는 반상[半床, 일상(一床)은 일부일처] 조조 (租調)하도록 규정하고 있었는데, 예를 들어 양적(陽翟)이라는 곳은 관 부에 등재된 가구가 1만 호(戶)에 달했지만 부인이 없는 이가 매우 많 았다.

새로운 정권을 공고히 하고 더욱 진일보한 전국 통일을 달성하기 위해 수 왕조는 일련의 조치를 시행했다. 우선 조세와 요역을 경감시켰다. 개황(開皇) 2년(582년), 수 문제는 균전과 조세에 관한 새로운 법령[1]을 반포했다. 새로운 법령에서 규정한 당(黨), 족(族), 이(里), 여(閭), 보(保) 등의 조직[500가(家): 당(黨), 100가: 이(里), 25가: 여(閭), 5가: 보(保) – 역주]과 정(丁), 중(中), 노(老), 소(小)의 연령 구분(정: 15~69세, 중: 11~14세, 노: 70세 이상, 소: 10세 이하 – 역주), 그리고 정남(丁男)과 여성의 수전(受田) 액수 등은 모두 위(魏), 제(齊), 주(周)의 제도와 비슷했다. 새로운 법령은 또한 일부일처를 일상(一床)으로 규정하고, 조(租), 토지에 대한 세금, 곡물은 조 3석, 조(調), 호에 부과되는 세금-지방토산물은 견 1필4장(丈) 또는 베 20자, 면 3냥 또는 마 3근을 납부하게 했으며, 단정(單丁, 한 가구에 정이 한 명인 경우), 노비, 부곡(部曲, 천민부락 거주자), 객녀[(客女, 여자 부곡 등은 반상(半床)]에 의거해 납부하고 정남은 매년 정부에서 1개월간 부역하는 것으로 정했다.

개황(開皇) 3년(583년) 수 왕조는 성인 남자를 18세에서 21세로 올려 조정하고, 연간 복역기간을 1개월에서 20일로 줄였으며, 조(調)의 경우 견 1필을 2장으로 바꾸고, 또 복역하지 않는 자는 용(庸, 군역, 요역을 대신해 견, 베를 냈다)[2]을 거두도록 규정했다. 성인 남자의 연령이 높게 조정되었지만 기존 18세의 수전 규정에는 변화가 없었다. 이리하여 농민들은 수전 연령이 된 이후에도 3년간은 조조(租調)를 납부하지 않고 요역[3]에 참가하지 않아도 되었다. 부역을 대체한 용의 납부와 조조, 요역의 경감은 농업생산의 발전에 유리하게 작용했다.

더 많은 농민들을 직접 통제하기 위해 수 왕조는 건립 초기부터 산동 지역에서 호구 정비를 시작했다. 개황 3년에는 주현의 관리로 해금 누락된 호구를 조사하고, '대색모열(大索貌閱, 은닉 호구 조사와 대면 조사)'

을 시행해, 호적부에 등재된 연령과 본인의 모습을 대조해, 거짓으로 연령을 신고했는지 노인이나 아이로 속이지 않았는지를 조사했으며, 호구가 사실과 다르다는 사실이 확인될 경우 보장(保長), 이정(里正), 당정(黨正)⁴ 등을 모두 먼 곳으로 유배시켰다. 수 왕조는 또한 백성들이 서로 신고하는 것을 격려했으며, 친족관계가 당형제 이하일 경우 모두 분거해 각각 자신들의 호적을 갖게 해, 이후 다시 호구가 부실해지는 것을 방지했다. 이러한 정비를 거쳐 호적부에 40만 명이 새롭게 장정(壯丁)으로 확인되었고, 160여만 명이 새로 호적에 등재되었다.

뒤이어, 수 왕조는 재상 고경(高熲)의 건의에 따라 수적법(輸籍法)을 시행했다. 고경은 정부에서 비록 매년 정액에 따라 조조를 징수하고 있지만, 군사의 조발(調發), 전쟁 혹은 요역에 사람, 마필, 물품 등을 징발함과 요역, 차역(差役)의 징용, 그리고 부가세 수취와 균전(均田)의 우선순위가 모두 호와 관련이 있기 때문에, 호구조사에 있어서 상급관리의 사사로운 감정과 호구 등급의 부실이 여전히 큰 걸림돌이 된다고 생각했다. 농민들이 "소작인이 되면 지주에게 절반의 세를 바쳐야 하지만, 백성으로 호적에 편입되어 나라를 받들면 징발이 줄어든다"⁵라는 것을 알아 부유한 지주를 떠나 국가의 정식 백성이 되기를 원하도록 하기 위해서, 고경은 중앙에서 '수적정양(輸籍定樣)'이라고 하는 호구등급 구분기준을 정하도록 건의했다. 아울러 이를 각 현에 반포하고, 매년 1월 5일에 현령이 향촌으로 사람을 파견해, 300가구에서 500가구를 일단(一團)으로 묶어 수적정양에 따라 호구등급을 확정하고 정부(定簿, 호구등급 명부)를 작성하도록 건의했다. 이것이 바로 수적법이다. 수적법이 시행된 이후 누락되거나 도주했던 많은 농민들이 나라의 편호(編戶, 호적에 편입된 호구)가 되었다.

삼성(三省) 체제 수립과 중앙집권 강화

수 왕조 건국 후 수 문제는 북조에서 《주례》에 근거해 설립한 육관(六官) 제도를 폐지하고, 납언[納言, 시중(侍中)], 중서영지정사(中書令知政事), 상서의 좌, 우복야(左右僕射)가 공동으로 외조(外朝)의 재상을 맡도록 했다. 동시에 문하성(門下省)과 중서성(中書省)을 금중(禁中)으로 옮겨, 상서성과 공동으로 국가기관을 구성하는 관서로 삼아 이른바 삼성 체제를 수립했다. 이리하여 황제가 정부의 최고 책임자가 되었다. 문하성과 중서성이 내정(內廷)에서 나오고, 원래 황제에게 속해 있던 일부 정책 결정과 조령 하달의 권력이 외조에 더해져 국가기관인 중서성과 문하성의 권력이 되었던 것이다. 남북조 시기에 재상이 관할하던 기구인 상서상성(尚書上省)의 정책 결정권도 중서성과 문하성으로 넘어갔다. 이리하여 문하성과 중서성은 기존의 황제 비서, 자문, 시어(侍御)를 주로 맡는 기관에서 국가 권력기관으로 변신했다. 수 문제는 부류에 따라 행정을 주관하는 20여 개의 관서를 육부(六部)로 통합하고, 상서성에서 관리하도록 했다. 아울러 시(寺), 감(監)을 사무 기관으로 정했다. 수 양제 시절 다시 시어(侍御) 기관인 전중성(殿中省)을 만들어, 모든 시서 사무를 중서성과 문화성에서 완전히 독립시켰다. 이렇게 해서 국가 사무와 황실 사무가 완전히 분리되기에 이르렀다.

이어서 지방 행정제도에 대한 개혁이 실시되었다.

북주가 북제를 멸망시킨 후 수많은 주군을 폐지했다. 하지만 대상(大象) 2년(580년)만 해도 전체 211주(州), 508개 군(郡), 1124개 현(縣)이 남아 있었다. 평균적으로 매 주는 세 군데 군을 관할했고, 군은 단지 두 개의 현만 관리했다. 개황 3년 수 왕조는 "중요한 곳은 취하고 보잘것 없는 곳은 버리며, 작은 곳은 병합해 큰 곳으로 만든다"라는 원칙에 따라 주, 군, 현 등 세 급수로 나누던 제도를 주와 현 두 곳만으로 통합하는 새로운 지방제도를 만들었다(양제는 대업 3년에 다시 주를 군으로 바꾸었다). 지방 행정기구가 간소화되면서 중앙의 지방에 대한 통제가 강화되었다.

개황 3년 군(郡)을 폐지하는 것과 관련해 다음과 같은 규정이 있다. 무릇 9품 이상의 지방관은 더는 지방 장관이 임명할 수 없으며 일률적으로 중앙에서 임명하고, 매년 연말에 이부에서 심사한다. 이외에도 개황 14년에 주와 현의 좌사는 3년에 한 번 바꾸고, 중임을 할 수 없다는 규정이 생겼다. 수대에는 이부가 지방관을 뽑았는데 주로 외지인을 선발했다. 이로써 지방 토호로 막강한 권력을 갖고 횡포를 부리던 지주들이 주, 현의 좌관(佐官, 보좌역)을 맡아 실제 권력을 독점하던 국면도 기본적으로 사라지고 말았다.

군현의 좌관을 폐지하고 장관이 직접 임명하는 제도를 기점으로 삼아 지방 권력이 중앙에 집중되었다. 이에 따라 상서성 육부의 업무도 크게 변하고, 업무량 또한 크게 증가했다. 원래 하급관리가 맡고 있던 문서 업무는 영사(令史)와 부사(府史) 등 관품(官品)이 없는 서리가 담당하게 되었다. 관원 체계 밖에 관원을 도와 문서를 처리하는 이(吏, 서리) 체계가 생겨나게 된 것이다.

수 왕조는 9품 중정제(九品中正制)를 폐지하고, 관리 임용에서 문제(門弟) 제한을 없앴다. 개황 7년, 수 문제는 모든 주에서 매년 3명을 중앙에 보내 수재(秀才)와 명경(明經) 양과(兩科) 시험에 참가하도록 명령하고, 매년 거행되는 상공과(常貢科)를 정식으로 설립했다. 양제는 진사과를 증설했다. 이렇게 해서 단계가 서로 다르고, 요구 내용이 상이하며, 국가 법령에 따른 규정대로 학식과 재능의 기준에 따라 문사를 선발해 관리로 임명하는 과거제도가 자리를 잡게 된 것이다.

개황 10년, 수 문제는 부병제(府兵制)에 대해 개혁을 진행해, "군인들은 모두 주와 현에 배속되고, 둔전을 개간해 장부에 기록하며, 백성들과 하나가 되고, 군부 통령(軍府統領)은 마땅히 예전 방식을 따르라"라고 명했다.[6] 부병은 주, 현으로 적(籍)을 옮겨 생산에 종사하는 한편 군적(軍籍)을 그대로 보유하면서 교대로 숙위(宿衛)하는 것을 말한다. 조령에 따라, 산동, 하남과 북부 변방에 설치되어 있던 군부(軍府)가 폐지되었다. 이렇게 해서 군부가 관중(關中)에 집중되어 중앙의 지방 통제 강화에 유리했다.

수 왕조의 이러한 일련의 정치, 경제 조치는 쇠락하는 문벌 토호 지주들의 역량을 약화시켰으며, 대신 중앙집권 국가를 더욱 공고하게 만들었다.

강남 지역의 명문대가들은 교성(僑姓) 세족이나 오성(吳姓) 세족(교성 세족은 남조 진(晉) 나라 시절 북방에서 넘어온 세족들을 말한다. 왕(王), 사(謝), 원(袁) 등이 대표적인 성씨다. 오성 세족은 원래 오나라 시절부터 세족 지위를 누린 성씨들을 말한다 – 역주)을 막론하고, 남조로 들어서면서 이미 몰락한 상태였다. 하지만 양(梁)과 진(陳) 나라에 이르러 남방의 지방 토호 세력이 흥기하기 시작했다. 그러나 수 왕조가 진(陳)을 멸망시킨 후 중앙에서 지방관이 파견되었으며, 또한 북방에서 시행되던 정치, 경제 조치가 강남에 그대로 시행되면서 강남 토호 세력은 큰 타격을 받을 수밖에 없었다. 특히 주(州)에서 시행하던 호적 대면 조사는 그들의 경제적 이익에 직접적인 위협이 되었다. 개황 10년(590년), 강남 토호들을 강제로 중원 지역으로 이주시킬 것이라는 유언비어가 돌았다. 이에 각지 토호들이 들고 일어나 옛 진(陳)의 경계마다 온통 소동이 일어났다. 무주(婺州, 지금의 절강성 금화) 왕문진(汪文進), 월주(越州, 절강성 소흥) 고지혜(高智慧), 소주의 심현쾌(沈玄儈) 등은 모두 스스로 천자라 칭하고 백관을 임명했다. 적지 않은 주와 현이 그들의 공격에 의해 무너지고, 관리들이 살해당했다. 수 왕조는 양소(楊素) 등이 이끄는 대군을 강남으로 보내 금방 제압했다. 그 사건 이후로 수 왕조는 더는 강남에서 호적조사를 강행할 수는 없었지만, 수나라 군사들이 강남과 영남 곳곳까지 진입함에 따라 강남에 대한 통제를 더욱 강화시킬 수 있었다.

사회경제의 회복과 발전

수 왕조가 요역 경감 등 일련의 조치를 시행함에 따라 사회가 안정 국면으로 진입하면서 농업생산 또한 크게 발전했다. 인구 조사를 위한 '대색모열(大索貌閱)'과 세금 징수를 위한 '수적지법(輸籍之法)'이 시행되면서 도망갔던 농민들이 다시 농업에 종사하게 되고, 소작농도 토호들의 통제에서 벗어나게 되었다. 개황 9년 수 왕조가 통제하는 지역의 호구가 빠르게 증가해, 수나라 초기 400만~500만에서 700만까지 늘어났다.[7] 당시 통계에 따르면, 대업 21년(606년) 전국 호구는 900만에 달해 개황 9년(589년)보다 200만이 증가했다.

수 문제 시절은 "종실이 튼튼하고 부유하니 집안의 도가 여유로웠으며", "중원 안팎의 창고가 가득 차지 않은 곳이 없었다.[8] 장안의 태창(太倉), 낙양의 함가창(含嘉倉), 낙구창(洛口倉), 화주의 영풍창(永豊倉), 섬주의 태원창(太原倉)에 식량이 가득해 많은 곳은 천만 석이었고, 적은 곳도 몇백만 석에 달했다. 장안 낙양과 태원의 창고에는 베와 비단이 천만 필이나 있었다.

이 외에도 전국 각 지방의 창고에 쌓아놓은 곡식은 향후 50~60년을 족히 쓸 정도로 많았다.

　호구의 증가, 종실의 안정, 든든한 국가 창고 등은 당시 농업생산의
발전을 반영한다. 수공업도 덩달아 크게 발전했다. 하남과 하북 여러
군과 촉군 일대는 당시 중요한 견직물 생산지였다. 하남 공현(鞏縣)과
하북 자현(磁縣)에서 수나라 시절 청자요가 발견되었는데, 특히 자현
의 고벽촌(賈壁村) 요(窯)는 형체가 중후하고 유약이 투명한 청자 생산
지로 유명하다.[9] 조선술도 상당한 수준에 올라 4층에 높이 45척, 길이
200척의 용주를 제작할 수 있었다. 장안과 낙양의 관방에서 운영하는
수공업 공방은 전국 각지의 우수한 장인들의 집결지가 되었는데, 대업
3년 하북 여러 군의 수공업자들 3000여 가구가 낙양으로 이주하기도
했다.[10]

　개황 원년, 수 왕조는 화폐 통일을 단행해 오수전(五銖錢)을 다시 주
조했다. 화폐 중량을 오수로 통일해 북주, 북제 이래로 화폐의 종류가
과다하고 중량이 서로 다른 폐해를 해결했으며, 상품 유통에도 큰 도움
을 주었다. 대운하를 개통한 후 "상인들이 오가며, 선박이 끊임없이 이
어졌다."[11] 이 역시 상업 발전에 도움이 되었다. 당시 장안과 낙양은 가
장 큰 상업도시였다. 장안에는 두 군데 시장이 있었는데, 국내외 상인
과 여객들이 끊임없이 오갔다. 낙양에는 세 군데 시장이 있었으며, 그
중에서 풍도시(豊都市)는 120개의 행(行, 업종), 3000여 개의 사(肆, 상점)
가 있었고, 시장 사방에 저점(邸店, 숙박업소) 400여 곳이 성업 중이었다.
"중층 누각이 겹겹으로 이어져 서로 그림자를 드리우고, 상인들을 불
러들여 진귀한 물건들이 산처럼 쌓였다."[12] 단양(丹陽, 지금의 남경)의 시
전(市廛)은 장안, 낙양과 맞먹을 정도였으며, 강도(江都, 강소 양주)와 경
구(京口, 강소 진강)는 강을 사이에 두고 대운하와 장강이 만나는 곳인지

라 상업이 크게 번창했다.

동경(東京) 건설과 대운하 완공

수 양제 양광(楊廣)은 문제의 통치를 계승한 후 중앙의 지방 통제를 강화하는 데 전력을 다했다. 그가 가장 중요하게 생각한 일은 바로 낙양성 건설과 대운하를 조성하는 일이었다.

인조 4년(604년) 수 양제는 낙양을 건설하라는 명을 내리면서, 낙양은 "수로와 육로 모두 통하는 곳으로 공물이나 부세 등"을 각지에서 운송하기 편리하다는 점을 지적했다. "남쪽 먼 곳[옛 진(陳) 나라]까지 복종시키고, 동쪽으로 너른 곳[옛 북제(北齊)]까지 제압할 수 있다." "함곡관과 황하와 멀리 떨어져 있어(중원과 떨어져 있어) 전쟁이 나도 다급하게 구원하지 않아도 된다"[13]라고 말하기도 했다. 실제로 낙양을 중심으로 삼으면 전국을 통제하기에 용이했다. 다음 해 그는 재상 양소(楊素)와 유명한 건축가 우문개(宇文愷)에게 낙양 조영 설계를 맡겼다. 이후 매월 장정 200만 명을 징발해 10개월 만에 낙양성을 완성했다. 새로운 낙양은 옛 성 서쪽에 위치했으며 그 규모는 55리나 되었다. 수 양제는 원래의 낙양 주민과 각지의 부호들을 이주시켜 거주하게 했다. 각지에서 운반해온 식량을 저장해 낙양의 많은 사람과 방대한 관료 기관, 군대에게 공급하기 위해 수 양제는 공현에 낙구창을 설치하도록 명령했다. 3000개의 저장실을 팠는데 하나의 저장실에 8000섬을 수용할 수 있었다. 그리고 낙양 북쪽에 회낙창(回洛倉)을 설치해 300개의 저장실을 만들었다. 수 양제 시기 수도는 여전히 장안이었지만 수 양제는 항상 낙양에 머물렀다. 낙양은 정치, 군사, 운송의 중심이었다.

수 양제는 편리한 운송과 군사수송을 위해 천연하류와 예부터 있던 관개수로를 이용해 낙양을 중심으로 해 남북을 잇는 대운하를 건설했다. 대운하 공사는 네 단계로 나뉘어 진행되었다. 대업 원년(605년) 수양제는 하남, 회북(淮北)의 100여만 명을 징발해 제거(濟渠)를 개통했는데 이는 낙양에서 회수에 달했다. 같은 해 또 회남서 10여만 명을 징발해 한구(邗溝)를 개통했다. 이는 산양(山陽, 지금의 소회안)에서 양자(揚子, 강소 양주 남쪽)까지 도달한다. 너비는 40보(步, 옛날 길이의 단위로 1보는 5척에 해당한다)였고 운하 옆에 어도를 만들어 버드나무를 심었다. 대업 4년(608년) 하북에서 100여만 명을 징발해 영제거(永濟渠)를 개통했다. 심수(沁水)를 끌어들여 남쪽으로는 황하에 달했고 북쪽으로는 탁군(涿郡, 지금의 북경)까지 닿았다. 대업 6년 강남하(江南河)를 개통했는데 경구에서 시작해 여항(余杭, 지금의 항주)까지 도달한다. 이 대운하는 4000~5000리에 이르며 세계적으로 위대한 공사 중 하나다. 대운하는 남북 교통을 잇는 동맥으로 남북 경제교류의 필요에 발맞추어 남북의 연계를 강화했다. 중국 경제 문화의 발전과 국가의 통일에 있어 중요한 역할을 했다.

수와 변방 민족, 인근 국가의 관계

돌궐

수 문제가 왕위를 계승한 첫해 돌궐 귀족들이 기마병을 이끌고 동쪽으로 유주(幽州), 서쪽으로 하서(河西)의 경계에 이르기까지 다발적으로 수나라를 공격했다. 개황 3년(583년) 수 왕조는 강력한 군사력으로 돌궐을 격파해 돌궐족 내부의 분열을 촉진시켰다. 그리하여 달두가한(達頭可汗), 아파가한(阿波可汗)을 수장으로 한 서돌궐과 사발략(沙鉢略), 돌리(突利)를 수장으로 한 동돌궐이 서로 대립 세력으로 양립했다.

　돌궐족의 침범을 막기 위해 수 왕조는 수많은 농민을 징발해 만리장성을 보수했으며, 삭방(朔方, 지금의 섬서 횡산 서북쪽) 동쪽 요충지에 수십 개의 성을 쌓았다.

　돌궐 귀족은 끊임없이 혼전을 거듭했다. 개황 19년(599년), 수 왕조에 친화적인 동돌궐 계민가한(啓民可汗)이 동동궐의 도람가한(都藍可汗)과 서돌궐의 달두가한(達頭可汗)의 연합 세력에게 대패하고 말았다. 그는 부대를 이끌고 남하해 수나라에 투항했다. 수 문제는 하(夏), 승(勝) 두 주 사이 수초가 풍성한 지역[하투(河套) 일대]을 돌궐의 목초지로 내주었으며, 대리성(大利城, 지금의 내몽골 자치구 청수하현 경내)에 돌궐의 한정(汗庭, 돌궐 수장의 도읍지, 조정)을 건설했다. 얼마 후, 돌궐의 목초 지역이 번성해 "사람과 양, 말이 산골짜기에 가득하다"라고 말할 만큼 번영을 구가했다. 수나라와 돌궐 사이에 호시(互市)가 매우 빈번하게 열렸고 양국의 정치, 경제적 관계 또한 매우 밀접해졌다.

토욕혼(吐谷渾) 서역

　수나라 초기, 돌궐 귀족이 서역을 점령하고, 토욕혼의 귀족들 역시 자주 군사를 이끌고 하서주랑(河西走廊)을 침범하면서 수나라와 서역의 교류가 종종 단절되었다. 돌궐이 쇠락하자 비로소 수나라와 서역의 관계가 다시 가까워지기 시작했다. 서역의 상인들이 대거 장액(張掖)에서 교역했다. 수 양제는 배구(裴矩)를 파견해 이를 관장하도록 했다. 배구는 큰 이윤을 이용해 서역의 상인들을 내륙으로 끌어들여 무역에 종사할 수 있도록 하니, 서역상인들의 왕래가 계속 이어졌다.

수나라에서 서역으로 통하는 상도(商道)는 모두 세 갈래가 있다. 북쪽은 이오(伊吾, 지금의 신장 위구르 자치구 하밀), 중앙은 고창(高昌, 신장 위구르 자치구 투루판), 남쪽은 선선(鄯善, 신장 위구르 자치구 약강)이다. 수나라는 이세 갈래 상도를 통제하기 위해 대업(大業) 4년(608년) 군대를 파견해 이오(伊吾)를 투항시키는 한편, 남창과 밀접한 관계를 수립했다. 대업 5년, 수 양제가 다시 군대를 파견해 토욕혼을 격파하고 토욕혼의 수령인 모용복윤(慕容伏允)을 남쪽으로 쫓아냈다. 수나라는 토욕혼의 옛 지역인 서해(西海, 청해 도란 동쪽), 하원(河源, 청해 동남부), 선선, 차말(且末, 신장 위구르 자치구 차말 남쪽) 등에 사군(四郡)을 설치하고 죄수들을 그곳으로 보내 지키도록 했다. 또한 군진을 설립하고 둔전을 개간해 서역으로 가는 상도를 보호했다.

유구

대만(臺灣)은 삼국 시대에 이주(夷洲), 수·당 시대에 유구(流求)라고 불렀는데, 고산족이 일찍부터 그곳에 거주했다. 그들의 문화는 동남 연해 지역의 문화와 밀접한 관계가 있다. 대만과 팽호(澎湖)의 신석기문화 유적지에서 채색도기가 발견되었는데, 그 문양과 수식이 복건 지역과 매우 흡사하다. 대만의 기하 형태의 인문경도(印紋硬陶)와 유견석분(有肩石錛) 역시 복건 지역의 문화 유적과 동일하다.

수 대업 3년(607년)과 4년, 양제는 유구에 주관(朱寬)을 두 차례 파견했다. 대업 6년(610년)에는 다시 진릉(陳稜), 장진주(張鎭周)에게 1만 명을 주어 파견했다. 그들은 의안(義安, 광동 조주)에서 출발해 고화서(高華嶼, 팽호 화서), 귀오서[黿鼇嶼, 규벽서(奎辟嶼)]에서 유구에 이르렀다. 선박을 발견한 유구인은 그들을 상인(商人)인 줄 알고 물건을 매매했다. 이는 대만과 대륙이 일찍부터 관계가 있었음을 설명해주는 대목이다.[14]

수나라 당시 고산족은 벼, 기장, 고량 등 다양한 곡물을 재배했으며, 돼지와 닭을 기르고, 귤처럼 생긴 두루수(斗鏤樹) 껍질과 베, 동물의 털 등으로 만든 옷을 입었으며, 또한 나문백포(羅文白布)를 짤 줄도 알았다. 그들은 칼, 삭(矟, 창), 검(劍), 활과 화살 등 무기를 사용했다. 무기는 철을 사용했지만 칼날이 모두 얇았다. 생산도구는 모두 석기였으며, "돌로 칼날을 만들고 한 자 정도의 길이에 너비가 수 치 정도 되는"[15] 돌삽이 땅을 개간하는 중요 도구였다.

고산족 사회는 아직 계급분화가 현저하지 않은 상태였다. 사서의 기록에 따르면, 파라단동(波羅檀洞)으로 부르는 부족 거주 지역에 대추장이 있고, 여러 동(洞)마다 각기 추장이 있다. 대, 소추장은 부족 구성원들이 가장 싸움을 잘하는 사람을 뽑아 맡겼다. 별도의 부세는 없고, 공동 경비는 부족 구성원들이 골고루 부담했다. 법률도 없어 죄를 범한 자는 부족 구성원들이 공동으로 의결해 재판했다. 대추장이 "거주하는 집은 16간(間)으로 상당히 컸으며, 벽 등에 동물의 모양을 조각했다." 대추장이 출행할 때면 "동물 모양의 나무수레를 타고 좌우 사람들에게 들게 했는데, 따르는 이는 수십 명에 불과했다."

고구려와 전쟁

개황 18년(598년) 수나라 문제는 수군과 육군 30만 명을 동원해 고구려(원문은 고려(高麗)라고 잘못 적었기에 고구려로 바꾼다 – 역주)를 공격했다. 하지만 도중에 홍수를 만나 군량을 잃고 군중에 전염병이 돌아 결국 실패하고 회군했다. 이로 인한 전사자가 열에 여덟, 아홉이 될 정도로 참담한 패배였다.

대업 7년(611년), 수 양제가 다시 대규모 병력을 이끌고 고구려 침략을 준비했다. 그는 하남과 강회에서 융거(戎車, 전차) 5만 승(乘)을 제작하는 한편 동래(東萊) 해안에서 300척의 전함을 만들었다. 전국의 육군은 멀고 가까운 곳을 막론하고 모두 탁군(涿郡)으로 집결했다.

대업 8년 2월부터 수 양제의 1차 고구려 침공이 시작되어 7월까지 이어졌다. 육군 113만 명이 24군으로 나뉘어 탁군을 출발해 요동을 향했다. 수 양제가 친히 군사를 지휘했다. 수군은 내호아(來護兒)의 지휘하에 동래 바다에서 출발해 평양으로 향했다. 고구려 군사는 성을 견고하게 수비하면서 용맹하게 저항했다. 수나라 군사들은 전투의지가 희박해 도망치는 이들이 많았다. 수 양제가 이끄는 주력군은 요동, 지금의 요녕성 요양(遼陽)을 공략하지 못했고, 내호아가 이끄는 수군은 평양성 아래에서 고구려 군사에게 크게 패하고 말았다. 우문술(宇文述)과 우중문(于仲文)이 이끄는 30만 5000명의 군사들은 평양에서 30리 떨어진 곳까지 진격했으나 군량이 떨어져 퇴군하다가 그만 고구려 군사들에게 포위당하고 말았다. 고구려군이 승기를 틈타 추격했으며, 살수(薩水, 청천강)에서 수나라 군사를 궤멸시켰다. 수나라 군사는 사상자와 도망자가 속출해 전체 출병한 30만 명 가운데 요동으로 돌아온 이가 2700명밖에 되지 않았다.

대업 9년과 10년, 수 양제는 또다시 고구려를 침공했으나 고구려 군사의 저항과 국내 인민들의 반대에 부딪혀 끝내 승리를 얻지 못했다.

수말 농민전쟁

번잡한 요역과 병역

수나라 문제는 대규모로 도망치거나 숨어 있던 농민들을 끌어모아 국가의 '편민(編民, 호적에 편입된 평민)'으로 전환시켰다. 그리고 이를 통해 재정수입을 확충하고, 병역을 보충해 언제든지 징발할 수 있는 자원으로 삼았다.

수 문제는 "공신의 땅을 줄여 백성들에게 주는 것(減功臣之地以給民)"을 원치 않았으며, 고위 관료들에게 많은 토지를 하사했다. 그래서 "호구는 늘었지만 백성들의 논밭은 부족한" 현상이 벌어졌으며, 이는 수나라가 멸망할 때까지 전혀 완화되지 않았다.[16] 개황(開皇) 12년(592년), 수 문제는 각지에 사람을 보내 균전(均田)을 실시했다. 외지고 경작지가 적은 마을의 경우 남자 21세 이상인 정(丁)마다 20무를 지급하고, 조세를 납부하지 않는 늙은 남자나 중남(中男)은 더욱 적게 지급했다. 이는 농민들이 부담해야 할 부세와 요역 능력이 상당히 제한적이었음을 설명하는 것이다.

개황 13년(593년), 수 문제는 양소(楊素) 등에게 명하여 인수궁(仁壽宮, 섬서 천양에 있다)을 조영하도록 했다. 공사 규모가 방대하고 그만큼 부역이 가혹해 정부(丁夫) 중에 사망자가 만 명이 넘었다.

수 양제는 매년 순유(巡游)를 빌미로 대규모 병사, 관리, 궁녀를 대거 동원했는데, 대업 3년 1차 순유에 그 숫자가 50만 명에 이르렀다. 가는 길에 있는 군현의 장관들은 도로를 정비하는 책임 이외에도 산해진미를 헌상해야만 했다. 수 양제의 사치와 낭비로 인해 수많은 군현의 지방관들은 수년 치 조세를 미리 당겨 납부하도록 강요했다.

인수(仁壽) 4년부터 대업[大業, 6년(604~610년)]까지 수 양제는 끊임없이 백성을 동원해 긴 참호를 파고, 서원(西苑)을 만들었으며, 낙양(洛陽)을 조영하고 이궁(離宮)을 만들었다. 또한 벌목해 배를 만들고, 산을 뚫어 길을 냈으며, 장성을 수축하고 운하를 개통하는 등 다양한 토목공사를 위해 수많은 농민들을 부역으로 내몰았다. 공사마다 매년 많게는 100만~200만 명, 적게는 11만~20만 명이 동원되었다. 농민들이 부담해야 할 병역과 부역도 심히 번다하고 무거워 정남이 감당할 수 없으면 그의 부인이 대신 맡아야만 했다. 대규모 건축과 원정은 농사철과 관계없이 진행되었다. 관리들이 농민들에게 지나치게 과도한 노동을 시켜 전후로 100만 이상의 장정이 요역으로 인해 사망했다. 요역이나 병역을 피하기 위해 농민들은 자신의 팔다리를 자르는 등 자해를 하기도 했는데, 이를 "복된 손과 복된 다리(福手福足)"라고 불렀다. 대업 7년 고려(高麗, 고구려)를 원정하기 위해 양제는 산동에 "군부를 증설하고 지역을 샅샅이 뒤져 병사를 충원했다."[17] 전국적으로 수백만 명에 달하는 농민들이 징집되어 병역이나 요역에 투입되었다. 또한 민간의 수레와 소, 선박 등도 대량 징용되었다. 동래(東萊) 해구(海口) 조선소의 장인들은 밤낮을 가리지 않고 일에 매달려야만 했다. 오랜 시간 물속에서 일을 해야만 했기 때문에 허리 아래로 구더기가 생기고 죽는 이들이 열에 서넛이나 되었다. 군장과 군량을 운반하기 위해 100만에 달하는 농민들이 동원되어 주야로 계속 일을 하느라 대량의 사상자가 발생했다. 노동력이 빠져나간 농촌은 "농사철을 잃어 제대로 경작조차 하지 못하고, 전답은 날로 황폐해졌다."[18] 결국 사회경제가 심각한 정도로 파괴되고 말았다.

농민 대기의

수 양제는 대규모 토목사업을 일으키고 고구려에 대한 세 차례 원정을 실시하면서 "천하 백성들이 병역과 요역으로 목숨을 잃고 집집마다 재화를 잃었다."[19] 특히 산동과 하북 지역이 심각한 상태였다. 게다가 그 일대에 수재와 가뭄이 들면서 농민들이 더는 생계를 유지할 수 없게 되었다. 결국 농민 기의가 그곳에서 처음 폭발했다.

대업 7년(611년), 왕박(王薄)이 이끄는 농민 무리들이 장백산(長白山, 산동 장구)에서 기의해 세상을 알고 있다는 뜻으로 '지세랑(知世郞)'이라 자칭하고, 〈무향요동랑사가(無向遼東浪死歌)〉를 지어 농민들에게 병역을 거부할 것을 호소했다. 당시 산동과 하북 일대에는 이 외에도 몇 군데 농민 기의가 발생했다. 손안조(孫安祖), 장금칭(張金稱), 고사달(高士達), 유패도(劉霸道) 등이 기의군을 이끌고 대업 9년 상반기까지 곳곳에서 봉기를 일으켰다. 그들 기의군은 수만 명에서 십수만 명에 이르는 무리들을 이끌고 군현을 공격하고 지주의 식량을 탈취했으며, 탐관오리나 대족 호강지주들을 살해하기도 했다.

대업 9년 2차 고구려 원정 도중에 양소의 아들 양현감(楊玄感)이 여양(黎陽, 하남 준현)에서 군량을 운반하다가 도처에서 농민들이 기의한 것을 보고 그 기회를 틈타 반란을 일으켰다. 양현감이 이끄는 반란군은 금세 10만을 헤아렸다. 하지만 채 몇 개월이 되기도 전에 수나라 군사에게 궤멸되고 말았다. 이렇듯 통치계급 내부의 모순이 폭발하자 농민 기의는 더욱 진일보한 형태로 전개되었다. 강남 지역에서도 유원진(劉元進), 주섭(朱燮) 등이 이끄는 농민 기의가 발생했다. 이후 새로운 기의군이 도처에서 날로 많아졌으며, 황하와 장강 유역 여러 지방에서도 봉기가 발생했다. 당시 중요한 기의군은 70여 개에 달했다.

대업 11년, 수 양제가 군현과 역정(驛亭), 촌오(村塢)에 성과 보루를 쌓고, 그곳에 농민들을 이주시킬 것을 명했다. 성내로 일반 백성들을 몰아넣고 들판을 텅 비게 해 농민 기의를 없애기 위함이었다. 하지만 여전히 새로운 기의군이 곳곳에서 출몰했다. 수 양제는 하북과 산동 일대의 기의군이 계속해서 남쪽으로 진군해 강회(江淮) 지역까지 이르자 대업 12년 7월 직접 금군을 이끌고 강도(江都)로 들어가 진압에 나섰다. 그는 고구려 원정길에 나선 군사를 회군시켜 산동과 하북 일대의 기의군 진압에 투입했다.

각지의 기의군들은 수나라 군사들에 의해 하나둘씩 격파되었다. 회남 일대의 기의군 역시 불리한 처지에 빠졌다. 좌절한 기의군은 이합집산을 거듭하면서 점차 연합해 적양(翟讓)과 이밀(李密), 두건덕(竇建德), 두복위(杜伏威) 등이 이끄는 막강한 기의군 집단을 형성했다.

적양이 이끄는 와강(瓦崗, 하남 활현) 기의군은 하남 일대에서 기의한 부대로 비교적 막강한 군사력을 가지고 있었다. 대업 12년 양현감의 거병을 사전에 알고 휘하로 들어가 모신(謀臣)이 되었던 관롱(關隴)의 무관 귀족 출신 이밀이 적양의 기의군에 참가했다. 그는 인근의 소규모 기의군을 병합해 와강군의 역량이 더욱 커졌다. 13년 와강군이 낙양 동북쪽에 있는 최대의 식량 창고인 홍락창(興洛倉, 하남 공현)을 공략해 빼앗은 식량을 기아에 허덕이는 백성들에게 나누어주었다. 와강군은 수십만 대군으로 발전해 하남의 여러 군현을 점령했다. 617년 와강군 내부에 모순이 격화되면서 이밀이 적양을 죽이고 북방 기의군의 맹주가 되었다.

와강군과 수나라 군사들이 낙양을 빼앗기 위한 쟁탈전을 벌였다. 전후로 낙양 쟁탈전에 투입된 수나라 군사는 십수만에 달했지만 처음부터 끝까지 우세를 점한 것은 와강군이었다.

두건덕은 고계박(高鷄泊)에서 봉기한 기의군의 최초 조직자 가운데 한 명이었다. 그는 장금칭, 고사달의 남은 부대를 거둬들이고 하북 중부에서 공세를 취했고, 십수만에 달하는 병력을 가지고 있었다. 대업 13년 수 양제가 탁군(涿郡) 유수(留守) 설세웅(薛世雄)에게 3만여 병사를 이끌고 낙양을 구원토록 했으나 하간(河間) 부근에서 두건덕의 부대에게 대패하고 말았다. 이리하여 하북 대부분 지역이 기의군의 수중으로 들어갔다.

두복위는 대업 9년 장백산 기의군에 참가했다가 나중에 회수를 건너 남하한 후 소규모 기의군을 병합하면서 세력을 확대했다. 대업 13년 두복위는 진릉(陳棱)이 이끄는 수나라 금군을 대패시키고 승기를 얻어 고우(高郵)를 공략하고 역양(曆陽, 안휘 화현)을 점령해 회남 여러 현을 통제할 수 있게 되었다.

당시 수 양제가 머물고 있던 강도(江都)는 동, 서, 북 삼면이 포위된 상태가 되고 말았다. 결국 사방에서 몰려드는 기의군의 공격으로 인해 수 왕조는 붕괴의 길로 빠져들었다.

2 · 당 전기 정치발전과 사회경제의 번영

당 왕조 건립과 당 초기 3성의 정치체제 완비

당 왕조의 건립과 통일 완성

대업 13년(617년)에 삭방(朔方)의 응양(鷹揚) 낭장(郞將) 양사도(梁師都)와 마읍[馬邑, 지금의 산서성 삭주(朔州)] 응양부(鷹揚府) 교위(校尉) 유무주(劉武周), 금성[金城, 지금의 감숙성 난주(蘭州)부 교위(校尉)], 설거(薛擧), 무위 응양부(武威鷹揚府) 사마(司馬) 이궤(李軌), 양실(梁室)의 후예 나현[羅縣, 지금의 호남 상음(湘陰) 동북쪽] 현령 소선(蕭銑) 등이 반수(反隨)의 기치를 높이 들고 군현 관리를 죽이고 지방에 할거했다.

태원유수(太原留守) 이연(李淵)은 유무주를 방비한다는 명목으로 군대를 소집했다. 그는 자신을 견제하기 위해 수 양제가 파견한 부유수(副留守) 두 명을 죽이고, 대업 13년 여름 3만 명을 이끌고 태원에서 남하해 아무 저항 없이 황하를 건넜다. 관중에 들어가 현지 지주계급의 지지를 얻은 그는 여세를 몰아 장안을 공격해 위수(渭水) 유역을 제압했다.

대업 14년 당(唐) 무덕(武德) 원년(618년) 수 왕조의 금군장령(禁軍將領)인 우문화급(宇文化及) 등이 관중의 병사들이 고향을 그리워하는 마음을 이용해 수 양제를 죽이고 수 양제가 강도(江都)에서 모집한 강회군(江淮軍)과 관중의 금군(禁軍)을 협박해 함께 북상하기 시작했다.

우문화급이 이끄는 군대는 와강군(瓦崗軍)에 의해 성고(成皋)에서 낙구(洛口)로 가는 길이 막혀 서쪽으로 갈 수 없게 되자 강을 건너 북상할 수밖에 없었다. 그러나 관중의 병사들이 속속 도망가고 강회의 병사들이 와강군에 투항하면서 우문화급의 세력은 금세 붕괴되었다.

와강군이 낙양(洛陽)을 포위 공격하자 수많은 수나라 군사들이 투항했다. 투항한 수나라 장수들이 대부분 이밀(李密)의 휘하로 들어가면서, 이밀의 세력이 커졌다. 대업 13년 겨울, 이밀이 적양(翟讓)을 살해해 와강군의 장수와 병사들이 불만을 품게 되었다. 14년 우문화급의 군대를 격파했으나 이밀의 손실도 상당했다. 낙양의 왕세충(王世忠)이 이를 틈타 공격하니 싸움에 패한 이밀은 이연에게 투항하고 말았다.

수 양제가 피살된 후, 이연은 장안에서 황제라 칭하고 당조(唐朝)를 건립했다. 당나라 군사는 이세민(李世民)의 지휘 아래 먼저 농우(隴右)에 할거해 있던 설인고(薛仁杲, 설거의 아들) 세력을 소멸시켰고, 무덕 2년(619년) 황하 서쪽의 소그드(Soghd, 중앙아시아의 타슈켄트를 비롯한 사마르칸트 일대) 상인들은 이용해 이궤(李軌) 정권을 전복시켰다. 또한 이세민은 무덕 3년 당나라 군사를 이끌고 험난한 전투를 거쳐 돌궐 귀족과 결탁한 유무주의 군대를 격파하고 산서 지역을 점령했으며, 4년 낙양을 공격해 왕세충을 지원하기 위해 온 두건덕(竇建德)을 포로로 잡아 하북(河

北) 기의군(起義軍)을 압박했다. 결국 왕세충은 투항할 수밖에 없었다. 이로써 황하 유역 대부분이 당조의 통치구역이 되었다. 이때 마침 당나라군에 투항한 두복위(杜伏威)가 장강 하류를 평정하고, 당나라 장수 이정(李靖)이 강릉(江陵)을 포위해 소선에게 투항할 것을 요구했다. 5년 강서(江西), 영남(嶺南) 일대가 연이어 당조의 치세 지역으로 편입되었다.

당 왕조는 두건덕을 살해하고 하북 지역에 막강한 군대를 주둔시켜 위엄을 떨쳤으며, 두건덕의 장수들을 엄격하게 다스리고 징집해 장안으로 불러들이려고 했다. 무덕 4년 7월, 두건덕의 옛 부대가 유흑달(劉黑闥)의 영도아래 장남(漳南, 지금의 산동 평원현 은성진 서북 지역)에서 봉기하자 다른 지역에서도 그들을 지지하고 나섰다. 유흑달은 채 반 년도 되지 않아 두건덕의 옛 땅을 회복하고 명주(洺州, 지금의 하북 영년)를 도읍지로 택했다. 그들은 수차례에 걸쳐 당의 공격을 막아냈다. 무덕 5년 3월 이세민이 수공(水攻)으로 유흑달의 군사들을 궤멸시켰다.

하지만 유흑달은 다시 재기해 옛 땅을 회복했다. 이에 당 고조는 태자인 이건성(李建成)을 보내 진압하게 했는데, 이건성은 위징(魏徵)의 건의를 받아들여 모든 포로를 석방함으로써 유흑달의 군대를 와해시키는 데 성공했다. 무덕 6년 정월 유흑달은 패전 끝에 생포되고 말았다.

몇 년간의 전투를 거쳐 당 고조 이연은 군웅을 모두 소탕하고 전국을 통일했다.

당나라 초기 삼성(三省) 정치체제의 완비

당나라 초기 중앙에 세 개의 성(省)과 여섯 개의 부(部), 하나의 대(臺), 아홉 개의 시(寺), 세 개의 감(監)을 두었고, 지방에는 주(州)와 현(縣)을 설치했다.

당나라 재상은 '지정사관(知政事官)'이라고 칭했다. 당 고조(高祖) 시절 재상은 삼성(三省)의 장관인 중서령(中書令), 시중(侍中), 상서좌우복야(尙書左右僕射)로 이루어졌다. 정관(貞觀), 당 태종의 연호 시절 태종은 일부 관원을 지명해 본래 관직에 참지정사(參知政事), 참예조정(參豫朝廷), 동중서문하삼품(同中書門下三品) 등을 덧붙여 지정사관(知政事官)으로 명명했다. 고종(高宗) 이후 이러한 명칭을 점차 '동중서문하평장사(同中書門下平章事)'로 통일시켰으며, 영휘(永徽), 고종의 연호 2년부터 복야(僕射)를 지정사관(知政事官)으로 삼아 동중서문하삼품(同中書門下三品)을 겸하도록 해 더는 당연직 재상이 될 수 없도록 제한했다. 하지만 이후 70여 년 동안 복야(僕射)는 여전히 동중서문하(同中書門下)를 겸하는 재상의 직책을 수행했다. 이후 현종(玄宗) 때 이르러서야 복야(僕射)는 재상을 겸할 수 없게 되었다.

당나라 지정사관(知政事官)은 황제와 함께 국가대사(國家大事)를 논하고, 기본 국책을 확립하며, 방침과 정책을 제정하고, 중대 문제를 결정했을 뿐만 아니라 군무(軍務)를 논하고 처리했다. 지정사관이 공무를 논하는 장소를 정사당(政事堂)이라고 했는데, 주요 정무나 5품 이상 관원의 임면은 정사당 회의(政事堂會議)에서 토론해 결정했으며, 이를 황제에게 상주해 최종 재결을 받았다. 정사당 회의는 황제가 전국을 통치하는 것을 보좌하는 정책 결정 기관이다. 정책 입안과 결정은 외조에서 진행되었는데, 이는 전통적으로 정책을 내정(內廷)에서 결정하고, 외조에서 집행하는 것과 큰 차이가 있다. 구체적인 정무는 상서성(尙書省) 육부에서 책임졌다. 이렇듯 정관(貞觀) 시기에 각기 다른 기구에서 업무를 나눠서 담당하는 정책 결정방법과 정무(政務) 처리체계가 자리를 잡았다.

당 태종은 중서성과 문하성(門下省)을 '기요지사(機要之司, 기밀부서)'라고 칭했는데, 이는 중서와 문화 두 성이 국가 정무를 처리하는 중심이자 지휘, 명령을 내리는 부서이기 때문이다. 상서성은 육부를 통솔하고 정령(政令)과 행정, 관련 사무를 책임졌다. 삼성은 정무 처리 순서에 따라 업무가 엄격하게 구분되었으며, 각 기관마다 특수한 직능을 가지고 있었다.

중서성의 장관(長官)은 중서령(中書令)이고, 부장관(副長官)은 중서시랑(中書侍郎)이다. 중서성은 각지에서 올라온 상소문을 상주하고, 황제의 제조(制詔)를 기초하고 발표했다. 무측천(武則天) 이후로 중서성은 신하들과 제사(諸司)의 의(議), 표(表), 상(狀) 등을 정리하고, 이를 처리하기 위한 초보적인 의견을 제시하는 것을 책임졌다. 중서사인(中書舍人)이 중서성의 중요한 업무처리 관원이다.

문하성의 장관은 시중(侍中)이고, 부장관(副長官)은 문하(門下)다. 문하성은 중서성에서 초안을 마련한 제조(制詔)와 상서성에 마련한 주초(奏抄)를 책임지고 심사했다. 제조가 실행될 수 없는 것이면 상주하지 않고 돌려보냈으며, 문하성에서 문제가 없다고 판단되면 대사(大事)는 다시 상주해 시행을 요청하고, 소사(小事)는 서명한 후 교부했다. 주초에 착오가 있을 경우 "법에 따라 바로잡아 관련 부서에서 공문을 보지 않도록 했다."[20] 이렇게 해 문하성은 공문서를 올려보내고 지시를 하달하며, 정무를 처리하는 중추 기관으로 자리매김했다. 시중은 지정사관 중에서 지위가 계속 높아졌으며, 정사당 회의에서 '집정사필(執政事筆)'의 수상(首相, 으뜸 재상)이 되었다. 문하성의 일상 업무를 책임지는 관직은 급사중(給事中)이다.

급사중과 중서사인(中書舍人)은 어사(御史)와 더불어 삼사(三司)를 형성해 천하의 억울하고 부당한 일을 심사하고 아울러 이부(吏部)에서 내외 관리들에 대한 인사고과와 심사에 참여했다.

상서성은 최고 행정기관이다. 수뇌부서는 도성이며, 상부(尚部) 좌승(左丞)과 우승이 복야와 통판도성사(通判都省事)와 협조해 일을 처리한다. 내외 여러 관서에서 처리해야 할 문서들은 모두 도성을 통해야 한다. 도성에서 등기하고 날짜를 기록하며 처리시간, 즉 정해진 기한을 규정한 다음 내용에 따라 관련 부서로 이관해 처리토록 한다. 황제의 조(詔), 제(制), 칙(敕) 등은 중서성에서 기초해 문하성에서 심의한 후 상서성에서 하달해 시행한다. 무릇 경사(京師)에 있는 각 부서의 공문부(公文符), 이(移), 관(關), 첩(牒) 등을 각 주(州)에 하달하려면 먼저 도성으로 보내 그곳에서 발송하게 된다(천자가 내리는 조서, 칙서 등 공문서는 제(制), 칙(敕), 책(冊), 조(詔)라고 하고, 황태자는 영(令), 친왕(親王)이나 공주는 교(敎)라고 한다. 상서성에서 아래 주(州)에 하달하는 공문서는 부(符)라고 한다 - 역주). 상서성의 중요 임무는 각 부서와 관리들이 법령과 절차에 따라 조칙과 공문을 적시에 정확하게 처리하는가를 관리, 감독하는 것이자, 관공서의 문서 송달, 시달, 하달 등을 중요 형식으로 삼는 정무 운용에 대해 관리, 감독하는 것이지 관공서의 공문에 대해 비준하는 것이 아니다. 이렇듯 상서도성은 위아래로 오가는 공문서 운영의 핵심 기구다.

상서성 아래 이, 호, 예, 병, 형, 공 육부가 설치되어 있다. 육부의 장관은 정삼품 상서이고, 부장관은 정사품인 시랑(侍郎)이다. 각 부마다 사사(四司)가 설치되어 있는데, 장관은 정오품 이상인 낭중(郎中), 부장관은 종육품 이상인 원외랑(員外郎)이다. 일반적으로 모두 두 명씩이다. 사사 가운데 두사(頭司)는 사명(司名)과 부명(部名)이 같은데, 각 부는 '본사(本司)', 나머지 삼사는 '자사(子司)'라고 부른다[예를 들어 이부(吏部)

는 이부(吏部), 사훈(司勳), 사봉(司封), 고공(考功) 등 사사(四司)로 나뉘는데, 이부는 두
사, 나머지는 자사다. 다른 부서도 마찬가지다 – 역주]. 각 부 두사의 중요 직능은
상서, 시랑을 도와 정령을 관장하고, 아울러 본부의 핵심 사무를 책임
지는 것이다. 각 부 사사의 설립 원칙은 서로 같지 않다. 그 가운데 이부
의 사사는 주로 관리의 임용과 인사고과, 훈작(勳爵)과 관계가 있고, 호
부의 사사는 정무 운영 절차에 따라 구분된다. 나머지 각 부의 자사는
일반적으로 전문성, 기술성, 사무성에 따라 분업형태를 취하고 있다.
각 사의 정무는 낭관이 주관하고, 사안을 완성한 후에는 도성으로 보내
검사를 받는다. 관련 관원낭중, 시랑, 상서, 복야가 서명한 후에 문하성
으로 보내 심사를 받는다.

상서성 각 부(部)와 각 사(司)가 관리하는 것은 전국의 정령과 사무
다. 각 부와 각 사가 전국의 주(州)와 연계할 때는 반드시 도성(都省)에
보고해 허락을 받아야만 했다.

어사대는 국가 감찰 기관이다. 장관은 어사대부, 부장관은 어사중승
(御史中丞)이다. 어사대는 종육품 이하인 시어사(侍御史) 4명이 있으며,
대원(臺院)으로 부르기도 한다. 주로 백관(百官)의 불법행위를 탄핵하
고, 황제의 제칙(制勅)을 받들어 죄인을 심문하며, 기타 안건의 심문에
참여한다. 종칠품 이상인 전중시어사(殿中侍御史) 6명은 전원(殿院)으
로 칭하며 주로 궁전, 조정, 교사(郊祀), 순행(巡幸) 시기에 검찰, 의장을
주관하며 양경(兩京, 장안과 낙양) 성내 불법행위를 순찰하는 역할을 맡
았다. 정팔품 이상인 감찰어사(監察御史) 10명은 감원(監院)이라고 부르
며, 각기 군현(郡縣)과 둔전(屯田), 주전(鑄錢) 등을 순안(巡按, 민정 순찰과
관리 감독)하고, 태부(太府, 상공업 분야)와 사농(司農, 농업 분야) 출납을 감독
하며, 죄인 감독과 사형집행을 맡았다. 상서성의 회의도 어사대의 감찰

대상이었고, 관리들의 연회나 습사(習射) 역시 감찰 대상이었다.

대원과 전원, 감원 등 삼원(三院)은 직책이 분명하게 나뉘어 있었으며, 검찰 관리의 불법행위에 대해 책임을 질뿐더러 예의(禮儀)에 대한 감찰과 행정기관인 상서도성(尚書都省)과 육부에 대한 감찰을 강화하면서 점차 지방 행정기관에 대한 감찰까지 도맡았다. 동시에 재정과 전곡(錢穀)의 출납과 군대에 대해서도 감찰을 실시했다. 당대 어사대는 감찰 범위 내의 모든 안건에 대해 심문, 취조할 수 있었다. 어사대의 중요 직책은 중앙과 지방 관리의 위법 행위를 탄핵하는 것이고, 중대 사건에 대한 심문과 취조를 하는 것이었다. 그리고 아울러 정부 각 부서의 업무를 감독하는 역할도 맡았다.

삼성(三省), 일대(一臺) 외에 태상(太常), 광록(光祿), 위위(衛尉), 종정(宗正), 태복(太僕), 대리(大理), 홍려(鴻臚), 사농(司農), 태부(太府) 등 아홉 개의 시(寺)와 국자(國子), 소부(少府), 장작(將作) 등 삼감(三監) 등이 각종 전문적인 업무를 관장했다.

태상시(太常寺)는 "나라의 예악, 천지와 왕실의 제사 그리고 토지신과 곡신에 관한 일을 관장했다(掌邦國禮樂, 郊廟, 社稷之事)." 아래에 8개의 서(署)가 있다. 그중에서 태악서(太樂署)는 국가 제사, 연회 때의 음악과 춤을 관리했다. 대형 연회의 경우 십부기[十部伎, 당대에는 궁정연회의 대소에 따라 동원하는 악기나 악무가 달랐다. 수나라 시절 국기(國伎), 청상기(清商伎), 고려기(高麗伎), 천축기(天竺伎), 안국기(安國伎), 구자(龜茲伎), 문강기(文康伎)에 강국기(康國伎), 소륵기(疏勒伎) 등 9개의 악무가 제정되었다가 당대에 고창악(高昌樂)이 편입되면서 10부악, 즉 10부기가 되었다. 궁정 연회에는 9부악, 10부악 이외에도 좌부악(坐部樂), 입부악(立部樂), 건무(健舞), 연무(軟舞), 가무희(歌舞戲), 백희(百戲) 등이 연출되었다 - 역주]를 준비하고, 악인(樂人)과 음성인(音聲人, 당대 관부 악인의 총칭) 교육을 관장했다. 태의서(太醫署)는 의료에 관한 법을 관장하고, 의사(醫師), 침사(針師), 안마사(按摩師), 주금사(呪禁師) 등을 설치했다. 이 밖에 제약의(諸藥醫), 침(針), 안마(按摩), 주금(呪禁) 등 박사(博士)와 조교(助敎)가 있어 여러 학생을 가르쳤다. 광록시(光祿寺)는 궁정 연회와 교사(郊祀)의 공물을 관리했다. 위위시(衛尉寺)는 국가의 기계, 문물에 관한 정령(政令)을 관장하며, 경사의 무기와 큰 제사와 조회 때의 우의(羽儀), 절월(節鉞), 금고(金鼓, 악기), 유역(帷帟, 장막, 천막), 인석(茵席, 자리) 등을 관리했다. 종정시는 황족의 본적을 관리했는데, 개원 25년 이후부터 경사의 도관(道觀)과 도사(道士)를 관리하는 숭현서(崇玄署)를 아울러 관장했다. 태복시(太僕寺)는 각 지방 목감(牧監)과 황제의 거마를 관리했다. 목감은 여러 군(郡)의 목(牧, 우마를 키우는 관리)이 말을 기르는 것을 관리했다. 사원감(沙苑監)은 농우(隴右)의 여러 목(牧)이 소와 양을 기르는 것을 관리해 연회나 제사, 그리고 황실 식사용으로 사용했다.

대리시(大理寺)는 국가의 옥사와 형벌 등을 관장했다. 여러 부서의 백관이 범죄를 저질렀을 경우 장형(杖刑) 이하는 관련 부서에서 처리하고, 도형(徒刑) 이상은 대리시에 송부해 심리하도록 했다. 서민이 유형(流刑)이나 사형의 죄를 받았을 경우 반드시 대리시로 보내 재심토록 했다. 금오(金吾, 황제 호위, 의장, 경사 순찰 등 치안을 관장하는 무관직)가 잡은 범인도 대리시에서 심리했다. 홍려시(鴻臚寺)는 "빈객과 장례에 관한 일을 관장했다(掌賓客及凶儀之事)." 외국 사신과 소수민족 족장을 접대하고 대신의 장례를 책임졌다. 당나라 초기에는 천하의 승니(僧尼)와 도사를 관장했다. 사농시(司農寺)는 "나라 창고의 곡식이나 물건 저장에 관한 사무를 관장했다(掌邦國倉儲委積之事)." 주로 식량과 식량의 출납을 관리했다. 아래 상림서(上林署), 경도원총감(京都苑摠監), 경도원사

면감(京都苑四面監) 등을 두고 황실의 원유(苑囿), 정원, 못 등을 관리했으며, 태창서(太倉署)와 태원, 영풍, 용문 등에 있는 여러 창고에서 저장한 곡물이나 물건을 관리했다. 태부시(太府寺)는 "나라의 재물과 관련한 정령을 관장했다(掌邦國財貨之政令)." 사방에서 들어오는 공물, 조세와 백관의 녹봉 출납 등을 관리했다. 장안과 낙양에 있는 네 군데 시서(市署)에서 시장 관리를 책임졌다. 좌장서(左藏署)는 국가 창고를 관리했는데, 천하의 부세(賦稅)는 태부경(太府卿)과 어사(御使)의 검열을 거쳐 창고에 보관했다. 우장서(右藏署)는 사방에서 헌상한 금은, 진주, 조개, 애완물 등을 수장하고, 상평서(常平署)는 가격에 따른 식량 매매를 통해 물가 조절을 관장했다.

구시(九寺)의 장관은 경(卿)이며, 정삼품 태상경(太常卿)을 제외하고 나머지는 모두 종삼품(從三品)이었다. 부장관은 소경(少卿)인데, 태상소경은 정사품이며, 나머지는 모두 종사품 이상이었다. 각 시마다 승(丞)을 두어 시의 업무를 관장하도록 했다.

국자감(國子監)은 종삼품 좨주(祭酒) 한 명에 종사품 이하 사업(司業) 두 명을 두었다. "방국(邦國)의 유학 훈도에 관한 정령을 관장했으며, 육학이 있다(掌邦國儒學訓導之政令, 有六學)." 육학은 국자학, 태학, 사문학(四門學), 율학(律學), 서학(書學), 산학(算學)이다. 국자감은 국가 교육기관이자 최고 학부였던 것이다. 소부감(少府監)은 "백공수공업, 수공업자의 기교에 관한 정령을 관장한다(掌百工伎巧之政令)." 각종 수공업 분야의 사무를 총괄했다는 뜻이다. 감(監, 종삼품)과 소감(少監, 종사품 이하)을 설치했다. 장작감(將作監)은 "방국의 토목 건설을 맡은 장인들과 관련된 정령을 관장했다(掌供邦國修建土木工匠之政令)." 아래 서(署)와 감(監)을 두었고, 토목과 건설에 관한 각종 사무를 책임지고 아울러 전국 장인들을 총괄 감독했다. 장관은 장작대장(將作大匠, 종삼품)이며, 부장관은 장작소장(將作少匠, 종사품 이하)이다.

관장하는 범위로 볼 때, 태상시, 광록시, 위위시, 종종시 등과 장작감은 모두 황제, 백관, 경도와 관련된 구체적인 사무를 관장하는 직책이다. 태복시, 대리시, 홍려시, 사농시, 태부시 등과 국자감, 소부감은 전국적인 사무를 관장하는 직책인데, 태복시와 소부감은 동시에 황제와 경성에 관한 사무를 관장했다. 성질로 볼 때, 태상시, 광록시, 종정시, 대리시, 홍려시 등은 모두 구체적인 사무를 관장하는 기관이고, 위위시, 태복시, 사농시, 태부시, 국자감, 소부감, 장작감은 모두 "정령을 관장하는 곳(掌政令)"으로 각기 부여받은 구체적인 사무를 관장하는 행정기관이다.

시(寺)나 감(監)과 상서성 육부의 관계로 볼 때, 상서 육부가 관장하는 것은 전국적인 규모의 정령과 정무인 데 반해 구시(九寺)나 삼감(三監)이 관장하는 것은 각종 전문적인 업무와 구체적인 사무다. 시와 감은 육부와 예속관계가 아니지만 업무상 시나 감이 육부의 정령을 접수해, 정령에 따라 실행에 옮기며, 관련 상황을 육부에 보고해야만 한다. 예를 들어 호구, 적장(籍賬), 양식, 전백(錢帛)의 저장이나 운반, 출납은 호부의 호부(戶部), 탁지(度支), 금부(金部), 창부(倉部) 등 사사(四司)에 지휘권이 있다. 하지만 양식을 창고에 저장하거나 반출하는 일은 사농시에게 책임이 있다. 사농시는 창고에서 호부에 속해 있는 창부사(倉部司)가 발급한 부첩(符牒)과 목계(木契)에 따라 양식을 지급한다. 전백은 태부시가 지휘하는데, 태부시는 호부 금부사(金部司)가 발급한 부첩과 목계에 따라 돈을 지급한다. 토목공사는 공부에서 관할하지만 구체적으로 공사를 시행하는 것은 장작감이다. 결론적으로 상서 육부는 영

(令)이나 식(式)에 근거하거나 제칙(制勅)을 받들어 정령을 관장하고, 시와 감은 정령에 따라 여러 사업을 관장한다고 말할 수 있다. 위위와 소부 등의 시나 감 역시 정령을 통해 아래 기관들을 구체적으로 지휘한다.

지방 행정 기관은 주(州)와 현(縣)으로 이루어져 있다. 주에는 자사를 두었는데, 상주(上州, 4만 호 이상)는 정삼품 자사, 중주(中州, 2만 호 이상)는 정사품 이상 자사, 하주(2만 호 이하)는 정사품 이하 자사가 맡았다. 자사 아래 별가(別駕), 장사(長史), 사마(司馬)를 두어 자사의 업무를 보좌하도록 했는데, 이를 상좌(上佐)라고 불렀다. 상주와 중주에는 사공(司功), 사창(司倉), 사호(司戶), 사병(司兵), 사법(司法), 사사(司士) 등 육조(六曹)를 두고, 하주에는 사창(司倉), 사호(司戶), 사법(司法) 등 삼조(三曹)를 두었다. 각 조(曹)는 참군사(參軍事) 한 명을 두었다. 사공은 관리의 고과(考課), 선거(選擧), 학교 등에 관한 업무를 관장했고, 사창은 무관 선거와 병장기, 봉화와 역참 등을 관리했다. 사법은 형옥에 관한 심판을 담당했고, 사사는 건축과 장인들에 대한 관리를 맡았다. 각 주에는 모두 녹사참군사(綠事參軍事) 한 명을 두어 문서 수발과 심사를 책임지도록 했다. 경학박사 1인은 《오경》을 여러 학생들에게 교수하는 일을 맡았고, 의학박사 1인은 온갖 약재로 백성들의 질병을 구제하고 의학생들을 가르치는 일을 맡았다.

현에는 현령을 두었다. 상현(上縣)은 종육품 이상, 중현은 종칠품 이상, 하현은 종칠품 이하의 관리가 현령을 맡았다. 아래 현승(縣丞, 상, 중현은 종팔품 이하, 중현과 하현은 정구품 이상, 하현은 정구품 이하), 주부(主簿, 상현은 정구품 이하, 중현과 하현은 종구품 이상), 현위(縣尉, 상현 종구품 이상, 중현과 하현은 종구품 이하)를 두었다. 현령은 지방의 풍기를 인도하고 억울한 일을 관찰하며 옥사나 소송을 청취하고 적장(籍賬)을 정리하며 농민들에게 전답을 지급하는 일을 맡았다. 전역(傳驛), 창고, 도적, 도로 등에 관한 사무는 비록 전문적인 관원이 담당하고 있었지만 현령도 알고 있어야만 했다. 현승은 현령의 부수(副手), 즉 조수의 역할을 했다. 주부는 구검(勾檢, 문서 관리감독)을 책임졌다. 현위는 여러 조(曹)를 판단하고 "범죄를 단절시키고 범인을 추격하며, 부세를 징수했다(割斷追催, 收率課調)." 이외에도 사호좌(司戶佐)와 사(史), 사법좌(司法佐)와 사(史) 등 관리를 두어 각기 관련 업무처리를 책임졌다. 경학박사는 경학을 여러 학생들에게 가르쳤다.

주현의 정무는 반드시 상급 기관에 보고하고, 비교적 중대한 정무는 상급 행정기관을 통해 곧바로 황제에게 보고된 다음 지시를 받아야만 집행할 수 있었다.

현 아래에 향(鄕)을 두었으며, 향 아래에 이(里)를 두었다. 이(里)는 가장 아래에 있는 행정기관으로 100호를 이라고 했으며, 이정(里正) 한 명은 훈관(勳官) 육품 이하나 부호(富戶) 백정(白丁)이 맡아 호구 조사와 부역 징발에 관한 재촉과 감독을 책임졌다.

변방 지역에는 별도로 도호부(都護府)와 도독부(都督府), 주(州), 도독(都督), 자사 등을 두었는데, 이는 주로 각 소수민족의 귀족이나 추장이 담당했으며, 모두 세습되었다. 이를 기미부주(羈縻府州)라고 한다.

관료를 육성하기 위해 수와 당은 정부에 학교를 설립했다. 당조는 중앙에 국자감을 설치하고 박사와 조교를 두었는데, 국자학, 태학, 사문학(四門學)은 주로 유가의 경전을 학습했다. "무릇 교수하는 경전은《주역》,《상서》,《주례》,《의례》,《예기》,《모시》,《춘추좌씨전》,《공양전》,《곡량전》 등이었으며,《효경》과《논어》를 겸해 학습하도록 했다." 율학

(律學)은 "법령을 전업으로 해 격식과 법례도 겸해 배우도록 했다." 서학(書學)은 《석경(石經)》, 《설문(說文)》, 《자림(字林)》을 전업으로 하되 나머지 자서(字書)도 겸해서 배우도록 했다." 산학(算學)은 "경전을 두 개로 나누어 전업하도록 했다. 15명은 《구장(九章)》, 《해도(海島)》, 《손자(孫子)》, 《오조(五曹)》, 《장구건(張邱建)》, 《하후양(夏候陽)》, 《주비(周髀)》 등 산경을 학습하고, 다른 15명은 《철술(綴術)》, 《집고(緝古)》 산경을 학습했으며, 《기유(紀遺)》, 《삼등수(三等數)》도 겸해서 학습하도록 했다. 이처럼 전문적인 학습 분야가 나뉘어 있었다. 학생들의 입학에는 등급의 제한이 있었다. 국자학은 삼품 이상의 관료와 국공(國公)의 자손, 이품 이상의 증손을 대상으로 했으며, 태학은 오품 이상과 군현의 공(公) 자손과 종삼품의 증손을 대상으로 했다. 그리고 사문학은 칠품 이상의 증손, 후(侯), 백(伯), 자(子), 남(男)의 자식이나 일부 서민의 자제들이 들어갈 수 있었다. 율학과 서학, 산학은 팔품 이하와 서민의 자제들이 들어갈 수 있었다. 국자학과 태학, 사문학의 학생들 가운데 두 가지 이상의 경전에 능통하고 좨주(祭酒)나 사업(司業)이 주관하는 시험에 합격할 경우 상거(常擧) 시험[당대 과거는 상거와 과거(科擧) 두 가지로 나뉘는데, 상거는 주로 수재, 명경, 진사, 명법, 명서, 명산(明算), 도거(道擧), 동자(童子) 등 8과(科)다 – 역주]에 참가할 수 있다.

당조는 수조의 관리선발제도를 계승 발전시켜 더욱 엄밀한 전선(銓選) 제도를 확립했다. 당조 관리선발제도의 핵심은 관리가 되려면 반드시 시험을 거쳐야 한다는 것이다. 관리 임용과 승진 등은 모두 일정한 과정을 통과해야만 했다. 누구든지 관리가 되려면 각종 출신(出身, 과거 시험에 응시할 수 있는 신분이나 자격) 시험에 합격해 관리가 될 수 있는 자격을 획득해야 한다. 그런 다음 이부에서 행하는 전선(銓選)에 참가해 신

(身), 언(言), 서(書), 판(判) 등에 관한 시험을 통과해야 한다. 무관 역시 병부의 전선에 참가해 능력 시험과 겨루기를 통해 심사를 받은 다음 합격 여부가 결정되었다.

당나라에서 출신을 획득할 수 있는 길은 다음 세 가지였다. 첫 번째는 문음입사(門蔭入仕)다. 삼품 이상의 친귀(親貴, 황제의 근친이나 친근한 신하), 사품이나 오품 고급 관리, 훈관 상주국(上柱國, 훈관의 칭호), 주국의 자식이나 손자 등은 선조의 관직이나 작위의 높고 낮음에 근거해 법령의 규정에 따라 각기 다른 품계의 관직을 얻을 수 있었다. 하지만 관직을 제수받기에 앞서 반드시 학교에 들어가 학습하거나 5년 내지 8년 동안 황제나 태자의 숙위관[宿衛官, 삼위(三衛)]으로 복무해야만 했다. 정해진 기간이 차서 시험에 합격하면 전선에 참가할 수 있으며, 전선 시험에 합격하면 관직을 제수받을 수 있다. 당조 전기에는 문음입사가 고위 관리의 중요한 창구였다.

둘째, 잡색입류(雜色入流). 중앙 각 관부와 예하 기관의 서리(胥吏)가 일정한 등급에 오른 다음 품자(品子, 육품 이하 관리와 삼품에서 오품의 훈관자제), 훈관은 규정된 복무와 납자(納資) 기간이 만료된 후 소정의 시험에 합격하면 이부에서 행하는 전선에 참가할 수 있으며, 다시 시험에 합격하면 관리가 될 수 있는 자격을 얻어 관직을 부여받는다. 이를 입류(入流)라고 한다. 중앙 각 관부의 서리는 시험을 통해 임용될 수 있는데, 이를 유외관(流外官)이라고 한다. 그들이 관직을 얻는 것을 유외입류(流外入流)라고 불렀다. 잡색입류, 특히 유외입류는 당대 내내 주로 저급 관리나 중급 관리의 중요한 등용문이었다.

셋째, 과거(科擧). 전적으로 개인의 재학(才學)에 기반을 두고 시험을 통해 관리를 선발하는 제도다. 과거제는 당대에 확립되었는데 공거(貢

擧)라고 불렀으며, 상거(常擧)와 제거(制擧) 두 가지로 나뉜다. 상거는 매년 시험을 거행했으며, 수재(秀才), 명경(明經), 진사(進士), 명법(明法), 명서(明書), 명산(明算) 등의 과목으로 구분된다. 수재과는 곧 폐지되었다. 과거에 응시할 수 있는 자는 국자감의 생도(生徒)이거나 독학으로 학문을 닦아 자신이 직접 주현(州縣)의 예시에 합격해 중앙으로 추천된 향공(鄕貢)이다. 지방의 공사(貢士)는 주(州)에서 치르는 시험에 합격한 후에야 중앙으로 갈 수 있었다. 응시자들은 주로 명경과와 진사과에 집중되었다. 명경과는 유가 경전을 시험 과목으로 삼았다. 당나라 초기 50년 동안 경전의 장소(章疏)와 시책(試策)으로 시험을 쳤다. 그러나 조로(調露) 2년, 시첩경(試帖經, 경전에 나오는 몇 글자만 가지고 위아래로 문장을 만드는 것 - 역주)을 시험과목에 넣으면서, 유가 경전의 암송 정도가 명경과 합격 여부를 결정하는 중요한 표준이 되었다. 진사는 당나라 초기 시책을 중지하고 무책(務策) 다섯 가지를 넣었고, 영륭(永隆) 2년 다시 잡문을 넣었다. 잡문은 처음에는 잠(箴), 명(銘), 논(論), 표(表) 등이었는데, 천보(天寶) 시절에 시부(詩賦)를 중시해 진사과의 중요한 표준이 되었다. 이후 중요 관리 대다수는 진사과 출신이었기 때문에 진사에 합격하는 것을 일러 '등용문(登龍門)'이라고 했다. 상거(常擧)는 출신 자격을 얻는 시험으로 합격한 이후 이부에서 시행하는 전선에 참가해야 한다. 전선에 합격해야만 비로소 관직을 얻을 수 있다.

제거(制擧)는 황제가 정치적 수요에 따라 임시로 명목을 만들어 조령에 따라 인재를 선발하는 것을 말한다. 제거는 명목이 상당히 많았는데, 문사청려과(文辭淸麗科), 박학통예과(博學通藝科), 무족안변과(武足安邊科), 군모월중과(軍謀越衆科), 재고미달침적하료과(才高未達沈迹下僚科) 등 100여 종에 달했다. 일반인과 관리들이 모두 시험에 참가할 수 있었으며, 합격할 경우 관리는 즉시 승진할 수 있었으며, 관리가 아닌 경우는 이부에서 관직을 수여했다.

공거 고시는 처음에 이부 고공원외랑(考功員外郞, 종육품 상계)이 주관했으나 개원 25년 이후로 예부시랑(정사품 하계)이나 임시로 지정한 관원이 주관했다. 주관자를 지공거(知貢擧)라고 불렀다.

당나라 전기는 수조의 부병제(府兵制)를 그대로 활용했다. 중앙의 좌위(左衛)와 우위 등 12위(衛)를 두고 각기 4060개의 절충부(折沖府, 군부 또는 병부)를 통솔하도록 했다. 각각의 절충부는 위사(衛士) 1000여 명을 통솔했다. 절충부는 주현에 설치했으나 분포가 일정한 것은 아니었다. 관중 일대는 경성인 장안이 있는 곳이기 때문에 전체 40퍼센트의 절충부가 자리해 "관중의 군부가 사방을 다스리는" 배치 형태가 되었다. 관중에서 가까운 하동과 하남에도 많은 절충부가 설치되었다. 이렇게 해서 중앙정부는 필요에 따라 중무장 병력을 동원할 수 있었다.

절충부에는 절충도위(折沖都尉)와 과의도위(果毅都尉)를 두었으며, 위사는 장정을 선발해 충당했는데, 21세에 입대해 60세가 되면 퇴역할 수 있었다. 위사는 평상시에 농업생산에 종사하다가 농한기에 군사훈련을 받았으며, 중요 임무 가운데 하나는 윤번제로 경성(京城)을 숙위(宿衛)하는 것이다. 이를 번상(番上)이라고 한다. 전쟁이 일어날 경우 위사들은 즉각 작전에 투입되며, 전쟁이 끝나면 무장을 풀고 귀향할 수 있었다. 위사는 요역을 면제받았으며, 조세도 납부하지 않았다. 하지만 번상하거나 출정할 경우 병기와 갑옷, 식량을 모두 자신이 마련해야만 했다. 병사 징발 규정은 대단히 엄격했으나 유사시 급박한 상황일 경우 징병에 융통성을 발휘할 수 있었다. 이는 주도면밀한 전제주의 중앙집권 체제하의 군사제도였다. 전쟁이 발생할 경우 임시로 장령을 파견해 군사를 이끌고 출정하도록 했으며, 전쟁이 끝나면 장령은 조정으로 돌아가고 병사들은 귀향했다. 이렇듯 장령과 사병들의 관계가 느슨했기 때문에 장령이 병력을 장악해 정치에 간여할 수 없었다.

당나라 초기 위사 선발 규정에 따르면, "(위사 선발 대상자 가운데) 재산이 비슷하면 그중에 건강한 자를 선발하고, 체력이 비슷하면 재산이 많은 자를 선발했으며, 재산이나 체력이 모두 비슷하면 정구[丁口, 장정(壯丁)]가 많은 자를 선발했다."[21] 이러한 징발제도를 통해 부병 내에 상당히 많은 부유한 농민과 중소 지주가 포함되었으며, 부병 역시 대외 방어와 정복 능력을 확보할 수 있었다.

대규모 전쟁이 발생할 경우 당 조정은 부병 징발 이외에 임시로 사병을 모집해 출정시켰다. 이처럼 위사가 아닌 임시로 모집한 병사를 '정인(征人)'이라고 불렀다. 이는 실제로 강제성을 띤 징집이었으며, 선발 조건은 위사와 같았다. 거짓으로 정역(征役)을 회피하는 자는 엄격한 법률 제재를 받았다.

부병 이외에 당조는 금군(禁軍)을 보유했으며, 그 임무는 황궁을 지키는 것이다. 당 고조는 태원(太原)에 머물 당시 3만 명의 군사로 숙위를 충당했는데, 이를 '원종금군[元從禁軍, 또는 둔영병(屯營兵)]'이라고 불렀으며, 주로 궁성 북문을 수위(守衛)하도록 했다. 당 태종은 정관 12년 현무문에 좌우 둔영을 설치했는데, 이를 비기(飛騎)라고 불렀다. 또한 비기 가운데 체력과 지력이 뛰어나고 말을 타고 활을 잘 쏠 수 있는 자들을 선발해 황제의 시위를 맡겼는데, 그들을 백기(百騎)라고 불렀다. 고종 용삭(龍朔) 2년(662년) 좌우 둔영을 좌우 우림군(羽林軍)으로 삼았다. 무측천은 백기를 천기(千騎)로 확대했으며, 중종은 다시 만기로 확대 개편했다. 좌우 만기와 좌우 비기는 모두 좌우 우림군에 속했으며,

개원 이후로 '북문사군(北門四軍)'이라고 불렀다.

12위가 통솔하는 위사는 황성의 남문인 주작문(朱雀門)에 주둔했는데, 이를 '남아(南衙)'라고 한다. 금군은 궁성의 북문을 수위해 '북아(北衙)'라고 불렀다. 그들은 북문을 통해 황제가 거주하는 곳까지 출입할 수 있었기 때문에 당나라 전기에 여러 차례 발생한 궁정 정변의 성패가 북아 금군의 향배와 관련이 있었다.

상서 병부는 군사 행정기관으로 무관의 임면과 지도, 군위(軍衛), 병기 등 군사 행정업무를 담당했을 뿐 전쟁 지휘를 맡지는 않았다. 당조 초기에는 전문적으로 군사 작전을 지휘하는 기관이 존재하지 않았다. 전쟁에 관한 결정은 정사당(政事堂)과 황제가 직접 내렸으며, 전쟁이 발생할 경우 황제가 임시로 장수를 파견하고 병사 징발을 명했다. 병사를 이끌고 출정하는 친왕(親王)은 '원수(元帥)'라고 불렀으며, 문관이나 무관 통수(統帥)는 '대총관(大總管)' 또는 '총관(總管)'이라고 칭했다.

병사들의 작전을 독려하기 위해 당조는 훈관(勳官)을 설치해 전공을 세운 이에게 수여했다. 훈관은 12개의 전(轉)으로 나뉘는데, 십이전(十二轉) 상주국은 정이품에 해당하며, 십일전 주국(柱國)은 종이품, 칠전 경거도위(輕車都尉)는 종사품, 오전 기도위(騎都尉)는 종오품, 삼전 비기위(飛騎尉)는 종육품, 일전 무기위(武騎尉)는 종칠품에 해당한다. 훈관은 훈전(勳田)을 받았다. 훈관의 홀(笏)과 복식, 범죄를 저질렀을 경우 감형이나 속죄의 방식은 동급의 직사관(職事官)이나 산관(散官)과 동일했다. 상주국, 주국은 문음의 특권을 향유했다. 훈관이 병부나 지방에서 복무하다가 만기가 되면 병부에서 이부(吏部)로 보내지거나 또는 병부에 머물면서 과거에 응시할 수 있었으며, 시험에 합격할 경우 관직을 얻을 수 있었다. 돈황과 투루판 아스타나에서 출토된 〈당영순원년

사덕달비기위고신(唐永淳元年汜德達飛騎尉告身)〉이나 〈무주연재원년사
덕달경거도위고신(武周延載元年汜德達輕車都尉告身)〉[22]을 보면 사덕달(汜
德達)이 전쟁에 참가해 훈급(勳級)을 얻게 된 상황이 구체적으로 기록되
어 있다. 훈관제도는 당조 전기 백성들에게 종군을 종용하고 군대의 전
투력을 향상시키는 데 큰 도움이 되었다.

당조의 법은 율(律), 영(令), 격(格), 식(式) 네 종류로 나뉜다. "율로써
형벌을 바르게 하고 죄를 판정한다"[23]라고 했으니 형사 법전을 뜻한다.
당률은 태종 시절에 수정 보완해 만들었으며, 고종 시절에 소의(疏議)
를 제정해 율문(律文)의 내용을 해석했다. 이렇게 해서 나온《당률소의
(唐律疏議)》는 중국에서 현존하는 가장 오래된 성문법전이다.

《당률》의 편목과 차례는 수나라《개황률(開皇律)》에 근거를 두었는
데, 〈명례(名例)〉, 〈위금(衛禁)〉, 〈직제(職制)〉, 〈호혼(戶婚)〉, 〈구고(廐庫)〉,
〈천흥(擅興)〉, 〈도적(盜賊)〉, 〈투송(鬪訟)〉, 〈사위(詐僞)〉, 〈잡률(雜律)〉, 〈포
망(捕亡)〉, 〈단옥(斷獄)〉 등 12편으로 분류되며 전체 502조항으로 이루
어져 있다.[24] 형명(刑名)은 태(笞), 장(杖), 도(徒), 유(流), 사(死) 등 다섯 가
지다. 형량 면에서 당률은 수율(隋律)보다 비교적 관용적이다. 정관 원
년(627년), 교수형 50개 조항을 징역형과 유배형으로 바꾸었고, 정관
15년에는 새로운 법률을 반포하면서 수대의 법률에 비해 대벽(大辟, 사
형)에 속하는 92개 조항을 삭제시켰고, 71개 조항을 유배형에서 도형
(徒刑)으로 감형시켰다. 이 외에 형량을 감한 경우가 적지 않다.

《당률》은 이렇듯 총칙인 〈명례〉를 맨 앞에 놓고 차례대로 관련 법률
을 안배하고 있는데, 이는 황권 보호와 정부 기구의 정상적인 운영을
가장 중요한 것으로 간주하고, 백성에 대한 통제를 중시하며, 그 다음
에 민사와 형사에 관한 법률을 정한 것이라고 할 수 있다. 이러한 방식

은 적도(賊盜)를 가장 먼저 내세운 이리(李悝)의《법경(法經)》의 구조를 완전히 타파한 것으로 기존의 법률에서 볼 수 없었던 방식이다. 당률의 기본정신은 전제주의 통치를 보호하고 존비와 귀천의 등급제도와 윤리도덕을 유지하는 것이다. 그렇기 때문에 〈명례〉에서 모반(謀反), 모대역(謀大逆), 모반(謀叛), 악역(惡逆), 부도(不道), 대불경(大不敬), 불효(不孝), 불목(不睦), 불의(不義), 내란(內亂)을 십악(十惡)으로 정해 "특별히 표제로 삼아 맨 앞에 두었다(特標篇首)." 십악을 위반했을 경우 비록 형벌에 차이가 있기는 하나 대부분 감형이나 대속(代贖)을 할 수 없었으며, 사면(赦免)하지도 않았다. 공공 및 사유재산 보호와 사회 안정 유지 역시 당률 전체를 관철하고 있는 원칙 가운데 하나다.

당률은 호구를 은닉하거나 나이를 거짓으로 보고하는 경우, 관의 허가 없이 불교나 도교에 입도(私度入道)할 경우, 기한 내에 조조(租調) 납부나 요역 복무를 하지 않을 경우 경중에 따라 형벌에 처했다. 당률은 모반이나 대역 및 산택으로 도피하거나 체포에 저항한 자들은 모두 사형에 처하고, 그들의 처자식은 사형에 처하거나 유배 또는 관아의 노비로 삼았다.

귀족, 관료, 양인, 부곡(部曲), 노비 등 신분상의 차이 역시 당률에 그대로 반영되고 있다. 귀족이나 관료는 죄를 지어도 감형되거나 대속할 수 있었으며, 관당(官當, 형벌을 받는 대신 면직으로 처리하는 제도 - 역주)도 가능했다. 하지만 평민이 귀족 관료에게 죄를 지었을 경우 가중 처벌되었다. 주인은 부곡을 마음대로 구타할 수 있는 권리가 있었으며, 부곡이 죄를 지었을 경우 주인이 때려 죽여도 범죄로 인정되지 않았다. 노비에 관한 법률은 "축산(畜産)과 동일시했으며(律比畜産)", 주인이 관청에 보고만 하면 언제든지 죽일 수 있었다.

율 이외에 영이 있다. "영은 범례나 규정을 세우는 것을 말한다."[25] 주된 내용은 각종 제도에 대한 규정이다. 〈삼사삼공대성직원령(三師三公臺省職員令)〉, 〈호령(戶令)〉, 〈전령(田令)〉 등 전체 30권이다. 당령(唐令)은 산일되었으나 일본 학자가 복원해《당령습유(唐令拾遺)》,《당령습유보(唐令拾遺補)》등 두 권의 책으로 발간했다. 최근에 당령을 부속으로 수록한 송대《천성령(天聖令)》의 명대 초본이 천일각(天一閣)에서 발견되어 당령의 원래 모습을 복원하는 데 귀중한 사료가 되었다.

당조의 법에는 이외에도 격과 식, 두 가지가 있다. "격으로 위배되는 것을 금하고 사악한 것을 바르게 한다"라고 했으니 율의 보충이나 여러 가지 구체적인 금령이라는 뜻이다. "식은 일의 궤도이자 순서다."[26] 다시 말해 각종 행법 법규와 시행 세칙으로 영의 보충이다. 당조는 제칙(制勅)의 형식을 통해 지속적으로 율과 영을 보완하고 수정했다. 이러한 제칙은 정리, 삭제와 교정을 통해 그 성격에 따라 격 또는 식으로 편제되었다. 수공(垂拱) 원년 격식을 삭제함과 동시에 무덕 이후 수공 이전까지 조칙 중에서 시기적으로 사용하기 좋은 것만 골라 신격(新格) 2권을 편찬했으며, 율령 24조를 개정하고 사용하기 불편한 것은 옛것에 따랐다. 이는 당조가 이미 율과 영에 대한 수정 작업을 포기했다는 것을 말한다. 제칙과 신격이 당시에 사용하기 편한 법률 문건이 되었다. 격 역시 기존과 전혀 다른 새로운 의미가 부여되었다. 그래서《신당서》〈형법지〉는 "격이란 백관, 유사가 일상적으로 행하는 일이다(格者, 百官有司之所常行之事也)"라고 한 것이다. 신룡(神龍) 원년 또다시 수공 시절의 격과 격후칙(格後敕)을 빼버리고 제칙으로 율령과 식을 보완, 개정해 신격과 격후칙을 별도로 편찬함으로써 격의 내용을 더욱 확충했다. 당대의 격과 식은 더는 존재하지 않지만 돈황이나 투루판 문서에서

그 일면을 엿볼 수 있다.[27]

당나라 초기에 운용되었던 제도와 법률은 정부 기구의 정상적인 운영을 보장하고, 공문 처리의 질서와 시행 날짜의 제한을 규정했으며, 아울러 전문 관리가 감독과 검사를 책임지도록 했다. 또한 정무 처리 과정의 지위나 작용이 서로 다르기 때문에 관리를 장관, 통판관(通判官), 판관(判官), 주전(主典) 등 사등관, 즉 네 등급으로 나누었다. 관리의 실직이나 위법 행위, 횡령과 뇌물 등에 대해서도 법률에 구체적인 처분 방법이 규정되어 있었다.

당초 생산발전 회복을 위한 조치-정관지치

균전과 조용조

당나라 초기 사회경제는 쇠퇴해 있었다. 무덕(武德) 말기 때의 호구 수는 300만에도 미치지 못했고, 이는 수나라 흥성기의 900만에 비하면 3분의 1에도 못 미치는 수다. 황하 하류 지역에는 "풀이 우거진 거대한 연못이 천 리나 이어져, 인적이 끊기고 닭이나 개의 울음소리도 들을 수 없었다."[28] 정관 시기 현지 호적부에 등기된 호구 수는 70만도 되지 않았는데, 이는 수나라 대업(大業) 초기 470여만 호의 7분의 1 정도다.[29]

이런 황폐한 사회경제에 직면한 당 왕조는 생산을 회복시킬 시책을 마련해 조세 수입을 보장해야 했다. 무덕 7년(624년) 4월 반포한 새로운 법령에는 전령(田令), 부역령(賦役令), 호령(戶令)이 포함되어 있었는데, 이것이 바로 《자치통감》에 나오는 균전조용조법(均田租庸調法)이다.

(1) 정남과 18세 이상의 중남에게는 1경(頃, 2만여 평)의 전답을 분배하고, 그중 영업전[永業田, 세업전(世業田)]은 20무, 구분전(口分田)은 80무다. 노인 남자, 중병자, 불구자[30]는 각각 구분전 40무를 받고, 과처첩(寡妻妾)은 구분전 30무를 받는다. 그들 자신이나 남편이 원래 가지고 있던 영업전은 해당 호적의 구분전 액수에 포함시켜 계산한다. 정남과 18세 이상의 중남 이외의 사람이 호주일 경우 각각 영업전 20무와 구분전 30무를 받는다.

(2) 고위직 귀족과 5품 이상의 관리는 등급에 따라 5경에서 100경의 영업전을 받을 수 있다. 전쟁에서 공을 세운 자는 공훈등급에 따라 60무에서 30경의 수훈전(受勳田)을 받을 수 있다.

(3) 전답이 풍부한 곳을 관향(寬鄕)이라 하고 부족한 곳을 협향(狹鄕)이라고 한다. 협향의 구분전은 반액을 지급한다. 협향에 사는 사람이 멀리 관향에 있는 전답을 받을 수 있도록 허락한다. 관리의 영업전과 훈전(勳田)은 관향에서만 수급할 수 있으나, 협향의 경우 음사전(蔭賜田)을 사서 보충하는 것을 허가한다.

(4) 영업전은 자손에게 전수되며, 환수하지 않는다.

(5) 사망한 후 가난해 장례를 치르지 못 할 경우, 영업전은 팔 수 있다. 관향으로 이사하거나, 주택, 상점, 방아를 마련하려는 목적을 가진 이는 구분전을 팔 수 있다. 관리들의 영업전과 훈전도 팔 수 있다. 매입하는 토지는 원래 받아야 할 한도액을 초과할 수 없으며, 협향 사람이 땅을 살 때는 관향의 한도액을 기준으로 삼을 수 있다.

(6) 관직의 내외[내(內) 중앙관리, 외(外) 지방 관리], 등급, 업무 성격에 따

라 80무에서 12경의 직분전(職分田)을 소유하며 그 토지에 대한 임대료로 녹봉의 일부를 대신한다. 이직 시 직분전은 후임 관리에게 양도한다. 중앙과 지방의 각 관청마다 각각 다른 양의 공해전(公廨田)을 소유하며, 그 토지의 임대료로 업무비용을 충당한다.

당나라의 전령(田令)에 나오는 '급전(給田)'이나 '수전(授田)'은 국가가 인구당 100무, 혹은 얼마만큼의 토지를 균등하게 농민에게 나눠주거나, 국가가 먼저 주동해서 황무지를 나눠주는 것을 의미하지 않는다. 전령(田令)에서 규정한 '급전(給田)', '수전(授田)'의 수량이 의미하는 것은 호적에 따른 '응수전(應受田), 규정에 따라 지급받아야 할 토지', 즉 백성들이 점유하거나 논밭으로 개간할 수 있는 최고한도를 말한다. 관리와 백성들은 모두 이 한도에 따라 국가로부터 황무지나 주인 없는 땅, 후손이 없는 땅, 관리에게서 몰수하거나 정부에서 환수한 땅 등을 받는다. 또한 한도 내에서 토지를 구매할 수도 있다. 북제(北齊) 하청(河淸) 3년(564년)의 영에는 "관리와 백성들이 논밭으로 개간하는 토지를 영업전이라고 명한다"고 나와 있다. 당령(唐令)에 따르면, "오품 이상에게 지급되는 영업전은 모두 협향에서 받을 수 없으며, 관향에서 떨어진 주인 없는 황무지를 개간해 보충한다(음사전을 사서 보충하는 것으로 비록 협향일지라도 이를 따랐다). 육품 이하의 영업전에 대해서는 본래 지역의 규정에 따라 공전(公田)을 환수해 보충한다". 당의 전령에서는 또 '땅을 살 때에도 본 제도를 벗어날 수 없다'[31]라고 규정했다. 협향은 한도를 넘은 토지 점유가 불가능했다. 그러나 관향에는 남는 땅이 있었기 때문에 공문을 통한 등기수속을 거치기만 하면 '점유량이 많아도 법적으로 죄가 되지 않았다.'[32]

호적부상에 '이수전(已受田, 이미 지급받은 토지)'이란 농민들이 실제로 점유하고 있는 토지로, 국가는 농민의 신고에 의거해서 이 토지를 호적에 기재하고 그에 대한 재산권을 인정했다. 당의 전령에 '토지 지급에 있어서 세금 징수 대상이 우선시되고, 징수 대상이 아닌 경우가 그 다음이며, 가난한 이가 우선, 부유한 이가 그 다음이며, 토지가 없는 이가 우선, 토지를 조금 소유한 이가 그 다음이다'라고 규정하고 있다. 돈황(敦煌)과 투루판(吐魯番)에서 출토된 호적부와 기타 문헌기록에 따르면 이수전(已受田)은 응수전(應受田)의 액수에 크게 못 미쳤을 뿐 아니라, 응수전과 어떠한 대응관계도 없었다. 즉 실제로 토지를 지급한 것이 아니라는 것이다. 이 때문에 급전, 수전의 기본적 의미는 바로 토지 점유 제한과 공전(公田)을 의미하며, 황무지를 공급받는 것과 관리와 백성이 실제로 소유한 토지의 재산권에 대해 인정하는 뜻을 포함하고 있다.

　　토지 환수에 대해서 당 전령에서는 '사망 후의 구분전은 관으로 환수한다'라고 규정했다.《당률》〈호혼율(戶婚律)〉에서는 만약 이정(里正)들이 '지급할 것을 지급하지 않거나 환수해야 할 것을 환수 받지 않고, 세금을 징수해야 할 것에 세금을 징수하지 않는 등의 위법사례가 있으면, 한 사례당 40대의 태형을 내린다'고 나와 있다. 돈황과 투루판의 백성들은 소유한 토지가 부족한 상황이었고 토지를 보통 자손들에게 물려주었다. 당 초기 중원지방에는 황무지가 많고 관향의 토지 점유에도 제한이 없었다. 그러나 농민들은 자신들의 실제 경작능력에 맞게 토지를 소유해야 했으므로 보통 정남 1인당 30무를 소유했다. 당나라 전기 식구 수가 6명인 자경농(自耕農)은 평균 60~70무의 토지를 소유했는데, 이는 수전 액수에 미치지 못하는 양이었다. 일반적으로 토지는 자손에게 물려주었고, 또한 구분전은 일정 조건하에서 팔 수도 있었다.

그러므로 토지 환수 문제는 후손이 없거나 도주, 사망의 경우에만 발생했다. 투루판의 퇴전(退田), 급전(給田) 문서에 따르면 관부에서 농민의 토지를 환수하는 경우는 주로 환공(還公), 도주 사망, 그리고 후손이 끊긴 경우 등 세 가지로 나눌 수 있다.[33] 그렇기 때문에 순수 구분전이 관부로 환수되는 일은 거의 없었다.

그러므로 영업전과 구분전의 구분은 호적 등기상의 의미일 뿐 실제로는 차이가 없었다. 《당률》〈호혼율〉에서는 영업전, 구분전, 묘전(墓田)의 소유자를 모두 '본주(本主)' 또는 '지주(地主)'라고 칭했으며, 모두 '사전(私田)'으로 간주되어 보호받았다. 공사전(公私田)을 무단으로 경작하거나 팔아넘긴 경우, 또는 관청에서 사전을 탈취하거나 남의 묘전을 무단으로 경작한 경우는 상황의 경중을 따져 형벌에 처했다. 재산권의 측면에서 법률상 강조하고 있는 것은 공전과 사전이지, 영업전과 구분전이 아니다. 당나라에서 공전은 대체로 직전(職田), 공해전(公廨田), 둔전, 역전(驛田) 등 정부가 경영하는 관전(官田)과 후손이 없는 경우, 도주 사망한 경우, 죄에 따른 몰수, 스스로 환수한 경우 등의 환공전(還公田), 그리고 황무지를 말한다. 공전에 대한 최고 권리는 국가에 있으며, 이에 대해 국가는 직접 처리할 수 있다. 사전은 민간이 소유한 토지로서 영업전, 구분전, 그리고 관향의 적외전(籍外田)을 포함한다.

당의 전령(田令)은 노비, 부곡, 농우[경우(耕牛)]에 대한 토지 지급을 취소하고, 농민에 대한 토지지급 한도를 낮췄으며,[34] 협향에서 제한액을 초과해 토지를 소유하는 것을 금지했다. 이러한 사실들은 모두 당나라 초기 자경농민과 중소지주의 경제적 지위가 높았음을 말해주고 있다.

당의 전령에 따르면 협향에서 땅을 살 때는 관향의 제도를 따르며 관향의 토지는 한도액 외에도 소유가 가능했다. 또한 훈관(勳官)도 훈전(勛田)을 소유할 수 있었고, 공훈의 등급에 따른 토지지급이 광범위했다. 이로써 새로운 지주들이 합법적으로 많은 토지를 점유할 수 있었다. 수나라 말기에서 당나라 초기까지 10여 년에 걸친 긴 전란 속에서 사망하거나 뿔뿔이 흩어진 인구가 늘어나고, 대량의 토지가 황폐화되었다. 당 초기 원래 토지가 없거나 매우 적은 토지만을 소유했던 농민들은 모두 상당량의 토지를 소유하게 되었다. 농민들은 전령과 호령에 의거해 호구와 토지를 국가에 보고했고, 국가는 호적을 통해 이들 토지에 대한 농민들의 점유권을 인정했다. 당의 전령에서는 또한 고향으로 돌아온 농민들이 국가로부터 황무지를 받아 경작할 수 있도록 했다. 이 때문에 전령과 호령의 시행은 당 초기 농업생산의 회복과 발전에 매우 적극적인 역할을 했다.

당의 부역령 규정은 다음과 같다. 매 정(丁)은 매년 국가에 조(租)로는 조 2석을 내고, 조(調)로는 지역 생산품을 이용, 매년 견[絹, 또는 능(綾)이나 시(絁)] 2장(丈)과 면 3냥을 내거나 견과 면이 생산되지 않는 지역에서는 포 2장 5척과 마 3근을 납부했다. 이 외에 매년 20일의 요역에 복무하며 윤달에는 2일이 추가되었다. 요역을 하지 않으면 견이나 포 납부로 대체했는데, 1일을 견 3척이나 포 3척 7촌 5분으로 환산했다. 이를 용(庸)이라 한다. 만약 정부에서 별도로 역을 추가할 경우, 15일이 추가되면 조(調)를 면제해주고, 30일이 추가되면 조(租)와 조(調)를 모두 면제했다. 1년 동안의 추가 부역일 수는 최대 30일을 추가할 수 없었다. 이것이 바로 조용조법이다.

정규 요역 이외에 잡역(雜役)은 지방정부에서 임시로 정남과 중남을 징발하는 것으로 보통 39일을 넘지 않았고, 초과할 경우 다른 부역을 경감해주었다. 부역령에서는 또 재해의 경중에 따라 조용조의 구체적

방법을 감하거나 면제해주었다. 재해는 보통 수재(水災), 한재(旱災), 충재(蟲災), 상재(霜災)로 구분되며, 재해의 정도에 따라 감면액을 정했다. 10분의 4 이상 손해를 입으면, 조(租)를 면제하고, 10분의 6 이상이면 조(租), 조(調)를 모두 면제하고, 손해의 정도가 10분의 7 이상이면 과(課)와 역(役)까지 모두 면제했다.

당의 부역령에서는 부역기간의 최고 한도를 규정했기 때문에 역(役)을 용(庸)으로 대체하는 방법 또한 점차 일반적인 제도로 자리 잡게 되었다. 이로써 농민들은 농업생산에 종사할 시간이 비교적 많아졌다. 그러나 황제는 언제든지 '별차과(別差科, 군사행동을 위해 특별히 부과한 민간인의 요역 – 역주)'[35]징발을 명령할 수 있었으므로 위와 같은 규정은 가끔 실질적 의의를 상실하기도 했다.

조용조는 당나라 전기의 주요 세원이었다. 이와 같은 매 정마다 같은 양을 징수하는 세제는 자경농민이 대량으로 존재하고, 토지 점유가 비교적 균형적인 조건하에서만 실행할 수 있었다.

정관지치(貞觀之治)

당나라 건립 후 당 고조의 큰아들 이건성(李建成)이 태자로 세워졌다. 그는 자주 장안에 머물면서 고조의 국사 처리를 도왔다. 차남인 이세민은 진왕(秦王)으로 봉해졌고 여러 해 동안 군대를 지휘하며 많은 지역을 토벌했다. 군웅 평정과 전국 통일을 위한 전쟁에서 이세민은 매우 큰 공헌을 해, 그 세력과 위엄이 크게 높아졌다. 그러나 이연(李淵)은 그의 행동이 마음에 들지 않아 근심하고 있었다. 이세민은 진왕의 지위에 만족하지 않았다. 그는 책략가인 방현령(房玄齡), 두여회(杜如晦) 등의 보좌 아래, 황제 계승권을 빼앗기 위해 적극적인 계략을 꾸몄고, 태자 이건성과 격렬한 암투를 벌였다.

　무덕 9년(626년), 이세민은 장안궁의 북문인 현무문(玄武門)에 복병을 배치해 이건성을 쏴 죽인 후, 그의 아우인 제왕(齊王) 이원길(李元吉)도 살해했다. 이것을 '현무문의 정변(玄武門之變)'이라고 한다. 당 고조 이연은 하는 수 없이 이세민을 태자로 세웠으나, 고조는 곧 폐위당하고 이세민이 그 뒤를 이어 황제가 되었으니, 그가 당 태종이다.

　당 태종은 고조와 마찬가지로 지주계급에 속하는 각 집단의 이익에 협조하는 정책을 계승했다. 관롱(關隴), 관동, 산해관 동쪽뿐 아니라 강남의 귀족과 사족을 모두 채용했다. 동시에 그는 과거의 원한은 포기하고, 이건성 세력의 핵심구성원이자, 예전 자신을 제거하라고 이건성에게 건의했던 위징(魏徵)과 왕규(王珪)도 대담하게 기용했다. 또한 대주(戴冑), 마주(馬周), 이적(李勣) 등 많은 관동 출신의 보통지주를 연이어 중용했다. 이들 중 대부분은 수나라 말기 농민 기의군에 참가했던 인물로 관동의 복잡한 계급관계와 정치 형세에 비교적 정통했다. 그들은 계급 간의 갈등 해소와 통치질서의 안정을 위해 중요한 역할을 담당했다. 또한 당 태종은 강남의 유생들을 문학시종(文學侍從)으로 채용해 고문을 맡게 했다.

　태종 즉위 초기, 조정에서는 어떻게 당시의 형세를 추측하고 통치할 것인가에 대한 토론을 전개했다. 몇몇 대신들은 하, 은, 주의 삼대 이후 사람들은 점차 경박해지고 거짓되었으며 인심은 갈수록 흉해지고 있기 때문에 패도(覇道)를 실시해 백성들에게 강도 높은 통치정책을 펴야 한다고 생각했다. 반면, 위징 등의 대신들은 대란 이후 백성들은 안정을 원하고 있으므로, 왕도와 제도(帝道)를 펼쳐 백성들을 교화해야 한다고 주장했고, 당 태종은 위징의 의견을 받아들였다.

당 태종

당 태종은 치도와 정치책략에 대해 자주 대신들과 토론했다. 그들은 역사 속에서 얻은 교훈에 의하면, 빈번하고 과중한 부역과 관리들의 탐욕 때문에 농민들은 굶주림과 추위에 시달리게 되어 반란을 일으킨 것이며, 사치를 금하고 절약하며, 부역 경감과 청렴한 관리의 선발 등을 통해 백성들의 의식주를 풍족하게 해야만 통치를 공고히 할 수 있다고 인식했다. 정관(貞觀)의 군신들은 《순자》〈왕제〉에 나오는 "임금은 배, 서인은 물과 같다. 물은 배를 싣기도 하지만 배를 전복시키기도 한다(君者, 舟也. 庶人者, 水也. 水則載舟, 水則覆舟)"는 말을 통해 스스로 경계했다. 태종 또한 이렇게 말한 바 있다. "천자에게 도가 있으면 사람들이 추대해 주인으로 삼고, 도가 없으면 사람들이 버리고 쓰지 않으니 진실로 두렵도다."³⁶

국가를 통치할 방법과 변경 문제의 처리, 또 몇몇 돌발 상황에 대한 처리방법에 대해 군신들은 모두 당시 실제 상황에 의거해 토론을 벌인 후 결정했다.

그들은 국정에 대한 토론뿐만 아니라 공부에도 힘을 썼다. 당 태종은 위징에게 역대 문헌들을 유가경전, 제자서, 역대사서에 따라 분류해 《군서치요(群書治要)》로 엮도록 해서 군신들이 공부할 수 있도록 했다.

또한 사서를 편찬해 역대 홍망의 교훈을 정리하도록 했다. 정관의 군신들은 현실 문제를 토론할 때 마다 항상 선왕과 제자(諸子), 과거 홍망 성쇄의 교훈을 이야기했다. 이렇듯, 이론과 역사, 그리고 현실이 결합된 기초 위에, 거시적인 안목과 발전적인 관점을 가지고 군신 간에 평등하고 심도 있는 토론이 진행되었다. 이는 정관 시기 군신들의 정치토론에서 매우 중요한 특징으로서, 비교적 정확한 형세 분석과 정확한 정책 결정을 진행할 수 있는 전제가 되었다.

당 태종은 자신 혼자서는 천하의 일을 두루 알 수 없기 때문에 나라의 일을 독단적으로 행해서는 안 되는 것을 알고 있었다. 정관 4년 당 태종은 지난날 수 문제가 관리들을 신임하지 않고 모든 일을 스스로 결정했던 것을 언급하면서 대신들에게 다음과 같이 말했다.

"짐의 생각은 그렇지 않다. 넓은 천하와 사해의 수많은 일들은 천 개의 단서와 만 개의 실마리를 모두 결합해 융통성 있게 처리해야 한다. 모든 일을 백관들에게 맡겨 의논하게 한 후, 재상은 일을 계획하고, 그 일이 합당하면 곧 상주를 올려 실행에 옮길 수 있도록 한다. 그 많은 중요한 사무를 어찌 혼자의 생각으로 결정할 수 있겠는가? 만약 하루에 열 가지 일을 결정한다면, 그중 다섯 가지는 올바른 결정이 아닐 수도 있다. 모두 바른 결정을 할 수 있다면 좋은 일이나, 그렇지 않다면 어찌할 것인가? 그렇게 시간이 흘러 불합리함이 많아지면 나라는 곧 망하게 될 것이다. 널리 어진 인재를 등용해 높은 자리에서 자세히 살피도록 하고, 법령을 엄중히 한다면 누가 감히 잘못을 저지를 것인가? 이에 따라 모든 관리들에게 칙령을 내리니, 만약 합당치 않은 점이 있으면 반드시 상주를 올리도록 하라. 황제의 명령이라고 맹목적으로 바로 시행해서는 안 된다. 반드시 신하로서의 도리를 다해야 한다."[37]

이 말은 정관의 군신들이 국가를 다스렸던 이론과 실제를 가장 잘 종합해 말해주고 있다.

당 태종은 관료의 의견을 광범위하게 청취해 유익한 의견들을 모았다. 그는 자신의 결정에 오류가 있을 수 있음을 인식하고 신하들이 자주 자신에게 의견을 제시할 것을 요구했고, 기꺼이 간언을 받아들였다. 위징은 문하성에 장기간 재직하면서 비교적 대담한 직언을 했다. 그는 통치 안정의 문제에 대해 자주 태종과 함께 방법을 연구했다. 그는 태종에게 "여러 의견을 들으면 현명해지고, 한쪽 말만 들으면 아둔해진다"라고 말해, 태종이 사람들의 광범위한 의견을 받아들이고 백성들의 사정이 군주에게 전해질 수 있도록 했다. 당나라의 통치가 안정되었을 때도 위징은 여전히 봉건국가의 운명에 관심을 가졌고, 끊임없이 태종에게 진언해, "편안할 때 위태로움을 생각하며(居安思危)", "끝까지 시작할 때처럼 신중히 해야 한다(愼終如始)"라는 것을 상기시켰다. 당시의 대신들은 대부분 국가의 운명에 대해 관심을 갖고 국가를 위하는 입장에서 숨김없이 자신들의 의견을 제시할 수 있었다. 이것은 정관 초기 정확한 정책 결정을 할 수 있었던 가장 중요한 조건이었다.

널리 어진 인재를 구하는 것에 대해, 정관의 군신들은 다음과 같이 생각했다.

"정사를 행하는 데 중요한 것은 오직 좋은 인재를 얻음에 있다. 재목이 아닌 자를 채용한다면 필시 바른 정치를 행할 수 없을 것이다. 인재를 등용할 때는 반드시 덕행과 학식을 근본으로 삼아야 한다."[38]

"인재를 발탁한다 함은 모두 백성들의 안녕을 위한 것이다. 인재를 쓸 때는 단지 그 직무를 잘 해낼 수 있을 것인지를 물어야 할 터이니 어찌 새로운 친구인지 아니면 오래 정을 나눈 친구인지에 따라 달라질 수

있겠는가?"³⁹

"군자가 사람을 등용하는 것은 그릇을 고르는 것과 같아, 그 장점을 취해 고른다. 옛날 태평정치를 이룬 제왕들이 다른 시대의 인재들을 빌려와 등용했는가? 다만 인재를 못 알아볼까를 걱정할 뿐이지, 어찌 이 시대의 사람들 중 인재가 없다고 하겠는가?"⁴⁰

엄격한 법령은 정관 시기 군신들에 대한 공통적인 요구였다. 당 태종은 "법은, 나 한사람의 법이 아니라, 천하의 법이다"라고 했다. 정관 11년 위징은 다음과 같이 회고하며 말했다.

"정관 초기에는 공평한 도리(公道)에 뜻을 두고 백성들의 죄를 모두 법에 따라 처리했다. 즉시 판결을 내려야 할 때에도 죄의 경중에 대해 반드시 신하들의 의견을 들어본 후 그들의 의견을 흔쾌히 받아들였다. 백성들은 죄를 따짐에 사사로움이 없음을 알고 기꺼이 받아들여 원망하지 않았으며, 신하들도 간언을 해도 미움을 받지 않는 것을 보고 더욱 충성을 다했다."⁴¹

정관 원년부터 3년까지(627~629년), 관동, 관중의 각지에서 수재나 한재, 서리나 곤충으로 인한 피해가 지속되었다. 특히 관중 지역은 기근이 심해 심지어 자식을 파는 일까지 생겼다. 당 태종은 재해 지역에 창고를 열어 빈민을 구제하도록 명령하고 타지에 가서 먹을 것을 구하는 것을 허락했다. 또한 황실 창고의 재물을 꺼내 팔려간 아이들의 몸값을 치르고 부모에게 돌아갈 수 있도록 했다. 재해가 없는 지역의 백성들 또한 힘을 다해 재해민들이 흉년을 무사히 보낼 수 있도록 도왔다. 사서의 기록에 따르면, 당시 일부 주에서는 "곡식이 있는 곳으로 호구를 옮겨 번갈아가며 서로 도우며 편안하게 살다가, 다시 고향으로 돌아갈 때는 각각 거둔 곡식을 가지고 갈 수 있도록 했으며, 별도로 포와

면을 챙겨 와서 선물로 주기도 했다.[42] 당 태종은 많은 주와 현을 통합해 중앙의 각 관부의 관리 수를 2000여 명에서 600여 명으로 간소화했다. 이로써 국가의 지출을 줄일 수 있었다. 하남(河南), 하북(河北), 산동(山東) 등 전란으로 인해 심각한 손해를 입은 지역에 대해서는 일정 기간 동안 요역을 징발하지 않았다. 관중 지역과 다른 지역에서 요역, 병역을 징발할 때는 농사일을 하는 시기를 놓치지 않도록 주의했고, 이는 농업생산 회복에 큰 도움을 주었다.

정관 4년에는 전국에 큰 풍년이 들어 흩어져 살던 사람들이 모두 고향으로 돌아왔다. 그 후 여러 해 동안 곡식이 풍부해서 쌀과 조의 가격이 한 말당 3, 4원을 넘지 않는 등 농업생산 상황이 매우 빠르게 호전되었다.

정관 후기가 되자, 당 태종은 더는 예전처럼 적극적으로 간언을 받아들이지 않았다. 또 요역(徭役)과 부세(賦稅)를 경감했던 정책을 점차 포기하기 시작했다. 그는 심지어 "백성들은 일이 없으면 교만하고 안일해지며, 노역이 있어야 부리기 쉬워진다"라고 말하는 등 전쟁과 요역이 점차 빈번해졌다. 정관 21~22년에 당은 동쪽으로 고구려를 침략하고 서쪽으로는 구자(龜玆)를 침략했으며, 서남쪽의 송외만(松外蠻)과 북쪽의 설연타(薛延陀)를 정복했다. 동시에 태종은 취미궁[翠微宮, 지금의 서안 종남산(終南山)과 옥화궁(玉華宮), 지금의 섬서 의군(宜郡) 경내]을 보수해 피서용도로 쓰도록 했고, 강남(江南), 검남(劍南)의 농민들을 징발해 멀리 고구려를 침략할 때 사용할 배를 만들도록 명령했다. 검남 일대에서는 지사의 심한 독촉으로 이미 요역 인력을 다 사용하고도 다시 배 제작을 위한 용(庸)을 징발하기도 했다. 백성들은 땅과 집을 팔거나 심지어, 자녀를 팔고도 비용을 댈 수가 없을 정도였다. 그러나 관리들은 징발 범위를 더욱 확대해 산간의 요인(僚人)에게도 요역을 징발했고, 결국은 아(雅), 공(邛), 미(眉) 3주(州)의 반항을 불러일으켰다.

당나라 초기 변경의 각 민족과 이웃 국가와의 관계

당나라 초기에는 국가가 직접 대량의 농민을 통제하고 있었다. 조세와 요역, 병역을 직접 징수해 국력이 비교적 강성했다. 동시에 많은 부유한 농민들은 지주로의 신분 상승을 시도했고 중소 지주들은 토지와 재화를 늘리고자 하는 탐욕이 더 커졌다. 그들은 모두 전쟁 중에 재물을 약탈하거나 군공을 세워 훈전(勳田)을 점유할 권리를 취득하고자 했다. 당 태종과 고종 부자는 국력 발전과 이와 같은 사람들의 요구를 만족시키기 위해, 수 왕조에 이어 군사 징발정책을 펼쳤다. 군사의 징발은 대량의 자경 농민들을 빈곤에 빠지거나 파산하게 만들었고 지주들에게는 토지 겸병을 유리하게 만들어 주었다.

당 왕조 건립 이후, 동돌궐 귀족들은 자주 당의 변경을 침략했다. 그들은 농민들을 괴롭히고 변경 지역에 사는 많은 주민들을 잡아가 노예로 삼았다.

무덕 9년 8월 당 태종이 막 즉위했을 때 힐리가한(頡利可汗)이 10여만 기병을 이끌고 장안 근처의 위수(渭水) 북쪽 기슭으로 들어왔다. 당 태종은 직접 위수로 가서 힐리가한과 담판을 벌이는 동시에 군대의 위용을 과시하며 필승의 기세를 엿보았다. 이에 힐리가한은 태종과 화친 조약을 맺고 물러갔다. 동돌궐이 철수한 후 당 태종은 변경의 요새를 보수해 반격을 위한 준비를 하라고 명령을 내렸다.

정관 원년 2년간 돌궐 내부에서는 갈등이 거듭되어 분열 상태에 빠졌다. 그 뒤 당은 동돌궐의 통치에서 독립한 설연타(薛延陀)와 동맹을 맺었고, 동돌궐의 동부를 통치하던 돌리가한(突利可汗)도 당에 투항해 왔다. 당 태종은 이적과 이정을 파견해 10여만의 군대를 이끌고 각각 출격하도록 했다. 정관 4년 당나라 군이 동돌궐을 격파하고 힐리가한을 포로로 잡으면서, 동돌궐은 멸망하게 되었다.

당 태종은 남하한 대량의 돌궐인들을 동쪽 유주(幽州)에서 서쪽 영주(靈州)까지의 땅에 배치하고, 옛 동돌궐의 땅에는 도독부(都督府)와 주(州)를 설치해 동돌궐 귀족을 도독(都督)과 자사(刺史)로 임용했다.

당이 돌궐을 격파한 후 정관 4년 3월 서북쪽 각 민족의 군장(君長)들은 당 태종에게 천가한(天可汗)의 칭호를 받을 것을 청했다. 당 태종은 기뻐하며 "나는 당나라의 천자인데, 이제 또 가한(可汗, 칸, khan, 중세기 선비, 돌궐, 회흘, 몽골 등의 종족들이 사용하던 군주의 칭호)이 되었구나"라고 말하자 군신과 각 종족의 군장들이 모두 만세를 연호했다. "새서(璽書, 옥새가 찍혀 있는 문서)를 서역과 북방의 군장들에게 내려, 모두 태종을 '천가한'으로 칭하게 했고, 변경의 지도자들이 사망할 경우에 반드시 황제가 조서를 내려 그 후계자를 정하도록 했다. 사이(四夷)에 대한 통치가 이때부터 시작되었다."[43] 이렇게 당은 돌궐이 가지고 있던 서북쪽 민족에 대한 통치권을 빼앗았고, 당 태종은 천가한으로서 서북쪽 각 민족들의 최고 군장이 되었다.

당이 동돌궐을 격파한 후 이오(伊吾, 지금의 신장 위구르 자치구 하미)는 당에 귀속되었고, 고창왕(高昌王) 국문태(麴文泰)는 직접 장안에 왔다. 또한, 언기왕(焉耆王)이 사자를 보내 자갈길을 개척해 왕래하자고 청했고, 이로써 당과 서역 간의 교통이 열렸다. 이때, 토욕혼(吐谷渾) 귀족들이 여러 차례 변경을 침략해 하서(河西)의 길목을 위협했다. 당 태종은 이정이 통솔하는 군대를 파견해 정관 9년 토욕혼 군대를 격파했고, 이로써 당에 투항했다.

당이 동돌궐, 토욕혼과 전쟁을 했던 원래 목적은 교란을 방지하고 내륙의 생산을 보장하는 데 있었다. 그러나 결국 당 태종은 동돌궐과 토욕혼을 정복하고 그들을 자신들의 통치하에 두었다.

당 왕조는 위진 남북조 시기 민족 대융합의 기초 위에 세워진 국가였기 때문에, 사회적으로 민족 간의 벽이 높지 않았다. 북주(北周), 수, 당 등의 통치 계급은 모두 이민족과 한족의 결합으로 형성되었다. 당 태종의 조모, 모친, 부인은 모두 선비 귀족 출신이었다. 또한 당 태종 본인도 처라가한(處羅可汗)의 조카인 돌리가한과 의형제를 맺을 만큼 이민족을 멸시하는 마음이 없었다. 태종은 돌궐과 토욕혼을 정벌한 후에도 그 지도자를 처벌하거나 양민들을 노비로 삼지 않았으며, 돌궐과 토욕혼의 귀족들이 계속 부락을 통솔하게 하는 등 회유통치를 실시했다. 남하한 돌궐인과 조정에 들어온 돌궐 귀족들에게도 적합한 지위를 주었다. 당 태종이 실시한 민족정책은 비교적 진보적이었다.

고창왕이 동서를 잇는 통상로를 독점해 서역의 사신들이 당에 오는 것을 막자, 정관 14년(640년) 당은 후군집(侯軍集)에게 군대를 이끌게 해 고창을 공격했다. 서역과의 통상로를 보호하고 서역에 대한 통제를 강화하기 위해 당은 고창 지역을 서주(西州)로 지정하고, 원래 서돌궐이 점거하고 있던 가한부도성(可汗俘圖城)을 정주(庭州, 신장 위구르 자치구 길목살이)로 지정해 각각 현을 설치했다. 또 안서도호부를 교하성(交河城, 지금의 신장 위구르 자치구 교하 옛 성)에 설치해 병사를 주재시켰다. 그후 당은 구자(龜玆)를 격파해 안서도호부를 구자로 옮기고 그곳에서 구자(龜玆, 쿠차), 언기(焉耆, 카라샤르), 우전(于闐, 소륵(疏勒, 카슈가르) 등 네 곳을 통솔하게 했다. 역사서에서 이 네 곳을 안서사진(安西四鎭)이라고 부른다.

7세기 초 토번(吐蕃)이 강대해지자, 당 태종은 정관 15년에 문성(文成) 공주를 토번의 송찬간포(松贊干布)에게 시집을 보내어 토번과 친밀한 관계를 형성했다.

서남쪽 변경이 안정되자, 정관 19년(645년) 당나라 군은 육해로 나누어 고구려로 대거 진격했고, 당 태종이 직접 전선에 나서서 전쟁을 지휘했다. 고구려인들이 성을 근거지로 해 굳게 방어했기 때문에 당나라 군은 고구려의 성 한 곳을 공격할 때마다 매우 큰 대가를 치러야 했다. 결국, 당 태종은 모든 병력을 동원해야 했다. 성 공격용 차와 300근의 돌을 1리 이상 날리는 포차(抛車) 등 최신 무기를 사용해 안시성(지금의 요녕 부근)을 공격했다. 당나라 군은 4개월 동안 포위 공격을 가했으나 안시성에 있던 고구려 군의 강력한 방어로 인해 끝내 정벌하지 못했고, 추운 날씨와 식량 문제로 인해 당 태종은 철군을 명령할 수밖에 없었다. 그 후 당 태종은 다시 바다를 통해 고구려를 두 차례 공격했다.

당나라군이 고구려와 전쟁을 하던 때, 고비사막 이북의 설연타는 그 틈을 타 하투(河套)를 공격했다. 당 태종은 정관 20년 여러 갈래의 분산 공격을 통해 설연타를 격파했고, 원래 설연타의 지배하에 있던 철륵족(鐵勒族)족의 군락들도 당에 투항하게 되었다. 9월에는 당 태종이 직접 영주(靈州)에 가자 칙륵족(敕勒族) 부락 사근(俟斤, 관직명)들이 수많은 사자들을 파견해 당 태종을 만나고자 했다. 그들은 "황제의 신하가 되고자 천가한을 기다립니다"[44]라고 소리쳤다. 21년 당은 철륵의 각 지역에 한해부(瀚海府) 등 6부, 고란주(皐蘭州) 등 7주를 설치하고 철륵의 귀족들을 도독(都督)과 자사로 삼았다. 또 회흘(回紇) 부락 등의 요청에 따라 회흘 이남과 돌궐 이북 지역에 '참천가한도(參天可汗道, 천가한에게 이르는 길이라는 뜻 - 역주)'라는 길을 건설해 68개 역을 설치하고 각 역에는 말과 술, 음식 등을 준비해 일꾼들에게 숙식을 제공했다.

영휘부터 개원 초년까지 정치발전

황후 왕씨(王氏)를 폐하고 무후(武后)를 세우다

당 고종이 즉위한 후, 조정의 대권은 장손무기(張孫無忌)를 우두머리로 한 관롱(關隴)의 귀족들이 장악했다. 장손무기는 고종의 외숙으로, 그는 관롱 귀족에 의존하고 있던 강남 교성사족(僑姓士族)의 후예 저수량(褚遂良)과 함께 당 태종이 임종 전에 후사를 부탁했던 고명대신(顧命大臣)이었다. 그들은 재상을 모두 관롱 귀족으로 교체함과 동시에, 관롱 귀족이자 북주(北周) 장군 왕사정(王思政)의 후손인 왕 황후(王皇后)의 지위를 보호하는 데 힘을 쏟았다.

이 때문에 당 태종이 특별히 총애했고 그가 죽은 후에 상서좌복야(尚書左僕射)로 임명되었던 관동의 보통지주 가정 출신인 원로 중신 이적(李勣)마저도 자리에서 강제로 물러나 실권을 상실했다. 또 정관 중후기의 명신(名臣)인 유계(劉洎), 마주(馬周) 등의 측근들과 검남 출신의 이의부(李義府), 태종 때 재상이었던 강남 출신의 허경종(許敬宗) 등도 모두 배척당했다.

무측천(武則天)은 본래 당 태종의 재인(才人)이었으나 태종이 죽자 감업사(感業寺)로 보내져 비구니가 되었다. 고종은 즉위 후 그녀를 궁으로 불러들였고, 무측천은 곧 소의(昭儀)로 봉해졌다. 영휘 6년(655년) 고종은 왕 황후는 아들이 없고, 소의는 아들이 있다는 명분을 내세워 재상들에게 왕 황후를 폐위하고 소의를 황후로 세우자고 했다. 저수량은 직접 고종을 만나 강력한 반대를 표시했고, 재상인 한원(韓瑗), 내제(來濟)도 반대의견을 밝혔다. 저수량은 고명대신이자 장손무기와 일부 재상들의 지지를 받고 있는 인물이었기 때문에 고종도 어쩔 수가 없었다. 어느 날 이적이 고종을 알현하자 고종은 그에게 "소의를 황후로 세우려고 했지만 고명대신들이 모두 안 된다고 하니, 포기해야겠소"라고 말했다. 이적은 고종에게 "그것은 폐하의 집안일이니 다른 사람에게 물어볼 필요가 없습니다"[45]라고 대답했다. 즉 황후의 폐위와 책봉은 황제의 개인사이지, 국가의 대사가 아니므로 재상과 고명대신들의 의견에 신경 쓸 필요가 없다는 뜻이었다. 고종은 이 말을 듣고 무측천을 황후로 세울 뜻을 굳히게 되었다.

같은 해 10월, 왕 황후는 폐위되어 평민이 되고, 무측천이 황후의 자리에 올랐다. 저수량, 한원, 내제와 왕 황후의 외숙부 유석(柳奭) 등도 차례로 강직되어 국경지대로 떠났다. 현경(顯慶) 4년(659년) 4월, 장손무기는 반역죄로 검주(黔州, 지금의 중경시 팽수)로 좌천당한 후, 얼마 지나지 않아 강제자살을 명령받았다. 태자태사(太子太師)와 동중서문하삼품(同中書門下三品) 우지녕(于志寧)도 왕 황후 폐위에 대해 토론할 때 말 없이 중립을 지켰다는 이유로 파면되어 영주(榮州, 지금의 사천 영현)의 자사로 좌천되었다.

관롱 귀족들은 원래 그 숫자가 적었는데, 왕조의 변천과 수나라 말기의 난리를 거치면서 남아 있는 가족의 수가 더 줄어들었다. 이 때문에 왕 황후를 폐하고 무측천을 황후로 세우는 과정에서 저항능력을 완전히 상실했고 수동적일 수밖에 없었다. 숫자가 크게 줄어들어 소수의 가족만 남게 되자 그들은 더는 어떤 세력집단으로서의 역할을 할 수 없게 되었고, 서위(西魏), 북주(北周) 이래 관롱 귀족집단이 중앙정권을 통제하던 정세가 결국 끝이 났다.

사회적으로는 최(崔), 노(盧), 이(李), 정(鄭), 왕(王)씨 등 산동 사족들이 이미 쇠락하긴 했지만, 그들의 옛 명성은 쇠퇴하지 않았다. 새로운 관리들은 그들과 혼인을 맺음으로써, 자신들의 사회적 지위를 높이려 했고 산동 사족의 자손들도 그 명성을 등에 업고 시집이나 장가를 갈 때는 반드시 많은 재물을 취했다. 사람들은 이것을 매매혼(賣買婚)이라 불렀다.[46] 이런 상황이 생기자 당 태종은《씨족지(氏族志)》를 수정할 것을 명령했다. "반드시 현재의 관직과 작위의 높낮이에 따라 가문의 등급을 정한다"라고 규정함으로써 이씨 황실과 외척들을 핵심으로 한 새로운 문벌체제를 세우려고 했다. 그러나《씨족지》의 편찬자들은 전통적 문벌 관념의 영향을 벗지 못했기 때문에, 여전히 사족의 진위에 대한 조사와 판별을 주요 내용으로 삼았고, 결국《씨족지》는 새로운 관리들의 기대대로 수정되지 못했다. 이 때문에 방현령(房玄齡), 이적(李勣), 위징(魏徵) 등은 여전히 산동의 사족들과 혼인관계를 맺었고, 일부 관리들은 그들과 족보를 교환해 의형제를 맺기도 했다. 그래서 그들의 명성이 계속 이어졌다.

현경 4년(659년) 무측천의 요구에 의해 고종이《씨족지》를 다시 수정할 것을 명령하자《성씨록(姓氏錄)》으로 이름을 바꿨다. 황후의 친척을 1등급으로 삼고, 나머지는 모두 관직의 고하를 기준으로 각각 9등급으로 나누었다. 당의 관리 중에 5품을 받은 자는 모두 사족(士族)으로 승급할 수 있도록 했기 때문에 병사들도 군공(軍功)을 쌓아 5품을 하사받으면《성씨록》에 이름을 올릴 수 있게 되었다. 이렇게 되자 사족과 귀족들은 《성씨록》을 '공훈등급서'로 간주해 멸시했다. 그러나 《성씨록》은 문벌과 평민의 경계를 완전히 부수고, 낮은 출신의 관리들의 지위를 상승시키는 역할을 했다.

현경 5년, 고종이 풍질(風疾, 간질)에 걸려 머리가 무겁고, 눈을 잘 볼 수 없게 되자, 조정 백관이 올린 일들을 무측천에게 결정하도록 했다. 이렇게 해서 무측천은 직접 정사에 참여하게 되었다. 무측천은 "뜻을 얻자 제멋대로 위세를 부리고 황제가 하고자 하는 바가 있으면, 실행은 황후가 직접 결정했다." 또한 이의부(李義府)가 무측천의 위세를 믿고 뇌물을 받고 관직을 준 사건이 벌어지자 고종이 이에 불만을 품게 되었다. 용삭(龍朔) 3년(663년) 10월 고종은 매월 5일에 태자를 광순문(光順門)으로 불러 관리들이 올린 상주문을 읽게 하고, 비교적 작은 업무에 대해서는 태자에게 직접 결정하도록 했다. 인덕(麟德) 원년(664년) 고종은 상관의(上官儀)에게 무측천을 폐위하는 내용의 조서를 쓰도록 명령했다. 그러나 무측천은 스스로 자신의 죄를 자백해 폐위를 면했고, 상관의는 피살되었다. 《통감(通鑑)》에 "이때부터 천하의 대권은 모두 무측천에게로 돌아갔다. 관직의 강등과 승진, 살생 등이 모두 그녀에 의해 결정되었고, 황제는 손을 놓고 이를 따를 뿐이었다"[47]라고 기록하고 있다. 그러나 다 그런 것만은 아니었다. 고종은 삼성제(三省制)를 실시해 군사와 국정의 대사는 모두 재상이 정사당(政事堂)에서 의결하도록 했고, 정책 결정도 반드시 재상을 통하도록 하는 정책을 견지했다. 무측천은 이의부, 허경종이 관직에서 물러난 후에는 단 한 명의 재상도 자신의 편으로 만들지 못했다. 고종은 관료를 임용할 때 무측천에 대한 태도가 어떤지를 기준으로 삼지 않았다. 예전에 무측천의 황후 책봉을 반대했던 배행검(裴行儉)과 같은 인물도 다시 임용했다. 이로써 무측천은 그 이후 얼마간, 즉 인덕(麟德)부터 함형(咸亨) 연간(664~674년)까지 국가 사무에 있어서 큰 영향력을 발휘하지 못했다.

당나라 고종 시기의 군사와 정치

당 고종 시기인 현경 2년(657년), 당은 소정방(蘇定方)을 이려도(伊麗道)의 행군총관(行軍總管)으로 임명했다. 그는 군사를 이끌고 예질하[曳咥河, 지금의 이르티시 강(Irtysh River)] 서부에서 서돌궐의 사발라가한(沙鉢羅可汗) 군대를 격파했다. 사발라가한은 석국(石國)으로 도주했으나, 이듬해 석국 사람들이 그를 붙잡아 당나라 군에 넘겨주었다. 당은 쇄엽천(碎葉川, 지금의 금하)의 동부와 서부에 각각 곤릉(崑陵) 도호부와 몽지(濛池) 도호부를 설치하고 서돌궐 귀족을 도호(都護)로 삼아 그곳 백성들을 통치하도록 했다.[48] 당은 서돌궐의 서역 통치를 대신했으며, 이로써 당의 국경은 발하슈 호(巴爾喀什湖, Lake Balkhash)까지 확대되었다.

이 시기, 고구려와 백제의 연합군이 수차례 신라를 공격하자, 현경 5년(660년) 신라는 당에 지원을 요청했다. 당은 이 기회에 한반도를 제압할 목적으로 소정방을 파견, 성산(成山, 지금의 동성산각)에서 바다를 건너 신라군과 합세해 백제의 수도 사비(泗沘, 한국의 대전시) 서부를 공격했다. 용삭 3년(663년) 당나라 군은 신라 군과 협력해 백제의 주류(周留)성을 공격했고, 수군은 백강구(白江口, 금강 입구)에서 백제 군을 지원하던 왜군(倭軍)의 수군을 공격해 400척의 왜적선을 불살랐다. 이로써 당나라 군은 백제 전역을 점령하게 되었다.

건봉(乾封) 원년(666년), 천남생(泉男生, 연개소문의 큰아들)이 연개소문에 이어 고구려의 막리지(莫離支)에 오르자, 고구려의 통치세력 내부에 분쟁이 생겨났다. 이에 천남생은 국내성(國內城, 지금의 길림 집안)으로 도주해 당나라에 원조를 요청했다. 당 왕조는 이 기회를 틈타 이적을 요동(遼東) 행군대총관(行軍大總管)으로 세우고, 모든 군을 통솔해 고구려를 침략하게 했다. 총장(總章) 원년(668년), 당의 장수 설인귀(薛仁貴)가 부여성(扶餘城, 지금의 길림 공주령 일대)을 공격했고, 이적은 고구려의 도성 평양(平壤)을 공격했다. 그 후 당나라 군은 평양에 안동도호부를 설치했고, 당 고종은 드디어 수 문제로부터 당 태종까지 대대로 이어진 황제들의 대업을 완성하게 되었다.

고구려와 백제인들은 당의 통치에 끊임없이 저항했다. 그들은 신라와 연합해, 반란 진압을 위해 온 당나라 군에게 심각한 타격을 가했다. 이때 토번도 강대해져서 당나라와 하황(河湟), 안서(安西)를 놓고 전쟁을 벌였다. 당나라는 주변 지역에서 계속 공격을 받자, 공격 형세에서 수비 형세로 전락하게 되었고 더는 전쟁을 계속하는 것이 통하지 않게 되었다. 국내의 많은 백성들도 원래는 적극적으로 전쟁에 참가해 공훈을 세워 부를 갖고자 했었으나, 이제는 전쟁을 중지하라고 요구하기에 이르렀다.

같은 시기 토지 집중 현상이 두드러지면서 농촌의 빈부 격차가 갈수록 심해졌고, 신흥 지주계급인 일반 지주들의 경제력이 매우 크게 성장했다. 그들은 귀족 자제들에 대한 음서제도와 정권 독점, 그리고 관동 사족들의 오만함에 대해 강한 불만을 품었다. 그들은 정치적으로도 상응하는 지위를 갖고자 했다. 관리가 되지 못한 이들은 관직을 얻고자 했고, 이미 관직에 있는 이들도 더 높은 지위로 승급되길 원했는데, 이는 정치적 권세를 이용해 그들의 경제적 이익을 보호, 증진할 수 있었기 때문이다. 이런 형세의 변화로 인해 당 조정은 국책을 변경해야 했다.

상원(上元) 원년 8월 당 고종은 무측천을 '천황(天皇), 천후(天后)'로

　　　　　　　　　　　　　　　　　　6장 수·당시대

칭했다. 12년(675년) 1월 무측천은 열두 조항의 건의서 '건언 12사(建言十二事)'를 고종에게 올렸다.[49] "전쟁을 멈추고 도와 덕으로 천하를 교화할 것", "농업과 양잠업을 권장하고 부역을 가볍게 할 것", "지출과 역을 줄일 것" 등 전쟁을 멈추고, 변경 지역에 대한 공격을 수비로 전환할 것, 그리고 내륙에서는 무위이치(無爲而治)를 실행하는 것 등 기본 국책 전환에 관한 중요한 문제들을 건의했다. "상원(上元, 674~676년) 이전에 공훈이 있어 이미 관리문서를 받은 자는 다시 조사하지 말 것이며", 상원 이전 전방의 장수들에게 수여한 훈관(勳官) 지위를 인정하라고 요구했다. 또한 "8품 이상 중앙 관리의 녹봉을 올리고", "백관 중 임직기간이 길고 재능이 많으나 지위가 낮은 자들은 그 지위를 높여 줄 것"을 건의해 8품 이상 관리들의 녹봉을 올리고 오랫동안 낮은 지위에 머물러 있던 재능 있는 관리들의 지위를 격상시키도록 했다. 당 고종은 무측천의 건의를 받아들여 '건언 12사'를 실행에 옮겼다. 9년 후 임종을 맞은 당 고종은 〈개원홍도소(改元弘道詔)〉에서 특별히 밝히기를 "근래 무측천의 일처리는 국정에 매우 도움이 되고 있다. 말은 소박하나 그 뜻은 심원하고, 일은 적으나 그 효과는 매우 크다. 무측천의 명령을 실행에 옮기고 규칙을 따름에 태만해서는 안 된다(比來天后事務, 深有益于爲政, 言近而意遠, 事少而功多, 務令崇用, 式遵無怠)"라고 했다. 고종의 이러한 발언으로 인해 무측천의 위엄이 더욱 높아졌다. 고종 말년에는 "태평성대가 지속되어 호구 수가 늘어나는" 현상이 생겼다. 무측천은 〈개원광택소(改元光宅詔)〉에서 고종이 "부를 가꿔 민중을 안정시킨 것"[50]은 올바른 정책이었다고 찬양했다.

무측천 통치 시기의 정치

홍도(弘道) 원년(683년), 고종이 죽고 태자 이현(李顯)이 즉위했다. 즉위 2년이 된 해에 무측천은 이현을 폐위시키고 예왕(豫王) 이단(李旦)을 즉위시킨 후, 황제를 대신해 자신이 직접 정권을 잡았다. 천수(天授) 원년(690년) 무측천은 국호를 당(唐)에서 주(周)로 바꾸고 정식으로 황제라 칭함으로써 중국 역사상 유일한 여황제로 등극했다.

무측천은 섭정(攝政) 이후 많은 귀족과 관료, 그리고 정치적 뜻을 이루지 못한 이들로부터 반감을 샀다. 광택(光宅) 원년(684년) 서경업(徐敬業), 낙빈왕(駱賓王) 등은 이현을 다시 추대할 것을 주장하며 양주(揚州)에서 군대를 일으켜 무측천에 대항했다. 수공(垂拱) 4년(683년) 제후들도 박주(博州, 지금의 동료성), 예주(豫州, 하남 여남 등지)에서 난을 일으켰다. 그러나 이 두 차례의 난은 모두 실패로 돌아갔다.

서경업의 반란 이후 무측천은 엄격한 형벌로써 반대파를 제거했다. 잔혹한 관리를 등용하고 밀고하는 것을 장려했으며, 반란 의지를 갖고 있던 당 황실, 귀족, 관료들을 매우 잔혹하게 탄압했다. 먼저 당 황실의 인척들을 죽이고, 다음으로 수많은 대신들과 지방 관리, 무관 및 그 이하 관리들까지 헤아릴 수 없이 많은 이들을 제거했다. 무측천이 제거한 대상은 그 범위가 상당히 넓었다. 그런데, 거기에는 관롱 출신의 군사 귀족들도 포함되어 있었다. 무측천에게 심각한 타격을 입은 그들은 정치적 영향력을 잃게 되었다.

무측천은 인심을 잡고 자신의 통치력을 공고히 하기 위해 인재 등용에 힘썼으며 관리 채용의 통로를 확대했다. "인재를 선발함에 주저함이 없고, 인재 구함을 게을리하지 않았던(進用不疑, 求訪不倦)" 무측천은 대규모의 과거제도를 통해 우수한 인재들이 능력을 발휘할 수 있도록 했다. 자주 조정 관리들에게 우수 인재를 추천하도록 명령했고, 그 외 관리나 일반인들에게도 자신의 재능을 스스로 추천[自擧]할 수 있는 기회를 주었다. 한번은 열 군데 도에서 존무사(存撫使, 백성의 민심을 듣고 인재를 선발하는 관리)들이 선발해 온 130여 명의 인재들을 모

장훤(張萱)의 〈무후행종도(武后行從圖)〉

두 삼성(三省)의 관원으로 채용했으나 관리의 정원이 이미 초과해 발령하지 못하자 이들에게 '시관(試官, 정식 발령이 나지 않은 관원)'이라는 신분을 수여했다. 신하들이 추천한 인재들과 스스로 자신을 추천한 인재들은 모두 시험에 합격하면 바로 임용되었다. 무측천은 파격적으로 인재를 기용했지만 동시에 매우 엄격하게 관리해 관원으로 적합하지 않은 자는 바로 파면시키거나 제거했고, 재능 있는 새로운 인재는 신속하게 그에 맞는 자리로 배치했다.

무측천은 인재에 대한 명확한 관찰과 정확한 판단을 할 수 있었기 때문에 진정한 재능과 학식을 갖춘 이들을 찾고자 애썼다. 그래서 당시 뛰어나고 슬기로운 인재들을 경쟁을 통해 기용할 수 있었다. 이소덕(李昭德), 적인걸(狄仁杰), 누사덕(婁師德), 이교(李嶠), 서유공(徐有功) 등 당시의 가장 걸출한 인재들을 자신의 주위로 끌어 들일 수 있었다. 무측천은 또 '개원(開元)의 치(治)'를 위해 인재를 비축해 두었다. 개원 시기

정치무대에서 활발한 활약을 했던 요숭(姚崇), 송경(宋璟), 장열(張說), 장구령(張九齡) 등은 모두 이 시대에 양성되어 선발된 사람들이다.

무측천은 조정에 동궤(銅匭)를 설치해 관원과 백성들이 정사에 대한 의견을 올리는 것을 장려해 백성들 사이의 좋고 나쁜 일들을 많이 알게 되었다. 무측천이 통치하던 50년 동안 호적 수가 매우 빠르게 증가해, 그녀가 정권을 잡기 바로 전 해인 영휘(永徽) 3년(652년) 전국 380만 호에서 무측천이 퇴위하던 신룡(神龍) 원년(705년)에는 615만 호로 증가했다.

무측천은 변경 지역에 대한 통치를 공고히 하기 위해서도 많은 노력을 기울였다.

함형(咸亨) 원년(670년), 토번의 귀족이 구자(龜玆)의 발환성[撥換城, 지금의 신장 위구르 자치구 아커쑤, Aksu, 阿克蘇]을 함락시켰고, 그 후 당나라 군도 토번 군에 패배했다. 토번 군과의 전쟁을 위해 당은 선주[鄯州, 지금의 청해락도(青海樂都), 감주(甘州), 양주(涼州)] 일대에 대량의 둔전(屯田)을 지정했다. 영륭(永隆) 원년(680년) 전후 선주 하원군(河源軍)의 둔전이 5000여 경에 달해 1년에 100만여 석을 조달할 수 있었다. 무측천 시기 감주와 양주의 둔전에서도 해마다 풍작을 이루어, 모아진 군량미가 수십 년을 충당할 수 있을 정도였다. 수공 2년(686년) 토번이 안서(安西)의 4개 진(鎭)을 점령했다. 이에 장수(長壽) 원년(692년) 당나라 군은 왕효걸(王孝杰)의 지휘로 토벌군을 격파하고 구자(龜玆), 쇄엽(碎葉), 우전(于闐), 소륵(疏勒) 등 안서 4진을 회복했다.[51] 당은 다시 구자에 안서도호부를 설치하고 본토에서 직접 군대를 파견해 주둔시켰다. 이로써 장기적으로 서역 지역의 안정을 보장할 수 있게 되었다.

만세통천(萬歲通天) 원년(696년) 거란(契丹) 군사 귀족이 부하들을 이끌고 하북(河北)으로 침략해 왔고, 성력(聖曆) 원년(698년)에는 돌궐의 군대가 정(定), 조(趙)를 침입했지만 모두 당나라 군에 격파당했다.

관료기구가 방대해지고 관중의 조운(漕運) 제도가 제 기능을 잃자, 고종 말년에는 종종 백관을 이끌고 동도(東都) 낙양(洛陽)으로 가서 양식을 조달했고, 무측천 통치 시기에는 더욱 자주 낙양에 머물렀다. 그들은 낙양에 많은 궁전을 세웠을 뿐 아니라 명당(明堂), 천당(天堂)을 보수하고 천추(天樞, 무측천 당시 자신의 공적을 기록한 기둥 형태의 건축물 – 역주)를 주조했는데, 그 규모가 모두 웅장했다. 천추를 주조할 당시 구리와 쇠가 모자라자 민간에서 농기구를 거두어 충당했고, 그 외에도 곳곳에 절과 불상을 세우면서 백성들을 혹사시켰다.

무측천 시기 말년에는 하북(河北) 지역의 백성들이 거란 군과 동돌궐 군으로부터 잇따라 살육과 약탈을 당해 그 손실이 막중했다. 그러나 당 조정은 이곳에서도 군사를 징발해갔고, 백성들은 가정경제가 파괴되거나, 집에 남은 것이 없을 정도여서, 결국 집과 땅을 모두 팔아야 사람을 팔지 않아도 될 지경이었다(剔屋賣田, 人不爲售). 더욱이 주현의 관리들은 그들에게 성을 짓고 무기를 만들도록 강요했다. 부역의 고충은 군사징집에서 더욱 심각했다. 거란이나 돌궐에 의해 약탈당했던 백성에 대해 도리어 위반죄를 적용했고, 이 때문에 백성들은 집을 잃거나 몰래 야산으로 도주하게 되었다.[52] 이와 동시에, 촉중(蜀中)의 각 주에서도 토번 군 방어를 위해 대량의 장정을 동원해 군량미를 운반하게 했다. 이때 3만여 가구가 산으로 도망가 무장 세력을 결성했다. 그들은 성과 현을 공격하며 크게 세력을 키웠다.[53] 그러나 무측천이 즉시 대책을 세우면서 이러한 두 번의 긴장형세도 바로 완화되었다.

중종(中宗)의 복위(復位)와 위후(韋后)의 대권 장악

신룡(神龍) 원년 705년, 재상인 장간지(張柬之)는 금군장령(禁軍將領) 이다조(李多祚)와 연합해 무측천이 신임했던 장역지(張易之), 장창종(張昌宗) 형제를 살해하고, 이현(李顯)을 복위시켜 중종(中宗)으로 추대했다. 이때 무측천은 쫓겨나 양궁(陽宮)에 거주하게 되었다.

중종 시대 때 위후(韋后), 안락공주(安樂公主), 상관첩여(上官婕妤)와 무측천의 조카인 무삼사(武三思)가 결탁해 조정을 조종하고 국가 정치를 혼란으로 빠뜨렸다.

위후 등은 저택을 짓는 데 공을 들였고 사치를 일삼고 방자하게 행동했다. 그들은 "사치와 화려함만을 좇아 국고를 탕진해버렸다."[54] 이때 뇌물을 받아 관직을 팔기도 했는데, 30만 냥을 내면 묵칙[墨勅, 천자의 친필 칙서에 의해 부여 받은 비공식 관직인 부중서(付中書)라는 직함 – 역주]을 수여받았다. 이를 사봉관(斜封官)이라 불렀다. 이리하여 정식 관직 외에 정관(正官), 시관(試官), 섭관(攝官), 검교관(檢校官), 판관(判官), 지관(知官)과 같은 관직을 받은 이가 수천 명에 달하게 되고, 비공식 관직의 수가 정식 관직의 몇 배 이상이 되는 현상이 나타났다.

당시 집권자들은 사찰을 짓는데도 공을 들였는데, 3만 냥을 내면 출가해 승려가 될 수 있었다. 당시 무분별한 사찰 건축 때문에 백성들은 피폐해지고 국고가 바닥나는 지경에 이르자 좌습유(左拾遺)였던 신체비(辛替否)는 다음과 같은 상소를 올렸다. "지금 재물을 이용해 세력을 등에 업고 승려가 되거나, 요역을 피하기 위해 교활하게 승려가 되는 자들이 있습니다. 그렇지 못한 이들은 오직 가난한 이들과 선한 이들입니다. 장차 무엇으로 모범을 세울 것이며 또 어떤 결과를 기대할 수 있겠습니까?" "오늘날 사찰은 부지기수이고, 사찰 한 곳이 폐하의 궁 한 곳과 마찬가지로 웅장하고 아름답습니다. 천하의 재물 중 10분의 7, 8이 모두 사찰에 있다고 할 수 있으니, 폐하는 무엇을 가지고 있으며, 백성은 또한 무엇을 먹고 살 수 있단 말입니까?"[55]

당나라 초기의 개국공신 중 작위에 대한 실제 식실봉(食實封, 실제로 받아 조세를 취득할 수 있는 전토 - 역주)을 받은 집은 20~30가구에 불과했다. 그러나 중종 경룡(景龍) 연간(707~710년) 식읍(食邑)을 가진 집은 총 140가구 이상이 되었다. 식읍은 대부분 부유한 지역에서 여유가 있고 정남이 많은 가구를 지정해 봉호(封戶)로 삼았다. 봉호는 54주(州)에 골고루 퍼져 있었고, 여기에는 60만 명 이상의 봉정(封丁)이 포함되어 있었다. 식읍을 가진 이들은 관리나 하인을 보내 직접 봉호들에게 조조(租調)를 징수했다. 그들은 봉호들을 심하게 독촉했는데, 전쟁 시에는 특히 더 심했다. 조(租)를 받으러 간 사람들은 또 '과두(裹頭)'와 '중물(中物)'을 요구하기도 했다. 어떤 자들은 조조를 이용해 장사를 하거나 고리대금으로 빌려주거나 고의로 사고를 내어 위협하는 경우도 생겨났다. 수해나 한해가 있는 해에는 정부에서 재해 지역의 조세를 감면해주었지만, 식읍을 소유한 자들이 이를 방해하기도 했다. 이런 상황에 이르자, 봉호들은 뿔뿔이 흩어져 도주하는 경우가 발생했다.

황후, 황자(皇子), 공주, 외척들 사이에서는 황위를 탈취하기 위한 알력이 끊이지 않았다. 조정의 관리들은 그들에게 빌붙어, 황위를 약탈하기 위한 수작에 협조했고, 이로써 권력 쟁탈전이 빈번하게 일어났다. 중종의 태자 이중준(李重俊)은 위후의 아들이 아니었다. 그는 안락공주의 위압에 의해 경룡 원년(707년) 우림군(羽林軍)을 이끌고 가서 무삼사를 살해했으나, 현무문(玄武門)을 격파하지는 못했다. 경운(景云) 원년(710년) 안락공주는 황태녀(皇太女)가 되었고, 무측천에게 중종을 독살할 것을 교사했다. 그 후 중종의 아들 이중무(李重茂)가 황제가 되고, 위후가 조정에 나가 섭정했다. 뒤이어 이단(李旦)의 아들 이융기(李隆基)와 여동생인 태평공주가 공모해 기병을 끌고 가 위후와 안락공주를 살해했다. 그러고는 이단을 황제로 추대했는데, 그가 예종(睿宗)이다. 예종은 이융기를 태자로 봉했다. 얼마 지나지 않아 중종의 아들인 초왕(譙王) 중복(重福)이 동도(東都)에서 군사를 일으켜 자신이 황제가 되려고 했으나, 실패로 돌아가자 물에 빠져 죽었다. 태평공주는 이융기의 태자 자리를 위협하기 시작했다. 예종은 다시 정변이 일어날까 두려워 선천(先天) 원년(712년) 이융기에게 자리를 물려주었으니, 그가 현종(玄宗)이다. 그러나 태평공주는 여전히 불만을 품고 선천 2년 우림군을 일으켜 정변을 일으키려고 했다. 그러나 현종이 미리 알게 되어, 태평공주와 공모했던 재상과 우림군의 장군들을 잡아다 사형시켰고, 태평공주도 강제로 자살하도록 했다. 신룡 원년 장간지가 무측천을 무너뜨린 때부터 개원 원년(713년) 태평공주가 현종을 폐위시키려고 정변을 일으킬 때까지 8년 6개월 동안 일곱 번의 정변이 일어나고 네 번이나 황제가 바뀌는 등 정국은 크게 동요되고 불안정했다.

개원 초기의 정치와 경제 시책

당 현종은 태평공주를 죽인 후 바로 요숭(姚崇)을 재상으로 기용했다. 그들은 통치질서를 안정시키기 위해 일련의 작업을 진행했다.

현종은 황위를 되찾고 태평공주의 반란을 제압하는 데 도움이 컸던 곽원진(郭元振), 유유구(劉幽求), 장열(張說), 왕거(王琚) 등의 공신들을 '음모자'로 간주하고, "이들과 함께 위태로운 일은 할 수 있으나, 함께 큰 뜻을 이룰 수는 없다"[56]라고 생각했다. 현종은 갖가지 평계를 대어 그들을 한 명씩 먼 지방으로 좌천시켰다. 현종은 형제들도 자신의 황위를 위협할 수 있다고 생각해 개원 2년부터 차례로 그들을 외주(外州)의 자사(刺史)로 임명했고 그들이 장기간 장안에 거주하는 것을 금지했다. 또한 그들의 업무를 장사(長史)와 사마(司馬)에게 위임하도록 규정함으로써 경성(京城)이나 지방에서 정변을 일으킬 방법을 아예 차단해 버렸다.

지방을 안정시키기 위해 현종은 지방 관리의 선임에 대해 큰 관심을 쏟았다. 좌습유(左拾遺) 내공봉(內供奉)이던 장구령(張九齡)은 다음과 같이 상소했다. "현령(縣令)과 자사(刺史)의 인사에 대해 폐하께서 함께 처리하시니 백성을 친애하심입니다. 그러나 오늘날 중앙 관청의 관리들이 지방에 오는 경우 쫓겨났다는 생각을 갖고 있으니, 그런 선택은 더는 하지 않는 것이 좋습니다." 지방 관리의 중요성을 강조하고 중앙 관리는 우대하고 지방 관리는 경시하는 풍조를 없애기 위해, 개원 3년 6월, 현종은 조서를 내려 현령이나 자사 중 공적이 많은 자는 중앙 관리로 올 수 있도록 하고, "주의 현관을 역임하지 않은 중앙 관리는 대성관(臺省官)의 후보에 오를 수 없도록 했다."[57] 과거가 고위 관리를 뽑는 주요 통로였던 상황에서 대성(臺省)의 관리가 되려면 반드시 주현에서 기초적인 경력을 쌓아야 한다고 강조한 점은 매우 큰 의의를 가진다.

그와 동시에 지방 관원들의 정치적, 문화적 수준에 대해서도 높은 요구를 하기 시작했다. 개원 4년, 당 현종은 새로 현령이 된 관리를 선정전(宣政殿)에서 함께 접견하며 백성을 다스리는 방법에 대해 질문했다. 그중 불합격한 45명을 파면하고 다시 공부하도록 했다.

많은 부호와 장정들이 승려가 되어 요역을 피하는 것에 대해, 현종은 그런 자들을 모두 골라내도록 명령했다. 그때 발각되어 속세로 돌아온 사람이 1만 2000여 명 정도였다. 현종은 또한 앞으로는 불교 사찰을 새로 세울 수 없으며, 만약 파손되었을 경우에도 관부에 보고해 조사를 마친 후에야 수리할 수 있도록 규정했다.

예종 때 수천 명의 사봉관(斜封官)을 파직했었으나, 태평공주 등의 영향으로 얼마 지나지 않아 다시 '일단 임무를 중지하되 다시 능력을 파악해 재임용한다'는 명령을 내렸다. 개원 2년 현종은 원외관(員外官), 시관, 검교관을 모두 파직시키고 이후부터는 전쟁 공훈이 없거나 특별 칙서가 없는 경우에는 이부(吏部)와 병부(兵部)에서 이 세 종류의 관리를 선발할 수 없도록 했다. 이렇게 해서 오랫동안 쓸모없는 관리가 넘쳐나던 현상이 어느 정도 바로잡혔다.

개원 3년 조정에서는 다음과 같은 규정을 내렸다. '봉호(封戶)의 조조는 정부가 일괄 징수하며, 징수가 끝나지 않은 상태에서 봉주(封主)가 사람을 보내 재촉할 수 없고, 고리대금도 금지한다. 봉주는 반드시 정부의 징수가 끝난 후 경성이나 주(州) 기관으로 가서 수령해야 한다.' 이렇게 해서 봉호들에게 큰 피해를 주었던 문제가 다소 해결되었다.

개원 3년과 4년, 관동 지역에 심각한 황재(蝗災)가 발생했다. 조정에서는 요숭(姚崇)의 지도하에, 조정에서 파견한 전권 대사들이 주현(州縣)의 관리들이 대대적으로 누리(황충蝗蟲, 메뚜기의 일종) 잡는 일을 하는 것을 감독했으며, 각 주현의 누리 포획 근태 상황을 상부에 보고하도록 정했다. 이로써 해마다 계속되는 황재에도 불구하고 대 기근의 상황에까지 이르는 일은 발생하지 않았다.

개원 8년, 9년에는 정국이 안정되고 생산성도 향상되었다. 당 왕조는 이때부터 전성기에 들어서 "집집마다 여유롭고, 사람들은 힘들거나 게으른 이가 없었으며, 인접 국가들은 모두 당 조정을 따르고, 전 국토가 편안한 생활을 하게 되었다(家給人足, 人無苦窳, 四夷來同, 海內晏然)." 이것이 바로 역사적으로 유명한 '개원의 치(開元之治)'다.

당 전기 사회경제의 발전과 번영

농업

고고학 자료와 문헌 기록에 따르면, 당대의 보습(犁)은 이전보다 크게 향상되었다. 일단 보습 위쪽이 상당히 커졌고, 보습 볏을 장치했다. 둥근 형태의 보습 볏(犁壁)이 보습으로 뒤엎은 흙을 위로 밀어내기 때문에 밭을 깊이 가는 데 편리했다. 또한 보습에 이평[犁評, 이전(犁箭)을 상하로 조정할 수 있는 부품 – 역주]을 장치해 흙의 깊이를 조절할 수 있었다. 이원(犁轅, 보습의 끌채)은 둥근 것이든 곧은 것이든 간에 이전의 것보다 훨씬 짧았다. 끌채가 짧은 보습은 "회전할 때 서로 방해가 되는"[58] 결점이 없기 때문에 경작 속도를 향상시킬 수 있었다. 이처럼 개선된 보습은 힘이 덜 들기 때문에 일반적으로 소 한 마리로 끌 수 있었다.

당대에는 톱니 모양의 파(耙, 써레)와 여택(礪礋, 쇠나 나무로 만든 써레의 일종 – 역주), 둥근 형태의 육독(碌碡, 땅이나 곡식을 누르고 지나갈 수 있게 만든 농기구 – 역주) 등이 보편적으로 사용되었다. 밭을 갈고 난 후에는 이러한 농기구로 흙을 갈아엎거나 파쇄하고 경작지를 평평하게 정리해 토양을 보습하거나 가뭄에 견딜 수 있도록 했다. 이렇게 해서 단위 면적당 생산량을 높이는 데 큰 작용을 했다. 당대의 낫[염도(鐮刀)]은 양쪽 끝머리가 협소하고 중간이 넓었는데, 앞쪽이 좁고 뒤쪽이 넓은 이전의 것에 비해 곡식을 수확하기에 편리했다.

당대에는 두레박[고고(桔槔)]이나 녹로(轆轤, 두레박 도르래) 이외에 북방의 경우 "나무통을 서로 연결시켜 우물에서 물을 깃는" 수차(水車)[59]가 등장해 논밭 관개(灌漑)에 사용되었으며, 장강 유역에는 동차(筒車, 일종의 물레방아 – 역주)를 사용했는데, 동차의 형태가 방차(紡車, 물레)와 유사하며 사방에 죽통(竹筒)을 묶어 물이 흐르면 자동으로 돌아가면서 죽통의 물을 높은 곳까지 끌어올릴 수 있게 만들었다.

당조 통치자들은 수리사업과 관개 시설 관리를 비교적 중시했다. 국가는 '수부식(水部式, 수리 및 관개에 관한 법조항)'을 제정했는데, 그 안에 관개에 관한 법규도 포함된다. 수나라 시절에 개착한 대운하는 연변(沿邊)의 수리 관개에 큰 도움을 주었다. 당대 수리공사의 70퍼센트가 전기에 이루어졌으며, 비교적 대규모 공사는 주로 북방에서 이루어졌다. 당대 초기 관내(關內)의 동주(同州), 화주(華州), 효함(殽函)의 괵주(虢州), 섬주(陝州), 하동(河東)의 포주(蒲州), 진주(晉州), 병주(幷州) 등지에서 수리 공사가 시행되었다. 이후 하남도(河南道)의 변수(汴水), 휴수(睢水), 영수(潁水), 여수(汝水), 회수(淮水), 사수(泗水) 유역과 청주(青州), 연주(兗州), 기주(沂州) 일대와 하북의 영제거(永濟渠), 그 밖의 하류 부근에서 계속해서 관개 수로나 저수지 공사가 벌어졌다. 그 가운데 하북도(河北道)는 태항산(太行山)에 가까운 항주(恒州), 조주(趙州), 상주(相州)에 일련의 지방 관계 시스템이 마련되었으며, 바다에 가까운 창주(滄州)의 경우 제방을 쌓아 바닷물이 넘어오지 못하도록 했으며, 관개 수로를 통해 물을 끌어들이고 수로를 파서 잠긴 물을 빼냈다.

당대 전기 남방 지역에서도 호수나 저수지를 파고 저수지에 물을 가두어 관개용으로 사용했다. 《신당서》〈지리지〉의 기록에 따르면, 당시 수리사업은 이미 복주(福州)나 천주(泉州) 지역까지 확대된 상태였다.

　100여 년에 걸친 농민들의 힘든 수고 덕분에 농업생산이 크게 발전했으며, 경지 면적 또한 상당히 확대되었다. 이에 대해 사서는 다음과 같이 기록하고 있다. "개원, 천보 연간에 경작지가 날로 확충되어 사해 안에서 높은 산이나 산골짜기까지 쟁기나 보습이 가득 찼다."[60] 호구 수도 증가해 천보 13년(754년) 당조가 관리하고 있던 호구가 906만 호, 인구는 5288만 명이었다. 두우(杜佑)의 통계에 따르면, 당시 호수는 1300만~1400만 호라고 한다. 인구의 증가, 개간지의 확대에 따라 새로운 거주 지역이 생겨났다. 당조는 복건과 사천, 그리고 강남 등지에 새로운 주현(州縣)을 개설했다.

　농업생산력이 향상되고, 경지 면적이 확대되면서 식량 총생산량과 1인당 평균 생산량 역시 크게 늘었다. 사회 재부 역시 신속하게 불어나기 시작해 "인가에 쌓아놓은 양식이 수년 치가 되었으며, 태창에 보관한 양식이 썩어버릴 정도로 쌓여 헤아릴 수 없었다."[61] 천보 8년(749년) 정부의 창고에 보관하고 있던 양식은 대략 1억 석(石) 정도였다.[62] 물가가 장기간 안정되어 개원 13년부터 천보 연간까지 장안과 낙양의 미곡 가격이 한 말에 15문에서 20문 정도를 계속 유지했으며, 가장 낮을 때는 13문이었다. 청미(青米)나 제미(齊米)는 한 말에 5문, 가장 낮을 때는 3문이었다. 비단 가격 역시 200문 정도로 계속 유지되었다.

　이러한 경제적 토대 하에서 사회 분업 역시 크게 확대되어 사영 수공업이 발전하고 상업과 도시 역시 날로 번창했다.

사영 수공업

　방직은 당대 중요한 수공업 분야다.[63] 당시 견직물 업종은 주로 하남,

하북을 중심으로 번창했는데, 그곳 백성들은 조정에 납부하는 용조(庸租)를 일반적으로 능사(綾紗), 견사(絹紗), 시사(絁絲) 등으로 대납했다. 송주(宋州, 하남 상구)와 박주(亳州, 안휘 박현) 민간에서 제작한 견사는 품질이 전국 으뜸이었다. 정주(定州)에서 매년 공납하는 세릉(細綾), 서릉(瑞綾), 또 특별한 문양이 있는 능사(綾紗)는 전체 1500필로 다른 주보다 100배가 넘었다. 그만큼 그곳은 중요 견직 공예품의 중요 생산지였다. 검남(劍南) 여러 주에서 견직물을 많이 생산했는데, 그 가운데 익주(益州)의 금(錦)이 특히 명성이 높았다. 산남(山南)과 회남(淮南), 강남의 일부 주현 역시 견직산업이 비교적 발달했는데, 양주(揚州)의 금포(錦袍)가 유명했다. 하지만 이상 세 지역 역시 관내, 하동, 농우(隴右)의 경우처럼 일반 민간의 방직물은 여전히 화마(火麻), 자포(貲布), 그리고 저마(苎布) 등 마직품 위주였다. 이 외에 영남의 계주(桂州, 광서 계림) 일대와 서북의 서주(西州, 신강 위구르 자치구 투루판)에서는 면직품이 생산되었다.

문양을 새긴 판으로 염색하는 협힐법(夾纈法)이 발명되어 궁정에서 "천하에 두루 퍼져 지극히 천한 이들도 입을 수 있었다."[64] 또한 당시에는 납을 먹여 염색하는 납힐법(蠟纈法)도 유행했다.

야철업은 남북조 시절 관부의 통제를 벗어나 민간에 보급되기 시작했다. 당조는 채광, 야철의 개인 경영을 허락했으며, 관부에서 세금을 받았다. 당대 야철업은 상당히 광범위하게 분포되었다. 《신당서》〈지리지〉, 《원화군현지》의 통계에 따르면, 산동, 하북, 하동, 검남 일대의 철광이 40여 곳이었다. 연주(兗州) 내무(萊蕪) 현 서북쪽에 있는 소산(韶山)은 한대부터 당대에 이르기까지 쇠를 두드리는 소리가 그치지 않았다고 할 정도로 중요한 철광 산지다. 강남의 야철업은 20여 군데가 유

6장 수·당시대

명했는데, 생산량 역시 날로 증가했다. 이는 특히 쇠로 만든 농기구가 광범위하게 사용된 것과 연관이 있는데, 쇠로 만든 농기구가 보급되면서 농업생산에 큰 영향을 미쳤다. 당 정부는 철로 만든 농기구에 대한 면세 정책을 실시했다.

자기(瓷器) 제작기술도 크게 향상되었다. 월주(越州)의 청자는 옥이나 얼음처럼 빛났고, 형주(邢州)의 백자는 은이나 눈처럼 깨끗했다. 홍주의 자기로 만든 주기(酒器)나 다구(茶具) 역시 많은 이들의 사랑을 받았다.[65] 《원화군현지》에 하남부(河南府)에서 만든 개원공(開元貢) 백자(白瓷, 개원 연간에 공물을 바치기 위해 만든 백자)에 관한 기록이 있는데, 현재 공현(鞏縣) 가마터에서 당대의 백자가 발견되고 있기도 하다. 또한 두보는 일찍이 공주(邛州) 대읍(大邑)에서 만든 백자완(白瓷碗)이 눈서리보다 맑고 깨끗하다고 말한 적이 있는데, 현재 대읍에서 당대 가마터가 적지 않게 발견되고 있다. 요주(饒州) 부량현(浮梁縣) 창남진(昌南鎭, 지금의 강서성 경덕진)의 자기는 당대 초기부터 가옥기(假玉器, 옥기처럼 아름답다는 뜻)라고 불릴 정도로 뛰어났다. 고고학 자료에 따르면, 초기 경덕진 자기는 청과 백, 두 가지를 겸했다고 한다. 특히 승매정(勝梅亭)에서 발견된 당대 백자는 화학검사를 통해 자기의 백도(白度)가 이미 70퍼센트 이상으로 현대 최고급 도자기 수준에 이르렀다는 것이 밝혀진 바 있다.[66]

동기(銅器)는 주로 양주, 병주, 월주, 계주 등지에서 생산되었다. 특히 양주(揚州)의 동경(銅鏡)이 유명해 백련경(百煉鏡)이라는 별명이 있을 정도였다. 양경(兩京, 장안, 낙양)과 중원의 당대 묘지에서 발굴된 기물을 보면 동경이 가장 많다. 당대 동경은 문양이나 장식이 다채롭고 종류도 많으며 구도가 자유분방하고 선이나 조각이 부드럽고 분명하다. 또한

다양한 색깔의 조개껍질을 상감해 만든 나유(螺鈾) 양감(鑲嵌) 동경도 있다.[67]

익주(益州)의 마지(麻紙), 항주(杭州), 무주(婺州, 절강 금화), 구주(衢州), 월주(越州), 신주(信州, 강서 상요) 등지의 등지(藤紙), 포주(蒲州, 산서 영제) 박백지(薄白紙)가 가장 유명했다. 이 외에 선주(宣州, 안휘 선성), 상주(常州), 균주(均州, 호북 균현) 등도 종이 생산으로 유명한 곳이다. 묵(墨)은 강주(絳州), 노주(潞州), 이주(易州) 등이 유명했고, 괵주(虢州, 하남 영보)는 벼루 생산지로 이름이 났다. 선주(宣州) 율수(溧水)에서 나오는 토호필(兎毫筆)은 가장 정묘하다는 평을 받았다.[68]

천보 말년(754년), 전체 인구는 대략 5300여만 명이었는데, 당조에서 용조(庸調)로 거둬들이는 견(絹)과 포(布) 그리고 회조납포(回造納布, 식량 대신 납부하는 베를 말한다)는 전체 1억 1000만 장(丈)이었다.[69] 각종 산관(散官)이나 색역(色役)이 대납해야 하는 자과(資課, 일종의 수당)와 구박(勾剝)은 포함되지 않은 것이니 평균 잡아 개인이 매년 정부에 납부하는 견이나 포가 2장 이상이었을 것이다. 이를 통해 당시 농가에서 수공업으로 생산한 견이나 포의 생산량이 얼마나 많았는가를 알 수 있다.

민간의 일반 수공업자들은 여전히 농토와 무관하지 않았다. 당대의 전령(田令)이나 부역령(賦役令)의 규정에 따르면 공업이나 상업에 종사하는 사람은 관향의 경우 영업전이나 구분전(口分田)을 농민의 절반 정도 납부했으며, 다만 협향은 납부하지 않았다. 무릇 토지를 받으면 정부에 조조(租調)를 납부하는 것이 당연했다. 당시 여러 주에서 선발된 "재주가 뛰어나고 체력이 강건한 이들이나 기능이 뛰어난(材力强壯, 技能工巧)" 단번장(短番匠) 역시 완전히 농경에서 자유로울 수 없었다.[70]

도시, 특히 비교적 큰 도시에는 크고 작은 다양한 형태의 수공업 작방(作坊, 공방)이 존재했다. 예를 들어 지방(紙坊), 전방(氈坊), 주방(酒坊), 동방(銅坊), 염방(染坊), 능금방(綾錦坊) 등이 그것이다. 작방의 주인은 사부(師傅)라고 불렀는데, 그들은 가족이나 기술을 배우는 도제들과 함께 일을 했다. 때로 지주나 관료, 부호 상인이 주인일 경우도 있었다. 작방에서 노동하는 이들은 주로 단기 고용공과 일마다 보수를 받는 장인들이 대부분이었다. 이 외에도 간단한 공구를 이용해 생계를 유지하는 개별 노동자들도 있었다. 그들은 대부분 농업을 겸하는 경우가 많았다. 개별 작방은 규모가 큰 경우도 적지 않았는데, 정주(定州) 하명원(何明遠)의 작방에는 능기(綾機)가 500대나 있었다.

관영 수공업

소부감(小府監)과 장작감(將作監)은 관영 수공업을 관리 감독하는 기관이다. 감 아래 있는 서(署)가 직접 생산을 관리한다. 여러 서에 소속된 작방은 규모가 크고 내부 분업이 잘 되어 있다. 관영 수공업의 원료는 대부분 지방에서 올라온 공품(貢品)이며, 일부 자체적으로 생산한 것도 있다. 소부감은 백공의 기능을 관장하는데, 주로 섬세한 수공예품이나 귀족 관료의 일용 기물과 의복 제조를 감독했다. 장작감은 궁전이나 단묘(壇廟), 관서, 능침 등 토목 공사를 관장했다. 장작감이 맡고 있는 견관서(甄官署)는 돌을 깨거나 벽돌을 굽는 일 이외에도 귀족, 관료의 장례에 사용하는 명기(明器)도 제작했다. 당대 분묘에서 출토된 삼채(三彩) 도용(陶俑) 대부분은 견관서에서 만든 것이다.

소부감과 장작감에 소속된 여러 작방에서 수공업으로 생산한 물품은 시장에 내다 파는 것이 아니다.

병기 제작은 당대 전기의 경우 일반적으로 소부감의 좌상서(左尚署)에서 맡았으나 때로 군기감(軍器監)을 설치해 일을 맡기도 했다. 당대에는 동이나 철, 목재 생산지에 주전감(鑄錢監), 야감(冶監), 취곡감(就谷監, 섬서 주지현의 경우)을 설치했다. 일부 관영 수공업은 규모가 상당히 컸다.

관영 수공업 작방에서 일하는 노동자들은 주로 관아 소속 노비와 관호(官戶), 잡호(雜戶), 형도(刑徒), 그리고 공장(工匠) 등 네 부류로 나눈다.

관노비는 교체 없이 장기간 사역했으나 1차 사면을 받으면 관호가 되고, 다시 사면을 받으면 잡호, 그리고 세 번 사면을 받으면 양인(良人)이 될 수 있었다. 관호는 매년 3번, 잡호는 5번 교체되었는데, 교체될 때마다 1개월씩 일했다. 만약 교대하지 않을 경우 자과(資課)를 납부하는 것으로 대체될 수 있었다.

매년 10월 형부 도관사(都官司)는 관노비와 관호 중에서 일부를 공호(工戶)로 선발해 소부감으로 보내 세루(細鏤), 차로(車輅), 악기 제조 등 정밀한 수공예를 배우도록 했다. 과정이 끝나면 관호의 예에 따라 나누어 교체 투입되었다.[71]

형도(徒刑)의 형벌에 처해진 남자는 경성 장작감으로 송치되어 노역하고, 여자는 소부감으로 송치되어 봉작(縫作, 바느질 등 의복을 만드는 일)에 배치되었다. 경성 밖의 주(州)에 배치될 경우 관아의 부역을 담당했다. 유형을 받은 이는 유배지에서 1년을 보낸 다음 유배지에서 3년 동안 노역했다. 주현에 설치된 수공업 작방에는 형도들이 노동하는 경우가 흔했다. 예를 들어 양주의 전방(錢坊)에는 수도(囚徒, 죄수)와 공장(工匠) 두 부류의 노동자들이 일했다.[72] 형도는 언제나 겸(鉗)이나 반가(盤枷, 당대에 만들어진 형구인 칼의 일종)를 찬 채로 힘든 노동을 했다. 관영 수공업 작방 노동자들 가운데 그들의 비율이 비교적 많았다.

공장은 잡장(雜匠), 단번장(短番匠), 명자장(明資匠), 그리고 장상장(長上匠) 네 종류가 있는데 신분은 양인이다. 잡장은 민간의 다양한 업종의 장인으로 균전 농민들과 마찬가지로 매년 20일간 복역했으며, 할 수 없을 경우 용(庸)을 납부했다. 당대 초기 잡장의 경우 작방에 가서 복역했지만 이후에는 일반적으로 용을 납부해 대체했다.

단번장은 관부에서 잡장 가운데 "체력이 좋고 기능이 뛰어난"[73] 이를 선발해 관부 작방에서 노동하는 이를 말한다. 그들은 과역(課役)과 잡요를 면제 받았으며, 대신 노동 기간이 매년 1개월 연장되었다. 명자장과 장상장은 모두 관부 '화고(和雇)' 장인을 말한다. 명자장은 교대로 노동에 투입되었는데, 통상 매년 3개월씩 근무했다. 장상장은 관영 수공업 작방에서 일했다.[74] 무측천 시절 소부감에 있는 능금방교아(綾錦坊巧兒), 내작사릉장(內作使綾匠), 액정릉장(掖庭綾匠), 내작교아(內作巧兒) 등이 명자장 또는 장상장이었다.

도시, 상업, 그리고 교통

상공업이 발전하면서 일부 정치, 군사 중심지와 수륙 교통이 편리한 요충지에 비교적 큰 상업도시가 생겨났다. 당대에 가장 큰 도시는 장안과 낙양이고, 이외에 양주(揚州), 익주(益州), 광주(廣州), 형주(荊州), 상주(相州), 유주(幽州), 변주(汴州), 송주(宋州), 양주(涼州) 등이 비교적 대도시였다.

당시 장안성의 규모는 사방 70리로 상당히 컸다. 장안성은 궁성과 황성, 그리고 외곽성(外郭城) 세 부분으로 구분되며, 궁성은 궁전 구역이며, 황성은 중앙 아서(衙署, 관청) 구역으로 장안성의 핵심 지역이다. 외곽성은 안에 108개의 방(坊)이 자리하고 있으며, 11개의 남북 대가

(大街)와 14개의 동서 대가가 분할하고 있다.[75] 방은 주로 주택 지역이며, 사방에 높은 담장이 둘러싸인 곳으로 왕후장상이나 훈귀(勳貴), 대소 관료들의 주택이다. 외곽성 안에는 100여 개의 절과 도관(道觀)이 자리하고 있으며, 가장 큰 사관은 방(坊) 하나의 비교적 넓은 지역을 차지했다. 방 이외에 동서쪽에 두 군데 시(市)가 있는데, 황성 밖 동남쪽과 서남쪽에 대칭되는 곳에 자리했다. 시는 수공업과 상업의 중심지이며, 대략 방 네 곳의 면적을 차지했다.

시내에서 동일한 물건을 판매하는 상점은 동일 구역에 집중적으로 배치했는데, 이를 행(行, 항)이라고 하며, 물건을 쌓아놓는 창고를 저(邸)라고 한다. 저에서 외지 상인들을 유치하고, 아울러 상인들 대신 많은 물량을 도매로 매매한다. 장안 동시(東市)에는 "220개의 행이 자리하고 있으며, 사방에 있는 저에 사방의 진귀한 물건들이 가득 모여 쌓였다."[76] 서시는 동시보다 더욱 번화했다.

각 주현의 치소(治所, 주나 현의 관아가 있는 곳)마다 시장이 열렸다. 시에는 시령(市令)이 있기 마련인데, "시장 자물쇠를 도맡아(主執鑰)" 시간에 따라 시장 문을 열고 닫았다. 당의 시령에 관한 규정에 따르면, "무릇 시장은 정오에 북을 300번 쳐서 무리들이 모여들도록 하고, 해가 지기 전에 7각(刻)에 정(鉦, 징)을 300번 쳐서 무리들이 흩어지도록 한다."[77] 시령은 시장의 교역에 관한 일을 관장했다. 시의 각 행에는 행두(行頭)가 있어 각 행의 사무를 책임지고, 관부에 세금을 납부하거나 기타 교섭 등의 일을 주관했다. 행두는 관부와 관련을 맺고, 관부는 그들을 통해 각 행호(行戶)를 통제했다.[78]

당시 도시의 상업과 수공업은 주로 귀족과 관료, 지주를 위한 것이었다. 도시 수공업자의 작방에서 만들어내는 동경(銅鏡), 전담(氈毯, 담요와 양탄자), 능금(綾錦), 금포(錦袍), 악기(樂器), 금은 기물, 주류, 종이, 기타 수공예품은 주로 장안성과 그 밖의 대도시에서 소비되었으며, 대다수 농민과는 무관했다. 당시 최대 상인은 주옥이나 진귀한 노리개를 판매하는 이들이었다.

시장 상품의 품종 변화와 행업(行業)의 증가도 당대 상업 발전의 특징 가운데 하나다. 시장 상품은 과거 생산이나 생활에 필요한 소금이나 철 이외에도 주로 귀족이나 고관들의 사치스러운 생활에 필요한 주옥이나 고급 공예품이 많았다. 당대 도시에 사는 일반 지주나 관료들은 자신들에게 필요한 각종 일용품을 대부분 시장에서 사다 썼다. 그래서 시장 안에 동경, 전담, 능금, 금포, 악기, 금은 기물, 주류, 차량, 문구, 종이 등 사영 수공업 작방이 들어섰고, 이외에 다양한 주점이나 반점(飯店), 소규모 음식점도 성업을 이루었다. 장안이나 양주 등 대도시에는 호인(胡人)이 운영하는 주점도 생겼다. 각지의 유명한 생산물이나 특산 및 외국 물품들도 시장에 가득했다.《당국사보(唐國史補)》는 개원부터 원화(713~820년)까지 시장의 모습을 다음과 같이 기록하고 있다. "무릇 재물 중에는 사치스러운 용품도 셀 수 없이 많았다. 비단으로 만든 옷, 마포로 만든 주머니, 전모로 만든 모자, 그리고 피혁으로 만든 띠 외에도 내구의 백자기, 단계의 자석연(紫石硯, 붉은 벼루) 등 천하에 귀천을 가리지 않고 모든 것이 통용되었다(凡貨賄之物, 侈于用者, 不可勝紀. 絲布爲衣, 麻布爲囊, 氈帽爲蓋, 革皮爲帶, 內丘白瓷器, 端溪紫石硯, 天下無貴賤通用之)." 이처럼 도시에는 수많은 행업이 출현했다.

당대의 부유한 상인들은 왕실에 맞설 만큼 거대한 부를 축적했다. 그들 중에는 "저(邸)나 점(店, 상점), 정원이나 저택이 전국 각지에 산재한 이도 있었다."[79] 그들은 귀족이나 관료, 지주들과 밀접한 관련을 맺

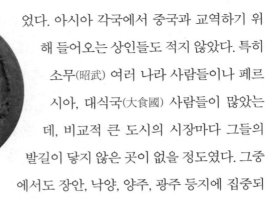

개원통보

었다. 아시아 각국에서 중국과 교역하기 위해 들어오는 상인들도 적지 않았다. 특히 소무(昭武) 여러 나라 사람들이나 페르시아, 대식국(大食國) 사람들이 많았는데, 비교적 큰 도시의 시장마다 그들의 발길이 닿지 않은 곳이 없을 정도였다. 그중에서도 장안, 낙양, 양주, 광주 등지에 집중되었다.

상업이 크게 번창하면서 주전(鑄錢), 즉 화폐 주조량도 계속 증가했다. 당초에는 수대에 사용하던 오수전(五銖錢)을 폐지하고 개원통보(開元通寶)를 주조했다.

개원통보는 10전의 무게가 1냥이었는데, 동전에 중량을 적지 않았다. 천보 시절 전국에 99개의 주전로(鑄錢爐)가 있었으며, 매년 동 200만 근으로 32만 관을 주조했다.

화물을 운송하는 도로도 전국을 관통했다. 넓은 역로(驛路)에는 30리마다 역참(驛站)이 한 군데씩 배치되었다. 역로 교통은 장안을 중심으로 "동쪽으로 송주와 변주, 서쪽으로 기주로 이어졌고, 좁은 길에는 수많은 상점과 가게가 자리해 손님들을 기다렸으며, 주점이나 반점도 상당히 많았다. 상점마다 나귀를 마련해 승객을 태우고 순식간에 수십 리 길을 갈 수 있었는데, 이를 역려(驛驢)라고 불렀다. 남쪽으로 형주와 양주, 북쪽으로 태원, 범양, 서쪽으로 촉천, 양부로 통했으며, 가는 곳마다 상점과 가게가 있어 상려(商旅)들이 편하게 필요한 물건을 살 수 있었으며, 멀리 수천 리를 가더라도 작은 칼조차 지닐 필요가 없었다."[80]

수로를 통한 운수업도 발달했는데, 특히 남북을 관통하는 대운하가

6장 수·당 시대

큰 작용을 했다. 남방에는 크고 작은 하천과 호수 등이 산재해 거대한 수로망을 이루고 있기 때문에 여러 도시가 비교적 잘 연결되어 있었다. 당대 전기 수로를 통한 운수업에 대해 《구당서》는 이렇게 묘사하고 있다. "천하의 나루터마다 온갖 배들이 모여들어 파한(巴漢, 파군과 한중 일대)을 두루 다니고, 앞으로 민월(閩越, 지금의 복건성)까지 항해할 수 있었으며, 7군데 연못과 10군데 늪지, 3개의 강과 5개의 호수가 자리해, 황하와 낙수를 관통하고 회음(淮陰)과 해주(海州, 지금의 강소성 연운항)를 두루 포용했다. 수천, 수만의 크고 작은 배들이 왕래하며 교역하니 새벽부터 저녁까지 쉬는 날이 없었다."[81]

개원·천보 시기의 정치 군사 형세

토지 겸병 확대

당대 초기 농업생산이 비교적 발달하고 지역이 협소하되 인구가 조밀한 지역 자영농민의 경우 정남(丁男) 한 명이 대략 30무 전후의 농지를 경작했다.[82] 전국적으로 볼 때, 대략 6명이 한 식구인 자영농호의 평균 농지는 60~70무였다.[83] 당대 1무(畝)당 생산량은 평균 5두(斗, 말)에서 1석(石, 섬)이었다.[84] 농민들은 수확한 후 부세와 종자, 식량, 기타 생산비를 뺀 나머지를 가지고 자연재해나 인재, 또는 조정의 갑작스러운 징발에 대비해야만 했다. 그렇기 때문에 자영농민은 경제적으로 언제나 불안정하고 빈부의 격차가 날로 심해졌다.

고종 이후로 전쟁이 빈번하게 일어나고 토목공사가 더욱 많아졌다.

지주들은 병역이나 부역을 애써 피했기 때문에 잡다한 부역이나 노역은 거의 대부분 일반 농민들 차지였다. 사서는 당시 상황을 이렇게 전하고 있다. "부세 징수, 부역, 노역 파견, 병역 등 돈이 안 되는 것은 가난하고 약한 이들을 먼저 충원하고, 재물이 될 만한 것은 부유하고 강한 이들이 차지했다."[85]

함형(咸亨), 수홍(垂拱, 670~688년) 이후로 지방 관리들이 날로 부패해지기 시작했다. 각지 지주와 관리들이 결탁해 백성들의 토지와 재물을 제멋대로 강탈했다.[86] 재산에 관련한 소송이 일어날 경우 관리들은 청탁과 뇌물을 받고 제멋대로 판단해 가난한 농민들은 "이치에 맞는 자들은 신고를 하지 못하게 하고", "합법적으로 얻은 자는 빼앗기도록 만들었다."[87]

고종 말년 서쪽에서 토번 군사들이 변경을 침범했고, 북쪽에는 돌궐 귀족들이 당조에 대항하고 있었다. 그래서 당나라는 전후로 수십만의 군사를 동원해 전쟁을 수행했다. 이어서 관동과 관중에서 심각한 수재와 한발 등 자연재해가 연이었다. 재해 지역의 백성들은 죽거나 고향을 떠나 유리걸식하는 이들이 10명 가운데 4~5명이나 될 정도였다.[88] 무측천 말년 거란과 동돌궐 군대가 하북 지역을 침략해 약탈을 일삼자 당조는 대규모 군사를 징발해 현지 백성의 "가정이 모두 파괴되고", "사방에 먹을 것이 하나도 없어", "집을 없애고 밭을 팔아야 겨우 사람을 팔지 않을 수 있었다." 또한 토번 군대를 방어한다고 군량을 운반할 장정을 대규모로 징발하자 촉 중에 "주(州)마다 도주하는 이들이 속출해 3만여 명이 봉주, 거주, 과주, 합주, 수주 등 산속으로 숨어 주현에 소속되지 않았다. 토호 사족들이 그들을 숨겨주고 서로 받아들였다."[89] 대족(大足) 원년(701년) 이교(李嶠)가 당시 상황을 개괄해 다음과 같이 말한 바 있다.

"천하의 편호들 가운데 빈한한 자들이 많아 용력이나 객작과 같은 사족의 고용농이 되어 식량을 얻는 이들이 있었으며, 또한 왕역(王役, 노역)을 대신하기 위해 살던 집을 팔거나 논밭을 저당 잡히는 이들도 있었다."[90]

이렇듯 농민들은 어쩔 수 없이 자신이 가지고 있던 전답을 내다팔고 고용농으로 전락해 지주의 토지를 경작해야만 했다. 또한 수많은 농민들이 "자신이 살던 고을을 버리고 떠나 다른 주(州)에 몰래 들어가 살았다." 그들 가운데 일부는 산속으로 도망쳐 황무지를 개간해 생계를 유지했고, 어떤 이들은 도시로 들어가 "말류(末游, 상업)에 종사했으며,"[91] "고용주를 따라 머물거나 노동력을 팔아 먹고사는"[92] 수많은 이들을 지주가 은닉해 전호(佃戶)나 용보(傭保)로 삼았다.

개원 연간에 부세는 가혹하고 병역은 날로 가중되는 상황에서 농민들은 더욱 빈곤해져 "전답이 있어도 농우를 구하지 못해" 경작이 대단히 힘들었다.

또 어떤 이들은 "농사나 뽕나무를 심어야 할 때 종자가 없어 비싼 이자를 내고 구하려다"[93] 지주 부호의 고리대의 그물에 걸려들고 말았다. 지주나 관료들은 기회를 틈타 대량으로 토지를 겸병했으며, 어떤 이들은 황무지를 빌려주고 나중에 개간한 토지를 빼앗기도 했다.

당 현종 역시 천보 11년(752년) 조서에서 이러한 상황을 인정하지 않을 수 없었다. "내가 듣건대, 왕공 백관과 부호 집안에서 장원을 마련하고 제멋대로 백성들의 토지를 병탄해……백성들이 편안히 거처할 곳조차 없는 지경에 이르렀다고 하니 장원에 객호를 두어 전농(佃農)으로 삼지 말도록 하라."[94] 그래서 사서는 "개원 말기 천보 이래로 법령이 느슨해져 토지 겸병의 폐해가 한대 성제와 애제 시절보다 극심했다"[95]라고 말했던 것이다. 당시 지주들이 은닉하고 있던 전호나 타향을 떠돌아 호적에서 빠진 농민들이 400만~500만 호 이상이었다.[96] 반(半) 자영농이나 전호, 용보의 숫자가 전체 인구에서 차지하는 비율이 날로 높아지고 있었다.

한 지역에 집중되어 있는 지주의 전답을 장(莊), 장전(莊田), 또는 장원(莊園)이라고 불렀다. 작은 것은 몇 무 정도였으나, 큰 것은 수십 경(頃)에 이르렀다. 당대 장원은 경제의 생산단위가 아니다. 당대 지주들은 일반적으로 장원을 농민들에게 빌려주어 "앉아서 조세를 받아먹었다." 일반적으로 장원에 거주하는 지주들은 용보를 감독했고, 성에 거주하는 지주들은 농번기에 자신의 장원으로 내려가 생산을 독려했다.[97] 귀족과 대관료, 대지주의 장원은 전담 인원을 파견해 관리하고 정기적으로 사람을 보내 조세를 거두었다.

지주의 장원을 빌려 경작하는 농민들을 일반적으로 '장객(莊客)'이나 '전객(田客)'으로 불렀다. 전호에 대한 지주의 인신상의 통제는 호강 대족의 전객에 대한 것보다 심하지 않았으며, 의존관계가 세습되지도 않았다. 지조는 일반적으로 '장조(莊租)' 또는 '조과(租課)'라고 불렀는데, 장객은 수확한 곡식의 절반 이상을 지조(地租)로 지주에게 납부했으며, 기름이나 땔감 등도 보내야만 했다. 이외에 지주를 위해 일시적인 노역에 참가하기도 했다. 예를 들어 가옥이나 담장을 수리하거나 정원을 조성하는 데 참가했다. 장객은 지주의 토지를 빌려 경작할뿐더러 때로 지주에게 종자나 양식, 농기구, 가옥 등을 빌리면서 지주의 고리대에 빠져들기도 했다. 전객 이외에 장원에서 노동하는 이들, 특히 장원 안에서 기숙하면서 하루 종일 노동하는 이들은 노비와 용보(傭保)였다. 그들은 장원 내에서 채소를 심어 자급자족했고, 때로 남은 채소를 시장에 내다팔아 일용품과 교환했다.

개원 중반의 정치, 경제 조치

당 현종은 '개원지치' 이후 호구를 점검하고 지세와 호세 징수방법을 바꾸며, 병제를 개혁하는 등 일련의 조치를 시행해 정치, 경제면에서 발생하는 새로운 상황에 부합하고자 했다.

첫째, 정사당(政事堂)을 중서문하(中書門下)로 바꿨다.

당나라 초기에 만들어진 삼성(三省) 체제는 논의, 결정과 행정이 분명하게 나누어져 있었다. 상서성 육부는 기구가 간단하고 직책이 고정적이어서 융통성이 부족했으며, 주로 일상 정무를 처리했다. 사회경제가 발전하고 변방의 형세가 긴박하게 돌아가면서 책임질 만한 관련 부서가 없는 일들이 생기기 시작했다. 별도의 영(令)이나 식(式)이 없으니 황제에게 주청해 판단을 기다리는 수밖에 없었다. 결국 황제가 친히 처리해야 할 주장(奏章)이 날로 많아지자 당 고종 후반 일부 문사를 금중(禁中)으로 불러들여 주장 처리를 돕도록 했다. 이러한 문사들을 일러 '북문학사(北門學士)'라고 한다. 무측천 시절 주장을 중서성에 보내 처리토록 했다.

새롭게 생겨난 군사나 재정과 관련된 다양한 문제를 해결하기 위해 무측천 이후 관리를 직접 파견해 처리하는 경우가 있었다. 그러나 새로운 문제가 계속 생겨나면서 임시로 관리를 파견하는 일이 점차 많아졌다. 이와 동시에 조정에서도 구체적인 문제를 해결하기 위한 제칙(制勅) 반포가 날로 늘어났다. 제칙은 주로 임시로 처리하는 방법이었으나 "영(永), 식(式)으로 간주되는" 부분은 실제 영이나 식의 일부분이 되었다. 임시 파견직도 점차 고정된 직책으로 발전해 절도사 등 상설 사직 (使職)에 포함되었다. 사직이 광범위하게 설립되면서 기존의 상서성 육부 외에도 또 다른 행정기구가 생겨나게 되었다.

무측천이 정사를 맡은 이후로 중서성에서 직접 정무 처리에 참여하기 시작했다. 재상은 정사당의 토론과 정책 결정에 참여할뿐더러 구체적인 정무 시행의 책임도 맡았다. 제도적으로 정책 결정과 행정을 합치시키고 아울러 상서성 육부와 사직, 두 개의 행정 시스템을 하나로 합치기 위해 개원 11년(723년) 현종은 장열의 건의를 받아들여 정사당을 중서문하(中書門下)로 바꾸고, 아래 이(吏), 추기(樞機), 병(兵), 호(戶), 형예(刑禮) 등 오방(五房)을 설치해 정무를 분장하도록 했다. 이렇게 해서 중서문하가 정식으로 최고 정책 결정 겸 행정기구가 되었다. 개원 후기 재상의 숫자가 감소하면서 때로 상서복야나 혹은 육부의 수장이 겸직하는 경우가 있었다.

둘째, 호구를 점검하고 단속했다.

무측천 이래로 농민들이 대규모로 도주하는 일이 자주 일어났다. 도주한 농민들 가운데 일부는 지주 밑으로 들어가 객호가 되었으며, 또 다른 일부는 타향에서 황무지를 개척했다. 개원 이후로 간척 토지가 계속 늘어났으며, 인구 또한 지속적으로 증가했다. 하지만 여전히 도호(逃戶)가 많아 정부에서 통제하는 호구는 증가하지 않았다. 결국 국가 재정수입에 차질을 빚을 수밖에 없었다.

당조 전기에는 정역(正役)과 잡요(雜徭) 이외에 서로 다른 신분이나 연령, 각종 기능에 따라 각기 다른 부역이 존재했다. 그 가운데 가장 주된 것은 훈관번상(勳官番上), 잡장(雜匠), 백정(白丁) 공관부(供官府), 그리고 각급 관리들의 사역이었다. 개원 시대에 이를 통칭해 색역(色役)이라고 불렀다. 그들은 정기적으로 관부나 관영 수공업 작방에 가서 일을 했다. 노역을 하지 않을 경우 돈으로 대납했는데, 이를 자과(資課)라고 한다. 개원 시절 민간 수공업과 상업이 크게 발전하면서 관료들에게 더 많은 화폐가 필요하게 되었으며, 관부의 작방 역시 보편적으로 일정한 수당을 지급하는 고용 노동자를 활용했다. 백정들은 주로 각급 관리의 사역을 공급하는 색역을 맡았는데, 그들 역시 일반적으로 돈으로 대납 했으며, 장인들 역시 부역 대신 돈으로 대납했다. 개원 6년 이후 제칙을 보면, 끊임없이 자과와 용조(庸租) 또는 조용(租庸)을 병기한 예를 많이 볼 수 있다. 이렇듯 당시 자과는 국가의 중요 수입원이었다. 색역이 되면 정행(征行, 종군해 출정함 - 역주)을 면제받을 수 있기 때문에 색역 대부분은 자과로 전환한 다음 돈으로 대납한 후 번갈아 가며 관아에서 일하는 것도 면제받았다. 그래서 많은 이들이 거짓으로 훈관이 되거나 다른 방법으로 색역을 사칭해 정행을 면제받았다. 색역을 사칭하는 일이 많아지면서 국가 수입에 영향을 미칠 정도가 되었다.

개원 9년(721년), 우문융(宇文融)이 허위 색역을 검사하고 도호를 체포할 것을 건의하자, 현종이 이를 받아들여 우문융에게 추구(推勾), 체포, 구인의 임무를 맡겼다. 당대 《호령(戶令)》과 《당률》〈호혼율(戶婚律)〉에 따르면, 경기 인근과 군부(軍府)가 있는 주(州)의 농민은 경기 이외 지역과 군부가 없는 주로 이주할 수 없다. 당연히 농민이 도망칠 경우 형벌의 제재를 받게 된다. 처음에 당조는 도망죄를 추궁하지 않겠다고 선포했을 뿐, 조건이 부합할 경우에만 현지에서 제적할 수 있었으며, 나머지는 모두 원적으로 되돌려 보냈다. 그 결과 효과가 거의 없었다. 우문융은 "거짓 훈관과 색역을 많이 적발했을 뿐이다."[98] 개원 11년 당조는 새로운 규정을 만들었다. 도호가 자수할 경우 현지 호적에 집어넣고 아울러 6년간 조조(租調)와 요역을 면제시키는 대신 경세(輕稅)만 받기로 한 것이다. 이로써 실효를 거둘 수 있었다. 개원 12년 호구 점검이 끝날 때까지 도호 80여만 호를 적발하고 상응하는 적외전(籍外田)을 찾아냈다.

셋째, 지세와 호세의 징수방법을 바꿨다.

지세와 호세는 태종, 고종 시절부터 징수하기 시작했다. 하지만 호세는 아직 법제화되지 않았고, 지세는 초창기 의창(義倉)을 위해 만든 것으로 1무당 2승(升, 되)을 받았다. 나중에 호의 등급에 따라 징수했는데, 상상호(上上戶)의 경우 5석을 받았다. 이는 1무당 2승을 받았을 경우 250무의 지세에 해당한다. 지세와 호세는 당시 국가 수입 가운데 그리 중요한 위치를 점한 것이 아니었다.

토지 집중이 심화되고, 빈부 격차와 호구 이동이 날로 심해졌다. 그래서 원래 정구(丁口)에 따라 조용조 징수의 실효성이 떨어지기 시작했다. 조세 부담을 조정하고 농민들의 도주를 줄이며, 재정수입을 늘리기 위해 개원 연간에 당조는 지세를 1무에 2승을 징수하는 것으로 바꾸고, 관향의 경우 실제 경작지에 근거하고, 협향은 호적부에 등기된 경지에 따라 징수했다. 호세 역시 개정해 3년에 대세(大稅) 한 번, 매년 소세(小稅) 한 번씩 거두어 군국(軍國) 전역(傳驛)이나 우체(郵遞)에 필요한 비용에 충당했고, 매년 별세(別稅)를 운용해 주현 관리의 월료(月料, 봉급)에 사용했다.[99] 동시에 매 향(鄕)마다 약간의 정조조(丁租調)를 형편에 따라 면제했다.[100] 천보 시절 매년 지세로 1240여만 석을 거두어 들였는데, 속미(粟米) 수입의 절반에 해당하는 양이었다. 호세는 평균 200만 관을 거두었는데, 이를 환산하면 견포 수입의 3분의 1에 달했다.[101] 전체 재정 수입에서 지세와 호세의 비율이 증가하면서 이후 양세법의 과도기를 넘어서고 있었다.

넷째, 병제를 개혁했다.

고종 이후 전쟁이 빈번해지면서 훈상(勳賞)이 제대로 이루어지지 않았으며, 심지어 기존의 훈작이나 하사금을 삭탈하거나 빼앗아야만 했다. 지주나 부호들은 병역을 기피해 처음에는 고용인으로 대체하다가 나중에는 관리들과 결탁해 거짓으로 승적에 올려 병역에서 빠지기도 했다.[102] 결국 병역은 모두 빈농에게 돌아갔다. 빈농들은 토지를 잃어 자신이 마련해야 하는 군복이나 군량을 댈 수 없었기 때문에 "군량이나 군복도 없이 배고픔과 추위에 허덕였다."[103] 번역(番役, 당조의 복역 제도 가운데 하나로 윤번제로 복역하는 것을 말한다 - 역주)도 제대로 교대가 이루어지지 않았으며, 집안 식구들도 징요(徵徭, 부세와 요역)를 면제받지 못했다. 그래서 위사(衛士)들은 교체되어 귀향한 후 "점차 도망치는 일이 잦았으며, 세월이 흐르면서 도망치거나 사망한 자들을 보충하지 못하자 삼보[三輔, 경조윤(京兆尹), 풍익(馮翊), 부풍(扶風) 등 지금의 섬서 중부의 경기 지역을 말한다 - 역주]의 경비가 점차 허술해지고, 숙위하는 병사들의 인원조차 제대로 맞출 수 없었다."[104] 개원 11년(723년), 당조는 부병(府兵)이 돌아가며 숙위하는 제도를 폐지하고 건장한 장정 12만 명을 모집해 대체하는 한편 출정과 부역을 면제하고 장종숙위(長從宿衛)라고 불렀다. 13년, 확기(彍騎)로 개칭하고 전체 12위(衛)로 나누어 예속시켰다. 개원 25년(737년), 당조는 제색정행인(諸色征行人)과 객호 중에서 장정을 모집해 변방의 병사로 장기 충원했고, 부병의 종군, 출정을 정지시켰다. 이후로 위사는 더는 결원을 보충하지 않았으며, 중앙 금위군과 변방의 진병(鎭兵)은 모집하거나 고용한 병사들로 이루어졌다. 이로써 부병제는 완전히 폐지되고 말았다.

고종과 무측천 이후 변방의 상황이 날로 심각해졌다. 특히 토번과의 전쟁이 교착상태에 빠지면서 진수제(鎮戍制)와 임시 징병, 장수 파견만으로는 대응하기 힘들었다. 무측천 통치 시기부터 변방에 군, 진을 설치하고, 중병(重兵)을 주둔시켜 둔전과 방어를 겸하도록 했다. 진수(鎮戍)와 행군(行軍) 제도는 둔방제(屯防制)로 대체되었고, 마지막에는 절도사 제도로 발전했다. 개원 초기 당조는 선후로 안서(安西), 북정(北庭), 하서(河西), 농우(隴右), 삭방(朔方), 하동(河東), 범양(範陽), 평로(平盧), 검남(劍南) 등 9명의 절도사와 영남(嶺南) 경략사(經略使)를 두어 해당 지역의 군사를 총괄하도록 했다.

토번, 돌궐, 거란 군대의 침입을 방어하기 위해 절도사의 병력은 끊임없이 확충되어 천보 원년 변방 군진의 병력이 49만 명에 이르렀다. 중앙 금위군은 8만~9만 명에 불과했으며, 제대로 훈련을 받지도 않았다. 또한 일반 주현에는 아예 군대가 없었다. 군사 배치 면에서 중앙은 빈약하고 변방은 강력한 국면이 형성되었다.

개원 22년 당조는 국내 제도(諸道)에 채방처치사(采訪處置使)를 설치하고 주현 사무를 관리하도록 했다. 천보 연간에 변방 각 도의 채방사를 절도사가 겸하면서,[105] 절도사가 도(道) 전체의 군정(軍政) 대권을 쥐게 되었다.

이 외에 현종은 장안의 식량 공급 문제를 해결했다. 경제 발전과 사회 안정 국면이 지속되면서 장안의 인구가 계속 늘자 장안의 식량 공급 문제가 날로 심각해졌다. 개원 22년 재상 배요경(裴耀卿)이 강남과 회남의 전운사(轉運使)를 겸하면서 조운제도를 개선했다. 그는 황하와 운하, 황하와 위수가 교차하는 곳과 삼문협(三門峽) 동, 서쪽에 창고를 만들고, 강남의 배는 황하로 들어오지 못하고 황하의 배는 위수로 들어가지 못하도록 했다. 그리고 삼문협의 일부 지역은 수운 대신 육운(陸運)으로 바꾸었다. 이렇게 해서 선박 항행 기간을 단축시켜 운송의 효율을 높였으며, 배가 전복되거나 물건을 빠뜨려 손실되는 양을 절감하고, 3년 만에 700만 석의 곡량을 운송해 육운 비용 30만 관을 줄일 수 있었다.

관중(關中)의 식량 비축이 충족되자 당 정부는 개원 25년부터 회조납포(回造納布)와 화적제도(和糴制度)를 실시해 강남 군현의 조속(租粟)과 각전(脚錢)을 일률적으로 동일한 가치의 포(布)로 납부해 관중으로 운송한 후 현지 백성들에게 화적미속(和糴米粟)하는 데 사용해 조운의 손실을 보충했다. 천보 시절 각지의 화적미속을 장안에 운반한 것이 매년 100여만 석이었다.

천보 연간의 사회 모순 심화

개원 말기 변진(邊鎭) 병사들의 의복과 양식을 점차 중앙정부에서 보급하면서 당조의 군비 지출이 크게 증가했다. 천보 이후 매년 양식 190만 석, 견포(絹布) 1000만 필이 사용되었는데, 견포 사용량은 정부가 매년 거두어들이는 견포 수입의 절반에 달했다. 당 현종은 "금백을 거름처럼 생각해 총애하는 신하에게 상금으로 하사하는 물품이 끝이 없었기"[106] 때문에 정부가 보관하고 있는 재정의 지출이 항상 부족할 수밖에 없었다. 그래서 "당시 전곡(錢穀)을 담당하는 관리들은 백성들의 재물을 약탈하고 관서에서 쓰고 남은 물자를 되팔아 이익을 얻는 데 골몰했으니 그 명목이 수없이 많았다."[107] 양신긍(楊愼矜)이 태부(太府) 출납을 맡은 후 여러 주에서 보내오는 포백(布帛)이 더럽혀지거나 해지는 경우가 적지 않자 주현에 명하여 절고전(折估錢)을 징수해 가벼운 물건을 전매(轉買)하도록 했다. 천보 시절 왕홍(王鉷)이 호구색역사(戶口色役使)가 되자 호적에 따라 변방에서 이미 사망했으나 장수가 제적(除籍) 보고를 하지 않은 정남(丁男)의 조용(租庸)을 추징했는데, 30년을 추징한 사람도 있었다.

당조는 국가 역량이 강화되자 끊임없이 변방의 여러 민족들과 전쟁을 일으켰다. 개원 말년 종실 재상인 이림보(李林甫)가 재상 장구령(張九齡)과 기타 대신들을 몰아내고 조정의 대권을 독점하기 시작했다. 동동궐(東突厥)이 멸망한 후 당조는 서북쪽으로 군사 역량을 집중했다. 천보 6년 하서, 농우절도사 왕충사(王忠嗣)가 토번(吐蕃)의 석보성(石堡城) 공격을 거절하자 이림보가 이를 빌미로 그를 내쫓아버렸다. 이후 여러 도의 절도사들은 주로 호인들이 담당했다. 당조는 특히 가서한(哥舒翰), 고선지(高仙芝), 안사순(安思順), 안록산(安祿山) 등을 중용해 전쟁의 중요 도구로 삼았다. 당시 황제의 금위군은 이미 부패할 대로 부패해 우림, 용무사군(龍武四軍)과 제위확기(諸衛彍騎) 대다수는 완전히 전투력을 상실한 상태였다. 《당회요》는 당시 군대의 모습을 이렇게 묘사했다. "(그들은) 저잣거리의 건달이나 다를 바 없었으니, 그중에 부유한 이들은 비단옷에 고기 음식을 즐기고, 힘이 센 자들은 씨름이나 줄다리기를 하며, 나무를 휘고 쇠를 들며 날마다 싸움질을 했으나 막상 전쟁이 일어나면 벌벌 떨면서 갑옷조차 제대로 받을 수 없었다."[108] 당조의 맹장이나 정병은 모두 절도사가 장악하고 있었기 때문에 중앙은 군사력이 약하고 변방은 막강한 군사력을 지닌 상황이 지속되었다. 가서한 등은 절도사를 맡은 후 누차 전공을 세워 권력과 지위가 날로 높아졌다. 여러 절도사들 간에 모순이 격화됨과 동시에 절도사와 조정 대신들 간의 모순 또한 심각한 수준에 이르렀다. 가서한은 안사순, 안록산과 사이가

6장 수·당시대

좋지 않았고, 양국충과 안록산 역시 서로 충돌했다.

천보 11년 양국충이 이림보의 뒤를 이어 조정의 대권을 장악했다. 그는 혼자서 40사(使)를 겸하고 군국기무(軍國機務)를 "자신의 집에서 결재하며" 조정 사무를 "서리에게 책임을 지도록 하고 공공연히 뇌물을 받아먹었다."[109] 양국충 개인이 받아먹은 뇌물이 합사비단만 3000만 필로 전체 국가가 징수하는 용조(庸調)의 1년 6개월 치였다. 결국 온갖 모순이 급격히 심화되었다.

개원·천보 시기, 당과 변방 민족과 인근 국가와의 관계

개원 4년(716년), 거란이 돌궐 귀족의 통제에서 벗어나 당나라로 기울었다. 이듬해 당은 영주도독부(營州都督府)를 유주에서 유성(柳城)으로 옮겼다. 이후 거란은 발전을 거듭해 점차 세력이 강대해지면서 당과 전쟁과 화친을 반복하면서 승부를 겨뤘다. 당은 화친을 통해 거란 군사 귀족을 구슬리는 한편 영주에 평로절도사(平盧節度使)를 두고 중무장한 병력으로 침략을 막았다.

돌궐은 묵철(默啜) 만년부터 서서히 쇠락했다. 개원 4년 묵철이 회흘(回紇)에게 살해되자 그의 뒤를 이은 비가가한(毗伽可汗)이 당과 기본적으로 화친관계를 유지했으나 때로 침범한 적도 있었다. 당은 삭방과 하동절도사를 설치해 방어했다. 천보 4년(745년) 동돌궐이 멸망했다. 뒤를 이어 흥기한 회흘은 아직 세력이 강하지 않아 당과 화친관계를 유지했다. 당은 서북 변경에 군사력을 집중해 토번 군대를 저지했다.

당은 하서와 농우에 강력한 방어망을 구축했다. 개원 시절 당과 토번은 청해에 있는 석보성(石堡城) 일대까지 서로 대치하는 상황이 이어졌다. 토번은 동쪽에서 우세를 점할 수 없게 되자 서쪽으로 소발률(小

勃律)을 침입해 서쪽에서 당의 안서(安西) 네 군데 진(鎭)을 공략하려고
시도했다. 천보 6년(747년) 당의 장수 고선지(高仙芝)가 1만 기병을 데
리고 소발률을 원정해 토번 왕과 공주를 포로로 잡고 그곳에 주둔했다.
천보 8년 가서한이 석보성을 공략해 빼앗았다.

　당나라는 군사작전을 중앙아시아로 확대해 대식(大食)과 소무(昭武)
여러 나라의 통제권을 두고 쟁탈전을 벌였다. 천보 9년 고선지가 석국
(石國)을 점령하고 약탈과 살인을 저질러 중앙아시아 여러 나라의 공분
을 일으켰다. 그들은 "대식국의 군대를 몰래 끌어들여 네 군데 진을 함
께 공격하고자 했다."[110] 천보 10년(761년) 고선지가 토번과 한족 군사
3만을 이끌고 파엽수(怛羅斯城, 탈레스 성)에서
대식 군대와 조우해 5일 동안 대치했으나, 갈라록부(葛羅祿部)가 전투
를 앞두고 배반해 대식 군대와 당나라 군사를 협공하는 바람에 전투에
서 패배해 2만여 명이 포로로 잡혔다. 달라사 전투 이후 당은 소무 여
러 나라의 통제권을 잃고 말았으며, 대식국 역시 더는 동진(東進)하지
않았다.

　8세기 초엽 토번 귀족들의 세력이 커지면서 운남까지 내려와 이하
(洱河) 제부(諸部)를 정복하고 육조(六詔)를 세력권 안에 넣었다. 당은 남
조의 육조 통일을 지지해 토번을 방어하는 데 도움을 얻고자 했다. 하
지만 남조 귀족 세력이 강대해지면서 동쪽으로 서찬(西爨)과 동찬(東爨)
을 정복하자 당조와 남조 통치자들은 동찬과 서찬을 차지하기 위해[111] 천
보 10년부터 13년까지 전쟁을 벌였다. 당조의 군사들은 강압에 못 이
겨 출전한 것이기 때문에 사기가 떨어졌을뿐더러 남방의 기후와 풍토
에 적응하지 못해 결국 대패하고 말았다. 당시 당군의 전사자는 거의
20만 명에 달했다.

당 전기 변경의 여러 민족

돌궐

수·당 교체기에 동동궐이 다시 강대해져 100여만 명의 군사를 보유했다. 수나라 말 돌궐은 북방에서 반란을 일으킨 무장 세력을 지지하면서 그들에게 가한(可汗)의 칭호를 주었다. 당조가 건립된 후 돌궐 귀족들은 북쪽 변방에서 당과 싸우고 있던 유무주(劉武周) 등을 지지했다. 당조가 북쪽 무장 세력을 소멸시키자 그들은 직접 당의 변경을 침입했다. 무덕 8년(625년) 당조는 돌궐과 호시(互市)를 회복해 돌궐로부터 많은 가축을 들여와 농우 부족 문제를 해결했다.[112]

힐리가한(頡利可汗, 620~630년 재위)이 각 부족 백성들을 착취하자 회흘과 설연타의 부족들이 계속 반항해 동돌궐의 통치에서 벗어났다. 동쪽에 있던 해(奚), 소(霄), 거란 역시 앞뒤로 동돌궐의 지배에서 벗어나 당조에 투항했다. 정관 2년(628년) 돌리가한(突利可汗)이 당에 투항했다. 힐리가한은 속특[粟特, 소무(昭武) 구성국(九姓國)] 상인을 신임해 돌궐 귀족들의 불만을 샀다. 돌궐 유목민들은 귀족들과 가열찬 투쟁을 전개했다.[113] 포로로 잡힌 당나라 사람들도 "서로 불러 무리를 이루고 깊고 험한 산속에 모여들었다."[114] 이런 상황에서 동돌궐은 정관 4년(630년) 당에게 멸망되고 말았으며, 수많은 돌궐인들이 대막(大漠) 남쪽으로 도주했다.

조로(調露) 원년(679년) 동돌궐의 귀족 아사덕온부(阿史德溫傅)와 봉직(奉職)이 동돌궐 귀족의 최고 통치권력을 회복하기 위해 무리를 이끌고 당조의 통제에 반발하자 막남(漠南) 여러 주의 동돌궐 귀족들이 도처에서 호응했다. 하지만 당조에 저항하는 세력들은 채 1년이 되기도 전에 모두 진압되고 말았다. 얼마 후 골돌록(骨咄祿)이 오덕건산(烏德犍山)에 건아(建牙, 소수민족 왕정)를 설립하고, 흑사성(黑沙城, 내몽골 자치구 호화호특 북쪽)을 남아(南牙, 재상부)로 삼았다.

묵철(默啜) 시절 돌궐은 동서로 1만여 리를 개척하고 40만의 전사를 보유하는 등 이전의 강성 대국의 면모를 되찾았다. 남쪽으로 이주해 50여 년을 지내면서 동돌궐은 당의 영향을 많이 받아 특히 농업이 크게 발전했다. 무측천 시절 묵철의 요청에 따라 돌궐에서 투항한 호구 수천 장(帳)을 귀환시켰으며, 동시에 곡물 종자 4만 곡(斛)과 잡채 5만 단(段), 농기구 3000개와 철 4만 근을 보냈다.

돌궐과 피통치 민족 간에 경제, 문화적 연계가 미흡했기 때문에 재건된 동돌궐 정권은 여전히 불안정한 상태였다. 묵철은 시시때때로 병사들을 이끌고 당나라 변경을 침략했다. 성력(聖曆) 원년(698년), 돌궐 군대가 하북 정주(定州), 조주(趙州)를 침입해 잔혹하게 백성을 살해하니 그 숫자를 셀 수 없을 정도였으며, 포로로 끌려간 이들도 수없이 많았다.

묵철은 끊임없이 주변 여러 민족을 침공했다. 그는 "군사 위용을 자랑하며 백성들을 학대하는 데 사용했다." 결국 "부락의 백성들도 점차 외지로 도주해 뿔뿔이 흩어졌다."[115] 그가 죽고 돌궐 내부 모순이 가중되자 비가가한(毗伽可汗, 716~734년 재위)은 당과 화친 정책을 취했다. 그가 통치하던 20년 동안 당과 돌궐은 거의 전쟁을 하지 않았다.[116] 당인과 돌궐인은 "모두 한 곳에서 목축업으로 생계를 유지하고 농경은 하지 않았으며", 서로 교역했다.[117] 쌍방의 호시(互市)는 규모가 상당히 컸으며, 당나라는 매년 수십만 필의 비단으로 돌궐의 말과 교환했다.[118]

동돌궐 귀족들은 내부적으로 끊임없이 분쟁에 휘말렸으며, 각족 백

6장 수·당시대

성들 역시 계속 반항을 그치지 않았다. 이로 인해 동돌궐의 역량이 날로 쇠약해졌다. 천보 4년(745년) 동돌궐이 회골에게 멸망되자 돌궐인 대부분은 회골로 편입되었으며, 일부는 서쪽 중앙아시아로 이주하고, 또 일부는 남쪽으로 내려가 풍주(豊州)와 영주(靈州) 일대에서 살았다. 일부 하북(河北)으로 옮겨간 이들도 있다.

회골

회골(回鶻)[119]은 철륵의 지파로 파릉수[婆陵水, 색릉격하(色楞格河)]와 온곤수[溫昆水, 악이혼하(鄂爾渾河)] 유역에 거주했으며, 일부는 천산 일대에 살았다. 상당히 오랜 기간 그들은 "군장도 없고 일정한 거주지도 없었으며, 수초를 따라 이동하는 유목생활을 했다.[120]

6세기 중반 회골인은 돌궐에 복속되었다. 돌궐 통치자들은 회골인을 징발해 전투에 활용했으며, 그들에게 무거운 공부(貢賦)를 요구했다. 그래서 회골인들은 끊임없이 돌궐에 저항했다. 수 양제 초년, 회골과 일부 철륵 부락이 수차례 서돌궐 군대와 싸워 이겼다. 당 태종 정관 원년(627년), 회골은 소수 병력으로 동돌궐의 10만 기병과 마렵산(馬鬣山, 감숙성 경내)에서 맞붙어 그들을 천산 지역으로 내쫓았다.

동돌궐이 멸망한 후 회골과 철륵 부락 출신의 설연타(薛延陀)가 북방에서 강력한 세력을 구축했다. 정관 20년(646년), 회골 군사 귀족들이 설연타 내부의 혼란을 틈타 당나라 군사와 연계해 설연타를 공격해 그가 지닌 대부분의 토지를 점령했다.

무측천 시절 동돌궐이 철륵의 옛 땅을 점령했다. 동돌궐에 패배한 일부 회골인들은 감주(甘州)와 양주(涼州) 사이로 이주하고,[121] 대부분 동돌궐 귀족에게 복속되었다. 개원 연간에 동돌궐 세력이 약화되면서 회골이 서서히 강대해졌다. 천보 3년(744년), 당 현종은 회골의 수령을 회인(懷仁) 가한(可汗)으로 봉했다. 이듬해 회인 가한이 동돌궐을 멸망시켰다.

회골 정권 조직은 "모두 회골의 옛 일과 같았다."[122] 회골이 여러 민족을 통치하는 방법 역시 돌궐의 예전 방식을 그대로 이어받아 회골 감사(監使)를 여러 민족의 거주지에 파견해 공부를 받고 감시, 감독하도록 했다.

천산남북(天山南北)의 여러 민족

수·당 시기에 천산 이북과 금산(金山) 서남 일대는 서돌궐과 일부 철륵, 힐알사(黠戛斯) 사람들이 사는 곳이었다.

서돌궐 사람들은 오손(烏孫)의 옛 지역(대략 지금의 이리하 유역이다)에서 유목생활을 했다. 수나라 시절 사궤(射匱) 가한(可汗)은 구자(龜兹, 쿠차) 북쪽에 있는 삼미산건아[三彌山建牙, 웅사(鷹娑), 유륵도사하(裕勒都斯河) 계곡에 있다]에 살았는데, "옥문 서쪽 여러 나라들이 모두 그에게 복속했다."[123] 이후 서돌궐의 귀족들이 북쪽으로 철륵을 병탄하고, 서남쪽으로 토화라[吐火羅, 지금의 타림 분지에서 살던 유목민족으로 알타이 산에서 파미르 고원까지 흩어져 살고 있던 월지인(月氏人), 천산남로의 타림, 파미르 분지 등에 살던 구자인(龜兹人), 언기인(焉耆人), 투루판 분지의 차사인(車師人), 타림 분지 동쪽의 누란인(樓蘭人)이 모두 토화라인이다 – 역주]를 침입했다. 당대 초기 서돌궐이 분열해 각 부족의 추장들이 권력 다툼을 벌이면서 세력이 약화되었다.

정관 14년(640년), 당조는 천산 이북 지역에 정주(庭州, 지금의 길목살이)를 설치했다. 현경(顯慶) 3년(658년), 당이 서돌궐을 멸망시킨 후 서돌궐의 옛 영토에 많은 부(府)와 주(州)를 설립했는데, 대부분 천산 이북, 금산 서남쪽 일대에 자리했다.[124] 당조는 각부의 귀족들을 도독이나 자사로 임명했다. 지금의 이리하(伊犁河) 유역과 알타이 산 남쪽과 파리곤(巴里坤) 일대에서 7세기 전후 돌궐인들이 전사자를 기념하기 위해 세운 석조상이 발굴되었는데, 석상은 모두 거대한 방형의 천연 석재를 이용해 간단하게 조각한 것들이다.[125]

정관 14년(640년), 당조는 천산 이남 고창(高昌)에 서주(西州)를 설립했다. 투루판 일대에서 발견된 당대 호적이나 장(狀), 첩(牒) 잔본 문서를 통해 당시 서주 일대에서 균전제가 시행되었으며, 농민들이 경작지를 얻어 조세를 납부하고 요역에 응했음을 알 수 있다. 농민들은 지주의 토지를 맡아 계약에 따라 일정한 지조를 납부했는데, 일반적으로 정액(定額) 조제(租制)가 이루어졌다.[126]

당조는 서안도호부를 설치해 구자(龜茲), 우전(于闐, 코탄), 언기(焉耆, 카라샤르), 소륵(疏勒, 카시가르) 4군데에 진(鎭)을 설치했고, 그곳에 성과 보루를 세우고, 둔전을 크게 일으켰다. 언기의 당왕성(唐王城)은 둔병들이 변방을 지키는 성루인데, 고고학자들은 그곳 창고에서 고량과 좁쌀, 밀가루와 호마(胡麻) 등을 발견했으며, 이외에 돌절구와 철제 보습과 낫 등을 발굴했다. 철제 보습과 낫은 비교적 컸으며, 보습 아랫부분이 움푹 들어간 형태로 비교적 개선된 것이었다. 구자 지역에서는 전체 길이 100리에 달하는 수로 유적이 발견되었으며, 수로를 관리하는 '도척소(掏拓所)'의 문서가 발견되기도 했다. 이는 당대 천산 이남의 둔전에 중원의 선진적인 농업기술이 전래되어 현지 농업생산에 많은 영향을 주었음을 증거하는 것이다.[127]

투루판과 고목토랍(庫木吐拉, 쿰트라)에서 당대 《논어》, 《한서》, 《사기》, 《침경(鍼經)》, 《신농본초(神農本草)》와 음양 잡서 등을 필사한 잔본이 발견되었는데, 이는 한족의 전통문화와 선진 기술이 이미 당시에 그곳에 전파되었음을 증명한다.

천산 이남의 여러 민족 문화는 중국 내륙에 적지 않은 영향을 미쳤다. 구자의 음악은 수나라 시절에 전래되어 "서국 구자(西國龜玆), 제조 구자(齊朝龜玆), 토구자(土龜玆) 등 삼부로 나뉘어"[128] 한인들에게 사랑을 받았다. 당조의 좌부기(坐部伎)와 입부기(立部伎) 중에도 구자의 악무가 채용되었다. 당 태조 시절 십부기 가운데 천산 이남에서 전래된 것이 삼부인데, 구자기(龜玆伎)와 소륵기(疏勒伎), 고창기(高昌伎)가 그것이다.[129] 수·당 시절 천산 이남의 화공이나 악공들도 새로운 음악과 화풍을 가지고 중국 내지로 들어왔다. 화공의 경우 우전 사람 위지발질나(尉遲跋質那)와 을승(乙僧) 부자, 악공의 경우 구자 사람 백명달(白明達)과 소륵 사람 배신부(裴神符) 등이 유명했다.

토번

토번 사람들은 이미 오래전부터 서장(西藏) 고원 일대에서 생활하고 있었다. 6세기에서 7세기로 넘어갈 무렵 정착해 농경생활을 하면서 청과맥(靑稞麥), 소맥(小麥), 교맥(蕎麥), 완두(豌豆) 등을 재배했다. 물론 여전히 유목생활을 하면서 "수초를 따라 일정한 거주지가 없는"[130] 이들도 적지 않았다. 그들은 주로 소, 말, 개, 양, 돼지, 그리고 단봉(單峰) 낙타를 길렀다. 토번 사람들은 금이나 은, 동으로 기물을 만드는 데 뛰어났으며 철제 갑옷이나 병장기도 만들 수 있었다. 또한 그들은 양털 등을 이용해 포나 양탄자를 직조할 수도 있었다.

토번 사람들은 귀신이나 무당을 신봉하고 큰 뿔 양을 큰 신으로 경배했다. 사람이 죽으면 자식들이 머리카락을 자르고, 얼굴을 검게 칠하고 검은 옷을 입고 조의를 표했으며, 찬보(贊普, 왕)가 죽으면 사람을 순장시켰다. 토번 사람들은 자홍색으로 얼굴을 장식하는 습속이 있었다.

6, 7세기경 토번은 이미 정치권력이 등장했다. 왕을 찬보라고 불렀으며, 적탈찬(赤脫贊)[131]의 자손들이 세습했다. 최고 통치기관은 상론체통돌구(尚論掣通突瞿)라고 불렀으며, 논채[論蕝, 대론(大論), 대상(大相)], 논채호분[論蕝扈奔[132], 소론(小論), 부상(副相)] 등 대신으로 구성되어 있다. 대신들은 모두 왕족이나 외척들이 담당했다. 토번 군대는 장여(藏如), 우여(右如), 중여(中如), 좌여(左如)로 조직되었으며, 매 여(如)는 몇 개의 천호소(千户所)로 나뉜다. 동일한 천호소의 병사들은 모두 같은 부(部)의 사람들이며, 각 부의 귀족이 장수를 맡았다.[133] 토번 사람들은 전쟁터에서 죽는 것을 중시해 대대로 전사자를 배출한 가정을 명문으로 여겼다. 토번의 형벌은 상당히 잔혹했는데, 크지 않은 범죄에도 눈을 파거나 채찍으로 때리고 다리를 자르고 코를 베는 등 가혹한 징벌을 가했으며, 죄수는 몇 길 깊이 지하 감옥에 가두었다. 토번에는 아직 성문법이 없었으며, 형벌의 경중은 귀족들이 자의적으로 정했다.

6세기 무렵 서장 고원에 비교적 강력한 세 군데 세력이 등장했다. 서부는 양동(羊同)으로 목축을 생업으로 삼은 이들이다.[134] 중부와 북부는 소비(蘇毗)인데, 사냥과 목축을 위주로 생활했고, 연초하(年楚河)와 납살하(拉薩河) 유역의 소비부(蘇毗部) 사람들은 농경생활을 했다. 서남부는 토번인데, 찬보(贊普)는 발포천[跋布川, 서장(西藏) 택당(澤當) 서남쪽 경결현(瓊結縣)]에 살았다. 그곳은 농업이 발달했는데, "목지와 농지가 같은 지역에 자리하고, 주변에 호수가 산재해 물길이 서로 통했다. 언덕에 물을 가두어 연못을 만들었으며, 산간의 물을 끌어들여 사용했다.[135] 7세기 초엽 토번의 낭일논찬(朗日論贊)이 소비를 병탄했다. 그의 아들

송찬간포(松贊干布, 629~650년 재위)가 다시 양동까지 멸망시켜 서장 고원 일대를 통일했다.

송찬간포가 통치하던 시기에 토번 사람들은 문자를 창제하고 성문 법전인 《십선법률(十善法律)》을 제정했다. 송찬간포가 수차례 당조에 청혼해 정관 15년(641년) 당 태종이 이도종(李道宗)을 파견해 문성공주(文成公主)를 토번으로 시집보냈다. 송찬간포가 친히 백해[柏海, 청해 악릉호(鄂陵湖)와 찰릉호(扎陵湖)]까지 영접 나왔다. 당과 토번이 통혼한 이후로 토번 귀족의 자제들이 장안 국자학에 입학해 배웠으며, 많은 당나라 사람이 토번에 초빙되어 문서를 관장하거나 당과 토번의 양식을 종합한 성곽이나 궁전을 건설했으며, 새로운 도읍지 나사성[邏些城, 라싸(拉薩)]이 축조되었다.[136]

문성공주는 토번으로 시집가면서 채소 종자와 섬세한 수공예품, 약품과 일부 생산기술과 관련된 서적을 가지고 갔다. 당 고종은 송찬간포의 요청에 응해 토번에 누에알을 보냈으며, 아울러 양잠과 양주(釀酒) 기술자들과 맷돌과 종이, 묵, 붓을 만드는 장인들을 토번으로 보내 기술을 전수하도록 했다. 당대 선진 생산기술 전수는 이후 토번 경제, 문화 발전에 적지 않게 이바지했다.

송찬간포가 죽은 후 토번 귀족이 인근 민족을 정복하면서 아울러 안서 네 군데 진을 공격한 적도 있었다. 장기간의 전쟁으로 인해 요역에 시달린 토번 백성들이 도처에서 반란을 일으켰으며, 정복당한 여러 민족들 역시 저항을 그치지 않았다.[137] 장안 2년(702년) 토번 찬보가 사신을 파견해 당과 우호관계를 맺었다. 경운(景云) 원년(710년), 당이 금성공주(金城公主)를 토번 찬보 척대주단(尺帶珠丹)에게 시집보냈다. 금성공주는 수만 필의 비단과 잡기(雜伎)와 장인 여러 명과 구자(龜玆) 악대를 데리고 갔다. 토번은 또한 당나라로부터 초사본《모시》,《예기》,《좌전》,《문선》각 한 부씩을 얻었다.

토욕혼(吐谷渾)

수·당 교체기에 토욕혼 가한 복윤(伏允)이 하황(河湟)의 옛 땅을 모두 수복했다. 당 고조는 내지의 농우가 부족하자 토욕혼의 소와 가축을 당과 교역하는 호시(互市)를 개설했다. 정관 9년 당군이 토욕혼을 격퇴시키자 복윤이 좌우 신하들에게 피살되었다. 그러자 나라 사람들이 복윤의 아들 모용순(慕容順)을 가한으로 추대하자, 태종이 그를 서평군왕(西平郡王)으로 봉했다. 모용순의 아들 낙역발(諾曷鉢)이 뒤를 이어 가한에 즉위하자 태종이 다시 그를 하원군왕(河源郡王)으로 봉하고, 홍화공주(弘化公主)를 그에게 시집보냈다.

당 고종 시절 토번 귀족 세력이 청해(靑海) 고원까지 확장되자 용삭 3년(663년), 토욕혼이 토번과 싸워 패배하면서 수많은 목지를 모두 토번이 확보했다. 함형 3년(672년), 당나라가 토욕혼 사람들을 영주(靈州) 명사현(鳴沙縣, 영하 중위 동쪽)으로 이주시키고 그곳에 안락주(安樂州)를 설치했으며,[138] 낙갈발을 자사로 삼고, 그 직책을 세습하도록 했다. 무측천 말년에 청해에 살고 있던 일부 토욕혼 사람들이 토번 귀족의 통치를 벗어나 양주(涼州), 감주(甘州), 숙주(肅州), 과주(瓜州), 사주(沙州) 등으로 이주했다.

서남(西南) 여러 민족

당조 시대 운남 동부와 동북부, 귀주 서북부에 동찬(東爨) 오만(烏蠻)이 거주했다. 그곳은 "마을이 서로 바라보이고, 우마가 들판에 가득 찼다"[139]라는 기록에서 볼 수 있다시피 대부분 목축업으로 생계를 이었다. 운남 서북의 철교(鐵橋, 운남 거전 북쪽) 일대에도 오만 부족이 살았는데, 그들 역시 목축을 했다.

석성(石城, 지금의 곡정)에서 서쪽으로 이하[洱河, 이해(洱海)] 일대는 백만(白蠻)이 거주했으며, 서찬, 이하의 여러 부락도 있었다. 그곳은 "마을이 잇닿아 있고, 도랑이며 밭두둑이 눈에 가득 들어왔다"[140]라고 한 것에서 알 수 있다시피 쌀이나 밀, 마, 콩, 기장 등을 재배하며 살았다. 그들은 이미 농우를 사용해 경지를 개간했으며, '산전(山田)'을 개간하기도 했다. 잠업도 성행해 견(絹)과 금(錦)을 생산했으며, 쇠를 주조해 검을 만들고, 염정(鹽井)에서 소금을 굽는 기술도 상당히 발전했다.

운남 서남부에는 여러 부락이 산재하고 있었는데, 그들은 양잠 대신 목화를 심어 솜을 만들고 베를 직조했다. 망부인(茫部人)은 경작에 코끼리를 사용했고, 심전부인(尋傳部人)은 수렵으로 생계를 꾸렸는데, 야생 돼지 등을 잡으면 생식하는 습관이 있었다.

이해(洱海) 일대의 주민들 가운데 백만(白蠻)을 제외한 대다수는 오만(烏蠻)이었다. 7세기 후반 오만 귀족들이 육조(六詔)를 세웠는데, 몽사(蒙舍, 지금의 외산), 몽전(蒙隽, 몽사 서쪽), 월석[越析, 빈천(賓川)], 낭궁(浪穹), 시랑[施浪, 낭궁과 시랑 모두 지금의 이원(洱源)], 등천[遵川, 등천(鄧川)] 등이 바로 그곳이다. 그 가운데 몽사조(蒙舍詔)의 거주지가 가장 남쪽에 있기 때문에 남조(南詔)라고 불렀는데, 왕이 몽씨(蒙氏)다. 남조는 당과 밀접한 관계를 유지했다. 무측천 시절 남조의 수령 나성(邏盛)이 당에 온 적이 있다. 현종 시절 오조(五詔)가 쇠미해지자 남조의 수령 피라각(皮邏閣, 728~748년 재위)이 이하부(洱河部)를 격파하고, 나머지 오조를 병합했다. 개원 26년(738년), 당 현종이 피라각을 운남왕(雲南王)으로 봉했으며, 피라각은 태화성[太和城, 대리(大理) 남쪽 15리 떨어진 곳]으로 천도했다. 그가 손자 봉가이(鳳迦異)를 장안으로 파견하자, 당 현종은 봉가이에게 많은 문물과 더불어 호부(胡部), 구자(龜茲) 악대를 주어 보냈다. 피라각의 아들 각라봉(閣邏鳳, 748~779년 재위) 시절 당조와 남조 귀족 사이에 동찬과 서찬을 차지하려는 싸움이 벌어졌다. 천보 10년(751년)과 13년 당조의 군사들이 두 번에 걸쳐 남조를 공격했으나 모두 전멸하고 말았다. 이후로 남조는 토번 찬보에게 신하로 복속했다.

해 · 거란

해인(奚人)은 유수[濡水, 난하(灤河)] 상류에 살면서 유목생활을 했으며, 내한성이 강한 제(稷, 검은 기장) 등 일부 작물을 재배했다. 6, 7세기 해족 내부에 빈부 격차가 생겼으나 아직까지 계급분화는 이루어지지 않았다. 거란(契丹)은 횡하[潢河, 서랍목륜(西拉木倫)]와 토하[土河, 노합하(老哈河)] 사이에서 유목과 수렵생활을 했다.

거란은 8개 부락으로 이루어진 부족연맹이었는데, 연맹장은 부족 추장이 모인 자리에서 논의해 선발했으며, 관례에 따라 대하씨(大賀氏)의 귀족이 맡았다. 부족연맹장 이외에 '이리근(夷離堇)'[141]이라는 군사 수령을 두었다. 씨족 사회 말기 군사민주 제도하에서 두 명의 수장이 통치한 것이라고 말할 수 있다. 목축이나 수렵은 각 부족이 단독으로 행했으며, 유사시 군사행동이 필요해 장정을 징발할 경우 각 부족 추장들이 공동으로 상의했으며, 단독으로 행동을 취할 수 없었다.[142]

돌궐이 흥기하면서 해와 거란은 장기간에 걸쳐 동동궐의 지배를 받았다. 정관 22년(648년), 해와 거란이 당에 복속하자 당 태종은 해인들이 거주하는 곳에 요락부(饒樂府)를 설치하고, 해족 수령 가탁(加度)을 도독으로 삼았다. 아울러 거란 지역에는 송막부(松漠府)를 설치하고 거란 수령 굴가(窟哥)를 도독으로 삼았다. 요락부와 송막부는 영주(營州) 도독부의 통제를 받았다. 무측천 만세통천(萬歲通天) 원년(696년), 거란의 군사 귀족이 부족을 이끌고 영주를 공격해 점령하고, 계속해서 기주(冀州)와 유주(幽州) 여러 성읍을 침탈해 가는 곳마다 살인과 방화, 약탈을 멈추지 않았다. 1년 후 당조는 동돌궐과 해족의 도움을 받아 거란을 격파했다.

당 현종 개원 연간에 거란 귀족 내부에 심각한 분란이 일어나면서 대하씨가 정권을 잃고 일부 거란인들이 해에게 의부했다. 이리근 야율아리(耶律雅里)가 요련씨 출신 적련조리(迪輦俎里)를 저오(阻午) 가한(可汗)으로 세웠다. 이후로 연맹장은 요련씨에서 배출되었으며, 이리근은 야율씨에서 선출되었다.[143] 저우 가한 시절 거란은 처음으로 제도를 만들고, 관리를 배치했으며,[144] 나무를 깎아 계약을 하고, 땅을 파서 감옥을 만들었다. 또한 기존의 8부를 20부로 재편했다.[145]

3 · 당 후기의 정치와 경제

안사의 난과 이후 정치 군사 형세

안사의 난과 안사의 난 이후의 정치 군사 형세

영주(營州) 유성(柳城, 요녕성 금주)의 호인(胡人) 안록산(安祿山)은 동북 각 민족과 투쟁하는 과정에 전공을 세워 당 현종의 신임을 받았다. 이 에 그는 범양(範陽), 평로(平盧), 하동(河東) 3진(鎭)을 모두 다스리는 절 도사가 되어 경제적으로나 문화적으로 상당히 발달된 하북과 하동 지 역을 통제하고 있었다. 그는 지속적으로 군사를 양성하고 군마를 기르 며, 재산을 축적하는 한편 동족인 호족(胡族) 출신 장수들을 대장으로 임명해줄 것을 주청했으며, 뜻을 이루지 못한 한족 지주들을 막료로 임 용했다. 천보(天寶) 12년(753년), 그는 회골에게 공격당해 패전한 돌궐 족 서엽호아포사(西葉護阿布思)의 패잔병들에게 투항할 것을 권유해 자 신의 군사력을 강화했다. 안록산은 재상 양국충(楊國忠)과 개인적인 갈

등이 격화되고 있었다. 그래서 그는 당의 중앙 병력이 공백이 된 상황을 기회로 삼아 천보 14년(755년) 겨울, 양국충을 주살하겠다는 명분으로 범양에서 거병해 소속 군사와 동라(同羅), 해(奚), 거란(契丹), 실위(室韋) 사람으로 구성된 군대를 포함해 전체 15만 명을 이끌고 남하해 중앙 정권을 탈취할 만반의 준비를 마쳤다.

당은 여러 해 동안 내륙에서 전쟁이 일어나지 않았기 때문에 하남과 하북의 주현(州縣)은 전혀 전쟁 준비가 안 되어 있었고, 무기 창고의 병기들도 모두 썩거나 망가진 상태였다. 안록산의 군대는 거의 저항 없이 신속히 황하를 건너 낙양 근처까지 진격했다. 당 현종은 봉상청(封常淸)을 낙양으로 급파해 병사를 모집하도록 했으며, 장안에서 상인 자제와 백수건달들을 징집하는 한편 기존의 비기(飛騎), 확기(彍騎), 장안의 병력 5만 명을 고선지(高仙芝)에게 맡겨 동쪽으로 내려가 섬주(陝州)에 주둔하도록 했다.

봉상청이 낙양에서 모집한 6만 명은 주로 백도(白徒, 임시로 징집한 병사)로 군사훈련을 받아 본 적이 없었다. 안록산이 낙양을 점거하자 고선지는 후퇴해 동관(潼關)을 지켰다. 현종은 패배의 책임을 물어 봉상청과 고선지를 죽이고, 병가를 내고 집에서 쉬고 있던 이전 하서(河西), 농우(隴右) 절도사 가서한(哥舒翰)을 보내 군사를 이끌도록 했다. 그는 하서, 농우, 삭방에서 징집한 한족 병사와 노랄(奴剌) 등 13개 부락의 병사, 그리고 고선지가 지휘하던 군졸 등 20여만 명을 데리고 동관에 주둔했다.

천보 15년 정월, 안록산이 낙양에서 칭제하고 국호를 연(燕)이라고 했다.

당군(唐軍)은 동관 일대에서 반란군과 반년이나 대치했다. 이에 현종은 가서한(哥舒翰)에게 병사를 이끌고 동관에서 출병해 섬락(陝洛, 섬현과 낙양)을 수복할 것을 명했다. 하지만 반란군이 당군을 패퇴시키고 승세를 틈 타 동관을 공략하자 장안은 공포에 휩싸였다. 당 현종과 양국충 등은 황망히 장안을 버려둔 채로 금군의 호위를 받으며 서쪽 성도(成都)로 도망치기 시작했다. 황제 일행이 마외역(馬嵬驛, 지금의 섬서 흥평 서쪽)에 이르렀을 때 장병들이 소란을 일으켜 양국충을 살해했으며, 당 현종에게 양귀비를 액사(縊死)시킬 것을 강요했다. 결국 양귀비는 목이 졸려 죽임을 당했다. 다른 한편 장안은 이미 반란군의 수중에 떨어졌다.

안록산이 이끄는 반란군은 잔인하고 흉포해 가는 곳마다 방화와 약탈을 자행해 군민의 격렬한 반항을 초래했다. 하북 일대 백성들은 잇달아 1만, 2만 명의 무리를 지어 반란군에게 대항했다. 관중의 백성들도 도처에서 안록산이 파견한 관리들을 죽였으며, 반란군이 감히 장안을 벗어날 수 없도록 만들었다. 하남 쪽에서는 당의 지방관인 장순(張巡), 허원(許遠) 등이 백성들의 적극적인 지지하에 옹구(雍丘, 하남 기현), 영릉(寧陵), 휴양(睢陽, 상구 남쪽)을 굳게 지켜 반란군의 남하를 저지했다. 관민의 저항으로 인해 반란군은 가는 곳마다 좌절을 맛보게 되었다. 결국 내부의 갈등이 깊어지면서 안록산이 아들 안경서(安慶緒)에게 살해당했다.

한편 당 태자 이형(李亨)은 마외역에서 동요하는 장수들을 이끌고 북상해 영무(靈武, 지금의 영하 오충)에서 군대의 추대를 받아 즉위하니 바로 숙종(肅宗)이다. 그는 이광필(李光弼)과 곽자의(郭子儀)를 총수로 삼아 삭방, 농우, 하서, 안서와 서역의 군대를 결집하는 한편 회골의 도움을 받아 지덕(至德) 2년(757년) 장안과 낙양을 탈환했다. 안경서는 업군(鄴郡, 하남 안양)으로 퇴각했다.

건원 원년(758년) 당조는 이광필과 곽자의 등 9명 절도사의 군사로 업을 공략하면서 통수를 두지 않고 환관 어조은(魚朝恩)을 관군용사(觀軍容使)로 삼았다. 환관을 통해 장수들을 감독하기 위함이었다. 하지만 이로 인해 당군의 군령이 통일되지 않았으며, 각 절도사 간에 협조가 이루어지지 않아 업성을 포위 공격한 지 수개월이 되도록 함락할 수 없었다. 이듬해 3월 당에 투항했다가 다시 반란을 일으킨 사사명(史思明)이 범양에서 군사를 이끌고 업성을 구하기 위해 달려왔다. 그가 9명의 절도사가 이끄는 당군을 대파하니 각군 절도사는 와해되어 각각의 본진으로 돌아갈 수밖에 없었다. 사사명이 안경서를 죽이고, 범양에서 제위에 올랐다. 그해 가을 그는 다시 군사를 이끌고 남하해 낙양을 재점령했다. 이후 사사명은 아들 사조의(史朝義)에게 피살되었다.

보응(寶應) 원년(762년), 새로 즉위한 당 대종(代宗)이 회골 군사의 도움을 받아 낙양을 재탈환했다. 이어서 반란군의 중요 장수들이 연이어 당에 투항했다. 보응 2년 정월 사조의가 도주하다가 궁지에 몰려 자살하고 말았다[부장인 이회선(李懷仙)에게 살해되었다는 설도 있다 - 역주].

이로써 안사의 난은 끝났지만, 당나라 조정은 더는 안록산과 사사명의 잔여 세력을 제거할 능력이 없었기 때문에 계속해서 투항하는 안록산과 사사명의 부장들을 절도사로 임명해, 하북과 산동에서 번진 할거의 국면이 계속 이어졌다. 이로 인해 검남(劍南), 산남(山南), 하남, 회남(淮南)과 영남(嶺南), 심지어 경기(京畿) 내에서도 절도사나 장수들의 반란이 끊이지 않았다.

안사의 난 기간에 당조는 하남, 농우의 군대를 대량으로 징집해 전투에 투입했기 때문에 서북 변경 수비가 허술해질 수밖에 없었다. 토번 귀족들이 이를 틈타 농우의 여러 주군의 토지를 점령했다. 대종 광덕(廣德) 원년(763년) 토번의 군대가 장안을 공격하자 대종은 동쪽 섬주(陝州)로 도주하고, 곽자의가 임시로 수천 명을 징집해 관중을 막아냈다. 토번 군은 얼마 후 장안에서 물러났지만, 농우 10여 주는 여전히 토번 귀족들이 지배했고, 장안 역시 토번 군의 위협에서 자유로울 수 없었다. 또한 검남(劍南) 서천(西川) 역시 끊임없이 토번과 남조(南詔) 연합군의 침략 위협을 받았다.

회절(淮浙) 지역의 농민봉기

안사의 난 이후, 유민들이 대거 발생하고, 지주들이 인구를 은닉해 국가에서 파악하고 있는 호구(戶口)가 대폭 감소했다. 숙종(肅宗) 상원(上元) 원년(760년) 당 중앙정부에 호구를 보고한 주는 전체 169주였으며, 총 호구 수는 293만 호, 전체 인구는 1699만여 명이었다. 그중에 납세 대상 호구는 175만 정도이고, 인구수로는 237만 정도였다. 이는 천보 말년의 3분의 1밖에 되지 않는 숫자였다.[146] 당시 하북은 반란군과 할거하고 있는 절도사의 수중에 장악된 상태였으며, 하남, 산동, 형양(荊襄)과 검남 등지 역시 무장 병사들이 주둔해 조세를 중앙에 올려 보내지 않았다. 결국 당조는 재정수입을 주로 회남(淮南)과 강남에 의존할 수밖에 없었다.

막대한 군비 지출에 대처하기 위해 당조는 각종 가혹한 세금을 부과했다. 부세의 명목이 수백 가지가 될 정도로 잡다했는데, "이미 폐지된 세금도 삭제하지 않고 중복된 것도 없애지 않아 새로운 세금과 기존 세금이 그대로 남아 그 끝을 알 수 없었다."[147] 관리는 부세나 부역을 면제받는 특권이 있었다. 그래서 지부나 부호들은 "가명으로 입사(入仕)하거나 산문에 의지해 승려로 가장하고, 징집에 응해 군인이 되거나 호족을 믿고 몸을 맡겨"[148] 세금과 부역을 회피했다. 토호(土戶)와 객호(客戶)의 호세(戶稅) 징수 표준이 크게 달랐기 때문에 객호는 요역이나 차과(差科)에 응하지 않았고, 토호나 관리 집안사람들은 분분히 '기주호(寄主戶)'나 '기장호(寄莊戶)'의 명목을 빌려 세금을 경감받고 병역이나 부역을 면제받는 대우를 얻었다.[149] 이리하여 모든 부역은 가난한 농민들이 부담하게 되었으며, "권신이나 교활한 관리들이 서로 결탁해 못된 짓을 저질렀다." 결국 농민들은 "고혈을 다 빼앗겨 처자식을 팔아 날마다 달마다 세금을 내느라 쉴 틈이 없었으며,[150] 심지어 고향을 등지고 유리걸식하는 이들도 속출했다. 지방 관리들은 도망친 정구(丁口)의 세금을 주변 사람들에게 부과했다. 결국 그들조차 부역의 부담을 견디지 못하고 도망치니 끊임없이 유민이 발생할 수밖에 없었다.

숙종 보응 원년(762년) 당 정부는 강회(江淮, 강소와 안휘성 일대) 백성들에게 천보 말년부터 체납된 조세를 추징하면서, 민호(民戶)의 유무나 자산의 고하도 따지지 않고 속백(粟帛)만 보이면 일괄적으로 그 절반을 세금 명목으로 강탈했으며, 심지어 열에 여덟이나 아홉을 빼앗기도 했다. 이를 '백저(白著)'라고 한다. 만약 이에 불복하는 이가 있으면 엄한 형벌로 위협했다. 그래서 강회의 백성들은 대거 산림이나 수택(藪澤)으로 도주하거나 저항하니 주현도 이를 막을 수 없었다. 사서에 따르면, 상원, 보응 연간(760~763년)에 "백성들은 명령(부역)을 감당하지 못해 모두 고향을 떠나 도적이 되었다."[151] 원조(袁晁)는 절동 태주(台州), 구주(衢州) 일대에서 부역에 지친 농민들을 대거 받아들여 순식간에 20여만 명을 모았다. 방청(方淸)은 기근으로 인해 유랑하던 농민 수만 명을 모아 이흡(黟歙) 산간 지역을 점거했다. 진장(陳莊)은 선주(宣州) 추포(秋浦, 안휘 귀지) 일대에서 방청의 무리와 호응했다. 이 외에도 소주와 상주, 월주 등지에서도 비교적 크지 않은 농민 기의가 발생했다. 이처럼 도처에서 크고 작은 기의가 계속 발생하는 상황이 이후 10여 년간 지속되었다.[152]

양세법 시행과 사회경제의 회복과 발전

재부제도 정리와 양세법 실행

안사의 난 이래로 심각한 재정 부족과 사회 모순에 직면한 당조는 재부(財賦) 제도 정리에 착수해 각염(権鹽) 제도와 양세법(兩稅法)을 시행하기에 이르렀다.

숙종 건원 원년(758년) 당조는 염철사(鹽鐵使) 제오기(第五琦)의 건의를 받아들여 소금생산 지역에 감원(監院)을 설치하고 정호[亭戶, 염호(鹽戶), 제염업자]가 생산한 소금을 일괄 수매하는데, 소금 한 말의 가격을 10문에서 110문으로 올리고, 주현에 감관을 설치해 전매(專賣)토록 했다. 소금은 일상생활의 필수품으로 전매 수입 총액이 상당했기 때문에 당조의 중요 재정 수입이 되었다.

유안(劉晏)이 염철 전운사(轉運使)를 맡은 후 재정제도를 좀 더 정비해 다음과 같은 조치를 취했다.

(1) 염법 개정

소금 생산지가 아닌 주현의 염관을 폐지하고, 소금이 생산되는 지역만 염관을 배치했다. 정호가 생산한 소금을 수매해 값을 올려 상인에게 되팔고, 그들이 각지로 운반해 판매하도록 했다. 나중에는 주현에서 추가로 징수하는 각염전(榷鹽錢)을 취소하고, 언태(堰埭, 방죽과 통행세를 받기 위해 설치한 보 – 역주)의 통과세 징수를 금지해 소금 가격의 안정을 유지하는 한편 소금 운송을 편리하게 했다. 염법(鹽法)이 처음 시행되었을 당시 당조의 소금 세입은 60만 관이었는데 대종 대력 말년에 600만 관으로 증가했다.

(2) 조운(漕運) 정돈

유안은 운하를 준설하고, 견고하고 내구성이 있는 조운선을 건조했다. 그는 더는 운하 연변(沿邊) 군현의 장정을 역부(役夫)로 징발하지 않고 대신 소금 판매 이익으로 선공(船工)을 모집해 활용했다. 또한 분대로 편성해 조운하는 배요경(裴耀卿)의 방식을 계속 운용했다. 과거에는 물살이 거세고 험해 조운하던 곡량의 10분의 2가 손실되었는데, 정비 후에는 사서에 기록된 바대로 "매해 조운 곡량이 100여만 곡에 이르렀으나 한 됫박도 배가 전복되어 물에 가라앉는 경우가 없었다(每歲運谷或至百餘萬斛, 無斗升沈覆者)."

(3) 상평법(常平法) 시행

유안은 모든 도에 순원(巡院)을 설치하고 지원관(知院官)을 배치해, 그들에게 항시 현지 물가의 등락 상황을 중앙에 보고해 관부에서 비쌀 때 팔고, 쌀 때 사들일 수 있도록 했다. 동시에 지원관이 열흘마다 사사(使司)에 주현의 기후와 곡물의 풍흉 상황을 보고하도록 했다. 그리하여 풍년이 들면 시장가격보다 높은 가격으로 식량을 수매해 저장하고, 흉년이 들면 시장가격보다 낮은 가격으로 식량을 매각했다. 이러한 방법을 통해 당 정부는 수입을 증대시켰으며, 각지의 물가도 일정한 수준에서 안정을 유지할 수 있었다.

이외에도 유안은 먼저 기한을 정해 각지의 견면(蠲免, 조세 면제)과 진제[賑濟, 구휼(救恤)] 작업을 준비해 백성들의 도주를 감소시켰다.

대종 대력 연간 당조의 조세 수입은 점차 호세와 지세 위주로 바뀌었다. 덕종 건중(建中) 원년(780년) 재상 양염(楊炎)이 양세법을 제정했다. 양세법의 실행은 토지 겸병에 의해 토지 점유 상황이 변질된 것이 부세 제도에 반영된 결과다. 안사의 난 이후로 백성들의 경지가 "부유한 집안이나 관료들에게 겸병되어",[153] 수많은 자영 농민들이 지주의 전호(佃戶, 소작농)로 전락하고 말았다. 기장호(寄莊戶), 기주호(寄住戶), 객호, 도호(逃戶), 은호(隱戶)의 숫자가 전체 호수에 많은 비중을 차지하고 있었다. 대다수 자작농이나 반자작농에게 적용되던 조용조(租庸調)는 더는 활용될 수 없었다. 양세법은 바로 이러한 상황에서 나타난 것이다.

양세법의 기본 정신은 다음과 같다.

"백성을 토호[주호(主戶), 현지 호적에 등재된 국가 편호(編戶)]와 객호를 구분하지 않고 현재 거주지에서 호적에 등기하며, 인호(人戶)는 정남과 중남에 관계없이 빈부에 따라 납세를 차별화한다(戶無土客, 以現居爲簿. 人無丁中, 以貧富爲差)." 다시 말해 토착 호구이든 아니면 외지에서 온 객호이든 일률적으로 거주하고 있는 주현의 호적에 편입하며, 징세는 인정(人丁) 위주가 아니라 토지나 재산을 위주로 한다는 것이다. 양세법의 구체적인 내용은 다음과 같다.

(1) 중앙정부는 재정 지출에 근거해 전체 세액을 정한다. 실제 전체 세액은 대력 시절 각지에서 보고한 각종 세액 가운데 가장 많은 실수액

에 따라 확정한다. 이를 "양출이제입(量出以制入)", 즉 지출한 경비에 따라 세입을 결정하는 것이라고 한다. 각 주현 역시 기존의 징세 액수에 따라 세액을 정하고 현지 인호에게 징수한다.

(2) 정장(丁壯)과 재산[전무(田畝)와 잡화재(雜貨財)]의 많고 적음에 따라 호등(戶等)을 정한다.

(3) 양세는 여름과 가을 두 차례에 걸쳐 징수하고, 하세(夏稅)는 6월, 추세(秋稅)는 11월을 넘지 않게 일률적으로 납부한다.

(4) 조용조와 잡요(雜徭), 각종 잡세는 모두 폐지하나 정액(丁額)은 폐지하지 않는다.

(5) 양세는 호등에 따라 납부한다. 전무(田畝)는 미속(米粟)으로 납부하며, 전무세는 대력(大曆) 14년(779년)의 개간 농지 숫자를 기준으로 해 일률적으로 징수한다.

(6) 고정적인 주거지가 없는 행상도 소재하고 있는 지역의 주현에 등재하고 수입에 따라 30분의 1의 재산세를 납부한다.[154]

양세법은 토지와 재산의 많고 적음을 징세의 중요 표준으로 삼아 납세의 대상을 확대하고, 기존의 부세가 빈곤한 농민들에게 집중되는 불합리한 현상을 변화시키는 데 도움을 주었다. 하지만 토지 겸병에 대해서는 제한을 가하지 않았기 때문에 이후 30년 동안 "백성들의 토지를 유력자들이 겸병한 것이 3분의 1이 넘었고",[155] 도처에서 "부자들이 수만 무의 토지를 겸병해 가난한 이들은 발을 뺄 곳이 없는"[156] 현상이 목도되었다.

양세법이 시행되면서 점차 백성들에게 가중한 부담이 되었다. 처음 양세법을 시행할 때는 호전(戶錢)을 주로 능견(綾絹)으로 대신했는데,

처음에는 비단 한 필이 3230문(文)이었다. 이후 통화가 긴축되면서 화폐 가치가 올라가 정원(貞元) 10년(794년) 무렵 비단 1필을 납부하면 1500~1600문 정도밖에 되지 않았다. 부세의 액수가 실질적으로 두 배 이상 오른 셈이다.[157] 헌종(憲宗) 원화(元和) 14년(819년)의 경우 비단 가격이 처음 양세법을 시행할 때의 3분의 1로 하락해 납세호의 부담이 세 배나 증가했다.[158] 목종이 즉위한 후 각지에 원화 15년에 징수한 포백을 돈으로 환산한 가격에 따라 세액을 정하라고 명했다. 하지만 이 역시 40년 전과 비교할 때 거의 몇 배나 증가한 것이었다.[159]

경제 회복과 발전

안사의 난은 북방경제에 심각한 파괴를 가져왔다. 사서에 기록된 바와 같이 효함(崤函) 동쪽에서 성고(成皋)에 이르기까지 겨우 1000여 편호만 남은 상태였다. 정변서회(鄭汴徐懷) 역시 "인적이 끊어지고 사방천 리가 적막했다."[160] 당등(唐鄧) 일대도 마찬가지로 "황량한 풀밭이 천 리에 이르고" "수만 가옥이 사람이 없이 텅 비었다."[161] 직접적으로 전화의 피해를 입은 적이 없는 강동 지역조차 "논밭이 황무지로 변하고 말았다."[162]

안사의 난 이후, 대규모 전쟁이 끝나고 사회질서가 점차 안정되기 시작하자 농민들도 토지를 되찾고 생산에 투입되었다. 그들은 "버려진 살촉을 녹여 호미와 보습을 만들고, 쑥과 명아주 등 잡초를 베어 채마밭을 만들었으며, 비리고 더러운 것들을 파내고 우물을 만들었다."[163] 이에 따라 사회경제가 회복되고 어느 정도 발전했으며, 남방은 비교적 안정적으로 신속하게 경제 발전을 이루었다.

당조 후기에 옛 강남 동서도(東西道) 채방사(采訪使) 경내에 대규모 토목공사가 진행되었는데 대략 50여 군데였다. 그중에서 윤주(潤州)의 연당(練塘)은 단양(丹陽), 금단(金壇), 연릉(延陵) 3현의 논밭에 물을 댈 수 있었고, 윤주(潤州) 구용현(句容縣)의 강암호(絳岩湖)와 상주(常州) 무진현(武進縣)의 맹독(孟瀆), 호주(湖州) 장성현(長城縣, 지금의 절강 장흥)의 서호, 명주(明州) 무현(鄮縣, 절강 영파)의 중하언(仲夏堰) 등은 수천 경 내지 수만 경의 전답에 관개할 수 있었다.[164] 또한 중소형 규모의 피당(陂塘)도 광범위하게 개착되었는데, 예를 들어 헌종(憲宗, 806~820년 재위) 시절만 해도 위단(韋丹)이 남창 일대에서 피당 598개를 개착해 밭 1만, 2만 경을 확보했으며,[165] 목종 시절에는 원진(元稹)이 절동관찰사로 부임해 "관리들에게 명하여 7개 군의 백성들에게 겨울에 피당을 건설해 봄철에 저수해 여름에 마른 논밭을 관개하도록 했다."[166] 강남의 농민들은 수많은 제언(堤堰)과 두문(斗門)을 만들고 대량의 호전(湖田)과 저전(渚田)을 개간해 경지 면적을 넓혔다.[167]

토지 개간과 수리 사업이 활발하게 이루어지면서 강남 각지의 식량 생산 역시 크게 증대했다. 강회(江淮)의 여러 주(州)는 "매년 곡식이 잘 여물어 주변 여러 도(道)를 도와줄 수 있을 정도였다."[168] 호남과 강서 여러 주 역시 "미곡 생산이 많아져 풍년이 들어 수확할 때가 되면 곡가가 크게 떨어졌다."[169]

남방 여러 지역에선 대량으로 차나무를 심었다. 회남(淮南), 절동(浙東), 절서(浙西), 복건, 영남, 형양(荆襄), 동천(東川), 서천(西川) 등이 모두 차 주산지였다. 요주의 부량현은 원하 시절 매년 15만 관이 넘는 찻잎을 세금으로 바칠 정도로,[170] 최대 차 생산지였다. 흡주(歙州)의 기문현(祁門縣) 역시 "산마다 차나무를 심어 높고 낮은 곳을 막론하고 남은 땅이 없었다." 만당 시절 그곳 농민들은 10에 7, 8명이 모두 다업(茶

業)에 종사했다.[171] 호주(湖州)의 장성현(長城縣, 절강 장흥)은 "정원(貞元, 785~805년) 이후, 매년 고산(顧山)의 자순차(紫筍茶)를 공물로 바쳤는데, 노동자 3만 명이 몇 개월간 일을 해야 겨우 끝났다."[172] 원화 시절 아주(雅州)의 엄도현(嚴道縣, 사천 아안 서쪽)은 "매년 공물로 바치는 차가 사천 지역에서 가장 많았다."[173] 덕종 이후로 다세(茶稅)가 당 조정의 중요 세수가 되었다.

당조 후기 남방의 견직물 공업이 크게 발전했는데, 안사의 난 이후로 "월주(越州)에서 수레로 비단을 가져와 옷을 해 입었다"[174]라고 할 정도였다. 회골과 교역하면서 말과 교환했던 겸백(縑帛)은 대부분 강회(江淮)에서 직조한 것이다. 강남 견직물은 품질이 뛰어나 당대 전기 전국에서 으뜸이었던 송(宋)과 박(亳)의 제품보다 좋았다.[175] 대종(代宗) 시절 설겸훈(薛兼訓)이 절동 관찰사가 되자 군사들 가운데 아직 장가를 가지 않은 이들을 선발해 돈을 주고 북방으로 가서 방직에 능한 여인을 아내로 얻어 돌아오라고 밀명을 내렸다. 그래서 매년 100여 명씩 데려올 수 있었다. 이후 월주의 능사(綾紗)는 다양한 문양을 넣어 장강 이남에서 가장 뛰어난 비단이라는 명성을 얻었다. 정원 이후 월주(越州)의 공품 가운데 화려하고 아름다운 견직물만 해도 수십 종에 이르렀다.[176] 선주(宣州)의 장인들은 비단실로 담요를 짰는데, 부드럽고 따뜻해 성도(成都)의 비단 이불과 태원(太原)의 털담요의 장점은 있으되 단점은 없었다. 의주(宜州)의 능기(綾綺) 역시 진귀품으로 소문이 자자해 회남, 양절(兩浙, 절동, 절서)과 비길 만했다.[177]

강남과 영남의 광산은 당 후기부터 본격적으로 채굴되었다. 강서(江西), 악악(鄂岳), 계관(桂管), 영남 제도(諸道)는 모두 구리, 주석 산지였다. 의주와 침주(郴州)는 원화 시절 매년 동전을 5만 관씩 주조했다. 요주(饒州) 여간현(餘干縣)에는 은광산이 있어 매년 10여만 냥을 생산했으며, 침주 의장현(義章縣, 호남 의장) 은광은 생산되는 은의 품질이 뛰어나 다른 곳이 미칠 수 없었다. 오령(五嶺) 이남의 연주(連州)에서는 백동(白銅)이 생산되었고, 하주(賀州)의 임하현(臨賀縣, 광서 하현)과 풍승현(馮乘縣, 호남 강화 서남쪽) 등엔 비교적 큰 주석 광산이 있었다. 당시 농민들은 항상 부족한 살림살이를 보충하기 위해 깊은 산속으로 들어가 광산에서 일을 했다.[178]

자기(瓷器)도 민간에서 일반적으로 사용되기 시작했다. 형주(邢州) 내구(內邱)의 백자기(白瓷器)는 전국적으로 판매되었다.[179] 근래 고고학 자료에 따르면, 월요(越窯) 계통에 속하는 여요(餘姚) 상림호요(上林湖窯)는 만당 시절에 전성기에 돌입했다고 한다. 또한 장사(長沙) 동관진(銅官鎭)의 와사평요(瓦渣坪窯)는 푸른 유약을 발라 불에 구운 후 녹갈색의 문양을 얻었으며, 흰색 유약이나 푸른색 유약으로 녹생을 그려낼 수 있었다고 한다. 이는 유약 제조와 활용 기법이 당대에 이미 응용되기 시작했음을 의미한다.[180]

종이나 문구 제작도 크게 발전했다. 익주와 월주 등지에서 생산되는 종이는 품종이 다양했으며, 양주의 육합전(六合箋), 소주(韶州)의 죽전(竹箋), 임천(臨川)의 골박지(滑薄紙) 등은 모두 당대에 처음 선보인 새로운 종이였다. 북방의 송과 박 일대에는 종이에 실선을 넣은 견소(絹素)가 생산되었는데, 이를 오사란(烏絲欄), 주사란(朱絲欄)이라고 불렀다. 이 외에도 충지(茧紙, 누에껍질로 만든 종이)도 생산되었다. 단주(端州, 광동 고요)의 자석연(紫石硯)은 이미 당시에 전국적으로 유명했다.[181]

당대 장안성을 발굴하면서 대중(大中) 14년(860년)에 제작된 유금다탁자(鎏金茶托子)가 발견되었는데, 탁자는 연화 형태로 극히 아름답다.

서안 한삼채(韓森寨)에서 발견된 유금연판난봉문은반(鎏金蓮瓣鸞鳳紋銀盤)이나 서안 홍경촌(洪慶村)에서 출토된 유금화초인물문소은반(鎏金花草人物紋小銀盤) 역시 섬세한 세공이 돋보이는 작품들이다.[182] 1987년 섬서 부풍(扶風) 법문사탑(法門寺塔) 지하궁에서 금기와 은기 121가지가 발굴되었는데, 그 가운데 직경 40센티미터의 유금원앙단화쌍이권족은분(鎏金鴛鴦團花雙耳圈足銀盆)을 비롯해 유금은구합(鎏金銀鎘盒), 영진신금은화십이환석장(迎眞身金銀花十二環錫杖)은 물론이고, 다조(茶槽), 다전(茶碾), 다라(茶羅), 다시(茶匙)를 포함한 금은 다구 일체 등 수량도 많고 품종도 다양하며, 규격이나 공예 솜씨 또한 정교하고 뛰어나 흔히 볼 수 없는 것들이다.

당조 후기 상업은 전기보다 크게 발전했다. 장안과 낙양의 경우 비록 전란으로 인해 심하게 파괴되었지만 곧 회복되어 다시 번영을 누리기 시작했다. 장강 유역의 대도시 또한 전기보다 흥성했다. 양주(揚州)는 장강과 운하가 교차하는 곳으로 중국 내외 상인, 거부들이 모여드는 곳으로 유명했다. 익주는 양주에 비해 손색이 있었으나 당시 "양일익이(揚一益二)"[183]라는 말이 있다시피 상당한 번영을 구가하고 있었다. 형남(荊南) 각 주는 안사의 난 이후 "양주와 등주의 백성, 장안과 낙양의 의관문물"이 남쪽으로 내려오면서 "도읍지가 처음보다 10배나 커졌다."[184] 홍주(洪州) 액양(扼揚)과 광간(廣間)은 교통 요지가 되었으며, 악주(鄂州)는 한수가 장강으로 들어가는 곳에 위치해 도회지로 변모했다. 소주(蘇州)는 절서에서 가장 큰 현(縣)으로 호구가 이전보다 크게 증가했으며,[185] 항주는 "강남에서 가장 번성한 곳으로 오군(吳郡)에 버금갔다."[186] 성읍은 "위로 4마리 말이 달릴 수 있는 성벽이 20리나 이어지고, 상점이 3만 개나 개설되었다."[187] 연해 지역은 광주 외에도 복건의 천주(泉州), 절강의 명주(明州) 등이 대외 무역항이 되었다.

양주(揚州)가 급속도로 발전하면서 "교기의관(僑寄衣冠)과 수공업자, 상인들이 도로에 주택을 지으면서",[188] 기존의 방(坊)과 시(市)가 엄격하게 구분하는 제도가 타파되었다. 양주와 변주, 장안에 야시(夜市)가 출현한 것도 당대였다.[189] 수륙 교통 요지나 나루터가 있는 곳마다 정기적으로 시장이 개설되었는데, 이를 초시(草市)라고 불렀다. 이렇듯 정기적으로 시장이 개설되는 곳에서 교역이 빈번하게 이루어지면서 "부유한 상인들 가운데 그곳에 거주하는 이들이 많아졌다."[190] 그중에서 일부 저잣거리는 현성(縣城)으로 발달했다.[191]

소금과 차는 당시 가장 큰 상업 품목이었다. 유우석(劉禹錫)은 〈고객사인(賈客詞引)〉에서 이렇게 읊었다. "사방팔방의 상인들이 재물로 서로 웅자를 다투었는데, 소금을 판매하는 염고(鹽賈)가 가장 기세가 높았다."[192] 장강 하류를 오가는 '서강의 대상인(西江大商客)'[193]들은 이렇듯 당대 시인의 시에서 자주 볼 수 있다. 《남초신문(南楚新聞)》에 기록되어 있는 강릉(江陵) 곽칠랑(郭七郎)은 자산이 풍부한 상인으로 초성(楚城)에서 으뜸이었다. 강회와 하삭(河朔) 사이로 많은 고객(賈客)들이 화물을 교역하며 왕래했다.[194] 당대 후기로 넘어오면서 상인들이 관부와 관련을 맺게 되자 관리나 장군들도 상업활동에 적극 참가하기 시작했다.

교역이 빈번해지고 다량의 화폐가 사용되면서 현금 지급의 불편을 해소하기 위해 대도시에 거방(柜坊)이 등장했다. 거방은 '추거(僦柜)'라고 부르기도 한다. 상인들은 거방에 현금을 맡기고 영수증을 받았으며, 일정한 보관비용을 지불했다. 상인들은 물건을 매매하면서 현금으로 거래하지 않아도 되기 때문에 성가신 일을 덜 수 있었다. 당조 후기 화폐 주조가 수요를 따라가지 못하자 여러 도나 주, 부에서 현금을 갖고

6장 수·당 시대

다른 지역으로 넘어가는 것을 금지했다. 또한 먼 곳까지 무거운 화폐를 갖고 가는 불편을 덜고, 물가 하락으로 인한 통화 부족을 방지하기 위해 각지에서 장안으로 들어오는 상인들은 물건 값을 현지의 진주원(進奏院)이나 제군(諸軍), 제사(諸使), 부가(富家)에게 주고 문권(文券, 일종의 위임문서)을 받은 후 가벼운 행장으로 사방을 돌아다닐 수 있었으며, 현지로 돌아간 후 지정한 곳에서 문권을 주고 돈으로 되돌려 받을 수 있었다. 이러한 문권을 비전(飛錢) 또는 편환(便換)이라고 했다.

당 후기 통치계급 내부의 모순

당 왕조의 번진(藩鎭)에 대한 전쟁

안사의 난이 끝난 후 당 대종(代宗)은 안록산과 사사명의 항장(降將)들이 차지하고 있는 하북(河北) 지역의 세력을 인정해 이보신(李寶臣)을 성덕절도사(成德節度使), 이회선(李懷仙)을 유주(幽州) 노룡절도사(盧龍節度使), 전승사(田承嗣)를 위박절도사(魏博節度使), 설숭(薛嵩)을 상위절도사(相衛節度使)로 임명했다. 그들은 산동(山東) 치청절도사(淄靑節度使) 이정기(李正己), 산남(山南) 동도절도사(東道節度使) 양숭의(梁崇義) 등과 긴밀히 연결해, "출사하면 승리하고 거주하기에 풍요로우며 굳이 천하의 산물을 엿보지 않아도 자급자족할 수 있다"[195]라는 하북의 유리한 경제 조건을 활용하는 한편 당나라 정부가 경기 지역 반란을 평정하고 서쪽으로 토번의 공격을 방어하느라 동쪽을 고려할 틈이 없는 기회를 틈타 병사를 훈련시키고 지역을 튼실하게 만들어 아병(牙兵)[196]을 핵심으로 하는 강력한 군대를 육성했다. 전승사 부자는 위박(魏博)에서 10만 군사를 양성하고 번다한 형벌과 잔혹한 조세정책을 실시하면서 장정을 동원해 정역(征役)에 징발하고, "노인과 약자들에게 농사를 짓게 했다." 이정기는 산동 지역에서 "부역과 요역을 모두 받아가며 가혹한 정치를 시행하는 한편 감히 두 사람 이상이 함께 모여 이야기를 할 수 없도록 했다." 지역에 할거하고 있는 절도사들은 아비가 죽으면 자식이 승계하는 식으로 대대로 관직을 물려받았으며, 관작을 독단적으로 수여하고, 제멋대로 군사를 동원했으며, 상벌 또한 전횡을 마다하지 않았고, 호족을 중앙에 보고하지 않았을뿐더러 부세도 조정에 납부하지 않았다.

양세법을 실시한 후 당나라의 재정수입이 증가했으며, 해마다 3000여만 관의 세금과 세금 대신 징수한 쌀과 보리가 1600여만 석이었다.[197] 이때를 전후로 당나라 군사는 대력 14년 서천 변경에서 토번과 남조(南詔) 연합군의 공격을 물리쳤고, 토번에 사신을 보내 쌍방의 관계를 개선해 변방이 안정을 되찾았다. 당 덕종은 이 기회를 빌려 번진의 활동을 억제하기 시작했다.

건중(建中) 2년 성덕절도사 이보신이 죽자 그의 아들 이유악(李惟岳)이 계속 머물러 있으면서 덕종에게 그 자리를 이어받을 수 있도록 해달라고 청했지만 허락을 받지 못했다. 그러자 이유악이 위박, 치청, 산남동도(東道) 등 여러 지역의 절도사와 연결해서 반란을 일으켰다. 회서절도사 이희열(李希烈)도 거병해 반란을 일으키자 전체 다섯 군데 번진의 군사가 연합해 당에 대항하는 국면이 되고 말았다.

건중 4년 당나라 군사가 양성(襄城)에서 회서(淮西) 군사들에게 포위를 당했다. 당나라는 경원병(涇原兵)을 동원해 구원토록 했다. 경원병이

6장 수·당 시대

장안에서 반란을 일으켜 주자(朱泚)를 진제(秦帝)로 옹립하자 덕종은 봉천(奉天, 섬서성 건현)으로 피신했다. 흥원 원년(784년) 덕종이 봉천에서 이희열 등 다섯 진(鎭)의 절도사들을 사면할 것이니 주자를 토벌하라는 조서를 내렸다. 얼마 후 하북 전방에서 봉천의 원군으로 갔던 삭방(朔方) 절도사가 또다시 반란을 일으켜 주자와 손을 잡자 덕종은 양주(梁州, 섬서 한중)로 도망갔다. 이처럼 복잡하고 혼란스러운 국면은 정원 2년 이희열이 죽은 후에야 끝이 났다. 당 왕조는 하북, 하남의 강력한 번진과 타협했으나 번진 할거의 국면은 계속 이어졌다.

정원 2년부터 토번 귀족들이 또다시 당을 공격하기 시작했다. 그들은 한동안 염(鹽), 하(夏) 등지를 점령했고, 정원 6년과 7년에는 북정(北庭)과 서주(西州)를 점령했다. 당나라는 변방에 요새를 건설하고 둔전하면서 방어를 강화하는 한편 북쪽으로 위구르, 남쪽으로 남조(南詔)와 정식으로 우호관계를 맺어 토번 귀족의 세력을 약화시켰다. 한편 당나라는 서천에서 토번 군에게 반격을 가했다.

변방 형세가 완화되는 상황에서 덕종은 중앙의 금군인 신책군(神策軍)을 강화해 경기 지역을 통제하는 한편 적극적으로 백성들의 재물을 긁어모아 국고를 채웠다. 헌종(憲宗) 초년 국가 재정이 비교적 넉넉해지자 또다시 번진에 대한 진압 전쟁에 몰입했다.

헌종은 먼저 검남(劍南) 서천(西川)과 진해(鎭海) 절서(浙西) 절도사의 반란을 평정했다. 원화 7년 위박 절도사 전홍정(田弘正)이 여섯 주(州)의 땅을 가지고 조정에 귀순하면서 하북 지역의 상황에 변화가 생겼다.

회서절도사 오소양(吳少陽)이 죽고 그의 아들 오원제(吳元濟)가 군정을 이어받아, 당 조정의 조문사절을 거부하고 거병해 사방에서 만행을 저질렀다. 원화 10년(815년) 헌종이 오원제를 토벌하라는 조령을 내렸다. 원화 11년 오원제와 결탁한 성덕절도사 왕승종을 토벌하라는 조령을 내렸다. 이듬해 헌종이 왕승종에 대한 토벌을 잠시 중지하고 오원제를 토벌하는 데 집중했다. 당시 재상인 배도(裵度)가 직접 회서로 가서 감독 지휘했다. 당나라 장군 이소(李愬)가 눈 오는 밤에 채주성(蔡州城, 지금의 하남성 여남)을 야습해 오원제를 잡고 회서를 평정했다. 성덕의 왕승종(王承宗), 노룡의 유총(劉總)도 조정에 귀순했다. 원화 14년(819년) 당조는 치청(淄靑) 이사도의 세력을 완전히 소멸시켰다.

전쟁 기간에 군량 등을 끊임없이 운송했기 때문에 소나 당나귀 등이 열에 네다섯 마리가 죽어버리는 바람에 농업생산에 큰 차질이 생겼다. 조정에 군사 물자를 바치느라 각 지방 관리들은 양세(兩稅) 외에도 다양한 명목으로 세금을 거두었다. "연못의 물을 빼내 물고기를 잡느라 정신이 팔려 장차 더는 물고기가 없게 되는 것은 걱정하지 않았다(惟思竭澤, 不慮無魚)." 이로 인해 농민들이 대규모로 도망을 쳤다. 이발(李渤)은 자신이 들은 것에 근거해 위수 남쪽[渭南] 장원향(長源鄉)에 원래 400호가 있었는데, 원화 14년 100여 호밖에 남지 않았으며, 문향(閿鄉) 현에는 원래 3000호에서 1000호밖에 남지 않았다고 적었다.[198]

장기간에 걸친 전쟁으로 천하의 백성들이 고통에 시달리고 국고 또한 텅 비고 말았다. 당나라는 더는 하북 번진의 아병 세력을 물리칠 능력이 없어 높은 벼슬과 녹봉으로 그들을 잠시 복종하게 만들 수밖에 없었다. 목종이 자리에 오른 후 하북 지역의 절도사를 교체하고 하북 지역에 각염법(権鹽法)과 양세법을 실시했으며,[199] 군대를 축소하고자 천하 모든 군진에서 해마다 8퍼센트의 병사를 감축하라는 명을 내렸다. 이에 각 지역 번진 장수와 병사의 불만이 커져 또다시 하삭(河朔)에서 반란이 일어나고 말았다.

장경(長慶) 원년 노룡에서 병란이 발생해 당나라 조정에서 파견한 절도사를 구금하고 주극융(朱克融)을 절도사로 옹립했다. 성덕의 장군 왕정주(王庭湊)도 당나라에서 파견한 절도사를 죽이고 반란을 일으켰다. 병사 감축으로 군적에서 빠진 병사들이 그들의 군대로 들어가니 양 진(鎭)의 반군이 졸지에 1만여 명으로 불었다. 당조는 그들을 토벌하기 위해 각 도(道)의 병사 15만 명을 동원했다. 환관이 감군(監軍)하고 장군이 너무 많아 지휘계통이 통일되지 않았으며, 대다수 장수들이 관망만 하며 공격하지 않았다. 결국 제대로 공격도 하지 않고 주둔한 상태에서 몇 년을 보내니 재력이 다해 승리를 얻을 수 없었다. 장경 2년 위박 지역에서 반란이 일어났다. 당조는 더는 반란을 평정할 능력이 없었기 때문에 반란을 일으킨 장수를 절도사로 임명하는 웃지 못할 일이 벌어졌다. 이렇게 해서 하북 번진의 세력은 더욱 견고해졌다.

환관의 전횡

당조 환관의 전횡은 현종 때 고력사(高力士)부터 시작한다. 고력사가 현종의 총애를 받자 천하에서 올라온 모든 상소문 또한 그의 눈을 거쳐야만 황제에게 올라갈 수 있었다. 사소한 안건은 모두 그의 손에서 결정되었다. 하지만 그가 군권까지 장악한 것은 아니었다. 환관이 군권을 장악한 것은 숙종 시절 이보국(李輔國)부터 시작한다.

숙종은 환관 이보국이 자신을 옹립한 공을 보답하기 위해 그를 원수부사마(元帥府司馬)로 임명해, 조령 반포, 상주문 열독, 보인(寶印)과 부계(符契, 군사 동원 등에 사용하는 부절), 아침저녁마다 거행하는 군호(軍號) 등을 모두 일임했다. 장안으로 돌아온 후 그에게 금군(禁軍)을 전담하도록 하는 한편 모든 조칙 제정 또한 그의 서명을 받도록 했다. 이렇게 해서 군정 대권이 그의 수중에 떨어졌다.

숙종이 죽자 이보국은 대종을 옹립하면서 더욱 방자하고 횡포가 심해졌다. 심지어 대종에게 "폐하는 그저 실내에 앉아 계시기만 하고 밖의 일은 소인이 처리하겠습니다"라고 말할 정도였다.[200] 이후 대종이 환관 내부의 갈등을 이용해 이보국을 죽였으나 금위군을 관리하는 환관 정원진(程元振)과 어조은(魚朝恩)이 계속해서 전권을 휘둘렀다. 대력 5년 대종이 어조은을 죽인 뒤 다시는 환관이 군권을 독점하지 못하게 했다.

주자(朱泚), 이회광(李懷光)이 반란을 일으킨 후 덕종(德宗)은 노장들을 믿지 못해 또다시 환관에게 금병(禁兵)을 전담하도록 했다. 정원 12년(796년) 환관 두문장(竇文場), 곽선명(霍仙鳴)을 좌우신책호군중위(左右神策護軍中尉)로 임명했다. 경기(京畿) 서쪽으로 신책군을 대거 주둔시켰다. 신책군은 대우도 좋았기 때문에 북쪽의 번진들도 요예(遙隸)의 신책군을 많이 요청해 신책군이 150만 명에 달했다. 목종(穆宗) 이후로 추밀사(樞密使) 2명을 환관으로 충임해 기밀을 장악하도록 했다. 그들을 두 명의 중위(中尉)와 더불어 사귀(四貴)라고 불렀다.

조정의 대권을 쟁취하기 위해 환관들은 당파를 형성해 서로 죽고 죽였으며, 황제를 폐하거나 옹립했다. 헌종(憲宗)과 경종(敬宗)은 모두 환관에게 죽임을 당했고, 목종, 문종, 무종(武宗), 선종(宣宗), 의종(懿宗), 희종(僖宗), 소종(昭宗) 등은 모두 환관이 옹립했다.

각 도(道)와 출정군은 환관이 직접 군대를 감독[監軍]했다. 감군의 권력은 절도사를 능가할 정도였다. 감군은 군사 지휘에 간여해 군령이 통일될 수 없었기 때문에 군대의 전투력을 크게 약화시켰다.

금군의 대장(大將)은 거부나 거상에게 사채를 빌려 절도사 자리를 얻기 위해 중위에게 뇌물을 주었다. 번진 절도사로 간 후에 백성들의 재물을 약취해 사채를 갚았는데, 이를 당시 사람들은 '채수(債帥)'라고 불렀다. 문무 대신들도 영전하기 위해서 환관에게 뇌물을 주었다.

환관들은 궁시사(宮市史)를 관장해 '백망(白望)' 수백 명을 장안의 동시와 서시, 번화한 방(坊, 점포)으로 보내 물건을 구입하면서 편취하거나 협박해 약탈했으며, 금군의 장수나 병사들도 환관의 비호를 받으며 경기 일대에서 불법행위를 저지르고 백성들을 억압했다. 환관과 금군의 장수들은 위수(渭水) 평원 일대에서 대량의 비옥한 논밭을 빼앗았다.

관료 사대부와 환관의 싸움

환관의 전횡은 황제와 일부 관료 사대부들의 불만을 야기했다. 정원 20년(805년) 순종(順宗)이 즉위한 후 자신이 동궁 시절에 함께 했던 신하 왕숙문(王叔文)과 왕비(王伾)를 한림에서 일하도록 하는 한편 위집의(韋執誼)를 재상으로 임명했다. 그들은 유우석(劉禹錫), 유종원(柳宗元) 등과 정치 혁신파를 결집해 환관 세력을 타도할 것을 모의했다. 그들은 궁시(宮市)와 같은 악폐를 혁파하고 범희조(範希朝)를 좌우신책경서제진행영병마절도사(左右神策京西諸鎭行營兵馬節度使)로 임용해 환관의 군권을 점차 되찾아오기 위해 애썼다. 하지만 그들의 계획은 환관의 반대로 끝내 실현할 수 없었다. 환관의 압박으로 순종은 헌종에게 자리를 내주고 물러나고 영정(永貞)으로 개원했으며, 왕숙문, 왕비 등은 파면당해 남쪽으로 유배되었다.

문종(文宗)은 환관의 독점을 심히 우려해 대화 5년(831년) 재상 송신석(宋申錫)과 함께 환관을 주살하려다가 사전에 환관에게 들키고 말았다. 송신석은 파면을 당해 유배되고 말았다. 대화 8년(834년)과 9년, 문종이 이훈(李訓)과 정주(鄭注)를 등용하고 환관과 결탁한 재상 이덕유(李德裕)와 이종민(李宗閔)을 파면하고, 일부 세력이 있는 환관을 제거했다. 대화 9년 11월 이훈 등이 병력을 배치해 대명궁(大明宮) 좌금오청(左金吾廳) 뒤의 석류나무에 밤중에 감로(甘露)가 내렸다고 속여 신책군 중위와 추밀원사 등 환관들에게 보러 오도록 해 일망타진하려고 했다. 그러나 이 또한 사전에 환관들에게 발각되어 환관들이 금병을 이끌고 황성과 외곽 성에서 대대적인 수색과 체포, 살해와 약탈을 저질렀다. 이로 인해 이훈과 재상 왕애(王涯), 서원여(舒元輿) 등이 모두 피살되고 그들의 친인척 또한 모두 살해되고 말았다. 이것이 이른바 '감로의변(甘露之變)'이다. 이후 70년 동안 환관이 군정 대권을 장악해 당 말기 소종(昭宗) 천부(天復) 3년(903년)까지 이어지다가 주온(朱溫)의 군대에 의해 소멸되었다.

환관집단 내부의 당쟁

묵종 시절 변경의 형세가 완화되고 당 조정과 하북 번진 간에 세력 균형이 형성되자 사회 모순 또한 많이 줄어들었다. 하지만 당조 관료집단 내부에서 거의 40년에 걸친 당쟁이 지속적으로 발생했다.

원화 연간(806~820년) 재상과 복야(僕射), 상서(尙書) 등 고위급 관리들 가운데 진사 출신이 안정적으로 다수를 차지하고 있었다. 진사과는 고급 관료의 중요 출처였다. 사족의 함의도 변화하기 시작해 독서를 통해 과거에 응시하는 포의 가문이나 진사 출신의 가족 또는 공경이나 백관을 지칭했다.

원화 3년(808년) 우승유(牛僧孺), 이종민(李宗閔) 등이 과거 시험 과목[制擧]에서 대책(對策)을 제시하면서 시정(時政)을 비판했기 때문에 재상 이길보(李吉甫)에게 미움을 받아 오랫동안 관직을 얻지 못했다. 또한 감독관인 양우릉(楊于陵)은 파면을 당했다. 장경 원년(821년) 이종민의 사위인 소소(蘇巢)가 진사에 급제하자, 한림학사 이길보의 아들인 이덕유가 자신의 부친을 비판한 이종민을 미워했기 때문에 한림의 동료인 원진(元稹), 이신부(李申附), 단문창(段文昌)과 함께 과거 감독관이 진사를 뽑는 데 공정하지 않았다고 고발했다. 이로 인해 감독관 전휘(錢徽)와 이종민 등이 청탁과 관련해 모두 파면되었다. 이렇게 해서 당쟁의 서막이 올랐다.

우승유, 이종민을 필두로 한 '우당'과 이덕유를 필두로 한 '이당'은 모두 환관과 결탁하고 있었다. 문종 시절 궁실 환관들은 두 개의 파벌로 나뉘어 있었는데, 세력이 거의 비슷했다. 우당과 이당은 각자의 파벌에 기대어 대치하면서 조정에서 정무를 논할 때면 언제나 쌍방이 반론을 제시해 싸움이 그치지 않았다. 문종은 이런 현실을 개탄하면서 이렇게 한탄한 적이 있다. "하북의 적(번진)을 제거하기보다 붕당(朋黨)을 없애는 것이 더욱 어렵구나."[201] 무종 때 이덕유와 내통한 환관 양흠의(楊欽義)가 추밀사를 맡자 이덕유가 회남절도사에서 재상으로 승진했다. 이에 우당의 주요 인사가 모두 영남 지역으로 폄적되었다. 무종이 죽자 이당과 관련된 환관 일파가 실각하고, 승리를 얻은 우당 인사들이 선종을 옹립했다. 이덕유는 애주(崖州, 해남도 경산)로 폄적되어 그곳에서 죽었다. 이로써 당쟁이 기본적으로 끝이 났다.

우이당쟁은 관료집단 내부의 권력과 이익을 다투기 위한 투쟁이었다. 양측 당파는 공통된 정치 이념을 토대로 형성된 것이 아니라 여러 가지 관계로 이루어진 것이었다. 이당의 중요 인물은 대부분 이덕유가 한림학사와 재상으로 있을 때 동료였으며, 우당은 과거를 연결고리로 자신의 세력을 발전시켰다. 우당 사람들은 종종 "선거인(選擧人)을 위해 급제할 수 있도록 청탁하고 공석을 채웠다."[202] 이렇듯 개인적인 권력과 은원(恩怨) 득실이 당쟁에서 중요한 작용을 했던 것이다.

이당의 중요 인물인 이덕유, 정담(鄭覃)은 세습 가문 출신으로 모두 산동 사족의 후손이지만 이당의 다른 중요 인물들은 대부분 진사 출신이었다. 따라서 양당의 대다수 인물은 그들의 가문이나 출신 면에서 그다지 큰 차이가 없다.

진사과가 고위급 관원의 중요한 관문이 되면서 양당 모두 진사과를 매우 중시했다. 이덕유는 진사들이 "화려한 것만 숭상해 실속이 없다"고 해 싫어했지만, 동시에 "조정의 고관은 반드시 공경의 자제여야 한다"고 하면서 진사과에 공경의 자제를 많이 등용할 것을 강조했다.[203] 우당의 중요 인물인 이각(李珏), 양사복(楊嗣復) 역시 사람을 쓰는 데 명문 자제들 우선으로 등용해야 하며 진사 출신인 고관 자제들을 우선적으로 임용해야 한다고 주장했다. 정담이 진사과를 폐지할 것을 주청한 것은 개인적인 주장일 뿐 당쟁과 관련이 없다.

양당 구성원은 집권한 후 일부 유익한 일을 하기도 했다. 하지만 그들은 날로 심각해지는 사회 갈등을 해결하려는 마음이 전혀 없었다.

당조 말기 농민전쟁

당조 말기 사회 갈등의 격화

하삭(河朔, 황하 이북)에서 다시 반란을 일어났지만 당조와 하북 번진

사이에 휴전 상태가 유지되었고 변경에서도 큰 무력 충돌이 발생하지 않았다. 사회는 겉으로 보기에 안정적인 것 같았으나 실제로는 갈등이 점차 격화되고 있었다.

양세법은 조용잡요(租庸雜徭)를 호세(戶稅)와 지세(地稅), 즉 두 가지 세로 합친 것을 말한다. 하지만 양세법이 실행되자 지방에서 "'정역(征役)을 교묘하게 소고(召雇, 납세 복역)의 명목으로 바꿔치기하고, 과배(科配, 기존의 세금 이외의 부가세 – 역주)를 화시(和市, 백성들에게 가격을 절충해 물건을 구매하도록 하는 것 – 역주)의 명목으로 바꾸었다.'"²⁰⁴ 결국 얼마 후 잡요, 차역(差役)의 명목으로 요역을 회복시켰다. 요역은 백성에게 갈수록 큰 부담이 되었다. 무종 이후, 차과(差科)도 양세, 요역과 함께 정식으로 부담해야만 했다. 지주계급은 논밭을 숨기고 호구를 낮추는 방법으로 양세에서 벗어났다. 심지어 "농지 10무에 2무나 3무의 세금을 내는 경우도 있었다."²⁰⁵ 사람들은 승려의 이름을 빌리거나 창장(倉場, 관부의 식량창고)나 염원(鹽院, 소금을 관리하는 관부)의 노비로 이름을 올리고, 각 주나 군대에 이름을 거는 방법으로 차역을 피했다. 지주들은 어떻게 해서든지 관직을 얻기 위해 애썼으며, 임기가 만료되면 즉시 다른 주로 이주해 제군(諸軍), 제사(諸使)의 가직(假職)을 겸했는데, 이를 의관호(衣冠戶)라고 한다.²⁰⁶ 관직을 얻지 못한 거부들은 의관호에게 일정한 재물을 주고 전첩(典貼, 재물이나 자신의 몸으로 사채를 갚거나 해당할 의무를 감면하는 것 – 역주)의 명목으로 자신의 재산을 모두 의관호의 명의로 바꿔 세금을 감면받고 차역을 면제받았다.²⁰⁷ 결국 당조 말년의 번잡한 양세, 특히 차역으로 인해 소수의 가난한 농민들이 모든 부담을 짊어져야만 했다.

당조 후기 관리의 행정이 문란해지기 시작했다. 만당의 관직과 복록은 더욱 문란해졌다. 예부시랑을 역임한 유윤장(劉允章)은 황제에게 직간하면서 당시 녹봉을 받는 관리로 입사하는 방법 8가지를 열거한 바 있다. 그에 따르면, 절도사의 상주문 바꿔치기, 관직 매매, 각종 공로 우대, 무관에서 문관으로의 전직, 허위 관직 입사(入仕), 허위 조작, 아부를 통한 승진, 무공(無功) 수상(受賞) 등이 바로 8가지 입사방법이다.[208] 이러한 이들이 관부로 몰려들자 관료기구가 팽창하고 재정 지출이 많아졌다. 관리의 품행과 행적은 더욱 부패하고 뇌물을 받거나 불법행위를 저지르는 일이 보편화되고, 위부터 아래까지 "서로 비호하며 부정을 적발하지 않았다."[209] 조정에서 "중요한 자리에 있는 관료들은 더욱 뇌물 받기에 혈안이 되었으며, 아예 관습이 될 정도였다."[210] 절도사, 관찰사, 자사 등이 임지로 가거나 전근할 때면 전별금을 받았고, 자사나 현령이 부(府)나 주(州)로 가는 비용조차 백성들이 부담해야만 했다.[211] 하급 서리(胥吏)는 더욱 악랄해 농민들을 직접 약탈했다. "향촌에 들어가는 것이 정치의 큰 폐해가 되는 것은 관리들이 관아의 문에 도착하기가 무섭게 백성들이 재물을 바치기 때문이었다."[212] 그래서 백성들은 관리들을 "이리처럼 두려워하고 원수처럼 증오했다."[213]

당 왕조는 호구의 증감과 세금 납부의 완성도를 지방 관료 승진의 표준으로 삼았다.[214] 그래서 자사나 현령들은 승진을 위해 어떻게 해서든지 "도망간 농민들을 붙잡아 모으고, 재물을 약취하는 것이 이미 사업이 되었다." 그리하여 세금을 징수하면 가난하고 고통받는 농민들은 "예전처럼 또다시 도망쳤다." 세금은 먼저 상급기관에 보고한 다음에 농호에게 분담시켰다.[215] 자연재해를 입은 농지는 지방 관리들도 보고하지 않았지만 응당 내야 할 세금은 재해를 입지 않은 다른 농호에게 전가되었다.[216] 조정은 경비 긴축으로 인해 지방 정부에게 2, 3년의 조세를 미리 징수할 것을 요구하기도 했다.[217]

지나친 세금 징수와 차역으로 인해 목종 전후부터 시작해 지주들이 토지를 겸병하면서 다음 두 가지 가혹한 방식을 택했다. 첫 번째 방식은 지주들이 싼 가격으로 농민의 토지를 전당 잡고, 정부에 신고하지 않는 대신 계약서에 지주가 납부한 양세를 농민들이 땅을 되찾을 때 모두 보상해야 한다고 기록하는 것이다. 만약 농민들이 보상할 능력이 없다면 장기간 농민들의 전지를 점유할 수 있었다.[218] 두 번째 방식은 지주가 농민의 위급한 상황에 토지를 매입하면서 농민을 핍박해 "사적인 계약서를 강제로 만들게 하는 것이다." 관부에 이전 수속에 필요한 신고도 하지 않고, 계약서에서는 양세와 차역을 모두 농민이 부담하는 것으로 기록했다.[219] 이로 인해 농민들은 토지를 빼앗기고도 여전히 부세나 정역, 요역에서 벗어날 수 없었다. 결국 그들은 산과 바다로 도망치거나 무장 반항을 하는 것 이외에 다른 선택의 여지가 없었다.

당 왕조에서 소금을 전매하고 차세(茶稅)를 징수하자 차와 소금의 가격이 계속 올라갔다. 때문에 하남, 회북에서 회남(淮南), 선흡(宣歙), 형양(荊襄) 일대에서 소금과 차를 밀매하는 이들이 나타나기 시작했다. 당조는 감독기관을 설립하고 순찰 병사를 파견해 가혹한 형벌로 강압했다. 헌종 시절에는 심지어 연좌제를 실시했다. 이에 차나 소금을 밀매하는 상인들이 집단을 결성해 당조와 무력 투쟁을 시작했다. 그들은 주변 백성들과 연계해 세력을 키워 문종과 무종 시절 강호회해(江湖淮海) 일대까지 세력을 확장했다.[220]

선종 시절 검남(劍南) 봉과산(蓬果山) 일대에 검남 동서(東西) 천(川)과 산남 동도(東道)까지 영향을 끼친 봉기 세력이 생겨났다. 호남에서도 등비(鄧裴)가 이끄는 농민 기의가 발생했다. 이렇듯 계급 모순이 격화되기 시작했다.

선종 대중(大中) 13년(859년) 구보(裘甫)가 이끄는 봉기군이 상산(象山)을 점령했다. 구보는 섬현(剡縣, 지금의 절강 승주)을 근거지로 삼고 천하도지병마사(天下都知兵馬使)로 자칭하고 건원을 나평(羅平)으로 했으며, 천평(天平)이라는 국새를 만들었다. 절동(浙東)은 당 왕조의 재정 수입에 가장 중요한 지역 가운데 하나였으나 또한 당조 군사력이 비교적 취약한 지역이기도 했다. 봉기군이 빠른 속도로 발전해 3만 명을 헤아렸고, 연이어 절동 관찰사의 군대를 무찔렀으며, 상우(上虞), 여요(餘姚), 자계(慈溪), 봉화(奉化), 영해(寧海) 등지를 점령하고 다시 군사를 나누어 구주(衢州)와 무주(婺州, 절강 금화) 등지를 공격했다. 당 왕조는 황급히 왕식(王式)을 절동 관찰사로 임명해 하남과 회남의 군사를 이끌고 반란군을 평정하도록 했다.

왕식은 절동의 지주 무장 세력인 '토단자제(土團子弟)'를 군중에 배치해 길을 안내하도록 하는 한편 각 현에 명하여 "식량 창고를 개방해 빈민을 구휼해" 봉기군을 고립시켰다. 이후 봉기군은 계속 패배해 함통 원년 6월 완전히 소멸되었다.

대중 13년 이후 당은 남조(南詔)와 서천(西川), 검중(黔中), 옹관(邕管) 등지에서 전투를 벌였다. 당조는 산동, 하남, 산남과 강남 각 지역에서 병사를 모집해 영남으로 배치했다.

함통(咸通) 4년(859년), 800여 명의 서사(徐泗) 병사가 계주(桂州, 광서 계림 지역)에 주둔하고 있었는데, 3년에 한 번씩 군사를 교체하는 것이 정해져 있었다. 하지만 함통 9년, 이미 5년이 지났음에 불구하고 서사 관찰사 최언증(崔彦曾)이 교체 병사도 보내지 않고 귀향 조치도 하지 않았다. 이에 분노한 병사들이 도장(都將)을 살해하고 양료판관(糧料判官)인 방훈(龐勳)을 수령으로 옹립해 부대를 이끌고 북쪽으로 향했다.

귀환하는 도중 서주(徐州) 인근에서 최언중의 공격을 받은 그들은 남쪽으로 방향을 틀어 숙주(宿州, 안휘성 숙주)를 점령했다. 그들은 숙주에서 곡식 창고를 개방해 빈민을 구휼해 농민들의 호응을 얻었다. 이에 수많은 농민들이 방훈의 군대에 참여했다.

기의군은 군기가 엄정하고 약탈이나 소란을 피우지 않았다. 그들은 대운하를 따라 관군을 격파하면서 서주를 포위했다. 서주 성 밖의 백성들이 적극적으로 땔감을 운송해 성문을 불태우는 등 기의군의 작전에 일조를 했다. 기의군이 서주성을 점령하자 인근 농민들은 "아비가 자식에게, 부인이 남편에게 입대를 권고했으며, 호미를 예리하게 갈아" 기의군에 참가했다. 하남, 산동, 회남 지역에 흩어져 있던 군소 농민 기의군도 잇따라 방훈에 귀순하니 기의군은 20만 명으로 불어났다.

기의군이 회남, 회북 대부분 지역을 장악함으로써 강회 지역에서 장안으로 가는 조운(漕運)을 차단했다. 그들은 거부들의 재산을 빼앗고 재산을 은닉한 거부 몇백 호를 강탈했다.

당 왕조는 나라가 의성(義成), 위박(魏博) 등 10여 군데 번진의 병력과 사타(沙陀), 토욕혼(吐谷渾), 달단(達靼), 계필(契苾) 등 여러 부락의 병력을 합세해 전체 10만여 군사를 파견해 진압에 나섰다. 함통 10년(869년) 방훈과 기의군 1만여 명이 전사했으나 남은 기의군은 곤(袞), 운(鄆), 청(靑), 제(齊) 등지로 흩어져 계속 싸웠다.

황소(黃巢)가 이끈 농민전쟁

의종(懿宗)과 희종(僖宗) 때 최고 통치집단의 사치와 부패가 극치에 달하고, 당조와 남조(南詔)의 전쟁이 점차 심화되면서 백성들에 대한 세금 징수와 인력, 물자 징발이 더욱 심해졌다. 그런 와중에 관동 지역에 여러 해 연이어 홍수와 가뭄이 들었다. 함통 14년(873년) 자연재해가 심각해, 동관(潼關) 동쪽에서 연해 지역까지 밀과 보리 수확 등 여름 수확이 예년의 절반밖에 되지 않았으며, 추수(秋收) 역시 거의 전무할 정도로 피해가 컸다. 농민들은 쑥으로 식량을 대신하고 회화나무 잎을 채소처럼 먹었다. 하지만 관리들은 여전히 가혹하게 세금을 납부하라고 독촉해 농민들은 어쩔 수 없이 집을 허물거나 나무를 자르고, 처자식을 내다팔아 돈을 마련했으나 세리(稅吏)의 술값조차 되지 않아 남은 세금을 낼 수 없는 지경이었다. 이런 상황에서 마침내 당 왕조를 뒤흔든 전국 규모의 농민전쟁에 폭발하고 말았다.

건부(乾符) 원년(874년) 복주(濮州) 사람 왕선지(王仙芝)가 수천 명의 무리를 이끌고 장원(長垣)에서 봉기를 일으켰다. 그는 천보평균대장군 겸 해내제호도통(天補平均大將軍海內諸豪都統)의 명의로 각 도에 격문을 돌리고 당조 관리의 부패와 폭정, 가혹한 세금, 상벌의 불공정함에 대해 강력하게 비난했다.

건부 2년 왕선지가 군대를 이끌고 복주(하남 범현 복성진 동쪽)와 조주(曹州, 산동 조현 북쪽) 등 여러 주의 성을 공격했으며, 원구(寃句, 당대 조주성 북쪽) 출신인 황소(黃巢) 역시 수천 명을 이끌고 왕선지에게 호응했다. 청, 제, 곤, 운 지역에 분포된 방훈의 잔존 부대도 왕선지의 기치 아래로 모여들었다. 산동의 경우 "가혹한 세금에 시달리던 백성들이 앞다투어 귀순하니 불과 수개 월 만에 무리가 수만에 이르렀다(民之困于重斂者爭歸之, 數月之間, 衆至數萬)."

왕선지와 황소는 모두 소금 밀매를 한 적이 있었다. 그들은 주변 교통로와 각지의 상황에 대해 누구보다 잘 알고 있었기 때문에 관군과 싸우면서 자신들의 경험을 잘 활용했다.

건부 3년 그들은 처음으로 산동 밖으로 나가 전투를 벌였다. 그들은 과거 "차와 소금 밀매"가 가장 성행했던 회남과 형양 일대에서 우회해 관군을 격퇴하고 계속해서 여(汝), 영(郢), 복(複), 기(蘄) 등지를 공격했다.

당나라는 환관을 파견해 왕선지와 만나 관직을 제수하는 방식으로 투항을 권고하도록 했다. 왕선지가 조정의 꾐에 넘어가 사람을 관군의 군중으로 보내 협상하고자 했다. 이에 황소가 극력 반대하면서 일부 기의군을 이끌고 산동으로 돌아가고 말았다. 결국 이렇게 해서 기의군은 두 쪽으로 분열되고 말았다.

왕선지 보낸 사자가 당정(唐廷)에게 피살되었다. 그는 그제야 속임수라는 사실을 간파하고 건부 5년(878년) 초 강릉 나성(羅城)을 공격했다. 하지만 연이어 당군에게 패퇴하다 결국 호북 황매에서 피살되고 말았다. 잔존 부대는 북쪽으로 가서 황소와 합류했으며, 일부는 강서, 호남, 선흡(宣歙), 절서(浙西) 등지에서 활동했다.

왕선지가 죽자 황소가 기의군의 총수가 되어 충천대장군(冲天大將軍)으로 자칭했다. 황소는 산동, 하남 지역에서 한동안 활동하다가 당군에 대한 대규모 반격을 시작했다. 그는 기의군을 이끌고 장강을 건너 강서, 절강 등지로 진입해 건[虔, 지금의 공주(贛州)], 길[吉, 지금의 길안(吉安)], 요[饒, 파양(鄱陽)], 신(信, 上饒) 등 여러 주를 손에 넣었다. 선흡을 거쳐 절동에 도착한 기의군은 구주(衢州)에서 건주(建州)까지 700여 리 산길을 뚫고 선하령(仙霞嶺)을 넘어 복건에 진입해 복주(福州)를 공략했다.

건부 6년(879년) 승세를 탄 기의군의 주력부대가 영남 지역으로 진입해 광주를 함락시켰다. 황소는 광주에 주둔하면서 '의군백만도통(義軍百萬道統)'의 명의로 포고문을 반포해 당조 환관의 전횡, 기강 문란, 과거의 불공정 등을 비판하는 한편 "자사의 재산 증식을 금지시키고 현령이 뇌물을 받으면 일족을 주살할 것'²²¹이라고 선언했다. 그는 또한 북상해 장안을 공격할 것을 선포했다.

황소는 기의군을 이끌고 북상해 계주(桂州, 광서 계림)를 취하고 호남으로 진입해 형남(荆南), 악악(鄂岳)을 점령하고 다시 방향을 바꾸어 강서, 선흡, 절서로 향했다. 광명 원년(880년) 기의군은 당의 장강 방어선을 돌파해 채석(采石)에서 강을 건넜으며, 얼마 후 회수를 건너 순조롭게 낙양으로 진격했다.

기의군이 동관(潼關)을 점령하자 당 희종과 실권을 장악하고 있던 환관 전령자(田令孜)는 남쪽으로 도망쳤다. 기의군이 장안에 입성하니 "갑옷을 입고 말을 탄 병사들이 물이 흐르는 듯했고, 군량을 끄는 수레가 길을 가로막았다(甲騎如流, 輜重塞涂)." 장안 주민들이 연도로 나와 기의군을 환영했다. 황소의 장수 상양(尚讓)이 주민들에게 황소의 포고문을 발표하면서 "황왕이 병사를 일으킨 근본은 백성을 위함이니 이씨(李氏)가 여러분을 사랑하지 않은 것과 다르다. 여러분은 편안히 거하면서 두려워하지 말지어다"라고 말했다. 기의군은 금전과 비단을 가난한 이들에게 나누어주었고, 백성들이 원한을 갖고 있던 관리들을 살해했다.²²²

황소는 장안에 정권을 세우고, 국호를 대제(大齊), 건원은 금통(金統)으로 정했다. 그는 중앙정부의 중요 관리를 임명하면서, 당조에서 3품 이상의 관리로 재직한 이들은 모두 정직시키고 4품 이하는 원래 자리에서 계속 일하도록 했다.

기의군은 계속 이동하면서 전투를 벌였기 때문에 새로운 지역을 점령하면 기존의 지역을 포기할 수밖에 없었다. 그래서 비록 장안을 점령했으나 그 밖의 광활한 지역을 모두 통제할 수 없어 당군에게 빼앗기고 말았다.

당의 봉상절도사(鳳翔節度史) 정전(鄭畋)이 거짓으로 투항해 기의군의 서진(西進)을 늦추었다. 그는 잔류하고 있던 관중의 금군을 주변으로 모이게 해 인근의 번진과 공동으로 기의군에 대항하기로 모의했다. 북방 각지의 번진 역시 잠시 분쟁을 그치고 기의군을 향해 총력을 기울였다. 기의군의 중요 장수 가운데 한 명인 주온(朱溫)이 동주[同州, 섬서 대려(大荔)]에서 당조에 투항했다. 당 왕조는 사타(沙陀)의 귀족 이극용(李克用)을 매수해 대주(代州)에서 군사를 이끌고 남하해 기의군을 진압하도록 했다. 장안과 인근 지역에서 당군에게 포위당한 기의군은 식량이 떨어지고 병력 또한 크게 모자란 상태에서 초근목피로 연명할 지경에 이르렀다. 중화(中和) 3년(883년) 기의군이 장안에서 철수해 동쪽 하남으로 이동했다. 이극용이 이끄는 사타의 군사들이 장안에 진입한 후 제도(諸道)의 병사들도 연이어 장안으로 들어왔다. 그들은 장안을 불태우고 약탈 만행을 저질렀다.

기의군이 진주(陳州)를 포위 공격했으나 300일이 지나도 점령하지 못했다. 그들 뒤로 주온과 이극용의 군대가 바짝 추격하고 있었다. 중화 4년(884년) 황소의 군대는 태산 아래 낭호곡(狼虎谷, 산동 내무 경내)으로 퇴각했으며, 황소는 그곳에서 자살로 삶을 마감했다. 이후 각지의 기의군 역시 당군과 지방의 무장 세력인 토단(土團)에 의해 차례대로 진압되었다.

황소가 이끌었던 농민 기의군이 전국적으로 무장투쟁을 벌였기 때문에 부패한 당 왕조가 와해되고 새로운 통일 왕조가 거대한 균열 속에서 서서히 싹을 틔울 수 있었다.

변경의 여러 민족

회골(回鶻)

안록산과 사사명의 난리가 일어났을 당시 회골 귀족들이 두 번이나 군대를 보내 당조 군대에 도움을 주었다. 그래서 쌍방이 더욱 밀접한 연관을 맺게 되었다. 토번이 농서 지역을 점령하고 있기 때문에 당과 서역, 중앙아시아가 서로 교류하기 위해 회골에게 길을 빌려야만 했다. 회골은 동서 무역을 통해 큰 이익을 얻었는데, 말 수만 마리로 비단 수십만 필과 교환했다. 이는 자신들이 필요한 양을 충족하고 남음이 있어 중앙아시아로 운반해 많은 이윤을 남길 수 있었다. 토번 귀족과 서역을 놓고 다투었기 때문에 회골 귀족들은 당조가 북정(北庭)과 안서(安西) 지역에 군대를 주둔하는 것을 적극 지지했다. 정원 6년(790년) 토번이 회골과 싸워 이겨 북정을 점령했고, 이듬해 안서까지 집어삼켰다. 당조는 회골과 계속해서 말과 비단을 교환했는데, 당시 장안에 거주하던 회골인들은 수천 명에 달했다. 당조는 잇따라 숭휘(崇徽), 함안(咸安), 태화(太和) 공주를 회골 가한(可汗, 군주)에게 시집을 보냈다.

당의 선진 문화의 영향을 받아 회골 경제문화 역시 장족의 발전을 거듭했다. 고고학 자료에 따르면, 회골인은 이미 농업에 종사했으며, 그들이 사용하던 철기 보습은 날이 비교적 길었고, 이벽(犁壁)도 있었다. 회골인들이 건축용으로 사용한 연꽃 문양의 와당은 중원에서 발견되는 당대 와당과 같았다.

중앙아시아 소그디아나 지역이 대식국(大食國)의 공격을 당하자 소무(昭武)의 9개 성[姓, 강(康), 안(安), 조(曹), 석(石), 미(米), 하(何), 화심(火尋), 무지(戊地) 등 9가지 성을 가진 사람] 사람들이 동쪽 회골로 이주했다. 소무인들의 영향으로 회골인들은 이전부터 신봉하던 샤머니즘을 버리고 만니교를 믿기 시작했으며, 이후 이를 국교로 정했다. 회골인들은 처음에 돌궐 문자를 쓰다가 소그디아나 문자에 근거해 고(古) 회골 문자를 만들었다. 유명한 구성회골가한비(九姓回鶻可汗碑)는 바로 고회골 문자와 한문, 그리고 소그디아나 문자로 새긴 것이다.

개성 5년(840년) 회골 서북 지역의 키르기스족이 회골의 수도를 공격하자 대다수 회골인들이 서쪽으로 이주했다. 천산 동쪽까지 옮겨간 회골인들은 그 가운데 중요 일파였는데, 나중에 서주(西州)를 중심으로 정권을 세워 서주 회골 또는 고창(高昌) 회골이라고 불렀다. 다른 일파는 하서주랑(河西走廊) 일대로 이주해 장액(張掖)을 중심으로 정권을 세웠으며, 감주(甘州) 회골이라고 불렀다. 이 외에도 일부 사람들은 파미르 고원(蔥嶺)과 그 서쪽으로 이주했을 가능성이 있다.

토번(吐蕃)

안사의 난 이후 30여 년 동안 토번 귀족들이 잇따라 농우(隴右)와 하서, 그리고 검남(劍南) 서천(西川) 변경 지역의 광활한 토지를 점령하고, 봉건적 수탈 방식으로 현지 백성을 통치했다. 토번은 또한 수많은 한인을 토번 중심지로 이주시켜 토번의 생산기술을 개선하는 데 도움을 받았다.[223] 당조와 토번은 경제, 문화적으로 지속적인 교류를 하였는데 한족의 차가 유입되어 토번 사람들이 즐겨 마시는 음료가 되기도 했다.[224] 당과 토번은 몇 차례 회맹을 실시했으며, 당 목종(穆宗) 시절 상호 맹약을 맺기도 했다. 장경(長慶) 3년(823년) 회맹 당시 세운 비문에는 다음과 같이 적혀 있다. "숙부와 생질인 구생관계를 맺은 두 나라의 군주는 사직이 하나임을 상의해 대화 맹약을 맺으니, 영원토록 달라지거나 없어

지지 않으리라."[225] 이 비문은 현재 라싸의 대소사(大昭寺) 입구에 세워져 있다. 회맹 이후 당말까지 쌍방은 큰 전쟁 없이 대체적으로 평화롭게 지냈다.

토번 귀족은 장기간에 걸친 당과 회골, 그리고 대식국과 전쟁을 치르느라 역량이 크게 약화되었다. 8세기 말 강인(羌人) 여러 부락과 남조가 모두 토번 귀족들의 통치에서 벗어났다.

8, 9세기 교체기에 불교가 토번에서 크게 유행했다. 이로 인해 토번 귀족과 승려 사이에 끊임없이 충돌이 발생했으며[226] 결국 서장(西藏, 티베트) 고원에 여러 할거세력이 등장해 심각한 혼란 상황이 지속되었다. 토번 통치하에 있던 하황(河湟) 일대 백성들이 연이어 봉기해 당조에 귀순했으며, 서역 역시 점차 회골의 수중으로 넘어갔다.

토번 귀족의 전쟁은 백성들에게 참혹한 피해를 가져왔다. 함통(咸通) 10년(869)년부터 건부(乾符) 4년(877년) 까지 강구(康區)에서 시작된 농민 기의가 전 지역으로 확산되었다.[227]

남조(南詔)

안사의 난 전후로 각라봉(閣羅鳳)이 동쪽으로 동찬(東爨)과 서찬을 병탄하는 한편 서쪽으로 심전(尋傳)과 나형(裸形) 제부(諸部)를 정복했으며, 계속해서 군사를 서천(西川)으로 진격시켜 청계관(淸溪關, 사천 월서와 한원 사이)을 함락하는 등 세력을 확장하고 있었다.

당대 후기 남조 정권은 이미 조직을 완비한 상태였다. 최고 통치자는 조(詔), 즉 왕이라고 불렸으며, 아래 청평관(淸平官)과 대군장(大軍將)이 왕과 함께 정사에 참여했다. 정무를 집행하는 기관은 구상(九爽)인데, 매 삼상(三爽)마다 한 명의 독상(督爽)을 두어 관할토록 했다. 기존의 육조(六詔) 지역에는 주(州)에 해당하는 검(瞼)을 설치하고, 정복한 지역에는 절도(節度)를 두었다.[228] 남조의 토지는 모두 왕의 소유였으며, 관리들에게 상당한 토지를 분배했다. 발농천[勃弄川, 미도패자(彌渡壩子)] 동서 20여 리와 남북 100여 리의 지역은 모두 관리들의 분전(分田)이었다.[229] 육조 지역의 경우 평민들도 토지를 분배받았는데, 상호(上戶)는 30쌍(雙, 150무)을 주었고, 중호(中戶)와 하호는 각기 차등을 두었다.[230] 그들은 매년 나라에 2두미(二斗米)를 납부했다.[231] 모든 장정은 전사였으며, 각기 무기를 소지하고 출정할 경우 자신의 식량을 휴대했다. 왕은 때로 정복민들을 대규모로 이주시켰으며, 전지(滇池) 일대와 그 서쪽으로 이주한 각 부족민들은 관리의 채찍질과 감시를 받으며 농업에 종사해야만 했다. 곡식을 수확하면 관리들은 그들에게 약간의 식량만 주고 나머지는 모두 관아로 보냈다.[232]

각라봉은 한인 문화를 흠모해 아들과 손자에게 포로로 잡은 당나라 서로령(西瀘令) 정회(鄭回)를 스승으로 모시게 했다. 천보 10년 당나라가 남조를 공격하자 각라봉은 토번에게 신하로 복속했다. 이후 토번 통치자들은 남조 사람들을 징발해 원정 군사로 충원했으며, 가혹한 부역을 일삼았다. 이에 남조인들은 토번 귀족들의 속박에서 벗어나고자 애썼다. 당의 적극적인 도움과 정회의 노력 끝에 남조의 왕 이모심(異牟尋, 779~808년 재위)이 서천 절도사 위고(韋皐)와 연계할 수 있었다. 정원 10년(794년), 당은 이모심을 '남조왕'으로 책봉하고 우호관계를 회복했다. 남조는 지속적으로 학생들을 성도(成都)로 파견해 글쓰기와 산학을 배우도록 했으며, 이렇게 전후로 오간 이들이 1000여 명에 달했다.

문종 대화(大和) 3년(829년), 남조 군대가 성도 외곽을 침공해 남녀 장인 수만 명을 포로로 잡아갔다. 포로가 되어 남조로 들어간 장인들 덕분에 남조의 수공업이 크게 발전할 수 있었다. 남조인들은 능라를 직조하는 기술을 배워 서천의 비단과 겨룰 정도로 아름다운 비단을 생산했다. 남조의 성읍 건축도 대부분 당나라의 것을 모방한 것이다.[233] 현존하는 대리(大理)의 숭성사탑(崇聖寺塔)은 한인 장인이 설계한 것이다.

대중 13년(859년), 남조왕 세륭(世隆, 859~877년 재위)이 칭제하고 당을 향해 대규모 전쟁을 일으켰다. 이후 10여 년 동안 남조의 군대가 옹관(邕管)을 두 번 함락하고 검중(黔中)을 한 번 침략했으며, 서천을 네 번 공략했다.[234] 세륭은 15세 이상의 남자들을 모두 징집해 군사로 충원하고, 농사일은 모두 부녀자들이 맡도록 했다. 장기간에 걸친 약탈 전쟁으로 인해 당나라 백성들도 큰 재앙을 만났지만 남조의 백성들 역시 심각한 타격을 입었다. 소종(昭宗) 천부(天復) 2년(902년), 남조의 통치자 순화정(舜化貞, 897~902년 재위)이 죽고, 정회의 후손인 정매사(鄭買嗣)가 몽씨(蒙氏) 정권을 빼앗아 국호를 대장화(大長和)로 정했다.

해, 거란

당대 후기 해(奚)와 거란은 지속적으로 당과 무역관계를 유지했다. 1년에 두세 차례씩 수백 명이 무리를 지어 당나라로 들어왔는데, 일단 유주(幽州)에 도착한 후 30명 내지 50명을 장안으로 보내고 나머지는 그곳에서 교역활동을 했다.[235]

9세기 무렵 거란의 생산력이 발전하면서 야율씨가 이끄는 질랄부(迭剌部)의 경우 농경과 목축을 겸하면서 양잠도 하고, 나름의 조직을 갖추었으며, 야철기술도 배웠다.[236]

당 천부 원년(901년), 야율아보기(耶律阿保機)가 이리근(夷離菫)에 선발되었다. 이후 그는 요련씨(遙輦氏)를 대신해 수령이 되었으며, 후량

(後梁) 정명(貞明) 2년(916년) 칭제하고 거란국(契丹國)을 세웠다. 아보기가 이끄는 거란 군대는 매년 주위 여러 민족을 공략해 전후로 실위, 해, 발해 등을 병탄했다. 그는 해인이나 실위인 등 자신이 정복한 유목 또는 어렵, 수렵 부족을 거란 8부(八部)에 예속되어 있는 새로운 8부로 편성하고, 거란 8부의 귀족들이 나누어 통치하도록 했다. 아보기는 난리를 피해 거란으로 이주하거나 하북에서 포로가 되어 끌려온 한인들에 대해 주현(州縣) 제도를 도입해 통치했다. 그는 거란 경내에 하북 지구와 같은 이름의 주현을 설치해 한인들을 살게 했는데, 그들은 거란 귀족의 통치를 받고 노역을 하지만 한인의 습속을 그대로 따르고 농경생활을 할 수 있었다. 포로로 잡아온 발해인들은 한인들과 함께 잡거하면서 한인과 마찬가로 대우했으며, 주현을 설치해 통치했다.[237]

발해

말갈인(靺鞨人)은 속말수[粟末水, 송화강(松花江)]와 흑수(黑水, 흑룡강) 유역에서 살았다. 그들은 산이나 물가에 살면서 땅을 파서 구멍을 만들고 그 위에 나무 구조물을 만들고 흙을 덮어 그곳에서 무리가 함께 생활했다. 그들은 우경법(耦耕法)으로 농지를 경작해 조나 보리, 검은 기장 등 추위에 강한 작물을 심었으며, 가축을 길렀는데, 특히 돼지가 많아 돼지의 가죽으로 옷을 만들어 입었다. 그들은 또한 담비[貂鼠]나 매 등을 사냥했다.

말갈인은 수십 부로 분류되는데, 가장 남쪽에 거주하는 이들은 속말부(粟末部)다. 고종 시절 일부 속말말갈인들이 고구려인과 함께 영주(營州)로 이주했다. 무측천 만세통천 원년(696년), 거란이 당나라에 반기를 들자 속말부 수령 걸걸중상(乞乞仲象)이 말갈인과 고려인들을 데리고 동쪽으로 이주했다. 그의 아들 대조영(大祚榮)이 말갈과 고려인들을 이끌고 당나라 군사를 격퇴하고 말갈 옛 땅으로 되돌아갔다. 대조영은 오루하[奧婁河, 목단강(牧丹江)] 인근 동모산(東牟山)에 성을 쌓고[길림 돈화(敦化) 오동성(敖東城)] 성력(聖曆) 원년(698년) 정권을 세워 진국왕(震國王)이라 칭했다. 개원 원년(713년), 당조는 대조영을 발해군왕(渤海郡王)으로 책봉했다. 이후로 발해 정권으로 칭하게 된다.[238] 천보 말년 발해는 홀한하(忽汗河, 목단강) 동쪽 상경용천부[上京龍泉府, 흑룡강 영안(寧安) 동경성(東京城)]를 도성으로 삼았다.

발해 옛 도읍지인 오동성 이남 10리 떨어진 육정산(六頂山)에서 고고학자들이 발해 왕족의 묘지를 발견해 발해 보력(寶曆) 7년(780년)에 죽은 정혜공주(貞惠公主)의 묘장을 발굴했다(일설에 따르면 정혜공주는 보력 4년에 죽었다 - 역주). 묘도에서 발견된 한 쌍의 돌사자는 당대 조각의 작풍이 여실히 드러나고 있다. 한자로 적힌 묘비는 완전히 당대 비지(碑志) 문체를 모방하고 있다. 묘정(墓頂)은 크고 네모난 돌을 쌓아 만들었는데, 이는 집안(集安) 지역 고구려의 대형 석묘 구조와 형식이 비슷하다.[239]

발해는 매년 당에 사신을 파견했으며, 많은 학생들을 유학시켜 당의 선진 기술과 문화를 습득했다.

발해인은 노성[盧城, 현주(顯州)의 동쪽. 현주는 지금의 길림 화전(樺甸) 동북에 있는 소밀성(蘇密城)이다] 일대에서 대규모로 도전(稻田)을 개간했다. 그들은 철로 기물을 주조하고 남은 구리는 대외 무역을 통해 다른 물건과 교환했다. 발해는 금은세공업이 상당히 발달했으며,[240] 자기도 제작할 수 있었다.[241] 현주의 베와 용주(龍州, 상경용천부) 유약이 유명했다.

발해는 정치조직이 완비되어 중앙에 정당(政堂), 선조(宣詔), 중대(中臺) 등 삼성(三省)과 중정대(中正臺)를 두었으며, 아래 시(寺), 감(監), 원

(院), 국(局) 등 행정기구를 마련했다. 지방에는 절도사, 주자사(州刺史), 현승(縣丞) 등의 관리를 두었다.

926년 발해는 거란에 의해 병탄되고 말았다.

실위(室韋)

거란과 말갈 북쪽, 구륜박[俱輪泊, 호륜호(呼倫湖)], 망건하[望建河, 액이고 납하(額爾古納河)], 나하[那河, 눈강(嫩江)], 철하[啜河, 작이하(綽爾河)], 노월하(猺越河, 눈강 지류) 일대에 제법 많은 실위 부족이 산거했다. 영서실위(嶺西室韋), 몽올실위(蒙兀室韋), 황두실위(黃頭室韋), 산북실위(山北室韋) 등이다. 실위 여러 부족의 족계(族系)는 주로 해, 거란과 비슷하며, 언어 역시 서로 같거나 유사했다.

수·당 시절 실위 제부(諸部)는 야련(冶煉)을 모르고 있었다.[242] 일부 부락은 간단한 농업에 종사했는데, 나무를 깎아 보습을 만들었을 뿐 쇠를 덧붙이지 않았으며, 농우 사용을 몰라 사람이 직접 보습을 끌었다. 그들은 돼지나 소를 길렀으나 양은 전혀 없었고, 말도 그리 많지 않았다. 어떤 부락은 어로나 수렵으로 생계를 유지했으며, 담비나 노루, 사슴을 잡거나 얼음을 깨뜨려 물고기를 잡았다.

실위의 제부 사회는 씨족 공동체 사회로 부권제 단계에 있었다. 어떤 부락의 경우 혼인 관습이 다른 곳과 크게 달라 "남자가 두 집을 거느릴 수 있었으며, 남자가 여자를 도둑질한 다음 소나 말을 혼인예물로 보내는 경우도 있었다."[243] 또 어떤 부락은 남자가 먼저 여자 집안에서 3년 동안 일을 한 다음 정해진 기간이 지나면 여자 집안에서 재물을 나누어 주는데, 부부가 수레에 재물을 싣고 북을 치고 춤을 추면서 함께 남자 집으로 돌아가기도 했다.[244] 실위 제부에도 이미 빈부의 격차가 생겼으나 절도(竊盜)는 그리 많지 않았다. 실위의 관습에 따르면, "한 개를 도둑질하면 세 개를 징수하고, 사람을 죽인 자는 말 300필로 배상했다."[245] 부족연맹은 아직 형성되지 않았으며, 군장(君長)도 없고, 부세도 없었다. 부족 추장은 여막불만돌(餘莫弗瞞咄) 또는 걸인막하돌(乞引莫賀咄)이라고 불렀으며, 일정한 가문에서 맡았다.

실위 제부는 동돌궐의 통제를 받았으며, 9~10세기 무렵 거란에 의해 병탄되었다.

4 · 수 · 당 시대의 문화

●
사상과 종교

불교

남북조 말부터 수·당 시절까지 중국 불교에 종파가 출현했다. 종파는 각기 자신들만의 교의를 가지고 있으며 자체 사원을 소유했다. 수·당 시절 중요 종파는 천태종(天台宗), 법상종(法相宗), 화엄종(華嚴宗), 선종(禪宗)이다.

중국 불교사에서 최초 종파는 천태종이다. 지의(智顗, 538~597년)는 천태종의 창시자다. 그는 북방의 선학과 남방의 의학(義學)을 종합해 지[止, 좌선(坐禪)]와 관[觀, 종교이론(宗敎理論)]을 함께 중시할 것과 정혜쌍수(定慧雙修)의 수양원칙을 제시했다. 천태종은 법화종(法華宗)이라고 부르기도 하는데, 이는 받드는 경전이《법화경》이기 때문이다. 천태종은 수·당 시절에 가장 세력이 컸던 불교 종파 가운데 하나다.

당조 초년 현장(玄奘, 602~664년)은 "분분한 쟁론이 수백 년 동안 이어져온"[246] 불성(佛性) 문제를 해결하기 위해 의연히 서쪽으로 구법행을 택했다. 귀국 후 그와 그의 제자 규기(窺基)는 인도 후기 불교인 대승유종(大乘有宗)의 철학 체계를 소개해 법상종(法相宗)을 세웠다. 이 종파의 경전은 현장이 인도 10대 논사(論師)의 저작을 종합해 찬술한《성유식론(成唯識論)》이기 때문에 유식종(唯識宗)이라고 부르기도 한다. 법상종은 교의가 번쇄해 일반인이 받아들이기가 쉽지 않았다. 그래서 당대 초기 장안과 낙양에서 크게 유행했으나 불과 30~40년 만에 쇠락하고 말았다.

화엄종과 선종은 무측천 시절에 흥기했다. 무측천은 당(唐)을 주(周)로 바꾸면서《대운경(大云經)》에 나오는 여주(女主)가 천명을 받는다는 부참(符讖)을 이용하고, 아울러 불교의 지위를 도교 위로 올려놓았다. 그녀는 자신이 황제가 되는 것은 불교의 예언에 부합한다고 재차 천명했다.[247]

화엄종의 실제 창시자는 법장(法藏, 643~712년)이다. 무측천은 그를 국사(國師)로 대우했으며, 현수(賢首)라는 호를 하사했다. 그래서 현수종이라고 부르기도 한다. 화엄종은 종교적 영이(靈異)를 강조했으며, "사물의 본성과 현상, 즉 성상은 둘이 아니라 통융되는 것이니 아무런 장애도 없다"[248]라는 이론을 통해 사람들마다 종교적 환상 속 행복의 세계로 들어갈 수 있다고 주장했다. 화엄종은《화엄경》을 최고의 경전으로 삼았다. 경전 가운데 산서 오대산을 문수보살의 도량이라고 했기 때문에 오대산은 당대부터 불교의 성지가 되었다.

선종은 당대에 두 개의 파가 있었다. 홍인(弘忍, 602~675년)의 제자 혜능(慧能, 638~713년)은 영남 일대에서 돈오견성(頓悟見性)을 제창하고,

《금강경》을 암송하면 견성한다고 선전했다. 그의 또 다른 제자 신수(神秀)는 북방에서 활동하면서《능가경(楞伽經)》을 신봉했는데, 부단히 수행을 해야만 점진적으로 깨달음을 얻을 수 있다고 주장했다. 이렇게 해서 선종은 남종과 북종으로 나누어졌다. 신수가 무측천의 각별한 대우를 받으면서 장안과 낙양에서 크게 영향력을 발휘했다. 천보 초기 혜능의 제자 신회(神會)가 낙양으로 들어가 선법(禪法)을 크게 행하자 신수의 점수(漸修)의 가르침이 쇠락하기 시작했다.

밀종(密宗)은 진언종(眞言宗)이라고 부르기도 하는데, 성당 시대에 완성되었다. 밀종을 창건한 인물은 당나라로 들어와 경전을 번역한 중인도(中印度)의 마게타국(摩揭陀國) 사람 선무외(善無畏, 637~735년), 남천축 마뢰야국(摩賴耶國) 사람 금강지(金剛智, 671~741년), 그리고 사자국(獅子國) 사람 불공(不空, 705~774년)이다. 이들을 합쳐 '개원삼대사(開元三大士)'라고 부른다. 일행과 신라 승려 혜초는 그들의 제자다. 밀종은 주어[呪語, 타라니(陀羅尼)] 염송(念誦)을 중시하는데, 종교의 의궤가 복잡하고 엄격하며 신비적인 색채가 농후하다. 중요 경전은《대일경(大日經))》,《금강정경(金剛頂經)》,《소실지경(蘇悉地經)》이다.

사람마다 불성이 있으며, 돈오하면 그 즉시 성불한다는 이론은 당대 불교 각 종파 이론의 공통된 특징이다. 선종의 혜능은 불성은 곧 마음속에 있는 것이지 마음 밖에는 본래 아무런 사물도 없다고 주장하고, 이러한 점을 알면 굳이 오랜 세월 수행하거나 많은 재물을 보시하지 않아도 '돈오성불(頓悟成佛)'할 수 있다고 했다. 천태종의 담연(湛然, 711~782년)은 '무정유성(無情有性)'[249]설을 제기해 생명이 없는 물건도 불성이 있으며 천국으로 들어갈 수 있다고 주장했다. 화엄종의 종밀(宗密, 780~840년)은 화엄종과 선종을 합쳐 "일체 중생은 모두 본각진심을 가지고 있다. …… 망상에서 벗어나면 일체지, 자연지, 무애지가 그 즉시 앞에 나타난다."[250]

이러한 이론이 형성될 수 있었던 것은 현실 세계의 삼엄한 계급차별을 강조하는 문벌제도(門閥制度)가 이미 붕괴해 사회적으로 돌발적인 빈부 상황, 즉 사회계급과 관계없이 부자가 되거나 빈민으로 전락하는 현상이 존재했기 때문이다. 불교 각 종파는 이처럼 새로운 현상을 이용해 자신의 이론을 창립하고 대량의 신도를 받아들이는 목적을 달성할 수 있었던 것이다.

정토(淨土) 신앙은 남북조 시절에 이미 유행하기 시작했는데, 크게 두 가지로 대별된다. 하나는 미륵정토(彌勒淨土)이고, 다른 하나는 아미타정토(阿彌陀淨土)이다. 미륵정토는 미륵불을 신봉하며, 미륵이 세상에 내려온다는 신앙을 가지고 있다. 남북조 이래로 민간에 미륵불이 세상에 나와 가난하고 힘든 이들을 돕는다고 하여 통치자들이 금지시키기도 했다. 당대 초기 현장이 미륵정토를 믿으면서 일시에 성행했다. 무측천 시절 설회의(薛懷義)는 《대운경》에 나오는 '여주출세(女主出世)'의 설에 근거해 "부명에서 말하길, 측천무후는 미륵이 세상에 내려오신 것이니 불상을 만들면 당의 황실이 쇠미해지리라"[251]라고 말했다. 미륵 신앙은 계속 유행했다. 당시 불상 가운데 가장 큰 것은 미륵의 불상이었다.

당조 시절 아미타정토의 영향이 가장 컸다. 당대 초기 도작(道綽)은 염불(念佛)을 극력 제창했다. "만약 한 마음으로 아미타불을 외우면 80억 겁 생사의 죄를 벗어날 수 있다"[252]라고 주장했으며, 그의 제자 선도(善導)는 더욱더 염불을 강조해 염불하는 이는 현생에서 "생명을 연장해 장수하고 안락할 수 있으며", "일상생활에서 가고 머물며, 앉거나 누울

때라도 언제나 평안하며, 오랫동안 장수하면서 행복을 누리고 영원히 무병할 것"[253]이라고 말했다. 이처럼 불법이 간단하고 실천하기 쉬웠기 때문에 아미타정토교는 민간에서 가장 유행하는 종교 신앙이 될 수 있었다.

당대에는 대규모 불경 번역 작업이 이루어졌다. 정관 19년(645년) 현장이 정부의 도움을 받아 번역 도량(역장)을 조직했다. 자신의 구역(口譯) 이외에 증의(證義) 12명, 철문(綴文) 9명, 자학증범어(字學證梵語), 범문(梵文) 각 1인, 필수(筆授), 서수(書手) 약간 명 등이 모여 불경 75부, 1335권을 번역했다. 내용은 유가와 반야, 대소비담(大小毘曇) 등에 관한 것이다. 이후 의정(義淨)이 61부, 261권의 불경을 번역했는데, 주로 율전(律典)에 집중했다. 불공(不空)이 번역한 61부, 260권은 모두 밀종 경전이다. 정관 3년(629년)부터 원화 6년(811년)까지 번역된 불경은 372부, 2159권이다.

당대 통치자들은 일관되게 불교를 극력 제창했다. 수 문제 역시 "경내 백성들이 마음대로 출가할 수 있도록 조서를 내렸다." 그래서 "민간의 불서(佛書)가 육경의 숫자보다 수십, 수백 배 많았다."[254] 중종 연간에는 "불도를 수행하는 이들이 그치지 않아 조용을 면제받는 자가 수십만에 이르렀다."[255] 현종 시절 승려와 비구니를 추려 내고, 사원을 정리했으나 전국에 여전히 5358개의 절이 남아 있었으며, 승려와 비구니는 13만 명에 달했다. 안사의 난 이후 사회가 끊임없이 불안정하고 어지럽자 통치계급은 불교를 적극 제창하기 시작했다.[256] 그래서 사람들마다 돈오성불 사상이나 염불만 외우면 현세에서 좋은 보답을 받을 수 있다는 신앙을 통해 행복의 환상에 더욱 빠져들었다. 이리하여 불교를 신봉하는 신도나 아예 승려나 비구니가 되는 이들이 더욱 많아졌다. 적지 않은 이들이 이를 통해 부역을 회피했으며, 사원이 소유하고 있는 토지가 날로 증가했다. 문종과 무종 시절 "천하 승니(僧尼)가 셀 수 없을 정도였고", "관아에서 편액을 내린 절과 사사롭게 지은 절이 얼마나 많은지 그 끝을 알 수 없었다."[257] 사원마다 토지를 소유해 개별 사원의 토지가 많기는 수십 경에 이르렀다. 당연히 국가의 재정수입에 큰 영향을 미쳤다. 그래서 무종은 멸불(滅佛)을 명하여 사원 400~600여 곳, 초제(招提)와 난야(蘭若) 4만여 곳을 폐쇄시켰다. 아울러 승니 26만 명을 환속시키고, 사원 노비 15만 명을 방면해 양세호(兩稅戶, 양세법에 따라 납부하는 사람)로 변환시켰다. 하지만 선종이 즉위한 후 계급 간의 모순이 격화하는 형세에 직면해 다시 불교를 제창하기 시작했다. 당시 이절(李節)은 그 까닭에 대해 이렇게 말했다. "무릇 세속이 병이 든 지 오래고, 사람들마다 시름에 겨워하니 석씨(불가)가 사람마다 본문을 지키도록 하지 않으면 용감한 이들은 분격해 싸울 일만 생각하고, 식자들은 조용히 도모할 일만 생각하며, 농민들은 분분히 무리지어 일어날 것이다. 지금 석씨는 인과(因果)로 모든 것을 하나의 본분으로 돌리고 다른 이에게(통치자) 책임을 묻지 않으니 그런 까닭에 지혜롭고 현명한 이들(불교도)은 모두 마음을 평온하게 다스릴 수 있는 것이다."[258]

도교

당나라 황실은 노자 이이(李耳)를 자신들의 선조로 추존하고 도교의 지위를 불교 위에 놓았다. 당 태종은 조서에서 이렇게 말했다. "도사와 여관은 승니보다 앞에 선다."[259] 고종 시절에는 노자를 태상현원황제(太上玄元皇帝)로 추존했다. 무측천은 당(唐)을 주(周)로 개칭하면서 불교가 도교 위에 있다고 규정했다. 예종은 조령을 내려 "승니, 도사, 여관은 반드시 함께 행동하고 모여 살아야 한다."[260] 현종은《개원도장(開元道藏)》을 편찬했으며, 천보 8년 이를 천하에 반포하고 제도 채방사(諸道采訪使)가 책임지고 각 주에서 전사(轉寫)하도록 했다. 개원 21년(733년) 현종 자신이 직접《노자》주를 쓰고, 사대부나 서민들 모두 집안에《노자》한 권씩을 소장하도록 명했다. 개원 29년(741년) 양경과 제주(諸州)에 각기 현원황제묘(玄元皇帝廟)와 숭현학(崇玄學)을 설치하고 생도들에게《노자》,《장자》,《열자》,《문자》를 학습해,[261] 매년 명경과의 예에 따라 시험을 보도록 했다. 장안의 현원황제묘는 나중에 '태청궁(太清宮)'으로 개칭했는데, 도관이자 황가의 종묘 역할을 하면서 성당 이후 국가 제사를 거행하는 중요한 장소가 되었다. 전국적으로 궁관(宮觀)이 자리해 정기적으로 각종 의식을 행했으며, 국가를 위한 기도회를 열기도 했다.

　도교 자체로 볼 때 수·당 시기에 전국이 하나의 국가로 통일되면서 남북조 이래 분화되어 있던 도교 역시 융합의 단계로 진일보했다. 상청파[上清派, 모산종(茅山宗)]는 당대 도교의 주류였다. 왕원지(王遠知), 사마승정(司馬承禎), 이함광(李含光) 등 상청 종사들은 계속해서 황제의 존중을 받았으며, 사대부들과 밀접한 관계를 유지하면서 적지 않은 영향력을 발휘했다. 하지만 당대 도교 각파의 경계가 점차 불분명해지면서 정일(正一), 영보(靈寶), 삼황(三皇) 등 여러 계파가 여전히 독립적으로 활동하고 있었지만 점차 서로 융합하면서 도교 각파 자체적으로 비교적 분명한 법위(法位) 서열이 형성되기 시작했다. 정일록(正一錄)은 가장 낮은 단계의 법록(法錄)이었으며, 다음은 영보, 마지막은 상청록(上清錄)이었는데, 이는 도교도가 획득할 수 있는 최고의 법록이었다. 과의(科儀, 도교 의례, 의식) 정리 면에서 당대 도교는 상당히 풍부한 성과를 거두었다. 그중에 성당 사람 장만복(張萬福)과 만당 오대 사람 두광정(杜光庭)의 공헌이 가장 컸다. 그들이 정리한 재초과의(齋醮科儀)는 후세 도교 의식의 정통적인 형태로 자리 잡았다.

연단술은 도교의 중요한 방술 가운데 하나다. 그래서 당대에는 금단황백술(金丹黃白術)과 같은 책들이 자못 많았다. 이후 여러 황제들, 예를 들어 헌종, 목종, 무종 등이 모두 도사의 금단을 이복(餌服)했다.

통치자들의 적극적인 지지를 받으면서 당대 도교는 크게 성행할 수 있었다. 사실 상청 일파 이외에도 기타 각기 다른 면모를 지닌 도사들, 예를 들어 법술로 유명했던 엽법선(葉法善)과 장과(張果) 같은 이들도 나름 활약했다. 도교는 특히 문학에 많은 영향을 주었는데, 이백이나 하지장(賀知章), 시견오(施肩吾) 등 문학가들이 도교를 신봉했다. 도교는 연단과 복식에 관해 많이 언급했는데, 이러한 방술은 주로 사회 상층부에서 유행했다.

천교(祆敎) · 경교(景敎) · 마니교(摩尼敎) · 이슬람교(伊斯蘭敎)

당조 통치자들은 종교가 통치를 유지하는 유력한 도구라는 것을 잘 알고 있었기 때문에 외래 종교도 크게 환영했다. 중서 교통로가 발전하면서 서방의 천교, 경교, 마니교, 이슬람교 등이 당대에 계속 전래했다.

천교는 화천교(火祆敎) 또는 배화교(拜火敎)라고 불렸는데, 페르시아 사람 조로아스터가 창건한 것으로 페르시아와 중앙아시아 여러 나라에서 유행했다. 그 종교의 교리에 따르면, 우주에는 광명을 대표하는 선한 신과 암흑을 대표하는 악한 신이 서로 투쟁하고 있는데, 불은 광명을 나타내는 선한 신을 대표하기 때문에 숭배해야 하며, 일월성신과 하늘 역시 숭배해야 한다. 16국 시대에 천교가 중국에 전래된 이래로 당대 장안과 낙양, 양주(涼州)와 사주(沙州) 등지에서 페르시아와 중앙아시아 상인들이 천사(祆祠)를 세웠다. 당조는 제(齊)와 수(隋)의 전통을 이어받아 살보(薩寶, 관직 이름)를 두어 천신에 대한 제사를 주재하고 천교도를 관리하도록 했다.

경교는 기독교의 한 유파로 시리아의 네스토리우스가 창건한 종교이며, 페르시아에서 유행했다. 특징은 하느님의 어머니(테오토코스)가 아니기 때문에 성모(聖母)를 숭배하지 않는다는 것이다. 정관 9년(635년), 경교 교사(敎士) 아라본(阿羅本)이 페르시아에서 장안으로 들어온 후 12년 당 태종이 장안에 파사사(波斯寺)라는 경교 사원을 짓도록 했다. 고종 시절에는 여러 주에 파사사를 짓도록 했다. 경교도들은 당시 경교의 성황을 '법류십도(法流十道)', '사만백성(寺滿百城)'이라고 말하고 있다. 현종 천보 4년(745년), 양경(兩京)과 제부(諸府), 군(郡)에 있는 파사사를 대진사(大秦寺)로 개칭했다. 덕종 건중(建中) 2년(781년), 주질(盩屋, 일설에는 장안에서 출토되었다고 한다)에 〈대진경교유행중국비(大秦景敎流行中國碑)〉를 세웠다. 이 비는 현재 서안 비림(碑林)에 보관되고 있다.

마니교는 페르시아 사람 마니가 창립한 것으로 명교(明敎)라고 부르며, 중앙아시아와 지중해 연안에서 크게 유행했다. 교의에 따르면, 우주에는 광명과 암흑이 있어 서로 투쟁하고 있다. 천지가 아직 나누어지지 않았을 때 명암이 각기 달라 세력이 균등했으나 중간에 암흑이 광명을 침입했으며, 나중에 명암이 각기 자신의 자리를 찾게 되었다. 지금은 중간에 처한 시기이기 때문에 마땅히 광명을 도와 암흑과 싸워야 한다. 그래서 마니교는 교도들에게 절욕하고 매운 음식을 먹지 않으며, 술을 마시지 않고 조상에게 제사를 올리지도 않으며, 흰옷에 흰 관(冠)을 쓰고 죽으면 나체로 장례를 지내도록 했다. 무측천 연재(延載) 원년

(694년), 페르시아 사람 불다탄(拂多誕)이 마니교의 《이종경(二宗經)》을 가지고 중국으로 들어왔다. 안사의 난 이후 마니교의 교사(教師)가 회골(回鶻) 사신과 함께 장안으로 들어왔다. 대종 대력(大曆) 3년(768년), 회골 마니교도들이 장안에 대운광명사(大云光明寺)를 짓는 것을 허락했다. 이후 형주(荊州), 양주, 홍주(洪州), 월주(越州), 그리고 낙양과 태원(太原)에 마니사(摩尼寺)를 짓도록 했다. 천교와 경교는 이후 쇠락했으나 마니교는 강회 일대에서 계속 유전되었다.

이슬람교는 아라비아 사람 마호메트(무함마드)가 창립한 종교다. 당대, 광주 등지에 이슬람교를 믿는 아라비아 사람들이 거주하고 있었는데, 전하는 바에 따르면 마호메트의 외삼촌인 사이드 이븐 아비와가의 묘소가 광주에 있다고 한다. 탈레스 전투에서 포로로 잡힌 두환(杜環)이 대식국에서 10년 동안 살았는데, 귀국한 후 《경행기(經行記)》를 통해 이슬람교의 상황에 대해 기록한 바 있다. 이는 중국에서 이슬람교와 관련된 최초의 기록물이다.

사상과 학술

당대 초기 부혁(傅奕)은 비록 음양 술수(陰陽術數)에 대해 연구했지만 오히려 전혀 믿지 않았다. 그는 누차 불교를 혁파해야 한다고 상소해 불교에 대해 맹렬한 비판과 공격을 그치지 않았다. "생사와 수명은 자연에서 말미암는 것이고, 형덕과 위복은 사람이 주재하는 것이다."[262] 그는 이렇게 말하면서, 승려나 불교도들은 여전히 일체가 부처로 말미암는다고 하나, 이는 모두 허황된 말이라고 주장했다. 그는 위진 이래로 불교를 반박하는 이들을 모아 《고식전(高識傳)》 10권을 저술했다.

당대 초기 사상가들 가운데 여재(呂才)가 있다. 여재는 세계의 근원은 혼연일체인 원기(元氣)라고 주장했다. 그는 역사적 사실을 통해 복명론(福命論)의 황당무계를 파헤쳤으며, 수명과 화복, 빈부, 귀천은 모두 객관적인 조건에 따라 결정되는 것이지 복명과 무관하다고 지적했다. 그는 또한 복장(卜葬)은 원래 "삶의 마지막을 삼가기 위해 예로 준비하는 것이지" 길흉과 무관하다고 말했다.[263] 또한 그는 무당이 풍수 등 미신을 통해 백성들을 속이는 것을 비판하기도 했다.

당 태종은 유학이 갈래가 번다하고 주석이 복잡하다 여기고 국자감 좨주 공영달(孔穎達)과 여러 유자들에게 명하여 오경의소(五經義疏)를 편찬하도록 했다. 그것이 바로 《오경정의(五經正義)》다. 고종 시절 재차 고증한 후 영휘(永徽) 4년 천하에 반포했다. 남북조 시기에 유가 경전은 "남방과 북방에서 별도로 연구해 장구(章句)마다 좋아하고 숭상하는 것이 있어 서로 같지 않았다(南北所治, 章句好尙, 互有不同)." "대략 남방 사람들은 간이한 것을 좋아해 정화(精華)를 얻었고, 북방의 학문은 깊고 번잡해 지엽적인 것을 궁구했다(大抵南人約簡, 得其英華, 北學深蕪, 窮其枝葉)." 수나라가 전국을 통일한 후 각지 학자들이 경사로 몰려들어 학문의 차이를 연구하게 되었는데, 그중에서 "무리에서 빼어나 탁월한 학식을 지니고 남북의 학문에 두루 달통하며 고금의 학문에 박식하여(拔萃出類, 學通南北, 博及古今)" 남북의 유학을 집대성한 유현과 유작이 등장했다. 그들은 "여러 경전의 의소를 만들었는데, 여러 진신 사대부들이 그들을 스승으로 삼고 종지로 여겼다."[264] 《오경정의》는 바로 이런 토대 하에서 한유(漢儒)의 주(注)에 전석(詮釋)을 가한 것이다. 남방과 북방의 유학은 이렇듯 관방의 형식에 따라 통일을 이루었다. 《오경정의》는 삼례(三禮)와 《시경》의 경우처럼 남북이 통용하던 정현(鄭玄)의 전주(箋注)를 따른 것을 제외하고, 주로 남방에서 통용되던 주를 따랐다. 《역》

은 왕필의 주,《서》는 공안국(孔安國)의 주,《좌전》은 두예(杜預)의 주를 따랐으니, 남방의 유학이 북방의 유학을 통일시킨 셈이다.

당대 경학은 양한 이래 경학의 총결이자 남북조 경학의 교융이며, 이러한 토대 하에서 역사와 결합하고, 당시 실제 상황에 근거해 운용하고 발휘한 것이라고 말할 수 있다. 당나라 초기 정관(貞觀) 연간의 군신(君臣)들은 오경 중에서 특히《주역》,《상서》,《주례》의 변증법적 관점과 민본사상, 그리고 정치 관리 이론을 중시하고, 이를 발휘하고자 애썼다. 정관 연간의 군신들은 정치에 대해 논하면서《상서》의 내용을 인용했는데, 주로 〈우서(虞書)〉와 〈하서(夏書)〉에 나오는 내용이다. 그들이 중점을 둔 것은 제도와 왕도로, 통치이론과 치국 방략이었다.《주역》에서 인용한 부분은 주로 〈계사(繫辭)〉인데, 주된 내용은 발전과 변통의 관점과 군신관계에 관한 것이었다. 또한 당대의 정치제도 역시《주례》와 상통하는 부분이 적지 않다. 이상과 같은 새로운 성과는《오경정의》의 주소(注疏)에 그대로 반영되었다.

불교와 도교는 상층사회와 민간에 광범위하게 유전되면서 사회적으로 거대한 영향력을 발휘했다. 불학사상과 도가사상이 당시 사상계에 끼친 영향은 실로 광범위하고 심원했다. 당조 통치자들이 삼교(三敎) 논형(論衡)을 제창하면서 불학과 도가사상이 유학에 더욱 영향을 미쳤다. 한유는 불학과 도가에 비판적인 입장을 고수했으나 특히 불학사상을 적지 않게 흡수했다. 유종원은 한 걸음 더 나아가 불교경전 중 일부 내용은 유가 경전과 상통한다고 여겼다. 이러한 사상 재료를 통해 당조 후기 사상가들은 기존의 사상과 다른 새로운 면모를 발휘할 수 있었으며, 이후 송대 이학에 유리한 조건을 마련해주었다.

정원, 원화 교체기는 정치, 경제적으로 상황이 많이 호전되었다. 일부 국가의 운명에 관심을 두었던 사대부들은 일면 정치 혁신을 고취시키는 한편 유가의 윤리도덕을 유지함으로써 국가 통치를 더욱 공고하게 할 수 있다는 점에 주목했다.

한유(韓愈, 768~824년)는 자는 퇴지(退之)이고, 하양(河陽, 하남 맹현) 사람이다. 그는 〈원도(原道)〉 첫머리에서 다음과 같이 요지를 밝히고 있다. "널리 사랑하는 것을 인이라고 한다. 행하여 이치에 합당한 것을 의라고 한다. 이로 말미암아 따라가는 것을 도라고 하며, 자신에게 충족되어 외부에 기대함이 없는 것을 덕이라고 한다(博愛之謂仁, 行而宜之之謂義, 由是而之焉之謂道, 足乎己無待於外之謂德)." 그는 불가와 도가를 극력 배척해 불가와 도가의 폐해를 비판하고 유가의 도통을 제시했다. 그의 말에 따르면, 자신의 도는 선왕의 가르침을 전하는 것이며, 그 도는 요(堯)가 순(舜)에게 전했고, 순이 우(禹)에게 전했으며, 우가 탕(湯)에게, 탕이 주나라 문왕과 무왕, 그리고 주공(周公)에게 전했으며, 문왕과 무왕, 주공이 공자에게 전하고, 공자가 맹자에게 전한 것이다. 하지만 맹자가 죽은 후 유가의 도통은 더는 전해지지 않았다. 그래서 그는 도의 전수가 맹자 이후 이어지지 않았기 때문에 한조 이후 유학을 모두 파기하고 그 자신이 새로운 유학의 체계를 세우고자 했던 것이다. 한유는 《대대례기(大戴禮記)》〈대학〉에 나오는 "옛날에 밝은 덕을 천하에 밝히고자 하는 자는 먼저 그 나라를 다스리고, 그 나라를 다스리고자 하는 자는 먼저 그 집안을 가지런히 하고, 그 집안을 가지런히 하고자 하는 자는 먼저 그 몸을 닦고, 그 몸을 닦고자 하는 자는 먼저 그 마음을 바르게 하고, 그 마음을 바르게 하는 자는 먼저 그 뜻을 성실히 한다"는 구절을 인용해 "그렇기 때문에 옛날에 이른바 마음을 바르게 하고 그 뜻을 성실하게 한 자는 해야 할 일이 있다"라는 점을 강조했다. 한유는 불교 선종의 직지인심(直指人心), 견오성불의 이론을 수용하는 한편 〈대학〉을 통해 그 뜻을 천명함으로써 추상적인 심성(心性)과 구체적인 정치 사회 조직을 융합, 관통시켰다.[265] 이것이 바로 〈대학〉에서 말하는 "뜻이 성실해진 뒤에 마음이 바르게 되며, 마음이 바르게 되면 몸을 닦을 수 있고, 몸을 닦은 후에 집안이 가지런해지며, 집안이 가지런해진 뒤에는 나라가 다스려지고, 나라가 다스려진 뒤에야 평천하를 이룰 수 있다"는 뜻이다. 한유는 이렇듯 추상적으로 심성, 수신에 대해 언급한 것이 아니라 구체적으로 치국과 평천하를 연계시켜 "해야 할 일이 있음(將以有爲也)"을 강조했던 것이다. 이렇게 함으로써 자신의 관점을 선종의 심성에 관한 설과 차별을 둘 수 있었다.

당조 중, 후기로 넘어오면서 전통적인 경학이 크게 쇠락했다. 새로운 유학을 건립하는 데 기존의 《오경》만으로는 부족했다. 무엇보다 이전과 다른 사상 자료를 발굴하는 것이 필요했다. 그래서 한유는 제일 먼저 〈대학〉을 인용해 자신의 학설을 주장하고, 유가의 도통이 맹자 이후로 이어지지 않았다고 해 맹자의 위상을 드높였다. 이렇게 함으로써 〈대학〉을 독립시켜 한 권의 책으로 만들고, 《맹자》를 경전에 집어넣기 위한 길을 닦았다. 이는 《오경》을 중심으로 한 유학 전통에서 송대에 《사서》를 특화시키는 과정에서 중요한 고리 역할을 한 것이라고 말할 수 있다. 이것이야말로 한유가 신유학 건립 과정에서 결코 소홀히 다룰 수 없는 공헌을 한 점이다.

〈원성(原性)〉에서 한유는 인간의 본성[性]은 생명[生]과 함께 생겨나며, 본성을 구성하는 요소는 인, 예, 신, 의, 지라고 생각했다. 그는 본성을 상, 중, 하 삼품으로 나누어 상품은 선해서 배울수록 더욱 밝아지고, 하품은 악해서 위세를 두려워해야만 죄가 적어진다고 했다. 또한 이런 까닭에 상품자는 가르칠 수 있고, 하품자는 제어해야 한다고 말하고, 이러한 성품은 평생 바뀔 수 없는 것이며, 중품자는 인도하는 데에 따라 상품이 될 수도 있고, 하품이 될 수도 있다고 했다.[266]

한유의 사상 체계 안에서는 통치자도 일종의 '인성(人性)'이고 피통치자 역시 일종의 '인성'이다. 그의 말에 따르면, 군주는 명령을 내리는 사람이고, 관리는 군주의 명령을 받들어 백성들에게 시행하는 자이다. 그리고 백성은 "식량과 비단, 베를 생산하고 기명(器皿)을 만들고 재화를 통상해 윗사람을 받드는 자이다." 그렇기 때문에 "백성이 식량과 비단, 베를 생산하지 않거나 기명을 만들고 재화를 통상해 윗사람을 받들지 않으면 벌을 주어야 한다."[267]

이고(李翱)는 〈복성서(復性書)〉 3편을 지었으며, 한유와 함께 《논어필해(論語筆解)》를 저술했다. 그의 저작은 맹자의 사상을 계승하는 한편 불학의 일부 내용을 수용하고 있다. 그의 주장에 따르면, 범인(凡人)의 본성과 성인의 본성은 차별 없이 모두 선하다. 인성은 본래 고요한 것인데, 외물에 느낌을 받아 움직여 정이 생기면서 선악이 구분된다. 성인은 본성을 얻어 미혹되지 않으며, 정에 얽매이지 않는다. 하지만 범인은 정에 빠져 그 근본을 알 수 없다. 범인은 끊임없이 일상생활에서 정욕을 제거하고 잡된 생각을 하지 않으며 "고요하게 움직임이 없고(寂然不動)", "감정과 본성을 모두 잊은(情性兩忘)" 경계에 이르러서야 비로소 복성(復性), 즉 원래의 본성으로 되돌아갈 수 있다.

한유의 세계관에서 천명론은 가장 중요한 위치를 차지하고 있다. 그는 하늘은 위엄이 있고 영험해 귀천, 화복 등이 모두 하늘의 의지에 의해 결정되는 것이기 때문에 사람은 그저 하늘에 순응하고 경외하면 된다고 생각했다. 한유의 이러한 천명론은 유종원과 유우석의 비판을 받왔다.

유종원(柳宗元, 773~819년)은 자는 자후(子厚)이고, 하동(河東) 사람으로 장안에서 성장했다. 그의 사상은 주로 〈천설(天說)〉, 〈여한유논사관서(與韓愈論史官書)〉, 〈답유우석천론서(答劉禹錫天論書)〉, 〈천대(天對)〉, 〈정부(貞符)〉, 〈봉건론(封建論)〉, 〈비국어(非國語)〉 등에서 엿볼 수 있다. 유종원은 우주는 끝이 없으며, 원기가 뒤섞여 그 안에 처한다고 여겼다. 그에 따르면, 음기와 양기가 "더위와 추위를 내쉬어 서로 교착하면서 움직여",[268] 다양한 상태가 출현한다. 천지, 원기, 음양은 아무런 의지가 없기 때문에 상을 줄 수도 없고, 그렇다고 벌을 줄 수도 없다. 하늘을 향해 외치면서 상벌을 내려달라고 한다거나 연민이나 애정을 바라는 것은 황당한 오류일 따름이다. 이런 점에서 유종원의 사상은 유물론의 요소가 다분한 무신론이라고 할 수 있다.

유종원에 따르면, 인류는 처음에 만물과 함께 생겨났는데, 짐승을 잡을 수도 없었고, 음식을 씹어 먹을 수도 없었으며 몸에 털이나 깃털도 없었다. 그런 까닭에 다른 사물을 빌려 사용하면서 나무로 보금자리를 만들거나 굴을 파서 살았으며, 초목과 피혁 등으로 몸을 가리고 짐승을 씹어 먹고, 과일을 맛보며 무리를 지어 살았다. 사물을 빌리니 필연적으로 싸움이 생겨나 그치지 않았으니, 곡직(曲直)을 판단할 수 있는 사람이 생겨나 비로소 "군장(君長)이나 형벌, 정치가 생겨났다." 천자 아래로 서리(胥吏)에 이르기까지 덕이 있는 자가 많았는데, 그가 죽으면 사람들이 후계자를 찾아 받들었다. 유종원은 바로 이러한 관점을 바탕으로 제왕은 "하늘에서 명을 받는 것이 아니라 사람에게 받는다"[269]고 주장했으며, 역사의 발전은 "성인의 뜻이 아니라 세(勢)로 인한 것이다"[270]라고 말했다. 유종원이 제시한 '세'라는 범주는 역사의 진화 추세를 찾으면서 얻은 답안으로 당시에도 긍정적인 의의가 있었다.

유우석(劉禹錫, 772~842년)은 자는 몽득(梦得)이고 팽성(彭城) 사람이다. 그는 〈천론(天論)〉 3편을 통해 천인관계 문제를 더욱 깊이 탐색했다. "대체로 형기(形器)에 속하는 것은 능한 것도 있고 능하지 않은 것도 있다. 천(天, 자연)은 형체를 가진 것 가운데 가장 큰 것이며, 사람은 동물 가운데 특출한 존재다. 하늘은 할 수 있지만 사람은 할 수 없는 것이 있으며, 사람은 할 수 있지만 하늘은 할 수 없는 것이 있다." 하늘은 만물을 만드는 것을 할 수 있지만 사람은 만물을 다스릴 수 있는 능력이 있다. 하늘과 사람은 이렇듯 각기 자신의 자연적인 특질을 지니고 있기 때문에 "서로 교류하며 북돋아주고", "서로 두루 활용할 수 있어야 한다."[271]

〈천론〉에서 유우석은 유신론(有神論)의 사회적 근원에 대해 자신의 관점을 제시하고 있다. 그에 따르면, 법이 크게 행해지는 사회에서 옳음[是]은 사적인 옳음이 아니라 공적인 옳음[公是]이고, 그름[非] 역시 공적인 그름[公非]이다. 따라서 도를 실천하는 이는 상을 주고, 선을 위배하는 이는 벌을 받는다. 사람들의 화복은 인간의 행위에 따라 결정되는 것이지 하늘과는 무관하다고 말한다. 하지만 법이 이완되어 제대로 행해지지 않는[法弛] 사회에서는 옳고 그름이 전도되어 간신배들이 상을 받고 정직한 이들이 벌을 받는다. 이에 불합리한 현상에 대해 해석을 찾을 수 없는 이들은 어쩔 수 없이 모든 것을 하늘로 돌리는 수밖에 없다. 이렇듯 유우석은 "도리가 밝을[理明]" 때는 사람들이 '천명'에 대해 이야기하지 않지만 "도리가 어두워지면[理昧]" 천명에 대해 말하지 않을 수 없다고 생각했다. 유우석은 이렇듯 '이매(理昧)'와 '법이(法弛)'로 천명사상이 생겨나게 된 근원을 파헤쳐 '하늘'은 사람들이 일정한 조건 아래서 창조한 것이라고 주장했다.

사학과 지리학

사학

수 문제는 개인이 사사롭게 "국사를 저술하거나 인물을 평가하는 것"[272]을 금지했다. 당 태종은 사관(史館)을 마련해 당조의 역사를 편찬하고 재상이 감수하도록 했다. 이로부터 관에서 정사를 편찬하고 재상이 감수하는 일이 제도화되었다.

당 태종은 전대사를 편찬하도록 해《진서(晉書)》,《양서(梁書)》,《진서(陳書)》,《북제서(北齊書)》,《주서(周書)》,《수서(隋書)》등 6부의 사서를 편찬했다. 고종 시절《오대사지(五代史志)》를 편찬했는데, 이는 현재《수서》의 지(志)에 실려 있다. 이 외에도 이연수(李延壽)는 독자적으로 송, 제, 양, 진, 위(魏), 주(周), 제(齊), 수(隋) 등 팔대(八代)의 사서를 수정 보완해《남사(南史)》와《북사(北史)》를 저술했다.

유지기(劉知幾)가 찬술한《사통(史通)》은 전체 20권으로 중종 경룡(景龍) 4년(710년)에 완성되었는데, 중국에서 편찬된 첫 번째 체계적인 사학 비평서이자 사학이론서다.

유지기는《사통》에서 과거 사서의 편찬 체례, 사료 선택, 언어 운용, 인물 평가와 역사적 사실 서술 등 다양한 문제를 비판, 분석해 독자적인 사학 주장을 펼쳤다.

사재(史才), 즉 사가의 근본에 대한 정유충(鄭惟忠)의 질문에 답하면서 사가의 근본은 재(才), 학(學), 식(識) 세 가지를 겸비하는 데 있다고 말했다. 유지기는 재는 생산 기능에 비유하고, 학을 자료나 도구에 비유했으며, 특히 식을 중시했다. 또한 그는 "반드시 바르고 곧게 하는 것이 좋으며, 선악을 반드시 서술해 교만한 군주나 간신배가 두려움을 알도록 해야 한다"[273]라고 말했으며, 재, 학, 식 세 가지를 결합해야만 한다고 생각했다. 《사통》에서 그는 이렇게 말하고 있다. "만약 그가 천 년의 학문을 궁구해 읽은 책이 다섯 수레에 가득 찰 정도로 많다고 할지라도 선량하고 정직한 사람을 보고도 그의 좋은 점을 발견할 수 없고, 모순이 충돌해 서로 일치하지 않음을 보고도 자신의 과실을 깨달을 수 없다면,……설사 많다고 한들 어디에 쓰겠는가?"[274] 그는 사가가 권세가에게 잘 보이려고 아부하거나, 사사로운 욕심으로 뇌물을 받는 것에 반대했으며, "자신의 기세에 의지해 직필하고 권력자가 두려워 회피하지 말며", "자신의 성정대로 붓을 치켜들고 저술하여, 세상에 아부하는 모습이 없어야만 한다"[275]라고 주장했다.

유지기는 사가라면 반드시 사료를 두루 채집해 선택하는 데 능해야 하며, 여러 사가의 장점을 아울러 취하되 일가(一家)의 견해에 얽매이지 않아 "심오한 이치를 찾고 은미한 것을 탐색하며, 깊이 감추어진 것을 끌어내고 원대한 것까지 이르러"[276] 사물 내부로 깊이 들어가 탐색해야 한다고 주장했다.

〈의고편(疑古篇)〉에서 유지기는 풍부한 역사지식을 통해 전통적인 고대 성현에 대한 우상숭배를 반대했으며, 〈혹경편(惑經篇)〉과 〈의고편〉에서 유가 경전인 《상서》, 《논어》에서 통치자들의 추악한 면모에 대해 의도적으로 왜곡하거나 허위적으로 찬미하고 있음을 지적했다.

개원 연간에 현종은 《당육전(唐六典)》을 편찬하면서, "《주관》을 법도로 삼아《당전》을 편찬할 것이며, 역사의 본말을 살피는 데 천 년에 한 번 만날 좋은 기회로 삼으라"[277]라고 요구했다.《당육전》은 주례 육관(六官)을 모방해 개원 시절을 서술하고 있는데, 주로 개원 25년에 시행되고 있는 제도를 중심으로 영식(令式)을 내용에 따라 분류해 관련된 직관 아래 두고 있다.《당육전》은 당조 전기의 전무(田畝), 호적, 부역, 고선(考選), 예와 악, 군방(軍防), 역전(驛傳), 형법, 영선(營繕), 수리(水利) 등 제도와 법령에 관한 중요한 자료를 담고 있다.《당육전》의 주문(注文) 중에는 직관의 연혁에 대해 서술한 것도 있고, 본문을 해석한 것도 있다. 또한 일부 주문은 당시 실제로 사용되고 있던 새로운 제도를 서술하고 있다.

두우(杜佑)는 덕종 정원(貞元) 7년《통전(通典)》을 편찬했다.《통전》은 유질(劉秩)의《정전(政典)》을 저본으로 삼아 30여 년간 내용을 확충하고 새로운 편차에 따라 정리해 완성한 것이다. 전체 200권이다. 두우가 《통전》을 쓴 목적은 "여러 가지 사람에 관한 일을 거두어 시정(施政)에 도움을 주고자 함이었다." "다스리는 도는 교화를 행하는 것이 우선이고, 교화의 근본은 의식을 풍족하게 하는 데 있다." "무릇 교화를 행하기 위해 직관을 설치한 것이고, 직관을 설치한 것은 관리의 재질을 살피기 위함이며, 관리의 재질을 살피기 위해 선거제도를 면밀하게 마련해야 하는 것이다." 그는 이렇게 생각했기 때문에 〈식화(食貨)〉를 맨 앞에 두고, 〈선거(選擧)〉를 그 다음에 두었으며,[278] 그 아래로 〈직관〉, 〈예〉와 〈악〉, 〈병〉과 〈형〉, 〈주군(州郡)〉, 〈변방〉 등으로 전체 9문(門)을 두었다. 각 문은 다시 자목(子目)으로 세분된다. 매사(每事)는 부류에 따라 이어지는데, 위로 선진 시대에서 아래로 천보(天寶) 연간까지 역사의 본말을 상세하게 밝혔으며, 전대 사람은 물론이고 당시 사람들의 중요한 논의를 두루 인용했다. 천보 이후의 일에 대해서는 중요한 부분을 선택해 기술했다.

지지(地志)와 지도

배구(裴矩)가 수나라 시절 편찬한《서역도기(西域圖記)》3권은 서역 44나라의 산천 형세와 지도, 그리고 제왕과 서민들의 모습과 복식을 그린 책이다.

당 고종 시절 찬수된《수서》〈지리지〉는 양, 진, 제, 주, 수 등 5조대의 군현 설치와 호수(戶數)에 대해 기록하고 있다. 또한《사기》〈화식열전〉과《한서》〈지리지〉의 전통을 이어받고《우공(禹貢)》등에 나오는 구주(九州) 개념을 차용해 전국을 9개 구역으로 구분하고, 그곳의 지리 특징과 경제 발전, 풍속, 문화 등의 상황을 개별적으로 논술하고 있다.

당대에는 각 주마다 도경(圖經) 편찬이 보편적으로 이루어졌다. 각 주는 3년마다 한 번씩 주도(州圖)를 병부 직방사(職方司)로 올려 보냈다. 일부 현(縣)에서도 도경을 편찬했다. 이러한 제반 상황이 밑받침되면서 당대에 십수 종의 전국 지리를 총괄하는 지지(地志)가 출현할 수 있었다. 하지만 지금까지 유전되고 있는 것은 헌종 시절에 재상 이길보(李吉甫)가 찬수한《원화군현도지(元和郡縣圖志)》뿐이다. 전체 40권으로 10도(道) 47진(鎭)으로 분류해 각 주의 호구, 물산, 주현의 연혁, 산천 형세, 고적(古迹)과 역사적인 일에 대해 기록하고 있다. 매 진편(鎭篇)에는 맨 앞에 그림(지도)을 그려놓았는데, 현재 그림은 모두 산실되고 문장만 남아 있다. 이는 중국에 현존하는 가장 오래된 여지총지(輿地總志)로 사료 가치가 상당히 높다.

덕종 시절 재상 가탐(賈耽)은《고금군국현도사이술(古今郡國縣道四夷

述)》40권과《황화사달기(皇華四達記)》10권을 저술했는데, 아쉽게도 모두 산실되었다.《신당서》〈지리지〉에《황화사달기》중에서 당나라에서 사방 오랑캐 나라로 들어가는 길에 관한 기록을 인용하고 있는데, 그 내용은 다음과 같다. "첫째, 영주(營州)에서 안동(安東)으로 들어가는 길. 둘째, 등주(登州)에서 바닷길로 고구려 발해로 들어가는 길. 셋째, 하주(夏州) 새외에서 대동(大同) 운중(雲中)으로 들어가는 길. 넷째 중수강성(中受降城)에서 회골로 들어가는 길. 다섯째, 안서에서 서역으로 들어가는 길. 여섯째, 안남에서 천축으로 통하는 길. 일곱째, 광주에 해이(海夷)로 들어가는 길."

《황화사달기》를 인용한 내용 중에는 당조 주변 여러 민족과 아시아 여러 나라의 산천 취락과 교통로, 거리에 대한 기록도 나온다. 그 가운데 "광주에서 해이로 들어가는 길"은 영남에서 페르시아만과 아프리카까지 항해 노선에 관한 최초의 기록이라는 점에서 중서 교통사를 연구하는 데 진귀한 문헌이다.

가탐(賈耽)이 제작한《해내화이도(海內華夷圖)》는 길이가 3장 3척, 너비가 3장으로 이전에 볼 수 없을 정도로 상당히 크다. 지도의 1촌은 실제 100리를 나타내는데[279] 현재 지도로 환산하면 150만 분의 1에 해당한다. 이미 산실되어 남아 있지는 않지만 유예(劉豫)가 위제[僞齊, 금나라가 투항한 제남지부(濟南知府) 유예(劉豫)를 자황제(子皇帝)로 삼아 만든 나라 - 역주] 부창(阜昌) 7년(1137년)《해내화이도》를 축소해《화이도》와《우적도(禹迹圖)》를 만들어 돌에 새겨 넣었는데, 그 각석이 현재 서안 비림 박물관에 소장되어 있다.《화이도》는 중국의 산천과 평면 지형의 윤곽을 그린 것으로 지금의 지도와 대체적으로 비슷하다. 이는 중국에 현존하는 가장 오래된 지도다.

의종(懿宗) 시절 안남 경략사(經略使)의 막료였던 번작(樊綽)이 운남 지역의 사료를 수집해《만서(蠻書)》10권을 만들었다.《만서》는《운남지(雲南志)》라고 부르기도 하는데, 당시 운남 지역의 도로와 산천, 성진(城鎮), 육조(六詔)의 역사, 민족 분포, 각 민족의 생활습관과 토산물, 남조의 경제, 정치제도 등에 대해 체계적으로 기록하고 있다. 이는 현재 운남 지역의 여러 민족 역사를 연구하는 데 필수적인 귀중한 문헌이다.

문학

당시(唐詩)

당대는 중국 고전 시가의 황금기다. 지금까지 전해지는 당대 시가는 2200여 명의 시인들이 창작한 5만여 수다. 시가의 내용이 풍부할뿐더러 당대 역사 발전의 면모와 사회생활의 각 분야를 잘 반영하고 있다.

당대에 시가가 발전한 근본적인 이유는 당대가 중국 중고(中古) 사회 변천의 전환 시기였으며, 사회 전반적으로 상승 발전의 시기였기 때문이다. 사회 각 계층에서 나온 수많은 시인들이 정신적으로 향상되어 창작활동에 매진하면서 기존의 형식주의 지향의 문학 굴레를 무너뜨리고, 더욱 성숙되고 웅장하며, 풍부하고 다채로운 특징을 지닌 시가를 많이 써냈다. 당대의 진사(進士) 시험은 문학과 사장(辭章)을 중시했는데, 이 역시 당대 시가 발전의 추동력 가운데 하나였다. 육조(六朝) 이래로 시가의 예술 형식이 점차적으로 성숙해지면서 당대 시가 발전의 전제 조건이 되었다. 당대는 방대한 국토에 경제가 발전했으며, 교통이 발달해 대내외적으로 경제 문화의 교류가 빈번했으며, 예술의 각 분야 역시 상당히 높은 수준에 올랐다. 이러한 요인으로 인해 당시 사람들의 시야가 더욱 넓어지고, 시가에 새로운 소재를 제공해 시가 번영 발전의 객관적인 조건을 마련했다.

수(隋)와 당(唐) 초기 시인들은 대부분 고관 귀족들이었다. 그들의 작품들은 제량(齊梁) 궁체시의 시풍을 답습해 진실한 사상, 감정이나 현실적인 사회 내용이 부족했다.

당 고종과 무측천 시기로 접어들면서 시단(詩壇)의 활동이 활발해지기 시작했다. 이른바 초당사걸(初唐四傑)로 부르는 왕발(王勃), 양형(楊炯), 노조린(盧照隣), 낙빈왕(駱賓王)은 당시 시인들 가운데 뛰어난 인물들이다. 그들은 비록 수사에 치중해 글을 꾸미는 시풍에서 완전히 벗어나지는 못했지만 도시와 변방 생활에 대해 쓰기 시작하면서 당대 시가 발전에 많은 공헌을 했다.

자신의 사상과 포부를 표현하기 위해 주력했던 재주(梓州) 사홍(射洪) 사람 진자앙(陳子昻, 661~702년)은 "제량 기간의 시가는 기려한 수식을 다투느라 흥기가 모두 끊어지고 말았다"[280]라고 해 현실적인 생활을 반영하는 시가의 전통을 회복할 것을 주장했다. 실제로 그의 시는 강건하고 질박해 제량 연간의 기미(綺靡)하고 퇴폐적인 유풍을 일소하는 데 기여했다. 이로써 그는 이후 당시의 발전에 새로운 길을 놓았다고 말할 수 있다.

개원(開元), 천보(天寶) 시기는 문학사가들이 즐겨 말하는 성당(盛唐)이다. 당시 시인들은 시가의 다양한 체재와 형식, 여러 유파, 각기 다른 풍격을 통해 다채롭고 화려한 시가의 세계를 선보였다. 성당의 시인인 왕유(王維), 왕지환(王之渙), 왕창령(王昌齡) 등은 짧은 절구로 복잡한 감정을 표현하는 데 뛰어났다. 그들의 변새시(邊塞詩)는 출정 나간 이들이 고향의 처자식을 그리워하는 정회를 잘 표현하는 한편 낙관적이면서 또한 호방한 정신을 가득 담았다.

성당의 또 다른 부류의 시인들인 이기(李頎), 잠삼(岑參, 715~770년) 등은 고체시에 뛰어났으며, 7언 가행(歌行)에 능했다. 그들은 인물과 사람의 특징을 잘 파악하고 묘사해 구체적이고 생동감 있는 효과를 얻었다.

이기(李頎)는 음악 소리나 인물 형상 묘사에 뛰어났으며, 오랜 세월 변방 생활을 경험한 잠삼은 변새 시인으로 유명하다. 그는 우렁찬 음조와 초려(峭麗)한 풍격으로 장려한 변새시를 많이 썼다. 하지만 통치 계급이 제멋대로 무력을 사용하거나 변방의 장수들이 부정부패를 저지르고 횡포를 자행하는 것에 대한 폭로와 비판은 거의 없었다.

맹호연(孟浩然, 689~740년)과 왕유(王維, 701~761년)의 시가는 평온한 전원과 한적한 산수를 묘사해 창작 기교면에서 높은 성과를 얻었지만 사상적으로는 오히려 현실 도피라는 소극적 요인을 지니고 있다.

개원 후기에서 천보 연간까지 사회 모순이 더욱 심화되었다. 고적(高適, 702~765년)은 당대에 처음으로 농민들의 고통을 반영하는 시를 지어[281] 이후 시인 두보의 선구자 역할을 했다. 그의 유명한 변새시 〈연가행(燕歌行)〉은 상당한 수준의 사상성과 예술성을 겸비하고 있다.

성당 시기의 이백과 두보는 시가 예술을 최고봉으로 끌어올렸다. 그들은 당대의 양대 산맥이었을 뿐만 아니라 중국의 고전 시가에서 두 가지 유파의 가장 뛰어난 대표 시인들이다.

이백(李白, 701~762년)은 자는 태백(太白)이며 쇄엽(碎葉)에서 태어나 사천(四川) 강유(江油)에서 성장했다. 그는 굴원의 낭만주의 정신을 이었으며, 위진 이래 우수한 시인의 예술적인 기교를 수용하는 한편, 민가의 언어를 배워 그 정수를 받아들였으며, 그 위에 혁신적인 창조를 덧붙였다. 이로써 그는 시가 창작에 대단한 업적을 남길 수 있었던 것이다. 호매하고 분방한 열정, 방대해 거리낌이 없는 기세, 대담한 상상과 과장된 기법, 생동적이고 경쾌한 언어 등이 그의 예술 특색이다.

이백은 고풍(古風) 59수와 수많은 악부시에서 통치집단의 교만과 사치, 음란한 생활을 폭로했으며, 제멋대로 무력을 남용해 전쟁을 일삼고, 백성들의 고통을 무시하는 행위를 질타했다. 그는 "창생을 구제하고(濟蒼生)", "백성을 평안하게 한다(安黎元)"는 정치 포부를 가지고 왕후장상과 봉건예교를 멸시했으며, 아름다운 삶을 추구하는 이상주의를 추구했다. 그의 이러한 정신은 그의 시가에서 찬란하게 빛나고 있다. 이백은 또한 명산대천을 유람하며 많은 시가를 남겼다. 여산비폭(廬山飛瀑), 장강원범(長江遠帆), 세찬 물살에 검푸른 파도 넘실대는 황하, 기구하고 험준한 촉도(蜀道) 등이 모두 그의 시가에 녹아들어 장대한 시편으로 남았다.

이백의 정치이상은 매우 추상적이었다. 그는 도가사상의 영향을 깊이 받았으며, 자유자재하고 아무 곳에도 얽매임이 없는 삶을 추구했다. 하지만 자신의 이상이 더는 실현될 수 없음을 깨달았을 때, 그는 신선을 추구하고 음주로 자신의 번민과 우울을 해소했다. 그래서 그의 시가 중에는 뜬구름 같은 인생의 덧없음이나 향락을 즐기는 퇴폐적인 성향이 드러나곤 했던 것이다.

두보(杜甫, 712~770년)는 자는 자미(子美)이며 하남(河南) 공현[鞏縣, 지금의 공의(鞏義)] 사람이다. 그는 "지금 사람을 가볍게 여기고 옛사람을 사랑했으며, 이곳저곳을 돌아다니며 많은 이들을 자신의 스승으로 삼는다(不薄今人愛古人, 轉益多師是汝師)"[282]라는 태도로 《시경》, 《초사》에서 동시대의 우수한 문학작품에서 정화를 얻어 혁신적으로 창조하는 데 심혈을 기울였다. 그리하여 "고금의 체세를 모두 얻고, 사람들마다 독특한 장점을 겸했다."[283] 진지하고 섬세한 정감과 침울하면서도 웅혼한 기조, 그리고 세련된 언어는 두보 시가예술의 특색이라고 할 수 있다.

두보는 평생 우울하고 고통스러운 나날을 보내야만 했다. 그 자신이 생활의 어려움을 누구보다 잘 알고 있었기 때문에 자연스럽게 백성들의 고통을 체감할 수 있었다. 안사의 난 이전에 이미 〈병거행(兵車行)〉, 〈여인행(麗人行)〉, 〈자경부봉선현영환오백자(自京赴奉先懸詠還五百字)〉 등 현실주의 색채가 농후한 작품을 썼으며, 안사의 난이 한창일 당시에는 〈비진도(悲陳陶)〉, 〈춘망(春望)〉, 〈북징(北徵)〉, 〈강촌(羌村)〉, 〈삼리(三吏)〉, 〈삼별(三別)〉 등 일련의 뛰어난 시편을 남겼다. 그의 많은 작품들은 안사의 난 전후의 어지러운 사회 모순을 반영하고 있기 때문에 시사(詩史)라 불렸다.

두보는 작품을 통해 당시 첨예한 빈부 대립을 폭로했을 뿐만 아니라 "귀천이 없으면 비애가 없고, 빈부가 없어도 충분하다"[284]라고 지적했다. 그는 자신의 고난에서 백성들의 고통을 연상했다. 자신의 "어린 아들이 굶어서 죽었을(幼子飢已卒)" 때에도 그는 자신의 개인적인 슬픔에 머물지 않았다. 그는 "생업을 잃고 헤매는 무리들을 마음에 두고, 멀리 변방으로 수자리 떠난 병졸을 생각하면서(黙思失業徒, 因念遠戍卒)" 비로소 "우환이 종남산만큼 쌓여 그 넓고 넓은 구멍을 메꿀 수 없음(憂端齊終南, 鴻洞不可掇)"을 깨닫게 된다.

두보는 유가 정통사상의 지배를 받아 윤리강상, 특히 충군(忠君)을 최고의 준칙으로 여겼다. 이는 시대가 그에게 가한 제한이 아닐 수 없다.

숙종과 대종 시절 당조는 심각한 위기를 맞았다. 이러한 상황에서 원결(元結)과 고황(顧況)이 당시 대표적인 시인으로 두보와 같은 길을 따라 화려한 수식을 버리고 질박한 풍격으로 현실의 삶을 반영하는 시가를 많이 남겼다. 이와 동시에 전기(錢起), 노륜(盧綸)을 대표로 하는 대력십재자(大曆十才子)가 있는데, 그들은 산수 전원이나 자연 경물을 묘사하는 데 힘을 썼다. 그들의 시는 비록 일정한 예술적 성과가 있었으나 사상 내용의 빈곤을 면할 수 없었다.

정원(貞元)에서 원화(元和)에 이르기까지 사회경제가 점차 회복되면서 다시 번영하기 시작했다. 당조의 경제, 군사 역량 또한 이전과 달리 강력해졌다. 일부 나라의 명운에 관심을 지닌 사대부들은 당조의 '부흥'을 위해 정치를 개선할 것을 요구했다. 그들은 진자앙과 두보를 배울 것을 주장하면서 "문장은 시대에 부합하게 짓고, 시가는 시사(時事)에 맞게 지어야 한다(文章合爲時而著, 詩歌合爲事而作)"고 주장하면서 이른바 신악부(新樂府) 운동을 시작했다.

백거이(白居易, 772~846년)와 원진(元稹, 779~831년)은 신악부 운동의 핵심 인물이다. 그들은 많은 풍유시를 창작했는데, 그중에서 백거이의 〈진중음(秦中吟)〉 10수와 〈신악부(新樂府)〉 50수가 대표적인 작품이다. 예리한 관찰력과 평이하면서 통속적인 풍격, 강렬한 대비 기법과 "한 편을 읊을 때마다 하나의 사건을 슬퍼했다"[285]라고 말할 정도로 독특한 내용 구성이 〈진중음〉과 〈신악부〉의 특색이다.

원진의 〈연창궁사(連昌宮詞)〉와 백거이의 〈장한가〉, 〈비파행〉 등 장편 서사시는 사상적 내용이나 예술 수법면에서 풍유시와 일맥상통한다. 원진의 염체시(艶體詩)와 백거이의 잡률시(雜律詩)는 당시 도시 생

6장 수·당시대

활을 반영하는 한편 만당(晚唐)의 섬세하고 아름다운 시풍을 열었다는 평가를 받고 있다.

백거이는 말년에 한적시(閑寂詩)를 지었는데, 불도(佛道)에 자신의 정감을 기탁해 한적한 삶을 추구했다. 이는 당조가 쇠락의 길로 접어드는 상황에서 시인의 의지 또한 쇠미해졌음을 설명한다.

중당 시기에 한유(韓愈)와 맹교(孟郊)로 대표되는 시파가 형성되었다. 그들은 예술적 기교를 중시하고 기험(奇險)한 것을 추구했다는 점이 공통된 특징이다. 한유는 산문의 내용을 시에 담아 강건한 필력과 웅혼한 기세가 장점이다.

이하(李賀, 790~816년)는 기이한 상상과 화려한 사조로 시가를 창작해 독특한 풍격을 지녔다. 하지만 그는 지나치게 기이하고 변화무쌍한 괴이함으로 인해 일부 시가의 내용이 공허해 알맹이가 없었으며, 어떤 것은 회삽(晦澁)함에 이르렀다.

만당의 두목(杜牧, 803~853년)과 이상은(李商隱, 813~858년)은 표면적으로 안정되고 번영하고 있는 듯했으나 실제로는 위기가 잠복하고 있는 시대에 살았다. 당시 조정은 격렬한 당쟁으로 인해 혼란으로 치닫고 있었다. 이러한 시대적 요인과 개인적인 요인이 결합해 그들은 한편으로 나라와 시대를 걱정하면서 옛것으로 현실을 풍자하거나 시대의 아픔을 읊조리는 작품을 썼으며, 다른 한편으로 기녀와 노닐거나 밀회하는 등의 방탕한 작품을 남겼다. 두목의 시풍은 비교적 밝고 호탕한 편이며, 이상은의 시는 조화롭고 구성지며 청려하고 함축적이다. 하지만 심약해 애상한 정조가 물씬 풍긴다.

당 말에 크고 작은 난리가 계속되던 시기에 피일휴(皮日休), 섭이중(聶夷中), 두순학(杜荀鶴) 등 여러 시인들이 두보와 백거이 등의 시가 전통을 이어 당시 통치세력의 죄악을 폭로하고 사회 모순을 반영하는 시가를 적지 않게 남겼다. 위장(韋莊), 한악(韓偓), 사공도(司空圖)를 대표로 하는 시인들은 현실 도피적인 경향이 강했으며, 향염시(香艶詩)나 산수시에 공력을 들였다.

고문운동(古文運動)과 고문

제량 이래로 내용보다 형식을 추구해 화려하고 부염한 변체문이 날로 늘어나 문학발전의 걸림돌이 되었다. 북주(北周)부터 수(隋)까지 누차 이에 대한 개혁의 목소리가 드높았다. 무측천(武則天) 시절 진자앙(陳子昂) 역시 문체 개혁을 제기했다. 그는 표(表)나 소(疏)를 쓰거나 시사를 논하면서 분명하고 질박한 문자를 애용했다. 하지만 당시 조정에서 진사를 뽑는 과거시험이나 제조(制詔) 등의 문서에는 모두 변체를 사용해야만 했기 때문에 변체문의 영향력이 여전히 강력했다. 아직까지 변문을 산문으로 바꾸기 위해서는 장기간의 모색 과정이 필요했던 것이다.

개원, 천보 이후 많은 문학가들이 고문을 제창했다. 고문은 바로 산문을 말하는데, 산문은 주(周)와 진(秦), 양한 시절에 통행하던 문체이기 때문에 당대 사람들의 경우 고문이라고 불렀다. 당시 고문으로 유명한 이는 소영사(蕭穎士), 이화(李華), 원결(元結), 독고급(獨孤及), 양숙(梁肅)이다. 정원(貞元)과 원화(元和) 시절에 당시 정치사상 발전의 수요에 맞추어 고문운동이 본격화되었고, 그 핵심적인 인물이 바로 한유(韓愈)와 유종원(柳宗元)이다. 한유는 "나의 뜻은 옛 도에 있으니 또한 고문의 언사를 심히 좋아한다"[286]라고 했으며, 유종원은 "문장은 도를 밝히는 것이다"[287]라고 주장했다. 한유와 유종원이 말한 도는 바로 전통적인 유가 사상을 말한다. 그들은 문장은 반드시 구체적인 내용을 말해야 한다고 주장했으며, 육조 변문에 만연된 형식주의 문풍에 반대했다. 그래서 고문운동은 일종의 문풍 개혁 운동이라고 말할 수 있다. 한유는 문장을 쓸 때는 "진부한 언사를 제거하는 데 힘써야 하며" "문맥이 잘 통하고 용어 사용이 순통해 각기 맡은 바 직분에 잘 어울려야 한다"고 주장했다. 다시 말해 언어의 참신함, 문자의 순통함을 강조한 것이다. 그는 또한 문장의 언어는 구체적인 시사나 사물과 서로 맞아야 한다고 주장했다.[288] 그렇기 때문에 고문운동은 또한 문자 언어를 개혁하는 운동이라고 할 수 있다. 고문운동은 고체 산문을 회복함과 동시에 현실을 반영하고 사상을 표달할 수 있는 문체를 창조했다. 그렇기 때문에 상당히 빠른 속도로 광범위하게 유전되었다.

한유와 유종원은 매우 뛰어난 산문가다. 그들의 산문은 내용이 풍부하고 기교가 성숙되었으며, 언어가 간결하고 세련되며 매우 논리적이다. 한유의 작품은 웅장한 기세로 분방하게 거침이 없고, 유종원의 작품은 필체가 웅건하고 준수하며, 함축적이고 심오하다. 그들은 중국 산문 발전에 거대한 공헌을 했다.

전기(傳奇) 소설

수와 당초의 전기 소설은 《고경기(古鏡記)》, 《보강총백원전(補江總白猿傳)》, 그리고 장작(張鷟)의 《유선굴(游仙窟)》 등 몇 편밖에 되지 않는다.

하지만 중당에 이르러 다양한 이야깃거리가 있는 도시생활이 문학에 새로운 주제를 선사했으며, 육조 지괴(志怪) 소설과 당대 민간 설화가 널리 유포되면서 전기 소설에 풍부한 창작 경험을 제공했다. 또한 고문운동이 활발하게 진행되면서 소설 창작에 유연하고 표현력이 강한 문체를 제공했다. 이 외에도 당대 시가의 번영 역시 언어나 의경(意境) 면에서 전기소설에 풍부한 자양분을 주었다. 그렇기 때문에 정원, 원화 연간에 전기 소설 창작이 크게 번성했던 것이다.

당시 대표적인 전기 소설 작품은 진홍(陳鴻)의 《장한가전(長恨歌傳)》, 원진(元稹)의 《회진기(會眞記)》, 이조위(李朝威)의 《유의전(劉毅傳)》, 백행간(白行簡)의 《이와전(李娃傳)》, 장방(張防)의 《곽소옥전(霍小玉傳)》 등인데, 이러한 소설은 정련되고 우미한 언어를 통해 다양한 성격의 인물 형상을 성공적으로 만들어냈다.

만당으로 진입한 이후에도 전기 소설 창작이 여전히 성행하면서 적지 않은 전기집(傳奇集)이 나왔다. 그중에서 비교적 저명한 것으로 우승유(牛僧孺)의 《현괴록(玄怪錄)》, 이복언(李復言)의 《속현괴록(續玄怪錄)》, 우숙(牛肅)의 《기문(紀聞)》, 배형(裴硎)의 《전기(傳奇)》, 황보매(皇甫枚)의 《삼수소독(三水小牘)》 등이 있다. 이 가운데 일부는 이미 실전되어 찾아볼 수 없지만 《태평광기(太平廣記)》에서 그 대강을 엿볼 수 있다. 이상과 같은 전기 소설은 주로 문인들이 창작한 엽기적인 작품들이다.

속강(俗講)과 변문(變文)

불경이 대량으로 번역되고 불교가 널리 전파되면서 인도에서 경전을 읊조리는 노래 방식인 범패(梵唄)와 창도(唱導)도 따라서 전래되었다. 범패는 불가의 음악과 중국 민간 곡조를 운용해 불교의 교의를 찬송하는 일종의 게송(偈頌)이며, 창도는 통속적인 언어로 간간이 노래를 섞어가며 불교의 교의를 선전하는 것을 말한다. 당대에 이르러 범패와 창도의 방법은 속강(俗講)과 승강(僧講)으로 발전해 나갔다. 속강은 청중이 민간인으로 제한되었으며, 승강은 청중이 승려로 제한되었다.[289] 당조의 후기에 속강이 한동안 성행했다. 원화에서 회창(會昌)에 이르기까지 속강 승려인 문숙(文淑)이 "목소리가 구성지고 유창해"[290] 명성이 자자했다. 그래서 "그의 속강을 듣기 위해 청중들이 사원으로 가득 몰려들어 예를 갖추어 봉양했으며, 그를 화상으로 불렀다. 교방(教坊)에서도 그의 목소리를 흉내 내어 가곡을 부르곤 했다."[291]

속강의 화본(話本)을 변문(變文)이라고 한다. 만당의 시인 길사노(吉師老)의 시 〈간독녀전소군변(看蜀女轉昭君變)〉을 보면, 촉중의 여자 예인이 속강을 하면서 종종 사용하는 화권(畵卷)을 펼치며 〈왕소군변문(王昭君變文)〉을 설창하는 모습을 생생하게 묘사하고 있다. 속강이 유행하면서 변문 역시 불경만을 주제로 삼지 않게 되었으며, 변문을 설창하는 이 역시 승려로만 국한되지 않았다.

현재까지 전해지는 변문은 근대에 돈황에서 발견된 것들인데, 그 가운데 불경에 관한 이야기를 주제로 삼고 있는 《유마힐경변문(維摩詰經變文)》, 《강마변문(降魔變文)》, 《대목건련명간구모변문(大目乾連冥間救母變文)》이외에도 《오자서변문(伍子胥變文)》, 《추호변문(秋胡變文)》, 《맹강여변문(孟姜女變文)》, 《왕소군변문(王昭君變文)》, 《장의조변문(張義潮變文)》 등이 있다. 이것들은 주로 고대 역사 이야기나 민간 전설, 또는 당시 인물을 제재로 삼고 있다.

변문은 전기 소설과 이후 민간 설창문학에 큰 영향을 미쳤다.

예술

조소(彫塑)

수·당의 조소는 주로 석굴과 불상, 능침(陵寢) 앞에 있는 석조물(石彫物), 그리고 분묘에 매장된 용(俑) 등이며, 이외에 비갈(碑碣), 경당(經幢)에 부조(浮彫)한 것 등이다.

수·당 시기의 석굴 예술은 종교를 위한 것으로 돈황(敦煌) 막고굴(莫高窟), 낙양 용문(龍門), 천수(天水)의 맥적산(麥積山), 태원(太原)의 천룡산(天龍山), 사천 중경(重慶) 대족(大足)의 북산(北山) 등이 유명하다.

낙양 용문 봉선사(奉先寺)의 조각상은 당 고종 시기에 조성된 것으로 당대 최대이자 가장 유명한 것이다. 그곳에는 원래 거대한 조각상 9기가 있었는데, 지금은 6기만 남아 있다. 중앙에 있는 것이 노자나불[盧舍那佛, 비로자나불(毘盧舍那佛)을 말한다] 좌상인데, 높이가 12.66미터다. 좌불 옆에 차례대로 비구니상, 협시보살입상(脇侍菩薩立像), 천왕(天王), 역사상(力士像)이 자리하고 있는데, 여러 조상(造像)의 원근이나 소밀(疏密)이 적절하고 높이의 기복이 조화로워 웅장한 기세와 더불어 장엄한 풍격을 갖추고 있으며, 주상(主像)인 노자나불을 돋보이게 만들었다.

천룡산의 14굴 양쪽 벽에 있는 보살 조상(彫像)은 그 모습이 특히 감동적이다. 피부며 근육이 마치 살아 움직이는 듯한 느낌이 들어 중국 당대 조각상 가운데 으뜸이라고 할 만하다.

중경 대족 북산의 석굴은 당조 말에 조성한 것인데, 그 가운데 제245호 감동[龕洞, 감실(龕室), 불상을 모셔놓은 작은 굴]의 부조물은 내용이 번잡하고 층차가 중첩되는 정토변[淨土變, 변(變)은 불경의 내용에 따라 그린 그림을 말한다 – 역주]인데, 전체적인 구도가 엄밀해 고대 조각사에서 흔히 볼 수 없는 작품이다.

낙양 용문 봉선사의 노자나불 외에도 당대 각지에 거대한 불상이 적지 않게 조성되었다. 돈황 막고굴의 북대불(北大佛)은 높이가 33미터고, 남대불은 26미터로 모두 미륵좌상이다. 각기 무측천과 현종 개원 연간에 조성되었다. 사천 낙산대불(樂山大佛)은 높이가 71미터인데, 역시 미륵좌상이다. 이는 모두 산 전체의 자연석에 조각한 것으로 기세가 웅장하고 독특한 풍격을 지니고 있어 예술적 감동을 자아낸다.

소릉(昭陵)의 육준(六駿, 여섯 마리 준마) 부조물은 당 태종의 전공을 자랑하기 위해 만든 것으로 부조가 간결하면서도 힘이 있고, 자태가 각기 달라 종교적인 분위기나 상징적인 의미를 벗어나고 있다.

수·당 시대의 도용(陶俑)은 당대 채색 도용과 삼채(三彩) 도용이 가장 뛰어나다. 인물용은 개별 인물을 묘사한 것도 있으나 주로 군상을 이루고 있으며, 손의 움직임이나 동작, 얼굴 표정까지 섬세하게 묘사하고 다양한 복식으로 장식해 마치 인물의 정신 상태나 감정까지 표현하고 있다는 느낌이 들 정도다. 동물용은 말이나 낙타가 가장 많으며, 이 역시 뛰어난 제작기법으로 형태가 진짜와 흡사하다.

당대 저명한 조각가가 적지 않게 나왔는데, 그 가운데 성당 시절의 양혜지(楊惠之)가 가장 유명하다. 전하는 말에 따르면, 그가 당시 장안에서 유명한 배우였던 유배정(留盃亭)의 조각상을 만들어 거리 담장에 세워놓았는데, 장안 사람들이 그 등을 보고 유배정인 줄 알았다고 한다.[292]

회화

궁전, 능묘, 사묘(寺廟), 석굴의 벽화와 병풍화 등이 당조 회화의 중요 부분이며, 인물이나 산수, 화조 등을 그린 권축화(卷軸畫, 종이나 비단에 그

염립본의 〈역대제왕도권〉의 일부

린 그림)도 성당 시기에 크게 발전했다.

　1960년에 출토된 영태(永泰) 공주묘, 1971년에 출토된 장회(章懷) 태자 이현(李賢)의 묘와 의덕(懿德) 태자 이중윤(李重潤)의 묘에서 대량의 벽화가 발견되었다. 이렇듯 근년에 들어와 낙양 등지에서 벽화가 그려진 분묘가 적지 않게 발견되었다. 그 가운데 의덕 태자묘의 벽화는 전체 면적이 400평방미터이며, 40여 폭이 비교적 완전한 형태로 보존되어 있다. 벽화는 색채가 선명하고, 구성이 엄밀하며 내용이 풍부하다. 주인공인 왕자는 물론이고, 빈객이나 시녀, 배신(陪臣), 환관 등 다양한 인물이 형상화되어 있으며, 출행, 마담(馬毯), 가무, 유희 등 궁정 생활의 면모를 엿볼 수 있는 내용도 적지 않고, 이 외에도 궁궐이나 기물을 그린 경우도 많다.

　초당 시절 인물 고실화(故實畫, 역사적인 사건이나 인물 위주로 중요한 주제를 담아 그린 그림 – 역주)가 날로 발전하면서 불도화(佛道畫)가 점차 뒤로 물러났다.

　염립덕(閻立德)과 염립본(閻立本) 형제는 당시 유명한 인물 고실화 화

중국 역대 황제 중 13명의 초상화를 두루마리 형식으로 그린 그림

가였는데, 현존하는 염립본의 〈역대제왕도권(歷代帝王圖卷)〉과 〈보련도(步輦圖)〉는 필력이 강건하고 선이 굴철반사(屈鐵盤絲)처럼 굵고 윤곽이 뚜렷한데 간결한 필법으로 인물의 성격을 잘 드러냈다.

성당 시기에 인물과 산수를 위주로 그린 권축화가 크게 성행했는데, 이전과 달리 궁정과 사묘에서 나와 문인 사대부들이 자신의 정감과 뜻을 표현하는 수단이 되었다. 또한 기존의 전문 화가 이외에 사대부들도 적극적으로 화가의 대열에 끼어들었다.

오도자(吳道子)는 젊은 시절 화공으로 생활했는데, 현종이 그를 불러들여 내교박사(內敎博士)로 삼았다. 그는 인물화와 산수화를 잘 그려 화성(畫聖)으로 칭해졌다. 그는 대담한 혁신으로 전통적인 화법이나 서역에서 전래한 철선묘(鐵線描) 이외에 원숙하고 매끄러운 '순채조[蒓菜條, 난엽묘(蘭葉描), 선의 모양을 난초 잎처럼 그리는 화법의 일종 – 역주]'를 창안했다. 그는 또한 양대(梁代) 장승요(張僧繇)와 서역화파(西域畫派)의 훈염법[暈染法, 요철법(凹凸法)]을 계승 발전시켜 초묵(焦墨, 짙은 먹물로 그리는 기법)에 별도의 채색을 해 얕고 깊음을 미세하게 구분함으로써 입체감이 풍부

전자건의 〈유춘도〉

한 독특한 그림을 그려냈다. 오도자의 그림은 단순히 형사(形似)에 치중한 것이 아니라 신사(神似)를 강구했다. 그래서 그가 그린 인물화는 "곱슬곱슬한 턱수염이나 구름 같은 귀밑머리가 날아 움직이는 듯하고, 모근이 피부에서 나오는 듯 필력이 매우 강건했다"[293]라는 평을 들었으며, 선녀를 그린 그림은 "슬며시 엿보는 듯 당장이라도 말을 할 것 같았다"[294]라고 한다. 그는 선후로 절이나 도교사원 300여 간의 담장에 그림을 그렸는데, 경변화(經變畵)에 나오는 인물들은 기이한 형상으로 같은 것이 하나도 없었다.[295]

　성당과 중당 연간에 장훤(張萱)과 주방(周昉)이 회화 사녀(仕女)로 유명했다. 그들은 일상생활의 잡다한 소재를 묘사해 당시 봉건 귀족 부인의 안일하고 화려한 생활상을 묘사했다.[296] 장훤의 〈도련도(搗練圖)〉와 〈괵국부인유춘도(虢國夫人游春圖)〉는 송대 휘종(徽宗)의 모본(摹本)이 남아 있다. 주방의 〈잠화사녀도(簪花仕女圖)〉는 현존하는 그의 대표작이다.

산수화는 수·당 시대에 크게 발전했다. 현존하는 수대 전자건(展子虔)의 〈유춘도(游春圖)〉는 인마나 산석, 수목을 비례 균등하게, 가까운 것은 크고 먼 것은 작게 그려 투시원칙에 부합한다.

초당과 성당 시절 화가인 이사훈(李思訓)은 금벽산수(金碧山水)를 잘 그리기로 유명했으며, 공필(工筆) 산수의 선성을 이루었다. 그의 그림은 귀족 분위기가 물씬 풍기는데, 세필 묘사와 화려한 채색, 그리고 핍진한 경물 묘사가 그의 예술적 특징이다. 그의 아들 이소도(李昭道) 역시 산수화에 능했는데, "부친의 회화 풍격을 변화 발전시켜 공교로움이 부친을 능가할 정도였다."[297]

오도자는 산수화에도 크게 공헌했다. 그가 그린 기이한 형상의 암석이나 여울이 솟구치는 모습 등은 "마치 직접 만져볼 수 있는 것처럼"[298] 사실감이 뛰어났다. 현종이 그에게 대동전(大同殿)에 가릉강(嘉陵江) 300리의 산수를 그리라고 했는데, 하루 만에 다 그렸다고 한다.

시인 왕유(王維)는 수묵산수를 창도해 파묵법(破墨法)으로 산수나 전원 그림을 그렸다. 송대 사람 소식(蘇軾)은 그의 시와 그림에 대해 이렇게 말했다. "마힐(왕유)의 시를 맛보면 시 속에 그림이 있는 듯하고, 마힐의 그림을 감상하면 그림 속에 시가 있는 듯해라."[299] 당대에는 이 외에도 각기 장기가 있는 화가들이 적지 않았다. 예를 들어 변란(邊鸞)은 화조도에 능했고, 조패(曹霸)와 한간(韓幹)은 말 그림, 환황(韓滉)과 대숭(戴嵩)은 소 그림에 능했다.[300]

막고굴(莫高窟) 예술

돈황 막고굴에 현존하는 전체 480개의 굴 가운데 수나라 시절에 만든 것은 95개, 당나라 시절에 만든 것은 213개로 전체 3분의 2에 달한다. 당대 동굴은 규모가 웅장할뿐더러 석굴 예술의 성취 또한 찬란하다.

동굴의 조각상은 주로 불상이 태반을 차지하는데, 이 외에도 보살, 천왕, 역사(力士)의 조각상도 적지 않다. 동굴 사방에는 경변(經變), 불전(佛傳)이나 본생고사(本生故事, 불타 본생고사, 부처의 전생을 묘사한 그림 – 역주) 등 화려하고 아름다운 그림으로 가득 차 있다. 그 가운데 가장 많은 것이 서방정토변(西方浄土變)이며, 그 다음은 동방약사정토변(東方藥師浄土變)과 미륵정토변(彌勒浄土變), 유마변(維摩變), 법화경변(法華經變) 등이다. 서방정토변의 그림에는 기쁨과 환희의 분위기가 넘쳐나는데 이는 당대 사회의 경제 번영과 지주들의 사치스러운 생활상을 반영하는 것이기도 하다.

경변화(經變畵)는 화면이 거대하고, 내용이 복잡하며 구도가 잘 잡혀 있다. 이는 당시 화공의 뛰어난 재능과 능력을 보여주는 것이다. 그들은 성실하고 엄숙한 자세로 창작에 임했으며, 다양한 기술이 이미 완숙 지경에 이르렀다. 비천상(飛天像)을 묘사할 경우 단지 날아오르는 듯 춤추는 자태와 나풀거리는 긴 띠만으로 마치 공중에서 자유자재로 구름과 안개를 타고 오르는 듯한 느낌을 주기에 충분하다. 당대의 여러 가지 경변화를 통해 우리는 당시 악무나 건축은 물론이고, 당시 중화의 제왕과 서역 각국 군장들의 모습을 살펴볼 수 있다. 경변화의 주변에는 다양한 이야기를 담은 그림들이 있는데, 그 안에 경작, 수확, 가축 사육, 벌목, 수렵, 심지어 배를 끄는 모습까지 다양한 삶의 형태가 그려져 있으며, 각저(角觝), 백희(百戲) 등 예술활동에 대한 그림도 있다. 화공들은 이처럼 당시 통치계급의 호화스러운 생활 모습뿐만 아니라 일반 백성들의 고단한 노동과 삶을 묘사해 그들의 고통을 표현하고자 했던 것이다.

용도(甬道) 양쪽 벽이나 경변 아래쪽에는 공양하는 이들의 조각상이 새겨져 있다. 이들 군상은 각기 다양한 모습과 자세를 취하고 있는데, 아름답고 생생한 모습 속에서 당시 인물화의 수준을 엿볼 수 있다.

조정(藻井), 감정(龕頂), 연좌(蓮座) 등에는 풍부하고 다채롭게 채색된 도안화(圖案畵)가 자리하고 있다. 수대 조정의 도안은 주로 연꽃이나 비천(飛天), 작은 천불[千佛, 대승불교에서 말하는 삼세삼천불(三世三千佛)]로 이루어져 있으며, 당대 도안은 주로 권초문(卷草紋)이 광범위하게 사용되었다.

서법

수대의 서법가(서예가)들은 이전의 비판체(碑版體, 비석이나 돌에 새긴 글자를 탁본한 글씨체)의 장중하고 강건한 풍골(風骨)과 서간체의 거리낌 없고 아름다운 기운(氣韻)을 종합해 새로운 풍격의 서체를 창조했다.

당 태종은 왕희지(王羲之)의 서법을 좋아해《진서》〈왕희지전〉의 찬(贊)에서 서법사의 측면에서 이렇게 말하고 있다.

"그런 까닭에 옛날과 지금을 상세하게 살펴서, 전서와 비단에 쓰인 글자를 연마하고 정진해 지극히 좋고 지극히 아름다운 이는 오직 왕일소(王逸少, 왕희지)뿐이로구나! 점과 끄는 필획의 공교함을 보면, 마름질해 이루는 공교로움이 있어 연기가 피어오르고 이슬이 맺히는 것이 모양이 끊어진 것 같으나 오히려 이어져 있고, 봉황이 날아오르고 용이 서린 것이 형세가 기울어진 것 같으나 오히려 곧다. 그것을 감상하니 권태를 느낄 수 없고, 그것을 자세히 살펴보아도 단서를 알 수 없다. 마음으로 사모하고 손으로 따르는 이는 오로지 이 사람뿐이로다. 그러니 나머지 변변치 않은 부류들이야 어찌 논할 만하겠느냐."[301]

태종은 왕희지의 진필을 찾는 데 진력해 그의 진적 행초(行草) 290장과 초서 240장을 찾았다. 그리고 탁서인(拓書人, 탁본을 뜨는 사람) 풍승소(馮承素) 등 4명에게 명하여 〈난정서(蘭亭序)〉 몇 벌을 모사했다.

구양순(歐陽詢, 557~641년)과 우세남(虞世南, 558~638년)은 진(陳)과 수(隋)에서 관직을 맡았다가 당나라 초기까지 관리로 활동했던 서법가다. 구양순은 골기(骨氣, 웅장한 필세)가 강건하고 법도가 엄정한 것으로 유명하며, 구성궁예천명(九成宮醴泉銘)이 대표작이다. 우세남의 서법은 "안으로 강함과 부드러움을 함유하고 있고", "글자의 맵시가 빼어나다"[302]라는 평가를 받고 있다. 공자 묘당비(廟堂碑)는 그의 대표 작품이다. 저수량(褚遂良, 596~658년)은 여러 서법가의 장점을 종합하고, 예서의 필법을 약간 참조해 새로운 풍격의 서체를 창조했다. 그의 대표작은 삼장성교서(三藏聖教序) 등이다.

성당 사람 안진경(顏眞卿, 708~784년)은 전서(篆書)의 중봉(中鋒)과 예서의 측봉(側鋒)을 결합해 해서에 운용함으로써 서법에 큰 변화를 가져왔다. 그는 용필(用筆)이 균형을 이루면서 장봉[藏鋒, 봉망(鋒芒)을 획 안쪽으로 해 밖으로 노출되지 않게 하는 방식]했고, 안으로 강건하면서도 밖으로 온화하고 윤택해 글자가 마치 목화로 쇠를 감싼 것과 같다. 글자의 곡절이나 둥근 부분에 모두 힘이 있어, 절채고(折釵股, 서법 술어의 일종), 즉 둥글게 꺾인 비녀처럼 전절(轉折)의 필획이 구부러지고 꺾여도 여전히 둥근 형상을 보여준다. 그의 서법은 기세가 웅혼하고 형체가 돈후하다. 그는 많은 작품을 남겼는데, 안씨가묘비(顏氏家廟碑), 마고선단비(麻姑仙壇記), 다보탑비(多寶塔碑) 등이 유명하다.

권공권(柳公權, 778~865년)은 서법에서 안진경과 견줄 만한 인물이다. 그는 구양순과 안진경의 장점을 흡수해 근엄하면서도 넓고 활달한

서체로 유명하다. 그의 대표작은 이성비(李晟碑), 현비탑(玄秘塔) 등이 있다.

당대에는 초서도 나름의 성과가 있었는데, 손과정(孫過庭), 장욱(張旭), 회소(懷素) 등이 유명하다.

악무(樂舞)

수와 당대 초기에는 궁정 악무 가운데 연향(讌享)에 연주되는 연악(燕樂)이 주도적인 위치를 차지했다. 연악은 궁정 연회 때 연주되는 음악으로 궁정 예악의 일부분이다. 수 양제(煬帝)는 9부악(九部樂)을 제정하고, 당 태종은 연악(燕樂), 청악[清樂, 청상(清商)], 서량악(西凉樂), 천축악, 고려악, 구자악(龜玆(쿠차)樂), 안국악(安國樂), 소륵악(疎勒樂), 고창악(高昌樂), 강국악(康國樂) 등 10부악을 제정했다. 그 가운데 연악과 청악은 한조의 전통 음악이고, 서량악은 16국 시절에 양주(凉州) 일대에서 만들어진 후 중원의 음악과 구자악이 섞여 발전했는데, 중원의 종(鐘), 경(磬), 생(笙), 소(簫)와 남방의 법라[法螺, 패(貝)], 서역의 수공후(竪箜篌), 횡적(橫笛) 등을 사용했다. 구자악이 중국 내지로 전래된 후 소리도 많이 변했다. 15개의 악기 가운데 여섯 개가 고(鼓), 즉 북이다. 북주(北周)와 수대 이래로 관현잡곡은 주로 서량악을 채용했고, 가무곡은 구자악을 사용했다.

고종(高宗) 이후로 예술가들은 민족 전통에 근거해 변방 민족과 이웃 나라 악무의 장점을 흡수해 당시 사회, 정치생활을 반영하는 새로운 악무를 창조했다. 이로써 점차 좌립이부기(坐立二部伎)가 형성되면서 기존의 10부악은 서서히 사라졌다. 좌부기무대(坐部伎舞隊)는 규모가 비교적 작아 3명에서 12명까지였으며, 당 위에서 악대가 연주하는 형식이었다. 이에 반해 입부기무대(立部伎舞隊)는 규모가 커서 60명에서 180명이 서서 연주했다. 현종 시절은 청악을 위주로 하면서 "오랑캐나 민간의 악곡을 섞어"[303] 새로운 법곡(法曲)을 연주했다. 현종은 좌부기를 위해 여러 자제들과 궁녀 수백 명을 선발해 이원(梨園)에서 법곡을 교습하도록 했는데, 이를 황제이원제자(皇帝梨園弟子)라고 칭한다.

궁정 악무뿐만 아니라 민간의 악무도 크게 발전하면서,[304] 저명한 가수와 무용가뿐만 아니라 길가에서 노래로 생계를 유지하는 전문 예인이 출현하기도 했다.

수·당 시대의 무용은 연무(軟舞)와 건무(健舞)로 구분되는데, 연무는 조야제(鳥夜啼), 양주(凉州), 외파악(回波樂) 등이고, 건무는 검기(劍器), 호선(胡旋), 호등(胡騰) 등이다. 자기무(柘枝舞)는 중앙아시아 석국(石國)에서 유래한 것으로 원래 건무(健舞)였으나 오랜 세월이 지나면서 연무에 가까워졌다.

당대 악곡은 긴 것은 대곡(大曲), 짧은 것은 잡곡(雜曲)이라고 불렀다. 5언이나 7언시에 음악을 붙여 노래할 수 있었는데, 새로 생겨나기 시작한 사(詞)는 악곡의 리듬에 맞추어 가사를 집어넣은 것이다. 당대의 대곡은 모두 무곡(舞曲)이며, 매 곡(曲)은 12개로 나뉘는 등 구조가 상당히 복잡했다.

참군희(參軍戱), 답요랑(踏搖娘), 난릉옥(蘭陵玉) 등은 모두 이야기가 있는 희곡으로 당대에도 계속 유행했으며, 내용이 더욱 풍부해졌다. 목우희(木偶戱) 역시 크게 유행했는데, 굴뢰자(窟礧子)라고 불렀다. 수·당 시대에는 잡기(雜技)도 발전해 궁정과 도시에서 연희되었을 뿐만 아니라 전문 잡기 예인들이 순회공연을 하기도 했다. 당대 벽화를 통해 당시 잡기 공연의 일면을 엿볼 수 있다.

과학기술

천문역산

당초 왕효통(王孝通)의 《집고산경(緝古算經)》은 처음으로 삼차방정식을 이용해 복잡한 공학 계산 문제를 해결하고 있는데, 비교적 깊이 있는 수학서로 평가받고 있다. 고종 시절 이순풍(李淳風) 등은 《구장산술》, 《해식산경(海息算經)》, 《손자산경(孫子算經)》, 《오조산경(五曹算經)》, 《장구건산경(張丘建算經)》, 《하후양산경(夏侯陽算經)》, 《주비산경》, 《오경산술(五經算術)》, 《집고산경(緝古算經)》, 《철술(綴術)》 등 10부의 산경(算經)을 정해 주해했다. 10부 산경은 당조에서 산학의 교본으로 활용되었다.

당대 유작(劉焯)은 황극력(皇極曆)을 만들었는데, 북제(北齊) 장자신(張子信)이 태양시운동(太陽視運動, 지구가 자전을 하는 까닭에 지구에 있는 사람은 태양이 매일 동쪽에서 떠서 서쪽으로 지기에 태양이 지구를 돌고 있다고 생각하게 된다. 이를 태양시운동이라고 한다 - 역주)의 불규칙한 점을 고려해 손익(損益)을 가한 것을 받아들여 등간거이차내삽법(等間距二次内插法)을 발명했으며, 이에 따라 매일매일의 태양시운동의 속도를 추산했다. 고종 시절 이순풍은 인덕력(麟德曆)을 만들었는데, 매월 29일과 30일 사이에 배열되는 '평삭(平朔)'을 버리고 태양과 달의 위치가 서로 결합하는 시각에 따라 삭일(朔日)을 결정하는 '정삭(定朔)'을 채용했다.

당 현종은 승려 일행(一行, 683~727년)에게 역법을 개정하도록 했다. 그는 양령찬(梁令瓚)과 함께 직접 황도(黃道)의 좌표를 측정할 수 있는 황도유의(黃道游儀)를 제작해, 28수와 천구 북극의 도수를 측량했다. 이는 세계에서 처음으로 항성의 위치 변동 현상을 관측한 것이다.

일행은 남북 각지에서 북극성의 고도와 동지와 하지의 해그림자 길이를 실측한 결과를 토대로 기존의 "왕기에서 천 리마다 그림자가 1촌씩 차이가 난다(王畿千里, 影差一寸)"는 기존의 주장을 뒤엎고, 그림자의 차이와 거리의 비례는 고정적인 것이 아님을 증명했다. 그는 또한 하남 준의(浚儀), 부구(扶溝), 상채(上蔡) 등 세 곳에서 실제 측량한 결과를 바탕으로 대략 351리 80보(현재 거리로 123.7킬로미터에 해당한다)에 1도 차이가 난다는 결론에 도달했다. 비록 수치가 정확한 것은 아니지만, 이는 세계에서 최초로 자오선의 길이를 실측한 예라 할 수 있다.

일행의 대연력(大衍曆)은 개원(開元) 15년에 만들어졌다. 일행은 지구가 태양을 돌 때 속도 변화의 규칙을 정확하게 파악해 '정기(定氣)'라는 비교적 정확한 개념을 제기했다. 이는 매 절기 사이에 황경(黃經)의 차이는 서로 같지만 시간의 거리는 다르다는 것이다. 이로 인해 그는 부등간거이차내삽법(不等間距二次内插法)을 발명할 수 있었다.

이 외에도 개원 13년 일행과 양령찬이 합작으로 흐르는 물로 움직이는 혼천동의(渾天銅議)를 제작했다. 동의(銅儀) 밖에 해와 달을 상징하는 두 개의 바퀴가 장치되어 움직였다. 혼천동의가 29번 회전하면 한 달이 되고, 365번 회전하면 1년이 된다. 동의에는 두 개의 나무로 만든 인형이 장치되어 매 15분마다 북을 치고, 1시간에 한 번씩 종을 쳐서 시간을 알렸다. 이는 천체운동을 표시할뿐더러 시간을 나타내는 기기로 후대 천문종(天文鐘)의 전신이라고 할 수 있다.

의학

수·당 시대 의학은 의료 분야를 구분했다는 점에서 새로운 발전을 이루었다. 당시 의료 분야는 체료(體療, 내과), 창종(瘡腫, 외과), 소소(少小,

소아과), 이목구치과(耳目口齒科) 외에도 침과(針科)와 안마과(按摩科) 등
이 있었다.

저명한 의학자들이 남긴 가치 있는 저술도 적지 않다.

수대 소원방(巢元方) 등이 찬술한 《제병원후론(諸病源候論)》은 전체
50권 67개 분야로 나누어져 있으며, 1720개 항목에 따라 병의 원인
연구와 질병 분류, 감별과 진단 등을 종합한 저작물로 후대 의학에 커
다란 영향을 미쳤다.

수대와 당초에 활동한 손사막(孫思邈, 581~682년)은 한 평생 의약학
에 모든 정력을 쏟아 부었다. 그는 특히 중국 고대 의사들의 훌륭한 전
통을 계승, 발양했다. "인명은 지극히 중요한 것으로 천금의 값어치가
있으니 약방으로 인명을 구제하는 것은 그 덕행이 천금을 넘어선다."[305]
그는 《천금방(千金方)》30권, 《천금익방(千金翼方)》30권 등 풍부한 내
용을 담고 있는 의학서적을 저술했다. 그는 또한 특효 약물에 대한 연
구와 약물 채집방법 등에 대해 연구해 후인들에게 '약왕(藥王)'이라는
칭호를 얻었다.

현종 시절 왕도(王燾)는 《외대비요(外臺秘要)》40권에서 1104개 분
과로 나누어 개별 약방 6900여 개를 기록했다. 이는 전대의 의학 성과
에서 "정수를 채집하고 요체를 선택한 것이다."[306]

당 고종 시절 소경(蘇敬) 등이 《본초(本草)》를 재편하라는 명을 받아
전체 53권의 《당본초(唐本草)》를 편찬했다. 《당본초》는 840종의 약물
에 대해 기록하고 있으며, 도굉경(陶宏景)의 《본초경집주(本草經集注)》
에서 약물 400여 종에 대한 잘못된 기술을 교정했고, 새롭게 114종을
보충했다. 이 약물들 가운데 페르시아나 남해에서 전래된 것이 적지 않
다. 《당본초》는 세계에서 최초로 국가가 편찬해 반포한 약전(藥典)이다.

건축

　조주(趙州) 안제교(安濟橋)는 현존하는 세계에서 가장 오래된 석공교
(石拱橋), 즉 아치형 돌다리다. 이는 수나라 시절 장인인 이춘(李春)이 설
계한 것으로 전체 길이가 54미터고, 경간(徑間)은 37.02미터, 아치의
높이는 7.23미터다. 아치의 양쪽 상방에 각기 두 개의 가운데가 비어
있는 아치를 만들어 교량 본체와 교량 기반의 하중을 줄이고, 유수(流
水)의 면적을 확대시켰다. 이러한 교량 제작 방식은 세계에서 처음 있
는 일이다.

　수와 당의 도성인 장안은 수대 건축가 우문개(宇文愷)와 고룡의(高
龍義), 그리고 당대 건축가 염립덕(閻立德) 등이 설계한 것이다. 장안성
은 건물의 구도가 엄밀하고 규모가 방대하다. 고고학적 실측에 따르면,
동서 9550미터, 남북 8470미터며, 성 주위는 대략 70리 정도라고 한
다.[307] 구역을 나누었으며, 방시(坊市), 가도(街道), 녹지(綠地), 수도(水道)
등 도시 건설계획이 상당히 완정한 수준에 이르렀다. 동서로 대칭되
는 구조나 바둑판처럼 질서정연하게 구분되는 가도는 물론이고, 궁전
과 아문, 방시를 각기 구분해 배치했으며, 이방(里坊)은 폐쇄식으로 배
치하고, 시장은 집중적으로 배치했다. 이러한 모든 것들이 장안과 당시
중요 도시 구조의 특색이다.

　장안 궁성과 흥경궁(興慶宮), 그리고 외곽성(外郭城) 북쪽에 자리한
대명궁(大明宮)을 일러 삼대내(三大內)라고 한다. 대명궁은 당 고종 시
절에 세워졌으며, 정전인 함원전(含元殿)은 동서로 11간(間), 남북으로
3간 정도로 큰 공간을 차지하고 있으며(59.2×16미터), 계단의 높이는
평지에서 40여 척(尺)이다.[308] 궁 안에 있는 인덕전(麟德殿)은 전, 중, 후
삼전(三殿)으로 구분되는데, 높낮이가 서로 다르며, 중랑(重廊)을 통해

대전과 좌우 누각이나 정자를 연결시켰다. 이렇듯 구조가 복잡하면서도 웅장한 규모를 갖춘 것은 당시 각기 다른 규모나 성격의 궁정활동에 부응하기 위함이었다.

당대 목조 건축기술은 이미 상당히 성숙한 수준에 이르렀다. 산서 오대산의 남선사(南禪寺)는 건중(建中) 3년(782년), 불광사(佛光寺)는 대중(大中) 11년(857년)에 건설되었는데, 현존하는 가장 오래된 토목 건축물이다.

당대 중엽 이후로 전와(磚瓦, 벽돌과 기와) 건축이 남방 대도시를 중심으로 점차 확대되기 시작했다. 광주, 소주(蘇州), 홍주(洪州, 지금의 강서 남창) 등지의 죽목(竹木) 건축이 와방(瓦房) 건축으로 대체되었으며,[309] 성도(成都)와 강하[江夏, 호북 무창(武昌)] 등지의 성벽을 벽돌로 쌓기 시작했다.[310]

인쇄술

수·당 시대는 문화가 융성하면서 식자층도 크게 늘어났기 때문에 기존의 초사본(抄寫本)만으로 사회의 수요를 감당하기 어렵게 되었다. 그래서 조판(雕版) 인쇄술이 생겨났다.

조판 인쇄술은 수말 당초에 이미 발명되었는데, 당대 초기 현장(玄奘)이 이를 이용해 불상을 인쇄한 적이 있으나 보편적으로 활용된 것은 아니었다. 문종 대화(大和) 9년(835년), 풍숙(馮宿)의 〈금판인시헌서주(禁版印時憲書奏)〉에 따르면, "검남도[劍南道, 검문관 남쪽으로 이전의 익주(益州), 지금의 사천성 일대를 말한다 – 역주] 양천(兩川, 동천과 서천)과 회남도에서 역일(曆日)을 인쇄해 시장에서 팔았다. 매년 사천대에서 새로운 역일을 반포하기도 전에 인쇄한 역일이 천하에 두루 퍼졌다."[311] 조판 인쇄한

금강경

역서(曆書)는 만당 시절 광범위하게 유포되었다.

현존하는 가장 오래된 조판 인쇄물은 함통(咸通) 9년(868년), 왕개(王階)가 인쇄한《금강경》이다. 경권(經卷)은 대략 30센티미터 높이에 길이가 5미터며, 7장을 이어 붙여 만들었다. 첫 번째 장은 비화(扉畵)이며, 그 뒤로《금강경》전문이 인쇄되어 있다. 그림과 문자가 모두 정교하다. 목판의 조각기술이 숙달되고 글자나 그림이 분명해 당시 각인(刻印) 기술이 상당했음을 알 수 있다. 현존하는 당대 인쇄물 가운데 건부(乾符) 4년(877년) 역서와 중화(中和) 2년(882년) 역서 등이 있다. 1953년 성도(成都) 망강루(望江樓) 부근에서 발굴된 당대 분묘에서 용지방(龍池坊) 변가(卞家)가 인쇄해서 판매하던《다라니경(陀羅尼經)》이 발견되었는데, 이는 중국에서 현존하는 가장 오래된 인쇄물이다.

당조 말 인쇄술이 이미 동천과 서천, 회남, 강남, 절동, 강서, 동도(東都) 등지에 두루 유행했다. 출판된 서적은 주로 자서[字書, 예를 들면《옥편(玉篇)》], 운서[韻書,《당운(唐韻)》등], 역서, 불경, 주본(呪本), 음양잡기(陰陽雜記), 점몽(占夢), 상택(相宅), 구궁오위(九宮五緯)와 같은 술수(術數)에 관련된 책들이다. 성도(成都)는 당시 인쇄업의 중심지로 서사(書肆, 책가게)에서 대량으로 조판 인쇄한 서적을 판매했다.[312]

인쇄술은 중국에서 발명된 이후로 점차 전 세계로 전파되었다. 인쇄술의 발명은 중국이 세계문화에 끼친 위대한 공헌 가운데 하나다.

5 · 당대 중국과 아시아 각국의 경제 문화 교류

당대 중국과 아시아 각국의 경제 문화 교류는 전에 없이 빈번해지기 시작했다. 아시아 각국의 상인, 승려와 학자들이 끊임없이 중국으로 와서 장안, 낙양, 양주 등 대도시로 몰려들었다. 당시 중국은 아시아 각국 경제 문화 교류의 중추가 되었다.

당시 중국과 아시아 각국의 교통이 비교적 발달했다. 육로는 지금의 하서주랑(河西走廊)에서 신강을 거쳐 중앙아시아, 서아시아와 파키스탄과 인도에 이르고, 사천에서 서장(西藏, 티베트)을 거쳐 네팔, 파키스탄과 인도까지 갈 수 있었다. 또한 운남에서 미얀마와 인도, 하북에서 요동을 거쳐 조선까지 이르렀다.

해상교통의 주요 노선은 광주에서 베트남, 인도네시아, 스리랑카, 이란과 아라비아까지 통행했다. 당 왕조 중엽, 광주의 강중(江中)에 "파라문(婆羅門, 브라만), 파사(波斯, 페르시아), 곤륜(崑崙) 등에서 온 선박이 그 수를 셀 수 없을 정도로 많았는데, 향약(香藥)과 진귀한 보물을 산처럼 적재하고 높이가 6~7장 정도나 되는 큰 배로 사자국(師子國, 지금의 스리랑카), 대석국(大石國), 골당국(骨唐國) …… 등을 왕래하고 거주했으며, 종류도 극히 많았다.[313] 대종(代宗) 시절 매년 광주로 들어오는 각국 선박이 4000여 척에 이르렀다. 당 왕조 말년 천주(泉州)는 중요 대외 항구가 되었다. 당의 상선들도 멀리 말레이반도, 오만만과 페르시아만 일대까지 항해했다. 당조 후기 중국 선원들은 계절풍을 정확하게 파악해 항해에 활용했으며, 중국과 일본 간의 해상 교통도 날로 활발해졌다. 중국 상선은 일본으로 직항할 수 있었으며, 신라의 선박 역시 중국과 조선, 그리고 일본을 수시로 왕래했다.

당대 중국과 조선, 일본의 문화 교류

중국과 한반도의 관계는 수·당 시기 더욱 밀접해졌다.

9세기 중엽, 지금의 산동, 강소 북부 연안의 모든 현에 자리한 수많은 신라방은 신라 교민이 거주하는 지역이다. 중국에 거주하는 신라 백성들 중 어떤 이는 해운업을 경영했고, 어떤 이는 농사일에 힘을 다했다. 그들은 중국 동부 연해의 경제, 문화 발전에 어느 정도 공헌을 했다. 신라 상인의 선박은 지금의 산동, 강소 연해 사이를 왕래하며 종종 일본까지도 항해했다.[314]

신라가 한반도를 통일하기 전부터 신라 귀족들은 자제들을 당으로 유학 보내기 시작했다. 통일 이후 더 많은 유학생들이 대규모로 당에 들어왔다. 개성(開成) 5년(840년), 신라 유학생과 기타 인원이 한 차례 귀국했는데, 그 인원이 전체 105명이었다. 신라인 가운데 당에서 과거에 응시해 시험에 합격한 이도 있었다. 그중 최치원은 12세에 당에 들어와 18세에 진사에 합격했으며, 그의 《계원필경집(桂苑筆耕集)》이 현재까지 전해지고 있다. 신라 국학에서도 유가경전을 시험 항목으로 삼았다. 신라 사대부는 중국 문화에 대해 깊이 이해하고 있었기 때문에 당 현종은 사신을 신라에 보낼 때 "신라는 군자국으로 시서를 알고 있다(新羅號君子國, 知詩書)"라고 해 특별히 경학가 형숙(邢璹)을 선발해 보내기도 했다. 이외에도 백거이의 시가가 신라에 널리 전해졌다.

신라인들은 당조 이전부터 이미 한자를 활용한 기록 수단을 가지고 있었다. 7세기 중엽 그들은 '이두(吏讀)'를 창조했으며, 한자의 자형을 음부(音符)로 삼고, 조사나 조동사를 한문 사이에 끼워 사용함으로써 한문을 읽는 데 도움이 되도록 했다.

당조 시절의 중국 천문과 역법, 그리고 의서가 신라에 전래되었다. 신라의 회화, 조소, 음악 등도 중국의 영향을 받았다. 현존하는 경주 석굴암의 석불과 보살상은 당의 석각 조상과 풍격 면에서 상당히 유사하다.

7세기 초, 일본 성덕태자(聖德太子, 쇼토쿠 태자)는 소야매자(小野妹子, 오노노이모코)를 견수사(遣隋使)로 중국에 두 차례 파견했으며, 아울러 유학생과 학승을 수나라로 보내 중국 문화를 배우도록 했다. 당조 초년 일본 유학생 고향현리(高向玄理, 다카무코노 구로마로), 남연청안(南淵請安, 미나미부치노쇼안), 학승 승민(僧旻)이 연이어 귀국했다. 그들은 적극적으로 중국 문화를 소개해 중일 문화 교류에 촉진제 역할을 했다. 일본의 양노령(養老令)은 당령(唐令)에 근원을 둔 것이고, 평성경(平城京, 헤이조쿄) 역시 장안성의 설계를 본떠 건설한 것이다.

당대에 일본은 계속해서 모두 19차례 견당사를 파견했는데, 주로 경사(經史)에 박식하고 문예에 능숙하며 당조의 상황에 익숙한 이들을 선발했다. 견당사의 수행원 중에는 의사, 음양사(陰陽師), 악사 등이 있었는데, 이는 여러 가지 난제를 더 깊이 연구하고 해결하기 위함이었다. 최근 서안에서 〈정진성묘지(井眞成墓志)〉가 발견되었는데, 이는 최초로 발견된 재당 일본 유학생의 묘지다.

견당사, 유학생, 학승들은 채백(彩帛, 채색 비단), 향약, 진귀한 보물을 가지고 들어왔고, 악기, 서적, 경권(經卷), 불상 등을 가지고 돌아갔다. 유학생 길비진비(吉備眞備, 기비노 마키비)는 중국이 과학 분야에서 새롭게 얻은 성과를 일본에 소개했다. 학승 공해(空海, 구우가이)는 진언종[眞言宗, 밀종(密宗)]의 경전을 대량으로 가지고 귀국해 일본 진언종의 태두가 되었다. 공해가 집필한《문경비부론(文鏡秘府論)》과《전예만상명의(篆隷萬象名義)》는 중국문학 비평과 문자학에 관한 중요한 저서이며, 중일 문화 교류에 큰 공헌을 한 저서다. 당나라 사람의 문집이 9세기 이후로 대량 일본으로 들어갔는데, 특히 백거이의 시가가 일본인의 사랑을 받았다. 일본인은 한자 초서체를 이용해 성음을 표시하는 히라가나(平假名)를 만들었고, 한자 해서의 편방을 이용해서 성음을 나타내는 가타카나(片假名)를 만들었다. 이러한 자모는 지금까지 계속해서 사용되고 있다.

일본 정창원(正倉院)에 현존하는 문구, 옷과 장신구, 병풍, 악기 등 당대 문물은 당대 중국과 일본이 광범위하게 진행했던 문화 교류의 좋은 증거물이다.

일본으로 간 당조 승려 감진(鑑眞, 688~763년)은 중일 문화 교류에 많은 공헌을 했다. 감진의 성은 순우(淳于)이며 양주 사람이다. 그는 10여 년 동안 여섯 차례 시도 끝에 도해(渡海)의 희망을 실현해 천보(天寶) 13년(754년) 일본에 도착했다. 당시 그의 나이는 칠순에 가까웠고, 두 눈은 실명 상태였다. 감진은 불교 계율을 일본에 전했으며, 아울러 불사 건축과 불상 조각 예술을 일본에 소개했다. 현존하는 당초제사(唐招提寺)와 노사나불(盧舍那佛)은 감진과 그의 제자들이 천평(天平) 보자(寶字) 3년(759년) 창건한 것이다. 감진은 의학, 특히 본초학에 정통했는데, 코로 일본 약제의 진위를 판별했으며, 일본 의약학의 발전에 크게 공헌했다.

당대 중국과 남아시아 각국의 문화 교류

수·당 시기 중국은 니파라(尼婆羅, 네팔), 천축(天竺, 인도), 임읍(林邑, 베트남 남부), 진랍(眞臘, 캄보디아), 가릉(訶陵, 인도네시아 자바), 표국(驃國, 미얀마), 사자국(스리랑카) 등과 관계를 맺고 있었다. 수많은 승려들이 지금의 인도, 파키스탄 등지로 경전을 구하거나 예불을 위해 떠났다. 그 가운데 현장(玄奘)과 의정(義淨)은 인도, 파키스탄, 인도네시아와의 문화 교류에 크게 이바지했다.

현장(596~664년)은 성은 진(陳)이며, 하남 구지[緱氏, 지금의 강사(偃師) 남쪽] 사람이다. 정관 초년 장안에서 출발해 "만약 천축에 이르지 못하면 죽을 때까지 동쪽으로 한 걸음도 옮기지 않겠다"[315]라는 비장한 결심을 하고 서쪽으로 떠났다. 고창왕(高昌王) 국문태(麴文泰)의 도움을 받아 모래바람 몰아치는 사막이나 혹한의 설산 등 여러 장애를 극복하고 지금의 신강 위구르 자치구, 중앙아시아, 아프가니스탄 등을 거쳐 마침내 파키스탄과 인도에 이르렀다. 그는 지금의 파키스탄과 네팔, 인도 북부에서 3년간 머물렀으며, 이후 당시 인도 불교학술의 중심지였던 나란타사(那爛陀寺, 지금의 가야성 서북쪽)에서 《유가사지론(瑜伽師地論)》을 공부했다. 나란타사에서 5년간 힘들게 공부한 현장은 계속해서 인도와 파키스탄 각지를 순례하면서 불학을 연구했다. 5, 6년이 지나 다시 나란타사로 돌아온 그는 그곳에서 《섭대승론(攝大乘論)》을 강론하고 중요 논문인《회종론(會宗論)》을 발표했으며, 논적들과 변론을 벌였다. 642년 계일왕(戒日王)이 현장을 위해 곡녀성[曲女城, 지금의 인도 카나길성(卡諾吉城)]에서 1차 불경학 변론대회를 거행했다. 당시 변론대회에 인도의 18개 나라 국왕과 각파에서 파견한 승려 수천 명이 참가했는데, 현장은 이 대회에서 최고의 영예를 얻었다.

현장은 인도에서 불경 657부를 가지고 정관 19년(645년) 정월 장안으로 돌아왔다. 그는 장안에서 불경을 번역하는 전문 기구를 만들어 20여 년 동안 불경 75부, 1330권을 번역했다. 그리고 자신이 여행하면서 얻은 풍부한 경험과 견문을 근거로《대당서역기(大唐西域記)》를 저술했다. 그 책에는 지금의 신강(新疆) 지역과 소련, 중앙아시아, 아프가니스탄, 인도, 파키스탄, 네팔, 스리랑카 등 여러 국가의 경내 138개국의 산천, 물산, 풍속, 종교, 정치 상황 등이 자세하게 기록되어 있어 해당 지역과 국가의 7세기 중엽 역사에 중요한 문헌이 되고 있다.

현장이 귀국한 후 얼마 지나지 않아 계일왕의 사신이 장안에 도착했다. 당 태종은 이후 계일왕과 사신을 주고받았다. 태종과 고종 시절에도 당나라 사신 왕현책(王玄策)이 세 차례에 걸쳐 천축과 네팔에 사신으로 나갔으며, 이외 여러 나라를 방문했다.

의정(義淨, 635~713년)은 성은 장(張)이며 범양(範陽) 사람이다. 고종 함형[咸亨, 2년(671년)] 광주에서 배를 타고 나라 밖으로 나가 나란타사에서 10년간 수학했다. 또한 실리불서(室利佛誓)와 말라유(末羅瑜)[두 곳 모두 옛 나라 이름으로 인도네시아 수마트라에 있다] 등지에서 불경을 찾아 베끼는 작업을 했다. 증성(證聖) 원년(695년) 의정은 경(經), 율(律), 논(論) 등 삼장(三藏) 400여 부를 가지고 낙양으로 돌아왔다. 의정이 쓴《남해기귀내법전(南海寄歸內法傳)》과《대당서역구법고승전(大唐西域求法高僧

傳》》은 당시 남아시아 일대 여러 나라의 불교와 생활, 문화에 관한 내용을 소개하면서 당시 인도로 떠난 중국 승려들의 경력을 기록하고 있다.

인도에서 당나라로 들어와 번역에 참가한 승려도 있었는데, 이름이 기록된 이는 20여 명이다. 그 가운데 일부 승려는 의학에 정통해 특히 눈병 치료에 능했다고 한다. 인도의 천문학자가 장안의 사천대(司天臺)에서 일하면서 역서 제작에 참가했으며, 인도의 구집력(九執曆)을 번역하기도 했다. 그들은 중국과 인도 문화 교류를 촉진하는 역할을 했다.

인도의 범문(梵文)이 중국에 전래되면서 한어의 음운(音韻) 연구가 더욱 촉진되었다. 수대에 《절운(切韻)》이 나왔고, 당대에도 음운에 관한 책이 적지 않게 나왔다. 승려 수온(守溫)은 범문의 자모 체계를 본떠 한어 자모 30개를 만들었다.[316]

덕종 정원(貞元) 18년(802년) 표국(驃國)의 왕자가 악대를 데리고 장안으로 왔다. 《신당서》〈표국전(驃國傳)〉에 당시 표국악의 곡명과 사용했던 악기 명칭이 상세하게 기록되어 있다.

당대 중국과 중앙아시아·서아시아·북아프리카 각국 간의 경제 문화 교류

당나라는 중앙아시아 강국(康國), 석국(石國), 안국(安國) 등 소무(昭武) 여러 나라와 서아시아 페르시아와 빈번하게 교류하면서 서로 사절단을 주고받았다. 영휘(永徽) 2년(651년) 당은 대식국(大食國)과 외교관계를 맺었다. 불름(拂菻, 동로마 제국)의 사신도 여러 차례 당나라를 방문했다. 페르시아, 아랍, 중앙아시아의 상인들이 중국에 장기간 머물면서 주옥이나 향약(香藥)을 판매하거나 비단을 매입했으며, 고리대금업에 종사하기도 했다. 또한 그들은 아예 가게를 내어 호병(胡餠)이나 필라(畢羅, 고기나 채소, 대추 등을 소로 넣어 작은 떡을 만들고, 다시 그 작은 떡을 밀가루 전병에 싸서 만든 떡 – 역주), 페르시아의 유명한 술인 삼륵장(三勒漿)을 판매했다. 이렇듯 수많은 상인들이 중국과 아시아 여러 나라를 오가면서 상품을 판매하는 등 무역업에 종사했다. 개원 시절 혜초(慧超)의 기록에 따르면, 당시 페르시아 사람들이 배를 타고 광주로 와서 "능라, 견사 등 비단을 사갔다."[317] 그래서 유프라테스 강과 티그리스 강의 주변 지역(지금의 이라크)과 이집트의 카이로 부근에서 당대 청자와 백자가 발굴되고 있으며, 근래에 들어와 신강에서 7세기 상인의 창고가 발견되어 페르시아와 아랍의 은 동전 947매와 금 조각 13개가 발견되기도 했다.

751년 탈레스 전투에서 고선지(高仙芝) 장군이 대식국에 패배했다. 당시 포로로 끌려간 이들에 의해 제지법이 지금의 우즈베키스탄 사마르칸트로 전해졌으며, 이후 여러 지역에서 종이를 만들기 시작했다. 이렇게 해서 중국의 제지술은 중앙아시아를 통해 아랍 여러 나라로 전해졌던 것이다. 또한 비단 방직 기술도 아랍 여러 나라로 전해졌으며, 대식의 수도에는 중국에서 온 방직기술자가 살았다고 한다.[318] 이 외에도 중국의 도자기 제작기술이나 연단술, 그리고 화약의 재료인 초석 등도 당대에 서역으로 전해졌다.

중앙아시아 석국과 강국의 호등무(胡騰舞)와 호선무(胡旋舞), 그리고 자기무(柘枝舞) 등이 장안에 전해지면서 중앙아시아의 음악이 장안에서 크게 유행했다.

6장 수·당 시대

각주

1장 선사 시대

1. 《국어(國語)》〈진어(晉語)〉, 《사기(史記)》〈오제본기(五帝本紀)〉.
2. 《좌전(左傳)》, 소공 17년(昭公十七年).
3. 《역 계사(易系辭)》.
4. 위의 책, "斲木爲耜相, 揉木爲耒, 耒耨之利, 以敎天下."
5. 위의 책.
6. 《세본(世本)》〈작편(作篇)〉, "以金作兵器."

2장 하와 상

1. 《국어》〈주어(周語)〉.
2. 《세본》〈거편(居篇)〉.
3. 《일주서(逸周書)》〈도읍(度邑)〉, "有夏之居."
4. 《세본》〈거편〉.
5. 《좌전》희공 31년.
6. 《죽서기년(竹書紀年)》, "益干啓位而啓殺之."《한비자(韓非子)》〈외저설(外儲說)〉에도 보인다.
7. 《상서》〈감서(甘誓)〉.
8. 《국어》〈초어(楚語)〉,《일주서》〈상맥(嘗麥)〉에 보인다.
9. 《좌전》양공 4년, 애공 원년.
10. 《여씨춘추》〈음초(音初)〉,《제왕세기(帝王世紀)》등에 보인다.
11. 《세본》, "契居蕃", "昭明居砥石".《좌전》양공(襄公) 9년, "陶唐氏之火正阏伯居商丘……相土因之."
12. 《죽서기년》,《초사(楚辭)》〈천문(天問)〉.
13. 《후한서》〈두독전(杜篤傳)〉"반경은 박에서 사치를 버리고 검소한 생활을 했다(盤庚去奢行儉於亳)",《정현(鄭玄)》〈상서주(尚書注)〉도 이와 유사한 이야기를 하고 있다.
14. 《대우정(大盂鼎)》, "我聞殷墜命, 唯殷邊侯, 甸雩殷正百辟, 率肄于酒."

1. 《시경》〈대아〉〈생민(生民)〉.

2. 《시경》〈대아〉〈공류(公劉)〉.

3. 《죽서기년》.

4. 《맹자》〈양혜왕(梁惠王)〉과《좌전》소공(昭公) 7년.

5. 2000년 공포된 하상주단대공정(夏商周斷代工程) 연표에 근거했다.

6. 이 설은 정현(鄭玄)의《모시보(毛詩譜)》에 근거했다. 이와 달리《일주서(逸周書)》〈작락(作雒)〉,
   《한서》〈지리지(地理志)〉는 상조의 왕기를 삼분해 무경이 3분의 1을 다스리고, 삼숙(三叔)이 나
   머지 3분의 2를 다스렸다고 한다.

7. 《일주서》〈작락〉.

8. 《상서》〈다방(多方)〉, "今爾尙宅爾宅, 畋爾田." "爾乃自時洛邑, 尙永力畋爾田."

9. 《좌전》정공(定公) 4년.

10. 《국어》〈주어〉, "終於千畝."

11. 〈영고(令馘)〉, 〈영정(令鼎)〉, 〈맥존(麥尊)〉, 〈대우정〉 등의 동기 명문에 보인다.

12. 《사기》〈제태공세가(齊太公世家)〉.

13. 《국어》〈주어〉.

14. 《죽서기년》, 《여씨춘추》〈음초〉.

15. 《예기》〈교특생(郊特牲)〉, "下堂而見諸侯."

16. 《국어》〈주어〉, "王師敗績于姜氏之戎." "宣王旣喪南國之師, 乃料民于太原."

17. 고동고(顧棟高),《춘추대사표(春秋大事表)》에 따른다.

18. 《국어》〈진어〉.

19. 《좌전》양공(襄公) 27년.

20. 《좌전》민공(閔公) 2년, "奪卜齮田." 문공 8년, "先克奪蒯得田于菫陰."

21. 《좌전》정공(定公) 10년, 소공(昭公) 25년 참조.

22. 《국어》〈진어〉, "金玉其車, 文錯其服, 能行諸侯之賄."

23. 《사기》〈화식열전〉, "十九年之中, 三致千金." "所至, 國君無不分庭與之抗禮."

24. 《한서》〈식화지〉, "一夫挾五口, 治田百畝."

25. 《맹자》〈양혜왕〉, "百畝之田, 勿奪其時. 八口之家可以無飢矣."

26. 《맹자》〈만장〉, "一夫百畝, 百畝之糞, 上農夫食九人, 上次食八人."

27. 《법경》의 중요 내용은 환담(桓譚)의《신론(新論)》에서 볼 수 있다(명나라 말기 동열(董說)의《칠국
    고(七國考)》참조).

28. 《한비자》〈화씨(和氏)〉, "封君之子孫三世而收爵祿." "罷無能. 廢無用, 損不急之官." "廢公族疏
    遠者."

29. 《사기》〈전완세가(田完世家)〉, "謹修法律而督奸吏."

30. 《진한금문록(秦漢金文錄)》참조.

1. 감인(闞駰), 《십삼주지(十三州志)》, "큰 군(郡)은 수(守), 작은 군은 위(尉)라고 했다." 소군은 위만 두고 수는 두지 않았다. 진의 제도는 이러했다.

2. 《사기》 권5, 〈진본기〉, 헌공(獻公) 10년(기원전 375년), "호적상오를 실시했다(爲?籍相伍)." 《사기》 권68, 〈상군열전(商君列傳)〉, 효공 6년(기원전 356년) "백성을 열 다섯 가구씩 편성해 서로 감시하고 죄에 대해 서로 책임을 지도록 했다(令民爲什伍而相收司連坐)." 《상군서(商君書)》 〈경내편(境內篇)〉, "국경 안에서 남자와 여자는 모두 그 이름을 적으며, 태어나는 경우 기록하고, 죽은 자는 삭제한다(四境之內, 丈夫女子皆有名于上, 生者著, 死者削)."

3. 《사기》 권6, 〈진시황본기(秦始皇本紀)〉, "初令男子書年", "使黔首自實田." 이하 출처를 명시하지 않은 인용문은 모두 이에 따른다.

4. 서간(徐幹) 《중론(中論)》 〈민수편(民數篇)〉, "민수란 모든 일이 근거하는 것이니 이에 근거하면 바르지 않은 경우가 없다. 이것으로 논밭과 거주지를 구분하며, 토지 공물과 군대 부과세를 징수하고, 그릇과 도구를 제조한다. 녹봉을 만들어 농사와 관련한 요역을 일으키고, 병사를 징집해 군대를 만든다. 국가는 이를 근거로 규장을 수립하고 백성들은 이를 근거로 법도를 수립한다(民數者, 庶事之所自出也, 莫不取正焉; 以分田里, 以令貢賦, 以造罷用, 以制祿食, 以起田役, 以作軍旅. 國以之建典, 民以之立度)." 서간이 말하고 있는 '민수'란 바로 호적이며, 명적(名籍)이라고 부르기도 했다.

5. 〈수호지진묘죽간(睡虎地秦墓竹簡)〉, 문물출판사, 1990.

6. 운몽(雲夢) 용강(龍崗)에서 발견된 진간(秦簡)에 금원(禁苑)과 관련된 일부 내용이 보존되어 있다. 《용강진간(龍崗秦簡)》, 중화서국, 2001.

7. 《삼보황도(三輔黃圖)》 권1, 《함양고성(咸陽故城)》, "端門四達, 以制紫宮."

8. 강엄(江淹), 《강문통집(江文通集)》 〈동검찬서(銅劍贊序)〉에서 제일 먼저 이런 관점을 제시했다.

9. 현존 청동기 '상앙량(商鞅量)'에 상앙의 명문(銘文)과 진시황 26년 도량형 통일에 관한 조서가 새겨 있다. 이를 볼 때, '상앙량'은 일찍이 상앙 시기와 진시황 시기에 두 번 표준 기물로 사용되었음을 알 수 있다. 명문에 기록된 수치를 측정해보면, 진의 1척은 대략 지금의 0.23미터이고, 진의 1승은 지금의 0.2리터다. 또한 현존하는 왕망의 '가량(嘉量)'의 용적과 척도는 '상앙량'과 동일하다. 이를 볼 때 한제와 진제가 일치함을 알 수 있다.

10. 《수경주》 권37, 〈엽유하(葉楡河)〉에 인용된 《교주외역기(交州外域記)》에 따르면, 교지(交趾)의 낙월인(雒越人)은 "낙전(雒田)이라는 토지가 있는데, 그 밭은 조수의 오르내림에 따라 이동한다. 낙월인은 이를 개간해 생계를 유지했다. 그래서 낙민(雒民)이라 불렸다. 낙왕(雒王), 낙후(雒侯)를 세워 각 군현(郡縣)을 관리했으며, 현에는 낙장(雒將)이 많았다." 중국 경내의 서구인(西甌人)도 대체적으로 이와 같았다.

11. 《전국책(戰國策)》 권19, 〈월책(趙策)〉.

12. 《회남자(淮南子)》 〈인간훈(人間訓)〉, "使尉屠睢發卒50萬爲五軍, 一軍塞鐔城之嶺, 一軍守九嶷之塞, 一軍處番禺之都, 一軍守南野之界, 一軍結餘幹之水. 三軍不解甲弛弩."

13. 《한서》 〈식화지하(食貨志下)〉, "力役三十倍于古, 田租口賦鹽鐵之利二十倍于古."

14. 《속한서》 〈군국지〉 주(注)의 추산에 따르면, 전국 말 인구는 대략 1000여만 명이고, 진대도 대략

그 정도였다.

15. 《한서》〈식화지하(食貨志下)〉, "男子力耕, 不足粮餉, 女子紡績, 不足衣服, 竭天下之資財以奉其政."

16. 《한서》〈가산전(賈山傳)〉, "秦皇帝身在之時, 天下已壞矣, 而弗自知也."

17. 《사기》〈이사열전(李斯列傳)〉, "稅民深者爲明吏." "殺人衆者爲忠臣."

18. 《상군서》〈경내편(境內篇)〉에 의하면, 1둔은 5명이다.

19. 《사기》〈진섭세가(陈涉世家)〉.

20. 10월은 한(漢) 원년 첫째 달이며, 기원전 207년이다. 그러나 한 원년의 대부분 달[月]은 기원전 206년에 속한다.

21. 《사기》〈평준서(平准書)〉, "自天子不能具鈞駟, 而將相或乘牛車, 齊民無藏蓋."

22. 《한서》〈고조기(高祖紀)〉, "兵皆罷歸家." "以有功勞行田宅."

23. 작(爵)은 진나라 제도로 공로에 대한 상으로 하사했다. 작은 20개의 등급으로 나뉜다. 《한서》〈백관공경표(百官公卿表)〉 참조.

24. 《장가산한묘죽간(張家山漢墓竹簡)》27호 묘(墓), 문물출판사, 2001.

25. 《사기》〈조상국세가(曹相國家)〉, "擧事無所變更."

26. 《한서》〈혜제기(惠帝紀)〉, 혜제 3년 6월, "제후왕, 열후의 노예 2만 명을 징발해 장안성을 축조했다(發諸侯王, 列侯徒隸二萬人城長安)." 당시 징발은 농번기를 고려하지 않았으며, 기한도 정하지 않았다. 하지만 징발 대상은 노예이지 농민들이 아니었기 때문에 일반적인 징발과 달랐다.

27. 《한서》〈혜제기〉, "省法令妨吏民者, 除挾書律."

28. 《한서》〈고후기(高后紀)〉, "除三族罪, 妖言令."

29. 《염철론(鹽鐵論)》〈미통편(未通篇)〉. '삼십세일(三十稅一)'은 실제 수확량이 아니라 토지 면적에 따라 세금을 징수하는 것이다. '십오세일(十五稅一)'도 아마 그럴 것이다.

30. 《한서》〈가연지전(賈捐之傳)〉, "三年而一事."

31. 《한서》〈고혜고후문공신표서(高惠高后文功臣表序)〉, "流民既歸, 户口亦息, 列侯大者至三四萬户, 小國自倍, 富厚如之."

32. 《사기》〈율서(律書)〉, "粟至十餘錢." 《태평어람》 권35, 환담(桓譚), 《신론(新論)》에 따르면, 문제 시절 "곡량은 석 당 수십 전이었으며, 상하가 모두 풍요로웠다(穀至石數十錢, 上下饒羨)."

33. 전(傳)은 관이나 나루터를 통과할 때 사용하는 신물(信物)로 일종의 통행증과 같다. '과관용전(過關用傳)' 제도는 7국의 난리 이후에 다시 시행되었다.

34. 한제(漢制)로 한 근은 지금의 0.45근(근은 500g)에 해당한다. 현존하는 왕망의 '가량(嘉量, 표준측량기)'에 새겨진 자체 중량 2균(鈞), 즉 60근은 실제 측정한 결과로 산출한 것이다.

35. 《한서》〈문제기찬(文帝紀贊)〉, "百金, 中人十家之産也. 吾奉先帝宮室, 常恐羞之, 何以台爲."

36. 《한서》〈형법지(刑法志)〉, "刑罰大省, 至于斷獄四百, 有刑錯之風."

37. 《속한서》〈오행지〉, 주에 인용된 《동관서(東觀書)》에 두림(杜林)의 상소가 수록되어 있다. 《한서》〈누경전(婁敬傳)〉 참조. 백성들을 이주시킨 것 역시 관중을 충실하게 만들려는 의도였다.

38. 《한서》〈제후왕표서(諸侯王表序)〉, "大者跨州兼郡, 連城數十."

39. 《한서》〈가의전(賈誼傳)〉, "天下之勢, 方病大瘇, 一脛之大几如腰, 一指之大几如股." "病非徒瘇

也, 又苦蹂戾." "親者或亡分地以安天下, 疏者或制大權以逼天子." "欲天下之治安, 莫若衆建諸

侯而少其力. 力少則易使以義, 國小則亡邪心."

40. 《한서》〈오왕비전(吳王濞傳)〉, "削之亦反, 不削亦反. 削之, 其反亟, 禍小. 不削之, 其反遲, 禍大."

41. 《한서》〈누경전〉, "冒頓在, 固爲子婿. 死, 外孫爲單于. 豈曾聞外孫敢與大父亢禮哉."

42. 《한서》〈고제기하(高帝紀下)〉, "甚有文理, 中縣人以故不耗減, 粵(越)人相攻擊之俗益止."

43. 《한서》〈남월전(南粵傳)〉, "乘黃屋左纛稱制."

44. 《사기》〈평준서〉, "都鄙廩庾皆滿, 而府庫餘貨財, 京師之錢累巨萬, 貫朽而不可校, 太倉之粟陳

陳相因, 充溢露積于外, 至腐敗不可食."

45. 《염철론》〈수한(水旱)〉, "縣官鼓鑄鐵器, 大抵多爲大器, 務應員程, 不給民用."

46. 《염철론》〈통유(通有)〉, "伐木而樹谷, 燔萊而播粟, 火耕而水耨."

47. 《사기》〈제도혜왕세가(齊悼惠王世家)〉에 실린 〈경전가(耕田歌)〉, "深耕穊種, 立苗欲疏."

48. 《한서》〈식화지하〉, "其耕耘下種田器, 皆有便巧."

49. 《한서》〈구혁지〉, "田於何所池陽, 谷口. 鄭國在前, 白渠起后. 擧臿爲云, 決渠爲雨. 水流竈下, 魚

跳入釜. 涇水一石, 其泥數斗. 且漑且糞, 長我禾黍. 衣食京師, 億萬之口." '수류(水流)', '어도(魚

跳)'는 순열(荀悅)의 《한기(漢紀)》에 따라 보충한 말이다.

50. 《사기》〈하거서〉, "朔方, 西河, 河西, 酒泉, 皆引河及川谷以漑田. ……汝南, 九江引淮, 東海引巨

定. 泰山下引汶水, 皆穿渠爲漑田. 備萬餘頃, 備小渠披山通道者, 不可勝言."

51. 《한서》〈우공전〉, "吏卒徒攻山取銅鐵. 一歲功十萬人以上."

52. 《한서》〈공우전〉, "作工各數千人, 一歲費數巨萬."

53. 《서경잡기》권1, "用一百二十疆."

54. 《염철론》〈산부족편(散不足篇)〉, "銀口黃耳", "金錯蜀杯."

55. 《염철론》〈산부족편〉, "一杯棬用百人之功, 一屛風就萬人之功."

56. 《사기》〈화식열전〉, "于天下三分之一, 而人衆不過什三, 然量共富, 什居其六."

57. 소부(少府) 외에도 삼보(三輔), 태상(太常), 수형(水衡), 군국(郡國)에 이르기까지 모두 공전을 불

법적으로 빌려주었다《한서》〈선제기〉지절(地節) 원년(기원전 69년), 3년, 〈원제기〉초원(初元) 원

년, 2년 등에서 볼 수 있다. 백성들에게 공전을 빌려주는 이른바 '가민공전(假民公田)'은 일종의

조세 착취 방식이라고 할 수 있는데, 비율이 어느 정도였는지는 자세히 알 수 없다.《구장산술》권

6 명제(命題)에 따르면, 처음 빌려주었을 때는 3무에 1전, 다음 해는 4무에 1전이었으며, 그 이듬

해는 5무에 1전이었다고 한다. 이렇듯 전세는 상당히 낮았으며, 해를 거듭할수록 점차 줄어들었

다. 하지만 실제로 그러했는지는 알 수 없다.

58. 《한서》〈왕가전〉.《태평어람》권627에 환담(桓譚)의 《신론》내용이 인용되어 있다. "한대 선제 이

래로 백성들에게 거두어들이는 부세가 1년에 40여 억 전이었다. 관리들이 그 가운데 절반을 사

용하고, 나머지 20억 전은 도내(都內)에 보관해 금전(禁錢)으로 삼았다. 소부가 관리하는 원지(園

地)에서 13억 전을 징수해 궁실 비용과 하사품 비용으로 지급했다(漢定(宣)以來, 百姓賦斂一歲

爲四十餘萬萬, 吏俸用其半, 餘二十萬萬藏于都内爲禁錢。少府所領園地作務之八(入)十三

萬萬, 以給宮室供養諸賞賜)." 이렇게 보면, 〈왕가전〉에서 말한 금액은 창고에 보관하고 있는

돈이지 1년 수입은 아닌 것 같다.

59. 《사기》〈소상국세가〉, "賤强買民田宅數千萬."

60. 《사기》〈위기무안후열전〉.

61. 《한서》〈곽광전〉, "買民宅奴婢."

62. 《사기》〈회남형산왕열전〉.

63. 《한서》〈오행지상〉, "置私田于民間."

64. 한간에 한나라 시대의 명적 자료가 대량으로 기록되어 있다.

65. 《한서》〈식화지〉는 이리(李悝)가 전국 시대 농가의 수입을 추산한 것을 기준으로 삼고 있다. 같은 책에 수록된 한대 농가 수입에 대한 조조의 추산에 따르면, 1호의 수입은 백 석을 넘지 않으며, 식비와 전조 납부에도 부족할 지경이었다. 그렇기 때문에 다음 해 농사를 위한 준비조차 제대로 할 수 없었다.

66. 《염철론》〈미통편(未通篇)〉, "加之以口賦更徭之役, 率一人之作, 中分其功. 農夫悉其所得, 或假貸而益之. 是以白姓疾耕力作而饑寒遂及己也."

67. 《한서》〈이광전〉. 이광의 종제 이채(李蔡)가 양릉(경제의 능묘)의 땅 3경을 몰래 편취해 40여만 전에 팔았다. 1무당 1000여 전에 해당한다. 또한《한서》〈동방삭전〉에 보면, "1무의 가치가 1금(金, 1만 전)에 달한다"는 기록이 나온다. 이는 "토고(土膏)로 칭해지던(號爲土膏)" 장안 부근의 좋은 땅의 경우다. 당시 동방삭은 한 문제가 악두(鄂杜)의 민전(民田)을 수용해 상림원(上林苑)을 확장하려는 계획을 만류하기 위해 이런 말을 했기 때문에 가격이 다소 과장되었을 것이다.

68. 우마의 가격에 관한 자료는《구장산술》권7, 권8,《거연한간고석(居延漢簡考釋)》석문(釋文) 권3,《한서》〈무제기〉원수 5년 등에 나오는 기록을 참조했다.《한서》〈식화지〉에 보면, 초한 전쟁 시절 말 한 마리 가격이 400금에 달했다고 적혀 있는데, 이는 특별한 경우로 일반적인 가격이 아니다.

69. 《한서》〈식화지〉, "送往迎來, 吊死問疾", "尚復被水旱之災, 急政暴虐, 賦斂不時, 朝令而暮改. 當具有者半價而賣, 亡者取倍稱之息. 于是有賣田宅, 鬻子孫以償債者矣."

70. 《염철론》〈미통편〉, "大抵逋流皆在大家, 吏丟畏惲, 不敢篤責, 刻急細民. 細民不堪, 流亡遠去, 中家爲之絶出, 後亡者爲先亡者服事. 錄民數創于惡吏, 故相仿效, 去尤甚而就少愈者多."

71. 《한서》〈혹리영성전〉.《한서》권70,〈진탕전(陳湯傳)〉, 권89,〈순리황패전(循吏黃霸傳)〉참고.

72. 《거연한간갑편(居延漢簡甲編)》, 도판 일련 번호 1585.《거연한간고증(居延漢簡考証)》제2권.

73. 《한서》권5,〈경제기〉, 권29,〈구혁지〉, 권70〈진탕전〉, 권37〈난포전(欒布傳)〉, 권57〈사마상여전〉등에서 볼 수 있다.

74. 《염철론》〈복고편(復古篇)〉, "大抵盡收放流人民."

75. 《염철론》〈금경편〉.

76. 갱졸은 사람을 고용해 부역을 대신하는 것을 말한다.《한서》〈구혁지〉주(注),《한서》〈소제기〉주에 따르면 매월 2000전을 주었다고 한다.《구장산술》권3, 권6에는 이보다 훨씬 낮은 가격이 기록되어 있다.

77. 《한서》〈주발전(周勃傳)〉에 붙어 있는〈주부아전(周亞夫傳)〉.

78. 동한 말과 삼국 역사에서 이러한 예증을 볼 수 있다.《세설신어》〈언어편〉주를 보면, 유종(劉琮)은 경애(지금의 해남성) 근처에서 제후 사마위(司馬徽)에게 하찮은 사람이라고 욕을 했고, 또 노비라고도 욕했다고 기록되어 있다.《삼국지》〈위지〉〈왕릉전〉에 따르면 단고(單固)가 양강(楊康)을 매우 하찮은 사람이라고 욕했고 또 노예라고 욕했다고 기록되어 있다.

79. 《사기》〈화식열전〉, "用貧求富, 農不如工, 工不如商, 刺繡文不如倚市門." 아래에서 출처가 기재되어 있지 않은 인용문은 모두 이에 따르거나, 《한서》권9, 〈화식전〉에 따른다.

80. 《한서》〈식화지〉, "今法律賤商人, 商人已富貴矣."

81. 《한서》〈공우전〉, "近臣自諸曹'侍中以上家, 亡得私販賣."

82. 칠과적은 전한 시대에 병역에 보충되던 하층민을 말한다. 《사기》〈대원열전〉, 《한서》〈무제기〉, 《한서》〈이광열전〉에 따르면, 칠과적은 다음과 같다. 죄를 범한 관리(吏有罪), 호적지에서 도망친 사람(亡命), 채무로 노예가 된 자(贅婿), 시적(市籍)에 등록된 상인(賈人), 시적에 올라 있는 자(故有市籍), 부모가 시적에 올라 있는 자(父母有市籍), 조부모가 시적에 등록된 자(大父母有市籍).

83. 《한서》〈엄조전〉, "자식이나 사람을 노예로 파는 것을 췌자라고 한다. 3년 동안 대속하지 못해 점차 노예로 전락했다(賣子與人作奴婢, 名爲贅子, 三年不能贖, 遂爲奴婢)."

84. 《한서》〈조광한전〉, 광한은 경조윤(京兆尹)이었는데, 승상인 위상(魏相)의 부인이 노비를 질투해 살해했다는 혐의가 있자 승상의 저택으로 들어가 부인을 소환한 다음 법정에서 무릎을 꿇게 하고 조사를 벌였다. 《한서》〈왕망전〉에도 왕망의 자식인 획(獲)이 제멋대로 노비를 살해해 왕망이 아들에게 자살을 명했다는 기록이 나온다.

85. 《한서》〈동중서전〉, "顓殺之威."

86. 《한서》〈장안세전(張安世傳)〉, "皆有手技作事."

87. 《동약(僮約)》의 내용은 《예문유취(藝文類聚)》, 《초학기(初學記)》, 《태평어람》 등에서 인용한 것인데, 문자 가운데 틀린 부분이 적지 않다. 엄가균(嚴可均)의 《전한문》권42를 참조. 《동약》은 일종의 유희 삼아 쓴 문장이다. 하지만 그 안에 서술된 노예들의 노역 항목은 서한 시대 실제 생활과 부합하는 것으로 보인다.

88. 《사기》〈주부언열전〉, "連城數十, 地方千里."

89. 《한서》〈왕자후표서(王子侯表序)〉, "支庶畢侯."

90. 《한서》〈제후왕표서(諸侯王表序)〉, "不行黜陟而藩國自析."

91. 《한서》〈제후왕표서〉, "諸侯惟得衣食租稅, 不與政事."

92. 한대 낭(郎) 선발은 이 외에도 대책을 올려 낭이 되는 경우도 있었고, 효렴으로 천거되어 낭이 되기도 했다. 또한 사책갑과(射策甲科)로 낭이 되기도 했다. 육군(六郡)의 양가자(良家子, 좋은 집안 자제)들이 낭 등이 되는 길은 주로 한 무제 시절과 이후에 생겨났다. 《한서》〈동중서전〉 왕선겸(王先謙), 《보주(補注)》 참조.

93. 《한서》〈백관공경표〉, "守門戶, 出充車騎."

94. 《한서》〈동중서전〉, "長吏多出于郎中, 中郎, 吏二千石子弟, 選郎吏又以富訾."

95. 《한서》〈문제기〉, "擧賢良能直言極諫者."

96. 《한서》〈동중서전〉, "使諸列侯郡守二千石, 各擇其吏民賢者, 歲貢各二人, 以給宿衛."

97. 《한서》〈무제기〉, "初令郡國擧孝, 廉各一人."

98. 《한서》〈무제기〉, "不擧孝, 不奉詔, 當以不敬論. 不擧廉, 不勝任也, 當免."

99. 《한서》〈유림전서〉, "太常擇民年十八以上儀狀端正者."

100. 《사기》〈조상국세가〉, "陛下垂拱, 參等守職."

101. 《한서》〈신도가전〉, "陛下幸愛群臣, 則富貴之. 至于朝廷之禮, 不可以不肅."

102. 《한서》〈전분전〉, "薦人或起家至二千石, 權移主上." "君除吏盡未? 吾亦欲除吏."

103. 《한서》〈엄조전〉, "與大臣辯論, 中外相應以義理之文, 大臣數詘."

104. 《한서》〈백관공경표〉 주에 인용된 〈한관전직의(漢官典職儀)〉, "省察治狀, 黜陟能否, 斷治冤獄, 以六條問事."

105. 고염무,《일지록(日知錄)》권9부 자사조(刺史條), "小大相制, 内外相維."

106. 《한서》〈유협전서〉, "權行州域, 力折公侯."

107. 《사기》〈유협열전〉, "盜跖居民間者."

108. 《사기》〈혹리열전〉, "族滅瞷氏首惡, 餘皆股栗."

109. 《후한서》〈정홍전(鄭弘傳)〉 주(注)에 사승(謝承)의《후한서》내용이 인용되어 있다. "徒强宗大姓, 不得族居."

110. 《한서》〈장탕전(張湯傳)〉, "排富商大賈, 出告緡令, 鋤豪强幷兼之家, 舞文巧詆以輔法."

111. 《한서》〈형법지(刑法志)〉, "所欲活則傅生議, 所欲陷則予死比."

112. 《한서》〈식화지〉, "盜鑄諸金錢, 罪皆死." 별도의 주를 달지 않은 인용문은《한서》〈식화지〉나《사기》〈평준서〉에서 인용한 내용이다.

113. 일설에 따르면, 삼관(三官)은 종관(鍾官), 변동(辨銅), 기교(伎巧)라고 한다. 수형도위가 상림원에 설치되어 있었기 때문에 '상림삼관(上林三官)'이라고 부르기도 한다.

114. 《염철론》〈역경(力耕)〉과 〈복고(復古)〉편에 보인다. "山澤之財, 均輸之藏, 所以御輕重而役諸侯也." "今意總一鹽鐵, 非獨爲利止也, 將以建本抑末, 離朋黨, 禁淫侈, 絶幷兼之路也."

115. 《한서》〈엄조전〉, "越人欲爲變, 必先田餘幹界中, 積食粮."

116. 《한서》〈지리지〉, "多犀象玳瑁珠璣銀銅果布之湊."

117. 《사기》〈남월열전〉, "請比内諸侯, 三歲一朝, 除邊關."

118. 《사기》〈흉노열전〉, "諸引弓之民, 幷爲一家."

119. 《사기》〈흉노열전〉, "得人以爲奴婢." "近幸臣妾從死者多至數十百人."

120. 당시 이주민 72만 명 중에 일부는 회계(會稽)로 이주했다.

121. 《사기》〈흉노열전〉 주에 인용된 〈서하구사(西河舊事)〉, "失我祁連山, 使我六畜不蕃息. 失我焉支山, 使我嫁婦無顏色."

122. 《한서》〈식화지〉, "上郡, 朔方, 西河, 河西開田官, 斥塞卒六十萬人戍田之."

123. 《한서》〈조충국전(趙充國傳)〉, "自敦煌至遼東萬一千五百餘里, 乘塞列燧." 이는 선제 시절의 일이지만 운장새(雲障塞)의 정(亭)과 봉수대는 무제 시절에 만든 것이다.

124. 당시 서역이라는 지리 개념에는 중앙아시아와 그보다 더 먼 곳까지 모두 포함되지만, 본서에서 말하는 서역은 주로 지금의 신강 지역을 지칭한다.

125. 《한서》〈서역전〉, "不田作種樹, 隨畜逐水草, 與匈奴同俗." 이하 출처를 밝히지 않은 인용문은 《한서》〈서역전〉이나《사기》〈대원열전(大宛列傳)〉에서 인용한 것이다.

126. 《후한서》〈서역전〉, "内之匈奴右部阿惡地, 因號曰阿惡國."《한서》〈서역전〉에 기록된 포류국(蒲類國)과 포류후국(蒲類後國)의 인구는 전체 3102명으로 선우가 이주시킨 6000여 명의 숫자에 크게 못 미친다.

127. 《한서》〈장건전(張騫傳)〉, "地肥饒, 少寇, 志安樂, 又自以遠, 遠漢, 殊無報胡之心."

128. 《사기》〈대원열전〉의 전반부는 장건이 얻는 자료에 따라 기록한 것이다.

129. 《한서》〈서역전서〉, "督察烏孫, 康居諸外國動靜, 有變以聞."

130. 《태평어람》제794권에 인용된 《장자》, "羌人死, 燔而揚其灰." 《여씨춘추》〈의상편(義賞篇)〉
참조.

131. 《후한서》〈서강전〉, "不立君臣, 無相長一, 强則分種爲酋豪, 弱則爲人附落."

132. 《후한서》〈오환전〉, "俗善騎射, 弋獵禽獸爲事, 隨水草放牧, 居無常處."

133. 《전국책》〈조책(趙策)〉, 《초사》〈대초(大招)〉, 《사기》〈흉노열전〉 등에서 말하고 있는 '사비(師比)',
'선비(鮮卑)', '서비(胥紕)', '서비(犀毗)' 등은 모두 선비(鮮卑)의 각기 다른 음역이며, 뜻은 혁대고
리[革帶鉤]다. 《사기》〈흉노열전〉 장안(張晏) 주에 따르면, "선비는 낙락 모양의 혁대를 했는데
(낙락은) 상서로운 동물의 이름이다. 동호 사람들이 이를 착용했다(鮮卑郭落帶, 瑞獸名也, 東胡好
服之)." 앞의 내용에서 알 수 있다시피 '사비' '서비'라는 말은 모두 동호(東胡)에서 온 것이다. 지
금의 만주어로 선비는 상서로움을 뜻하며, 곽락은 짐승을 뜻한다. 이렇게 보면 전국 이래로 선비
와 한인 사이에 문화적으로 이미 모종의 관계가 형성되어 있었음을 알 수 있다.

134. 《한서》〈가의전〉, "饑寒切于民之肌肤, 欲其無爲奸邪, 不可得也. 國已屈矣, 盜賊直須時耳."

135. 《한서》〈동중서전〉, "衆其奴婢, 多其牛羊, 廣其田宅, 博其産業, 畜其積委."

136. 《한서》〈식화지〉, "限民名田以贍不足, 塞幷兼之路, 鹽鐵皆歸于民, 去奴婢, 除專殺之威, 薄賦
斂, 省徭役, 以寬民力."

137. 동중서는 《춘추번로》〈도제(度制)〉편에서 이렇게 말하고 있다. 성인은 "인도(사회 규범)를 제정하
면서 상하의 차이를 두어 부자는 자신의 존귀함을 드러낼 수 있으되 교만하지 않도록 하고, 가난
한 자도 생존하면서 근심에 이르지 않도록 했다. 이러한 기준으로 균형을 이루니 재화가 부족하
지 않고 사회적으로 위아래가 서로 평안하여 다스리기 쉬웠다(制人道而差上下也, 使富者足以示貴
而不至于驕, 貧者足以養生而不至于憂, 以此爲度而調均之, 是以財不匱而上下相安, 故易治也)." 이는
동중서가 백성들의 토지 점유를 제한한 최종 목적이다.

138. 《한서》〈오구수왕전(吾丘壽王傳)〉.

139. 《한서》〈혹리성선전(酷吏成宣傳)〉, "南陽有梅免, 百政. 楚有段中, 杜少. 齊有徐勃. 燕趙之間有
堅盧, 範主之屬. 大群至數千人."

140. 《염철론》〈대론(大論)〉, "關中暴徒保人阻險."

141. 《자치통감》권22. 정화(征和) 2년, "漢家庶事草創, 加四夷侵陵中國, 朕不變更制度, 后世無法,
不出師征伐, 天下不安, 爲此者不得不勞民. 若後世又如朕所爲, 是襲亡秦之迹也."

142. 《한서》〈서역전〉, "當今務在禁苛暴, 止擅賦, 力本農, 修馬復令養馬者得免徭役以補缺, 毋乏武
备而已."

143. 《한서》〈식화지〉, "流民稍還, 田野益辟, 頗有蓄積."

144. 《한서》〈선제기찬(宣帝紀贊)〉, "技巧工匠器械, 自元, 成間鮮能及之."

145. 《풍속통(風俗通)》〈정실(正失)〉, "政教明, 法令行, 邊境安, 四夷清, 單于款塞, 天下殷富, 百姓康
樂, 其治過于太宗文帝之時."

146. 《한서》〈장창전〉, "攻官寺, 篡囚徒, 搜朝市, 劫列侯."

147. 《한서》〈선제기〉황룡(黃龍) 원년, "民多貧, 盜賊不止."

148. 《한서》〈공우전〉, "雖賜之田, 猶賤賣以賈, 窮則起爲盜賊."

149. 이후 성제는 도민봉릉(徒民奉陵) 제도를 부활하려고 했으나 조야의 반대로 인해 작파했다.《한서》〈성제기〉와 〈진탕전(陳湯傳)〉 참조.

150. 《한서》〈경방전〉, "亦極亂耳, 尚何道."

151. 《한서》〈곡영전〉, "大興徭役, 重賦斂."

152. 《한서》〈왕가전(王嘉傳)〉, "資千萬者少."

153. 《한서》〈장우전(張禹傳)〉, "多買田至四百頃, 皆径渭漑灌, 極膏腴上價, 它財物稱是."

154. 《한서》〈화식전〉, "依其權力, 賒貸郡國, 人莫敢負."

155. 《한서》〈성제기(成帝紀)〉, 〈오행지(五行志)〉를 보면 정궁이 자칭 '산군(山君)'이라고 했는데 철관도(鐵官徒)인 것 같다.

156. 번병은 유생이다.《한서》〈유림〉〈공안국전〉 참조.

157. 《한서》〈천문지(天文志)〉와 〈오행지〉에 따르면, "군국 40여 곳을 거쳤다(經曆郡國四十餘)"고 했는데, 만약 그렇다면 서한 103개 군국의 절반에 해당하니 사실이 아닌 듯하다.〈성제기〉는 "19군데 군국을 거쳤다"고 했다.

158. 《한서》〈포선전(鮑宣傳)〉, "有七亡而無一得." "有七死而無一生."

159. 《한서》〈애제기〉, "王氏田非冢茔, 皆以賦貧民."

160. 《한서》〈왕망전〉, "連引郡國豪杰素非議己者." 이하 출처를 밝히지 않은 인용문은 모두 이에 따른다.

161. 《한서》〈왕망전〉 지황 2년에 따르면, 복자(卜者) 왕황(王況)이 위성[魏成, 본래 위군(魏郡)인데 왕망이 개칭했다] 대윤(大尹) 이언(李焉)에게 다음과 같이 말했다. "새로운 황실이 즉위한 이래로 토지와 노비를 매매할 수 없게 되었다(新室即位以來, 民田奴婢, 不得賣買……)."《후한서》〈외효전(隗囂傳)〉, 외효의 왕망 토벌 격문에서도 "농지는 왕의 농지이니 매매할 수 없다(田爲王田, 賣買不得)"는 말이 나온다.

162. 《한서》〈식화지〉, 조령에는 구체적으로 '왕전'과 '사속'을 명칭을 거론해 취소한다고 말한 것은 아니다.《한서》〈왕망전〉 지황(地皇) 3년(22년)에 따르면, "議遣風俗大夫司國憲等分行天下, 除井田奴婢山澤六筦之禁, 即位以來詔令不便于民者皆收還之." 이에 비로소 왕전과 사속 등에 관한 법률 조치를 취소했다. 당시는 왕망 정권이 철저하게 붕괴되기 바로 직전이다.

163. 《한서》〈식화지〉, "乘傳求利, 交錯天下, 因與郡縣通奸, 多張空簿, 府藏不實, 百姓愈病."

164. 전포와 화천을 발행한 연대는 〈왕망전〉의 경우 지황 원년(20년)이고, 〈식화지〉는 천봉(天鳳) 원년(14년)이다.

165. 《한서》〈왕망전〉, "數千人爲輩. 轉入旁郡."

166. 《후한서》〈제무왕전(齊武王傳)〉, "復高祖之業."

167. 《후한서》〈광무제기〉, "或爲地道, 冲輣撞城, 積弩亂發, 矢下如雨, 城中負户而汲."

168. 《자치통감》 권39, 갱시 원년, "中外合勢, 震呼動天地, 莽兵大潰, 走者相騰蹂, 奔殪百餘里間."

169. 《후한서》〈광무제기〉, "海内豪杰翕然響應, 皆殺其牧守, 自稱將軍, 用漢年號, 以待(更始)詔命, 旬日之間, 遍于天下."

170. 《후한서》〈유분자전(劉盆子傳)〉, "殺人者死, 傷人者償創."

171. 《한서》〈왕망전〉, "寧逢赤眉, 不逢太師王匡, 太師尚可, 更始廉丹殺我."

172. 《후한서》〈광무제기〉 주, "或以山川土地爲名, 或以軍容强盛爲號."

173. 《후한서》〈명제기〉, "濱渠下田賦與貧人, 無令豪右得固其利."

174. 《태평어람》 권829에 인용된 환담(桓譚)의 《신론(新論)》.

175. 《후한서》〈장량전(張讓傳)〉 주, "設機車以引水." "爲曲筒以氣引水."

176. 《동관한기(東觀漢記)》〈장우전(張禹傳)〉, 《후한서》〈중장통전〉에 실린 《창언(昌言)》〈손익편(損益篇)〉의 추론에 따르면, 토지 상태의 비율과 수확량을 계산해 1무당 3곡(斛)을 징수했다.

177. 동한 시대 개간전답과 호구 숫자에 관해서는 《속한서》〈군국지(郡國志)〉 서주(序注)와 후주(後注) 참조. 동한 시대에 개간한 전답은 화제 시절에 가장 많아 7,320,170경(頃)에 달했으며, 호구는 환제(桓帝) 시절에 가장 많았다. 다만 숫자가 정확하지 않아 그 대강을 알 뿐이다.

178. 《후한서》〈순리위삽전(循吏衛颯傳)〉, "上起鐵宮, 罷斥私鑄, 歲所增人五百餘萬."

179. 최식(崔寔), 《정론(政論)》, 《군서치요(群書治要)》 권45에 보인다. "邊民敢斗健士, 皆自作私兵, 不肯用官器."

180. 서한 시대에는 주제[朱提, 운남 소통(昭通) 경내]와 당랑[堂狼, 운남 동천(東川) 경내] 2현(縣)이 있었는데, 동한 시대에 당랑현이 주제현에 편입되었다. 그래서 《속한서》〈군국지〉 주에 인용된 《남중지(南中志)》에서 주제현에 당랑산이 있다고 말한 것이다. 이에 따르면, 동한 주제 동기(銅器)와 당랑 동기는 모두 주제현 당랑산에서 만든 것이다. 동한 동기 명문에 "주제당랑조(朱提堂狼造)" 또는 "당랑주제조(堂狼朱提造)"라고 쓴 것이 그 예증이다.

181. 《후한서》〈중장통전〉, "船車賈販, 周于四方, 廢居積貯, 滿于都城."

182. 《후한서》〈환담전(桓譚傳)〉, "收稅利息與封君比入."

183. 왕부, 《잠부론》〈부치(浮侈)〉, "天下百郡千縣, 市邑萬數."

184. 반고의 〈반초에게 주는 글(致班超書)〉에 보인다. 시장에서 구입한 물품은 《태평어람(太平御覽)》 권814, 권816, 권982. 《예문유취(藝文類聚)》 권85에 보인다.

185. 호구 증가의 개략적인 숫자는 《한서》〈지리지〉와 《속한서》〈군국지〉를 비교해 얻은 것이다. 상부의 통계가 부실하고 군국의 분합(分合) 등의 원인으로 인해 숫자가 정확하지 않다.

186. 《후한서》〈도상전(度尚傳)〉에 부기되어 있는 항여전(抗徐傳)〉, "試守宣城長, 悉移深林遠藪椎髻鳥語之人置于縣下."

187. 포사도(褒斜道)는 한 무제 시절 만들어 조운(漕運)에 활용했다. 《사기》〈하거서(河渠書)〉에 따르면, 동한 명제 시절 확장했다. 《금석췌편(金石萃編)》 권5, 〈개통포사도석각(開通褒斜道石刻)〉 참조.

188. 《화양국지》〈공손술유이목지(公孫述劉二牧志)〉, "府盈西南之貨, 朝多華岷之士."

189. 《후한서》〈번굉전(樊宏傳)〉, 〈제오륜전(第五倫傳)〉, 〈풍방전(馮魴傳)〉, "聚賓客, 招豪杰, 作營塹, 以待所歸."

190. 《후한서》〈풍이전(馮異傳)〉, "征伐非必略地屠城, 要在乎定安集之耳."

191. 《자치통감》 권40, 건무(建武) 2년, "營堡降者遣其渠帥謁京師, 散其小民令就農桑, 壞其營壁無使復聚."

192. 《속한서》〈오행지〉 주에 인용된 《동관한기(東觀漢記)》에 두림(杜林)의 상소(上疏)가 실려 있다. "小民負縣官不過身死, 負兵家滅門殄世."

193. 《후한서》〈환담전〉, "各生狐疑, 黨輩連接, 歲月不解."

194. 《후한서》〈광무제기〉, "郡國大姓及兵長, 群盜處處幷起, 攻劫在所, 害殺長吏. 郡縣追討, 到則解散, 去復屯結."

195. 《후한서》〈유반전(劉般傳)〉, 〈강혁전(江革傳)〉에 광무제 이후 도전(度田)과 호구의 비례에 따른 자료가 실려 있다. 하지만 이는 모두 우연한 일이다.

196. 《속한서》〈제사지(祭祀志)〉, "即位三十年, 百姓怨氣滿腹, 吾誰欺, 欺天乎."

197. 《후한서》〈유평전(劉平傳)〉에 부기되어 있는 왕망전(王望傳)〉, "裸行草食."

198. 《수경》〈비수주(比水注)〉에 인용된 《속한서》, 《후한서》〈번굉전〉, "治田殖至三百頃 , 廣起盧舍 , 高樓連閣 , 波肢灌注 , 竹木成林 , 六畜 放牧 , 魚羸梨果 , 檀棗桑麻 , 閉門成市 , 兵弩器械 , 貨至百萬."

199. 《사민월령》의 집본(輯本)은 엄가균(嚴可均)의 《전후한문(全后漢文)》에 보인다. 《사민월령》 지주의 가력(家曆)은 임금이 "경천수시(敬天授時)"하기 위한 《예기》〈월령(月令)〉과 다르며, 《여씨춘추》〈십이기〉, 《회남자》〈시칙훈〉과도 다르다.

200. 《수경》〈하수주(河水注)〉, "與田戶中分."

201. 최식, 《정론》, "下户踦嶇, 無所跱足, 乃父子低首, 奴事富人, 躬帥妻孥, 爲之服役.……歷代爲虜, 猶不贍于衣食. 生有終身之勤, 死有暴骨之憂. 歲小不登, 流離溝壑, 嫁妻賣子." 《통전(通典)》권1에서 인용함.

202. 《문선(文選)》권59 왕간서(王簡栖), 〈두타사비문(頭陀寺碑文)〉주에서 인용한 《창언(昌言)》, "百夫之豪, 州以千計."

203. 《후한서》〈중장통전(仲長統傳)〉에 실려 있는 《창언》〈이란편(理亂篇)〉, "豪人之室, 連棟數百, 膏田滿野, 奴婢千群, 徒附萬計, 船車賈販, 周于四方. 廢居積貯, 滿于都城."

204. 사병들은 심지어 주인을 따라 전투에 참가하기도 했다. 《후한서》권71, 〈주준전(朱俊傳)〉에 따르면, 광화(光和) 원년 교지자사(交趾刺史)로 있을 때 "(조정에서) 본군(本郡, 교지)에서 가병(家兵)을 모집할 것을 명하여" 교지의 폭동을 진압한 적이 있었으며, 나중에 주준도 가병을 인솔해 흑산군(黑山軍)을 진압했다.

205. 《후한서》〈두융전(竇融傳)〉에 부기된 두헌전(竇憲傳)〉, "國家棄憲如孤雛腐鼠耳."

206. 태위(太尉), 사도(司徒), 사공(司空)은 태위(太尉), 승상(丞相), 어사대부(御史大夫)에서 명칭이 바뀐 것이다. 서한 말에 이미 그와 같았다.

207. 《진서》권24, 〈직관지〉에 동한 상서 육조(六曹)가 실려 있다. 이에 따르면, 삼공조(三公曹)는 연말에 각 주군의 고과(考課)를 맡았고, 이부조(吏部曹)는 서한 시절 상시조(常侍曹)로 선거(選擧)와 제사의 일을 맡았다. 민조(民曹)는 수리[繕理] 토목공사[功作], 염지(鹽池), 원원(園苑)을 관장했으며, 객조(客曹)는 강호(羌胡)의 조하(朝賀)에 관한 일을 맡았다. 이천석조(二千石曹)는 송사를 주관했고, 중도관조(中都官曹)는 수화(水火, 수재나 화재 예방), 도적(盜賊)과 관련된 일을 맡았다. 육조와 영(令), 복(僕)을 합쳐 팔좌(八座)라고 부른다.

208. 《한서》〈지리지〉, 서한 평제(平帝) 시절, "무릇 군국이 103개, 현과 읍이 1314개, 도가 32개, 후국이 241개 있었다(凡郡國一百三, 縣邑千三百一十四, 道三十二, 侯國二百四十一)." 현(縣), 읍(邑), 도(道), 후국(侯國)이 전체 1587개였다. 《속한서》〈군국지〉, 동한 순제 시절에는 "군국이 105개, 현,

읍, 도, 후국이 1180개였다."《한서》〈백관공경표〉에 따르면, 현에 "만이가 있으면 도라고 불렀다 (有蠻夷曰道)."

209. 《문선》권1, 반고, 〈동도부(東都賦)〉, "四海之內, 學校如林."

210. 《후한서》〈양기전(梁冀傳)〉, "遣客出塞, 交通外國, 廣求異物."

211. 위의 책, "手握王爵, 口含天憲."

212. 《후한서》〈번굉전(樊宏傳)〉, "率取年少能報恩者."

213. 서간(徐幹), 《중론(中論)》〈견교(譴交)〉, "懷丈夫之容而襲婢妾之態, 或奉貨而行賂, 以自固結."

214. 《금석췌편(金石萃編)》권7, 〈북해상경군비(北海相景君碑)〉, 비는 건안 3년(144년) 건립되었다. 전대흔(錢大昕)의 《잠연당금석문발미(潛研堂金石文跋尾)》에 따르면, 비문 안에 '양암침사(諒暗沈思)', '능성우립(陵成宇立)' 등의 말이 적혀 있는데, 이는 신하가 쓸 수 있는 것이 아니며 경군(景君)의 비이기 때문에 쓴 것이다. 이는 경군과 옛 관리 사이가 군신의 명분이 있었음을 증거한다.

215. 마총(馬總), 《의림(意林)》에 중장통(仲長統)의 《창언(昌言)》이 실려 있다. "天下士有三俗, 選士而論族姓閥閱, 一俗."

216. 《후한서》〈당고전서(黨錮傳序)〉, "汝南太守範孟博(滂), 南陽宗資主畫諾. 南陽太守岑公孝(晊), 弘農成瑨但坐嘯."

217. 최식, 《정론》. 《태평어람》권496에서 인용함. "州郡記, 如霹靂, 得詔書, 但挂壁."

218. 《포박자》〈정곽(正郭)〉, "清談閭間."

219. 《후한서》〈곽태전〉 주에 인용된 사승(謝承)의 《후한서》, "泰之所名, 人品乃定, 先言後驗, 衆皆服之."

220. 《후한서》〈허소전〉, "好共核論鄕黨人物, 每月輒更其品題, 故汝南俗有月旦評焉."

221. 사마광(司馬光), 《자치통감》권43, 순제 영건 2년, "飾僞以邀譽, 釣奇以驚俗, 不食君祿, 而爭屠沽之利. 不受小官, 而規卿相之位." 《후한서》〈곽태전〉에 부기되어 있는 〈황윤전(黃允傳)〉, "준재로 명성을 얻은(以俊才知名)" 황윤(黃允)에 대해 그의 처가 15가지 악행을 폭로한 것이 그 한 예다.

222. 《후한서》〈환자조절전(宦者曹節傳)〉, "州郡牧守承順風旨, 辟召選擧, 釋賢取愚."

223. 《포박자》〈심거(審擧)〉, "擧秀才, 不知書, 察孝廉, 父別居, 寒素清白濁如泥, 高第良將怯如鷄."

224. 마총, 《의림》권5에 실린 중장통의 《창언》에서 천하 선비에게 세 가지 속됨이 있다고 하면서 "부귀한 이의 집으로 달려가 교유하는 것이 두 번째 속됨이다(交游趨富貴之門, 二俗)"라고 했다. 또한 천하 선비들 가운데 세 가지 천박한 것이 있는데, "흥성한 권세가에게 향하고 쇠미한 쪽은 등을 돌리는 것이 세 번째 천박한 일이다(向盛背衰, 三可賤)"라고 했다.

225. 조일(趙壹), 〈자세질사부(刺世疾邪賦)〉, "姤名勢, 撫拍豪强." 《후한서》〈조일전(趙壹傳)〉.

226. 《후한서》〈주휘전(朱暉傳)〉에 부기된 〈주목전(朱穆傳)〉, "黥首系趾, 代穆校作."

227. 《후한서》〈당고전서〉, "天下模楷李元禮膺, 不畏强御陳仲擧蕃, 天下俊秀王叔茂暢."

228. 《후한서》〈당고이응전〉, "諸黃門, 常侍皆鞠躬屛氣, 休沐不敢復出宮省."

229. 《후한서》〈당고전서〉, "養太學游士, 交結諸郡生徒, 更相馳驅, 共爲部黨, 誹訕朝廷, 疑亂風俗."

230. 《후한서》〈서역전〉, "檄書河西, 問中國動靜."

231. 《후한서》〈서역전〉, "如諸國力不從心, 東西南北自在也."

232. 《후한서》〈오환전〉, "朝發穹廬, 暮至城郭."

233. 《후한서》〈선비전〉, "靑徐二州給饋歲二億七千萬爲常."

234. 《후한서》〈서강전〉, "數爲小吏點人所見侵奪, 窮急無聊."

235. 《속한서》〈오행지〉, "小麥靑靑大麥枯, 誰當獲者婦與姑, 丈人何在西擊胡, 吏買馬, 君具車, 請爲諸君鼓嚨胡."

236. 《후한서》〈남만전〉, "關梁符傳租稅之賦."

237. 《제민요술(齊民要術)》 권3, 최식, 〈사민월령〉, "春饑草竊之寇", "窮厄寒凍之寇."

238. 《태평어람》 제976권에 인용된 최식의 〈정론〉, "小民發如韭, 翦復生. 頭如鷄, 割復鳴, 吏不必可畏, 民不必可輕." 엄가균(嚴可均)의 《전후한문(全後漢文)》에 근거해 일부 교정했다.

239. 《후한서》〈양진전(楊震傳)〉에 부기된 〈양사전(楊賜傳)〉, "天下禍負歸之."

240. 《후한서》〈유도전(劉陶傳)〉, "竄入京師, 覘視朝政."

241. 《후한서》〈양진전〉에 부기된 〈양사전〉, "切敕刺史二千石簡別流人, 各護歸本郡, 以孤弱其黨, 然後誅其渠帥."

242. 《후한서》〈유도전〉, "重募角等, 賞以國士, 有敢回避, 與之同罪."

243. 《후한서》〈황보숭전(皇甫嵩傳)〉, "방은 장군의 호칭이다(方, 猶將軍號也)."《후한기(后漢紀)》는 36방(方)을 36방(坊)으로 썼다.

244. 《후한서》〈황보숭전〉, "蒼天已死, 黃天當立, 歲在甲子, 天下大吉."《삼국지》〈위지〉〈무제기〉 주에 인용된 〈위략(魏略)〉에 진군(陳群), 환계(桓階)가 상주한 내용이 실려 있다. "환제와 영제 연간에 도참이나 위서를 주장하는 이들이 한조의 기운이 다하고 황가가 흥성한다고 말하고 있습니다(桓靈之間, 諸明圖緯者皆言漢行氣盡, 黃家當興)." 이로 보건대 황천(黃天)에 관한 이야기는 당시 유행하던 참어(讖語)를 장각이 이용한 것으로 보인다.

245. 《속한서》〈백관지〉 다섯 번째 주에 인용된 응소(應劭), 《한관의(漢官儀)》, "遠征三邊殊俗之兵."

246. 혜제(惠帝) 4년 처음으로 협서지율(挾書之律)을 폐지했다.《한서》〈혜제기〉 참조.

247. 《한서》〈유흠전〉, "獨有一叔孫通略定禮儀, 天下唯有易卜, 未有它書."

248. 《한서》〈예문지〉, "曆記成敗存亡禍福古今之道, 然後知秉要執本, 虛以自守, 卑弱以自持."

249. 《사기》〈악의열전찬(樂毅列傳贊)〉에 황로 언술의 사전(師傳)이 실려 있다.

250. 《수서》〈경적지〉, "所言道者傳之其人, 世無師說."

251. 《사기》〈조상국세가〉, "爲言治道貴淸靜而民自定."

252. 《한서》〈예문지〉, "君人南面之術."

253. 《신어(新語)》〈신미편(愼微篇)〉, 〈무력편(無爲篇)〉에 보인다. "道莫大于無爲, 行莫大于謹敬." "寂若無治國之意, 漠若無憂民之心, 然天下治."

254. 《사기》〈육가열전〉에 따르면, 육가가 한 고조에게 "시서를 이야기하면서(稱說詩書)" 진나라는 "인의를 행하지 않고 선성을 본받지 않았기 때문에 망했습니다"라고 말했다. 이는 유가 사상으로 볼 수 있다. 그러나 육가는 또한 "구변이 좋아", "항시 제후들에게 사신으로 나갔으며", "조정의 공경들 사이에서 지내면서" 여씨(呂氏)의 몰락을 촉진했다. 이는 종횡가의 모습이다.《신어(新語)》는 《한서》〈예문지〉에 유가로 등록되어 있으나 유흠의 《칠략》에는 별도로 병권모가(兵權謀家)로 간주되었다.

255. 《신어》〈회려(懷慮)〉, "執一政以繩百姓. 持一槪以等萬民", "同一治而明一統." 한나라 초기 진정한 황로의 무리들 역시 군신이나 상하의 구분에 대해 공개적으로 언급하면서 서한의 전제 제도

를 적극 옹호했다. 《사기》〈원고생전〉에 기록되어 있는 황로의 무리인 황생(黃生)의 정치 견해가
바로 그 예다.

256. 《한서》〈가의전〉, "夫俗至大不敬也至亡等也, 至冒上也, 進計者猶曰毋爲, 可爲長太息者此也."
257. 《한서》〈유흠전〉, "天下衆書往往頗出, 皆諸子傳說, 猶廣立于學官, 爲置博士."
258. 《한서》〈동중서전〉, "諸不在六藝之科, 孔子之術者, 皆絶其道勿使幷進."
259. 《한서》〈무제기〉, "治申, 商, 韓非, 蘇秦, 張儀之言."
260. 《한서》〈무제기〉, "色上黃, 數用五, 定官名, 协音律." 가의(賈誼)가 이전에 다음과 같은 건의를 했다.
    "정삭을 바꾸고 복색과 제도를 변경하며 관명을 정하고 예악을 일으킨다(改正朔, 易服色制度, 定官
    名, 興禮樂)." 하지만 "문제는 겸양하고 받아들이지 않았다(文帝謙讓未皇也)." 《한서》〈가의전〉 참조.
261. 《사기》〈급암열전〉, "外施仁義."
262. 《한서》〈원제기〉, "所用多文法吏, 以刑名繩下."
263. 동중서, 《춘추번로》〈옥배(玉杯)〉, "屈民而伸君, 屈君而伸天."
264. 《한서》〈동중서전〉, "强勉行道." 이하 출처를 밝히지 않은 인용문은 여기에서 나온 것이다.
265. 《춘추번로》〈초장왕(楚莊王)〉, "王者有改制之名, 無易道之實."
266. 《춘추번로》〈기의(基義)〉, "王道之三綱." "可求于天."
267. 왕국유(王國維), 〈한위박사고(漢魏博士考)〉, 《관당집림(觀堂集林)》 권4.
268. 《한서》〈유림전찬〉, "祿利之路."
269. 《문선》 권38, 임언승(任彦昇), 《위범시흥작구립태재비표(爲範始興作立太宰碑表)》 주에 인용된
    유흠(劉歆), 《칠략(七略)》, "敕丞相公孫弘廣開獻書之路."
270. 《한서》〈예문지〉 여순(如淳) 주(注)에 인용된 유흠, 《칠략》, "外則有太常, 太史, 博士之藏, 内則有
    延閣, 廣内, 秘室之府."
271. 《칠략》은 《집략(輯略, 여러 서적의 전체 요강)》, 《육예략(六藝略)》, 《제자략(諸子略)》, 《시부략(詩賦略)》,
    《병서략(兵書略)》, 《술수략(術數略)》, 《방기략(方技略)》으로 구성되어 있으며, 전체 1만 3269권이다.
272. 《한서》〈유흠전〉, "因陋就寡", "保殘守闕", "信口說而背傳記, 是末師而非往古", "挾恐見破之私
    意, 而無從善服義之公心."
273. 《속한서》〈백관지〉와 주에 따르면, 동한 박사는 서한과 비교했을 때 《역》은 경씨(京氏), 《서》는 구
    양(歐陽), 대소(大小) 하후(夏侯), 《시》는 제(齊), 노(魯), 한(韓). 《예》는 대덕[戴德, 대대(大戴)], 대
    승[戴勝, 소대(小戴)] 등이 더 늘어났고, 《춘추》는 곡량(谷梁)을 폐지하는 대신 공양(公羊)의 엄씨
    (嚴氏)와 안씨(顏氏)가 더해져 전체 14명의 박사가 있었다.
274. 《칠위(七緯)》는 《역》, 《시》, 《서》, 《예》, 《악》, 《춘추》, 《효경》 등 이른바 《칠경(七經)》과 상대적인 명
    칭이다. 경(經)은 모두 위(緯)가 있다.
275. 《후한서》〈광무제기〉, "宣布圖識于天下."
276. 《후한서》〈환담전〉, "諸巧慧小才伎數之人, 增益圖書, 矯稱讖記, 以欺惑貪邪, 詿誤人主."
277. 《홍명집》 권5, 환담(桓譚), 《신론(新論)》〈형신(形神)〉, "精神居形體, 猶火之然燭矣." 엄가균,
    《전후한문》, 권14, 《신론(新論)》 집본은 〈형신〉을 《신론》〈거폐〉에 넣었다.
278. 《논형》〈자기(自紀)〉, "細族孤門."
279. 《논형》〈자기〉, "貧無一畝庇身", "賤無斗石之秩."

280. 《논형》〈자연〉, "違儒家之說, 合黃老之義."

281. 위의 책, "引物事以驗其言行."

282. 《논형》〈물세(物勢)〉, "天地故生人." "天地合氣, 人偶自生." 〈자연〉편에서 왕충은 "천지합기, 만물자생(天地合氣, 萬物自生)"의 도리를 설명하고 있다.

283. 《논형》〈견고(譴告)〉, "天道, 自然也, 無爲. 如譴告人, 是有爲, 非自然也."

284. 위의 책, "六經之文, 聖人之語, 動言天者, 欲化無道, 懼愚者之言."

285. 《논형》〈논사(論死)〉, "形須氣而成, 氣須形而知, 天下無獨燃之火, 世間安得有無體獨知之精."

286. 위의 책, "人之所以生者, 精氣也, 死而精氣滅, 能爲精氣者, 血脉也, 人死血脉竭, 竭而精氣滅. 滅而形體朽, 朽而成灰土, 何用爲鬼."

287. 《논형》〈문공〉, "夫賢聖下筆造文, 用意詳審, 尚未可謂盡得實. 況倉卒吐言, 安能皆是?" "苟有不曉解之間, 迢難孔子, 何傷于義? 誠有傳聖業之知, 伐孔子之說, 何逆于理?"

288. 불교가 중국에 전래된 연도에 관해서는 여러 가지 주장이 혼재한다. 《삼국지》〈위지〉〈동이전〉은 주에서 《위략(魏略)》《서융전(西戎傳)》을 인용해 "한 애제 원수(元壽) 원년(기원전 2년), 박사 제자 경로(景盧)가 대월지(受大月氏) 왕의 사신 이존(伊存)에게 《부도경(浮屠經)》을 구전으로 들었다"고 했다. 대월지는 중앙아시아에서 불교가 가장 성행했던 나라다. 불경 구전은 인도의 전법(傳法)이나 중국 초기 불경 번역에서 통행되던 방식이다. 그래서 이 설이 비교적 믿을 만하다. 헌제(獻帝) 초평(初平) 연간에 작성된 〈모자이혹론(牟子理惑論)〉과 이후에 쓰인 〈사십이장경서(四十二章經序)〉 등에서는 동한 명제 시절에 대월지로 사신을 보내 불경 42장을 필사했으며, 이것이 중국에 불교가 처음 전래된 일이라고 했다. 하지만 《후한서》의 기록에 따르면, 명제 영평 8년(65년), 당시 초왕국(楚王國)에 이미 우파새(優婆塞)와 출가하지 않은 남자 신도와 사문이 있었으며, 초왕 영(英)이 그들을 위해 만찬을 베풀었다. 그렇다면 명제 시절에 불교 경전을 필사한 것이 전래의 시작이라는 주장은 믿을 수 없을 듯하다. 이 문제는 여전히 이설이 많은데, 탕용동(湯用彤), 《한위양진남북조불교사(漢魏兩晉南北朝佛敎史)》1장과 2장에 비교적 자세하게 서술되어 있다

289. 《후한서》〈초왕영전((楚玉英傳)〉, "喜黃老, 學爲浮屠佛齋戒祭祀."

290. 《후한서》〈양해전(襄楷傳)〉, "喜黃老, 學爲浮屠佛齋戒祭祀."

291. 상술한 초왕(楚王), 환제(桓帝)도 모두 그러했다. 범엽은 그 원인을 다음과 같이 해석했다. "은미한 뜻이 아직 번역되지 않았기 때문에 그저 신명이라고 여긴 것인가?(將微義未譯, 而但神明之邪?)" 《후한서》〈서역전론(西域傳論)〉에 나온다.

292. 《후한서》〈양해전〉, "省欲去奢."

293. 《후한서》〈양해전〉, "老子入夷狄爲浮屠."

294. 《삼국지》〈오지(吳志)〉〈유요전(劉繇傳)〉, "由此遠近前后至者五千餘人户, 每浴佛, 多設酒飯, 布席于路, 經數十里, 民人來觀及就食且萬人, 費以巨億計."

295. 《후한서》〈양해전(襄楷傳)〉, "上其師于吉于曲陽泉水上所得神書百七十卷." "其言以陰陽五行爲家, 而多巫覡雜語."

296. 《후한서》〈황보숭전(皇甫嵩傳)〉, "蓄養弟子. 跪拜首過. 符水呪說以療病", "使于四方, 以善道教化天下."

297. 《삼국지》〈위지〉〈장로전〉과 주에 인용된 《전략(典略)》, 《후한서》〈영제기(靈帝紀)〉와 주에서 인용된

826

유애(劉艾)의 《영헌이제기(靈獻二帝紀)》에 따르면, 장로가 한중으로 들어오기 전 파군 사람 장수(張修)가 이미 한중에서 오두미도를 전파하고 있었다. 이후 장수는 장로와 함께 유언(劉焉)의 명을 받아 한중을 점령했는데, 장로가 장수를 죽이고 한중에 정치, 종교적 통치를 하기 시작했다.

298. 《한서》〈사마천전(司馬遷傳)〉,〈보림안서(報任安書)〉에 실려 있다. "通古今之變."

299. 《사기》〈태사공자서〉, "納史記石室金匱之書." "網羅天下放失舊聞."

300. 《한서》〈사마천전〉〈보임안서(報任安書)〉, "偶儻非常之人."

301. 《사기》〈태사공자서〉 주에 인용된 위굉(衛宏), 《한구의(漢舊儀)》, "作景帝本紀, 極言其短."

302. 《사기》〈급암열전(汲黯列傳)〉, "内多欲而外施仁義."

303. 《한서》〈사마천전찬(司馬遷傳贊)〉, "是非頗謬于聖人."

304. 《삼국지》〈위지〉〈동탁전(董卓傳)〉 주에 인용된 사승(謝承),《후한서》에 실린 왕윤(王允)의 말.《삼국지》〈위지〉〈왕숙전(王肅傳)〉에 위 명제가 사마천의 《사기》에 대해 언급한 내용, "内懷隱切." "令人切齒."

305. 《한서》〈사마천전찬〉, "不虛美, 不隱惡, 故謂之實錄."

306. 《일지록(日知錄)》권26〈사기우서사중우론단(史記于序事中寓論斷)〉조(條). 물론 사마천은 필요한 의론을 배척하지 않았다.《사기》는 매 편 뒤에 '태사공왈(太史公曰)'을 집어넣어 자신의 견해를 개괄하고 심화시켰다.

307. 《사기》〈육국연표서(六國年表序)〉, "天所助焉."

308. 《사기》〈진초지제월표서(秦楚之際月表序)〉, "受命而帝."

309. 《한서》〈사마천전찬〉, "甚多疏略, 或有抵牾."

310. 《후한서》〈반고전론(班固傳論)〉, "不激詭, 不抑抗, 贍而不穢, 詳而有體."

311. 《사통》〈서사(書事)〉에 인용된 부현(傅玄)의 말, "論國體則飾朝闕而折忠臣, 叙世教則貴取容而賤直節."

312. 《문심조룡》〈전부(诠賦)〉, "鋪彩擒文, 體物寫志."

313. 장학성(章學誠),《교수통의(校雠通義)》권3, "古之賦家者流, 原本詩騷, 出入戰國諸子, 假設問對, 莊列寓言之遺也. 恢廓聲勢, 蘇張縱橫之體也. 排比諧隱, 韓非儲說之屬也. 征材聚事, 呂覽類輯之義也."

314. 《한서》〈양웅전(揚雄傳)〉, "上大人賦欲以風諷, 帝反縹縹有凌云之志."

315. 《한서》〈매고전(枚皐傳)〉, "自悔類倡."

316. 양웅,《법언》〈오자(吾子)〉, "童子雕蟲篆刻……壯大不爲也."

317. 《한문학사강요(漢文學史綱要)》,《노신전집》제8권, 308쪽, "史家之絕唱, 無韵之離騷" 인민문학출판사, 1957.

318. 《한서》〈예문지〉, "代趙之謳, 秦楚之風."

319. 《한서》〈예문지〉, "感于哀樂, 緣事而發."

320. 《문선》권11, 왕연수(王延寿),〈노영광전부(魯靈光殿賦)〉, "圖畫天地, 品類群生, 雜物奇怪, 山神海靈." "惡以誡世, 善以示后."

321. 《서경잡기(西京雜記)》권2, "爲人形, 丑好老少, 必得其眞." "并工爲牛馬飛鳥衆勢." "善布色."

322. 《염철론》〈산부족(散不足)〉,〈숭례(崇禮)〉, "家人有客, 尚有倡優奇變之樂, 而况易官乎."

323. 《구당서》〈음악지〉2, 《속후한서》〈오행지(五行志)〉1 유소(劉昭)의 주에 인용된 《풍속통(風俗通)》

324. 《사기》〈이사렬전〉, "繫抵角抵優徘之觀."

325. 《사기》〈대원열전(大宛列傳)〉, "黎軒羅馬帝國善眩人獻于漢."

326. 《후한서》〈서남이전(西南夷傳)〉, "樂及幻人, 能變化吐火, 自支解, 易牛馬頭, 又善跳丸, 數乃至千."

327. 《진서》〈천문지〉, "好奇徇異", "極數談天."

328. 《주비산경》권하, "天象蓋笠, 地法覆盤."

329. 《속한서》〈천문지〉注引 蔡邕, 《天文表》, "數術具存", "考驗天狀, 多所違失."

330. 《속한서》〈천문지〉注引《靈憲》, "天成于外, 地定于內, 天體于陽, 故圓以動. 地體于陰, 故平以

331. 《속한서》〈천문지〉注引《靈憲》, "月光生于日之所照, 魄生于日之所蔽, 當日則光盈, 就日則光盡."

332. 《후한서》〈장형전론(張衡傳論)〉, "數術窮天地, 制作侔造化."

333. 《한서》〈율력지〉, "朔晦月見, 弦望滿虧多非是."

334. 《사승지서》, "區田不耕旁地, 庶盡地力", "凡區種, 不先治地, 便荒地爲之." 《후한서》〈유반전(劉般傳)〉, "郡國以牛疫水旱, 墾田多減, 故詔敕區種, 增進頃畝, 以爲民也. 而吏擧度田欲令多前, 至于不種之處, 亦通爲租. 可申敕刺史二千石務令實核, 其有增加, 皆使與奪田同罪." 이렇듯 구종법(區種法)은 한대 봉건 토지사유제와 부세제도 등과 어울리지 않는다. 그렇기 때문에 보편적으로 시행될 수 없었다.

335. 후강(侯康), 《補后漢書藝文志》권4에 인용된 한악(韓鄂)의 《사시찬요서(四時纂要序)》, "崔寔試谷之法."

336. 장기(張機), 《상한잡병논집(傷寒雜病論集)》, "勤求古訓, 博採衆方."

337. 고보형(高保衡) 등, 《상한론서(傷寒論序)》, "其言精而奧, 其法簡而詳."

338. 《후한서》〈화타전〉, "精于方藥, 處齊劑不過數種, 心識分銖, 不假稱量, 針灸不過數處."

339. 《후한서》〈화타전〉, "刳破腹背, 抽割積聚, 若在肠胃, 則斷截湔洗, 除去疾穢. 旣而縫合, 傅以神膏, 四五日創愈, 一月之間皆平復."

5장 삼국 양진 남북조 시대

1. 서원군은 영제 중평 5년에 처음 설치되었다. 팔교위가 있었는데, 원소와 조조 등이 모두 교위를 역임했다. 환관 건석은 상군교위로 다른 교위를 통솔했다.

2. 《후한서》권102, 〈동탁전〉.

3. 조비(曹丕) 시, "白骨縱橫萬里." 《삼국지(三國志)》권2, 〈위지(魏志)〉〈문제기(文帝紀)〉연강(延康) 원년 주에 조비의 조령(詔令)이 실려 있다.

4. 《삼국지》권8, 〈위지〉〈도겸전(陶謙傳)〉주에 인용된 《오서(吳書)》.

5. 《삼국지》권2, 〈위지〉〈문제기〉주에 인용된 《전론(典論)》.

6. 《후한서》권19, 〈중장통전(仲長統傳)〉에 인용된 《여언(呂言)》〈손익(損益)〉.

7. 《삼국지》권11, 〈위지(魏志)〉〈국연전(國淵傳)〉, "相土處民, 計民置吏, 明功課之法."

8. 대사농(大司農)은 건안 18년(213년)에 설치했다. 둔전관(屯田官)은 대사농에 소속되었다.〈위지〉
    〈사마지전(司馬芝傳)〉과〈조상전(曹爽傳)〉주석에 인용된《위략(魏略)》〈환범전(桓範傳)〉참조.
    대사농을 설치하기 이전 둔전 관리는 사공연속[司空掾屬, 이후 승상연속(丞相掾屬)]이 관리했
    다. 국연이 사공연속으로 둔전의 일을 관리한 것이 증거다.

9. 《삼국지》권16,〈위지〉〈임준전(任峻傳)〉주석에 인용한《위무고사(魏武故事)》,"于官便,于客
    不便."

10. 《제민요술(齊民要術)》권1 주(注).

11. 《진서(晉書)》권47,〈부현전(傅玄傳)〉,"魏初課田,不務多其頃畝,但務修其功力)."

12. 《악부시집(樂府詩集)》권32에 인용된〈광제(廣題)〉,"苦哉邊地人,一歲三從軍,三子到敦煌,二
    子詣隴西,五子遠斗去,五婦皆懷身."

13. 《삼국지》권27,〈위지〉〈왕창전(王昶傳)〉주에 인용된〈임하별전(任嘏別傳)〉에 따르면, 嘏博昌著
    姓,"遇荒亂,家貧賣魚".

14. 《삼국지》권9,〈위지〉〈조휴전(曹休傳)〉,권12,〈형옹전(邢顒傳)〉.

15. 《삼국지》권23,〈위지〉〈조엄전(趙儼傳)〉에 따르면, 조엄이 "난리를 피해 형주로 가서 두습, 번흠
    등과 재산을 합쳐 일가가 되었다(避亂荊州,與杜襲,繁欽通財同計,合爲一家)."

16. 《삼국지》권11,〈위지〉〈관녕전(管寧傳)〉주에 인용한《부자(傅子)》.

17. 《삼국지》권1,〈위지〉〈무제기(武帝紀)〉.

18. 《후한서》권100,〈공융전(孔融傳)〉,"整齊風俗","破浮華交會之徒."

19. 《삼국지》권12,〈위지〉〈최염전(崔琰傳)〉.

20. 《삼국지》권1,〈위서〉〈무제기(武帝紀)〉, 22년 영문(令文)에서 이렇게 말하고 있다. "현재 천하에 지극한
    덕을 갖추고도 민간에 방치된 자들이 어찌 없겠는가? 용감하여 자신의 목숨도 돌보지 않고 적에
    맞서 싸우며, 번다한 잡일을 처리하는 하급관리일지라도 남다른 재주와 실력을 갖추었다면 능히
    장수를 맡을 수 있을 것이고, 오명을 뒤집어쓰고 웃음거리가 되거나 어질지 않고 불효를 저질렀
    으되 치국과 용병의 실력을 갖춘 자가 있을 것이다. 각자가 알아낸 사람들을 추천하여 한 사람도
    빠짐이 없도록 하라(今天下得無有至德之人放在民間, 及果勇不顧, 臨敵力戰, 若文俗之吏, 高才異質,
    或堪爲將守, 負汚辱之名, 見笑之行, 或不仁不孝, 而有治國用兵之術. 其各擧所知, 勿有所遺)."

21. 《삼국지》권21,〈위지〉〈유이전(劉廙傳)〉주에 인용된〈유이별전(劉廙別傳)〉,"皆當以事,不得
    依名."

22. 《자치통감(資治通鑑)》권69, 황초(黃初) 원년,"賢有識鑒."

23. 《진서》권36,〈위관전(衛瓘傳)〉, 구품 제도는 "처음 향읍의 청의에서 시작되어 작위에 구애받지
    않고 포폄하여 권면하기에 족했으니 향리에서 이루어지는 품평의 여풍이 있다(其始造也, 鄕邑淸
    議, 不拘爵位, 褒貶所加, 足爲勸勵, 猶有鄕論餘風)."《송서(宋書)》권94,〈은행전서(恩幸傳序)〉, 구품
    제도는 "대개 재주의 우열을 논의하는 것이지 세족의 높고 낮음을 말하는 것이 아니다(蓋以論人
    才優劣,非謂世族高卑)." 이는 모두 구품중정제 시행 초기에 대한 평가다.

24. 《삼국지》권15,〈위지〉〈유복전(劉馥傳)〉,"官民有蓄."

25. 《삼국지》권16,〈위지〉〈정혼전(鄭渾傳)〉,"比年大收, 頃畝歲增, 租入倍常, 民賴其利."

26. 《삼국지》권27,〈위지〉〈왕창전(王昶傳)〉,"斫開荒萊","墾田特多."

27. 《진서》권16,〈식화지〉,"四方郡守,墾田又加."

28. 위의 책,"自壽春到京師,農官兵田,雞犬之聲,阡陌相屬."

29. 《삼국지》권24,〈위지〉〈한기전(韓曁傳)〉,《수경(水經)》〈곡수주(谷水注)〉.

30. 좌사(左思),〈위도부(魏都賦)〉,《문선(文選)》권6,"錦繡襄邑,羅綺朝歌,綿纊房子,縑總清河."

31. 《수경(水經)》〈하수주(河水注)〉,"歲常修治,以平河阻."

32. 《삼국지》권15,〈위지〉〈가규전(賈逵傳)〉주에 인용된《위략(魏略)》〈양패전(楊沛傳)〉에 보면, 양 패는 조조를 도와 호강 세력에게 타격을 입힌 인물로 유명했다. "黃初中儒雅并進,而沛本以事 能見用,遂以議郎冗散里巷)."

33. 《진서》권30,〈형법지(刑法志)〉.

34. 《삼국지》권25,〈위지〉〈고당륭전(高堂隆傳)〉.

35. 《태평어람》권241에 인용된《위략(魏略)》,《삼국지》권24,〈위지〉〈고유전(高柔傳)〉,"擧吏民",송 본(宋本),《삼국지》에는 '民' 자가 없다.

36. 《삼국지》〈위지〉권14,〈장제전(蔣濟傳)〉,〈손자전(孫資傳)〉주에 인용된〈손자별전(孫資別傳)〉, 권9,〈조상전(曹爽傳)〉,권28,〈왕릉전(王淩傳)〉주에 인용된《한진춘추(漢晉春秋)〉.

37. 둔전제는 황초 연간부터 파괴되기 시작했다.《삼국지》권12,〈위지〉〈사마지전(司馬芝傳)〉,"황초 연간 이래로 농정을 담당하는 관리들이 각기 부하들을 위한 계책을 생각했다(自黃初以來聽諸典 農治生,各爲部下之計)."

38. 《삼국지》권28,〈위지〉〈모구검전(毌丘儉傳)〉주에 인용된 모구검과 문흠의 표(表).

39. 《태평어람》권265에 인용된 부창(傅暢)의〈자서〉. 부창의 조부 부하(傅嘏)는 위(魏)에 출사했으 나 사마씨의 사당(死黨)이 되었고, 부친 부지(傅祇)는 진(晉)에 출사했다.《삼국지》와《진서》에 본 전이 있다. 명제 시절 유소(劉劭)가 도관고과법(都官考課法) 72조를 만들었는데, 사마광(司馬光) 은 이에 대해 다음과 같이 기록했다. "관리의 자질구레한 공적을 심사하면서 그들이 하루아침, 저 녁의 성과만 검사했다(校其米鹽之課,責其旦夕之效)."[《자치통감》권73, 경초(景初) 원년 참조] 이 로 보건대 고과법은 사실에 부합하는 실사구시 정신을 체현하고 있으며, 대족(大族)이 정치실권 을 잡는 데 불리했음을 알 수 있다. 당시 고과법을 반대하는 최대 세력은 바로 이양(泥陽)이 대족 인 부하(傅嘏)였다. 결국 고과법은 시행되지 못했다.

40. 《진서》권45,〈유의전(劉毅傳)〉,"上品無寒門,下品無勢族."

41. 《삼국지》권40,〈촉지(蜀志)〉〈이엄전(李嚴傳)〉에 건안 23년 처현(郪縣)의 농민기의에 관한 기록 이 있다. 권43,〈장의전(張嶷傳)〉에도 남충(南充), 면죽(綿竹)에서 농민기의가 있었다고 적혀 있 으나 중대한 영향을 미친 것은 아니었다.

42. 《삼국지》권35,〈촉지(蜀志)〉〈제갈량전〉, 제갈량,〈융중대(隆中對)〉,"西和諸戎, 南撫夷越."

43. 《수경》〈한수주(江水注)〉.

44. 《문선》〈촉도부(蜀都賦)〉,《초학기(初學記)》권7, 지부(地部)에 인용된〈이설(異說)〉에서 말하길, 임공(臨邛) 화정(火井)을 "공명이 한 번 본 후에 더욱 성행했다(孔明一覽而更盛)"고 한다.(《박물지 (博物志)》권7 내용과 거의 비슷하다) 정확한 내용은 알 수 없으나 당시 저염(煮鹽)이 발달했음을 보여주는 대목임에 틀림없다.

45. 《태평어람》권815에 인용된《제갈량집(諸葛亮集)》.

46. 《삼국지》권35, 〈촉지〉 〈제갈량전〉에 실린 〈출사표〉, "興復漢室, 還于舊都."

47. 《삼국지》권28, 〈위지〉 〈등애전(鄧艾傳)〉 주에 인용된 〈원자(袁子)〉, "제갈량은 사람을 중시했지만 자주 촉 병사를 동원했다. 이것으로 작은 나라의 약한 백성은 오래 생존하기가 어렵다는 것을 알 수 있다(諸葛亮重人也, 而驟用蜀兵, 此知小國弱民, 難以久存也)." "그런 까닭에 작은 나라의 근심거리는 때로 공훈을 세워 스스로 생존함에 있다(故小國之慮, 在于時立功以自存)."

48. 《속한서(續漢書)》 〈군국지(郡國志)〉 양주단양군고장현조(揚州丹陽郡故鄣縣條)에 인용된 〈오흥기(吳興記)〉, "……광화 말년에 장각의 난리가 일어났을 때 향민들이 험한 지세를 이용하여 잘 방어했다. 한 조정이 이를 가상하게 여겨 현을 세웠다(光和末張角亂, 以鄕守險助國, 漢嘉之, 故立縣)." 《원화군현지(元和郡縣志)》권25, 강남도호주안길현조(江南道湖州安吉縣條), "한 영제 중평 2년 장각의 난리가 일어났는데, 형과 양이 특히 우심했다. 다만 이곳(오흥군)만은 험한 지세로 잘 방어하여 한 조정에서 가상히 여기고 나누어 현으로 만들었다(漢靈帝中平二年張角作亂, 荆, 揚尤甚, 唯此郡(按即吳興郡)守險阻固, 漢嘉之, 故分立爲縣)." 《오지(吳志)》에도 남방 농민기의에 관한 일부 자료가 남아 있다. 다만 그 구체적인 과정은 불분명하다.

49. 황초 2년(221년) 무창(武昌)으로 도읍지를 옮기고, 황룡(黃龍) 원년(229년) 손책이 칭제한 후 다시 건업(建業)으로 천도했다.

50. 《삼국지》권64, 〈오지〉 〈제갈각전(諸葛恪傳)〉, "其幽邃民人, 未嘗入城邑, 對長吏, 皆仗兵野逸, 白首于林莽."

51. 《삼국지》권46, 〈오지〉 〈손책전(孫策傳)〉 주에 인용된 〈강표전(江表傳)〉, 권49, 〈태사자전(太史慈傳)〉.

52. 《삼국지》권64, 〈오지〉 〈제갈각전〉.

53. 《삼국지》권46, 〈오지〉 〈손책전〉 주에 인용된 〈강표전(江表傳)〉, 권58, 〈육손전(江表傳)〉, 권58, 〈육손전(陸遜傳)〉, 권60, 〈주방전(周魴傳)〉.

54. 《삼국지》권48, 〈오지〉 〈손휴전(孫休傳)〉, 권64, 《(濮阳兴傳)》. 《진서(晉書)》권27, 〈5行志〉上謂開湖田未成功.

55. 《삼국지》권60, 〈오지〉 〈종리목전(鍾離牧傳)〉.

56. 《삼국지》권65, 〈오지〉 〈화핵전(華核傳)〉.

57. 양천(楊泉), 〈잠부(蠶賦)〉, 〈직기부(織機賦)〉, 《藝文類聚》권65에 보인다. 민홍(閔鴻), 〈친잠부(親蠶賦)〉의 잔본이 《전삼국문(全三國文)》권74에 실려 있다.

58. 《문선》권5, 좌사(左思), 〈오도부(吳都賦)〉, "팔잠지금(八蠶之綿)"의 출처에 대해서는 이선(李善)의 주도 주장하는 내용이 다르다. 본문은 《태평어람》권825에 인용된 〈영가군기(永嘉郡記)〉에 나오는 "영가에 팔배잠이 있다(永嘉有八輩蠶)"라는 말에 근거한다[같은 권에 장발(張勃), 〈오록(吳錄)〉을 인용한 "남양군에 1년에 양잠으로 8적을 생산한다(南阳郡1歲蠶八續)"라는 말이 나온다].

59. 《태평어람》권814에 인용된 〈육개주사(陸凱奏事)〉.

60. 《송서》권39, 〈백관지〉상, 소부동야령남야령조(少府東冶令南冶令條).

61. 《건강실록(建康實錄)》권1, 《삼국지》권47, 〈오지〉 〈손권전(孫權傳)〉, "以通吳會船艦." "通會市, 作邸閣."

62. 《송서》권36, 〈주군지(州郡志)〉, 〈원화군현지〉권29. 《삼국지》권53, 〈오지〉 〈장굉전(張紘傳)〉 및 권48, 〈손호전〉, 장상(張尚), 곽탄(郭誕)이 죄를 범해 "건안으로 보내 배를 만들었다(送建安作船)."

63. 《태평어람》 권770, 〈무창기(武昌記)〉, "孫權嘗裝1舫, 名大舫, 容敵士三千人." 《수경(水經)》 〈강수주(江水注)〉도 대략 비슷하다. 《진서》 권42, 〈왕예전(王濬傳)〉에 따르면, 진(晉)이 오나라를 멸망시킬 때 왕예가 만든 선박 역시 "2000여 명을 태울 수 있었다"고 한다.

64. 이는 오나라가 망할 당시의 호구 숫자다. 《삼국지》 권48, 《오서》 〈손호전(孫皓傳)〉 주에 인용된 〈진양추(晉陽秋)〉 참고. 《속한서》 〈군국지〉 주에 따르면, 위나라 "정시 5년(244년) 양위장군 주조일이 오나라가 이끄는 병호 93만 2000호라고 보고한 바 있는데, 그 민호의 숫자가 촉보다 많을 수 없다(正始 5年, 揚威將軍朱照日所上吳之所領兵戶九十三萬二千, 推其民數(不能多蜀矣)." 93만 5000호를 〈군국지〉 아래 위 문장을 살펴본 결과 당시 위와 오나라의 전체 호수(戶數)일 가능성이 크다.

65. 《문선》, 진림(陳琳), 〈격오장교부곡문(檄吳將校部曲文)〉.

66. 《삼국지》 권56, 〈오서〉 〈주야전(朱治傳)〉, 권61, 〈육개전(陸凱傳)〉.

67. 《세설신어》 〈규잠(規箴)〉, 손호문승상육개조(孫皓問丞相陸凱條), "2相5侯, 將軍十餘人."

68. 《세설신어》 〈상예(賞譽)〉 오사성조(吳四姓條), "張文朱武陸忠顧厚."

69. 《세설신어》 〈정사(政事)〉 하태부작오군조(賀太傅作吳郡條).

70. 《포박자》 〈오실(吳失)〉, "僮僕成軍, 閉門爲市, 牛羊掩原隰, 田池布千里", 而且還擁有"商販千艘, 腐谷萬庾, 園囿擬上林, 館第僭太極."

71. 《고고학보》 1957년 제1기, 《남경 근교 육조묘 정리(南京近郊六朝墓的清理)》.

72. 《삼국지》 권47, 〈오서〉 〈손권전〉, "治城郭, 起譙樓, 穿塹發渠."

73. 《삼국지》 권28, 〈위서〉 〈등애전〉, 정시 초년, "三隅已定, 事在淮南."

74. 《예문유취》 권59, 조식(曹植), 〈여사마중달서(與司馬仲達書)〉, "以洲渚爲營壁, 以江淮爲城堙."

75. 《삼국지》 권47, 〈오서〉 〈손권전〉 적오(赤烏) 13년 주에 인용된 견천(庚闡)의 〈양도부(揚都賦)〉 주에 따르면, 강을 따라 봉홧불을 서로 볼 수 있었으니, "하루 저녁에 1만 리를 갈 수 있어 손권 시절 저녁이 되면 서릉에 불을 밝히도록 명하고, 삼경을 알리는 북을 치니 오군 남사까지 그 소리가 들렸다(一夕可行萬里, 孫權時令暮擧火于西陵, 鼓三竟達吳郡南沙)."

76. 《삼국지》 권55, 〈오서〉 〈서성전(徐盛傳)〉 주에 인용된 《위씨춘추(魏氏春秋)》. 〈손권전〉 황무(黃武) 4년 주에 인용된 〈오록(吳錄)〉, 위 문제가 오나라를 정벌하기 위해 광릉(廣陵)에 이르렀을 때 "파도가 넘실대는 것을 보고 한탄해 말하길, '오호라! 실로 하늘이 남과 북을 나누고 있구나'라고 했다(見波涛洶涌, 叹曰, 嗟乎, 固天所以隔南北也)."

77. 사마소는 촉을 멸망시킨 후 오를 공략하겠다는 계획을 갖고 있었다. 《진서》 권2, 〈문제기〉, "문제가 촉을 정벌하기 위해 중신들과 모의하며 말하길, ……오나라를 취하기 위해 대략 계산해보면, 전선(戰船)을 건조하고 물길을 만드는 데 엄청난 공력을 들여야 하니, 이는 10만 명이 백 수십 일 동안 작업을 해야 할 것이다. 게다가 남방의 땅이 습해서 전염병이 생길 수 있다. 그러니 지금은 우선 촉나라를 취하고, 3년 후에 파촉에서 강물을 따라 지세의 이점을 이용하면서 강과 육지로 동시에 진공한다면, 이는 마치 진(晉)이 우(虞)를 멸망시키고 괵(虢)을 평정하며, 진(秦)이 한(韓)을 병탄하고 위(魏)를 합병한 것처럼 쉬운 일일 것이다(帝將伐蜀, 乃謀衆曰, ……略計取吳, 作戰船, 通水道. 當用千餘萬功. 此十萬人百數十日事也. 又南土下濕, 必生疾疫. 今宜先取蜀, 三年之后, 在巴蜀順流之勢, 水陸幷進, 此滅虞定虢, 吞韓幷魏之勢也."

78. 《삼국지》 권61, 〈오서〉 〈육개전〉.

79. 《진서》권37,〈고양왕목전(高陽王睦傳)〉, "受逋逃私占及變易姓名, 詐冒復除者七百餘戶."

80. 《삼국지》권4,〈위서〉〈진류왕환전(陳留王奐傳)〉, 함희(咸熙) 원년(263년), "돈전관을 폐지하고 상응하는 직책에 임명했는데, 원래 전농[전농중랑장(典農中郎將), 전농교위(典農校尉)]을 맡은 이들은 모두 태수로 임명하고, 도위[둔전도위(屯田都尉)는 영장으로 임명했다(罷屯田官以均政役, 諸典農皆爲太守, 都尉皆爲令長)." 이것이 첫 번째다. 《진서》권3,〈무제기〉태시(泰始) 원년(265년), "罷農官爲郡縣." 이것이 두 번째다.

81. 둔전관(屯田官)을 폐지한 후 국가 전객(佃客) 상황에 대해서는《진서》권26,〈식화지〉두예(杜預)의 소(疏) 참조.

82. 《초학기(初學記)》권27, "凡民丁課田, 夫五十畝, 收租四斛, 絹三匹, 綿三斤."

83. 《진서》권30,〈형법지〉에 인용된 경인[庚寅, 태시(泰始) 6년, 270년] 조서에 따르면 온 가족이 도망치면 가장을 참한다고 했다. 당시 농민들이 도망치는 일이 상당히 심각했음을 보여주는 대목이다.

84. 《삼국지》권22,〈위지〉〈진군전(陳群傳)〉주,〈태강삼년지기(太康三年地記)〉

85. 《진서》권51,〈속석전(束晳傳)〉

86. 《진서》권26,〈식화지〉원문은 50호인데, 15호를 잘못 쓴 것이다.

87. 《진서》권46,〈유송전(劉頌傳)〉, "時遇叔世."

88. 《진서》권33,〈석숭전(石崇傳)〉, "愷以飴澳釜, 崇以蠟代薪. 愷作紫絲步障四十里, 崇作錦步障五十里以敵之. 崇涂屋以椒, 愷用赤石脂."

89. 《진서》권47,〈부현전(傅玄傳)〉에 붙어 있는〈부함전(傅咸傳)〉, "奢侈之費, 甚于天災." "今者土廣人稀而患不足, 由于奢也."

90. 《진서》권92,〈왕침전(王沈傳)〉.

91. 성공수(成公綏)의 논문은《태평어람》권836. 노포(魯褒)의 논문은《진서》권94,〈노포전(魯褒傳)〉에 실려 있는데, 양자의 내용이 거의 비슷하다.《초학기》권27에 기무씨(綦毋氏)의〈전신론(錢神論)〉일문(佚文)이 실려 있다.

92. 《후한서》권119,〈남흉노전(南匈奴傳)〉.《진서》권56,〈강통전(江統傳)〉, "중평 연간에 황건적이 일어나자 병사를 동원했다." 남흉노의 병사를 동원해 황건적을 진압한 것을 말한다.

93. 《삼국지》권15,〈위지〉〈양습전(梁習傳)〉, "部曲服事供職, 同于編戶."

94. 《태평어람》권163, 함사(闞駰),〈십삼주지(十三州志)〉.《삼국지》권1,〈위지〉〈무제기〉건안 20년 조(條)와 노필(盧弼),《집해(集解)》.

95. '호천(胡天)'은 화천교(火祆教, 배화교)의 신이다. 화천교는 페르시아에서 생겨났는데, 중국 화천교는 여기에서 시작한다. 위(魏), 제(齊), 주(周) 나라 시절 화천교를 사전(祀典, 제사 의식을 기록하는 전적)에 올려놓았다. 제나라는 경읍(京邑)에 살보(薩甫)를 설치했으며, 여러 주(州)에 살보 등의 관리를 두었다. 주로 서역 호인이 이를 맡았으며, 천신 제사를 거행했다.

96. 선비척발부(鮮卑拓跋部)는 "조종 대대로 유도에서 왕도로 삼았다(祖宗世王幽都)." "돌을 파서 조종의 사당을 오락후국 서북쪽에 만들었다(鑿石爲祖宗之廟于烏洛侯國西北)." 북위 태무제 태평진군(太平眞君) 4년(443년) 이창(李敞)을 오락후국의 석실로 보내 천지에 제사를 지내도록 했으며, 이창은 석실 벽에 주문(祝文)을 새기고 돌아왔다. 근년의 고고 발굴에 따르면, 대흥안령(大興安嶺) 북부 동쪽 산록에 있는 내몽골 악륜춘(鄂倫春) 자치기(自治旗, 내몽골 특유의 소수민족 자치 지

역) 아리하진(阿里河鎭) 부근에서 척발부 조상들이 거주했던 석실이 발견되었으며, 석실 벽에 이 창의 주문이 새겨 있는 것이 확인되었다. 이로써《위서》〈예지(禮志)〉에 기록된 문장이 확인된 셈 이다. 따라서 척발부의 발생지는 '유도(幽都)'라는 것이 확정되었다.《위서》권1, 〈서기(序紀)〉, 권 100, 〈오락후전(烏洛侯傳)〉, 권108, 〈예지(禮志)〉와 미문평(米文平), 〈선비석실의 발견과 초보적 인 연구(鮮卑石室的發現與初步研究)〉(《문물》, 1981년 제2기) 참조.

97. 《위서》권1, 〈서기序紀)〉, "山谷高深, 九難八阻."

98. 낙양(洛陽)의 대고(大賈)에 관한 일은《수경》〈하수주(河水注)〉를 참조하시오. 다른 상인들의 활 동은《위서》권23, 〈막함전(莫含傳)〉 참조.

99. 《위서》권23, 〈위조전(衛操傳)〉

100. 《위서》권1, 〈서기〉, 권111, 〈형벌지(刑罰志)〉

101. 《진서》권120, 〈이특재기(李特載記)〉. 여기에 나오는 종인(賨人) 역사에 관한 부분은《후한서》권 116, 〈남만전(南蠻傳)〉에 나오는 늠군만과 판순만(주로 늠군만 위주)의 내용을 종합한 것이다.

102. 《진서》권93, 〈왕순전(王詢傳)〉에 흉노 전객(佃客)이 나온다.《초학기》권19에 인용된《삼보결록 (三輔決錄)》주, 왕가(王嘉),《습유기(拾遺記)》권9에도 호비(胡婢)가 나온다.

103. 《고승전》권1, 〈불도징전(佛圖澄傳)〉에 선비노(鮮卑奴),《세설신어》〈임탄(任誕)〉에 신비비(鮮卑 婢)가 나온다.《진서》권100, 〈조약전(祖約傳)〉에 호노(胡奴)와 석륵을 같은 부류로 간주하고 모 두 갈인(羯人)이라고 했다.

104. 왕가,《습유기》권9.

105. 《삼국지》권26, 〈위서〉〈견초전(牽招傳)〉, 위 문제 시절 견초가 안문태수(雁門太守)를 맡아 "오환 (烏丸, 烏桓) 500여 가구의 조조를 회복시켰다(表復烏丸五百餘家租調)." 권28, 〈무구검전(毌丘儉 傳)〉주에 인용된《위명신주(魏名臣奏)》, 위위군(武威郡)의 잡호(雜胡)가 무구흥(毌丘興)을 알현하 자 흥이 "농사에 전력하도록 했다(使盡力田)." 같은 책, 권26, 〈곽회전(郭淮傳)〉, 태화 5년 곽회가 농우(隴右)에서 "강호를 순무해 농사를 짓도록 하고 조(調)를 바치도록 했다(撫循羌胡家使出谷, 平其輸調)." 여기서 알 수 있다시피 안문(雁門) 오환(烏桓), 무위(武威)의 잡호, 농우의 강호 등이 모두 농경에 종사했으며, 조조(租調)를 납부했다.

106. 《문선》, 반악(潘岳)의 〈관중시(關中詩)〉 주에 인용된 《상관중시표(上關中詩表)》에 "저수(氏帥) 제 만년[서진(西晉) 시절 저족(氏族)의 수령(首領)]이 편호로 예속되었다(齊萬年編户隸屬)"는 말이 나오며, 같은 책 반악의 〈견독뢰서(汧督誄序)〉에도 "편호지저(編户之氏)", 즉 편호로 예속된 저족 이라는 말이 나온다.

107. 《진서》권38, 〈부풍왕준전(扶風王駿傳)〉, "국경 지역의 저호에게 증봉했다(以氏户在國界者增封)."

108. 《진서》권27, 〈오행지〉 상, "相尚用胡床貊槃, 及爲羌煮貊炙, ……又以氈爲絈頭及絡帶褲口." 《제민요술》에 다양한 조리법이 나오는데, 혹자는 이것이 이른바 '강저맥적(羌煮貊炙)'이라고 주 장하고 있다.

109. 《진서》권97, 〈흉노전〉에 곽흠의 의론이 실려 있는데, 일부 누락된 상태다. 여기서는《군서치요 (群書治要)》권29, 주에 인용된 간보(干寶)의《진기(晉紀)》를 참조했다. "峻四夷出入之防."

110. 《진서》권56, 〈강통전(江統傳)〉, "戎晉不雜."

111. 《진서》권5, 〈민제기(愍帝紀)〉 사신(史臣)의 발언(史臣曰)이다.

112. 338년, 이수(李壽)는 국호를 한(漢)으로 바꾸었다. 한은 347년 동진 환온(桓溫)에게 멸망되었다.

113. 《태평어람》권860에 인용된 〈후조록(後趙錄)〉, 석륵은 "호(胡) 자를 심히 피휘해 호자가 들어간 것은 모두 개명했다. 그래서 호병을 박로, 석호를 마병으로 바꿨다(諱胡尤峻, 諸胡物皆改名, 胡餠日搏爐, 石虎改曰麻餠)."

114. 《태평어람》권379에 인용된 〈후조록〉.

115. 《태평어람》권363에 인용된 차빈(車頻)의 《진서(秦書)》, "四夷賓服, 湊集關中, 四方種人, 皆奇貌異色."

116. 《송서》권82, 〈주랑전(周郞傳)〉.

117. 《송서》권67, 〈사령운전〉, "河北悉是舊户, 差無雜人."

118. 위의 책, "關西雜居, 種類不一."

119. 《자치통감》권96, 동진(東晉) 함강(咸康) 4년, "制反逆殺人奸盜之法."

120. 《위서》권113, 〈관씨지(官氏志)〉,《북사》권80, 〈하납전(賀訥傳)〉, 권98, 〈고차전(高車傳)〉. 당시 부락에서 아직 흩어지지 않은 자들이 실제로 상당히 많았다. 북위(北魏) 말과 북제(北齊) 시절 사서에 "영민추장(領民酋長)", "영민서장(領民庶長)"이라는 말이 자주 보이는데, 이는 북위 초년 아직 흩어지지 않은 부족민들과 이후 내부(内附)한 부족을 의미한다.

121. 《위서》권2, 〈도무제기(道武帝紀)〉.

122. 《위서》권30, 〈아청전(娥清傳)〉, 권3, 〈명원제기(明元帝紀)〉.

123. 《위서》권3, 〈명원제기〉는 "도하부락(徒河部落)"이라고 썼으며, 권4, 〈태무제기(太武帝紀)〉는 "어양군도(漁陽群盜)", 권30, 〈왕건전(王建傳)〉은 '오환(烏桓)'이라고 썼다. 어양(漁陽)은 오환이 몰려 살던 지역 가운데 한 곳이며, 군사를 일으켜 우두머리가 된 이들은 모두 고욕관씨(庫辱官氏)들이다. 《북사》권98, 〈도하단취육권전(徒何段就六眷傳)〉에 따르면, 그들의 백조(伯祖)는 "난리로 인해 어양 오환자 대고욕관의 가노로 팔려갔다(因亂被賣爲漁陽烏丸子大庫辱官家奴)." 여기서 볼 수 있다시피 고욕관은 오환의 성을 따랐다. 따라서 상술한 여러 가지 설 가운데 〈왕건전〉이 옳다.

124. 《위서》권30, 〈주기전(周幾傳)〉, "白澗, 行唐民數千家負險不供輸税."

125. 《위서》권30, 〈아청전(娥清傳)〉, "高平民屯聚林藪, 拒射官軍, 清等因誅數千家, 虜獲萬餘口."

126. 《위서》권35, 〈최호전(崔浩傳)〉, "威振諸夏之長策."

127. 《자치통감》권124, 송 원가(元嘉) 202년, "諸衆胡爭應之, 有衆十餘萬."

128. 《송서》권77, 〈유원경전(柳元景傳)〉, "四山羌胡, 咸皆請奮."

129. 《송서》권100, 〈서전(序傳)〉, "賊之殘害, 古今之未有, 屠剝之刑, 衆所共見, 其中有福者, 不過得驅還北國作奴婢爾."

130. 《위서》권24, 〈최현백전(崔玄伯傳)〉.

131. 《위서》권38, 〈조웅전(刁雍傳)〉,《위서》권56, 〈정희전(鄭羲傳)〉, 연흥(延興) 초년 양무(陽武) 사람 전지탁(田智度)이 거병해 북위에 반기를 들었다. 북위는 정희가 "하남에서 명망이 있고, 주군에서 신임을 받고 있다는 것을 알고 그를 파견해 진정시키도록 했다. 정희가 현지에 도착해 화복(禍福)을 설명하고 사람들을 모아 상금을 주자 열흘 만에 무리가 모두 흩어져 돌아갔다(河南民望, 爲州郡所信, 遣羲乘傳慰諭. 羲到宜示禍福, 重加募賞, 旬日之間, 衆皆歸散)." 이렇듯 한인 대족을 이용해 백성을 진압하는 일이 더욱 노골적으로 이루어졌다.

132. 《위서》권45,〈배준전(裴駿傳)〉.

133. 《위서》권42,〈설변전(薛辯傳)〉에 부기된〈설발전(薛拔傳)〉.

134. 《위서》권94,〈엄관구락제전(閹官仇洛齊傳)〉.

135. 《안씨가훈》〈치가(治家)〉. 《안씨가훈》은 비교적 늦게 저술된 것[수나라 인수(仁壽) 연간 (602~604)에 완성된 것으로 알려져 있다 – 역주]이기는 하지만 기술하고 있는 북방 농촌의 자급 자족 상황은 16국 시대나 북위 시기의 경우 지나치면 지나쳤지 못 미치지는 않았다.

136. 《군재독서지(郡斋読書志)》권14에 유곤(庾袞)의〈보취도(保聚圖)〉와〈보취루의(保聚壘議)〉20편 이 실려 있다. 또한 가욕관(嘉峪關)에서 출토된 위진 시대 묘실 벽화에도 오벽(塢壁)의 그림이 나 온다. 《문물》1972년 12월, 1974년 9월, 1982년 8월.

137. 《명사석실일서(鳴沙石室佚書)》에 수록된 돈황사본(煌寫本)《진기(晋紀)》참조. 이는 등찬(鄧粲)이 찬술한〈원명기(元明紀)〉일 가능성이 크다.

138. 《진서》권127,〈모용덕재기(慕容德載記)〉.

139. 《진서》권117〈요흥재기상(姚興載記上)〉에 요흥(姚興)의 조(詔)가 실려 있다. "堡戶給復二十年."

140. 《통전(通典)》권7,〈정중(丁中)〉, "고경이 백성들이 유리걸식하는 것을 목도하고 수적정양의 방법 을 건의했다. 그리하여 명목을 정하고 그 숫자를 줄여 사람들이 부객(고향을 떠난 유랑민)이 되면 오히려 호강에게 더 많은 세금을 착취당하고, 편망(호적에 편입된 평민)이 되면 황상을 받들어 부 세를 경감 받게 된다는 것을 알게 했다(高熲睹流冗之病, 建輸籍之法. 于是定其名, 輕其數, 使人知爲 浮客, 被强豪收大半之賦, 爲編甿, 奉公上, 蒙輕減之征)." 두우(杜佑)의 주(注), "부객은 나라의 세금을 피해 호강에게 종속된 전가를 말한다(浮客謂避公稅, 依强豪作佃家也)." 두우는 이런 현상이 주제 (周齊)부터 수나라 초기까지 존재했다고 말하고 있다. 그렇다면 북위의 음호(蔭戶) 역시 호강의 '전가(佃家)'와 마찬가지로 호강이 얻는 '대부분의 부(大半之賦)'인 실물 지조(地租)로 착취당했 다. 또한 당시 남방 지주들의 전객에 대한 착취 역시 실물 지조가 대부분이었다.

141. 《신당서》권199,〈유충전(柳沖傳)〉.

142. 대군(代郡)은 지금의 울현(蔚縣)이며, 선무(善無)는 지금의 우옥현(右玉縣), 음관(陰館)은 지금의 대현(代縣)이다. 이들 몇 개의 군이 합쳐진 것이 지금의 양고현(陽高縣)이다.

143. 대략 북위에 저술된 것으로 알려진《장구건산경(張丘建算經)》권중(卷中)을 보면, 계산 방식으로 '구품혼통'의 실례를 들고 있다. 이에 따르면, 구등호(九等戶)는 매 등급마다 각기 약간씩인데, 조 견(調絹)을 평균 매 호구마다 3필[1필은 4장(丈)]이라고 할 때 구품혼통하면 매 호구마다 등급의 차이가 2장이다. 그렇다면 각 등호의 매호마다 얼마의 명주(絹)를 내야 할 것인가? 계산을 해보 면, 상상호(上上戶)는 매호마다 5필을 납부하고, 등급 아래로 내려가면서 하하호(下下戶)는 매호 마다 1필을 내면 된다. 하지만 당시 실제 상황은 달랐다. 무엇보다 상상호와 하하호의 토지나 인 구가 수십, 수백 배 차이가 나는 데 반해 호조(戶調)의 차이는 단지 5배에 불과하기 때문이다. 따라 서 이런 방법은 가난한 농민들에게 크게 불리할 수밖에 없었다. 또한 같은 책, 같은 권에 호구의 등 급을 '통용(通融)'해 은(銀)을 납부하는 산술 문제가 나오며, 《효자산경(孝子算經)》권하에는 9가 (家)를 9등급으로 나누어 조세를 납부하는 산술 문제가 실려 있기도 하다.

144. 《위서》권4, 상(上),〈세조기(世祖紀)〉상(上).

145. 객작(客作)이 한 해에 수확하는 조는 150곡(斛)인데, 사람이 하루에 필요한 식량은 대략 6승(升)이

다. 이는 《장구건산경》권하의 문제에서 나온 수치다. 150곡은 너무 높은 수치인 것 같다.

146. 《통전》권167에 최홍의(崔鴻儀)가 비양피(費羊皮) 사건에 관해 언급한 내용이 실려 있다. "법률에 따르면, 자식을 파는 자는 1년형에 처하고, 오복 내에서 기친(朞親, 상복을 1년 입을 정도의 친인척으로 조부모, 형제 등이 이에 속한다 – 역주)의 존장자를 팔았을 경우는 사형에 처한다. 주위 친척이나 첩, 며느리를 팔았을 경우는 유형에 처한다(按律, 賣子, 1歲刑, 五服内期親在尊長者, 死. 賣周親及妾與子婦者, 流)."

147. 《위서》권111, 〈형벌지〉, "타인의 재물을 약탈하거나 약탈해 파는 경우, 인신매매해 노비로 삼는 자는 사형에 처한다(掠人, 掠賣人, 和賣人爲奴婢者死)."

148. 《위서》권5, 〈고종기(高宗紀)〉, 사신의 말.

149. 《위서》권5, 〈고종기〉, "男年十五以下爲生口, 班賜從臣各有差."

150. 효문제는 즉위 당시(471년) 5세였다. 정사는 모두 태상황[太上皇, 헌문제(獻文帝)]가 장악했다. 승명(承明)원년(476년), 헌문제가 죽자 태황태후 풍씨(馮氏)가 집정해 태화 4년(490년) 죽을 때까지 조정을 장악했다. 그래서 태화 14년 이전의 개혁은 모두 풍씨가 주관한 것이다.

151. 《위서》권33, 〈공손표전(公孫表傳)〉에 실린 〈공손궤전(公孫軌傳)〉, "初來單馬執鞭, 返去從車百輛."

152. 《위서》권88, 〈양사전서(良吏傳序)〉, "網漏吞舟, 時掛一目."

153. 《위서》권82, 〈상경전(常景傳)〉.

154. 균전령은 《위서》권110, 〈식화지〉 참조. 일부 문장은 《통전》에 근거해 교정했다. 균전령은 태화 원년 경기 지역의 경우 농민 한 사람이 40무를 경작하는 제도와 연원 관계를 지닌다.

155. 균전령의 규정에 따르면, 상전(桑田)이 있는 경우 받을 수 있는 배전(倍田)과 상쇄하는 것으로 되어 있다. 따라서 실제로 60무 이상(한 번 바꾼 경지)이나 100무(두 번 바꾼 경지)가 되어야만 초과분을 내다 팔 수 있다.

156. 《위서》권65, 〈이평전(李平傳)〉, "盡力伊, 澶, 人急其務."

157. 《위서》권53, 〈이안세전(李安世傳)〉, "褰裙逐馬如卷蓬, 左射右射必叠雙."

158. 《안씨가훈》〈음사(音辭)〉, "南染吳越, 北雜夷虜."

159. 《자치통감》권108, 태원 21년, 호주(胡注). 호삼성(胡三省)이라는 말에서 볼 수 있다시피 몽골족의 통치에 대한 한족의 한탄이 은연중에 담겨 있다. 그래서 과장된 부분이 적지 않다.

160. 《자치통감》권154, 중대통(中大通) 2년, 이주영(爾朱榮)이 낙양에 있을 때 성양(城陽) 왕원희(王元徽)가 태자가 태어난 것을 축하하기 위해 말을 타고 달려와 고하자 도겸영(圖賺榮)이 조당(朝堂)으로 들어오면서 이주영의 모자를 벗기고 춤을 추며 돌아다닌 것에 관한 일이 적혀 있다. 호주(胡注)에서 말하길, "당대 이백의 시에 '그대의 모자를 벗기고 그대를 위해 웃네(脱君帽, 爲君笑)'라는 구절이 있다. 이는 모자를 벗고 기쁨에 겨워 춤을 추는 것으로 오랑캐의 예절(夷禮)이다."

161. 《봉씨견문기(封氏聞見記)》권5, '화촉(花燭)'조(條)

162. 《구당서》권45, 〈여복지(輿服志)〉.

163. 《낙양가람기(洛陽伽藍記)》권4, 《위서》권66, 〈최량전(崔亮傳)〉, "計其水利, 日益千金."

164. 《제민요술》잡설(雜說), 권1과 주(注), "寧可少好, 不可多惡.""頃不比畝善."

165. 《제민요술》권5, "每旦當有小兒僮女百十餘群自來分摘, 正須平量中半分取."

166. 《북제서》 권49, 〈기무회문전(綦毋懷文傳)〉.

167. 《수경》 〈하수주(河水注)〉.

168. 《위서》 권32, 〈봉의전(封懿傳)〉에 부기된 〈봉회전(封回傳)〉.

169. 본문의 내용은 북조 말까지 서술한 것이다.

170. 《광홍명집》 권24, 석담적(釋昙積), 〈간주태저사태승표(諫周太沮沙汰僧表)〉, "有盈萬數."

171. 《위서》 권114, 〈석로지〉, "侵奪細民, 廣占田宅."

172. 《고승전》 권3, 〈담마밀다전(曇摩蜜多傳)〉, "植柰千株, 開園百畝."

173. 《광홍명집》 권7, 제장구자타소(齊章仇子佗疏)의 내용이다. "凡厥良沃, 悉爲僧有, 傾竭府藏, 充佛福田."

174. 《속고승전》 권23, 〈석도진전(釋道臻傳)〉.

175. 《고승전》 권3, 〈석현전(法顯傳)〉, 법현이 사미(沙彌)였을 적에 "동학(사미) 수십 명과 함께 벼를 벤 적이 있다(與同學數十人于田中割稻)." 같은 책 권5, 〈석도안전〉, 도안은 출가 후에 자신의 스승을 위해 "사찰 경작지에서 노역을 했다(驅役田舍)."

176. 《광홍명집》 권6, 〈서열대왕신체혹해(叙列代王臣滯惑解)〉, 양현지조(楊炫之條), "逃役之流, 僕隸之類."

177. 《광홍명집》 권8, 석도안, 〈이교론(二教論)〉12, "或墾植田圃, 與農夫等流, 或估貨求財, 與商民爭利."

178. 《광홍명집》 권28 상(上), 모용덕(慕容德), 〈여랑법사서(與朗法師書)〉와 석승랑(釋僧朗), 〈답남연주모용덕서(答南燕主慕容德書)〉, 《고승전》 권5, 〈축승랑전(竺僧朗傳)〉, "領民户."

179. 《위서》 권114, 〈석로지〉, "平齊户及諸民有能歲輸谷六十斛入僧曹者." 황홍(皇興) 원년(467년) 북위가 송나라 청주(青州)의 땅을 빼앗은 후 일부 청주 인호(人户)를 평성(平城) 부근으로 이주시켰는데, 그들을 평제호(平齊户)라고 부른다.

180. 《위서》 권114, 〈석로지〉, "民犯重罪及官奴." 《속고승전》 권30, 〈석혜주전(釋慧冑傳)〉, "以供諸寺掃灑, 歲兼營田輸粟."

181. 위의 책, "或償利過本, 或翻改契券, 侵蠹貧下, 莫知紀極."

182. 《북제서》 권46, 〈소경전(蘇瓊傳)〉, "資産巨富, 在郡多有出息, 常得郡縣爲徵."

183. 육진의 범위와 명칭은 이설이 분분하다. 여기서는 심요(沈垚)의 설을 따른다. 《낙범루문고(落帆樓文稿)》 권1 참조.

184. 《북제서》 권1, 〈신무기(神武紀)〉, "不得欺漢兒, 不得犯軍令."

185. 《자치통감》 권157, 대동(大同) 2년, "漢民是汝奴, 夫爲汝耕, 婦爲汝織, 輸汝粟帛, 令汝温飽, 汝何爲陵之?", "鮮卑是汝作客, 得汝一斛粟, 一匹絹, 爲汝擊賊, 令汝安寧, 汝何爲疾之."

186. 《안씨가훈》 〈치가〉, "賣女納財, 買婦輸絹, 比量父祖, 計校錙銖."

187. 만사동(萬斯同), 〈북제장상대신연표北齊將相大臣年表〉, 《이십오사보편(二十五史補編)》 제4책 등 참조.

188. 《수서》 권24, 〈식화지〉, 북위가 분열하면서 경기 지역 금위군으로 있던 육방(六坊)의 선비인 대다수가 업성(鄴城)으로 왔다. 그들은 생산에 종사하지 않았으며, 동위(東魏)에서 매년 식량과 의복을 대주었다. 북제 초년 육방의 무리들을 훈련시킨 후 그중에 건장한 이들을 선발해 '백보선비(百

保鮮卑)'로 삼았으며, 나머지 도태된 선비 병사들은 농경에 종사할 수밖에 없었다. 하청(河淸) 균전은 이와 관련이 있다.

189. 《수서》권24,〈식화지〉. 북제는 '백보선비'를 창설함과 동시에 "화인(華人) 중에 용맹하고 무리에서 뛰어난 이를 뽑아 용부(勇夫)라고 칭하고 변방 요새를 지키도록 했다." 하지만 이는 일시적인 조치였을 따름이다. 하청 균전이 추진되면서 한인도 정식으로 병역을 맡았다.

190. 《자치통감》권181, 대업(大業) 7년, "평원 동쪽에 두자강이 있다. 바다를 등지고 강을 끼고 있는데, 지형이 험준하고 깊어 고제 이래로 도둑 무리들이 그곳에서 숨어 살았다(平原東有豆子䅊, 負海帶河, 地形深阻, 自高齊以來, 群盜多匿其中)."

191. 북위 태무제는 유연을 연연(蠕蠕)이라고 개칭했다.《송서》,《남제서》는 예예(芮芮),《수서》는 여여(茹茹)라고 불렸는데, 모두 유연을 뜻한다.

192. 《북사》권98,〈연연전(蠕蠕傳)〉, 뒤에 사신(史臣)의 말이 부기되어 있는데, 연연을 '흉노의 후예'라고 했다.《송서》권95,〈색로전(索虜傳)〉, "예예국은 흉노의 별종이다(芮芮國, 匈奴別種也)."《남제서》권5九,〈예예노전(芮芮虜傳)〉, "예예노는 새외 잡호다(芮芮虜, 塞外雜胡也)."

193. 《송서》권95,〈색로전〉, "無城郭, 逐水草畜牧, 以氈帳爲居, 隨所遷徙."

194. 《북사》권98,〈연연전〉, "無文記, 將帥以羊屎粗記兵數, 後頗知刻木爲記." 이하 이 책에서 인용하는 경우 별도의 주를 달지 않는다.

195. 《송서》권74, 태무제가 우이(盱眙)를 포위했을 때 송나라 장수 장질(臧質)에서 서신을 보내 성을 공격하는 병사 중에는 정령(丁零)도 포함되어 있다고 말하고, 아울러 "설사 정령 군사들이 전사할지라도 상산군(常山郡)과 조군(趙郡)의 적들을 모두 없애버릴 것이다"라고 했다. 상산군과 조군은 당시 정주(定州)에 속했다.

196. 《북사》권98,〈고차전〉, "高車以類粗獷, 不任使役."

197. 《삼국지》권8,〈위서〉〈공손강전(公孫康傳)〉, 권30,〈위서〉〈고구려전(高句麗傳)〉, 조선《삼국사기(三國史記)》권16.

198. 《북사》권九4,〈해전(奚傳)〉, "其先東部胡宇文之別種."

199. 여러 사서의 기록에 따르면, 토욕혼은 원래 모용외(慕容廆)의 서장형(庶長兄)이었는데, 부족을 이끌고 서쪽으로 이주한 후 비로소 자신의 이름을 부족 이름을 사용했다. 남조 사서는 토욕혼을 하남국(河南國)이라고 칭했다.

200. 《남사》권79,〈하남왕전(河南王傳)〉, "東至叠川, 西隣于闐, 北接高昌, 東北通秦嶺, 方千餘里."

201. 《북사》권96,〈토욕혼전〉, "逐水草, 廬帳而居, 以肉酪爲粮." 이하 주를 달지 않고 인용한 내용은 이 책이나 또는《진서》권97,〈토욕혼전〉에서 인용한 것이다.

202. 엽달(嚈噠)은 "대월지(大月氏)의 부류이자 고차(高車)의 별종이다." 유목으로 생계를 유지하고 우전(于闐) 서쪽에 살면서 지금의 신강(新疆) 안팎을 넘나들었다.《북사》권97,〈서역엽달전(西域嚈噠傳)〉에 보인다. 엽달은 남조 시절 활국(滑國)이라고 칭했으며, 동로마나 인도 등 외국 사서에서는 백흉노(白匈奴)라고 불렀다.

203. 《수경주》권2,〈석씨서역기(釋氏西域記)〉.

204. 《북사》권97,〈서역고창전(西域高昌傳)〉, "其刑法風俗婚姻喪葬, 與華夏小異而大同."

205. 《북사》권99,〈돌궐전〉.

206. 《세설신어》〈언어〉, 채홍부락조(蔡洪赴洛條), 《진서》권52, 〈화담전(華譚傳)〉, 권58, 〈주처전(周處傳)〉.

207. 《세설신어》〈상예〉 주에 인용된 《진양추(晉陽秋)》.

208. 《진서》권62, 〈조적전(祖逖傳)〉, "祖逖不能清中原而復濟者, 有如大江."

209. 《진서》권98, 〈환온전(桓溫傳)〉, "木猶如此, 人何以堪."

210. 《진서》권56, 〈손초전(孫楚傳)〉에 부기된 〈손작전(孫綽傳)〉, "舍安樂之國, 適習亂之鄕."

211. 《진서》권114, 〈부견재기(苻堅載記)〉 아래 권익(權翼)의 발언, "君臣和睦, 上下同心."

212. 《세설신어》〈규잠(規箴)〉, 왕승상위양주조(王丞相爲揚州條), "寧使網漏吞舟." "採聽風聲, 以爲察察之政."

213. 《세설신어》〈정사〉, 사공시병시도망조(謝公時兵廝逋亡條)와 주에 인용된 《속진양추(續晉陽秋)》, "若不容置此輩, 何以爲京都."

214. 《세설신어》〈검색(儉嗇)〉, 치공대취렴조(郗公大聚斂條), "深抱冲退."

215. 《진서》권75, 〈범왕전(範汪傳)〉에 부기된 〈자녕전(子寧傳)〉, "今之勞擾, 殆無三日休停, 至有殘形剪髮, 要求復除, 生兒不復擧養, 鰥寡不敢妻娶." '전발(剪髮, 머리를 깎다)'은 출가해 승려가 되는 것을 말한다.

216. 《위서》권97, 〈환현전(桓玄傳)〉, 환현이 사마원현을 토벌할 때 격문(檄文)이 실려 있다. "……악속들을 고된 병역에 동원했으며, 법을 어겨가며 제멋대로 끌고 간 자들도 많았는데, 사람들을 몰아내고 귀양을 보내 죽거나 반란을 일으켜 남은 이가 거의 없었다(加以苦役樂屬, 枉濫者衆, 驅逐徙拔, 死叛殆盡)." 여기서 법을 어겨가며 제멋대로 끌고 간 사람들은 주로 자경농(自耕農), 즉 일반 농민들이었다.

217. 《위서》권97, 〈환현전〉, "衣羅穀, 佩金玉, 相守閉門而死."

218. 손은(孫恩)은 낭야(琅邪) 사람 손수(孫秀)의 후손으로 나중에 남도(南渡)한 사족이다. 《수서》〈경적지〉에 손은의 문집이 남아 있다. 노순(盧循)은 범양(範陽) 노심(盧諶)의 후손으로 문벌세족 출신이다. 《고승전》권6, 〈석혜원전(釋慧遠傳)〉에 따르면, 혜원은 어린 시절 북방에서 생활하면서 노순의 부친인 노하(盧嘏)와 동문수학했다. 때는 후조(後趙) 말이다. 그렇다면 노하나 노순의 남도 역시 상당히 늦었음을 알 수 있다. 당시 늦게 남도한 사족들은 관례에 따라 문벌사족과 동급이 될 수 없었다. 그래서 손은이나 노순은 남방에서 사회적 지위가 문벌사족보다 낮았다. 노순이 손은의 여동생을 부인으로 취한 것을 보면 손은과 노순의 사회적 지위가 서로 비슷했음을 알 수 있다.

219. 《위서》권96, 〈사마덕종전(司馬德宗傳)〉, "逼人士爲官屬."

220. 《자치통감》권111, 융안(隆安) 3년 12월, 《진서》권100, 〈손은전〉, 권79, 〈사안전(謝安傳)〉에 부기된 〈사염전(謝琰傳)〉과 《송서》권100, 〈서전(序傳)〉 등에 보인다.

221. 《송서》권54, 사신의 말, "兵車勿用, 民不外勞, 役寬務簡, 氓庶繁息, 至餘粮栖畝, 户不夜扃."

222. 《자치통감》권125, 원가(元嘉) 27년, "河洛之民竞出租谷, 操兵來赴者日以千數."

223. 《수서》권25, 〈형법지〉, "一人亡逃, 擧家質作."

224. 《문원영화(文苑英華)》권754, 하원지하지원(何之元)·〈양전(梁典)〉〈총론〉, "民盡流離, 邑皆荒毁, 由是劫抄蜂起, 盗竊群行……抵文者比室, 陷辟者接門. 晉災薦降, 囹圄隨滿."

225. 《진서》권5, 〈선제기(宣帝紀)〉, "廣袤勿得度量, 征稅悉皆停免."

226. 《진서》권75, 〈유담전(劉惔傳)〉, "居官無官官之事, 處事無事事之心."

227. 《세설신어》하권 하, 〈우회(尤悔)〉.

228. 《진서》권80, 〈왕희지전〉에 부기되어 있는 〈미지전(徽之傳)〉.

229. 《송서》권42, 〈왕홍전(王弘傳)〉, 강오(江奧)의 발언. "士庶之際, 實自天隔."

230. 《문선》권40, 심약, 〈주탄왕원(奏彈王源)〉, "璋之姓族, 士庶莫辨." "王滿連姻, 實駭物聽"

231. 《남사》권80, 〈후경전(侯景傳)〉, "王謝爲婚時, 梁武帝答稱, 王謝門高非偶, 可于朱, 張以下訪之."

232. 《문선》권40, 심약, 〈주탄왕원(奏彈王源)〉, "衣冠之族, 日失其序, 姻婭淪雜, 罔論厮庶."

233. 《남제서》권56, 〈은행유계종전(恩幸劉係宗傳)〉, "學士輩不堪治國, 唯大读書耳."

234. 《안씨가훈》〈면학〉, "熏衣剃面, 傅粉施朱."

235. 《안씨가훈》〈섭무〉, "骨脆肤柔, 不堪行步, 體羸氣弱, 不耐寒暑, 其死倉猝者往往而然."

236. 《송서》권94, 〈은행대법흥전(恩幸戴法興傳)〉, 《남사》권77, 〈은행유계종전〉, 《양서》권38, 〈주이전(朱異傳)〉, "方鎭改換, 朝儀國典, 詔誥敕書, 并兼掌之."

237. 《진서》권35 후론(後論), "郡邑岩穴之長, 村屯塢壁之豪."

238. 《송서》권54, 〈공계공등전(孔季恭等傳)〉, 사신의 말, "一歲或稔, 則數郡忘饑."

239. 《예문유취》권26, "家給火耕之田."

240. 《문원영화》권645, 궐명(闕名), 〈위행군원수위효관격진문(爲行軍元帥韋寬檄陳文)〉, "火耕水耨之夫."

241. 《예문유취(藝文類聚)》권52, 서릉(徐陵), 〈광주자사구양덕정비(廣州刺史歐陽德政碑)〉, "務是民天, 敦其分地, 火耕水耨, 彌亘原野."

242. 《수서》권24, 〈식화지〉, "丁男調布絹各二丈, 絲三兩, 綿八兩, 祿絹八尺, 祿綿三兩二分, 租米五石, 祿米二石, 丁女幵半之."

243. 《남사》권70, 〈곽조심전(郭祖深傳)〉, "錄質家丁, 合家又叛, 則取同籍, 同籍又叛, 則取比伍, 比伍又叛, 則望村而取."

244. 《송서》권100, 〈서전(序傳)〉, "年几八十而猶伏隷, 或年始七歲而已從役."

245. 《송서》권2, 〈무제기〉중, "權門幷兼, 强弱相凌, 百姓流離, 不得保其産業."

246. 《송서》권6, 〈효무제기(孝武帝紀)〉

247. 《양서》권3, 〈무제기〉하, "給貧民種粮共營作."

248. 《양서》권52, 〈고헌지전(顧憲之傳)〉, "于宣城, 臨城, 定陵三縣界立屯, 封山澤數百里, 禁民樵采."

249. 《송서》권67, 〈사령운전(謝靈運傳)〉, "田連岡而盈疇, 嶺枕水而通阡." "春秋有待, 朝夕須資, 旣耕以飯, 亦桑貿衣, 藝菜當肴, 采藥救頹."

250. 《송서》권57, 〈채곽전(蔡廓傳)〉에 부기된 〈채흥종전(蔡興宗傳)〉, "王公妃主邸舍相望, 撓亂在所, 大爲民患, 子息滋長, 督責無情."

251. 《태평어람》권648, 〈진령(晉令)〉.

252. 《자치통감》권133, 송(宋) 원휘(元徽) 2년, "遺落世務." "罷遣部曲."

253. 《남제서》권38, 〈소경선전(蕭景先傳)〉, "啓官乞足三處田, 勤作自足供衣食, 力少更隨宜買粗猥奴婢充使, 不须餘營生周旋."

254. 《홍명집》권12, 환현(桓玄), 〈여관속사태승중교(與僚屬沙汰僧衆教)〉, "一縣數千, 猥成屯落."

255. 《남사》권70, 〈곽조심전(郭祖深傳)〉, "天下户口, 幾亡其半."

256. 《홍명집》권6, 석도항(釋道恒), 〈석박론(釋駁論)〉, "或墾植田圃, 與農夫齊流, 或商旅博易, 與衆
　　 人競利……或聚畜委積, 頤養有餘 ; 或指掌空談, 坐食百姓."

257. 《남사》권70, 〈곽조심전〉, "資産豐沃."

258. 《광홍명집》권24, 석진관(釋眞觀), 〈여서복야영군술역승사(與徐僕射領軍述役僧事)〉.《남사》〈곽
　　 조심전〉, 백도(白徒), 양녀(養女) 등은 "모두 민적에 집어넣지 않았다(皆不貫人籍)." "不書名籍."

259. 《광홍명집》권24, 석진관(釋眞觀), 〈여서복야영군술역승사〉, "常居邸肆, 恒處田園."

260. 《진서》권64, 〈간문삼자전(簡文三子傳)〉, 허영(許營)의 소(疏), "侵漁百姓, 取財爲惠."

261. 《남사》권70, 〈우원전(虞愿傳)〉.

262. 《남제서》권38, 〈소영주전(蕭穎胄傳)〉.

263. 《남사》권70, 〈견법숭전(甄法崇傳)〉에 부기된 〈견빈전(甄彬傳)〉;《남제서》권23, 〈저연전(褚淵
　　 傳)〉에 부기된 〈저징전(褚澄傳)〉.

264. 《고승전》권5, 〈석도안전(釋道安傳)〉.

265. 《고승전》권9, 〈석현창전(釋玄暢傳)〉, "敕蠲百戶以充俸給."

266. 《속고승전》권17, 〈석지의전(釋智顗傳)〉, "割始豐縣調以充衆費, 蠲兩戶民用供薪水."

267. 《양서》권7, 〈왕황후전(王皇后傳)〉.

268. 《고승전》권4, 〈축도잠전(竺道潛傳)〉. 이 땅은 원래 도잠(道潛)이 소유하고 있던 곳이다.

269. 《송서》권67, 〈사령운전〉에 인용된 〈산거부(山居賦)〉주(注), 담제도인(曇濟道人)과 채씨(蔡氏), 치
　　 씨(郗氏), 진씨(陳氏), 사시(謝氏)가 각기 1오(一奧)를 점했다.

270. 《태평어람》권825에 인용된 〈영가군기(永嘉郡記)〉.

271. 《태평어람》권833, 〈무창기(武昌記)〉.

272. 《태평어람》권665, 도홍경(陶弘景)의 발언

273. 《중수정화류증본초(重修政和類證本草)》권4, 철정조(鐵精條), 도홍경의 말.

274. 《수서》권26, 〈백관지(百官志)〉, 양대 남경(南康), 건안(建安), 진안(晉安)에 벌선알자(伐船謁者, 관
　　 직명)가 있었다.

275. 《안씨가훈》〈귀심(歸心)〉.

276. 《태평어람》권605, 〈환현위사(桓玄僞事)〉.

277. 《남제서》권32, 〈왕곤전(王琨傳)〉.

278. 《송서》권77, 〈심경지전(沈慶之傳)〉, "만족의 밭에 풍년이 들어 쌓아놓은 곡식이 바위가 중첩
　　 한 것 같았다(蠻田大稔, 積穀重岩)," 송군(宋軍)이 "만족의 곡식을 양식으로 의존했다(因糧蠻谷)"
　　 등의 말이 나온다. 〈남제서〉권58, 〈만전(蠻傳)〉에 이르길, 만족의 "밭은 대단히 비옥하다(田甚肥
　　 庾)"고 했다.

279. 《송서》권97, 〈영옹주만전(荊雍州蠻傳)〉, "蠻人順服者一戶輸穀數斛, 其餘無雜調."

280. 《송서》권97, 〈이만전(夷蠻傳)〉 사신의 말, "捜山蕩谷, 係頸囚俘."

281. 《송서》권92, 〈서활전(徐豁傳)〉, "一子丁輸南稱半兩."

282. 《신당서》권222 하, 〈양찬만전(兩爨蠻傳)〉, "土多駿馬犀象明珠."

283. 《팔경실금석보정(八瓊室金石補正)》권9, 〈찬보자비(爨寶子碑)〉, 권10, 〈찬룡안비(爨龍顔碑)〉와
　　 제가(諸家)의 발어(跋語).

284. 《위서》권96, 〈사마예전(司馬睿傳)〉, "羈縻而已, 未能制服其民."

285. 《수서》권24, 〈식화지〉, "諸蠻陬俚洞靄沐王化者, 各隨輕重收其賧物, 以裨國用. 又嶺外酋帥因 生口翡翠明珠犀象之饒雄于鄉曲者, 朝廷多因而署之, 以收其利." 〈식화지〉 아래 문장에서, "역 대로 제, 량, 진은 모두 이로 인해 바꾸지 않았다(歷來, 齊, 梁, 陳, 皆因而不改)"고 했는데, 이는 토지 에 따라 부세를 매겼으나 일정한 법령이 없었음을 말하는 것이지 그들 민족의 사회, 정치 상황이 동진 남조 시절에 변화가 없었음을 말하는 것이 아니다.

286. 《문원영화》권682, 서릉(徐陵), 〈무황제작상시여영남추호서(武皇帝作相時與嶺南酋豪書)〉.

287. 《수서》권80, 〈종토웅모전(鍾士雄母傳)〉.

288. 《수서》권80, 〈초국부인전(譙國夫人傳)〉, "世爲南越首領, 跨據山洞, 部落十餘萬家."

289. 《수서》권82, 〈남만전서(南蠻傳序)〉, "皆列爲郡縣, 同之齊人."

290. 《문심조룡》〈논설〉, "術兼名法." 《삼국지》권1, 〈위지〉〈무제기〉에 따르면, 조조는 "신불해, 상안의 법술을 따랐다(攬申商之法術)." 《진서》권47, 〈부현전〉, "위 무제가 법술을 좋아하자 천하 사람들 이 형명을 귀하게 여겼다(魏武好法術而天下貴刑名)."

291. 《후한서》권79, 〈중장통전(仲長統傳)〉, "叛散五經, 滅棄風雅, 百家雜碎, 請用從火."

292. 《삼국지》권10, 〈위지〉〈순욱전(荀彧傳)〉 주에 인용된 하소(何劭)의 〈순찬전(荀粲傳)〉, "聖人之 糠秕."

293. 《노자》, 《장자》, 《주역》을 당시에는 삼현(三玄)이라고 불렀는데, 위진 현학가들이 가장 많이 담론 의 대상으로 삼았던 책이다.

294. 《진서》권43, 〈왕융전(王戎傳)〉에 부기된 〈왕연전(王衍傳)〉, "天地萬物皆以無爲爲本."

295. 왕필, 《논어석의(論語釋疑)》 집본은 《옥함산방집일서(玉函山房輯佚書)》에 보인다. "道者無之稱 也, 無不由也, 況之曰道, 寂然無體, 不可爲象."

296. 《사고전서총목제요(四庫全書總目提要)》권1에서 왕필의 《주역주(周易注)》를 다음과 같이 평했 다. "의리를 천명해 《역》을 다른 방술서와 뒤섞이지 않도록 한 것은 왕필……심히 공적이 아닐 수 없다. 하지만 허무를 숭상해 《역》을 노장으로 귀속시킨 것은 왕필이 ……허물이 없다고 말할 수 없다(闡明義理, 使易不雜于術數者, 弼……深爲有功. 祖尚虛無, 使易竟入于老莊者, 弼……亦不能無 過)." 여기서 말하는 이른바 '공과(功過)'는 유가 경학의 정통적인 관점에서 내린 평가로 나름 참 고할 만한 가치가 있다.

297. 《진서》권49, 〈완전전(阮籍傳)〉, "本有濟世志."

298. 위의 책, "當其得意, 忽忘形骸."

299. 《혜중산집(嵇中散集)》권5 〈성무애락론(聲無哀樂論)〉, "崇簡易之敎, 御無爲之治, 君靜於上, 臣 順於下."

300. 《혜중산집》권2 〈여산거원절교서(與山巨源絶交書)〉, "非湯武而薄周孔."

301. 《혜중산집》권7 〈난장료숙자녀호학론(難張遼叔自然好學論)〉, "六經未必爲太陽."

302. 《완사종집(阮嗣宗集)》 〈대인선생전(大人先生傳)〉, "無君而庶物定, 無臣而萬事理."

303. 《삼국지》권18 〈위지〉 〈이통전(李通傳)〉 주에 인용된 왕은(王隱)의 《진서》에 사마소의 말이 실려 있다. "言及玄遠, 而未曾評論時事, 臧否人物."

304. 《진서》권49 〈혜강전〉, "喜慍之色."

305. 《문선》권53, 혜강, 〈양생론(養生論)〉, "淸虛靜泰, 少私寡欲."

306. 완첨(阮瞻), 왕징(王澄), 사곤(謝鯤) 등은 "완적을 숭배하고 따르면서 대도의 근본을 얻었다고 말했다(祖述于籍, 謂得大道之本)." 《세설신어》〈덕행〉 주에 인용된 왕은(王隱) 《진서》에 보인다. 그들의 행위는 《진서》 본전에 실려 있다.

307. 《진서》권49, 〈상수전(向秀傳)〉.

308. 《장자》〈소요유〉 주, "要其會歸而遺其所寄."

309. 《장자》〈재유(在宥)〉 주, "生物者無物而物自生."

310. 《장자》 대종사 주, "外不資于道, 內不由于己, 掘然自得而獨化."

311. 《광홍명집》권18, 사령운, 〈여제도인변종론(與諸道人辨宗論)〉, "儒道爲一."

312. 《진서》〈완첨전〉, "將毋同." 《세설신어》〈문학〉은 이를 완수[阮修, 완선자(阮宣子)]의 발언으로 보고 있다.

313. 《장자》〈대종사〉 주, "天地萬物, 凡所有者不可一日而相無."

314. 《장자》〈소요유〉 주, "至至不虧." "雖在廟堂之上, 然其心無異于山林之中."

315. 《장자》〈대종사〉 주, "雖終日揮形而神氣無變, 俯仰萬機而談然自若."

316. 하안(何晏)은 성색을 즐기고 분 바르는 것을 좋아했으며, 평소 자부심이 강하고 오석산[五石散, 한식산(寒食散)으로 일종의 독약이다] 《세설신어》, 〈언어〉, 〈용지〉와 주에 나온다.

317. 《문선》권49, 간보, 《진기》〈총론〉, "學者以莊老爲宗而黜六經, 談者以虛薄爲辯而賤名檢, 行身者以放浊爲通而狹節信, 進仕者以苟得爲貴而鄙居正, 當官者以望空爲高而笑勤恪." 간보는 유가의 관점에서 현학에 대한 언급한 것이기 때문에 전적으로 취할 것이 아니다.

318. 《태평어람》권949, 양천, 〈물리론〉, "玄學虛無之談, 尙其華藻, 此無異于春蛙秋蝉, 聒耳而已."

319. 배위(裴頠), 〈숭유론(崇有論)〉, 《진서》권35, 〈배수전(裴秀傳)〉에 부전(附傳)으로 있다.

320. 《포박자》〈힐포(詰鮑)〉, "人主奠栗于廟堂之上, 百姓煎擾乎困苦之中, 閑之以禮度, 整之以刑罰, 是猶闢滔天之源, 激不測之流, 塞之以撮壤, 障之以指掌."

321. 〈도현론(道賢論)〉은 《고승전》 각 권에 여기저기 보인다. 《전진문》권62 〈도현론(道賢論)〉은 온전한 것이 아니다.

322. 《세설신어》〈문학〉, "卓然標新理."

323. 《세설신어》〈가휼(假譎)〉.

324. 《고승전》권4, 〈축법아전(竺法雅傳)〉, "以經中事數擬配外書, 爲生解之例."

325. 《고승전》권10, 〈불도징전〉, 후조의 저작랑 왕도(王度)는 부처를 '외국의 신(外國之神)'으로 칭하면서 "천자가 제사를 지낼 대상이 아니라(非天子諸華所應祀奉)"고 상주했다. 그러자 석호(石虎)가 조서를 내려 다음과 같이 말했다. "짐은 변방에서 태어났으며, ……, 마땅히 본토의 습속도 겸해야 하니, 부처는 오랑캐의 신[戎神]으로 마땅히 받들어야 할 것이다(朕生自邊壤……, 應兼從本俗, 佛是戎神, 正所應奉)." 갈인(羯人)은 원래 화천교(火祆教) 신앙을 가지고 있었지만 통치하는 각 민족들에게 신앙을 강요하지는 않았다.

326. 《고승전》권6, 《석혜원전〉, "博綜六經, 尤善莊老", "不廢俗書."

327. 《고승전》권7, 《축도생전〉, "一闡提人皆得成佛."

328. 《진서》권117, 《요흥재기(姚興載記)〉, "事佛者十室而九."

329. 석혜관(釋慧觀), 〈법화종요서(法華宗要序)〉, 승우(僧祐), 《출삼장기집(出三藏記集)》 권8, "手執胡經, 口譯秦語, 曲從方言, 而趣不乖本."

330. 《위서》 권114, 〈석노지〉, "復義農之治."

331. 《광홍명집》 권7, 〈서열대왕신체혹해(叙列代王臣滯惑解)〉, 위원숭조(衛元嵩條, "以城隍爲寺塔, 即周主是如來."

332. 《광홍명집》 권8, 〈서주무제집도속의불법사(叙周武帝集道俗議佛法事)〉, "三寶福財散給臣下, 寺觀塔廟賜給王公."

333. 《홍명집》 권11, 하상지(何尙之), 〈답송문제찬양불교사(答宋文帝贊揚佛教事)〉, "夫能行一善則去一惡, 一惡既去, 則息一刑, 一刑息于家, 則萬刑息于國……卽陛下下所謂坐致太平者也." 송문제가 하상지에게 이렇게 말한 적이 있다. "만약 온 나라가 이로 인해 돈독해진다면 짐은 그저 앉아서 태평을 이룰 것이니 또 무슨 일을 하겠는가?(若使率土之濱皆敦此化, 則朕坐致太平, 夫復何事)" 《고승전》 권7, 〈석혜엄전(釋慧嚴傳)〉에 보인다.

334. 《위서》 권114, 〈석노지〉, "助王政之禁律, 益仁智之善性, 排斥群邪, 開演正覚, 故前代已來莫不崇尚, 亦我國家常所尊事也."

335. 《진서》 권77, 〈채모전(蔡謨傳)〉, "佛者夷狄之俗, 非經典之制."

336. 《남제서》 권54, 〈고환전(顧歡傳)〉, "佛是破惡之方." "道是興善之術."

337. 《양서》 권48, 〈범진전(範縝傳)〉, "浮屠害政, 桑門蠹俗." 아래 인용문에서 출처를 밝히지 않은 것은 모두 《양서》나 《남사(南史)》 권57, 〈범운전(範云傳)〉에 부기된 〈범진(範縝傳)〉에 따른다.

338. 刃(도), 《양서》〈본전〉에는 刀(도)로 썼다. 《홍명집》 권9, 소침(蕭琛), 〈난신멸론(難神滅論)〉에 따른다. "形者神之質, 神者形之用……神之于質, 猶利之于刃. 形之于用, 猶刃之于利……舍利無刃, 舍刃無利. 未聞刃沒而利存, 豈容形亡而神在?"

339. 《홍명집》 권9, 소침(蕭琛), 〈난신멸론〉, "辯摧衆口, 日服千人."

340. 《삼국지》 권46, 〈오서〉〈손책전〉, "助軍作福, 醫護將士." 于古在江東事, 疑點甚多, 但道教流布江東, 則屬可信.

341. 《포박자》〈도의(道意)〉, "避役之吏民依寬爲弟子者恒近千人." "弟子轉相教授, 布滿江表, 動有千許."

342. 《태평어람》 권742, 조식, 〈설역기(說疫氣)〉, "愚民懸符厭之."

343. 《삼국지》 권29, 〈위지〉〈화타전(華佗傳)〉 주, 조식, 〈변도론(辯道論)〉, "挾奸宄以欺衆, 行妖慝以惑民."

344. 《포박자》〈명본(明本)〉, "道者儒之本也, 儒者道之末也."

345. 《포박자》〈도의〉, "曩者有張角, 柳根, 王歆, 李申之徒, 或稱千歲, 假托小術……誑眩黎庶, 糾合群愚, 進不以延年益壽爲務, 退不以消災治病爲業, 遂以招集奸黨, 稱合逆亂."

346. 위의 책, "王者更峻其刑制, 犯無輕重, 致之大辟."

347. 《진서》 권80, 〈왕희지전〉, "共修服食, 採藥石不遠千里."

348. 《진서》 권100, 〈손은전(孫恩傳)〉, "敬之如神, 皆竭財産, 進子女, 以求福慶."

349. 《위서》 권114 〈석로지〉, "清整道教, 除去3張僞法, 租米錢稅." "專以禮度爲首而加之以服食閑練."

350. 《위서》권35 〈최호전(崔浩傳)〉, "古治亂之迹."

351. 《광홍명집》권24, 제(齊) 문선제(文宣帝), 〈문사태석이조(問沙汰釋李詔)〉, "黃服之徒, 數過于正户."

352. 《송서》권69, 〈범엽전〉, "體大而思精."

353. 《사통》〈보주(補注)〉, "簡而且周, 疏而不漏."

354. 장언원(張彦遠), 《역대명화기(歷代名畵記)》권6, "制木方丈圖, 天下山川土地, 各有分理, 離之則 州郡殊, 合之則寓內爲一."

355. 〈시품서(詩品序)〉, 《양서》49, 〈종영전(鍾嶸傳)〉, "理過其辭, 淡乎寡味."

356. 하지만 〈서주곡(西洲曲)〉과 같은 장편 시가도 있다. 〈서주곡〉은 《악부시집(樂府詩集)》권72, 〈잡 곡가사(雜曲歌詞)〉에 실려 있으며, 〈청상곡사(淸商曲詞)〉의 서곡(西曲)에 들어가 있지 않다.

357. 《문심조룡》〈총술(總術)〉, "無韵者筆也, 有韵者文也."

358. 《문선》권17, 육기(陸機), 〈문부서(文賦序)〉, "論作文之利害所由."

359. 《문심조룡》〈시서(時序)〉, "文變染乎世情, 興廢系乎時序."

360. 《시품서(詩品序)》, "幹之以風力, 潤之以丹采." 《양서》49, 〈종영전〉.

361. 《태평어람》권702에 인용된 속설에 따르면, 고개지가 "누군가를 위해 부채에 혜강과 완적을 그 렸는데, 눈동자를 그리지 않았다. 그 사람이 묻자 고개지가 답하길, '눈동자를 그리면 곧 말을 할 것이오.'라고 했다(爲人畵扇作嵇, 阮而都不點眼精, 主問之, 顧答曰, 那可點精, 點精便語)."

362. 《역대명화기》권5, "運思精微, 襟靈莫測, 雖奇迹輸墨, 其神氣飄然在烟霄之上, 不可以圖畫間求."

363. 《역대명화기》권6, "参靈酌妙, 動與神會, 筆迹勁利, 如錐刀焉, 秀骨清像, 似覺生動."

364. 《역대명화기》권5, "張得其肉, 陸得其骨, 顧得其神."

365. 《역대명화기》권1, 〈논화산수수석(論畵山水樹石)〉, "或水不容泛, 或人大于山, 皆附以樹石, 映帶 其地, 列植之狀, 則若伸臂布指." "詳古人之意, 專在顯其所長而不守于俗變也."

366. 《고승전》권11, 〈석승우전(釋僧祐傳)〉, 권13, 〈석승호전(釋僧護傳)〉.

367. 장언원, 《역대명화기》권1〈論畵六法〉, "骨氣形似皆本于立意而歸乎用筆, 故工畵者多善書."

368. 장언원, 〈법서요록(法書要錄)〉권1, "臨池學書, 池水盡墨."

369. 《진서》권39, 〈순욱전(荀勗傳)〉, "立書博士, 置弟子敎習, 以鍾胡爲法."

370. 《진서》권80, 〈왕희지전〉, "飄若浮云, 矯若驚龍."

371. 《위서》권24, 〈최현백전(崔玄伯傳)〉, "魏初重崔盧之書."

372. 《수서》권14, 〈음악지〉중, "吹笛, 彈琵琶五弦及歌舞之伎, 自文襄以來皆所愛好. 至河清以后, 傳習尤盛. 后主唯賞胡戎乐, 耽愛無已."

373. 《수서》권15, 〈음악지〉하, "魚龍爛漫, 俳優, 朱儒, 山車, 巨象, 拔井, 種瓜, 殺馬, 剥驢等奇怪異 端, 百有餘物, 名爲百戲."

374. 《삼국지》권42, 〈촉서〉〈허자전(許慈傳)〉, "效其訟閧之狀, 酒酣樂作, 以爲嬉戲, 初以辭義相難, 終以刀杖相屈." 전진광(錢振鍠)은 "이 일은 한대 유가의 문호(門户)의 끝이자 후세 이원(梨園)의 시작이다"라고 말한 바 있다.

375. 《태평어람》권569, 〈조서(趙書)〉의 내용에 근거한다. 당대 단안절(段安節)의 《악부잡록(樂府雜 錄)》은 이 일이 한 화제(和帝) 시절이라고 했다. 북위(北魏) 시절에 〈태악주기유창우위우치자(太 樂奏伎有倡優爲愚痴者)〉라는 희극이 있다. 《위서》권11, 〈전폐제기(前廢帝紀)〉에 보인다.

376. 최영흠(崔令欽), 〈교방기(教坊記)〉에 따른다. 《구당서》 권29, 〈음악지〉는 이것이 수나라 말기의 일이라고 했다. 하지만 《악부잡록》은 북주(北周)의 것으로 보고 있다.

377. 〈제민요술서(齊民要術序)〉, "起自耕農, 終于醯醢, 資生之業, 靡不畢書." "採捃經傳, 爰及歌謠, 詢之老成, 驗之行事."

6장 수·당 시대

1. 《책부원구(冊府元龜)》 권487, 〈부세(賦稅)〉, "개황 2년, 신 법령을 반포했다."

2. 《북사(北史)》 권11 〈수본기(搜本紀)〉.

3. 당제(唐制)에 의하면 18세 이상의 중남(中男)은 잡역에 복무했으며, 잡역은 때때로 과도한 부담이 되기도 했다.

4. 《수서(隨西)》 권680, "신 법령을 반포함에, 5가구를 보(保)라고 하여 장(長)을 두며, 5개의 보를 여(閭), 4개의 여를 족(族)이라 하여 각각 정(正)을 둔다. 경기 이외 지역에 이정(里正)을 설치해 여정(閭正)과 견주고, 당장(黨長)은 족정(族正)과 견주어 서로 감찰토록 한다."

5. 《통전(通典)》 권7, 〈정중(丁中)〉, "爲浮客, 被强家收大半之賦, 爲編氓奉公上, 蒙輕減之征."

6. 《수서》 권2, 〈고조기〉, "軍人可悉屬州縣, 墾田籍帳, 一同編户, 軍府統領, 宜依舊式."

7. 《수서》 권42, 〈이덕림전(李德林傳)〉.

8. 《수서》 권24, 〈식화지〉, "强宗富室, 家道有餘." "中外倉庫, 無不盈積."

9. 《신중국의 고고학적 수확(新中國的考古收穫)》, 문물출판사, 1961년, 101쪽.

10. 《대업잡기(大業雜記)》, 〈지해(指海)〉, 다음과 같다.

11. 《구당서(舊唐書)》 권67, 〈이훈전(李勛傳)〉, "商旅往還, 乘船不絶."

12. 《대업잡기(大業雜記)》.

13. 《수서》 권3, 〈양제기〉, "南服遐遠, 東夏殷大", "關河懸遠, 兵不赴急."

14. 당대에 이르러 대만과 대륙의 관계가 계속해서 발전했다. 한유와 유종원은 해외무역을 열거하면서 모두 유구를 언급했다. 시인인 시견오(施肩吾)의 시에 팽호 사람들의 생활을 묘사한 대목이 있다. 대만에서는 당·송 시대 기와나 병, 동전 등이 발견되기도 한다.

15. 《수서》, 권81, 〈유구전(流求傳)〉, "以石爲刃, 長尺餘, 闊數寸."

16. 《수서》 권40, 〈왕의전(王誼傳)〉, "户口滋多, 民田不贍."

17. 《수서》 권24, 〈식화지〉, "增置軍府, 掃地爲兵."

18. 《자치통감》 권181, 대업 7년, "耕稼失時, 田疇多荒."

19. 《수서》 권24, 〈식화지〉, "天下死于役而家傷于財."

20. 《당률소의(唐律疏議)》 4권, 〈명례사(名例四)〉, "依法駁正, 却牒省司."

21. 《당률소의(唐律疏議)》 권16, 〈천흥률(擅興律)〉, 간점위사정인조(揀點衛士征人條), "財均者取强, 力均者取富, 財力又均, 先取多丁."

22. 《투루판 출토 문서(吐魯番出土文書)》 7책, 〈아사타나 100호 묘문서(阿斯塔那100號墓文書)〉, 문물출판사, 1986, 221~227쪽.

23. 《구당서》권43, 〈직관지(職官志)〉 〈형부〉, "律以正刑定罪."

24. 역사 기록에 따르면, 당률은 전체 500조(條)인데, 본문은 현존하는 당률의 조항에 근거해 계산한 것이다.

25. 《구당서》권43, 〈직관지〉 〈형부〉, "令以設範立制."

26. 《구당서》권43, 〈직관지〉 〈형부〉, "格以禁違正邪." "式以軌物程事."

27. 유준문, 《돈황 투루판 당대법제 문서 고석(敦煌吐魯番唐代法制文書考釋)》, 중화서국, 1989.

28. 《정관정요》권2, 〈직간(直諫)〉, "崔莽巨澤, 茫茫千里, 人烟斷絕, 鷄犬不聞."

29. 지금의 하남, 하북, 산동 등 세 군데 성을 기준으로 함. 《수서》와 《구당서》 〈지리지〉 관련 자료의 통계에 따른다.

30. 당나라 천보(天寶) 3년 이전의 제도에 따르면, 16세 남자는 중남, 21세는 정남, 60세는 노남(老男)으로 했다. 또한 벙어리, 난쟁이, 꼽추, 외발 또는 외팔 등은 불구자로 분류하고, 미치광이, 두 손이나 두 발을 못 쓰는 자, 장님 등은 중병자로 구분했다.

31. 《통전》권2, 〈식화이〉 〈전제하〉.

32. 《당률소의》권13, 〈호혼률〉에 토지점유의 제한액 초과에 대한 조항이 나와 있다.

33. 송가옥(宋家鈺), 《당조호적법과 균전제연구(唐朝戶籍法與均田制研究)》 제8장, 중주고적출판사, 1988.

34. 수 양제는 부인(婦人), 부곡(部曲), 노비들의 과세를 폐지했고, 그와 거의 동시에 그들의 수전(受田) 제도를 폐지했다. 수 양제 이전에는 일부일처가 당연히 받아야 할 경지가 140무였으나, 수양제가 부인이 경지를 받는 제도를 폐지한 후에는 매 정남이 받는 토지도 100무로 바뀌었다.

35. 《당률소의》권13, 〈호혼률〉의 차과부역위법조(差科賦役違法條).

36. 《자치통감》권192, 무덕 9년 10월. 《정관정요》권1 〈논군도(論君道)〉, 〈논정체(論政體)〉, 권4 〈논교계태자제왕(論敎戒太子諸王)〉, "天子者, 有道則人推而爲主, 無道則人棄而不用, 誠可畏也."

37. 《정관정요》권1, 〈정체(政體)〉, "朕意則不然, 以天下之廣, 四海之衆, 千端萬緒, 需合變通, 皆委百司商量, 宰相籌畫, 于事穩便, 方可奏行. 豈得一日萬機, 獨斷一人之慮也. 且日斷十事, 五條不中, 中者信善, 其如不中者何? 以日繼月, 乃至累年, 乖謬旣多, 不亡何待, 豈如廣任賢良, 高居深視, 法令嚴肅, 誰敢爲非?"

38. 《정관정요》권7, 〈숭유학(崇儒學)〉, "爲政之要, 唯在得人, 用非其才, 必難致治. 今所任用, 必須以德行學識爲本."

39. 《정관정요》권5, 〈공평(公平)〉, "今所以擇賢才者, 蓋爲求安百姓也. 用人但問堪否, 豈以新故異情?"

40. 《자치통감》권192, "君子用人如器, 各取所長. 古之致治者, 豈借才于異代乎? 正患己不能知, 安可誣一世之人!"

41. 《정관정요》권5, 〈공평(公平)〉, "貞觀之初, 志存公道, 人有所犯, 一一于法. 縱臨時處斷, 或有輕重, 但見臣下執論, 無不忻然受納. 民知罪之無私, 故甘心而不怨. 臣下見言無忤, 故盡力以效忠."

42. 《구당서》권185 상, 〈진군빈전(陳君賓傳)〉, "逐粮戶到, 遞相安養. 回還之日, 各有贏粮, 乃別贲布帛, 以申贈遺."

43. 《당회요(唐會要)》권100, 〈잡록(雜錄)〉, "乃下制, 令後璽書賜西域北荒之君長, 皆稱皇帝天可汗, 諸番渠帥有死亡者, 必下詔册立其后嗣焉. 統制四夷, 自此始也."

44. 《자치통감》권198, 정관 20년 9월, "愿得天至尊爲奴等天可汗."

45. 《신당서》권93, 〈이적전(李勣傳)〉.

46. 《신당서》권95, 〈고검전(高儉傳)〉.

47. 《자치통감》권200, 현경 4년, "詔太子每五日于光順門內視諸司奏事, 其事之小者, 皆委太子決之." 권201, 용삭 3년, 인덕 원년, "天下大權, 悉歸中宮黜陟殺生, 決于其口, 天子拱手而已."

48. 《구당서》권4, 〈고종기(高宗紀)〉.

49. 《신당서》권76 〈측천무황후전(則天武皇后傳)〉.

50. 《당대조령집(唐大詔令集)》권3, 〈개원광택조(開元光宅詔)〉, "富貴寧人."

51. 조로(調露) 원년(679년) 당나라가 서돌궐 아사나도지(阿史那都支)의 모반을 평정한 후, 당은 쇄엽(碎葉), 지금의 키르키즈공화국 이사이커호(伊塞克湖) 서쪽 도시 톡마크[托克瑪克城]에 성을 세우고 진(鎭)을 설치하고 언기(焉耆)를 대신해 통치했다.

52. 《구당서》권89, 〈적인걸전(狄仁杰傳)〉, "露宿草行, 潛竄山澤."

53. 《진자앙집(陳子昻集)》권8, 〈상촉천안위사(上蜀川安危事)〉

54. 《구당서》권88 〈위사립전(韋嗣立傳)〉, 권101〈신체비전(辛替否傳)〉, "帑藏爲之空竭."

55. 《구당서》권101 〈신체비전〉, "當今出財依勢者盡度爲沙門, 避役奸詐者盡度爲沙門. 其所度者, 唯貧窮與善人. 將何以作範乎? 將何以役力乎?" "今天下之寺蓋無其數, 一寺當陛下一宮, 壯麗之甚矣! 用度過之矣! 是十分天下之財而佛有七八, 陛下何有之矣! 百姓何食之矣!"

56. 《구당서》권106, 〈왕거전(王琚傳)〉, "可與履危, 不可得志."

57. 《신당서》〈선거지하(選擧志下)〉, "縣令刺史, 陛下所與共理, 尤親於民者也. 今京官出外, 乃反以爲斥逐, 非少重其選不可." 《책부원구(冊府元龜)》권635, 〈전선부(銓選部)〉〈고과일(考課一)〉, "京官不曾任州縣官者, 不得擬爲臺省官."

58. 《제민요술(齊民要術)》권1, 〈경전(耕田)〉, "回轉相妨."

59. 《태평광기(太平廣記)》권250, 〈등현정(鄧玄挺)〉, "以木桶相連汲于井中."

60. 《원차산집(元次山集)》권7, 〈문진사제삼(問進士第三)〉, "開元天寶之中, 耕者益力, 四海之內, 高山絶壑, 未耜亦滿."

61. 위의 책, "人家粮儲皆及數歲, 太倉委積, 陳腐不可校量."

62. 《통전(通典)》권12, 〈경중(輕重)〉.

63. 《당육전(唐六典)》권20, 〈태부시(太府寺)〉 태부경조(太府卿條), 《통전(通典)》권6, 〈부세하(賦稅下)〉

64. 《당어림(唐語林)》권4, 〈현원(賢媛)〉, 명화유첩서조(明皇柳婕好條), "遍于天下, 乃爲至賤所服."

65. 육우(陸羽), 《다경(茶經)》권중, 〈완(盌)〉, 《도설(陶說)》권2, 〈고요고(古窯考)〉, 《구당서》권105, 〈위견전(韋堅傳)〉.

66. 《신중국의 고고학적 수확》100~101쪽.

67. 위의 책, 99쪽.

68. 이는 《당육전(唐六典)》권20, 〈태부시(太府寺)〉 우장서령조(右藏署令條), 《구당서》권105, 〈위견전(韋堅傳)〉, 《원화군현지(元和郡縣志)》, 《통전(通典)》권6, 〈부세하(賦說下)〉를 참조했다.

69. 《통전》권6, 〈부세하〉, 천보계장계산(天寶計賬)에 따라 계산한 것이다.

70. 《당육전》권7, 〈공부낭중원외랑(工部郎中員外郎)〉조, 《당대조령집(唐大詔令集)》권108, 〈정수대

명궁조정수大明宮詔)〉

71. 《당육전》권6, 도관낭중원외랑조(都官郎中員外郎條),《신당서》권48,〈백관지(百官志)〉소부감조
(少府監條).

72. 《자치통감》권203, 광택(光宅) 원년 9월.

73. 《당육전》권7, 공부낭중원외랑조, "材力强壯 , 技能工巧."

74. 《당육전》권23,〈장작감(將作監)〉범제주장인장상조(凡諸州匠人長上條),《신당서》권48,〈백관지〉
〈소부감(少府監)〉과〈장작감〉,《명사석실고일서초편(鳴沙石室古佚書初編)》〈수부식(水部式)〉.

75. 《장안지(長安志)》권7, 당경성조(唐京城條), "성내 남쪽에서 북쪽까지 전체 14개의 대가가 있다
(郭中南北十四街)." 오늘날의 동서대가를 말한다. 같은 조(條)에 적혀 있는 "동서십일가(東西十一
街)"는 지금의 남북대가를 말한다.

76. 《장안지》권8,〈동시(東市)〉, "二百二十行 , 四面立邸 , 四方珍奇 , 皆所積集."

77. 《당률소의》권8,〈위금률(衛禁律)〉월주진수등성원조(越州鎭戍等城垣條), "主執鑰."《당육전》권
20,〈태부시(太府寺)〉〈양경제시서(兩京諸市署)〉, "凡市 , 以日午擊鼓三百聲而衆以會 , 日入前
七刻擊鉦三百聲而衆以散."

78. 《주례주소(周禮注疏)》권15, 사장조(肆長條), 가공언소(賈公彦疏), "此肆長謂一肆立一長 , 使之
檢校一肆之事 , 若今行頭者也.

79. 《태평광기》권495, 추봉지조(鄒鳳熾條), "邸店園宅, 遍滿海內."

80. 《통전》권7,〈역대성쇠호구(歷代盛衰戶口)〉, "東至宋汴, 西至岐州, 夾路列店肆待客, 酒饌豊溢.
每店皆有驢賃客乘, 倏忽數十里, 謂之驛驢, 南詣荊襄, 北至太原範陽, 西至蜀川涼府, 皆有店
肆, 以供商旅, 遠適數千里, 不持寸刃."

81. 《구당서》권94,〈최융전(崔融傳)〉, "天下諸津, 舟航所聚, 旁通巴漢, 前指閩越, 七澤十藪, 三江五
湖, 控引河洛, 兼包淮海. 弘舸巨艦, 千軸萬艘, 交貿往還, 昧旦永日."

82. 수나라 개황 연간의 균전에 따르면, 협향의 경우 매 정(丁)이 겨우 20무를 경작했다. 당 정관 시절
영구(靈口)의 정(丁)은 밭 30무를 소유했다. 당대 시인 저광희(儲光羲)의 시에 나오는 "30무 땅에
기장을 심었네(種黍三十畝)"라는 내용은 당시 땅은 협소하고 인구는 조밀한 지역의 일반적인 상
황이라고 할 수 있다.

83. 《통전》권6,〈천보계장(天寶計賬)〉의 지세(地稅)를 통해 당시 당 조정에서 파악하고 있는 실제 개
간지가 620만 경이었음을 알 수 있다. 당시 당 조정에서 파악하고 있는 호구의 숫자는 890여 만
이니 평균 호구당 소유하고 있는 전답은 70무였다.

84. 《신당서》권54,〈식화지〉,《통전》권7,〈역대성쇠호구〉, 이고(李翱),《이문공집(李文公集)》권3,
〈평부서(平賦書)〉.

85. 《당대조령집(唐大詔令集)》권82,〈신리원굴제(申理冤屈制)〉, "征科賦役, 差點兵防, 無錢則貧弱
先充, 行貨則富强獲免."

86. 《구당서》권100,〈필구전(畢構傳)〉.

87. 《당대조령집》권82,〈신리원굴제〉, "合得者被奪."

88. 《진자앙집》권8,〈상군국리해사(上軍國利害事)〉〈인기(人機)〉,《자치통감》권203, 수공(垂拱) 원
년 참조.

89. 《진자앙집》권8, 〈상촉천안위사(上蜀川安危事)〉, "家道悉破", "四壁皆空", "剝屋賣田, 人不爲售." "諸州逃走戶."

90. 《당회요》권49, 〈상(像)〉, "天下編戶, 貧弱者衆, 亦有佣力客作, 以濟粮粮, 亦有賣舍貼田, 以供王役."

91. 《당대조령집》권110, 〈계려풍속칙(誡勵風俗敕)〉, "棄其井邑, 通窜外州." "專事末游."

92. 《당대조령집》권111, 〈치권농사안무호구조(置勸農使安撫戶口詔)〉, "或因人而止, 或佣力自資."

93. 《당대조령집》권104, 〈처분조집사칙지오〉, "雖有壅畝, 或無牛力." 《책부원구》권105, 〈혜민〉, 개원 20년 2월 신묘제(辛卯制), "農桑之際, 多闕粮種, 咸求倍息."

94. 《책부원구》권495, 〈전제(田制)〉, 천보 11년 조서, "如聞王公百官及富豪之家比置莊田, 恣行吞幷, ……置令百姓無處安置, 乃別停客戶, 使其佃食."

95. 《통전》권2, 〈전제하(田制下)〉 주(注), "開元之季, 天寶以來, 法令弛壞, 兼幷之弊, 有踰于漢成哀之間."

96. 두우(杜佑)의 통계에 따른다. 《통전》권7, 〈정중(丁中)〉과 주 참고.

97. 《구당서》권185 상, 〈왕방익전〉, "坐食租稅." 《진자앙집》권5, 〈재주사홍·현무동산고거사진군비(梓州射洪縣武東山故居士陳君碑)〉.

98. 《통전》권7, 〈역대성쇠호구〉, "僞勳及諸色役甚衆."

99. 《당육전》권3, 〈상서호부〉, 범천하제주세전각유준상조(凡天下諸州稅錢各有準常條).

100. 《통전》권6, 〈부세하〉, 《전당문(全唐文)》권25, 현종(玄宗) 〈안양백성급제개혁제(安養百姓及諸改革制)〉.

101. 《통전》권6, 〈부세하〉, 천보계장(天寶計賬)에 따른 계산이다.

102. 《구당서》권84, 〈유인궤전(劉仁軌傳)〉, 《신당서》권123, 〈이교전〉, 《옥해(玉海)》, 권138, 〈업후가전(鄴侯家傳)〉.

103. 《구당서》권101, 〈신체비전(辛替否傳)〉, "多無衣食, 皆帶飢寒."

104. 《당회요(唐會要)》권72, 〈부병(府兵)〉, 《신당서》권50, 〈병지(兵志)〉, "逐漸逃散, 年月漸久, 逃死者不補, 三輔漸寡弱, 宿衛之數不給."

105. 《통전》권32, 〈도독(都督)〉 주, "初, 節度與採訪各置一人, 天寶中, 始一人兼領之."

106. 《자치통감》권216, 천보 8년 2월, "視金帛如糞壤, 賞賜貴寵之家, 無有限極."

107. 《통전》권6, 〈부세하〉, "其時錢穀之司, 唯務割剥, 回殘剩利, 名目萬端."

108. 《당회요》권72, 〈군잡록(軍雜錄)〉, "市人白徒, 富者販(服)繒彩, 食梁肉, 壯者角抵拔河, 翹木扛鐵, 日以寢鬪, 有事乃股慄不能授甲."

109. 《구당서》권106, 〈양국충전(楊國忠傳)〉, "決于私家", "責成胥吏, 賄賂公行."

110. 《자치통감》권216, 천보 10년, "潛引大食, 欲共攻四鎭."

111. 〈남조덕화비(南詔德化碑)〉.

112. 《당회요》권94, 〈토욕혼(吐谷渾)〉.

113. 돌궐문(突厥文), 〈궐특근비(闕特勤碑)〉, 《돌궐집사(突厥集史)》권16, 880쪽에 보인다.

114. 《구당서》권68, 〈장공근전(張公謹傳)〉, "自相嘯聚, 保據山險."

115. 《통전》권198, 〈돌궐중(突厥中)〉, "自恃兵威, 虐用其衆." "部落漸多逃散."

116. 《장곡강문집(張曲江文集)》권11,〈칙돌궐필가가한서(敕突厥苾伽可汗書)〉,〈칙돌궐가한서(敕突厥可汗書)〉.

117. 《책부원구》권979,〈외신부화친문(外臣部和親門)〉, "皆得一處養畜資生, 種田未作."

118. 《자치통감》권213, 개원 15년.

119. 회골(回鶻)이 바로 회흘(回紇)이다, 정원 원년(789년) 회골로 개명했다. 회골이 강성했을 당시 국토가 상당히 넓었는데, 일부 중국 경내까지 포함되었다. 회골인은 이후 천산 이남으로 이주해 위구르족의 선조가 되었다. '회골'은 지름길을 돌아다니는 매와 같다는 뜻이다.

120. 《구당서》권195,〈회흘전(回紇傳)〉, "無君長, 居無恒所, 隨水草流移."

121. 《신당서》권217 상,〈회골전〉.《당회요》권98〈회흘(回紇)〉참조.

122. 《구당서》권195,〈회흘전〉, "皆如突厥故事."

123. 《구당서》권194 하,〈서돌궐전〉, "自玉門以西諸國皆役屬之."

124. 당이 서돌궐 옛 영토에 설치한 부주(府州)는 지금의 신강 위구르 자치구 경내에 있는 흉연도독부[匈延都督府, 처목곤(處木昆)을 위해 배치한 것으로 탑성(塔城) 일대], 염박주도독부[鹽泊州都督府, 호록옥폐(胡祿屋閉)를 통치하기 위해 배치한 것으로 오소(烏蘇) 일대], 쌍하도독부[雙河都督府, 섭사제돈(攝舍提暾) 통치를 위해 배치한 것으로 박이탑랍하(博爾塔拉河) 유역], 웅사도독부[鷹娑都督府, 서니시처반(鼠尼施處半) 통치를 위해 배치한 것으로 유륵도사하(裕勒都斯河) 유역], 윤대주도독부(輪台州都督府, 우루무치 일대), 금만주도독부[金滿州都督府, 처월(處月) 통치를 위해 배치한 것으로 길목살이(吉木薩爾) 일대], 빙락주도독부[凭洛州都督府, 우르무치 동북쪽], 사타주도독부[沙陀州都督府, 파리곤(巴里坤) 일대] 및 금부(金附), 음산(陰山), 대막(大漠), 현지(玄池) 등 4주(州) 도독부[都督府, 모두 갈라록 통치를 위해 배치한 것으로 액이제사하(額爾齊斯河), 오륜고하(烏論古河) 유역] 등이다.

125. 《신중국의 고고학적 수확》, 103쪽.

126. 황문필(黃文弼),《투루판 고고기(吐魯番考古記)》, 36, 45~46쪽.

127. 《신중국의 고고학적 수확》, 102쪽 참조.

128. 《수서》권15,〈음악지〉, "西國龜茲, 齊朝龜茲, 土龜茲等凡三部."

129. 《신당서》권21, 22,〈예악지〉.

130. 《신당서》권216 상,〈토번전〉, "逐水草, 無常所."

131. 왕충(王忠),《신당서토번전전증(新唐書吐蕃傳箋證)》, 18쪽.

132. 위의 책, 4쪽.

133. 위의 책, 7~8쪽.

134. 《통전》권190〈대양동(大羊同)〉.

135. 《신당서토번전전증》, 10, 19~20쪽, "牧地與農田合爲一片, 湖泊星列, 溝渠相通. 坡上的水蓄而爲池, 山間的水引出使用."

136. 《문물》1960년 6기, 왕의(王毅),《서장문물견문기(西藏文物見聞記)》.

137. 《신당서토번전전증》, 55, 59쪽.《자치통감》권205, 만세통천(萬歲通天) 원년.

138. 안사의 난 이후 토번 귀족들이 안락주(安樂州)를 공격하자 토욕혼의 잔여 부락이 재차 삭방과 하동 일대로 이주했다.

139. 번작(樊綽),《만서》권4,〈명류(名類)〉, "邑落相望, 牛馬被野."

140. 《만서》권4,〈명류〉, 권오,〈육주(六州)〉, "村邑連甍, 溝塍彌望."

141. 《요사(遼史)》권2,〈태조기찬(太祖紀贊)〉.

142. 《구당서》권199 하,〈거란전(契丹傳)〉.

143. 《요사》권2,〈태조기찬〉.

144. 《요사》권73,〈소적노전(蕭敵魯傳)〉. 소적노는 5대조 호모리(胡母里)부터 대대로 결옥관(決獄官)을 지냈는데, 대략 8, 9세기 무렵이다. 결옥관은 조오(阻午) 가한 시절 또는 그보다 늦게 설치되었다.

145. 《요사》권32,〈영위지상(營衛志上)〉, 권34,〈병위지(兵衛志)〉.

146. 『통전』권7,《역대호구성쇠(歷代盛衰户口)》,《통전》원문에 착오가 있어 정확하게 계산해 숫자를 고쳤다.

147. 《신당서》권145,〈양염전(楊炎傳)〉, "廢者不削, 重者不去, 新舊仍積, 不知其涯."

148. 《통전》권7,〈식화지〉〈정중(丁中)〉, "或假名入仕, 或托迹爲僧, 或占募軍伍, 或依信豪族."

149. 《당회요》권83,〈조세상(租稅上)〉, 대력(大歷) 4년칙(敕).

150. 《구당서》권118, "權臣猾吏, 因緣爲奸."《신당서》권145,〈양염전〉, "竭膏血, 鬻親愛, 旬輸月送, 無有休息."

151. 《신당서》권149,〈유안전(劉晏傳)〉, "人不堪命, 皆去爲盜賊."

152. 《신당서》위의 책.

153. 《당회요》권85,〈도호(逃户)〉 보응 원년 칙(敕), "多被殷富之家官吏呑幷."

154. 《신당서》권145,《구당서》권118,〈양염전(楊炎傳)〉,《당회요》권83,〈조세상(租稅上)〉, 건중(建中) 원년 정월 칙문(敕文).《육선공한원집(陸宣公翰苑集)》권22,〈균절부세휼백성제3조(均節賦稅恤百姓第三條)〉

155. 이고(李翶),《이문공집(李文公集)》권3,〈진사책문제일도(進士策問第一道)〉, "百姓土田爲有力者所幷, 三分逾一."

156. 《육선공한원집(陸宣公翰苑集)》권22,〈균절부세휼백성제육조(均節賦稅恤百姓第六條)〉, "富者兼地數萬畝, 貧者無容足之居."

157. 위의 책.

158. 《이문공집》권9,〈소개세법(疏改稅法)〉.

159. 《당회요》권84, 원화 15년.

160. 《구당서》권120,〈곽자의전(郭子儀傳)〉, 권123,〈유안전〉, "人烟斷絶, 千里蕭條."

161. 《원차산집(元次山集)》권10,〈청성관상(請省官狀)〉, "荒草千里", "萬室空虛."

162. 《전당문》권430, 이고(李翶),〈소주가흥둔전기적송(蘇州嘉興屯田紀績頌)〉, "閑田荒壤."

163. 《전당문》권689에 부록으로 실려 있는〈등주자사청벽기(鄧州刺史厅壁記)〉, "銷遺鏃爲鋤粗, 伐蒿萊爲場圃, 掘腥秽爲泉井."

164. 《신당서》권41《지리지(地理志)》.

165. 《한창려집(韓昌黎集)》권25《위공묘지명(韋公墓志銘)》.

166. 《백향산집(白香山集)》권61,〈하남원공묘지명(河南元公墓志銘)〉, "命吏課七郡人, 冬築陂塘, 春貯水雨, 夏漑旱畝."

167. 《전당문》권314, 이화(李華), 〈윤주단양현복련당송(潤州丹陽縣復練塘頌)〉, 이고(李翱), 《이문공집》권12, 〈동천절도사노공전(東川節度使盧公傳)〉.

168. 《권재지문집(權載之文集)》권47, 〈논강회수재상소(論江淮水災上疏)〉, "每一歲善熟, 則旁資數道."

169. 《당대조령집》권72, 〈건부이년남교사(乾符二年南郊赦)〉, "出米至多, 豊熟之時, 價亦極賤."

170. 《원화군현지》권28, 〈요주부량현(饒州浮梁縣)〉, "每歲出茶七百萬駄, 稅十五餘萬貫." 700만 태는 지나치게 많은 양으로 잘못 쓴 것으로 보인다. 부량(浮梁)은 다업(茶業)이 성행했다. 백거이, 〈비파행(琵琶行)〉과 이조(李肇), 《당국사보(唐國史補)》참조.

171. 《전당문》권802, 장도(張途), 〈기문현신수창문계기(祁門縣新修閶門溪記)〉, "山且植茗, 高下無遺土."

172. 《원화군현지》권25, 〈호주장성현(湖州長城縣)〉, "貞元以後 , 每歲以進奉顧山紫笋茶 , 役工三萬人 , 累月方畢."

173. 《원화군현지》, 권32, 〈아주엄도현(雅州嚴道縣)〉, 《당국사보》하, "每歲貢茶, 爲蜀之最."

174. 《여화숙문집(呂和叔文集)》권6, 〈경조위부군신도비(京兆韋府君神道碑)〉, "肇越而衣."

175. 《전당문》권530, 고황(顧況), 〈한공행장(韓公行狀)〉. 박주(亳州)는 원래 초군(譙郡)이었다.

176. 《원화군현지》권26, 〈월주(越州)〉, 백거이, 《신악부(新樂府)》〈요릉(繚綾)〉 참조.

177. 《원화군현지》권28, 〈선주(宣州)〉, 백거이, 《신악부》〈홍선담(紅線毯)〉 참조.

178. 《유몽득문집(劉夢得文集)》권14, 〈답요주원사군(答饒州元使君)〉.

179. 《당국사보》하.

180. 《신중국의 고고학적 수확》, 100쪽.

181. 《당국사보》하.

182. 《신중국의 고고학적 수확》, 101쪽.

183. 《용재수필(容齋隨筆)》권9, 〈당양주지성(唐揚州之盛)〉, 《전당문》권744, 노구(盧求), 〈성도기서(成都記序)〉 참조.

184. 《구당서》권39, 〈지리지〉, "襄鄧百姓, 兩京衣冠." "井邑十倍其初."

185. 《원화군현지》; 《전당문》권519, 양숙(梁肅), 〈오현령청벽기(吳縣令廳壁記)〉

186. 두목(杜牧), 《번천문집(樊川文集)》권10, 〈항주신조남정자기(杭州新造南亭子記)〉, "于江南繁大 , 雅亞吳郡."

187. 《전당문》권316, 이화(李華)〈항주자사청벽기(杭州刺史廳壁記)〉, "駢檣二十里 , 開肆三萬室."

188. 《구당서》권146, 〈두아전(杜亞傳)〉, "僑寄衣冠及工商等 , 多侵衢造宅."

189. 《전당시》왕건(王建) 4, 〈기변주영고상공(寄汴州令狐相公)〉, 5, 〈야간양주시(夜看揚州市)〉, 《당회요》권86, 〈시(市)〉 개성(開成) 5년.

190. 《번천문집》권11, 〈상이태위논강적서(上李太尉論江賊書)〉, "富室大户 , 多居其間."

191. 《당회요》권71, 〈주현개치하(州縣改置下)〉〈하북도덕주귀화현(河北道德州歸化縣)〉, 개원(開元)은 오기이기 때문에 정원(貞元)으로 고친다.

192. 《유몽득문집》권2, "五方之賈, 以財相雄, 而鹽賈尤熾."

193. 백거역, 《신악부》〈염상부(鹽商婦)〉, 《유몽득문집》권2, 〈고객사(賈客詞)〉, 《외집(外集)》권8, 〈야문선중쟁(夜聞船中箏)〉.

194. 《태평광기(太平廣記)》권499, 〈곽사군(郭使君)〉.

195. 《번천문집(樊川文集)》권5, 〈전론(戰論)〉, "出則勝, 處則饒, 不窺天下之産自可封殖."

196. 아병(牙兵)은 위병(衛兵)으로 절도사의 친위대다. 초기에는 하북 각 진의 절도사들이 군사들 가운데 뛰어난 이들을 선발해 많은 급료를 주고 호위병으로 활용했다. 이후 그들 부자가 절도사 직위를 계승하면서 무리를 결속해 일종의 특수한 군인집단으로 성장했다. 절도사의 폐립까지 때로 그들이 결정했다.

197. 《통전》권6, 〈부세하(賦稅下)〉.

198. 《구당서》권171, 〈이발전(李渤傳)〉.

199. 《당회요(唐會要)》권88, 〈염철(鹽鐵)〉, 원화 15년 9월 조(條), 장경 원년 3월 칙조(敕條).《당대조령집》권70, 〈장경원년정월남교개원칙(長慶元年正月南郊改元敕)〉.

200. 《구당서》권184, 〈이보국전(李輔國傳)〉, "大家但內裏坐, 外事聽老奴處置." 당대 궁중에서는 황제를 대가(大家)라고 불렀다.

201. 《구당서》권176, 〈이종민전〉, "去河北賊(藩鎭)非難, 去此朋黨實難."

202. 《구당서》권176, 〈양우경전(楊虞卿傳)〉, "爲擧選人馳走取科第, 占員闕."

203. 《구당서》권18, 〈무종기〉, "祖尚浮華, 不根藝實." "朝廷顯官, 須是公卿子弟."

204. 《육선공한원집(陸宣公翰苑集)》권22, 〈균절부세휼백성제일조(均節賦稅恤百姓第一條)〉, "變征役以召雇之目, 換科配以和市之名."

205. 《원씨장경집(元氏長慶集)》권38, 〈동주주균법(同州奏均田)〉, "十分田地, 才稅二三."

206. 《전당문(全唐文)》권78, 무종(武宗), 〈가존호사문(加尊號赦文)〉, 〈가존호교천사문(加尊號郊天赦文)〉. 양세법은 원래 "주호와 객호를 나누지 않고 원적이 어디든지 현재 거주한 지역에 호적을 등기하며, 인호(人戶)는 정남, 중남에 관계없이 일률적으로 빈부에 따라 납세의 등급을 확정했다(戶無主客, 以現居爲簿, 人無丁中, 以貧富爲差)." 하지만 얼마 후 의관호(衣冠戶)를 빙자해 부세를 감면 받거나 차역을 면제받는 권리를 향유했다.

207. 《전당문》권866, 양기(楊夔), 〈복궁궐후상집정서(復宮闕后上執政書)〉.

208. 《전당문》권804, 유윤장(劉允章), 〈직간서(直諫書)〉.

209. 《전당문》권82, 선종(宣宗), 〈수존호사문(受尊號赦文)〉, "遞相蒙蔽, 不肯發明."

210. 《구당서》권167, 〈송신석전(宋申錫傳)〉, "居要位者, 尤納賄賂, 遂成風俗."

211. 《구당서》권18 하, 〈선종기(宣宗紀)〉 대중(大中) 5년.《전당문》권83, 의종(懿宗), 〈구병년종부조위어사랑관론주제(勾幷年終賦租委御史郎官論奏制)〉.

212. 《전당문》권715, 위처후(韋處厚), 〈박장호숙조염법의(駁張平叔榷鹽法議)〉, "所由入鄕村, 是爲政之大弊, 一吏到門, 百家納貨."

213. 《구당서》권190 하, 〈유괴전(劉蕡傳)〉, "畏之如豺狼, 惡之如雕敵."

214. 《구당서》권18 하, 〈선종기〉, 회창(會昌) 6년.《당손초집(唐孫樵集)》권3, 〈서하역우(書何易于)〉.

215. 《전당문》권78, 무종, 〈가존호계교천사문(加尊號啓郊天赦文)〉, "招携逃户, 侵奪已成産業." 依前.

216. 《전당문》권78, 무종, 〈가존호사문(加尊號赦文)〉, 권81, 선종, 〈금가징숙전칙(禁加徵熟田敕)〉.

217. 《신당서》권52, 〈식화지〉.

218. 《전당문》권66, 목종, 〈남교개원덕음(南郊改元德音)〉.《당대조령집》권70, 〈보력원년정월남교사

(寶曆元年正月南郊赦)〉.

219. 《당회요》 권84, 〈조세하(租稅下)〉, 대중 4년 정월 제(制), 《신당서》 권52, 〈식화지〉.

220. 《전당문》 권78, 무종 〈가존호후교천사문(加尊號后郊天赦文)〉, 《번천문집》 권11, 〈상이태위론강적서(上李太尉論江賊書)〉.

221. 《신당서》 권225, 〈황소전〉, "禁刺史殖財産, 縣令犯贓者族."

222. 《자치통감》 권254, 광명(廣明) 원년 11월.

223. 《신당서토번전전증(新唐書吐蕃傳箋證)》, 제88쪽, 116쪽.

224. 《당국사보(唐國史補)》 하(下).

225. 《문물(文物)》, 1959년 제7기, 〈발당번회맹비(跋唐蕃會盟碑)〉, "舅甥二主, 商議社稷如一, 結立大和盟約, 永無渝替."

226. 《신당서토번전전증》, 146~149쪽.

227. 《신당서토번전전증》, 157쪽.

228. 《만서》 권5, 《육검(六瞼)》, 권6, 〈성진(城鎭)〉.

229. 《만서》 권5, 《육검(六瞼)》.

230. 《만서》 권9, 〈남만조교(南蠻條教)〉.

231. 《신당서》 권222 상, 〈남조전(南詔傳)〉.

232. 《만서》 권6, 〈성진〉, 권7, 〈운남관내물산(云南管内物産)〉. "사람마다 매년 쌀 두 말을 보낸다(人歲輸米二斗)"는 말은 육검 즉 육조(六詔) 본부에서 징세하는 방식이다. 《만서》에 적힌 "나머지는 모두 관아로 보낸다(其餘悉輸官)"는 말은 "성진(城鎭)의 만장(蠻將)이 만관(蠻官)을 보내 감독하고 재촉했다"는 뜻이다. 성진은 이렇듯 절도사의 관할하에 피정복자들을 착취하는 곳이었다.

233. 《만서》 권6, 〈성진(城鎭)〉 운남성조(雲南城條), 3권 5, 《육검(六瞼)》, 양저우성조(陽苴哶城條), 백애성조(白崖城條).

234. 《자치통감》 권253, 광명(廣明) 원년.

235. 《구당서》 권199 하, 〈해전(奚傳)〉.

236. 《요사》 권2, 〈태조기찬(太祖紀贊)〉, 권59, 〈식화지〉.

237. 《역사연구》, 1904년 5, 6기 채미표(蔡美彪), 〈거란의 부족 조직과 국가의 탄생(契丹的部落组織和國家的産生)〉 참조.

238. 《신당서》 권219, 〈발해전(渤海傳)〉, 당나라 사람들은 관습적으로 발해국을 발해말갈(渤海靺鞨)이라고 불렀다. 《책부원구》 〈외신부(外臣部)〉는 모두 발해말갈이라고 칭하고 있다. 《구당서》 권199 하 역시 발해말갈이라고 썼다.

239. 《신중국의 고고학적 수확》, 102쪽.

240. 《책부원구(冊府元龜)》 권999, 〈외신부호시문(外臣部互市門)〉, 《책부원구》 권972, 〈외신부조공문(外臣部朝貢門)〉.

241. 《두양잡편(杜陽雜編)》 하(下).

242. 《요사》 권60, 〈식화지〉 하에 "태조가 처음 실위를 병탄했는데, 그곳은 동과 철, 금은이 생산되며, 사람들이 동철기를 잘 만들었다(太祖始幷室韋, 其地産銅鐵金銀, 其人善作銅鐵器)"는 기록이 나온다. 하지만 사학가들은 본문의 실위(室韋)는 실위산(室韋山), 즉 지금의 안산(鞍山)에 있는 천산

(千山)이며 실위 부족 경내에 있는 것이 아니라고 주장한다. 상진술(詳陳述), 《거란사회경제사고
(契丹社會經濟史稿)》, 42쪽.

243. 《수서》권84, 〈실위전〉, "二家相許, 婿輒盜婦將去, 然後送牛馬爲聘."

244. 《구당서》권199하, 〈실위전〉.

245. 《위서》권100, 〈실위전〉, "盜一征三, 殺人者責馬三百匹."

246. 《전당문》권907, 현장, 〈사고창왕송사미급국서교견등계(謝高昌王送沙彌及國書絞絹等啓)〉, "紛纭
爭論, 凡數百年."

247. 《당대조령집》권113, 〈석교재도교지상제(釋教在道教之上制)〉, 《전당문》권97, 〈대주신역대방광
불화엄경서(大周新譯大方廣佛華嚴經序)〉.

248. 법장(法藏), 《화엄일승교의분제장(華嚴一乘教義分齊章)》권4, "性相通融, 無障無碍."

249. 담연(湛然), 〈금강비(金剛錍)〉.

250. 종밀(宗密), 〈원인론(原人論)〉, "一切有情, 皆有本覺眞心. ……若離妄想, 一切智, 自然智, 無碍
智即得現前."

251. 《구당서》권183, 〈설회의전(薛懷義傳)〉, "陳符命, 言則天是彌勒下生, 作閻浮提主, 唐氏合微."
진인각, 《무조와 불교(武曌與佛教)》, 《금명관총고이편(金明館叢稿二編)》에 수록되어 있다.

252. 도작(道綽), 《안락집(安樂集)》권 상, "若一念稱阿彌陀佛, 即能除却八十億劫生死之罪."

253. 선도집기(善導集記), 〈관념아미타불상해삼매공덕법문(觀念阿彌陀佛相海三昧功德法門)〉, "延年
轉壽, 長命安樂." "行住坐卧, 常得安穩. 長命富樂, 永無病痛."

254. 《자치통감》권175, 태건(太建) 13년, "詔境内之民任聽出家", "民間佛書, 多于六經數十百倍."

255. 《구당서》권101, 〈신체비전(辛替否傳)〉, "度人不休, 免租庸者數十萬." 《신당서》권123, 〈이교
전〉 참조.

256. 《자치통감》권224, 대력(大曆) 2년 6월 정묘조(丁卯條).

257. 《당대조령집》권113, 〈척사제(拆寺制)〉, "天下僧尼, 不可勝數." "寺宇招提, 莫知紀極." 당대에 사
원의 경우 관에서 편액을 내린 곳은 사(寺), 개인이 사사롭게 만든 사원은 초제(招提) 또는 난야
(蘭若)라고 불렀다.

258. 《전당문》권788, 이절(李節), 〈전담주소언선사예태원구장경시서(餞潭州疏言禪師詣太原求藏經詩
序)〉, "夫俗旣病矣, 人旣愁矣, 不有釋氏使安其分, 勇者將奮而思斗, 知者將靜而思謀, 則阡陌
之人, 皆紛紛而群起矣. 今釋氏一歸之分而不責于人, 故賢智儁朗之士皆息心焉."

259. 《당대조령집》권113, 〈도사여관재승니지상조(道士女冠在僧尼之上詔)〉, "道士女冠, 可在僧尼
之前."

260. 《당회요》권49, 〈승도립위(僧道立位)〉, "僧尼道士女冠, 并宜齊行并集."

261. 《구당서》권9, 〈현종기(玄宗紀)〉 문중자(文中子)라고 한 것은 잘못 쓴 것이다.

262. 《구당서》권79, 〈부혁전(傅奕传)〉, "生死壽夭, 由于自然. 刑德威福, 關之人主."

263. 《구당서》권79, 〈여재전(呂才傳)〉, "备于愼終之禮."

264. 《수서》권75, 〈유림전서(儒林傳序)〉, "所制諸經義疏, 縉紳咸師宗之."

265. 진인각, 〈논한유(論韓愈)〉, 《금면고총고초편》에 실려 있다.

266. 《한창려집(韓昌黎集)》권11, 〈원성(原性)〉.

267. 《한창려집》권11,〈원도(原道)〉, "民不出粟米麻絲, 作器皿, 通貨財以事其上 , 則誅."

268. 《유하동집(柳河東集)》권14,〈천대(天對)〉, "吁炎吹冷, 交錯而動."

269. 《유하동집》권1,〈정부(貞符)〉, "受命不于天, 于其人."

270. 《유하동집》권3,〈봉건론〉, "非聖人意也, 勢也."

271. 《유몽득문집》권12,〈천론(天論)〉, "大凡入形器者, 皆有能有不能. 天, 有形之大者也. 人, 動物之尤者也. 天之能, 人固不能也. 人之能 , 天亦有所不能也." "交相勝", "還相用."

272. 《수서》권2,〈고조기〉 개황 13년, "撰集國史, 臧否人物."

273. 《구당서》권102,〈유자현전(劉子玄傳)〉, "猶須好是正直 , 善惡必書, 使驕主賊臣 , 所以知懼."

274. 《사통》권18,〈잡설하(雜說下)〉, "假有學窮千載 , 書總五車 , 見良直不覚其善 , 逢抵捂而不知其失,……雖多亦安用爲."

275. 《사통》권7,〈직서(直書)〉, "仗氣直書, 不避强御." "肆情奮筆, 無所阿容."

276. 《사통》권5,〈채찬(采撰)〉, 권10,〈잡술(雜述)〉, 권18 ,〈잡설하(雜說下)〉. 《사통》권7,〈감식(鑒識)〉,〈탐색(探賾)〉을 참조, "探賾索(索)隱 , 致遠鉤深." 인용문은 원래 《역》〈계사전〉에 나오는 말이다 - 역주.

277. 《구당서》권26,〈예의지육(禮儀志六)〉, 대화 6년 태상박사 고덕(顧德)의 장의(章議)에 인용된 〈정개원육전칙(定開元六典勅)〉, "法以周官, 作爲唐典. 覽其本末, 千載一朝."

278. 두우,《통전》권1, "徵諸人事, 將施有政." "理道之先在乎行教化, 教化之本在乎足衣食." "夫行教化在乎設職官, 設職官在乎審官才, 審官才在乎精選擧."

279. 《구당서》권138,〈가탐전〉.

280. 《전당시(全唐詩)》진자앙(陳子昂),〈여동방좌사규수죽편(與東方左史虬修竹篇)〉, "齊梁間詩, 彩麗竟繁, 而興寄都絶."

281. 《전당시》, 고적(高適),〈고우기방사곤계(苦雨寄房四昆季)〉,〈자기섭황하도중작십삼수(自淇涉黄河途中作十三首)〉 가운데 9수,〈동평로중우대수(東平路中遇大水)〉.

282. 《전당시》, 두보 12,〈희위육절구(戱爲六絶句)〉.

283. 《원씨장경집(元氏長慶集)》56,〈두자미묘지명(杜子美墓志銘)〉, "盡得古今之體勢, 而兼人人之所獨專."

284. 《전당시》, 두보 7,〈사회이수(寫懷二首)〉 1수, "無貴賤不悲, 無富貧亦足."

285. 《전당시》, 백거이,〈상당구이수(傷唐衢二首)〉 2수, "一吟悲一事."

286. 《한창려집(韓昌黎集)》권16,〈답진생서(答陳生書)〉, "愈之志在古道, 又甚好其言."

287. 《유하동집(柳河東集)》권34,〈답위중립론사도서(答韋中立論師道書)〉, "文者以明道."

288. 《한창려집》권16,〈답이익서(答李翊書)〉, "惟陳言之務去." 《한창려집》, 권34,〈남양번소술묘지명(南陽樊紹述墓志銘)〉, "文從字順各識職." 《한창려집》권15,〈상양양어상공서(上襄陽於相公書)〉.

289. 《신건설(新建設)》, 1961년 제6기, 탕용동(湯用彤),〈강복예기(康復札記)〉 사칙(四則) 가운데 세 번째,〈하위속강(何謂俗講)〉.

290. 단안절(段安節),〈악부잡록(樂府雜錄)》 문숙자조(文叔子條), "其聲宛暢." 《원인입당구법순례행기(圓仁入唐求法巡禮行記)》권3, 개성(開成) 6년 정월 9일에는 문숙(文淑)으로 썼다.

291. 조린(趙璘),《인화록(因话錄)》4, "聽者塡咽寺舍, 瞻禮崇奉, 呼爲和尙, 效其聲調以爲歌曲." 《재조집(才調集)》8.

292. 유도순(劉道醇),《오대명화보유(五代名畫補遺)》.

293. 《역대명화기》권2,〈논고륙장오용필(論顧陸張吳用筆)〉, "虯鬚雲鬢, 數尺飛動, 毛根出肉, 力健有餘."

294. 단성식(段成式),《사탑기(寺塔記)》권 상, 상락방조경공사조常樂坊趙景公寺條, "竊眸欲語."

295. 주경현(朱景玄),《당조명화록(唐朝名畫錄)》.

296. 《선화화보(宣和畫譜)》권5,〈인물〉, 장훤조(張萱條) 권6,〈인물〉주방조(周昉條).

297. 《역대명화기》권9, 이사훈자소도조(李思訓子昭道條), "變父之勢, 妙又過之."

298. 《역대명화기》권1,〈논화산수수석(論畫山水樹石)〉, "若可捫酌."

299. 《동파제발(東坡題跋)》권5,〈서마힐남전연우도(書摩詰藍田烟雨圖)〉, "味摩詰之詩, 詩中有畫. 觀摩詰之畫, 畫中有詩."

300. 《역대명화기》권9, 조패조(曹霸條), 한간조(韓幹條). 권10, 변만조(邊鸞條), 한황조(韓滉條), 대숭조(戴嵩條). 주경현,《당조명화록》참고.

301. 《진서(晉書)》권80,〈왕희지전〉, "所以詳察古今, 研精篆素, 盡善盡美, 其惟王逸少乎! 觀其點曳之工, 裁成之妙, 煙霏露結, 狀若斷而還連. 鳳翥龍蟠, 勢如斜而反直. 玩之不覺爲倦, 覽之莫識其斷, 心慕手追, 此人而已. 其餘區區之類, 何足論哉."

302. 《장씨법서요록(張氏法書要錄)》권8, 장회관(張懷瓘),〈서단(書斷)〉, "內含剛柔", "姿榮秀出."

303. 《구당서》권30,〈음악지〉, "雜用胡夷里巷之曲."

304. 왕극분(王克芬),《중국무도발전사(中國舞蹈發展史)》상해인민출판사, 1989 참고.

305. 《천금요방서(千金要方序)》, "人命至重, 有貴千金, 一方濟之, 德踰于此."

306. 《외대비요서(外臺秘要序)》, "幷采精英, 詮其要妙."

307. 《신중국의 고고학적 수확》, 95쪽.

308. 《신중국의 고고학적 수확》, 97쪽,〈당장안대명궁(唐長安大明宮)〉3(1).

309. 《신당서》, 권124,〈송경전(宋璟傳)〉, 권161,〈왕중서전(王仲舒傳)〉,《한창려집》25,〈위공묘지명(韋公墓志銘)〉.

310. 《구당서》권182,〈고변전(高駢傳)〉,《신당서》권174,〈우승유전(牛僧孺傳)〉.

311. 《전당문》권64, "劍南兩川及淮南道皆以版印曆日鬻於市. 每歲司天臺未奏頒下新曆, 其印曆已滿天下."《구당서》권17 하,〈문종기(文宗紀)〉와 권168〈풍숙전(馮宿傳)〉참고.

312. 《애일재총초(愛日齋叢鈔)》, 권1.

313. 《당대화상동정전(唐大和尚東征傳)》, "有婆羅門, 波斯, 昆侖等舶, 不知其數, 幷載香藥, 珍寶, 積載如山, 舶深六七丈, 師子國, 大石國, 骨唐國,…等往來居住, 種類極多." 파사(波斯)는 일반적으로 수마트라 북쪽 해안의 파세(Pase)를 지칭한다.

314. 원인(圓仁),《입당구법순례행기(入唐求法巡禮行記)》권1, 권2.

315. 《대당대자은사삼장법사전(大唐大慈恩寺三藏法師傳)》, "若不至天竺, 終不東歸一步."

316. 수온(守溫)에 제정한 30개의 자모는 이후 송대 사람이 36개 자모로 확충했다.《동방잡지(東方雜志)》제 31권 14기, 나상배(羅常培),〈중국 음운학의 외래 영향(中國音韵學的外來影響)〉참고.

317. 혜초(慧超),《왕오천축국전(往五天竺國傳)》, "取綾絹絲綿之類."

318. 《통전(通典)》권193,〈대진(大秦)〉.

중국사 강요 1 : 선사시대부터 당나라까지

초판 1쇄 2015년 12월 28일
개정판 1쇄 2023년 8월 30일

지은이 | 젠보짠
옮긴이 | 심규호

발행인 | 박장희
부문대표 | 정철근
제작총괄 | 이정아
편집장 | 조한별

발행처 | 중앙일보에스(주)
주소 | (03909) 서울시 마포구 상암산로 48-6
등록 | 2008년 1월 25일 제2014-000178호
문의 | jbooks@joongang.co.kr
홈페이지 | jbooks.joins.com
네이버 포스트 | post.naver.com/joongangbooks
인스타그램 | @j__books

ISBN 978-89-278-7992-3 04910
        978-89-278-7991-6 (세트)